twiel Im Jahr 1641.

G. Fewr Mörser. K. Schloß Stauffen.
H. HauptSchantz. L. Ob. Kellers Quartir.
I. Meyerhofe. M. Posten auf der Kelter.

Feldmarschall
Viscount Montgomery of Alamein

Kriegsgeschichte
Weltgeschichte der Schlachten und Kriegszüge

Mit 29 Farbtafeln und 226 Abbildungen

Übersetzt von Hans Jürgen Baron von Koskull

Titel der englischen Originalausgabe: „A History of Warfare"
© George Rainbird Ltd., London 1968
All rights reserved
First published in Great Britain in 1968 by William Collins, Sons & Company Ltd.

Sonderausgabe für KOMET, MA-Service und Verlagsgesellschaft mbH, Frechen
Alle Rechte bei Bernard & Graefe Verlag GmbH & Co KG
Gesamtherstellung: KOMET, MA-Service und Verlagsgesellschaft mbH, Frechen

ISBN 3-933366-16-X

Vorwort

Ich habe dieses Buch nicht geschrieben, um den Krieg zu verherrlichen. Es kam mir vielmehr darauf an, zu zeigen, welcher Leistungen Männer und Frauen in Kriegszeiten in der Heimat und an der Front fähig sind. Die politischen Führer einer Nation müssen diesen menschlichen Faktor verstehen und, wenn sie unnötige Leiden und Opfer an Menschenleben vermeiden wollen, die politischen Ziele eines Krieges genau festlegen und den militärischen Führern hinsichtlich dieser Grundsatzfragen klare Anweisungen geben. Sie sollten sich dabei von den Gedanken leiten lassen, die im Neuen Testament, Korinther 1; 14, ausgesprochen werden:

 8. Und so die Posaune einen undeutlichen Ton gibt, wer wird sich zum Streit rüsten?
 9. Also auch ihr, wenn ihr mit Zungen redet, so ihr nicht eine deutliche Rede gebt, wie kann man wissen, was geredet wird?

Der Feldherr darf es nicht nur als seine Aufgabe ansehen, Kriege zu gewinnen, sondern soll sich auch darum bemühen, sie zu vermeiden. Vor ein paar Jahren hat Sir Winston Churchill gesagt: „Letztlich geht es mir nur darum, den Frieden zu gewinnen." Niemand kennt den hohen Wert dieses Ziels besser als der Soldat, denn niemand weiß besser als er, welche Ungeheuerlichkeit der Krieg ist.

In einem erfüllten Leben habe ich in großen kriegerischen Auseinandersetzungen an zahlreichen Schlachten teilgenommen. Diese Kriege sind zu Ende gegangen, ohne den Frieden zu sichern, für den wir gekämpft haben. Aber die politischen Verhältnisse in dem sogenannten Frieden, in dem wir 1968 leben, lassen mich dennoch nicht verzweifeln. Hoffnungsvoll blicke ich in die Zukunft. In diesem Sinne lege ich der Öffentlichkeit dieses Buch vor und widme es meinen Waffengefährten auf den Schlachtfeldern Afrikas und Europas. Viele von ihnen haben ihr Leben dafür hingegeben, daß wir im Westen die Freiheit bewahren, für die wir alle gekämpft haben und deren wir uns heute erfreuen.

Der Chronist des Peloponnesischen Krieges Thukydides soll gesagt haben: „Wenn irgend jemand meine Schriften für nützlich erklären sollte, dann werde ich zufrieden sein." Den gleichen Gedanken möchte ich hier in meinem und im Namen meines Forschungsteams zum Ausdruck bringen.

Isington Mill,   Montgomery of Alamein
Alton, Hampshire.   F. M.

Inhalt

Vorwort 5
Dank des Verfassers 11
  1 · Das Wesen des Krieges 13
  2 · Feldherrnkunst 19

Erster Teil · Kriegführung im Altertum
  3 · Der Krieg in frühgeschichtlicher Zeit 29
  4 · Das klassische Griechenland 59
  5 · Rom wird zum Weltreich 85
  6 · Rom in der Defensive und die Völkerwanderung 109

Zweiter Teil · Kriegführung im Mittelalter
  7 · Die Kriegführung im frühen Mittelalter 135
  8 · Die Eroberungszüge der Normannen und die Kreuzzüge . . 157
  9 · Hohes Mittelalter 183

Dritter Teil · Kriegführung in Europa
10 · Die Größe Spaniens 211
11 · Das türkische Ottomanenreich 243
12 · Kriegführung in Europa im 17. Jahrhundert 263
13 · Marlborough und seine Zeit 291
14 · Kriegführung in Europa im 18. Jahrhundert 315
15 · Die Ära Nelsons, Napoleons und Wellingtons 335

Vierter Teil · Kriegführung im Fernen Osten
16 · Die Mongolen, Chinesen und Japaner 369
17 · Indien 393

Fünfter Teil · Die Kriegführung in den Jahren 1815–1945
18 · Die Anfänge des modernen Krieges 411
19 · Nur durch Erfahrungen wird man klug 443
20 · Der Weltkrieg 1914/18 461
21 · Zwanzig Jahre danach: 1939/45 497

Inhalt

Sechster Teil · Unerforschliches Schicksal

22 · Die ethischen Grundsätze im Kriege 547
23 · Der Eiserne Vorhang und der Kalte Krieg 554
24 · Das Atomzeitalter 560
25 · Epilog – das Ideal des Friedens 567

Literaturverzeichnis 570

Quellenverzeichnis der Abbildungen 573

Personen- und Sachverzeichnis 577

Karten und Schlachtpläne

Der fruchtbare Halbmond im Altertum mit den Königreichen Ägypten und Assyrien	32
Schlacht von Kadesch	46
Das klassische Griechenland	65
Die Schlacht von Salamis	66
Alexanders Eroberungszug	72
Die Schlacht von Gaugamela	79
Die Feldzüge Hannibals und Scipios	90
Die Schlacht von Cannae	92
	95
Ausdehnung des römischen Machtbereichs zur Zeit Julius Cäsars	98
Die Grenzen des Römischen Reiches und die Wanderungen der Barbarenvölker um 400 n. Chr.	116–117
Die arabischen Eroberungen im 7. und 8. Jahrhundert	136–137
Das Karolingerreich und die Einfälle der Wikinger und Magyaren	148
Die Normannen eroberten ausgedehnte Gebiete in Europa	158
Die Schlacht bei Hastings	164
Die Grenzen der Kreuzfahrerreiche	176
Die Schlacht bei Crécy	203
Westeuropa im 16. Jahrhundert	213
Die Schlacht am Garigliano	218
Das Ottomanenreich	245
Die Schlacht bei Lepanto	259
Deutschland zur Zeit des Dreißigjährigen Krieges	268
Die Schlacht bei Breitenfeld	272
England nach Beendigung des Bürgerkrieges	284
Marlboroughs Feldzüge in Deutschland	299
Die Schlacht bei Blenheim	306
Nordamerika im 18. Jahrhundert	318

Mitteleuropa zur Zeit des Regierungsantritts Friedrichs des Großen	324
Die Schlacht bei Leuthen	326
Die Seeschlacht bei Abukir	337
Der Feldzug von Austerlitz	350
Die Schlacht bei Austerlitz	352
Das napoleonische Reich	356
Der Feldzug auf der Pyrenäenhalbinsel	359
Asien	374–375
Indien	394
Mitteleuropa im 19. Jahrhundert	431
Die Schlacht bei Gravelotte – Saint-Privat	433
Der amerikanische Bürgerkrieg	439
Der Balkan 1876–78	454
Der russisch-japanische Krieg	457
Der Schlieffenplan und die Westfront	465
Die Schlacht bei Tannenberg	466
Die Fronten in Ost- und Südosteuropa	484
Der Krieg im Nahen Osten	488
Der deutsche Feldzug 1940 in Nordwesteuropa	501
Der Krieg im Mittelmeerraum	507
Der Krieg 1942/44 in Osteuropa	509
Die Schlacht in der Normandie	519
Die deutsche Niederlage 1944/45	528
Der Krieg gegen Japan	531
Die Wiedereroberung Burmas durch die Alliierten	538
Die Schlacht von Meiktila	541

Farbtafeln

Der ägyptische Streitwagen	49
Ägyptische Soldaten	50
Zweikampf griechischer Helden des klassischen Altertums	75
Bogenschütze eines asiatischen Nomadenvolkes	76
Die Normannen erobern England	173
Die Kreuzritterburg Krak des Chevaliers	174
Kriegführung im Mittelalter	199
Kriegführung im Mittelalter: Alexanderschlacht	200
Die Schlacht von Paria	225
Die spanische Armada	226
Die Seeschlacht bei Lepanto	251
Der Einsatz Wiens bei der letzten Belagerung der Türken	252
Die Schlacht von Montjuic	277
Seegefecht zwischen Engländern und Niederländern	278

Inhalt

Die Schlacht von Malplaquet 303
Die Schlacht von Ramillies 304
Seegefecht zwischen englischen und französischen Schiffen 341
Die Schlacht an den Pyramiden 342–343
Die Schlacht von Borodino 344
Berittener japanischer Krieger 381
Der letzte Widerstand des Kusuxoki 382
Die Gefangennahme von Bakadur Khan 407
Belagerung der Festung Rathau Chor 408
Die Verteidigung von Chateaudun 421
Die Schlacht an der Alma 422–423
Die Schlacht bei Gettysburg 424
Schlachtschiffe im Gefecht 521
Raketenbomber Typ Typhoon bei Falaise 522–523
Amerikanische Truppen landen auf Iwojima 524

Dank des Verfassers

Mein Forschungsteam stand unter der Leitung von Alan Howarth, den ich persönlich aus einer Reihe von Anwärtern für diese Aufgabe ausgewählt habe. In Rugby und auf dem King's College in Cambridge hat er Geschichte studiert. Ich hätte keinen geeigneteren Mitarbeiter finden können als diesen sehr begabten, intelligenten jungen Mann. Nach seinem Abschlußexamen im Alter von 21 Jahren hat er seine Fähigkeiten voll für die vor uns liegende Aufgabe eingesetzt und die Forschungsarbeit mit großem Erfolg organisiert und vorangetrieben. Als Gehilfen gewann er seinen Kommilitonen aus Rugby, Anthony Wainwright, der sich bereit erklärte, das Loughborough College vorzeitig zu verlassen, um sich unserem Forschungsteam anzuschließen. Auch er war erst 21 Jahre alt und hat seine Aufgabe als zweiter Mann nach Alan Howarth glänzend erfüllt.

Das war das Forschungsteam: Ich, der Soldat, und die beiden jungen Historiker. Man könnte sich fragen, wie so etwas möglich sei, da der Soldat fast 80 und die Wissenschaftler erst 21 Jahre alt waren. Nach meiner Ansicht hat die Zusammenarbeit gut funktioniert. Ihr Urteil über mich kenne ich noch nicht, aber ich habe meine Mitarbeiter schätzen gelernt, und sie haben mir geholfen, trotz meiner Jahre jung zu bleiben. Eines steht fest, ich habe viel von ihnen verlangt. Wir haben uns nicht an bestimmte Arbeitsstunden gehalten, gehörten keiner Gewerkschaft an, und wir haben ohne Urlaub tagaus, tagein gearbeitet. Aber es hat uns viel Freude gemacht, und wir haben in meinem Haus in Hampshire viele glückliche Tage zusammen verlebt.

Dann brauchte ich jemanden außerhalb des Forschungsteams, der die gerade fertig gewordenen Kapitel durchlesen und freimütig kommentieren sollte. Ich habe mich nach einem erfahrenen Kriegsgeschichtler umgesehen. Dieser Mann sollte außerdem Skizzen für die schematischen Schlachtpläne anfertigen, die wir brauchten. In Antony Brett-James, der an der Königlichen Militärakademie in Sandhurst als Lehrer für Kriegsgeschichte tätig war und selbst kriegsgeschichtliche Werke verfaßt hat, fand ich die geeignete Persönlichkeit. Mit seinem umfassenden Wissen hat er uns wertvolle Hilfe geleistet.

Dazu fanden wir die bereitwillige Unterstützung des erfahrenen Redaktionsstabes von George Rainbird Ltd. Schließlich möchte ich Miss Bunney erwähnen, die jedes Kapitel auf der Schreibmaschine geschrieben hat – und manches mehr als einmal.

So ist dieses Buch entstanden.

Das Forschungsteam hat eine große Zahl von Büchern durcharbeiten müssen, mehr als man hier aufzählen kann. Im Literaturverzeichnis sind nur die wichtigsten angegeben. Gleich zu Beginn standen wir vor der Frage, welcher Verfasser die historischen Tatsachen am richtigsten darstellte, denn es ergaben sich beträchtliche Abweichungen. Wir haben auf diesem Gebiet unser Bestes getan und können für jede Tatsache, die wir berichten, eine maßgebende Quelle zitieren. Das Team mußte sich bei der Auswahl der Quellen für bestimmte Perioden beraten

Dank des Verfassers

lassen. Wir haben die verschiedensten Stellen konsultiert und von Akademikern, Historikern und anderen Fachleuten wertvolle Ratschläge erhalten. Wesentliche Unterstützung haben uns Bibliotheken wie die London Library, das Britische Museum und andere gewährt. Besonders der Chefbibliothekar am Verteidigungsministerium, Mr. D. W. King, O.B.E., F.L.A., und sein Stab haben einen wesentlichen Anteil am Gelingen unserer Arbeit.

Oft lese ich mit Interesse Veröffentlichungen, die Verfasser und Verlage mir als Zeichen ihrer Freundschaft zusenden. Zwei dieser Werke waren besonders lehrreich:

Men in Arms von zwei Kanadiern, den Professoren Preston und Wise vom Royal Military College of Canada, und dem Amerikaner Mr. Werner von der U.S. Naval Academy. Das Werk ist bei F. A. Praeger, Inc., New York, und Thames and Hudson in London erschienen. Mit Professor Preston habe ich korrespondiert, und Verfasser und Verlage haben mir erlaubt, das Buch nach Belieben zu verwenden. Es ist eine Standardlektüre für die Kadetten des Royal Military College von Kanada, und es hat mich interessiert festzustellen, daß die Military Academy of South Africa in Saldanha Bay, die ich vor einigen Jahren besucht habe, es ebenfalls verwendet.

Design for Survival von dem ehemaligen Befehlshaber des Strategic Air Command der Vereinigten Staaten, General Power. General Power, der heute im Ruhestand lebt, ist mit mir befreundet. Er ist ein hervorragender Fliegeroffizier und hat in mein Exemplar seines Werkes die folgende Widmung geschrieben: „Die freie Welt muß stark bleiben." Wie recht hat er doch! Sein Buch hat meiner Arbeit genützt. Es ist bei Coward-McCann, Inc., New York, erschienen.

Außerdem habe ich die Werke der folgenden mit mir befreundeten Verfasser sorgfältig studiert: Sir Basil Liddell Hart, Cyril Falls, Alan Clark, Corelli Barnett und die Veröffentlichungen des verstorbenen Generalmajors Fuller. Das mir von dem Verleger übersandte Buch von John Laffin, *Links of Leadership* war eine interessante Lektüre. Ich möchte nicht behaupten, daß meine Freunde mit allem, was ich geschrieben habe, einverstanden sein werden. Die militärische Beurteilung gründet sich auf meine eigenen praktischen Erfahrungen im Krieg, und ich übernehme die ganze Verantwortung dafür.

Zum Schluß darf ich sagen, daß die Arbeit an diesem Buch mir Freude gemacht hat und ich jedem danke, der mir dabei geholfen hat.

Montgomery of Alamein
F. M.

1 · Das Wesen des Krieges

Der Krieg ist nicht nur Sache des Soldaten. Im Lauf der Geschichte ist das zivile Leben immer wieder durch Kriege in Mitleidenschaft gezogen worden, und in neuerer Zeit sind die Politiker für die Durchführung kriegerischer Unternehmen auf höchster Ebene verantwortlich. Sie sind Zivilisten und nicht Berufssoldaten des Heeres, der Flotte oder der Luftstreitkräfte. Es kommt hinzu, daß Industrie und Wirtschaft im totalen Krieg voll in die Kriegsanstrengungen einbezogen werden. Deshalb ist die Kriegsgeschichte von der Gesamtgeschichte nicht zu trennen, und jedermann sollte die Kriegsgeschichte studieren – Zivilisten ebenso wie die Angehörigen der Streitkräfte.

In diesem Buch werde ich mich besonders mit den Methoden und Techniken einschließlich der Waffentechnik, der Strategie und Taktik und den militärischen Führungsaufgaben beschäftigen. Bei der Behandlung allgemeiner geschichtlicher Gegebenheiten werden die wissenschaftlichen, technologischen, gesellschaftlichen, wirtschaftlichen und politischen Fragen berücksichtigt, die den Verlauf der Geschichte der Kriegführung besonders und entscheidend beeinflußt haben. Dieses Buch soll kein Nachschlagewerk sein. Ich hoffe, der Leser wird es als fesselnde Darstellung bedeutsamer Ereignisse empfinden. Meine Hauptaufgabe wird es daher sein, die wesentlichen Züge der Kriege, Feldzüge und Schlachten zu besprechen, zu sagen, welche technischen Neuerungen ihren Ablauf bestimmt haben, und welche Feldherren und Soldaten es gewesen sind, die in ihnen kämpften. Wo es mir notwendig erscheint, werde ich die Ereignisse aufgrund meiner eigenen militärischen Erfahrung kommentieren.

In diesem ersten Kapitel will ich die Grundprobleme besprechen, mit denen der Leser, besonders wenn er Zivilist ist und sich kaum mit Kriegsgeschichte und Militärtechnik beschäftigt hat, nicht vertraut sein mag. Mit dem Fortschreiten der Zivilisation sind Kriege immer häufiger geworden, und ihre grundsätzlichen Erscheinungsformen sind immer klarer hervorgetreten.

Die Auswirkungen von Auseinandersetzungen mit Waffengewalt haben sich mit der Fortentwicklung des Menschen auf allen Gebieten zum Guten und zum Schlechten zunehmend verstärkt. Geschichtliche Veränderungen sind zu allen Zeiten entscheidend durch den Ausgang der Kriege gewesen, obwohl das nicht der einzige Faktor geblieben ist. Man kann die Geschichte der Kriegführung nicht untersuchen, als finde der Krieg im luftleeren Raum statt. Wilhelm der Eroberer hat, wie sein Name andeutet, die Geschichte Englands nach einem für ihn günstig ausgegangenen Krieg gestaltet. Einige Historiker meinen zum Beispiel, die Metallindustrie habe erst aufgrund des steigenden Bedarfs an Artillerie einen solchen Aufschwung genommen (ich muß zugeben, andere meinen, der Bedarf an Kirchenglocken sei die Ursache gewesen!).

Weshalb kommt es zum Kriege? Mancher mag sagen, der Krieg sei das Kind der fortschreitenden Zivilisierung, andere behaupten, er liege in der menschlichen Natur begründet. Aber eines ist klar, wenn alle anderen Mittel versagten, hat man von jeher versucht, die Entscheidung durch Kriege herbeizuführen. Immer wieder ging Macht vor Recht, obwohl auch manchmal das Recht die Oberhand behielt.

Ursachen und Grundformen der Kriege sind in den einzelnen Teilen der Welt verschieden gewesen. Bei den Nomadenvölkern, wie etwa den Magyaren, wurden Bevölkerungsbewegungen hauptsächlich durch die Lage guter Weidegründe und die Aussicht auf leichte Beute bestimmt. Die Perserkriege hingegen sollten Griechenland und damit Europa von der Tyrannei asiatischer Völker befreien. Das Römische Reich entstand durch Kriege, und Kriege haben wesentlich zu seinem Untergang beigetragen. Gleiches gilt für das von Bismarck geschaffene Deutsche Reich.

Zu gewissen Zeiten waren Religionsstreitigkeiten eine der Hauptursachen für internationale Spannungen. Später erwarben die westeuropäischen Kolonialmächte große Reichtümer aus den Kolonien, die sie mit Waffengewalt an sich gebracht hatten. Die Rivalität auf dem Gebiet des Handels erzeugte dann die Konflikte zwischen den Nationen.

An dieser Stelle möchte ich die folgenden Definitionen einfügen: KRIEG ist ein mit Waffengewalt ausgetragener, längerer Konflikt zwischen rivalisierenden politischen Gruppen. Zu diesen Auseinandersetzungen gehören auch Aufstände und Bürgerkriege, nicht aber innere Unruhen und Gewalttaten einzelner.

DIE GROSSE STRATEGIE ist die Koordinierung und Verwendung aller Hilfsquellen einer Nation oder einer Gruppe von Nationen zur Erreichung eines politischen Kriegsziels – das durch grundsätzliche politische Bestrebungen bestimmt wird. Das oberste Ziel der großen Strategie muß es sein, einen dauernden Frieden zu erreichen und zu sichern.

DIE STRATEGIE ist die Kunst, militärische Mittel wie die Streitkräfte und deren Versorgung zur Erreichung politischer Ziele einzusetzen.

DIE TAKTIK ist der Einsatz und die Kontrolle von Streitkräften und technischen Mitteln im Gefecht. Kurz gesagt, die Strategie ist die Kunst der Kriegführung, die Taktik ist die Kunst des Kämpfens.

Die Kriegführung wird, seit es Kriege gibt, durch bestimmte Umstände gekennzeichnet. Seit den ersten Anfängen gibt es zum Beispiel die Probleme der Beweglichkeit und der Feuerkraft. Der Kriegführende ist bestrebt, seine eigenen Kräfte frei zu entfalten und die Bewegungen des Gegners zu behindern. Die Erfordernisse der Beweglichkeit, der Feuerkraft und der Sicherheit geraten immer wieder in Konflikt. Die Entwicklung der gepanzerten Kampffahrzeuge, die das Kampfgeschehen an immer ausgedehnteren Fronten bestimmen, und die gleichzeitige Entwicklung der drahtlosen Nachrichtenübermittlung, die es ermöglicht, die Truppe über bislang unvorstellbar weite Entfernungen zu führen – das sind nur moderne Formen alter kriegerischer Grundsätze.

Der strategische Hintergrund eines Feldzuges oder einer Schlacht hat große Bedeutung. Welches Ziel strebte der Befehlshaber an? Das Ziel muß ein strategisches Erfordernis erfüllen, aber das strategisch Wünschenswerte muß mit den verfügbaren Kräften und Mitteln taktisch durchführbar sein. Die Details sind wichtig, aber auch die Gesamtlage muß berücksichtigt werden, und der Befehlshaber muß sich den besonderen Erfordernissen des Feldzugs anpassen.

DIE SEESTREITKRÄFTE haben schon seit altersher einen entscheidenden Einfluß auf den Ausgang der Kriege gehabt. In den Perserkriegen erkannten die Athener, daß der Gegner nicht geschlagen werden konnte, solange die persische Flotte Mannschaften und Kriegsmaterial über das Ägäische Meer brachte und an der griechischen Küste auslud. Unter größten Anstrengungen baute Athen seine Flotte und schlug die Perser 480 v. Chr. in der Seeschlacht bei Salamis.

Das Wesen des Krieges

Ein Jahr darauf ging der Perserkrieg zu Ende. Griechenland beherrschte jetzt das östliche Mittelmeer, blühte wirtschaftlich auf und brachte eine großartige Kultur hervor.

Auch Rom geriet in Konflikt mit dem Handelsstaat Karthago in Nordafrika, dessen Flotte das westliche Mittelmeer beherrschte. Rom erklärte Karthago den Krieg, erkannte aber sehr bald, daß der Gegner zunächst zur See geschlagen werden müsse. Deshalb wurde Rom zur Seemacht und besiegte Karthago, den mächtigsten Feind, dem die Römer jemals gegenübergestanden haben. Weil Britannien die französische und die spanische Flotte bei Trafalgar besiegt hatte, wurde eine Landung des Gegners in England unmöglich und konnte eine britische Armee 1808 in Portugal landen. Nach wenigen Jahren besiegte Großbritannien Napoleon, der über eine viel stärkere Armee verfügte, aber sich ausschließlich auf seine Landstreitkräfte stützte.

Auch in jüngster Zeit haben Kriegsflotten eine bedeutende Rolle gespielt. Es ist interessant, daß die Daten der Schlachten bei Trafalgar (21. Oktober) und bei Alamein (23. Oktober) so nahe beieinander liegen. Aber diese beiden Schlachten weisen auch noch andere Ähnlichkeiten auf. Jede von ihnen bezeichnet den Wendepunkt in einem langen Krieg gegen eine starke Kontinentalmacht. Die Schlacht bei Alamein wurde ausgefochten und gewonnen, weil die Alliierten zur See überlegen waren. Sie hätten den Feldzug verloren, wenn sie ihre Streitkräfte nicht schneller hätten auffüllen und mit Nachschub versorgen können als Rommel. Dann wären Ägypten, der Suezkanal und vielleicht sogar der ganze Mittlere Osten verlorengegangen. Wir lernen daraus, daß in der Geschichte immer die Nation Sieger geblieben ist, die die Seeherrschaft hatte.

Die LUFTSTREITKRÄFTE haben, wenn sie zur vollen Stärke entwickelt wurden, die Kampfhandlungen zur See und zu Lande wesentlich beeinflußt. 1941 und 1942 haben die Japaner in Südostasien und im Pazifik gezeigt, was man mit überlegenen See- und Luftstreitkräften erreichen kann. Am 7. Dezember 1941 haben sie die ungeheure Offensivkraft eines Verbandes von Flugzeugträgern zur Wirkung gebracht, der mehr als 300 Flugzeuge einsetzen und die meisten Schlachtschiffe der amerikanischen Pazifikflotte versenken konnte, und zwar in Gewässern, die nach Auffassung der Amerikaner zu seicht für die Verwendung von Lufttorpedos waren. Sehr bald darauf versenkten japanische Landflugzeuge das britische Schlachtschiff *Prince of Wales* und den Schlachtkreuzer *Repulse* vor der malayischen Küste.

In zwei 1942 zwischen amerikanischen und japanischen Seestreitkräften ausgefochtenen Schlachten zeigte sich deutlich, welche beherrschende Rolle die Luftstreitkräfte in der modernen Kriegführung spielen. Das erste Gefecht fand vom 4. bis zum 8. Mai in der Korallensee statt, als die amerikanische Flotte einen amphibischen Angriff der Japaner gegen Fort Moresby abwehrte und damit die Bedrohung Australiens abwendete. Das zweite fand zwischen dem 3. und 6. Juni vor der Midwayinsel statt. Die amerikanische Flotte hatte den japanischen Code entziffert und stand bereit, starken feindlichen Kräften zu begegnen, die sich nörlich und südwestlich von Midway versammelt hatten. Beide Seeschlachten, bei denen die Japaner schwere Verluste erlitten, bezeichneten den eigentlichen Wendepunkt im Krieg gegen Japan. Die Schlacht im Korallenmeer war insofern bemerkenswert, als es die erste Seeschlacht gewesen ist, bei der die gegnerischen Kriegsschiffe einander nicht gesichtet haben. Nicht ein einziger direkter Schuß wurde abgefeuert.

Das Flugzeug ermöglichte es dem Befehlshaber im Landkrieg zum erstenmal, hinter die feindlichen Linien zu blicken. Mit dem Stärkerwerden der Luftstreitkräfte verhinderten diese größere feindliche Truppenbewegungen bei Tage, sodaß es notwendig wurde, vor Beginn einer Entscheidungsschlacht zu Lande die Luftüberlegenheit zu erringen. Starke Luftstreitkräfte haben es Armeen ermöglicht, schneller zu siegen als früher, und dabei geringere Verluste zu erleiden, als man sonst hätte in Kauf nehmen müssen. Es kommt hinzu, daß der Krieg mit

Das Wesen des Krieges

Bombenangriffen tief ins feindliche Hinterland getragen werden konnte, wo die Zivilbevölkerung große Opfer brachte, ungeheure materielle Zerstörungen an der Heimatfront angerichtet wurden, und die Kriegsanstrengungen der so angegriffenen Nation stark behindert worden sind.

Die FELDHERRNKUNST ist ein Thema, das wie ein roter Faden durch das ganze Buch laufen wird. Ich möchte mich hier nur ganz kurz damit beschäftigen, um im zweiten Kapitel näher darauf einzugehen. Die Führereigenschaften des Befehlshabers sind in der Kriegführung von höchster Bedeutung. Der militärische Führer muß die verschiedensten Qualitäten besitzen, zwei aber sind von höchster Wichtigkeit: die Fähigkeit, den richtigen Entschluß zu fassen, und der Mut, diesem Entschluß gemäß zu handeln. Auf anderen Gebieten wie etwa in Wirtschaft und Politik werden andere Eigenschaften höher geschätzt.

Ein Befehlshaber muß wissen, was er will. Er muß sein Ziel klar vor Augen sehen und dann alles daransetzen, es zu erreichen. Seine Untergebenen müssen seine Absichten kennen und wissen, nach welchen Grundsätzen er handelt. Er muß die Führung fest in der Hand haben und klare Anweisungen geben. Es ist notwendig, daß er etwas schafft, was ich „Atmosphäre" nennen will. In dieser Atmosphäre leben und arbeiten die Angehörigen seines Stabes und die ihm unterstellten Truppenführer.

Er muß energisch genug sein, um die Ausführung seiner Befehle durchzusetzen. Sein Charakter und seine Fähigkeiten sollen seinen Untergebenen Vertrauen einflößen. Vor allem aber muß er den moralischen Mut, die Entschlußfreudigkeit und die Entschiedenheit besitzen, die ihn im entscheidenden Augenblick befähigen, fest zu bleiben. In einer Schlacht ist nur eines gewiß, und das ist die Tatsache, daß alles ungewiß ist. Daher ist es die größte Gabe eines Befehlshabers, Vertrauen zu seinen Plänen und seiner Führung auszustrahlen – auch dann (und vielleicht besonders dann), wenn er sich selbst des Ausgangs eines Unternehmens nicht ganz sicher ist. Wenn alle Untergebenen nach diesen Grundsätzen handeln sollen, dann muß ein Befehlshaber dafür sorgen, daß seine eigene Kampfmoral intakt bleibt. Eine Schlacht ist eigentlich ein Zweikampf zwischen dem Willen des Befehlshabers und dem seines Gegners. Wenn er im entscheidenden Augenblick unsicher wird, gewinnt wahrscheinlich der Gegner die Schlacht.

Man kann, glaube ich, die militärischen Führer grob in zwei Kategorien einteilen. Ich verwende dabei französische Begriffe, die das Gemeinte besonders gut ausdrücken. *Le bon général ordinaire* ist der General, der gut ist, solange sein Vorgesetzter ihm im einzelnen befiehlt, was er tun muß, ihm zur Seite steht und darauf achtet, daß der General die Befehle ausführt. *Le grand chef* bedarf nur allgemeiner Anweisungen hinsichtlich der geplanten Operationen und keiner detaillierten Instruktionen. Er weiß, was zu tun ist, und man kann sich auf ihn verlassen. Männer dieser Kategorie sind sehr selten.

Wenn wir die Geschichte der Kriegführung von ihren Anfängen bis heute verfolgen, dann erscheinen eine ganze Reihe bedeutender und bekannter Gestalten auf der militärischen Bühne. Wir werden die Gelegenheit haben, zu entscheiden, in welche Klasse jeder einzelne gehört.

Generäle lassen sich jedoch nur bei der Ausübung ihres Metiers im militärischen Bereich fair beurteilen. Man hat auch aus rein politischen Gründen Feldzüge begonnen und Schlachten geschlagen, und hier liegen Ehre und Reputation manches guten Soldaten begraben.

FEINDNACHRICHTENDIENST UND GEHEIMDIENST dürfen von einem Befehlshaber nie unterschätzt werden. Der griechische Geschichtsschreiber Polybios (201–120 v. Chr.) schreibt: Ein Feldherr muß „sich bemühen, die Neigungen und die Eigenart seines Gegners kennenzulernen". Etwa 2000 Jahre später sagte der Chef des preußischen Generalstabs von Moltke, der diese Stelle seit 1857 dreißig Jahre innehatte, seinen Offizieren, sie würden feststellen, daß dem Gegner im allgemeinen drei Möglichkeiten offenstünden, er aber die vierte wählen werde.

Ein guter militärischer Führer muß die Zügel in der Hand behalten, denn wenn er die Initiative verliert, verliert er damit das Vertrauen seiner Untergebenen. Ist das geschehen, ist er als Führer nichts mehr wert. Er muß deshalb im voraus wissen, wie der Gegner auf seine Maßnahmen reagieren wird, und schnell etwas unternehmen, um den Feind daran zu hindern, die eigenen Pläne zu durchkreuzen.

Aus diesem Grund braucht man einen hervorragenden Nachrichtendienst, dessen Chef ein außergewöhnlich intelligenter Mann, nicht aber unbedingt ein Kämpfer sein muß. Er soll klar denken können, um das Wesentliche von der Masse des Zufälligen zu trennen, das überall vorhanden ist, wo es sich um die Probleme des Gegners handelt. Der Feindnachrichtendienst der Wehrmachtsteile muß eng mit dem staatlichen Geheimdienst zusammenarbeiten.

Ein Befehlshaber muß sich in seinen Gegner hineindenken können oder zumindest versuchen, das zu tun. Aus diesem Grunde hatte ich während des Krieges gegen Hitler immer eine Photographie meines Gegners in meinem Befehlswagen. In der Wüste und dann wieder in der Normandie war Rommel mein Gegner. Immer wieder studierte ich sein Gesicht und versuchte, mir vorzustellen, wie er auf die Bewegungen, die ich einleiten wollte, reagieren würde. Seltsamerweise erwies sich das als nützlich. Ich muß zugeben, daß ich – außer Slim – keinen anderen Befehlshaber kenne, der das getan hat. Dennoch ist es seit jeher notwendig gewesen, sich von den Befehlshabern der gegnerischen Streitkräfte eine Vorstellung zu verschaffen. In jeder Schlacht kann die Truppe dem Feldherrn aus der Hand gleiten. Wenn das geschieht, wird allzuleicht der Gegner die Initiative ergreifen. Wenn ich in meiner langen militärischen Laufbahn etwas gelernt habe, dann ist es die Tatsache, daß man nicht siegen kann, wenn man die Initiative nicht in der Hand behält. Deshalb ist der Nachrichtendienst so wichtig.

Bei jeder Verwendung des Geheimdienstes einer Regierung betrachtet man die Aktionen der Spione, Saboteure und Geheimagenten als außerhalb der nationalen und internationalen Gesetze stehend. Der normale Bürger verachtet sie deshalb. Die Geschichte zeigt, daß keine Nation davor zurückschreckt, diese Mittel einzusetzen, wenn sie ihre vitalen Interessen fördern.

Zwar liegt es zum großen Teil am Befehlshaber und der Art seiner Führung, ob eine Schlacht gewonnen wird oder nicht, aber der Erfolg hängt in erster Linie von der Kampfmoral der Truppe ab. Das beste Mittel, die Moral zu festigen und zu erhalten ist der Erfolg in einer Schlacht.

Das Rohmaterial eines Feldherrn sind seine Männer. Man muß wissen, daß Schlachten in erster Linie mit den Herzen der Männer gewonnen werden. Eine Armee ist nicht nur eine Ansammlung von Soldaten, Panzern und Geschützen, und ihre Stärke liegt nicht nur in der Summe dieser Gegebenheiten. Die wirkliche Stärke einer Armee ist viel größer und soll auch größer sein als die Summe ihrer Teile. Die Kraft steigert sich durch die Kampfmoral, den Kampfgeist, das Vertrauensverhältnis zwischen Führern und Geführten (und besonders zwischen den unteren Truppenführern und dem Oberkommando) und durch viele andere unumgänglich

Disziplin und Kameradschaft spielen eine wichtige Rolle. Warum verläßt der Soldat den sicheren Schützengraben oder das Schützenloch und stürmt voran ins Feuer? Weil der Führer ihm vorausgeht und seine Kameraden links und rechts von ihm vorgehen. Die Kameradschaft gibt dem Mann das Gefühl der Geborgenheit und ermutigt ihn, wenn seine natürlichen Instinkte ihn kalt und furchtsam machen wollen.

Ein Befehlshaber muß wissen, daß in jedem Mann starke emotionale Kräfte verschlossen sind, die in positiver und konstruktiver Weise zur Wirkung gebracht werden müssen, die das Herz erwärmen und die Phantasie anregen. Ein Befehlshaber, der heute die menschlichen Probleme kalt und unpersönlich behandelt, wird nur wenig erreichen. Gelingt es ihm aber, das Vertrauen seiner Untergebenen zu gewinnen, dann besitzt er damit einen unbezahlbaren Aktivposten, und die größten Leistungen werden möglich. Letztlich wird die Schlacht durch den Kampfgeist der jüngeren Offiziere und Soldaten gewonnen, gleichgültig, welche Qualitäten der Befehlshaber selbst mitbringt.

Ich betone besonders, daß dies heute so ist, denn es ist nicht immer so gewesen. Generäle sollen Schlachten gewinnen, und heute wird ein guter General sein Ziel unter möglichst geringen Verlusten an Menschenleben erreichen. Im Mittelalter waren in der westlichen Welt die Mannschaftsreserven einer Nation verhältnismäßig wenig wert. Die Leibeigenen wurden in die Schlacht geworfen und durften dabei umkommen. Im 14. Jahrhundert raste der „schwarze Tod" durch Europa, Mannschaften ließen sich nur noch schwer ersetzen, der ökonomische Wert eines Leibeigenen stieg, und sein Leben mußte geschützt werden. Er war nicht mehr so leicht zu ersetzen.

In heutiger Zeit füllen sich die Ränge der Armeen im Kriegsfall mit Zivilisten, die keine Berufssoldaten, Berufsseeleute oder Berufsflieger sind und es auch nie werden wollen. Sie unterscheiden sich ganz wesentlich vom Leibeigenen oder Söldner vergangener Zeiten. Sie sind gebildet, können denken, haben ein eigenes Urteil und sind kritisch. Sie wollen wissen, was geschieht, was der Befehlshaber von ihnen verlangt, warum sie es tun müssen und wann – und sie wollen davon überzeugt sein, daß der Truppenführer in ihrem Interesse handelt und sie ihm vertrauen können. Natürlich wollen sie den General auch sehen, um sich ein persönliches Urteil über ihn zu bilden. Wenn man alle diese Punkte berücksichtigt, wird die Kampfmoral gut sein.

Aus dem Gesagten geht hervor, daß es in der Kriegführung eine menschliche Seite gibt, die leider bisher von der Geschichtsschreibung oft vernachlässigt worden ist. Wir werden in diesem Buch immer wieder darauf zurückkommen, ohne uns dafür zu entschuldigen, weil es sich um etwas ganz Entscheidendes handelt. Erschöpfung, Furcht, unerträgliche Lebensbedingungen, große Entbehrungen, die Gewißheit, verwundet zu werden und die Wahrscheinlichkeit, zu fallen, das alles wird der Soldat ertragen, der ein festes Herz besitzt, weiß, wofür er kämpft, Vertrauen zu seinen Offizieren und Kameraden hat und sich darauf verlassen kann, daß man nichts Unmögliches von ihm verlangen wird. Jeder, der sich mit der Geschichte der Kriegführung beschäftigt, und natürlich jeder Berufssoldat muß das verstehen. Der moderne Krieg ist ein totaler Krieg, und im Lauf der Jahrhunderte ist die Kriegführung immer komplizierter geworden. Sie umfaßt heute das ganze Leben einer Nation, und damit kommt es im Krieg auch auf die Kampfmoral der ganzen Nation an. Das ist von ausschlaggebender Bedeutung. Zur Zeit der Söldnerheere ging nur ein verhältnismäßig kleiner Teil der männlichen Bevölkerung in den Krieg, und nur wenige waren direkt an den Kriegsanstrengungen beteiligt. Heute jedoch wird die ganze Nation, werden alle Männer und Frauen und die ganze Industrie mobilisiert und für den Krieg eingesetzt. Es kommt hinzu, daß jedermann, ob er nun als Soldat bei der kämpfenden Truppe steht oder in der Industrie arbeitet, Gefahren ausgesetzt ist. Aus diesen Umständen hat sich die Notwendigkeit ergeben, die sogenannte Zivilverteidigung zu organisieren, die man vielleicht besser Verteidigung der Heimat nennen könnte.

Diese Tatsachen haben den modernen Krieg zu einer sehr komplexen Angelegenheit werden lassen. Eine Großmacht muß heute nicht nur für einen konventionellen Krieg, sondern auch für einen nuklearen Krieg gerüstet sein. Wissenschaftliche und technische Hilfsquellen müssen bis zur letzten Möglichkeit ausgeschöpft werden, wenn eine Nation hoffen will, im totalen Krieg zu überleben.

Im letzten Teil dieses Buchs werden wir einen Blick in die Zukunft werfen und überlegen, wie ein zukünftiger Krieg aussehen könnte.

2 · Feldherrnkunst

Talleyrand soll einmal gesagt haben: „Der Krieg ist eine viel zu ernste Sache, als daß man ihn den Militärs überlassen könnte." Im Ersten Weltkrieg teilte Briand dieses Zitat Lloyd George mit. Es ist durchaus zutreffend. Ebenso könnte man auch sagen, der Krieg sei eine zu ernste Sache, um den Politikern überlassen zu werden. Im modernen Krieg ist es von vitaler Bedeutung, daß beide eng zusammenarbeiten. Wo diese Zusammenarbeit fehlt, bleibt der Ausgang des Krieges zweifelhaft. Aber über dieses Thema später mehr. Lassen Sie mich zunächst meine Auffassungen über den Verantwortungsbereich der von Talleyrand erwähnten „Militärs" darlegen.

Ich verwende den Begriff „General" im weitesten Sinne und meine damit jeden höheren Offizier jeder Waffengattung. Im Concise Oxford Dictionary wird das Wort „Generalship" (Feldherrnkunst) wie folgt definiert: „Amt eines Generals; Strategie, militärisches Können; fachmännische Leitung, Takt, Diplomatie." Ich selbst würde sagen, die Feldherrnkunst ist die Wissenschaft und Kunst der Befehlsgebung. Sie ist insofern eine Wissenschaft, als Offiziere ihre Theorien studieren müssen, und eine Kunst, weil die Theorie dann in die Praxis umgesetzt werden muß. In erster Linie geht es dabei um eine intime Kenntnis der menschlichen Natur.

Mao Tse-tung, ein immerhin beachtlicher Truppenführer, schreibt *(Ausgewählte militärische Schriften)*:

> Alle militärischen Gesetze und Theorien, bei denen es im wesentlichem um Grundsätze geht, kommen aus den Erfahrungen früherer Kriege und sind früher oder heute von Menschen zusammengetragen worden. Wir sollten diese Lektionen, die als Erbe vergangener Kriege auf uns gekommen sind und die Menschen mit ihrem Blut bezahlt haben, sorgfältig studieren. Das ist ein Punkt. Es gibt aber noch einen zweiten. Wir sollten die hier gezogenen Schlüsse selbst in der Praxis erproben, das Nützliche übernehmen, das Nutzlose zurückweisen und unsere eigenen besonderen Erfahrungen hinzufügen. Letzteres ist sehr wichtig, denn sonst können wir nicht Krieg führen. Lesen heißt lernen, aber auch die Anwendung ist Lernen, und zwar der wichtigere Teil des Lernens.

Mao Tse-tung hat recht. Ich erinnere mich, im Krieg 1914/18 einem Offizier empfohlen zu haben, sich zu einem Lehrgang für jüngere Stabsoffiziere zu melden, der in Frankreich abgehalten wurde. Er machte sich über meine Empfehlung lustig und sagte, im Kriege zähle nur die praktische Erfahrung im Schützengraben. Ich erzählte ihm dann, was Friedrich der Große über Offiziere gesagt hat, die sich nur auf ihre praktische Erfahrung verließen und das Studium vernachlässigten – er habe in seiner Armee zwei Maultiere, die an vierzig Feldzügen teilgenommen hätten; sie seien aber Maultiere geblieben.

Beides ist notwendig, Theorie und Praxis. Das erste ist das Studium der Kriegswissenschaften und das zweite das Erlernen der praktischen Anwendung der Theorie in der Schlacht. Das erste

Feldherrnkunst

ist immer möglich und darf nicht vernachlässigt werden. Manchmal mag die Gelegenheit für das zweite fehlen, obwohl ich sie in reichem Maß gehabt habe.

Eine Fülle von Erfahrungen liegt in der Geschichte vergangener Kriege beschlossen, und die Truppenführer können nicht auf die Forschungsergebnisse der Kriegsgeschichtler verzichten, die ihnen diese Erfahrungen zugänglich machen (aber auch sie brauchen uns, denn gäbe es keine Generäle und Admiräle zu kritisieren, würden viele von ihnen brotlos werden!) Der Wert ihrer Arbeit liegt in der Aufdeckung von Tatsachen und deren Auswertung (nicht aber in Diskussionen über die Frage, was hätte getan werden sollen). Die Fakten, die als solche ausgegeben werden, müssen natürlich der Wahrheit entsprechen. Jedem steht es frei, seinen Kommentar und seine persönliche Meinung hinzuzufügen.

Vielleicht ist es interessant und paßt in dieses Buch, wenn ich einiges über meine eigenen Studien berichte, die ich als unerfahrener und unwissender Offizier 1909 in meinem Regiment in Indien begonnen und fortgesetzt habe, bis ich Oberbefehlshaber wurde. Mein Ziel ist es immer gewesen, die Vergangenheit aufmerksam zu studieren, um mich in Gegenwart und Zukunft durch vergangene Erfahrungen leiten zu lassen.

Ich habe die Kriegsgeschichte sehr genau studiert, habe mich jedoch dabei zumeist auf die Lektüre zeitgenössischer britischer Autoren beschränkt. Ich habe versucht, die Schriften des Preußen Clausewitz und des Schweizers Jomini zu lesen. Beide sind bekannte Militärschriftsteller, doch konnte ich nichts mit ihnen anfangen und wendete mich wieder Historikern meiner eigenen Nation und Sprache zu. Zunächst las ich *The Science of War* von G. F. R. Henderson. Dieses Werk besteht aus einer Reihe von posthum veröffentlichten Vorlesungen des Verfassers. Aus ihnen entnahm ich, daß das Studium des amerikanischen Bürgerkriegs nützlich sein werde, und las daher *Stonewall Jackson and the American Civil War* vom selben Verfasser. Die Lektüre interessierte mich sehr.

Nun wollte ich mehr wissen und wendete mich jüngeren Historikern zu, besonders wenn es um die Biographien der großen Heerführer der Vergangenheit ging, von denen ich erfahren wollte, wie sie dachten und handelten und wie sie die ihnen verfügbaren Mittel verwendeten. Es kam mir nicht darauf an, zu wissen, wie eine Armee im einzelnen ins Gefecht geführt wurde, sondern mich interessierte die wichtige Frage, vor der jeder General in einem bestimmten Augenblick in einer Schlacht steht, welche Umstände seine Entschlüsse beeinflussen, wie er sich entschieden hat und warum. Ich wollte wissen, was im Kopf eines großen Mannes vorgeht, wenn er eine wichtige Entscheidung trifft. Das war sicher die richtige Methode für das Studium der Feldherrnkunst.

Von allen zeitgenössischen englischen Kriegsgeschichtlern halte ich Sir Basil Liddell Hart für den weitaus bedeutendsten. Ich glaube, er ist der Kriegsgeschichter *non pareil* – leicht lesbar, ganz klar, und seine Analysen und Kommentare sind unübertroffen. Ich kenne ihn und seine Arbeiten seit mehr als vierzig Jahren, und als ich in höhere militärische Ränge aufstieg, hat er auf meine militärischen Entschlüsse einen entscheidenden Einfluß gehabt. Es gibt Historiker, die glauben, im nachhinein die richtige Antwort zu wissen. Man muß nur die Erinnerungen von Liddell Hart lesen, um festzustellen, daß er schon vorher das Richtige wußte. Er ist ein Prophet, der jetzt endlich auch in seinem eigenen Lande anerkannt wird. Liddell Hart überragt insofern weit alle anderen Kriegsgeschichtler, als er nicht nur analysierender und kommentierender Historiker ist, sondern er ist auch ein Theoretiker und hat aus seinem umfassenden Wissen eine Philosophie oder Doktrin des Krieges entwickelt wie Clausewitz und Jomini vor ihm. Doch sie haben sich oft geirrt, während Liddell Hart im allgemeinen recht behalten hat.

Andere Historiker, aus deren Werken ich viel gelernt habe, sind Sir Arthur Bryant, der verstorbene J. F. C. Fuller, Cyril Falls und A. J. P. Taylor. *The Origins of the Second World War* von Taylor ist das Beste, was ich über das deutsche Problem bisher gelesen habe, ein klassisches Werk. Heute wächst eine neue Generation von Kriegsgeschichtlern heran, die selbst keinen Krieg erlebt haben. Unter ihnen halte ich Correlli Barnett für einen der besten. In seinem Buch *The Sword-Bearers* beschäftigt er sich mit einigen Heerführern aus dem Ersten Weltkrieg. Das Werk hat ein hohes Niveau, seine Analysen und Kommentare sind ausgezeichnet. Auch Alan Clark möchte ich empfehlen. Über den russisch-deutschen Feldzug 1941/45 hat er ein erstklassiges Buch unter dem Titel *Barbarossa* geschrieben. Beide Verfasser haben eine Zukunft, und was sie schreiben, ist lesenswert. Aus natürlichen Gründen muß das Waffenhandwerk vor allem theoretisch durch das Studium der Kriegswissenschaften erlernt werden, denn die Gelegenheit zur Praxis wird dem General nicht oft geboten. Deshalb haben alle großen Heerführer eifrig die Kriegsgeschichte studiert. Bismarck schreibt, weise Männer profitieren aus der Erfahrung anderer. Auch T. E. Lawrence weist zu Recht darauf hin, daß wir im 20. Jahrhundert auf eine zweitausendjährige Erfahrung zurückblicken können und wir, wenn wir immer noch Kriege führen müssen, keinen Grund haben, nicht mit Erfolg zu kämpfen. Was ich im Lauf der Jahre gelesen habe, hat mich davon überzeugt, daß niemand in diesem 20. Jahrhundert ein großer Truppenbefehlshaber werden und die Kriegskunst vollendet beherrschen kann, wenn er nicht zuvor die Kriegskunst studiert und über sie nachgedacht hat.

Im Licht meiner eigenen Erfahrungen als Oberbefehlshaber im Kriege bin ich hinsichtlich der Feldherrnkunst zu bestimmten Schlußfolgerungen gelangt. Eine der wichtigsten Aufgaben eines Feldherrn ist es, die „Atmosphäre" zu schaffen, von der ich schon gesprochen habe. Das ist das Arbeitsklima, in dem sein Stab, die ihm unterstellten Truppenführer und seine Truppen leben, arbeiten und kämpfen müssen. Seine Armeen müssen wissen, was er will. Sie müssen seine grundsätzliche Einstellung kennen, und er muß sie mit fester Hand und klaren Anweisungen führen. Wenn das gelingt, dann wird alles plangemäß ablaufen, die ihm unterstellten Kräfte werden einander harmonisch ergänzen und zusammenhalten, und das wird sich in der Schlacht auswirken. Nelson ist dafür ein glänzendes Beispiel.

Von einem Feldherrn muß man außer der „Atmosphäre" noch zwei andere grundsätzliche Dinge verlangen. Erstens soll er einen Kampfverband schaffen und dieses Instrument so gestalten, daß es seinen Vorstellungen entspricht. Dazu gehören eine gute Ausbildung und Kenntnisse auf dem Gebiet der Kriegführung. Zweitens gilt es, im Hauptquartier eine Organisation aufzubauen, die es ermöglicht, die Truppe richtig einzusetzen. Der Kampfverband muß zur rechten Zeit so in Bewegung gesetzt werden, daß er schnell seine größte Wirksamkeit entwickelt. Die Truppen müssen so in die Schlacht geführt werden, daß die besten Aussichten für den Erfolg gegeben sind – und sie müssen das wissen. Der Aufmarsch muß erstklassig sein.

Die wesentlichen taktischen Grundsätze für das Gefecht sind die folgenden:

        Überraschung
        Konzentration der Kräfte
        Zusammenarbeit aller Waffen
        Kontrolle
        Einfachheit
        Schnelles Handeln
        Initiative.

Ein Befehlshaber muß sehr klar denken können und in der Lage sein, in jedem Einzelfall das Wichtige vom weniger Wichtigen zu unterscheiden. Wenn er das Wesentliche eines Problems erkannt hat, darf er es niemals aus dem Auge verlieren. Er darf es nicht zulassen, daß die für den

Erfolg wichtigen Erfordernisse in der Masse der Details untergehen. Militärische Probleme sind eigentlich einfach. Es ist aber nicht immer leicht, die Dinge zu vereinfachen und in der Masse der Einzelheiten das Wesentliche zu erkennen. Der General muß den Blick für die wichtigen Details haben, ohne den Überblick zu verlieren. Er wird wahrscheinlich versagen, wenn er nicht immer einen klaren Kopf behält und sich geistig diszipliniert. Dazu muß er enthaltsam leben, ganz besonders was Trinken und Rauchen betrifft. Der Befehlshaber muß den Operationsplan entwerfen und darf ihn sich weder von seinem Stab noch von den Umständen, niemals aber vom Gegner aufzwingen lassen.

Der Gegner wird am stärksten sein, wenn man ihm die Initiative in der Schlacht überläßt. Weniger günstig ist es für ihn, wenn er durch Manöver aus dem Gleichgewicht gebracht und gezwungen wird, auf unsere Bewegungen und Vorstöße zu reagieren. Wichtig ist das Überraschungsmoment. Oft mag es schwierig, wenn nicht sogar unmöglich sein, ihn strategisch zu überraschen, aber die taktische Überraschung ist immer möglich und gehört an wichtiger Stelle in jeden Operationsplan. Der Feind muß gezwungen werden, nach unserer Pfeife zu tanzen. Das bedeutet, der Befehlshaber muß die Schlacht vorausplanen. Vor Beginn der Schlacht soll er sich darüber klar sein, welchen Verlauf die Operationen nehmen sollen. Dann muß er seine Kräfte so einsetzen, daß die Ereignisse sich seinen Wünschen entsprechend entwickeln.

Im weiteren Verlauf der Schlacht wird der Feind versuchen, unsere Kräfte durch Gegenstöße aus dem Gleichgewicht zu bringen. Das darf man nicht zulassen. Während der Schlacht müssen alle Kräfte so wirkungsvoll entwickelt werden, daß feindliche Gegenstöße einen nicht aus dem Gleichgewicht bringen können. Die Fähigkeiten eines Feldherrn zeigen sich schon vor der Schlacht bei der Gruppierung seiner Truppen und später bei ihrer Umgruppierung aufgrund neuer taktischer Situationen. Damit meine ich, daß jedes Korps bei der Planung und Durchführung eines taktischen Gefechts so aufmarschieren soll, daß es seine Aufgabe am besten erfüllen kann. Im ersten Kapitel habe ich gesagt, daß der General die Eigenarten des Gegners kennen muß, um zu wissen, wie er gegebenenfalls reagieren wird, und um schnell zu handeln mit dem Ziel, den Feind an der Durchkreuzung eigener Absichten zu hindern.

Die Generale unterscheiden sich natürlich voneinander. Jeder wird seine eigenen Methoden und Techniken entwickeln, wie es seiner Ausbildung, seinen Erfahrungen und seinem Charakter entspricht. Mein Grundsatz ist es gewesen, den Gegner durch Manöver aus dem Gleichgewicht zu bringen und selbst im Gleichgewicht zu bleiben. Diese Taktik könnte man kurz als „Ausmanövrieren" bezeichnen. Ich habe immer versucht, den Feind zu zwingen, seine Reserven auf breiter Front zu verzetteln, um seine Abwehr dann an schwachen Stellen zu durchbrechen. Nachdem ich ihn gezwungen hatte, so zu handeln, setzte ich die eigenen Reserven auf schmaler Front zu einem harten Schlag ein. Sobald meine Reserven eingesetzt waren, bemühte ich mich darum, neue Reserven zu bilden.

Man darf die einmal gewonnene Initiative nicht wieder aus der Hand geben. Nur so kann man den Feind zwingen, nach der eigenen Pfeife zu tanzen. Wenn man die Initiative gegenüber einem leistungsfähigen Feind verliert, wird man sehr bald selbst auf seine Schläge reagieren müssen, und dann kann die Schlacht leicht verlorengehen. Bei Operationen großen Stils besteht sehr oft die Gefahr, die Initiative zu verlieren. Deshalb muß man die Schlacht fest in der Hand behalten und bereit sein, seine Pläne der jeweiligen taktischen Lage anzupassen. In jedem Feldzug muß der Befehlshaber zwei Schlachten vorausdenken – er muß an die Schlacht denken, die er plant, und an die nächste. Dann kann er seine Erfolge in der ersten zum Sprungbrett für die zweite machen.

Zwar wird der Feldherr sich vor allem mit operativen Fragen beschäftigen, doch darf er nicht vergessen, daß Menschen das Rohmaterial seines Handwerks sind und die Feldherrnkunst im Grunde eine Beschäftigung mit menschlichen Problemen ist. Der Soldat kann sich in der Schlacht manchmal sehr einsam fühlen. Am Anfang des Ersten Weltkriegs wurde ich als junger Zugführer bei einem Spähtruppunternehmen nachts im Niemandsland ein paarmal von meinen Männern abgeschnitten. Ich war nahe am Feind, war allein und fürchtete mich. Das war meine erste Kriegserfahrung. Natürlich gewöhnte ich mich daran, aber damals erkannte ich, wie wichtig es für den Soldaten ist, zu wissen, daß die hinter ihm stehenden Vorgesetzten aller Ränge sich um sein Wohl sorgen. Dem General, der sich um seine Männer kümmert, dem ihr Leben am Herzen liegt und der seine Schlachten mit den geringsten Verlusten an Menschenleben gewinnt, werden sie vertrauen. Der Soldat folgt dem sieggewohnten General.

Ein General muß daher persönlichen Kontakt zu seinen Truppen haben. Im Zweiten Weltkrieg habe ich deshalb möglichst oft zu den Soldaten gesprochen. Entweder sprach ich vom Kühler meines Jeep aus zu größeren Verbänden oder redete mit ein paar Mann am Straßenrand oder in einer Geschützstellung. Wenn der Feldzug oder die Schlacht in eine entscheidende Phase getreten war, suchte ich die persönliche Verbindung zu meinen Truppen auch auf indirektem Wege durch schriftliche Tagesbefehle. Diese mündlichen und schriftlichen Kontaktaufnahmen erhöhten den Siegeswillen und trugen dazu bei, die von mir geführten Verbände zu einer siegessicheren Truppe zusammenzuschweißen.

Im Ersten Weltkrieg ist es Sir Douglas Haig augenscheinlich nicht gelungen, den persönlichen Kontakt zu seinen Truppen herzustellen. Schweigend besichtigte er seine Armeen. Ein Angehöriger seines Stabes soll ihm gesagt haben, es würde einen guten Eindruck machen, wenn er hin und wieder einzelne Soldaten anspräche. Er beherzigte diesen Rat und fragte einen Mann: „Wo haben Sie diesen Krieg begonnen?" Der erstaunte Soldat antwortete: „Ich habe den Krieg nicht begonnen, Sir, ich glaube, es war der Kaiser." Man versteht, daß Haig seine Versuche wieder aufgab. Dennoch ist es für den militärischen Führer wichtig, den Kontakt zu seinen Männern durch das gesprochene Wort zu suchen.

Die Ausbildung der Truppe nicht nur für den bevorstehenden Feldzug, sondern auch für jede Schlacht zu organisieren, ist eine besonders wichtige Aufgabe des Generals. Der Soldat muß Vertrauen zu seiner Waffe haben und wissen, daß er sie in jeder Lage, in jedem Gelände und bei jedem Wetter wirksam gebrauchen kann. Dieses Vertrauen läßt sich nur durch intensive Ausbildung erreichen, die, wenn sie richtig durchgeführt wird, die Kampfmoral hebt.

Der General darf mit seinem Lob, wo es angebracht ist, nicht geizen. Wer etwas geleistet hat, freut sich, wenn er gelobt wird. Sir Winston Churchill hat mir erzählt, der Herzog von Wellington sei in seinem letzten Lebensjahr von einem Freund gefragt worden: „Wenn Sie Ihr Leben noch einmal zu leben hätten, was würden Sie dann besser machen?" Die Antwort lautete: „Ich glaube, ich hätte freigebiger mit meinem Lob sein sollen."

Aus dem Verhalten der großen Heerführer der Vergangenheit und aus ihren Methoden lernen wir, wie sie das Kriegshandwerk zu ihrer Zeit ausgeübt haben. Wir erfahren etwas über die Entwicklung der Kriegskunst und stellen fest, daß sie bestimmten, festen Regeln folgten. Man wird erkennen, daß in der Kriegführung immer wieder die gleichen Grundsätze angewendet worden sind, nur unter verschiedenartigen äußeren Umständen. Obwohl die Waffen wirkungsvoller geworden sind und sich das komplizierte Geschehen auf dem Schlachtfeld schwieriger überblicken läßt als früher, ist die Kriegskunst heute im Grunde die gleiche wie zur Zeit des klassischen Griechenland oder der kriegerischen Auseinandersetzungen zwischen Rom und Karthago.

Im Verlauf der Jahrhunderte haben militärische Befehlshaber aller Ränge sich mit dem Problem der Verwaltung, auch Logistik genannt, beschäftigen müssen. Die harten Tatsachen haben mich sehr bald gelehrt, daß die Organisation der rückwärtigen Dienste dem entsprechen mußte, was ich an der Kampffront erreichen wollte. Weiter habe ich gelernt, daß man widerstandsfähig und in der Lage sein muß, den Erschütterungen des Krieges standzuhalten, die man mit absoluter Sicherheit erleben wird. Diese Eigenschaft des militärischen Führers bezeichnet man vielleicht am besten mit dem Ausdruck Festigkeit.

Ich habe berichtet, wie ich mich als junger Offizier einsam fühlte. Auch in hohen Kommandostellen gibt es eine Einsamkeit. Ein Befehlshaber trägt eine ungeheure Verantwortung, die er weder seinem Stab noch seinen Untergebenen übertragen kann. Er muß die Entschlüsse fassen, er ist verantwortlich für Erfolg oder Mißerfolg und für das Leben seiner Männer. Dieser Aspekt in der Laufbahn eines Truppenführers kommt besonders in ungünstigen Lagen zum Ausdruck, bestimmt aber immer sein Handeln und bedeutet für den Befehlshaber eine schwere Prüfung. Wellington hat sich in solchen Situationen befunden, ebenso Napoleon, und in geringerem Maß ist es auch mir im Sommer 1944 in der Normandie so gegangen. Wenn die Operationen nicht plangemäß verlaufen, richten sich aller Augen auf den Befehlshaber, und jeder erwartet von ihm Ermutigung und Anleitung für die nächsten Schritte. Wenn das Kriegsglück sich vorübergehend von ihm abwendet und die Lage sich ungünstig zu entwickeln scheint, muß ein Befehlshaber nicht nur seine Armeen kommandieren, sondern lernen, auch sich selbst in der Hand zu haben. Ich weiß, das ist nicht immer leicht.

Im amerikanischen Bürgerkrieg haben die Truppen des Generals Lee ihrem Befehlshaber die Treue gehalten, obwohl er die Schlachten verlor. Wavell schreibt über Lee: „Er ist vielleicht für das rauhe Geschäft des Krieges zu sehr ein Gentleman gewesen."

Kehren wir zu dem am Anfang des Kapitels behandelten Thema zurück. Ich glaube, die Führereigenschaften des Heerführers haben im Kriege höchste Bedeutung, und zwar sowohl auf der politischen als auch auf der militärischen Ebene.

Solange die politischen Führer keine andere Möglichkeit gefunden haben, internationale Spannungen auf vernünftige Weise beizulegen, wird es Kriege geben. Wenn eine Nation zur Erreichung politischer Ziele zu den Waffen greift oder selbst angegriffen wird, dann liegt die Verantwortung für die höhere Führung des Krieges in den Händen der Politiker. Für die Befehlshaber der Streitkräfte wird es jedoch schwierig, ja sogar unmöglich sein, für eine Regierung den Krieg zu gewinnen, die unentschlossen ist, der es an Mut und Klarsicht fehlt und die nicht erkennt, was für die bevorstehenden Feldzüge wichtig und was weniger wichtig ist. Die politischen Ziele und die Strategie müssen unbedingt in unmißverständlicher Sprache dargelegt werden. Sind die geeigneten Befehlshaber bestimmt, müssen sie klare Anweisungen erhalten. Dann übernehmen sie die Verantwortung, und sie müssen dabei von den Politikern bis zum letzten unterstützt werden. Man kann diese Forderung nicht oft und nicht deutlich genug wiederholen.

In einem größeren Krieg kann es vorkommen, daß alle Beteiligten etwa über gleiche Hilfsmittel verfügen. Dann wird die Partei siegen, deren Truppe die beste Ausbildung, die beste Führung und die höchste Kampfmoral besitzt. Ein Truppenführer mag noch so tüchtig sein, in jeder Schlacht gegen einen starken Gegner kommt ein Augenblick, in dem der Ausgang unsicher ist. Der General ist dann machtlos, und alles hängt von seinen Soldaten ab. An ihrem Mut, ihren Fähigkeiten, ihrer Disziplin, ihrer Weigerung, eine Niederlage hinzunehmen, ihrer Standhaftigkeit und ihrem Durchhaltevermögen im Kampf liegt es jetzt, ob der Sieg gewonnen wird. Auf dem langen Marsch von Alamein bis Berlin im Kriege 1939/45 hatte ich in meinem Befehlswagen das folgende Zitat aus Shakespeares „Heinrich V." an die Wand geheftet: „O Gott der Schlachten, stähle die Herzen meiner Soldaten!"

Wenn wir uns im folgenden mit der Geschichte der Kriege beschäftigen werden, dann hoffe ich auf die Zustimmung meiner Leser. Viele Schlachten sind am Ende von den Soldaten und

Matrosen gewonnen worden. Bei der Planung einer Schlacht steht der Befehlshaber einer noch im Nebel des Ungewissen liegenden Zukunft gegenüber. Entwickelt er aber einen vernünftigen Operationsplan, dann werden seine Soldaten diesen Nebel zerteilen.

Ich glaube, daß gute Truppenführer gemacht und nicht geboren werden. Ohne eingehendes Studium wird kein Offizier in die höchsten Ränge aufsteigen. Das Erlernen der Kriegskunst ist eine Lebensaufgabe, und wenn das Studium vernachlässigt wird, kann der General nicht damit rechnen, Erfolg zu haben. Einem meiner Adjutanten, einem ehrgeizigen, aber zur Faulheit neigenden Mann, habe ich einmal gesagt: „Denken Sie daran, daß es in jedem Beruf nur sehr wenige gibt, die ohne harte Arbeit zum Erfolg kommen." Selbstverständlich sind gewisse natürliche Gaben wichtig: Entschlußfreudigkeit, Urteilsfähigkeit, Kühnheit im richtigen Augenblick, Härte. Wir werden sehen, wie gute Ausbildung und Kriegserfahrung schlachtgewohnter Truppen oft zum Sieg über einen zahlenmäßig überlegenen Feind geführt haben, der sich in der günstigeren Ausgangslage befand. Wir werden sehen, wie der gute Truppenführer sich in unglücklichen Lagen ebenso wie auf der Höhe des Erfolgs bewähren muß. Schließlich werden wir zeigen, daß Energie, Dynamik und Willenskraft des Befehlshabers die wichtigsten Erfordernisse für den militärischen Erfolg sind. Wer diese Eigenschaften im höchsten Grade besitzt, hat Anspruch darauf, zu den großen Heerführern gezählt zu werden. Der Schmelztiegel des Krieges wird am Ende entscheiden, aus welchem Material ein Truppenführer gemacht ist.

Ich möchte dieses kurze Kapitel über die Feldherrnkunst mit einem Gedanken abschließen, der bei der Lektüre der geschichtlichen Darstellungen noch deutlicher hervortreten wird. Der verstorbene Feldmarschall Wavell erzählte mir einmal, das Delphische Orakel habe den Spartanern, als sie auf der Höhe ihrer militärischen Macht etwas hochmütig die Frage stellten, „Gibt es etwas, durch das Sparta geschlagen werden kann?" mit dem Spruch geantwortet: „Ja, durch den Luxus."

Ich habe Delphi besucht und mich einige Stunden am Schauplatz dieses etwas verwirrenden Interviews aufgehalten. Wie weise war diese Antwort! Im Lauf unserer Untersuchungen werden wir sehen, daß die Geschichte einer Nation kein Roman mit einem happy end ist. Sie besteht aus einem jahrhundertelangen Ringen. Jeder Schritt vorwärts muß erkämpft, jede gewonnene Position gehalten werden. Im Kriege kennt man den Feind genau. Im Frieden steht das Volk einem hinterlistigeren Gegner gegenüber: der inneren Schwäche, die allein den Niedergang einer großen Nation bewirkt. Wenn es in neuerer Zeit ein Beispiel dafür gibt, dann ist es Frankreich – in jeder Hinsicht eine große Nation. Aber vor dem Krieg 1939/45 war seine Seelenkraft durch innere Schwäche ausgehöhlt. 1940 kam der Zusammenbruch. 1958 gab General de Gaulle Frankreich seine Seele wieder, und unter diesem großen Führer ist das Land wie ein Phönix aus der Asche emporgestiegen.

Von allen Völkern, deren Soldaten im Krieg unter meinem Kommando gestanden haben, und die ich in den elf Jahren meines Dienstes in der westlichen Verteidigungsorganisation kennengelernt habe, kenne ich natürlich mein eigenes britisches Volk am besten. Wir sind schon immer ein standhaftes und unabhängiges Volk gewesen und haben viele Jahre hindurch keine endgültige Niederlage erlebt. Die Freiheit liegt uns im Blut, und das hat uns in einzigartiger Weise starkgemacht. Die industrielle Revolution hat diesem Geist geschadet, aber der verzweifelte Existenzkampf in den britischen Slums hat die hier unter Entbehrungen lebenden Menschen hart gemacht. Wirtschaftliches Elend hat die innere Haltung der Briten nicht beeinträchtigen können. Aus dem britischen Geist sind der Schotte aus Glasgow, die Männer aus Lancashire und den Midlands und der Londoner Cockney hervorgegangen. Mit solchen Männern ist alles möglich. In der Schlacht sind sie nicht zu schlagen, vorausgesetzt, sie werden gut geführt, sind gut ausgerüstet, und sie vertrauen ihren Führern. Aber stets lauert die Gefahr

Feldherrnkunst

Berühmte Feldherren

von innen, und sie muß unter Kontrolle gehalten werden. Der Orakelspruch ist wahr. Wenn die Mannschaft einer Nation dem Luxus verfällt und kriegerische Tugenden vernachlässigt, dann ist die Wahrscheinlichkeit groß, daß diese Nation untergeht.

Der wichtigste Umstand, auf den das Kriegspotential eines Volks sich stützt, ist die Kampfmoral. Der kluge Francis Bacon schreibt: Von Mauern umgebene Städte, Waffen und Rüstungen, gute Pferderassen, Kampfwagen, Elefanten, Feld- und Belagerungsartillerie, das alles ist nur wie ein Schaf im Löwenfell, wenn die Menschen nicht stark und kriegerisch veranlagt sind.

Beim Studium der Geschichte der Kriegführung erkennt man, wie wahr diese Worte sind. Die Verantwortung liegt bei den politischen Führern, aber auch die militärischen Führer müssen ihren Teil dazu beitragen.

Zur guten Kampfmoral gehört auch die gute körperliche Verfassung. Nur ein körperlich gestählter Soldat, Matrose oder Flieger ist den Erfordernissen des Krieges auch geistig gewachsen. Im Vorwort zu seinem Buch *Land and Sea Tales* schreibt Kipling:

Nationen sind vergangen und vergessen,
In der Geschichte lesen wir es nach,
Und immer ist's der gleiche Grund gewesen;
Sie gingen unter, denn sie wurden schwach.

Der Feldherr muß dafür sorgen, daß seine Truppen von jenem ansteckenden Optimismus und Offensivgeist erfüllt sind, die aus dem körperlichen Wohlbefinden kommen. Damit und im festen Vertrauen auf die eigene gute und gerechte Sache wächst der Wille, die Schlacht auch angesichts der größten Schwierigkeiten durchzustehen und schließlich den Sieg zu erringen.

Kriegführung im Altertum

In fast allen primitiven Gesellschaften hat es auch Kriege gegeben. Bogenschütze auf einer Felszeichnung von Tassili (ca. 3000 v. Chr.)

Erster Teil · Kriegführung im Altertum

3 · *Der Krieg in frühgeschichtlicher Zeit*

Schon die ältesten Berichte zeigen, daß es seit jeher Kriege gegeben hat. Wenn wir uns um 7000 Jahre nach Jericho zurückversetzen, sehen wir, daß hier eine Fläche von 2,5 Hektar von einer etwa 7 Meter hohen Mauer und einem etwa 5 Meter breiten und 3 Meter tiefen, in den Felsen gehauenen Graben umgeben war. Von den etwa 2500 Bewohnern standen 500 bis 600 unter Waffen. Man hat Pfeilspitzen aus Feuerstein gefunden und festgestellt, daß diese Leute sich auf die Kunst des Bogenschießens und den Festungsbau verstanden. Ich kenne die Gegend gut und habe 1931 die Ausgrabungen und Mauern der alten Städte am Toten Meer stundenlang besichtigt. Die starken Befestigungsanlagen deuten darauf hin, daß die Bewohner es mit gefährlichen Feinden zu tun hatten.

Aber die Kunst der Kriegführung hatte sich schon viel früher zu entwickeln begonnen. Wie entstand also der erste Krieg?

Kriege sind wesentliche Bestandteile der Geschichte, denn es geht hier um die Grundvoraussetzungen des Lebens des primitiven Menschen – die Ernährung und einen sicheren Wohnort. Das ist auch heute noch so. Doch alles, was der Mensch braucht, und vieles, was er sich wünscht, wie Ehepartner, Wohlstand, Macht und Rang, steht oft nicht im Übermaß zur Verfügung, und diese ökonomische Tatsache ist die Grundursache dafür, daß Einzelne und ganze Gemeinwesen einander unaufhörlich bekämpft haben. Bei diesen Kämpfen ging es um das Existenzminimum. Tiere und Insekten bekämpfen sich aus dem gleichen Grund. Ameisen führen komplizierte Kriege, bei denen es Spionage, Massenangriffe, Überraschungsoffensiven, Schlachten und Siege gibt, die von disziplinierten, massiert auftretenden Lebewesen unter der Führung einer Offiziershierarchie ausgefochten werden, die einer weit vorausplanenden Strategie folgt. Zum erstenmal erfuhr ich von Sir Winston Churchill etwas über diese Ameisenkriege, und er schenkte mir Maeterlincks Buch *Das Leben der Ameisen* anläßlich seines Besuchs in meinem Hauptquartier in Deutschland im Herbst 1944. Ameisen verfügen über organisierte Armeen und führen Offensivkriege. Vielleicht dachte er, das Buch könne mich bei der Planung meiner Offensiven gegen die Deutschen anregen.

Jedenfalls ist der Krieg eine natürliche Sache. Die Menschen hätten sich wahrscheinlich kaum dazu entschlossen, Kriege zu führen, wenn sie nicht dazu gezwungen worden wären. Im Rückblick auf die Errungenschaften der Menschheit zeigt es sich, daß die Zusammenarbeit mindestens ebenso normal ist wie der Kampf. Zorn, Aggression und Furcht sind nur entstanden, weil jedes Lebewesen in einer auf Konkurrenz angelegten Gesellschaftsstruktur für seinen Nachbarn ein Hindernis oder eine Gefahr bedeutet. Tiergesellschaften wie die Straßenhunde in Istanbul, Vögel und Affen beanspruchen für sich jeweils einen bestimmten Raum. Innerhalb der Gesellschaft tut das Individuum das gleiche. Die Grenzen werden allgemein respektiert, und Gewalt wird nur angewendet, um Eindringlinge zu vertreiben, wenn Drohungen nicht genügen oder kein Fluchtweg offenbleibt. Haushühner und Vieh kennen Hierarchien, in denen die jüngeren Tiere die älteren achten, wenn ihre Interessen aufeinanderstoßen, z. B. bei der Nahrungssuche. Bei bestimmten Tierarten gibt es also keine regelrechten Kämpfe mehr. Auch bei den Menschen gibt es viele solche Rituale zur Vermeidung physischer Gewalt. Die offizielle Diplomatie ist das augenscheinlichste. Die Menschen sind allerdings bei dem Versuch, auf die Gewaltanwendung zu verzichten, weniger erfolgreich gewesen als die Tiere. Das liegt daran, daß sie unter viel größeren Spannungen leben mußten, die z. B. durch Überbevölkerung ausgelöst werden, und daß ihre Probleme komplizierter sind.

Aggressivität und kriegerischer Sinn beim einzelnen sind nicht unbedingt die Folge eines Instinkts oder angeborenen psychischen Zwangs, aber in Gesellschaften sind sie natürlich. Soweit wir die Geschichte zurückverfolgen, sehen wir, daß die Menschen sich für die Verteidigung organisieren mußten. Ihre Wohnungen mußten sie gegen Naturgewalten und gegen Feinde schützen, und deshalb lebten sie so oft in schwer zugänglichen Felsenhöhlen, auf Berggipfeln wie bei Windmill Hill in Witshire und Homolka in Böhmen oder, wie die ersten Einwohner Norditaliens und die heutigen Bewohner von Brunei, in im Wasser oder Sumpf errichteten Pfahlbauten. Die gleichen Stöcke und Steine, die sie als Haus- und Jagdgeräte verwendeten, gebrauchten sie auch im Kampf. Die Kriegswaffen der Steinzeit waren Steinäxte und Messer, Klingen und Lanzenspitzen aus Knochen, Feuerstein und Rentiergeweihen. Zwar ist es den Archäologen unmöglich, die Ursachen und Methoden der in der Steinzeit in Europa und Asien geführten Kriege zu erforschen, wir können uns aber ein Bild davon machen, wenn wir das Leben primitiver Völker auf anderen Kontinenten betrachten, von denen einige noch im 20. Jahrhundert in der Steinzeit leben. Hier können wir sehen, weshalb sie Krieg führen und welche Rolle die Gewaltanwendung bei ihnen spielt.

Über die kriegerische Haltung primitiver Völker läßt sich nichts Allgemeingültiges aussagen. Es gibt die verschiedensten Kriegsanlässe, und der Grad der Wildheit richtet sich nach den Umständen, nach der Heftigkeit der Gefühle, der Furcht vor den Folgen usw. Einige Stämme metzeln alle Gefangenen nieder, andere behandeln sie freundlich. Die Pygmäen sind besonders friedlich, aber deshalb und weil sie schwach sind, haben andere, aggressivere Völker sie in die unwirtlichsten Regionen Afrikas zurückgedrängt. Die Eingeborenen Australiens verabscheuen den Krieg, aber in vielen anderen Teilen der Welt gibt es Stämme, die den Krieg noch bis vor kurzem als normal und naturgegeben ansahen. Beispiele dafür sind die Massai in Ostafrika, die Guaranis in Brasilien, die Apachen in Nordamerika, die Dayaks und Kenxas in Ozeanien. Von Königen beherrschte Stämme sind meist kriegerischer als solche mit einer demokratischen Regierung. Vor hundert Jahren stellte Sir Richard Burton fest, daß in Gabun und am unteren Niger, wo der Stamm die Zustimmung der Ältesten brauchte, um Krieg zu führen, Stammesfehden viel seltener waren als in Ostafrika, wo die Stämme von absoluten Königen beherrscht wurden.

Bei den Primitiven ist die Übervölkerung der häufigste Kriegsgrund. Sie entsteht entweder durch das plötzliche Anwachsen der Bevölkerung eines Gebiets oder durch den Mangel an Nahrung oder Wasser. Malthus hat recht, wenn er sagt, im allgemeinen entsprächen die Lebensbedingungen einer Umwelt nicht dem raschen Ansteigen der Geburtenziffer. Die Bevölkerungszahl muß niedrig gehalten werden, und das geschieht durch Kriege oder auf natürlichem Weg durch Seuchen. Die Geschichte der nordamerikanischen Indianerstämme zeigt, wie das Bedürfnis nach Landbesitz zum Kriege führen kann. Gegen 1600 begannen die Europäer, als sie sich in genügender Zahl mit überlegenen Waffen an der Ostküste festgesetzt hatten, die Indianer nach Westen zurückzudrängen. Länger als ein Jahrhundert bekämpften sich die Stämme gegenseitig, weil die nach Westen zurückgehenden in das Gebiet ihrer westlichen Nachbarn eindrangen. Die Chippewa und die Sioux lieferten sich größere Schlachten, im 17. Jahrhundert bei Mille Lacs, im 18. Jahrhundert am Elk River und 1800 am Cross Lake. Das waren nicht nur Raubzüge, sondern regelrechte Kriege, in denen die einen ihre Heimstätten gegen fremde Eindringlinge verteidigten, während die anderen aus ihren Gebieten im Osten vertrieben wurden. Im 19. Jahrhundert wurde die Lage noch ernster, weil die Büffel, die Hauptnahrung der Indianer, verschwanden, und sie sich immer bessere Pferde und Feuerwaffen verschaffen mußten. Die Kettenreaktion des erzwungenen Nomadisierens ging weiter, und die geschlagenen Sioux drängten andere Stämme wie die Cheyenne weiter nach Westen. Die Cheyenne trieben schließlich die Komantschen nach Mexico hinein.

Ein weiterer fundamentaler Kriegsanlaß mag in dem tief verwurzelten menschlichen Instinkt liegen, in Gruppen leben zu wollen. Wenn in einem Gemeinwesen Zusammengehörigkeitsgefühl und Vaterlandsliebe entstehen sollen, dann muß die Gruppe in sich abgeschlossen leben und den Nachbarn feindlich gegenüberstehen. Bezeichnenderweise bedeutet das lateinische Wort *hostis* sowohl „Fremder" als auch „Feind". Jedes Volk sucht, seine eigene Kultur zu bewahren, und es besteht ein enger Zusammenhang zwischen Kultur und militärischen Einrichtungen. Das zeigt sich besonders in der Religion, etwa bei den Initiationsriten. Bei dem südamerikanischen Stamm der Mbaya war es ein Bestandteil des religiösen Glaubens, daß alle anderen Stämme angegriffen und ausgeplündert werden mußten. Als die Europäer die Stammeskriege unter den Polynesiern verhinderten, gerieten diese in eine schwere gesellschaftliche und kulturelle Krise. Ihr kriegerisches Leben hatte bisher die Wertmaßstäbe gesetzt. Als die Kriege aufhörten, verloren sie ihre Energie, ihren Stolz und ihre Religion.

Der Krieg fasziniert die Menschen, denn er ist erregend und kann sogar unterhaltend sein. Viele Indianerstämme veranstalteten Kriegsspiele, bei denen es oft Verluste gab. Im Krieg kann man leicht Beute machen. Das Leben wird romantisch und farbenfroh, es erfordert Disziplin, es entwickeln sich Riten, man opfert sich auf, erlebt Kameradschaft, gewinnt Ansehen und wird von den Frauen bewundert. Oft sind Frauen der Anlaß zum Kriege. Helden wie Achilles werden von ihnen bewundert. Auf Tahiti lag ein wesentlicher Grund für die Entstehung von Kriegen in dem Brauch, daß ein junger Mann erst heiratsfähig wurde, wenn er die Tätowierung trug, die anzeigte, daß er einen Feind im Kampf getötet hatte. In der Bibel werden Kriege erwähnt, bei denen es darum ging, einem anderen Volk die Frauen zu rauben – eine der vielen Arten des Beutemachens. In den klassischen Sagen des Altertums lesen wir von Helena und vom Raub der Sabinerinnen. Ende des 18. Jahrhunderts überfielen barbarische Korsaren ein französisches Küstendorf, um die Frauen in arabische Harems zu verkaufen. Schwächere Stämme verunstalten ihre Frauen, um sie durch ihre Häßlichkeit vor Frauenräubern zu schützen.

Man darf annehmen, daß die Anlässe und Methoden des Krieges sowie die Bedeutung des Kriegertums bei der Gestaltung der Kultur und Struktur primitiver Gesellschaften in sehr alter Zeit die gleichen waren wie im 20. Jahrhundert. Genau läßt sich das nicht feststellen, denn bei der archäologischen Erforschung der Frühgeschichte besteht eine Lücke von 3000 Jahren. Die Befestigungen in Jericho stammen aus der Zeit um 7000 v. Chr., und die Geschichte Mesopotamiens und Ägyptens ist erst wieder vom 4. Jahrtausend v. Chr. an bekannt.

Wenn wir den Faden aufnehmen, erkennen wir sogleich, daß in den vier Jahrtausenden vor Christus alle militärischen und politischen Entwicklungen im Mittleren Osten wesentlich durch das Problem der Übervölkerung beeinflußt worden sind. Die ersten Kulturen entstanden in den großen Flußniederungen; Babylonien und das Königreich von Sumer an den Unterläufen des Euphrat und Tigris, Ägypten beiderseits des Nil. Bei den nie aufhörenden Kriegen ging es immer wieder um den Besitz der kleinen, aber sehr fruchtbaren Flächen innerhalb eines dichtbesiedelten, im übrigen aber trockenen und unfruchtbaren größeren Gebiets. Die Bewohner

Kriegführung im Altertum

der Flußtäler kämpften um jeden Zollbreit gut bewässerten, fruchtbaren Bodens.

Aber die Talbewohner kämpften nicht nur gegeneinander, sondern mußten sich auch gegen die neidischen Wüstenbewohner verteidigen. Weder Ägypten noch Babylonien waren durch natürliche Hindernisse geschützt. Die Ägypter hatten ständig damit zu tun, ihre weniger kultivierten Nachbarn an ihren Grenzen abzuweisen: die Nubier im Süden und semitische Nomaden auf der Sinaihalbinsel im Osten. Als erster ägyptischer König unternahm Semerkhet etwa 3370 v. Chr. einen Vorstoß auf die Sinaihalbinsel. Auf einer Felswand hinterließ er einen Bericht über diesen Feldzug. Das Relief zeigt ihn, wie er den Beduinenfürsten niederschlägt. In einem Grab in Sahure befindet sich ein Wandgemälde aus dem Jahr 2950 v. Chr. mit der Dar-

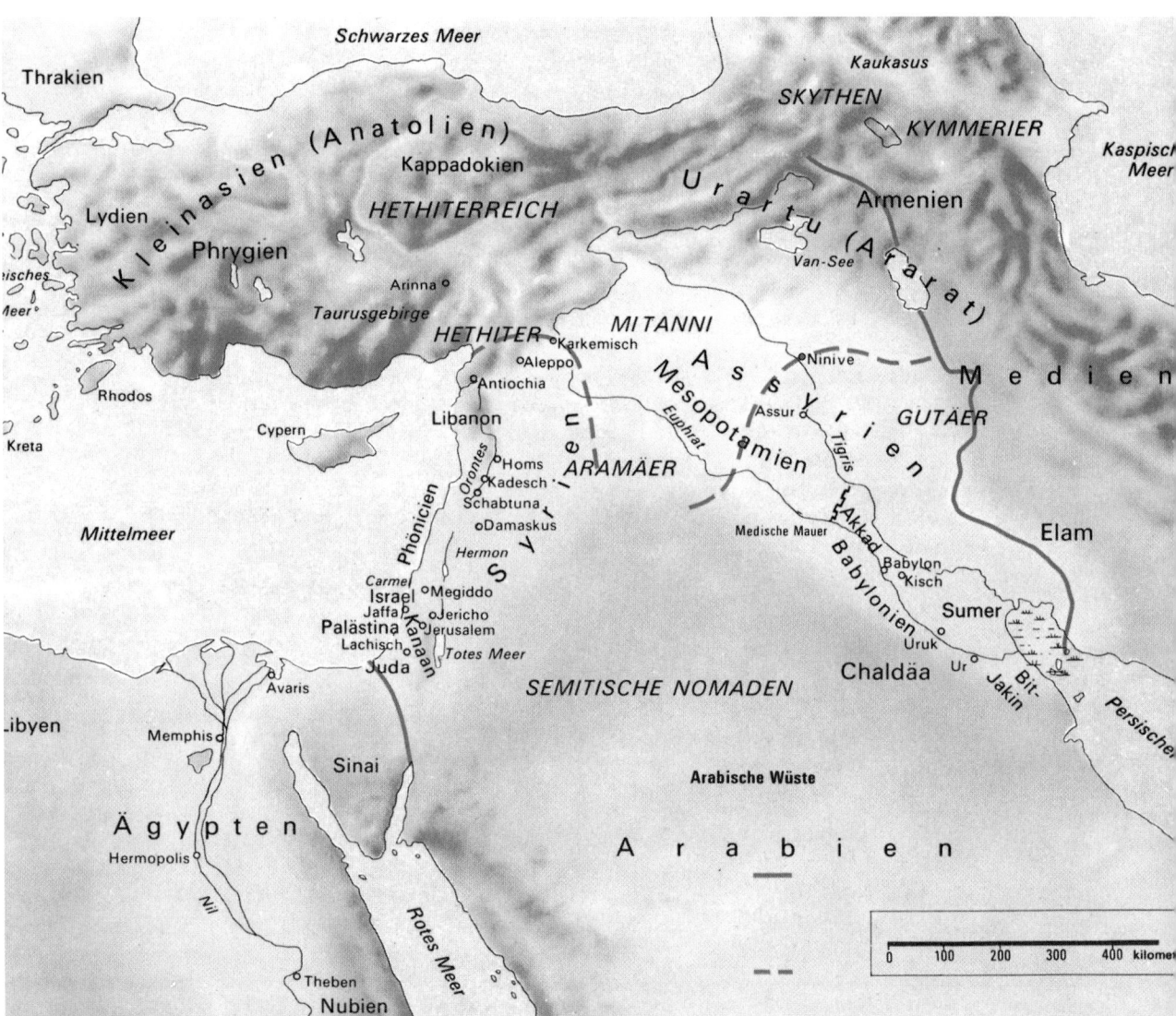

Der fruchtbare Halbmond im Altertum mit den Königreichen Ägypten und Assyrien

stellung eines Unternehmens zu Schiff über das Rote Meer zur Sinaihalbinsel. Die zurückkehrenden Schiffe haben semitische Gefangene an Bord. Auch die babylonischen Könige mußten arabische Semiten und die Bergbewohner von Assyrien und Elam (ostwärts von Babylonien und am anderen Tigrisufer) am Überschreiten ihrer Grenzen hindern.

Manchmal entwickelten sich die Raubzüge der wilden Stämme zu viel größeren Unternehmungen, als große Nomadenhorden – zuerst Semiten und später Indo-Europäer – von den Flußniederungen angezogen wurden. Die semitische Bevölkerung des Mittleren Ostens und Nordafrikas kam aus der Arabischen Wüste. Obwohl es die Heimat dieser Völker ist, ist ein großer Teil der Wüste oft unbewohnbar; wenn die tiefgelegenen, feuchten Flächen austrocknen, wie es oft geschieht, müssen sich die Nomaden nach neuen Weidegründen umsehen. Da das Gelände nach Osten zu allmählich abfällt, wanderten die Stämme zum Persischen Golf, zum Euphrat und nach Mesopotamien. Die Bevölkerungsbewegungen waren hier sehr kompliziert, es hat aber in alten Zeiten drei große Vorstöße der semitischen Stämme Arabiens gegeben.

Nach der Sage bestand 4500 v. Chr. in Nordmesopotamien eine semitische Dynastie. Halblegendäre Berichte sprechen von einer etwas später im Süden errichteten sumerischen Dynastie. Das noch spätere südliche Königreich Ur wurde 3200 bei Akschak am Tigris von Semiten vernichtet. Das Ringen zwischen Sumerern und Semiten um Mesopotamien war der erste Zusammenstoß zweier Kulturen in der Geschichte. Im 4. Jahrtausend bauten die Völker im Süden die Medische Mauer zwischen Euphrat und Tigris gegen nomadische Eindringlinge. Das entsprach dem strategischen Konzept der großen chinesischen Mauer, doch blieb die Maßnahme wirkungslos. Der Kampf zwischen Nord und Süd um die Herrschaft in Mesopotamien ging durch die Jahrtausende weiter.

2872 gründete Sargon, ein niedrig geborener Priester der Schlachtengöttin Ischtar, die erste Dynastie, die nördliche und südliche Völker beherrschte. Inzwischen waren die Semiten durch starke Zuwanderungen aus Arabien, Syrien und Nordmesopotamien noch vor 3000 verstärkt worden. Sargon errichtete seine Hauptstadt – wahrscheinlich aus strategischen Gründen – in Akkad, wo Euphrat und Tigris nur etwa 25 Kilometer von einander entfernt sind. In seinem zweiten Regierungsjahr eroberte er Elam und brachte die westlichen Gebiete bis zum Mittelmeer und Zypern unter seine Herrschaft. Aufstände schlug er mit fester Hand nieder. Der Chronist schreibt z. B.: „Er verwandelte Kasalla in Staub und Trümmer und vernichtete sogar die Brutplätze der Vögel." Die aus Kleinasien von Nordwesten eindringenden Hethiter wurden zurückgeschlagen.

Der nächste bedeutende akkadische Soldatenkönig war Naram-Sin, ein erfolgreicher Feldherr mit einer starken, disziplinierten Armee. Bis zu seinem Tode beherrschte er das größte Königreich, das die Welt bisher gesehen hatte. Es erstreckte sich von Armenien bis zum Persischen Golf und dem Roten Meer und von Elam bis an die Mittelmeerküste. Später zerfiel es aufgrund innerer Zwistigkeiten und durch das Eindringen von Barbaren aus dem nördlich gelegenen Gutium. Vierzig Jahre nach Naram-Sins Tod verlor auch Akkad seine Unabhängigkeit.

Die zweite Hälfte des 4. und das 3. Jahrtausend, als Semiten und Sumerer sowie das akkadische Königreich und das alte Ägypterreich (3500–2400 v. Chr.) aufeinanderstießen, sahen bedeutende kriegerische Ereignisse. Mit Ausnahme der Kavallerie entwickelten sich hier zum erstenmal die Grundsätze der Kriegführung, die Waffen und die Festungsanlagen, wie sie in den folgenden dreitausend Jahren verwendet wurden, bis im 14. Jahrhundert n. Chr. das Schießpulver in Gebrauch kam. Die Mesopotamier waren den Ägyptern militärtechnisch überlegen, die sich bis zum Eindringen der Hyksos 1800 v. Chr. auf kleinere kriegerische Unternehmen beschränkten. Die Ägypter verwendeten z. B. Streitwagen erst 1200 Jahre später als die Mesopotamier.

Kriegführung im Altertum

In Mesopotamien war der Streitwagen das Rückgrat der Armee. In Babylonien gab es vierräderige, von Eseln gezogene Streitwagen. Die Krieger tragen Panzerumhänge

Das Buch *The Art of Warfare in Biblical Lands* von Yigael Yadin ist hinsichtlich der Bewaffnung und der Kriegstechnik im Altertum sehr lehrreich. Yadin war im Unabhängigkeitskrieg Israels gegen die britische Armee 1948 Chef des Stabes der israelischen Armee, und ich stand ihm als Chef des Stabes der britischen Streitkräfte gegenüber. Ich erinnere mich nicht, ihn kennengelernt zu haben.

Nach 3500 n. Chr. war der Streitwagen die wichtigste Waffe in Mesopotamien. Es gab zwei Typen, den zweiräderigen und den vierräderigen Wagen. Von Eseln gezogen waren es zunächst recht schwerfällige Fahrzeuge. In den Königsgräbern von Kisch hat man Streitwagen mit einem schweren, senkrechten vorderen Schutzschild gefunden. Sie wurden wahrscheinlich zum Frontalangriff verwendet. Die Besatzung bestand aus dem Fahrer und einem mit Wurfspieß und Lanze bewaffneten Krieger. Mit dem Streitwagen wurde der Gegner angegriffen und in Schrecken versetzt. Der Kampf begann auf mittlerer Entfernung mit dem Wurfspieß. Auf nächste Entfernung wurde die Lanze verwendet. Schon damals war der Streitwagen eine entscheidende Kriegswaffe. Zwischen 2000 und 1500 wurden die Streitwagen weiterentwickelt, und die leichteren, mit Speichenrädern versehenen Fahrzeuge waren viel beweglicher. Durch die Verlagerung der Achse nach hinten erhöhte sich ihre Manövrierfähigkeit. Die um 2000 aus den nördlichen Steppen nach Mesopotamien eingeführten Pferde ersetzten die Esel. Mit Einführung des zusammengesetzten Bogens erhöhte sich die Feuerkraft. Die Keule war, besonders bei den Ägyptern, eine viel verwendete Waffe. Als aber feste Helme in Gebrauch kamen, verlor sie an Wirkung, und die Streitaxt trat an ihre Stelle. Im 3. Jahrtausend entwickelte man Äxte mit kupfernen Klingen zum Stoßen und Hauen. Mit ihnen wurden Lanzenträger und die Besatzungen der Streitwagen ausgerüstet. Das Schwert kam in Mesopotamien erst später in Gebrauch, wo die Kunst, eine lange Klinge aus hartem Metall zu schmieden, sich nur allmählich entwickelte. Die ersten Schwerter sahen aus wie Dolche, kurz, gerade und zweischneidig. Später kamen die gebogenen Sichelschwerter. Schon anatolische Waffenschmiede versuchten,

Der Krieg in frühgeschichtlicher Zeit

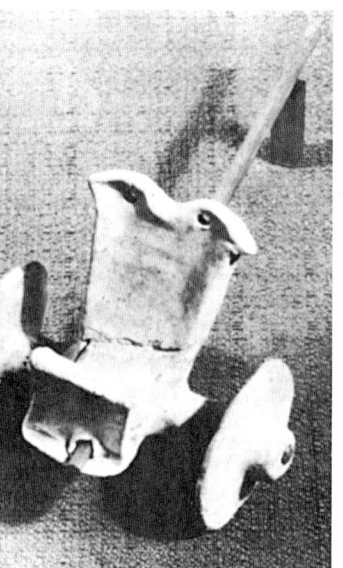

Tonmodell eines zweirädrigen sumerischen Streitwagens mit Scheibenrädern und Schutzschild. Reliefdarstellung von zwei zweirädrigen assyrischen Streitwagen mit Speichenrädern

lange Eisenklingen herzustellen, aber diese Fertigkeit entwickelte sich nur langsam, und Eisenschwerter gehörten erst im 14. Jahrhundert v. Chr. zur normalen Bewaffnung. Bis dahin war die Hauptwaffe der mesopotamischen Phalanx die Lanze, ein langer Holzschaft mit einer blattähnlichen Metallklinge, der auf dem Marsch auf der Schulter lag und im Angriff horizontal gehalten wurde.

Seit dem Ende des 4. Jahrtausends sehen wir zahlreiche Abbildungen des Bogens. In Ägypten war es der zusammengesetzte Bogen, in Mesopotamien der einfache Rundbogen. Die Streitwagenbesatzungen benutzten ihn erst nach 2000 v. Chr. Die Pfeilspitzen waren aus Feuerstein. Auf dem Siegesdenkmal Naram-Sins (2800) sehen wir den zusammengesetzten Bogen zum erstenmal. Damals wurde der Bogen zur wichtigsten Kriegswaffe. Ihm waren vor allem die Erfolge der Akkadier zuzuschreiben. Bisher war der Bogen nur aus einem Material gewesen, aber man hatte keines gefunden, das stark und elastisch genug war, um weite Schüsse zu ermöglichen. Der neue, zusammengesetzte Bogen bestand aus vier Materialien: Holz, Tierhorn, Sehnen und Leim. Die Bestandteile wurden zunächst so zusammengebunden, daß das Ganze sich in verkehrter Richtung bog. Nachdem die Sehne angebracht war, wurde so die Spannung besonders stark. Jetzt konnte man mit einem leichten Bogen 300 bis 400 Meter weit schießen. Zum erstenmal konnte man den Feind ungesehen aus einer Entfernung überraschen, die außerhalb seiner Hörweite lag, ohne einen Gegenschlag befürchten zu müssen. Der zusammengesetzte Bogen erhielt seine vollendete Form im doppelt konvexen Bogen der Ägypter. Er war ihre Hauptwaffe. Jetzt mußte man die Schilde vergrößern und die Mannschaften panzern. Der erste Panzer war ein von den sumerischen Kriegern getragener, mit kleinen Metallscheiben besetzter Umhang.

Es gibt nur wenige Darstellungen der offenen Feldschlacht aus jener Zeit. Infanterie und Streitwagen wirkten zusammen. Wahrscheinlich folgte die Phalanx unmittelbar den Streitwagen. Diese verwirrten und zerstreuten den Feind, um ihn, wenn sie in seine Reihen einge-

Kriegführung im Altertum

brochen waren, niederzufahren. Die Phalanx griff nun flankierend oder frontal an. Die Männer schützten sich mit großen, rechteckigen Schilden und kämpften mit Äxten und Lanzen.

Die Phalanx ging methodisch und diszipliniert vor. Jede Einheit war sechs Glieder tief, und in jeder Reihe standen elf Mann, vielleicht zehn Mann und ein Unteroffizier. Mit einer Rechts- oder Linksschwenkung ging sie ins Gefecht und bildete dann eine in sechs Gliedern kämpfende Truppe. Bei den Akkadiern traten Bogenschützen hinzu, aber wahrscheinlich haben erst die Ägypter weitschießende Bogen, Streitwagen und mit Lanzen und Schwertern bewaffnete Infanterie zusammengefaßt, und zwar tausend Jahre später im Kampf gegen die Hethiter.

Erst die Assyrer entwickelten eine regelrechte Belagerungstechnik. Im 3. Jahrtausend gab es schon befestigte Städte. Sie wurden wirksam von Bogenschützen verteidigt, die von halbkreisförmigen oder rechteckigen Bastionen aus schossen. Die Befestigungen bestanden zumeist

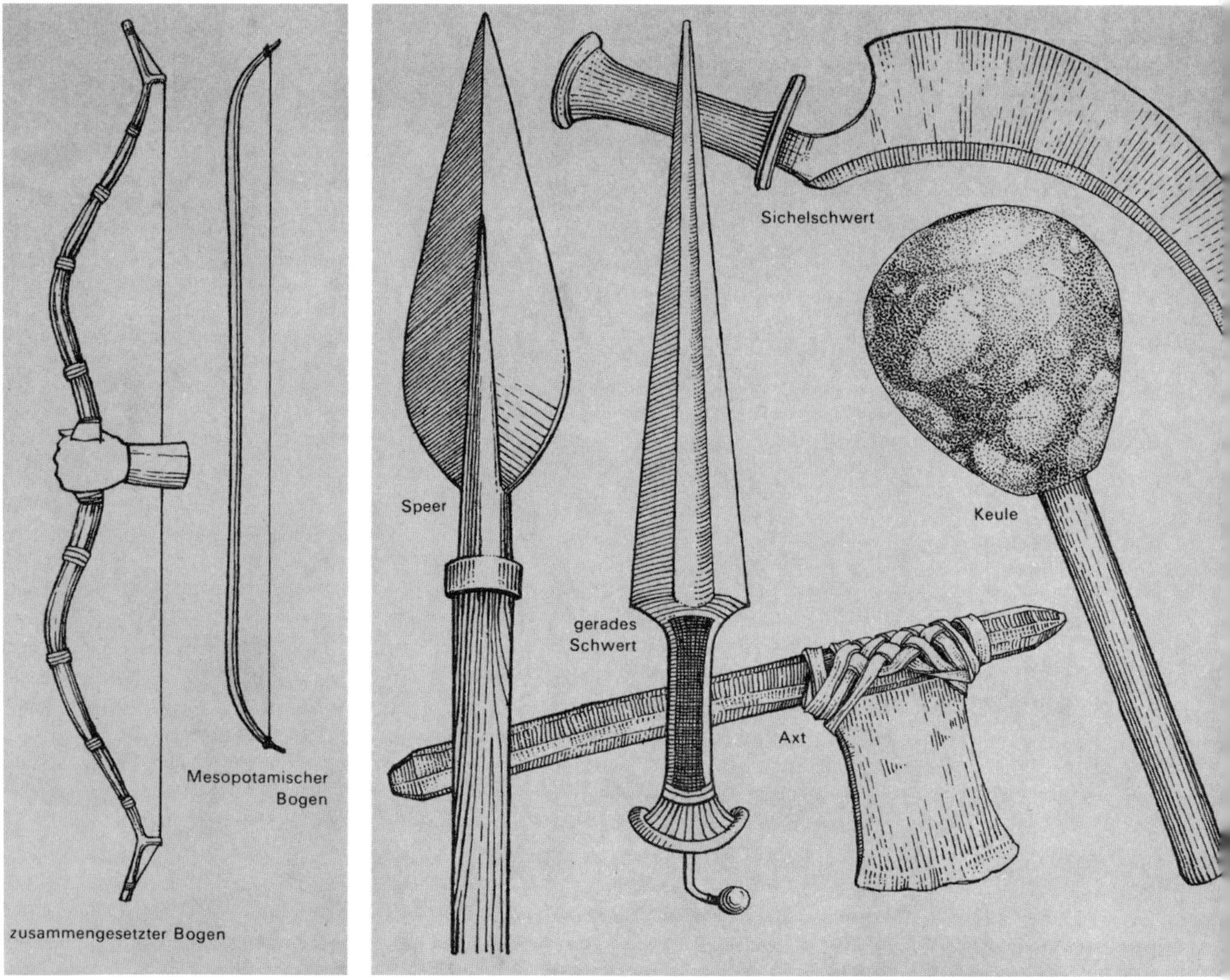

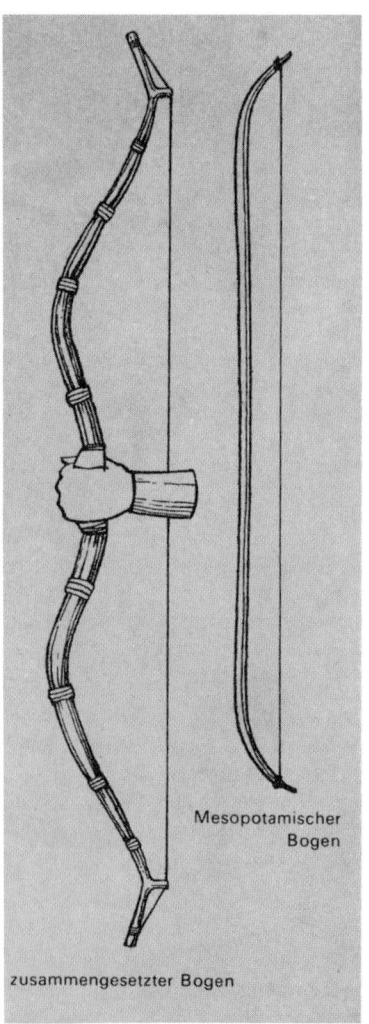

Ägyptische Waffen

Der Krieg in frühgeschichtlicher Zeit

aus Steinen und Ziegeln, die Mauern waren sehr dick, und zwar nicht, damit sie nicht niedergerissen werden könnten, sondern um den Feind durch ihre Höhe daran zu hindern, sie mit Leitern zu übersteigen. Bei dem Sturm auf die Festung Deschasche in Ägypten wurden Leitern auf Rädern an die Mauer herangefahren. Dann stiegen die Sturmsoldaten hinauf, während Bogenschützen ihnen Feuerschutz gaben. Ein Rammbock wurde – wahrscheinlich am Tor – angesetzt, wo die Mauer am schwächsten war.

Nach dieser Übersicht über Waffen und Kriegstechniken zwischen 4000 und 2000 v. Chr. wenden wir uns kurz der politischen Kriegsgeschichte des Mittleren Ostens im Altertum zu. Die zweite große semitische Wanderung begann etwa 2500 und führte aus Arabien zunächst

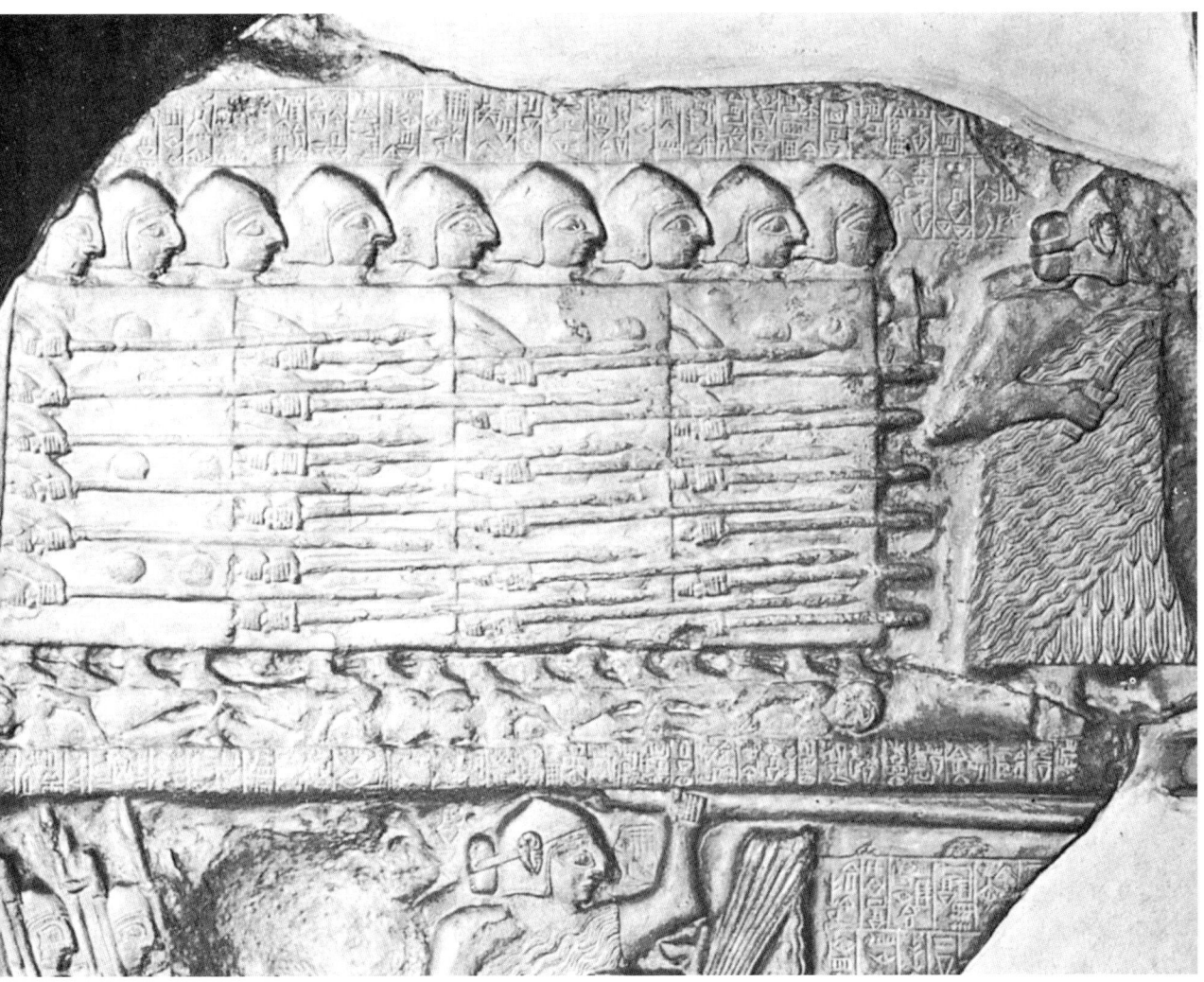

Zusammengesetzter Bogen, Mesopotamischer Bogen, Lanze, gerades Schwert, Sichelschwert, Axt, Keule
Babylonische Phalanx mit Lanzen und großen rechteckigen Schilden folgt angreifenden Streitwagen

nach Kanaan an die Mittelmeerküste. Jetzt tauchten zum erstenmal die Ammoniter, Edomiter und Moabiter in der Geschichte Israels auf. Die Kanaaniter folgten den Spuren des ersten Zuges nach Mesopotamien und setzten hier ihre Götter Rimmon und Dagan ein. Unter ihnen wurde Babylon zu einer bedeutenden Stadt. Sie bauten die Stadt Ur wieder auf und vereinigten das südliche Mesopotamien mit dem chaldäischen Königreich.

Etwa 2375 begann mit der Eroberung des Nildeltas durch die thebanischen Herrscher das Mittlere Reich in Ägypten. Die Könige von Ägypten hatten es immer noch mit inneren Unruhen und Grenzstreitigkeiten zu tun. Nubien wurde erobert und unterworfen. An der Festung des Pharao in Semneh findet sich die Inschrift: „Dies hier ist meine Festung. Kein Neger soll weiter nach Norden vordringen. Ich bin König, und was ich sage, tue ich." Unter dem großen König Amenemhet III. (2061–13) begann in Ägypten eine lange Zeit des Friedens und kultureller Blüte. Dabei verloren die Ägypter ihre kriegerischen Tugenden. Obwohl Karren und Esel in Gebrauch waren, kam es ihnen nicht in den Sinn, Streitwagen zu bauen. In der Kriegstechnik waren sie gegenüber den anderen Völkern im Mittleren Osten um Jahrhunderte zurück. So lagen die Dinge, als um 1800 der erste Hyksos oder „Hirtenkönig" nach Norden vordrang und das nördliche Gebiet eroberte. Die Hyksos waren Nachfahren der zweiten semitischen Wanderwelle. Sie waren von Syrien aus nach Südwesten in das zweite große Flußtal gekommen. Die Ägypter waren ihren Pferden, Streitwagen und bronzenen Sichelschwertern gegenüber machtlos. Nachdem er das Land verwüstet hatte, wurde der Hyksos Semken König von Ägypten.

Am längsten hielt sich Theben gegen die Hyksos, und 1630 v. Chr. begann der Befreiungskampf der Ägypter in Theben. Der thebanische König Ahmose führte seine Armeen ins Nildelta hinauf, nahm Avaris und schlug gegen 1580 die Hyksos, die aus dem Südzipfel Palästinas in das Orontestal flohen. Der Orontes fließt von Homs nach Norden und bei Antiochia ins Meer. Ahmose gründete 1580 das neue Reich.

Die Hyksos herrschten nur 250 Jahre in Ägypten, aber die Folgen waren tiefgreifend. Als Ägypten die fremden Eroberer abschüttelte, war es ein mächtiger Militärstaat geworden. Gegen Ende des Mittleren Reichs verwendete die ägyptische Armee immer noch das Kriegsbeil und die Lanze, aber die Hauptwaffe war der Bogen, der sich allerdings nur langsam entwickelte. Die Nubier kannten keine Schutzpanzer, und vor der Zeit der Hyksos war es nicht notwendig gewesen, eine auf weite Entfernung wirkende Waffe zu entwickeln. Die Hyksos brachten den starken, doppelt konvexen Bogen, das Pferd und den Streitwagen nach Ägypten. Die Schilde hatten keine einheitliche Form. Die Angreifer benutzten, um beweglich zu bleiben, kleinere Schilde. Schon seit einiger Zeit hatte man starke Befestigungen gebaut. Yigael Yadin hat nach Wandgemälden in Beni-Hasan und Ausgrabungen die Festung Buhen der XII. Dynastie rekonstruiert. Sie war von einem trockenen Graben umgeben und vereinigte alle Elemente einer wirkungsvollen Verteidigung in sich. Brustwehren ermöglichten ein starkes Defensivfeuer, und von den an den Mauern angebrachten Bastionen aus konnte man senkrecht auf die Angreifer hinabschießen. Auch das geschickt angelegte Tor war ein schweres Hindernis.

Damals pflegten die Stämme kleinere Streitigkeiten um Wasserstellen und ähnliches durch Zweikämpfe zu entscheiden. Das galt als ehrenhaft und bindend. Wir denken dabei an den Kampf zwischen David und Goliath. Bei größeren Feldzügen war das anders. Die Ägypter hatten jetzt ein starkes Heer aufgestellt. Der König hatte eine persönliche Leibwache, die sich wohl aus gefangenen Libyern oder Sudanesen zusammensetzte, und jeder Unterhäuptling mußte ein Kontingent stellen. Bis zur Hyksosinvasion waren alle Männer wehrpflichtig. Doch jetzt brauchte man eine Berufsarmee, und erst Anfang des 19. Jahrhunderts n. Chr. wurde in Ägypten durch Mehmed Alis Reformen die allgemeine Wehrpflicht wiedereingeführt. Die Miliz im

Mittleren Reich war in Einheiten gegliedert, deren Stärke sich nach ihren Aufgaben richtete. Eine 300 Mann starke Truppe aus 3 Kompanien zu je 100 Mann bildete den Angriffsverband. Eine Leibwacheneinheit in der ägyptischen Armee bestand nur aus 10 Mann.

Nachrichtenübermittlung, Feindnachrichtendienst und Verwaltung waren gut organisiert. Es gab ein geheimes Codesystem für die Übermittlung von Leuchtzeichen mit Fackeln. Läufer überbrachten Meldungen und Befehle. Man verwendete Lichtzeichen und Trompetensignale. Wenn große Armeen in unbekanntem und schwierigem Gelände operierten, brauchten sie einen guten Feindnachrichtendienst. Die Ägypter schickten Aufklärer voraus und machten Gefangene, um sie zu verhören. Die Offiziere der vordersten Linie schickten Meldungen an ihre Vorgesetzten. In der Regel mußten sie ihre Nachrichtenquelle angeben, und die äußere Form der Meldung entsprach dem, was in einer modernen Armee üblich ist. Die bis heute erhaltenen Listen über Bewaffnung und Ausrüstung zeigen, wie gut die Heeresverwaltung organisiert war. Es gab auch einen Sanitätsdienst, Pioniere zur Herstellung von Belagerungsgerät und eine Heeresversorgung zu Schiff und Wagen über weite Strecken.

Nach dem Sieg über die Hyksos wurde Ahmose Pharao. Da der Adel ihm nur geringe Unterstützung gewährt hatte, enteignete er ihn, und der Landbesitz in Ägypten wurde zur Domäne des Königs und Basis des Militärstaats. Nach dem erfolgreich geführten Krieg wuchs die Eroberungslust der Ägypter des Neuen Reichs. Amenhotep I. (1554–30) befestigte die Herrschaft in Nubien und Libyen und drang durch Syrien bis zum Euphrat nach Kleinasien ein. Sein Sohn Tutmose I. setzte die Eroberungen fort und unterwarf das westlich von Ninive am Tigris, gegenüber dem heutigen Mossul liegende Mitannireich. Dann wendete er sich dem Wiederaufbau der Tempel und zivilisatorischen Aufgaben zu.

Während dieser Friedenszeit verloren die Ägypter zusehends die Kontrolle über Mitanni, Syrien und Nordpalästina, und Tutmose III. sah sich einer vom König von Kadesch geführten Revolte gegenüber. Für das Überleben des Ägypterreichs war die Herrschaft über Kadesch, das am Homssee in Syrien lag und den Oberlauf des Orontes beherrschte, entscheidend wichtig, denn die Stadt war ein Schlüsselpunkt an der großen Handelsstraße nach Asien, die von den libanesischen Gebirgszügen zum Euphrat und nach Assyrien führte. Tutmose brach am 19. April 1468 mit 30 000 Mann aus dem Nildelta auf. Am 10. Mai erreichte er mit durchschnittlichen Marschleistungen von 20 Kilometern täglich den Karmel. Die asiatische Armee unter dem König von Kadesch hatte die starke Festung Megiddo am Nordhang des Karmel besetzt. Das Schlachtfeld war gut ausgewählt, denn dieser Höhenzug ist das erste natürliche Hindernis, das sich einem von Ägypten heranmarschierenden Heer entgegenstellt. Megiddo beherrscht den Handelsweg nach Anatolien, Syrien und zum Euphrat. Hier haben zahlreiche Schlachten stattgefunden, und die Gegend hat in der Geschichte des Mittleren Ostens eine wichtige Rolle gespielt. Die Ägypter griffen an und gewannen einen leichten Sieg. Aber Tutmose beging den Fehler, seine Truppen plündern zu lassen, anstatt die Zeit zur Verfolgung des Feindes auszunutzen. Als er nach Kadesch kam, ließ er es von seinen Soldaten plündern, aber der König entkam. Später sind Napoleon und Allenby den Spuren Tutmoses III. gefolgt. Als ich 1931 in Palästina stationiert war, habe ich den Berg Karmel mehrmals besucht und das Schlachtfeld von Megiddo besichtigt.

Tutmose setzte sich an der reichen phönizischen Küste fest, nachdem er sie zu Land und zur See angegriffen hatte. Dann wendete er sich wieder gegen Kadesch. Ganz von Wasser umgeben war es die stärkste Festung Syriens. Sie lag zwischen dem Orontes und einem Nebenfluß, und oberhalb der Stadt hatte man zur Verstärkung der Befestigungsanlagen beide Flüsse durch einen Graben verbunden. Nach langer und schwieriger Belagerung eroberte Tutmose die Stadt.

Kriegführung im Altertum

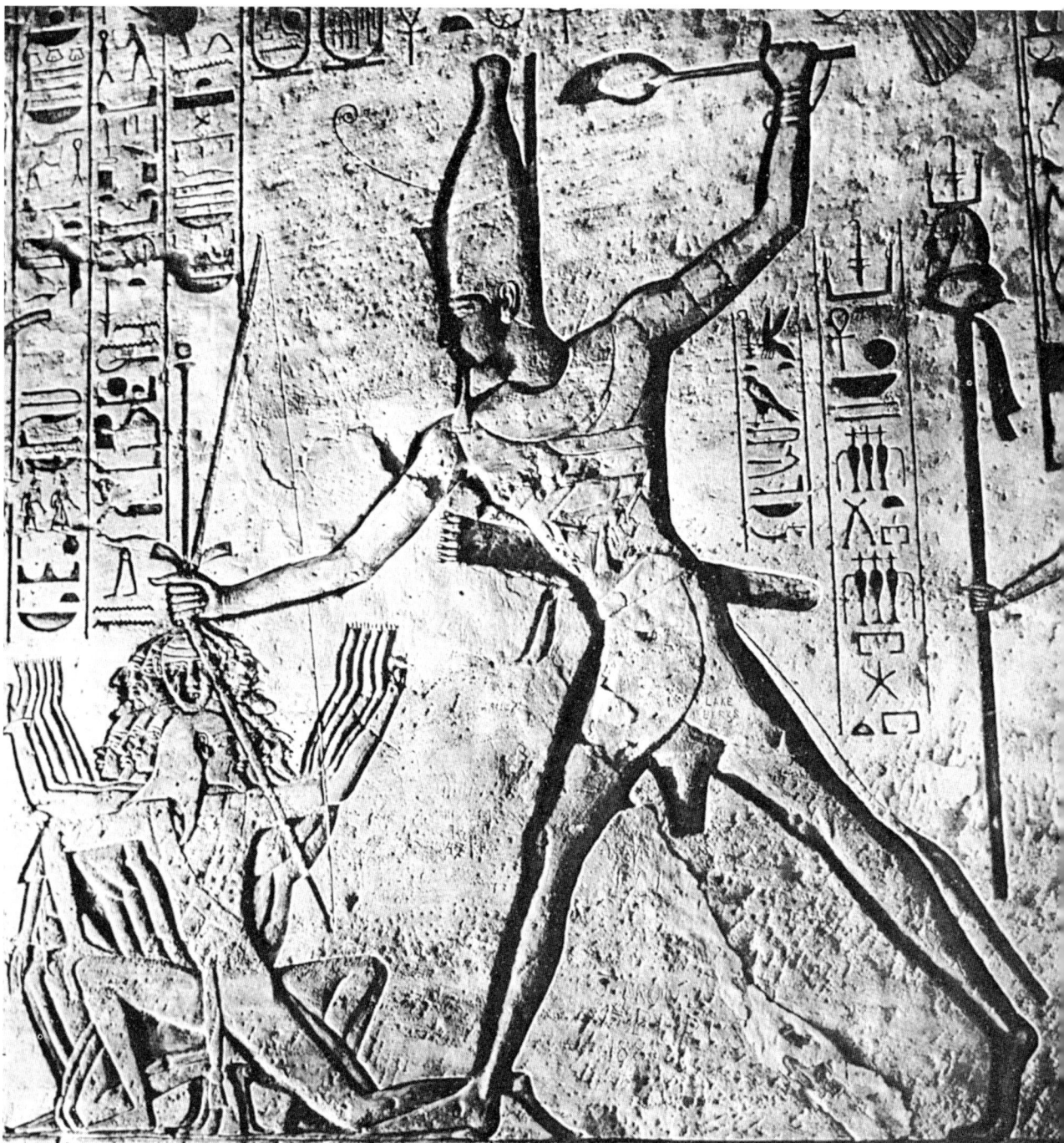

Ramses II. erweiterte den Herrschaftsbereich der Ägypter in Feldzügen gegen die Hethiter und Nubier. Das Relief zeigt den Pharao mit libyschen und negroiden Gefangenen

Damit war die Macht der Hyksos gebrochen. Schließlich eroberte Tutmose III. Mitanni zurück und ließ sich von vielen mesopotamischen Städten Tribut zahlen. Als er 1447 starb, stand Ägypten auf der Höhe seiner Macht.

Der dritte große Auszug semitischer Stämme aus Arabien begann 1350. Man nennt dies die aramäische Wanderung nach dem Gebiet zwischen dem Libanon und dem Euphrat, wo die verbündeten semitischen Stämme mit der Hauptstadt Damaskus, die zweihundert Jahre die westlichen Handelsstraßen beherrschte, große Macht gewannen. Das waren die „Syrier", die von David bis Ahab die Israeliten immer wieder bedrohten. Nach dem Tode Tutmoses III. schwand die militärische Stärke der Ägypter unter den Angriffen der Aramäer und Hethiter und infolge interner religiöser Streitigkeiten dahin. Aber nach 1350 erstarkte die ägyptische Armee wieder, und 1292 wurde der sehr energische und fähige junge Ramses II. Pharao. Er wollte die alten ägyptischen Grenzen zurückerobern. In der langen Friedenszeit waren die Hethiter in Syrien immer mächtiger geworden und hatten Kadesch an ihrer Südgrenze zu einem Bollwerk ausgebaut. Hier sollte der Angriff erfolgen. Aber ehe wir uns der Schlacht bei Kadesch zuwenden, wollen wir die Bewaffnung und Organisation der ägyptischen Armeen des Neuen Reichs von Amenhotep I. bis zu Ramses II. kennenlernen.

Über die Geschichtsperiode des Neuen Reichs steht uns eine Menge Material zur Verfügung. Die Streitaxt blieb zwar weiter in Gebrauch, aber nach 1500 v. Chr. erlangte das Schwert, das wie andere wichtige Waffen von Kleinasien nach Ägypten kam, größere Bedeutung und trat als Symbol der Macht des Pharao an die Stelle der Keule. Das Schwert Ramses III. war lang und breit, aber auch das kurze, dolchartige Schwert wurde noch verwendet, und beide waren die wichtigsten Waffen der Phalanx im Nahkampf. Eine weitere Infanteriewaffe war die Lanze, und endlich übernahmen auch die Ägypter die seit Jahrhunderten in Mesopotamien bekannte lange, blattförmige Lanzenspitze. Die Soldaten einer Phalanx waren mit Lanzen, Streitäxten und Schwertern bewaffnet. Auch im Kampf um Festungen bediente man sich der Lanze. Im Gegensatz zu den asiatischen Armeen verwendeten die Ägypter sie aber nicht vom Streitwagen aus.

Die ägyptischen Streitwagenkämpfer kämpften mit Wurfspießen. Das lag an ihrer besonderen Streitwagentaktik. Der asiatische Streitwagen fuhr beim Angriff in den Feind hinein, und seine Besatzung bestand aus dem Fahrer und zwei Lanzenträgern. Wenn der Wagen im Kampfgedränge nicht mehr manövrierfähig war, griff auch der Fahrer zur Lanze. Die ägyptischen Streitwagen kämpften im Verband. Sie attackierten gemeinsam, trieben den Feind vor sich her und ließen sich in der Schlacht nicht einzeln abdrängen. Die Streitwagen, die einen großen Teil der ägyptischen Armee ausmachten, kämpften in Einheiten zu fünfzig unter je einem Offizier. Kavallerie gab es noch nicht. Aber mit der Weiterentwicklung der Waffen und der entsprechenden Rüstungen wurde die Schlacht meist durch die beweglichsten Truppen entschieden. Deshalb gewann der Streitwagen eine solche Bedeutung. Zu Beginn des Neuen Reichs war es ein von zwei Pferden gezogenes, leichtes Holzgefährt. Es mußte widerstandsfähig, schnell und wendig sein. Die Räder hatten vier Speichen, und die Teile waren mit Birkenreisig zusammengebunden. Als Tutmose IV. die Herrschaft antrat, entwickelten die Ägypter einen schwereren Streitwagen. Man richtete bewegliche Reparaturwerkstätten ein, die Ersatzteile mitführten und beschädigte Fahrzeuge abtransportieren konnten. Eine Abbildung zeigt Ramses II., wie er in die Reihen der Hethiter einbricht. Sein Streitwagen ist mit Köchern für Wurfspieße und Pfeile ausgerüstet.

Die schlachtentscheidende Waffe war damals der Bogen. Seine Herstellung war schwierig und teuer, und die Ägypter wurden so leicht mit den schwächeren palästinensischen und syrischen Völkern fertig, weil sie reich genug waren, um gute Bogen zu bauen. Infanterie und Streitwagenbesatzungen wurden mit Bogen ausgerüstet. Man verwendete den zusammengesetzten Bogen, der entweder dreieckig oder zurückgebogen war. Damit er sich nicht verwarf, steckte man ihn in ein Futteral. Der Infanterist trug einen Köcher an einer Schlaufe über der Schulter, der bis zu dreißig Pfeile enthielt. Das Bogenschießen war eine beliebte Freizeitbeschäftigung, und erfahrene Ausbilder lehrten es. Besonders übte man das Schießen vom im Galopp gezogenen Streitwagen aus.

Die ägyptischen Soldaten im Mittleren Reich (2375–1580) kannten noch keine Rüstungen, sondern schützten sich mit großen Schilden. Im Neuen Reich (von 1580 an) trugen Streitwagenbesatzungen und Bogenschützen, um beide Hände freizuhaben, Panzer und Helme, und hatten nur kleine oder gar keine Schilde. Je mehr sich die Durchschlagskraft der Waffen erhöhte, desto stärker wurden die Panzer. Sie bestanden aus Metallschuppen, waren anschmiegsam und verhältnismäßig leicht. Die Herstellung war teuer, und nur wer beide Hände freihaben mußte, trug einen Panzer. Lanzen- und Schwertträger verwendeten noch den Schild. Alle Soldaten trugen meist reich verzierte Helme. Auf einem Relief aus der Zeit des Tutmose IV. sieht man den Panzer eines kanaanitischen Streitwagenlenkers. Er besteht aus rechteckigen Schuppen, die Körper und Oberarme bedecken. Der Nackenschutz ist ein mit Metallschuppen besetzter Lederkoller. Die schwächste Stelle wird durch einen unter der Achselhöhle hervordringenden Pfeil gekennzeichnet.

Die Militärverwaltung im neuen Reich war komplizierter geworden. Die Rekrutierung, der Nachschub und die Gliederung der Truppe konnten nicht mehr von einem Mann bewältigt werden. Quartiermeister und Adjutanten führten genaue Listen über militärische Einrichtungen, Ausrüstung und Sold. Sie waren für die Versorgung der Truppe aus Marschdepots und die Erfassung der Beute verantwortlich. Sie stellten Nachschubkolonnen aus von Ochsen und Eseln gezogenen Wagen zusammen und sorgten für Boote bei Flußübergängen.

Eine neuartige Verteidigungsanlage war das *migdol*, ein quadratisches Fort mit rechtwinkeligen Bastionen zum Schutz strategisch wichtiger Punkte wie Quellen und Straßen. Der Festungsbau im 2. Jahrtausend war schon hoch entwickelt. Bei einer Belagerung hing viel von der Wasserversorgung ab. Bei Megiddo lag der Brunnen außerhalb der Stadtmauern. Die Besatzung grub deshalb einen vertikalen Schacht von der Festung aus in die Erde, der nahe an die Quelle heranführte, und stellte dann durch einen etwa 45 Meter langen, durch den Felsen gehauenen Tunnel die Verbindung zur Quelle her. Die Ägypter kannten noch keine Rammböcke, denn die Mauern der belagerten Festungen waren zu dick. Gewöhnlich schlugen sie die Stadttore mit Äxten ein und stiegen mit Leitern die Mauern hinauf. Der Angreifer faßte die Leiter mit beiden Händen und schützte sich durch einen über den Rücken gehaltenen Schild. Die Verteidiger beschossen den Gegner mit Pfeil und Bogen und begegneten dem heraufgekletterten feindlichen Soldaten einzeln mit der Lanze. Die Erstürmung einer Festung brachte hohe blutige Verluste. Deshalb hungerte man lieber die Besatzungen aus oder wendete Kriegslisten an. Der Heerführer Thot in der Armee von Tutmose III. bot vor Jaffa zunächst seine Kapitulation an und nahm, als die Tore geöffnet wurden, die Festung im Sturm. Die Sage vom trojanischen Pferd gehört in diese Zeit.

Die Ägypter unternahmen gern plötzliche Überfälle aus dem Hinterhalt, sie zogen es aber vor, mit großen Truppenmassen in der offenen Feldschlacht zu kämpfen. Die Schlacht bei Megiddo ist die erste der Weltgeschichte, die sich einigermaßen rekonstruieren läßt. Aber da wir über die 1288 zwischen Ramses II. und den Hethitern bei Kadesch ausgefochtene Schlacht mehr wissen, werden wir sie als Beispiel für eine offene Feldschlacht näher betrachten.

In der ihnen von Sethi gewährten Ruhepause stellten die Hethiter unter Mutallu die stärkste

Der Krieg in frühgeschichtlicher Zeit

Schwere Infanterie aus der Zeit des mittleren Reichs. Schilde waren der einzige Schutz. Die Lanze mit blattförmiger Spitze war die Hauptwaffe der Infanterie

Kriegführung im Altertum

Ägyptische Soldaten verwendeten beim Sturm auf Städte, die durch Mauern befestigt waren, Sturmleitern und Schilde

Armee auf, die den Ägyptern bisher gegenübergestanden hatte. Aber 1288 war die mit Söldnern durchsetzte Armee des Pharao Ramses ebenso stark. Im späten Frühjahr kam er am Oberlauf des Orontes in eine Ebene, in der Kadesch einen Tagesmarsch vor ihm lag. Er teilte seine Truppen in vier Abteilungen, setzte sich an die Spitze der Division des Amon, überschritt den Fluß und befahl dem übrigen Heer, ihm in größerem Abstand zu folgen. Nachdem er den Orontes bei Schabtuna, etwa 10 Kilometer südlich von Kadesch, überschritten hatte, ging er weiter nach Norden. Er wollte sofort mit der Belagerung beginnen und dann mit der Hauptarmee weiter vorstoßen, denn zwei hethitische Deserteure hatten ihm mitgeteilt, die Masse ihrer Armee stehe weiter nördlich bei Aleppo. Aber man hatte ihn getäuscht. Mutallu hatte die „Deserteure" selbst zu ihm geschickt, um ihn nördlich von Kadesch in eine Falle zu locken.

Als Ramses in den Raum westlich von Kadesch kam, überschritten die Hethiter zunächst den Fluß nach Osten und wendeten sich dann nach Süden, so daß die Stadt zwischen ihnen und dem Feind lag und ihn vor seinen Blicken verbarg. In einem geschickten Manöver stießen sie von Südosten gegen die Kräfte des Ramses vor und zerschlugen sie in zwei Teile. Ramses wurde abgeschnitten und sah sich einer starken Übermacht gegenüber. Der Rest seiner Divisionen war so weit nach Süden auseinandergezogen, daß er mit ihrer Hilfe in der Schlacht nicht mehr rechnen konnte. Mutallu stützte sich die ganze Zeit auf die Festung Kadesch, die ihm notfalls Schutz gewähren konnte. Von zwei – diesmal echten – hethitischen Kundschaftern erfuhr der Pharao, wie ungünstig die Lage für ihn war, und daß die Hethiter hinter Kadesch standen.

Zuerst griffen die Hethiter die zweite ägyptische Division Re an. Der Angriff kam überraschend, und die Division wurde in zwei Teile zerschlagen. Ein Teil der Ägypter floh ins Lager des Pharao und wurde dabei von der hethitischen Phalanx und den Streitwagen, zusammen etwa 17000 Mann, verfolgt. Die ägyptische Division Amon wurde ebenfalls überrascht und zog sich in großer Unordnung zurück. Die Niederlage schien vollständig. Nun führte Ramses einen verzweifelten Gegenangriff. Im Zentrum konnte er den Hethitern nicht widerstehen, sah aber, daß sie an der linken Flanke schwächer waren, und hier setzte er seine Streitwagen ein. Immer noch hätten die Hethiter gewinnen können. Im Zentrum waren sie im Vorteil und hätten ihre Kräfte nur an der Ostflanke gegen den ägyptischen König konzentrieren müssen, um den Sieg zu gewinnen. Aber sie bewahrten nicht die Disziplin, sondern plünderten das ägyptische Lager. Das war die Wende. Während die Hethiter im Zentrum plünderten, wurden sie von den Truppen Na'aruns angegriffen und geschlagen. Das waren kanaanitische Eliteverbände, die in einer zehn Glieder tiefen Schlachtordnung kämpften. Erst jetzt waren sie aus ihren Bereitstellungsräumen an der linken Flanke ins Gefecht gekommen. Während die Lage im Zentrum sich stabilisierte, griffen die Ägypter auch an der Ostflanke mit starken Kräften an. Die Überlegenheit der ägyptischen Streitwagen, die mit dem weitreichenden zusammengesetzten Bogen ausgerüstet waren, entschied die Schlacht. Die hethitischen Streitwagen waren weniger beweglich und nur mit dem auf kurze Entfernung wirkenden Wurfspieß ausgerüstet.

Mutallu ging über den Orontes zurück und hielt mit 6000 Mann das andere Flußufer. Da er seine Streitwagen schon beim ersten Angriff im Zentrum eingesetzt hatte, konnte seine Infanterie den ägyptischen Streitwagen nicht mehr standhalten. Inzwischen war es Abend geworden, und die dritte ägyptische Division (Ptah) rückte heran. Die Hethiter zogen sich nach Kadesch zurück und bereiteten sich auf die Belagerung vor. Aber auch die Ägypter gingen zurück und verzichteten auf die Belagerung. Die Schlacht endete unentschieden. Strategisch war Ramses ausmanövriert worden, aber er führte seine Männer so geschickt, daß er die Katastrophe trotz schwerer ägyptischer Verluste abwendete. Nach einem glänzenden Beginn hatte Mutallu seinen Vorteil aufgeben müssen, weil er die Kontrolle über seine Truppen verlor und technisch unterlegen war.

Kriegführung im Altertum

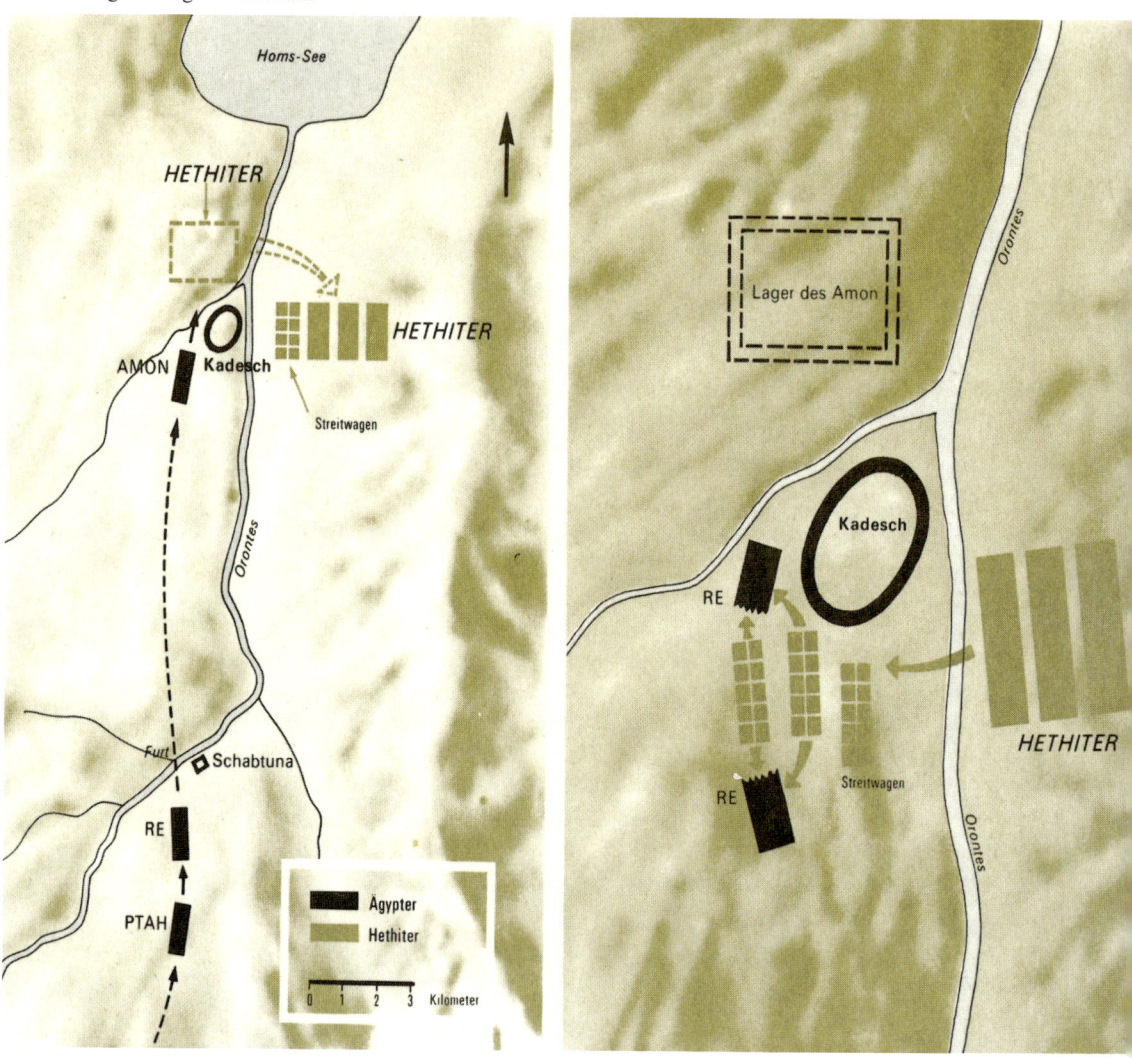

Die Schlacht von Kadesch

In der Folgezeit zerfielen sowohl das Hethiterreich als auch Ägypten. Der Eroberungsdrang der Ägypter war erschöpft, und bei den Hethitern machte sich bereits die zunehmende Macht Assurs bemerkbar. Zudem waren seit etwa 1400 indoeuropäische Nomaden auf immer häufigeren und schonungsloseren Raubzügen aus der Ägäis in den südöstlichen Mittelmeerraum gekommen. Unwiderstehlich drangen die ägäischen Völker vor; um 1200 überrannten sie das Hethiterreich, gingen nach Syrien weiter und bedrohten Ägypten. Setnakht und Ramses III. reorganisierten die ägyptische Armee, deren Bogenschützen 1190 die zu Lande und zur See an der phönizischen Küste herankommenden Eindringlinge zurückschlugen. Daß es sich hier um eine bewaffnete Invasion handelte, geht aus der Tatsache hervor, daß die feindlichen Landstreitkräfte von den Familien der Soldaten begleitet wurden, die ihren ganzen Besitz in großen Wagen hinter sich herführten. Als Ramses sie geschlagen hatte, besiedelte er das Küstengebiet mit den Nichtkombattanten der Philister, wie sie genannt wurden. Bis zum 7. Jahrhundert

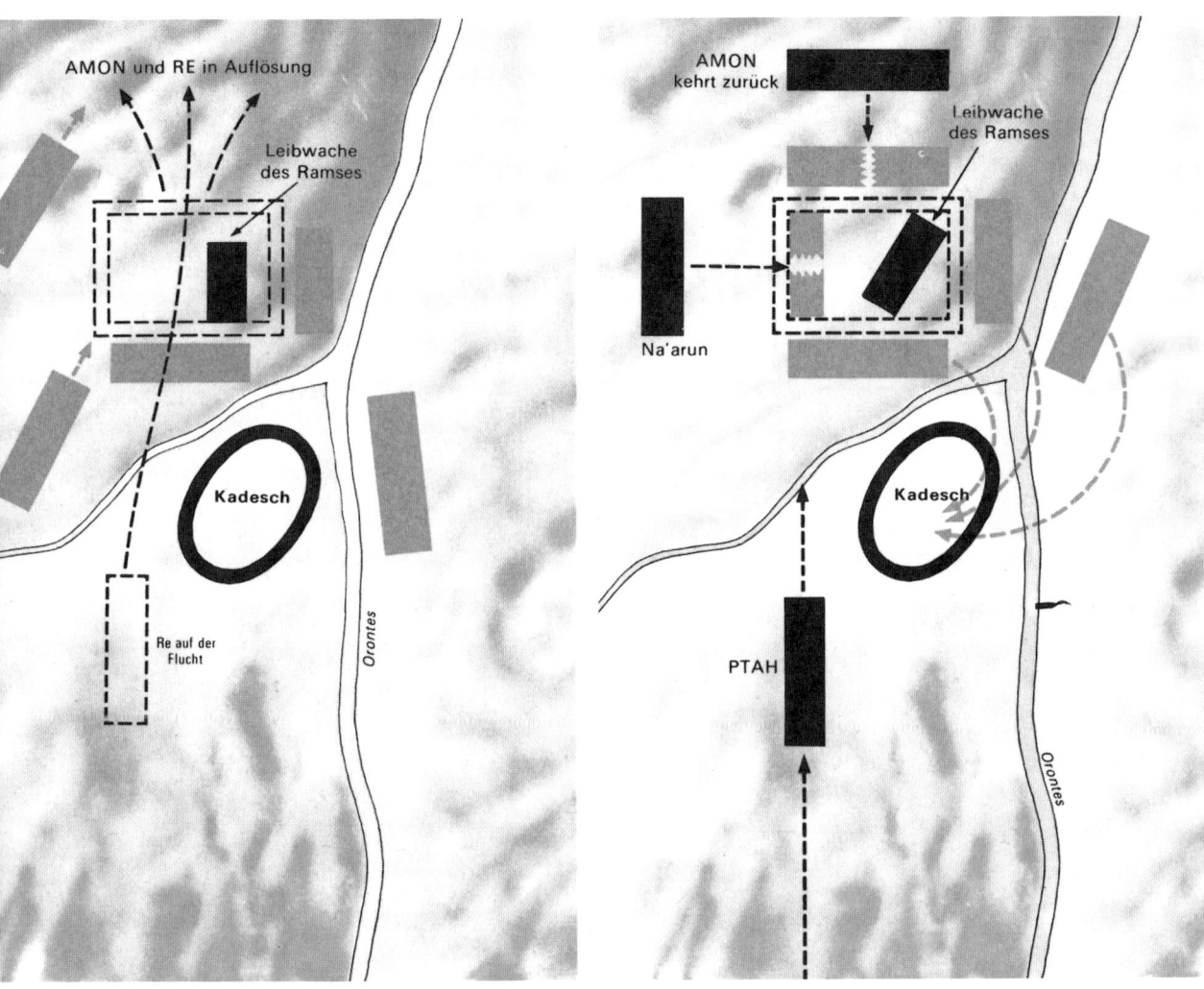

v. Chr., als die Assyrer in Ägypten einfielen, betrat kein Eindringling ägyptischen Boden, aber die Pharaonen waren schon sehr schwach.

Ein Volk, das besonders vom Niedergang Ägyptens profitierte, waren die Israeliten. Etwa 1290 führte Moses sie aus Ägypten. Ob es der Wille Jehovas war, ob andere Stämme ihnen den Marsch durch Sinai und um das Tote Meer verwehrten oder, was wahrscheinlicher ist, ob Moses sein Volk zuerst zu einem Kriegervolk machen wolle, sie brauchten vierzig Jahre, um das „gelobte Land" Palästina zu erreichen. Aber unter Josua eroberten die Israeliten Jericho und die Gebiete nördlich davon bis zum Libanon und zum Hermongebirge. Um das Jahr 1000 unter den Königen Saul, David und Salomo erreichte Israel den Gipfel seiner Macht und beherrschte das Land vom Euphrat bis an die ägyptische Grenze. Dann zerfiel es in die beiden Königreiche Israel und Juda. Das nördliche Israel wurde von Assur, das inzwischen zum mächtigsten Militärstaat im Mittleren Osten geworden war, erobert und völlig zerschlagen.

Schon als Kind in Tasmanien interessierte ich mich für die Assyrer. Ein Offizier, der in den südafrikanischen Krieg abkommandiert wurde, lehrte mich einige Verse aus Byrons *Destruction of Sennacherib:*

> Der Assyrer brach wie der Wolf in die Schafhürde ein,
> Und seine Kohorten glänzten in Purpur und Gold . . .

Dann las ich in der Bibel im 2. Buch der Könige, wie Sanherib, König von Assyrien, von seinen beiden Söhnen ermordet wurde.

Die ersten Bewohner Assyriens (des Berglands nördlich von Babylonien) stammten wahrscheinlich aus der zweiten semitischen Wanderung (2500 v. Chr.). Das kühlere Klima und die Vermischung mit nichtsemitischen Elementen ließ sie erstarken. Sie waren das bedeutendste Kriegervolk vor den Römern, und die Kriegstechnik war bei ihnen am höchsten entwickelt. Niniveh war ihre Hauptstadt, und schließlich unterwarfen sie alle Völker des Mittleren Ostens.

Im 2. Jahrtausend v. Chr. blieb Assyrien noch isoliert, und bis zum 13. Jahrhundert v. Chr. wuchs seine Macht nur langsam. Mit dem Untergang der Ägypter und Hethiter entstand ein Vakuum. Zwischen 1276 und 1233 stießen die Assyrer rasch nach Norden und Nordwesten vor. Unter Tiglatpileser I. (1115–1102) waren sie stark genug, um sich große Teile des Hethiterreichs einzuverleiben, die Mittelmeerküste hinunterzumarschieren und Babylon einzunehmen. Aber in den folgenden 200 Jahren kam es zu inneren Unruhen und Angriffen aramäischer Stämme, die die Machtstellung der Assyrer erschütterten. Erst unter Adadnirari II. (911–889) erholten die Assyrer sich wieder, drangen in Babylonien ein und trieben im Nordwesten einen Keil zwischen die Bewohner der Ebenen und der Gebirge. In den folgenden hundert Jahren gingen die assyrischen Könige systematisch auf Eroberungen aus.

Die Assyrer haben nie versucht, ihre Raubzüge zu rechtfertigen. Dieses wilde Volk verehrte den finsteren Gott Aschur. Das Symbol der geflügelten Scheibe am Streitwagen des Königs führte die Krieger in die Schlacht und wurde an jedem neu eroberten Platz aufgerichtet. Die hohen militärischen Führer waren zugleich Priester. Das Wort für „Rebell" hatte daneben die Bedeutung „Sünder". Ein Rebell wurde mit äußerster Härte bestraft. Die Stadt Arinna, die den Gott Aschur mißachtet hatte, wurde zerstört. Nach einem Sieg wurden Gefangene bei religiösen Riten geschlachtet. Die von den Assyrern unterworfenen Völker hatten schwer zu leiden. Jedes neueroberte Gebiet wurde ausgeplündert, die Bevölkerung grausam bestraft und deportiert, um Assyrien zu besiedeln. Tiglatpileser I. rühmte sich seiner Opfer und sagte, „ich habe ihr Blut fließen lassen in den Tälern und auf den Höhen. Ich schlug ihre Häupter ab und türmte sie vor den Städten auf wie Korn. Zahllose Beute nahm ich ihnen fort. 6000 Mann führte ich fort und zählte sie als Einwohner meines Landes." Der Bericht des Königs besteht fast ausschließlich aus der Aufzählung solcher Grausamkeiten.

Aber diese Politik war realistisch. Assyrien umfaßte ein unfruchtbares Gebiet am Oberlauf des Tigris und mußte entweder klein und arm bleiben oder durch Eroberungen reich werden. Um neue Gebiete zu gewinnen, mußten die Ost- und Südgrenzen gesichert und Norden und Westen unterworfen werden. Bis zum 7. Jahrhundert gab es im Osten keine Schwierigkeiten, aber dann wurde das Reich von den Medern und nomadisierenden Iranern bedroht. Auch im Süden gab es keine großen Schwierigkeiten, obwohl auch die Südgrenze bewacht werden mußte. Zunächst stärkten die Assyrer die Autorität des Königs von Babylon gegenüber den Stämmen, aber nach häufigen Revolten zerstörte Sanherib (705–681) Babylon im Jahr 689, und Assurbanipal (668–26) vernichtete 639 Elam, an dessen Stelle später Persien entstand. Die

Der ägyptische Streitwagen. Ein Tempelfries zeigt Ramses II. bei der Eroberung Nubiens

Lage im Norden und Westen war schwieriger. Die Bergbewohner im Norden, besonders in Urartu, und später die nomadisierenden Skythen und Kimmerier, mußten durch Strafexpeditionen in ihren Grenzen gehalten werden. Die Stämme im Westen ließen sich nur beherrschen, und der Handel mit ihnen lohnte sich nur, wenn das ganze Gebiet bis Karkemisch systematisch erobert wurde. Das geschah unter dem bedeutendsten assyrischen Eroberer Tiglatpileser III. (745–27). Er unterwarf zunächst die schwächeren Stämme. Dann vernichtete er seine beiden Hauptfeinde Urartu und Damaskus. In mehreren Feldzügen ging er den Tigris hinauf und führte im Osten und Westen Krieg gegen die Meder und Syrer. Urartu wurde vernichtet. Auch Damaskus wurde erobert, nachdem die Herrscher in Phönizien, Palästina und vielen kleineren Staaten unterworfen waren. Dann wendete er sich nach Süden.

Als er nach achtzehn Jahren systematischer und grausamer Feldzüge starb, beherrschte Assur, wie der König selbst sagte, das Land vom Salzwasser bei Bit-Yakin bis zum Berg Bikni im Osten, vom westlichen Meer bis nach Ägypten, vom Horizont des Himmels bis zum Zenith. Noch hundert Jahre dauerte die Vorherrschaft Assyriens im Mittleren Osten. Ein Vorstoß der Kimmerier wurde 705 von Sargon II. abgewehrt. 671 eroberte der König Asarhaddon von Assur ganz Oberägypten.

Wie kam es zu den Erfolgen der Assyrer? Ihr Hauptinteresse scheint der Kriegführung gegolten zu haben, mit der sie sich ständig beschäftigten. Bilder und Plastiken in den Königspalästen sind Zeugnisse ihrer Kultur, und sie zeigen kaum etwas anderes als kriegerische Themen. Wir kennen daraus genau die Entwicklung der assyrischen Waffen und Kriegstechnik. Die Assyrer waren die stärkste Militärmacht der Eisenzeit, und sie besaßen die bisher stärksten und schärfsten Waffen.

Kurz vor 1000 führten sie als erste die Kavallerie ein, und zwar Bogenschützen und Speerträger zu Pferde. Beide kämpften im Nahkampf und auf weite Entfernung. Sie griffen aber nie befestigte Plätze an. In der Schlacht stürmten die mit Speeren bewaffneten Reiter voran. Ihnen folgten die Lanzenträger zu Fuß. Berittene Bogenschützen griffen den Feind meist im Rücken oder in der Flanke an, und zwar kämpften sie paarweise. Der eine schoß mit dem Bogen, der andere hielt beide Pferde am Zügel und schützte beide Kämpfer mit einem großen Schild. Die Pferde trugen manchmal lederne Rüstungen. Der Kern der Armee waren die Streitwagen. Unter Assurbanipal waren die Streitwagen nicht mehr mit zwei, sondern mit vier Mann besetzt, dem Fahrer, einem Bogenschützen und zwei Schildträgern. Der Wagen war viel schwerer und wurde von vier Pferden gezogen.

Die Infanterie bestand aus Lanzenträgern, Bogenschützen und mit Steinschleudern bewaffneten Männern. Die Lanzenträger trugen schwere Rüstungen und Helme. Größe, Form und Gewicht der Schilde sollten das richtige Gleichgewicht zwischen Sicherheit und Beweglichkeit gewährleisten, doch gab es kein einheitliches Modell. Die Lanzenträger führten als Stoßtruppen den Angriff im Kampf Mann gegen Mann, wurden aber auch gegen Festungen eingesetzt. Die Masse der assyrischen Infanterie bestand aus Bogenschützen. Mit ihren sehr guten zusammengesetzten Bogen kämpften sie in jedem Gefecht mit. Zunächst trugen sie lange gepanzerte Umhänge. Tiglatpileser III. (745–27) führte mit vielen anderen neuen Waffen den mannshohen, oben gebogenen Schild ein. Es gab auch aus leichten Bogenschützen bestehende Einheiten. Im 8. Jahrhundert wurde ein neuer Bogen mit zurückgebogenen Spitzen eingeführt, der sich leichter spannen ließ. Tiglatpileser III. führte auch die Steinschleuder ein, die sich besonders bei Angriffen gegen steile Hänge und Stadtmauern bewährte. Alle Infanteristen waren zusätzlich mit einem kurzen, in einer Lederscheide links getragenen Schwert bewaffnet.

Zwei assyrische Reiche führten 400 Jahre fast ununterbrochen Krieg und wurden nur selten

Ägyptische Soldaten. Eine Abteilung nubischer Bogenschützen zur Zeit des mittleren Reichs

Kriegführung im Altertum

geschlagen. Oft war der Gegner zahlenmäßig überlegen, und die Urarter, Syrer, Babylonier und Elamiten waren ebensogut bewaffnet. Ihre Erfolge hatten sie zum Teil der Tatsache zu verdanken, daß die assyrischen Könige erstklassige Truppenführer waren, aber auch der guten Organisation ihrer Armee. Sie waren die ersten orientalischen Despoten und hatten die unumschränkte Macht, alle staatlichen Mittel für kriegerische Zwecke einzusetzen. Zudem besaßen

Die Assyrer verwendeten als erste Kavallerie. Die Bogenschützen trugen zuerst gepanzerte Mäntel, später schützten sie sich mit hohen, oben spitz zulaufenden Schilden

sie eine besondere Begabung für die Verwaltung. Sie hatten ein stehendes Heer, und alle erwachsenen Männer waren dienstpflichtig, obwohl die Reichen sich loskaufen oder an ihrer Stelle Sklaven in die Armee schicken konnten. Die Truppenteile oder *kisri* waren verschieden stark und in kleinere Einheiten zu je 50 und 10 Mann eingeteilt. Mannschaften und Offiziere wurden aus den eroberten Gebieten gut versorgt. Am Schluß eines Feldzugs wurde die Beute verteilt. Das Heer verfügte über einen leistungsfähigen Feindnachrichtendienst, und die Zivilbeamten in den Provinzen versorgten die Armee regelmäßig mit militärisch wichtigen Nachrichten.

Die assyrische Armee war so stark, daß die anderen Völker gegen sie in der offenen Feldschlacht kaum eine Chance hatten und sich deshalb auf die Verteidigung von Festungen beschränkten. Es gibt keine Berichte über offene Feldschlachten, und wir wissen daher nicht, welche Strategie und Taktik die Assyrer bei solchen Operationen angewendet hätten. Die Hauptaufgabe fiel wahrscheinlich den Streitwagen zu, die aus allen Richtungen angriffen und aus allen Entfernungen an der Schlacht teilnahmen. Wahrscheinlich folgten die anderen Verbände und säuberten das Schlachtfeld. Es gibt eine Reihe von Reliefs, die die Kämpfe Assurbanipals gegen Elamiter und Araber am Fluß Ulai zeigen. Die aus leichten Bogenschützen, Infanterie und leichter Kavallerie bestehende elamitische Armee scheint in großer Bedrängnis zu sein. Die assyrische Armee besteht, wie es dem Gelände entspricht, hauptsächlich aus mit Bogen und Speeren bewaffneter Reiterei und Speerträgern zu Fuß. Die meisten tragen schwere Rüstungen, aber auch leichte Bogenschützen beteiligen sich am Kampf und fügen dem Gegner schwere Verluste zu. Von links nach rechts ist der Ablauf der Schlacht dargestellt, der mit dem Rückzug der Elamiter in den Fluß und der Enthauptung der Gefangenen endet. Reiterei und Infanterie folgen den Streitwagen, die zuerst die feindlichen Reihen gesprengt haben. Die Reiter operieren zumeist an den Flanken, um den Feind an der Flucht zu hindern, der dann in den Fluß getrieben und niedergemacht wird.

Die assyrische Armee paßte sich jedem Gelände an und kämpfte in der Gebirgen von Urartu ebensogut wie in den Sümpfen von Bityakin und der Wüste. Ein Relief zeigt die Truppen Sanheribs im Marsch durch einen Wald. Die Lanzenträger gehen in einzelnen Gliedern vor, gefolgt von zum Schutz des Rückens und der Flanke eingesetzten, im lockeren Verband marschierenden Kräften. Im bewaldeten Bergland operierten berittene Bogenschützen und Speerwerfer gemeinsam mit der Infanterie. Sie gingen geschlossen vor und schützten ihre Flanken im Wald durch Infanterie. Die Fähigkeit assyrischer Truppen, in schwierigem Gelände zu operieren, zeigt sich am besten bei den amphibischen Operationen Sanheribs in den Sümpfen an der Tigrismündung. Die Infanterie dringt auf leichten Booten in die verschilften Sümpfe ein, um den Feind aus seinen Schlupfwinkeln zu vertreiben und seine Verstecke niederzubrennen. Bei der Überwindung ntürlicher Hindernisse, besonders von Flüssen und Gebirgen, in großen Verbänden vollbrachte die assyrische Armee beachtliche Leistungen. Ein weiteres Relief zeigt eine Abteilung Streitwagen beim Flußübergang. Die Fahrzeuge setzen in großen Ruderbooten über, die vom anderen Ufer mit Seilen herangezogen werden. Die an die Boote gebundenen Pferde schwimmen hinterher. Die Soldaten schwimmen mit aufgeblasenen Ziegenhäuten hinüber und halten ihre Waffen in die Höhe. Über kleinere Flußläufe bauten assyrische Pioniere Brücken.

Schwächere Völker, besonders in Syrien und Palästina, schützten sich mit Befestigungsanlagen gegen die Assyrer. Diese wiederum entwickelten die Belagerungskunst. Ihre Erfolge sind der Ausnutzung aller damals vorhandenen Kriegsmittel zuzuschreiben. Sie stürmten Brustwehren, rissen Mauern und Tore nieder, legten Sturmleitern an und gruben Tunnel, ja sie kannten sogar die psychologische Kriegführung. Die ersten sechsräderigen Rammböcke waren plump, schwer und etwa 5 Meter lang. Vorn stand ein etwa 5 Meter hoher Turm, an dem eine schwenk-

Die assyrischen Steinschleuderer bewährten sich besonders bei Angriffen gegen Steilhänge und Festungsmauern

bare Ramme befestigt war. Der Kopf der Ramme hatte die Form einer Axt und wurde in das Tor oder die Mauer hineingetrieben, nach links und rechts gehebelt, und brachte so die Mauer zum Einsturz. Die Besatzungen der Rammböcke waren von den Bogenschützen des Verteidigers bedroht und erhielten von eigenen Bogenschützen in fahrbaren Türmen Feuerschutz.

Zugleich erstürmten Speerträger auf Sturmleitern die Mauer, um die Verteidiger vom Kampf gegen die Besatzungen der Rammböcke abzulenken und an schwachen Stellen selbst einzubrechen. Als die Mauern später stärker wurden, kamen bis zu 30 Fuß lange Sturmleitern in Gebrauch. Bei der Erstürmung einer Festung verwendete man alle Waffen, und nach der Regierungszeit Sanheribs setzten die Assyrer mit großem Erfolg die Steinschleuder ein. Verfügte man über zu wenig Mannschaften, oder war die Festung sehr stark, versuchte man, sie

Der Krieg in frühgeschichtlicher Zeit

auszuhungern oder die Besatzung zu überlisten. Im 2. Buch der Könige, 19–23, versucht der assyrische Erzschenke die Verteidiger Jerusalems in ihrer eigenen Sprache zur Übergabe gegen den Befehl Hiskias zu überreden; eines der ersten Beispiele für die psychologische Kriegführung.

Daß Jerusalem 710 der Belagerung Sanheribs standhielt, lag wahrscheinlich vor allem daran, daß Hiskia die Stadt mit Wasser versorgt hatte. Im 2. Buch der Chronik, 32, heißt es, „Er ist der Hiskia, der die obere Wasserquelle in Gihon zudeckte und leitete sie hinunter abendwärts von der Stadt Davids." Hiskia baute sehr geschickt eine etwa 650 m lange Wasserleitung durch den Felsen bis zu einer Zisterne in der Stadt. Außerdem hatte er Vorräte an Öl, Wein und Mehl angelegt.

Die Anfang des 19. Jahrhunderts v. Chr. gebaute neue massive Mauer von Megiddo war unten 2,5 Meter dick, hatte 6 Meter breite Vorsprünge und Einbuchtungen und war von einer Brustwehr gekrönt. Die ganze Anlage wurde durch eine außen herumgeführte niedrigere Mauer noch verstärkt. Beim Angriff Sanheribs gegen Lachisch bauten die Verteidiger Holzgerüste entlang der Brustwehr, an die sie Schilde hingen, hinter denen die Bogenschützen in Stellung gingen und ungehindert schießen konnten.

Die Könige von Juda und Israel, Rehabeam, Ahab, Usia und Hiskia haben ihre Städte heldenhaft gegen die Assyrer verteidigt.

Gegen 639 hatte Assurbanipal sein Reich gefestigt. Im Südwesten war Frieden. Lydien war als Bundesgenosse gewonnen. Elam war endlich unterworfen, und der König pflegte freundschaftliche Beziehungen mit den Skythen im Norden und dem Marionettenkönig von Babylon. Dann kam die Katastrophe. Wir wissen nicht genau, was geschah, aber nach des Königs Tod kam es zu einem langen Ringen um die Nachfolge. Nabopolasser von Babylon und Kyaxares von Medien verbündeten sich zur Vernichtung Assyriens, dessen Heer während der inneren Kämpfe der 620er Jahre zusammengeschmolzen war. Der Feind wurde von fähigen Feldherren geführt, die die Assyrer auf das befestigte Viereck ihres Stammlandes zurückdrängten, bis Nabopolasser sie bei Kablinu entscheidend schlug. Zwei Jahre darauf kam Kyaxares fast bis nach Ninive, wendete sich dann nach Süden und vernichtete gemeinsam mit den Babyloniern

Die Assyrer kannten eine hochentwickelte Belagerungskunst und erfanden mehrere Typen fahrbarer Rammböcke, deren Ramme mit einem axtförmigen, seitswärts beweglichen Kopf endete

Assur. Aber das Assyrerreich zerfiel noch nicht ganz. 612 griffen Skythen, Meder und Babylonier Niniveh an. Die Stadt hielt sich von Mai bis Juli, fiel aber schließlich unter dem Ansturm der Verbündeten, die von den Assyrern selbst in der Kriegskunst unterwiesen worden waren. Der letzte König von Niniveh, Sinscharischkun, warf sich in die Flammen seiner Stadt. Die Bewohner wurden niedergemetzelt oder deportiert und die Stadt zerstört. Das Assyrerreich hörte auf zu existieren. Damit endete die Geschichte eines Volkes, das mehr als 600 Jahre den ganzen Mittleren Osten unaufhörlich und gnadenlos – und fast immer als Sieger – mit Krieg überzogen hatte.

Der Krieg in frühgeschichtlicher Zeit

Junger griechischer Krieger nimmt die im „heroischen" Zeitalter gebräuchlichen Waffen entgegen: Helm, Brustpanzer, Beinschienen, Schild und Speer

4 · Das klassische Griechenland

Im dritten Kapitel haben wir fast 7000 Jahre Kriegsgeschichte an uns vorüberziehen lassen, die mit dem Zusammenbruch der Assyrer 612 v. Chr. endeten. Schon während dieser Vorgänge im Mittleren Osten zogen sich die Kriegswolken weiter westlich zusammen.

Man darf sagen, das „heroische" griechische Zeitalter begann 1400 v.Chr., als die Achäer die Vorherrschaft in der Ägäis von Kreta übernahmen. Um 1200 begannen sie und andere ägäische Völker mit ihren Raubzügen gegen Ägypten und das Hethiterreich. Einer dieser Kriegszüge, der trojanische Krieg, wird uns von Homer überliefert. Damals waren die Schlachten Zweikämpfe zwischen großen Helden wie Ajax, Diomedes, Hektor und – dem größten von allen:

> Hoch über dem Schauplatz des Sterbens stand Achill,
> Mit Staub bedeckt und schrecklich mit Blut besprizt...

Die Kämpfer fuhren im Streitwagen hinaus, stiegen aus und traten unter den Zurufen ihrer Genossen zum Zweikampf an. In leichter Rüstung trug jeder einen Rundschild, zwei Wurfspeere und ein gerades Schwert. Der Bogen galt als Waffe des Feiglings. Wenn der Kampf mit dem Speer nicht die Entscheidung gebracht hatte, folgte der Zweikampf mit dem Schwert. Der Speer blieb die Hauptwaffe der Griechen.

Zwei Generationen nach dem trojanischen Krieg kamen dorische Einwanderer aus Norden nach Griechenland. Es folgten vier dunkle Jahrhunderte, in denen die Rassen einander bekämpften. In Griechenland brach jetzt die Eisenzeit an. Bis zum 8. Jahrhundert v. Chr. beherrschte die dorische Stadt Argos den ganzen östlichen Peloponnes. Dann begann der Aufstieg Spartas auf dem südlichen Peloponnes. Zwischen 740 und 710 annektierte Theopompos von Sparta Messenien und Lakonien, gewann dabei Erzgruben und sicherte sich die Arbeitskraft der „Heloten". Aber 669 wurden die Spartaner von dem König von Argos, Phaidon, im Tal von Hysiai geschlagen und durch 19 Jahre dauernde Helotenaufstände weiter geschwächt. Doch Anfang des 6. Jahrhunderts erholte es sich und gewann für 250 Jahre die militärische Vorherrschaft in Griechenland.

Zwischen 620 und 600 führte der berühmte spartanische Gesetzgeber Lykurg ein neues gesellschaftliches und politisches System ein. Sparta wurde zum Militärstaat, der seine Hauptaufgabe darin sah, gute Soldaten hervorzubringen. Schwache Säuglinge wurden im Taigetosgebirge ausgesetzt, und die junge Mannschaft sieben- bis dreißigjähriger wurde in Kasernen einer harten Ausbildung unterzogen. Die ganze männliche Bevölkerung diente in der Armee, und jeder war dazu erzogen, „zu siegen oder zu sterben". Zwei Könige befehligten das Heer. Die Heloten arbeiteten zur Befriedigung der wirtschaftlichen Bedürfnisse.

Dieses System gab Sparta seine einzigartige politische Stabilität und die Kraft, mit einer verhältnismäßig schwachen Bevölkerung die Heloten und den Peloponnes zu beherrschen. 560 verbündete sich König Anaxandridas mit der arkadischen Stadt Tegea im Mittelpeloponnes und begann damit den peloponnesischen Bund unter Führung Spartas. 546 schlug Sparta Argos zum erstenmal und besiegte es 495 endgültig unter Führung des Kleomenes bei Sepeia. Aber schon drohten die ersten großen Kriege zwischen Griechenland und Persien.

In den dreißig Jahren nach 552 eroberte Kyros II., der Gründer des Perserreichs, nach dem Verschwinden der Assyrer mit seinem Sohn Kambyses Medien, Babylonien, Lydien und Ägypten. 512 erweiterte Darius I. das Perserreich nach Westen bis zur Donau. 500 standen die griechischen Städte auf den ionischen Inseln gegen ihn auf und baten die Festlandgriechen um Hilfe. Nun entschloß sich Darius zur Eroberung ganz Griechenlands. Angesichts der Gefahr vereinigten sich die Griechen zum erstenmal unter Sparta. Der erste persische Ansturm wurde 490 bei Marathon, der zweite 480/79 bei Salamis und Plataiai abgewehrt. Die Griechen gewannen diese großen Siege gegen die angeblich unbesiegbaren Perser, weil sie zwei überlegene Waffen entwickelt hatten, die Hoplitenphalanx und die Trireme, über die wir später sprechen werden.

Bald nach 700 trat an die Stelle des Kampfes auf Distanz das Gefecht zwischen eng gegliederten Kolonnen schwerer Infanterie, den Hopliten. Für die Bewohner eines städtischen Gemeinwesens war es natürlich, Schulter an Schulter zu kämpfen, und als die Technik der Metallbearbeitung sich verbesserte, konnten immer mehr wohlhabende Bürger sich die vollständige Hoplitenrüstung leisten. Sie bestand aus einem 8 Fuß langen Wurfspeer, einem Schwert, Helm, Brustpanzer, Beinschienen und einem mit dem linken Arm gehaltenen Rundschild von 3 Fuß Durchmesser. Den Helm zierte ein Helmbusch, der Schild zeigte Darstellungen von Vögeln und wilden Tieren. Die ersten Hopliten kämpften 669 bei Hysiei im argolischen Heer. Zwölf Jahre später hatte diese Kampfmethode sich in allen griechischen Stadtstaaten durchgesetzt.

Die hoplitische Phalanx bildete eine geschlossene Front von Schilden und Speeren. Beim Zusammenstoß stieß jeder Mann mit dem Speer nach der Kehle des Gegners. Die Formation mußte geschlossen bleiben, denn jeder verließ sich auf seinen Nebenmann. Persönliche Leistungen strebte man nicht auf dem Schlachtfeld, sondern bei den Wettspielen an. Bei Plataiai war die spartanische Phalanx acht Glieder tief. Die rückwärtigen Glieder füllten die in der Front entstandenen Lücken auf, trugen Ersatzwaffen und kümmerten sich um die Verwundeten. Sie töteten die verwundeten Feinde und verbanden die eigenen. Um zu verhindern, daß Lücken in die geschlossenen Reihen geschlagen wurden, sah man auf strenge Disziplin und Kampfmoral. Standhaftigkeit und Truppenstärke entschieden die Schlacht, die gewöhnlich nur kurze Zeit dauerte. Da es vor allem auf den ersten Ansturm ankam, verausgabte man sofort die ganze Stoßkraft. War die Formation zerschlagen, wendeten die Hopliten sich zur Flucht, denn es gab keine Reserven und keine Möglichkeit für einen zweiten Angriff. Der Feind wurde kaum verfolgt, denn der Kampf hatte die schwerbewaffneten Soldaten erschöpft. Die Schlacht war schnell entschieden. Der Unterlegene schickte dem Sieger einen Herold, der die Niederlage zugab und um die Erlaubnis bat, die Toten einzusammeln.

Neben dem Frontalangriff gab es keine taktischen Manöver, aber die gut ausgebildeten und disziplinierten Spartaner waren in dieser Kampfesweise überlegen. Sie verfeinerten den hoplitischen Frontalangriff, und ihre Taktik führte sie durch drei Jahrhunderte von Sieg zu Sieg. Die voranstürmenden Soldaten neigten dazu, nach rechts zu gehen, wo sie hinter dem Schild ihres Nebenmannes Schutz fanden. Damit entwickelte sich die Tendenz, dem Gegner in die Flanke zu stoßen, und die Spartaner nutzten das aus. Wenn sie den Feind überflügelt hatten, schwenkte die Phalanx ein und rollte die feindliche Front auf. Beim steten Vorgehen, das von

Das klassische Griechenland

Die Hoplitenphalanx zog, von Flötenmusik begleitet, in den Kampf

Flötenspiel begleitet wurde, waren sie beweglich genug, dieses Manöver auszuführen. Damit waren ihrer Strategie enge Grenzen gesetzt. Die Schlachten wurden zumeist auf ebenem Gelände geschlagen, denn keine Partei gewährte dem Gegner den Vorteil des Angriffs bergab, und Unebenheit des Geländes gefährdete die geschlossene Schlachtreihe. Ein Feldzug wurde meist in einer kurzen Schlacht entschieden. Schlechte Wege, das gebirgige Gelände und der unebene Boden ließen kaum besondere taktische oder strategische Ideen wie etwa die des Überraschungsmoments aufkommen. Der Krieg fand im Sommer statt, denn man konnte den Feind nur aus den befestigten Städten locken, wenn man seine Ernte zerstörte oder seine Herden fortführte. Es gab kaum Belagerungen. 495 gelang es den Spartanern nicht, Argos zu nehmen, und vor 424 gibt es keinen Bericht über die Einnahme einer Stadt. Hopliten kämpften gegen Hopliten. Hätten die Griechen bessere Pferde gehabt, dann hätten sie wohl auch Kavallerie eingesetzt. Es gab aber kein für die Pferdezucht geeignetes Weideland. Athen hatte einen aristokratischen Ritterverband, aber nur die Thessalier verfügten über größere Reitermassen und besiegten in einer einzigartigen Schlacht 511 die spartanischen Hopliten. Bogenschützen und Streitwagen konnten der Phalanx nichts anhaben. Die Griechen verwendeten den Wagen nur bei Prozessionen und Kampfspielen. Die Perser, die Asien mit Bogenschützen und Reitern erobert hatten, traten den Griechen mit neuen Kampfmethoden entgegen, aber die griechische Phalanx war ihnen überlegen. Als der Feind die griechische Phalanx 479 bei Plataiai mit Pfeilen überschüttet hatte, ließ Pausanias sie mit Erfolg gegen den massierten Gegner vorgehen.

Ich kenne Griechenland gut und habe es während meiner Dienstjahre in der NATO vielfach bereist. Ich beginne meine Betrachtungen über die griechischen Heere jener Tage mit der Feststellung, daß die Griechen in einem zu drei Vierteln oder mehr aus Gebirgen bestehendem Land ihre taktischen Vorstellungen auf Truppen bezogen, die nur in ebenem Gelände kämpfen konnten. Die Schlachten wurden zu einem Aufeinander-Einschlagen. Die Truppen manövrierten kaum, es gab keinen beweglichen Einsatz der Schützen und keine Gelegenheit, sich als geschickter Truppenführer zu bewähren. Der Feldherr konnte kaum mehr tun als die Schlachtreihe aufstellen, die besten Kämpfer an der richtigen Stelle einsetzen, sie zum Kämpfen ermuti-

Leibwache Darius I., unter dem die Bedrohung Griechenlands durch die Perser am gefährlichsten wurde

gen und dann wie jeder andere Hoplit mit ihnen in den Kampf gehen. Es gab keine Kommandostruktur und keine Offiziershierarchie.

Die Griechen waren nicht gezwungen, ihre Kampfmethoden weiterzuentwickeln. Außer den Spartanern verabscheuten sie alle die Disziplin und kämpften ungern. Notfalls kämpften sie tapfer, aber ihre eigentlichen Interessen lagen bei höheren Dingen. Sie vertraten die Auffassung, daß „die Tapfersten Schmerz und Freude am tiefsten empfinden und doch die Gefahr nicht scheuen." Als Perikles erfuhr, wie viele junge Athener in Samos gefallen waren, meinte er, „es war, als sei das Jahr des Frühlings beraubt worden."

Die Perser hatten eine andere Einstellung zum Krieg, und auch ihr Heer unterschied sich von dem griechischen. Bei ihnen war die Infanterie nicht die wichtigste Waffengattung. Im persischen Gemeinwesen standen der grundbesitzende Adel und dessen Gefolgsleute an der Spitze. Sie bildeten die von den Griechen so gefürchtete schlagkräftige Reiterei. Leibeigene und Bergstämme stellten das Fußvolk, das sich mit der disziplinierten griechischen Bürgerinfanterie nicht messen konnte. 490 v. Chr. bei Marathon wurde die Phalanx der Athener ohne Schwierigkeiten mit den persischen Fußsoldaten fertig; die persischen Reiter hatten keinen Platz für Manöver und Attacken, denn die Schlacht wurde auf einem schmalen Küstenstreifen geschlagen. 480 weigerten sich die persischen Fußsoldaten wieder, den Hopliten bei Thermopylä entgegenzutreten. Der aus der Front und aus dem Rücken auf sie herabkommende Pfeilregen

Das klassische Griechenland

zermürbte schließlich die Spartaner. Die Erfolge der Griechen gegen die Perser sind der richtigen Auswahl des Schlachtfelds zuzuschreiben, auf dem die persische Reiterei sich nicht entwickeln konnte. Diese Taktik hatte sich unter den gegebenen Umständen als die erfolgreichste erwiesen.

Im heroischen Zeitalter gab es in Griechenland keinen Seekrieg. Schiffe wurden nur als Transportmittel benutzt. Aber im 7. Jahrhundert v. Chr. gab es Kriegsschiffe, deren Bug die feindlichen Schiffe rammen konnte, und von deren Decks die Soldaten die gegnerischen Fahrzeuge beschossen oder sie enterten. Das gebräuchliche Kriegsschiff war der von 25 Ruderern auf jeder Seite bewegte Fünfruderer. Nach 650 kam es im Seegefecht vor allem darauf an, das feindliche Schiff zu rammen. Die Kriegsschiffe waren länger und schneller geworden, und sie lagen tiefer im Wasser. Zwischen 550 und 500 entwickelten die Griechen als Rivalen der von den Persern eingesetzten phönizischen Flotte ein viel besseres Schiff, die Trireme, die 200 Jahre das östliche Mittelmeer beherrschen sollte und zum Vorbild der Galeere wurde, des wichtigsten Kriegsschiffs bis zur Schlacht von Lepanto 1571 n. Chr.

Auf einer Trireme gab es bis zu 170 jeweils ein Ruder handhabende Ruderer. Die Ruder waren in drei Reihen übereinander angeordnet und lagen auf Auslegern. Die Trireme war schnell und beweglich und eröffnete einem geschickten Seemann viele Möglichkeiten. Die erste Schlacht, an der Triremen teilnahmen, war die Seeschlacht bei Lade 494, in der die Perser mit großer Übermacht die ionische Revolte niederschlugen.

Nach 490 erkannte man die Absicht Persiens, Griechenland zu Lande und zur See anzugreifen. 493 begann der athenische Feldherr Miltiades, den Hafen von Piräus zu befestigen. Durch ihre Landung 490 bei Marathon wollten die Perser die gegnerische Armee aus Athen fortlocken, um die Stadt mit einer „fünften Kolonne" von innen und durch eine zweite persische Landung bei Phaleron einzunehmen. Die athenischen Hopliten mußten nach der Schlacht bei Marathon in aller Eile nach Süden marschieren und konnten die Landung bei Phaleron im letzten Augenblick verhindern. Themistokles, der in den 480er Jahren an der Spitze Athens stand, erkannte die Gefahr einer zweiten Invasion und sah, daß Griechenland verloren sein würde, wenn Athen nicht die Vorherrschaft zur See in der Ägäis errang. Während der Ruhepause, die die Griechen durch innere Unruhen in Persien und den Tod Darius I. 486 erhielten, bewog er die Volksversammlung, 100 Triremen zu bauen. 484 begann Xerxes als Nachfolger des Darius, sich auf eine Invasion Griechenlands zu Lande vorzubereiten, die von der Flotte unterstützt werden sollte. Der im Dienst der Perser stehende Grieche Harpalos baute zwischen Abydos und Stestos eine Brücke über den Hellespont. Er legte Planken über zwei aus jeweils mehr als 300 Triremen und Fünfruderern, mit sechs Kabeln zusammengebundene Schiffsreihen. Im Frühjahr 480 brachen die persischen Truppen unter Xerxes mit 160 000 Mann, 1700 Kriegsschiffen und 3000 Transportschiffen (nach Herodot) in das nördliche Griechenland ein.

Auf einer panhellenischen Versammlung arbeiteten die Griechen unter Führung Spartas den Verteidigungsplan aus. Um die zahlenmäßige Überlegenheit der Perser wettzumachen, entschloß man sich, dem Feind am engen Paß bei Thermopylä, etwa 130 Kilometer nördlich von Athen, und im Kanal von Euböa im Osten entgegenzutreten. In Thermopylä sollte hinhaltender Widerstand geleistet werden, um Xerxes zu dem Versuch zu veranlassen, die Griechen in einer Seeschlacht in der Flanke zu umgehen. Hier sollte die Entscheidung fallen. 324 Triremen und 9 Fünfruderer wurden unter dem Spartaner Eurybiades in die Gewässer nördlich des euböischen Kanals geschickt. Der athenische Verband unter Themistokles war der stärkste. Die Perser wollten den Durchgang durch die Thermopylen erzwingen und die griechische Flotte in der Meerenge von Euböa einschließen. Aber während die persische Flotte an der Ostküste von Magnesia entlangfuhr, geriet sie in einen Sturm und wurde schwer beschädigt. Nun überredete Themistokles den zögernden Spartaner, die feindliche Flotte unverzüglich anzugreifen,

63

bevor sie sich ordnen konnte. Es folgten zwei Tage schwerer, aber unentschiedener Kämpfe vor Artemisium. Die Perser waren im Vorteil, und am Abend des zweiten Tages dachten die Griechen an den Rückzug. Dann traf die Nachricht vom Fall Thermopyläs ein. Der spartanische König Leonidas hatte den Paß mit 7000 Mann (davon 3000 Spartaner) drei Tage gegen die ganze persische Armee gehalten. Doch ein Verräter zeigte den Persern einen Umgehungsweg. Alle Spartaner fielen, und die Perser marschierten nach Süden gegen Athen. In der Nacht segelte die griechische Flotte den Kanal hinunter nach Süden und um Attika herum. 1933 habe ich Thermopylä besucht und das Denkmal gesehen, das den Verteidigern gesetzt wurde. Die Inschrift lautet:

> Wanderer, kommst du nach Sparta, so künde dorten,
> Du habest uns hier liegen gesehen, wie das Gesetz es befahl.

Das spartanische Gesetz hieß „Sieg oder Tod".

Jetzt konnte nur noch die Flotte Griechenland retten. Es kam darauf an, daß die Perser die Schlacht in einem für die Griechen günstigen Gewässer annahmen. Themistokles wählte das Seegebiet vor Salamis an der Bucht von Eleusis. Man kann die Bucht von Westen her zwischen Megara und Salamis und von Osten zwischen dem Piräus und dem Vorgebirge Kynosura erreichen. Die Ostzufahrt wird durch die Insel Psyttaleia in zwei etwa $1\,^1/_2$ Kilometer breite Kanäle geteilt. Hier würde die persische Flotte eng zusammengedrängt sein, und die Griechen würden als gute Seeleute eine Chance haben. Doch die Perser brauchten sich nicht mehr auf eine Seeschlacht einzulassen. Würden sie die griechische Flotte unbeachtet lassen? Die Kampfmoral der Griechen hatte gelitten, nachdem Xerxes Attika verwüstet und die Verteidiger der Akropolis in Athen niedergemetzelt hatte. Eurybiades zögerte, aber Themistokles entwickelte einen kühnen und riskanten Plan, mit dem er die Perser zu dem Versuch verlocken wollte, die griechische Flotte zu kapern. Er lief zwischen Salamis und Megara aus dem Kanal aus und schickte am 22. September 480 eine Botschaft an Xerxes, die besagte, die Griechen seien von Furcht ergriffen und wollten fliehen.

Xerxes ging in die Falle. Nachts blockierten seine Schiffe beide Zufahrten nach Salamis, und persische Truppen landeten auf Psyttaleia. Im Morgengrauen lag die persische Flotte in drei Reihen zwischen Kynosura und dem Piräus. Nun entwickelten die Griechen schnell ihre 366 Triremen und 7 Fünfruderer. Das korinthische Geschwader wendete sich gegen die ägyptischen Schiffe im Westkanal, und der Rest bildete eine Linie zwischen der Stadt Salamis und dem Herakleion auf dem Festland. Eurybiades mit sechzehn spartanischen Schiffen lag an der rechten Flanke, Themistokles mit mehr als der Hälfte der griechischen Triremen an der linken, der Rest bildete das Zentrum. Die Flotten waren noch außer Sichtweite.

Die Perser eröffneten das Gefecht. Da der Kanal so eng war, mußten sie zwei Reihen bilden; die Phönizier fuhren rechts, die Ionier links. Die persischen Schiffe gerieten sehr bald durcheinander, weil sie zu eng nebeneinander herfuhren oder weil die See zu rauh war. Jetzt griffen die griechischen Schiffe aus nächster Entfernung an. Die griechischen Triremen fuhren seitlich an den feindlichen Schiffen entlang und kappten deren Ruder. Die manövrierunfähigen Schiffe wurden mittschiffs gerammt und gelegentlich geentert. Die Entscheidung fiel im Kampf der Athener und Ägineten am linken Flügel. Sie ruderten dicht an der Küste entlang, stießen gegen die rechte Flanke der Perser und bis in das gegnerische Zentrum vor. Die persische Flotte drängte sich zusammen und geriet immer mehr in Unordnung. Im Zentrum war der Kampf zunächst unentschieden, und rechts gerieten die Griechen in Bedrängnis. Aber nach sieben bis acht Stunden harter Kämpfe zeichnete sich auf dem ganzen Schlachtfeld der Sieg der Griechen ab,

Das klassische Griechenland

Das klassische Griechenland

und die Athener bedrohten die Perser links im Rücken. Darauf zogen die Ionier sich zurück. Sie gaben Psyttaleia auf und wendeten sich nach Phaleron. Die Verlustangaben sind ungenau, doch waren die Griechen zu schwach, den Gegner zu verfolgen, und fuhren in den Hafen von Salamis ein.

Taktisch war die Schlacht von Salamis bedeutungslos, strategisch war sie ein großer Sieg. Ohne Schiffe für Truppentransporte und Nachschub wagte Xerxes nur eine schwache Armee in Griechenland zurückzulassen, die 479 von den Griechen bei Plataiai geschlagen wurde. Das war bis zum 15. Jahrhundert n. Chr. die letzte asiatische Invasion in Griechenland.

Kriegführung im Altertum

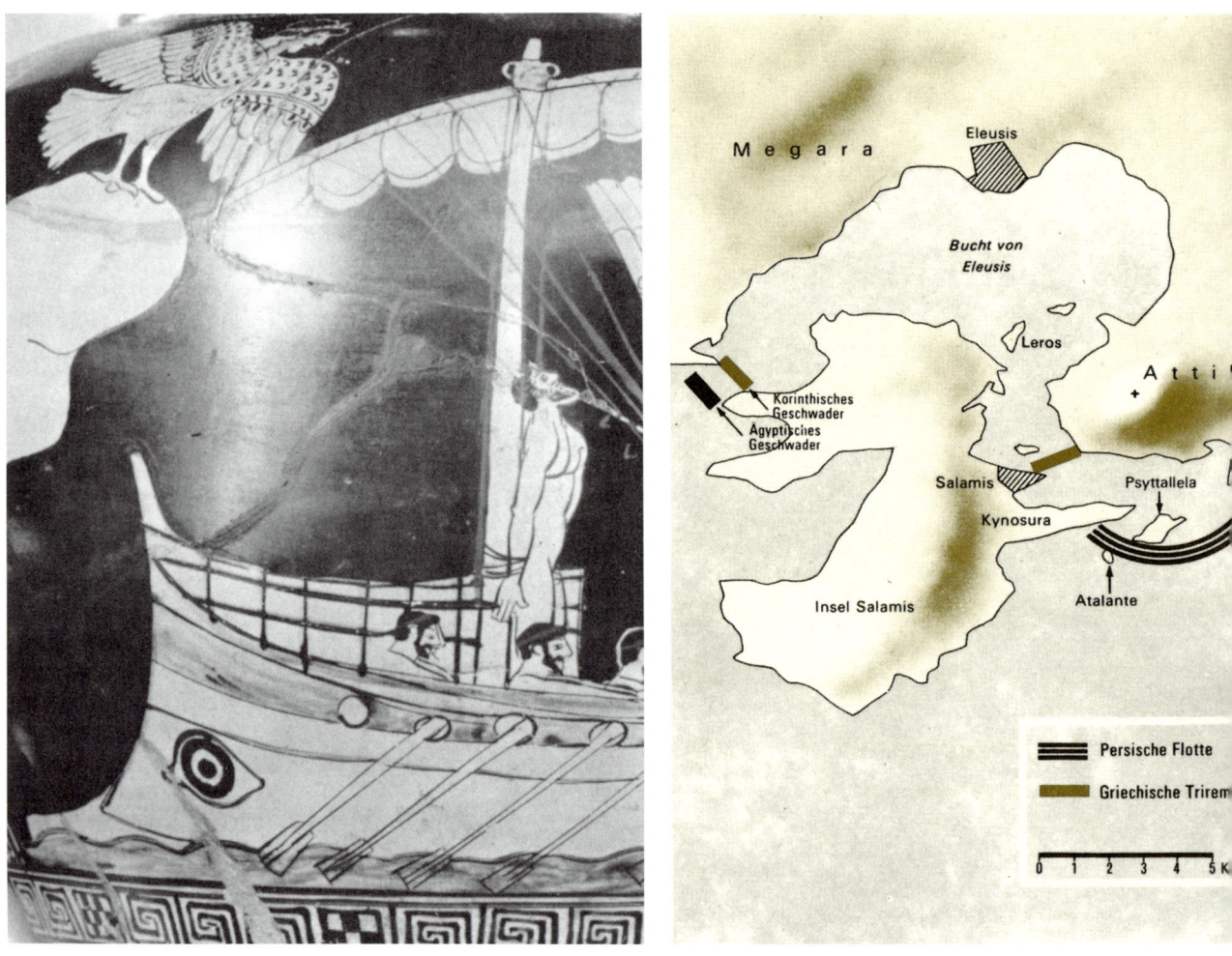

Die Schlacht von Salamis (rechts) wurde dadurch entschieden, daß die Griechen die gegnerischen Schiffe mit dem zu diesem Zweck verstärkten Bug (links) ihrer Schiffe rammten

Im 5. Jahrhundert v. Chr. war Athen eine Seemacht. 478 bildeten die ägäischen und ionischen Griechen den Delischen Bund mit dem Ziel, die Perser aus der Ägäis zu vertreiben. Die Schatzkammern des Bundes wurden auf der heiligen Insel Delos eingerichtet, und die Mitglieder mußten entweder Geld oder Schiffe zur Verfügung stellen. Allmählich übernahm Athen die Führung.

Der Sohn des Miltiades, Kimon, schlug die Perser 467 am Eurymedon in Pamphylien. Als man zehn Jahre später eine Flotte nach Ägypten schickte, um eine Revolte zu unterstützen, kam es zu einer Katastrophe. Inzwischen waren die Befestigungen im Hafen von Piräus fertig, und 454 verlegte man das Schatzamt von Delos nach Athen. Damit wurde aus dem Bund ein athenisches Imperium, dem 150 Staaten Tribute zahlten, die Athen zum Bau einer großen Flotte verwendete. Jetzt war, nach den Worten des Thukydides, „der Krieg durch das Anwachsen der

Macht Athens und die dadurch in Sparta entstandene Besorgnis unvermeidlich geworden." 431 brach der Peloponnesische Krieg aus. In den folgenden 27 Jahren nahm fast jeder griechische Stadtstaat daran teil. Im ersten Jahrzehnt hielten sich die Seemacht Athen unter Perikles und Phormio und die Landmacht Sparta mit ihren Verbündeten unter Brasidas und Pagondas die Waage. Zwischen 421 und 418 kam es zu keinen schweren Kämpfen, doch dann errang Sparta den größten Sieg des Krieges zu Lande bei Mantinea, und Athen besetzte 415 Sizilien, um den Gegner von seiner Ernährungsbasis abzuschneiden. Aber unter der schwachen Führung des Nikias wurden die Griechen von den Syrakusern unter dem spartanischen Feldherrn Gylippos geschlagen, der die athenische Flotte im Hafen von Syrakus blockierte und zerstörte, um dann die griechische Armee zu vernichten. Mit Hilfe Persiens baute Sparta nun 100 Kriegsschiffe und verlegte den Kriegsschauplatz in die östliche Ägäis, um den Athenern die Nachschubwege abzuschneiden. Dennoch siegte Athen zwischen 412 und 409 in den Seeschlachten bei Kynossema, Kyzikos und Arginusä. Aber 405 überraschte der Spartaner Lysander die athenische Flotte bei Ägospotami, wo 170 Schiffe vor Anker lagen, und eroberte sie im Handstreich. Zur See wehrlos gemacht und damit in einer verzweifelten Lage wurde Athen 404 eingenommen und mußte demütigende Friedensbedingungen annehmen. Mit dem Fall von Athen und der Aufteilung der politischen und kulturellen Führung endete das Zeitalter höchster griechischer Kultur. Das Beste, was vom Peloponnesischen Krieg übriggeblieben ist, ist seine von dem ersten wirklichen Historiker, Thukydides, geschriebene Geschichte. Die assyrischen und ägyptischen Berichte sind mehr als unvollständig und tendenziös. Herodot ist ein Anekdotenerzähler, aber Tukydides bemüht sich, die Ereignisse objektiv, klar und genau darzustellen. Seine Analyse des athenischen Ideals in der Perikles zugeschriebenen „Leichenrede" und seine Darstellung der athenischen Niederlage in Sizilien sind historische und literarische Meisterstücke. Wenn auch die athenische Flotte im Peloponnesischen Krieg (431–405) am stärksten war, so hat Perikles doch zu großes Gewicht auf die Seekriegführung gelegt. Er erkannte nicht, daß Athen ohne eine gute Armee nicht siegen konnte, und das führte zur endgültigen Niederlage.

Der Peloponnesische Krieg als bisher größte militärische Auseinandersetzung auf griechischem Boden konnte auf die Dauer nicht durch das herkömmliche Hoplitengefecht entschieden werden. Während seiner Dauer und in der ersten Hälfte des 4. Jahrhunderts im Kampf zwischen Sparta, Theben und Athen um die Vorherrschaft in Griechenland entwickelte sich die Landkriegführung über das spartanische Modell hinaus. Etwa 80 Kilometer nördlich von Athen lag als eine der ersten griechischen Festungen Theben. Seine militärische Bedeutung prädestinierte es für eine Führungsposition, es beherrschte daher die Nachbarstädte und wurde zur Militärmacht.

Im Peloponnesischen Krieg kam es zu einigen Belagerungen. Plataiai verteidigte seine Mauern mit Tierhäuten gegen die brennenden Pfeile der Athener. Die Syrakuser vernichteten die athenischen Rammböcke mit einer brennbaren Mischung aus Pech, Schwefel, Werg, Harz und Piniensägemehl. Als erste griechische Stadt wurde 424 Delion genommen. Die in aller Eile errichteten Palisaden wurden mit Hilfe eines riesigen Blasebalgs niedergebrannt. Der erste griechische Festungsbaumeister war Dionysos I. von Syrakus (405–367). Bei der Verteidigung gegen die Karthager befestigte er die Insel Ortygia und baute auf den Höhen von Epipolai eine starke Festung. 398 eroberte er Motya mit beweglichen Belagerungstürmen, Rammböcken und Katapulten. Nach der ersten Beschießung bestiegen seine Soldaten nachts auf Sturmleitern die Stadtmauer. Die Einführung von Belagerungstürmen und Torsionskatapulten (eine Erfindung der Phönizier) revolutionierte den Belagerungskrieg. Es gab die kleinen *katapeltes* für Pfeile, Wurfspieße und achtpfündige Steine, die bis auf 230 Meter sehr genau schossen. Das größere *petrobo-*

los und das *onager* konnten 50 Pfund schwere Steine werfen. Die Schleuderkraft wurde durch zusammengedrehte Sehnen oder Frauenhaar erzeugt. Befestigte Städte fielen aber häufiger, weil sie ausgehungert wurden, durch Einsatz einer „fünften Kolonne" oder durch Verrat.

Zu dieser Zeit gewannen Reiterei und leichtbewaffnete Truppen immer mehr an Bedeutung. 415 nahm Nikias nur 30 Pferde mit nach Sizilien, doch bald stellte er fest, daß seine Fouragiertrupps berittenen Schutz brauchten, requirierte an Ort und Stelle 400 Pferde und forderte in Athen weitere Pferde an. Agesilaos von Sparta besiegte 394 die Thessalier mit einer Reitertruppe. Der beste Reiterführer in dieser Periode war der Thebaner Pelopidas. Der Einsatz von Kavallerie war immer noch schwierig. Zu Kriegszeiten im Sommer waren Futter und Wasser knapp. Die Griechen kannten weder Hufeisen noch Steigbügel. Das Hufeisen wurde im 4. Jahrhundert v. Chr. von den Kelten erfunden, und der Steigbügel tauchte etwa um die gleiche Zeit in Kleinasien auf. Die griechischen Pferde waren zu schwach, einen Panzer zu tragen. Sie ließen sich daher leicht mit Speeren verwunden, besonders wenn die Reiter sich nach einer Attake vom Feind abwendeten. Doch erkannte man jetzt, wie nützlich eine berittene Truppe im gebirgigen Griechenland sein konnte.

Ebenso erkannte man, daß das griechische Terrain für leichtbewaffnete Truppen besser geeignet war als für Hopliten. Bisher hatte man Leichtbewaffnete als barbarisch abgelehnt. 426 erteilten äthiolische Speerwerfer den Athenern eine bittere Lektion, als sie 120 Hopliten unter Demosthenes vernichteten, mit denen sie sich nicht auf einen Nahkampf einließen. Demosthenes stellte sofort einen Verband Leichtbewaffneter auf und setzte sie zur Verwunderung Griechenlands 425 in einem erfolgreichen Gefecht gegen die Spartaner auf Sphakteria ein. Ihre Ausrüstung war billig, und in der Folgezeit stellte man besonders die immer größer werdenden Söldnerkontingente als Leichtbewaffnete auf. Viele griechische Veteranen aus dem Peloponnesischen Krieg waren bei seinem Ende 404 ohne einen anderen Beruf und wurden daher Berufssoldaten. Es hatte schon früher griechische Söldner gegeben. Einige von ihnen haben ihre Namen auf einer Säule bei Abu Simbel eingeritzt, andere gehörten zur Leibwache persischer Satrapen. Aber jetzt wuchs ihre Zahl. 401 kämpften 10 000 griechische Söldner auf seiten des Kyros gegen dessen Bruder, den persischen König Artaxerxes. In der Schlacht von Kunaxa bei Babylon waren sie unüberwindlich. Allerdings setzte Kyros sie so ungeschickt ein, daß er geschlagen wurde. Die 10 000 lösten sich selbständig vom Feind. Einer ihrer Führer, Xenophon, beschreibt ihren fünf Monate dauernden Zug zum Schwarzen Meer in der „Anabasis" und zeigt hier, wie sie von den Bergstämmen, gegen die sie dabei zu kämpfen hatten, viel über die Kunst des Gefechts mit leichten Waffen, besonders mit dem Bogen, lernten. Zwischen 399 und 375 gingen 25 000 Griechen in fremde Dienste, und was sie dabei von den rhodesischen Steinschleuderern und den kretischen Bogenschützen gelernt hatten, brachten sie mit nach Hause. Bald nach 400 stellte Iphikrates in Athen nach thrakischem Vorbild einen „Peltasten" geannten Söldnerverband aus Speerwerfern zusammen. Sie trugen kurze Lederwämse, ein Schwert und einen kleinen Schild und waren sehr beweglich. Außer in wirklich großen Schlachten waren sie die besten Fußtruppen ihrer Zeit. 390 vernichteten sie bei Korinth 600 spartanische Hopliten.

Mit dem Aufkommen neuer Waffengattungen veränderte sich auch die Taktik. Brasidas, der 422 bei Amphipolis siegte, war der letzte große spartanische Hoplitenführer alter Art. 424 wendete der Thebaner Pagondas neue Taktiken an, um die Athener bei Delion zu schlagen. Er staffelte die rechte Flanke seiner Phalanx in die Tiefe und setzte Reiter als bewegliche Reserve ein. Endlich fanden neue militärische Ideen Eingang in Griechenland. In *Laches* zeichnete Plato den gut ausgebildeten Krieger. Thukydides hat die Kriege seiner Zeit geschildert, und Xenophon schreibt, „der weise Führer greift an, wo der Feind am schwächsten ist." Iphikrates bezeichnete die Leichtbewaffneten als Hände, die Reiter als Füße, die Schwerbewaffneten als Brust und

Das klassische Griechenland

Im 5. Jahrhundert wuchs die Bedeutung der Reiterei in der Kriegführung der Griechen

Brustpanzer und den Feldherrn als Kopf des Heeres. Die Armee Dionysios I. von Syrakus bestand aus Hopliten, Leichtbewaffneten und Reitern – ein großer Fortschritt in der Heeresgliederung.

Der Thebaner Epaminondas revolutionierte 371 bei Leuktra die taktische Verwendung der Phalanx. Seine Idee war einfach, verlangte aber Geschick. Er konzentrierte seine Kräfte am entscheidenden Punkt, anstatt sie wie früher so einzusetzen, daß er überall schwach und nirgends stark war. Im Kampf gegen eine spartanische Armee wußte er, daß der Gegner seinen rechten Flügel stärken und versuchen würde, ihn selbst links zu umgehen. Epaminondas trat der spartanischen Phalanx daher in schräger Schlachtordnung entgegen. Er hielt den rechten Flügel zurück und setzte seine Stoßkräfte fünf Glieder tief und durch Reiter geschützt an der linken Flanke an. So fing er den spartanischen Stoß mit einem Gegenstoß auf, gewann die Schlacht an der linken Flanke und hatte genügend Reserven, um auch im Zentrum und rechts nicht zu verlieren. Adcock meint, Leuktra habe wie Rocroi (1643 n. Chr.) eine Legende der Unbesiegbarkeit zerstört. Wie Epaminondas den Sieg im folgenden Jahr ausnutzte, zeigt seinen strategischen Weitblick. Er marschierte von Theben nach Lakonien, befreite Messenien, die wirtschaftliche Basis Spartas, und einigte Arkadien. Damit schuf er ein Gegengewicht gegen die spartanische Machtkonzentration im Süden.

Mit dem Tod des Epaminondas 362 v. Chr. verlor die griechische Politik ihre treibende Kraft. 359 wurde Philipp II. König von Makedonien. Ehrgeizig und immer bereit, eine Gelegenheit wahrzunehmen, aber klug und ein guter Organisator, glaubte er, die griechischen Stadtstaaten, die sich 70 Jahre gegenseitig bekämpft hatten, würden sich nicht vereinigen, um einen starken Eindringling zu vertreiben. Philipps politische Methode war, „List vor Gewalt, doch zuletzt Gewalt." Nach 350 eroberte er Illyrien (das heutige Jugoslawien), Thrakien, Thessalien und spielte die griechischen Kleinstaaten gegeneinander aus. 338 besiegte er bei Chäronea in Böotien Theben und Athen und beherrschte damit Griechenland. Nach dem Sieg rief Philipp die griechischen Staaten zu einer Versammlung in Korinth zusammen und schlug ihnen vor, sich zur Erreichung zweier Ziele unter seiner Führung zu vereinen; zur Verhinderung innerer Kämpfe und zu einem Einfall nach Persien als Rache für die Entweihung Griechenlands durch die Perser im 5. Jahrhundert. Diese Idee hatte schon einige Zeit in der Luft gelegen, und nur Sparta verweigerte die Zustimmung. Doch Philipp wurde vor ihrer Ausführung 336 ermordet und hinterließ den Plan seinem Sohn Alexander.

Aber Alexander erbte noch mehr von seinem Vater. Philipps Armee und seine militärischen Ideen waren die Grundlage der Erfolge Alexanders. Philipps Strategie gegen Athen war ein neuartiger Versuch, und Alexander entwickelte sie weiter. Ihre Kennzeichen waren gutes geographisches Verständnis, Beweglichkeit und das Zusammenwirken aller Waffen. Philipp war es auf die Beherrschung des Nordostens und des Südens angekommen. Athen wollte er bezwingen, indem er die Nachschubwege von den Dardanellen blockierte. Das gelang nicht, denn die Perser halfen den Griechen die belagerten Festungen Perinthos und Byzanz zu entsetzen. Aber die indirekte Strategie hatte die entgegengesetzte Wirkung. Nachdem er die Athener bei Chäronea geschlagen hatte, beherrschte er ihre Politik und damit den Hellespont und die Wege nach Kleinasien.

Der Feldzug vor der Schlacht bei Chäronea wurde beispielhaft beweglich geführt. In der griechischen Kriegführung hatte es bisher kaum lange Gewaltmärsche gegeben. Im Westen wurde Philipp der Weg nach Böotien zwischen Kytinion und Amphissa, im Osten zwischen Elateia und Chäronea verstellt. Um seine Absichten zu verbergen, stellte er sich zuerst bei Elateia bereit und täuschte damit die Verteidiger des westlichen Anmarschweges. Dann marschierte er in einem nächtlichen Eilmarsch nach Amphissa, führte gegen die dort stehenden

Söldner einen vernichtenden Schlag und schaltete damit die Verteidigung am linken Flügel aus, die ihn so lange behindert hatte. Nun kam es zu der lange erwarteten Entscheidungsschlacht mit den Thebanern und Athenern. Aber Philipp ging nicht gleich nach Osten gegen die Hauptkräfte des Gegners vor, da diese direkte Marschroute dem Feind die besseren Verteidigungsmöglichkeiten bot. Stattdessen führte er die Armee nach Elateia zurück, überwand rasch den Paß von Parapotamioi und überfiel den Feind bei Chäronea.

In dieser Schlacht zeigte er zum erstenmal, daß eine griechische Armee gelernt hatte, alle Waffen auf dem Schlachtfeld erfolgreich zusammenwirken zu lassen. Der Feind stellte sich ihm geschlossen entgegen, die Flanken auf der einen Seite durch Gebirge, auf der anderen durch einen Fluß geschützt. Philipp ließ seine tüchtige Phalanx auf dem rechten Flügel ein schwieriges hinhaltendes Gefecht führen und zwang damit den Feind, eine Lücke zu öffnen. Der Gegner links wurde zum Vorgehen gezwungen, während er sich rechts an das diese Flanke schützende Gelände klammerte. Sobald die Lücke entstanden war, ließ Philipp seine Reiter unter Führung seines achtzehnjährigen Sohns Alexander zum entscheidenden Angriff vorgehen. Gleichzeitig ging auch die Phalanx schnell und mit großem Schwung zum Angriff über.

Die makedonische Armee, die Alexander nach dem Tod seines Vaters übernahm, war die bestgegliederte, -ausgerüstete und -ausgebildete griechische Armee, die es bisher gegeben hatte. Philipp hatte die alten makedonischen Truppen mit den königlichen Gefolgsleuten zu einer aus allen Waffengattungen bestehenden, integrierten Streitmacht verschmolzen, in der die „Territorialarmee" die taktische Basis für die entscheidenden Operationen der „königlichen Armee" bildete. Letztere bestand aus zwei Eliteverbänden, der Reiterei und den „Hypaspisten". Die makedonischen Reiter waren schon immer gut gewesen, und jetzt war es ihre Aufgabe, in den Flanken oder gegen Lücken den entscheidenden Schlag zu führen, während die Phalanx den Feind in Schach hielt. Die Reiterei bestand aus acht Schwadronen oder *ilai*, die je 200 bis 300 Mann unter einem Offizier stellten. Sie trugen einen Brustpanzer und einen kurzen Wurfspeer, das *xyston*. Die Hypaspisten waren Fußsoldaten, wahrscheinlich ebenso bewaffnet wie die Hopliten, aber als Elitetruppe besonders sorgfältig ausgebildet. In der Schlacht waren sie das taktische Bindeglied zwischen Reitern und Phalanx. In schwierigen Lagen folgten sie der Kavallerie bei nächtlichen Eilmärschen und wurden zur Erstürmung von Befestigungen eingesetzt. Sie setzten sich aus drei Bataillonen zu je 1000 Mann zusammen. Eine Kompanie Hypaspisten und eine Schwadron Reiter bildeten die königliche Leibwache. Alexander selbst führte gewöhnlich die Reiter, manchmal aber auch die Hypaspisten und die Phalanx, einmal sogar die Bogenschützen.

Die Territorialarmee stellte die infanteristischen Hauptkräfte, die Phalanx. Sie bestand aus sechs, später sieben Bataillonen zu je 1536 Mann, die in Untereinheiten zu 512 Mann aufgeteilt waren. Sie kämpften sechs Glieder tief. Jedes Bataillon hatte seinen Kommandeur, und damit entstand die erste Offiziershierarchie in einer griechischen Armee. Die Bewaffnung der Hopliten bestand jetzt aus einem kleineren Schild und einer 4 Meter langen Lanze, die an die Stelle des $2^3/_4$ Meter langen Speers getreten war. Die Phalanx sollte den Feind binden, während die Reiter den entscheidenden Schlag führten. Mit dieser verläßlichen Unterstützung schlugen Alexanders Reiter die persische Kavallerie, die ihnen im übrigen ebenbürtig war. Zur Armee Philipps und Alexanders gehörten auch Kontingente ihrer Vasallen und Verbündeten. Die wichtigsten waren die thessalischen schweren Reiter, die thrakischen Lanzenträger, die kretischen Bogenschützen und die agrianischen Speerwerfer. Als erster Feldherr ließ Alexander alle Waffengattungen zusammenwirken. Dadurch errang er seine großen Siege gegen die persischen Streitwagen und gegen die Gebirgsstämme. Zur Sicherung der Nachschublinien setzte er Söldner ein, und in den letzten Kriegsjahren stellte er eine Reitertruppe aus iranischen Nomadenstämmen auf.

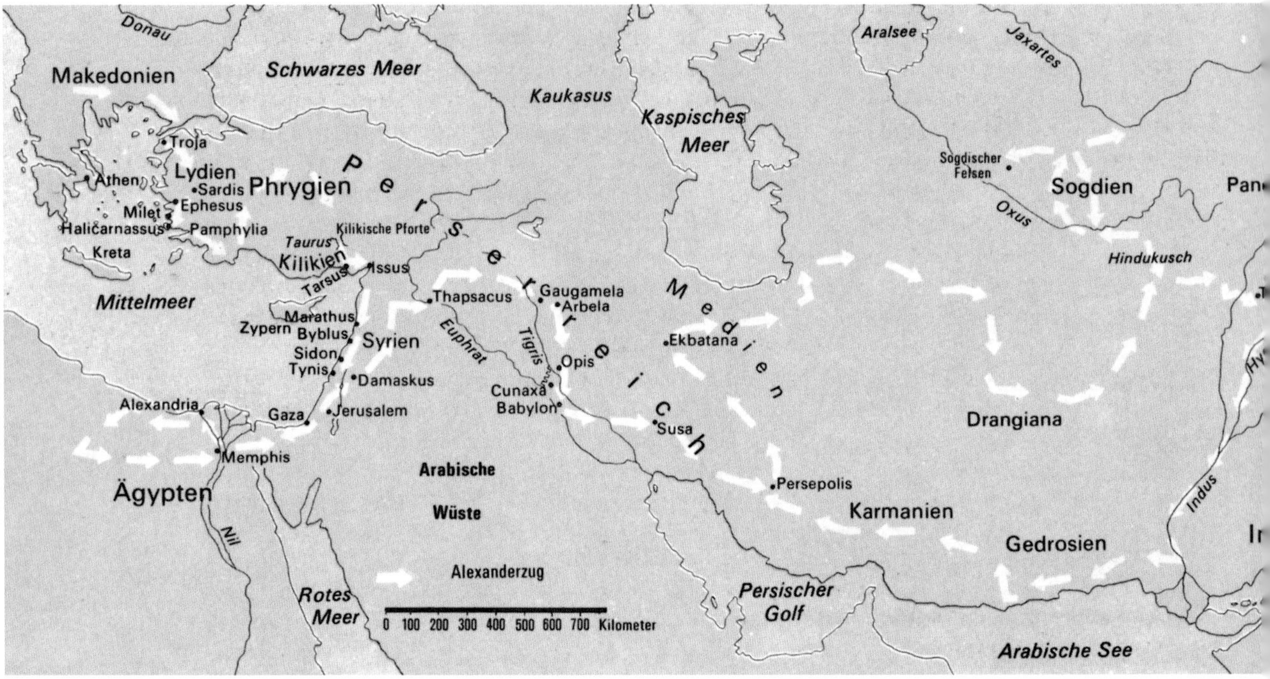

Kriegführung im Altertum

Alexanders Eroberungszug. Bei Issos wurden die persischen Streitwagen von griechischer Reiterei besiegt

Alexanders Belagerungsgerät entsprach dem Vorbild, das Dionysius I. geschaffen hatte, und bestand aus Türmen, Rammböcken, Schutzdächern und Katapulten und versagte nie. Als erster Feldherr verwendete er „Feldartillerie", die er in Abteilungen zusammenfaßte und auf Packtieren mitführte. Leider wissen wir nur wenig über die Organisation seiner rückwärtigen Dienste. Sein persönlicher Stab bestand aus 13 Männern und etwa acht Ratgebern. Das Heer wurde von Pionieren, Mineuren und Kanalbauern, Seeleuten, Architekten (wie Deinokrates, der den Plan für die Stadt Alexandria in Ägypten entwarf), Landmessern, Geographen, Botanikern, Ärzten, Sekretären und einem Geschichtsschreiber begleitet.

Es war die bestausgerüstete und leistungsfähigste Armee des Altertums, die in jedem Gelände und gegen jeden Feind kämpfen konnte. Ihre Kampfmethode wurde in erster Linie durch das Zusammenwirken der Phalanx mit leichtbeweglichen Truppen bestimmt. Dieser überlegenen Taktik konnten die persischen Massenheere nicht widerstehen, deren Hauptvorteil in der zahlenmäßigen Überlegenheit bestand. Menschenmassen allein konnten gegen die Standhaftigkeit der Griechen, ihre gezielten Wurfgeschosse, gegen konzentrische Angriffe und erstklassige Führung nichts ausrichten.

336 und 335 beschäftigte sich Alexander mit der Sicherung seiner Basis im eigenen Land. Er warf die Barbaren über die Donau zurück, nachdem er seine Truppen nachts auf mit Stroh ausgestopften Zelten übergesetzt hatte. Dann ging er in einem nächtlichen Eilmarsch über die illyrische Grenze und stand in 14 Tagen vor Theben den überraschten Griechen gegenüber. Das delphische Orakel pries ihn als unbesiegbar. Im Frühjahr 334 zog er mit 30 000 Fußsoldaten, 5000 Reitern, 160 Schiffen, aber fast ohne Geldmittel nach Kleinasien. Zu seinen Unterfeldherren gehörten vier spätere Könige: Ptolemäos, Lysimachos, Seleukos und Antigonos. In neun Jahren eroberte er das Perserreich von den Dardanellen bis zum Pandschab. Die Schwäche Darius III. und die chaotischen Zustände in seinem Reich begünstigten das Unternehmen, obwohl die Perser unermeßlich reich waren und über große Menschenreserven verfügten. Alexanders Erfolge waren seiner kühnen und ideenreichen Führung, der Tapferkeit und technischen Qualität seiner Armee, der systematischen Fortentwicklung seiner Strategie und seinen Siegen in vier großen Schlachten und einer berühmt gewordenen Belagerung zuzuschreiben. Für Darius kam der Angriff unerwartet. Zunächst traten Alexander nur schwache persische Kräfte und griechische Söldner entgegen. Er schlug sie am Granikos und gewann damit die Kontrolle über das westliche Kleinasien. Diesen ersten großen Sieg errang er mit den gewohnten Kampfmethoden und führte selbst den Reiterangriff am rechten Flügel. Dann marschierte er über Sardis, die Küstenstädte Ephesus, Milet und Halikarnassos um Kleinasien herum, stieß im Winter, als die Stämme durch den Schnee in den Gebirgstälern festgehalten wurden, durch Phrygien, und ging dann in Eilmärschen nach Süden, um die Kilikische Pforte im Handstreich zu nehmen. Damit wollte er vor einem weiteren Vorstoß nach Osten seine rückwärtigen Verbindungslinien sichern und die persische Flotte durch Wegnahme ihrer Basis ausschalten. Durch seine milde Behandlung gewann er die Sympathien der unterworfenen Bevölkerung und veranlaßte zahlreiche persische Schiffsbesatzungen mit Unterstützung demokratischer Bewegungen in den Städten, zu ihm überzugehen. Im Winter 334/33 gewährte er vielen verheirateten Soldaten Urlaub nach Griechenland. Auch das ist bezeichnend für die Menschlichkeit, durch die er die Zuneigung seiner Soldaten gewann.

Alexanders schneller Vorstoß vor seinen Hauptkräften durch Kilikien nach Tarsos war ein Fehler. Darius umging ihn und schnitt seine Verbindungswege ab. Aber im November 333 gewann Alexander bei Issos einen glänzenden Sieg, vor allem weil die Perser ihren Vorteil nicht auszunutzen wußten. In Damaskus fiel ihm das Schatzhaus in die Hand, und damit war das Geldproblem gelöst. Er verfolgte Darius nicht weiter, sondern zerstörte zuerst die feindlichen Flottenbasen in Phönizien. Marathon, Byblos und Sidon ergaben sich ihm, aber in Tyros hatte er Schwierigkeiten.

Die Belagerung von Tyros ist ein klassisches Beispiel für seine Ausdauer und Geschicklichkeit. Es war einer seiner glänzendsten Siege und die größte Belagerung im Altertum. Der Belagerung durch Nebukadnezar hatte Tyros 13 Jahre standgehalten. Jetzt mußte es, wie Alexander seinen Unterfeldherren sagte, genommen werden, denn mit Tyros verlor die phönizische Flotte ihre letzte Basis und mußte sich den Griechen ergeben oder auseinanderfallen. Damit würde er seine Herrschaft auf Zypern und in der Ägäis sichern und den Weg nach Ägypten freibekommen. Aber die Eroberung der Stadt war schwierig. Sie lag auf einem Felsen, der sich etwa 800 m vor der Küste erhebt, und war von einer etwa 4,5 Kilometer langen und zum Teil 50 Meter hohen Mauer umgeben. An der Ostseite lagen zwei Häfen, der nördliche sidonische und der südliche ägyptische Hafen.

Die Belagerung begann im Januar 332. Alexander und sein Festungsspezialist Diades bauten eine Mole von der Küste zum Felsen und kamen zunächst gut voran. Aber weiter draußen war das Wasser tief, und die Arbeiter wurden durch den Wind und Beschießungen von Stadtmauern und Kriegsschiffen aus behindert. Unter Schwierigkeiten brachten sie zwei Belagerungstürme bis ans Ende der Mole. Sie waren 50 Meter hoch und gegen Brandpfeile mit Tierhäuten abgedeckt. In den einzelnen Stockwerken aufgestellte Katapulte bombardierten die Verteidiger und die feindlichen Schiffe. Die Tyrer schickten nun zwei mit Pech, Schwefel und Holzspänen beladene Feuerschiffe zur Mole. Als die Türme niedergebrannt waren, kamen sie in kleinen Booten heran und zerstörten die Mole. Alexander sah jetzt, daß er es mit einem harten Gegner zu tun hatte. Er befahl den Bau einer größeren Mole und segelte selbst nach Sidon, um eine Flotte zusammenzustellen.

Zwischen den phönizischen Städten hatte von jeher eine tödliche Rivalität bestanden, und so brachte Alexander bald 220 Schiffe zum Kampf gegen Tyros zusammen. Doch als er zurückkehrte, nahm König Azemilk von Tyros die Schlacht nicht an. Nun blockierte Alexander beide Häfen, was ohne geeignete Ankerplätze sehr schwierig war. Inzwischen war die zweite Mole fertig, und neue Belagerungstürme mit Rammböcken und Katapulten standen bereit. Da die Stadtmauern nur in einer Breite von etwa 200 Metern von der Mole aus beschossen werden konnten, setzte Alexander Rammböcke auf Schiffe, die den Felsen von allen Seiten angreifen konnten. Aber Tyros hatte sich darauf vorbereitet. Die Besatzung der Festung hatte Felsblöcke ins Wasser geworfen, um den Schiffen das Herankommen zu verwehren, und überschüttete die Angreifer mit Brandpfeilen. Als Alexander die Unterwasserhindernisse beseitigen wollte und dieses Unternehmen durch Kriegsschiffe abschirmen ließ, durchschnitten tyrische Taucher die Ankerseile. Darauf verankerte er sie mit Ketten. Nun kamen 13 tyrische Schiffe aus dem sidonischen Hafen und überraschten Alexanders Flotte, während die Schiffsbesatzungen an Land eine Mahlzeit einnahmen. Mehrere Schiffe wurden zerstört, aber Alexander befahl sofort die Blockade des ägyptischen Hafens, fuhr mit wenigen Schiffen um Tyros herum, fiel dem Feind in den Rücken und schlug ihn zurück.

Die Rammschiffe hatten inzwischen südlich des ägyptischen Hafens eine schwache Stelle an der Mauer entdeckt. Es erfolgte der Generalangriff von der Mole aus durch die zypriotische und phönizische Flotte, die die Häfen blockiert hatten, und durch ein Galeerengeschwader, das die Insel umfuhr. Nach dem ersten Einbruch brachte Alexander zwei Schiffe mit Brückengerät und Sturmsoldaten heran. Er und Admetos führten die Hypaspisten, und Koenos folgte mit einem Bataillon der Phalanx. Die Angreifer erreichten den Königspalast und besetzten die Stadt. Tyros fiel nach achtmonatiger Belagerung. Da die Verteidiger ihre Gefangenen umgebracht

Zweikampf griechischer Helden des klassischen Altertums. Amphore etwa 550 v. Chr.

hatten, nahmen die Griechen Rache, töteten 8000 Tyrer und verkauften 30 000 in die Sklaverei.

Nach der Schlacht 333 bei Issos hatte Darius ein Friedens- und Bündnisangebot gemacht, auf das Alexander nicht eingegangen war, sondern verlangt hatte, als Herr Kleinasiens anerkannt zu werden. Während der Belagerung von Tyros hatte Darius sein Angebot erhöht: 10 000 Talente, die Hand seiner Tochter und die Herrschaft über das Gebiet westlich des Euphrat. Alexanders Unterfeldherr Parmenion hatte zur Annahme geraten, denn die Griechen glaubten, mit der Eroberung Kleinasiens sei das Kriegsziel erreicht. Doch Alexander hatte größere Pläne. Zuerst marschierte er durch Syrien und Ägypten, unterwarf beide Länder, wurde aber bei Gaza schwer verwundet. Dann wendete er sich gegen Persien, um Darius vom Thron zu stürzen.

Im Sommer 331 schickte er Parmenion nach Thapsakos, um eine Brücke über den Euphrat zu bauen. Als erster Feldherr wendete Alexander den Grundsatz an: „Getrennt marschieren, vereint schlagen". Im Juli überschritt er den Fluß, stieß nach Nordosten bis zum Tigris vor, und die persische Vorhut wich vor ihm zurück. Am 19. September ging seine Armee über den Tigris, und nach vier Tagen meldeten seine Kundschafter, der Feind habe auf der Ebene bei Gaugamela ein Lager bezogen. Die Perser hätten klüger gehandelt, wenn sie den Gegner durch kleinere Plänkeleien erschöpft und sich nicht zur Schlacht gestellt hätten, aber Darius beschloß, zu kämpfen. Alexander war begeistert und sagte seinen Männern, diese Schlacht werde das Schicksal Asiens entscheiden.

20 Monate nach Issos hatten die Perser eine gewaltige Armee aufgestellt, aber sie hatten die Kampfmethoden, mit denen sie ihr Reich im 6. Jahrhundert gewonnen hatten, längst aufgegeben. Ihre Elitetruppe, die berühmten Bogenschützen und die 10 000 „Unsterblichen" gab es nicht mehr. Ihre Fußtruppen bestanden, abgesehen von der schwachen königlichen Leibgarde, aus schlecht ausgebildeten Wehrpflichtigen und undisziplinierten Stammeskriegern. Am stärksten war ihre Kavallerie, besonders die berittene Garde und die Kappadokier. Sie war jetzt mit Schuppenpanzern ausgerüstet und anstelle des Wurfspeers mit einer Lanze und einem längeren Schwert bewaffnet. Dazu hatte Darius wieder Sichelstreitwagen eingeführt, aber die Wagenlenker waren schlecht ausgebildet. Die persische Armee war, wie Fuller sagt, sehr beweglich, aber nicht standfest. Darius übernahm selbst den Oberbefehl. Die Truppe bestand aus Angehörigen von 24 Nationen und war dem Gegner zahlenmäßig überlegen.

Die persische Strategie entsprach der Zusammensetzung der Armee. Man hatte das Schlachtfeld von Gaugamela eingeebnet, um die Streitwagen besser zur Wirkung zu bringen. Darius stellte seine überlegenen Kräfte in breiter Front auf, die starke Kavallerie an den Flügeln. Er führte das Kommando vom Zentrum aus, vor sich die 1000 Mann starke Leibwache, indische und karische Reiter. Neben ihm standen die einzigen Berufssoldaten der Armee, die Speerträger der Garde und 2000 griechische Söldnerhopliten. Links unter Bessos stand die Reiterei der Ostprovinzen, darunter 1000 schwere Reiter vom Jaxartes, die sogenannten Sakischen Kataphrakten. Rechts stand die westliche Kavallerie unter Masaios mit den Kappadokiern. Hinter den Reitern stand die Infanterie, vor der Front etwa 2000 Streitwagen, in der Mitte 15 Elefanten. Hätte Darius gewußt, daß Pferde vor Elefanten scheuen, hätte er diese gegen Alexanders Reiter einsetzen können. Es ist aber nicht überliefert, welchen Anteil sie an der Schlacht genommen haben.

Alexander stand die stärkste der bisher von ihm befehligten Armee zur Verfügung. Sie war, von griechischen Söldnereinheiten und drei Reiterverbänden verstärkt. 40 000 Fußsoldaten und 7000 Reiter stark. Es stand fest, daß der Gegner ihm in die Flanke stoßen und sehr bald mit Streitwagen und Reitern die Entscheidung suchen würde. Seine Aufstellung war daher defensiv. Seine in den Flanken tief gegliederte Phalanx stand nur halb so breit dem Feind wie ein Fels gegenüber,

Bogenschütze eines asiatischen Nomadenvolks, ca. 500 v. Chr.

in der Mitte 6 Bataillone der Phalanx und die Hypaspisten, links die thessalischen Reiter unter Parmenion, die Hälfte der berittenen Verbündeten, einige Bogenschützen und Söldnerinfanterie. Rechts standen die Hauptkräfte; die Reiter unter Philotas, davor Speerwefer und die Hälfte der makedonischen Bogenschützen. Am linken Flügel stand weitere verbündete Reiterei. Der rechte Flügel bestand aus Reitern, unter ihnen die kampferprobten Söldner Kleanders, die restlichen Bogenschützen und agrianische Speerwerfer. Eine zweite Hoplitenphalanx war zum Gegenstoß gegen Flankierungsangriffe vorgesehen. Dahinter wurden Gepäckwagen und Gefangene von thrakischen Fußtruppen bewacht. 10 Kilometer rückwärts lag das griechische Lager.

Alexanders Schlachtordnung entsprach napoleonischen Grundsätzen und sollte zunächst eine wohldurchdachte Verteidigung, dann aber den raschen und kühnen Angriff ermöglichen. Es fragte sich jetzt, ob sich der Mangel an Standfestigkeit bei den Persern oder die Schwäche am linken Flügel der Griechen zuerst auswirken würde. Darius ließ seine Armee in der Nacht vor der Schlacht unter Waffen. Das war ein Fehler, denn es erschöpfte sie schon im voraus.

Nachdem Alexander am frühen Abend seine Dispositionen getroffen hatte, schlief er sich bis zum Morgen des 1. Oktober 331 aus. Bei Beginn der Schlacht sah er die Sichelstreitwagen seinen Reitern gegenüber und führte deshalb eine Rechtsschwenkung aus, um den Streitwagen mit der Infanterie zu begegnen. Dabei geriet die Reiterei an den äußersten Rand der Ebene. Darius erkannte, daß er den Feind am Ausweichen nach rechts hindern mußte, denn sonst wären seine Streitwagen wirkungslos. Er ließ daher die Sakischen Kataphrakten, gefolgt von der baktrischen Reiterei, Alexanders rechten Flügel angreifen. Es kam zu einem harten Gefecht, bei dem Alexander immer neue Truppen ins Gefecht warf. Aber die Reiterei konnte den persischen Angriff erst nach einiger Zeit aufhalten, den die Lanzenträger dann endgültig abwiesen.

Der Einsatz der persischen Streitwagen mißlang. Sie gerieten in einen Hagel von Wurfspeeren, die Pferde gingen durch, und viele Wagenlenker fielen. Als der Rest die Phalanx erreichte, öffneten die Hypaspisten eine Lücke und ließen die Wagen zur zweiten Phalanx durch, die sie erledigte.

Als Darius sah, daß Alexander seine letzten Reserven am rechten Flügel eingesetzt hatte, glaubte er, Bessos käme gut voran, und entschloß sich daher, den entscheidenden Angriff an beiden Flanken zu wagen. Die persische Reiterei ging vor, und es kam zur Wendung in der Schlacht. Anstatt Alexanders Kavallerie anzugreifen, wendete der persische linke Flügel sich gegen die äußerste Rechte der Griechen. Vielleicht lag das an einem Mißverständnis oder, wie Fuller meint, daran, daß Reiter dazu neigen, mit einer zweiten Attacke der ersten zu folgen. Vielleicht wichen die Pferde auch den Wurfgeschossen aus der gegnerischen Mitte aus. Jedenfalls entstand jetzt eine Lücke in der persischen Front. Arrian schildert, wie Alexander diese Lage ausnutzte:

> Als die Perser eine Lücke in ihre Front gerissen hatten, da die Kavallerie zur Unterstützung der Kräfte vorstürmte, die den (griechischen) rechten Flügel umgangen hatten, schwenkte Alexander gegen die Lücke ein, bildete einen Keil mit seinen Reitern und einem Teil der Phalanx, die hier stand (vier Bataillone und die Hypaspisten), und führte sie im raschen Angriff mit lautem Feldgeschrei direkt gegen Darius selbst. Es kam zu einem kurzen Handgemenge. Als aber die makedonische Kavallerie von Alexander geführt energisch vorstieß und die Perser mit ihren Speeren bedrängte, und als die makedonische Phalanx in dichter Aufstellung lanzenstarrend angegriffen hatte, schien dem Darius die Lage so verzweifelt ... daß er sich als erster zur Flucht wandte.

Darius konnte fliehen, aber seine Leibgarde wurde fast völlig aufgerieben. Doch die Schlacht war noch nicht gewonnen, denn die vier der Reiterei folgenden Bataillone der Phalanx hatten

Das klassische Griechenland

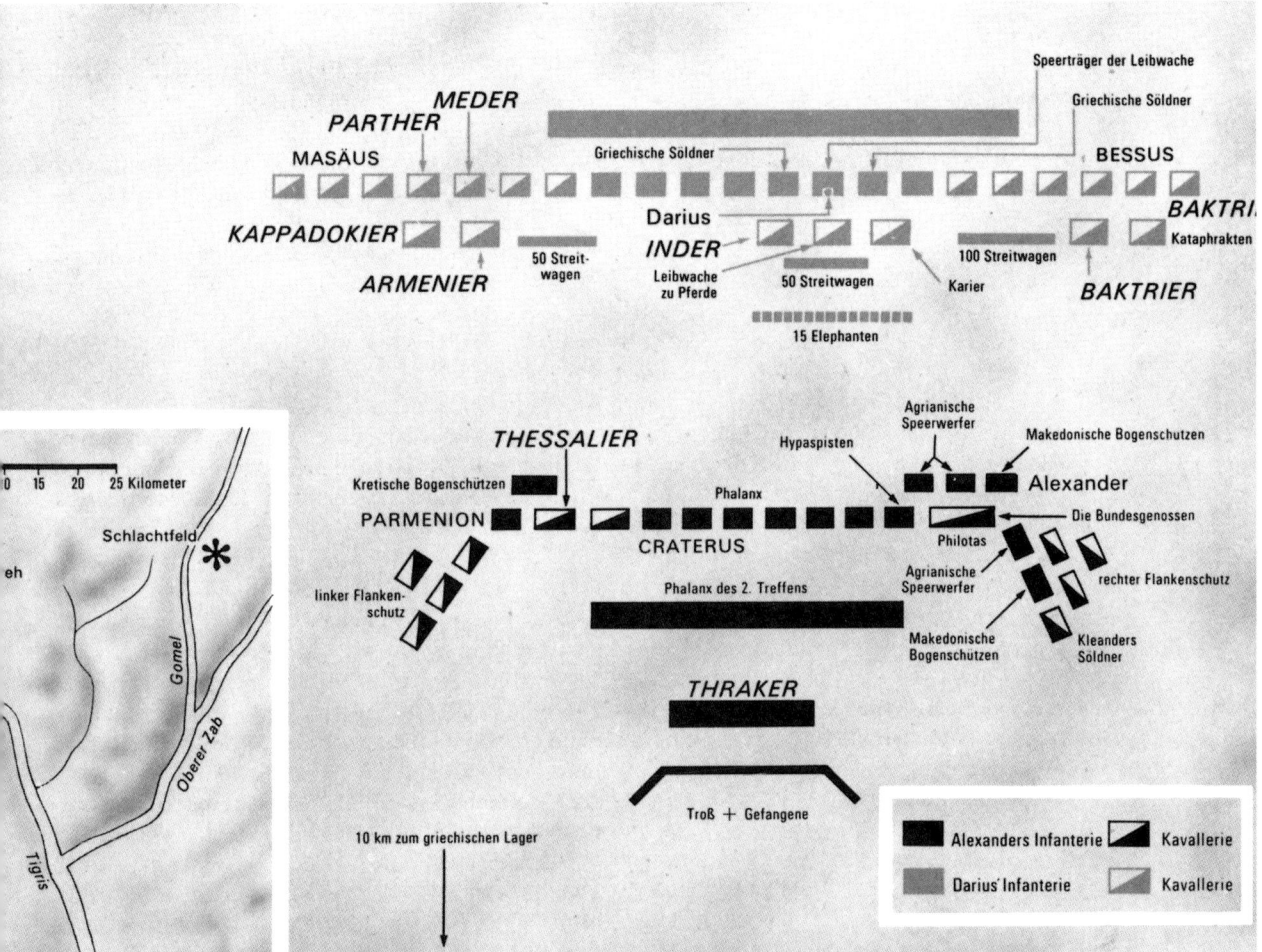

Die Schlacht von Gaugamela

in der griechischen Front eine Lücke gelassen, und die persischen Gardereiter hatten sich hineingeworfen und die Phalanx zerbrochen. Aber sie versäumten die Gelegenheit, Masaios im Kampf gegen die griechische Linke zu Hilfe zu kommen, ritten weiter und plünderten den griechischen Troß. Die Truppen des Parmenion an der griechischen Linken wurden umzingelt und schwer bedrängt. Parmenion schickte einen Hilferuf an Alexander, der ihn erreichte, als er den persischen linken Flügel nach einem ersten erfolgreichen Ansturm angriff. Wie gut Alexander seine Truppen in der Hand hatte, zeigt sich darin, daß er die Reiter sofort wenden ließ und sie auf die andere Seite des Schlachtfeldes führte. Hier stießen sie auf die persische berittene Garde, die zugleich mit parthischen und indischen Reitern kehrtgemacht hatte, und es folgte, wie Arrian schreibt, „das heißeste Reitergefecht der ganzen Schlacht." Die Perser sahen jetzt, daß Darius sie im Stich gelassen hatte, und verloren den Mut. Die Thessalier an der griechischen linken Flanke, die zunächst geschlagen worden waren, gingen wieder vor, diesmal erfolgreich. Der persische rechte Flügel zerbrach, während Bessos sich links geordnet zurückzog. Sofort befahl

Alexander verschmolz Reiterei und Hypaspisten zu einer unbesiegbaren Armee

Alexander die Verfolgung. Die persische Armee sollte nicht mehr zur Ruhe kommen. Er jagte die Perser 55 Kilometer weit bis nach Arbela und legte nur um Mitternacht eine kurze Rast ein.

Gaugamela ist eine der größten Schlachten der Geschichte, nicht nur als klassisches Beispiel für Alexanders militärisches Genie, sondern auch hinsichtlich der geschichtlichen Folgen. Sie entblößte das Herz des Perserreichs, und Alexander wurde zum Beherrscher Asiens. Darius aber floh nach Nordosten in das medische Bergland. Doch Alexander ließ sich nicht von seinem Hauptziel ablenken. Er marschierte weiter und nahm Babylon, Susa und Persepolis ohne besondere Schwierigkeiten in Besitz. Auf dem Marsch nach Persepolis unterwarf er die Gebirgsstämme. In Persepolis bezog er Winterquartiere und brannte als Rache der Griechen den Palast des Xerxes nieder. Im Sommer 330 verfolgte er Darius bis Ekbatana in Medien. Die griechische Vergeltungsaktion war beendet, und er zahlte den griechischen Truppen, die nach Hause zurückkehren wollten, ihren Sold aus.

Von Ekbatana brach Alexander auf, um den Osten zu erobern. Im Frühsommer 326 erreichte er nach vier Jahren Krieg den Indus. Unterwegs vollbrachten er und seine Truppen gewaltige Leistungen. Auf der weiteren Verfolgung des Darius zum Kaspischen Meer legte er in 11 Tagen 600 Kilometer zurück, setzte dann 500 Phalangisten auf Pferde und drang weitere 80 Kilometer vor. 329 schlug er am Oxos die Nomaden, indem er sie von Booten aus katapultierte und dann mit schwerer Kavallerie, Speerwerfern und Bogenschützen angriff. Im Winter 328 nahm er eine Festung auf dem 100 Meter hohen, schneebedeckten sogdischen Felsen, den seine Männer mit Seilen erklommen. 327 überschritt er mit 27 000 Mann den Hindukusch und erreichte im folgenden Jahr nach schweren Kämpfen gegen die Bajaurenstämme den Hydaspes, wo er seinen vierten großen Sieg erfocht. Als der Feind sich am anderen Ufer aufgestellt hatte, mußte er zunächst den Fluß überschreiten und dann gegen die feindlichen Kriegselefanten kämpfen, durch die seine Reiter außer Gefecht gesetzt wurden. Nach Überwindung mehrerer Hindernisse gewann schließlich die Fußtruppe die Schlacht.

Aber am Hyphasis angekommen meuterte das Heer und weigerte sich, weiterzumarschieren. Vor 8 Jahren war Alexander aufgebrochen und seither 26 000 Kilometer marschiert. Erschöpft durch die Regenfälle und angesichts der drohenden Kämpfe gegen die zahllosen Krieger und Elefanten Indiens verloren die Soldaten den Mut. Alexander führte sie entlang des Indus durch Gedrosien und Karmanien nach Susa, das sie im Frühjahr 324 erreichten. Die letzte Phase des Krieges war die schwierigste. Alexander wurde verwundet und starb im Juni 323 im Alter von nur 33 Jahren nach einer Regierungszeit von 12 Jahren und 8 Monaten.

Alexander gehört zweifellos zu den großen Feldherren der Geschichte. Er führt den Beinamen „der Große", und von China bis Island werden seine Taten in allen Sprachen gepriesen. In anderer Hinsicht wird er aber unterschätzt. Alexander hatte große zivilisatorische Ideen. Wo er hinkam, setzte er neue humane und tolerante Maßstäbe. In Ephesos führte er die Demokratie ein, verhinderte aber die Ermordung der Oligarchen. In Karien respektierte er das matriarchalische System und ernannte einen weiblichen Satrapen. Nie verletzte er die religiösen Gefühle seiner Untertanen. In Babylon baute er den von Xerxes zerstörten Marduktempel wieder auf. Er soll siebzig neue Städte gegründet haben. Er hellenisierte den Mittleren Osten, aber seine Größe liegt vor allem darin, daß er die aristotelische Idee aufgab, das kultivierte Griechenland müsse von der übrigen barbarischen Welt getrennt bleiben. Dem Ammonpriester in Ägypten sagte er, Gott sei der Vater aller Menschen. Sir William Tarn meint, damit sei in der westlichen Welt zum erstenmal der Grundsatz der brüderlichen Verbundenheit der ganzen Menschheit ausgesprochen worden. Die unterworfenen Völker achtete er und machte in ihrer Behandlung keine Unterschiede, um sie zu einer Rasse zu verschmelzen. Er und 80 seiner Offiziere nahmen persische Frauen. 324 feierten 9000 Angehörige aller Völker seines Reichs ein großes Fest zusammen.

Alexanders Traum von der brüderlichen Vereinigung der Menschen, der *homonoia*, erfüllte sich nicht, denn die unterworfenen Völker ließen sich nicht zu einer festen politischen Einheit verschmelzen. Nach Alexander zerfiel das Reich. Doch seine Ideen bilden einen Meilenstein in der Entwicklung der Zivilisation als Vorläufer der stoischen Philosophie, des Römischen Reichs und des Christentums.

Nach Alexanders Tod kam es zu Streitigkeiten bei der Teilung seines Erbes, und nach der Schlacht von Ipsos 301 entstanden vier Teilreiche. Die hellenistische Kriegskunst entwickelte sich nicht weiter. Seine Nachfolger, besonders Lysimachos und Seleukos, waren gute Truppenführer, aber ihre Armeen waren unbeweglich und zu komplex, und ihre Kriegführung zeigte keine neuen Ideen. Auf dem indischen Feldzug waren Alexanders Unterführer von den Elefanten sehr beeindruckt gewesen. Da Pferde sie fürchteten, ließen sie sich gut gegen Reiter einsetzen, ebenso gegen Truppen, die ihren Anblick nicht gewöhnt waren, z. B. in der Schlacht von Heraklea (280), als der König von Epirus, Pyrrhus, die Römer besiegte. Aber im großen und ganzen haben sich die Elefanten nicht bewährt. 275 v.Chr. schlugen die Römer den Pyrrhus bei Benevent, weil die verwundeten Elefanten in die eigenen Reihen zurückstürmten und viele Soldaten zu Tode trampelten. Auch gelang es Pyrrhus nicht, für die immer unbeweglicher werdende griechische Phalanx einen Ersatz zu finden. Sein militärischer Ruf hat unter den verlustreichen Siegen (bei dem „Phyrrhussieg" von Heraklea fielen 4000 seiner Soldaten) seiner Armee gelitten. Die Albanier verehren Pyrrhus allerdings bis zum heutigen Tage als ihren Nationalhelden.

Das klassische Griechenland

Römischer Soldat zur Zeit der Republik

5 · Rom wird zum Weltreich

Wir kommen jetzt zur römischen Geschichte und werden sehen, daß es den Römern gelang, die Eroberungen ihrer Feldherren zugunsten der Republik und später des Kaiserreichs politisch und administrativ zu festigen, eine Fähigkeit, an der es im klassischen Griechenland mangelte. Wir werden erleben, wie die gesellschaftliche Entwicklung und die Organisation des Heeres einander entscheidend beeinflußten, während Rom sich von einem Stadtstaat zum Imperium entwickelte. In den Kriegen gegen die Nachfolge Alexanders des Großen erkannten die Römer, die zunächst in geschlossener Phalanx in den Krieg zogen, daß eine lockerere Schlachtordnung Vorteile bot und so entstand die römische Legion.

Nach der Legende wurde Rom 753 v. Chr. gegründet. Damals war es nur einer von vielen kleinen Stadtstaaten, aber 500 Jahre später beherrschte es die italienische Halbinsel, und 750 Jahre später dehnte sich der römische Herrschaftsbereich über Westeuropa und den Mittelmeerraum aus. Rom gewann die Vorherrschaft in Italien auf natürliche, aber doch fast zufällige Weise aufgrund der Tatsache, daß der Tüchtigste überlebt. In ständiger Abwehrstellung wurden die Römer immer militaristischer und aggressiver.

Im Lauf der Jahrhunderte wurden Etrusker, Volsker und Samniten unterworfen und gallische Einfälle zurückgeschlagen. Die demütigende Niederlage 321 an den Cardinischen Pässen rächten sie durch den Sieg über Gallier und Samniten bei Sentinum 295. Damit trat Rom die Herrschaft in Mittelitalien an, und der Sieg über Pyrrhus bei Benevent 275 sicherte die Herrschaft in Süditalien. Aus der Zeit vor dem 4. Jahrhundert v. Chr. wissen wir kaum etwas über das römische Heer. Im 6. Jahrhundert soll der Etruskerkönig Servius Tullius in Rom die ersten Befestigungen gebaut und den Staat auf militärischer Grundlage organisiert haben. Die Römer wurden eine Nation in Waffen. Alle männlichen Bürger zwischen 17 und 46 waren dienstpflichtig, die zwischen 46 und 60 gehörten der Reserve an. Das Heer wurde durch Trompetensignal auf dem Marsfeld vor der Stadtmauer zusammengerufen. Die Bürger waren entsprechend ihrer Dienstpflicht und Kriegssteuer in die Klassen der Ritter, Senioren und Junioren eingeteilt. Die Junioren stellten die Hauptstreitmacht. Die Reichen trugen die Hoplitenausrüstung; Bronzehelm, Schild, Brustpanzer, Beinschienen, Speer und Schwert. Die Ärmeren, die sogenannten *velites*, trugen keine Schutzwaffen und führten nur Steinschleudern. Zum Heeresgefolge gehörten auch Waffenschmiede und Trompeter. Damals wendeten die Römer höchstwahrscheinlich die konventionelle Hoplitentaktik an, und die Ritter waren berittene Fußsoldaten.

Nach einer schweren Niederlage gegen die Gallier an der Allia (18. Juli 387) wurde die Armee auf Anregung des Marcus Furius Camillus zwei Generationen lang umgegliedert, und Rom wurde neu befestigt. Immer noch bestand die Dienstpflicht der Bürger, aber an die Stelle der Phalanx trat die Legion. Sie bestand hauptsächlich aus schwerer Infanterie, verfügte aber auch über *velites* und Reiter. Die Fußsoldaten nahmen in drei Linien Aufstellung, vorn die *hastati*, hinter ihnen die *principes* und dahinter die *triarii*. Jede dieser Linien bestand aus 10 Kompanien, den Manipeln. Die Leichtbewaffneten verteilten sich auf die Manipel der Schwerbewaffneten. Die Infanterie der Legion stellte sich schachbrettförmig auf. Dabei deckten die Manipel der zweiten Linie die Zwischenräume in der ersten, die der dritten Linie wiederum die Zwischenräume der zweiten. Jede Linie war wahrscheinlich vier Glieder tief. Jede der beiden vorderen Linien bestand aus 1200 Mann, das Manipel aus 150. Dazu kamen die 600 *triarii*. Die in 10 Schwadronen aufgeteilten 300 Reiter bildeten die Flügel. Später verstärkte man die Legion auf 6000 Mann und rekrutierte die Legionäre immer mehr aus den Reihen der italischen Verbündeten.

Die *hastati* und *principes* trugen Bronzehelme, Brustpanzer und einen halbzylindrischen, rechteckigen Schild, Der Schild bestand aus zwei aufeinandergeleimten Holzschichten, die mit Leinwand und Leder überzogen waren. Zum Schutz gegen das gallische Schwert waren Ober- und Unterkante aus Eisen. Sie waren mit zwei Speeren, einem Dolch und einem spitzen, zweischneidigen, 2 Fuß langen Schwert spanischen Modells bewaffnet. Die *triarii* trugen ähnliche Waffen, nur anstelle der Wurfspeere eine Lanze. Die *velites* hatten ein Schwert, zwei Wurfspeere, einen Rundschild und eine Kopfbedeckung aus Wolfsfell. Der römische Wurfspeer war wahrscheinlich eine Kopie des gallischen. Er war zwei Meter lang und hatte eine Spitze aus Eisendraht, die sich beim Auftreffen verbog, damit der Gegner die Waffe nicht zum zweitenmal benutzen konnte. Wenn der Speer in einem Schild festsaß, ließ er sich nur schwer herausziehen. Man warf ihn mit Hilfe eines kurz hinter dem Schwerpunkt angebrachten Lederriemens, an dem man zog, um dem Speer einen Drall zu geben. Das erhöhte die Reichweite und Treffgenauigkeit. Im 2. Jahrhundert verzichtete man auf diese Einrichtung, da die Taktik nur noch einen Wurf über etwa 25 Meter erforderlich machte. Die Legionskavallerie war schlecht bewaffnet, trug einen Lederschild, eine Lanze und ein Schwert. Die Aufstellung in Manipeln bot gegen die starre hellenische Phalanx und die ungegliederte Masse der Gallier den Vorteil, daß sie eine elastische Verteidigung und einen beweglichen Angriff ermöglichte. Der Angriff begann bei den *velites*, die das Vorrücken der schweren Infanterie im leichten Geplänkel deckten. Wenn die *hastati* auf Wurfweite herangekommen waren, warfen sie ihre Speere und gingen sofort mit dem Schwert in den Nahkampf. Im Gefecht unterstützten die rückwärtigen Linien die vorn Kämpfenden, und traten, wenn sie fielen oder ermatteten, an ihre Stelle. Zur Ausbildung der Legionäre gehörte das Manöver des Auswechselns der Linien. Dabei trat eine rückwärtige Linie zur Ablösung nach vorn und griff erneut an. Schlimmstenfalls konnten *hastati* und *principes* eine Linien bilden und sich durch die Zwischenräume der *triarii* zurückziehen, die dann als Phalanx kämpften. Die Reiter wurden zur Aufklärung und Verfolgung eingesetzt, beteiligten sich aber sonst nicht am Gefecht. Oft kämpften die Reiter sogar zu Fuß. Bei dieser Taktik bewiesen die Römer Disziplin und gute Ausbildung.

Die jüngsten Legionäre kämpften in vorderster Linie, wo es auf Körperkräfte ankam, während die älteren bei den *triarii* standen. Bei einem schnellen Sieg brauchten sie nicht zu kämpfen, bildeten aber die Reserve. Oft konnte man das Schlachtenglück noch beim dritten Vorstoß wenden. Das System der drei hintereinander aufgestellten Linien steigerte die Kampfmoral erheblich, da zwei Drittel der Soldaten zunächst außerhalb der Gefahrenzone blieben, und weil die geschlagene vorderste Linie sich noch hinter der zweiten und dritten in Sicherheit bringen konnte.

Fuller meint, die Römer seien die besten Erbauer von Feldbefestigungen in der Geschichte gewesen. Hinter jeder Legion lag das befestigte Feldlager. Wenn nötig baute man jeden Abend ein neues Lager, selbst wenn dann nur 3 bis 4 Stunden am Vormittag marschiert wurde, damit am Nachmittag das Lager gebaut werden konnte. Ausmaße und Form des Lagers richteten

Rom wird zum Weltreich

Römische Fußsoldaten im 4. Jahrhundert v. Chr.: Ein Leichtbewaffneter der *velites* (erster von links), schwerbewaffnete *hastati* oder *principes* (Mitte und rechts)

sich nach dem Gelände, doch sollte es möglichst rechteckig und groß genug für zwei Legionen sein. Es war von Wällen, Palisaden und Gräben umgeben.

Das römische Lager erfüllte zwei Aufgaben. Erstens schätzten die Römer Sicherheit und Bequemlichkeit. Im Lager exerzierten sie und trieben Sport, um die Legionäre an Standhaftig-

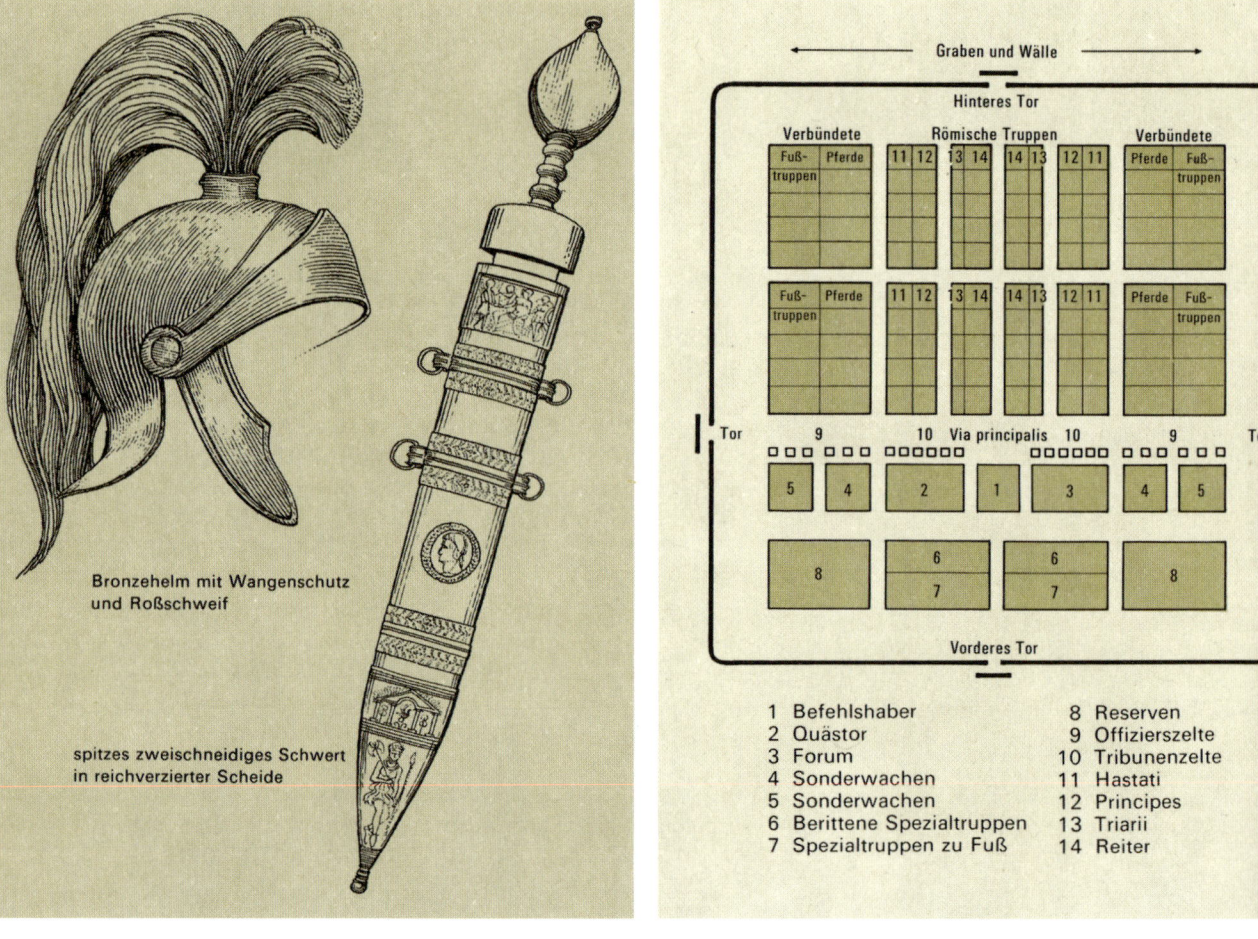

Die Waffen des römischen Soldaten

keit, Pünktlichkeit und Ordnung zu gewöhnen, denn das erforderte die Taktik, und diese Eigenschaften waren dem römischen Soldaten wohl auch angeboren. Zweitens gingen die Legionen im allgemeinen nicht ins Gefecht, wenn sie nicht ein befestigtes Lager im Rücken hatten, in das sie sich notfalls zurückziehen konnten. Deshalb erlitten sie nur selten vernichtende Niederlagen.

Außer ihren Waffen mußten die römischen Soldaten auf dem Marsch schwere Lasten tragen, wie Schanzzeug und Küchengeräte. Die Ernäherung war mäßig. Selten gab es Fleisch. Das Hauptnahrungsmittel war ungesäuertes Weizenbrot, das auf heißen Steinen oder in der Glut gebacken wurde.

Zwei jährlich neu gewählte Konsuln befehligten das Heer. Im allgemeinen waren es nicht als militärische Führer ausgebildete Politiker. Dieses System war aus dem Bestreben entstanden, das Entstehen einer Militärdiktatur zu verhindern, aber militärisch war es unsinnig. Der alljährliche Wechsel erschwerte die Kontinuität der Führungsgrundsätze, und da die Konsuln sich täglich abwechselten, kam es oft zu Meinungsverschiedenheiten. Hier half nur die Wahl eines

Diktators, der in Notzeiten den Befehl übernahm. In seinem Buch *Days of Ancient Rome* läßt Macaulay einen älteren Konsul sagen:

„In Zeiten großer Gefahr
soll einer die Verantwortung übernehmen.
Dann wollen wir einen Diktator wählen,
dem alle gehorchen müssen . . .
Sechs Monate soll er Diktator sein,
nicht länger."

Das ist eine gute Idee. Es sähe heute vielleicht besser in der Welt aus, wenn die Diktatoren nur für so kurze Zeit gewählt würden.

Die alten Römer hatten keine aristokratische Offiziersklasse. Die Manipeln wurden als taktische Einheiten von zwei Centurionen geführt, erfahrenen Soldaten, die aus der gleichen Gesellschaftsschicht kamen wie die Legionäre. Der taktische Einsatz lag daher in den Händen von Berufsoffizieren, die ihre Männer verstanden. Polybius schreibt, die Centurionen seien

> nicht so sehr kühne und abenteuerlustige Männer als vielmehr ruhige und charakterlich ausgeglichene Soldaten gewesen, die es verstanden zu befehlen, und die angesichts eines überlegenen Gegners oder eines übermäßig starken feindlichen Angriffs ihre Stellung hielten und dabei das Leben einsetzten.

Sie waren standhaft und tapfer, verstanden das Kriegshandwerk und betrieben es als etwas, das getan werden mußte. Rom verdankt seine militärischen Erfolge zum großen Teil den hervorragenden Subalternoffizieren und Soldaten. Das also war die Legion – eine aus mit Wurfspeeren und Schwertern bewaffneter Infanterie bestehende Truppe, der kaum leichte Infanterie oder Reiter zur Verfügung standen und die viel mit dem Spaten arbeiten mußte. Nach der Mitte des 4. Jahrhunderts v. Chr. blieb sie das Rückgrat des römischen Heeres. Einzelne Feldherrn führten gelegentlich Neuerungen ein, aber grundsätzlich veränderte sich die Legion nicht. In den von den Römern geführten Kriegen werden wir ihre Stärken und Schwächen kennenlernen.

Mitte des 3. Jahrhunderts, als die politischen und wirtschaftlichen Interessen Roms zunahmen, kollidierten sie mit denen Karthagos, der reichsten Stadt des Westens. Rom gewann den 1. Punischen Krieg (265–241), aber um 220 nahm die Macht Karthagos in Spanien wieder zu. Nach einigen Provokationen überschritt der 29jährige karthagische Feldherr Hannibal 218 die Pyrenäen, um in Italien einzufallen. Der Ausgang des 2. Punischen Krieges (218–201) hat auf den weiteren Verlauf der Geschichte einen entscheidenden Einfluß gehabt, und es wurden große militärische Leistungen vollbracht. Rom und Karthago waren etwa gleichstark, und für beide ging es um Sieg oder Untergang. Seit seiner Kindheit war Hannibal zum Soldaten erzogen worden und hatte die hellenistische und römische Kriegführung genau studiert. Schon drei Jahre befehligte er eine Armee und war überzeugt, die Römer schlagen zu können. Mit einer bunt zusammengewürfelten Armee (40000 Mann und 37 Elefanten) überschritt er die Pyrenäen. Seine Soldaten stammten aus verschiedenen Teilen Afrikas, Spaniens und Galliens. Es waren zumeist Söldner, die nur durch die starke Persönlichkeit Hannibals und die Aussicht auf Beute zusammengehalten wurden. Der größte Teil des Heeres bestand aus mit einem kurzen Schwert, Speer, Schild und einer schwachen Rüstung ausgestatteter leichter Infanterie. Die besten Kämpfer waren die berittenen numidischen Speerwerfer unter dem glänzenden Reiterführer Maharbal. Polybius sagt, „die Armee war nicht so zahlreich wie leistungsfähig und körperlich

Kriegführung im Altertum

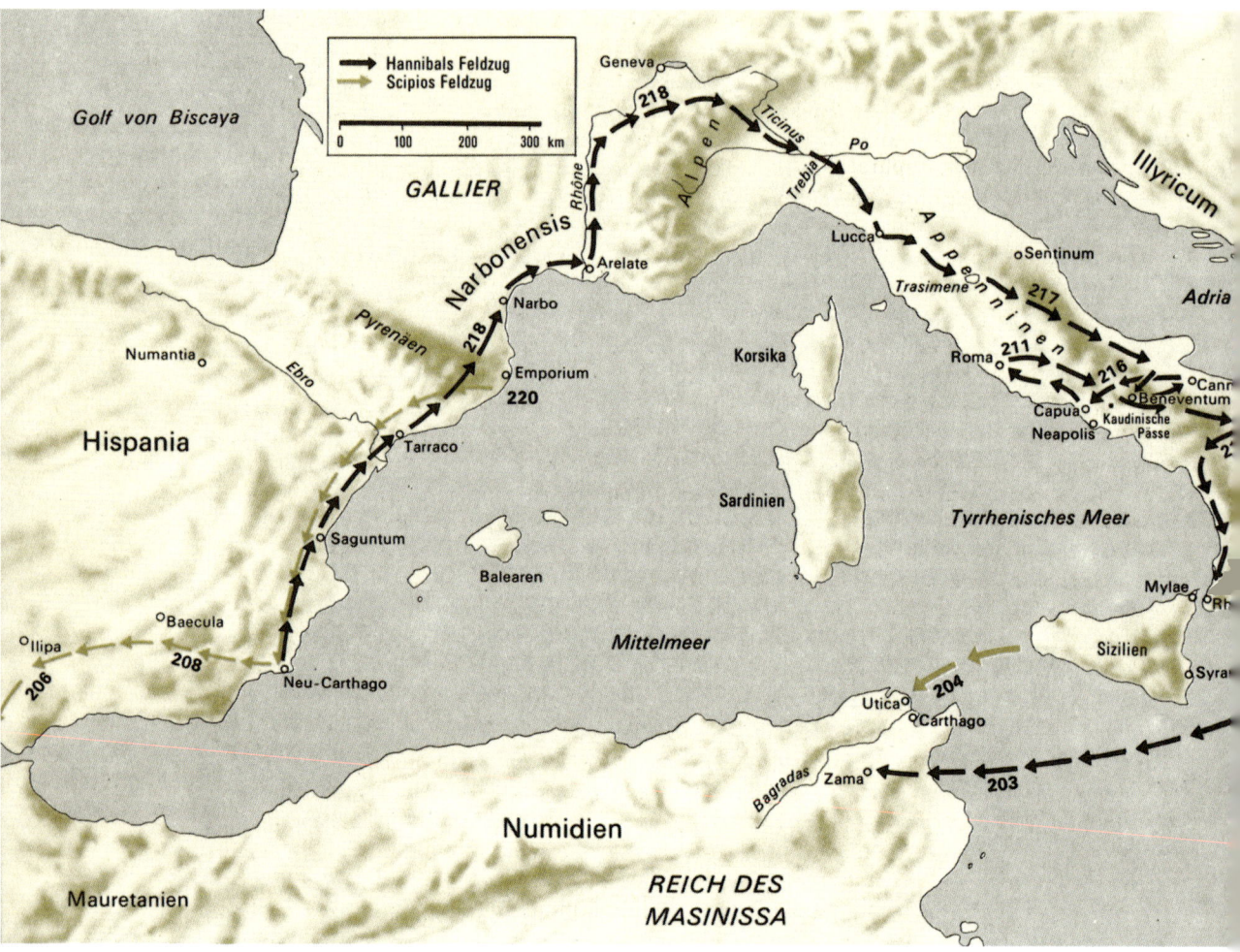

Die Feldzüge Hannibals und Scipios

gestählt." Immer waren die Römer den Karthagern zahlenmäßig überlegen. 217 waren die fünf römischen Legionen auf elf vermehrt worden, und Ende des Krieges waren es mehr als 20 = 100 000 Mann. Hannibal wollte Rom nicht vernichten, sondern ihm nach seinem Sieg die Vorherrschaft in Italien nehmen und es zur Koexistenz mit Karthago zwingen. Er übernahm die Rolle eines Befreiers und verkündete, „ich bin nicht gekommen, um gegen die Italiener zu kämpfen, sondern ich kämpfe für die Italiener gegen Rom."

Bei der Überschreitung der Alpen wurde Hannibals Armee so von den Stämmen bedrängt und durch den früh gefallenen Schnee behindert, daß sie mit nur 20 000 Fußsoldaten und 6000 Reitern in Norditalien ankam. Nach einem siegreichen Gefecht am Ticinus überschritt Hannibal den Po und errang im Dezember 218 an der Trebia den ersten von drei großen Siegen. Seine Elefanten und Reiter trieben die an den Flügeln der römischen Schlachtordnung aufgestellten Truppen in den Fluß, und obwohl 10 000 Legionäre im Zentrum durchbrachen und entkamen, wurden zwei Drittel des römischen Heeres vernichtet. 217 vermieden es die Römer, den Karthagern mit ihrer überlegenen Reiterei in ebenem Gelände entgegenzutreten, und suchten die Schlacht weiter südlich in den Appeninen. Aber im April überraschte Hannibal den Flaminius zwischen dem Gebirge und dem Nordufer des Trasimenischen Sees. Im Schutz des Nebels griffen die Karthager aus dem Vorgebirge heraus an und vernichteten das römische Heer. Nach diesem Sieg erklärte Hannibal, Italien sei von der Vorherrschaft Roms befreit. Er marschierte an der adriatischen Küste entlang und nahm im Frühjahr 216 die römische Versorgungsbasis Cannae (nördlich von Bari). Hier kam es im August zur Schlacht.

Hannibal stellte seine Armee in einer konvexen, halbkreisförmigen Schlachtordnung auf, die spanische und gallische Infanterie in der Mitte, daneben die Afrikaner, und an den Flügeln starke Reiterei. Zunächst griff er die römischen Reiter an, ließ dann die römische Infanterie vorgehen und den karthagischen Halbkreis zurückdrängen, um nun mit der afrikanischen Infanterie von links und rechts nach innen in die Flanken der Römer zu stoßen. Zum Schluß ließ die punische Kavallerie von der Verfolgung ab und fiel den Römern in den Rücken. Von allen Seiten angegriffen wurde das römische Heer, wie Fuller sagt, „wie von einem Erdbeben verschlungen". Die Vernichtung einer 70 000 Mann starken römischen Armee 216 v. Chr. bei Cannae war der hervorragenden Führung Hannibals und der Dummheit des römischen Konsuls Tarentius Varro zu verdanken, eines Kaufmanns, der an diesem Tage an der Reihe war, den Oberbefehl zu führen. Cannae war eine vernichtende Niederlage des römischen Heeres.

Nach Cannae fielen Capua und der größte Teil Süditaliens von Rom ab. Aber ein großes Kernland blieb bei Rom, und die römische Flotte beherrschte auch weiterhin das Mittelmeer. Maharbal drängte Hannibal, sofort nach Rom weiterzumarschieren, aber er weigerte sich. Er wollte keinen Vernichtungskrieg führen, sondern einen Vertrag mit Rom schließen. Zudem fehlten ihm die Mittel für eine große Belagerung. Es folgte ein Ermattungskrieg, in dem die Römer, vor allem unter der Führung des Quintus Fabius Maximus (Cunctator), einer Entscheidungsschlacht auswichen. Mit Hilfe ihrer Festungen und der zahlenmäßigen Überlegenheit erschöpften sie Hannibals Kräfte und zwangen ihn, in Süditalien zu bleiben. Einen Angriff wagten sie aber nicht. Durch einen Seesieg 208 errangen die Römer die absolute Überlegenheit zur See und ermöglichten damit die dann folgende Invasion Nordafrikas.

Die Wende zugunsten Roms, 10 Jahre nach der Schlacht bei Cannae, fiel mit Erfolgen in Spanien zusammen. 218 war ein Heer nach Spanien gegangen und hatte dort zunächst erfolgreich gekämpft, aber 211 fielen einige spanische Verbündete ab, und die Römer wurden geschlagen. Die Reste ihrer Armee zogen sich in den Raum nördlich des Ebro zurück. 210 übernahm Publius Cornelius Scipio achtundzwanzigjährig den Oberbefehl in Spanien. Später wurde er bekannt unter dem Namen Scipio Africanus. Er war der bedeutendste römische Feldherr. In seiner Jugend hatte er die Niederlagen am Ticinus und bei Cannae miterlebt, sich durch seinen Mut ausgezeichnet und Ansehen gewonnen. Mit viel Verständnis hatte er die Kriegskunst studiert.

Ende des Jahres 210 landete Scipio bei Emporium in Spanien. Seine Truppen bestanden aus 10 000 Mann Fußsoldaten und 1000 Reitern. Damit verfügte das römische Heer wieder über vier Legionen. Sofort ging Scipio daran, seine Armee zu disziplinieren und fest zu gliedern und begann den Zweiten Punischen Krieg mit einem kühnen und dramatischen Unternehmen. Anstatt die drei feindlichen Heere in Spanien anzugreifen, ging er gegen die feindliche Basis in Neukarthago, 500 Kilometer weiter südlich an der Küste vor. Der Feind stand noch etwa zehn Tagemärsche vor Neukarthago, und Scipio glaubte, Zeit zu haben. In etwa einer Woche legten seine Land- und Seestreitkräfte die 500 Kilometer zurück. Scipio nahm die auf einem felsigen

Kriegführung im Altertum

Hannibal verwendete auch Elefanten

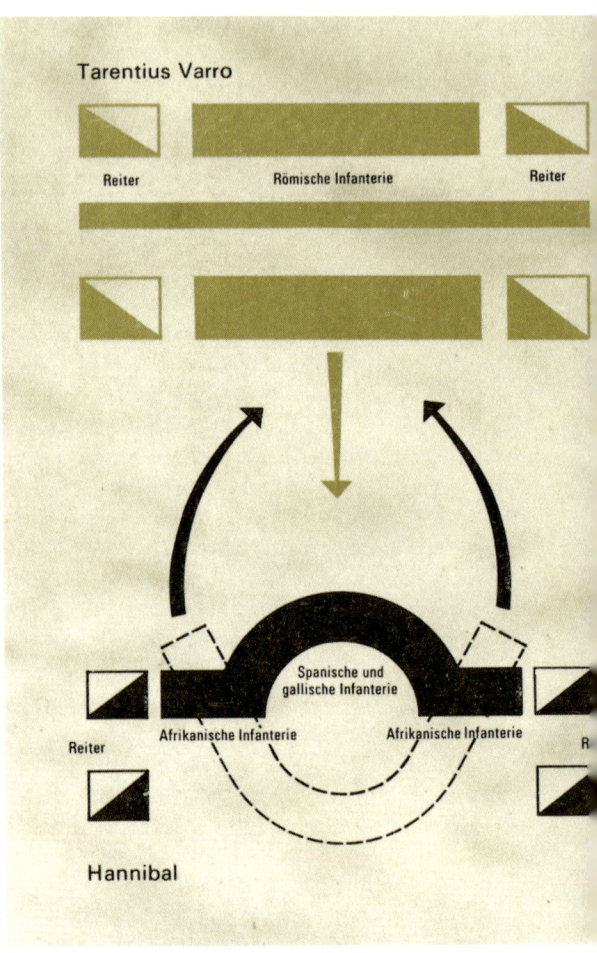

Die Schlacht von Cannae

Vorgebirge gebaute starke Festung im Handstreich. Mit seinen Männern durchwatete er die Lagune, ließ an den schwächsten Stellen Sturmleitern an die Mauer legen und eroberte Neukarthago im ersten Ansturm. Durch die Einnahme der feindlichen Basis verschaffte er sich eine starke Stellung in der Ostflanke und im Rücken des Gegners.

208 schlug Scipio das Heer des Hasdrubal bei Baecula in Andalusien. Die Karthager führten Verstärkungen heran, und 206 traf Scipio auf die Armeen Magos und Hasdrubals bei Ilipa. Obwohl zahlenmäßig unterlegen, gewann er einen entscheidenden Sieg. Die Römer hielten ihr schwaches Zentrum zurück und setzten die stärksten Legionen zur Umfassung an den Flügeln an. Noch ehe die Truppen im Zentrum aufeinandergestoßen waren, vernichteten die Legionen die spanischen Söldner an den karthagischen Flügeln, schwenkten dann nach innen ein und entschieden das Treffen. Scipio verfolgte die feindlichen Truppen bis zur See, wo sie sich ihm ergaben. 205 kehrte er nach Vertreibung der Karthager aus Spanien nach Rom zurück.

Karthago hatte jetzt Spanien, Sizilien und Sardinien verloren, Makedonien hatte Frieden geschlossen, und Hannibal war in Unteritalien isoliert. Der römische Senat wollte seine Armee hier einschließen und vernichten. Aber Scipio wollte Hannibal in Süditalien lassen und selbst gegen Karthago in Nordafrika vorgehen. Nach einigem Zögern erlaubte ihm der Senat, mit zwei Legionen nach Sizilien zu gehen. Dort füllte er seine Legionen auf und bildete sie aus. Er schloß ein Bündnis mit dem numidischen König Masinissa, der ihm seine erstklassige Reiterei zur Verfügung stellte. Im Frühjahr 204 landete Scipio mit 25 000 Mann und den Truppen Masinissas in Afrika. Die Karthager stellten ihm 20 000 Fußsoldaten, 6000 Reiter und 140 Elefanten unter einem zweiten Hasdrubal und Syphax, dem König von Westnumidien, entgegen. Nach der Einnahme von Utica überwinterte er auf dem Vorgebirge von Castra Cornelia. Hier wurde er von Syphax fast eingeschlossen, konnte sich aber durch eine List der Einschließung entziehen und ließ dann das feindliche Lager niederbrennen.

Jetzt kam es darauf an, Hasdrubals Armee zu vernichten, ehe Hannibal nach Afrika zurückgekehrt war. Im Frühjahr 203 griff Scipio den Gegner mit einer Legion und Reiterei auf der Ebene von Bagradas an und schlug ihn, indem er die feindlichen Flanken von den Reitern umgehen und attackieren ließ. Der Feind wurde vernichtet und Syphax gefangengenommen. Karthago bat um Frieden und rief Hannibal zurück. Als dieser im Sommer 203 mit 15 000 Mann in Afrika gelandet war, entschlossen sich die Karthager jedoch, weiterzukämpfen. Im folgenden Jahr verwüstete Scipio das fruchtbare Bagradastal und stand im Herbst der Armee Hannibals bei Zama, fünf Tagemärsche südwestlich von Karthago, gegenüber.

Die Schlacht bei Zama 202 v. Chr. war die letzte des Zweiten Punischen Krieges. Die beiden Heere waren je etwa 40 000 Mann stark. Die Kräfte Hannibals mögen zahlenmäßig etwas überlegen gewesen sein, aber die Legionäre Scipios waren besser ausgebildet, und er verfügte über 4000 gegenüber Hannibals 2000 Reitern. Zum erstenmal war Hannibal kavalleristisch unterlegen, und er konnte die bei Cannae so erfolgreiche Umfassungstaktik nicht mehr anwenden. Der ungewöhnliche Entschluß Hannibals, am Vorabend der Schlacht zwischen beiden Armeen mit Scipio eine Unterredung zu suchen, mag sich mit seiner Besorgnis oder mit seiner persönlichen Neugier begründen lassen. Wahrscheinlich hat Hannibal Scipio ein Friedensangebot gemacht, das anzunehmen der letztere sich weigerte. Jedenfalls kehrte jeder Feldherr anschließend in sein Lager zurück. Am folgenden Tage stellten beide ihre Truppen gegeneinander auf.

Aus Hannibals Aufstellung läßt sich erkennen, daß er sich der Schwächen seiner Verbände bewußt war und diesen Nachteil so gut wie möglich ausgleichen wollte. Im ersten Treffen stellte er 80 Elefanten auf. Die Infanterie gliederte sich in drei Treffen. Das erste bestand aus ligurischen und gallischen Schwerbewaffneten. Dazwischen standen leichte bewaffnete Afrikaner und balearische Schleuderer. Im zweiten Treffen stellte er die am wenigsten zuverlässigen Truppen auf, die frisch ausgehobenen Karthager und Afrikaner. Im dritten Treffen, zweihundert Meter hinter dem zweiten, standen die Veteranen aus Italien, die erst zum Schluß ins Gefecht eingreifen sollten, um den entscheidenden Schlag zu führen. Am rechten Flügel setzte Hannibal 1000 karthagische und am linken 1000 numidische Reiter ein. Sein Ziel war es, die die römische Front zu zerschlagen. Die Elefanten sollten eine entscheidende Rolle spielen.

Scipio wollte zunächst mit den feindlichen Elefanten fertigwerden und dann die eigene kavalleristische Überlegenheit ausnutzen. Anstatt die Manipel in drei Gliedern schachbrettförmig aufzustellen, ließ er sie in Kolonnen aufmarschieren und ließ Lücken für die Elephanten frei, die dort von den *velites* bekämpft werden sollten. Die einzelnen Glieder nahmen größere Abstände als gewöhnlich, besonders die *triarii* wurden mit weitem Abstand im letzten Treffen aufgestellt, um den *velites* die Möglichkeit zu geben, sich notfalls in den Zwischenraum zurückzuziehen. Seine berittenen Hauptkräfte, die Numider unter Masinissa, stellte er am rechten, die italienische Kavallerie unter Laelius am linken Flügel auf.

Die Schlacht begann mit einem Geplänkel zwischen den einander gegenüberstehenden numidischen Truppen. Dann ließ Hannibal die Elefanten vorgehen. Als diese voranstürmten, befahl Scipio den Trompetern auf der ganzen Linie, in ihre Schlachthörner zu blasen. Die Elefanten gerieten in eine Panik. Die am linken Flügel angreifenden Tiere wichen zurück und rasten in die Reihen der numidischen Reiter Hannibals. Als Masinissa sah, daß die Elitereiterei des Gegners in Unordnung geraten war, griff er an und trieb die Numider vom Schlachtfeld. Jetzt bewährte sich die Aufstellung der Manipel Scipios, denn die Elefanten brachten den *velites* zwar erhebliche Verluste bei, aber die meisten stürmten durch die römische Schlachtordnung hindurch, ohne den Schwerbewaffneten irgendwelchen Schaden zuzufügen. Ein Teil der Elefanten wurde gegen den rechten Flügel der Karthager zurückgedrängt und dabei von den römischen Reitern mit Wurfspeeren beschossen. Laelius nutzte die Verwirrung bei der feindlichen Reiterei ebenso aus wie Masinissa und stürzte sich mit seinen Reitern gegen den karthagischen rechten Flügel. Damit waren Hannibals Reiter an beiden Flügeln schon zu Beginn der Schlacht geschlagen und seine Flanken entblößt. Wieder hatte es sich gezeigt, daß der Einsatz von Elefanten ein großes Risiko bedeutete.

Die römischen Reiter trieben die karthagische Kavallerie weit zurück, und es begann der Infanteriekampf. Die sehr beweglichen Gallier und Ligurier waren den Römern zunächst überlegen. Es gelang ihnen aber nicht, die römische Schlachtordnung zu durchbrechen, sondern die Römer drängten den Gegner allmählich zurück. Als die *principes* ins Gefecht eingriffen, versagte die zweite Linie der Karthager, und als die Gallier sich im Stich gelassen glaubten, gaben sie den Kampf auf und wichen zurück. Die zweite karthagische Linie mußte sich nun den Römern stellen. Das Schlachtfeld war von Leichen bedeckt und der Boden blutgetränkt. Eine Zeitlang mußten die *hastati* der Römer dem Gegner weichen. Dann aber zwangen die vorgehenden *principes* die zweite karthagische Linie zum Ausweichen und zerschlugen sie. Wieder wendeten sich die Überlebenden zur Flucht und suchten Schutz beim nächsten Treffen, aber Hannibal ließ es nicht zu, daß die Geschlagenen in die Reihen seiner frischen, noch diszipliniert kämpfenden Truppen eindrangen. Seine kampferprobten *triarii* senkten die Speere, und die Reste des zweiten karthagischen Treffens wichen seitwärts zu den Flügeln aus.

Nun begann die dritte und härteste Phase der Schlacht. Die Römer hatten bisher schon zwei feindliche Treffen vernichtet, und dieser Erfolg erhöhte ihren Mut. Andererseits waren sie bis auf die *triarii* stark erschöpft und mußten sich jetzt den kampferprobten und frischen Veteranen Hannibals entgegenstellen. Mit äußerster Kaltblütigkeit setzte Scipio seine disziplinierten Truppen ein. Er ließ die Verwundeten zurückbringen, befahl die erschöpften *hastati* an die Flanken und stellte *principes* und *triarii* in geschlossener Schlachtordnung und in so breiter Front auf, daß sie den Gegner mit aller Wucht angreifen, zugleich aber auch überflügeln konnten. Polybius berichtet: „Die beiden Linien gingen mit wildem Kampfesmut auf einander los. An Zahl, Kampfgeist, Mut und Waffen waren sie etwa gleich stark, und deshalb blieb das Gefecht lange unentschieden. Ohne zu weichen fielen die Kämpfer dort, wo sie standen." Die Schlacht blieb unentschieden, bis die römischen Reiter unter Masinissa und Laelius von der Verfolgung der karthagischen Reiterei zurückkehrten und Hannibals Fußsoldaten im Rücken angriffen. „Die meisten Karthager wurden in der geschlossenen Schlachtordnung niedergemäht, und nur wenige Fliehende konnten das Leben retten." Die Schlacht war geschlagen. Scipios Reiter säuberten anschließend die ganze Gegend von feindlichen Kräften und sicherten damit den römischen Sieg in dieser kriegsentscheidenden Schlacht. Hannibal selbst entkam. Scipio verzichtete auf eine Belagerung Karthagos, weil ihm das Belagerungsmaterial fehlte und er einen für die Karthager erträglichen Frieden schließen wollte.

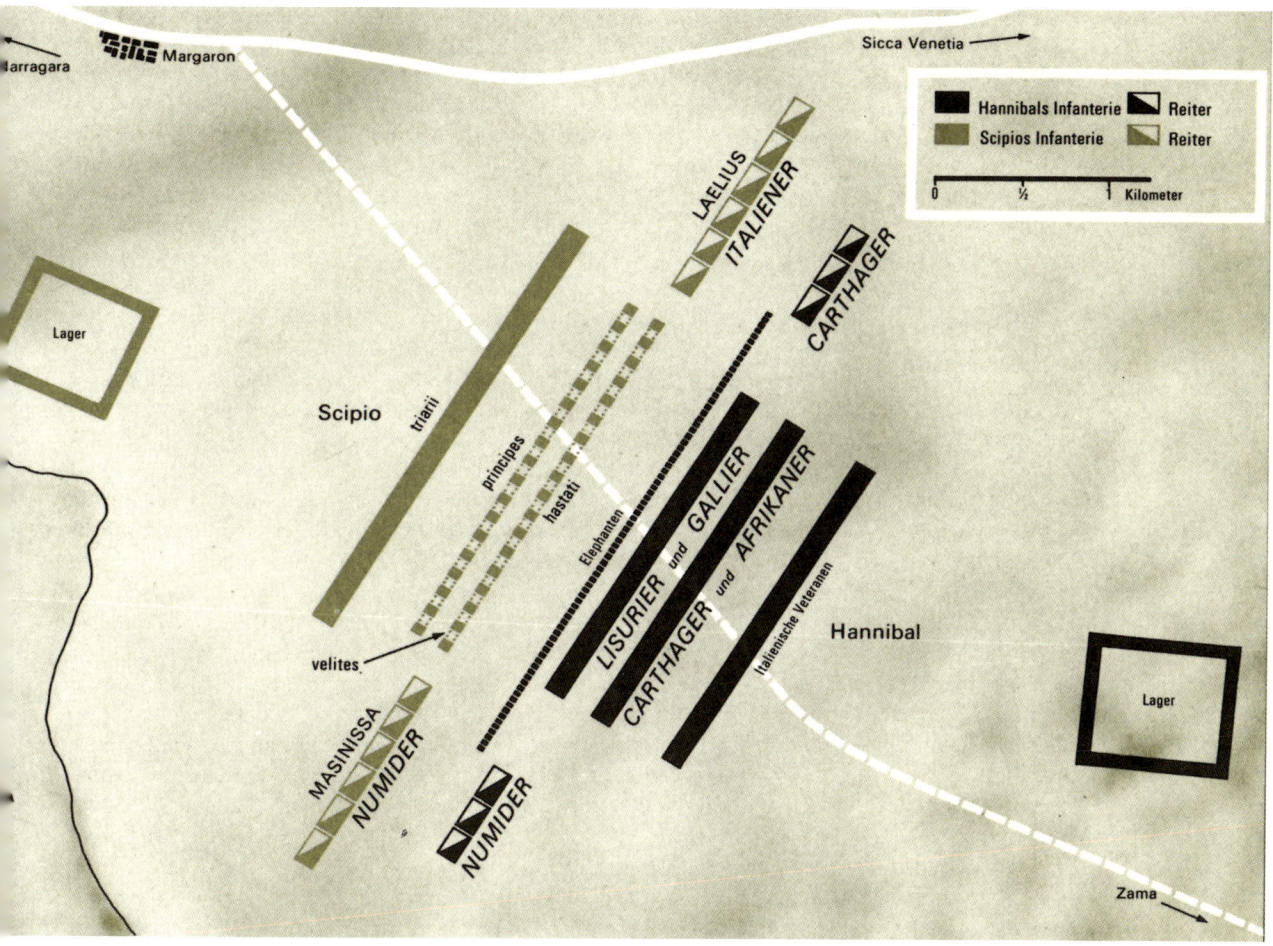

Die Schlacht bei Zama

Wir kommen nun zur Beurteilung der beiden Feldherren, Scipio und Hannibal. Liddell Hart meint, in der Schlacht bei Zama habe sich ein Meister der Kriegführung einem noch größeren Meister gestellt. Es war das einzige Mal, daß Scipio und Hannibal einander gegenübertraten, und Scipio gewann. Dennoch lassen sich die Leistungen der beiden nicht ohne weiteres miteinander vergleichen. Selbstverständlich war Hannibal der bessere Taktiker. Seine taktisches Genie bei Cannae hält den Vergleich mit jeder taktischen Leistung in der Geschichte der Kriegführung aus. Man darf nicht vergessen, daß Hannibals Heer bei Zama dem Scipios unterlegen war. Ein großer Teil seiner Infanterie war schlecht ausgebildet, und seine Reiter waren zahlenmäßig unterlegen. Deshalb mußte er auf die Umfassungstaktik verzichten, die ihm bisher zu seinen Siegen verholfen hatte. Er mußte das Risiko eingehen, die Elefanten einzusetzen. Von ihrem Verhalten hing alles ab. Die Elefanten versagten, aber dennoch gelang es Hannibal fast, die Römer zu besiegen, denn er hielt seine besten Truppen bis zuletzt in Reserve, während die Römer sich in Kämpfen gegen die weniger guten karthagischen Truppen erschöpften. Scipio hat bei Zama keine Fehler gemacht. Die Umgruppierung seiner Truppen während der Schlacht war ein Meisterstück. Dennoch waren es die rechtzeitige Rückkehr seiner Reiter und der Kampfwert der römischen Fußsoldaten, die den Sieg ermöglichten. Hannibal tat sein Bestes, aber im Jahr 202 hatte er, nachdem er sechzehn Jahre an der Spitze seines Heeres gestanden hatte, den Zenit seiner Leistungsfähigkeit vielleicht schon überschritten. Scipio hingegen war noch im Vollbesitz all seiner Fähigkeiten.

Scipio war zweifellos der originellste römische Taktiker. Er erkannte die im Mangel an genügender Reiterei liegende Schwäche der römischen Armeen. Die Legionäre zu Fuß waren jeder anderen Truppe, die die Welt bis dahin gesehen hatte, überlegen. Aber ohne eine gute Reiterei waren die römischen Armeen oft im Nachteil. Deshalb hätten es die Römer niemals mit den makedonischen Armeen des 4. Jahrhunderts aufnehmen können. Scipio glich diesen Mangel zeitweilig aus und gewann die Schlachten bei Bagradas und Zama. Durch die Art, wie er seine Kavallerie einsetzte, anerkannte Scipio die taktische Meisterschaft Hannibals. Bei der Verwendung von Reitern nach dem klassischen Vorbild Alexanders und Hannibals und in der halbkreisförmigen Aufstellung seiner Truppen bei Ilipa näherte er sich stark den Ideen Hannibals bei Cannae. Leider bestanden Scipios Reiterverbände aus verbündeten Truppen oder Söldnern und nicht aus römischen Soldaten. In den Kriegen des 2. Jahrhunderts, als die Römer wieder gegen feindliche Infanterie kämpfen mußten, gerieten Scipios taktische Erkenntnisse ganz in Vergessenheit.

Hannibal und Scipio waren hervorragende Menschenführer. Hannibal drang mit einer bunt zusammengewürfelten Armee in Italien ein, die er im ganzen Mittelmeerraum rekrutiert hatte. Er bildete sie aus und errang große Siege. Polybius berichtet: „Sechzehn Jahre führte Hannibal in Italien Krieg gegen Rom, ohne sein Heer ein einziges Mal zu entlassen. Er hielt ständig große Truppenmengen unter den Waffen, die sich niemals gegeneinander oder gegen ihren Feldherrn auflehnten." Er war ein guter Psychologe und verstand es nicht nur, die Disziplin und Kampfmoral aufrechtzuerhalten, sondern konnte auch den Gegner geschickt täuschen. Beide waren tapfer und bei ihren Männern beliebt. Vielleicht erkannte Scipio die Bedeutung der menschlichen Beziehungen im Kriege noch besser, als er zum Beispiel vor der Schlacht bei Zama vor der Front auf- und abritt, um seine Soldaten anzufeuern. Hannibal befahl lediglich seinen Unterführern, die Truppen zu ermutigen. Das mag jedoch an den Sprachschwierigkeiten gelegen haben, denen sich Hannibal bei seiner aus vielen Nationen zusammengesetzten Armee gegenübersah.

Strategisch war Scipio dem Hannibal zweifellos überlegen. Das war der entscheidende Punkt, und hier zeigt sich Scipio als einer der großen Feldherren der Geschichte. Hannibals Strategie in Italien war falsch. Mit seinen drei schnellen Siegen zwischen 218 und 216 konnte er die Widerstandskraft Roms nicht wie gehofft brechen. Maharbal hatte recht, als er Hannibal nach Cannae sagte, er verstehe nicht einen Sieg auszunutzen. Es ist erstaunlich, daß Hannibal nicht daran gedacht hat, sich mit Belagerungsgerät zu versehen; wenn er auch nicht Rom direkt angreifen wollte, so hätte er doch versuchen sollen, die Festungen zu erobern, die das Rückgrat der fabianischen Strategie bildeten. Nach Cannae hat es Hannibal augenscheinlich an Ideen gefehlt. Er verlor die Initiative, erlaubte es Fabius, das Kriegsglück zu wenden, und sah sich schließlich in Süditalien isoliert. Die Bedeutung der Überlegenheit zur See hat er nicht verstanden.

Scipio hingegen bewies seine soldatischen Qualitäten durch die Originalität und Vorausschau seiner Strategie. Wenn möglich griff er die feindlichen Basen an und hatte immer Erfolg dabei. Die blitzartige Einnahme von Neu-Karthago gab dem Feldzug in Spanien die entscheidende Wendung zu seinen Gunsten. Als genialer Stratege erwies er sich, als er Hannibal in Unteritalien isolierte und den Feind in Afrika angriff, seine Heimatbasen vernichtete und ihn zwang, das Unternehmen in Italien aufzugeben. Auch in der Schlacht bei Zama zeigte sich Scipios

Genie. Als er plündernd das fruchtbare Bagradastal hinaufzog, bedrohte er Karthago mit der Zerstörung einer seiner wichtigsten Nachschubbasen, lockte Hannibal von Karthago fort und verringerte zugleich den Abstand zu Masinissa, der ihn mit der dann schlachtentscheidenden, überlegenen Reiterei unterstützte. Der Sieg Roms im Zweiten Punischen Krieg ist die Standhaftigkeit der Römer nach der Katastrophe von Cannae 216, auf ihre Überlegenheit zur See und die Strategie Scipios zurückzuführen.

Beide Seiten waren sich der Bedeutung der Schlacht bei Zama bewußt. Livius schreibt: „Noch vor Einbruch der Nacht würden sie wissen, ob Römer oder Karthager den Völkern ihre Gesetze geben würden, denn nicht Afrika oder Italien, sondern die ganze Welt war der Siegespreis." In dieser Schlacht entschied sich das Schicksal des westlichen Mittelmeerraums. Karthago wurde entwaffnet und mußte Reparationen zahlen. Numidien wurde römisches Protektorat, in Spanien entstanden zwei römische Provinzen. Eine römische Armee besetzte das Land, und die Einwohner mußten Rom Steuern zahlen und Militärdienst leisten. Mit dem Zweiten Punischen Krieg wurde der Anfang für die Entstehung des römischen Imperiums gesetzt.

Im 2. Jahrhundert kämpfte Rom um die Erhaltung und Ausweitung seiner Macht im Mittelmeerraum. 146 wurde Karthago zerstört. Es folgten drei Kriege in Makedonien. Bei Kynoskephalai (197) und Pydna (168) siegten die beweglicheren Legionen über die starre hellenistische Phalanx. Aber in einigen dieser Feldzüge erwiesen sich die römischen Truppenführer als unfähig und die Legionen als undiszipliniert. Der römische Imperialismus zeigte sich von seiner finstern Seite. Nach Pydna wurden zahlreiche Gefangene abgeschlachtet oder zu Sklaven gemacht. 167 wurden alle direkten Steuern in Italien abgeschafft, und Rom lebte jetzt nur noch von den Tributen aus dem Imperium und von Sklavenarbeit. Eine solche Wirtschaftsmethode zwang die Römer, immer neue Gebiete zu unterwerfen. Durch ihre Ausbeutung machten die Römer sich verhaßt. 154 kam es in Spanien zur Revolte. Vier Jahre später ergaben sich die Rebellen zum Teil dem römischen Feldherrn Galba, der sie kaltblütig massakrieren ließ. Aber die Spanier kämpften unter der Führung von Viriathus weiter, bis ihre Festung Numantia nach achtjähriger Belagerung von den Römern eingenommen und wie Karthago und Korinth zerstört wurde.

Mit einer Sklavenrevolte auf Sizilien 135 begann ein durch innere Wirren und Bürgerkriege gekennzeichnetes Jahrhundert. Gajus Marius und Lucius Sulla beendeten den Krieg in Numidien 106, und Marius schlug 102–101 in Norditalien eingedrungene germanische Stämme zurück.

Zwischen 104 und 101 führte Marius bedeutende Heeresreformen durch, besonders hinsichtlich der Gliederung und der Rekrutierung. Aemilius Paulus hatte z. B. bei Pydna seine Manipel zu größeren Verbänden zusammengefaßt. Um die Legionen fester zusammenzuschweißen, aber ihre Beweglichkeit dabei zu erhalten, vergrößerte Marius nun die taktische Einheit, das aus 120 Mann bestehende Manipel, auf die 600 Mann starke Kohorte. Die Legion war jetzt 6000 Mann stark. Jede der 10 Kohorten wurde in sechs Centurien unter Centurionen aufgeteilt. Anstelle der Lanze, der Hauptwaffe der Triarier, trat für alle drei Treffen der Schlachtordnung der Wurfspeer. Die *velites* und die Legionärsreiterei verschwanden, und Leichtbewaffnete und Reiter wurden jetzt nur noch von den Verbündeten gestellt. Die Legion wurde zu dem geschlossenen, schwerbewaffneten Infanterieverband, mit dem später Caesar seine Feldzüge führte. Unter Marius erhielten die Legionen auch die Adler. Bisher waren die Standarten lange Pfähle mit an der Spitze befestigtem Heu gewesen. Sie dienten dazu, Signale zu geben und Sammelpunkte zu bezeichnen. Die neuen Adler waren die Symbole der Legionen, und ihr Verlust in der Schlacht bedeutete die schlimmste Schande. Sie entsprachen den Regimentsfahnen in der neueren Kriegsgeschichte oder den Regimentsadlern Napoleons.

Kriegführung im Altertum

Ausdehnung des römischen Machtbereichs zur Zeit Julius Cäsars

Die wichtigste von Marius eingeführte Neuerung bestand darin, daß er die Rekrutierung auf eine breitere Basis stellte. Selbst Plebejer, der den politischen Erfolg der Beliebtheit beim Volke verdankte, wünschte er nicht, daß das Heer sich ausschließlich aus der besitzenden Klasse rekrutierte. Deshalb nahm er darin Freiwillige aus allen Volksschichten auf. Das führte zur raschen Professionalisierung der Legionen und revolutionierte die Politik. Die reiche und parasitische Hauptstadt beherbergte viele Nichtstuer, die nun freiwillig in den Kriegsdienst traten und daraus einen Lebensberuf machten. Da die Legionäre nach ihrem Ausscheiden nicht vom Staat versorgt wurden, hielten sie nicht dem Staat, sondern dem Feldherrn die Treue. Er rüstete sie aus, sie folgten ihm, solange er siegte und Aussicht auf Beute bestand. Diese Neuerung ermöglichte im 1 Jahrhundert v. Chr. Soldaten wie Marius, Sulla, Pompeius und Caesar den politischen Erfolg. So entstanden auch die inneren Kämpfe, die, wie Sallust schreibt, „alles, das Menschliche und das Göttliche, in Verwirrung brachten und zu solcher Leidenschaft aufflammten, daß die inneren Unruhen mit dem Bürgerkrieg und der Verwüstung Italiens endeten". Mit der Entwicklung der Söldnerarmeen gelang es den Römern nicht nur, äußere Feinde zu besiegen, sondern auch die Innenpolitik stützte sich zunehmend auf nackte Gewalt. Mit der Verleihung der Bürgerrechte an die Bundesgenossen vergrößerte sich der Zustrom neugeworbener Soldaten in die Legionen.

Schon seit 106 gab es Differenzen zwischen Sulla und Marius, jetzt aber trafen ihre politischen Ziele aufeinander. 88 marschierte Mithridates IV. von Pontus (in Ostanatolien) in die Provinz Asien ein, und die Vasallen Roms in Griechenland und Kleinasien erhoben sich und ermordeten die römischen Statthalter. Sulla wurde Konsul und erhielt das Kommando im Osten. Doch der eifersüchtige Marius ließ sich, während Sulla einen Aufstand im Kampanien niederschlug, an seiner Stelle zum Konsul ernennen. Zornig eilte Sulla nach Rom und ließ entgegen jeder Tradition seine Soldaten durch die Stadt marschieren. Es kam zu Straßenkämpfen, die Anhänger des Marius wurden zerstreut, und Marius selbst floh, nachdem man ihn aus seinen Ämtern entfernt hatte.

Anfang 87 ging Sulla mit fünf Legionen nach Osten. Hier eroberte er Athen und plünderte es, besiegte dann den pontischen Feldherrn Archelaus bei Chäronea und Orchomenos. Bei diesen Schlachten setzte er die neugegliederten Legionen ein und verwendete dabei eine beweglichere und schlagkräftigere Infanterietaktik. In Rom hatten die Anhänger des Sulla inzwischen die Macht wieder verloren, aber Sulla gab das Kommando nicht ab. 83 erschien er mit seinem Heer in Süditalien. Marius war gestorben, und 82 kam Sulla nach Rom. Im November schlug er seine letzten Gegner vor dem Collinischen Tor. Die Gefangenen wurden im Zirkus abgeschlachtet, und Sulla machte sich zum Diktator. Um seine Macht zu festigen, ließ er etwa 3500 seiner Gegner töten und regierte bis zu seinem Rücktritt im Jahr 79.

Sullas Herrschaft brachte Rom manchen Vorteil, obwohl es eine reine Militärdiktatur war. Die jetzt vor allem aus Proletariern bestehenden Legionen unterstützten jeden Führer, so skrupellos er auch sein mochte. Schon erschien ein zweiter Condottiere, Gnaeus Pompeius, ein ehemaliger Unterführer des Sulla, auf dem politischen Schauplatz.

In den 70er Jahren kam es zu drei schweren Revolten gegen Rom. 76 ging Pompeius nach Spanien, um einen Aufstand unter dem früheren römischen Feldherrn Quintus Sertorius niederzuschlagen. Sertorius, ein Schüler des Marius, hatte seine Soldaten sowohl als Legionäre als auch im Partisanenkampf ausgebildet. Er beherrschte ganz Spanien und war zunächst dem Pompeius überlegen. Allmählich jedoch gewannen die stärkeren römischen Legionen die Oberhand. Im gleichen Jahr schlug Marcus Licinius Crassus eine Sklavenrevolte unter dem Gladiator Spartacus nieder. Die Sklaven wurden auf den äußersten Südzipfel der italienischen Halbinsel gedrängt, den man durch einen etwa 50 Kilometer langen Erdwall abriegelte. 6000 Gefangene wurden zwischen Rom und Capua auf der Via Appia gekreuzigt. Zugleich bemühte sich Lucius Lucullus, mit Mithridates fertigzuwerden. Zwischen 73 und 69 unterwarf er Kleinasien, aber als er nach Armenien vordrang, meuterten seine Soldaten, und er mußte vor Beendigung seiner Aufgabe umkehren. Lucullus, ein guter und tapferer Truppenführer, war als Eroberer zu human und als Vorgesetzter zu streng, um die Loyalität seiner Soldaten zu gewinnen. Er gab den Soldatenberuf auf, um das Leben eines Genießers zu führen.

Der mächtigste Mann im Rom der 60er Jahre war Pompeius. Während der Kriege gegen Mithridates war die Seeräuberei zur Plage geworden. Überall im Mittelmeer arbeiteten die Piraten zusammen. Auf Kreta und in Kilikien legten sie befestigte Stützpunkte an und verfügten angeblich über Tausende mit Gold, Silber und Purpur bemalte Schiffe. Sie hatten Sertorius und Mithridates unterstützt und wurden immer kühner. Sie besetzten Städte und Inseln im ägäischen Meer, unternahmen Raubzüge an der italienischen Küste und verschleppten reiche Römer, unter anderen den jungen Julius Caesar. Die größte Gefahr lag in der Unterbindung der Getreidevorsorgung Roms. So erhielt Pompeius 67 den Auftrag, der Seeräuberei ein Ende zu bereiten. Dazu standen ihm 270 Schiffe, 20 Legionen und 6000 Talente zur Verfügung. Er teilte das

Mittelmeer und das Schwarze Meer in dreizehn Kommandobereiche unter je einem Legaten auf, die die Piratengeschwader aufbringen und ihre Schlupfwinkel ausräuchern sollten. Dabei sollten sich die Legaten gegenseitig zu Hilfe kommen.

Im Frühjahr 67 begann Pompeius mit 60 Schiffen das Mittelmeer von Westen nach Osten zu durchkämmen und drängte die Piraten in die Arme der auf sie wartenden Flotillen. In vierzig Tagen war das Seegebiet westlich von Italien gesäubert. Nun kam Pompeius kurz nach Rom, um die politische Lage zu sondieren, und setzte dann seine Operationen von Brundisium aus fort. Jetzt griffen die Römer die bisher nur blockierten kilikischen Häfen an. Viele Piraten ergaben sich ihnen, nachdem man die ersten Gefangenen nachsichtig behandelt hatte. Nur die entschlossensten und härtesten zogen sich in verschiedene befestigte Plätze zurück. Pompeius verfügte über starke Belagerungsgeräte, und nachdem er die letzten Seeräuber vor Coracesium geschlagen hatte, belagerte er die auf einem steilen Felsen über der See liegende Festung, die nur durch einen schmalen Landstreifen mit dem Festland verbunden war. Als die Verteidiger kapitulierten, ergaben sich auch die übrigen Festungen an der kilikischen Küste. In drei Monaten war das Unternehmen beendet.

Pompeius zeigte beachtliches Geschick als Flottenbefehlshaber, und das war umso erstaunlicher, als er bisher nur zu Lande gekämpft hatte und die Römer eher Landratten als ein seefahrendes Volk waren. Wenn nötig hatten sie zur See große Leistungen vollbracht, waren aber dann erleichtert wieder an Land gegangen, um ihre außenpolitischen Ziele möglichst mit Landstreitkräften zu erreichen. Erst als sie es mit der bedeutenden See- und Handelsmacht Karthago zu tun bekamen, bauten die Römer eine Kriegsflotte. 260 stellten sie in 60 Tagen eine aus 20 Triremen und 100 Quinqueremen bestehende Flotte auf. Ihre Taktik bestand darin, die eigenen Schiffe längsseits der feindlichen zu bringen und diese zu entern. 260 errang Duilius einen glänzenden Sieg mit der neuen Flotte vor Mylae auf Sizilien und versenkte oder kaperte 44 feindliche Schiffe. Die Früchte eines weiteren Seesieges vor Kap Ecnomus 256 v. Chr. gingen verloren, als die meisten römischen Schiffe im folgenden Jahr im Sturm untergingen. Die Römer haben im Lauf der Geschichte mehr Schiffe durch Unwetter als durch Feindeinwirkung verloren.

Der Erste Punische Krieg ging 241 mit dem Seesieg von Drepana zuende, und im Zweiten Punischen Krieg (218–201) trug die Überlegenheit der Römer zur See entscheidend zu ihrem Sieg bei, da Hannibal in Süditalien keine Verstärkungen erhalten konnte, während die Römer in Afrika landeten. Im 2. Jahrhundert ließ Rom die Flotte verfallen und bediente sich der Schiffe seiner Verbündeten auf Rhodos und in Pergamon. Das wirkte sich in den makedonischen Feldzügen nachteilig aus. Solange Rom den Mittelmeerraum beherrschte, vernachlässigte es die Aufgaben zur See und leistete damit der Piraterie Vorschub.

Ende 59 v. Chr. traf in Rom die Nachricht ein, die Helvetier beabsichtigten, nach Südwesten zu gehen und in Gallien einzufallen. Sobald der Statthalter von Illyricum, Gallia Cisalpina und Gallia Transalpina, Julius Caesar, sich seiner Pflichten als Konsul entledigt hatte, eilte er nach Helvetien. Er war jetzt 41 Jahre alt und verfügte über nur geringe militärische Erfahrungen

81 v. Chr. hatte er in Kleinasien gedient und war bei der Einnahme von Mitylene für die Lebensrettung eines Soldaten ausgezeichnet worden. Dann aber hatte er sich der Politik zugewendet. 59 wurde er Konsul, nachdem er sich mit Pompeius und Crassus geeinigt hatte. Als Neffe des Marius wurde er aufgrund seiner Beredtsamkeit und weil man seine militärischen Verbindungen fürchtete, zum Konsul gewählt.

Wahrscheinlich hat Caesar, als er 58 mit Labenius als Stellvertreter nach Helvetien ging, nicht erwartet, Gallien zu erobern, geschweige denn größere militärische Leistungen zu vollbringen. Aber er war ehrgeizig, und um politisch an der Spitze bleiben zu können, mußte er militärische Erfolge aufweisen und über eine Armee verfügen. Im Frühsommer 58 gebot er den Helvetiern durch die Errichtung einer 30 Kilometer langen Befestigungslinie im Rhonetal Halt und besiegte sie dann bei Armécy. Den Galliern begegnete er als Befreier und nicht als Eroberer. Caesar drang dann nördlich der bisherigen römischen Grenze weiter vor, um das Elsaß von germanischen Eindringlingen zu säubern, die sich hier niedergelassen hatten. Bei Vesontio (Besançon) schlugen Caesars sechs Legionen in einer drei Treffen tiefen Schlachtordnung sieben germanische Stämme. Im Winter 58/57 bezogen seine Legionen hier die Winterquartiere.

Das Eindringen römischer Armeen erweckte die Feindschaft der Belgae, eines halbgermanischen Stammesverbands im nördlichen Gallien. Im Frühjahr 57 eilte Caesar nach Norden, um sich der 300 000 Mann starken belgischen Armee unter Galba an der Aisne zu stellen. Die Belgae kämpften wie alle Barbaren als undisziplinierte Horde zu Fuß. Die meisten waren nur mit einem langen Schwert und einem hölzernen oder wattierten Schild bewaffnet und fochten halbnackt. Ihre Führer trugen allerdings Brustpanzer und reichverzierte Helme aus Bronze. Gelegentlich hatten sie mit ihren ungestümen Angriffen Erfolg, aber meist zerbrach ihr Mut, wie Fuller sagt, am Felsen der Disziplin. Streitigkeiten im belgischen Lager begünstigten Caesars Verhandlungen mit einzelnen Stämmen, und Ende 56 war ganz Gallien bis auf das Zentralmassiv erobert.

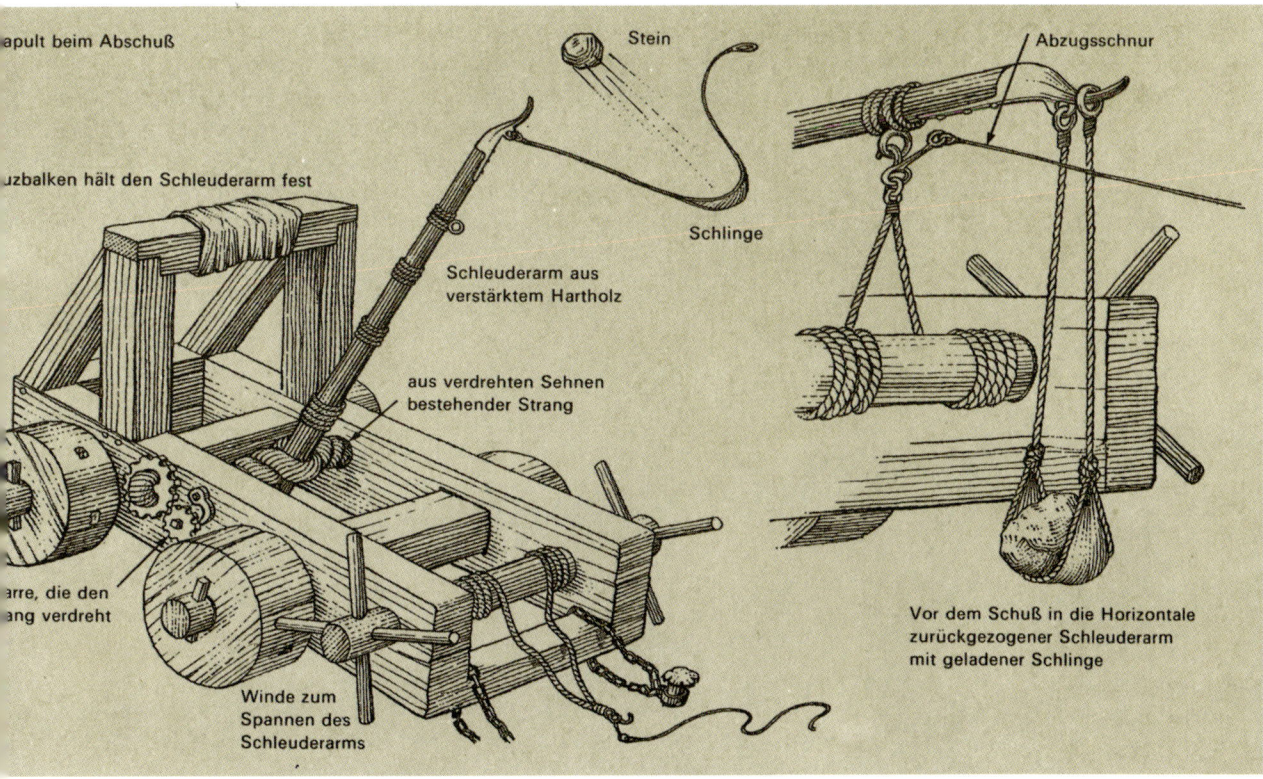

Das Katapult war eine der wirksamsten Belagerungsmaschinen der Römer

Im Herbst 55 ging Caesar zum erstenmal nach Britannien. Das war ein reines Aufklärungsunternehmen. Im Juli 54 brach die wahrscheinlich größte Flotte, die vor dem Krieg 1939–45 den Kanal befahren hatte, mit fünf Legionen und 2000 gallischen Reitern nach Sandwich auf. Die Britonen wurden von der Landung überrascht und erschreckt, und Caesar trieb sie landeinwärts. Innerhalb von 24 Stunden erfuhr er, daß seine Flotte durch ein Unwetter zerschlagen worden sei. Die Britonen faßten neuen Mut und führten unter Cassivellaunus einen energischen Partisanenkrieg. Doch Caesar schlug sie bei Brentford und eroberte das befestigte Lager des Cassivellaunus am anderen Themseufer. Jetzt mußte er nach Gallien zurück, ging auf milde Friedensbedingungen ein und verließ das Land. Es vergingen hundert Jahre, ehe die Römer nach Britannien zurückkehrten. Tribute sind wahrscheinlich nie bezahlt worden. Caesars Berichte über den Feldzug sind wahrscheinlich nicht ganz zuverlässig. Vielleicht versucht er darin, seine eigenen Fehler zu verschleiern.

Es war höchste Zeit für die Rückkehr nach Gallien, da an verschiedenen Stellen Revolten ausgebrochen waren. 53 stellte sich der Häuptling der Eburonen Ambiorix an die Spitze der Aufständischen. Bei Amiens vernichtete er eine Legion und belagerte dann ein römisches Feldlager nach römischen Methoden. In einem Gewaltmarsch eilte Caesar herbei, brauchte aber ein Jahr, um die Eburonen zu unterwerfen. Ambiorix wurde in die Ardennen zurückgedrängt, ein zweiter Häuptling totgeschlagen, und die Eburonen wurden systematisch aufgerieben. Ihre Felder und Herden wurden vernichtet, und, wie Caesar erzählt, „jedes Dorf und jede Hütte wurde niedergebrannt."

Bisher hatte es die Uneinigkeit unter den Stämmen Caesar ermöglicht, mit den Barbaren fertigzuwerden, aber 52 gelang es dem Häuptling der Averner, Vercingetorix, die rebellierenden Gallier mit eiserner Disziplin zu einigen. Anfang des Jahres brachte Caesar noch den Feind durch Gewaltmärsche im beschneiten Bergland in Verwirrung. Dann belagerte er die Festung Avaricum (Bourges). Vercingetorix bereitete sich auf einen Zermürbungskrieg vor und scheute die offene Feldschlacht. Er verwüstete das ganze Gebiet um Avaricum, um den Römern die Versorgung mit Lebensmitteln unmöglich zu machen. Aber Caesar eroberte die Stadt, ließ die Einwohner abschlachten und erbeutete ihre Getreidevorräte. Dann belagerte er Vercingetorix in seiner Festung Alesia (bei Dijon), wo eine starke Entsatzarmee ihn angriff. Damit war er zugleich Belagerer und Belagerter. Er hielt ein 40 Kilometer langes Befestigungssystem besetzt und besiegte schließlich beide feindlichen Heere. Damit war der Widerstand der Gallier gebrochen. Es folgte ein milder Friede, und von diesem Zeitpunkt an gab es keine Schwierigkeiten mehr in Gallien.

Die Lage in Italien hatte sich, seit Crassus 53 von der politischen Bühne abgetreten war, völlig verändert. Mit der grandiosen Idee, es dem Pompeius oder sogar Alexander gleichzutun, war Crassus mit 28 000 Fußsoldaten, 4000 Leichtbewaffneten und 4000 Reitern nach Osten aufgebrochen, um das Partherreich zu erobern. Im vergangenen Jahrhundert hatten die Parther westlich des Euphrat ein mächtiges Reich gegründet, und die Römer hatten bisher nicht gewagt, sie zu provozieren. Ihr Heer bestand ausschließlich aus Reitern, und zwar waren das einmal die mit starken gepanzerten nasaeischen Pferden berittenen Adeligen, die selbst in Rüstungen wie mittelalterliche Ritter mit der Lanze kämpften. Die Masse waren mit einem unterhalb des Griffs verkürzten und zum Schießen aus dem Sattel geeigneten Bogen bewaffnete leichte Reiter. Von frühester Jugend an waren sie dazu ausgebildet, den Gegner mit dem berühmten parthischen Schuß beim Davongaloppieren über die Kruppe ihres Pferdes zu treffen.

Im Frühjahr 53 überschritt Crassus den Euphrat und traf bei Carrhae auf den Feind. Das feindliche Heer bestand aus 1000 schweren Reitern und 10 000 berittenen Bogenschützen, denen 1000 Kamele den Vorrat an Pfeilen hinterhertrugen. Das Kommando führte Surenas. Die

Parther wendeten die ihnen eigene Taktik an, lockten die römische Vorhut zum Kampf heraus, wendeten sich dann und umzingelten den Gegner, um ihn zu vernichten. Die römischen Hauptkräfte stellten sich im Viereck auf und ließen bis zum Dunkelwerden den Pfeilregen über sich ergehen. Nachts wollte Crassus sich in die Berge zurückziehen, wurde aber von einem Führer in die Irre geführt und geriet in eine Falle. Er und seine Unterführer fanden den Tod, während sie mit Surenas verhandelten, und nur 10 000 der ursprünglich 36 000 römischen Soldaten entkamen. Die Römer betrachteten die Niederlage bei Carrhae als ebenso katastrophal wie die verlorenen Schlachten von Cannae und bei den Caudinischen Pässen.

Als Caesar im Herbst 50 nach Italien zurückkehrte, stand ihm nur noch Pompeius gegenüber. In Rom wußte man, wie rücksichtslos Caesar in Gallien vorgegangen war, und fürchtete, er werde sich als neuer Sulla erweisen. Im Senat erwog man, ihn wegen Verrats unter Anklage zu stellen. Damit wäre der Bürgerkrieg unvermeidlich gewesen. Caesars neun Legionen waren ihm treu ergeben. Pompeius verfügte über zehn, von denen sieben in Spanien standen, und er beherrschte die See. Das Volk war eher auf seiten Caesars. Labienus ging ins Lager des Pompeius über. Im Januar 49 entschied Caesar sich für den Krieg und überschritt den Rubikon, um nach Süden zu marschieren. Pompeius hatte seit 52 nicht mehr gekämpft und wollte mit seinen schlecht ausgebildeten Truppen nicht gegen den Eroberer Galliens und seine Veteranen kämpfen. So schiffte er sein Heer in Brundisium ein, um nach Makedonien zu fahren. Caesar folgte ihm auf den Fersen. Zehn Wochen nach Überschreitung des Rubikon war Caesar Herr in Italien und marschierte, ohne auf Widerstand zu stoßen, in Rom ein.

Im April 49 ging Caesar nach Spanien, und sieben Monate später stellten sich die sieben Legionen des Pompeius ohne Blutvergießen auf seine Seite. Bei Ilerda durchquerte er den Sicoris, schloß den Gegner nach einem Eilmarsch ein, und dieser kapitulierte. Im Januar 48 war er bereit, nach Makedonien zu gehen, und landete sieben Legionen hart nördlich von Korkyra. Nachdem er das Heer des Pompeius einige Zeit in Dyrrhachium belagert hatte, brach dieses aus. Am 9. August fand die Entscheidungsschlacht des Bürgerkrieges bei Pharsalos in Thessalien statt. Pompeius hatte das Gefecht eigentlich vermeiden wollen, aber seine Unterführer warteten schon ungeduldig darauf. Er unterlag vor allem, weil Labienus die Reiterei am linken Flügel nicht zu führen wußte. Am zweiten Tag streckten seine Soldaten die Waffen, und er floh nach Ägypten, wo er ermordet wurde.

Nun mußte Caesar mit den Anhängern des Pompeius in verschiedenen Provinzen fertigwerden. Zunächst folgte er seinem Gegner nach Ägypten, verliebte sich dort in Kleopatra und ließ neun Monate verstreichen. Im Juli 47 brach er nach Pontus auf, besiegte bei Zela den Rebellen Pharnaces und schickte den Senatoren in Rom die Meldung: „Veni, vidi, vici." Ein Jahr war vergangen, seit Pharsalus und die Pompeianer sich unter Labienus in Afrika versammelt hatten. Im Dezember 47 landete Caesar mit einer Legion und 600 Reitern in Afrika. Zunächst wurde er hart bedrängt, besiegte aber nach dem Eintreffen von Verstärkungen im folgenden Frühjahr den Gegner bei Thapsus. 45 erfocht Caesar seinen letzten Sieg über die Anhänger des Pompeius bei Munda (bei Cordoba) in Spanien und wurde damit zum Herrn der Welt. Zum Diktator auf Lebenszeit gewählt wurde er, obwohl beim Volk nicht unbeliebt, an den Iden des März 44 v. Chr. von den Republikanern Brutus und Cassius ermordet.

Für einen Feldherrn, der so große militärische Erfolge erzielt hat, bietet Caesar viele Angriffsflächen für die Kritik. Er hat sein Heer nicht so reformiert, wie es zu seiner Zeit notwendig gewesen wäre. Ohne leichte Infanterie brauchte er für die Niederwerfung der Gallier viel zu lange Zeit. Er hat keine ausreichenden Reiterverbände aufgestellt, sondern verließ sich auf barbarische Hilfsvölker. Dieser Fehler hat ihn oft bei der Ausführung seiner Entschlüsse behindert. Seine Aufklärung war oft ungenügend. Er vernachlässigte die Nachrichtenverbindun-

Kriegführung im Altertum

Mit der Belagerung von Alesia (links) gingen die langjährigen Kämpfe zwischen Römern und Galliern zu Ende (rechts)

gen, verlor zweimal durch Nachlässigkeit fast alle Schiffe an der britischen Küste, und dann fehlten ihm die Mittel, um die Schiffe zu reparieren. Bei Ilerda und Dyrrhachium versagte der Nachschub so vollständig, daß seine Truppen fast verhungerten.

Als Stratege war Caesar, um das Mindeste zu sagen, sprunghaft. Er überrannte Gallien systematisch, verbrachte aber dann den Sommer auf einer entlegenen und wirtschaftlich, politisch und strategisch unwichtigen Insel, während sich hinter ihm eine massive Revolte zusammenbraute. Die rasche, unblutige Eroberung Italiens und Spaniens steht im krassen Gegensatz zu seinem Verhalten in späteren Phasen des Bürgerkriegs. Er verschenkte die Vorteile der Überraschung bei der Überfahrt nach Makedonien, indem er sich bei Pompeius anmeldete, und als er in Ägypten und Pontus wertvolle Zeit vergeudete, ließ er es zu, daß die Pompeianer sich in Afrika sammelten und organisierten. Bei seiner ersten Landung in Afrika nahm er viel zu schwache Truppen mit, eine Legion und 600 Reiter.

Als Taktiker fehlte es Caesar an Originalität. Er vernachlässigte die Reiterei und

Rom wird zum Weltreich

Die römischen Kriegsschiffe wurden längsseits der feindlichen Schiffe gerudert, während die Soldaten zum Entern bereitstanden. Schiffe dieses Typs waren an der Seeschlacht von Actium beteiligt.

kämpfte überall mit der in drei Treffen aufgestellten Legion nach einem überlieferten Konzept. Dennoch war er der bei weitem bedeutendste römische Infanterieführer, und die Legion erreichte unter ihm den Gipfel ihrer Leistungsfähigkeit. In der Politik und in der Schlacht war er, sobald er eine Möglichkeit erkannte, schnell entschlossen, tatkräftig und bis zum gewissen Grade kühn. Ehe er nach Makedonien ging, ermutigte er seine Männer dazu, den vor ihnen liegenden Schwierigkeiten ins Auge zu sehen und sagte: „Ich halte Schnelligkeit der Bewegung für das beste Mittel, mit allen diesen Dingen fertigzuwerden... Laßt uns unser Glück gegen das Winterwetter, unseren Mut gegen unsere zahlenmäßige Unterlegenheit und unseren Mangel an Nachschub gegen den Überfluß des Feindes stellen, der unser sein wird, sobald wir gelandet sind." Oft war er unbedacht und übereilt, aber seine Beweglichkeit machte sich bezahlt wie gegen die Helvetier und Vercingetorix, beim Marsch nach Brundisium und vor Ilerda und Thapsus.

Ein wesentlich Grund für die Erfolge Caesars lag in seiner Persönlichkeit und seinem Charakter. Allein durch seine Gegenwart scheint er die Truppe mit der Siegesgewißheit erfüllt zu haben, die er selbst besaß. Sein Optimismus und sein Humor brachten ihm ebenso wie seine Erfolge die Loyalität der Soldaten ein. Frauen konnten ihm nicht widerstehen. Er war ein glänzender und beliebter Politiker, besaß eine bemerkenswerte Rednergabe, und seiner Beliebtheit beim Volk hatte er es vor allem zu verdanken, daß Italien sich im Bürgerkrieg sofort auf seine Seite stellte. Ihm ging es allein um die Macht. Um sie zu erringen, war er rücksichtslos und amoralisch. Niemand hat im Kriege so gewütet wie Caesar in Gallien. Doch wenn es ihm besser ins Konzept paßte wie etwa im Bürgerkrieg und später, war er gegenüber seinen Feinden milde und duldsam. Es fragt sich, ob er gegen Ende seines Lebens noch normal gewesen ist. Caesar ist sicher von allen großen Eroberern der enttäuschendste.

Nach Caesars Tod stritten sich eine Reihe von Politikern um die Herrschaft in Rom. Schließlich besiegte sein Großneffe Octavian 31 v. Chr. in der Seeschlacht bei Actium Antonius und Cleopatra und wurde erster römischer Kaiser.

Die Prätorianergarde, die Leibwache des Kaisers, war eine Elitetruppe

6 · Rom in der Defensive und die Völkerwanderung

Octavian, der 27 v. Chr. als Augustus Kaiser wurde, besaß nicht die militärischen Gaben Caesars, aber er besaß die staatsmännischen Fähigkeiten, die Caesar fehlten. Wir werden sehen, wie das römische Reich im Mittelmeerraum in den von Caesar erweiterten Grenzen mehr als 400 Jahre von römischen Legionen in ihren Grenzgarnisonen gesichert wurde. Die defensive Haltung drückte dem Zeitalter ihren Stempel auf, und das wirkte sich negativ auf den Kampfwert des römischen Heeres aus. Wenn der Offensivgeist verlorengeht und ein „Maginotkomplex" an seine Stelle tritt, läßt sich das immer wieder beobachten. Mit den Jahren traten immer mehr Barbaren in die römische Armee ein, vor allem weil die Bevölkerung in Italien abnahm und die Italiener den Kriegsdienst verabscheuten. Mit der Barbarisierung des römischen Heeres gingen auch die militärischen Traditionen verloren. Disziplin und Schlagkraft der Legionen schwanden dahin, und damit zerfiel das römische Reich von innen. Dieser Zerfall im Zusammenwirken mit den Einfällen wandernder Barbarenstämme hatte schließlich das Zerbrechen Westroms zur Folge.

Sehr bald erkannte Augustus, daß das römische Heer, das er übernommen hatte, seinen Ansprüchen nicht genügte, denn es bestand vor allem aus kurz dienenden Gefolgsleuten der Feldherren. Um die langen Grenzen militärisch zu sichern, die eroberten Gebiete zu überwachen, Raubzüge und Invasionen abzuwehren, brauchte man ein diszipliniertes Berufsheer, das dem Staat und nicht dem Feldherrn die Treue hielt. 31 v. Chr. standen 60 Legionen unter Waffen, mehr als der Staat bezahlen konnte. Es waren auch mehr als nötig, obwohl alle Mittelmeerländer zum römischen Reich gehörten, dessen Grenzen sich sogar bis zur Donau und zum Rhein erstreckten. Natürliche Hindernisse, der Atlantik und die Sahara, schützen Rom im Westen und Süden. Augustus meinte, die Ostgrenze ließe sich eher durch Diplomatie als durch militärische Maßnahmen sichern. Nur im Norden sei eine starke militärische Besetzung nötig. Deshalb verringerte er die Zahl der Legionen auf 28 und behielt einige der von Antonius im Osten aufgestellten Truppen.

Neben dem aus 168 000 Legionären bestehenden Heer verfügte er über 150 000 Mann Hilfstruppen. Sie stellten die Reiter und die Leichtbewaffneten und waren in Infanteriekohorten und Kavallerieschwadronen zu 500 bis 1000 Mann zusammengefaßt. Augustus schuf auch die Prätorianergarde zu 9 Kohorten mit je 1000 Mann. Das waren in Rom stationierte Italiener, die Leibwache des Kaisers. Die Prätorianer wurden besser bezahlt als die anderen Soldaten und kämpften nur unter dem Kaiser. Deshalb waren sie nicht beliebt. Bald wurden sie sich ihrer politischen Möglichkeiten bewußt, setzten ihren Einfluß ein, und zwar zum Schaden des Staates. Der Prätorianerhauptmann Seianus war ein Günstling des Tiberius, und 68 n. Chr. nahm Nero sich das Leben, um nicht von seiner Leibwache ermordet zu werden.

Jetzt wußten die Römer auch den Wert der Seestreitkräfte zu schätzen, wenn auch die Flotte

Kriegführung im Altertum

Zur Kaiserzeit wurde die römische Flotte vergrößert

hauptsächlich verwendet wurde, um die Schiffahrt in friedlichen Gewässern zu überwachen. Augustus ließ die Häfen von Misenum und Ravenna bauen. Jeder Provinzstatthalter hatte Schiffe zu seiner Verfügung, und auf den Grenzflüssen gab es Patrouillenboote. Der Dienst zur See wurde geringer geschätzt als der zu Lande, und die Ruderer waren meist Sklaven.

Ausrüstung, Strategie und Taktik des kaiserlichen Heeres blieben 350 Jahre die gleichen wie unter Scipio, Marius und Caesar. Die Armee marschierte in einer langen Kolonne. Als Vespasian 67 n. Chr. nach Judäa ging, bestand die Vorhut aus leichter Infanterie und Bogenschützen der Hilfsvölker, es folgten Legionäre zu Fuß, Reiter und Pioniere. Der Troß mit dem Offiziersgepäck unter Kavalleriebewachung schloß sich an. Dahinter ritt der Befehlshaber, begleitet von einer aus Infanterie und Reitern bestehenden Leibwache. An der Spitze des Gros marschierte die Kavallerie. Dann kam eine Einheit mit auf Maultieren verladenen Belagerungsmaschinen. Es folgten der Befehlshaber der Legion mit seinem Stab, der Adler, die Trompeter und die Legion selbst in sechs Gliedern. Am Schluß der ganzen Kolonne marschierten der Troß und die aus Söldnern bestehende Nachhut. In schwierigem Gelände, oder wenn ein Angriff erwartet wurde, marschierte die Armee in vier parallelen Kolonnen, um schneller die Schlachtordnung einnehmen zu können.

Im 1. Jahrhundert n. Chr. kämpfte die römische Armee normalerweise in der in drei Treffen gestaffelten Schlachtordnung, bei der jedes Treffen von einer Infanteriekohorte gestellt wurde. Es gab aber auch die Schlachtordnung zu zwei Treffen. Im 2. Jahrhundert wendete man die Phalanxtaktik an. Die Hilfstruppen, die nun sehr leistungsfähig waren, übernahmen die Auf-

Rom in der Defensive und die Völkerwanderung

Die Reiter spielten jetzt eine bedeutende Rolle in der römischen Schlachtordnung

Kriegführung im Altertum

Die Kohorten kämpften oft in zwei Gliedern hintereinander

klärung, während die Phalanx die eigentliche Schlacht bestritt. Eine weitere Formation war die *testudo* oder „Schildkröte", die unter schwerem Geschoßhagel im Angriff und im Rückzug gebildet wurde. Die Soldaten im ersten Glied hielten ihre Schilde vor sich, die im zweiten hoben sie über ihre Köpfe. So waren sie alle von den Schilden gedeckt wie von einem Panzer. Die einzige neue Waffe vor Eintritt ins 3. Jahrhundert war die *lancea*, ein leichterer Speer als das alte *pilum* der Legionäre.

Zu Beginn des Kaiserreichs lagen die Grenzen im Norden noch nicht fest. Augustus wollte bis zur Donau und Elbe vordringen, und zwischen 17 und 11 v. Chr. gewann sein Stiefsohn Tiberius die Donaulinie. Der Bruder des Tiberius, Drusus, baute befestigte Feldlager am Rhein und ging gegen die Elbe vor. Auf dem Marsch durch bewaldetes Gebiet erreichte er 9 v. Chr. die Elbe, starb aber dann. Nun übernahm Tiberius den Oberbefehl in Germanien, wurde aber in den Jahren 6 und 9 n. Chr. nach Pannonien befohlen, um Aufstände niederzuschlagen. Indessen verloren die Römer in Germanien viel von ihrem Einfluß.

Die Germanen ließen sich durch die Demonstration römischer Macht nicht einschüchtern. Obwohl ihre Kampfverbände nicht straff organisiert waren, glichen sie diesen Mangel durch Energie und einen starken Unabhängigkeitsdrang aus. In seinen Büchern *Germania* und *Annalen* schreibt Tacitus fesselnd über die Kämpfe zwischen Römern und Germanen. Er berichtet, nach germanischer Auffassung sei es ein Zeichen der Schwäche, durch Schweiß das zu erreichen, was sich durch Blut erreichen läßt. Die Kriegführung der Germanen schildert er wie folgt:

> Nur wenige haben Schwerter oder längere Lanzen. Sie führen kurze Speere, die *frameae*, mit einer schmalen, kleinen Eisenspitze, so scharf und handlich, daß sie mit der gleichen Waffe im Nahkampf und auf Distanz kämpfen. Der Berittene begnügt sich mit einem Schild und der *framea*. Die Fußsoldaten überschütten den Gegner mit Geschossen und werfen diese auf große Entfernung, denn sie tragen keine Oberbekleidung, höchstens einen leichten Umhang. Auf prächtige Kleidung verzichten sie ganz. Nur ihre Schilde sind mit leuchtenden Farben bemalt. Wenige tragen Brustpanzer oder Helme aus Leder und Metall. Die Pferde sind weder schön noch schnell... Ihre Stärke liegt beim Fußvolk. Reiter und Fußsoldaten kämpfen gemeinsam... Zur Schlacht stellen sie sich keilförmig auf. Ein Ausweichen – vorausgesetzt, man greift wieder an – gilt nicht als feige, sondern ist Teil der Taktik...
> Den Schild zu verlieren gilt als größte Schande... Viele von denen, die im Krieg überlebt haben, löschen ihre Schande durch Selbstmord mit dem Strick... Sie führen Feldzeichen... und Symbole im Kampf. Der Familiensinn ist der stärkste Anreiz zur Tapferkeit... Manchmal sind es die Frauen, die durch Klagerufe und das Entblößen der Brüste eine verlorene oder verloren geglaubte Schlacht zu ihren Gunsten wenden.

Nachdem Tiberius das Land verlassen hatte, blieb es in Germanien noch eine Zeitlang einigermaßen ruhig, aber der Cheruskerhäuptling Arminius brachte die Römer in neue Schwierigkeiten, und 9 n. Chr. überfiel er drei römische Legionen im Teutoburger Wald aus dem Hinterhalt. Die Römer marschierten durch dichte Wälder und Sümpfe, und als ein Gewitter losbrach, überschütteten die Germanen sie mit Wurfspießen. Das Unwetter hielt noch den ganzen folgenden Tag an, und die Germanen griffen die Legionäre solange an, bis diese sich ihrer nicht mehr erwehren konnten. Der römische Befehlshaber Publius Quintilius Varus und seine höheren Truppenführer nahmen sich das Leben. Die überlebenden Soldaten wurden gekreuzigt, lebendig begraben oder den germanischen Göttern geopfert.

Zwischen 14 und 17 n. Chr. unternahm Germanicus den Versuch, das Gebiet zwischen Rhein und Elbe zu unterwerfen. Das bewaldete und sumpfige Gelände erschwerte jedoch seine Operationen, und Arminius nutzte diese Umstände für sich aus.

Aber schließlich besiegte Germanicus den Arminius bei Idistaviso an der Weser, westlich von Hannover. Am Vorabend der Schlacht ging Germanicus – wie Heinrich V. bei Angincourt – verkleidet durch das Lager. Er stellte fest, daß seine Soldaten ihm treu ergeben waren, obwohl die Kampfmoral zu wünschen übrigließ. In der Nacht ritt ein feindlicher Soldat an das römische Lager heran und versprach jedem Deserteur eine Frau, Land und Geld. Zornig erwiderten die Römer, sie würden sich nach der Schlacht selbst Frauen und Land holen. In einer Ansprache am folgenden Morgen instruierte Germanicus seine Männer über die anzuwendende Taktik und versprach ihnen den Sieg.

Idistaviso war ein Tal zwischen der Weser und dem Gebirge, das von Wald umgrenzt wurde. Tacitus schildert die Schlacht wie folgt:

> Die Germanen besetzten die Ebene und den Waldrand. Nur die Cherusker blieben auf den Höhen, um bei Beginn der Schlacht anzugreifen. Die römische Armee ging in folgender Reihenfolge vor: an der Spitze gallische und germanische Hifstruppen, gefolgt von Bogenschützen zu Fuß, dann vier römische Legionen und Germanicus mit zwei Gardekohorten und Reitern. Vier weitere Legionen schlossen sich an ... und dann kamen die Hilfstruppen. Das Heer konnte jederzeit aus der Marschordnung die Schlachtordnung bilden.
>
> Die Cherusker griffen mit wildem Ungestüm an, und Germanicus befahl seinen besten Reitern, sie in der Flanke anzugreifen, während die übrige Kavallerie sie umgehen und im Rücken attackieren sollte. Er selbst wollte im rechten Augenblick zur Stelle sein. Nun erblickte er ein sehr günstiges Omen – acht Adler flogen in den Wald. „Vorwärts! Folgt den Vögeln Roms!" rief er. Die Infanterie ging vor, und die vorausgeschickten Reiter griffen den Feind in Flanke und Rücken an. Jetzt stürmten die Cherusker von den Höhen herab, unter ihnen der verwundete Arminius, der wild um sich schlagend seine Leute anfeuerte. Er warf sich den Bogenschützen entgegen ... und es gelang ihm aufgrund seiner großen Körperkraft, durchzukommen. Um unerkannt zu bleiben, hatte er sich das Gesicht mit dem eigenen Blut beschmiert ... Die übrigen wurden niedergemacht. Viele versuchten, die Weser zu durchschwimmen. Sie wurden von Speeren getroffen, von der Strömung fortgetragen oder durch die Masse der Fliehenden mitgerissen. Einige versuchten, sich schmählich dadurch zu retten, daß sie auf Bäume kletterten. Die Bogenschützen machten sich einen Spaß daraus, die in den Zweigen versteckten Feinde herabzuschießen. Das Gemetzel dauerte vom Mittag bis zur Abenddämmerung.

Wohl konnten sich die Römer bis zur Elbe durchkämpfen, aber es stand fest, daß die Germanen sich nicht freiwillig unter das römische Joch beugen würden. Deshalb zogen sich die römischen Legionen nach den halbwegs siegreichen Feldzügen des Germanicus an den Rhein zurück, wo sich die Grenze besser verteidigen ließ. Dieses Versagen der römischen Waffen und die Tatsache, daß die römische Zivilisation nicht in Germanien Fuß faßte, war für die gesamte Entwicklung der germanischen und europäischen Geschichte ausschlaggebend.

Nach dem Tode des Augustus 14 n. Chr. gewann Rom nur noch Britannien und Dacien (das heutige Rumänien) hinzu. 43 n. Chr. landete Aulus Plautius bei Richborough mit vier Legionen und Hilfstruppen. Er trieb die Britonen über die Themse zurück und nahm Camulodunum (Colchester). Später kam auch Claudius (41–54) auf die Insel und unterwarf das südliche Britannien bis zum Fosse Way in der Linie Lincoln-Exeter.

Während der Regierungszeit Domitians wurden die Dacier unter Decebalus an der Donau immer mächtiger und vernichteten 87 ein römisches Heer. Der aus Spanien stammende Kaiser Trajan (98–117) besiegte den Decebalus 101 und 105/106 in zwei Feldzügen. Es war von jeher schwierig gewesen, die Provinz Dacien zu halten, denn sie lag jenseits der Donau an einem natürlichen Wanderweg der Barbarenstämme, und 273 gab Aurelian sie auf.

Zwischen 66 und 73 kam es in Palästina zu einem Aufstand. Da die Juden leidenschaftliche

Rom in der Defensive und die Völkerwanderung

Trotz härtester Gewaltanwendung wie etwa der Hinrichtung von Kriegsgefangenen gelang es den Römern nicht, die Germanen zu unterwerfen

Partisanenkämpfer waren und ihre Festungen nach Sidney Toy „die besten militärischen Bauten zu Beginn der Zeitrechnung waren", bedurfte es der ganzen Geschicklichkeit und aller Hilfskräfte der Römer, um mit ihnen fertigzuwerden. Jerusalem war von drei Mauern umgeben. Die äußere war 5 Meter dick und 10 Meter hoch, mit Brustwehren versehen und in Abständen durch mächtige viereckige Türme verstärkt. Die römischen Belagerungsgeräte entsprachen diesen Bauten. Die Steinschleudern des Titus konnten zentnerschwere Geschosse 350 Meter weit werfen. Seine drei Belagerungstürme waren 20 Meter hoch und mit Eisenplatten beschlagen. Die Mauern wurden erstürmt, und im August 70 brannten die Römer den Tempel nieder und massakrierten die Einwohner Jerusalems, eine Katastrophe für die jüdische Religion und das jüdische Volk. Aber der Aufstand war damit noch nicht niedergeschlagen. Die letzten Kämpfer hielten sich bis 73 in Masada. Diese Festung glich einer mittelalterlichen Burg, und als die Römer sie einnahmen, fanden sie die Leichen der Besatzung und ihrer Familien, die sich das Leben genommen hatten, um nicht in Gefangenschaft zu geraten. Je mehr die Römer bei der

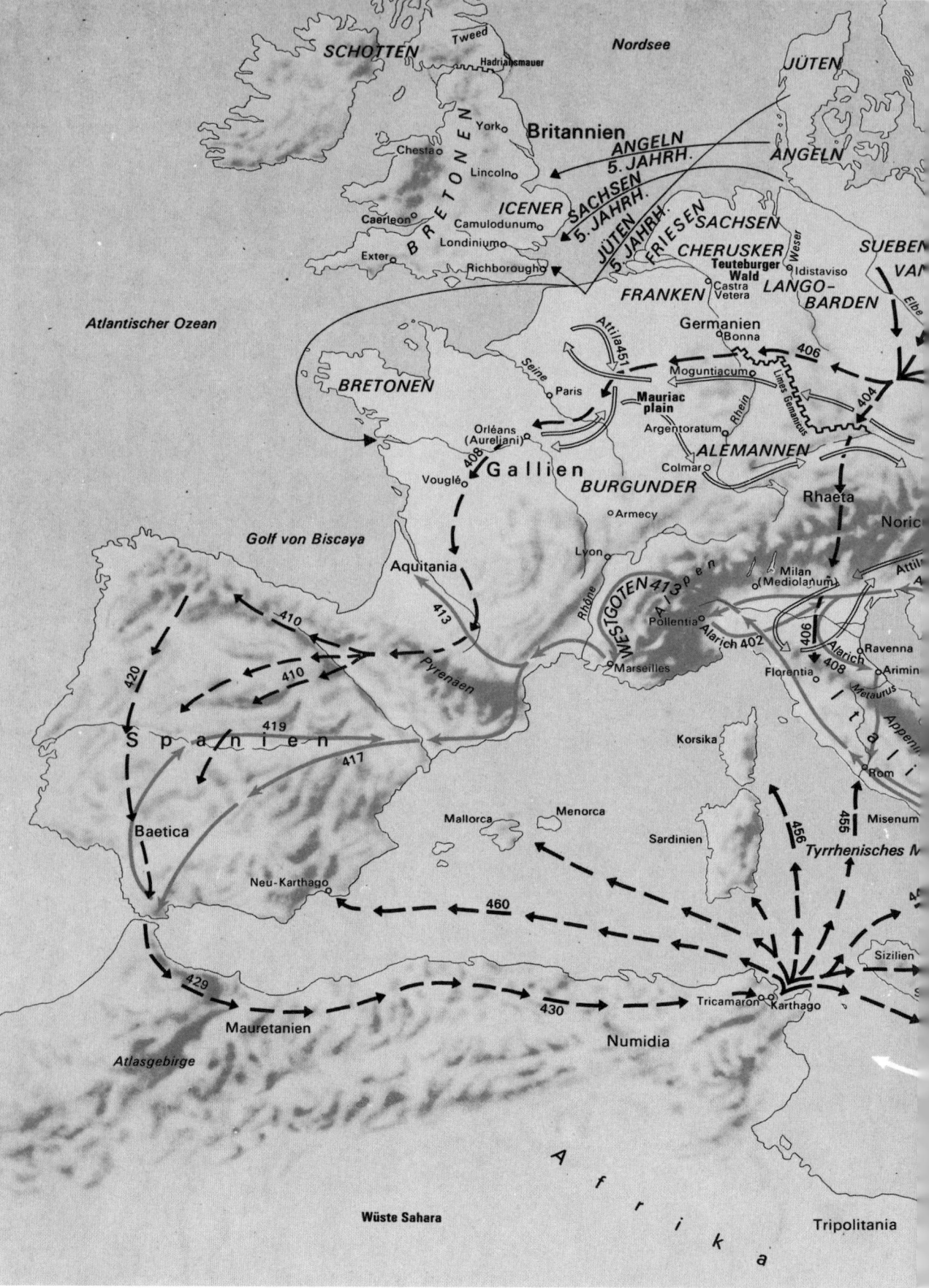

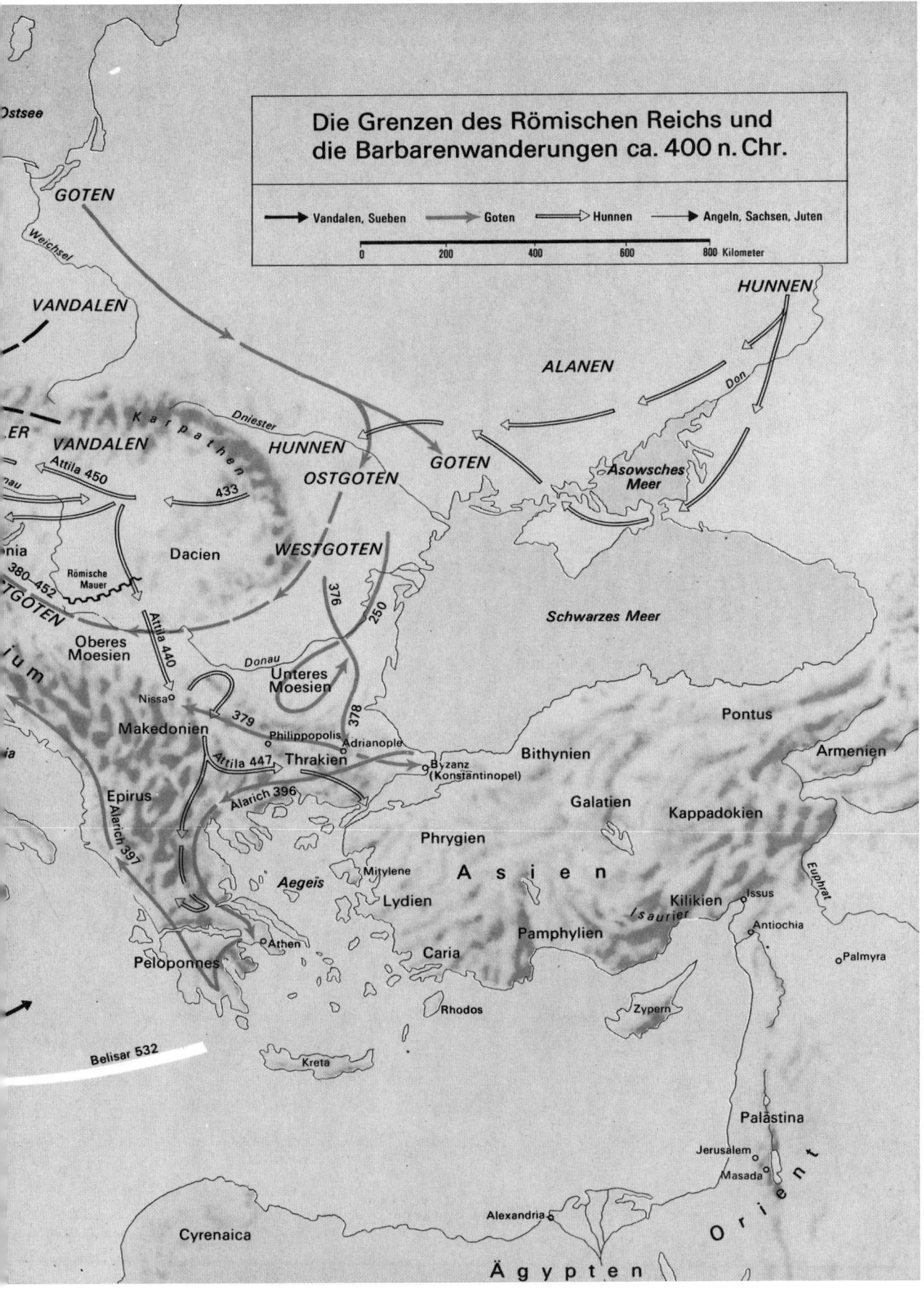

Verteidigung der Grenzen ihres Reichs in die Defensive gingen, desto fester und dauerhafter bauten sie ihre Feldlager aus. Unter Augustus waren die Lager noch durch Erdwälle geschützt. Unter Flavius (70–96) waren sie von Mauern umgeben. Die Mauern bildeten ein von einem oder mehreren Gräben umgebenes Viereck und waren durch Türme verstärkt. Auf jeder der vier Seiten befand sich ein Tor. In der Mitte des Lagers gegenüber dem Haupttor lagen die Verwaltungsgebäude, die Unterkunft des Befehlshabers und die Vorratshäuser. Zwei im rechten Winkel einander kreuzende Straßen durchschnitten das Lager. Eine Straße führte dicht neben der Mauer innen herum. Die anderen Gebäude im Lager waren Kasernen. Daneben gab es meist noch einen Marktplatz.

Zwischen 70 und 130 in der Regierungszeit Vespasians, Domitians und Hadrians wurde die gesamte Grenze des Römerreichs befestigt, wenn auch der römische „Eiserne Vorhang" erst im 3. Jahrhundert ganz fertiggestellt wurde. In Germanien erstreckte sich eine etwa 500 Kilometer lange befestigte Grenzlinie zwischen Rhein und Donau. Der Westteil des *limes Germanicus* bestand aus einem Erdwall und einem Graben. Der Ostteil, die sogenannte Teufelsmauer, war eine vier Fuß dicke Steinmauer. Beide Teile waren durch zahlreiche Beobachtungstürme und aus Steinen erbaute Lager verstärkt. Ähnliche Grenzwälle gab es an der Ost- und Südgrenze und in Britannien.

Die Besetzung und Befestigung der Grenze in Britannien war ein typisches Beispiel für die römische Militärpolitik in einer Grenzprovinz. In Südostbritannien stießen die Römer kaum auf Widerstand, aber der Fosse Way war nur eine Straße und daher keine gute Grenze. Einem weiteren Vorstoßen nach Norden leisteten die Waliser unter Caractacus 30 Jahre Widerstand. Im Jahr 61 führte die Witwe des Häuptlings der Icener, Boadicea, einen wilden Aufstand in Ost-Anglien, der mit Gewalt niedergeschlagen wurde. Boadicea nahm Gift. Zwischen 80 und 84 drang der römische Statthalter Agricola weiter nach Nordengland und bis nach Schottland vor. Am Mons Graupius (in Perthshire) besiegte er die kaledonischen Stämme, die den Fehler begingen, sich den Römern in offener Feldschlacht zu stellen, anstatt ihnen mit Partisanentaktiken zu begegnen. Agricola wurde nach Rom gerufen, die römischen Legionen zogen sich bis in die Gegend von Tweed zurück, es bestand keine feste Grenze mehr, und zwischen 115 und 120 machte ein Aufstand in Britannien den Römern schwer zu schaffen.

Hadrian kam selbst nach Britannien, schlug die Revolte nieder und legte die Grenze fest. Die zwischen 122 und 125 erbaute Hadriansmauer erstreckt sich über 73 Meilen von Tyne bis Solway. Aus Feldsteinen errichtet und mit einem Zementkern versehen ist sie fast überall 7,5 Fuß dick und war zunächst wahrscheinlich etwa 15 Fuß hoch. Sie verbindet die beiden Orte auf der kürzesten Strecke und folgt dabei einer leicht zu verteidigenden Linie. Über weite Entfernungen führt sie über Höhenkämme, die nach Norden steil abfallen. In den Tälern verstärkte man sie durch Gräben. Etwa alle vier Meilen baute man im ganzen 14 Festungen an die Mauer. Zwischen den Festungen standen im Abstand von jeweils einer römischen Meile (1000 Schritte) die „Meilenforts", und zwischen ihnen war die Mauer durch Beobachtungstürme in drei Abschnitte eingeteilt.

Die Hadriansmauer war mehr ein Abschreckungsmittel als eine echte Befestigung. Einem großangelegten Angriff hätte sie nicht standhalten können. Sie bewährte sich aber gegenüber kleineren Raubzügen. Im zweiten Jahrhundert waren die Verhältnisse in Nordbritannien noch ganz ungeordnet. Es kam zu zwei großen Revolten (158–160 und 183), aber von 208 bis 211 kam Kaiser Septimius Severeus nach Britannien, stellte die Sicherheit im nördlichen Grenzgebiet wieder her, und im dritten Jahrhundert herrschten in Britannien friedliche Zustände.

Vier Legionen hatten Britannien erobert. Nach 85 waren dort drei Legionen und 35 000 bis 40 000 Mann Hilfstruppen stationiert. Jede Legion lag in einer Festung: Caerlon-on-Usk,

Während eines Feldzuges an der Donau nehmen römische Legionäre die *testudo*-Formation ein

Chester und York. Von hier aus konnte man Truppenabteilungen zu Sonderaufgaben in das Land schicken. Außerdem gab es ein ganzes Netz kleinerer Befestigungsanlagen, die jeweils von 500 bis 1000 Mann der Hilfstruppen besetzt waren. Sie lagen meist an wichtigen Straßen oder strategisch bedeutenden Punkten in Wales und Nordengland, etwa 25 bis 30 Kilometer von einander entfernt.

Das ganze Gebiet war von Militärstraßen durchzogen. Im Norden gab es drei Hauptstraßen. Die eine verlief aus der Gegend nördlich von York zur unteren Tyne, nach Carbridge, Newcastle und Shields. Eine zweite zweigte bei Catterick Bridge von der ersten ab und führte nach Carlisle. Eine dritte führte von Chester nach Norden in den Seenbezirk und weiter nach Cumberland, Westmorland und Northumberland. Der Bau der berühmten römischen Straßen war die bedeutendste Leistung der römischen Armee, und diese Arbeit wurde fortgesetzt, solange sich die betreffenden Gebiete in römischer Hand befanden. Damit hat das Heer wesentlich zur Einigung des besetzten Landes unter römischer Herrschaft und zur Verbreitung der Zivilisation beigetragen.

In den ersten zwei Jahrhunderten des Kaiserreichs änderte sich kaum etwas an der Heeresstärke. Die Verteilung der Streitkräfte richtete sich nach der allgemeinen Lage im Imperium. Hadrian (117–135) führte entscheidende Neuerungen ein. Er verwendete zum erstenmal Hilfstruppen zur Verteidigung direkt an der Grenze, kasernierte die Legionen im rückwärtigen Gebiet und verband die Garnisonen durch gute Straßen mit der Grenze.

Theoretisch bestanden die Legionen im 1. Jahrhundert nur aus römischen Bürgern, die niemals in dem Teil des Reichs dienten, in dem sie aufgewachsen waren. Schließlich erwies es sich aber doch als viel bequemer, die Truppen an Ort und Stelle auszuheben. Jeder, der sich darum bewarb, konnte römischer Bürger werden, und nach Hadrians Reformen bestand eine Legion fast ausschließlich aus Soldaten, die dort beheimatet waren, wo die Legion stand. Im 2. Jahrhundert gab es keinen Unterschied mehr zwischen römischen Legionen und Hilfstruppen. Die leicht angreifbaren Frontabschnitte von Soldaten verteidigen zu lassen, die hier

Kriegführung im Altertum

Eine Grenzbefestigung wird errichtet

beheimatet waren, war in mancher Hinsicht günstig, denn sie verteidigten ihre eigenen Heimstätten. Aber es brachte auch Gefahren mit sich. Die Idee der Einheit des Reichs konnte verlorengehen, da die Truppen an der einen Grenze keine Verbindung mit denjenigen an den anderen hatten. Im Jahr 69 wirkte sich das besonders ungünstig aus, als einige Armeen meuterten und drei Thronanwärter ermordeten, ehe Vespasian als vierter, gestützt auf die Legionen im Osten und an der Donau, sich die Kaiserwürde sicherte. Es konnte auch geschehen, daß aus den Grenztruppen allmählich faule Milizsoldaten wurden, die im Vertrauen auf die Pax Romana ein bequemes Bauernleben führten. Oft waren die Dienstwilligen wohl bereit, in der eigenen Heimat zu dienen, weigerten sich aber, in andere Gegenden versetzt zu werden. Die Legionen im Osten waren besonders undiszipliniert und untüchtig.

Der römische Truppenführer Corbulo stellte die Disziplin an der Ostgrenze wieder her. Diebstahl und körperliche Untüchtigkeit wurden mit von den Centurionen verabfolgten Prügeln, Fahnenflucht mit dem Tode bestraft. Ein Winterfeldzug im armenischen Hochland diente der Abhärtung der ganzen Armee. Die strengste Strafe bestand in der Dezimierung einer Einheit.

Rom in der Defensive und die Völkerwanderung

Die Hadriansmauer bezeichnet die Grenze des von den Römern in Britannien beherrschten Gebiets

Das kam selten vor, aber im Jahre 20 ließ der Statthalter in Afrika, Apronius, jeden zehnten Mann einer Centurie, die im Kampf geflohen war, zu Tode prügeln. Einheiten, die ihre Ehre verloren hatten, wurden unter Umständen aufgelöst. Vespasian löste vier Legionen auf, die ihre Adler verloren oder sich im Jahr 69 an einer vom batavischen Häuptling Civilis geführten Revolte beteiligt hatten, und stellte zwei neue Legionen auf. Andererseits konnte auch ein Centurio degradiert werden, oder ein Soldat mußte zur Strafe den ganzen Tag im Paradeschritt vor dem Wachlokal auf- und abmarschieren. Hadrian ging gegen den Luxus und andere Mißbräuche in der Armee vor. Er versuchte aber auch, das Leben seiner Soldaten angenehmer zu gestalten, verbesserte ihre rechtliche Stellung und ihre wirtschaftlichen Verhältnisse.

Das Leben in der Armee bot zwar Sicherheit, war aber langweilig. Die Dienstzeit dauerte gewöhnlich zwanzig Jahre. Die letzten vier Jahre gehörte der Soldat der Reserve an und blieb von den unangenehmen Dienstpflichten im Lager verschont. Das *aerarium militare*, ein von Augustus eingerichteter Militärfonds, zahlte ausreichende Pensionen. Fünf Siebentel des Solds genügten gerade zum Leben. Jeder Soldat mußte Verpflegung, Waffen und Ausrüstung selbst bezahlen und sich an den Kosten für ein jährliches Festmahl beteiligen. Daneben zahlte er Beiträge zu einem Beerdigungsfonds. Sonst gab es kaum Möglichkeiten, Geld auszugeben, es sei denn, der Soldat trieb Schwarzhandel. Seine Ersparnisse sollte er möglichst der Lagerbank anvertrauen, wo sie gelegentlich durch kaiserliche Gratifikationen aufgebessert wurden. Die einfachen Soldaten erhielten keine Heiratserlaubnis, doch duldete man, daß sie mit Frauen zusammenlebten.

Es gab auch die verschiedensten Auszeichnungen. Ein siegreicher Feldherr durfte in Rom einen Triumphzug veranstalten. Die Bürgerkrone war die begehrteste Tapferkeitsauszeichnung im römischen Heer. Tiberius verlieh sie im Jahr 20 dem Rufus Helvius, einem Legionär, der einem Kameraden in Afrika das Leben gerettet hatte. Eine *corona vallaris* erhielt derjenige, der als erster die Mauer einer feindlichen Festung erstiegen hatte, und eine *corona aurea* bekam der Centurio für Tapferkeit vor dem Feinde. Daneben gab es für Offiziere silberne Lanzenspitzen oder kleine silberne Standarten, für die Mannschaften Armbänder, Halsbänder und getriebene Medaillen.

Der Militärschriftsteller Vegetius schildert die Friedensausbildung. Dreimal monatlich gab es einen Übungsmarsch über 16 Kilometer, auf dem das Marschtempo gewechselt wurde, um Eilmärsche und rasche Rückzüge zu üben. In der Gefechtsausbildung übte man den offenen Kampf, die Abwehr unerwarteter Angriffe und Überfälle. Besonderer Wert wurde auf die Ausbildung an der Waffe und den Kasernenhofdrill zur Stärkung der Disziplin gelegt.

Zwar hörten die militärischen Unternehmen nie ganz auf, aber im 2. Jahrhundert erfüllte sich die Idealvorstellung des Augustus. Es war die Zeit der Pax Romana. Gibbon meint, daß „wenn man sagen sollte, wann die Menschheit am glücklichsten gewesen sei, man die Zeitspanne zwischen dem Tode Domitians und dem Regierungsantritt des Commodus (96–180) nennen müsse." Aber gegen Ende des Jahrhunderts wurde das anders. Die Prätorianer ermordeten den Pertinax und machten an seiner Stelle Didius Julianus zum Kaiser. Sein Konkurrent, der Statthalter von Pannonien Septimius Severus, gewann jedoch schließlich den Thron, weil er der beste Soldat war und seine Gegner bei Issus und Lyon besiegte.

Seit der Regierungszeit des Severus spielte das römische Heer in der Politik die wichtigste, aber auch verhängnisvollste Rolle. Um an der Macht zu bleiben mußte jeder Kaiser den Soldaten schmeicheln und sie bestechen. Severus erhöhte den Sold um ein Drittel. Er erlaubte den einfachen Soldaten, zu heiraten, das Land in der Umgebung des Lagers zu bestellen, und räumte den Centurionen Sonderprivilegien ein. Auf dem Sterbebett riet er seinem Sohn Caracalla, die Soldaten reich zu machen und sich um niemanden sonst zu kümmern. Caracalla folgte diesem Rat. Während der sechzig Jahre nach dem Tode des Commodus kamen nicht weniger als zwanzig Kaiser auf den Thron und wurden wieder gestürzt. Es war eine Periode der Anarchie und des allgemeinen Elends. Die Armee terrorisierte das zivile Leben, und mit der Kampfmoral ging die Sicherheit der Grenzen für immer verloren. Die Kaiser erhöhten ständig den Sold, um sich den Thron zu sichern, und das hatte eine katastrophale Inflation zur Folge.

Die Heeresreform des Hadrian zeitigte keine guten Folgen. Die an den Grenzen stationierten Truppen rekrutierten sich zumeist aus der örtlichen bäuerlichen Bevölkerung, die sich kaum um ihre militärischen Pflichten kümmerte. Die Defensivstrategie eines an der langen Grenze auseinandergezogenen Heeres blieb unwirksam. Die Verteidigungslinie war überall schwach und nirgends stark. Die Abwehr war nicht in die Tiefe gegliedert, und es gab keine Reserven. Um 250 verminderte sich der Kampfwert der Legionen erheblich. Um gegen neue Feinde aufzukommen, die neue Taktiken anwendeten, brauchten auch die römischen Soldaten neue taktische Grundsätze. Doch drei Kaiser in der zweiten Hälfte des 3. Jahrhunderts, Gallienus, Aurelian und Diocletian, reformierten das Heer und festigten das Reich noch einmal. Sie führten diese

Aufgabe energisch durch und sicherten damit das Weiterbestehen des Imperiums für die nächsten zwei Jahrhunderte.

Auf dem zivilen und dem militärischen Sektor ergriff man strenge Maßnahmen, um die Ordnung wieder herzustellen. Unter Diocletian wurde auch die Zivilverwaltung militärisch organisiert. Immer mehr Barbaren traten in das Heer ein, Senatoren wurden vom Kriegsdienst ausgeschlossen, und als Seuchen einen erheblichen Mangel an Mannschaften verursachten, stellte Aurelian vandalische und alemannische Hilfstruppen ein, also Angehörige von Germanenstämmen, die von Norden her gegen die Reichsgrenzen drängten. So eroberten die Barbaren das römische Reich ebensosehr auf dem Wege der Infiltration wie durch Gewalt. Germanen stellten die kaiserliche Leibwache, und germanische Truppen behielten ihre eigene Ausrüstung und folgten ihrer eigenen militärischen Tradition. An die Stelle der römischen Adler traten barbarische Drachen. Man sorgte dafür, daß Soldatensöhne wieder Soldaten wurden, und damit entstand eine Militärkaste. Außerdem wurden neue Wehrgesetze erlassen. Diocletian nahm eine starke Heeresvermehrung vor und stellte sechzig Legionen auf, aber die meisten erreichten nicht die Sollstärke von 6000 Mann. Er ließ Straßen und Befestigungen bauen.

Gallienus erkannte, daß die Garnisonspolitik der vergangenen 250 Jahre strategisch falsch gewesen war. Er zog Truppen von der Grenze ab und stellte in Norditalien Reservearmeen auf, um damit die Verteidigung in die Tiefe zu gliedern und für Gegenangriffe gewappnet zu sein. Taktisch stellte man sich auf die Kampfmethoden der neuen Gegner ein, die rasche Reiterattacken führten und auf weitere Entfernung mit massiertem Einsatz von Wurfgeschossen kämpften. Unter Gallienus verloren die Legionen zu Fuß ihre beherrschende Stellung, und die Reiterei wurde zur „Königin der Waffen". 258 stellte er ein dalmatinisches Reiterkorps und einen Verband aus maurischen Speerwerfern auf, die auf ungesattelten Pferden ritten. Eine Neuerung war die Eingliederung orientalischer Bogenschützen in das römische Heer. Zu ihnen gehörten die nomadischen Osrhoenier, die einen starken zusammengesetzten Bogen führten. Andere Truppen waren mit dem langen persischen Wurfspeer ausgerüstet, barbarische Infanterie, die in keilförmiger Schlachtordnung kämpfte, ein Kamelkorps und schwere Reiter nach parthischem oder persischem Vorbild. An die Stelle des Wurfspeers und des kurzen Schwerts der Legionäre traten die Lanze und das lange Schwert der Barbaren.

Diese militärischen Neuerungen kamen nicht zu spät, denn schon machte sich ein starker feindlicher Druck an den Grenzen bemerkbar. Das persische Sassanidenreich bedrohte die Ostprovinzen. Das Ansehen des Imperiums erreichte 260 seinen absoluten Tiefpunkt, als der persische Herrscher Schapur den Kaiser Valerian gefangennahm. Der Statthalter von Palmyra, Odenathus, konnte die persischen Truppen gerade noch aufhalten. Aber die Lage an der Nordgrenze war noch ernster. Die Wanderungen der Barbarenstämme hatten begonnen.

Nach der Eroberung Galliens durch Caesar war die alte keltische Macht in Mittel- und Westeuropa dahingeschwunden und hatte nördlich und ostwärts der römischen Grenzen ein Vakuum hinterlassen. Hierher zogen jetzt neue Stämme, zunächst aus Skandinavien, die dazu wahrscheinlich durch Veränderungen des Klimas und Überbevölkerung veranlaßt worden waren. Aber auch sie wurden im 3. Jahrhundert durch asiatische Nomaden nach Süden und Westen weitergedrängt. Die Franken und Alemannen überschritten den Rhein, und die Goten drängten über die Donau nach Süden. Die Ostgoten überfluteten den Balkan, plünderten Philippopolis und besiegten und töteten 251 den Kaiser Decius. Dacien ging verloren, aber 268 errang Claudius bei Nissa (Nish) einen entscheidenden Sieg gegen die Goten und hinderte sie am weiteren Vordringen. Im Westen überquerten die Alemannen den Rhein und drangen in Italien ein, bis Gallienus sie 258 bei Mailand besiegte. In der Regierungszeit Aurelians griffen sie zum zweitenmal an, aber nach einer ersten verlorenen Schlacht stellte der Kaiser eine neue Armee auf und vernichtete die Alemannen am Metaurus. Mit äußerster Anstrengung konnten die Barbaren noch in Schach gehalten werden, und eine neue starke Armee garantierte fast ein Jahrhundert lang die Sicherheit des Imperiums.

Im 4. Jahrhundert kam es unter Konstantin (304–337) zu zwei wichtigen Entwicklungen. Konstantin war in York zum Kaiser ausgerufen worden und mußte seine politischen Rivalen beseitigen, ehe er die Herrschaft in Rom ergriff. Auf seinem Marsch nach Italien soll er irgendwo zwischen Colmar und Saxarubra am Himmel ein leuchtendes Kreuz und darüber die Worte erblickt haben: *Hoc vince* – „In diesem Zeichen wirst du siegen". Im Traum erschien ihm Christus und befahl ihm, dieses Zeichen zum Feldzeichen zu erheben. So ermutigt zwang Konstantin seinen Gegner Maxentius durch einen Flankenmarsch, mit dem Tiber im Rücken an der Milvianischen Brücke zu kämpfen. Er siegte, heftete das Kreuz an seinem Helm und ließ es auf den Schilden seiner Soldaten anbringen. Dann erklärte er sich bereit, das Christentum zu dulden, das unter Theodosius (379–395) Staatsreligion wurde. Religiöse Fragen sollten in der Folgezeit zu weiteren Auseinandersetzungen zwischen dem römischen Reich und den Barbaren führen, denn die Barbaren waren fast alle Arianer und folgten der Lehre des Arius, eines 336 verstorbenen Diakons aus Antiochia.

Das zweite wichtige Ereignis dieser Zeit war die Gründung von Konstantinopel oder Byzanz durch Konstantin als zweiter Kaiserstadt, deren geographische Lage sich besser zur Abwehr barbarischer Einfälle eignete. Von nun an bis 476 gab es gewöhnlich zwei Kaiser. Einer residierte in Rom, der andere in Konstantinopel. Dann wurde Konstantinopel die einzige Hauptstadt des römischen Reichs. Man könnte sagen, der Niedergang des Imperium sei kein militärisches Phänomen gewesen. Es gab tiefere Gründe und bezeichnendere Symptome dafür wie die wirtschaftliche Schwäche, den Zerfall der Städte, den Bevölkerungsschwund, die Assimilierung provinzieller und barbarischer Kulturen, die Annahme des Christentums und die Errichtung einer neuen Metropole in Konstantinopel. Aber dennoch waren bestimmte militärische Ereignisse die bezeichnendsten Markteine im Verlauf dieser Entwicklung.

Folgende Ereignisse bezeichneten den militärischen Zusammenbruch: die Niederlage des Valens gegen die Goten bei Adrianopel (378), die erste Plünderung Roms durch den Westgoten Alarich (410), die zweite Plünderung durch die Vandalen unter Geiserich (455) und die Absetzung des letzten weströmischen Kaisers Romulus Augustulus (476) durch Odovakar. Die teutonischen Goten stammten aus Schweden und siedelten sich zunächst an der Weichsel an. Dann zogen sie südwärts nach Pannonien und in das Donautal. Als die verschiedenen Barbarenvölker, vor allem Goten und Vandalen, angelockt durch römische Zivilisation und Reichtum und verfolgt von den Hunnen, die Provinzen des Imperiums überrannten, wurde es klar, daß die militärische Macht Roms, von der alles abhing, zumindest im Westen am Ende war.

Bezeichnend für das Schicksal der römischen Provinzen in jener Zeit waren die Ereignisse in Britannien. Nach der Befriedung durch Severus (208 und 211) blieb die Insel 150 Jahre von Eindringlingen verschont. Im dritten Jahrhundert wurde sie zu einer der rebellischsten Provinzen, und im folgenden Jahrhundert stellte Britannien seine eigenen Kandidaten für die Kaiserkrone. Kurz vor 350 machten sich die Picten im Norden und die Scoten im Nordwesten unangenehm bemerkbar, aber 368 säuberte Theodosius (der Vater des Kaisers) das ganze Gebiet bis zur Hadriansmauer. Dann kamen die Sachsen über die Nordsee, und aus ihren Raubzügen entwickelte sich eine regelrechte Invasion mit dem Ziel, auf der Insel seßhaft zu werden. Die hartbedrängten „römischen" Truppen bauten Festungen an der Küste von Sussex und Yorkshire, aber ohne Erfolg. Nach einer zeitgenössischen Schilderung waren sogar die Orkney-Inseln „naß (vom Blut) der erschlagenen Sachsen". 406–407 kam eine starke Barbarenhorde über den Rhein nach Gallien und schnitt die Verbindung zwischen Britannien und dem Mittelmeerraum ab. Nun gaben die Römer Britannien auf und verzichteten auf die Entsendung von Beamten und weitere kriegerische Unternehmungen.

Die Franken waren wahrscheinlich ein nordgermanischer Stammesverband. Ihr Wanderweg war der kürzeste. Sie siedelten sich in Gallien an und besetzten das Gebiet nach einem Sieg über die Westgoten 507 bei Vouglé in der Gegend von Poitiers. Sie und andere Völker wie die Burgunder, die Alemannen, Sachsen und Langobarden waren einander sehr ähnlich. Die keltischen Waffenschmiede an Rhein und Donau haben sie wahrscheinlich alle mit eisernen Waffen versorgt. Ihre Schwerter waren mit gleichartigen Motiven dekoriert – Adlern oder ineinander verschlungenen, schlangenartigen Tieren. Ihre Hauptwaffe war das Langschwert. Aber nur die Häuptlinge führten Schwerter, denn Metall war selten. Gute Waffen wurden vererbt, und die berühmtesten wie Arthurs Schwert „Excalibur" spielten in den Volkssagen eine große Rolle. Kettenpanzer waren hochgeschätzt, aber sehr teuer. Die Langobarden waren mit breiten Schwertern und Lanzen bewaffnet, die so stark waren, daß man mit ihnen den durchbohrten Gegner aufheben konnte, während er sich an der Lanzenspitze vor Schmerzen krümmte. Sehr beliebt war ein kurzes, breites, geschwungenes und nur einseitig geschliffenes Messer, der Vorläufer des Säbels. Die Krieger der Stämme im Norden kämpften mit bis zu $3^{1}/_{2}$ Meter langen Speeren. Die Schilde der Häuptlinge waren reich verziert und in Felder eingeteilt wie die mittelalterlichen heraldischen Wappen. Die Helme bestanden aus Metallbändern zum Schutz des Schädels. Einige hatten Nacken- und Wangenschutz, andere ein Visier, manche waren mit Tierköpfen geschmückt. Die Franken benutzten außerdem eine kurze, leichte Wurfaxt.

Nicht jeder konnte sich solche Waffen leisten. Die Masse kämpfte wie zur Zeit des Tacitus, durch Lederkappen und runde Holzschilde geschützt, mit der Lanze oder Keule. Die wandernden Stämme kämpften meist zu Pferde, aber die Franken fochten als undisziplinierte Horde schlecht bewaffneter Fußsoldaten. Nur die Leibwache des Königs war beritten. Ihre Armee war grob in Hundertschaften, Tausendschaften und Klans eingeteilt. Die gebräuchliche Schlachtordnung war der V-förmige Keil. Als Befestigungen dienten kreisförmige Brustwehren auf Anhöhen und Wagenburgen in der Ebene. Im Vergleich zu den Mittelmeervölkern waren sie von kräftigem Wuchs. Sidonius schreibt, die Burgunder seien über 2 Meter groß, fetteten das Haar mit ranziger Butter ein, verzehrten riesige Mengen und sprächen mit rauher Stentorstimme.

Einige dieser Völker waren geschickte Seefahrer. Die Sachsen terrorisierten auf ihren mit ledernen Segeln ausgerüsteten Schiffen die britische Küste. Die Wikingerschiffe, die mehr als 100 Mann faßten, waren eine Weiterentwicklung des Einbaums für 30 Mann. Die Wandalen hatten die längste Wanderung hinter sich. Sie kamen im 1. Jahrhundert aus dem Ostseeraum, zogen durch Gallien und Spanien, erreichten 429 Nordafrika und beherrschten mit ihren Piratenschiffen das westliche Mittelmeer, wie es barbarische Seeräuber auch später von derselben Küste aus tun sollten. Unter der Führung Geiserichs fuhren sie 455 mit ihren Galeeren und Feuerschiffen tiberaufwärts und plünderten Rom. Die römische Seeherrschaft im Mittelmeer war längst verloren, und zu spät wurde in Konstantinopel das Gesetz erlassen, das es bei Todesstrafe verbot, die Barbaren im Schiffsbau zu unterrichten. 253 bis 267 dehnten die Goten ihre Raubzüge bis nach Griechenland und Kleinasien aus. Rom konnte sich damals nur Schiffe beschaffen, wenn es sie in den Handelshäfen des östlichen Mittelmeeres auslieh.

Die Goten waren das erste Nomadenvolk, das dem Imperium eine Niederlage beibrachte. Sie drangen bis in das römische Kernland vor und waren die besten Krieger ihrer Zeit. 376 baten die von den Hunnen bedrängten Westgoten den Kaiser Valens um die Erlaubnis, innerhalb des Imperiums zu siedeln. Er gestattete ihnen, von Dacien aus über die Donau zu gehen und sich unter der Bedingung in Moesie (Bulgarien) anzusiedeln, daß sie waffenlos kamen. Dann aber stellten die Ostgoten den gleichen Antrag, den der Kaiser nicht genehmigte, weil er die allzugroßen barbarischen Massen fürchtete. Sie erschienen trotzdem bis an die Zähne bewaffnet über die Donau und vereinigten sich mit den Westgoten. 378 kam es bei Adrianopel zur Schlacht zwischen den Valens und den Goten.

Es war eine außerordentlich blutige Schlacht.

Die kaiserliche Armee griff die Wagenburg der Goten an. Obwohl das römische Heer sich inzwischen umgegliedert und einige Erfahrungen im Kampf gegen die Barbaren gesammelt hatte, griff Valens den Feind nach überlieferter römischer Art an, massierte die Legionen im Zentrum und stellte die Kavallerie an den Flügeln auf. Da gemeldet worden war, der Feind sei in der Wagenburg, griff Valens diese an. Er wußte nicht, daß die Masse der gotischen Reiter außerhalb des Lagers fouragierte. Sie wurde in aller Eile zu Hilfe gerufen und griff nach Beginn der Schlacht den römischen linken Flügel an, „wie ein Blitz, der einen Berggipfel trifft und alles zerschmettert, was sich ihm in den Weg stellt . . .". Die römischen Reiter am linken Flügel wurden zerschlagen, und dann rollten die Goten die Infanterie auf. Der rechte Flügel wich, und die Legionen wurden zwischen der gotischen Reiterei am linken Flügel und der gotischen Infanterie vor der Front zerrieben. Die eng zusammengedrängten römischen Soldaten wurden niedergemäht, wo sie gerade standen.

Die Schlacht bei Adrianopel war nicht nur eine Katastrophe für das römische Imperium, sondern auch der erste bedeutende Sieg schwerer Kavallerie über Infanterie. Die Erfolge der Parther und die Reformen des Gallienus waren Hinweise auf die Zukunft gewesen, aber die gotischen Reiter überschritten als erste die Schwelle zur mittelalterlichen Kriegführung. Von nun an sollten schwere Reiter die Schlachtfelder Europas beherrschen, bis englische Bogenschützen und schweizerische Pikenträger ihnen im 14. Jahrhundert entgegentraten. Barbaren und nicht die Römer haben die mittelalterliche Kriegführung eingeleitet. Der schwergepanzerte, mit der Lanze bewaffnete Ritter mit seinen Gefolgsleuten und den besonderen Kennzeichen seiner Kriegführung (Ritterlichkeit und Heraldik) war ein Abkömmling der Barbaren und hatte nichts mit der infanteristischen Tradition der Römer zu tun.

Die gotische Reiterei war aus zwei Gründen besonders leistungsfähig. Erstens waren die Goten auf ihren ausgedehnten Zügen durch Südrußland und Mitteleuropa hervorragende Reiter geworden, und zweitens besaßen sie den Steigbügel. Nur so konnte sich der schwerbewaffnete Reiter im Sattel halten, das Gewicht seiner Rüstung tragen und den Aufprall der Lanze auffangen. Der Steigbügel ist wahrscheinlich im 4. Jahrhundert v. Chr. aus dem Osten gekommen. Man findet schon an buddhistischen Skulpturen aus dem 2. Jahrhundert v. Chr. Reiter mit schlaufenartigen Steigbügeln. Die Skythen und Sarmatier brachten den Steigbügel zugleich mit kräftigeren Pferden im 1. Jahrhundert n. Chr. in den Westen. Hundert Jahre später traten die Goten an ihre Stelle und vereinigten sarmatische Kampfmethoden mit ihrer eigenen Energie, Wildheit und Leistungsfähigkeit, als sie das römische Imperium angriffen. Nach der Schlacht bei Adrianopel glichen die Byzantiner ihre Kampfmethoden denen der Goten an, und die Kaiser lösten die Infanterielegionen auf. 590 schrieb Kaiser Maurikios I. eine Abhandlung über die Kriegskunst und erwähnte darin den Wert des Steigbügels für die Kavallerie.

Da die Römer gegen die Goten nicht mit Waffengewalt aufkommen konnten, versuchten sie sie unter günstigen Bedingungen zu assimilieren und gegen andere Barbarenvölker auszuspielen. 397 gelang es den weströmischen Armeen unter dem tüchtigen Vandalenfeldherrn Stichilo, die Westgoten unter Alarich aus Griechenland zu vertreiben. Doch Alarich ging nach Italien. Bei Pollentia in Norditalien besiegte Stichilo Alarich mit einer aus Fußsoldaten bestehenden Armee. Vier Jahre darauf schloß er bei Florenz 20000 Langobarden ein und zwang sie zur Kapitulation. Aber wieder trieben die Hunnen germanische Stämme wie die Sueben, Vandalen und Heruler über die Alpen, und eine große Wanderbewegung in südlicher Richtung setzte ein. Kaiser Honorius beging die Torheit, Stichilo zu töten, und nach einem Massaker meuterten 30000 gotische Söldner im kaiserlichen Heer. 410, 800 Jahre nach der ersten Plünderung Roms durch keltische Barbaren (390 v. Chr.) nahm Alarich die Stadt ein. Obwohl, wie Gibbon schreibt, „der Mangel an Jugend, Schönheit und Tugend die meisten römischen Frauen vor der Vergewaltigung bewahrte", und obwohl die christlichen Goten die religiösen Heiligtümer zum Teil verschonten, richteten sie unermeßlichen Schaden an.

Nach 410 blieb es einige Jahre ruhig. Die Wandalen setzten sich in Afrika fest, die Burgunder in Burgund, die Franken in Nordfrankreich, und nachdem die Westgoten raubend und plündernd durch Italien gezogen waren, schlossen sie einen Vertrag mit dem Kaiser und zogen nach Spanien und Südwestgallien weiter. Die Völker Europas durften scheinbar aufatmen. Doch in der Mitte des 5. Jahrhunderts erlebte der Mittelmeerraum den bisher verheerendsten Einfall feindlicher Kräfte. Die Hunnen unter Attila – der „Geißel Gottes" – erschienen mit einem riesigen Massenheer.

Seit Jahrhunderten waren die mongolischen Reitervölker schon in Bewegung. Die Chinesen nannten sie die Hiung-nu, und in der Zeit zwischen 207 v. Chr. und 39 n. Chr. in der Han-Dynastie hatten sie die Mongolen abgewehrt und nach Westen gedrängt. Alle westlichen Völker, Barbaren ebenso wie Römer, fürchteten und verachteten sie. Die skandinavischen und germanischen Barbaren waren in das römische Reich eingedrungen, um hier das Leben zu genießen. Die Hunnen hatten ebenso wie die Mongolen augenscheinlich kein anderes Ziel, als alles zu zerstören, was sich ihnen in den Weg stellte. Früher hatten einzelne hunnische Verbände auf seiten der Barbaren gekämpft wie etwa im gotischen Heer bei Adrianopel. Manchmal hatten sie sich sogar den Römern als Hilfstruppen zur Verfügung gestellt, und nur ihre wachsende Zahl hatte Kriege ausgelöst. Jetzt aber vereinigten sich die Asiaten und führten einen systematischen Feldzug gegen alle Europäer. Ein Soldat aus jener Zeit, Ammianus Marcellinus, schreibt über die Hunnen:

> Das Volk der Hunnen ... übertrifft alle anderen Barbaren an Wildheit ... Sie alle ... haben starke Glieder und gut geformte Nacken, aber sie sind abschreckend häßlich und so krumm, daß man sie für zweibeinige Tiere halten könnte. Ständig auf der Wanderschaft ... sind sie von Kindheit an gewöhnt, Kälte, Hunger und Durst zu ertragen ... Mit ihren ausdauernden, aber häßlichen Pferden, die sie manchmal nach Art der Weiber reiten, sind sie fast verwachsen. Tag und Nacht lebt ein jeder von ihnen zu Pferde ... Auf dem Pferd verzehrt er sein Fleisch und trinkt, und wenn die Nacht hereinbricht, lehnt er sich auf den schmalen Pferdehals nach vorn und fällt in tiefen Schlaf ...
>
> Angegriffen stellen sie sich manchmal zum Kampf. Dann gehen sie in geschlossenem Verband in die Schlacht und erfüllen die Luft mit wildem Geschrei. Häufiger jedoch kämpfen sie außerhalb der regulären Schlachtordnung, führen schnelle und überraschende Bewegungen aus, lösen sich auf und strömen dann wieder im losen Verband zusammen ... Man muß zugeben, daß sie die gewandtesten Kämpfer sind ...

Die Hunnen waren wahrscheinlich gar nicht so zahlreich, wie es den Anschein hatte. Ihre Wildheit und Häßlichkeit, die ihnen ein diabolisches und untermenschliches Ansehen gaben, waren wertvolle psychologische Waffen. Ihre Erfolge hatten sie vor allem ihrer Beweglichkeit auf dem Marsch und im Kampf zu verdanken. Ihre Pferde konnten ohne Unterbrechung 20 Meilen galoppieren und 100 Meilen täglich zurücklegen. Ihre überlegene Reitkunst, die schnellen Attacken und gewandten Rückzüge sowie die Wolken von Pfeilen, die sie abschossen, waren

Kriegführung im Altertum

Schwere, mit Steigbügeln ausgerüstete Reiter brachten diese Neuerung aus dem Osten mit

selbst für die gotischen Reiter zuviel. Ihre Hauptwaffe war der Bogen. Nach Lattimore ist der zusammengesetzte Bogen des Steppenreiters „erstaunlich kurz für seine große Spannkraft und besteht aus Horn – einem Material der Steppe – und kurzen, doppelt gespließten Hölzern". Die Hunnen waren sehr gute Schützen. Sie führten auch eiserne Schwerter, die sie wahrscheinlich in Europa erbeutet oder eingetauscht hatten, denn sie selbst hatten keine Möglichkeit Metall zu bearbeiten. Im Nahkampf fingen sie manchmal den gegnerischen Soldaten mit Netzen oder Schlingen ein, während dieser die Schwertstreiche eines anderen parierte. Schutzwaffen kannten sie kaum, nur gelegentlich einen Schild.

433 übernahm Attila die Herrschaft im Hunnenreich, und bald hatte er die Ostgoten und Slawen zwischen Don und Donau und die germanischen Stämme an der Donau und westlich davon unterworfen. In den ersten Jahren begnügte er sich damit, durch sein ganzes Reich zu ziehen, sich von den benachbarten Völkern Tribute und Bestechungsgelder zahlen zu lassen und hunnische Krieger als Söldner zu verleihen. Aber zwischen 440 und 447 drang er in den Balkan ein. Als er hier auf stärkeren Widerstand stieß, beschloß er, weiter nach Westen zu gehen. Zu Ostern 451 überschritten die Hunnen auf Flößen den Niederrhein und gingen gegen Orleans vor. Die Westgoten in Aquitanien vereinigten sich mit den Römern unter Aetius und schlugen auf der Ebene von Mauriac in der Champagne die Hunnen und ihre Vasallen, die

Langobarden, die Heruler und die Ostgoten, zurück. Über den Hergang der Schlacht weiß man kaum etwas. Sie wird als *atrox, multiplex, immane* und *pertinax* („wild, bewegt, schrecklich und hartnäckig") beschrieben. Aëtius nutzte seinen Sieg nicht aus, da er fürchtete, die Westgoten würden, wenn er die Hunnen vernichtete, zu mächtig werden. So konnte Attila im folgenden Jahr in Norditalien einfallen, aber Hunger, Krankheit, römische Verstärkungen aus dem Osten und die Diplomatie Leos I. geboten ihm Halt. 453 nahm Attila eine neue Frau und starb in der Hochzeitsnacht an einem Blutsturz. Chaucer hat dieses Ereignis später wie folgt kommentiert:

> Seht Attila, den großen Eroberer!
> Entehrt und geschändet starb er im Schlaf.
> Blut floß dem Trunkenen aus der Nase.
> Dem Heerführer steht es an, nüchtern zu leben.

Die Hunneneinfälle sind, so schrecklich sie gewesen sein mögen, wahrscheinlich zu sehr dramatisiert worden. Hätten sich die Europäer eher vereinigt, um den Hunnen entgegenzutreten, dann hätten sie sie allein durch ihre zahlenmäßige Überlegenheit leicht abschütteln können. Die Armeen, die ihnen auf dem Balkan gegenüberstanden, und das Heer, das sie schließlich besiegte, waren in aller Eile aus den verschiedenartigsten Kontingenten zusammengestellte Streitkräfte. Auf der Ebene von Mauriac kämpfte Attila auf einem selbstausgewählten Schlachtfeld, das für seine Kampfmethoden besonders geeignet war. Um dieses Volk geeint und solange beherrscht zu haben, muß Attila eine bemerkenswerte Persönlichkeit gewesen sein. Nach asiatischen Maßstäben war er sicher ein glänzender militärischer Führer, aber im Kampf gegen ein diszipliniertes Heer versagte seine Feldherrnkunst. Er gehörte nicht wie Dschingis Khan zu den großen Heerführern der Geschichte.

Die Niederlage der Hunnen konnte Rom nicht mehr retten. Der herulische Befehlshaber einer ganz aus Barbaren bestehenden „römischen" Armee, Odovakar, ließ 476 seine Maske fallen, setzte Romulus Augustulus ab und führte damit das Ende des weströmischen Imperiums herbei. Er wiederum wurde von dem Ostgoten Theoderich vertrieben, der in Ravenna ein hochkultiviertes Königreich errichtete. Nach dem Tode Theoderichs versuchte der byzantinische Kaiser Justinian (527–565) das weströmische Reich wieder aufzurichten. Bei der Verfolgung dieser Utopie vernachlässigte er den Donauraum und die Ostgrenzen, die Ostprovinzen wurden durch hohe Steuern wirtschaftlich ruiniert, um die Heere im Westen zu finanzieren, und in Afrika, Spanien und Italien wütete zwanzig Jahre der Kriegsbrand. Der überragendste Feldherr jener Zeit war Belisar.

Die Byzantinische Armee, die sich zum größten Teil aus barbarischen Söldnern zusammensetzte, vor allem aus Reitern, und nur über wenige Infanterieeinheiten verfügte, war in den Gotenkriegen zu einer beachtlichen Streitmacht herangewachsen. Belisar hatte die kaiserliche Offiziersschule mit Erfolg absolviert und war zum Offizier in der kaiserlichen Leibwache aufgestiegen. 520 bildete er einen Eliteverband schwerer Reiter aus, der, mit Bogen und Lanzen bewaffnet, sowohl im beweglichen Reitergefecht als auch im geschlossenen Reiterangriff eingesetzt werden konnte. Er bewaffnete seine Reiter außerdem mit gefiederten Wurfpfeilen, die mit der Hand geschleudert wurden. Für den Fall, daß die Lanze versagte, trugen die Reiter schwere, breite Schwerter. Um alle vier Waffen wirkungsvoll zu gebrauchen und dabei auch das Pferd zu beherrschen, mußten diese Reiter sehr gut ausgebildet sein. Da man zum Bogenschießen beide Hände braucht, hielten sie sich mit Hilfe der Steigbügel im Sattel und dirigierten ihre Pferde mit den Knien. Die Sättel waren breit und bequem. Am linken Arm hielten sie einen Schild, trugen ärmellose, bis zur Hüfte reichende Kettenhemden und hohe Stiefel aus rohem Leder. Den Bogen trugen sie über der Schulter, die Pfeile links neben dem Schwert in einem Köcher, und zwölf Wurfpfeile waren in einem Lederbehälter am Schild untergebracht. Die Lanze trugen sie rechts in einem Lederkolben. Die Bogentechnik hatten sie von den Hunnen, den Gebrauch der Lanze von den Goten übernommen. Als Geschicklichkeitsübung mußten die Reiter gegen eine von einem Gerüst herabhängende, ausgestopfte Lederpuppe anreiten. Im Anreiten spannte der Soldat seinen Bogen, schoß drei Pfeile auf die hin- und herschwingende Puppe ab und stieß dann mit der Lanze zu oder schleuderte seine Wurfpfeile gegen das Ziel. Bezahlung, Verpflegung und Beförderungen richteten sich nach den Leistungen des Einzelnen in dieser und anderen Übungen.

Belisar hatte seine militärischen Erfahrungen vor den großen Kriegen der Regierungszeit Justinians bei Operationen an der Donau und im Osten gesammelt. Im Kämpfen gegen die hunnischen Bogenschützen in Bulgarien entwickelte er eine originelle und erfolgreiche Taktik. Es kam darauf an, den Feind zum Nahkampf zu zwingen. Dazu lockte er ihn mit einem lebenden Köder. Wenige Männer auf schnellen Pferden mußten die angriffslustigen Hunnen in eine Lage manövrieren, in der man ihnen den Rückzug abschneiden konnte. Im Kampf gegen ihre Wagenburgen ließ Belisar seine Männer auf die Windseite reiten und das feindliche Lager mit Brandpfeilen anzünden. Vier Jahre hatte er die militärische Ausbildung überwacht und dabei alle Garnisonen an der Ostgrenze besucht. Besondere Erfolge errang er im Kampf gegen die Perser. Das einzige Unternehmen, das ihm mißlang, war der Versuch, den riesigen Wal „Pophyrius", der die Schiffer im Bosporus in Schrecken versetzte, zu töten. Das mißlang nur, weil die Matrosen die Nerven verloren und das Katapult nicht korrekt gegen den Wal richteten.

532 erhielt Belisar das Oberkommando im Feldzug gegen die Vandalen. Mit einer aus 10 000 Fußsoldaten und 5000 Reitern bestehenden und aus vielen Nationalitäten zusammengesetzten Armee verließ er Byzanz. Die meisten seiner Männer waren Söldner, aber viele waren persönliche Gefolgsleute des Feldherrn, und damit war dies die erste Feudalarmee. Die Fußsoldaten waren im großen und ganzen gute Kämpfer. Sie stammten aus den isaurischen Bergen, und Belisar hatte sie selbst ausgebildet. Zur Kavallerie gehörten 600 Hunnen, 400 Herulen und Belisars Hausregiment mit 1500 schweren Reitern. Sein Stabschef war der armenische Eunuch Solomon, und zum Stabe gehörte der Geschichtsschreiber Prokop, der uns einen Bericht über die Regierungszeit Justinians hinterlassen hat. Wie gewöhnlich ließ Belisar sich auch diesmal von seiner Frau Antonia begleiten – einer couragierten Dame mit zweifelhaften moralischen Grundsätzen. Auf 500 verschieden großen Transportschiffen segelte die Armee an Sizilien und Italien vorbei. Die Eskorte bildete eine Flotille aus 92 schnellen, von zwanzig Mann geruderten Eindeckern, sogenannten Dromonen. Als strenger Zuchtmeister ließ Belisar zwei hunnische Söldner hinrichten, die im Rausch einen Kameraden ermordet hatten.

Bei der Landung in Afrika stieß er auf keinen Widerstand und marschierte auf schattigen Straßen durch reiche Obstgärten nach Karthago. Allnächtlich wurde nach altrömischer Art ein Lager aufgeschlagen. Am zehnten Meilenstein (ad decimum) vor Karthago trafen die Römer auf das vandalische Heer. Die Vandalen waren gute Reiter, fochten aber nur mit der Lanze und dem breiten Schwert. Nur die Infanterie war mit Bogen ausgerüstet. Insgesamt verfügten sie über 80 000 Mann, aber die Armee war viel weniger kampferfahren als die des Belisar und nicht so gut ausgebildet.

Im ersten Gefecht traf die römische Kavallerie in einem Hohlweg auf eine Abteilung vandalischer Reiter. Die Römer griffen an, rieben die vandalische Abteilung auf und töteten ihren Führer, den Bruder des Vandalenkönigs Gelimer, mit einem Wurfpfeil, der ihn in die Stirn

Rom in der Defensive und die Völkerwanderung

Der hunnische Reiter überrannte das römische Imperium, und damit wurde die Reiterei zur beherrschenden Waffengattung

traf. Währenddessen geriet Gelimer mit einem starken Heerhaufen auf einem nahen Feld gegen die Hunnen. Unter ihrem Pfeilregen und vor ihrem schreckenerregenden Aussehen gerieten die Vandalen in eine Panik. Doch bald kam die ganze vandalische Armee heran und besetzte den leicht zu verteidigenden Hohlweg. Aber dann nahmen die Ereignisse eine unerwartete Wendung. Als der heißblütige Gelimer vom Tode seines Bruders erfuhr, ergriff ihn ein solcher Schmerz, daß er jedes Interesse an der Schlacht verlor. Belisar erkannte die günstige Gelegenheit, teilte seine Armee in zwei Teile und schickte sie auf die Anhöhen beiderseits des Engpasses. Von hier aus überschütteten sie die Vandalen mit Pfeilen und Geschossen und führten dann einen vernichteten Angriff. Am folgenden Tage kapitulierte Karthago. Um eine Plünderung zu verhindern, verbot Belisar seinen Soldaten, die Stadt zu betreten. Ein weiterer Sieg Belisars im Dezember 535 bei Tricamaron sicherte ihm den endgültigen Sieg über die Vandalen in Afrika.

Der nächste Kriegsschauplatz war Italien. Von 535 bis 540 besiegte Belisar mit nur etwa 7500 Mann, schwer behindert durch die Intrigen seiner Feinde am byzantinischen Hof und die Unentschlossenheit und Eifersucht Justinians, die Ostgoten. Seine größte Leistung in diesem Krieg war die Verteidigung Roms. 5000 Mann hielten ein Jahr die zwölf Meilen lange Stadtmauer. 540 kapitulierte Ravenna, aber bald kam es zu einem Aufstand. Belisar und ein zweiter Befehlshaber, der 80jährige Eunuch Narses, kämpften noch vierzehn Jahre gegen die Goten. Als der Frieden kam, war er die Folge allgemeiner Erschöpfung, und der Sieg brachte nichts ein, denn Italien war zu sehr verwüstet, um sich noch gegen die Langobarden verteidigen zu können, als sie 565 über Norditalien herfielen. Belisar hatte sein möglichstes getan. Er ist das klassische Beispiel eines loyalen und fähigen Soldaten, der von einem zweitklassigen Politiker gezwungen wird, ein unrealistisches strategisches Ziel zu verfolgen. Justinian hatte mehr verlangt, als zu erreichen war. 540 plünderten die Perser Antiochia. Die Grenze war durch den Truppenabzug zu sehr geschwächt, obwohl im Norden und Nordwesten eine starke Befestigungslinie entstanden war. Die etwa 700 von Justinian gebauten Festungen bedeuteten einen bemerkenswerten Fortschritt im Festungsbau. Schon im 5. Jahrhundert hatten die Byzantiner gewaltige Festungsanlagen um ihre Stadt errichtet; einen dreifachen Mauergürtel und zwei Gräben, die bis zum Jahre 1204 nicht eingenommen wurden. Noch die mittelalterlichen Festungsarchitekten haben sich von den Schutzwällen, Kasematten, Brustwehren und Verließen der Festungen Justinians inspirieren lassen.

Mit dem vergeblichen Versuch Justinians, den Westen zurückzugewinnen, war das Schicksal Westroms endgültig besiegelt. Militärisch, völkisch und kulturell war es schon lange untergegangen. Nun wurden auch die letzten politischen Hoffnungen begraben. Die langobardische Invasion Italiens war der Abschluß der Völkerwanderung. Nordafrika und das von Westgoten besiedelte Spanien erwarteten das Eindringen der Araber, die Franken faßten festeren Fuß in Frankreich, und die Angelsachsen hatten sich in England festgesetzt. Die durch den schwerbewaffneten Ritter und seine Gefolgsleute gekennzeichnete Ära der mittelalterlichen Kriegführung war schon zwei Jahrhunderte alt.

In der Feudalzeit wurde der Ritter mit seinen Gefolgsleuten zur Hauptfigur auf den Schlachtfeldern in Westeuropa. Eine Abteilung karolingischer Reiter folgt einem Bannerträger

Zweiter Teil · Kriegführung im Mittelalter

7 · *Die Kriegführung im frühen Mittelalter*

Während Westrom zerfiel, bestand das oströmische Reich in Byzanz weiter, und sein Ringen um das Überleben, zuerst gegen die Araber und später gegen die Türken und Bulgaren, soll im Folgenden behandelt werden. Nachdem Byzanz die Araber abgewehrt hatte, gingen diese nach Nordafrika, eroberten bis 713 Spanien und drangen sieben Jahre später bis nach Südfrankreich vor. Bei diesen Kämpfen spielten die Franken im römischen Gallien eine bedeutende Rolle. Im 8. Jahrhundert begannen schließlich die Wikinger, von Skandinavien aus Raubzüge nach Britannien und Westeuropa zu unternehmen, und erst im 10. Jahrhundert gelang es Franken und Engländern, sich ihrer Angriffe erfolgreich zu erwehren.

In der Geschichte der Kriegführung in Westeuropa vom 7. bis zum 11. Jahrhundert ist es interessant festzustellen, welche besondere Bedeutung die Reitertruppe erlangte. Das Feudalsystem entwickelte sich, und darin war der gewappnete Ritter die Zentralfigur. Es gab aber auch Gebiete, in denen die Infanterie niemals an Bedeutung verlor.

622 ging der Stifter des Islam, Mohammed, mit seinen Anhängern von Mekka nach Medina, und damit fing die Ausbreitung der arabischen Macht und des Islam an. Der Prophet selbst führte 300 Soldaten gegen eine Karawane aus Mekka und errang dabei seinen ersten militärischen Erfolg. 628 stellte er mit 1400 Gefolgsleuten Mekka seine Bedingungen und gewann zwei Männer für seine Sache, die auf dem Vormarsch des Islam zu großen Führern wurden: Khalid ibn-al-Walid und Amr ibn-al-As. In den zwölf auf Mohammeds Tod 632 folgenden Jahren entrissen seine Nachfolger Syrien und Ägypten dem byzantinischen Reich und bezwangen schnell das erschöpfte Persien. Innerhalb von hundert Jahren breitete sich das islamische Imperium vom Aralsee bis zum oberen Nil und von den Grenzen Chinas bis zum Golf von Biscaya aus. Ehe die Angriffskraft der Araber erschöpft war, konnte nur Byzanz ihnen widerstehen, verlor aber doch seine Gebiete im Südosten. 636 bot der oströmische Kaiser Heraklios eine 50000 Mann starke Armee gegen die Araber auf. Im Flußtal des Jarmuk, eines Nebenflusses des Jordan, traf er auf die nur halb so starken Kräfte Khalids. In einer der heißesten und staubigsten Gegenden der Welt wurden die Byzantiner von den Wüstenbewohnern aufgerieben. Byzanz mußte seine Grenze bis zum Taurus zurücknehmen. Das von mächtigen Mauern geschützte Alexandria mit einer Garnison von 50000 Mann und der byzantinischen Flotte wurde von Amr erobert, obwohl ihm kein Belagerungsmaterial zur Verfügung stand. Die libyschen Berber und Tunesien leisteten den Arabern fünfundzwanzig Jahre Widerstand, wurden aber dann zum Islam bekehrt und stellten selbst die Hauptkräfte der Heere, die zwischen 710 und 713 Spanien eroberten.

Auf ihren Eroberungszügen setzten die Araber geschickt ihre auf Pferden und Kamelen beritten gemachten Krieger in dem für solche Kampfmethoden geeigneten offenen Gelände

Kriegführung im Mittelalter

Die arabischen Eroberungen im 7. und 8. Jahrhundert

Die Kriegführung im frühen Mittelalter

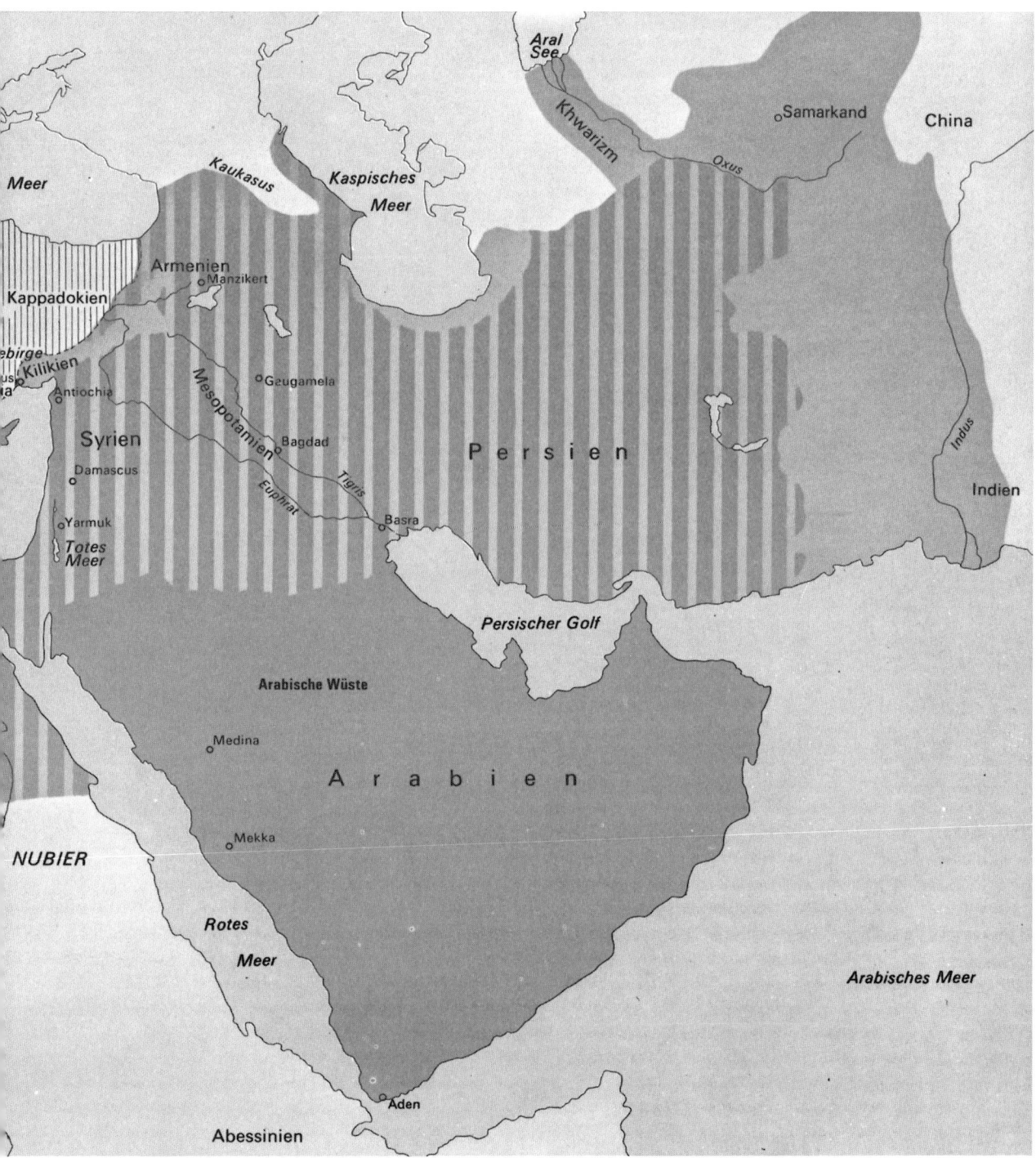

137

Nordafrikas und Westasiens ein. Aber die Gliederung ihrer Heere und ihre Taktik waren primitiv, und ihre Ausrüstung bescheiden. Gewöhnlich kämpften sie in einem, manchmal aber auch in zwei oder drei Treffen, wobei die einzelnen Stämme die Kampfverbände bildeten. Zu Beginn der Schlacht forderten sich manchmal einzelne Krieger zum Zweikampf heraus. Darauf folgte der Massenangriff. Ihre große Zahl und ihr kriegerisches Aussehen schreckten ihre Feinde. Der byzantinische Feldherr Nikephoros Phokas schreibt: „Sie sind sehr mutig, solange sie an den Sieg glauben. Sie bleiben in geschlossener Formation und leisten auch gegen die heftigsten Angriffe standhaften Widerstand. Sobald die Stoßkraft des Feindes nachläßt, greifen sie gemeinsam energisch an." Mit Ausnahme der abessinischen Bogenschützen waren ihre Fußsoldaten nichts als schlecht bewaffnete Horden. Ihre Stärke waren die sehr beweglichen, leicht bewaffneten Reiter. Aber im Lauf der Zeit lernten die Araber viel von ihren stärksten Gegnern, den Byzantinern, und verwendeten berittene Bogenschützen und Lanzenträger, die Kettenpanzer, Helme und Beinschienen trugen.

Die besten Qualitäten der islamischen Heere lagen aber nicht in der Organisation, sondern in der religiös untermauerten Kampfmoral, ihrer Beweglichkeit und in der durch das Leben in der Wüste entwickelten Härte und Ausdauer.

Die stärkste Antriebskraft war jedoch, besonders zu Beginn, ihr religiöser Eifer. Die Idee des Heiligen Krieges war für die Anhänger Mohammeds etwas sehr Reales. Bei den Mohammedanern gibt es keinen solchen Unterschied zwischen Staat und Kirche wie bei den Christen. Als der religiöse Impuls schwächer wurde, blieb ein tiefer kultureller Gegensatz zwischen den Arabern und den Völkern des Mittelmeerraums bestehen. Dazu kam die Übervölkerung der arabischen Halbinsel im 7. Jahrhundert als ganz wesentlicher Anlaß für die arabischen Angriffskriege. Im Laufe der Jahrhunderte war Arabien immer mehr ausgetrocknet, und seine Bewohner mußten nach Norden ausweichen. Die arabische Bevölkerungsexplosion im 7. Jahrhundert war die vierte, letzte und größte semitische Wanderung. Wie die früheren führte sie zunächst in den Fruchtbaren Halbmond und überflutete dann weitere Gebiete außerhalb der Täler des Euphrat und des Nils. Die Araber eroberten viel größere Gebiete als in frühgeschichtlicher Zeit, nicht nur, weil sie zahlreicher waren, sondern auch, weil sie überall als Befreier empfangen wurden. Ihre Toleranz, Menschlichkeit und eindrucksvolle Kultur trugen dazu bei, ebensoviele Völker zu bekehren, wie sie militärisch unterwarfen. Mit Ausnahme Spaniens sind alle im 7. Jahrhundert eroberten Gebiete bis heute dem Islam treugeblieben.

Die Byzantiner waren die erste Macht, die das Vordringen der Araber aufhalten konnte; nach der Schlacht am Jarmuk erkannten die Araber, daß die Einnahme Konstantinopels ihre Sicherheit und ihr Prestige wesentlich erhöhen würde. Ihre ersten Erfolge im Nahen Osten hatten sie vor allem der Tatsache zu verdanken, daß Perser und Byzantiner sich in den vorangegangenen Kriegen gegenseitig erschöpft hatten. Nach 623 hatte Heraklios in 6 Feldzügen die Barbarenhorden an seinen Nord- und Nordostgrenzen zurückgeschlagen. Der persische Herrscher Chosroes hatte die zeitweilige Schwäche seines Gegners ausgenutzt und ihn von Osten her angegriffen. Auch er war von Heraklios besiegt worden, aber als die Araber angriffen, waren die Byzantiner erschöpft. Doch nach der Schlacht am Jarmuk hielten sie die Grenze am Taurus und erholten sich. Heer und Flotte von Byzanz waren vom 8. bis zum 11. Jahrhundert die besten in ganz Europa und im Mittelmeerraum. Das mußten auch die Araber bei ihrem Versuch, das oströmische Reich zu erobern, feststellen. 668, 672 und 677 griffen die Araber die Byzantiner an, wurden aber jedesmal durch das Eingreifen der byzantinischen Flotte abgewiesen.

Die byzantinischen und arabischen Galeeren waren einander sehr ähnlich. Es gab zwei Typen, das kleine Aufklärungsfahrzeug und die große Kampfdromone. Die pamphylische Dromone war etwa 110 Fuß lang, 14 Fuß breit und hatte einen Tiefgang von 3 Fuß. Sie wurde von 100

Mann auf zwei übereinanderliegenden Ruderbänken gerudert. Die Ruderer auf der oberen Bank waren bewaffnet. Die übrige Besatzung bestand aus Marinesoldaten. Eine größere Dromone konnte 140 Fuß lang sein und wurde von bis zu 230 Mann gerudert. Der Erfolg der Byzantiner zur See war auf ihre besseren Schiffe und Ausrüstung und auf die Verwendung des „griechischen Feuers" zurückzuführen. Das war eine wahrscheinlich aus Naphta, Bitumen, Pech, Schwefel, Harz, Öl und ungelöschtem Kalk zusammengesetzte brennbare Mixtur, die entweder aus einer im Bug der Schiffe befindlichen Röhre verschossen oder in Gefäßen gegen das feindliche Schiff katapultiert wurde. Die Griechen kannten wahrscheinlich schon bei der Belagerung von Delion (424 v. Chr.) etwas Ähnliches, aber der Syrier Kalinikus hatte die Substanz jetzt wohl verbessert.

Die entscheidende Wendung im Kampf der Araber gegen Byzanz kam nach der Belagerung von Konstantinopel 717–718. Unter dem Kalifen Walid (705–715) wurde das Araberreich am mächtigsten. Walid entschloß sich, Byzanz anzugreifen, und als die Araber in Kleinasien eindrangen, zog sich Theodosius III. in ein Kloster zurück. Er überließ den Thron einem Berufssoldaten, Leo dem Isaurier, der die Befestigungsanlagen von Konstantinopel sofort instandsetzen ließ. Vor der Erfindung des Schießpulvers waren solche Mauern uneinnehmbar, und die Stadt konnte höchstens ausgehungert werden. Da sie auf einer Landzunge erbaut und von drei Seiten von Wasser umgeben war, hing alles von der Stärke der beiden Flotten ab. Die genaue Zahl der Schiffe läßt sich nicht mehr ermitteln, aber es steht fest, daß die Araber zahlenmäßig weit überlegen waren, denn sie verschafften sich Kriegsschiffe aus allen Häfen des östlichen Mittelmeeres.

Im August 717 führte der arabische Feldherr Maslama einen Angriff gegen die auf der Landseite errichtete Mauer von Konstantinopel. Nachdem er durch Katapultfeuer abgewiesen worden war, richtete er sich zur Belagerung ein. Er befahl dem Admiral Suleiman, die Flotte in zwei Geschwader aufzuteilen. Eines sollte von Anthemius und Eutropius an der kleinasiatischen Küste aus operieren und die Verbindungen zu Mittelmeer abschneiden, das andere sollte durch den Bosporus laufen und die Durchfahrt zwischen Konstantinopel und dem Schwarzen Meer blockieren. Leo ließ zwei Türme beiderseits der Hafeneinfahrt am Goldenen Horn errichten und brachte zwischen ihnen eine Sperrkette an. Anfang September stach das arabische Geschwader in See, um durch den Bosporus zu laufen. Als es an den Ausfluß des Goldenen Horns kam, geriet es durch die starke Strömung durcheinander, und im gleichen Augenblick ließ Leo die Kette hinunter, fuhr mit seinen Galeeren aus und griff die feindlichen Schiffe mit griechischem Feuer an. Nach dem Verlust von mehr als 20 Schiffen zogen sich die Araber zurück. Zunächst unternahmen die Araber keinen weiteren Versuch, die Durchfahrt zu erzwingen, und konnten im folgenden Winter nur eine Teilblockade aufrechterhalten. Konstantinopel versorgte sich über das Schwarze Meer, und das arabische Heer litt schwer unter der ungewohnten Kälte.

Im Frühjahr erhielten die Araber beträchtliche Verstärkungen aus Nordafrika und versuchten zum zweitenmal, die Durchfahrt durch den Bosporus zu erzwingen, um die Stadt einzuschließen. Doch zur Besatzung ihrer Schiffe gehörten viele zum Kriegsdienst gezwungene Christen, die den Plan verrieten. Wie im Herbst erschien auch diesmal Leos Flotte hinter der Sperrkette, zahlreiche arabische Schiffe gingen zu den Byzantinern über, und Leo erfocht einen vollständigen Sieg. Der Erfolg wurde durch den Sieg seiner bulgarischen Verbündeten in einer Landschlacht zwischen Konstantinopel und Adrianopel gekrönt. Außerdem ließen die Byzantiner das Gerücht verbreiten, die Franken seien auf dem Anmarsch, um für das Christentum zu kämpfen. Im August 718 gab der Kalif daraufhin die zwölfmonatige Belagerung Konstantinopels auf. Leos Flotte verfolgte den Gegner durch den Hellespont, wo die arabischen Schiffe in einen Sturm gerieten und zum größten Teil verlorengingen. Die Araber sollten diese Kata-

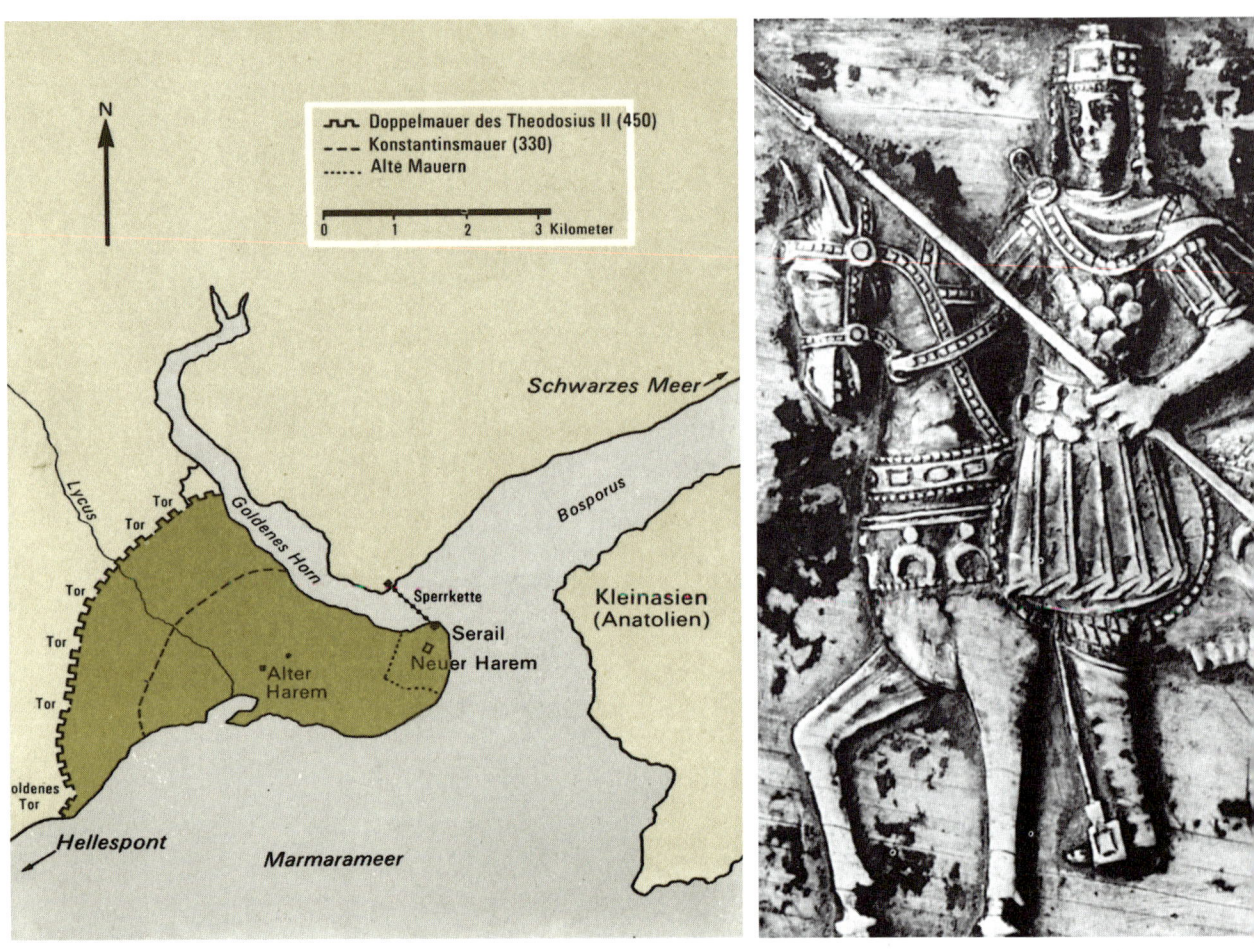

Konstantinopel im Jahr 717 – die Befestigungen waren dieselben wie 1453, als die Türken die Stadt eroberten
Die byzantinischen Heere bestanden in der Hauptsache aus Reitern

strophe nicht so bald vergessen. 739 schlug Leo sie noch einmal bei Akroinon in Phrygien und zwang sie, Kleinasien aufzugeben.

Der Sieg bei Konstantinopel ist in erster Linie das Verdienst Leos des Isauriers. Er übernahm in einem kritischen Augenblick das Kommando und führte angesichts eines weit überlegenen Gegners energische und glänzende Verteidigungsmaßnahmen durch. Das wäre aber nicht gelungen, hätte er nicht eine sorgfältig ausgebildete Armee und Flotte übernommen. Das von Belisar, Maurikios (Kaiser von 582–602) und dem Sieger in den slawischen und persischen Kriegen von 622 und 628, Heraklios, aufgestellte und ausgebildete Heer sollte sich auch noch später den kriegerischen Arabern gewachsen zeigen.

Während der ganzen byzantinischen Geschichte war die Kavallerie die Hauptwaffengattung. Der Reiter trug ein langes Kettenhemd vom Hals bis zu den Oberschenkeln, einen mittelgroßen Rundschild, eine gepolsterte Stahlkappe, Beinschienen und eiserne Schuhe. Die Offizierspferde und die Pferde im ersten Glied waren mit einem stählernen Brustschutz gepanzert, und alle trugen bequeme Sättel mit eisernen Steigbügeln. Die Angriffswaffen waren ein breites Schwert, ein Dolch, ein kurzer Bogen mit Köcher und eine lange, reichverzierte Lanze, die am unteren Ende mit einem Riemen versehen war. Manche Reiter trugen am Sattel eine Streitaxt. Ähnlich wie die Römer und anders als alle übrigen europäischen Armeen vor dem 16. Jahrhundert waren die byzantinischen Soldaten uniformiert. Umhang, Lanzenwimpel und Helmbusch bezeichneten durch ihre Farbe die jeweilige Einheit. Die Reiter mußten wohlhabende Leute sein, um sich eine so gute Ausrüstung leisten zu können. Jeder Offizier und je vier bis fünf Reiter hatten einen Burschen. Das bedeutete zwar eine erhebliche Mehrausgabe, aber man glaubte, es lohne sich, wenn der Soldat sich ganz auf seine militärischen Aufgaben konzentrierte und durch gute Ernährung dafür gesorgt würde, daß seine körperliche Leistungsfähigkeit erhalten blieb. Die Geschichte des reichen Byzanz beweist, daß ein gewisses Maß an Bequemlichkeit den militärischen Leistungen nicht unbedingt abträglich sein muß. Die Voraussetzung dafür ist natürlich, daß man die Bequemlichkeit nicht zum Luxus ausarten läßt.

Die byzantinische Infanterie wurde nur zur Verteidigung von Hohlwegen und gebirgigem Gelände und zur Besetzung von Festungen und wichtigen Städten eingesetzt. Die leichten Fußsoldaten waren meist Bogenschützen, es gab aber auch Speerwerfer. Die Bogenschützen trugen manchmal Kettenhemden, meist aber nur eine Tunika und feste Stiefel. Neben dem Bogen hatte der Infanterist vierzig Pfeile im Köcher, eine Axt im Gürtel und einen kleinen, runden Buckelschild, den er mit einem Riemen am Rücken festschnallte. Der Schwerbewaffnete, der *scutatus*, trug einen Kettenpanzer, einen großen Rundschild, Beinschienen, Eisenhandschuhe und einen mit einem Helmbusch geschmückten spitzen Eisenhelm. Bewaffnet war er mit einer Lanze, einem Schwert und einer Axt, die auf der einen Seite eine geschliffene Klinge, auf der anderen eine Picke hatte. Wie zur Kavallerie so gehörten auch zur Infanterie größere Nachschubeinheiten. Für je sechzehn Mann wurden zwei Karren mit Munition, Verpflegung, Küchengerät einschließlich einer Handmühle und Schanzzeug wie Spaten, Hämmer, Äxte und Sägen mitgeführt. Außerdem gab es Packpferde, die die Truppe auf Gewaltmärschen versorgten.

Die Byzantiner brauchten viele Werkzeuge, da sie – wie die Römer – bei jedem Aufenthalt feste Lager bauten. Bei jeder Vorhut marschierten Pioniere, und der Bau des Lagers ging nach einem bestimmten Schema vor sich. Zunächst markierten die Pioniere das Lager mit Stricken. Wenn das Gros heran war, bildeten Pferde und Wagen in der Mitte eine Wagenburg. Während die Truppe die Verteidigungsanlagen baute, wurden Wachen aufgestellt.

Neben den Pionieren und Nachschubkolonnen gab es auch einen Sanitätsdienst. Jede 400 Mann starke Einheit hatte ihren Arzt und sechs bis acht Sanitäter. Sie waren mit Tragbahren ausgerüstet, und ihre Pferde trugen eine Flasche Wasser und einen Sattel, an dem beide Steigbügel nach einer Seite hinunterhingen, so daß man die Verwundeten bequem im seitlichen Sitz transportieren konnte. Die Sanitäter bekamen für jeden vom Schlachtfeld hereingebrachten Verwundeten eine Prämie.

Die byzantinische Armee war nach vernünftigen taktischen Grundsätzen gegliedert und kämpfte sehr geschickt. Nach byzantinischer Auffassung sollte sich die Gliederung der Truppe im Gefecht der Taktik des Gegners anpassen. Deshalb suchten sie, möglichst viel über ihre jeweiligen Feinde in Erfahrung zu bringen und entwickelten mit wissenschaftlicher Genauigkeit die im Einzelfall anzuwendenden Methoden. Ihre bedeutendsten militärischen Schriften sind das etwa 580 verfaßte *Strategikon* von Maurikios, *Tactica* von Leo dem Weisen (886–912) und ein sehr interessantes Lehrbuch über die Kriegführung an der Grenze von Nikephoros Phokas, der den Arabern Kreta und Kilikien fortnahm und 963–969 regierte.

Maurikios reformierte die Gliederung und das Rekrutierungssystem der Armee. Unter Justinian war die größte militärische Einheit der *numerus* gewesen. Maurikios betrachtete die etwa 400 Mann starke *tagma* als unterste militärische Einheit, faßte die *tagmata* aber in größeren Verbänden zusammen, deren größter der 6000 bis 8000 Mann starke *meros* war. Die zahlenmäßige Stärke der einzelnen Truppenteile lag nicht fest. Es gab eine Offiziershierarchie, der höchste Dienstgrad war der des Moiarchen, der 2000 Mann befehligte; der niedrigste, der Dekurion, hatte sechzehn Mann unter sich. Alle Offiziere vom Centurio aufwärts wurden von der Regierung ernannt. Die militärische Terminologie war eine Mischung aus römischen, griechischen und teutonischen Worten. Darin zeigte sich, aus wie vielen verschiedenartigen Elementen das Heer zusammengesetzt war.

Nach den Kriegen Justinians nahm die Zahl der teutonischen Söldner stark ab. Es gab nur noch drei größere barbarische Verbände, die *Foederati*, die *Optimati* und die *Buccelarii*. Letztere waren Wikinger oder Waräger. Sie stellten die Leibwache des Kaisers und wurden persönlich auf ihn vereidigt. Obwohl einzelne Kaiser es versucht haben, ist die allgemeine Dienstpflicht niemals eingeführt worden, aber jeder Grundbesitzer mußte eine bestimmte Anzahl von Männern für den Kriegsdienst stellen. Die militärischen Lasten lagen vor allem auf den Grenzbewohnern. *Digenes Acritas,* ein Gedicht aus dem 10. Jahrhundert, beschreibt das Leben an der kappadokischen Grenze, wo kriegerische Adelige von ihren Burgen aus das Land beherrschten und immer wieder in das kilikische und mesopotamische Gebiet der Araber eindrangen. Die besten Berufssoldaten kamen aus Kappadokien, Isaurien und Thrakien. Etwa 650 unter Konstantin II., als der militärische Druck der Araber gegen die Grenze am Taurus nachließ, war das byzantinische Reich in militärische und Verwaltungsprovinzen eingeteilt, die sogenannten *themes*. Jeder Bezirk mußte der Armee 10000 Mann stellen. Die Grenzbezirke waren in kleinere Verwaltungseinheiten, die sogenannten *clissuras* aufgeteilt; das konnten Pässe oder Festungen sein. Der Befehlshaber einer *elissura* hatte die besten Aussichten für eine erfolgreiche militärische Karriere.

Das taktische Grundprinzip der byzantinischen Armee bestand darin, mit der schweren Reiterei eine Reihe von Attacken auszuführen. Oft bestand die ganze Schlachtordnung aus Kavallerie wie beim Sieg des Nikephoros Phokas 965 über die Araber vor den Mauern von Tarsus. Nach Leo dem Weisen sollte ein Reiterverband in zwei Treffen und eine schwache Reserve hinter dem zweiten Treffen gegliedert sein. An jedem Flügel wurde eine Abteilung weit vorgeschoben, um den Feind in der Flanke zu fassen oder die eigenen Flanken zu schützen. Der Oberbefehlshaber hatte seinen Platz gewöhnlich im zweiten Treffen. Das erste Treffen ging geschlossen vor, aber im zweiten ließ man Lücken, durch die das vordere Treffen sich zurückziehen konnte. Jedes Treffen war bis zu zehn Gliedern tief.

Natürlich gab es die verschiedensten Variationen dieser Aufstellung. Gegen die Slawen oder Franken, deren Heere hauptsächlich aus Infanterie bestanden, oder gegen starke arabische Invasionsheere kämpften Fußsoldaten und Reiter in einem geschlossenen Verband. Dabei wurde die Infanterie im Zentrum aufgestellt, die Kavallerie an der Flügeln und als Reserve. In der Mitte der infanteristischen Front standen sie *scutati,* die Bogenschützen und Speerwerfer an den Flügeln. War ein feindlicher Reiterangriff zu erwarten, stellte sich die leichte Infanterie hinter den *scutati* auf. Oman schreibt: „Das war ebenso wie tausend Jahre später, als die Musketiere im 16. und 17. Jahrhundert hinter den Pikenträgern Schutz suchten." Bei Angriffsoperationen kämpfte die Infanterie in zwei Treffen, während sie in der Verteidigung gewöhnlich in einem tief gegliederten Treffen vor dem Lager aufgestellt wurde. Niemals kämpfte die byzantinische Armee in einem Treffen oder ohne Reserven. In gebirgigem Gelände oder an Pässen, wo die Kavallerie nicht eingesetzt werden konnte, besetzte die Infanterie halbkreisförmige Stellungen. Dabei hielten die *scutati* das Zentrum, während die leichten Truppen den Gegner aus überhöhten Stellungen mit Geschossen überschütteten.

Die damals in Westeuropa herrschende Auffassung vom Krieg wurde von den Byzantinern nicht geteilt. Ritterlichkeit und Draufgängertum schienen ihnen nicht die richtigen Mittel zu sein, um mit möglichst geringen Verlusten zu siegen. Sie waren stolz und besaßen wahrscheinlich ein gewisses religiöses Sendungsbewußtsein, aber Geschicklichkeit galt ihnen mehr als Gewalt. Sie kämpften oft aus dem Hinterhalt oder griffen den Gegner bei Nacht an. Sie nahmen nie eine Schlacht an, ohne daß die äußeren Umstände ihnen günstig erschienen. Oft griffen sie zu Kriegslisten, verbreiteten falsche Nachrichten oder versuchten, dem Feind durch Verrat zu schaden. Gegen Gefangene waren sie niemals roh und standen immer zu ihrem Wort. Den Feind zu täuschen war für sie Teil der Strategie.

Die Byzantiner waren die besten europäischen Soldaten im frühen Mittelalter, aber man hörte auch am wenigsten von ihren Taten. Das lag daran, daß sie meist eine Defensivstrategie trieben und sich mehr auf ihren Verstand als auf rohe Gewalt verließen. Sie mußten die Araber daran hindern, in Kleinasien einzudringen, die Langobarden und Franken aus den italienischen Provinzen fernhalten und Griechenland und den Balkan gegen Slawen, Bulgaren, Awaren, Magyaren und Petschenegen verteidigen. Mit äußerster Wachsamkeit hielten sie ihre Grenzen besetzt und betrachteten es als ihre Hauptaufgabe, sie zu schützen. Nur selten wurden sie offensiv wie zum Beispiel Mitte des 9. und Ende des 10. Jahrhunderts.

Byzantinische Kriegstheoretiker haben die verschiedensten Methoden für die Bekämpfung ihrer verschiedenartigen Gegner entworfen. Leo der Weise erließ zum Beispiel jeweils besondere Instruktionen für das Vorgehen gegen die Bulgaren, die Magyaren und die Petschenegen. Diese Völker kämpften ähnlich wie die leichten Reiter in Osteuropa und den westasiatischen Steppen. Sie operierten in zahllosen kleinen Verbänden und waren mit dem Bogen, aber auch mit Wurfspieß und Krummsäbel bewaffnet. Als geschickte Kämpfer und gute Aufklärer überfielen sie ihre Gegner gern aus dem Hinterhalt. Im Angriff ritten sie vor den feindlichen Linien auf und ab, überschütteten den Gegner mit Pfeilen und führten rasche Attacken. Leo empfahl den schweren Reitern, sie möglichst schnell direkt anzugreifen und ins Handgemenge zu verwickeln. Auch Bogenschützen zu Fuß ließen sich gut gegen die Petschenegen einsetzen, denn ihre größeren Bogen reichten weiter als die der Reiter. Wenn der Steppenreiter sein Pferd verlor, war er hilflos. Doch bei dem Versuch, den Gegner zu binden, mußte der Befehlshaber immer darauf achten, nicht an den Flügeln umgangen zu werden, und an jedem Hohlweg oder in sumpfigem Gelände mit einem Hinterhalt rechnen. Die feindlichen Reiter auf weite Distanz zu verfolgen war gefährlich, da die Petschenegen – wie die Parther – gern eine Flucht vortäuschten und sich dann sammelten, um den im lockeren Verband reitenden Feind geschlossen anzugreifen. Diese von Leo ausgearbeiteten Gefechtsgrundsätze erwiesen sich für die byzantinischen Heere als außerordentlich wertvoll.

Gegen die slawischen Stämme auf dem nordwestlichen Balkan waren andere Kampfmethoden angezeigt. Sie Slawen waren in der zweiten Hälfte des 9. Jahrhunderts zum Christentum bekehrt worden, wurden Vasallen des Kaiserreichs und machten längere Zeit keine Schwierigkeiten. Da sie über keine Reiter verfügten, lag ihre Stärke im Gebirgskampf. Deshalb mußte man sich beim Vormarsch gegen Überfälle aus dem Hinterhalt sichern. Auf der Ebene fiel es der byzantinischen Reiterei nicht schwer, die slawischen Heere niederzureiten, denn sie waren schlecht bewaffnet und undiszipliniert. In der zweiten Hälfte des 10. Jahrhunderts waren die Russen, nachdem sie viel von den Wikingern gelernt hatten, bessere Kämpfer geworden. Sie trugen jetzt Kettenpanzer, viereckige, auf der Spitze stehende Schilde, führten Kriegsbeile und gingen in geschlossener Kolonne vor.

Die gefährlichsten Gegner des Byzantinerreichs waren die Araber, besonders nachdem sie ihre Armee nach den ersten großen Eroberungen nach dem Vorbild ihres byzantinischen Feindes umorganisiert hatten. Ihre gepanzerten Lanzenträger waren tüchtige Soldaten, obwohl sie im Kampf Mann gegen Mann der schweren byzantinischen Reiterei unterlegen waren. Sie kopierten auch den Festungsbau und die Belagerungstechnik der Byzantiner, die sich seit dem 6. Jahrhundert kaum weiterentwickelt hatten. Andererseits haben die Araber niemals den wirklichen Wert einer straffen Gliederung und des Drills erkannt, und außer der Leibwache des Kalifen gab es bei ihnen keine Berufssoldaten. Die arabischen Streitkräfte bestanden aus angriffslustigen und ausdauernden Stammeskriegern. Leo schreibt: „Sie haben kein reguläres Heer, sondern setzen sich aus einer Masse von Freiwilligen zusammen. Der Reiche dient, weil er stolz auf sein Volk ist, der Arme, weil er auf Beute hofft. Sie sagen, daß Gott, der ‚die Armeen jener zerschlägt, die sich am Kriege freuen', ihre Unternehmungen begünstige und ihnen den Sieg versprochen habe."

Die Niederlage bei Konstantinopel 718 hinterließ bei den Arabern einen tiefen Eindruck, und sie haben in der Folgezeit nur noch 806 und 838 versucht, über die Grenze am Taurus vorzudringen. Beide Versuche schlugen fehl. Nach 750, nachdem die Abbasiden in der elf Tage währenden Schlacht bei Gaugamela die Omaijaden besiegt und das Kalifat übernommen hatten, verloren die Araber viel von ihrem Angriffsgeist. Unter den Abbasiden erreichte die arabische Kultur in der Hauptstadt Bagdad einen neuen Höhepunkt. Sie waren die Helden der arabischen Nächte, interessierten sich aber kaum für militärische Fragen. Sehr bald brach die islamische Welt in verschiedene Kalifate auseinander, und alle arabischen Angriffe gegen Kleinasien waren nur noch unbedeutende Raubzüge. Das war ein Glück für Byzanz, denn im 8. und 9. Jahrhundert begannen religiöse und politische Zwiste, das Reich im Inneren zu schwächen, und Anfang des 10. Jahrhunderts erreichte das Bulgarenreich den Gipfel seiner Macht unter Simeon, der 923 Konstantinopel belagerte, aber ohne Erfolg. 941 fand eine zweite Belagerung der Stadt durch den Großfürsten Igor von Kiew statt.

Auch gegen die arabischen Raubzüge entwickelte Leo die beste Strategie. Gewöhnlich überschritt ein arabischer Verband den Taurus und ging dann sehr schnell weiter vor in der Hoffnung, sein Ziel zu erreichen, ehe seine Absichten erkannt worden waren. Die byzantinischen Provinzbefehlshaber ließen ihre Grenzen systematisch bewachen, und Leo befahl ihnen, ihre Streitkräfte sofort zu sammeln, wenn sie erfuhren, daß die Araber im Anmarsch waren. Dann sollten die Pässe durch Infanterie besetzt werden, während die Reiter, die sich an einem bestimmten Punkt bereitgestellt hatten, die Verbindung zum Gegner halten und ihn angreifen sollten. Bei feindlicher Überlegenheit war die offene Schlacht zu vermeiden, aber der Gegner möglichst am Weitermarsch zu hindern. Inzwischen sollten Truppen aus anderen Provinzen herangeführt werden, um den arabischen Eindringlingen mit bis zu 30000 Reitern zu begegnen. 863 wurde die Armee Omars auf diese Weise umzingelt und von den aus zehn Provinzen zusammengezogenen Truppen vernichtet.

Die wiederholten Zusammenstöße mit den Byzantinern erwiesen sich auf die Dauer für die nur in losen Verbänden kämpfenden Araber als zu schwer, besonders wenn sie auf dem Rückmarsch mit Beute beladen angegriffen wurden. Für solche Fälle empfahl Nikephoros Phokas nächtliche Überfälle: „Schicke drei Abteilungen Infanterie aus und greife jede Flanke ihres Lagers an. Etwas später richte mit den Hauptkräften der Infanterie einen Angriff gegen das Zentrum und lasse den Rücken offen, der in ihrer Fluchtrichtung liegt. Der Feind wird dann in die Richtung zu entfliehen suchen, in der er sich in Sicherheit zu bringen hofft." Am leichtesten waren die Araber im Gebirge zu besiegen, wenn sie von Infanterie, die die Pässe verteidigte, im Rücken angegriffen wurden.

In der zweiten Hälfte des 10. Jahrhunderts ging Byzanz gegen Araber und Bulgaren zum Angriff über. 961 nahm Nikephoros Phokas Kreta, 965 Tarsus und Zypern und 969 Antiochia

Die Kriegführung im frühen Mittelalter

ein. Der wahrscheinlich tüchtigste Soldat im spätbyzantinischen Reich war Basileios II. (976 bis 1025). 995 hatte er einen Aufstand der Adeligen in Kleinasien niedergeschlagen und an der Grenze gegen Armenien starke Befestigungen errichtet. Dann wendete er sich gegen die Bulgaren. 1014 vernichtete er bei Belasitza eine bulgarische Armee und erwarb dabei den Beinamen „der Bulgarenschlächter". Er ließ 15 000 Gefangene blenden und jeweils 100 von einem Einäugigen zu ihrem Zaren zurückführen. Die nächsten 150 Jahre blieben die Balkanslawen Byzanz tributpflichtig. Auch nach Osten weitete er sein Reich aus. 1045 nach der Eroberung Armeniens umfaßten die Grenzen seines Reichs ein größeres Gebiet als je zuvor seit der Zeit Trajans.

Mitte des 11. Jahrhunderts erschienen die türkischen Seldschuken als neuer Feind an der Ostgrenze. In ihren Kampfmethoden unterschieden sie sich nicht von den Petschenegen; es gelang den Byzantinern, sie eine Zeitlang an der Grenze aufzuhalten, aber schließlich war ihre zahlenmäßige Überlegenheit zu groß. 1068 wurde Romanus Diogenes Kaiser und gab die so umsichtige byzantinische Politik seiner Vorgänger auf. Im Frühjahr 1071 marschierte Romanus mit 60 000 Mann nach Armenien, um sich einer 100 000 Mann starken türkischen Armee unter Alp Arslan zu stellen. Noch ehe er bei Mantzikert auf die gegnerischen Hauptkräfte stieß, hatte er große Verluste hinnehmen müssen. Die Schlacht begann, und zunächst gingen die Türken zurück. Aber gegen Abend, als die Byzantiner im Glauben, gesiegt zu haben, sich ungeordnet zurückzogen, sammelten sie sich wieder. Der Befehlshaber der byzantinischen Reserve ließ Romanus im Stich, und in der Abenddämmerung wurde sein Heer umzingelt und zerschlagen. Der Kaiser geriet in Gefangenschaft, und nachdem die byzantinische Armee vernichtet und die Hauptstadt führerlos geworden war, überfluteten die Türken Kleinasien und verwandelten es im Lauf von zehn Jahren in eine Wüste.

In Westeuropa hatte das Frankenreich seit dem 7. Jahrhundert eine ähnliche Entwicklung genommen wie Byzanz. Die Franken hatten den Arabern mit einem ebenfalls hauptsächlich aus Reitern bestehenden Heer Halt geboten. Nach einer Periode kultureller Blüte und politischer Macht wurden die Franken durch wiederholte Angriffe nordgermanischer Stämme geschwächt.

Zwei Jahrhunderte nach dem Sieg Chlodwigs bei Vouglé (507) blieb die Organisation der fränkischen Armee unverändert. Der griechische Dichter und Historiker Agathias beschreibt Mitte des 6. Jahrhunderts die Kriegführung der Franken unter den Merowingern (so hieß die erste fränkische Herrscherdynastie):

> Die Bewaffnung der Franken ist primitiv. Sie kennen weder Kettenhemden noch Beinschienen und umwickeln die Beine mit Leinen- oder Lederstreifen. Sie haben nur wenige Reiter, aber ihre Fußsoldaten sind kühn und kriegsgewohnt. Sie tragen Schwerter und Schilde, aber verwenden nie . . . den Bogen. Ihre Geschosse sind Äxte und Wurfspieße. Diese sind nicht sehr lang und können zum Werfen und zum Stechen verwendet werden.

Die wichtigste Waffe der Franken war die Streitaxt (*francisca*) mit schwerer Klinge; sie konnte treffsicher geworfen, aber auch im Nahkampf verwendet werden. Der Schild war breit und oval, hatte einen Eisenrand und einen Buckel. Das Schwert war eine etwa drei Fuß lange, zweischneidige, spitze Hieb- und Stichwaffe. Der Helm war rund, mit einem Kamm versehen, hatte vorne einen Dorn und reichte bis in den Nacken. Bis zur zweiten Hälfte des 8. Jahrhunderts kämpften die Franken mit diesen Waffen in großen, ungeordneten Heerhaufen. Die Merowinger waren schwache und barbarische Herrscher (ca. 450–750), und die Kriege der Franken waren meist Stammesfehden. Zu kriegerischen Auseinandersetzungen mit anderen Völkern ist es zunächst nur ganz selten gekommen.

Als die Franken immer häufiger mit berittenen Gegnern zusammenstießen, mußten auch sie ihre Kampfmethoden ändern. Ende des 6. Jahrhunderts verschafften sich die wohlhabenderen unter ihnen Rüstungen und Pferde. Im Jahr 574 mißbilligte der Bischof Gregor von Tours das Verhalten des Bischofs Sagittarius, der „nicht gewappnet mit dem Zeichen des heiligen Kreuzes, sondern mit dem weltlichen Brustpanzer und einem Helm" in die Schlacht geritten sei. Im 7. Jahrhundert verschwand der von den Römern übernommene Brustpanzer, und die „Brünne", das teutonische Kettenhemd, trat an seine Stelle. Der erste fränkische Reiterangriff erfolgte 626 unter Chlodwig II. gegen die Sachsen. Aber normalerweise verwendeten sie ihre Pferde nur als Lasttiere und kämpften zu Fuß.

718 drangen die Araber über die Pyrenäen vor. Zunächst sahen es die Franken nicht ungern, daß die Westgoten in Aquitanien von den Arabern bedrängt wurden, aber als Abd-al-Rahman 732 ein arabisches Heer bis nach Tours führte, wurde die Lage bedenklich. Der Majordomus der Merowinger, Karl Martel, besiegte die Araber 732 zwischen Tours und Poitiers. Der Historiker Isidorus Pacensis schreibt:

> Die Männer aus dem Norden standen bewegungslos wie eine Mauer. Wie ein zu Eis erstarrter Gürtel wichen sie nicht und erschlugen ihre Feinde mit dem Schwert... Die Austrasier, von starkem Körperbau und eiserner Hand, fochten tapfer im Kampfgetümmel; sie stellten auch den König der Sarazenen zum Kampf und erschlugen ihn...

Das war ein großer Erfolg des Fußvolks, und es gab keine Verfolgung. Die Araber waren nur so weit vorgedrungen, wie es ihre Versorgung zuließ. Man kann nicht sagen, daß die Franken den Arabern ebenso erfolgreich Halt geboten hätten wie die Byzantiner vor ihnen, denn 743 kamen die Araber noch einmal über die Rhone, nahmen Lyon ein und hielten Narbonne bis 759. In der Schlacht zwischen Tours und Poitiers erwies Karl Martel sich als mächtigster Mann in Franken. Sein Sohn Pippin setzte den letzten Merowinger, Childerich III., ab, und 768 kam Pippins Sohn, Karl der Große, auf den fränkischen Thron.

Die Motive für die militärischen Unternehmungen Karls des Großen lassen sich heute nicht mehr ganz klar erkennen. Sicher haben ihn auch seine Erfolge weitergetrieben. Sein Reich war vielen Gefahren ausgesetzt, und als seine agressiven Nachbarn wie die Sachsen sich nicht anders besänftigen ließen, mußte er sie gewaltsam unterwerfen. Karl der Große betrachtete sich als Bundesgenossen des Papstes und Gottes weltlichen Stellvertreter auf der Erde. Seine Heere wurden von Missionaren begleitet, die die besiegten Gegner zwangsweise zum Christentum bekehrten. An Leo III. schrieb er:

> Unsere Aufgabe ist es, mit göttlicher Frömmigkeit die heilige Kirche Christi mit den Waffen gegen die Angriffe der Heiden und die Verwüstungen der Ungläubigen zu verteidigen...
> Eure Aufgabe, heiligster Vater, ist es, wie Moses die Hände zu Gott zu erheben und den Sieg zu erflehen, damit die Christen mit Hilfe Eurer Fürbitte und mit Gott als Führer und Spender (des Sieges) immer und überall gegen die Feinde Seines heiligen Namens siegen mögen.

Am Weihnachtstag 800 wurde Karl der Große in Rom vom Papst zum Kaiser gekrönt. Oft bediente er sich grausamer Methoden wie etwa 782, als er bei Verden an einem Tag 4500 aufständische heidnische Sachsen abschlachten ließ, oder als er jeden mit dem Tode bedrohte, der sich nicht taufen lassen wollte oder das österliche Fasten brach. Aber im Lauf der Jahre wurde er milder, und man darf seine Feldzüge eher als echte Kreuzzüge bezeichnen als die Unternehmen späterer Herrscher des Mittelalters, die sich mehr durch Heuchelei und Zynismus als durch einen aufrichtigen christlichen Glauben ausgezeichnet haben.

768 bis 814 führte Karl der Große fast ununterbrochen Krieg gegen die Langobarden, die

Die Kriegführung im frühen Mittelalter

Die fränkische Armee bestand zunächst nur aus leichtbewaffneten Fußsoldaten

Sachsen, die Araber in Spanien, die Serben, die Awaren, die Byzantiner in Süditalien, die Briten, die Friesen und gegen das Herzogtum Benevent. Sein Reich umschloß das heutige Frankreich, Belgien, Holland, die Schweiz, Westdeutschland, den größten Teil Italiens, Nordspanien und Korsika. Den Feldzug, der ihn berühmt gemacht hat, führte er in Spanien gegen die Sarazenen. Dabei wurde seine Nachhut auf dem Rückmarsch durch die Pyrenäen 778 bei Roncesvalles von den Basken überfallen und niedergemacht. Das Rolandslied berichtet über diese Episode. Die wiederholten Grenzverletzungen durch die in der norddeutschen Tiefebene zwischen Rhein und Elbe ansässigen barbarischen Sachsen veranlaßten Karl zunächst, seine Grenzbefestigungen zu verstärken. Von Paderborn, Eresburg und Siegburg aus leitete er einzelne Unternehmungen, die die Sachsen aber nicht einzuschüchtern vermochten. Immer wieder unterwarfen sie sich scheinbar, wenn aber Karl – wie 778 – sich zurückzog, kam es zu neuen Überfällen. Deshalb entschloß Karl sich (782–785) zu einem großen Eroberungszug. Den drei glänzend geführten fränkischen Heeren konnte Widukind auf die Dauer nicht widerstehen.

Im Gegensatz zu seinem Großvater Karl Martel verfügte Karl der Große über ein bedeutendes Reiterheer, das gegen die berittenen barbarischen Bogenschützen und die schweren langobardischen Lanzenträger große Erfolge errang. Bisher war es wegen der Kosten nicht möglich gewesen, starke Reiterverbände aufzustellen. Nicht nur die Rüstungen waren teuer, sondern der Ritter brauchte auch ein schweres Pferd, das ihn mit seiner Ausrüstung tragen und im

Kriegführung im Mittelalter

Das Karolingerreich und die Einfälle der Wikinger und Magyaren

Die Kriegführung im frühen Mittelalter

Galopp angreifen konnte. Dazu mußte er wenigstens zwei Knappen halten, die seine Waffen und das Pferd versorgten. In der Merowingerzeit standen die Mittel dafür nicht zur Verfügung. Das änderte sich mit der Entwicklung des Feudalsystems. Der jeweilige Herr, der König oder Adelige, überließ seinen Vasallen einen Teil seines Grundbesitzes, die dafür zu bestimmten, besonders militärischen Dienstleistungen verpflichtet wurden. Nach dem Tode Karls des Großen 814, als sein Reich aufgeteilt und von Magyaren und Wikingern bedrängt wurde, setzte sich das Feudalsystem endgültig durch. Die Vasallen waren zum Ritterdienst verpflichtet. Die Vasallentreue und gemeinsame Interessen stärkten die Disziplin in den Heeren. Nach der Eroberung Italiens hatte Karl der Große zudem langobardische Reiter in seine Streitmacht eingegliedert, die in Osteuropa gegen die Awaren kämpften.

Der Kern der fränkischen Armee bestand aus schwerer Kavallerie. Die Ritter waren mit Kettenhemd, Helm, Schild, Lanze und Streitaxt bewaffnet. Aber immer noch gab es die fränkischen Massenverbände zu Fuß. Ihre jetzt geringere Zahl wurde durch bessere Ausrüstung ausgeglichen. Neben der Keule mußte jeder Fußsoldat einen Bogen besitzen. Als interessantes Dokument ist die Aufforderung Karls des Großen an seinen Vasallen, den Abt Fulrad von Altaich aus dem Jahr 806 erhalten geblieben:

> Am 20. Mai sollst du mit deinen Männern nach Staßfurt an der Boda kommen, bereit, in jedem von uns bestimmten Teil unseres Reichs zu kämpfen. Du sollst mit Waffen, Ausrüstung und aller für die Kriegführung benötigten Bekleidung und Verpflegung erscheinen. Jeder Reiter soll Schild, Lanze, Schwert, Dolch, Bogen und Köcher haben. In deinen Wagen sollst du Spaten, Äxte, Picken und mit eisernen Spitzen versehene Stangen sowie alles für die Truppe benötigte Material mitführen. Die Rationen sollen für drei Monate reichen ... Auf dem Wege sollst du unseren Untertanen keinen Schaden zufügen und nichts als Wasser, Holz und Gras berühren ... Beim Verlust unserer Gnade achte darauf, daß du dir nichts zuschulden kommen läßt.

Über die taktische Gefechtsführung der Franken ist wenig bekannt. Die Schlacht begann wahrscheinlich mit einem Geplänkel der Bogenschützen zu Fuß. Dann erfolgte ein Massenangriff der Reiter. Gute Ausbildung und Bewaffnung und der strategische Weitblick Karls des Großen haben wahrscheinlich mehr zum Erfolg beigetragen als taktische Geschicklichkeit. Das Rückgrat seiner Feldzüge waren die nach römischem Vorbild an der Grenze auf Höhen und an Flüssen erbauten Befestigungen, die nur selten vom Feind eingenommen wurden. Viele dieser festen Plätze entwickelten sich später zu Städten.

Unter den schwächeren Nachfolgern Karls des Großen verringerte sich der Wert der fränkischen Armee. Ihre Zusammensetzung blieb im wesentlichen die gleiche. Sie war ein feudales Ritterheer, und es stellten sich bald ähnliche Schwächen ein, wie wir sie schon zur Zeit der Merowinger beobachten konnten. Die Franken haben die Byzantiner in Süditalien nicht besiegt. Leo der Weise schreibt:

> Die Franken und Langobarden sind überaus kühn und wagemutig ... sie sehen die geringste Bewegung nach rückwärts als Schande an und kämpfen, wann immer man ihnen die Schlacht anbietet. Wenn die Ritter in Bedrängnis geraten, sitzen sie ab, kämpfen Rücken an Rücken und fliehen nicht. Ein geschlossener Angriff der fränkischen Reiter mit breitem Schwert, Lanze und Schild ist so wuchtig, daß es besser ist, die Schlacht nicht anzunehmen, ehe man nicht alle Vorteile auf seiner Seite hat. Ihre Disziplinlosigkeit und Unordnung muß man ausnutzen. Zu Fuß und zu Pferde greifen sie in nicht manövrierfähigen, dichten Haufen an ... In Rücken oder Flanke angegriffen geraten sie leicht in Verwirrung. Auch im Lager halten sie keine Ordnung und stellen keine Wachen aus, so daß man sie leicht bei Nacht überfallen kann. Hunger und Durst können sie nur schwer ertragen und

verlieren, wenn sie Entbehrungen ausgesetzt sind, leicht die Kampfmoral ... Ihren Befehlshabern
verweigern sie den Respekt ... und ihre Führer sind bestechlich ... Im ganzen ist es daher leichter
und billiger, eine fränkische Armee durch Geplänkel oder durch lange hinausgezogene Operationen
in unwirtlichen Gebieten zu erschöpfen und ihre rückwärtigen Verbindungen abzuschneiden als zu
versuchen, sie mit einem einzigen Schlag zu vernichten.

Das Reich Karls des Großen zerfiel bald nach seinem Tode. Das war einmal die Folge eines Bürgerkriegs unter seinem Nachfolger Ludwig dem Frommen, vor allem aber war es den gleichzeitigen Angriffen der Araber, Magyaren und Wikinger im 9. und 10. Jahrhundert zuzuschreiben. Die Araber oder Sarazenen, wie die Franken sie nannten, begnügten sich mit der Eroberung Siziliens und Süditaliens und kleineren Piratenzügen an der französischen Mittelmeerküste. Die magyarischen Reiter bedrängten die Ostgrenzen und kamen nach 900 durch ganz Deutschland bis in die Provence und nach Burgund. Erst Heinrich der Vogler besiegte sie 933 an der Unstrut, und Otto der Große vernichtete sie endgültig auf dem Lechfeld 955. Aber die größte Gefahr für Europa waren die skandinavischen Wikinger, mit denen wir uns im folgenden beschäftigen wollen.

Der eigentliche Grund für das plötzliche Auftauchen der Wikinger oder „Nordmänner" Ende des 8. Jahrhunderts läßt sich heute nicht mehr feststellen. Zunächst ging es ihnen bei ihren Raubzügen durch ganz Europa wahrscheinlich mehr um Plünderung als um Kolonisierung, obwohl viele von ihnen das Land, das sie eroberten, auch besiedelten. Zum erstenmal erschienen die Wikinger in drei Schiffen 789 bei Wareham in Dorset. Dann überfielen sie die Klöster Lindisfarne und Wearmouth an der Küste von Northumbria und dehnten ihre Unternehmen bis nach Irland und Frankreich aus. 832 kam ein großes Wikingerheer unter Thorhils nach Irland. Zwei Jahre später plünderten sie die Kathedrale von Utrecht, und 851 erlitten London und Canterbury das gleiche Schicksal. Nord- und Ostengland wurden von den Wikingern besetzt, 911 überließ der fränkische König, Karl der Einfältige, die heutige Normandie den Wikingern, ganz England wurde dem skandinavischen Reich des Dänenkönigs Canute (995–1035) einverleibt, und die Wikinger drangen bis nach Island, Grönland, Amerika, Spanien, Marokko, Italien, Nowgorod, Kiew und Byzanz vor.

Die Wikinger waren in erster Linie tüchtige Seefahrer. Eines der interessantesten Wikingerschiffe, das Gokstad-Schiff, hat sich bis heute erhalten, und ich habe es in Oslo besichtigt. Es ist etwa 70 Fuß lang, 16 Fuß breit, ist fast 6 Fuß tief, wiegt mehr als 20 Tonnen und ist ganz aus Eichenholz gebaut. Anstelle der flachen Bodenplanke hat es einen starken Holzkiel. Bug und Heck bestehen aus jeweils einem Stück. Wahrscheinlich trug es ein an einem 13 Meter hohen Fichtenmast befestigtes viereckiges Segel. Die Sagen berichten von roten, manchmal aber auch von blau-rot gestreiften Segeln. Für Fahrten über weite Strecken wurde das Segel gesetzt, im Gefecht wurde es mit sechzehn Riemenpaaren gerudert. Jeder Riemen war 5 Meter lang oder länger und wurde von zwei Mann bedient, die ihre Rundschilde an der Bordkante einhängten. Die Ruderer saßen wahrscheinlich auf ihren Seekisten. Im 10. Jahrhundert waren die Schiffe viel länger und zum Teil mit 200 Mann besetzt. Sie konnten 150 Meilen täglich zurücklegen. Die Bordverpflegung wurde mit Eis und Salz konserviert.

Die Seeschlachten der Wikinger fanden immer dicht unter der Küste statt und entwickelten sich in drei Phasen. Zunächst klärte der Befehlshaber gegen den Feind auf und befahl die günstigste Ausgangsposition. Dann näherte er sich dem Gegner. Der Kapitän eines jeden Schiffes bediente während der Schlacht das Ruder. Zunächst beschossen die gegnerischen Geschwader sich mit Pfeilen, Steinen oder Eisenklumpen. Zum Schluß kam es zum Nahkampf Mann gegen Mann.

Die Flotte war die Basis für die Gefechte an Land. Gewöhnlich fuhren die Wikinger mit ihren Schiffen auf einem größeren Fluß stromaufwärts, lebten aus dem Lande und plünderten die an den Flußufern gelegenen Klöster und Siedlungen. Wenn sie so weit landeinwärts gefahren waren, wie es die Strömung und Tiefe des Flußlaufs zuließen, vertäuten sie ihre Schiffe oder ließen sie auf das Ufer laufen, schützten sie durch Palisaden und eine Bewachungsmannschaft und zogen raubend landeinwärts. Bei ihren ersten Raubzügen wichen sie den Streitkräften ihrer Gegner aus und setzten sich stromabwärts vom Feinde ab. Später wurden sie kühner. Da sie aber nur mit verhältnismäßig schwachen Verbänden landen konnten, legten sie es vor allem darauf an, Beute zu machen, und wichen regelrechten Gefechten aus. Im Lauf der Zeit legten sie Befestigungen an, zu denen sie zurückkehrten, zum Beispiel auf der Seineinsel oberhalb von Rouen, in Noirmoutier an der Loiremündung, in Walcheren (von dort führten sie Angriffe gegen Flandern und das niederrheinische Gebiet) und in Thanet in England.

Die von Wasser umschlossenen, durch Pfähle und Gräben verstärkten Festungsanlagen ließen sich nur sehr schwer einnehmen. Der fränkische König Arnulf nahm 891 eine wichtige Festung der Wikinger im Sumpfgebiet bei Louvain in Besitz – eine beachtliche Leistung. Die Wikinger hatten zuvor plündernd und raubend das Gebiet am Niederrhein durchzogen und viele Bewohner ermordet. Arnulf war gerade von einem Feldzug gegen die Slawen an der bayerischen Grenze zurückgekehrt und wendete sich nun voller Zorn gegen die neuen Eindringlinge. Regino von Prüm schreibt über diesen Sieg:

> Ermutigt durch ihren Erfolg in einer vorangegangenen Schlacht begaben sich die Nordmänner auf einen Raubzug, und der König trat ihnen mit einem Heer entgegen. Als die Nordmänner ihn über den Fluß Dyle in Schlachtordnung heranrücken sahen, errichteten sie eine Befestigung aus Holz und warfen einen Erdwall auf. Dann empfingen sie das fränkische Heer mit Schmähreden ...

Die Franken besiegten die Wikinger. Allerdings entsprach dieses Gefecht nicht den sonst üblichen Kampfmethoden der Franken, die ihre Reiter nicht einsetzen konnten, weil das Schlachtfeld in einem Sumpfgebiet gelegen war.

Für mich ist diese Schlacht besonders interessant, denn hier bin ich im Zweiten Weltkrieg zum erstenmal auf die Deutschen gestoßen. Die britische 3. Division, die ich damals befehligte, war am 10. Mai 1940 aus dem Raum Lille nach Belgien vorgestoßen, in der Nacht durch Louvain gekommen und hatte, kurz vor Eintreffen der deutschen Truppen in diesem Gebiet, vor Morgengrauen des 11 Mai, eine Verteidigungsstellung an der Dyle bezogen. Auch 1940 war die Flußniederung noch sumpfig.

Zu Beginn ihrer Angriffsoperationen waren die Wikinger wahrscheinlich noch schlecht bewaffnet, und es kam ihnen unter anderem vor allem darauf an, sich Rüstungen und Waffen zu verschaffen. Im 9. Jahrhundert besaßen ihre Krieger lange Kettenhemden, und im übrigen glich ihre Ausrüstung derjenigen der Franken, nur daß ihr Spitzhelm einen Nasenschutz besaß. Ihre ersten Holzschilde waren rund. Später waren sie drachenförmig und bunt bemalt. Ihre Hauptangriffswaffe war die Streitaxt, und zwar nicht die leichte Wurfaxt der Franken, sondern eine schwere, mit einer breiten Eisenklinge versehene Waffe mit einem fünf Fuß langen Stiel. Manchmal war die Klinge mit Runen verziert. Außerdem führten sie lange und kurze Schwerter, Speere, lange Bogen und Pfeile. Im Gegensatz zu anderen Völkern betrachteten sie den Bogen als eine durchaus ehrenhafte und wirkungsvolle Waffe. Die Wikinger kämpften grundsätzlich zu Fuß und schwangen dabei ihre schweren Streitäxte. Da sie selbst keine Pferde mitbringen konnten, standen ihnen nur Beutepferde zur Verfügung, die sie als Tragtiere benutz-

Kriegführung im Mittelalter

ten. Gegen die feindlichen Reiter kämpften sie defensiv hinter einem Schildwall. Am liebsten nahmen sie die Schlacht dicht vor ihrem Lager, hinter einem Flußlauf oder in einer Bergstellung an. Als Berufssoldaten waren sie meist den in aller Eile ausgehobenen Bauernsoldaten ihrer Gegner überlegen. Ein weiterer Vorteil bestand in ihrer Körpergröße und Muskelkraft. Sie verfügten über zwei Klassen von besonders leistungsfähigen Kämpfern. Das waren einmal die „Berserker", wahrscheinlich Verrückte, die sie wegen ihrer besonderen Wildheit und Stärke in Sonderverbänden kämpfen ließen. Der zweite Sonderverband waren die „Schildmädchen";

Die Kriegführung im frühen Mittelalter

Frauen, die die Wikingerkrieger begleiteten und sich im Kampf durch ihre Wildheit und Ausdauer auszeichneten. Sie glichen wahrscheinlich der Vebjörg, die

> den Helden Soknarsoti angriff. Sie hatte sich daran gewöhnt ... Helm, Kettenhemd und Schwert zu tragen ... versetzte dem Helden schwere Schläge ... und zerschmetterte ihm mit einem Streich gegen die Wange den Unterkiefer ... er nahm den Bart in den Mund und hielt so sein Kinn fest. Sie vollbrachte viele große Heldentaten ... (aber) schließlich ... fiel sie, mit Wunden bedeckt.

Gegen Ende des 9. Jahrhunderts gelang es Franken und Engländern endlich, sich der Wikinger zu erwehren. Der Feudalismus hatte sich weiterentwickelt, und die Franken verfügten inzwischen über starke Reiterverbände, mit denen sie die Wikinger auf ihren Raubzügen verfolgen konnten und die im Angriff stärker waren als der Schildwall ihrer Feinde. Die Wikinger selbst kämpften nicht zu Pferde, und erst ihre Nachkommen, die Normannen, stellten im 11. und 12. Jahrhundert die besten Reiterheere in Europa auf. 866 erließ Karl der Kahle ein Edikt, nach dem jeder Franke, der ein Pferd besaß, sich zum Kriegsdienst verpflichten mußte, und seit jener Zeit spielte die Infanterie im fränkischen Heer nur noch eine untergeordnete Rolle. Die wirksamste Maßnahme zur Abwehr der Wikinger war die Errichtung von Burgen an der Seine, der Loire und der Oise. Die bedeutendste war die Ile de la Cité in Paris, eine Befestigung, die durch zwei starke Brücken mit dem Flußufer verbunden war. Paris hielt sich 885–886 gegen ein starkes Wikingerheer, das die Stadt belagerte. Die Wikinger verwendeten dabei ganz ähnliche Belagerungsgeräte wie Justinian vor drei Jahrhunderten in Osteuropa – die gleichen Türme, Katapulte, Rammböcke, Bohrgeräte und Miniermaschinen. Aber ihre Angriffe schlugen fehl, da sie die Stadt nicht von allen Seiten einschlossen wie später die Deutschen im Preußisch-Französischen Krieg 1870.

In England verteidigte sich Alfred der Große (gestorben 899) mit einem ähnlichen System aus starken Befestigungen gegen die dänischen Wikinger. Anstelle eines Reiterheeres befehligte er jedoch eine aus schwerbewaffneten Fußsoldaten bestehende Armee, die ihren Wert bei den Siegen von Ashdown und Edington unter Beweis stellte. Anders als die Franken faßte er den kühnen Entschluß, eine starke Flotte zu bauen, deren Schiffe ganz ähnlich konstruiert waren wie die der Wikinger. Alfreds Kriegsflotte errang eine Reihe beachtlicher Siege, und noch eintausendfünfzig Jahre nach seinem Tode verfügte England über eine starke Flotte, auf deren Kampfwert es sich verlassen konnte.

Die Annexion Englands durch Canute (1016) war eine politische und nicht eine militärische Angelegenheit. Europa konnte damals schon aufatmen, nachdem es siebenhundertfünfzig Jahre ununterbrochen von Barbareneinfällen heimgesucht worden war. Im Osten sollte Byzanz noch kurze Zeit auf dem Gipfel seiner militärischen Macht bleiben, zu der Basileios ihm verholfen hatte. Im Westen traten die Normannen das Erbe der Wikinger an, um in Europa die militärische Führung zu übernehmen.

Die Kriegführung im frühen Mittelalter

Nichts konnte den normannischen schweren Reitern auf ihren Siegeszügen durch Europa widerstehen

8 · Die Eroberungszüge der Normannen und die Kreuzzüge

Wir kommen jetzt zu einem ganz wichtigen Kapitel in der Kriegsgeschichte, zum hohen Mittelalter der Jahre 1000 bis 1200. Die hervorragendsten Soldaten dieser Periode waren die Normannen, die Abkömmlinge jener Nordmänner, denen die fränkischen Könige 911 das Herzogtum Normandie zum Lehen gegeben hatten, weil sie glaubten, der beste Schutz gegen die Wikinger seien andere Wikinger. Die Nordmänner waren eigentlich Fußsoldaten, aber die Normannen machten sich als Reiter einen Namen, und als ihr Herzog Wilhelm in England einfiel, bestand sein Heer in der Hauptsache aus Reiterei.

Die Normannen übernahmen und verbesserten die Methoden der Kriegführung, die sie in Frankreich vorfanden, ebenso wie vieles andere, und wurden zu den tüchtigsten Rittern und Festungsbauern im damaligen Europa. Im 11. Jahrhundert dehnten sie ihren Herrschaftsbereich durch Eroberungen aus und konsolidierten ihn im 12. Sie eroberten zwei voneinander getrennte Gebiete. Das waren einmal Süditalien und Sizilien und zweitens die britischen Inseln und Westfrankreich. Ihre Tatkraft teilte sich ganz Europa mit, und in der Bewegung, die zum Ausdruck dieser neuen europäischen Vitalität wurde, in den Kreuzzügen, spielten sie eine führende Rolle. William von Malmesbury meint, „sie sind ein kriegsgewohntes Volk und können kaum ohne Krieg leben."

Für mich ist dieser Teil unserer Erzählung besonders erregend und interessant, denn meine Familie stammt von den Normannen ab. Die Stadt Falaise, zu deren freien Bürgern ich gehöre, birgt manche Erinnerung an die Familie Montgomery. Roger Montgoméry, ein Vetter des Eroberers, kämpfte bei Hastings am rechten Flügel seines Heeres. Eigenartigerweise wurde mein alter Gegner Rommel 1944 im Dorf Ste Foy de Montgomery bei Lisieux verwundet und konnte sich deshalb nicht mehr an der Schlacht in der Normandie beteiligen, während ich selbst eine Armee befehligte, die in der entgegengesetzten Richtung vorging wie damals Wilhelm der Eroberer.

Zur Zeit des Feudalismus konnten aus allen Waffengattungen zusammengesetzte Armeen wie die Ostroms nichts mehr ausrichten. Von 400 bis 1000 bestanden die meisten europäischen und asiatischen Heere vor allem aus Reitern und verfügten nur über schlecht ausgerüstete Infanterieverbände. Jahrhunderte sollten vergehen, bevor die Infanterie wieder zur Königin der Waffen wurde. Seit die angelsächsischen Fußsoldaten mit ihren Streitäxten im 11. Jahrhundert entscheidend geschlagen worden waren, beherrschte der Reiter das Schlachtfeld, bis schweizerische und englische Infanterie im 14. Jahrhundert ihre Rolle übernahm. Bis dahin war der Ritter die soldatische Idealgestalt und das Rückgrat eines jeden Heeres.

Die Kreuzfahrerheere unterschieden sich insofern von den anderen Ritterheeren, als sie zu einem größeren Teil aus Freiwilligen bestanden. Zudem setzten sie sich aus Angehörigen ver-

Kriegführung im Mittelalter

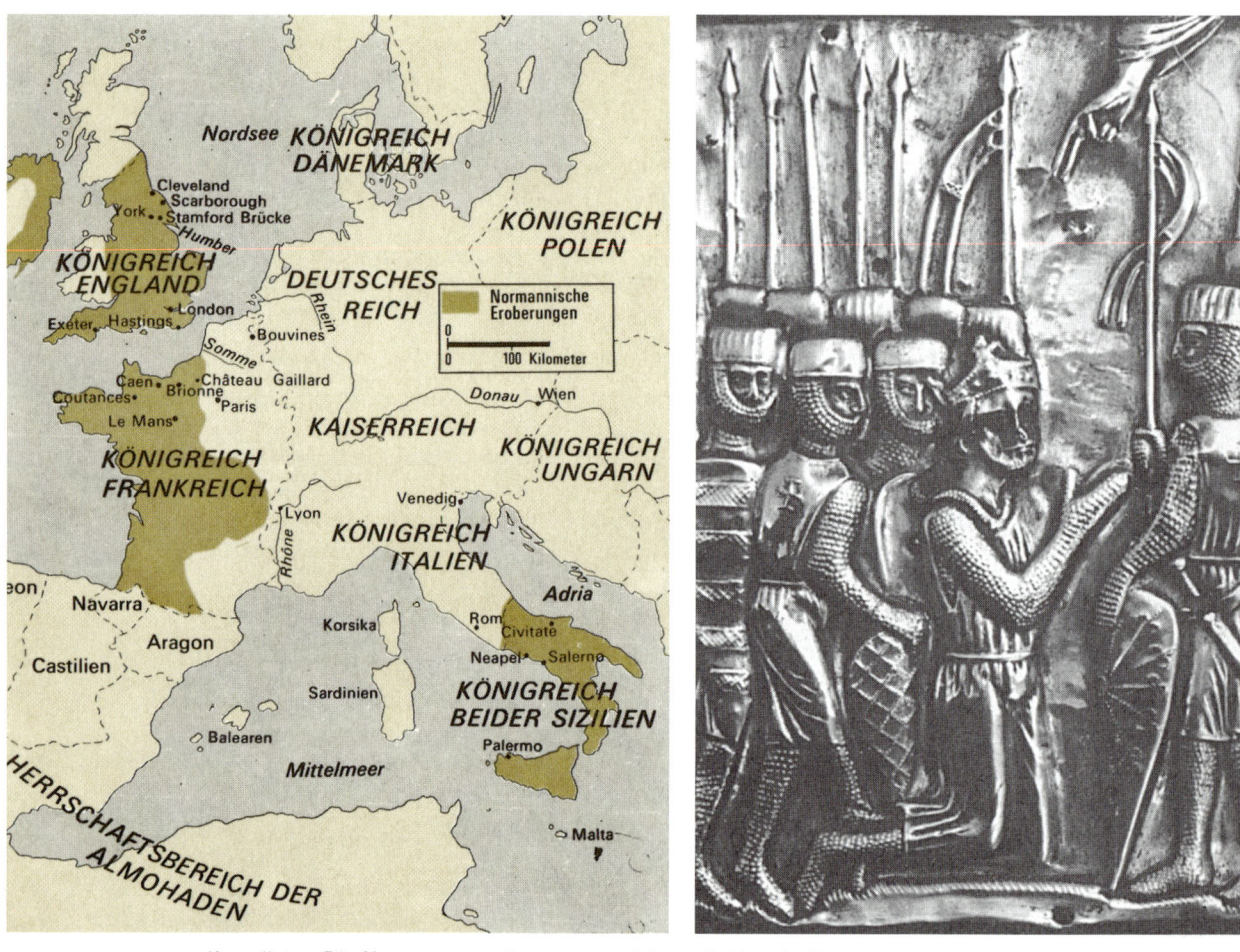

Karte links: Die Normannen eroberten ausgedehnte Gebiete in Europa
Abb. rechts: Normannische Krieger vor der Schlacht

schiedener Nationen zusammen, und unter ihren Führern herrschten Uneinigkeit und Eifersucht.

Ich selbst kenne gut die Gegenden, in denen die Kreuzfahrerheere kämpften, und habe die Schlachtfelder in der Türkei, Syrien, Palästina und Ägypten besucht. Ich habe mich nicht für ihre Leistungen begeistern können, und man darf wohl sagen, daß die Kriegführung aus ihren Erfahrungen kaum etwas hat lernen können.

Was die normannischen Abenteurer im Mittelmeerraum erreichten, blieb ihnen nur kurze Zeit erhalten, aber ihre Leistungen waren kühn und brillant. Die ersten Normannen, die nach Südeuropa kamen, waren Pilger. Aber viele von ihnen waren in Wirklichkeit Abenteurer. 1016 kamen vierzig von ihnen auf der Heimkehr vom heiligen Grab in Jerusalem nach Salerno, das gerade von Sarazenen belagert wurde. Sie verschafften sich Waffen und Pferde, griffen die Ungläubigen an und schlugen sie in die Flucht. Damals beschränkte sich die Kriegführung der Normannen auf abenteuerliche Unternehmungen einzelner und ihrer Gefolgsleute. Aber nach 1040 sammelten sie sich um die Familie Hauteville. Baron Tankred von Hauteville (bei

Coutance) hatte zwölf Söhne; Wilhelm mit dem eisernen Arm, Drogo, Robert und Roger zogen nach Süden, um dort ihr Glück zu machen. 1046 lebte Robert Guiscard, der sich als Söldner, Brigant und Viehdieb betätigte, in den kalabrischen Bergen in Süditalien.

1053 traf ein päpstliches Heer bei Civitate, südostwärts von Termoli, auf die Normannen und wurde geschlagen. Aber es war kaum möglich, einen solchen Sieg auszunutzen, und 1059 leistete Guiscard, der inzwischen anerkannte Führer der Normannen in Italien, dem Papst den Treueid und ließ sich dafür mit italienischen Gebieten belehnen, die er später erweiterte. Während des „Investiturstreits" besetzte Kaiser Heinrich IV. Rom und setzte Gregor VII. in der Engelsburg gefangen. Guiscard wurde zu Hilfe gerufen, die Deutschen zogen sich nach Norden zurück, und der Papst war wieder frei. Rom aber wurde von den Normannen und ihren sarazenischen Hilfstruppen viel schlimmer ausgeraubt und verwüstet als seinerzeit von den Vandalen.

Inzwischen hatten die Normannen Sizilien fast ganz erobert. 1061 hatte Roger mit Guiscards Hilfe das Unternehmen begonnen, aber der Wendepunkt kam 1072 mit der Eroberung von Palermo, wenn auch die letzte Sarazenenfestung erst 1091 fiel. Jetzt herrschte Roger I. über ein geschlossenes Herzogtum, in dem Griechen, Mohammedaner und Normannen friedlich nebeneinander lebten und das durch normannische Festungen in jeder wichtigen Stadt gesichert wurde. Die normannischen Ritter und die sarazenischen Kontingente stellten zwar schon eine erhebliche militärische Macht dar, aber die eigentliche Stärke Siziliens lag in seiner Galeerenflotte, deren Befehlshaber, Georg von Antiochia, einer der fähigsten Flottenbefehlshaber des Mittelalters war. 1130 bestätigte der Papst Roger II. als König von Sizilien, Malta und Süditalien. Das normannische Königreich Sizilien entwickelte sich zu einem der am besten regierten und kultiviertesten in Europa und vereinigte in sich die Tatkraft des Nordens und die kulturellen Traditionen des Mittelmeerraums.

Der zweite große Eroberungszug der Normannen im 11. Jahrhundert ging nach England. 1066, als Herzog Wilhelm von der Normandie nach Britannien übersetzte und die Schlacht bei Hastings gewann, regierte er schon 31 Jahre. Er genoß den Ruf eines fähigen Truppenführers, guten Taktikers, geschickten Strategen und eines weitsichtigen, geduldigen und erstklassigen Menschenführers. Rücksichtslos setzte er seinen Willen durch. In einer angelsächsischen Chronik steht zu lesen:

> Er ließ Burgen bauen und bedrückte die Armen. Der König war auch sehr streng ... Die Reichen klagten, und die Armen murrten, aber er war so unnachgiebig, daß er sich nicht darum kümmerte ...

Anderseits

> darf man nicht vergessen, welche Ordnung Wilhelm herstellte. Es war so, daß jedermann ... mit Gold beladen unbelästigt durch das ganze Reich ziehen konnte, und niemand wagte, einen anderen zu töten.

Diese friedlichen Verhältnisse traten aber erst ein, nachdem es jahrelang Kriege, Aufstände und Streitigkeiten aller Art gegeben hatte. 1047 hatte Wilhelm bei Val-des-Dunes in der Nähe von Caen eine Adelsrevolte niedergeschlagen. Einen Streit mit Gottfried dem Hammer von Anjou um den Besitz von Maine entschied er 1064 durch die Einnahme von Le Mans für die Normandie.

1066 war Wilhelm schon ein erfahrener und erfolgreicher Herrscher und Soldat und kannte alle Methoden der Kriegführung seiner Zeit. Seine Expedition gegen England war kein aus der Laune des Augenblicks geborener Raubzug, sondern ein lange vorbereitetes und klug ausgeführtes Expansionsunternehmen. Als Edward der Bekenner am 5. Januar 1066 starb, hatte

Wilhelm aufgrund verwandtschaftlicher Beziehungen und geheimer Verpflichtungen theoretisch einen besser begründeten Anspruch auf den englischen Thron als Graf Harald von Wessex, der damals der mächtigste Mann in England war. Am 6. Januar wurde Harald vom Nationalrat zum König gewählt und gekrönt. Doch war er alles andere als eine Führerpersönlichkeit. Als Wilhelm im September den Kanal überquerte, nachdem er diese Operation acht Monate sorgfältig vorbereitet hatte, besaß er den Segen des Papstes Alexander II. und die moralische Unterstützung des deutschen Kaisers und des dänischen Königs.

Harald wurde in jenem Jahr nicht nur durch die Normannen, sondern auch von Norden her bedroht. Sein Bruder Tostig hatte sich mit dem angriffslustigen König von Norwegen, Harald Hardradi, verbündet, und man mußte mit einer norwegischen Invasion rechnen. Im Mai hatte Tostig einen Raubzug den Humber hinauf unternommen. Aber Harald nahm die Bedrohung durch die Normannen ernster und ließ mit allen ihm zur Verfügung stehenden Schiffen den Kanal von Dover bis zur Isle of Wight überwachen. Zugleich befahl er den Earls und Sheriffs, den Fyrd bereitzuhalten. Der Fyrd war der Kern des englischen Heeres und rekrutierte sich aus Dienstpflichtigen. Diese Truppe durfte aber nicht länger als zwei Monate unter Waffen gehalten werden. Daneben gab es noch die Klasse der Thegns, einen Stand, der sich zwischen den gewöhnlichen Freien und dem Adel einordnete und dem König direkt dienstverpflichtet war.

Die englischen Soldaten kämpften zu Fuß und waren mit Lanze, Wurfspeer, zweischneidigem Schwert und der schweren dänischen Streitaxt bewaffnet. Das Bogenschießen betrieb man nur als Sport, aber nicht im Kriege. Die Schilde waren entweder rund oder drachenförmig. Wer es sich leisten konnte, trug einen Helm aus Metall und ein Kettenhemd. Der König verfügte über eine Leibwache aus Berufssoldaten, die „Housecarls", die im Sommer 1066 in Sussex mit ihm den feindlichen Angriff erwarteten. Wahrscheinlich haben Wilhelm und Hardradi ihre strategischen Pläne nicht aufeinander abgestimmt, aber für Harald sah es fast so aus. Am 8. September ging der Proviant auf den englischen Schiffen zu Ende, und die Flotte mußte sich wegen der im rauhen Augustwetter eingetretenen Schäden nach London zurückziehen. Eine Woche später erfuhr Harald, daß 300 norwegische Schiffe vor der Küste von Yorkshire erschienen und Cleveland und Scarborough von den Eindringlingen besetzt worden waren. Er entschloß sich, die Südküste zu entblößen und nach Norden zu marschieren. Unterwegs hörte er von der Niederlage der Grafen Edwin und Morkar in einer Schlacht bei Fulford unweit von York und erfuhr, daß die Stadt kurz vor der Kapitulation stand. Er kam noch rechtzeitig nach York, um die Katastrophe abzuwenden, und stellte die Norweger am 25. September bei Stamford Bridge zur Schlacht. Hier errangen die englischen Thegns ihren größten Sieg. Hardradi und Tostig fielen, ihre Truppen wurden geschlagen, und nur wenige konnten über die See entkommen.

Am 28. September landete Wilhelm mit seiner Armee an der englischen Südküste, ohne auf Widerstand zu stoßen. Harald gönnte sich und seinem Heer in York eine Ruhepause und feierte den Sieg über die Norweger.

Seit Januar hatte Wilhelm die Invasion vorbereitet. Erstens mußte er ein Heer aufstellen und zweitens mindestens 450 Transportschiffe zusammenbringen. In dem mächtigen Normannenreich waren die Pflichten des Ritters gegenüber dem Feudalherrn in strengen Regeln festgelegt. Jeder Vasall des Herzogs in der Normandie mußte diesem eine bestimmte Zahl von Rittern zur Verfügung stellen. Diese Ritter waren die typischen Krieger des hohen Mittelalters. Sie trugen ein langes Kettenhemd, den spitzen oder konischen Helm mit Nasenschiene und einen drachenförmigen Schild, der oben rund, unten spitz und drei bis vier Fuß hoch war. Die Schilde waren bemalt, aber die Muster darauf hatten noch keine heraldische Bedeutung. Die Hauptwaffe des Ritters war eine 2,5 bis 3 Meter lange Lanze mit geradem Holzschaft und breiter Eisenspitze. Beim Marsch ruhte das stumpfe Ende der Lanze auf dem Steigbügel. Mitte des 11. Jahrhunderts erhielt das Schwert seine endgültige Form und blieb 400 Jahre unverändert. Es war zweischneidig, lief spitz zu und war vom Knauf bis zur Spitze 44 Zoll lang. Am Sattel trug der Ritter eine Streitaxt mit breiter Klinge oder eine eisenbeschlagene Keule.

1066 hatten sich die Ritter schon an den Dienst unter Wilhelm gewöhnt. Sie waren aber nur verpflichtet, innerhalb der Grenzen des Herzogtums 40 Tage Kriegsdienst zu leisten. Zudem reichten Wilhelms eigene Streitkräfte nicht aus, Eroberungszüge in fremde Länder zu unternehmen. Doch die meisten Adeligen waren bereit, ihm freiwillig zu folgen. Die Eroberung des großen und reichen England war, da der Papst seine Einwilligung gegeben hatte und das Anwachsen der Bevölkerungszahl sich schon wirtschaftlich bemerkbar machte, für dieses so unternehmungslustige Volk eine erstrebenswerte Sache. So scharten sich nicht nur Freiwillige und Söldner aus der Normandie, sondern auch Soldaten aus ganz Frankreich um Wilhelm, ja sogar abenteuerlustige Normannen aus Italien. 1200 normannische Ritter bildeten den Kern seiner Armee. Das ganze Aufgebot bestand aus einer Truppe von 2000 bis 3000 Rittern.

Zu ihrer Unterstützung warb Wilhelm 3000 bis 4000 Fußsoldaten an, und zwar Bogenschützen, vielleicht auch Armbrustschützen und mit Piken und Schwertern bewaffnete Infanteristen. Im Gegensatz zu den meisten englischen Fyrd trugen die normannischen Infanteristen das Kettenhemd. Der normannische Bogen war etwa 4 Fuß lang, und vor dem Abschuß zog man den Pfeil bis vor die Brust. Die Armbrust ist wahrscheinlich Anfang des 11. Jahrhunderts in Gebrauch gekommen. Angeblich war ein Teil der Soldaten Wilhelms 1066 damit ausgerüstet, aber auf dem Teppich von Bayeux, der den ganzen Zug darstellt, findet sie sich nicht. (1804 ließ Napoleon den Teppich von Bayeux in Paris ausstellen, um die Franzosen für die geplante Invasion Englands zu begeistern.) Die Armbrust war eine viel wirkungsvollere Waffe als der Bogen, aber keine neue Erfindung.

Ende August 1066 hatte Wilhelm sein Heer an der Seinemündung versammelt, um den Kanal bei der ersten günstigen Gelegenheit zu überqueren. Sechs Wochen wurde er durch ungünstigen Wind aufgehalten und mußte sich jetzt als guter Zuchtmeister erweisen, um die Disziplin in seiner bunt zusammengewürfelten Armee aufrechtzuerhalten. Endlich kam Westwind auf, und die Flotte konnte auslaufen. Als der Wind am Abend des 27. September von Süden kam, fuhren die Schiffe über den Kanal. In der Frühe des folgenden Morgens landete Wilhelm westlich von Hastings in der Bucht von Pevensey an einer leeren Küste. Mit vorgefertigten Teilen ließ er am ersten Tag im alten römischen Hafen zum Schutz der Schiffe eine Befestigung errichten. Der Dichter Wace berichtet, „alle aßen und tranken genug und waren froh, daß sie an Land waren." Am 29. marschierten die Normannen nach Hastings, brachten die Flotte in den Hafen und plünderten das umliegende Gebiet.

Harald war immer noch in York und ließ seine Männer nach dem Sieg bei Stamford Bridge ausruhen. Am 1. Oktober erfuhr er von der Landung der Normannen und brach am folgenden Tag mit seinen Housecarls nach Süden auf. Eine Woche nach Wilhelms Landung war er in London. Dort mußte er warten, bis sein Heer sich versammelt hatte, und erst am Abend des 13. Oktober erreichte er den Sammelplatz an einem alten Apfelbaum bei einer Schlucht in den South Downs, etwa 10 Kilometer nördlich von Hastings nahe der heutigen Stadt Battle.

Nun müssen wir uns etwas genauer mit den Plänen und der Strategie des englischen Königs beschäftigen. Harald hat wahrscheinlich einen ähnlichen Plan gehabt wie bei Stamford Bridge. Um den Gegner zu überraschen, wollte er ihn rasch mit seinen besten Truppen angreifen. Wilhelm hatte durch Spione erfahren, daß Harald nach einer schweren Schlacht etwa 310 Kilometer weiter nördlich rastete. Es war deshalb fraglich, ob es Harald gelingen würde, ihn zu überraschen. Nach sorgfältiger Beurteilung der Lage hätte der englische König darauf kommen müssen, daß die Normannen die Entscheidungsschlacht suchten und sie gewinnen mußten. Wilhelm befand

Kriegführung im Mittelalter

Normannische Schiffe bringen Wilhelms Heer über den Kanal nach England

sich zwar auf englischem Boden, aber hinter ihm lag der Kanal, der jetzt wieder von einer englischen Flotte überwacht wurde. Man könnte sagen, Wilhelm sei ein „kalkuliertes Risiko" eingegangen, ein Ausdruck, dessen sich amerikanische Generale 1939/45 gern bedienten, wenn irgend etwas schiefgegangen war. Bisher hatte der Zufall ihn begünstigt, denn die norwegische Invasion und das unzuverlässige englische Wetter hatten es ihm erlaubt, an der Südküste Englands Fuß zu fassen. Nun aber mußte er seine Fähigkeiten durch klare Überlegungen unter Beweis stellen.

Wilhelm kannte Harald persönlich und rechnete damit, daß Harald zu stürmisch vorgehen würde. Die Verwüstung von Sussex war eine für den Herzog bezeichnende und wohlüberlegte Maßnahme, denn Sussex war ein Teil des Besitzes von Harald, der Grafschaft Wessex. Hier würde Harald wahrscheinlich eingreifen. Strategisch wäre es am richtigsten gewesen, wenn Harald südlich von London eine starke Armee versammelt und seiner Flotte befohlen hätte, die normannischen Schiffe im Hafen von Hastings anzugreifen. Hätte er die Normannen im Weald, einem Wald zwischen London und Hastings, zur Schlacht gestellt, wären seine Aussichten auf einen Sieg besser gewesen. Drei Jahrhunderte später haben die Engländer diesen Plan gefaßt, als die Franzosen 1386 eine Invasion beabsichtigten, die ebenso wie die für 1803 bis 1805 geplante nicht erfolgte. Wilhelm kam es darauf an, Harald möglichst rasch zu schlagen. Anderenfalls drohte ihm eine Katastrophe. Das hätte Harald erkennen müssen.

Doch Harald handelte so schnell und ungestüm, wie Wilhelm es erwartet hatte. Er marschierte von London direkt nach Hastings, ehe noch ein Drittel seines Heeres kampfbereit war. Auch konnte er seinen Gegner nicht überraschen, da Wilhelms Aufklärer den Anmarsch der Engländer meldeten. Die Normannen verbrachten die Nacht des 13. Oktober im Gebet und mit Vorbereitungen für die Schlacht. Vor Sonnenaufgang verließen sie das Lager und marschierten die 10 Kilometer zum Telham Hill gegenüber der Anhöhe, auf der der alte Apfelbaum stand. Jetzt waren es die Engländer, die überrascht wurden, denn viele von ihnen waren erst in der Nacht eingetroffen und schliefen noch, andere kamen gerade heran. Um den Schein des Rechts zu wahren, schickte Wilhelm eine Abordnung zu Harald, um in letzter Stunde eine friedliche Lösung des Konflikts anzubieten. Er benutzte diese Gelegenheit dazu, seinen Feind in Aufregung zu versetzen, indem er ihm mitteilen ließ – diese Mitteilung war falsch –, er sei exkommuniziert worden.

Wilhelm hatte den Vorteil der Überraschung, aber Haralds Stellung in einem Gelände, das er wahrscheinlich im vergangenen Sommer erkundet hatte, eignete sich ausgezeichnet für die Verteidigung. Das englische Heer hielt einen etwa 650 Meter langen Höhenrücken besetzt, der nach Westen und Osten sanft abfiel, aber im Norden steil aufragte. Im Süden und Südosten endete der Hang in einem sumpfigen Tal. Dann stieg das Gelände bis zur Stellung der Normannen auf dem Telham Hill, etwa 2 Kilometer vom alten Apfelbaum entfernt, wieder an. Harald stellte seinen Schilderwall auf dem Höhenrücken auf, um zu verhindern, daß die Normannen ihn in Rücken oder Flanke angriffen. Im Zentrum errichtete er seine Feldzeichen und ließ sie links und rechts von den Housecarls flankieren. Jeder Mann im ersten Glied hielt wahrscheinlich etwa 2 Fuß der Stellung. Die Schlachtordnung war zehn oder zwölf Glieder tief. Der englische Verband bestand aus 6000 bis 7000 Mann und war damit etwa ebenso stark wie das Normannenheer.

Haralds Männer waren zum Teil noch von dem Gewaltmarsch von London hierher erschöpft, und seit Stamford Bridge hatten sie ihre Ausrüstung nicht mehr ergänzt. Es fehlten auch die bei Stamford Bridge bewährten Bogenschützen, die wahrscheinlich gegen die normannischen Pferde mit gutem Erfolg hätten eingesetzt werden können. Einige von den in aller Eile in Südengland ausgehobenen Truppen führten nur Keulen, Piken und Stangen, aber sie alle wollten den Eindringling aus dem Lande jagen. Die Housecarls galten als beste Fußtruppen in Europa, und obwohl sie schwere Verluste erlitten hatten, blieben sie siegesgewiß. Als das Heer zur Schlacht aufgestellt war, ritt Harald die Front ab und erinnerte seine Männer daran, daß alles gut gehen werde, solange der Schildwall hielt. Damit hatte er recht, doch nun wollen wir sehen, wie sich die Schlacht weiterentwickelte.

Die Normannen, die am frühen Morgen des 14. Oktober von Hastings hierher marschiert waren, stellten sich in drei Abteilungen auf: links die Bretonen unter Graf Alan von der Bretagne, rechts französische und andere Söldner unter Eustace von Boulogne und in der Mitte die Normannen unter Wilhelm. Jede Abteilung kämpfte in drei Treffen. Vorn standen die Bogenschützen, es folgte die schwere Infanterie und im letzten Treffen kämpften die Ritter. Vor der Armee wehte das päpstliche Banner. Kurz vor Beginn der Schlacht legten die Ritter ihre Rüstungen an, denn sie hatten ihre Kräfte bis zum letzten Augenblick geschont. Dann hängte sich Wilhelm die heiligen Reliquien von Bayeux um den Hals und ging mit seinen Halbbrüdern Robert, dem Grafen von Mortain, und Odo, dem Bischof von Bayeux, gefolgt von seinen Freunden Wilhelm Giffard und Wilhelm Malet in den Kampf. Als die Normannen von Telham Hill gegen den Feind vorrückten, zogen sie ihre Reihen so weit auseinander, daß sie die ganze englische Front deckten. Der Troubadour Taillefer ritt dem Heer voraus, schwang seine Lanze und sang dabei das Rolandslied, bis er erschlagen wurde.

Gegen 9.00 Uhr griffen die Normannen zum erstenmal an, ihre Bogenschützen eröffneten das Feuer, aber da sie bergauf schießen mußten, gingen die meisten Pfeile über die Engländer hinweg oder fingen sich in ihren Schilden. Es folgte der Angriff der schweren Infanterie. Wilhelm von Poitiers berichtet, die Engländer hätten sich tapfer und standhaft verteidigt. „Die Rufe der Normannen und Barbaren gingen im Waffengeklirr und im Geschrei der Sterbenden unter ... die Schlacht wurde mit äußerster Wildheit ausgetragen." Die Engländer hielten, begünstigt durch das Gelände, ihre Front intakt. „Sie leisteten tapferen Widerstand und wiesen den Gegner im Nahkampf ab." Der Angriff der normannischen Bogenschützen und Schwerbewaffneten gegen den Schilderwall schlug fehl, und schließlich „wendeten sich die Fußsoldaten und die bretonischen Ritter in panischem Schrecken zur Flucht". Es sah aus, als werde sich die Armee des Herzogs jeden Augenblick fluchtartig zurückziehen.

Solange der Schildwall hielt, hatte die englische Armee nichts zu fürchten, doch als die breto-

Kriegführung im Mittelalter

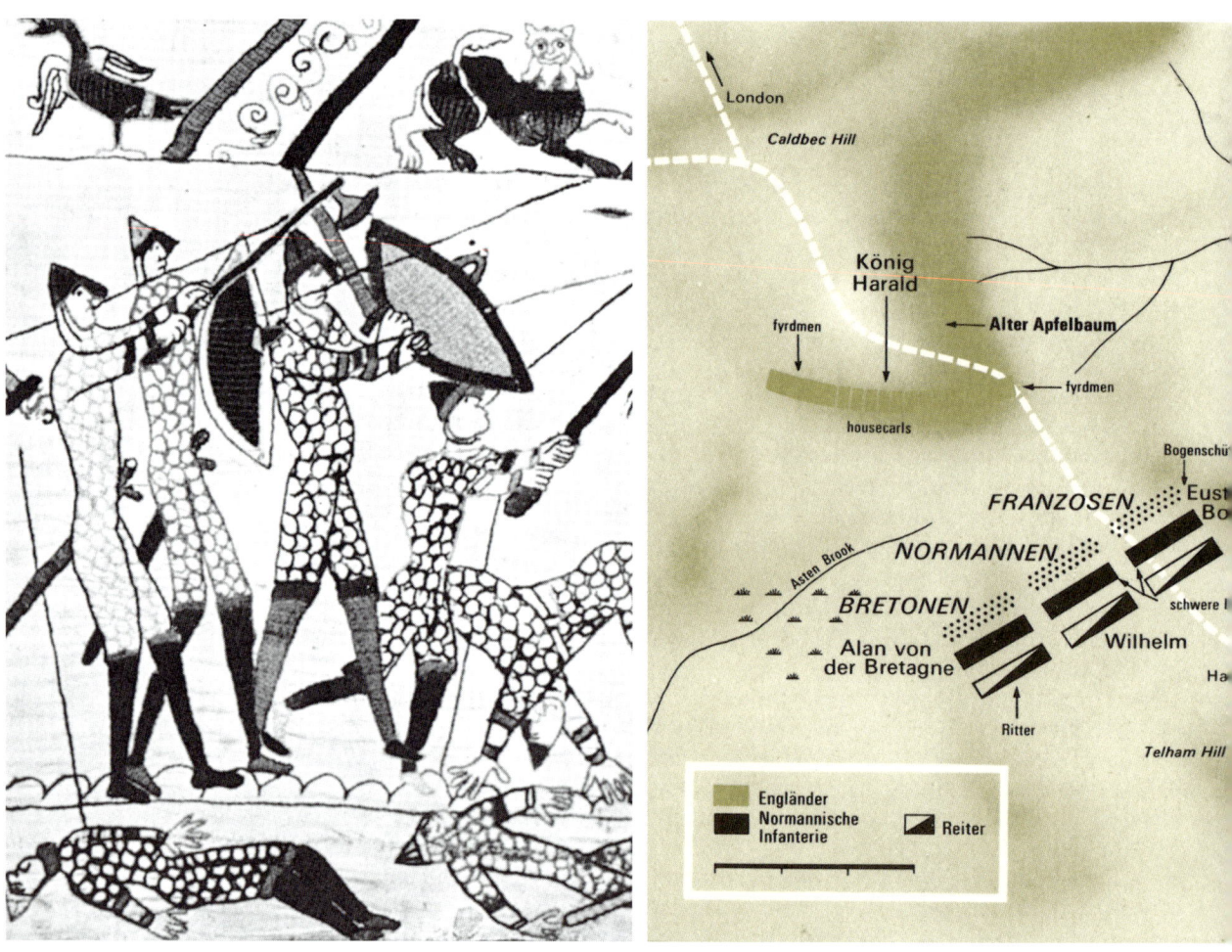

Die Schlacht bei Hastings
Die englische Armee bestand nur aus Fußsoldaten

nischen Ritter sich hügelabwärts zurückzogen, stürmten einige unerfahrene englische Soldaten ihnen nach. Jeder Fußsoldat, der einen Berittenen verfolgt, begibt sich in große Gefahr, und wahrscheinlich hat Harald in diesem Stadium der Schlacht die Verfolgung noch nicht befohlen. Wilhelm hatte jetzt auch sein Pferd verloren, und durch die Reihen seiner Krieger ging der Ruf, er sei gefallen. Schnell bestieg er ein anderes Pferd, zeigte sich seinen Truppen und nahm das Kommando wieder fest in die Hand. Noch immer hielten die Engländer standhaft ihre Stellung, während die Normannen sich wieder sammelten und zum zweiten Angriff bereitstellten.

Wilhelm selbst führte den neuen Angriff der Ritter an, und das Handgemenge währte mehrere Stunden. Im 11. Jahrhundert kannte man noch nicht die geschlossene Reiterattacke, sondern die Ritter ritten einzeln oder in Gruppen gegen die feindlichen Linien, warfen ihre Lanzen und schlugen dann mit Schwertern, Keulen und Äxten auf den Feind ein. Wilhelm beteiligte sich selbst am Gefecht, verlor einige Pferde, blieb jedoch unverwundet. Wilhelm von Poitiers berichtet: „Er beherrschte diese Schlacht, sammelte die Weichenden, ermutigte sie und teilte die Gefahr mit ihnen." Andererseits

> fochten die Engländer im Vertrauen auf ihre Stärke und bemühten sich, die Angreifer daran zu hindern, ihre Reihen zu durchbrechen. Sie standen so eng zusammen, daß selbst die Toten nicht Platz hatten, zu Boden zu fallen.

Beide Seiten hielten sich so tapfer, daß man lange nicht sagen konnte, wer siegen würde.

Am frühen Nachmittag versuchte Wilhelm es mit einer Kriegslist. Nachdem die Engländer am Morgen die zurückgehenden Normannen vor ihrem rechten Flügel verfolgt hatten, befahl er nun den Scheinrückzug am anderen Flügel. Die meisten Engländer stürmten, wahrscheinlich ohne daß es ihnen befohlen war, dem weichenden Feind hinterher. Aber als sie in der Niederung angekommen waren, wendeten die Normannen ihre Pferde und griffen sie erfolgreich an.

Aber die Housecarls im englischen Zentrum standen noch felsenfest, und als die Sonne am Spätnachmittag zu sinken begann, waren die Normannen erschöpft, und die mächtigen englischen Streitäxte hatten ihre Wirkung nicht verfehlt. Wieder erwies sich Wilhelm als geschickter Truppenführer. Seine Bogenschützen waren noch frisch. Er ließ sie in einer lockeren Linie aufmarschieren und im Laufschritt gegen den Feind anrücken. Dahinter trabten die Ritter. Etwa 100 Meter vor den Engländern hielten die Bogenschützen und schossen ihre Pfeile fast senkrecht in die Höhe, die nun auf den Gegner herabregneten. Die Reiter griffen geschlossen an und trafen wenige Sekunden, nachdem die englischen Linien durch den Pfeilregen in Unordnung geraten waren, auf den Feind. Auch jetzt kam es noch zu harten Kämpfen. Der englische linke Flügel zerbrach unter den Schlägen der Ritter von Eustace de Boulogne, der Schildwall löste sich auf, und viele Engländer flohen. Die Housecarls zogen sich geordnet zurück, wurden aber von Wilhelm verfolgt und zerschlagen. Erst nach Einbruch der Dunkelheit kehrte er auf das Schlachtfeld zurück und fand dort Haralds Leiche nackt und bis zur Unkenntlichkeit verstümmelt. Wir werden uns im Folgenden kurz mit den militärischen Leistungen und der Führungskunst beider Befehlshaber beschäftigen.

Ich glaube, Harald hätte Wilhelm durchaus schlagen und mit seiner Armee ins Meer zurückwerfen können. Es wäre die beste Strategie gewesen, dies so schnell wie möglich zu tun. Aber mit den vorhandenen Kräften konnte er es in so kurzer Zeit nicht bewerkstelligen. Harald hatte keinen vernünftigen strategischen Plan, denn er ließ die englische Südküste unverteidigt und unbewacht zurück und setzte auch die Flotte nicht ein, nachdem sie verproviantiert und instandgesetzt war. Wären die normannischen Schiffe von See her bedroht worden, hätte das, besonders in dem Augenblick, als Haralds Heer von Norden heranrückte, die Kampfmoral der Normannen geschwächt. Harald tat vielmehr alles, was Wilhelm von ihm erwartete. Wilhelm war der bessere und erfahrenere Truppenführer. Zweifellos hatte er Glück, aber seine Kühnheit verdiente dieses Glück. Nachdem er die Schlacht bei Hastings gewonnen hatte, eroberte er ganz England. Diese eine Schlacht gab der englischen Geschichte eine ganz neue Wendung. Vielleicht war es am besten so, denn die Normannen hatten England viel zu bieten.

Noch ehe Wilhelm der Eroberer zu Weihnachten in Westminster Abbey gekrönt wurde, mußte er sich, zum Teil mit grausamen Maßnahmen, die Herrschaft sichern, besonders gegenüber Exeter und Nordengland. Normannische Soldaten, Verwaltungsbeamte, Geistliche und Kaufleute nahmen begeistert an der Eroberung des Landes teil. Das skandinavische Element wurde ausgeschaltet und die englische Geschichte und Kultur wurde eng mit der Frankreichs verknüpft. England wurde zu einem Feudalstaat, und das nützte in erster Linie dem König, aber auch dem normannischen Adel. Im 12. Jahrhundert wurde das Normannenreich zur stärksten Macht in Europa und erreichte unter Heinrich II. seinen Höhepunkt, als es sich von Schottland und Irland über England und Westfrankreich bis zu den Pyrenäen erstreckte. Aber 1214 erlaubte es die Dummheit der Söhne Heinrichs – Richards und Johanns – dem großen französischen König und Staatsmann Philipp August, das Reich in der Schlacht von Bouvines zu zerschlagen. König Johann von England wurde besiegt und gedemütigt, und schließlich erhoben sich sogar seine eigenen Ritter gegen ihn.

Wie überall in Europa gab es bei den Normannen im Mittelalter drei Stände, die Krieger, die Geistlichen und die Handarbeiter. Das Fundament des Ritterstandes und der Kriegspolitik war die Burg. Sie war auch das sichtbare Symbol der Feudalherrschaft. Zwischen 1000 und 1300 nahm der Festungsbau einen gewaltigen Aufschwung, während sich Angriffswaffen und Belagerungsgeräte nicht entsprechend weiterentwickelten. Die Verteidigung war daher zu dieser Zeit die stärkere Kampfmethode, und offene Feldschlachten wurden immer seltener. Man zog die Sicherheit der Burg riskanten Unternehmungen im freien Gelände vor. Wer über ein Netz von Burgen verfügte wie die meisten englischen Könige, befand sich in einer starken Position. Wer den unabhängigen Adel auf seinen Burgen nicht in Schach hielt, hatte Schwierigkeiten – wie die meisten deutschen Kaiser.

Das 12. Jahrhundert brachte auf militärtaktischem Gebiet kaum etwas Neues, und man versäumte es, aus den Erfahrungen der großen Kriege im Osten etwas zu lernen. Manchmal kam es zu politisch hochbedeutenden Schlachten wie etwa den Siegen Heinrichs I. von England bei Tenchebrai (1106) und bei Bremûle (1119). Das waren aber keine regelrechten Schlachten, sondern nur kurze Gefechte, bei denen wenige hundert Ritter aufeinanderstießen. Die sogenannten Schlachten dieser Zeit sind für den Kriegsgeschichtler viel weniger interessant als der Festungsbau.

In Frankreich und England hatte man nach dem Vorbild alter Befestigungen aus Holz und Erdaufwürfen Befestigungsanlagen gegen die Wikinger gebaut, die sich gut bewährten. Aber Mitte des 11. Jahrhunderts entwickelten die Normannen eine neue Art von Festungen, die sich über den größten Teil Europas verbreiteten – die Burg mit Wall und Gräben. Der Wall war ein von einem Graben umgebener Erdaufwurf. Darauf erhob sich der von einer Holzpalisade umgebene Zwinger oder Hauptturm, die befestigte Wohnung des Ritters, seiner Familie und der Gefolgsleute. Der Vorhof war von einem Graben und einer Einzäunung umfriedet und diente ursprünglich dem Schutz der Haustiere. Vor dem äußeren Burgtor lag eine Zugbrücke aus ein paar über den Graben gelegten Planken, die von den Verteidigern aufgezogen werden konnte. Im 11. Jahrhundert waren die Haupttürme meist noch aus Holz gebaut. Allmählich trat der aus Steinen errichtete Zwinger an die Stelle des Holzturms, da das Holz nicht dauerhaft genug war und abbrennen konnte. Eine starke Burg erhöhte zudem das Prestige ihres Besitzers.

Seit Ende des 11. Jahrhunderts wurden die aus Steinen erbauten Burgen größer und prächtiger. Tamworth ist ein Beispiel dafür. Der Zwinger ist ein sogenannter „Muschelzwinger". Er steht auf einer Anhöhe, ist von einer kreisförmigen Mauer umgeben, deren Durchmesser etwa 100 Fuß beträgt, und am Ostrand steht ein viereckiger Turm. Im 12. Jahrhundert entwickelte man eine kompaktere Zitadelle, den rechtwinkligen Zwinger, der auf festem Grund auf dem Burghof errichtet wurde, nicht auf einem aufgeworfenen Erdhügel. Beispiele dafür sind der Tower in London und Corfe Castle, wo sich Lady Bankes 1640 über drei Jahre gegen die Artillerie Cromwells verteidigte. Die rechtwinkligen Zwinger waren sehr massiv gebaut, wie zum Beispiel die 1180 erbaute Festung Dover mit einer 27 Meter hohen Mauer, quadratischen Ecktürmen, die sich noch weitere 4 Meter über die Mauerkrone erheben, etwa 6 Meter dicken

Stützpfeilern und drei den Vorbau verstärkenden Türmen. Die Haupträume sind zwei große Hallen im dritten Obergeschoß. Die Festung enthält auch zwei Kapellen. In der Burg befindet sich eine 120 Meter tiefe Quelle, und eine Wasserleitung aus Bleirohren in den Mauern versorgt das ganze Gebäude mit Wasser. Rechtwinklige Bauten waren insofern verwundbar, als man die Ecken mit Rammböcken oder durch Mineure angreifen konnte. Der Gegner ließ sich nur von einer Seite fassen, weil er durch die vorspringende Ecke geschützt wurde. Eine kreisrunde oder vielwinklige Mauer hob diese Gefahr bis zu einem gewissen Grade auf, wie es die Kreuzfahrer bei der Belagerung levantinischer Burgen gesehen hatten. Mitte des 12. Jahrhunderts veränderte sich die Form des Zwingers. Die etwa 1130 in Houdan in Frankreich entstandene Burg ist innen quadratisch, aber außen kreisförmig und hat vier nach außen vorstehende runde Türme, von denen aus man freies Schußfeld um die ganze Außenmauer hat. In den Mauern und Türmen legte man Schießscharten an. Anders als bei der Brustwehr konnte der Verteidiger hier geschützt und ungesehen den Angreifer beschießen. Die ersten Scharten waren nur lange Schlitze. Später legte man sie kreuzförmig an, um den Bogenschützen ein weiteres Schußfeld nach der Seite zu geben.

Ende des 12. Jahrhunderts entwickelte man leistungsfähigere Bogen und Steinschleudern. Die Festungsbauer verstärkten die Schutzmauern und vermehrten die Vorhöfe. Die innere Burg wurde kleiner und verlor an Bedeutung. Die starke Festung Château Gaillard, 1198 von Richard I. von England vollendet, zeigt fast alle besonderen Merkmale der besten Befestigungsanlagen jener Zeit. Sie steht auf einem Felsvorsprung, 100 Meter über der Seine. Die Burg bestand aus drei Höfen, die hintereinander am Abhang lagen, und zwar als eine in die einzig mögliche Angriffsrichtung tief gegliederte Befestigungsanlage. Der innere Burghof und der Zwinger lagen direkt am Steilhang des Felsens. Die zum Burghof hin gelegene Mauer des Zwingers war verstärkt und lief spitz wie ein Schiffsbug zu, damit dagegengeschleuderte Wurfgeschosse abprallten. Ein tiefer Sockel schützte das Gebäude gegen den Versuch, es zu unterminieren. und gegen Angriffe mit Rammböcken waren unterhalb der Zinnen Öffnungen angebracht, durch die man heißes Pech und Wurfgeschosse auf die Angreifer hinabschleudern konnte. Der Zwinger war mit zwei Reihen von Brustwehren verstärkt. Jeder Burghof war von dem nächsten durch Wall und Mauer getrennt. Während die Schutzmauern am mittleren und äußeren Burghof durch Außentürme verstärkt waren, besaß die innere Schutzmauer eine Reihe nebeneinanderliegender Ausbuchtungen. So konnte der Verteidiger die ganze Außenfläche der Mauer beschießen.

Nur wenige Belagerungen im Mittelalter führten zum Erfolg. Die Belagerung und Einnahme von Château Gaillard 1203–1204 durch Philipp August war eine Ausnahme. Sie zeigt aber die Anwendung der damals gebräuchlichen Belagerungsgeräte und beweist, welche Geschicklichkeit notwendig war, um ein so schwieriges Unternehmen erfolgreich durchzuführen. Seit dem Zerfall des römischen Imperiums hatten sich die Belagerungsgeräte kaum weiterentwickelt. Es waren immer noch Rammböcke, Belagerungstürme, Sturmleitern, Schutzdächer, bewegliche Brustwehren und Schleudermaschinen, die Steine, Pfeile, Stangen, Feuer oder sogar Tierkadaver gegen die Festung warfen. Größe und Leistungsfähigkeit dieser Maschinen variierten, sie sind aber kaum so gut gewesen wie seinerzeit die römischen. Die besten Methoden für die Einnahme einer Festung waren immer noch das Minieren, das Aushungern und der Verrat. Im Verlauf der Geschichte hat sich der Hunger als beste Waffe des Belagerers erwiesen.

Im Spätsommer 1203 begann Philipp August, das Château Gaillard, die wichtigste Festung Johanns von England in der Normandie, zu belagern. Zunächst wollte er die Besatzung aushungern. Er ließ zwei Gräben ausheben, um die Wasserversorgung der Burg zu unterbrechen, baute in Abständen zwischen den Gräben Holztürme auf und wartete drei Monate. Als die

Kriegführung im Mittelalter

Lebensmittelvorräte in der Burg zu Ende gingen, schickte der Kommandant, Roger de Lacy, 400 Frauen, Kinder und kranke Männer hinaus, aber die Franzosen ließen sie nicht passieren. Doch auch die Besatzung der Festung verschloß die Tore vor ihnen, und so mußten die unglücklichen Menschen den strengen Winter zwischen den Linien verbringen. Der Hunger trieb sie dazu, zuerst ihre Hunde und dann ihre Kinder zu essen. Das Problem, was mit den Nichtkombattanten in einer Festung zu geschehen habe, ist ungelöst geblieben. Jeder Belagerer hat sich bisher geweigert, Frauen und Kinder herauszulassen.

Im Frühjahr 1204 begann Philipp mit starken Katapulten und einem Belagerungsturm den Angriff auf die Burg. Die Besatzung antwortete mit ähnlichen Wurfgeräten. Dann unterminierten die Franzosen den Hauptturm am äußeren Burghof und drangen bis zum mittleren Burghof vor. An der Südseite der Zwischenmauer stand ein Gebäude, in dessen Erdgeschoß Latrinen untergebracht waren. Darüber befand sich eine Kapelle. Ein französischer Soldat untersuchte den Burggraben und fand den Latrinenausfluß, kroch hinauf und kam unterhalb

Die Normannen waren die bedeutendsten Festungsbauer in Europa

eines Kapellenfensters heraus. Mit Hilfe eines Stricks zog er einige seiner Kameraden nach, und mit lautem Geschrei stürmten sie in die Kapelle. Die entkräftete Besatzung leistete kaum Widerstand und zog sich in den inneren Burghof zurück. Nun unterminierten die Franzosen die letzte Schutzmauer. Die Belagerten stießen, von der anderen Seite kommend, in den französischen Tunnel vor und trieben die Angreifer hinaus. Aber das Fundament der Mauer war beschädigt, und unter der Beschießung mit Katapulten barst die Mauer auseinander. Die Franzosen stürmten in die Bresche, und nach einem blutigen Gefecht mußte die Besatzung kapitulieren. König Johann hatte mit dem Fall von Château Gaillard die Normandie verloren.

Wir wenden uns jetzt den Kreuzzügen zu. Nachdem die Byzantiner 1071 bei Mantzikert geschlagen worden waren, bat Kaiser Alexius Comnenus den Papst um Hilfe. Aber erst 1095 konnte der Papst, der mit dem deutschen Kaiser im Streit lag, dem Ersuchen der Byzantiner nachkommen. Urban II. berief ein Konzil nach Clermont und richtete einen Aufruf an die Völker Europas:

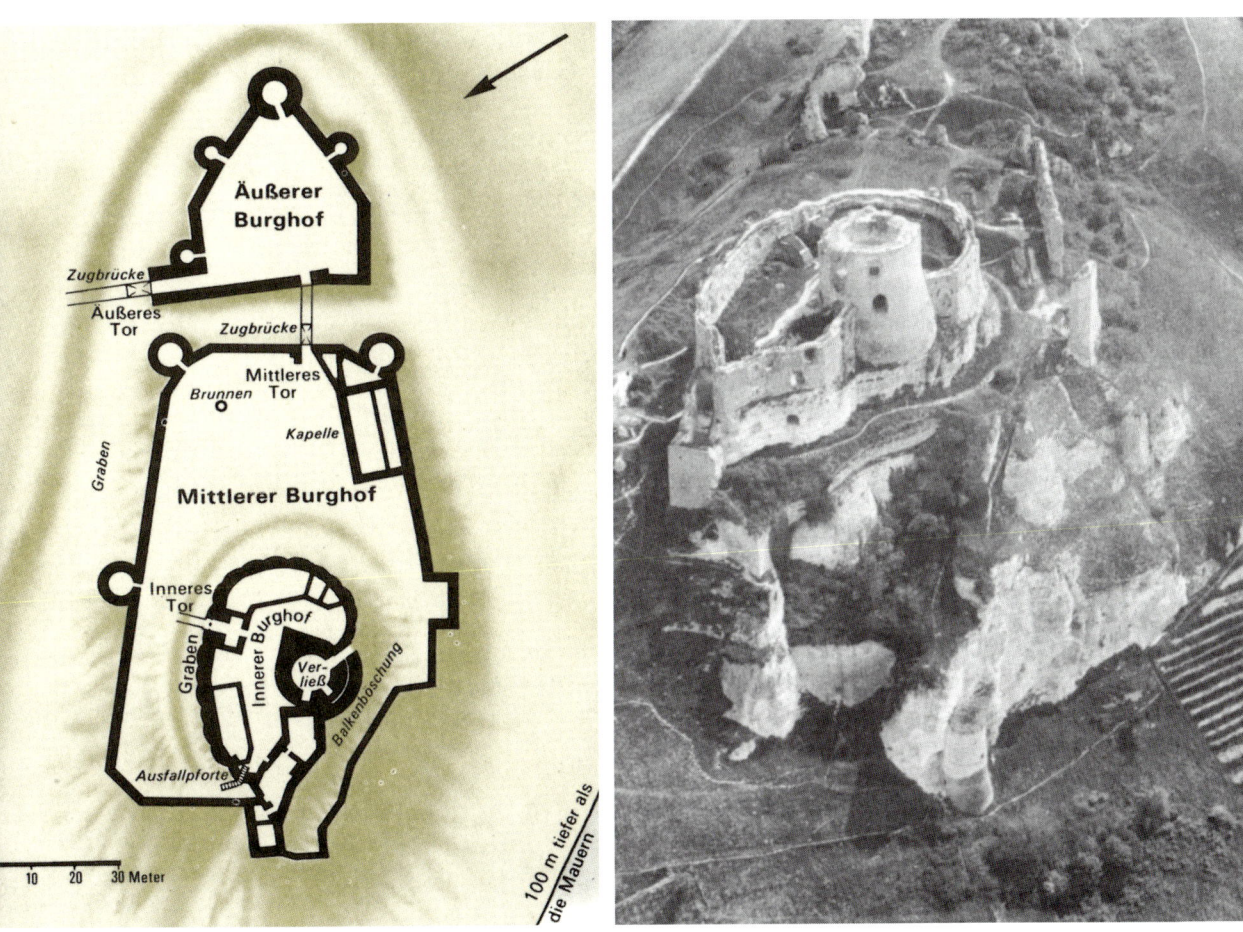

Château Gaillard war eine praktisch uneinnehmbare Festung. Lageplan (links) und Luftaufnahme (rechts)

Die Kreuzfahrer richteten die kriegerischen Energien Westeuropas gegen einen äußeren Feind. Die Einnal Antiochias im ersten Kreuzzug

Die Triumphe und die Vorherrschaft der Mohammedaner im Osten sind eine Schande für die ganze Christenheit ... Das heilige Land, das allen Christen am Herzen liegt und christlicher Besitz ist, ist entweiht worden ... Christliche Könige sollten ihre Waffen daher gegen diese Feinde Gottes richten, anstatt sich gegenseitig zu bekriegen. Sie sollten das heilige Land und die heilige Stadt befreien, die Schmach, die auf der Christenheit liegt, beseitigen und den Angriffsgeist der Mohammedaner für immer vernichten. Sie werden zum Heiligen Krieg aufgerufen, ihr Schlachtruf sei „Deus vult!" Wer bei diesem Unternehmen das Leben verliert, wird das Paradies erben, und seine Sünden werden ihm vergeben sein.

Am Himmelfahrtstag des folgenden Jahres sollte das Heer unter Führung des Bischofs von Le Puy, Adhemar, aufbrechen. Es gab keine bestimmten Pläne – man legte alles in Gottes Hand. Der päpstliche Aufruf fand ein gewaltiges Echo. Mit Ausnahme Deutschlands, das von

inneren Wirren zerrissen war, kamen Kontingente aus fast allen Teilen Westeuropas. Adhemar und Graf Raimund von Toulouse befehligten den stärksten Verband aus Südfrankreich. Der Bruder des Königs von Frankreich, Hugo von Vermandois, Graf Robert von Flandern und der Sohn Wilhelms des Eroberers, Herzog Robert von der Normandie, führten die Nordfranzosen. Gottfried von Bouillon, der Herzog von Niederlothringen, und sein Bruder Balduin führten das dritte Kreuzritterheer aus dem Rheingebiet. Ein viertes Kontingent aus Süditalien brach unter dem Sohn Robert Guiscards, Norman Bohemund, und seinem Neffen Tankred auf. Im späten Frühjahr 1097 hatten 25 000 bis 30 000 Kreuzfahrer den Bosporus überschritten.

Es gab viele Gründe für die rege Beteiligung an den Kreuzzügen. Die Bevölkerung Westeuropas hatte sich vermehrt und die landwirtschaftliche Erzeugung hatte damit nicht schrittgehalten. Nach der Hungersnot von 1094 kam es zu Unruhen. Die Lehen ließen sich nicht weiter aufteilen, und die ohne Landbesitz gebliebenen jüngeren Söhne der Adeligen wollten auf diese abenteuerliche Weise neues Land gewinnen. Die Bauern hofften auf die Befreiung aus der

Leibeigenschaft. Andere, wie etwa die venetianischen und Genueser Kaufleute witterten große Verdienstmöglichkeiten entweder durch die Auflösung des byzantinischen Reichs oder bei der Versorgung der Kreuzfahrerheere. Das Hauptmotiv war aber ohne Zweifel ein religiöses. Das Papsttum, die Klöster und die Wallfahrtsorte hatten im 11. Jahrhundert neue Impulse empfangen. Im 12. Jahrhundert wurden auch die Laien in Europa vom religiösen Eifer ergriffen. Die Feinde Christi entweihten die heiligen Stätten, und der Kreuzzug war eine neue, dringend notwendige Pilgerfahrt. In einem während des zweiten Kreuzzuges entstandenen Lied heißt es:

> Gott hat den Tag bestimmt, an dem du in Edessa sein wirst. Dort werden die Sünder Vergebung empfangen, die tapfer kämpfen und Ihm dienen ...

Der heilige Bernhard rief 1146 mit gewaltigen Predigten zum Kreuzzug auf: „Ich sage euch, der Herr prüft euch ..." Seit der Zeit Karls des Großen waren die Kriege immer häufiger durch religiöse Motive bestimmt worden. Manche Schlacht in der Karolingerzeit (751–987) war in der eigenartigen Atmosphäre religiöser Begeisterung ausgefochten worden. Wilhelm der Eroberer hatte großen Wert auf die Zustimmung des Papstes zur Invasion Englands gelegt. Vor Hastings pilgerte Harald zum heiligen Kreuz von Waltham, und in der Schlacht trug Wilhelm die Reliquien von Bayeux um den Hals, während der Bischof von Bayeux, Odo, mit der Keule und nicht mit dem Schwert kämpfte, denn als Priester durfte er kein Blut vergießen.

Der „Gottesfriede" war ein Versuch der Kirche, die Privatfehden einzudämmen und Frauen, Bauern, Geistliche und Pilger sowie die Landwirtschaft und Städte vor Übergriffen zu schützen. Der Gedanke wurde zuerst in Südfrankreich um 900 von den einflußreichen Mönchen von Cluny propagiert. Eine Synode zu Elne verbot 1027 alle kriegerischen Unternehmen an Wochenenden. 1042 führte Wilhelm den Gottesfrieden in der Normandie ein, und die Idee verbreitete sich auch weiter in Europa. Der Papst nahm sie auf und erließ auf verschiedenen Konzilen Ausführungsbestimmungen. Auf dem Lateranischen Konzil 1139 wurde z. B. die Armbrust als Kriegswaffe – außer gegen die Ungläubigen – verboten, weil sie zu mörderisch für die „christliche Kriegführung" sei. Wer sich im 12. Jahrhundert dem Gottesfrieden unterwarf, verpflichtete sich, drei Viertel des Jahres den Frieden zu wahren. Andernfalls wurde er exkommuniziert. Aber nur wo die weltliche Macht die kirchlichen Verordnungen unterstützte, hatten diese eine Wirkung.

Der erste Kreuzzug führte zum Erfolg. Zwar gab es Gegensätze zwischen den Kreuzfahrern und den Byzantinern, doch das entmutigte sie nicht. Sie marschierten durch Kleinasien, ertrugen Hunger und Durst, besiegten die Türken bei Dorylaeum, nahmen im Juni 1098 Antiochia ein, wo sie von einer ruhrartigen Seuche befallen und von den Türken belagert wurden. In dieser kritischen Lage wählten sie Bohemund zum gemeinsamen Anführer. Nachdem sie angeblich die heilige Lanze gefunden hatten, unternahmen sie einen Ausfall und schlugen, wie die Sage berichtet, mit Hilfe des heiligen Georg und anderer auf weißen Pferden reitender Heiliger die Türken. Anfang Januar 1099 zogen sie nach Jerusalem, nahmen die Stadt nach fünfwöchiger Belagerung ein – und massakrierten ihre Bewohner. Sie trafen auf keinen nennenswerten Widerstand der Mohammedaner, denn ihre Gegner, der fatemidische Kalif von Ägypten, dem Jerusalem gehörte, und die Seldschukentürken in Kleinasien lagen im Streit gegeneinander. Das fatimidische Kalifat von Ägypten, zu dem auch Jerusalem gehörte, mußte damit rechnen, von den Seldschukentürken Kleinasiens angegriffen zu werden.

Nach ihren ersten Erfolgen mußten die Kreuzfahrer jetzt das heilige Land verteidigen. Einige ihrer Führer hatten sich schon mit ihren Truppen vom Haupther getrennt. Bohemund erklärte sich zum Fürsten von Antiochia, andere machten sich zu Grafen von Edessa und Tripolis, und

Die Normannen erobern England. Detail aus dem Teppich von Bayeux

1100 wurde Balduin König von Jerusalem. Diese sogenannten lateinischen Staaten waren in einer recht gefährlichen Lage. Die Masse der Kreuzfahrer kehrte nach Hause zurück, und Balduin hatte zur Verteidigung von Jerusalem nur noch 300 Ritter zur Verfügung. Erst nach dem 2. Kreuzzug verstärkte man das Kreuzfahrerheer mit Söldnern. Schon zu Beginn kaufte man Flotten aus Genua und Venedig, die die Kreuzfahrer von den Küstenstädten aus versorgten. Nach Gründung der mönchischen Ritterorden, der Johanniter (1113) und Templer (1119), vergrößerte sich die Zahl der Kreuzfahrer.

Die Templer, die „armen Ritter Christi und des Tempels Salomonis", waren eine Gründung des burgundischen Ritters Hugo de Payns und übernahmen den Schutz der Pilger, die jetzt nach Jerusalem strömten. Sie gelobten Armut, Keuschheit und Gehorsam nach den Regeln des heiligen Benedikt und verpflichteten sich, „reinen Gemüts zu kämpfen." Aus ihren Reihen gingen während der Kreuzzüge im 12. Jahrhundert viele christliche Helden hervor. Aber im 13. Jahrhundert wurden sie zu mächtig, und 1312 löste Papst Clemens V. den Orden auf. Der 1191 gegründete deutsche Ritterorden, der den deutschen Osten christianisierte, blieb bis ins 19. Jahrhundert bestehen.

Die Strategie der Kreuzfahrer entsprach ihrer geringen Zahl. Sie vermieden möglichst die offene Feldschlacht und verließen sich noch mehr als die Ritter im Westen auf ihre Burgen. Zunächst mußten gute Beziehungen zu den Landeseinwohnern hergestellt werden. Diese waren es gewohnt, ihre Herren zu wechseln, und zeigten sich trotz der religiösen Unterschiede recht fügsam. Die lateinischen Staaten wurden ähnlich regiert wie England durch die normannischen Eroberer. Eine militärische Aristokratie beherrschte das Land von Burgen aus. Die Kreuzritterburgen wurden oft in Gegenden erbaut, die weniger wegen ihrer strategischen Lage als aus administrativen, wirtschaftlichen und sozialen Gründen ausgewählt worden waren. Man versuchte nicht, die Grenze am Libanon und am Jordan zu halten, denn die Burgen waren keine Hindernisse, sondern nur Zufluchtsorte. Die Kreuzritter bauten jedoch viele Burgen entlang der Grenze wie Kerak, Beaufort, Krak des Chevaliers und Montferrand.

1931 und 1938 habe ich in Palästina gesehen, daß zwischen den einzelnen Burgen Sichtverbindung bestand und man sich daher durch Sichtzeichen verständigen konnte. Manchmal verwendete man auch Brieftauben. Bei der Belagerung Keraks durch Saladin 1183 tauschte die Besatzung der Burg über eine Entfernung von 80 Kilometern über das Tote Meer hinweg durch Feuerzeichen Nachrichten mit dem Davidsturm in Jerusalem aus. Krak des Chevaliers gehörte nach 1142 den Johannitern und ist vielleicht die mächtigste und schönste dieser starken Festungen. Sidney Toy schreibt:

> Die Burg steht auf einer Anhöhe, die steil nach Osten, Westen und Norden abfällt, aber im Süden liegt ein sanfterer Abhang, der von einem Burggraben geschützt wird. Zwei mächtige Mauern mit Mauertürmen umschließen zwei Burghöfe. Der innere liegt viel höher als der äußere. Seine Türme und Zinnen beherrschen die ganze Befestigungsanlage. Im Süden und Westen, wo der Übergang am steilsten ist, werden die Mauern des oberen Burghofs durch massive, in die Böschung eingelassene Fundamente gestützt, die hoch hinaufgehen und die unteren Teile der Türme umschließen.

Die ersten Erfolge der Kreuzfahrer waren sowohl der Uneinigkeit unter den Sarazenen als auch ihrem eigenen Mut und ihrem Glauben zuzuschreiben. Die ersten Fehlschläge kamen 1127, als Imad ed-Din Zangi seine Macht in Syrien ausweitete und 1144 Edessa einnahm. Im Westen erkannte man das Ausmaß der Katastrophe, und 1147 riefen Ludwig VII. von Frankreich und Kaiser Konrad III. zum zweiten Kreuzzug auf, der völlig mißlang. Die Kreuzfahrer waren entsetzt über die tolerante Regierung in den lateinischen Staaten und konnten sich über das strategische Ziel ihres Feldzugs nicht einigen. Die Ritter im Lande schlugen vor, Nur ed-Din,

Kriegführung im Mittelalter

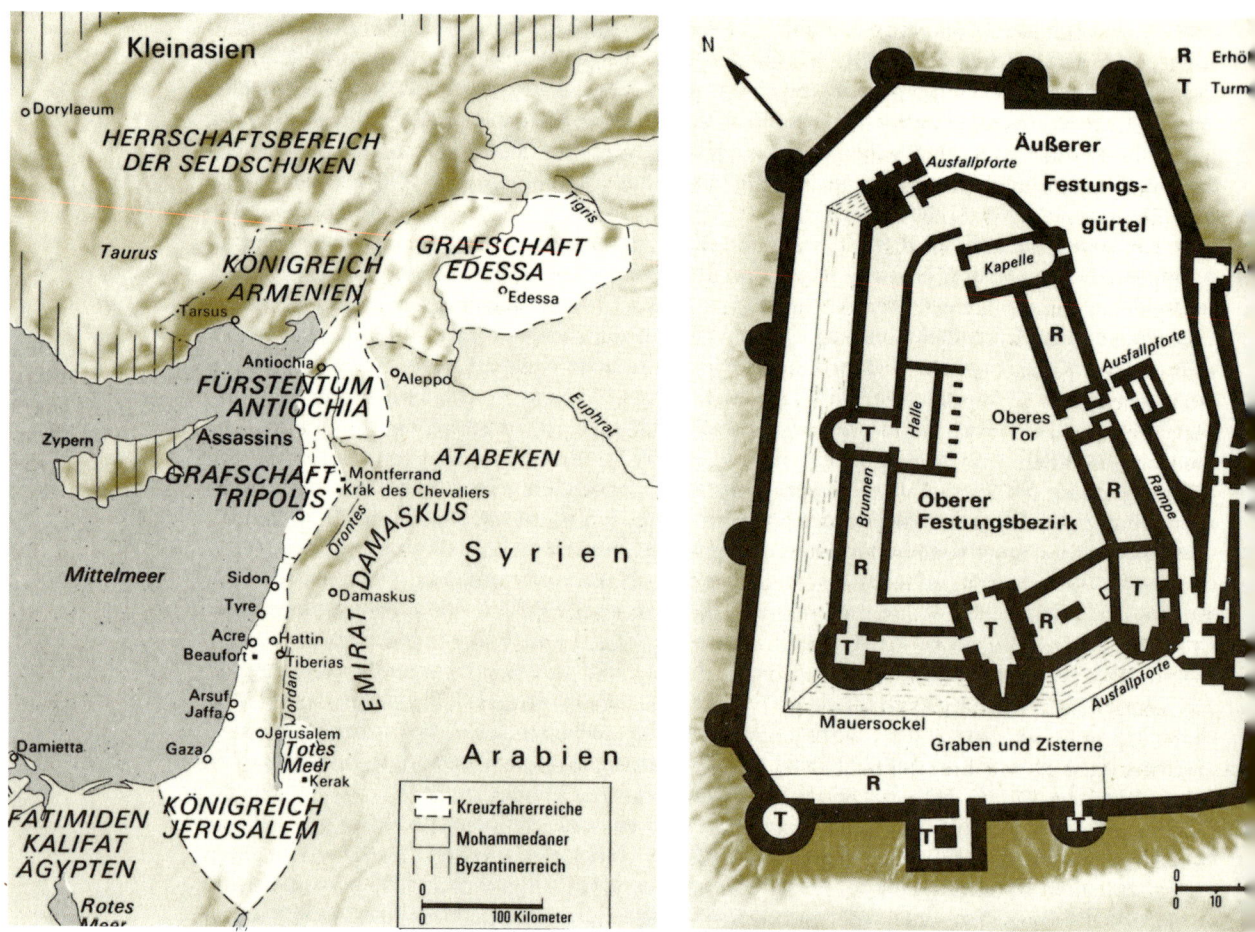

Die Grenzen der Kreuzfahrerreiche (links) waren von einer Kette schwerbefestigter Burgen wie Krak des Chevaliers (rechts) geschützt

den Nachfolger Zangis, anzugreifen, aber die Kreuzfahrer wollten gegen Damaskus vorgehen, obwohl der dortige Emir ein Feind Nur ed-Dins und den lateinischen Staaten wohlgesinnt war. Der Angriff gegen Damaskus schlug fehl. Die Masse der Kreuzfahrer kehrte nach Hause zurück, und Nur ed-Din griff erneut an. 1154 nahm er Damaskus ein und beherrschte 1169 ganz Ägypten. Die Kreuzfahrer hatten nicht erkannt, wie wichtig es war, die Verbindungswege durch die Wüste ostwärts des Jordan zu beherrschen, um die feindlichen Kräfte in Syrien und Ägypten an der Vereinigung zu hindern. Nach dem Tode Nur ed-Dins 1174 wurde Saladin König von Ägypten und Syrien.

Saladin, ein frommer Mohammedaner, fähiger Herrscher und guter Stratege, vergrößerte systematisch sein militärisches Potential und entflammte seine Untertanen zum heiligen Krieg gegen die Christen. Die Lage der Kreuzfahrer wurde immer bedrohlicher. Ihre Feinde in Nord und Süd arbeiteten zusammen, und die ägyptische Flotte Saladins bedrohte ihre Nachschublinien. Aber ihre Führer, besonders Graf Raimund von Tripolis und der Ordensmeister der Templer, Reinhold von Chatillon, konnten sich nicht einig werden. 1187 ging Saladin zur

Offensive über, nachdem Reinhold ihn durch einen Überfall auf eine Karawane provoziert hatte. Saladin ging über den Jordan, vernichtete eine Abteilung von 130 Rittern, den Kern des Templerordens, und belagerte Tiberias. Reinhold und Guy de Lusignan erbaten die Hilfe der Kreuzritter, aber Raimund meinte, sie würden den überlegenen Kräften Saladins in die Falle gehen und in der heißen Jahreszeit schwer unter Wassermangel leiden. Am besten sei es, in der Verteidigung zu bleiben und eine günstigere Gelegenheit abzuwarten. Gegen seinen Rat führte Guy de Lusignan das Kreuzfahrerheer am 3. Juli 1187 in die Schlacht bei Hattin in den Bergen westlich des Sees Genezareth, wo es seine schwerste Niederlage erlitt.

Wie schon gesagt, mußte sich die Strategie der Kreuzfahrer nach den zahlenmäßig geringen Kräften richten, die ihnen zur Verfügung standen. Die Ritter bildeten den Kern ihrer Heere. Dazu kamen im Lauf der Zeit immer mehr zum Christentum bekehrte Mohammedaner. Die Ritterrüstungen waren seit 1066 um einiges verbessert worden. Das Kettenhemd reichte bis zu den Knien, und auch Hände und Beine waren geschützt. Ein Eisenkragen schützte den Nacken. Anstelle des konischen Helms trugen die Ritter jetzt einen Kesselhelm, der den ganzen Kopf bedeckte und Seh- und Atemschlitze hatte. Auch das Streitroß war gepanzert. Die Lanze war länger geworden. Die stärkste Gefechtsart war der Kavallerieangriff. Fußsoldaten wurden zur Bewachung der Lager und bei Belagerungen von Festungen eingesetzt. Die besten Infanterieverbände waren norditalienische, mit Armbrusten bewaffnete Söldner.

Die besten Truppen der Sarazenen waren ihre berittenen Bogenschützen. Sie waren leichter ausgerüstet als die Ritter, und ihre Pferde waren schneller und wendiger. Neben dem Bogen trug der Reiter einen kleinen Rundschild, eine kurze Lanze, ein Schwert und eine Keule. Die Schwäche der Sarazenen lag in ihrer Uneinigkeit. Nach dem Sieg von Aarren (1104) verfolgten sie ihren Gegner nicht, weil ihre Führer sich um die Beute stritten. Erst Saladin wurde zum unumschränkten Gebieter über die Streitkräfte der Mohammedaner.

Unter Ausnutzung ihrer Beweglichkeit gingen die Sarazenen gewöhnlich als Erste zum Angriff über, überfielen die Ritterheere auf dem Marsch und kreisten sie in der Schlacht ein. Die Stärke der Ritter lag im Angriff ihrer schweren Reiter. Diesem Angriff suchten die Sarazenen auszuweichen, kämpften im lockeren Verband und hielten einen gewissen Abstand, um im rechten Augenblick vorzustoßen. Oft zogen sie sich scheinbar zurück, schossen im Fortreiten ihre Pfeile ab, um nach einiger Zeit erneut anzugreifen wie Fliegen, die man nicht loswerden kann. Manchmal lockten sie ihren Gegner tagelang hinter sich her in unwegsames Gelände. Da ihre Pfeile die starken Rüstungen nicht durchschlagen konnten, suchten sie, die Pferde zu treffen.

Die Kreuzfahrer blieben meist in der Defensive und suchten, sich der sarazenischen Angriffe zu erwehren. Die aus dem Westen mitgebrachten, recht groben taktischen Methoden wurden zum Teil nach byzantinischem Vorbild verfeinert. Man suchte sich auf dem Marsch und bei der Entfaltung zum Gefecht vor der Umfassung durch den Gegner zu schützen und setzte starke, aus Bogenschützen bestehende Vor- und Nachhuten ein. Die Plänklermethoden der Sarazenen waren gefährlich, und man mußte die Ritter daran hindern, unvorsichtig darauf zu reagieren. Bei den Templern wurde jeder streng bestraft, der die Marschkolonne ohne Befehl verließ. Dennoch konnte Richard Löwenherz in der Schlacht von Arsuf auf dem dritten Kreuzzug 1191 den verfrühten Angriff der Johanniter nicht aufhalten. Wenn sie die Gefechtsdisziplin wahrten, hatten die Kreuzritter auch Erfolge. Im allgemeinen wichen sie der offenen Feldschlacht aus, bei der sie immer zahlenmäßig unterlegen waren. Dennoch schadete es der Kampfmoral, wenn man es zuließ, daß der Feind das die Kreuzritterburgen umgebende Gebiet überrannte.

Nachdem die Kreuzfahrer ein Jahrhundert lang Erfahrungen gesammelt hatten, entwickelten sie eine für den Kampf gegen die Sarazenen geeignete Taktik. Aber in der Schlacht bei Hattin

Kriegführung im Mittelalter

warf Guy des Lusignan diese Grundsätze über Bord. Um eine Armee aus 1200 Rittern, 2000 eingeborenen Reitern und 10 000 Fußsoldaten aufzustellen, entblößte er die Burgen von ihren Besatzungen, ließ die Befestigungen weit zurück und führte seine Männer in die rauhen, wasserarmen Berge von Galilea, wo Saladin mit 20 000 Mann ihn erwartete.

Als Saladin die Meldung erhielt, daß Guy mit seinem Heer heranrückte, schickte er ihm Plänkler entgegen, die die feindliche Marschkolonne beunruhigen sollten. Die ersten sarazenischen Angriffe erfolgten in der Hitze des Tages. Die durstigen Kreuzritter hatten bald ihre Wasservorräte verbraucht und verloren, ermattet wie sie waren, bald den Zusammenhalt. Sie schleppten sich weiter voran, hatten aber die geschlossene Marschordnung, die so wichtig für sie war, aufgegeben. Schließlich wurden die Nachhut und die Masse des Gros von ganzen Schwärmen mit Pfeil und Bogen bewaffneter Reiter eingekreist. Das Gros der Kreuzfahrerarmee, die Templer, Johanniter und türkischen Hilfstruppen, biwakierten völlig erschöpft am Abhang eines Berges, dessen zwei Gipfel, die Hörner von Hattin, ich selbst gut kenne. Sie verbrachten eine schlaflose Nacht ohne Trinkwasser für Mannschaften und Pferde. Die Sarazenen beunruhigten sie auch weiter, beschossen sie mit Pfeilen und forderten sie auf alle mögliche Weise heraus. Sie legten sogar Feuer an das in dieser Gegend wachsende Gestrüpp, und erstickende Rauchwolken zogen durch das Lager.

Die berittenen Bogenschützen der Sarazenen täuschten oft einen Rückzug vor und schossen im Davonreiten nach rückwärts auf ihre Feinde

Die Eroberungszüge der Normannen und die Kreuzzüge

Am Morgen weigerte sich Saladin immer noch, die Schlacht anzunehmen. Siebzig mit Pfeilen beladene Kamele versorgten seine Bogenschützen, die den Feind unaufhörlich mit Geschossen überschütteten. In seiner Verzweiflung versuchte Guy, seine Infanterie von den Quälgeistern zu befreien und ließ die Ritter angreifen, aber das hatte nur wenig Erfolg. Als die Fußsoldaten ihre verzweifelte Lage erkannten, gerieten sie in eine Panik, aber Guy brachte sie wieder zur Ordnung, indem er das Kreuz in die Höhe hielt. Wieder griffen die Ritter an, und zunächst sah es so aus, als gerieten die Sarazenen in eine schwierige Lage. Dann aber griffen Saladins Reiter von allen Seiten an, und die jetzt völlig eingeschlossenen Kreuzfahrer scharten sich um das Kreuz. Nun holten die Sarazenen zum entscheidenden Schlag aus. Raimund und einige andere Ritter, deren Pferde noch nicht verwundet waren, machten einen verzweifelten Ausbruchsversuch, aber die meisten Kreuzfahrer wurden getötet, und einige ihrer Führer sowie das echte Kreuz Christi gerieten in die Hände der Mohammedaner.

Saladin hatte damit den militärischen Widerstand der Kreuzfahrer endgültig gebrochen. Ende 1187 hatte er fast das ganze Königreich Jerusalem erobert, die Stadt selbst fiel im Oktober, und ihre Bewohner wurden gnädig verschont. Im Westen rief man sofort zu einem dritten Kreuzzug auf. 1189 machte sich Friedrich Barbarossa von Deutschland aus auf den Weg, aber sein Heer wurde in Kleinasien von den Sarazenen dezimiert. Die Könige von Frankreich und

Das Rückgrat der Kreuzfahrerheere waren die Ritter zu Pferde

Saladin krönte seinen Sieg bei Hattin mit der Eroberung des wahren Kreuzes Christi

England, Philipp August und Richard Löwenherz, kamen bis zum heiligen Land, nahmen Akkon und Jaffa, mußten aber umkehren, ehe sie Jerusalem erreichten. Der alte Kreuzfahrergeist war geschwunden. Das zeigte sich besonders in den fortwährenden Streitigkeiten unter den Führern und im Verhalten Kaiser Heinrichs VI., der Richard auf dem Heimweg gefangennahm und als Geisel festhielt. Philipp nutzte die Abwesenheit Richards aus und fiel in die Normandie ein. Der vierte Kreuzzug (1201–1204) verlief noch ungünstiger. Die strategische Grundidee, zunächst Ägypten als Basis für die Eroberung des heiligen Landes einzunehmen, war richtig. Aber die hohen Forderungen der venetianischen Kaufleute, die die Kreuzfahrer mit Nachschub versorgten, ließen das Heer nicht weiter als bis nach Konstantinopel kommen.

Hier vergaß Balduin von Flandern im April 1204 den ursprünglichen Zweck des Unternehmens soweit, daß er die Stadt mit seinem Heer besetzte und sich selbst zum Kaiser von Byzanz machte.

    Im 13. Jahrhundert hat es noch einige Kreuzzüge gegeben, und es gelang den Christen, Jerusalem für kurze Zeit zurückzuerobern. Der heilige Ludwig von Frankreich (1226–1270) belebte von neuem die hohen Ideale der Kreuzzugsbewegung, wenn auch andere, wie Kaiser Friedrich II. und Simon de Montfort (der Vater des Parlamentariers) sie tiefer in den Schmutz zogen, als das je zuvor geschehen war. Das sind jedoch sehr komplizierte Vorgänge, und die militärische Seite der Geschichte zeigt kaum neue interessante Aspekte. Die wirklich bedeutenden Entwicklungen dieser Zeit fanden im Westen statt.

Kriegführung im Mittelalter

Der Ritter in seiner Rüstung blieb auch weiter das Symbol soldatischer Größe, wenn auch sein Kampfwert im Verlauf des späten Mittelalters abnahm. Süddeutsche Rüstung für Mann und Pferd

9 · Hohes Mittelalter

Im ganzen hohen Mittelalter, in der Zeit zwischen der Schlacht bei Bouvines (1214) und der Schlacht bei Morat (1476) lag Europa fast ununterbrochen im Kriege – für die Kriegsgeschichte eine sehr wichtige und interessante Periode. Das Ringen zwischen den Päpsten und den Hohenstaufen im 13. Jahrhundert, die nach 1291 von den Waldkantonen ausgefochtenen schweizerischen Unabhängigkeitskriege und die Kriege der böhmischen Hussiten zwischen 1419 und 1436 beschleunigten die Auflösung des Heiligen Römischen Reichs. Die Eroberung von Wales durch Eduard I. (1277–1295) konsolidierte die Machtstellung der Engländer, wenn auch der Versuch, Schottland zu erobern (1296–1328), fehlschlug. Es folgte die große Auseinandersetzung zwischen England und Frankreich mit einer Reihe von Invasionen in England zwischen 1337 und 1453, der sogenannte hundertjährige Krieg. Die politischen Auswirkungen dieser Kriege waren die weitere Zerstückelung Deutschlands und der Verlust der moralischen Autorität Roms. England und Frankreich überwanden das Feudalsystem, das die gesellschaftlichen Verhältnisse im Mittelalter bestimmt hatte, und wurden zu den führenden Nationalstaaten in Europa.

Militärisch waren diese Kriege von größter Bedeutung. Der hundertjährige Krieg von 1250 bis 1350 revolutionierte die ganze Kriegskunst. An die Stelle des Ritters, der Burg und des Feudalismus traten der Fußsoldat, die Feuerwaffen und die Berufsheere. In der Defensive ließen sich Kriege mit den verfügbaren Waffen nur gewinnen, wenn man den Gegner veranlaßte, anzugreifen. Um aber Feldzüge zu gewinnen, mußte man offensiv werden. Das war die strategische Lage. Taktisch gewannen die neuen Schußwaffen die größte Bedeutung, und sie entschieden die Schlachten. Das Geschütz wurde für die folgenden 600 Jahre zur beherrschenden Kriegswaffe. Aber obwohl es schon Anfang des 15. Jahrhunderts starke Artillerie gab, wurde die wirkliche Bedeutung der Feuerwaffen erst längere Zeit nach ihrer Erfindung spürbar. Die interessanteste Entwicklung in dieser Periode bestand darin, daß Speerwerfer und Bogenschützen zu Fuß der schweren Kavallerie die schlachtentscheidende Rolle streitig machten und sie schließlich übernahmen.

In der Schlacht bei Hastings hatte sich die bei Adrianopel 378 zum erstenmal zum Ausdruck gekommene Überlegenheit der schweren Reiterei bestätigt. Die Infanterie wurde zu einer verachteten Waffengattung, und kein westeuropäischer Truppenführer hat es vor Mitte des 13. Jahrhunderts begriffen, was die Kreuzzüge eigentlich lehrten; daß nämlich das wohlausgewogene Zusammenwirken von Infanterie und Reitern taktisch wirksamer war als der getrennte Einsatz dieser beiden Waffengattungen. Doch in den Niederlanden und Norditalien gab es einige gute Infanterieverbände. Wilhelm hatte bei Hastings flämische Pikenträger eingesetzt, und auch Philipp August verwendete bei Bouvines 1214 solche Truppen. Im 13. Jahrhundert waren sie an manchem Sieg beteiligt. An ihre Stelle traten später die norditalienischen Armbrust-

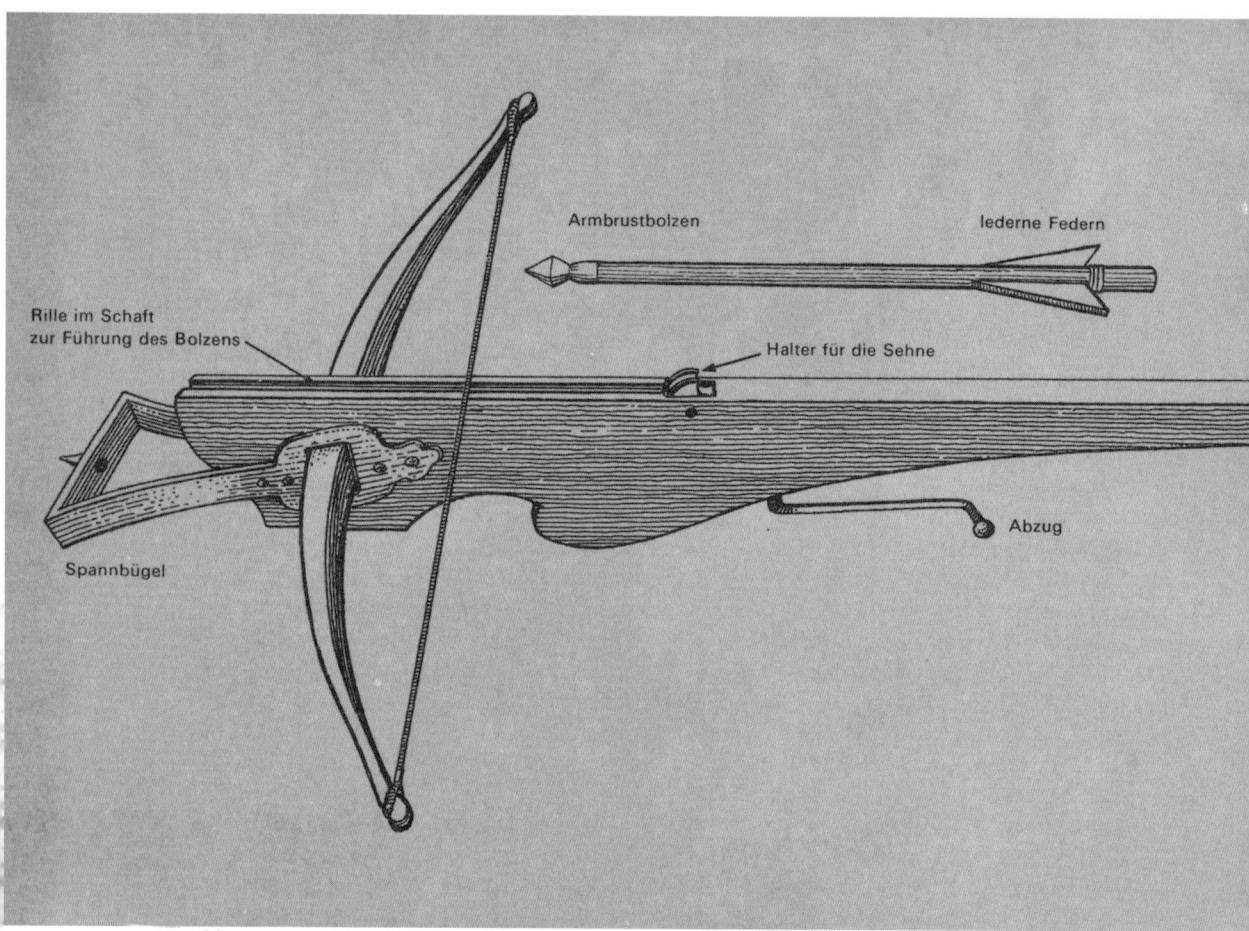

Die Armbrust erwies sich trotz ihrer langsamen Schußfolge als wirkungsvolle Waffe. Der Bogen war zuerst aus Holz, dann aus Holz und Horn zusammengesetzt und schließlich aus Stahl

schützen, besonders aus Genua, und stellten die stärksten Söldnertruppen zu Fuß in Europa.

Die Genueser waren gut geschützt durch stählerne Helme und Kettenpanzer. Ihre Hauptwaffe, die Armbrust, wurde bis Ende des 15. Jahrhunderts weiterentwickelt. Sie war eigentlich eine kleine Schleuder, ein kleiner, sehr starker Bogen, der übers Kreuz am Ende eines Schafts angebracht war. Zuletzt war der Bogen aus Stahl und wurde entweder mit einem kleinen Flaschenzug oder mit Winde und Zahnrad gespannt. Die Armbrust verschoß einen kurzen, kantigen Bolzen mit Eisenspitze, Holzschaft und ledernen „Federn". Sie war eine schwere Waffe mit geringer Feuergeschwindigkeit und bei nassem Wetter nicht zu gebrauchen. Sie hatte aber gewisse Vorzüge. Bis auf etwa 100 Meter schoß sie sehr genau, konnte von nur kurz ausgebildeten Männern gehandhabt werden, die nicht stark genug waren, einen langen Bogen zu spannen, und eignete sich besonders gut zum Schießen durch Schießscharten.

Es gab gute Infanterieverbände, die aber nur selten richtig eingesetzt wurden. In einigen der wichtigsten Schlachten wie z. B. 1278 auf dem Märzfeld (durch diesen Sieg begründete Rudolf

Hohes Mittelalter

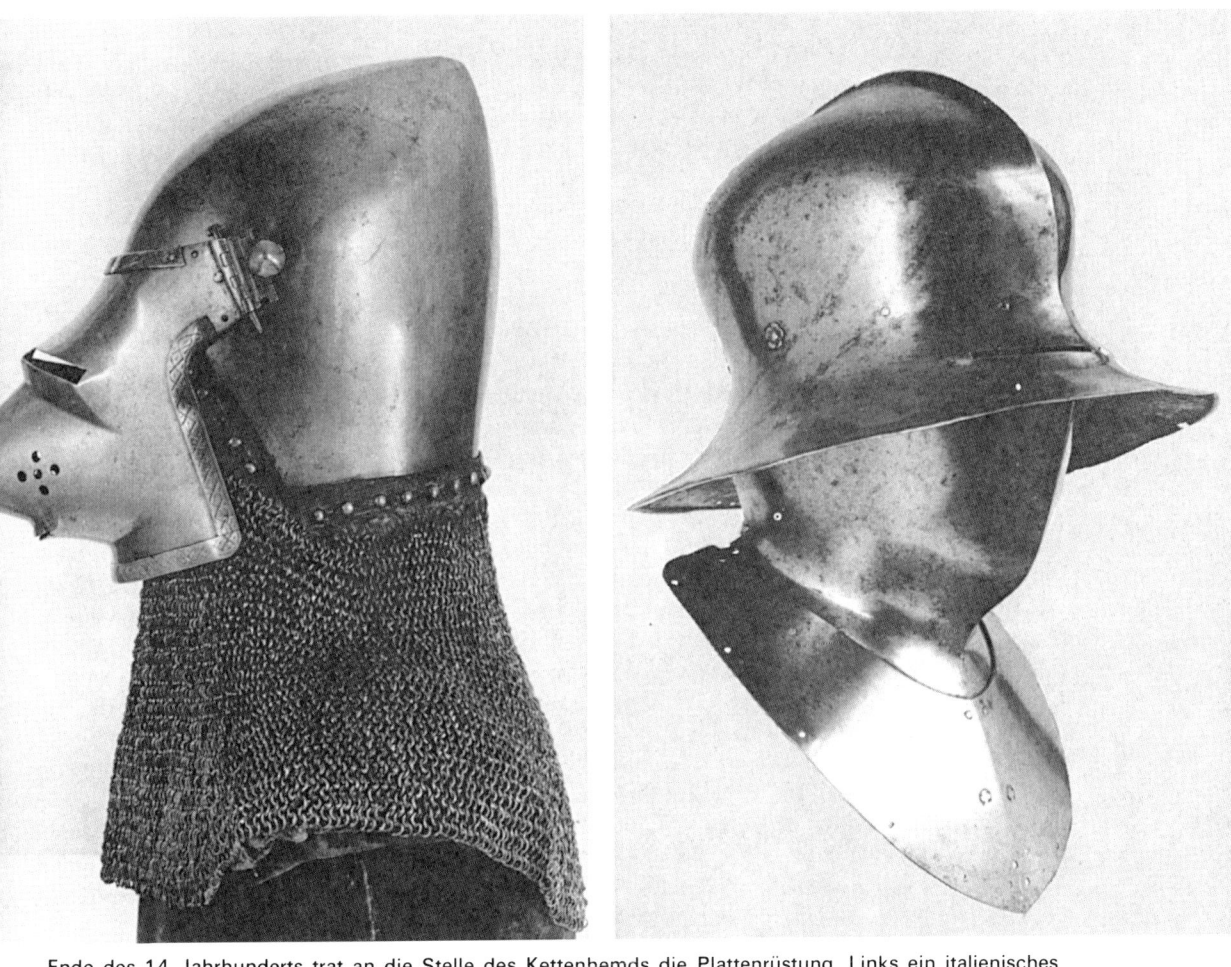

Ende des 14. Jahrhunderts trat an die Stelle des Kettenhemds die Plattenrüstung. Links ein italienisches „Bascinet" mit heruntergeklapptem Visier (ca. 1380), rechts ein süddeutscher Kesselhelm (ca. 1460)

von Habsburg die Macht seiner Familie im Donauraum, die hier bis 1918 herrschen sollte) kämpften gar keine Infanterieverbände mit. In anderen Fällen standen Fußtruppen nur auf der einen Seite, wie z. B. 1176 bei Legnano. Im allgemeinen hob man für den Dienst in der Infanterie nur kurzausgebildete Bauern aus, die zum Arbeitsdienst oder bestenfalls in Vorgefechten eingesetzt wurden, wie 1266 bei Benevent. Die Infanterie war unbeweglicher als die Reiter, aber man muß sich wundern, daß die Truppenführer ihren Wert in der Verteidigung nicht recht erkannten. Die Pike war länger als die Lanze, und Pfeile waren gegen Pferde sehr wirkungsvoll. 1237 wehrten die massiv aufgestellten Infanterieverbände der norditalienischen Liga in der Schlacht von Cortenuova einen Überraschungsangriff der Kavallerie Friedrichs II. solange ab, bis sie sich nach Dunkelwerden in kleinen Gruppen zurückzogen. Gelegentlich kam es zu ausgezeichneten taktischen Leistungen, wie 1176 bei Legnano, als die standhafte Infanterie aus Mailand es den lombardischen Reitern ermöglichte, sich zu sammeln, um dann die nur aus Reitern bestehende Armee Barbarossas zu schlagen.

Bei der schweren Kavallerie gab es zwei Ränge, die Ritter und die Lehnsleute. Im 13. Jahrhundert waren diese Lehnsleute die Gefolgsleute des Adels, der Bischöfe und der Äbte. Sie ritten leichtere Pferde und trugen leichtere Rüstungen. Aber im 14. Jahrhundert wurde die Ausrüstung und Bewaffnung standardisiert, und die Ränge bezeichneten nur noch den Standesunterschied. Alle Reiter waren als schwere Reiter mit gleicher Ausrüstung in geschlossenen Verbänden zusammengefaßt.

Die Rüstungen entwickelten sich ständig weiter. Um 1200 trat an die Stelle des konischen Helms der Kesselhelm, 1300 kam das Visier hinzu. Das lange Kettenhemd wurde durch einen Überrock und wattierte Polster ergänzt. Weniger wohlhabende Soldaten trugen nur diese Polster und kleine Plattenrüstungen. Die Kettenpanzer wurden feingliedriger und lagen enger am Körper. Die Plattenrüstungen entwickelten sich im 14. Jahrhundert, aber 1250 begann man, die Kettenpanzer mit Metallplatten zum Schutz der Knie, Ellbogen und Schienbeine zu vervollständigen. Mit dem Küraß schuf man eine Panzerung, die besser geeignet war, Schwertstreiche aufzufangen, aber alle Plattenpanzer ließen gewisse Körperpartien frei. Die mit Brustpanzern geschützten 1200 deutschen Reiter bei Benevent schienen solange unbesiegbar zu sein, bis die Franzosen feststellten, daß sie ihnen mit dem Rapier in die Achselhöhlen stechen konnten.

Leichte Reiter wie die deutschen „Panzerati" und die englischen „Hobilars" wurden nur bei Vorpostengefechten und zur Aufklärung verwendet und haben im Mittelalter keine wesentliche Rolle gespielt. Im 13. Jahrhundert verließ sich eine Ritterarmee hauptsächlich auf die Wucht des Angriffs ihrer Schwergewappneten. Die Reiter ritten gruppenweise gegen den Feind an und kämpften mit Schwert oder Streitaxt. Die Truppenführer teilten ihre Verbände manchmal in drei Treffen oder Abteilungen auf, und der Erfolg hing davon ab, daß die Angriffe der einzelnen Treffen zeitlich genau aufeinander abgestimmt wurden. Simon de Montfort war einer der besten Reiterführer seiner Zeit. Er handelte entschlossen, rasch und nach kühler Überlegung, wählte sorgfältig das geeignete Gelände aus, überraschte den Gegner und setzte seine Reserven zur richtigen Zeit und am richtigen Ort ein. 1264 gewann er die Schlacht von Lewes gegen Heinrich III. und ermöglichte damit die Einsetzung des Parlaments. 1266 setzten beide Seiten ihre Reiter in drei Korps zu je 1000 Mann ein. Die Schlacht begann mit einem infanteristischen Vorgefecht, an dem sich die Hauptkräfte nicht beteiligten. Dann rückten die schweren Reiter gegeneinander vor. Karl von Anjou besiegte Manfred, weil er seine Angriffe zeitlich besser koordinierte. Dies waren die taktischen Grundsätze im 14. Jahrhundert in Europa. Ende des Jahrhunderts kamen in der Schweiz und in England neue Ideen auf, während Frankreich starr am alten System festhielt, bis es mehrere schwere Niederlagen erlitt.

Im 13. Jahrhundert löste sich das Feudalsystem allmählich auf, wenn auch die Heere der französischen Könige bis zum hundertjährigen Krieg noch auf die hergebrachte Weise ausgehoben wurden. Das System der Lehensverpflichtungen war so verwickelt und unüberschaubar geworden, daß es Schwierigkeiten gab. Die Verbände wollten nur unter ihren eigenen Lehensherren dienen und weigerten sich, länger als 40 Tage hintereinander Kriegsdienste zu leisten. Sie bestanden zudem aus Leuten, die keine Berufssoldaten und unzureichend im Gebrauch ihrer Waffen ausgebildet waren. Viele Ritter waren allerdings gute Kämpfer, aber ihre Gefolgsleute waren Bauern und hatten kaum Zeit für eine gründliche militärische Ausbildung.

So entstanden immer mehr Söldnerverbände. Der König von England erlaubte es seinen Untertanen gern, ihre Dienstpflicht durch Zahlung einer „scutage" genannten Steuer abzulösen. Mit diesem Geld konnte er die Söldner bezahlen, die er brauchte – besitzlose jüngere Söhne, Abenteurer und entlaufene Leibeigene, die es überall in Europa gab. Sie wurden von erfahrenen Berufssoldaten ausgebildet und dienten dem, der sie bezahlte, solange dieser es wollte. Manchmal jedoch machten sie Schwierigkeiten. Viele Söldner waren Kriminelle, und im Frieden zogen

Hohes Mittelalter

Im 15. Jahrhundert trugen die schweren Reiter Rüstungen aus Stahlplatten, die den ganzen Körper bedeckten

solche Leute als Räuberbanden durch das Land. Johann hatte sich unter anderem auch dadurch unbeliebt gemacht, daß er die Armbrustschützen von Fawkes de Bréauté nach England gebracht hatte, die noch unter seinem Nachfolger das flache Land unsicher machten. Die mehr als tausend Mann starke „große Kompanie" des Roger de For, welche dieser nach Beendigung der sizilianischen Kriege zusammenstellte, bestand aus irregulären Banden entlassener Söldner.

Die beste Ausbildung an der Waffe boten die Turniere. Im 13. Jahrhundert waren sie noch ganz kriegsmäßig, denn die Reiter kämpften mit den gleichen Waffen und Methoden wie im Gefecht. Entweder trugen sie Zweikämpfe gegeneinander aus und ritten dabei dreimal mit der Lanze aufeinander zu. Wenn dabei keiner aus dem Sattel gehoben worden war, saßen sie ab, und jeder durfte dreimal mit dem Schwert oder der Streitaxt zuschlagen. Oder sie führten die gleiche Übung gruppenweise aus. Wilhelm der Marschall – Jerusalempilger und Regent für Heinrich III. von England – hatte sich als junger Mann mit großer Passion an verschiedenen Turnieren beteiligt. Einige Jahre zog er von Ort zu Ort, kämpfte etwa alle zwei Wochen und wurde in ganz Nordfrankreich berühmt. Dabei verdiente er gut, gewann auf einem Turnier zehn Pferde und hielt zwölf Ritter als Geiseln fest. Auch die gewöhnlichen Soldaten veranstalteten Kampfspiele, etwa mit Parierstangen oder Schwertern und kleinen Rundschilden, oder sie versuchten, eine ausgestopfte Puppe mit einem Eimer Wasser auf dem Kopf mit der Lanze zu treffen. Als das Leben mit der Zeit bequemer wurde und es bei den Turnieren zu viele schwere Verletzungen gab, arbeitete man komplizierte Regeln aus. Die Ritter kämpften hinter Holzbarrieren und mit morschen Lanzen, die leicht zerbrachen. Die Sättel waren so gebaut, daß der getroffene Ritter nach hinten über den Pferdeschweif hinunterglitt. Aber doch tötete einer meiner normannischen Vorfahren 1559 König Heinrich II. von Frankreich bei einem Turnier und mußte in aller Eile das Land verlassen. Das war reines Pech, denn damals waren die Turniere eigentlich nur noch prächtige Schauspiele.

Das letzte Turnier der Geschichte wurde 1839 vom Earl of Eglington (Lord Montgomerie aus der schottischen Linie meiner Familie) veranstaltet. Die Teilnehmer reisten mit der Eisenbahn an, und die Presse berichtete ausführlich über das Ereignis: „... In der gotischen Halle konnte man neben den schwergerüsteten Rittern gelegentlich auch den Anblick schöner, mit kostbaren Juwelen geschmückter, Damen genießen." Leider mußte ein Teil des Programms wegen eines unerwartet einsetzenden Dauerregens gestrichen werden.

Anfang des 13. Jahrhunderts verknüpfte sich der Begriff der Ritterlichkeit mit dem Ritterstand. Bisher war der Ritter nur ein Soldat zu Pferde gewesen, der für seine Dienste mit Grund

Die Turniere waren eine gute Vorübung für den Krieg, aber sie entwickelten sich schließlich zu reinen Schaustellungen

Hohes Mittelalter

und Boden belohnt wurde. Aber im 12. Jahrhundert nach der Entstehung der Ritterorden hatte der Ritterstand an weltlichem und kirchlichem Ansehen gewonnen. Man vertrat die Auffassung, der in diesen Stand aufgenommene Mann müsse besonders tapfer und tugendsam sein. Früher wurde der Ritter auf dem Schlachtfeld zum Ritter geschlagen. Er kniete vor einem anderen Ritter nieder, der ihn mit dem flachen Schwert auf beiden Schultern berührte und dabei eine kurze Formel sprach, in der der neue Ritter an seine Pflichten erinnert wurde. Später wurde ein komplizierteres Ritual daraus. Selden schreibt:

> Die Zeremonien und Umstände bei der Verleihung dieser Würde ... waren zwiefacher Art ... die wir einmal als höfisch und zum zweiten als sakral bezeichnen können. Der höfische Teil waren die Feierlichkeiten beim Ritterschlag; die Übergabe des Mantels, der Waffen, der Sporen usw. Die sakrale Zeremonie war der Gottesdienst ... in der Kirche vor der Verleihung der Würde.

Dazu gehörte die Nachtwache, das Aufnehmen der Waffen vom Altar und das Gelübde, alles Schwache, Gute und Heilige zu schützen. Johann von Salisbury schreibt:

> Welches sind die Verpflichtungen des Ritters? Die Kirche zu schützen, den Unglauben zu bekämpfen..., die Armen zu schützen, den Frieden zu wahren und sein Blut... für die Brüder zu vergießen.

Vielen Rittern wäre diese Definition zu sentimental vorgekommen. Im Rolandslied kommt das ritterliche Ideal besser zum Ausdruck. Es erzählt von Heldentum und Verrat, betont die Tugenden der persönlichen Tapferkeit, der Kameradschaft und des Vertrauens auf die Hilfe der Heiligen. Es zeigt, wie stolz die besten europäischen Ritter im 13. Jahrhundert auf ihre Leistungen waren. Sie hatten die Grenzen gesichert, garantierten die politische Ordnung und waren für den wirtschaftlichen Aufschwung verantwortlich, der die Folge dieser Sicherheit war. Man kann auch sagen, das Ideal der Ritterlichkeit habe die höheren Stände dazu angehalten, ein so anständiges Leben zu führen, wie es ihre Privilegien von ihnen verlangten. Was aber zum Teil in idealisierender Form über die hohen Tugenden der Ritter geschrieben worden ist, entspricht nicht der Wirklichkeit. Verglichen mit den heutigen Verhältnissen mangelte es dem Edelmann im Mittelalter an Disziplin und vornehmer Lebensart. Er ließ Leibeigene für sich arbeiten, und wenn er auch die Jungfrau Maria verehrt hat, so kann man nicht behaupten, er habe diese Verehrung auf die Frauen im allgemeinen übertragen. Das Festhalten von Geiseln wurde zur üblen Gewohnheit, und man behandelte nur die Gefangenen höflich, für die man ein gutes Lösegeld erwartete. Die anderen Opfer wurden meist massakriert.

Als der Kesselhelm in Gebrauch kam, der das Gesicht des Ritters verdeckte, entstand die Heraldik. Einzelne bemalten ihre Schilde und bestickten ihre Mäntel mit bestimmten Abzeichen. Auf den Helmen trugen sie den Helmbusch. Richard Löwenherz zeigte als erster das englische Wappen, die drei goldenen Löwen auf rotem Grund. Die Heraldik hatte auch eine praktische Bedeutung, denn bei der Aufstellung vor der Schlacht trug jeder Ritter ein Banner, um welches sich seine Gefolgsleute scharten.

Die folgenschwerste Entwicklung in der Geschichte der Kriegführung begann nach der Erfindung des Schießpulvers. Es ist nicht bekannt, wer der Erfinder wär und wer zum erstenmal daran gedacht hat, es dazu zu benutzen, ein Projektil aus einer hohlen Röhre zu treiben. Auch weiß man nicht, wann das erste Geschütz im Gefecht eingesetzt worden ist. Der englische Mönch Roger Bacon hat als erster in Westeuropa die chemische Zusammensetzung des Schießpulvers in seinem Buch *De Secretis Operibus Artis et Naturae et de Nullitate Magiae* 1260 aufgezeichnet. Danach besteht es aus sieben Teilen Salpeter, fünf Teilen Kohle und fünf Teilen Schwefel. „Mit dieser Mischung wirst du einen hellen Blitz und ein donnerndes Getöse erzeugen, wenn du den Kunstgriff kennst..." Aber aus Furcht vor der Kirche schrieb Bacon seine Formel in Geheimschrift in einem Anagramm auf.

Erst fünfzig Jahre später wurde das erste Geschütz gebaut. In einer Abhandlung des Engländers Walter de Milemete aus dem Jahr 1326 findet sich die Abbildung der ersten Kanone. Das war ein sogenanntes *pot-de-fer* oder *vaso*, denn es war ein vasenförmiges, bauchiges Gefäß mit einem engen Hals. Die Abbildung zeigt das Geschütz auf einem Holzgestell, wo es mit einem eisengefiederten Bolzen geladen wird. Der Kanonier hat es gerade abgefeuert, indem er einen rotglühenden Stock in das Pulverloch gesteckt hat. Aus dem gleichen Jahr ist eine florentinische Urkunde erhalten, in der der Rat der Stadt aufgefordert wird, Kanonen und Eisenkugeln herstellen zu lassen.

1324 wurde in Metz zum erstenmal ein Geschütz im Gefecht abgefeuert. In den folgenden fünfzehn Jahren kam das immer häufiger vor. Edward III. hat 1327 gegen die Schotten bei Berwick wahrscheinlich Kanonen eingesetzt. 1340 ließen die Franzosen *canons et bombardes* gegen die Engländer bei Quesnoi auffahren, und Edward verwendete bei der Belagerung von Calais 1346 Artillerie. Eine weitere Feuerwaffe war das *ribauldequin*, eine aus mehreren parallelen

Hohes Mittelalter

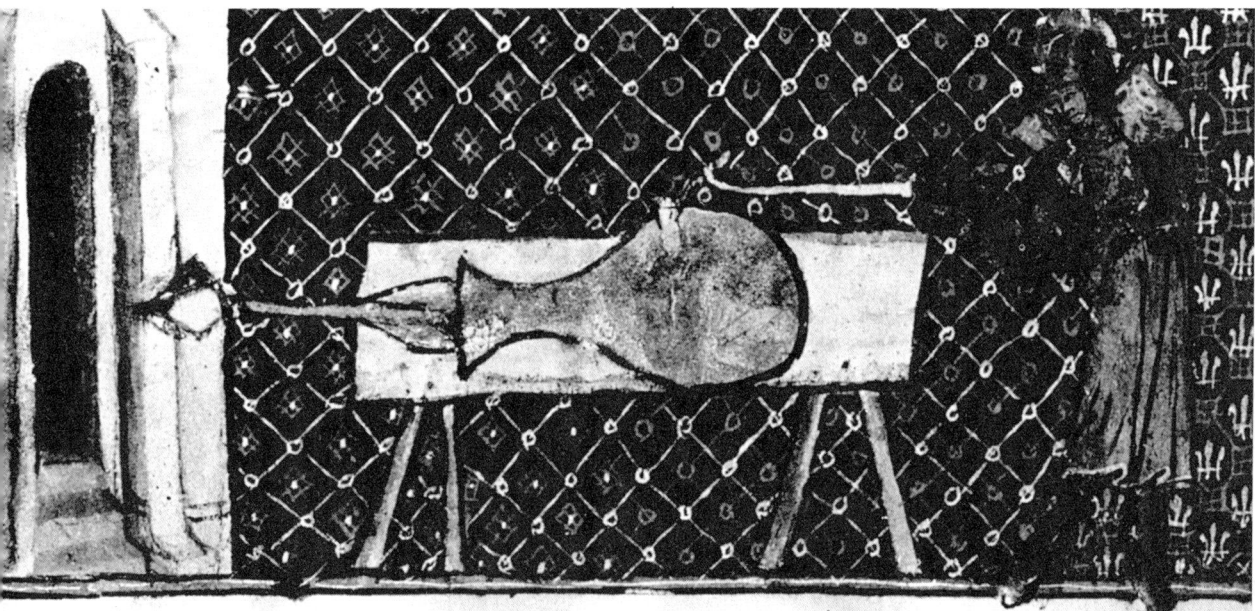

Das erste Geschütz in Europa ist in einem Manuskript aus dem Jahr 1326 abgebildet

Metallröhren bestehende Kanone, die auf einer Art Karren stand und deren Rohre gleichzeitig abgefeuert werden konnten, also eine Art primitiver Raketenbatterie, wie sie 1945 von den Kanadiern an der Maas und von der britischen Zweiten Armee beim Rheinübergang verwendet wurden. Edward ließ 1345 hundert dieser Geschütze bauen. Mitte des 14. Jahrhunderts gehörten also Feuerwaffen zur regulären Ausstattung der Armeen, aber ihr entscheidender Einfluß auf die gesamte Kriegführung wurde erst einige Jahre danach spürbar.

Die Mauern bisher als uneinnehmbar geltender Burgen konnten der Belagerungsartillerie nicht standhalten. Aber die von den Normannen weiterentwickelten Befestigungen behielten auch über die Zeit des mittelalterlichen Ritters hinaus militärische Bedeutung, und zwischen 1260 und 1320 entstanden einige der stärksten Befestigungsanlagen aller Zeiten. Man errichtete eine Reihe starker Kurtinen (Zwischenmauern) und legte Außenwerke an. An die Stelle des Burggrabens trat oft ein See. Die Tortürme waren mächtige quadratische, drei bis vier Stockwerke hohe Bauten. Die Zugänge konnten durch eine oder mehrere Zugbrücken gesichert werden, und an den Toren brachte man Gußlöcher für siedendes Pech, Fallgatter, Doppeltore und Schießscharten an. In dem inneren, von Mauern umschlossenen Burghof hatte manchmal eine ganze Stadt Platz wie z. B. in Flint, Conway und Caernarvon. Diese in den Kriegen Edwards I. gegen die Waliser (1277–1295) errichteten Festungen dienten einem strategischen Zweck und lassen sich mit der Kette von Befestigungen vergleichen, die der deutsche Ritterorden zum Schutz gegen die preußischen Barbaren baute.

Sidney Toy beschreibt das 1267–1277 entstandene Caerphilly, eine der frühesten, aber auch besten konzentrisch angelegten Festungen:

> Die Burg Cearphilly steht ... auf einer Insel in einem See, der von einem Fluß gespeist wird und von einem großen Wall oder Damm umgeben ist, der die äußerste Begrenzung bildet. Die mittlere

Caerphilly ist das klassische Beispiel für eine gut angelegte konzentrische Befestigung. Links eine Luftaufnahme, rechts der Plan

Festungsanlage ist viereckig und von zwei Mauern umgeben. An jeder Ecke der inneren Mauer steht ein Turm. An der Ost- und Westseite erhebt sich jeweils ein starker Torturm, und auch die Außenmauer läßt im Osten und Westen in der Verlängerung der inneren Tore Ausgänge frei. Die Türme an der inneren Mauer sind so weit vorgebaut, daß die Außenwand zwischen ihnen von den Brustwehren und Schießscharten aus lückenlos mit Geschossen bestrichen werden konnte. Die äußere Mauer ist niedriger und nicht so stark wie die innere, und anstelle der Ecktürme ist sie an den Ecken ausgebuchtet. Die Osttore öffnen sich gegen den Schutzwall, mit dem sie durch eine Zugbrücke verbunden sind. Die Westtore führen zu einem Außenwerk, das auch noch von Wasser umgeben ist ...

Außer den Haupttoren gibt es drei Ausfallstore, die aus dem inneren Burghof hinausführen. Die ... Tore sind alle durch Fallgitter gesichert. Die Ausfallstore in der äußeren Mauer dienten dazu, die Burg mit Lebensmitteln zu versorgen, Ausfälle zu machen oder die Burg in Booten zu verlassen.

Der massive Schutzwall, der auf der einen Seite von starken Stützpfeilern und auf der anderen von drei mächtigen Türmen gehalten wird, ist ein eindrucksvolles Beispiel für die Festungsbaukunst. Drei Schleusen regulierten den Wasserstand im See.

Hohes Mittelalter

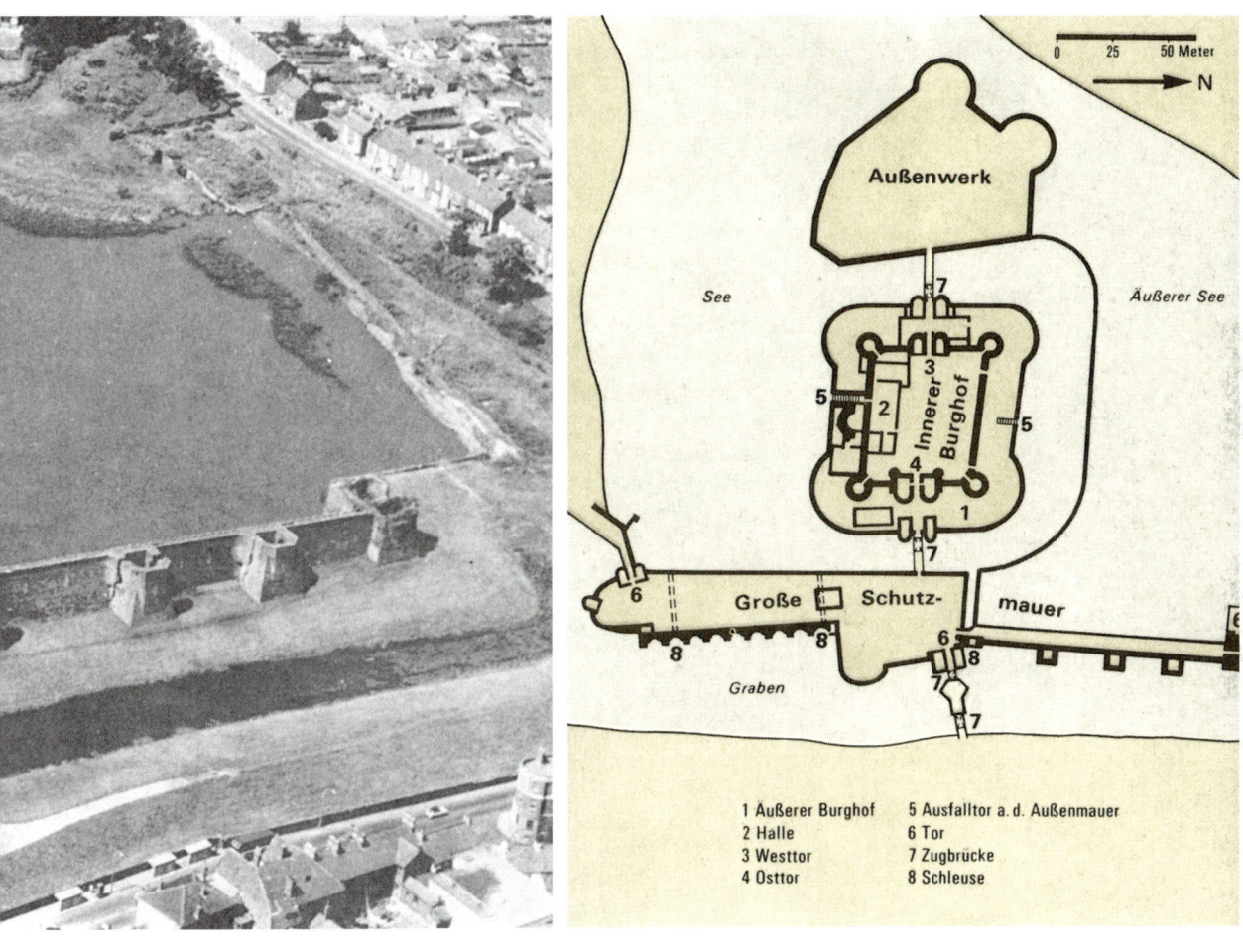

1 Äußerer Burghof   5 Ausfalltor a. d. Außenmauer
2 Halle   6 Tor
3 Westtor   7 Zugbrücke
4 Osttor   8 Schleuse

Niemand hat es je versucht, diese Burg zu erobern. Das überrascht uns nicht, denn dazu hätte der Gegner zwei Wasserflächen und drei Mauern überwinden müssen, in die alle erdenklichen Verteidigungseinrichtungen eingebaut waren.

Auch noch im 14. Jahrhundert baute man starke Befestigungen nach diesen Grundsätzen. Ein Beispiel dafür ist die Bastille in Paris (1370–1383).

Auch die Bastille war rechtwinklig angelegt, hatte acht Mauertürme, die dicken Mauern reichten bis zu den Türmen hinauf und waren von einer ununterbrochenen Reihe mit Senkschlitzen versehener Zinnen gekrönt. Das Ganze war von einem breiten Graben umgeben. Mit etwas mehr Kampfgeist hätten die Verteidiger die Bastille am 14. Juli 1789 sicher halten können. Im 13. und 14. Jahrhundert entstanden auch zahlreiche befestigte Kirchen, z. B. Les Saintes Maries bei Arles und die Kathedrale von Albi. Damals baute man in Italien sogar Stadthäuser, die sich wie Festungen verteidigen ließen. In San Gimignano gab es mehr als zwanzig Häuser mit hohen Türmen, und noch in der Renaissance baute man viele Bürgerhäuser mit schmucklosen, glatten Außenwänden und vergitterten Fenstern. Dennoch überwog schon im 14. Jahrhundert das Bedürfnis nach Bequemlichkeit die Erfordernisse der Sicherheit.

In der zweiten Hälfte des 13. Jahrhunderts hatte man noch nicht erkannt, welche taktischen Vorteile die Zusammenarbeit zwischen Kavallerie und Infanterie bieten konnte, und dachte noch nicht daran, die Infanterie als schlachtentscheidende Angriffswaffe einzusetzen – trotz der Erfahrungen bei Legnano und in den Kreuzzügen. Das änderte sich nun in dramatischer Weise, vor allem aufgrund der taktischen Ideen Edwards I. von England und des schweizerischen Feldherrn Rudolph von Erlach. Von 1282 bis 1346 gewannen Fußtruppen eine Reihe von großen Siegen, und das bedeutete eine Revolutionierung der taktischen Auffassungen. Bei Coutrai (1302), Morgarten (1315) und Laupen (1329) wurden schwere Reiter von Pikenträgern zu Fuß besiegt. Bei Orewin Bridge (1282), Falkirk (1298) und Halidon Hill (1333) besiegten Fußsoldaten mit dem langen Bogen Speerträger. In der Schlacht bei Crécy (1346) erlebte Europa, wie der schwere Reiter, der tausend Jahre das Schlachtfeld beherrscht hatte, seine Überlegenheit verlor. Hier zeigte sich, daß man mit Reitern allein eine Schlacht nicht gewinnen konnte, wenn auf der anderen Seite von Schwerbewaffneten unterstützte Bogenschützen aus günstiger Stellung heraus operierten. Bei Poitiers (1356) und Agincourt (1415) bestätigten die englischen Bogenschützen wieder ihre Überlegenheit. Die schweizerischen Pikenträger setzten währenddessen in Europa ihren Siegeszug fort. Wenig später bewiesen die mit Kanonen ausgerüsteten böhmischen Hussiten bei Sudomer (1419), daß die Infanterie der Kavallerie auf eine dritte Weise überlegen sein konnte.

In der Schlacht bei Coutrai (1302) erlebte die schwere Kavallerie ihre erste vollständige Niederlage auf dem Kontinent, als flämische Pikenträger zu Fuß ein französisches Reiterheer vernichtend schlugen. Die Flamen hatten sich in einer starken Stellung hinter einem Flußlauf aufgestellt. Der französische Befehlshaber ließ seine Reiter im Vertrauen auf die alte These, hundert Reiter seien ebensoviel wert wie tausend Mann zu Fuß, angreifen. Als die Reiter die Flußniederung erreichten, blieben sie im Sumpf stecken, und die Flamen griffen sie mit ihren Piken an. Zunächst behauptete man, das sumpfige Gelände sei die Ursache dieser Niederlage, und nicht die Tatsache, daß gut geführte infanteristische Kräfte in einer günstigen Stellung, wenn sie tapfer angriffen, der Kavallerie überlegen seien. Als die Franzosen später die Flamen besiegten, schien das die Auffassung zu bestätigen, Coutrai sei ein Ausnahmefall gewesen.

Ein zweiter, mit Coutrai vergleichbarer Schock war der Sieg der schweizerischen Bundestruppen über die Österreicher bei Morgarten (1315). Erzherzog Leopold hatte es versäumt, gegen den Feind aufklären zu lassen, bevor er sein Heer im November eine schmale, steile und schlüpfrige Alpenpaßstraße hinaufschickte. Die Schweizer sperrten die Straße und überfielen die Österreicher aus dem Hinterhalt. Die österreichischen schweren Reiter waren in der Überzahl, sie wurden aber überrascht und zusammengedrängt. „Die Gebirgler erschlugen sie wie Schafe auf der Schlachtbank." Aber wieder gab man dem ungünstigen Gelände und der schlechten Führung die Schuld.

Der Sieg der Schweizer über die Feudalherren bei Laupen (1339) behob jedoch schließlich jeden Zweifel, denn hier kämpften Infanterie und Kavallerie an einem freien Hang. Der Befehlshaber der Schweizer, Rudolph von Erlach, nahm, da der Gegner zahlenmäßig überlegen war, zunächst eine Defensivstellung ein. Seine wenigen Reiter stellte er an einem Steilhang am rechten Flügel auf. Die Masse der Infanterie blieb links, denn hier erwartete er den Schwerpunkt des Angriffs. Erst wenn der Feind bergauf antrat, wollte er mit der Masse seiner Truppen den Hang hinunter angreifen. Die Berner am rechten Flügel kamen gut voran, aber die Verbände aus den Waldkantonen, die weit unten mit dem Ritterheer zusammenstießen, wurden umzingelt und kämpften jetzt Rücken an Rücken und bildeten dabei die später so berühmt gewordene

„Igelstellung". Es kam zu einem heißen Gefecht, aber die Schweizer hielten sich tapfer, bis die Berner ihnen zu Hilfe kamen, die feindlichen Reiter in Flanke und Rücken angriffen und die Schlacht für sich entschieden. Die Schweizer erbeuteten siebenundzwanzig Feldzeichen und siebzig Helme.

Bei Laupen kämpften die Schweizer noch mit der Hellebarde, deren Spitze aus Stachel und beilartiger Klinge bestand. Sie war nur acht Fuß lang. Aber bald kam die etwa 3 Meter lange Pike in Gebrauch. Der Eschenholzschaft trug eine zehn Zoll lange Stahlspitze, wurde in Schulterhöhe gehalten und bewährte sich hervorragend gegen Kavallerie. In der Schlacht bildeten die schweizerischen Verbände eine undurchdringliche, mit Stahlspitzen bewehrte Hecke, die sich ebensogut in der Verteidigung wie im Massenangriff bewährte. Die Schweizer waren mit ihrer Taktik so erfolgreich, daß sie sie ähnlich wie die Spartaner und Römer kaum variierten. Sie waren nur leicht gepanzert, daher sehr beweglich und kämpften deshalb meist offensiv. Machiavelli berichtet, „keine andere Truppe war so schnell auf dem Marsch und konnte sich so rasch zum Gefecht entwickeln". Noch in der Bewegung gliederten sie sich zum Gefecht, und die schweizerischen Pikenträger waren die ersten modernen Verbände, die im Gleichschritt nach Marschmusik marschierten. Im Angriff gingen sie geschlossen in drei leicht nach rückwärts gestaffelten Kolonnen vor. Durch diese Aufstellung schützten sie ihre Flanken und bildeten zugleich eine Reserve.

In den zweihundert auf die Schlacht bei Morgarten (1315) folgenden Jahren erlitten die schweizerischen Pikenträger niemals eine entscheidende Niederlage. Aber die Rivalität zwischen den Kantonen und die Kommandostruktur, bei dem ein aus mehreren Mitgliedern zusammengesetzer Kriegsrat den Oberbefehl führte, haben es verhindert, daß die Schweizer ihre Siege strategisch ausnutzten und zu einer Großmacht wurden. Doch waren sie die besten Söldner in Europa. 1386 gewannen sie die Schlacht bei Sempach gegen abgesessene schwere Reiter. Der österreichische Befehlshaber, der nicht erkannt hatte, daß die Schweizer ihre Erfolge ihrer Ausrüstung und Taktik zu verdanken hatten, glaubte, seine Männer müßten, wenn sie zu Fuß kämpften, den Bauern mit ihrer schweren Ausrüstung und Bewaffnung überlegen sein. Aber das Gewicht ihrer Rüstungen erschöpfte die Österreicher schon vor Beginn der Schlacht, und das Experiment endete mit einer Katastrophe. Den berühmtesten Sieg errangen die schweizerischen Pikenträger 1476 bei Granson und Morat über die Truppen Karls des Kühnen von Burgund.

In England, wo die Infanterie zuerst eine ganz neue Rolle in der Kriegführung übernahm, war Edward I. (1274–1307), der Eroberer von Wales, der Sieger bei Falkirk (1298) und ein hervorragender Organisator und Truppenführer, dafür verantwortlich. Bei seinem Eveshamfeldzug (1265) bewies er einen erstaunlichen strategischen Weitblick. Er manövrierte rasch und geschickt, um die Vereinigung zweier feindlicher Heere zu verhindern, und hielt dabei eine etwa 80 Kilometer lange Stellung an einem Flußlauf. Nachdem er einen Gegner geschlagen hatte, schwenkte er schnell gegen Simon de Montfort ein und schnitt ihm in einer Schleife des Flusses Avon den Rückzug ab. Bei seinen Feldzügen gegen Wales (1277–1295) baute Edward ein ganzes Netz von Straßen und Burgen und bewies damit wieder seine strategische Begabung. Außerdem erkannte er, daß die Bergbevölkerung in Wales nicht von einer konventionellen Armee besiegt werden konnte. Das waren damals kurzdienende Kavallerieverbände, die nur im Sommer zusammentraten. Er führte daher zwei wichtige Neuerungen ein, die lange Zeit beibehalten wurden. Er stellte ein das ganze Jahr dienendes Berufsheer auf und rüstete es mit dem langen Bogen aus, dessen besondere Vorzüge er erkannt hatte.

Mit der Entstehung der Söldnerheere begann die Entwicklung der Berufsarmeen. Da sich die

Kriegführung im Mittelalter

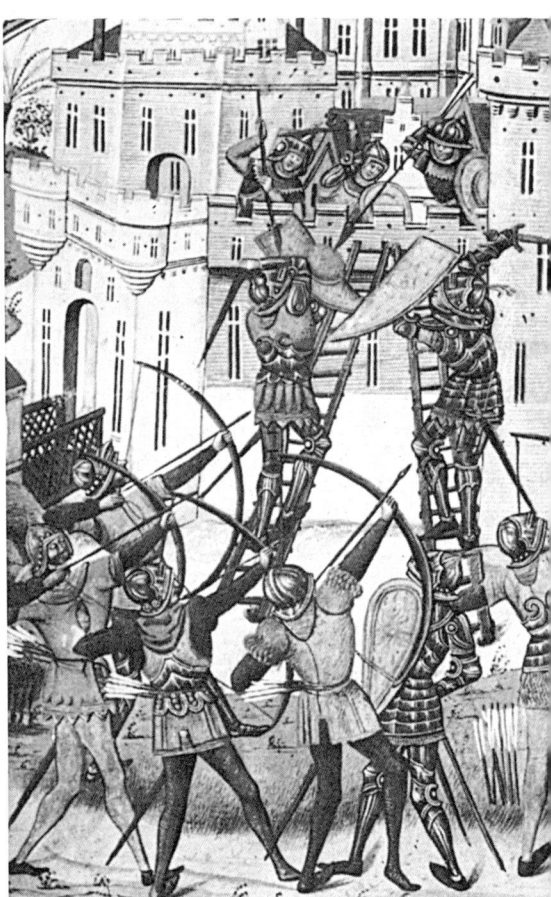

Schweizerische Pickenträger (links) und mit langen Bogen bewaffnete englische Infanteristen (rechts) zeigten sich den mittelalterlichen Ritterheeren überlegen

Feudalarmeen für die Verwendung im Krieg gegen Wales nicht eigneten, sah Edward I. sich gezwungen, seine Soldaten nicht mehr ausschließlich nach dem Feudalsystem zu rekrutieren, das sich aus den verschiedensten wirtschaftlichen und verfassungsmäßigen Gründen nicht mehr halten ließ. Die Aufstellung von Spezialtruppen und Berufsarmeen sollte sich in der Folgezeit schon aus wirtschaftlichen Gründen als nötig erweisen, denn die Rüstungen wurden immer teurer, und die Bevölkerung Europas wurde durch die Pest dezimiert.

Um das Rekrutierungsproblem besser zu lösen, veranlaßte Edward I. viele seiner Vasallen, sich mit der oben erwähnten „scutage" vom Kriegsdienst freizukaufen. Die übrigen forderte er auf, weniger, aber bessere Truppen zu stellen, und erklärte sich bereit, sie nach Ableistung ihrer Dienstpflicht weiter zu bezahlen. Ein solcher Militärvertrag, „indenture" genannt, wurde zum erstenmal 1277 geschlossen. Edward III. entwickelte dieses System in seinen Feldzügen gegen Schottland und Frankreich weiter. Die „identures" waren schriftliche Abmachungen zwischen einem Berufsoffizier und dem König. Sie bestimmten Stärke und Zusammensetzung der zur Verfügung gestellten Truppen, ihren Standort, die Dauer und Art ihrer Dienste, die Höhe ihres Lohns, der Sondervergütungen usw. Diese Verbände setzten sich gewöhnlich aus allen Waffengattungen zusammen wie Artillerietechnikern, Ärzten, Mineuren, Feldgeistlichen, Dolmetschern, Bogenschützen und gewappneten schweren Reitern. Die Dauer der Dienstzeit schwankte zwischen vierzig Tagen und einer unbestimmten, „in das Belieben des Königs" gestellten Zeit. Der Earl of Kent verpflichtete sich z. B. 1360, dem König „gegen den üblichen Kriegssold" drei Monate zu dienen. Dazu stellte er 60 Gewappnete und 120 berittene Bogenschützen. Nach 1340 gab es keine nach dem Feudalsystem aufgestellten Truppen mehr in der Armee Edwards III. Sie bestanden größtenteils aus seinen Untertanen, aber enthielten auch einige ausländische Söldnerkontingente. Alle Soldaten standen unter Vertrag und dienten unter sehr fähigen Berufsoffizieren. Die Bevölkerungszahl in Frankreich war im hundertjährigen Krieg fünfmal so groß wie in England. Da aber die Franzosen noch am Feudalsystem festhielten, hatten sie keine gute Infanterie, und ihre stärkeren schweren Kavallerieverbände waren weniger gut ausgebildet und diszipliniert als die englischen.

Die zweite von Edward I. eingeführte revolutionäre Neuerung war der lange Bogen als Hauptwaffe. Bei Evesham (1265) verwendete die Infanterie noch die Armbrust, aber in den Feldzügen gegen Wales (1277–1295) überwog schon der lange Bogen, und er verhalf den Engländern auch 1282 bei Orewin Bridge zum Siege. Er kam ursprünglich aus Wales. Die englischen langen Bogen waren 6 Fuß, 4 Zoll hoch. Die Zugkraft beim Spannen betrug etwa einen Zentner. Gewöhnlich waren sie aus Eiben- oder Ulmenholz. In der Mitte waren sie $1\frac{1}{2}$ Zoll breit, $1\frac{1}{4}$ Zoll dick, außen flach und innen rund. Sie liefen spitz zu und endeten mit für die Sehne durchbohrten Hornspitzen. Die Sehne bestand aus Hanf- und Leinenfasern. Der Pfeil war etwa 37 Zoll lang, hatte eine kleine, nicht besonders scharfe, rautenförmige Spitze und trug am Ende drei halbe Gänsefedern. Nur sehr große und starke Männer konnten diesen Bogen führen. Die Sehne wurde in einem Zug bis zum Unterkieferwinkel zurückgezogen, der Schütze zielte und ließ den Pfeil fliegen. Bis auf etwa 240 Meter ließ sich ein gezielter Schuß abgeben, die äußerste Reichweite betrug etwa 330 Meter.

Zum Schutz trugen die Bogenschützen einen Eisenhut und einen wattierten Überrock, manchmal auch einen Küraß. Neben dem Bogen führten sie ein Schwert und gelegentlich einen am Ende mit Eisen beschlagenen Knüttel. Die Hände waren durch ein Leder geschützt. Das Haar der Schützen war kurz geschoren, damit die Sehne sich nicht darin verfing. Nach 1252 waren alle Freisassen, deren Besitz auf mehr als 40 Schilling geschätzt wurde, verpflichtet, einen Bogen zu besitzen. So bildeten die freien Bauern eine Bogenschützenmiliz. Übungen im Bogenschießen waren zeitweilig obligatorisch. Dabei schoß man manchmal nach der Messe sogar auf einen auf dem Kirchturm angebrachten Schützenvogel oder spielte „rovers" – das mittelalterliche Golfspiel, bei dem die Schützen von Feld zu Feld vorgingen und auf eine Reihe von Zielen schossen.

In den Feldzügen gegen Wales erkannte man zum erstenmal den taktischen Wert der Schußwaffe. Durch einen Pfeilregen ließ sich der Feind zu Beginn der Schlacht beunruhigen, und seine Verbände verloren den Zusammenhang. Im Angriff gaben die Bogenschützen den eigenen Truppen Feuerschutz. Im Dezember 1282 besiegten die Engländer unter Edward Mortimer und John Giffard die Waliser, die ihre Speerträger massiert an einem Abhang aufgestellt hatten. Überraschend beschossen die Engländer sie aus der Flanke, und erst nachdem die Wirkung dieses Feuerüberfalls spürbar geworden war, griffen die englischen Ritter an. Ähnlich entwickelte sich die Schlacht bei Conway (1295), und 1298 wendete Edward I. bei Falkirk gegen die Schotten die gleiche Taktik an. William Wallace wollte sich den Engländern nur in einer starken Position stellen. Die Schotten hatten sich in vier starken Speerträgerverbänden auf einem Hang vor einem Wald und hinter einem Sumpf aufgestellt. Edward war schlecht versorgt, denn seine Basen lagen weit zurück, und er selbst hatte sich zwei Rippen gebrochen. Dennoch entschloß er

Kriegführung im Mittelalter

sich zum Angriff. Zu Beginn ritten die englischen Reiter links und rechts um den Sumpf herum, attackierten die Schotten in den Flanken, wurden aber von den Speerträgern abgewiesen. Anstatt einen zweiten Reiterangriff zu führen, brachte Edward nun seine Bogenschützen heran und ließ bestimmte Teile der feindlichen Aufstellung unter konzentrierten Beschuß nehmen. Die Schotten hatten schwere Verluste und begannen zu schwanken. Ein zweiter Reiterangriff gegen die schwachen Stellen der feindlichen Front entschied das Treffen, das mit einem fürchterlichen Blutbad endete.

1314 wurden die Engländer von den Schotten unter Bruce bei Bannockburn geschlagen, weil Edward II. veraltete Taktiken anwendete und das Vorgehen der Bogenschützen und Reiter nicht aufeinander abstimmte. Aber bei Dupplin Moor (1332) entwickelte Edward Baliol die englische Taktik weiter und ließ Bogenschützen und abgesessene schwere Reiter gemeinsam eine Verteidigungsstellung einnehmen. Die Geharnischten erwarteten den feindlichen Angriff im Zentrum. Die Bogenschützen an den Flügeln schwärmten halbkreisförmig aus und verteilten sich so weit über das Schlachtfeld, daß sie kein geschlossenes Angriffsziel mehr boten. Als die gegnerischen Verbände sich in der Mitte gegenüberstanden, schossen die Bogenschützen den Schotten in die Flanken, die dadurch in arge Bedrängnis gerieten. Wieder entschied der zweite Vorstoß der englischen schweren Reiter das Gefecht. Im Jahr darauf wiederholte Edward III. bei Halidon Hill mit den Veteranen der Schlacht bei Dupplin seinen Sieg nach den gleichen taktischen Grundsätzen.

1337 begann der Hundertjährige Krieg zwischen England und Frankreich. Es ging dabei unter anderem um das englische Herzogtum Guyenne in Südwestfrankreich, Edwards III. Ansprüche auf den französischen Thron, die den Schotten durch die Franzosen gewährte Hilfe, die Rivalität im flämischen Wollhandel und den schon lange währenden Grenzkrieg zwischen englischen und französichen Schiffen im Kanal. Nachdem die Engländer schon mehrfach mit schwachen Kräften an der französischen Küste gelandet waren, kam es zu einem Zermürbungskrieg, in dem nur wenige und nicht entscheidende Schlachten geschlagen wurden. Dörfer und Klöster in Artois, der Normandie, der Bretagne und Aquitanien wurden geplündert und verwüstet. Aber nach der Landung des Earl of Derby (1337) in Flandern wurde der lange Bogen zur schlachtentscheidenden Waffe.

Die erste bedeutende Schlacht dieses Krieges war die Seeschlacht von Sluis 1340. Hundertfünfzig Jahre nach Hastings baute man die Schiffe immer noch nach dem Vorbild der Wikinger, und es hatte im Norden lange keine Seekriege mehr gegeben. Im 13. Jahrhundert war es im Kanal immer wieder zu mehr oder weniger harten Auseinandersetzungen zur See gekommen. Man hatte die Kriegsschiffe weiterentwickelt, und das Flaggschiff Edwards III., die *Thomas*, war ein 275-t-Schiff mit einer Mannschaft von 137. Es waren hochbordige Schiffe mit hohen Aufbauten an Heck und Bug und einem großen viereckigen Segel. Die Taktik zur See entsprach wie die Bewaffnung den Verhältnissen zu Lande. Bei Sluis kämpften die Franzosen mit Schwertern, Piken und Armbrusten. Die Engländer setzten Geharnischte, vor allem aber Bogenschützen mit dem langen Bogen ein, deren Pfeile breite, flache Spitzen hatten, um Takelage und Segel der gegnerischen Schiffe zu zerschießen. Edward führte selbst das Kommando seiner 147 Schiffe, denen 190 französische Schiffe gegenüberstanden. Beide Seiten teilten ihre Flotten in drei Divisionen auf. Die Franzosen ketteten ihre Schiffe zusammen und bildeten damit drei zusammenhängende schwimmende Plattformen für ihre Soldaten. Die Engländer blieben beweglich und besetzten ihre Schiffe abwechselnd mit Bogenschützen und Geharnischten, um den Feind zunächst von weither mit Pfeilen zu beschießen, dann an die feindlichen Schiffe heranzufahren und die Schlacht im Nahkampf zu entscheiden. Nach achtstündigem Gefecht waren die

Franzosen geschlagen und hatten sieben Achtel ihrer Schiffe und drei Viertel ihrer Mannschaft verloren.

Während der ersten zehn Jahre kam es zu keiner größeren Landschlacht. Die gegnerischen Verbände tasteten sich nur gegenseitig ab. Die Geharnischten beider Heere waren ähnlich ausgerüstet. Sie trugen einen starken Helm, einen kleinen Schild und große Sporen. Die Hauptwaffen waren eine vierzehn Fuß lange Lanze und der Dolch oder „Misericord". Die Gefolgsleute der Ritter bildeten den taktischen Verband, der in aus drei oder vier Mann bestehende „Fähnlein" aufgeteilt war. Auf beiden Seiten gab es schon Feuerwaffen, die sogenannten *pots de fer*, die aber taktisch noch keine Rolle spielten. Hinsichtlich der Ausbildung, des Mannschaftsersatzes und der Qualität der Infanterie waren die Engländer den Franzosen überlegen. Erst kürzlich hatten sie in Schottland erfolgreich gekämpft. Die französischen Lehensleute hatten nur in vereinzelten Expeditionen gegen Guyenne Kampferfahrung sammeln können. Ihnen standen auch nur wenige mit der Armbrust ausgerüstete Infanteristen zur Verfügung, während bei den Engländern starke Bogenschützenverbände kämpften, die doppelt so weit und sechsmal so schnell schießen konnten wie die Armbrustschützen.

Vor dem ersten größeren Gefecht bei Crécy (1346) erhielten die Franzosen schon zweimal einen Vorgeschmack von der Leistungsfähigkeit des englischen Langbogens. 1342 ließ der Earl of Northampton seine Männer in einem Graben auf einer Höhe hinter einem Sumpf in Stellung gehen. Die abgesessenen schweren Reiter standen im Zentrum, die Bogenschützen an den Flügeln. Als die französischen Reiter angriffen, wurden sie zuerst durch die Pfeile in Verwirrung gebracht und dann von den englischen Rittern angegriffen. Ein zweites Mal umzingelte ein französischer Verband eine englische fliegende Kolonne bei St. Pol de Léon in der Bretagne. Die Engländer hielten sich tapfer und richteten mit ihren Pfeilen ein regelrechtes Blutbad unter den Franzosen an.

1345–1346 griff Edward III. Philipp VI. von Frankreich auf der äußeren Linie von der Bretagne, der Gascogne und Flandern aus an. Der Earl of Northampton und Sir Thomas Dagworth in der Bretagne und der Earl of Derby im Südwesten kämpften erfolgreich. 1346 machte Philipp sich gegen Derby auf, wurde aber im Juli durch die Nachricht von der Landung Edwards mit mehr als 10 000 Mann bei Cherbourg zur Umkehr gezwungen. Darauf begann Derby einen Ablenkungsfeldzug in Poitou.

Wahrscheinlich wollte Edward den Gegner durch die gleichzeitigen Operationen veranlassen, Friedensbedingungen anzubieten oder sich zur Entscheidungsschlacht zu stellen. Das englische Heer marschierte durch einen großen Teil des Gebiets, in dem die alliierten Armeen im Juni 1944 nach der Invasion in der Normandie kämpften, zerstörte feindliche Schiffe und militärische Anlagen entlang der Küste, nahm am 26. Juli Caen und ging in Richtung auf die Seine weiter vor. Inzwischen war ein großer Teil der englischen Flotte nach England zurückgekehrt, und die Versorgungslage wurde kritisch. Von Süden stieß ein starkes französisches Heer der Armee Edwards nach. Es wäre jetzt vielleicht richtig gewesen, nach Nordosten weiterzumarschieren, um sich in Flandern mit einem anglo-flämischen Verband zu vereinigen, der südlich von Ypern vorging. Aber der Seineübergang bei Rouen war durch eine zerstörte Brücke gesperrt.

Deshalb ging Edward seineaufwärts und überschritt den Fluß bei Poissy unweit von Paris. In Eilmärschen erreichte er am 22. August Abbeville, aber Philipp war schon in Amiens. Am 23. August räumte die englische Nachhut Airaines zwei Stunden vor Eintreffen der Franzosen. Edwards Lage wurde bedenklich. Die Somme bildete ein starkes Hindernis, das er überqueren mußte. Ich kenne die Gegend gut, denn ich habe in zwei Weltkriegen hier gekämpft und kann mir die Gefühle Edwards lebhaft vorstellen.

Aber seine Entschlußkraft und sein Mut retteten ihn. Am Abend des 23. setzte er demjenigen,

Kriegführung im Mittelalter: Detail aus der „Alexanderschlacht" von Albrecht Altdorfer

Kriegführung im Mittelalter

Die Schiffe hatten hohe Aufbauten an Heck und Bug und fuhren unter einem großen, viereckigen Segel.

der ihn an eine geeignete Furt führen würde, eine hohe Belohnung aus. Ein Landesbewohner führte die Engländer in der Nacht nach Blanchetaque, 16 Kilometer unterhalb von Abbeville. Der Fluß war hier sehr breit, und am gegenüberliegenden Ufer standen 500 feindliche schwere Reiter und 3000 Mann Infanterie. Um 10.00 Uhr morgens gingen die englischen Bogenschützen vor. Bis zum Gürtel im Wasser und mit nassen Bogensehnen erkämpften sie und die schweren Reiter sich den Übergang. Die Nachhut mußte sich, als sie an den Fluß kam, schon der nachstoßenden Franzosen erwehren, die aber erstaunlicherweise die Verfolgung aufgaben.

Am 25. August rastete das englische Heer an einem Waldrand bei Crécy-en-Ponthieu, 15 Kilometer nördlich von Abbeville, wo Philipps Armee lag. Edward wollte jetzt die Schlacht annehmen und wußte wahrscheinlich, daß auch Philipp zum Kampf entschlossen war. Edward fühlte sich verpflichtet, Ponthieu als Besitz seiner Großmutter zu verteidigen, und seit Blanchetaque war die Kampfmoral seiner Soldaten gut. Der anglo-flämische Verband stand noch etwa 85 Kilometer weiter im Norden, so daß er nicht mit Unterstützung rechnen konnte. Aber die

Hohes Mittelalter

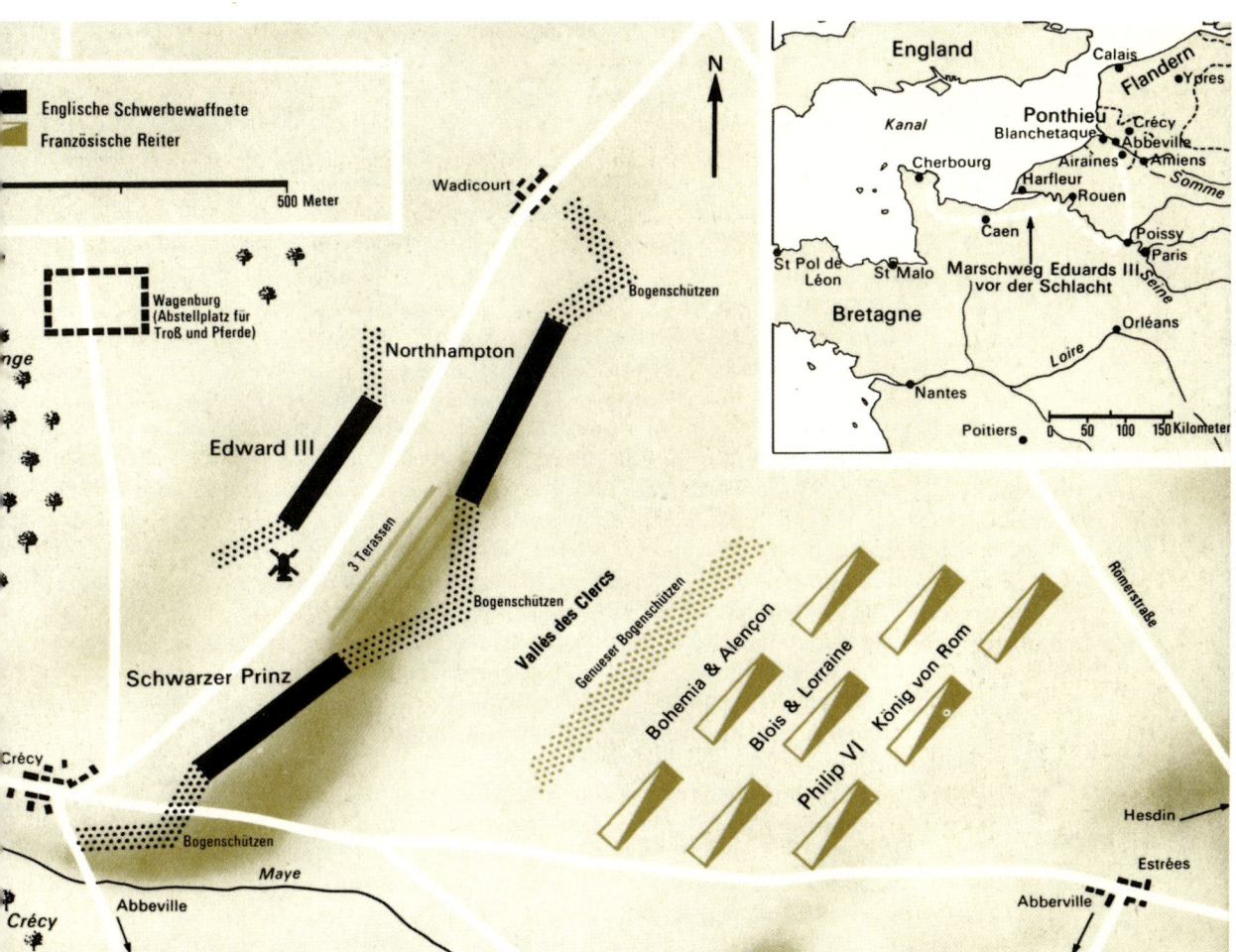

Die Schlacht bei Crécy

flandrische Grenze war nur noch drei Tagemärsche entfernt, und kein natürliches Hindernis blockierte den Weg dorthin.

Am Morgen des 26. August 1346 traf Edward alle Vorbereitungen zur Schlacht. Er konnte seine Stellung nach Belieben auswählen und hatte Zeit genug, seine Armee zu gliedern. Da er wußte, daß der Feind in der Übermacht war, und aus taktischen Überlegungen wählte er eine starke Verteidigungsstellung. Das war der etwa 2000 Meter lange Höhenrücken, der sich von Crécy bis zu einer Häusergruppe bei Wadicourt nach Nordosten erstreckt. Südlich von Crécy floß von Osten nach Westen die Maye vorüber. Am englischen rechten Flügel im Süden fiel der Höhenzug etwa 30 Meter steil zum Fluß hin ab. Im Nordosten am englischen linken Flügel war der Hang weniger steil und lief dann flach aus. Wenige hundert Meter hinter dem Höhenrücken lag ein Wald. Die Stellung auf der Anhöhe wurde durch drei, je etwa 350 Meter breite, für Kavallerie schwer zu passierende Terrassenanlagen verstärkt. Dorf und Fluß schützten die englische rechte Flanke. Die Schwäche an der linken Flanke fiel nicht ins Gewicht, da die Franzosen

203

rechts entlang der Straße Abbeville-Hesdin herankommen mußten. Zur Besetzung der fast 2000 Meter breiten Stellung standen Edward nur 12 000 bis 13 000 Mann zur Verfügung. Zur Verteidigung der Terassen genügten jedoch schwache Kräfte.

Wie bei Halidon Hill und Morlaix setzte Edward auch hier seine schweren Reiter zu Fuß ein und ließ die Pferde beim Gepäcktroß im Wald zurück. Seine Hauptkräfte setzte er rechts am Hang, nur etwa 300 Meter oberhalb der Talsohle ein. Ihr nomineller Befehlshaber war der „schwarze Prinz" Edward, dem Godfrey Harcourt und der Earl of Warwick zur Seite standen. Am linken Flügel stand die Abteilung des erfahrenen Earl of Northampton in einer Stellung am Oberhang. Eine dritte Abteilung Geharnischter hielt der König dicht hinter der Mitte in Reserve. An den Flanken hatten die Bogenschützen keilförmige Stellungen bezogen. Es gab drei solche Keile. Einmal verbanden sie die beiden Flügel der in der Mitte aufgestellten Geharnischten mit den Dörfern Crécy und Wadicourt, und in der Mitte hielt ein aus Bogenschützen gebildeter Keil die Verbindung zwischen den beiden Abteilungen Geharnischter in der Hauptfront. Auch an den Flügeln der Reserve Edwards standen Bogenschützen. Vor der Front des „schwarzen Prinzen" hatten die Engländer Fallgruben angelegt. Edwards Gefechtsstand befand sich an einer Windmühle auf dem höchsten Punkt des Höhenzuges, etwa 650 m nordostwärts von Crécy. Von hier überblickte er die ganze englische Stellung und die Straße, auf der er die Franzosen erwartete, die von Abbeville herankommen mußten.

Nachdem die Truppen ihre Aufstellung eingenommen hatten, ritt der König die Front ab und ermutigte sie zum Kampf. Von ihren Leistungen hing das Schicksal der englischen Krone ab. Bis gegen Mittag war vom Feind noch nichts zu sehen. Die Truppen rasteten und nahmen eine Mahlzeit ein. Die Bogenschützen legten Bogen und Köcher, die Ritter ihre Helme an ihren Plätzen auf den Boden. Gegen 16.30 zur Vesperstunde setzte leichter Regen ein, und die Bogenschützen beeilten sich, die Bogensehnen zuzudecken. Immer noch ließen die Franzosen sich nicht blicken.

Die Aufklärung Philipps hatte versagt, und er glaubte, die Engländer ständen viel näher an der Somme. Im Morgengrauen hatte er den Abmarschbefehl gegeben, aber seine Spähtrupps suchten in der falschen Richtung nach dem Feind. Erst als der Regen aufhörte, kamen die Franzosen von Abbeville zum Fluß Maye. Als Edward sie von der Windmühle aus erkannte, ließ er ein Trompetensignal geben, und die englischen Soldaten nahmen ihre Stellungen ein.

An der Spitze der Feudalarmee Philipps stand eine bunte Schar von Fürsten und Adeligen, unter anderen der fast erblindete König Johann von Böhmen und sein Sohn Karl, Jakob III. von Mallorca und viele französische und rheinische Ritter. Seine besten Truppen waren die Ritter des königlichen Hofstaats und 6000 Armbrustschützen, Söldner aus Genua. Insgesamt war das französische Heer etwa 40 000 Mann stark.

Schon aus der Entfernung sah man, daß die französische Marschkolonne in Unordnung geraten war, weil sie plötzlich die Marschrichtung hatte ändern müssen. Das verschlimmerte sich, als Philipp sich angesichts der englischen Aufstellung entschloß, die Schlacht auf den folgenden Tag zu verschieben, und den Befehl zum Halten gab. Die an der Spitze marschierenden Kolonnen befolgten den Befehl, wurden aber von hinten weitergedrängt. Da die Franzosen von der Straße aus schräg gegen die englische Front stießen, mußten sie kurz vorher halblinks schwenken, um sich zur Schlacht zu formieren. Jetzt steigerte sich die allgemeine Verwirrung zum Chaos. Genaue Angaben besitzen wir nicht, aber wahrscheinlich stellten sich die Franzosen in drei Treffen auf. Das erste stand unter dem Befehl des Königs von Böhmen und des Grafen von Alençon, das zweite befehligte der Graf von Blois und der Herzog von Lothringen, das dritte König Philipp und König Karl von Rom. Vor dem ersten Treffen standen die Genueser. Die Franzosen wurden von der tiefstehenden Abendsonne geblendet, ein großer Nachteil für

Angreifer und Verteidiger. Bei meinem Angriff gegen die Deutschen in der Marethstellung in Nordafrika hatten diese auch die blendende afrikanische Nachmittagssonne im Gesicht. Während die Franzosen im Bewußtsein ihrer Überlegenheit mit lautem Feldgeschrei vorgingen, warteten die Engländer schweigend. Als die Genueser auf Schußentfernung heran waren, ohne selbst schon schießen zu können, eröffneten die Engländer mit ihren Langbogen das Gefecht. Die nun entstehende Verwirrung steigerte sich, als die Engländer ihre Kanonen abfeuerten, die hier zum erstenmal in der Kriegsgeschichte in einer größeren Schlacht eingesetzt wurden. Aber die französischen Reiter griffen an und ritten viele ihrer eigenen Söldner nieder.

Die Langbogen brachten den französischen Reitern schwere Verluste bei.

> Die Bogenschützen ließen ihre Pfeile fliegen, und nicht ein einziger verfehlte sein Ziel. Jeder Pfeil traf Mann oder Pferd ... So fielen die Ritter ... tot oder schwer verwundet und hatten kaum die Männer gesehen, die sie getroffen hatten.

Wahrscheinlich hat kein einziger Mann des ersten französischen Treffens die englische Front erreicht. Aber schon erfolgte der zweite Reiterangriff.

Die Schlacht wurde jetzt zu einer Folge selbstmörderischer Reiterattacken; die Engländer schätzten die Zahl der abgewehrten Angriffe auf fünfzehn. Mit dem Mut der Verzweiflung stürmten die französischen Reiter den Hang hinauf und versuchten, die englischen Geharnischten anzugreifen, denn weder sie noch ihre Pferde konnten gegen den Pfeilregen der Bogenschützen etwas ausrichten. Diese blieben während der ganzen Schlacht in ihren Stellungen. Wenn sie den Gegner im Angriff in Verwirrung gebracht und sein Tempo verlangsamt hatten, jagten sie ihre Pfeile in die feindliche Flanke. Nur wenige der tapfersten französischen Ritter, wie das Gefolge des Königs von Böhmen, erreichten die Front der englischen Schwerbewaffneten, um hier von den ausgeruhten Gegnern niedergemacht zu werden. Jeder neue Angriff wurde durch die zurückweichenden Reste der letzten Angreifer behindert, aber das Gefecht dauerte bis in die Dunkelheit; der Schildwall der Engländer wurde nicht durchbrochen.

Im Vertrauen auf seine taktische Überlegenheit beobachtete Edward das Gefecht von der Windmühle aus, ließ am Abend die linke Abteilung ein Stück hangabwärts vorgehen und gegen die französische rechte Flanke einschwenken, um die am anderen Flügel kämpfende Abteilung des „schwarzen Prinzen" zu entlasten. Die Reserve brauchte er nicht mehr einzusetzen. Die englischen Truppen blieben noch die ganze Nacht unter Waffen und vernichteten am folgenden Morgen versprengte Reste der französischen Reserven, die sich über die wirkliche Lage noch nicht klar geworden waren. Eine Verfolgung gab es nicht. Am 27. August räumten die Engländer das im Nebel liegende Schlachtfeld auf.

Bei Crécy schlug eine gut ausgebildete und bewaffnete, siegeszuversichtliche englische Armee unter dem Kommando eines erfahrenen, mit den neuesten taktischen Grundsätzen vertrauten Führers eine in aller Eile aufgestellte, bunt zusammengewürfelte, schlecht ausgebildete, altmodische, unentschlossen geführte stärkere feindliche Armee. Das einzig Vernünftige wäre es gewesen, wenn Philipp seine Truppen am Abend des 26. August angehalten hätte, was er auch befahl. Aber einige seiner Untergebenen hatten andere Vorstellungen. Er hatte sein Heer nicht fest in der Hand, und so kam die französische Armee ins Gefecht, ehe sie in Schlachtordnung aufgestellt worden war. Crécy war taktisch gesehen der Gipfelpunkt in einer Reihe von Siegen, die die Langbogenschützen seit Orewin Bridge vor vierundsechzig Jahren erfochten hatten. Im Anschluß eroberte Edward Calais, das England – wie später Gibraltar – 200 Jahre als militärischen und wirtschaftlichen Brückenkopf benutzte. Der strategische Erfolg von Crécy im Rahmen des Hundertjährigen Krieges war jedoch vor allem ein moralischer.

Die Engländer übernahmen nun in Europa die Führung auf militärischem Gebiet, und sie wollten keineswegs ihr französisches Abenteuer aufgeben, bevor die Franzosen sie nicht dazu zwangen.

Bis 1360, als der Krieg durch den Vertrag von Calais zeitweilig unterbrochen wurde, blieb Edward III. Oberbefehlshaber der englischen Streitkräfte. 1356 erfocht der „schwarze Prinz" bei Poitiers einen weiteren großen Sieg. Dreiundzwanzig Jahre folgte Edward III. einem einzigen strategischen Konzept, und seine Soldaten vertrauten ihm. Er hatte Erfolg, und Soldaten halten einem erfolgreichen Führer die Treue.

1369 flammte der Krieg wieder auf. Bis zur Invasion Heinrichs V. (1415) kam es aber nur zu planlosen und wenig erfolgreichen Kämpfen. Die beherrschende Gestalt während dieser Zeit war der Constable von Frankreich, Bertrand du Guesclin. Seine Strategie ist der des Fabius zu vergleichen. Er vermied offene Feldschlachten, überfiel isolierte englische Verbände und erreichte es, daß die englischen Besitzungen in Südfrankreich 1377 auf ein Gebiet zusammenschmolzen, das in einem Umkreis von etwa 30 Kilometern Bordeaux umschloß. Aber die Franzosen taten kaum etwas zur Modernisierung ihres Heeres, und die im Felde ungeschlagenen Engländer weigerten sich, den Kampf aufzugeben. Von Zeit zu Zeit unternahmen englische Truppen Streifzüge durch das Land und verwüsteten die Gebiete, durch die sie zogen. Das berühmteste dieser Unternehmen war der Marsch von John of Gaunt mit 15000 Mann im Jahr 1373 von Calais zum Entsatz Guyennes. Im Massif Central wurde er vom Winter überrascht, marschierte aber das Dordognetal bis Bordeaux und hatte, nachdem er in fünf Monaten 1600 Kilometer marschiert war, die Hälfte seiner Armee verloren, ohne eine einzige Schlacht geschlagen zu haben.

Nach Crécy entwickelten die Franzosen Taktik und Ausrüstung ihrer Gewappneten weiter, um sie besser gegen die Pfeile der englischen Langbogen zu schützen. Um das Jahr 1400 war an die Stelle des Kettenhemds der Plattenpanzer getreten, und die schweren Reiter trugen jetzt Plattenrüstungen, die sie von Kopf bis Fuß vollständig bedeckten. Aber das bedeutete geringere Beweglichkeit und brachte mehr Nachteile als Vorteile. Der Reiter hatte so schwer an der Rüstung zu tragen, daß er sich kaum noch bewegen konnte. Bei Poitiers ließ König Johann II. von Frankreich 1356 – wie die Österreicher 30 Jahre später bei Sempach – seine Gewappneten absitzen und wurde vom gleichen Schicksal ereilt. Bei dem Versuch, die Infanterie mit den eigenen Waffen zu schlagen, opferte er seine überlegene Beweglichkeit und Stoßkraft. Dennoch kämpften die Gewappneten in den folgenden hundert Jahren weiter zu Fuß und ohne Lanze. 1415 bereitete es den durch die Ruhr geschwächten englischen Bogenschützen keine Schwierigkeiten, die im sumpfigen Gelände zusammengedrängten, erschöpften französischen Geharnischten niederzumähen.

In der zweiten Hälfte des Hundertjährigen Krieges nach 1415 gewann die Artillerie immer mehr an Bedeutung in der Kriegführung. Die Geschütze hatten jetzt zylindrische Rohre und waren stark genug, 200 Pfund schwere Geschoße zu verschießen. Heinrich V. belagerte zu Anfang seines Feldzugs 1415 Harfleur. Als er mit seinen Mineuren nichts erreichen konnte, setzte er Artillerie ein. Er hatte zehn Geschütze; drei davon waren besonders großkalibrig. Sein Geschützmeister, Master Gilse, ließ die ein Festungstor flankierenden Mauern Tag und Nacht unter konzentrisches Feuer nehmen. Nach siebenundzwanzig Tagen lagen das Tor und die Außenwerke in Trümmern. Nun wurden die Holzteile der Befestigungsanlage in Brand geschossen, die Bresche erstürmt, und die Stadt kapitulierte. Die Belagerungsgeschütze Heinrichs V. hatten bewiesen, daß es keine uneinnehmbaren Festungen mehr gab, aber die Festungsbaumeister nahmen bis Ende des 15. Jahrhunderts noch keine Notiz von dieser neuen Entwicklung.

1490 hatte Heinrich V. die ganze Normandie zurückerobert, aber 1422 starb er, und bis 1453 vertrieben die Franzosen die Engländer aus ihrem Land. Dabei spielte das Bauernmädchen Jeanne d'Arc eine entscheidende Rolle, als sie dem schwachen französischen König Karl VII. sagte, wie man den Krieg gewinnen könne. Bei der Belagerung von Orleans 1429 hat sie die französischen Truppen inspiriert und dazu beigetragen, daß die Engländer aus Mittelfrankreich vertrieben wurden.

Der Herzog von Alençon berichtet, sie habe sich besonders bei „der Vorbereitung der Artillerie" ausgezeichnet. Schließlich wurde sie von den Engländern gefangengenommen und 1431 verbrannt. Ich kann nicht beurteilen, ob Jeanne d'Arc irgendwelche gottgegebenen militärischen Fähigkeiten besessen hat oder nur ein Werkzeug in den Händen der französischen Heerführer gewesen ist. Jedenfalls hat sie die durch eine Reihe von Katastrophen gesunkene Kampfmoral des französischen Heeres wiederhergestellt und damit bewiesen, daß sie eine gute Psychologin war.

Den glücklichen Ausgang des Krieges hatten die Franzosen vor allem ihrer überlegenen Artillerie zu verdanken. Der erste bedeutende Artillerist war Jean Bureau. Zum erstenmal wird er im Zusammenhang mit der Belagerung von Meaux durch die Franzosen 1439 erwähnt. 1449–1450 gelang es Bureau und seinem Bruder, bei der Zurückeroberung der Normandie sechzig Festungen zu nehmen. In der Schlacht bei Castillon 1453 hatte das von Bureau geführte französische Heer 250 Geschütze, die durch ihr Kreuzfeuer den Engländern schwere Verluste beibrachten.

Schon einige Jahre zuvor hatte man in Osteuropa gegen schwere Reiter mit der Infanterie auch Artillerie eingesetzt. Der Hussitenführer Johann Zizka zog sich während des 1419 in Böhmen begonnenen Hussitenaufstands nach Straßenkämpfen in Prag mit 400 Gefolgsleuten und 12 Geschützfahrzeugen in die Festung Tabor zurück. Bei dem Dorf Sudomer traf er auf 200 royalistische Reiter. In einem Gelände, das seinen Männern den besten Flankenschutz bot, ließ er sie aufmarschieren und bildete mit seinen Geschützfahrzeugen eine Wagenburg. Die Hussiten siegten und errichteten 1420 in Tabor ein theokratisches Gemeinwesen nach militärischen Grundsätzen. Der Papst rief nun zum Kreuzzug gegen die Hussiten auf, und es wurden starke katholische Streitkräfte aufgeboten.

In den folgenden Hussitenkriegen erwies sich Zizka als origineller militärischer Denker. Ohne Rücksicht auf die mittelalterliche Vorstellung, daß gewappnete Reiter unbesiegbar seien, setzte er die ihm zur Verfügung stehenden Kräfte geschickt ein. Mit gewöhnlichen Bauernwagen ließ er Wagenburgen bauen, setzte Geschütze auf die Wagen und richtete sich in einer Rundumverteidigung ein, wie die amerikanischen Pioniere 400 Jahre später. Gewappnete Reiter konnten diesen beweglichen Festungen nichts anhaben. Zizka hatte ein gutes Auge für das Gelände und stellte seine Wagenburgen meist auf Anhöhen auf. Zwischen die Wagen ließ er Schutzschirme stellen. Auf jedem Fahrzeug standen zwei oder drei Kanonen, die schweren Geschütze auf Sonderlafetten. Zizka war der erste Truppenführer, der seit dem Versuch Alexanders am Hydaspes systematisch Artillerie einsetzte. Im übrigen bestand die hussitische Armee aus schwachen berittenen Aufklärungskräften und Armbrustschützen zu Fuß. Es war ein leistungsfähiger Verband.

1420 marschierte Zizka mit einer gut ausgebildeten Armee gegen Prag. Er besiegte bei Vitkow die Royalisten, und am Ende des Feldzugs (1421) beherrschten die Hussiten den größten Teil Böhmens. Zizka verlor durch einen Bogenschuß das Augenlicht, führte aber auch weiterhin den Oberbefehl. 1421 besiegte er die Katholiken bei dem Berg Vladar, und 1422 den König bei Kutna Hora. 1423–1424 kam es im hussitischen Lager zu einer Spaltung, und die Taboriten

Kriegführung im Mittelalter

besiegten unter der Führung Zizkas die Utraquisten. 1436 endete der Krieg nach Unterzeichnung eines Friedensvertrags mit Rom.

1424 starb Zizka im Alter von 48 Jahren an der Pest. „Das ganze Heer war von großer Trauer überwältigt", und seine Soldaten nannten sich anschließend „Waisen". Sie hatten mit Zizka einen großen Führer verloren, der außergewöhnlich tapfer und charakterfest gewesen war. Ohne durch Tradition belastet zu sein, entwickelte er mit den beschränkten Mitteln, die ihm zur Verfügung standen, neue und orginelle taktische Vorstellungen, die die Taktik und Strategie in Osteuropa in den folgenden 200 Jahren wesentlich beeinflussen sollten.

Im weiteren Verlauf des 15. Jahrhunderts revolutionierte das Schießpulver die gesamte Kriegführung. Der Langbogen, die Pike und die Feldartillerie hatten sich der schweren Kavallerie überlegen gezeigt. Der Langbogen wurde 1595 durch ein Dekret des Staatsrats unter Elisabeth I. abgeschafft. Die schweizerischen Pikenträger behielten als Angehörige regulärer Armeen noch bis zum 17. Jahrhundert ihre Bedeutung. Bogenschützen und Pikenträger sind die Vorläufer des europäischen Infanteristen der Neuzeit. Das Gewehr mit dem aufgepflanzten Bajonett ist eine Kombination der Schuß- und Stichwaffe. Das Schießpulver in Verbindung mit anderen Hilfsmitteln des Nationalstaats ermöglichte schließlich das Entstehen der modernen Kriegführung.

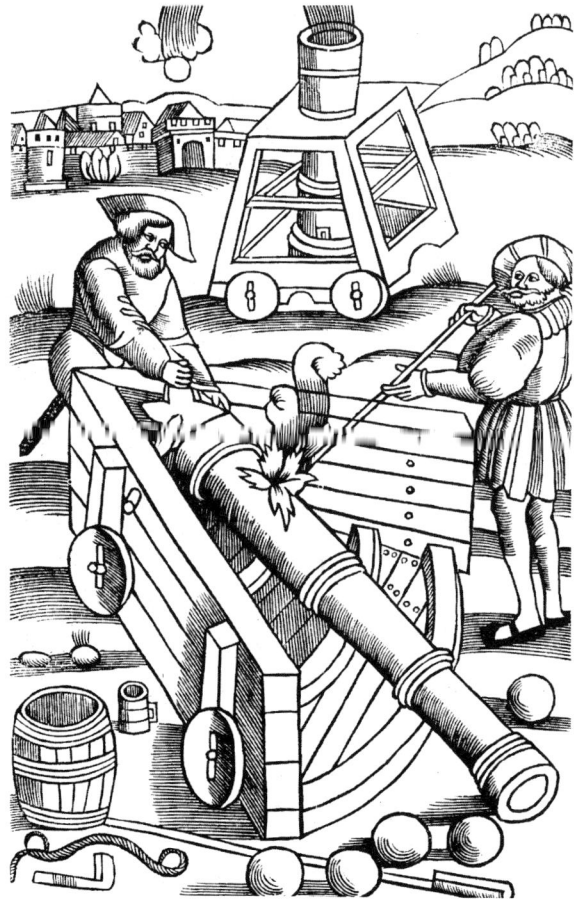

Zur Beschießung von Festungsmauern ließ ma[n] schütze von festen Stellungen aus schießen (l[i] In den Hussitenkriegen wurden sie zum Einsatz g[e] Reiter beweglich gemacht und auf Fahrzeuge ge[...] (rechts).

Hohes Mittelalter

Die Spanier wurden zur beherrschenden Militärmacht in Europa und begründeten ein großes überseeisches Reich. Ausschnitt aus einem Wandgemälde, das die Einnahme von Oran darstellt

Dritter Teil · Kriegführung in Europa

10 · *Die Größe Spaniens*

Im Mittelpunkt der europäischen Kriegsgeschichte des 16. Jahrhunderts steht Spanien. Während es im Mittelalter bedeutungslos und rückständig geblieben war, wurde es Anfang des 16. Jahrhunderts unter Ferdinand und Isabella vereinigt, erreichte 1550 unter Karl I. den Gipfel seiner Macht und hielt sich dort bis zu Philipp II. Um 1600 begann Spaniens Stern zu sinken. Im 16. Jahrhundert nahm Spanien an folgenden national-dynastischen Kriegen teil; dem Ringen zwischen den Häusern Valois und Habsburg 1494–1559, den französischen Religionskriegen 1562–1598 und dem Niederländischen Unabhängigkeitskrieg 1568–1609. Die spanische Flotte beteiligte sich an der Ausbreitung des europäischen Imperialismus durch den Handel und nahm als scharfer Konkurrent Englands an der Ausweitung des strategischen und politischen Horizonts im Atlantik und an der Kolonisierung Amerikas teil.

Auch bei der Weiterentwicklung von Kriegstechnik und Taktik zu Lande und zu Wasser stand Spanien an führender Stelle; den wichtigsten technischen Beitrag leistete es aber bei der Weiterentwicklung der Feuerwaffen. In der Schlacht bei Cerignola bewies Gonzalo de Cordoba, den die Spanier mit Recht als einen ihrer großen Feldherren ansehen, daß die Arkebuse von nun an die wichtigste Kriegswaffe war. Die Bestückung der Segelschiffe mit Kanonen ermöglichte erst die Eroberung der Meere durch die europäischen Nationen. Der schöpferischste Geist auf dem Gebiet der Navigation und Taktik zur See war der Engländer Sir Francis Drake, aber auch spanischen Seeleute waren trotz der Niederlage der Armada 1588 immer bereit, Neuerungen einzuführen. Nach 1525 beschränkte sich die Landkriegführung fast ausschließlich auf das gegenseitige Ausmanövrieren feindlicher Armeen und den Festungskrieg. Zur offen Feldschlacht kam es kaum. Die bedeutendsten Feldherren in den europäischen Kriegen jener Epoche waren Alexander von Parma, Ambrogio Spinola und Moritz von Nassau. Die ersten beiden standen im Dienst Spaniens.

Alle Gründe für die militärische Bedeutung einer Nation lassen sich kaum finden, aber im Falle Spaniens können wir zwei Hauptursachen nennen. Das rauhe, unfruchtbare Kastilien hatte eine an Entbehrungen gewöhnte, harte Bevölkerung hervorgebracht. In drei Jahrhunderten hatten die Spanier ihr Land von den Arabern befreit, 1248 hatten sie die Hafenstadt Sevilla, das Tor zum Atlantik, erobert, 1492 fiel Granada, und der letzte Widerstand der Mauren brach zusammen. Der kriegerische Schwung der Spanier erlitt durch wirtschaftliche Umstände keine Einbuße, denn der Handel befand sich zum großen Teil noch in den Händen der Mauren, und die Weidewirtschaft auf dem Lande kam mit geringen Arbeitskräften aus. Man hielt den Krieg zudem für ein gutes Geschäft.

In den italienischen Feldzügen bemerken wir zum erstenmal eine typisch europäische Einstellung zum Kriege. Es war die Ära des politischen Rationalismus, des Machiavelli und der

Lehre vom *raison d'état*. Ein System internationaler Verträge und der Geheimdiplomatie trat an die Stelle der moralischen und ausgleichenden Autorität der Kirche. Alte Vorurteile erhielten sich allerdings lange am Leben, und man betrachtete die Feuerwaffe zunächst als Waffe des Feiglings und Bedrohung der christlichen Moral und Gesellschaftsordnung. Aber ihre Wirkung war entscheidend, und deshalb verwendete man sie. In seinem militärwissenschaftlichen Werk *Nef des Princes et des Batailles* (1502) beschäftigt sich Robert de Balzac eingehend mit dem Einsatz der Feuerwaffen, der modernen Truppengliederung und der Notwendigkeit, bei der Aufrechterhaltung der Disziplin und Anwendung der Taktik der verbrannten Erde rücksichtslos vorzugehen. Zwar empfiehlt er, Verträge zu halten, warnt aber davor, sich auf die Ehrenhaftigkeit fremder Mächte zu verlassen. Ganz unsentimental erkennt er, daß „der Erfolg im Krieg davon abhängt, daß man über genügend Geldmittel verfügt."

1494 fiel Karl VIII. in Italien ein. Gegen geringen Widerstand besetzte er Florenz, denn Savonarola hatte der Bevölkerung eingeredet, die Franzosen seien, wie die alten Assyrer, das Schwert des Herrn. Er marschierte weiter gegen Rom, eroberte Neapel und entschloß sich im folgenden Jahr, Italien zu verlassen. Auf dem Marsch nach Norden vernichteten die Franzosen bei Fornovo eine italienische Armee. Die wahren Motive Karls VIII. für seine Unternehmen 1494–1495 glichen denen seiner Nachfolger Ludwig XII. und Franz I. Sie hießen Ruhmsucht und Beutegier, die sich beim Überfall auf ein reiches, leicht zugängliches und in sich gespaltenes Land ohne Schwierigkeiten befriedigen ließen. Aber nicht nur die italienischen Kleinstaaten wurden durch die französische Invasion in den Krieg gezogen, sondern auch der König von Spanien, der Neapel beanspruchte, und der Kaiser, der an der Sicherheit Norditaliens und der Verbindungswege über die Alpen aus wirtschaftlichen Gründen interessiert war, beteiligten sich daran. Schweizer Söldner nahmen die Gelegenheit wahr, sich zu bereichern, und dienten auf beiden Seiten. Nach 1519 entwickelten sich die italienischen Feldzüge zu einem größeren Krieg zwischen den Häusern Valois und Habsburg. Karl I. von Spanien war als Karl V. Kaiser geworden, trug zugleich die Krone der Niederlande und beanspruchte Burgund und Norditalien. Militärisch sind aber die Feldzüge und Schlachten am Beginn der Auseinandersetzungen in Norditalien am interessantesten.

Mit dem Sieg der Franzosen unter Karl VIII. bei Fornovo gegen die Armeen Mailands und Venedigs unter Gonzaga endete die etwas absurde Kriegführung im Stil der Condottiere. Zweihundert Jahre hatten die italienischen Städte einander mit irregulären Reiterverbänden bekriegt, die von Berufssoldaten, den sogenannten Condottieri, angeführt wurden. Im Laufe der Zeit nahmen die Feldzüge einen so „wissenschaftlichen" Charakter an, daß die Schlachten nur noch aus Manövern bestanden. Armeen streckten die Waffen, wenn sie sich umgangen sahen oder von ihren Basen abgeschnitten waren. Der Krieg war zu einem Schachspiel geworden. Für die Italiener bedeutete es daher einen Schock, als die Franzosen mit ihren Schweizern die Alpen überschritten, um befestigte Städte im Sturm zu nehmen und Kriegsgefangene niederzumetzeln. Bei Fornovo hatten die Italiener dem Gegner eine Falle gestellt, aber vor der enormen Stoßkraft des französischen Heers stoben die italienischen Soldaten auseinander wie Spreu vor dem Wind. Doch aus der Erfahrung wurden sie klug. Zwar behielten ihre Anführer wie Prosper Colonna die Vorliebe für komplizierte Manöver bei, aber sie betrachteten das Kriegshandwerk von nun an realistischer und nahmen hinsichtlich der Bewaffnung und Ausrüstung ihrer Pikenträger und Arkebusiere auf die neue technische Entwicklung Rücksicht.

Auf seinem Siegeszug, der ihn 1494–1495 durch ganz Italien führte, zeigte Karl VIII., was er mit modernem Belagerungsgerät ausrichten konnte. Jacques de Genouillac hatte die Artillerie wesentlich verbessert, und die Italiener waren überrascht, als sie die neuen Kanonen sahen. Sie

Die Größe Spaniens

waren „leichter und ganz aus Bronze gegossen... von Pferden gezogen, sie konnten ebenso schnell marschieren wie die Armee... und hatten eine schnelle Schußfolge..." Zu den wichtigsten Neuerungen gehörten die Einführung von Lafetten, von Schildzapfen an den Lafetten zum Heben und Senken der Geschützrohre und von Kanonenkugeln aus Metall, die an die Stelle der steinernen traten. Die hohen Stadtmauern stammten noch aus dem Mittelalter und wurden von Armbrustschützen verteidigt. Deshalb konnten die italienischen Städte den Belagerungswaffen Karls nicht widerstehen.

Westeuropa im 16. Jahrhundert

Kriegführung in Europa

In der Schlacht von Marignano spielten Feldgeschütze eine entscheidende Rolle

Auch die französische Feldartillerie war derjenigen der übrigen europäischen Nationen überlegen. In der Schlacht bei Formigny (1450) waren die englischen Bogenschützen durch das Feuer von zwei Feldschlangen gezwungen worden, die geschlossene Formation aufzugeben. Bei Ravenna (1412) errangen die Franzosen einen ähnlichen Sieg. Die aus Spaniern bestehende päpstliche Armee hatte sich in Feldstellungen festgesetzt, wurde aber durch Feldgeschütze zur Offensive gezwungen und geschlagen. Auch bei Marignano (1515), der ersten großen Niederlage der Schweizer gegen die Franzosen unter Franz I., entschieden Feldgeschütze den Ausgang der Schlacht.

Damals genossen die Schweizer in Europa hohes Ansehen. Ihren Erfolgen gegen die Burgunder hatten Granson und Morat 1513 einen Sieg gegen die Franzosen bei Novara hinzugefügt, und das stärkte ihr Prestige. Nach einem glänzenden Scheinmanöver hatten drei geschlossene Kolonnen von Pikenträgern die französische Kavallerie vernichtet. Dann drangen sie bis nach Dijon vor und wurden erst dort durch die Zahlung eines sehr hohen Lösegeldes zum Stehen gebracht. Der Historiker Guicciardini aus Florenz schreibt:

> Nie zuvor haben die Schweizer einen größeren Erfolg errungen. Sie standen einer starken Übermacht gegenüber und besaßen keine Reiter oder Feldstücke, um eine Armee anzugreifen, die reichlich über

Deutsche Landsknechte kämpften gegen die schweizerischen Pikenträger mit deren eigenen Waffen

beides verfügte ... Angesichts ihrer Tapferkeit schätzen viele diese Waffentat höher ein als die uns von den Römern überlieferten Leistungen ...

Schon Kaiser Maximilian glaubte, man könne die Schweizer nur mit ihren eigenen Waffen schlagen, und hatte daher Verbände von Pikenträgern, die sogenannten Landsknechte, in seine Armeen aufgenommen. Deutsche und Schweizer unterschieden sich nur durch die Technik des Fechtens mit der Pike. Die Landsknechte hielten sie tief, mit der Spitze nach oben, die Schweizer ergriffen sie mehr in der Mitte und stießen sie in flachem Winkel nach unten. Sehr bald übernahmen die Deutschen die Gewohnheiten der schweizerischen Söldnertruppen.

Novara war die letzte große Schlacht, in der Pikenträger den Sieg errangen. 1515 führte Franz I. seine Armee auf Anraten des bedeutenden spanischen Pioniers Pedro Navarro beim Col d'Argentiére über die Alpen und fiel dem Feind mit 30 000 Mann und 72 Geschützen in den Rücken. Mit überwältigender Übermacht griff er die Schweizer der Mailänder bei Marignano an. Die feindliche Armee bestand aus weniger als 15 000 Mann, die ohne Kavallerie und völlig überrascht die Schlacht annehmen mußte. Während der letzten Tage war über den Vorschlag Franz I. diskutiert worden, ihm den Herzog von Mailand zu verkaufen. Einige Söldnerführer waren dafür, und ein Teil ihrer Verbände hatte sich zurückgezogen. Der Rest stellte sich in

Kriegführung in Europa

letzter Minute zum Gefecht. Zwei Tage dauerte die sehr unübersichtliche Schlacht, aber die Franzosen besiegten die Schweizer, weil die angreifenden schweizerischen Pikenträger durch die Salven der französischen Feldartillerie und die Kavallerieattacken angehalten und dann zurückgeschlagen wurden.

Die Schweizer nahmen die Niederlage bei Marignano nicht allzu ernst, weil der Gegner doppelt so stark gewesen war und sie es fertiggebracht hatten, einen geordneten Rückzug anzutreten.

Die Wirkung der Feldartillerie entsprach nicht ganz den Erwartungen. Machiavelli hat die Feldartillerie richtig als zu unbeweglich erkannt, um sie mit einer noch so guten Taktik erfolgreich einzusetzen. Um die Wirkung des Artilleriefeuers zu erhöhen, baute man immer schwerere Geschütze. Sie eigneten sich zwar als Belagerungsartillerie, aber es gab bis dahin noch keinen Unterschied zwischen Belagerungsgeschützen und Feldgeschützen. Erst im 17. Jahrhundert entwickelte man bewegliche und schnell feuernde Feldgeschütze.

Zu Beginn der italienischen Feldzüge wurden die Handfeuerwaffen wesentlich weiterentwickelt. Während des Hundertjährigen Krieges war das Gewehr so unhandlich und unwirksam gewesen, daß es praktisch nutzlos blieb. Zwei Mann bedienten es. Jetzt wurde sein Gewicht auf 30 Pfund reduziert und der Lauf soweit verkürzt, daß ein Mann es in Anschlag bringen konnte. Der Lauf war etwas über 3 Fuß lang, das Kaliber kleiner geworden, und damit erhöhten sich Reichweite und Treffsicherheit. Die wichtigste Neuerung war die Erfindung des Luntenschlosses. Damit entfiel das umständliche Abfeuern mit der Handlunte, und das Gewehr ließ sich automatisch durch Betätigung eines Abzugs abschießen. Dieses neue Gewehr war die Arkebuse.

Der Spanier Gonzalo de Cordoba erkannte als erster die taktischen Verwendungsmöglichkeiten der Arkebusiere und arbeitete eine neue Methode für ihren Einsatz aus. Zur Wahrnehmung der spanischen Interessen wurde Gonzalo 1495 nach Süditalien geschickt. Seine Armee bestand aus Armbrustschützen, Gewappneten und mit Lanzen bewaffneten leichten Reitern, die zur Bekämpfung der Mauren in Südspanien aufgestellt worden waren. Bei Seminara wurde er von einem französischen Heer geschlagen, das aus mit Handfeuerwaffen ausgerüsteter Infanterie und Pikenträgern bestand. Diese Niederlage gab Gonzalo zu denken. Im Lauf weniger Jahre gliederte er seine Armee um.

Der Schlüssel zum Erfolg lag nach seiner Meinung bei den Arkebusieren, deren Zahl er wesentlich erhöhte. Er rüstete sie mit den modernsten Arkebusen aus, und jeder Mann erhielt einen Kugelbeutel, eine Lunte, Reinigungsmaterial, einen Ladestock und Pulver in einem kleinen, am Bandolier befestigten Pulverhorn. Jeder Arkebusier trug einen Helm, aber nur einen leichten Harnisch. Gonzalo glaubte, zahlreiche, in festen Stellungen eingesetzte Arkebusiere seien imstande, jeden Angriff überlegener Armbrustschützen, Pikenträger oder Reiter abzuwehren. Hinter den Arkebusieren wurden die Pikenträger als beste Nahkämpfer aufgestellt. Für Aufklärungsaufgaben und Störangriffe war die leichte Kavallerie vorgesehen. Nur wenige Armbrustschützen und geharnischte Infanteristen blieben in der Armee.

Im April 1503 in der Schlacht bei Cerignola mußte sich die neugegliederte Truppe Gonzalos zum erstenmal gegen die Franzosen bewähren. Die Spanier waren am unteren Teil eines Abhangs in Stellung gegangen; in vorderster Linie, wenige Glieder tief, die Arkebusieren und dahinter die Pikenträger. Dicht vor der Stellung verlief ein Graben, dessen Böschung mit Erde und Rebstöcken zu einer Brustwehr ausgebaut war. Gonzalo schickte leichte Reiter gegen den Feind, um ihn zum Angriff zu reizen. Die französischen Gewappneten und Pikenträger stürmten geschlossen vor, um die augenscheinlich schwach besetzten spanischen Linien zu durchbrechen. Als sie auf Schußweite herangekommen waren, eröffneten die spanischen Arkebusiere das Feuer.

Die Größe Spaniens

Die Arkebuse war jetzt zur wirksamsten Kriegswaffe geworden

Die französischen Anführer fielen zuerst und stürzten in den Graben. Auch der zweite Ansturm blieb liegen, und der französische Befehlshaber Nemours wurde von einer Kugel niedergestreckt. Erst, als Gonzalo sich des Sieges sicher zu sein glaubt, ließ er seine Männer gegen den Feind antreten, um ihn endgültig zu vernichten.

Politisch blieb die Schlacht bei Cerignola bedeutungslos. Sie wurde von verhältnismäßig schwachen Kräften geschlagen. Aber in der Geschichte der Kriegführung war sie ein Wendepunkt. Von nun an war der mit dem Gewehr bewaffnete Infanterist der wichtigste Mann auf dem Schlachtfeld und behielt seine Bedeutung 400 Jahre. Maschinengewehre und Stachel-

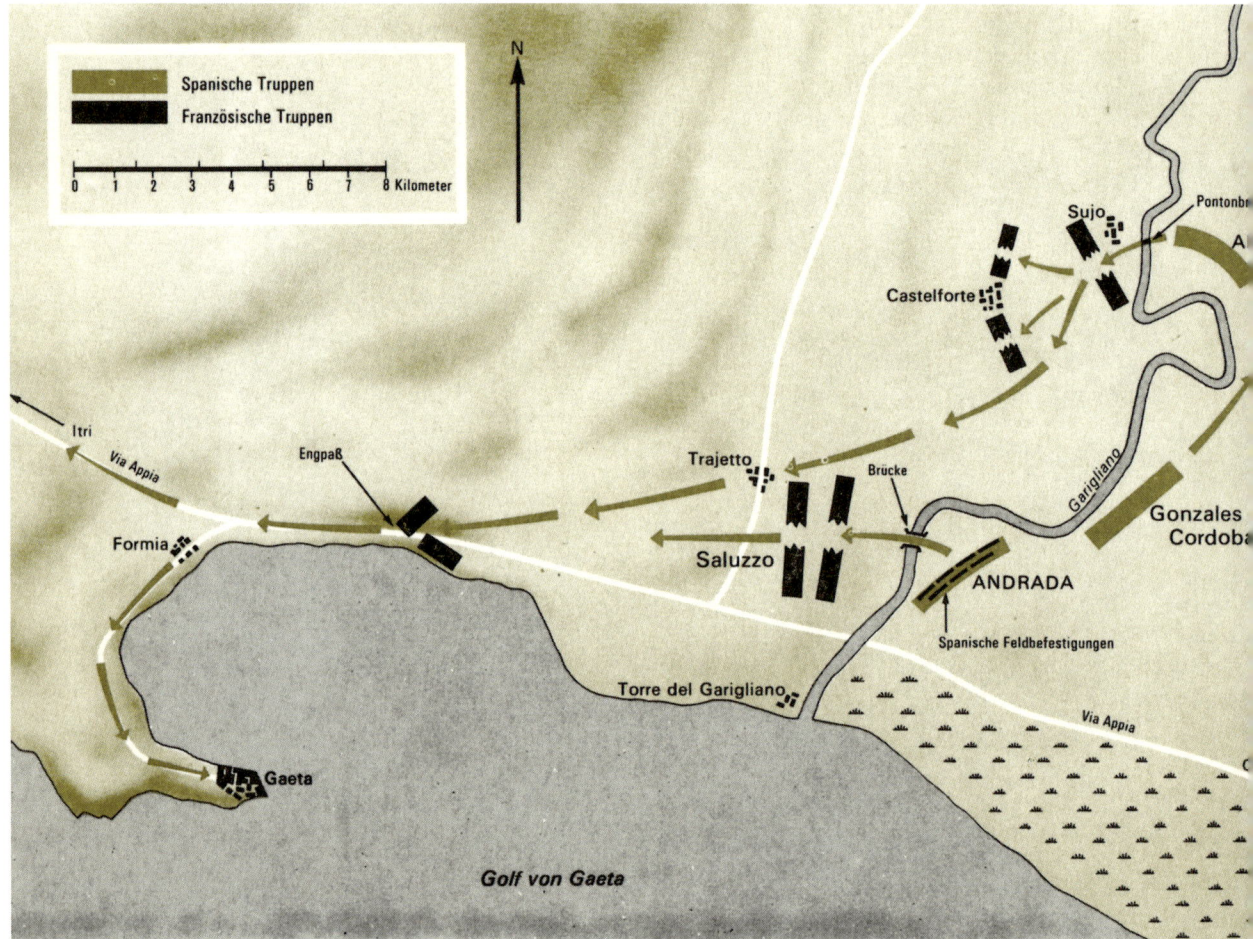

Die Schlacht am Garigliano

draht haben den Infanteristen 1914/18 in den Hintergrund gedrängt, aber 1939/45 stand er wieder an erster Stelle, als gepanzerte Fahrzeuge ihm den Weg durch das Feuer der leichten Waffen des Gegners freikämpften. Jetzt kam es auf den kombinierten Einsatz aller Waffen an, und dabei konnte, je nach der Lage, jede Waffe die Entscheidung bringen. Doch davon später mehr.

Im Feldzug von 1503 bewies Gonzalo de Cordoba in der Schlacht am Garigliano noch einmal seine hervorragenden militärischen Fähigkeiten. Die Franzosen hatten ihre bei Cerignola dezimierten Kräfte erheblich verstärkt, und im Oktober verfolgte Gonzalo eine seiner eigenen um das Doppelte überlegene französische Armee den Garigliano flußabwärts.

Wer als Soldat der alliierten Armeen im Winter 1943–1944 in Italien gekämpft hat, wird sich an den Garigliano erinnern. Er mündet südlich von Cassino in das Mittelmeer und bezeichnete die vorderste Linie eines Teils des Südabschnitts der deutschen Winterstellungen, die von Ortona an der Adria nach Süden über das Gebirge bis zur Mündung des Garigliano verliefen. Im Herbst und Winter stauen sich die Flüsse in Italien zu riesigen versumpften Seen an. Ich habe das selbst erlebt, als die unter meinem Kommando stehende Achte Armee den Sangro überschreiten mußte, um dann zum Angriff gegen Ortona anzutreten und es zu nehmen. Wir sagten damals, *la boue* sei ein gefährlicherer und schwerer zu besiegender Feind als *les Boches!*

Doch kehren wir zur Schlacht des Gonzalo zurück.

Anfang November stand er dem Gegner im Mündungsgebiet des jetzt im Herbst angeschwollenen Flusses am Ostufer gegenüber. Die Franzosen errichteten eine Pontonbrücke, wurden aber durch die Artillerie und das Feuer der spanischen Arkebusen zurückgetrieben. Das Wetter wurde immer unfreundlicher, und nach einem zweiten vergeblichen Ansturm gaben die Franzosen den Versuch auf, den Fluß zu überqueren. Sechs Wochen lagen die Armeen einander in Kälte und Nässe am sumpfigen Flußufer gegenüber. Gonzalo wußte, daß es für ihn einen entscheidenden Nachteil bedeuten würde, seine Truppen an die trockenen Hänge über dem Fluß zurückzunehmen, denn Neapel wäre verloren, wenn die überlegenen französischen Kräfte den Garigliano überschritten. Gonzalo selbst nahm in einer etwa $1\,^1/_2$ Kilometer rückwärts gelegenen Hütte Quartier, besuchte aber täglich seine Truppen, um sie bei Stimmung zu halten. Die französischen Offiziere verloren bald das Interesse und bezogen bequeme Quartiere in den nahegelegenen Ortschaften, während ihr Oberbefehlshaber, der Marquis von Mantua, sich ein diplomatisches „Fieber" zuzog und das Kommando dem Marquis von Saluzzo übertrug. Bald waren die Soldaten völlig demoralisiert, viele desertierten, und der Rest bezog Stellungen weiter rückwärts, außerhalb des Sumpfgebiets. Man hielt es für unwahrscheinlich, daß die zahlenmäßig unterlegenen Spanier, die sich bisher in der Defensive befunden hatten, angreifen würden. Die Wachsamkeit der Franzosen ließ nach.

Als Gonzalo das bemerkte, bereitete er einen Überraschungsangriff vor. Er befahl dem hervorragenden Artilleristen und Belagerungsfachmann, Pedro Navarro, eine Pontonbrücke bereitzustellen, deren Einzelteile leicht genug waren, um von Maultieren nach vorn gebracht zu werden, und die sich schnell zusammensetzen ließ. Zu Weihnachten gab es einen kurzen Waffenstillstand, bei dem es zu kameradschaftlichen Begegnungen von Soldaten beider Heere kam. Die Franzosen feierten mehrere Tage. Am 27. Dezember wurde die Masse der spanischen Truppen an der Nordflanke der Stellung, gegenüber dem von den Franzosen besetzten Dorf Sujo, zusammengezogen, und auch die Brückenteile wurden an diese Stelle gebracht, wo der Fluß etwas schmaler, der Boden weniger versumpft und das Gelände mehr dafür geeignet war, diese Bewegungen vom Feinde unentdeckt auszuführen. Der Angriff sollte in den frühen Morgenstunden des 29. Dezember beginnen. Alviano beaufsichtigte den Brückenbau, während Gonzalo die Hauptschlacht befehligte. Die rückwärtigen Verbände besetzten die Stellungen entlang des Flusses gegenüber den Hauptkräften der Franzosen und erhielten den Auftrag, den Fluß zu überschreiten, wenn die Schlacht sich günstig entwickeln sollte.

Alles verlief plangemäß. Im Morgengrauen wurde die Brücke geschlagen, und die schwachen französischen Infanterieverbände bei Sujo standen nicht einmal unter Waffen, als sie von der spanischen leichten Kavallerie attackiert wurden. Alviano stürmte durch die von Schweizern besetzten Dörfer am Fluß und ließ dem Gegner keine Zeit, sich zur Schlacht zu ordnen. Die schwere französische Infanterie befand sich zunächst weit vom Fluß, und Saluzzo stand nur ein schwacher Verband für einen vergeblichen Gegenangriff zur Verfügung. Die spanische leichte Kavallerie verfolgte den Feind auf 15 Kilometer, bis eine stärkere französische Abteilung den spanischen Ansturm in einem Hohlweg bei Formia zum Halten brachte. Aber inzwischen hatten Gonzalos Hauptkräfte mit der Nachhut den Fluß überschritten, und zu einem regelrechten Gefecht kam es nur im Hohlweg. Nach einer Stunde heftigen Ringens waren die französischen

Truppen geschlagen, und Gonzalo verfolgte sie bis Gaeta, machte Gefangene und eroberte eine Reihe von Geschützen.

Der Feldzug am Garigliano war die letzte Waffentat und zugleich die Krönung der ruhmreichen Laufbahn Gonzalo de Cordobas, der 1515 starb. Seine taktischen Grundsätze wurden Allgemeingut. Die Spanier vermehrten die Arkebusiere, und immer wieder bewährten sie sich hervorragend. In der Schlacht bei Lamotta gegen die Venetianer wurde die spanische Kavallerie vom Schlachtfeld verwiesen, aber die Arkebusiere und Pikenträger erkämpften dennoch den Sieg. Als der Gegner bis zur spanischen Infanterie vorgedrungen war, war er soweit erschüttert und durch die Arkebusensalven in Unordnung gebracht worden, daß er dem letzten Angriff der Pikenträger nicht mehr widerstehen konnte.

Auch der Sieg der von dem Italiener Prosper Colonna geführten Spanier über die Schweizer bei Bicocca (1522) wurde nach den Grundsätzen Gonzalos erfochten. Colonna setzte seine Truppe in einer starken Verteidigungsstellung in einem Hohlweg ein, baute eine Seite des Hohlwegs zu einer Brustwehr aus, ließ dort einige Kanonen auffahren, gliederte seine Arkebusiere vier Mann tief in vorderster Linie und stellte hinter ihnen die Pikenträger auf. Als die schweizerischen Pikenträger angriffen, wurden sie zunächst vom Artilleriefeuer und dann von den Arkebusen niedergemäht. Einigen gelang es, bis zum Hohlweg vorzudringen und hinunterzuspringen. Aber hier gerieten sie in eine Falle und wurden von den Arkebusieren zusammengeschossen, die so hoch über ihnen standen, daß die Schweizer sie nicht einmal mit den Piken erreichen konnten. Die Masse der Schweizer wurde beim Ansturm von den Arkebusen zusammengeschossen und der Rest von den anschließend über sie herfallenden spanischen Pikenträgern erledigt.

Die Schlacht bei Bicocca bedeutete für die Schweizer eine Katastrophe, von der sie sich nie wieder erholt haben. Guiccardini schreibt: „Nach schweren Mannschaftsverlusten zogen sie sich in ihre Berge zurück. Das Schlimmste war jedoch, daß sie den Mut verloren hatten." Der Reformator Zwingli, der als Heerespfarrer die erste Niederlage bei Marignano selbst miterlebt hatte, fand die Zustimmung seiner Zuhörer, wenn er in seinen Predigten gegen die Sittenverderbtheit der Landsknechte wetterte. Da die Schweizer Söldner jedoch im eigenen Lande keine andere Beschäftigung finden konnten, sahen sie sich auch noch im 16. Jahrhundert gezwungen, Dienste in den Heeren anderer europäischer Staaten anzunehmen. Auch weiterhin genossen sie einen guten Ruf als standhafte, tüchtige Soldaten. Doch taktisch wurden die Pikenträger jetzt nur noch in kleineren Verbänden eingesetzt und im Gefecht durch die Feuerkraft der Arkebusiere unterstützt. Die Schweizer gewöhnten sich nur allmählich und nicht gern an diese für sie ungewohnten Gefechtsmethoden. Ihre Kommandostruktur litt unter einer falsch verstandenen demokratischen Tradition, denn sie ließen sich nicht von einem einzelnen Befehlshaber sondern von einem Soldatenkomitee befehligen. Es gab nur sehr wenige Offiziere und Unteroffiziere. In den alten, wohlgeübten Kampfpraktiken waren sie sicher und zuverlässig, doch fehlte ihnen der Sinn für Neuerungen und Improvisationen. Deshalb konnten sie sich im Gefecht nicht überraschend wechselnden taktischen Situationen anpassen.

Für die Spanier hingegen war Bicocca die Bewährungsprobe ihres neuen Systems. Nachdem sie die berühmtesten Infanterieverbände in Europa geschlagen hatten, bewiesen die spanischen Arkebusiere unter dem Marquis von Pescara ihre Tüchtigkeit noch einmal durch den Sieg über die französische Kavallerie vor Pavia 1525. Hier warteten sie nicht in Deckung auf einen Angriff, sondern schlugen die überraschten Franzosen auf freiem Feld. Sie schwenkten gegen die feindliche Flanke ein und schossen ihre schweren Salven in die massierte feindliche Kavallerie. Auch die Infanterie der Franzosen wurde fast aufgerieben, und Franz I. geriet in Gefangenschaft.

Die Größe Spaniens

Die Taktik des Gonzalo de Cordoba hatte sich immer wieder gegen Reiter und Infanterie bewährt. Armbrustschützen und berittene Gewappnete verschwanden rasch aus fast allen europäischen Armeen, und an ihre Stelle traten Arkebusiere und Pikenträger. Da jeder Soldat lieber selbst schießt als auf sich schießen zu lassen, war es nicht schwierig, Rekruten für die Arkebusiere zu werben. Die Taktik der Pikenträger paßte sich der neuen Entwicklung an; sie kämpften hinter den Arkebusieren und führten nicht mehr als Vorausabteilung den Angriff. Aus den schweren Rüstungen, die keinen Schutz gegen Gewehrkugeln boten, wurden für kurze Zeit Schmuckrüstungen, dann verschwanden sie ganz.

Die Truppenbefehlshaber machten sich vor allem den Defensivwert der Arkebusiere zunutze, und nach Pavia wurde die offene Feldschlacht immer seltener. Die Schlachten von Ceresole (1544) und Nieuport (1600) sind die einzigen dieser Geschichtsperiode. Die überlegene Waffengattung waren die in der Taktik des Gonzalo de Cordoba ausgebildeten Arkebusiere, und die spanischen waren die besten. Aber nach 1525 hatten sie außer bei unbedeutenden Plänkeleien kaum mehr Gelegenheit, sich zu bewähren.

In den letzten drei Vierteln des 16. Jahrhunderts hat es in Europa einige fähige Soldaten gegeben, aber keine Feldzüge, die sich mit den italienischen vergleichen ließen. In der zweiten Phase des Ringens zwischen den Häusern Habsburg und Valois von 1529 bis 1559 kam es zu keinen Kampfhandlungen.

Durch den Vertrag von Cateau-Cambrésis kamen Burgund und einige Grenzfestungen wie Calais an Frankreich, während Frankreich seine Ansprüche auf Savoyen und Italien aufgab.

In der Schlacht vor Pavia schlug spanische Infanterie eine französische Armee vernichtend

Kriegführung in Europa

Schlafende Soldaten. Die Rüstungen wurden jetzt mehr oder weniger zu Dekorationsstücken und verschwanden sehr bald ganz

Politisch kam bei der ganzen langwierigen Sache kaum etwas heraus, und alle Teilnehmer an diesen Konflikten waren nur daran gehindert worden, sich mit wichtigeren Problemen zu beschäftigen. Die Tatsache, daß Tausende die Alpen in beiden Richtungen überschritten, mag dazu beigetragen haben, daß die italienische Renaissance auch nach Nordeuropa kam. Nach den Kriegen nahm das Prestige der französischen Krone ab, und das Land erlitt wirtschaftliche Einbußen. Es kam zu religiösen Spaltungen, und es gab viele unbeschäftige Soldaten.

Damit waren die Voraussetzungen für neue kriegerische Verwicklungen gegeben, und 1562 begannen die französischen Religionskriege, Bürgerkriege, die in neun Phasen abliefen. Es ging dabei um das Recht der gewissensmäßigen Religionsausübung. Das wichtigste Ergebnis bestand darin, daß Heinrich IV. die absolute Autorität der Krone bewahrte. V. H. H. Green schreibt über diese Kriege, und seine Worte lassen sich auf alle Feldzüge dieser Periode anwenden:

> (Sie waren) außerordentlich verworren, im einzelnen umständlich und ermüdend, gelegentlich dramatisch, manchmal gab es Beispiele aufrichtigster Hingabe an bestimmte Grundsätze ebenso wie das genaue Gegenteil davon, dann wieder kam es zu niederträchtigsten Verrätereien und Habgier.

Nach 1568 kämpften die Holländer um ihre Unabhängigkeit von Spanien. Wären die Spanier nicht durch ihre Unternehmungen zur See gebunden gewesen, hätten die Holländer den Kampf sicher verloren. So aber hielten sie heldenhaft durch und warfen ihr Joch ab. 1584 schien alles verloren. Die katholischen Provinzen im Süden (Belgien) hatten kapituliert, der Führer der holländischen Patrioten, Wilhelm der Schweiger, war tot, und der große spanische Befehlshaber, Herzog Alexander von Parma, ging energisch daran, Gent und Antwerpen zu erobern. Aber das Ringen zur See ging weiter, und die Bewohner der Städte leisteten den spanischen Belagerern verzweifelten Widerstand. 1590 kam es zur entscheidenden Wendung. Parma mußte an den Kriegen in Frankreich teilnehmen, und die Niederländer fanden in Moritz von Nassau einen hervorragenden militärischen Führer. Zwei glänzende Belagerungsfeldzüge und die Siege von Turnhout (1597) und Nieuport (1600) brachten ihnen große Vorteile. Selbst die Feldherrnkunst des Ambrogio Spinola vermochte es nicht zu verhindern, daß die Niederländer mit dem Waffenstillstand von 1609 praktisch die Unabhängigkeit zurückgewannen.

In diesen Kriegen wirkten sich die Neuerungen aus, die die italienischen Feldzüge gebracht hatten. Sie wurden großenteils von Söldnern ausgefochten, und alle Heere bestanden aus Angehörigen der verschiedensten Nationalitäten. Bei den Franzosen kämpften noch viele Schweizer, gute Offiziere und Arkebusiere kamen aus Italien. Zwischen 1555 und 1618 herrschte in Deutschland Frieden, denn Uneinigkeit angesichts der Bedrohung durch die Türken hätte tödliche Folgen haben können. Außerhalb Deutschlands fochten viele Landsknechte und Reiter als Söldner, besonders für die Protestanten in Frankreich und den Niederlanden.

England beteiligte sich im 16. Jahrhundert praktisch überhaupt nicht an Landkriegen. Das Land war in seiner Entwicklung zurückgeblieben und hatte nur etwa 4 Millionen Einwohner, Spanien dagegen 7 und Frankreich 10 Millionen. Nach den unbedeutenden Kämpfen in den Rosenkriegen (1455–1485) beschäftigte sich das neu an die Herrschaft gekommene Haus Tudor mit innenpolitischen Fragen. An die Stelle des Feudalismus trat eine Parlamentsregierung, und das Land wurde protestantisch. Abgesehen von schwachen und meist erfolglosen Bemühungen, vermied es England, sich in die Kontinentalpolitik einzumischen. Da es hier kein stehendes Heer gab, blieben die Engländer militärtechnisch weit zurück. Erst unter Elisabeth I. (1558–1603) trat die Arkebuse an die Stelle des Langbogens. Englische Söldner und Glücksritter wie Francis Vere nahmen jedoch an wichtiger Stelle an dem Krieg in den Niederlanden teil.

Das Erbe des Gonzalo de Cordoba war die defensive Art der Kriegführung. Die Feldherren bevorzugten das Manöver, täuschten den Feind und griffen ihn auf dem Marsch an, um seine Verbindungslinien abzuschneiden oder ihn auszuhungern, und vermieden den Frontalangriff. Die technische Weiterentwicklung der Feuerwaffen änderte nichts daran. Der Krieg in den Niederlanden wurde in einem Gelände voller Sümpfe, Deiche und Kanäle ausgefochten, das sich vorzüglich für die defensive Kriegführung eignete. Schlechte Führung und das Versagen der Militärtheorie waren Gründe für die mangelhaften Leistungen bei den Kämpfen in Frankreich. Der französische Soldat La Noue beschwert sich über seine Landsleute:

> Die Jugend hat zu viele Abenteuerromane gelesen, bei denen es nur um *amours déshonnêtes* und sinnlose Raufereien geht. Die Lektüre der Alten ist immer wieder Machiavelli.

In den ersten Jahren der französischen Kriege war die Führung in der Tat auffallend schlecht. In der Schlacht von Dreux (1562) nahm jede Seite den gegnerischen Befehlshaber gefangen. Gleichzeitig stattfindende kleinere Feldzüge waren oft strategisch nicht auf einander abgestimmt. Kein Land außer Spanien konnte sich die Unterhaltung eines größeren Heeres aus eigenen Truppen leisten, und der hohe Prozentsatz von Söldnern in allen Heeren ist für den allgemeinen Mangel an Initiative, Offensivgeist und strategische Gesamtplanung verantwortlich. Sogar die spanischen Truppen weigerten sich unter Umständen, zu kämpfen, wenn der Sold ausblieb.

Kriegführung in Europa

Die Meuterei von 1576 verursachte in Antwerpen schwere Zerstörungen. Zahlreiche Feldzüge verliefen im Sande, weil es an Geldmitteln fehlte, und der Geiz und die Launenhaftigkeit Philipps II. und Elisabeths I. haben ihre Feldherren oft verwirrt und behindert. Der fähigste Soldat seiner Zeit war Parma, aber auch ihm fehlte es an Geld, und gelegentlich hinderten ihn Befehle des Königs von Spanien, der die strategische Lage nicht übersah, an der Ausführung seiner wichtigsten Aufgabe, die niederländischen Rebellen zu besiegen. 1588 erhielt er den Auftrag, sich für eine Invasion Englands bereitzuhalten. Von 1590 bis 1592 schickte man ihn nach Frankreich.

Bis zum Feldzug Karls VIII. von Frankreich 1494–1495 waren die Belagerungsgeräte und Waffen stärker als die Festungen. Das änderte sich im 16. Jahrhundert, als die Festungsbaumeister die Leistungen der neuen Geschütze berücksichtigten und rasch neue Befestigungen nach wissenschaftlichen Erkenntnissen bauten. Wieder wurden die Festungen stark genug, um einer Belagerung zu widerstehen. Die allgemeine Neigung zur Defensive, der Geldmangel bei allen europäischen Regierungen und diese letzte Tatsache führten dazu, daß wir es nach den italienischen Kriegen in erster Linie mit einer Defensivstrategie zu tun haben. Jedenfalls war es eine Strategie auf lange Sicht, die auch durch politische Manöver versuchte, der raschen Entscheidung durch die Waffe auszuweichen. Man zog sich in die sicheren Festungen zurück, und die Befehlshaber beider Seiten wagten es nicht, die Festungen des Gegners unbelagert zu lassen. Nach Pavia (1525) besteht die Kriegsgeschichte zunächst aus einer Reihe von Belagerungen. Den Höhepunkt bildet die drei Jahre dauernde Belagerung von Ostende (1601–1604) durch Spinola.

Nach 1520 baute man kompakte, niedrige Befestigungsanlagen, versenkte sie zum Teil in die Erde, um sie gegen Artilleriebeschuß zu sichern, und die Mauern mußten dick genug sein, den Geschoßeinschlägen zu widerstehen und den Rückstoß der eigenen Geschütze aushalten. Die Außenwerke wurden durch verdeckte Gänge im Festungsvorfeld und tiefere Gräben verstärkt. Zur Verteidigung verwendete man Geschütze und baute Mauern mit Bastionen, Pfeilschanzen und Vorbauten, um die Reichweite der eigenen Waffen zu erhöhen. In den meisten Fällen – wie z. B. auf Rhodos – baute man mittelalterliche Festungen nach modernen Gesichtspunkten um. Die Festung Deal ist ein gutes Beispiel aus jener Zeit und gehört zu einer Kette von Befestigungen, die Heinrich VIII. in den 1530er Jahren bauen ließ, um sich gegen die Landung einer feindlichen Flotte zu schützen, die mit einem für sie günstigen Wind nach England kommen könnte, während die eigenen Schiffe im Hafen festgehalten wurden. Deal besteht aus zwei ineinandergebauten sechsblätterigen Rosetten und einem niedrigen, runden Mittelturm. Auf den flachen Dächern der Halbkreise waren 145 Geschütze aufgestellt, die alle Zugänge beherrschten. Ein Teil der äußeren Mauer wurde von der See bespült. Die ganze Festung war von einem Graben umgeben. Vor dem Eingang lag eine Zugbrücke. Le Havre und Vitry sind weitere Beispiele für die vielen im 16. Jahrhundert errichteten Festungen. Die niederländischen Befestigungsanlagen waren meist besonders stark, da sie von Wasser umgeben waren. 1574 mußten die Belagerer von Leyden die Belagerung aufgeben, da die Holländer die Deiche öffneten und das gegnerische Lager unter Wasser setzen.

Die Entwicklung der Artillerie hielt mit den immer stärker werdenden Befestigungen nicht schritt. Im 15. Jahrhundert gab es schon sehr schwere Bronzegeschütze; die in Flandern hergestellte „verrückte Margarete" war 18 Fuß lang, hatte ein Kaliber von 33 Zoll und wog 15 Tonnen. Nach 1520 steigerte sich die Leistungsfähigkeit der Geschütze durch die Einführung eines schneller brennenden, groben Schießpulvers, das dem Geschoß eine höhere Rasanz verlieh. Durch Verbesserung der Gußverfahren und der Geschützrohre erhöhte sich die Treffgenauigkeit. In den folgenden 300 Jahren blieb es bei den Vorderladergeschützen.

224   In der Schlacht von Pavia zeigte es sich, daß die Handfeuerwaffen dem gepanzerten Ritter überlegen waren. Detail aus einem flämischen Wandteppich (16. Jahrhundert)

Die Feuerwaffen waren noch nicht standardisiert. 1550 gab es bei der englischen Artillerie sechzehn Kaliber. Die „cannon-royal" wog 4 Tonnen und verfeuerte eine 75 Pfund schwere Kugel. Das „rabinet" wog 300 Pfund und verschoß ein etwa 130 Gramm schweres Geschoß. Die Schiffsartillerie hatte nur geringe Reichweiten wie etwa die Feldschlangen und „sakers". Anfang des 16. Jahrhunderts, als Heinrich VIII. sich genug Kanonen beschaffen wollte, um „die Hölle zu erobern", mußte er sie bei dem flämischen Waffenschmied Hans Poppenruyter bestellen, ein Zeichen für die Rückständigkeit der Engländer. Aber 1541 baute der Reverend William Levett in Ashdown Forest zum erstenmal eiserne Geschütze. Obwohl das Material spröde, sehr schwer und weniger gut geeignet war als Bronze, waren diese Waffen billiger und sehr beliebt. 1574 wurden soviele eiserne Geschütze ausgeführt, daß die Politiker darin eine Gefahr sahen und den Export verboten. Die besten Geschütze der damaligen Zeit kamen aus den deutschen Fabriken von Beck in Augsburg und Sattler in Nürnberg. Auch der Mörser, ein Steilfeuergeschütz, war eine deutsche Erfindung. In Spanien gab es keine guten Geschützfabriken, und das war für dieses Land ein Nachteil.

Im Belagerungskrieg waren Verrat, List und Aushungern nach den italienischen Kriegen im allgemeinen erfolgreicher als Beschießungen. Die Feuergeschwindigkeit der Artillerie übertraf noch nicht diejenige der *ballista*, und man verwendete immer noch Steinschleudern. 1546 veröffentliche der Venetianer Niccolo Tartaglia eine Abhandlung über Ballistik und empfahl zum Entfernungsmessen und Richten der Geschützrohre den Quadranten. Eine Belagerung war ein langwieriges Unternehmen, und die Chancen des Belagerers standen schlecht, aber es gab zwei Meister dieser Kunst; Alexander von Parma in Spanien und Moritz von Nassau in Holland. Parma nahm 1586 nach fünfzehn Monaten Antwerpen ein, nachdem er über die Scheldemündung eine befestigte Brücke auf Schiffen gebaut und damit den Zugang der Stadt zur See abgeschnitten hatte. Vier Jahre später, als Parma nach Frankreich gegangen war, begann sein Gegner Moritz von Nassau eine Reihe glänzender Feldzüge. Durch eine Kriegslist nahm er Breda ein, nachdem er seine Männer in Torfbooten versteckt ans Kai gebracht hatte. Im Juni und Juli 1591 eroberte er Zutphen und Deventer nördlich von Nijmegen. Dann verlegte Moritz seine Truppen auf dem Wasserweg rasch nach Hulst, westlich von Antwerpen, an das andere Ende der spanischen Befestigungslinie. Hulst fiel nach fünf Tagen. Nun eilte er nach Nijmegen zurück und nahm es nach weiteren sechs Tagen ein. Moritz konzentrierte das Artilleriefeuer gewöhnlich auf einen schmalen Abschnitt der Befestigungsanlagen und schlug dort eine Bresche. Er bewog die Festungsbesatzungen dadurch zur Kapitulation, daß er ihnen volle militärische Ehren zugestand und Plünderungen verbot. Als Parma im folgenden Jahr in Frankreich kämpfte und tödlich verwundet wurde, nahm Moritz noch zwei weitere starke Festungen in den Niederlanden. So gelang es den Niederländern, die Spanier aus dem Gebiet nördlich des Niederrheins und des Waal zu vertreiben. Auch mit Hilfe der Belagerungskünste Spinolas gelang den Spaniern die Rückeroberung der verlorenen Gebiete nicht.

Bis 1600 waren die spanischen Arkebusiere, Musketiere und Pikenträger zu Fuß die besten in Europa. Zu Anfang des niederländischen Krieges waren sie ihren Gegnern bei kleineren Gefechten immer überlegen. Mit Aufkommen der Muskete veränderte sich die Taktik nicht. Die Muskete hatte eine größere Reichweite und Treffgenauigkeit als die Arkebuse, war aber so schwer, daß sie auf eine Gabelstütze gelegt werden mußte, und ihre Feuergeschwindigkeit lag noch unter den 40 Schuß pro Stunde der Arkebuse. 1570 war das Verhältnis der Musketiere zu den Arkebusieren bei den Spaniern 15 zu 100, aber 1600 waren beide Waffen in etwa der gleichen Zahl vertreten. Interessant ist es, daß 1534 einer aus 3096 Mann bestehenden spanischen Brigade 13 Feldgeistliche, aber nur 3 Sanitätsdienstgrade zur Verfügung standen. Frankreich hatte zu dieser Zeit keine gute Infanterie, aber nach 1590 bildete Moritz von Nassau ausge-

Die spanische Armada. Detail aus einem Entwurf für einen Wandteppich (16. Jahrhundert)

Kriegführung in Europa

Man baute jetzt niedrige, kompakte Festungen, die stark genug waren, dem Artilleriebeschuß zu widerstehen. Der Grundriß der Festung Deal war eine doppelte sechsblätterige Rosette. Die hier eingebauten Geschütze hatten Schußfeld nach allen Seiten

Die Größe Spaniens

Die Vorderladergeschütze blieben dreihundert Jahre unverändert. Daneben entwickelte man Mörser, die im Steilfeuer auf kurze Entfernung schießen konnten

Die Handfeuerwaffen waren die Arkebuse (links) oder die schwerere Muskete mit Gabelstütze (Mitte). Leichte Kavallerie und Spezialtruppen zu Fuß führten Pistolen (rechts)

zeichnete niederländische Infanteristen aus, und in der Schlacht von Nieuport (1600) bewährten sie sich zusammen mit den Engländern unter Vere gegen die Spanier. Die Einheitsstärken wurden damals geringer. An die Stelle der sehr starken Verbände Gonzalos traten jetzt im spanischen Heer Regimenter unter dem Befehl von „Obristen".

Der mit der Lanze bewaffnete mittelalterliche Ritter verschwand jetzt, und im *Don Quichote* (1605) wurde das ritterliche Ideal ins Lächerliche gezogen. An die Stelle des Wurfspießes trat bei der leichten Kavallerie die Pistole, eine deutsche Erfindung, die zum erstenmal 1547 im Feldzug von Mühlberg auftauchte. Sie war kleiner als die Arkebuse und wurde durch ein Radschloß gezündet, das wie ein Feuerzeug funktionierte. Wenn der Abzug zurückgezogen wurde, schlug ein gefrästes Rad einen Funken aus einem Stück Pyrith (später Feuerstein). Zunächst verwendete man diesen komplizierten und kostspieligen Mechanismus nicht für Arkebusen und Musketen.

Bald wurde die Pistole überall zur Hauptwaffe der Kavallerie. Die besten Pistolenschützen waren die deutschen Reiter. Jeder von ihnen hatte drei Pistolen im Halfter und trug einen schwarzen Küraß. Ihre Angriffstaktik war die sogenannte Karakole. Ein Glied nach dem anderen ritt gegen den Feind an, schoß, schwenkte ab, um die Waffe wieder zu laden, und stellte sich als letztes Glied zum neuen Angriff bereit. Das war ein gefährliches Manöver, und es gehörten tapfere Männer dazu, auf Pistolenschußweite an den Gegner heranzureiten. Die Taktik widersprach den Grundsätzen der Schocktaktik, denn die Stoßkraft der Glieder kam nur einzeln zur Wirkung, und wenn der Gegner über Artillerie oder Arkebusen verfügte, waren die Verluste

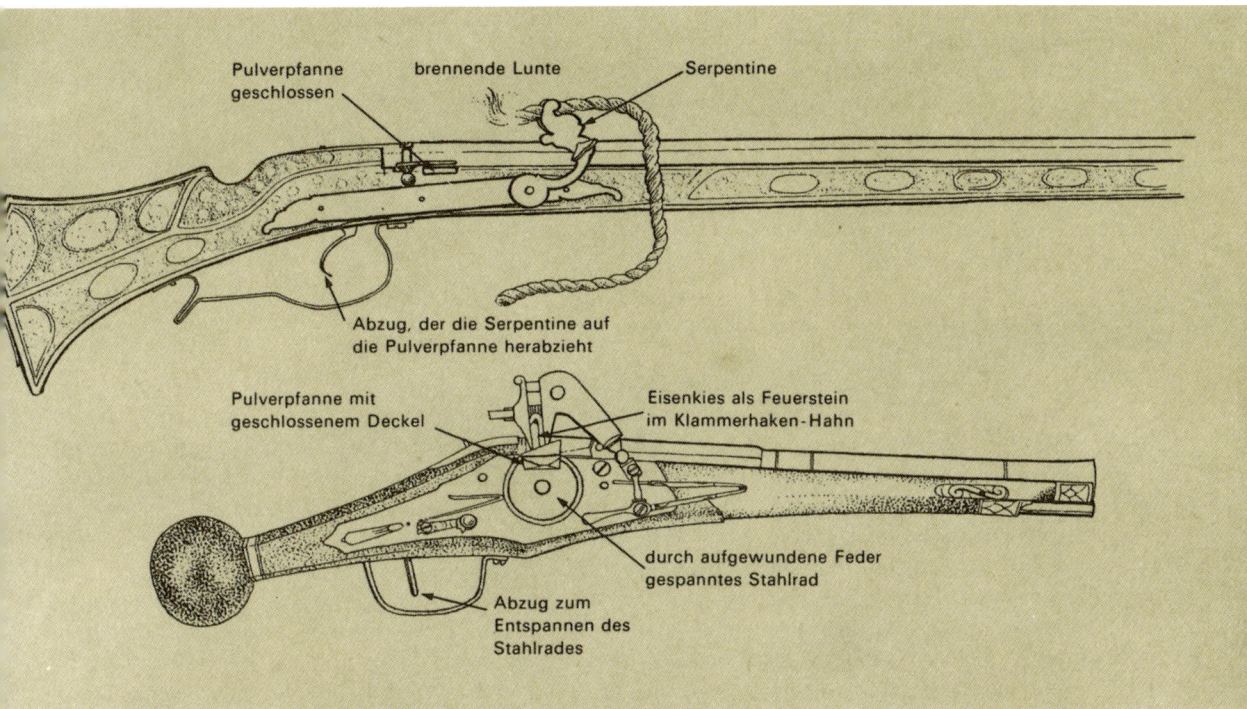

Die Ladung einer Arkebuse oder Muskete wurde durch eine glimmende Lunte gezündet. Pistolen hatten sogenannte Radschlösser. Ein Feuerstein schlug gegen ein gefrästes Rad, und der hier entstehende Funke brachte das Pulver zur Entzündung

der Reiter hoch. Heinrich von Navarra, der Führer der Protestanten in den französischen Religionskriegen, gewann 1587 die Schlacht bei Coutras mit seinen Pistolenschützen, die er in drei Schwadronen zu je sechs Gliedern eingeteilt hatte. Die feindliche Kavallerie kämpfte in einer langen, zwei Glieder tiefen Linie. Obwohl zahlenmäßig unterlegen, durchbrachen die Pistolenschützen die Aufstellung des Feindes an drei Stellen und rollten die gegnerische Front in Flankenangriffen auf.

Die meisten Schlachten in den französischen Feldzügen wurden durch Kavallerie entschieden. Die Infanterie hatte keinen großen Kampfwert. Aber auch die Reitergefechte unter den ungestümen, aber ungeschulten adeligen Offizieren waren keine militärischen Glanzleistungen. Das Gelände in Holland war für Reitergefechte ungeeignet. Bei einer heldenhaften, aber unglücklichen Attacke von 1000 englischen Reitern bei Warnsfeld in der Nähe von Vlissingen fiel 1586 Sir Philip Sidney. Die besten Reiter waren zunächst die spanischen, aber Moritz von Nassau bemühte sich bei der Neuaufstellung der niederländischen Truppen ganz besonders um die Kavallerie. In der Schlacht von Turnhout schlug sie die spanischen Reiter in die Flucht, vereinigte sich dann mit der eigenen Infanterie und besiegte die gegnerischen Fußtruppen. Bei Nieuport (1600), der größten Schlacht nach Pavia, entschied die niederländische Kavallerie das Treffen. Während die Infanterie verbissen in den Sanddünen kämpfte, ritt die niederländische Kavallerie mehrere Attacken gegen die Spanier an der Küstenstraße und schlug sie schließlich zurück. Im Infanteriegefecht schienen die Niederländer unterlegen, aber ein letzter Kavallerieangriff gegen das dritte Treffen der spanischen Infanterie entschied die Schlacht zugunsten der Niederländer.

Heinrich von Navarra war ein kühner, entschlossener und im allgemeinen erfolgreicher Reiterführer, der wie Pappenheim und Murat seine Siege durch schneidige Attacken zu gewinnen suchte. So ging er auch bei der Verteidigung des Hohlwegs bei Arques (1589) vor. Aber als Stratege war er weniger bedeutend. Anstatt den Sieg bei Ivry (1590) auszunutzen und schnell gegen Paris vorzustoßen, ließ er zwei Wochen verstreichen, um seiner Geliebten in Béarn zweiundzwanzig feindliche Standarten zu Füßen zu legen. 1590 ließ er sich von Parma ausmanövrieren, der ihn von Paris fortlockte, und 1592 geschah bei Rouen das gleiche. Parma, ein Meister des strategischen Manövers und der Belagerungskunst, hat sich Heinrich von Navarra immer wieder überlegen gezeigt.

Wir wenden uns jetzt der Geschichte der Seekriegführung zu, die 1525 bis 1609 interessanter ist als die der Landkriegführung. Im 15. und 16. Jahrhundert befreite sich Europa endlich von der Vorherrschaft fremdstämmiger Völker, der Goten, Araber, Wikinger, Mongolen und Türken, die ihre Vormachtstellung im ganzen Mittelalter behauptet hatten. Für den Siegeszug der europäischen Nationen über die Weltmeere gibt es keine einfache Erklärung. Die Seeleute und Conquistadores sahen es als ihre Aufgabe an, das Christentum auszubreiten und zum Ruhm ihres Landes und ihrer eigenen Person Heldentaten zu vollbringen. Die Neugier führte sie immer weiter, aber eine der stärksten Antriebskräfte war das Verlangen nach Reichtum. Der europäische Imperialismus war eine kommerzielle Angelegenheit, wurde von Spekulanten unterstützt und von Abenteurern in die Tat umgesetzt. Franz I. von Frankreich wollte nur grob sein, als er Manuel von Portugal *le roi épicier,* den Kaufmannskönig, nannte. Aber er hatte recht; die Motive waren kaufmännisch, die Religion diente als Vorwand, und die Mittel waren neue technische Errungenschaften, Segelschiffe und Geschütze.

Als erste europäische Länder gingen Spanien und Portugal auf neue Eroberungen aus. 1493, ein Jahr nach dem Fall von Granada, gab der Bericht des Kolumbus von seiner Reise zu den Bahamas den Anlaß zu abenteuerlichen und gewinnbringenden Unternehmungen in einer neuen Welt. 1509 wurde die erste spanische Kolonie in Amerika gegründet. Auf dem ganzen amerikanischen Kontinent gab es nur zwei bedeutende Eingeborenenstaaten, das 1519 und 1522 von Hernando Cortés eroberte Aztekenreich in Mexico und das 1532 und 1533 von Francisco Pisarro annektierte Reich der Inkas in Peru. Die in weniger als fünfzig Jahren von den Spaniern gemachten Eroberungen blieben während der folgenden 300 Jahre unangetastet. Die im 16. Jahrhundert von Spaniern, Portugiesen, Engländern und Holländern gegründeten Weltreiche dienten bis zum 18. Jahrhundert in erster Linie dem Überseehandel. Eine eigentliche Besetzung der riesigen Kontinente war nicht möglich, da die europäischen Nationen nicht über genug Menschen verfügten. Auch waren sie den Eingeborenen militärisch zu Lande nicht so überlegen wie zur See.

Das mit viereckigen Segeln getakelte, mit Kanonen bestückte und von tüchtigen Seeleuten bemannte Schiff ermöglichte erst diese Eroberungen. Die Portugiesen machten die ersten wichtigen Entdeckungen auf dem Gebiet der Navigation. Prinz Heinrich der Seefahrer ließ an seinem Hof in Sagres in den Jahren nach 1430 Seeleute ausbilden und neue Erkenntnisse zusammentragen. 1497/98 unternahm Vasco da Gama seine große Reise um das Kap nach Indien. Im Mittelalter waren die Kapitäne wie Lotsen an den Küsten entlanggefahren und hatten sich durch das Anpeilen bekannter Landmarken orientiert. Im 14. und 15. Jahrhundert entwickelten sie neue Instrumente, sammelten Erfahrungen und erlernten die Navigation auf offener See. Sie konnten jetzt gegen den Wind kreuzen und auf der Fahrt den Kurs des Schiffes bestimmen. 1496 verwendeten die Portugiesen das Astrolabium, den Quadranten und den Kreuzstab zur Vermessung der Höhe des Polarsterns und des Kreuzes des Südens über dem Horizont zur Bestimmung der geographischen Breite. In Lissabon und Sevilla entstanden Seefahrerschulen. Die geographische Länge ließ sich jedoch noch nicht vermessen, und die Seekarten waren noch sehr ungenau. Die Seeleute im 16. Jahrhundert schätzten die Position ihrer Schiffe nach der gemessenen geographischen Breite und Beobachtungen des Windes und der Meeresströmungen. Die Karavellen, die sie auf den ersten Entdeckungsreisen benutzten, waren schon besser als die mittelalterlichen Kauffahrteischiffe. Sie waren plump, hatten drei Masten, viereckige Segel und waren an Bug und Heck mit Kanonen bestückt. Allmählich wurden sie schlanker, erhielten größere Segel und damit eine höhere Geschwindigkeit. Die Geschütze kleinen und mittleren Kalibers glichen denen an Land.

Kein anderes Schiff der Welt übertraf die Karavelle an Beweglichkeit und Feuerkraft. 1509 vernichteten die Portugiesen unter Francisco de Almeida die verbündeten Flotten der Ägypter und der indischen Gudscharati vor Diu, einem Hafen 300 Meilen südlich von Karatschi, und lösten damit die Araber als Beherrscher des Indischen Ozeans ab.

Die spanischen Eroberungszüge nach Mexico und Peru waren keine rein militärischen Unternehmungen, sondern eigentlich große Täuschungsmanöver. Cortés und Pisarro eroberten diese Reiche mit jeweils nicht mehr als 1000 abenteuerlustigen Männern, wenigen Pferden und damals schon veralteten Feuerwaffen, indem sie sich den Aberglauben ihrer Gegner zunutze machten. Das Bild, das Peter Shaffer zeichnet, der sagt, das aktive Eisen Spaniens habe die passiven Federn Perus besiegt, ist zwar dramatisch, trifft aber nicht zu. In Wirklichkeit haben die indianischen Herrscher aus Furcht vor den fremden berittenen weißen Göttern und dem Blitz und Donner, die sie mit sich führten, kapituliert. Ihre in Angst und Schrecken gehaltenen Untertanen begrüßten die Befreiung von der Tyrannei ihrer Herrscher. Zum Teil wurde der feindliche Widerstand auch dadurch gebrochen, daß die Europäer die Pocken einschleppten, gegen die die Eingeborenen noch keine Immunität entwickelt hatten. Aber die Geschichte dieser Eroberungszüge ist dennoch hochinteressant. Sie zeigt, was mutige Männer unter verständiger Führung leisten können, und gibt uns treffende Beispiele für die Anwendung der Psychologie in der Kriegführung.

Beim Zusammenstoß der spanischen Waffen mit denen der Indios in Südamerika kam die technische Überlegenheit der Spanier deutlich zum Ausdruck. Die Indios waren nur mit Schleudern, Bogen, obsidianbewehrten Speeren und Streitäxten bewaffnet, während die Europäer Geschütze, stählerne Schwerter und Pferde mitbrachten. Die aztekische Hauptstadt Tenochtitlan, das heutige Mexico City, lag auf einer Insel im Texcuco-See. Zur Belagerung ließ Cortés 1521 dreizehn Brigantinen bauen, die den Angriff seiner Männer unterstützen sollten, die auf drei Dämmen gegen die Stadt vorgingen. Die mit Arkebusieren, Armbrustschützen und Artillerie bemannten Schiffe vernichteten eine aus Kanus bestehende indianische Flotte und spielten hier die Rolle der Kavallerie, die die Angriffskräfte in Flanken und Rücken der Dämme unterstützte und nachts die Wache übernahm. Die Schiffe übernahmen die Versorgung und die Verbindung nach rückwärts, unterbrachen die Verbindungslinien des Feindes und wurden zum Bau von Pontonbrücken verwendet. Mit ihrem Geschützfeuer zerstörten sie aztekische Befestigungsanlagen und fuhren auf den Kanälen bis ins Herz der feindlichen Hauptstadt. Die Belagerung von Tenochtitlan war eine durchdachte und glänzend ausgeführte amphibische Operation.

Früher oder später mußte es auch zu kriegerischen Auseinandersetzungen zwischen den die überseeische Welt beherrschenden europäischen Völkern kommen. Mit der Ausweitung europäischer Interessen in Übersee erweiterte sich auch der diplomatische und strategische Horizont in Europa. Während der Kriege zwischen den Häusern Habsburg und Valois nach 1520 machten Spanier und Franzosen sich Kolonien und Schiffahrtswege streitig. Im Vertrag von Cateau-Cambrésis waren alle außerhalb Europas liegenden Gebiete ausdrücklich ausgenommen. Aber nach Abschluß der ersten großen überseeischen Eroberungen und nachdem das Interesse am „großen südlichen Kontinent" und der „Nordwestpassage" sowie an neuen Entdeckungen nachgelassen hatte, wendeten sich die europäischen Mächte immer mehr kommerziellen Fragen zu. Die aggressiv-monopolistischen Mächte traten in gewissen reichen Gebieten, wie etwa in der Karibischen See, gegeneinander in Konkurrenz. Den Portugiesen gelang es im allgemeinen, Kriege zu vermeiden. In Europa stellten sie keine politischen Ansprüche, und mit den Spaniern einigten sie sich darauf, in getrennten Gebieten zu operieren. 1580 vereinigten sich Portugal und Spanien unter einer Krone, und damit entstand eine sehr starke Flotte. Die Niederlande entwickelten sich erst Ende des 16. Jahrhunderts zur Seemacht, nachdem sie von Spanien unabhängig geworden waren. Der Hauptrivale Spaniens wurde England.

Im Hinblick auf den Kampf um die Seeherrschaft faßt Sir Walter Raleigh die strategische Grundhaltung aller Mächte wie folgt zusammen:

> Wer die See beherrscht, beherrscht den Handel; wer den Welthandel beherrscht, verfügt über den Reichtum der Welt und beherrscht daher die Welt selbst.

In den Jahren nach 1540 bauten die Spanier die Silberminen in Südamerika aus, und sehr bald verdoppelte sich die Menge der Silberbarren, die über den Atlantik nach Europa kamen. Der lukrative Handel der Spanier reizte sowohl friedfertige Händler als auch abenteuerlustige Seeräuber. In den Jahren nach 1560 verstärkte sich der spanische Handel im pazifischen Raum. Obwohl England in der ersten Hälfte des Jahrhunderts wirtschaftlich noch recht rückständig war und bei den ersten Entdeckungen und der Ausweitung des Handels nach Übersee eine unbedeutende Rolle gespielt hatte, wurde es Ende der 1540er Jahre durch eine Wirtschaftskrise in Nordeuropa veranlaßt, nach neuen Möglichkeiten zu suchen. Zunächst konzentrierten die Briten sich auf den Nordatlantik, aber nach 1560 richteten sie ihr Interesse auf die Karibischen Inseln.

Die Entwicklung der britischen Seemacht im 16. Jahrhundert war ein vom Zufall bestimmter Vorgang. Der wichtigste Faktor dabei war zunächst die Tatsache, daß England durch seine Lage am Atlantik anstelle des Ruderschiffs seit jeher das Segelschiff bevorzugt hatte. Kriegs- und Handelsschiffe waren Segelschiffe, denn sie waren seetüchtiger. Heinrich VII. (1485–1509) ließ größere Schiffe bis zu etwa 100 Tonnen bauen und vergrößerte ihre Segelfläche. Unter seiner Regierung wurde Plymouth zum Heimathafen der britischen Flotte, und hier entstand das erste Trockendock. Er förderte die Seefahrt und eine neue Klasse reicher Leute, deren Unternehmungsgeist es zu verdanken ist, daß Britannien in den jetzt folgenden Jahren zur Seemacht wurde. Unter seiner Regierung verwendete man das große und schwerfällige Handelsschiff, die sogenannte „carrack", auch als Kriegsschiff.

Erst Heinrich VIII. (1509–1547) tat den ersten entscheidenden Schritt vorwärts. Als er feststellte, daß die neuerworbenen Geschütze zu schwer waren, um seine „carracks" in Bug und Heck zu bestücken, ließ er sie auf Deck aufstellen und für die Rohre Öffnungen im Freibord anbringen. Heinrichs Schiffe waren die ersten, die eine Breitseite feuern konnten. Zum Laden wurden die Vorderladergeschütze auf zweirädrigen Lafetten bordwärts eingeschwenkt. Beim Schuß rollten sie gegen auf dem Deck befestigte Keile zurück. Damit steigerte sich die Feuerkraft des Segelschiffs ganz entscheidend. Heinrich VIII. erhöhte die Manövrierfähigkeit seiner Segler dadurch, daß er die Aufbauten vorn und hinten entfernen und den Schiffsrumpf schlanker bauen ließ, um zu ermöglichen, daß die Schiffe näher am Wind segeln konnten. Dies besser für den Angriff geeignete und manövrierfähigere Schiff war die Galeone. 1550 gab es Galeonen von 600 Tonnen, und nach 1580 baute man Galeonen mit mehr als 1000 Tonnen, wie z. B. die *Triumph*. Das waren die Schiffe von Hawkins und Drake. Daneben gab es die kleineren Pinassen. Zur Unterstützung des Ersten Seelords richtete Heinrich VIII. die Admiralität und das Amt des Comptroller ein. Nach 1550 übernahm der spanische Admiral Alvaro de Bazan die Galeone und verwendete sie zum Schutz spanischer Geleitzüge, die ab 1560 regelmäßig den Atlantik überquerten.

Bis 1569 blieben die Beziehungen zwischen Engländern und Spaniern einigermaßen freundlich. Eine der bedeutendsten Persönlichkeiten dieser Zeit war Admiral Sir John Hawkins. Er verbesserte die Galeone und ließ 1562 und 1564 Flotten bauen, die erfolgreich in der Karibischen See operierten. Dann kam es zu einer dritten Reise, die Elisabeth selbst finanzierte und bei der Francis Drake das Karibische Meer kennenlernte. Als die Engländer 1568 im Hafen von San Juan de Ulúa im Golf von Mexico ihre Schiffe reparierten, wurden sie von einer starken spanischen Flotte überfallen, und nur wenige entkamen nach England. Das war der Wendepunkt. Zwischen 1569 und 1580 kam es zu inoffiziellen Feindseligkeiten zwischen Engländern und Spaniern im Karibischen Meer. Königin Elisabeth unterstützte die gegen Spanien gerichtete Piraterie, wollte aber den offenen Krieg vermeiden. Die Rivalität im Handel wurde durch religiöse Zwistigkeiten und das Bekanntwerden von Mißhandlungen britischer Gefangener durch die Spanier zur offenen Feindschaft entfacht.

Zum führenden Seemann des Galeonenzeitalters wurde Francis Drake. Im Lauf von zwanzig Jahren machten ihn seine erfolgreichen Unternehmungen zum Schrecken der Spanier und erwarben ihm zu Hause hohes Ansehen – wenn auch einige weniger erfolgreiche Landsleute ihn beneideten. Die britische Seefahrt, Strategie und Taktik haben ihm sehr viel zu verdanken. 1572 bis 1573 überfiel er mit zwei Schiffen und 72 Mann den wichtigen spanischen Hafen von Nombre de Dios und rächte damit die Katastrophe von San Juan de Ulúa. Monatelang beunruhigte und plünderte er die Südostküste Südamerikas und brachte spanische Schiffe auf. Er landete sogar einmal und überfiel mit Unterstützung indianischer Eingeborener eine spanische Silberkarawane. Zwischen 1577 und 1580 gelang ihm seine berühmte Weltumseglung. Nachdem er in der Magellan-Straße zwei Schiffe verloren hatte, segelte er mit der *Golden Hind* weiter. Die pazifischen Häfen Südamerikas konnten seiner Schiffsartillerie nicht widerstehen. Er kaperte das Silberschiff *Cacafuego* und sicherte sich damit den finanziellen Erfolg seiner Reise. Auf der Fahrt durch die Gewürzinseln und die Molukken erwarb er weitere Reichtümer. Nach seiner Rückkehr ging er bei Deptford in der Themse vor Anker. Am 4. April 1581 erhob Elisabeth Drake an Bord seines Schiffs in den Ritterstand. Sie ließ ihn vor sich niederknien und übergab einem französischen Diplomaten das Schwert, mit dem dieser ihn zum Ritter schlug. Wahrscheinlich war das als Affront gegen den König von Spanien gedacht und sollte dazu beitragen, Spanien in einen Konflikt mit Frankreich zu verwickeln.

Aber die Zeit der leichten Erfolge waren jetzt vorüber. Englische Schiffe und Seeleute waren besser als je zuvor, aber auch die Spanier hatten Maßnahmen gegen die Piraterie ergriffen. Sie hatten größere, mit Kanonen bestückte Handelsschiffe gebaut und fuhren nur noch im Geleitzug. Jedes Jahr verließen zu bestimmten Zeiten zwei große Flotten Amerika, um nach Spanien zu segeln, die von einem starken Galeonengeschwader begleitet wurden. Zunächst hatten sich die Spanier als Mittelmeervolk nur ungern vom geruderten Schiff getrennt. So wichtig Ausdauer in der Strategie auch sein mag, in der Taktik ist die Beweglichkeit ein Haupterfordernis. In der großen Seeschlacht von Lepanto 1571 gegen die Türken (auf die wir im 11. Kapitel zurückkommen werden) bestand die spanische Flotte nur aus Galeeren, aber nach 1570 hatten die Spanier sich zum Segelschiff bekehrt. Zunächst experimentierte man mit der Galeasse, die

Kriegführung in Europa

sowohl Ruder als auch Segel hatte und deren Breitseite über die Köpfe der Ruderer hinweg abgefeuert wurde. Als Spanien sich 1580 mit Portugal vereinigte, wurde die Flotte durch zahlreiche Galeonen verstärkt. Nachdem die Galeasse sich nicht bewährt hatte, rüsteten die Spanier 1587 ihre Flotte ganz auf Galeonen um.

1580 wollte Elisabeth das Land immer noch nicht in einen Krieg stürzen und weigerte sich, gemeinsam mit den Franzosen bei einem Angriff gegen die Azoren der spanischen Seemacht den entscheidenden Schlag zu versetzen. Aber die Beziehungen zu Spanien wurden immer kühler, und 1585 erfolgte die offizielle Kriegserklärung, als Philipp einige englische Handelsschiffe in Spanien beschlagnahmen ließ und die Meldung eintraf, er plane eine Invasion Englands.

Anders als bei früheren Kriegen in der englischen Geschichte wurden die Flotten diesmal nicht mehr nur für den Transport von Landtruppen benutzt, sondern die britischen Schiffe wurden systematisch dazu verwendet, die Seewege des Feindes abzuschneiden, ein Verfahren, das sich mit der Strategie Spartas im Kampf gegen Athen während der letzten zehn Jahre des Peloponnesischen Krieges vergleichen läßt. Man griff die Verbindungslinien zwischen den spanischen Truppen in den Niederlanden und ihren Heimathäfen an. Zur Unterstützung dieser Operationen ging 1585 ein Expeditionsheer in die Niederlande. Zugleich wendete sich England nach dem Beispiel Drakes gegen die spanischen Besitzungen in Amerika. 1585 segelte Drake mit 20 Schiffen und 2300 Mann in die Karibische See, um den starken spanischen Stützpunkt in Havanna zu erobern. Dabei fügte er der spanischen Schiffahrt beträchtlichen Schaden zu, doch fehlte es ihm an Soldaten, um den Sieg zu vervollständigen. Bezeichnend für die Unentschlossenheit der Königin war es, daß sie ihm nicht die nötigen Kräfte bewilligte. Zu viele Truppen gingen in die Niederlande. Die Niederländer hätten die Spanier nur ablenken sollen, während England den Hauptstoß in der Karibischen See führte. Dennoch erwies sich Elisabeth als eine Monarchin, die ihr Volk zu inspirieren vermochte. Seit Heinrichs VIII. Zeiten war die britische Flotte stark zusammengeschrumpft. Elisabeth litt unter akutem Geldmangel, und deshalb griff sie beim Aufbau ihrer Flotte lieber auf private Quellen zurück. Die Expeditionen Drakes waren alle privat finanziert worden. Jetzt aber mußte eine neue britische Flotte gebaut werden.

Die Spanier wollten die englischen Störenfriede im eigenen Lager treffen, dem Ketzertum einen Schlag versetzen und England im Zusammenwirken mit Parmas Armee in den Niederlanden mit der großen Armada überfallen. Das Unternehmen wurde lange vorbereitet, und vor 1588 wurden zwei Pläne aufgegeben.

Gerüchte über die bevorstehenden Operationen verbreiteten sich in ganz Europa, und 1587 versuchten die Engländer, die Invasion im Keim zu ersticken. Während eine Flottille die flämische Küste überwachte, segelte Drake mit 23 Schiffen nach Spanien, um „den Bart des Königs von Spanien anzusengen". Seine Befehle lauteten:

> „... die Vereinigung der verschiedenen Teile der königlich spanischen Flotte zu verhindern, ihre Lebensmittelversorgung abzuschneiden und ihr zu folgen, falls sie gegen England segelt..."

Im Hafen von Cadiz stellte er 80 verschiedene Schiffe fest, die gerade ausgerüstet wurden. Nur 12 Galeeren waren kampfbereit. Unter Ausnutzung des Überraschungsmoments fuhr Drake mit seinen Schiffen in den Hafen. Die Galeeren fochten unter sehr günstigen Bedingungen, aber die Geschütze der Galeonen waren stärker. Nach Abschluß des siegreichen Gefechts zerstörte Drake alles, was er im Hafen vorfand. Die Spanier verloren 30 Schiffe. Die britische

Die Größe Spaniens

Die geruderte Galeere war im Mittelmeer noch lange das wichtigste Schiff, wurde aber allmählich durch die mit Segeln ausgerüstete Galeone abgelöst

Flotte blieb noch einige Zeit vor der spanischen Küste, wurde aber dann durch Krankheit und Mangel an Nachschub gezwungen, nach England zurückzukehren. Drakes Expedition nach Cadiz ist das Vorbild aller folgenden britischen Unternehmen zur See. Seither wurde es britische Strategie, den Gegner an seiner eigenen Küste zu schlagen. Nun rüsteten auch die Spanier ihre Flotte mit Galeonen aus. 1588 drängte Drake darauf, seine offensive Defensivstrategie wiederholen zu dürfen, aber das Zögern der Königin und ungünstige Winde hielten die englische Flotte in ihren Heimatgewässern fest.

Die Armada, die im Mai 1588 die Segel setzte, um in den Ärmelkanal zu fahren, war eine ansehnliche Flotte. Es war Philipp II. nach der Niederlage von Cadiz gelungen, 65 Galeonen auszurüsten. Er hatte nur noch 4 Galeeren und 4 Galeassen. Einschließlich einer größeren Zahl von Pinassen und Transportschiffen bestand die ganze Flotte aus 130 Schiffen aus allen Teilen Spaniens und der neuen Welt. Die englische Flotte in Plymouth bestand aus 197 Kriegsschiffen. 34 davon gehörten der Königin, 163 waren mit privaten Mitteln gebaut worden. Zu diesen Schiffen gehörten 25 erstklassige Galeonen und 40 weitere sehr gute Kriegsschiffe. Die übrigen Schiffe beteiligten sich nicht am Kampf. Die größten Schiffe auf jeder Seite waren Fahrzeuge mit einer Wasserverdrängung von etwa 1000 t. Es standen also 60 gegen 70 Galeonen, und den

Kriegführung in Europa

Vier Stadien in der Seeschlacht zwischen der englischen Flotte und der Armada im Kanal

Kern jeder Flotte bildeten etwa 20 besonders seetüchtige und starke Kriegsschiffe. Die spanischen Fahrzeuge ragten höher aus dem Wasser, hatten hohe Aufbauten am Bug und waren nicht so wendig wie die niedrigeren englischen Galeonen. Es kam hinzu, daß die englischen Seeleute geschicktere Segler waren.

Die englischen Befehlshaber waren den spanischen überlegen. Die Oberbefehlshaber beider Seiten, der Herzog von Medina Sidonia und Lord Howard of Effingham, waren beide taktvolle und charmante Granden, es fehlte ihnen aber an Erfahrung in der Seekriegführung. Der wirkliche Befehlshaber auf spanischer Seite war der tüchtige Diego de Valdez, der aber mit seinen Untergebenen nicht recht fertigwerden konnte. Auf englischer Seite führte Drake, der auf dem Gipfel seiner Leistungsfähigkeit stand, das Kommando.

Die Bestückung und damit auch die Gefechtstaktik der beiden Flotten unterschieden sich wesentlich voneinander. Die Spanier wollten den Gegner auf nahe Entfernung beschießen, die

Die Größe Spaniens

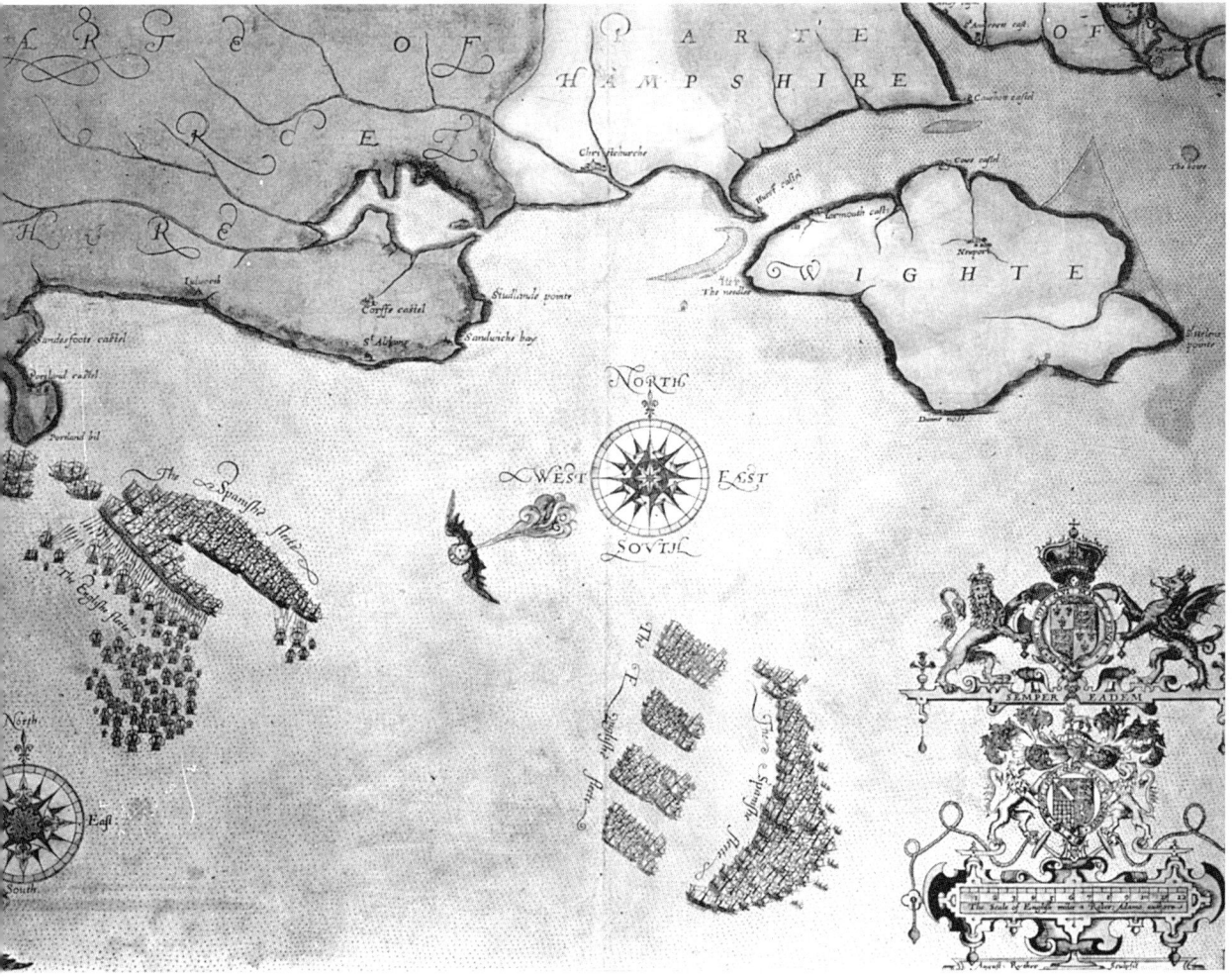

Die Engländer greifen die in halbmondförmiger Formation segelnde Armada an und bilden vier Geschwader

Takelage seiner Schiffe und deren Besatzungen treffen und dann die feindlichen Schiffe im Nahkampf nehmen. Jede Galeone war deshalb mit 40 schweren, auf kurze Entfernung schießenden Geschützen bestückt. Das waren „Kanonen", „Demi-Kanonen" und „cannon-perriers". Die Engländer wollten den Rumpf des feindlichen Schiffs in dem Augenblick treffen, in dem es „abwärts rollte", und es möglichst schon aus weiter Entfernung versenken. Deshalb bestückten sie ihre Galeonen vor allem mit leichten, auf weite Entfernung schießenden Feldschlangen. Die Spanier verwendeten schwerere Geschosse und waren in dieser Hinsicht überlegen. Die Überlegenheit der Engländer bestand darin, daß sie auf weitere Entfernung kämpfen konnten.

Am 19. Juli 1588 erschien die Armada vor dem Kap Lizard, dem südlichsten Punkt der englischen Insel. Die englische Flotte war durch einen Südwestwind im Hafen von Plymouth festgehalten worden, und ihre Offiziere spielten Kegel. Aber am 20. verließen die englischen Kriegsschiffe den Hafen und segelten der Armada entgegen. Drake wollte den Spaniern dadurch die

Initiative entreißen, daß er die Armada unter Wind bekam. Die Überlegenheit der Engländer als geschickte Seeleute zeigte sich zunächst, als ihre Flotte vor den feindlichen Schiffen mit gerefften Segeln vorbeilavierte, um auf die Luvseite zu kommen. Damit konnte Drake die Armada, die im nach Westen offenen, halbmondförmigen Verband fuhr, zwingen, ein Rückzugsgefecht anzunehmen, während die Engländer sie den ganzen Kanal hinauf verfolgten.

Das geschah auch während der nun folgenden fünf Tage. Die Engländer nutzten ihre Beweglichkeit und die größere Schußweite ihrer Geschütze aus, hielten sich hinter dem Feind und beschossen täglich die am weitesten zurückgebliebenen feindlichen Einheiten. Zunächst griffen sie in kleinen Gruppen an, dann ordnete sich die englische Flotte und bildete vier Geschwader – das erste Beispiel für eine koordinierte Flottentaktik. (Damals kannte man noch nicht das Manöver, bei dem die einzelnen Geschwader in Kiellinie vorfahren und jedes Schiff seine Breitseite einzeln abfeuert.) Immer wieder erwiesen sich die Engländer als die geschickteren Segler. Sie erreichten aber mit ihrer Taktik ebensowenig wie der Feind. Die englischen Geschütze waren zu leicht, um dem Gegner auf größere Entfernung erhebliche Schäden zuzufügen. Erst als die Armada sich verschossen hatte, wagten die Engländer am 29. Juli den Angriff auf nahe Distanz. Dabei versenkten sie aber nur 11 Schiffe der geschlagenen feindlichen Flotte. Die spanische Taktik, die sich kaum von der mittelalterlichen Galeerentaktik unterschied, war falsch. Nicht eines ihrer Schiffe kam an ein feindliches heran.

Die Engländer erreichten ihr Ziel aufgrund ihrer besseren seemännischen Leistungen und der schlechten Führung beim Feind. Nachdem Drake die Initiative an sich gerissen hatte, blieb er, da der „protestantische" Wind ihm günstig war, auf der Luvseite. Am 25. zwang er unter Ausnutzung gewisser Schwankungen in der Windrichtung und Strömung die Spanier, am Solent vorbei- und den Kanal hinaufzusegeln, ohne Anker zu werfen. Die Spanier hätten das tun sollen, denn Parma hatte seine Truppen nicht rechtzeitig an der flämischen Küste versammelt. Der entscheidende Augenblick kam, als die Engländer die Armada im Morgengrauen des 29. Juli vor Gravelines mit Feuerschiffen auseinandersprengten. Bei den Spaniern entstand eine Panik, und endlich konnten die Engländer in den spanischen Verband hineinfahren, da die Spanier keine Munition mehr hatten. Die schwersten Verluste erlitt die Armada durch einen Sturm in den Gewässern nördlich von Schottland.

Die Niederlage der spanischen Armada rettete den Protestantismus und die nationale Unabhängigkeit der Engländer. In anderer Hinsicht wurden jedoch die Früchte dieses Sieges in dem noch fünfzehn Jahre dauernden Krieg verschenkt. Elisabeths Zögern machte es wieder unmöglich, einem klaren strategischen Konzept zu folgen. Raleigh schreibt:

> Ihre Majestät hat alles nur halb getan und die Spanier mit ihren schwächlichen Invasionen gelehrt, sich zu verteidigen und die eigenen Schwächen zu erkennen.

Nur 53 der 130 Schiffe der Armada kehrten schwerbeschädigt zurück, aber in erstaunlich kurzer Zeit gelang es den Spaniern, eine neue große Galeonenflotte zu bauen. Wie so oft nach einem Sieg wurde das englische Flottenbudget verkleinert, und man unternahm nur wenige unbedeutende Expeditionen. Grenvilles heldenhaftes Gefecht vor Flores in den Azoren (1591) hätte niemals stattfinden dürfen. Ein aus nur 16 Schiffen bestehendes englisches Geschwader stand 140 spanischen Schiffen gegenüber. Vielen gelang es, zu entkommen, aber die *Revenge* stellte sich zum Kampf, focht den ganzen Tag, versenkte ein feindliches Schiff und wurde schließlich schwer beschädigt gekapert. Beim Friedensschluß (1603) hatte England die von Drake gewonnene Vorherrschaft zur See verloren. Die Piraten konnten ihren Traum, eine große spanische Silberflotte zu kapern, nie verwirklichen. Im Handelskrieg gegen Spanien war England unterlegen.

Das machte aber nicht allzuviel aus, denn andere Faktoren verursachten Spaniens Niedergang, vor allem die durch das unkontrollierte Hereinfließen ungemünzten Edelmetalls aus der neuen Welt hervorgerufene Inflation. Ein so riesiges Weltreich zu beherrschen und gegen die Beutegier der anderen Nationen zu verteidigen, war eine Aufgabe, die die Kräfte Spaniens erschöpfte. Die unentschlossene Führung hatte bald chaotische Zustände im Land zur Folge. Der Sieg der Niederlande war ein schwerer Schlag, aber dennoch wurden die spanischen Land- und Seestreitkräfte auch nach der Niederlage der Armada und bei Nieuport von ihren Gegnern geachtet.

Kriegführung in Europa

Die Türken dehnten ihren Herrschaftsbereich weit nach Europa hinein aus. 1480 belagerten sie vergeblich die Insel Rhodos (s. Abbildung), hatten aber 50 Jahre später Erfolg damit

11 · Das türkische Ottomanenreich

Im Mittelalter wurden West- und Nordeuropa schon viel früher von Barbarenvölkern heimgesucht als Südosteuropa. Um 1000 nach Chr. waren die Angreifer aus dem Norden assimiliert, und um 1500 hatten die neuen technischen Errungenschaften es Westeuropa ermöglicht, offensiv zu werden. Aber der türkische Ansturm im Südosten war gewaltiger und dauerte länger. Man kann die Kreuzzüge als eine Reihe von defensiven Aufklärungsunternehmungen betrachten. Durch den ersten wurde der Gegner überrascht, und er verlief daher günstig. Aber die folgenden Kreuzzüge verloren immer mehr an Stoßkraft. Daß diese stärksten Gegenangriffe des mittelalterlichen Europa zum Erliegen kamen, beweist die besondere Stärke dieses Gegners.

Die Türken hatten vor allem den Vorteil der unermeßlichen zahlenmäßigen Überlegenheit auf ihrer Seite. Sie setzten sich aus mehreren halbnomadischen Stämmen zusammen, die sich durch ihre Sprache voneinander unterschieden. Aus Zentralasien, von wo die Mongolen sie verdrängt hatten, waren sie in den Mittelmeerraum gekommen. Ihre Vorhut im Westen verfügte über riesige Menschenreserven. Im Gegensatz dazu war die bis dahin stagnierende Bevölkerung Europas von 1347 bis 1351 durch den schwarzen Tod stark dezimiert worden. Die Kampfmoral der Türken war gut und der ihrer europäischen Gegner überlegen. Die Türken waren kein primitives Volk, sondern Erben zweier reifer Kulturen, des Islam und der Steppenkultur. Man durfte nicht erwarten, daß der fanatisch gläubige mohammedanische Soldat sich durch den schwächlichen Elan der Ritter, die Passivität der orthodoxen Christen oder die sterbende byzantinische Kultur entwaffnen und bekehren lassen würde.

Aber der Hauptgrund für die Unterlegenheit Europas gegenüber den Angreifern aus Asien war ein technologischer. Die asiatische Kriegstechnik war der europäischen von jeher überlegen gewesen – außer in der Zeit, als Alexander eine bewegliche, ausdauernde und taktisch gut ausgebildete Kavallerie geschaffen hatte. Sonst hatte die asiatische Beweglichkeit bei jedem größeren Zusammenstoß in der Levante triumphiert. So war es bei Karrhä und Hattin gewesen, und als die europäischen Ritter im hohen Mittelalter immer unbeweglicher wurden, hatten es die schnellen Nomadenpferde noch leichter, ihre Kreise um sie zu ziehen. Die Erfolge der Türken zu einer Zeit, als Europa seinen Einfluß an anderen Fronten erweiterte, lassen sich durch einen weiteren technischen Faktor erklären. Die Türken begriffen die revolutionierende Bedeutung der Feuerwaffen mindestens ebenso schnell wie jedes andere Volk in Europa.

Trotz ihrer asiatischen Herkunft gehören die Türken in der Kriegsgeschichte zu den europäischen Völkern. Zwischen 1300 und 1550 gingen sie an zwei Fronten nach Westen gegen Europa vor; an der Donau und im Mittelmeerraum. Ihre Ostgrenze betrachteten sie als rückwärtiges Gebiet, und ihre Strategie nach dieser Richtung wurde vor allem durch europäische Überlegungen bestimmt. Das Ottomanenreich war die führende politische und militärische Macht in Südosteuropa.

Kriegführung in Europa

Mit dem Sieg der Seldschukentürken über Byzanz bei Manztikert (1071) öffnete sich der Weg für das türkische Eindringen nach Kleinasien, und das war zunächst mehr ein Zufall als das Ergebnis einer bestimmten Politik. Die Seldschukenherrscher interessierten sich mehr für Arabien als für Byzanz, aber viele türkische Soldaten fühlten sich durch das schöne und unverteidigte Anatolien angezogen. Türkische Stammeshäuptlinge zogen mit ihren Stämmen nach Westen und sahen sich nach neuen Heimstätten um. Zugleich waren sie aber auch Ghazis, Verteidiger der Religion des Propheten gegen die Ungläubigen, und folgten einem *futuwwa* genannten soldatischen Ehrenkodex, der sich mit dem der Ritter vergleichen läßt, aber dynamischer war. Die Bindung an die Autorität des Seldschukensultans war recht locker. Als daher die Seldschuken 1243 von den Mongolen besiegt wurden, änderte sich nichts an der Haltung der Ghazis, und die Lage wurde für Europa bedrohlich; die Mongolen kehrten bald dorthin zurück, woher sie gekommen waren, aber der von ihnen ausgeübte Druck drängte die Türken noch weiter nach Westen. Dieser militärische Druck und der religiöse Fanatismus veranlaßte die Ghazis, das vor dem Zusammenbrechen stehende Byzantinerreich anzugreifen.

Das Ottomanenreich war ursprünglich eine unter vielen kleinen Ghazimächten. Es wurde von dem halblegendären Ertogrul gegründet, und seine Nachfolger Osman (1281–1326) und Urchan (1326–1362) legten das Fundament für seine spätere Größe. Bald nach dem Sturz der Seldschuken übernahmen die Ottomanen die Führung der türkischen Stämme. Das lag zunächst daran, daß sie die westlichsten Gebiete innehatten, den Mongoleneinfall am besten überstanden und sich bei ihnen die anderen Ghazis zusammenfanden. Aber diese Entwicklung war auch der Genialität ihrer ersten Führer zu verdanken, die es verstanden, die Energien der nach Westen flutenden Türken zu organisieren und sie zu führen.

Europa war weder jetzt noch später in der Lage, dem türkischen Vordringen Halt zu gebieten. Das Ende der politischen und militärischen Macht von Byzanz bezeichnete die Plünderung Konstantinopels 1204 durch die Kreuzfahrer, und der Zusammenbruch war vollständig, als die Hauptquelle des Reichs für Mannschaften und Nahrungsmittelreserven, Westanatolien, an die Türken verlorenging. Die Expansion des Ottomanenreichs wurde immer wieder durch die Uneinigkeit seiner Feinde erleichtert. Das erste Problem bestand in den religiösen Differenzen zwischen Byzanz und dem Westen. Solange Byzanz der häretischen orthodoxen Kirche angehörte, sah Europa sich nicht genötigt, ihm zu helfen. Als jedoch Byzanz sich um eine Aussöhnung mit Rom bemühte, demoralisierte es damit die eigene Bevölkerung. Die früheren Vasallen von Byzanz, die Bulgaren und Serben, hatten für das Byzantinerreich nichts übrig. Die Völker Westeuropas begriffen zunächst nicht, daß Byzanz ohne ihre Hilfe dem Untergang geweiht war, und als sie es erkannten, verhärteten sie ihre Herzen und beschäftigten sich mit ihren eigenen Problemen. Papst Pius II. schrieb:

> Wer wird die Genueser und Aragoneser vereinigen? Wer wird die Deutschen mit den Ungarn und Böhmen versöhnen? Führt man eine schwache Armee gegen die Türken, wird man leicht besiegt; nimmt man eine starke, dann wird sie bald in Verwirrung geraten.

Jedenfalls wußten die Europäer jetzt, daß sie einer überlegenen Militärmacht gegenüberstanden. Als sie sich dem ottomanischen Vorrücken entgegenstellten, wiederholten sich die Erfahrungen der Kreuzfahrer in einer Reihe schwerer Niederlagen.

1301 fing Osman an, die Byzantiner aus Kleinasien zu vertreiben. Seinen Reitern stellte sich kein nennenswerter Widerstand entgegen, und obwohl einige Städte sich noch wie Inseln im Meer hielten, war das flache Land schnell unterworfen. 1356 waren die Türken soweit, den Kampf auf europäischem Boden fortzusetzen. Zunächst begnügten sie sich damit, einen Belagerungsring um Konstantinopel zu legen. Adrianopel wurde genommen, und große Massen von Türken strömten auf den Balkan. Zugleich dehnte Urchan seine Macht in Asien aus und vereinigte alle Türken in Kleinasien unter seiner Herrschaft. Dann begann der Vormarsch gegen die Donau, und dabei kam es zu den Siegen über die Serben an der Mariza (1371) und bei Kossowo (1389). Eine vor allem aus Ungarn bestehende Kreuzfahrerarmee wurde 1396 bei Nikopolis von Bajezit I. vernichtend geschlagen. Konstantinopel wurde eingeschlossen, die Türken stellten sich dreimal zum Sturm auf die Festung bereit, wurden aber immer wieder abgelenkt. 1402, als der halbtürkische Mongolenkhan Timur in Kleinasien einfiel und Bajezit bei Ankara schlug, verspielte Europa die große Chance, die militärische Vorherrschaft der Ottomanen endgültig zu vernichten. Aber Timur zog ab, und die Ottomanen erholten sich schnell. Nach zwei weiteren überwältigenden Siegen auf dem Balkan, 1444 bei Varna und 1448 bei Kossowo, stand fest, daß Europa nichts dagegen unternehmen würde, wenn Mohammed II. versuchen sollte, Konstantinopel einzunehmen.

Das türkische Militärsystem war vor allem eine Schöpfung von Urchan und Murad I. Im ottomanischen Staat waren zivile und militärische Funktionen nicht voneinander getrennt. Es verdankte seine Entstehung dem Eroberungsdrang der Türken und entwickelte sich zu einem Instrument für weitere Eroberungen. Der Sultan war Kaiser und Oberbefehlshaber in einer Person, und die hohen Regierungsbeamten stellten zugleich seinen militärischen Stab. Die Soldaten der türkischen Armee waren Gefolgsleute des Sultans und fühlten sich ihm persönlich

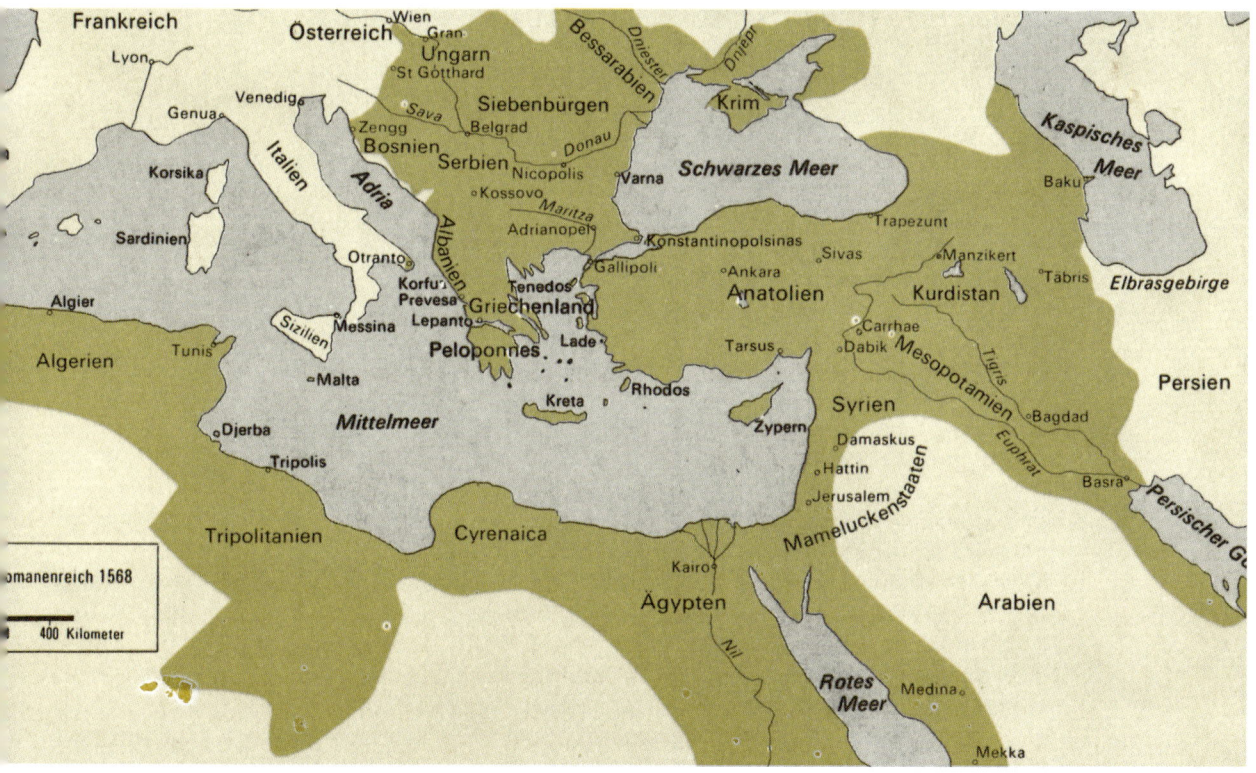

Das Ottomanenreich

Die Spahis waren die türkische Elitereiterei

und nicht dem Staat verpflichtet. Dieses System läßt sich mit dem europäischen Feudalsystem vergleichen, aber es war straffer organisiert. Die Masse des Heeres bestand aus Milizsoldaten, die als Lohn für ihre Dienste Land erhielten. Die Belehnten gliederten sich in verschiedene Rangstufen. Die höchsten waren die zehn Bei-ler-Bei. Die berittenen Feudaltruppen stellten den Kern und die Masse des Heeres. Es gab auch irreguläre Horden – die Baschibasuken zu Fuß und die berittenen Akibi, die aber keinen Sold erhielten und nur um Beute kämpften. Die Elitetruppe waren als Leibwache des Sultans die Janitscharen zu Fuß und die Spahis zu Pferde.

Die Janitscharen genossen verdientermaßen das größte Ansehen. Sie waren Berufssoldaten, und es ist erstaunlich, daß ein Volk, dessen militärische Traditionen rein kavalleristisch waren, im 14. Jahrhundert Infanterie aufstellte, als diese Waffengattung auch im Westen nichts galt. Vielleicht hatte Urchan aus dem verzweifelten Widerstand, den ihm die an sich schon dekadenten byzantinischen Legionen leisteten, gelernt, welche Möglichkeiten gut ausgebildete infanteristische Kräfte boten. Die Janitscharen rekrutierten sich aus Männern, die den Türken von christlichen Völkern – meist aus dem Balkan – noch im Knabenalter als Tributleistung zur Verfügung gestellt worden waren. Sie wurden gemeinsam erzogen und ausgebildet, und zwar unter Aufsicht des Ordens der Derwische. In den wie Klöstern eingerichteten Kasernen wurden sie zu fanatischen Mohammedanern gemacht. Die körperliche und waffentechnische Ausbildung war ausgezeichnet. Als Leibwache des Sultans nahmen sie eine Sonderstellung ein, kannten keinen anderen Vorgesetzten als den Monarchen und waren für die Aufrechterhaltung von Ruhe und Ordnung in der Hauptstadt verantwortlich. In anderer Hinsicht verwöhnte man sie nicht. Sie erhielten nur geringe Bezahlung, mußten sich streng den mohammedanischen Regeln der Enthaltsamkeit unterwerfen, ihr Leben ganz dem Waffenhandwerk weihen und dem Sultan unverbrüchliche Treue halten. Ihre Veteranen waren hochgeehrt und empfingen ausreichende Pensionen.

In ihrer Blütezeit in der ersten Hälfte des 16. Jahrhunderts zählten die Janitscharen 12000 bis 15000 Mann. Im Frieden war die eine Hälfte davon in der Provinz, die andere in der Hauptstadt stationiert. Ihre taktische Einheit war die *Orta*, ein Verband von je nach den Umständen 100 bis 3000 Mann. Es gab verschiedene Offiziersränge, und ihre Titel entsprachen bestimmten Funktionen im Hofstaat des Sultans. So gab es z. B. den Obersten Suppenkoch und den Ersten Betreuer der Bluthunde. Der Befehlshaber der Janitscharen war der Agha. Das mußte kein Janitschare sein, aber die anderen Offiziere wurden aufgrund ihrer Verdienste und ihres Dienstalters aus den eigenen Reihen befördert. Die Bewaffnung der Janitscharen wandelte sich im Lauf der Zeit. Zunächst war der kurze, zusammengesetzte Bogen die Hauptwaffe, der an Reichweite alle anderen damals gebräuchlichen Bogen übertraf. Um die von Mohammed II. gegründete Bogenschützengilde aufgenommen zu werden, mußte der Schütze seinen Pfeil etwa 600 Meter weit schießen. Solche Schußweiten waren nur mit einem leichten, befiederten Pfeil möglich. Die eigentlich wirksame Schußweite war viel geringer. Als die Arkebuse erfunden war, wurden die Janitscharen damit ausgerüstet. Daneben führten sie Säbel und Dolche. Wie die Baschibasuken waren sie zum Teil auch mit Steinschleudern, Armbrusten, Wurfspießen, Lanzen, geraden Schwertern, Piken, Streitäxten, Keulen, Sicheln, Flegeln und Peitschen bewaffnet. Sie trugen keine schweren Rüstungen. Im 15. und 16. Jahrhundert hatten sie kleine Rundschilde, einen fezförmigen, spitzen Metallhelm und gelegentlich leichte Kettenhemden. Jede Einheit hatte ihre eigene prächtige Uniform, und alle Soldaten trugen das Abzeichen ihres Korps. Das Feldzeichen der Janitscharen war ein hölzerner Kochlöffel. Mit besonderer Vorliebe ließen sie sich tätowieren.

Die Masse der türkischen Streitkräfte bestand aus Kavallerie, deren Kern die Spahis bildeten. Nach 1520 gab es etwa 10000 bis 12000 Spahis. Jeder Angehörige dieser Truppe mußte zwei bis sechs weitere Reiter rekrutieren und ausbilden. Ähnlich wie die mittelalterlichen Ritter sich von ihrem „Fähnlein" begleiten ließen, so brachten auch die Spahis diese Gefolgsleute mit in die Schlacht. Ursprünglich waren sie als Leibwache des Sultans aufgestellt worden. Sie erhielten einen hohen Lohn und wurden anders rekrutiert und ausgebildet als die Janitscharen. Die Hauptwaffen der türkischen Kavallerie waren Bogen, Lanze und kurzes Schwert. Rüstungen gab es nicht. Neben der Kavallerie dienten in der türkischen Armee Marinesoldaten, Artilleristen, Waffenschmiede, Wagenschmiede, Verwaltungsbeamte und Militärmusiker. Zu gewissen Zeiten stellten auch die Krimtataren Truppenkontingente für die Türken.

Die Gesamtstärke der türkischen Armee unter Mohammed II. (1451–1481), Selim I. (1512–1520) und Suleiman dem Großen (1520–1566) war etwa 300000 Mann, und die gute Organisation des Ottomanenstaats ermöglichte es, diese Kräfte rasch und vollständig mobilzumachen. Der aus Berufssoldaten bestehende Kern des Heeres war mindestens 25000 Mann stark. Diese Soldaten waren gegen ihre Feinde grausam, aber gut ausgebildet und diszipliniert, von religiösem Eifer erfüllt und ihrem Sultan treu ergeben. Europäische Zeitgenossen waren tief beeindruckt, und Giovio schreibt:

Die Türken sind allen anderen Soldaten aus drei Gründen überlegen: Sie gehorchen ihren Vorgesetzten bedingungslos; in der Schlacht setzen sie ihr Leben rücksichtslos ein, können lange ohne Brot und Wein auskommen und sind mit rohem Hafer und Wasser zufrieden.

Im Alter von 19 Jahren wurde Mohammed II. 1451 Sultan. Verschlossen und grausam, homosexuell, zum Trunk neigend war er dennoch ehrgeizig und ein tüchtiger Soldat. Bei der Thronbesteigung war es sein Hauptziel, die Eroberung des Byzantinerreichs durch die Einnahme Konstantinopels zu vollenden. Daß ihm dies 1453 gelang, ist nicht weiter verwunderlich. Die Stadt war schon lange eingeschlossen, und die Türken belagerten die mit 7000 Mann besetzte und von einer etwa 25 Kilometer langen Mauer umgebene Festung mit einer Armee von 100000 Mann. Mit dem Fall von Konstantinopel wurden die letzten Reste der griechischen Kultur vernichtet. Das Zeitalter des Rittertums war vorüber, und kein christliches Heer hatte sich gefunden, um die belagerte Stadt zu entsetzen. Militärisch war die Einnahme Konstantinopels ein Höhepunkt in der Geschichte der Artillerie.

Daß Europa die Türken nicht zurückschlagen konnte, lag vor allem daran, daß die ottomanischen Eindringlinge sich in der Verwendung der Feuerwaffen mit jedem anderen Volk messen konnten. 1364 stellten die Türken schon in Kleinasien Kanonen her, und 1389 setzten sie bei Kossowo Feldartillerie ein. Im 15. Jahrhundert eigneten sich ihre Geschütze aber nur zum Einschießen von Festungsmauern. Die Türken erkannten das sehr bald. In der offenen Feldschlacht verließen sie sich daher vor allem auf ihre Beweglichkeit, die geschickte Verwendung des Pferdes und ihre Überlegenheit an Zahl. Aber bei Belagerungen lernten sie sehr bald die richtige Verwendung der neuen Waffen. Die Dreifachmauern auf der Landseite von Konstantinopel gehörten zu den stärksten mittelalterlichen Befestigungsanlagen, und bei einer Belagerung 1422 zeigte es sich sehr bald, daß Steinschleudern nichts gegen sie ausrichten konnten. Vor der Erfindung der Feuerwaffen hatten sich die Byzantiner auf ihre starken Mauern verlassen, aber als Mohammed II. seine Belagerungsarmee gegen Konstantinopel zusammenzog, wußte er, daß sie zerbrechen würden.

1452 bot der ungarische Waffenschmied Urban dem Kaiser Konstantin seine Dienste als bester Geschützbauer der Welt an, aber Konstantin konnte seine finanziellen Forderungen nicht erfüllen und verfügte auch nicht über die notwendigen Rohstoffe. So überquerte Urban als erster von zahlreichen westlichen Renegaten den Bosporus, um seine technischen Kenntnisse an den Sultan zu verkaufen. Mohammed II. bot ihm das Vierfache dessen, was er gefordert hatte, und stellte ihm alle technischen Hilfsmittel zur Verfügung. Anfang 1453 hatte Urban in Adrianopel das bisher größte Geschütz der Welt gebaut, dessen Rohr fast $8\,^1/_2$ Meter lang war und das über 1000 Pfund schwere Steinkugeln verschießen konnte. Bei der Erprobung schoß das Geschütz etwa 1,6 Kilometer weit, und der Mündungsknall war angeblich so gewaltig, daß schwangere Frauen im Umkreis von 20 Kilometern Fehlgeburten hatten. Mohammed war begeistert und ließ Urbans Riesengeschütz von 60 Ochsen vor die Mauern von Konstantinopel bringen. Während der Belagerung brach das Geschütz auseinander, aber das hatte angesichts der Leistungsfähigkeit der übrigen türkischen Artillerie keine Bedeutung.

Die Türken beschossen die Stadt sechs Wochen lang und konzentrierten das Feuer an den schwächsten Stellen der Befestigungsanlagen. Es bereitete gewisse Schwierigkeiten, die zum Teil sehr schweren Geschütze in Stellung zu bringen und auf dem vom Regen aufgeweichten Untergrund stabil zu halten. Da die Rohre rissen, wenn sie zwischen den einzelnen Schüssen nicht abkühlten, konnten die schweren Geschütze höchstens sieben Schuß täglich abfeuern. Aber jeder einzelne Schuß richtete ungeheuren Schaden an. Nach einer Woche war die äußere Mauer an mehrern Stellen völlig zerstört. Die tapferen Verteidiger arbeiteten Tag und Nacht, um

Das türkische Ottomanenreich

Die massiven Befestigungen von Konstantinopel konnten der türkischen Artillerie nicht widerstehen. Die Stadtmauern vor der Einnahme (oben) und heute (unten)

hinter der äußeren Umfassungsmauer Palisaden und Erdwälle zu bauen, aber die Befestigungsanlagen wurden durch das stetige, erbarmungslose Artilleriefeuer allmählich in Stücke geschlagen. Die besondere technische Begabung der Türken zeigte sich, als sie auf Flößen festgemachte Geschütze über das Goldene Horn brachten und die Stadt nun auch von hier aus beschossen. Zweimal ließ Mohammed seine Truppen vergeblich zum Sturm antreten, weil er glaubte, die Festung sei sturmreif geschossen, aber erst der dritte Ansturm gelang.

Die Einnahme Konstantinopels leitete einen dramatischen Siegeszug der Türken ein, der sie auf der Höhe ihrer militärischen Macht sah. In den folgenden fünfzehn Jahren wurden Griechenland und Serbien erobert. 1468 brach der Widerstand Albaniens unter George Skanderbeg zusammen. Als der Versuch, Belgrad zu erobern, gescheitert war, geriet das Vordringen der Türken im Westen zunächst ins Stocken. Im Osten besetzten sie 1461 Trapezunt, die letzte christliche Bastion in Kleinasien. Nur noch vereinzelte, abseits gelegene Festungen auf dem Peloponnes und in Anatolien hielten sich noch, wie zum Beispiel die Burg von Kordilene. Aber allmählich brach auch der letzte Widerstand zusammen. Mohammed konnte gegenüber einzelnen Gegnern sehr grausam sein und war unerbittlich in seinem Verlangen, daß die unterworfenen christlichen Völker ihm Knaben für die Janitscharen zur Verfügung stellten. Aber andererseits war er ein großmütiger Eroberer. Er tolerierte die orthodoxe Religion, und obwohl er griechische Tempel in Moscheen umbauen ließ, tastete er die großartigen griechischen und byzantinischen Baudenkmäler nicht an. Erst 1687 bei der Belagerung der Akropolis durch die Venetianer wurde der Parthenon, den die Türken als Pulvermagazin benutzten, durch eine Explosion schwer beschädigt.

Die türkische Militärmacht zu Lande fand sehr bald ihre Entsprechung zur See im östlichen Mittelmeer. Schon zu Beginn der Ghazi-Bewegung hatte es türkische Korsaren gegeben, die sich die gleichen Ziele setzten. Als die Ottomanen mit der Eroberung Europas begannen, brauchten sie eine Flotte, wenn auch nur zur Sicherung der Überfahrt über den Bosporus, und 1352 entstand in Gallipoli ein Brückenkopf mit einer Flottenbasis. Die Osmanen bauten jetzt eine Flotte und begannen systematisch, den Handel zwischen dem Schwarzen Meer und dem Westen zu kontrollieren und Konstantinopel zu blockieren. Die größte europäische Seemacht war damals Venedig. Pietro Loredano vernichtete vor Gallipoli einen großen Teil der türkischen Flotte, und die Türken wurden zunächst in den Raum ostwärts der Insel Tendos verwiesen. Aber für die Venetinaer war der Handel das Wichtigste, und deshalb bemühten sie sich vor allem darum, in der Levante Frieden zu halten. Nach 1430 lag Venedig ständig im Streit mit rivalisierenden italienischen Stadtstaaten, und wieder nutzten die Türken die Uneinigkeit im feindlichen Lager aus und drangen weiter nach Westen vor. 1453 befuhren türkische Schiffe unangefochten die Adria, und Mohammed II. war vor allem deswegen überzeugt, er könne Konstantinopel einnehmen, weil er eine starke Flotte hatte, um die Seeverbindungen der Stadt abzuschneiden.

Die Türken waren ursprünglich keine Seefahrer, und als sie ans Mittelmeer kamen, übernahmen sie kritiklos die bisher hier übliche Galeerentaktik. Seit der Seeschlacht bei Lade (494 v. Chr.) bis zur Schlacht von Lepanto (1571 n. Chr.) hatte sich bei der Verwendung der Galeere eigentlich nichts geändert.

Die Byzantiner hatten die griechische und römische Trireme übernommen und vergrößerten sie unter der Bezeichnung Dromone. Sie hatte eine Wasserverdrängung von 78 bis 175 Tonnen und wurde von 100 bis 200 Mann gerudert. Als führende Seemacht im Mittelmeer wurde Byzanz von Venedig und Genua abgelöst. Die neuen Schiffe hießen Galeeren und waren mit einer Reihe von Ruderern besetzt. Segel verwendete man nur für längere Fahrten. Im Gefecht wurde der Mast gewöhnlich umgelegt. Nur in Venedig folgte man zögernd dem westlichen Beispiel und

baute im 14. Jahrhundert das Zwitterschiff, die Galeasse. Aber konservative Gesinnung und Mangel an Erfahrung mit dem Segelschiff sorgten dafür, daß im Mittelmeer geruderte Schiffe den Hauptbestandteil der Flotten bildeten. Die Galeerentaktik war einfach und von Ruggiero de Lauria in den sizilianischen Kriegen während der letzten zwanzig Jahre des 13. Jahrhunderts auf die simpelsten Regeln festgelegt worden. Die Schiffe fuhren in einer Linie oder in halbmondförmiger Schlachtordnung gegen den Feind, versuchten die gegnerischen Fahrzeuge zu rammen, ihre Ruder abzuscheren, sie zu beschießen und dann zu entern. Die Besatzungen waren in erster Linie mit Steinschleudern und Armbrusten bewaffnet. Manchmal überschüttete man das feindliche Deck mit flüssiger Seife, um es schlüpfrig zu machen, oder beschoß die Takelage des Gegners mit an der Spitze breiten Pfeilen und Brandpfeilen. Im Lauf der Zeit wurden die Galeeren größer, und an die Stelle von Steinschleudern traten kleine Buggeschütze. Die Taktik blieb die gleiche, und der Ausgang des Seegefechts wurde dadurch entschieden, daß man die Schiffe des Gegners enterte und deren Besatzungen zum Nahkampf stellte.

Mit der Einnahme Konstantinopels durch die Türken nahmen diese auch die dortigen Werften in Besitz, und unter der Herrschaft Mohammeds II. wurde das Osmanenreich zu einer bedeutenden Seemacht. Zugleich mit der systematischen Eroberung weiter Landgebiete sicherten sich die Türken die Vorherrschaft in der Ägäis und besetzten Inseln und Küstengebiete im östlichen Mittelmeerraum. Im Handel über das Schwarze Meer verdrängten sie die Italiener und verboten die Lieferung von Rüstungsgütern für Land- und Seestreitkräfte nach dem Westen. Der Krieg gegen Venedig dauerte von 1463 bis 1479, und Venedig wurde geschlagen, weil es nicht erkannt hatte, wie schnell die türkische Flotte gewachsen war. Die Venetianer waren zudem zahlenmäßig unterlegen und wurden von den anderen italienischen Staaten, die auf ihren Reichtum neidisch waren, im Stich gelassen. 1480 unternahm Mohammed den vergeblichen Versuch, den Johannitern Rhodos fortzunehmen. Aber als er 1481 starb, hatte er gerade umfangreiche Vorbereitungen für die Invasion Süditaliens getroffen. Zum Glück für die europäischen Völker war sein Nachfolger Bajezit II. (1481–1512) ein Mann des Friedens, denn in den folgenden dreißig Jahren ließen die Europäer in ihrem Streit um Italien die Probleme im Osten unbeachtet. Die türkische Machtstellung zu Lande und zur See verstärkte sich indessen.

Als Seefahrer waren die Türken konservativ und wenig erfindungsreich. Nach 1500 beteiligten sie sich nicht an den überseeischen Eroberungen der europäischen Völker. Ihr Bestreben blieb es, die Völker und den Handel im östlichen Mittelmeerraum zu beherrschen, und deshalb durfte ihnen der Aufstieg Spaniens und Portugals nicht gleichgültig sein. Der spanische Einfluß an der nordafrikanischen Küste wurde gefährlich für sie. Pedro Navarro eroberte 1509 Oran, und im folgenden Jahr fiel auch Tripolis. Als die Portugiesen in den Indischen Ozean vordrangen, sah es aus, als könnten die Westeuropäer den Türken in die Flanke kommen, die Herrschaft über ihr rückwärtiges Gebiet gewinnen und sich unter Umständen mit den Persern vereinigen, die inzwischen ohnehin zu stark geworden waren. Die europäischen Politiker haben an solche Möglichkeiten wahrscheinlich nicht gedacht, aber das Risiko war für die Türken zu groß. Selim der Grausame richtete seine Aufmerksamkeit während seiner kurzen Regierungszeit (1512 bis 1520) ganz auf die südlichen und ostwärtigen Grenzen seines Reichs. Zu einer Zeit, da Europa im Rücken besonders verwundbar war, blieb ihm an der Donau und der adriatischen Küste noch eine Ruhepause. Aber das Vorgehen Selims paßte in das große politische Konzept der Ottomanen in Europa.

Um sich den Rücken freizumachen, mußte Selim zunächst die Perser besiegen, die er in der Ebene von Chaldiran, westlich von Täbris, schlug. Aber er verfolgte sie nicht weiter nach Osten, sondern ging nun an die Eroberung des Mamelukenstaats in Syrien und Ägypten. Die Mameluken hatten nur ein schwaches Heer, keine Infanterie und keine Feuerwaffen. Die Venetianer

Der Entsatz Wiens bei der letzten Belagerung durch die Türken. Ausschnitt aus einem Gemälde (17. Jahrh.)

Kriegführung in Europa

Im Osten dehnten die Türken ihre Eroberungszüge bis nach Persien aus

hatten vergeblich versucht, ihnen Gewehre zu verkaufen. 1516 errang Selim den ersten Sieg über die Mameluken bei Dabik in Syrien. Verräter aus dem feindlichen Lager trugen dazu bei, aber wie bei Chaldiran waren die Standhaftigkeit seiner Infanterie und die Wirkung seiner Geschütze ausschlaggebend. Nach einem zweiten Sieg bei Ridanieh (1517) drangen die Türken in Kairo ein.

Die Eroberung Ägyptens durch Selim war Teil eines strategischen Konzepts zur Unterwerfung des östlichen Mittelmeerraums und des Mittleren Ostens. Die Seestreitkräfte spielten dabei eine wesentliche Rolle. Selim hielt es für wichtig, sich der spanischen Flotte an der Nordküste Afrikas entgegenzustellen. Der erste Schritt zur Verwirklichung dieses Plans war die Besetzung Ägyptens. 1515 gewann er den Beistand Chair-eddin Barbarossas, des größten Piraten an der Berberküste, und ernannte ihn zum Bei-ler-Bei von Algier. Türkische Flotteneinheiten im Roten Meer hatten die Aufgabe, einen Schirm gegen eine mögliche portugiesische Bedrohung

Das türkische Ottomanenreich

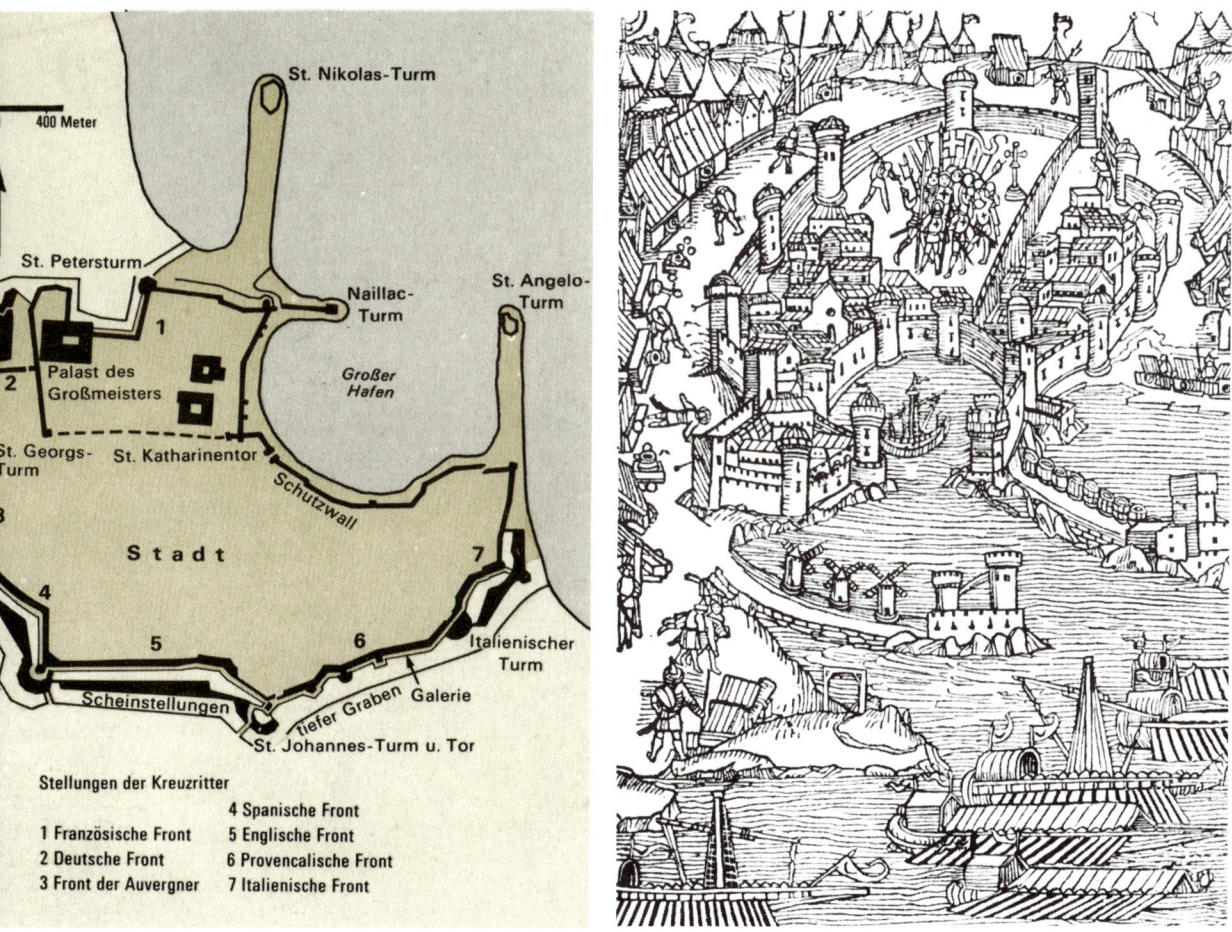

Im Westen nahmen sie schließlich Rhodos ein. Plan der Befestigungen (links), Gesamtansicht nach einem Holzschnitt (rechts)

aus dem Südosten zu bilden. Nur die Johanniter auf der Insel Rhodos bedeuteten jetzt noch eine Gefahr für die Türken im östlichen Mittelmeer.

Die erste große Belagerung von Rhodos durch Mohammed II. 1480 war fehlgeschlagen. Seither hatte man die Befestigungen erheblich verstärkt, um sie gegen Artilleriebeschuß widerstandsfähig zu machen. Anstelle der ersten hohen Mauern hatte man eine etwa 10 Meter hohe, 13 Meter dicke, mit Bastionen versehene und mit Geschützen bestückte Mauer errichtet. Der Graben war breiter und tiefer, und außen, besonders im Süden und Westen, hatte man weitere Gräben gezogen und an steilen Hängen gelegene Brustwehren gebaut. In der Festung saßen etwa 700 Ritter. Die ganze Besatzung bestand einschließlich der Hilfstruppen aus etwa 6000 Mann. Die Verteidiger waren reichlich mit Munition versehen, aber im Fall einer Belagerung durch eine starke Flotte konnten sie weder Lebensmittel noch Verstärkungen heranführen.

Selim I. war 1520 gestorben, und sein Nachfolger, Suleiman der Große, hat sicher erkannt,

Kriegführung in Europa

wie schwierig die Erstürmung und Einnahme von Rhodos sein würde. Aber die türkische Strategie im östlichen Mittelmeerraum erforderte die Inbesitznahme der Festung, und im Juni 1522 entschloß er sich, sie zu erobern. Vor den Hauptkräften landete er etwa 10 000 Mann auf der Insel, um die Belagerung vorzubereiten und die Geschützstellungen zu erkunden. Die Belagerungsarmee bestand aus fünf Divisionen. Die Festung wurde auf der Landseite eingeschlossen, und man führte ein Grabensystem so nahe an die Mauer heran, wie es das Feuer der Verteidiger zuließ. Dann brachte man schwere Geschütze in Stellung. Türkische Galeeren kreuzten Tag und Nacht vor dem Hafen und vervollständigten die Einschließung der Befestigungsanlage.

Der Ordensgroßmeister Villiers de L'Isle Adam und der Festungsbaumeister Gabriel Martinengo aus Brescia leiteten die Verteidigung. Aber trotz erbitterten Widerstandes hatten die Türken den äußeren Festungsgraben Ende August mit Erde gefüllt und waren bis zu den Brustwehren vorgedrungen. Dann legten sie Stollen an. Die Verteidiger minierten entgegen. Beide Seiten sprengten die gegnerischen Stollen, es kam zum harten Kampf Mann gegen Mann, und einzelne Stellungen wechselten mehrmals den Besitzer. Allein im September wurden vier türkische Angriffe abgeschlagen. Im Oktober griffen die Türken dreimal an, und im November setzten sie alle verfügbaren Kräfte zum Sturm ein, aber vergeblich. Es schien, als wolle die Belagerung nicht enden, doch obwohl die Festung noch Widerstand leistete, hatte die Besatzung die Hälfte ihrer Kräfte verloren. Munition und Lebensmittel wurden knapp. Auf türkischer Seite hatte Suleiman schon fast den Mut verloren, und seine Armee war des Kämpfens überdrüssig. Der Winter stand vor der Tür, und der Sultan entschloß sich, der Besatzung freien Abzug anzubieten. Das Angebot wurde angenommen, und die Besatzung durfte die Festung mit ihrem persönlichen Besitz verlassen. Wer bleiben wollte, erhielt gute Behandlung zugesichert. Am 21. Dezember, sechs Monate nach Beginn der Belagerung, wurde der Vertrag unterzeichnet. Aber nur 180 Ritter und 1500 weitere Besatzungsmitglieder waren am Leben geblieben. Suleiman hielt sein Wort; die Ritter zogen nach Malta ab, und die Zurückbleibenden wurden anständig behandelt. Nach tapferem Widerstand hatte der Großmeister die großzügigen Bedingungen Suleimans angenommen und damit die Überlebenden vor Grausamkeiten und Plünderungen bewahrt. Suleiman war zufrieden. Die türkische Vorherrschaft im östlichen Mittelmeerraum war jetzt, wie es seine Strategie verlangte, gesichert.

Nach der Eroberung von Rhodos beschäftigte sich der Sultan vor allem damit, sein Reich im Inneren zu ordnen, doch kam es auch zu weiteren Eroberungen zu Lande und zu Wasser. 1525/26 führte er einen größeren Feldzug an der Donaufront, den ersten nach mehr als fünfzig Jahren. Die Adeligen an der Grenze und die osteuropäischen Staaten leisteten den Türken keinen geschlossenen Widerstand. Obwohl sie rechtzeitig gewarnt worden waren, hatten die Ungarn im Juli 1526, als die Türken nach Belgrad kamen, keine starke Armee aufgestellt. Einige Donaufestungen wehrten sich tapfer gegen den überlegenen Feind. Am 29. August trafen die Heere Suleimans und König Ludwigs von Ungarn auf der Ebene von Mohacs aufeinander. Suleiman hatte seine Truppen tiefer gegliedert, als es die Türken sonst an der Ostfront getan hatten. Hinter zwei Reitertreffen standen die Janitscharen und Spahis. Die Artillerie war hinter der Front in Stellung gegangen. Die nur 35 000 Mann starke christliche Armee war in zwei langen Linien aufgestellt, deren jede aus Reitern und Infanterie bestand. Der erste ungarische Reiterangriff schien die türkischen Linien ins Schwanken gebracht zu haben, und Ludwig befahl den Generalangriff. Aber er hatte die Tiefe der türkischen Gliederung unterschätzt, und die besten ungarischen Truppen, die bis in die hintersten feindlichen Reihen durchgedrungen waren, wurden ohne Schwierigkeiten von den Janitscharen niedergemacht. Der Sieg war vollständig. Viele der besten ungarischen und böhmischen Offiziere waren gefallen. Der Weg nach Wien war jetzt für die Türken frei.

1529 rückte die türkische Armee mit Feuer und Schwert vor und begann, die österreichische Hauptstadt zu belagern. Aber der verzweifelte Widerstand der Belagerten und das Einsetzen des Winters bestimmten Suleiman, die Belagerung aufzugeben, denn er hatte sich zu weit von seiner Basis in der Heimat entfernt. Die äußerste Westgrenze des osmanischen Reichs wurde auch später nicht über die von Zengg an der Adria nach Gran an der Donau führende Linie hinaus vorgeschoben.

Im Südosten weitete Suleiman sein Reich bis nach Basra aus. Schon Mesopotamien war ein wertvoller Gewinn, und die Inbesitznahme eines Hafens im Persischen Golf förderte die von Selim I. begonnene Seestrategie gegen die Portugiesen. 1526 schloß Suleiman ein Bündnis mit dem indischen Fürsten Bahadur von Gudscherat, und 1538 lief eine starke Flotte zur Belagerung der Portugiesen in Diu aus. Die Expedition blieb erfolglos, und die Türken gaben ihre gegen die Portugiesen im Indischen Ozean gerichtete Politik auf. Sie hatten die ihnen hier drohende Gefahr überschätzt, denn Portugal war nicht am Erwerb eines Weltreichs zu Lande interessiert, sondern erstrebte Gewinne aus einem friedlichen Überseehandel. Aber im Mittelmeer, wo Spanien Venedig als führende Seemacht abgelöst hatte, gab es erhebliche Rivalitäten. Suleiman betrieb mit aller Energie die Ausweitung des türkischen Einflusses nach Westen. Dabei halfen ihm vor allem die Korsaren an der Berberküste, besonders Chair-eddin Barbarossa. Barbarossa vergrößerte seine Flotte und wurde immer aktiver. Der spanische Admiral Andrea Doria, von Geburt Genueser, wurde als Befehlshaber einer christlichen Flotte 1538 bei Prevesa vor der albanischen Küste geschlagen. Jetzt erkannte Venedig die türkische Vorherrschaft zur See in der Adria an. Ein zweiter türkischer Korsarenführer, Dragut, nahm 1551 Tripolis ein und brachte Andrea Doria eine zweite schwere Niederlage bei. Frankreich und Spanien schlossen 1559 endlich Frieden, aber der Seekrieg zwischen Spanien und den türkischen Piraten dauerte fort.

Auch Philipp II. von Spanien verstärkte seine Flotten im Atlantik und im Mittelmeer, und 1565 begann sich das Blatt zu wenden. Die Türken versuchten, Malta als Schlüsselposition zwischen dem östlichen und westlichen Mittelmeer zu nehmen, das immer noch von den Johannitern gehalten wurde. Die Ritter schlugen den Angriff ab, nachdem eine spanische Flotte ihnen zu Hilfe gekommen war. In dieser Schlacht fiel Dragut. Aber im Westen wurde man des Sieges nicht recht froh, denn nun mußte man mit türkischen Vergeltungsmaßnahmen rechnen. Doch 1566 starb Suleiman. Ihm folgte Selim II., der Trinker.

1570 wendete sich Selim gegen Zypern, den letzten bedeutenden Besitz Venedigs. Die Venetianer erbaten die Hilfe Roms und Spaniens, im Mai 1571 schlossen die drei Mächte einen „ewigen" Bund und kamen überein, unter dem Kommando von Don Juan von Österreich, des sechsundzwanzigjährigen Halbbruders des Königs von Spanien, gemeinsam eine Flotte auszurüsten. Ende August 1571 wurde die Flotte vor Messina zusammengezogen und lief am 16. September nach Korfu aus. Die türkische Flotte versammelte sich indessen vor Lepanto im Golf von Korinth. Der türkische Flottenbefehlshaber war Ali Pascha, ein ehemaliger Muezzin, dessen schöne Stimme eine der Frauen des Sultans bezaubert hatte, deren Gunst er seine hohe Stellung zu verdanken hatte.

Die christliche Flotte bestand aus mehr als 200 Galeeren, 6 Galeassen, 24 großen Transportschiffen und 50 leichten Ruderschiffen. Die 50 000 Mann der seemännischen Besatzung waren unter menschenunwürdigen Bedingungen eingesetzt. Die meisten waren an die Ruderbänke angekettet. Die kämpfende Truppe, etwa 30 000 Mann, bestand in ihrem Kern aus Spaniern. Die türkische Flotte war etwas stärker. Sie bestand aus 250 Galeeren, 40 Galioten und 20 kleineren Fahrzeugen. Die kämpfende Truppe war 25 000 Mann stark.

Die Galeeren waren seit dem 13. Jahrhundert größer geworden und stärker bewaffnet. Eine große Kriegsgaleere hatte jetzt etwa 170 Tonnen Wasserverdrängung gegenüber bisher 140 Tonnen, und war an der Wasserlinie etwa 43 Meter lang. Anstatt mit 60 war sie jetzt mit 75 Ruderern besetzt. Die Schiffe beider Flotten glichen sich weitgehend, doch gab es einige wichtige technische Unterschiede. Die christlichen Galeeren waren mit fünf Bugkanonen bestückt, die in der Fahrtrichtung schossen. Die Türken hatten nur drei Geschütze. Nur die schristliche Flotte verfügte über Galeassen, deren jede mit 30 Geschützen bestückt war, die über die Ruderer hinwegfeuerten. Zwei Geschütze standen im Bug, sechs im Heck, und elf leichte Kanonen verstärkten die Breitseite. Die Soldaten der christlichen Flotte waren besser bewaffnet; die meisten führten Arkebusen. Der türkische Bogen war allerdings eine wirkungsvolle Waffe und hatte eine schnellere Schußfolge. Die Türken hatten die stärkere Flotte und genossen hohes Ansehen, die Christen waren in mancher Hinsicht technisch überlegen.

Am Morgen des 7. Oktober 1571 sichteten die Flotten einander vor Skropha, etwa 40 Kilometer westlich von Lepanto an der Mündung des Golfs von Korinth. Beide Seiten machten sich gefechtsbereit. Die christliche Flotte fuhr in drei Geschwadern nebeneinander auf und nahm eine Breite von etwa 4 Meilen ein. Die 63 Galeeren im mittleren Geschwader standen unter dem Kommando von Don Juan. Giovanni Andrea Doria, der Neffe des oben erwähnten Andrea Doria, befehligte 64 Galeeren am rechten Flügel, Augustino Barbarigo 63 links. 35 Galeeren unter dem Marquis von Santa Cruz bildeten die Reserve. Eine halbe Meile voraus über die ganze Front verteilt segelten die sechs Galeassen. Auch die Türken hatten ihre Flotte in drei Hauptgeschwader eingeteilt: 90 Galeeren unter Ali Pascha in der Mitte, 55 rechts unter Mohammed Sirocco, 60 links unter Uluch Ali. 10 Galeeren und 20 *fustae* (leichte Ruderschiffe) bildeten die Reserve. Die türkische Flotte war weiter auseinandergezogen als die christliche.

Die Admiräle auf beiden Seiten inspizierten ihre Einheiten und ermutigten ihre Soldaten zum Kampf für ihre Religion. Don Juan ließ auf seinem Flaggschiff die Pfeifer antreten und tanzte angesichts der ganzen Flotte in voller Rüstung eine Galliarde. Kurz nach 10.00 Uhr begann die Schlacht.

Die erste Begegnung fand nahe der Küste im Norden statt, wo der christliche linke und der türkische rechte Flügel aufeinanderstießen. Nach der dritten Salve zweier christlicher Galeassen sank eine türkische Galeere. Die Galeassen waren zu schwer bewaffnet und ragten zu hoch aus dem Wasser, als daß die Türken es gewagt hätten, sie zu kapern. Deshalb suchten sie so schnell wie möglich an diesen Schiffen vorüberzukommen. Aber die Galeassen drehten bei und belegten die im dichten Verband fahrenden türkischen Galeeren mit schwerem Feuer, so daß viele von ihnen, als sie an das christliche Hauptgeschwader herankamen, schon beschädigt waren und die Schlachtordnung sich aufgelöst hatte. Es entwickelte sich ein stundenlanger Nahkampf. Barbarigo fiel, aber die Christen kämpften tapfer weiter. Allmählich zogen sich die Türken zurück. Ihre christlichen Galeerensklaven bewaffneten sich zum Teil, entledigten sich ihrer Fesseln und kämpften gegen die Türken. Nun flohen die Türken, von den Christen verfolgt, zur Küste. Der Sieg am linken Flügel war vollkommen, und alle türkischen Schiffe wurden entweder gekapert oder versenkt.

Inzwischen waren auch die Gegner im Zentrum aufeinandergestoßen. Das Gefecht war am härtesten in der Nähe der beiden Flaggschiffe, die unter lautem Geschrei, Arkebusenfeuer, Pfeilhagel und Kanonendonner gegeneinanderfuhren, bis es zum Nahkampf kam. Überall versuchten die Schiffsbesatzungen, feindliche Schiffe zu entern, und der Nahkampf wurde vor allem mit dem Schwert ausgefochten. Auf einer Wasserfläche von etwa 250 mal 150 Metern kämpften 25 bis 30 Fahrzeuge. Die türkischen Soldaten erstürmten mehrmals das Vorderdeck des feindlichen Flaggschiffs, aber Santa Cruz brachte 200 Mann Verstärkungen heran. Mehr als $1^1/_2$

Die Schlacht bei Lepanto

Stunden dauerte das Gemetzel. Allmählich konnten sich die Christen durchsetzen, wurden aber einige Male von der Galeere Ali Paschas vertrieben, ehe ein christliches Schiff diese rammte und die türkische Besatzung aufgerieben war. Don Juan ergriff die türkische Standarte und nahm das Flaggschiff ins Schlepptau. Ali Pascha wurde in der letzten Phase des Gefechts enthauptet. Um 13.00 Uhr hatten die Christen die Schlacht auch im Zentrum gewonnen. Als Andrea Doria gleich zu Beginn erkannte, daß sein rechter Flügel von den türkischen Schiffen durch eine Flankierung bedroht werden konnte, wich er nach rechts aus, und die beiden feindlichen Geschwader manövrierten noch um einander, als die Schlacht an anderer Stelle schon begonnen hatte. Da Doria zögerte, den Gegner anzugreifen, zweifelten einige seiner Kapitäne an seiner Tapferkeit, und 15 Schiffe am linken Flügel seines Geschwaders scherten aus, um sich am Gefecht im Zentrum zu beteiligen. Uluch Ali gab nun den Versuch, der christlichen Flotte in die Flanke zu kommen, auf und jagte hinter den davonfahrenden Schiffen her. Die weit überlegenen Türken überwältigten sehr bald 11 der 15 Fahrzeuge. Dieser Gewinn wurde wettgemacht, als ein christlicher Kapitän, Benedetto Soranzo, das Pulvermagazin seines Schiffs zündete und zugleich mit seinem eigenen auch zahlreiche feindliche Schiffe vernichtete. Nun wendete Uluch sich dem Zentrum zu, aber hier war die Schlacht schon verloren. Von Dorias Schiffen im Rücken und den Reserven unter Santa Cruz aus einer zweiten Richtung angegriffen, gab er das ungleiche Gefecht auf.

Um 4.00 Uhr war die Schlacht vorüber. Ein Unwetter drohte, die Christen beeilten sich, die Beute sicherzustellen und mit den gekaperten Schiffen geeignete Ankerplätze zu finden. Der christlichen Flotte waren 117 noch brauchbare türkische Galeeren und 274 Geschütze in die Hände gefallen.

Die Schlacht bei Lepanto ist aus verschiedenen Gründen interessant. Oliver Warner schreibt in *Great Sea Battles:*

> Bei Lepanto glichen die Flotten – wie in den meisten früheren Seeschlachten – den Armeen. Ihre Formationen waren starr. Die Befehlshaber waren Soldaten, und die Taktiken gründeten sich auf Erfahrungen an Land. Die Seeleute brachten die Schiffe an die gewünschte Stelle, die Generale und ihre Soldaten kämpften.

Don Juan hatte eine militärische Grundausbildung genossen. Lepanto war seine erste und letzte größere Seeschlacht. Er hatte aber beim Kampf gegen die algerischen Piraten und die Mauren in Granada Erfahrungen gesammelt. Er starb sieben Jahre nach Lepanto in den Niederlanden. Was man auch über seine Leistungen als Flottenbefehlshaber in der Schlacht denken mag, er war entschieden eine Führerpersönlichkeit. Seine Untergebenen waren streitsüchtige Leute. Die Genueser und Italiener waren alte Rivalen, und als es auf den venetianischen Schiffen an Mannschaften fehlte, wurden Italiener und Spanier eingestellt, die in Streit miteinander gerieten. Don Juan mußte diplomatisch vorgehen und Härte beweisen, um aus der Flotte einen Kampfverband zusammenzuschmieden und sie kampffähig zu erhalten. Seine Anweisungen an die Schiffskapitäne und Truppenführer waren gründlich und gescheit.

Lepanto war ein negativer Sieg. Er verhinderte, daß die Türken die Seeherrschaft im westlichen Mittelmeer gewannen, aber die christlichen Mächte nutzten ihren Erfolg nicht durch eine strategische Offensive aus. Schnell wurde eine neue türkische Flotte gebaut, und bis englische und niederländische Flotten nach 1650 im Mittelmeer zu operieren begannen, terrorisierten die Türken diese Gewässer. Die türkische Seemacht zerfiel trotzdem und zwar vor allem deshalb, weil die Türken mit der technischen Entwicklung in Europa nicht schritthielten. Sie und die Italiener verwendeten noch bis ins 19. Jahrhundert die Galeere.

Der ebenfalls durch technische Rückständigkeit verursachte Verfall der türkischen Armee war eine ernstere Angelegenheit. Während die Feuerwaffen im Westen mit der Einführung guter Feldartillerie und des Bajonetts weiterentwickelt wurden, blieben die Türken in dieser Hinsicht zurück. Sie verwendeten auch weiter ihre riesigen, unbeweglichen Kanonen. Auch fehlte es ihnen an Führerpersönlichkeiten. Selim der Trinker (1566–1574) war ein unfähiger Herrscher. Seine Nachfolger vernachlässigten ihre Aufgaben als Monarchen und Oberbefehlshaber, führten ein angenehmes Leben und ließen den Staat verfallen. 1582 zwang Murad III. die Janitscharen, die Akrobaten und Ringer in ihre Reihen aufzunehmen, die das Volk bei den Festlichkeiten anläßlich der Beschneidung seines Sohnes entzückt hatten. Die Folge war, daß Disziplin, Moral und Leistungsfähigkeit dieser Truppe zurückgingen.

1664 schlug eine deutsche Armee unter Montecuccoli, der seine Kriegserfahrungen im Dreißigjährigen Krieg gesammelt hatte, die Türken, und das war der entscheidende Wendepunkt in der türkischen Militärgeschichte. Das letzte große Angriffsunternehmen der Türken in Europa war die erfolglose Belagerung Wiens 1683. Im 18. Jahrhundert mußte das Ottomanenreich schon alles daransetzen, um seine eigenen Grenzen zu verteidigen. Das Ende des türkischen Militärsystems kam 1826, als die Janitscharen meuterten und Sultan Mohammed II. sich mit dem heiligen Banner des Propheten an die Spitze der Bevölkerung Konstantinopels setzte, um sie zu vernichten. Die Nachkommen Ertogruls hatten noch bis 1922 seinen Thron inne, aber nach 1826 glich die türkische Armee den übrigen europäischen Armeen. Hier verlassen wir die Türken, werden aber später wieder auf sie zurückkommen.

Die Heere waren jetzt wesentlich stärker. Kaiserliche Armee im Dreißigjährigen Krieg auf dem Marsch

12 · Kriegführung in Europa im 17. Jahrhundert

In diesem Kapitel beschäftigen wir uns mit der Kriegführung im Dreißigjährigen Krieg, im englischen Bürgerkrieg und im englisch-niederländischen Seekrieg. Dieser Abschnitt der Kriegsgeschichte zeigt eine fortlaufende Weiterentwicklung der Methoden der Kriegführung von Moritz von Nassau bis zu Marlborough. Die hervorragendste Persönlichkeit dieser Zeit war der schwedische König Gustav Adolf, einer der großen Feldherren der Weltgeschichte. Es gab aber auch noch viele andere bedeutende Soldaten und Seeleute wie Wallenstein, Pappenheim und Rupert, Condé und Turenne, Cromwell, Tromp und Blake. Es war das Zeitalter, in dem sich die moderne Taktik enwickelte und mit ihr die Verwendung der Feuerwaffen. Im Hinblick auf Strategie, Organisation und den politischen, wirtschaftlichen und gesellschaftlichen Einfluß auf das Leben der Nationen vergrößerte sich die Bedeutung der Kriegführung.

Entscheidend ist die Tatsache, daß die Mannschaftsstärken der Heere im 17. Jahrhundert wesentlich zunahmen. Die Armeen, mit denen Philipp II. Westeuropa beherrscht hatte, waren selten mehr als 40000 Mann stark gewesen, während Ludwig XIV. zum gleichen Zweck eine Armee von 400000 Mann unterhielt. Das war die Folge einer weitreichenderen Strategie und des wachsenden Reichtums der Staaten. Jeder Staat, der nicht untergehen wollte, mußte sich an dem Wettrennen beteiligen, und sogar ein so kleines Land wie Brandenburg vergrößerte seine Armee innerhalb von 100 Jahren von 900 auf 80000 Mann. Die Heere wurden nicht nur größer, sondern sie wurden zu Berufsarmeen. Um die Grenzgarnisonen zu besetzen und Winterfeldzüge führen zu können, hielten die meisten Staaten ihre besten Truppen das ganze Jahr unter Waffen. Das hatte zwei Ursachen: die neuen Taktiken erforderten eine längere Ausbildung, und das Verfahren war wirtschaftlicher.

Mit der Ausweitung der Kriege wuchs auch ihre wirtschaftliche Bedeutung. Ein Militärstaat mußte jetzt mit viel größeren finanziellen Belastungen rechnen. Gustav Adolf verbrauchte die Hälfte seines Budgets für militärische Zwecke. Das Gebiet, in dem eine Armee untergebracht war, wurde – gleichgültig, ob es sich um eigene oder feindliche Truppen handelte – regelrecht ausgesogen. Andererseits erhielt die Wirtschaft neue Impulse. Die landwirtschaftliche Produktion steigerte sich, und Rüstungsaufträge förderten das Wachstum der Industrie. Schweden begann zum Beispiel, seine natürlichen Kupfer-, Zinn- und Eisenerzvorkommen auszubeuten, das Holz diente der Herstellung von Kohle, und die Flüsse lieferten Wasserkraft und wurden zu Verkehrswegen ausgebaut. Die Krone nahm aktiv an der Entwicklung der Rüstungsindustrie teil, und ausländische Techniker kamen ins Land. Der Export gußeiserner schwedischer Geschütze stieg von 1626 bis 1646 von 22 Tonnen auf 1000 Tonnen jährlich. Das trug wesentlich zum Ausbau der schwedischen Flotte bei. Außerdem belebte der Krieg den Arbeitsmarkt und beschäftigte viele Menschen in den Streitkräften und in der Verwaltung. Kleine und arme Staaten wie die Schweiz und Schottland verkauften Mannschaften an die großen Staaten.

Das Kriegshandwerk wurde zum Beruf. In ganz Europa übernahmen der Adel und die Gebildeten das Offizierkorps und begründeten die Tradition einer militärischen Führungsschicht

Auch gesellschaftlich hatte diese Entwicklung manche Neuerungen zur Folge. Der Krieg wurde zur Massenbeschäftigung. Jeder, der auf einem Pferd sitzen und ein Gewehr handhaben konnte, durfte in ein Kavallerieregiment eintreten. Eine Auflockerung der Gesellschaftsordnung fand jedoch nicht statt. Der ärmere Adel und die Gebildeten in Europa erblickten im Soldatenberuf eine neue Existenzmöglichkeit. Sie machten den Offizierberuf zum Reservat ihres Standes, entwickelten einen besonderen Ehrenkodex, schufen Vorschriften über das Duell und nahmen besondere Rechte und Pflichten für sich in Anspruch. Der Militarismus wurde geboren.

Auch die administrativen und innenpolitischen Folgen der Heeresvermehrungen waren bedeutend. Um große Armeen zu unterhalten, mußte der Staat hohe Steuern einziehen. Die Kriegsministerien wurden vergrößert, und der Einfluß der Bürokratie wuchs. G. N. Clark schreibt: „Ebenso wie es des modernen Staates bedurfte, um eine stehende Armee zu schaffen, schuf auch die Armee den modernen Staat. Beide Entwicklungen bedingten einander." Die finanziellen Bedürfnisse und die Notwendigkeit, genügend Mannschaftsersatz aufzutreiben, zwangen die Regierungen, immer mehr in das Privatleben ihrer Untertanen einzugreifen. Da z. B. das Schießpulver und die Waffenkaliber standardisiert werden mußten, wurde das Waffenmonopol unter staatliche Aufsicht gestellt. Das Erstarken der Regierungsgewalt führte in den meisten Ländern zur Unterdrückung der Demokratie, besonders in Frankreich und vor allem in Preußen, wo die Intendantur der Armee zum Kern des ganzen Regierungsapparats wurde. Die große Rebellion in England war unter anderem der Versuch, die um Geld verlegenen Könige daran zu hindern, die persönliche Freiheit ihrer Untertanen anzutasten. Die meisten Armeen im 17. Jahrhundert waren Regierungsarmeen und keine Volksarmeen. Außer in England war der König als Oberbefehlshaber der Armee nirgends seinem Volk verantwortlich.

Mit der Entwicklung des Absolutismus erweiterte sich trotz mangelhafter Kommunikationsmöglichkeiten der Umfang der strategischen Ziele. Die Truppen mußten beweglicher sein und auf weitere Entfernungen eingesetzt werden können, als die Taktik offensiver wurde und die Befehlshaber deshalb bestrebt waren, den Gegner zu suchen und in der Schlacht zu vernichten. Zugleich erweiterte sich der Umfang der Wirtschaftspolitik, und der Ehrgeiz der absoluten Monarchen, immer größere Armeen aufstellen zu wollen, wuchs. Solche Armeen ließen sich immer schwieriger aus dem Land versorgen, in dem sie operierten. Deshalb mußten Nachschub- und Handelswege besonders gesichert werden. Zugleich suchte man, die rückwärtigen Verbindungen des Feindes abzuschneiden. Man betrachtete den Krieg als ein Mittel zur Vergrößerung des eigenen Reichtums. Die Politiker gingen von der These aus, daß die Nation am reichsten werden müsse, die sich durch List oder Gewalt den größten Anteil an materiellen Hilfsquellen und Menschenreserven sicherte. Die Möglichkeiten für die Versorgung der Armeen entsprachen allmählich den politischen Vorstellungen. Im Dreißigjährigen Krieg wurde ganz Mitteleuropa zum Kriegsschauplatz. Die Spanier planten die Einnahme Göteborgs, und der österreichische Feldherr Piccolomini marschierte von Flandern nach Böhmen. Gustav Adolf verstand es meisterhaft, den Feind kurzfristig zur Entscheidungsschlacht zu stellen und gleichzeitig weitgesteckte strategische Ziele zu verfolgen, um den Gegner an allen Fronten zurückzudrängen.

Die Ursachen des Dreißigjährigen Krieges, der 1618 in Deutschland ausbrach, waren religiöse Streitigkeiten zwischen Katholiken und Protestanten, aber politische Fragen waren mit den religiösen verflochten. Auch Frankreich mischte sich ein, erklärte allerdings erst 1635 offiziell den Krieg, und je länger das Ringen dauerte, desto mehr rückten die politischen Aspekte in den Vordergrund. Es ging schließlich um die Vorherrschaft in Europa. Auf der einen Seite stand das Heilige Römische Reich unter Kaiser Ferdinand II., der von Spanien und Bayern unterstützt wurde, auf der anderen Seite kämpfte Frankreich mit Unterstützung verschiedener protestantischer Staaten und des Papstes. Wegen der politischen Zerrissenheit Mitteleuropas sind die Zusammenhänge außerordentlich kompliziert. Der leitende französische Minister Richelieu lieferte sein diplomatisches Meisterstück, als er 1630 Gustav Adolf von Schweden dazu bewog, sich gegen Ferdinand II. am Krieg zu beteiligen. Richelieu hatte zweifellos erkannt, daß Gustav Adolf der beste Soldat in Europa war.

1630 war Gustav Adolf 36 Jahre alt. Er war mit 17 Jahren König geworden und hatte seither immer wieder gegen Dänen, Polen und Russen Krieg geführt, um zu verhindern, daß einer dieser Staaten die Vorherrschaft in der Ostsee gewann. Dem Studium der Kriegskunst war die Praxis gefolgt. Unter anderem hatte er auch Xenophons Kyropaidia gelesen, ein Werk, das Liddell Hart für das „vielleicht bedeutendste militärische Lehrbuch" hält. Auch über die jüngsten wissenschaftlichen und technischen Entwicklungen war er genau informiert. Gustav Adolf war der erste große Soldat, der die Kunst der Kriegführung im Geist der Renaissance auffaßte. Er entwickelte glänzende Ideen im Bereich der Organisation, Ausbildung und Taktik und setzte sie energisch und wirkungsvoll in die Tat um. Er war leidenschaftlich und tapfer, im Volk beliebt und geachtet, human und – ohne bigott zu sein – tief religiös. Man berichtet, seine militärischen Leistungen

> seien von Hingabe nach innen und Umsicht nach außen geleitet gewesen. Zuerst lobte er Gott und sorgte dann für die Menschen. Er durchschaute die Pläne seiner Feinde und wußte, was seine Soldaten brauchten.

Der Schlüssel zum Erfolg Gustav Adolfs war sein Verständnis für administrative und organisatorische Fragen. Schweden konnte sich keine Söldnerarmee leisten, die groß genug gewesen wäre, um sich gegenüber den vereinigten Armeen seiner Gegner zu behaupten. Gustav Adolf führte daher die Wehrpflicht ein und schuf die erste vom Staat aufgestellte, bezahlte, ernährte und ausgerüstete Volksarmee. Mit Hilfe der Geistlichkeit und der örtlichen Gerichtsbarkeit rekrutierte er mehr als 40 000 Schweden, die „starkgliedrig und, soweit festgestellt werden kann, tapfer waren – im Alter von 18 bis zu 30 Jahren". Angehörige von Sonderberufen, die etwa in der Munitionsherstellung und im Transportwesen arbeiteten, wurden freigestellt. Dieses System war nicht nur wirtschaftlich, sondern das schwedische Heer hatte als Volksheer auch eine bessere Kampfmoral als die zumeist aus Söldnern bestehenden Armeen des Gegners.

Zusammensetzung und Ausrüstung der schwedischen Armee unterschieden sich von denen anderer europäischer Heere, denn sie entsprachen den taktischen Vorstellungen des Königs, der größten Wert auf Feuerkraft und Beweglichkeit legte. Die wichtigste Waffe war die Muskete, und deshalb vermehrte er seinen Kontingent an Musketieren auf Kosten der Pikenträger. Wie Moritz von Nassau teilte er seine Verbände in kleinere Einheiten und Untereinheiten auf. Eine Kompanie bestand aus 72 Musketieren und 54 Pikenträgern. Vier Kompanien bildeten ein Bataillon, acht Bataillone ein Regiment und zwei bis vier Regimenter eine Brigade. Die Muskete wurde kürzer und konnte, da sie leichter geworden war, freihändig in Anschlag gebracht werden. Das Laden wurde vereinfacht, und Radschloß und Papierpatrone gehörten zur Standardausrüstung. Auch die Pike war jetzt nicht mehr 5, sondern etwa 3,5 Meter lang, und die Rüstungen waren leichter geworden. Die schwedische Kavallerie setzte sich aus mit Säbel und Pistole bewaffneten Kürassieren und berittenen Musketieren, den sogenannten Dragonern, zusammen.

Als erster großer Truppenführer erkannte Gustav Adolf die Bedeutung der Feldartillerie und baute sie zu einer wichtigen Waffengattung aus. Sein Artillerieführer war der begabte General Torstensson, der 1630 erst 30 Jahre alt war. Die Feldgeschütze waren kürzer, auf leichten Lafetten beweglicher und unterschieden sich grundlegend von der Belagerungsartillerie. Die Zahl der Kaliber war verringert und die Waffen waren standardisiert worden. Die schwedischen Belagerungsgeschütze wogen jetzt 15 bis 63 Zentner, die Feldgeschütze 12, 18 oder 27 Zentner. Die kleineren Geschütze waren Vierpfünder mit Einheitsmunition. Sie wurden von einem Pferd oder drei Mann gezogen und verschossen Kartätschen. Zum schwedischen Heer gehörten auch Pioniere, die notwendigenfalls durch zivile Fachleute ergänzt wurden. Wissenschaft und Technik spielten in Gustav Adolfs Armee eine wichtige Rolle. Zur Standardausrüstung gehörten zum Beispiel auch Ferngläser und Karten.

Zur Aufrechterhaltung der Disziplin und Leistungsfähigkeit gehörte das Exerzieren für die Unterführer und einfachen Soldaten. In einer großen Armee, die aus zahlreichen kleineren Einheiten bestand, gab es natürlich mehr Offiziere als früher, und es entstand eine militärische Rangordnung. Wie Martin Roberts richtig feststellt, betrachtete man ein Heer nicht mehr als einen rohen Haufen oder eine Ansammlung aggressiver Individuen, sondern als einen komplexen Organismus, dessen Teile vernünftig auf die von oben gegebenen Anordnungen reagierten. Dienstältere Offiziere mußten naturwissenschaftlich, geographisch und sogar als Diplomaten ausgebildet sein. Aus diesen Gründen entstanden im 17. Jahrhundert mehrere Kriegsakademien in Europa. Nachlässigkeiten ließ Gustav Adolf nicht durchgehen und beförderte seine Offiziere nach Verdienst und Leistung. Der Verantwortungsbereich der Unteroffiziere wurde erweitert. Die neuen Taktiken erforderten Beweglichkeit und Feuerdisziplin. Dazu mußten die Offiziere ihre Mannschaften zu allen Jahreszeiten exerziermäßig drillen und im Gelände ausbilden. Die Einführung von Uniformen und Rangabzeichen trug wesentlich zur Vereinheitlichung bei und förderte Kampfmoral und Korpsgeist.

Die Einführung warmer Bekleidung durch Gustav Adolf half bei der Aufrechterhaltung

Kriegführung in Europa im 17. Jahrhundert

Das Exerzieren mit der Standardausrüstung spielte eine große Rolle. 1 und 8: Abschießen der Muskete mit der Gabelstütze; 2–7: Musketenschießen ohne Gabelstütze; 9 und 10: Pikenexerzieren; 11 und 12: Kavallerie

Kriegführung in Europa

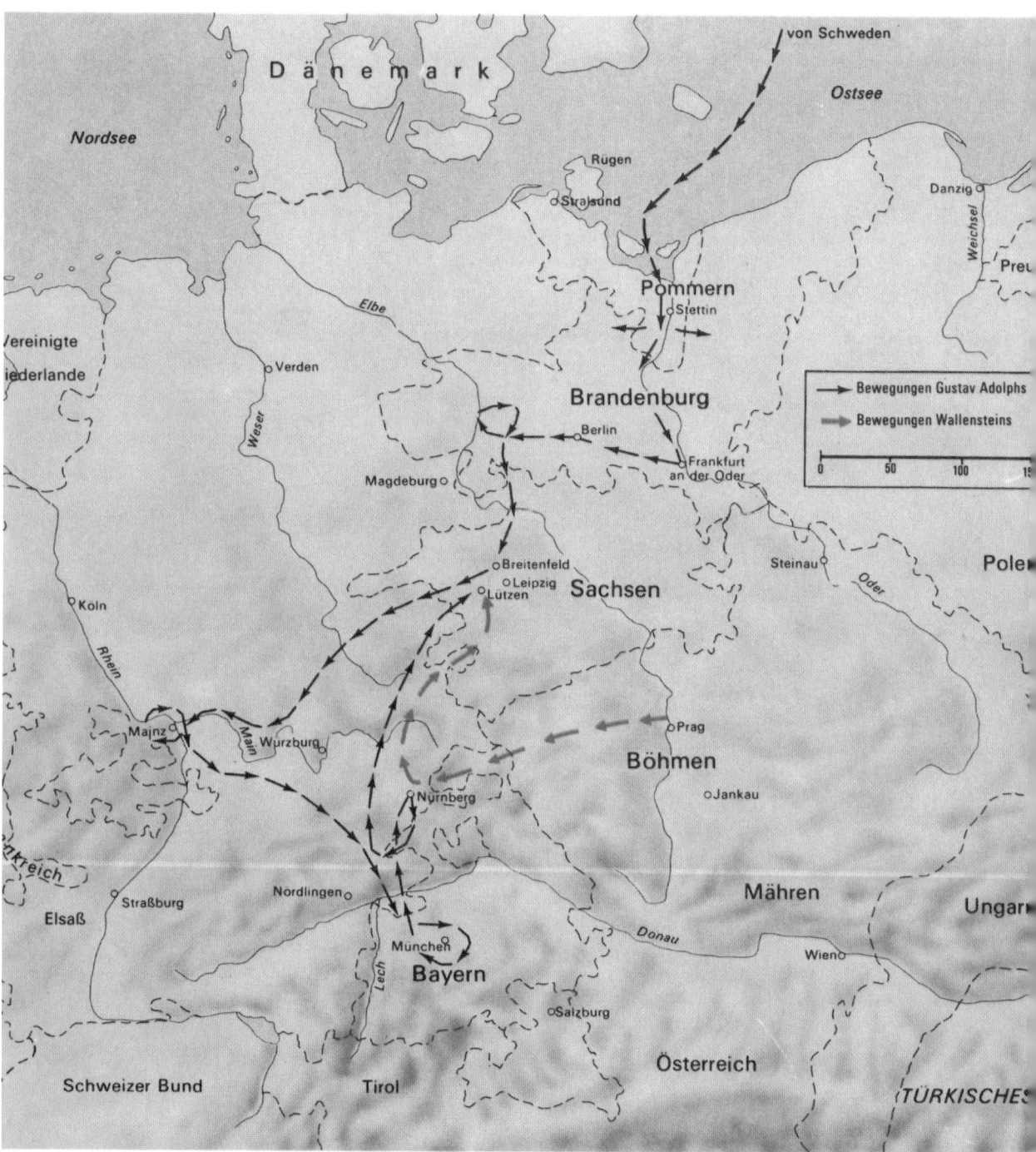

Deutschland zur Zeit des Dreißigjährigen Krieges

der Disziplin und Manneszucht bei, die in der schwedischen Armee ohnedies gut war, da die Mannschaften die Elite der schwedischen Jugend darstellten und von intelligenten jungen Offizieren unter einem hervorragenden Oberbefehlshaber geführt wurden. Doch überließ Gustav Adolf nichts dem Zufall, sondern verbot in den von ihm verfaßten Kriegsartikeln Trunkenheit, Hurerei und Gotteslästerung. Kleinere Vergehen wurden menschlich geahndet. Die Prügelstrafe war verboten. Aber Plünderung, Vergewaltigung und „Verächtlichmachung des Gottesdienstes" waren mit der Todesstrafe bedroht. Von der Teilnahme am regelmäßigen Kirchgang erwartete man eine erzieherische Wirkung.

Mit der Vergrößerung der Armeen und der Ausweitung der strategischen Ziele war es notwendig geworden, auch die Heeresverwaltungen nach kaufmännischen Gesichtspunkten auszubauen. Die standardisierten Waffen mußten jetzt vom Staat, und nicht mehr wie früher vom einzelnen Soldaten gestellt werden. Im 17. Jahrhundert war es, wie gesagt, unmöglich, eine Armee aus dem Lande zu versorgen, und aus Gründen der Humanität auch nicht erwünscht. Gustav Adolf errichtete ein straff organisiertes Requisitionssystem und ließ Heeresdepots anlegen. Für die Truppe ließ er, nach dem Beispiel der Römer, feste Lager bauen. Damit vermied er Materialverschwendung und Eigenmächtigkeiten. Die Armee mußte sich nicht mehr über das ganze Land verteilen, um zu fouragieren und Quartiere zu suchen. Das Heeresgefolge wurde reduziert und die Truppe dadurch beweglicher. Allerdings konnten diese Grundsätze in der Praxis nicht immer beachtet werden, und auch in der schwedischen Armee kam es oft zu Plünderungen und Zwangseinquartierungen. Grundsätzlich bedeuteten diese Maßnahmen aber einen wichtigen Schritt auf dem Wege zur Verwirklichung einer effektiven Militärverwaltung. Unter Gustav Adolf hatte jedes Regiment seinen Arzt, und ein Teil der Beute wurde zur Einrichtung von Militärlazaretten verwendet.

Die beiden Ziele der Außenpolitik Gustav Adolfs waren die Stärkung der schwedischen Macht und die Verteidigung des Protestantismus. 1630 mußte er in den Dreißigjährigen Krieg eintreten, denn die katholischen kaiserlichen Armeen unter Wallenstein und Tilly hatten Deutschland bis an die Ostsee besetzt, und man ergriff scharfe Maßnahmen gegen die Protestanten. Zur Verteidigung des Ostseeraums entschloß sich Gustav Adolf, offensiv zu werden und zu verhindern, daß der Krieg auf schwedisches Gebiet übergriff. Die langen schwedischen Küsten waren schwer zu verteidigen, und in der Weite des deutschen Raumes würde die zahlenmäßige Überlegenheit des Feindes nicht so sehr zum Tragen kommen. Gustav Adolf meinte:

> Er muß ein weites Gebiet besetzt halten und viele Städte verteidigen. Dazu braucht er eine starke Armee. Man darf nicht die Tatsache aus dem Auge verlieren, daß die Macht des Feindes mehr in seinem Ruf als in der Wirklichkeit begründet ist und daß der Verlust einer einzigen offenen Feldschlacht die Lage für ihn sehr kritisch werden lassen kann.

Er sollte recht behalten, aber das war eine sehr kühne Lagebeurteilung. Im Sommer 1630 landete Gustav Adolf mit nur 13000 Mann an der Odermündung, während der Gegner über 100000 Mann verfügte. Im gleichen Augenblick entließ der siegesgewisse Kaiser – vielleicht unter dem Einfluß Richelieus – Wallenstein, dessen Macht er fürchtete. Damit verschwand ohne einen Schwertstreich die Hälfte der Gegner Gustav Adolfs, und zahlreiche ehemalige Soldaten Wallensteins traten sogar in schwedische Dienste. Glück hat auf die Dauer nur der Tüchtige.

Die protestantischen deutschen Fürsten waren zu eingeschüchtert und pessimistisch, um den Schweden zu Hilfe zu kommen. Gustav Adolf mußte vorsichtig und methodisch vorgehen und seine Strategie den Gegebenheiten anpassen. Das erste Jahr operierte er an der Südküste der Ostsee, sicherte seine Basen und Nachschublinien und brachte allmählich weitere Truppen

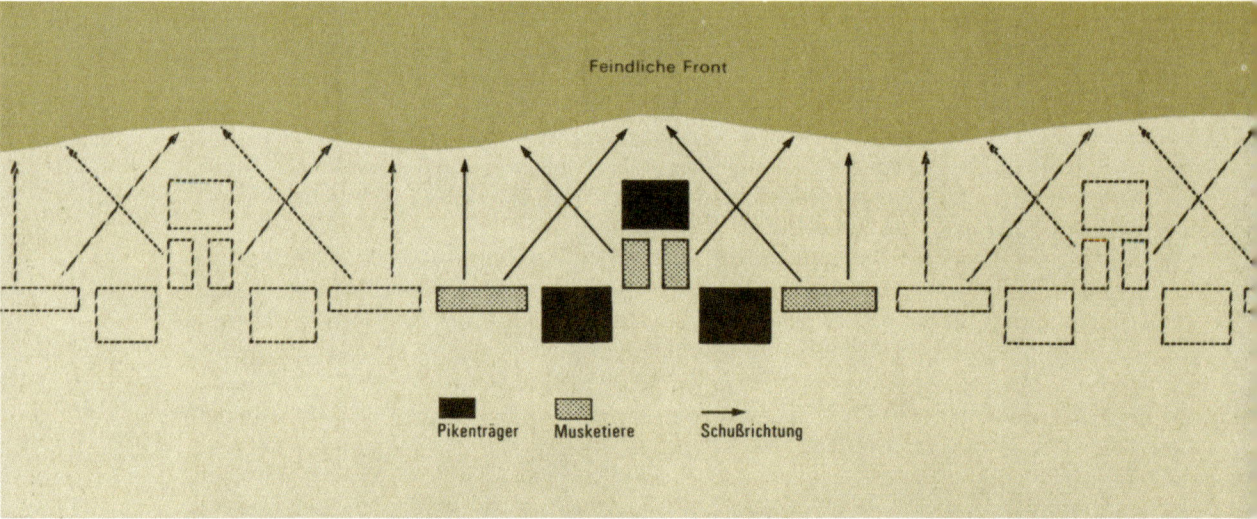

Aufstellung der Infanterie unter Gustav Adolf

nach Deutschland. Im Mai 1631 war er zum Kampf gerüstet und ging gegen Magdeburg vor, um die von Tilly belagerte Stadt zu entsetzen. Die durch eine gute Verwaltung unterstützte, disziplinierte schwedische Armee kam schnell voran, aber im letzten Augenblick verweigerte der protestantische Kurfürst von Sachsen ihr die Erlaubnis, durch sächsisches Gebiet zu marschieren, und Magdeburg wurde von den Kaiserlichen erobert. Nun wendete sich die schwedische Armee gegen Leipzig. Diesmal stellten sich die Sachsen auf die Seite Schwedens, und im September trafen Schweden und Sachsen bei Breitenfeld, acht Kilometer nördlich von Leipzig, auf Tillys Heer.

Tilly wollte die Schlacht noch nicht annehmen, aber Pappenheim hatte gegen den Feind aufklären lassen und unrichtigerweise gemeldet, der Gegner käme so schnell heran, daß ein Zusammenstoß unvermeidlich sei. Das entsprach nicht den schwedischen Aufklärungsergebnissen. Bei wichtigen Gelegenheiten führte Gustav Adolf selbst die Aufklärung durch. Er hatte ein Meldesystem entwickelt, nach dem seine Unterführer ihm nach vorgeschriebenem Muster bestimmte Fragen Punkt für Punkt genau, klar und in logischer Reihenfolge beantworten mußten. So waren auch die schwedischen Meldungen vor Breitenfeld umfassend, und Gustav Adolf ging zu einem Zeitpunkt in die Schlacht, der für ihn am günstigsten war, während der Gegner sich noch nicht vollständig entwickelt hatte.

Auf schwedischer Seite standen 47000 Mann, darunter 10000 kampfunerfahrene Sachsen. Aber auf seine eigenen Truppen konnte der König sich verlassen, denn er hatte sie jahrelang selbst ausgebildet und im Gefecht erprobt. In mancher Hinsicht führte Gustav Adolf die Taktiken von Moritz von Nassau weiter, denn er übernahm von ihm die Einteilung der Verbände in kleinere Einheiten und bewaffnete seine Infanterie ausschließlich mit Musketen und Piken. Doch Moritz war insofern ein typischer Befehlshaber des 16. Jahrhunderts gewesen, als er es möglichst vermieden hatte, sich in eine Schlacht einzulassen. Für die offensive Verwendung der Feuerwaffen hatte er noch keine Lösung gefunden, und gerade das war der große Beitrag Gustav Adolfs zur Entwicklung der modernen Kriegskunst.

Kriegführung in Europa im 17. Jahrhundert

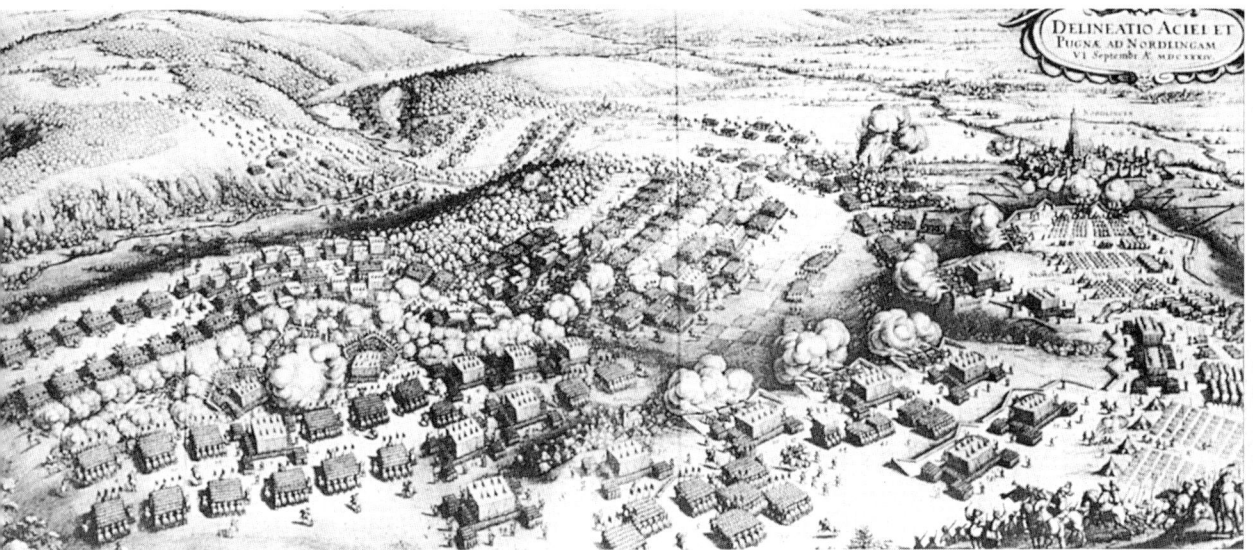

Die Schlachtordnung bestand aus von Artillerie unterstützten Pikenträgern und Musketieren

Von nun an hing die Schlagkraft der Infanterie von ihren Feuerwaffen ab, und deshalb verstärkte Gustav Adolf seine Musketiere. Auch die Pike war eine Angriffswaffe, aber die Hauptaufgabe der Pikenträger war es, die Musketiere während der Feuerpause beim Laden zu schützen. Die Infanteriebrigade ging, wie die Skizze zeigt, in T-förmiger Schlachtordnung vor. Musketiere und Pikenträger gliederten sich so, daß ihre Waffen am besten zur Wirkung kamen. Das vorn in der Mitte stehende Karree aus Pikenträgern wirkte in der Verteidigung wie ein Wellenbrecher und im Angriff als Stoßkeil, während die rückwärts gestaffelten Pikenträger die Flanken der Musketiere deckten. Diese wiederum konnten im Schutz der Pikenträger ihr flankierendes Feuer gegen den Feind zur Wirkung bringen. Die Aufstellung der Brigade entsprach damit einer kleinen beweglichen Festung mit Schutzmauern und Außenwerken. Mit der beweglichen Feldartillerie und ihrer schnellen Schußfolge ergänzte Gustav Adolf die Feuerkraft der Musketiere, die gegen jede massierte feindliche Aufstellung hervorragend wirkte. Dabei verdeckte der Pulverdampf manchmal die Bewegungen der eigenen Truppe. Die Kavallerie wurde umorganisiert, und an die Stelle der Karakole trat die Attacke im Galopp, bei der der Säbel die Hauptwaffe des Reiters war, während die Pistole nur im Nahkampf eingesetzt wurde. Damit fanden Schnelligkeit und Stoßkraft der Kavallerie wieder die richtige Verwendung. Die Reitertruppe erfüllte zwei taktische Funktionen. Zuerst kämpfte sie der Infanterie den Weg frei und führte nach dem Infanterieangriff den entscheidenden Stoß.

Da massiert aufgestellte Verbände eine Verschwendung von Mannschaften bedeuten, sich schwer manövrieren lassen und durch Geschützfeuer besonders verwundbar sind, ließ Gustav Adolf seine Armee linear aufmarschieren und stellte die Infanterie T-förmig dem Feind entgegen. Dazwischen setzte er kleine Kavallerieeinheiten ein und hielt die Reserven hinter dieser Aufstellung zurück. Die Pikenträger kämpften in sechs Gliedern, die Reiter in vier, wobei zwischen den Reihen Zwischenräume eingehalten wurden. Die Musketiere standen drei Glieder tief. So blieb genügend Raum, um Bewegung, Stoßkraft und Feuerkraft wirtschaftlich und rasch überallhin wirken zu lassen.

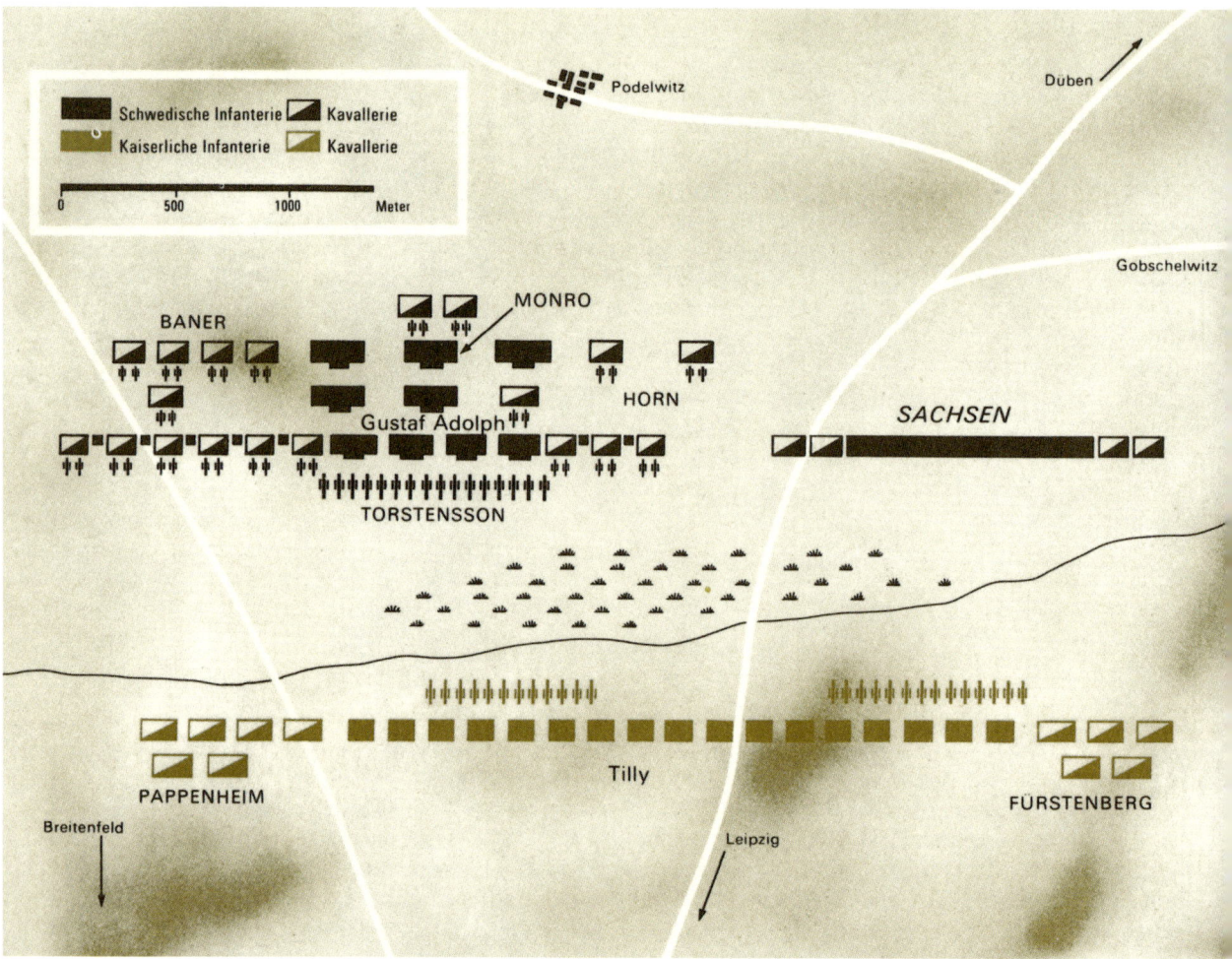

Die Schlacht bei Breitenfeld

Das Schlachtfeld von Breitenfeld war eine leicht wellige, baumlose Ebene. Am weitesten links stellte Gustav Adolf die Sachsen auf, über deren Schlachtordnung wir nichts wissen. Dann kam der schwedische linke Flügel unter Horn mit drei Kavallerieregimentern, dazu einzelne Abteilungen Musketiere, denen im zweiten Treffen zwei weitere Kavallerieregimenter folgten. Im Zentrum, das Gustav Adolf selbst befehligte, setzte er vier Brigaden zu Fuß in T-förmiger Aufstellung ein. Im zweiten Treffen standen zwei Brigaden und ein Regiment, im dritten drei Brigaden zu Fuß und dahinter zwei Kavallerieregimenter. Rechts, unter dem Befehl Baners, standen sechs Kavallerieregimenter, Musketiere füllten die Lücken, ein Kavallerieregiment stand in der Mitte, und vier bildeten das dritte Treffen. Vor jedem Regiment waren zwei Vierpfünder eingesetzt. Die schwere Feldartillerie unter Torstensson stand geschlossen vor dem Zentrum. Gegenüber der 47000 Mann starken alliierten Armee stand Tillys kaiserlisches Heer mit 40000 Mann, 30000 Infanteristen und 10000 Reitern. Tilly war ein guter, nach spanischer Art geschulter Truppenbefehlshaber. Mit über 70 Jahren war er mit seinem hageren Gesicht im dunkelgrünen Samtwams eine eindrucksvolle Erscheinung. Er stellte seine Armee in zwei Treffen auf, die aus 17 *tercios* bestanden. Das waren 50 Mann tiefe Karrees. Die Infanterie stand in der Mitte, die Kavallerie an den Flügeln. Die Aufstellung beider Armeen war mehr als drei Kilometer breit.

Das Feldzeichen der Schweden war ein grüner Zweig, das der Kaiserlichen ein weißes Band. Bei sonst etwa gleicher Stärke waren die Kaiserlichen mit 26 gegenüber etwa 54 Geschützen artilleristisch unterlegen. Beide Befehlshaber waren sich des Sieges gewiß. Der Ausgang der Schlacht hing davon ab, welches taktische Konzept dem anderen überlegen war. Das eine gründete sich auf die Stoßkraft des Massenangriffs, das andere auf die Beweglichkeit. Wieder einmal stand die Phalanx der Legion gegenüber.

Am Vorabend der Schlacht erläuterte Gustav Adolf seinen höheren Offizieren den Schlachtplan. Am frühen Morgen des 17. September 1631 ging die schwedische Armee nach einem Gebet und einer Ansprache Gustav Adolfs an seine Offiziere zum Angriff vor. Zunächst mußte ein versumpfter Bach überquert werden, aber Tilly nutzte die Schwäche des Gegners in diesem Augenblick nicht aus. Es kam nur zu leichtem Geplänkel zwischen kaiserlicher Kavallerie und den Schotten Gustav Adolfs. Das Gefecht begann mit einer Kanonade um die Mittagszeit, die mehr als zwei Stunden dauerte. Die schwedische Artillerie schoß etwa dreimal so schnell wie die Tillys. Schließlich wurden die Reiter unter Pappenheim am linken Flügel der Kaiserlichen ungeduldig, und ohne Befehl Tillys ritt er mit 5000 Mann eine Attacke gegen den schwedischen rechten Flügel. Jetzt machte sich die gute Ausbildung und Beweglichkeit der Schweden bezahlt. Nach sieben vergeblichen Attacken gegen die aus Reitern und Musketieren bestehende Front der Schweden waren Pappenheims Kürassiere zerschlagen. Nun griff Baner an und verwies die Kavallerie am linken Flügel der Kaiserlichen vom Schlachtfeld.

Indessen hatte Fürstenbergs Kavallerie am kaiserlichen rechten Flügel angegriffen und die Sachsen in einer halben Stunde in die Flucht geschlagen. Damit stand die schwedische Armee jetzt einem überlegenen Feind gegenüber. Tilly, der bisher kaum einen Einfluß auf die Führung des Gefechts genommen hatte, erkannte seinen Vorteil. Da sein rechter Flügel über den locker gegliederten linken des Gegners hinausragte, befahl er seinen Truppen, herumzuschwenken und die Schweden im Rücken anzugreifen, während seine schwere Infanterie in der Mitte nach rechts rückte, um gegen den linken Flügel der Schweden vorzustoßen. Jetzt aber zeigte Gustav Adolf, daß er mindestens ebenso schnell reagieren konnte wie Tilly, und seine locker aufgestellten Verbände wendiger waren als die des Gegners. Er befahl Horn, sofort linksum machen zu lassen und Tillys Angriff entgegenzutreten. Zugleich verstärkte er den linken Flügel mit zwei Infanteriebrigaden aus dem mittleren zweiten Treffen. Da die kleinen Einheiten Gustav Adolfs viel schneller manövrierten als die kaiserlichen Karrees, ging der Vorteil Tillys wieder verloren. Der schottische Kommandeur einer der beiden aus der Mitte nach links verschobenen schwedischen Brigaden, Monro, schildert das sich jetzt entwickelnde Gefecht:

> Die feindliche Schlachtordnung stand fest und blickte uns aus nächster Entfernung entgegen. Als sie sahen, daß unsere und die zweite Brigade herumschwenkten, machten sie gegen uns Front und bereiteten sich darauf vor, uns mit Geschütz- und Musketensalven zu empfangen. Nachdem aber unsere leichteren Geschütze gegen sie abgefeuert waren und vor dem Antreten auch die Musketen eine Salve abgegeben hatten, die erwidert wurde, ging unsere Brigade unaufhaltsam mit der Pike gegen sie vor ... und begann, sie zu vernichten.

Das war die härteste, entscheidende Phase der Schlacht. Gustav Adolf entschloß sich, alles

Kriegführung in Europa

auf eine Karte zu setzen. Sein rechter Flügel war nach der Niederlage Pappenheims gesichert. Nun brachte er vier Kavallerieregimenter heran und führte sie selbst in einer Attacke hangaufwärts gegen die feindliche Artillerie, überrannte deren Feuerstellungen und stieß dann im Bogen in die linke Flanke der Kaiserlichen. Torstensson richtete die erbeuteten Geschütze gegen den Feind, der damit in das Kreuzfeuer von rechts und von den schwedischen Geschützen in der Mitte geriet. Währenddessen setzten die Schweden den Angriff am linken Flügel gegen Tillys Zentrum fort. Von vorn und links durch Infanterie, Kavallerie und Artilleree angegriffen kämpfte die dichtgedrängte kaiserliche Infanterie tapfer, wurde aber dennoch besiegt und zerschlagen. Die schwedische Kavallerie setzte die Verfolgung nicht lange fort. Tillys Armee verlor 13000 Mann, die gesamte Artillerie und den Troß.

Die Schlacht bei Breitenfeld war politisch ebenso bedeutend wie militärisch, denn Nord- und Westdeutschland wurden von der Herrschaft der Jesuiten und der Habsburger befreit. Nach dem Sieg nahm Gustav Adolf nicht die Gefahren eines Marsches gegen die kaiserliche Hauptstadt Wien auf sich, sondern festigte die Lage durch die Besetzung des Rheinlands, unterbrach die Verbindungslinien zwischen Spanien und den Niederlanden und durchkreuzte die Pläne Richelieus.

Im Frühjahr 1632 hatte Tilly eine neue Armee. Gustav Adolf trat ihm am Lech entgegen, versammelte seine Kräfte, überschritt ungesehen den Fluß und schlug Tilly, der in dieser Schlacht fiel. Dann marschierte Gustav Adolf nach Süden über die Donau. In dieser schwierigen Lage setzte Ferdinand Wallenstein wieder ein, der die Schweden bis in den Raum Leipzig zurücklockte. Der zweite große Sieg Gustav Adolfs und der schwedischen Armee gelang im November 1632 bei Lützen gegen Wallenstein, aber sein Wert verringerte sich durch den Umstand, daß Gustav Adolf fiel.

Die Leistungen Gustav Adolfs, dessen militärische Laufbahn in ebenso jungen Jahren begann wie die Alexanders und nicht viel später endete, lassen sich mit denen des Makedoniers vergleichen. Er schuf das erste moderne Heer, besonders was die Einführung der Dienstpflicht, die Heeresverwaltung und die Ausbildung zum Gefecht betrifft. Er begründete eine Offiziershierarchie und führte den Gefechtsdrill ein. Andere mögen bessere Strategen und Taktiker gewesen sein, Gustav Adolf war der bedeutendste Schöpfer von Armeen seiner Zeit. Er schmiedete seine Waffe nach seinen eigenen Vorstellungen und gebrauchte sie mit großem Erfolg. In seiner gemischten linearen Aufstellung vereinigte er Feuerkraft, Beweglichkeit und Stoßkraft. Die Weiterentwicklung moderner europäischer Heere geht direkt auf die von Gustav Adolf geschaffene schwedische Armee zurück.

Auch nach der verlorenen Schlacht blieb Wallenstein der mächtigste Mann in Nordeuropa. Er ist eine höchst interessante Gestalt. Durch allerlei Intrigen gelang es diesem ehrgeizigen Mann einfacher Herkunft, die Gunst des Kaisers zu gewinnen und von ihm zum Herzog ernannt zu werden. Bei Kriegsbeginn, als die Lage für Ferdinand sehr kritisch aussah, hatte Wallenstein das Angebot gemacht, auf eigene Kosten eine Armee von 50000 für den Kaiser auszuheben und auszurüsten. In Südosteuropa hatte er sich einen guten militärischen Ruf erworben und war als freigebiger Großgrundbesitzer bekannt. So brachte er sehr bald die versprochene Zahl von Söldnern zusammen. 1627 hatten die Protestanten in Norddeutschland praktisch abgerüstet, und Wallenstein überrannte das ganze Land bis zur Ostsee. Als die Schweden sich darauf vorbereiteten, in den Krieg einzutreten, unterschätzte er sie nicht, sondern zeigte bei dem Versuch, eine kaiserliche Flotte in der Ostsee auszurüsten, bemerkenswerten strategischen Weitblick. Durch ihn wurde Gustav Adolf bedroht, als er im Sommer 1630 mit schwachen Kräften in Deutschland gelandet war, und seine Entlassung bedeutete für die Schweden einen großen Glücksznfall.

Kriegführung in Europa im 17. Jahrhundert

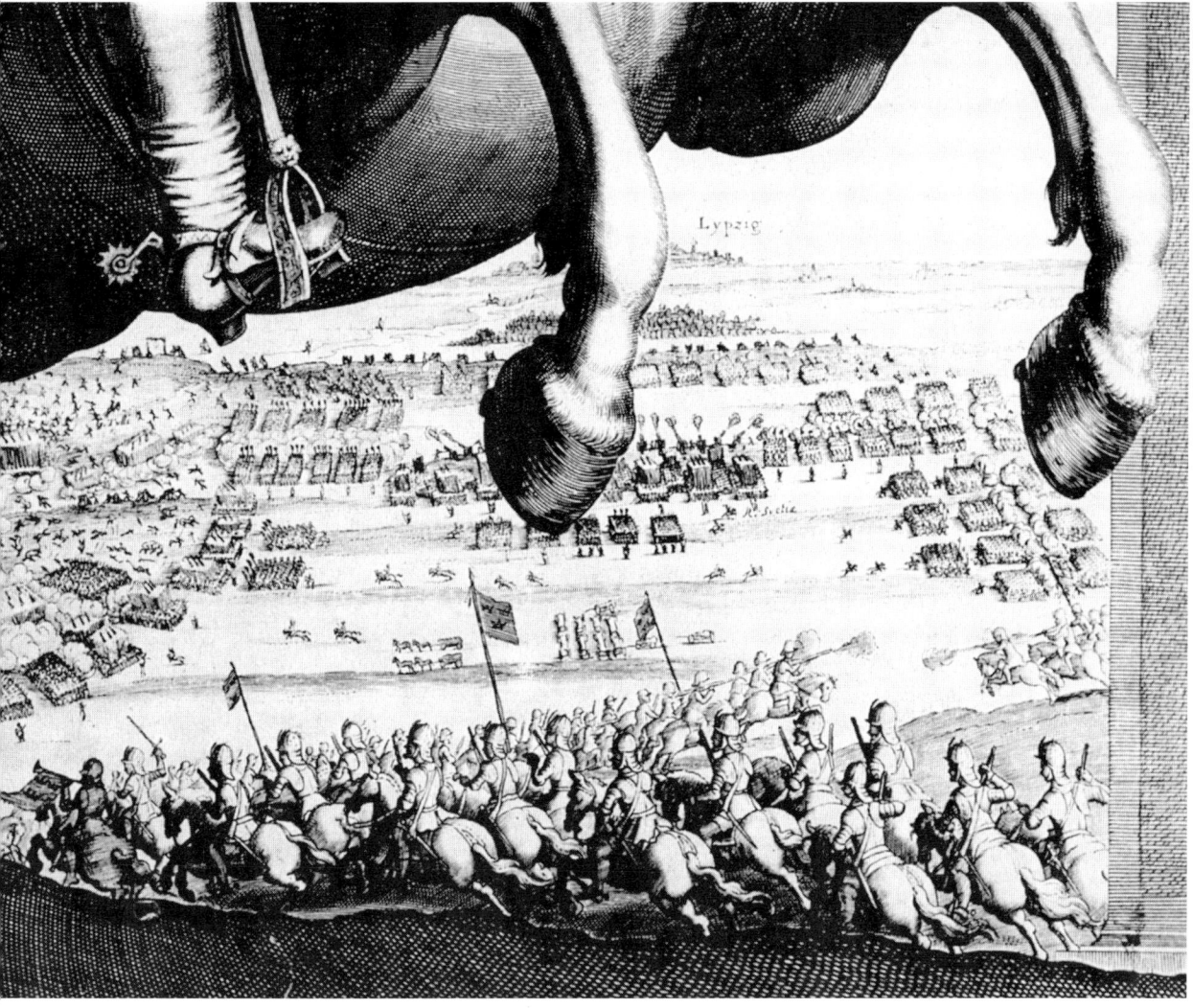

Die schwedische Kavallerie führt in der Schlacht bei Breitenfeld den entscheidenden Stoß

Wallenstein nahm seine Entlassung widerspruchslos hin und zog sich auf seine Güter an der Moldau zurück. Er unterbreitete Ferdinand einen Bündnisplan mit Dänemark, um Gustav Adolfs Versorgungsbasen zu treffen, aber der Plan wurde abgelehnt. 1632 waren seine Eroberungen verloren, und der Kaiser berief ihn zum zweitenmal. Wieder stellte er auf eigene Kosten 40 000 Mann auf, stellte aber die Bedingung, zum vom Kaiser unabhängigen Oberbefehlshaber aller kaiserlichen Streitkräfte ernannt zu werden.

Der Lützener Feldzug Wallensteins war eine glänzende strategische Leistung. Im Sommer 1632 hielten die Schweden Bayern und die Sachsen Böhmen besetzt. Wallenstein ging nun nicht gegen den Hauptfeind vor, sondern wendete sich zuerst gegen die Sachsen, vertrieb sie aus Böhmen und zwang den Kurfürsten, sich auf die Seite des Kaisers zu stellen. Nachdem Gustav

Adolf seinen Hauptverbündeten verloren hatte, griff Wallenstein ihn nicht an, sondern ging gegen seine Verbindungslinien vor. Gustav Adolf verließ Bayern und folgte Wallenstein, während die Bayern ihm auf den Fersen blieben. Vor Nürnberg bezogen beide Heere Feldstellungen und suchten einander auszuhungern. Wallenstein wich der von Gustav Adolf angebotenen Schlacht aus. Schließlich führte Gustav Adolf, dessen Vorräte zur Neige gingen, einen starken Angriff gegen die feindlichen Stellungen. Er wurde abgeschlagen und mußte sich dem Willen des Gegners beugen. Wallenstein bemerkte dazu, „der König hat sich die Hörner abgestoßen". Nun ging Gustav Adolf in den Raum südlich der Donau. Wallenstein wendete sich nach Norden in Richtung auf Sachsen und bedrohte damit die Verbindungslinien der Schweden zur Ostsee. Wieder mußte Gustav Adolf ihm folgen, aber jetzt machte er seine Fehler wieder gut. Er zwang Wallenstein in einem unerwarteten Augenblick vor Lützen zur Schlacht.

1633 hatte Wallenstein seine Armee aufgefrischt, und der Sieg der Kaiserlichen schien sicher. Er schlug die Schweden bei Steinau und hätte sie von der Ostsee abgeschnitten, aber Ferdinand traute ihm nicht und rief ihn nach Süden zurück. 1634 entließ der Kaiser Wallenstein zum zweitenmal, da er sich persönlich beschattet glaubte, eifersüchtig auf die Erfolge seines Oberbefehlshabers war und ihm mißtraute. Die Tragödie endete wenig später mit der Ermordung Wallensteins.

Eine Beurteilung Wallensteins ist nicht leicht. Er war ein schlechter Taktiker, aber ein guter militärischer Organisator, doch mit Gustav Adolf hielt er den Vergleich nicht aus. Er war ein tüchtiger Stratege und hatte ein klares politisches Ziel. Seine Persönlichkeit interessiert wahrscheinlich mehr als seine militärischen Leistungen. Auf militärischem und politischem Gebiet war er ein Abenteurer. Er zwang Gustav Adolf seinen Willen auf, sicherte sich die Gefolgschaft von Tausenden, bewog den Kaiser dazu, einen demütigenden Vertrag abzuschließen und zwang, wie Richelieu gesagt hat, „allein durch seine Gegenwart und das Gewicht seines Schweigens" die Menschen zum Gehorsam. Er führte Krieg um Geld zu gewinnen und war so etwas wie ein militärischer Großkapitalist. Als Idealist war er religiös tolerant und strebte die Vereinigung Deutschlands an, aber er glaubte auch an die Sterne, und dieser Hang zum Phantastischen ist wahrscheinlich auch sein Untergang gewesen.

Vielleicht hätten Gustav Adolf oder Wallenstein, wenn sie am Leben geblieben wären, den Krieg schneller beendet, aber weder Richelieu noch sein Nachfolger Mazarin wollten das zulassen, ehe Frankreich im Besitz des linken Rheinufers war. Der Kampf blieb lange unentschieden, aber nach 1639 gewannen Frankreich und Schweden allmählich gegenüber Österreich und Spanien die Oberhand. Frankreich hatte seit Heinrichs IV. Zeiten nicht mehr Krieg geführt, aber nach 1643 modernisierte der französische Kriegsminister Le Tellier das französische Heer und stellte es unter straffere staatliche Kontrolle. 1643 brach der einundzwanzigjährige Duc d'Enghien, der spätere Prinz Condé, das spanische militärische Prestige und gewann die strategisch wichtige Schlacht von Rocroi bei Sedan in den westlichen Ardennen. Er bildete die französischen Truppen nach den neuen taktischen Grundsätzen der Ausnutzung der Feuerkraft und Beweglichkeit aus. Condés taktische Brillanz wurde ergänzt durch den fähigen Strategen Turenne. Auch die unter dem Kommando von Torstensson stehende schwedische Armee blieb ein mächtiges Kriegsinstrument und siegte 1645 bei Jankau. Nach langen Verhandlungen und weiteren Schlachten wurde 1648 der Westfälische Friede geschlossen und der Dreißigjährige Krieg beendet.

Frankreich hat dabei wahrscheinlich am meisten gewonnen. Seine Grenzen verliefen jetzt an den Pyrenäen und am Rhein, und das französische Heer war das stärkste in Europa. Schweden und Brandenburg wurden zu Großmächten. Die Geschichte Deutschlands war von nun

Die Schlacht von Montjuic. Französische und spanische Truppen treffen 1641 vor Barcelona aufeinander. Ausschnitt aus einem Gemälde von Pandolfo Reschi

an die Geschichte seiner mächtigsten Staaten, denn der Kaiser war jetzt praktisch nur noch österreichischer Monarch, und die Habsburger mußten ihre Aufmerksamkeit in den folgenden Jahren nach Osten richten, um ihre Verluste in Westeuropa auf Kosten des zerfallenen Osmanenreichs auszugleichen.

Die schwerwiegendsten Folgen des Dreißigjährigen Krieges hatte wahrscheinlich das deutsche Volk zu tragen. Die großen Armeen waren über Deutschland hinweggezogen, und trotz der Bemühungen Gustav Adolfs und Wallensteins hatten sie das Land verwüstet. Noch vor Kriegsbeginn hatte Hugo Grotius das vorausgesehen und in seiner Schrift *De Jure Belli ac Pacis* internationale Konventionen vorgeschlagen, die die Schrecken des Krieges mildern sollten. Aber selbst er räumte ein, daß es notwendig sein könne, Gefangene und sogar Nichtkombattanten zu töten. Religiöse Leidenschaften hatten nicht, wie Gustav Adolf gehofft hatte, einen erzieherischen Einfluß gehabt, und die moralischen Vorbehalte mußten gegenüber politischen und wirtschaftlichen Notwendigkeiten zurücktreten. Das grausigste Ereignis des Krieges war die Plünderung Magdeburgs gewesen, bei der 30000 Menschen im Feuer umkamen. Aber die gesamten Kriegsfolgen waren noch schrecklicher. 8 Millionen Menschen starben in Deutschland eines gewaltsamen Todes. In Böhmen blieben von 35000 Dörfern nur 6000 verschont. Die reichsten Gebiete litten am schwersten. Der Protestantismus in Deutschland blieb erhalten, aber in anderer Hinsicht erlitt die deutsche Kultur schwere und nicht wieder gutzumachende Schäden.

England beteiligte sich nicht am Dreißigjährigen Krieg, aber 1642 brach dort der Bürgerkrieg aus. Schon lange schwelte die Feindschaft zwischen König Karl I. und gewissen wohlhabenden Untertanen, den Puritanern, die Gewissensfreiheit und eine Staatskirche forderten, die weniger katholische Tendenzen hatte, und Parlamentariern, die eine liberalere und leistungsfähigere Regierung wünschten als den wirkungslosen Absolutismus Karls I. Die Parteigänger Karls waren vor allem die Bewohner weit außerhalb Londons gelegener ländlicher Bezirke. Die große Rebellion wurde hauptsächlich in den Industrie- und Hafenstädten, besonders aber in London unterstützt. Die Mehrheit der englischen Bevölkerung blieb neutral.

Beide Parteien sahen im Besitz Londons den Schlüssel zur Macht. Zunächst gelang es keiner Seite, genügend gute Truppen zusammenzubringen. Die Parlamentspartei verfügte über größere materielle Reserven. Die Royalisten waren zunächst mit ihrer Kavallerie im Vorteil, die unter dem Kommando des Prinzen Rupert vom Rhein stand. Aber mit dem Eingreifen Oliver Cromwells wendete sich das Blatt. Cromwell war ein Landedelmann aus East Anglia. 1642 war er 43 Jahre alt. Er war weder im Parlament hervorgetreten, noch hatte er irgendwelche militärischen Erfahrungen. Er war Puritaner und ein energischer, temperamentvoller und aufrichtiger Mann. Als Kavalleriekapitän stellte er sich auf die Seite der Independenten und nahm im Oktober 1642 an der ungeschickt geführten und blutigen Schlacht bei Edgehill teil.

Nachdem Cromwell erkannt hatte, daß die Parlamentspartei Kavallerie brauchte, um die royalistischen Reiterregimenter zu schlagen, stellte er im Winter 1642/43 in East Anglia ein Reiterregiment auf. Er schuf eine Elitetruppe und lehnte es ab, Männer einzustellen, die „Gentlemen und nichts weiter" waren. Sein Grundsatz war:

> Wenige ehrliche Männer sind besser als Massen ... Ich ziehe einen Kapitän im groben Bauernrock vor, wenn er weiß, wofür er kämpft, und wenn er liebt, was er kennt.

Seine Disziplin gründete sich auf die Religion, und die Ausbildung war hart. Seine Soldaten waren mit einem Säbel, einem $2^1/_2$ Fuß langen Karabiner und einem Paar Pistolen bewaffnet.

Seegefecht zwischen Engländern und Niederländern. Ausschnitt aus „The Four Days' Flight" 1666 von Abraham Storck

Kriegführung in Europa

Dazu trugen sie schwarze Rücken- und Brustpanzer, Helme und ochsenlederne Jacken. Sie wurden regelmäßig bezahlt, streng gehalten, und Fluchen und Plündern (mit Ausnahme des Verwüstens von Kirchen) wurden scharf geahndet. Im Mai 1643 erhielt das Regiment seine Feuertaufe. Cromwell berichtet:

> Wir kamen im scharfen Trab heran, und sie standen fest, uns zu empfangen. Unsere Männer attackierten sie wild, und sie wurden durch Gottes Vorsehung rasch vernichtet.

An einen Freund schrieb er: „Ich habe eine schöne Kompanie . . . Sie sind ehrliche, nüchterne Christen und erwarten, als Männer behandelt zu werden." Sir Winston Churchill hat einmal gesagt, ich sei eine mit Cromwell vergleichbare Figur, denn ich hätte mich stets darum bemüht, Gott die Ehre zu geben und zugleich meine Pflichten als Soldat gewissenhaft zu erfüllen.

Die Bewährungsprobe für Cromwells „Ironsides", wie man sie nannte, kam im Juli 1644 bei Marston Moor. Kaum hatte das Gefecht begonnen, als Rupert im ersten Ansturm drei Viertel der feindlichen Kräfte aus dem Felde geschlagen hatte. Aber Rupert verfolgte den Gegner zu lange, und zu dem Viertel der Independentenarmee, das die Stellung hielt, gehörte auch Cromwells Regiment. Im scharfen Trab griff es geschlossen die Flanke der königlichen Infanterie an, hielt das Feuer bis zum letzten Augenblick zurück und vernichtete den Gegner

Im Dreißigjährigen Krieg wurde Deutschland furchtbar verwüstet, und zwar nicht nur in den Schlachten wie bei Lützen (unten), sondern auch durch marodierende Soldaten (rechts)

Kriegführung in Europa im 17. Jahrhundert

nach hartem Ringen. Rupert hatte die schwedische Reitertaktik in England eingeführt, aber Cromwell wußte sie besser einzusetzen.

Jetzt war jedermann davon überzeugt, daß Cromwell ein hervorragender Ausbilder und glänzender Führer berittener Truppen war.

Unentschlossenheit und Intrigen verhinderten es, daß die Parlamentspartei den Sieg von Marston Moor ausnutzte und den Krieg beendete. Aber im folgenden Winter überredete Cromwell das Parlament, seine Truppen neu zu gliedern und aufzufrischen. Der Befehlshaber sollte Fairfax und nicht Cromwell sein. Die neue Armee wurde nach dem von Cromwell entworfenen Muster aufgestellt. Die Kavallerie bestand aus elf Regimentern zu je 600 Mann, die ebenso bewaffnet, ausgerüstet und ausgebildet waren wie die „Ironsides", nur daß man auf den Karabiner verzichtet hatte. Es gab auch ein 1000 Mann starkes Dragonerregiment, das nur auf dem Marsch beritten war, aber zu Fuß mit Säbel und Muskete focht.

Die Infanterie war in 12 Regimenter zu etwa 1000 Mann gegliedert. Auf je zwei Musketiere kam ein Pikenträger. Die neuen Musketen waren kürzer und leichter, und anstelle des Luntenschlosses hatten sie Radschlösser oder Feuersteinschlösser. Das Steinschloß setzte sich durch, denn es war billiger und zuverlässiger. Die Muskete schoß etwa 400 Meter weit, wurde aber im Gefecht auf kürzere Entfernungen eingesetzt.

Die Musketiere waren ungepanzert. Die britische Armee behielt ihre roten Uniformen bis Ende des 19. Jahrhunderts bei. An die Stelle des Metallhelms trat mit der Zeit ein breitrandiger Filzhut. Pikenträger mit 3 Meter langen Piken, die rhombenförmige Spitzen hatten, schützten die Musketiere. Letztere führten auch Säbel und trugen schwere Rüstungen. Die Infanterie kämpfte in einer sechs Glieder tiefen Linie.

Bei der Artillerie gab es vier verschiedene Feldgeschütze, von der Feldschlange, die alle sechs Minuten eine achtzehn Pfund schwere Kugel bis zu 2100 Schritt weit schießen konnte, bis zum Dreipfünder, der alle vier Minuten schußbereit war. Die englische Feldartillerie war vielleicht weniger beweglich, aber schoß genauer als die schwedische. Man stellte auch einen starken Belagerungsgeschützpark zusammen. Jede Geschützbedienung bestand aus dem Geschützführer und zwei Kanonieren, die die Munition heranbrachten. Der Oberbefehlshaber des Heeres der Parlamentspartei hatte unumschränkte Vollmachten. Die Offiziere wurden nach ihrem Dienstalter befördert, aber rücksichtslos entlassen, wenn sie ungeeignet waren. Vor Ende des 19. Jahrhunderts war dies die einzige Zeit, in der ein Mann einfacher Herkunft in der britischen Armee Offizier werden konnte. Die Mannschaften dienten fast ausnahmslos freiwillig. Die Ausbildung lag in den Händen des Sergeant-Major-General Skippon. Die Stellung des „Scout-Master-General" (Leiter des Nachrichtendienstes) gewann an Bedeutung, und man erkannte die Wichtigkeit einer guten Heeresverwaltung. William Clarke, der als Sekretär des Generals Monck begonnen hatte, erwies sich in der Heeresverwaltung als so unersetzlich, daß er nach der Restauration den Posten des „Secretary at War" beibehielt. Aus diesem Amt entwickelte sich dann das Kriegsministerium.

Im Juni 1645 schlug die Armee der Parlamentaristen das königliche Heer bei Naseby. Wie bei Marston Moor hatte Rupert auch hier Anfangserfolge, aber Cromwell hielt sich, von religiöser Begeisterung ergriffen, standhaft und führte im entscheidenden Augenblick einen Gegenangriff. Bei Marston Moor und Naseby erwies er sich als glänzender Reiterführer. Zum bedeutenden Feldherrn wurde er erst nach der Niederlage Karls I. in den Kämpfen gegen Schotten und Royalisten. 1648 besiegte Cromwell bei Preston einen überlegenen, aber unvorbereiteten und schlecht geführten Gegner. Cromwell war in sechsundzwanzig Tagen bei schlechtem Wetter etwa 400 Kilometer marschiert, um seinen Gegner zu überraschen. Nach dem Sieg blieb er ihm auf den Fersen, um zu verhindern, daß die feindliche Armee sich neu ordnete.

Kriegführung in Europa im 17. Jahrhundert

Die neue Armee unter Sir Thomas Fairfax wurde gegen die englischen Royalisten aufgestellt

Kriegführung in Europa

England nach Beendigung des Bürgerkrieges (links). Ein zeitgenössischer Stich mit der Darstellung der Schlacht bei Dunbar (rechts)

In der Schlacht bei Dunbar (1650) war Cromwell zunächst im Nachteil. In ein enges Tal gedrängt und durch die See behindert, sah er sich dem tüchtigen Leslie gegenüber, dessen Kräfte seinen eigenen im Verhältnis zwei zu eins überlegen waren. Das schlechte Wetter und die Verzögerungstaktik der Schotten hatten die Stimmung der Truppen Cromwells sinken lassen. Aber auch Leslie hatte es nicht leicht. Das Wetter und die unsoldatischen schottischen Kirchenleute machten ihm das Leben schwer. Letztere drängten ihn ständig, anzugreifen, bis Leslie nachgab, seine Stellung am Hang einer Anhöhe verließ und seine Armee in einem etwa 4 Kilometer weiten Bogen zwischen dem Fuß der Anhöhe und der Küste auseinanderzog. Darin sah Cromwell seine Chance. Vielleicht ließ sich die auseinandergezogene schottische Armee überraschend am rechten Flügel an der Küste angreifen und nach der Mitte aufrollen. Ohne sich auf ein Gefecht vorzubereiten, verbrachten die Schotten eine stürmische Nacht. Im Morgengrauen wurden sie von sechs englischen Kavallerieregimentern und etwa drei Brigaden Infanterie überfallen. Zunächst konnten die Schotten das englische Feuer nicht erwidern, weil ihre Lunten noch nicht brannten. Es folgte ein hartes Gefecht, und die ersten beiden Angriffswellen der englischen Infanterie wurden zurückgeschlagen. Dann setzte Cromwell „zur rechten Zeit" seine Reserven ein. Ein Augenzeuge berichtet: „Ich habe nie einen fürchterlicheren Infanterieangriff erlebt." Der Angriff brachte die Entscheidung. Die Kavallerie sammelte sich wieder, und die Schotten wurden, wie Cromwell sagte, „vom Herrn der Heerscharen zu Stoppeln für unsere Schwerter gemacht". In einer Stunde war die Schlacht vorüber. Die Schotten verloren 3000 Gefallene, 10000 Gefangene und 15000 verschiedene Waffen und Ausrüstungsstücke. Der Sieg war die Frucht einer glänzenden Überraschungsoperation, ein Triumph des Wagemuts und der Disziplin.

Die bedeutendste militärische Leistung Cromwells war seine Strategie, die 1651 zur Schlacht von Worcester führte. Leslie und seine Schotten hatten sich südlich von Stirling in einer starken Stellung festgesetzt. Um ihn herauszulocken, verließ Cromwell seine eigene Stellung und überquerte den Firth of Forth, um Leslies Versorgungslinien nach Norden abzuschneiden. Leslie mußte entweder in der jetzt geschwächten Stellung bei Stirling die Schlacht annehmen oder weiter nach Süden gehen. Er ging in die Falle und marschierte nach England. Cromwell hatte damit gerechnet, daß die Bevölkerung eine schottische Royalistenarmee nicht unterstützen werde, während er selbst in England weitere Truppen würde ausheben können. Die Royalisten kamen bis Worcester, und ihre Truppen schmolzen bis auf etwa 12000 Mann zusammen. Cromwell ging auf einer weiter ostwärts gelegenen Marschroute nach Süden und führte andere Kräfte aus verschiedenen Richtungen in den Raum von Worcester. Die Royalisten wurden im Rücken durch Lambert und Harrison mit 12000 Mann bedrängt. Die vor ihnen liegende Straße nach London wurde von Fleetwood blockiert, und als Cromwell nach Evesham, wenige Meilen ostwärts von Worcester, kam, war der Ring geschlossen. Hier hatte er Ende August 28000 Mann versammelt. Die wenige Tage darauf folgende Schlacht war hart, aber ihr Ausgang stand von vorneherein fest.

Mit der Schlacht von Worcester endete der bewaffnete Widerstand der Royalisten, und Cromwell war von diesem Tage bis zu seinem Tod im Jahr 1658 der unumschränkte Herr Englands. Als Politiker erlebte Cromwell manche Enttäuschung, denn obwohl er seinem Land eine verfassungsmäßige Regierung geben wollte, mußte er sich selbst ständig auf die Armee stützen und enttäuschte damit sowohl die Soldaten als auch die Zivilbevölkerung. Es ist bedauerlich, daß man mehr an den unglücklichen Diktator Cromwell als an den Idealisten und mutigen, genialen Soldaten und Strategen denkt. Aber in einer Hinsicht hat seine Regierung dauernde Vorteile gebracht, und zwar im Hinblick auf die Entwicklung Englands zur Seemacht und zum Weltreich.

Die besten Seeleute im 17. Jahrhundert waren die Niederländer, denn sie waren durch ihre geographische Lage und eine natürliche Begabung für Handel und Seefahrt besonders begünstigt. 1650 standen sie auf dem Gipfel dieser Entwicklung, besaßen praktisch ein Monopol im Überseehandel und hatten überall in der Welt Kolonien. Während England und Frankreich damit beschäftigt gewesen waren, der weiteren Ausdehnung des Machtbereichs der Spanier zu steuern, hatten die Niederländer die Lage für sich ausgenutzt. Nach Ausschaltung Spaniens war England der Hauptrivale der Niederlande. Strategisch war die Lage Englands für die Verfolgung ehrgeiziger überseeischer Ziele wie geschaffen. Frankreich beschäftigte sich vor allem mit innereuropäischen Problemen. Die Italiener befuhren das Meer noch mit Galeeren.

Kriegführung in Europa

Die Niederländer waren ein kleines, nicht in sich geeintes Volk, das auch seine Landgrenzen schützen mußte. Aber England war eine Insel, weit genug von der Festlandsküste entfernt, um seine Rivalen im Norden im Auge behalten zu können und ihnen, wenn nötig, die Seewege abzuschneiden. Zudem verfügte England über gute Häfen und sichere Küsten, auch wenn diese notfalls verteidigt werden mußten.

Die Herausforderung der Niederländer durch die Engländer begann unter Karl I. mit der Einführung des „Schiffsgeldes" 1630. Nach Beendigung des Bürgerkrieges setzte Cromwell die agressive Flottenpolitik fort und wurde dabei vom englischen Handel unterstützt. Es ging vor allem um die monopolistische Haltung der Niederländer und Fragen des Fischereirechts in der Nordsee. Die Stimmung war nach einigen Zwischenfällen gereizt. Zwischen 1650 und 1652 erließen die Engländer drei Schiffahrtsgesetze, mit denen sie die Niederländer als Handelspartner ausschlossen und versuchten, ihre Monopole zu brechen. Da Cromwell Vergeltungsmaßnahmen fürchtete und glaubte, die Niederländer könnten ihm den Import von Schiffsbaumaterial aus der Ostsee abschneiden, begann er, Bauholz aus Nordamerika zu importieren, und rüstete eine Expedition aus, die Jamaika in Besitz nehmen sollte. Bis 1652 vergrößerte er die aus 36 Schiffen bestehende Flotte Karls I. um weitere 30 Schiffe.

Die Kriegsschiffe der damaligen Zeit waren eine Weiterentwicklung der Armada-Galeone. Die „Sovereign of the Seas" Karls I. war nur größer. Sie war der erste englische Dreidecker, mit 102 Geschützen bestückt, fast dreimal sovielen wie die Galeone Drakes, aber das Gewicht der Geschütze verringerte ihre Manövrierfähigkeit. Nach 1650 baute man kleinere, mit 30 bis 60 Geschützen ausgerüstete Schiffe. Dann aber führte man die Dreidecker endgültig ein und baute zwischen 1660 und 1670 in England neun Schiffe mit einer Wasserverdrängung von mehr als 1000 t. Wegen ihrer flachen Küstengewässer mußten die Niederländer sich auf weniger tiefgehende Schiffe beschränken. Sie waren mit nicht mehr als 80 bis 90 Geschützen bestückt und ließen sich auch weniger gut zum Kreuzen verwenden. Die Segelfläche war seit dem 16. Jahrhundert erheblich vergrößert worden, und zwar durch ein Besantopsegel, ein Fockstagsegel und ein Stagsegel am Heck. Die Takelage sollte sich bis Trafalgar kaum noch ändern.

Auch die Geschütze blieben nach 1670 zweihundert Jahre etwa die gleichen. Sie waren jetzt aus einem Stück gegossen, die Rohre waren glatt gebohrt und verjüngten sich nach vorn. Aus dem hinteren Rohrende herausragende Schildzapfen paßten in Zapfenlager an der Lafette, und die Höhe wurde so gerichtet, daß das Verschlußstück mit Eisenspitzen gehoben oder gesenkt wurde, um dann mit einem markierten Holzkeil festgelegt zu werden. Nach der Seite wurde das Geschütz durch Einschwenken der ganzen Lafette gerichtet.

Die Rivalität zwischen Niederländern und Engländern war jetzt ganz offenkundig, und 1652 brach der Krieg aus. Jede Seite machte etwa 80 Segelschiffe mobil. Die englische Flotte hatte die besseren Schiffe und die besseren Waffen. Die niederländischen Schiffe konnten sich wegen ihres geringen Tiefgangs zwischen die Sandbänke im Kanal zurückziehen. Die niederländischen Admiräle waren wahrscheinlich die beiden besten Seeleute der damaligen Welt – Marten Tromp, ein guter Menschenführer und ein schneller, kühler Denker, und Michael de Ruyter, ein erfahrener Seemann, Kartograph und Mathematiker. Die niederländischen Offiziere waren zumeist alte Handelsschiffskapitäne, die höheren Offiziere der englischen Flotte waren Landsoldaten, gute Kämpfer, aber zur See unerfahren. Der englische Flottenbefehlshaber war Robert Blake, ein Artillerieoberst, der erst mit fünfzig Jahren zur Marine überwechselte. Das Kriegsziel war nach den Worten von George Monck ganz einfach: „Was wir wollen, ist ein größerer Anteil an dem Handel, den die Niederländer für sich in Anspruch nehmen." Es kam den Engländern darauf an, die Schiffahrt im Kanal unter ihre Kontrolle zu bekommen und die Seewege für ihre Handelsschiffe zu sichern. Die Holländer mußten sich diesem Anspruch stellen.

Beide Seiten, Engländer und Holländer, versuchten deshalb, die Flotte des Gegners in der Schlacht zu vernichten.

Theoretisch operierte die englische Flotte damals schon in der vorwärts gestaffelten Linie, aber die seemännische Ausbildung und Disziplin reichten für diese Taktik eigentlich noch nicht aus. Die englischen Schiffe kämpften daher in der Praxis wie die Niederländer in geschlossenen Geschwadern, um sich gegenseitig zu unterstützen und zu versuchen, ein feindliches Schiff zu isolieren, zu beschießen und dann zu entern. Beide Parteien erkannten den Vorteil der Position auf der Leeseite, aber die Niederländer waren die besseren Seeleute, und ihnen gelang es daher auch meist, auf diese Seite zu kommen. Sie nutzten diesen Vorteil aus und schossen, während ihr Schiff eine Welle hinaufrollte, dem Gegner in die Takelage und machten es ihm dadurch unmöglich, gegen den Wind zu segeln. Mit diesen Taktiken besiegte Tromp im November 1652 mit einer überlegenen Flotte Blake vor Dungeness. Nach der Schlacht hißte er einen Besen, um anzuzeigen, daß er die See vom Feinde leergefegt habe. Aber im Februar 1653 machte Blake mit seinem Sieg vor Portland den Schaden wieder gut. Tromp eskortierte mit 75 Schiffen eine Handelsflotte, als Blake sich ihm mit 55 Fahrzeugen entgegenstellte. Die Engländer waren unterlegen, aber ihre Schiffe waren besser, und die konnten, ohne von Handelsschiffen behindert zu werden, frei manövrieren. Zunächst fuhren beide Flotten kämpfend von Portland nach Gris Nez. Der erste Tag brachte keine Entscheidung, da die englische Flotte sich noch nicht versammelt hatte, aber am folgenden Morgen, als das geschehen war, hatten die Niederländer den größten Teil ihres Pulvers verschossen. Tromp führte ein meisterhaftes Rückzugsgefecht, bis ihm die Munition ausging und der Rückzug zur Flucht wurde. Nur seiner seemännischen Tüchtigkeit war es zu verdanken, daß er bei diesem Unternehmen nicht mehr als 11 Kriegsschiffe und 30 Handelsschiffe verlor. Die Engländer hatten sich inzwischen an die Linientaktik gewöhnt. Nach zwei weiteren englischen Siegen und dem Tode Tromps mußten die Niederländer Anfang 1654 um Frieden bitten.

Jetzt erkannten die Engländer, daß die Seekriegführung eine Modernisierung der Verwaltung verlangte, und man die richtigen Schiffe und Berufsseeleute brauchte. Das bedeutete staatliche Kontrolle. Man brachte den Bestand der Flotte bis 1660 auf 230 Schiffe. Die Regierung ernannte die Kommandanten, stellte die Docks zur Verfügung und übernahm die Verantwortung für die Instandhaltung der Schiffe und die Rekrutierung der Mannschaften, die damals noch hauptsächlich durch Preßpatrouillen erfolgte. Die Lebensbedingungen der Seeleute wurden verbessert. Sie erhielten einen monatlichen Lohn, und Kranke, Verwundete und Invaliden wurden staatlich versorgt. Die niederländische Flotte blieb aus zwei Gründen dezentralisiert. Das waren einmal die föderalistische Struktur der Vereinigten Niederlande und zum zweiten die kaufmännischen Rücksichten, die sich mit einer Spezialisierung für den Kriegsdienst nicht vereinigen ließen.

Als Karl II. 1660 König von England wurde, führte er Cromwells Marinepolitik weiter und nannte seine Flotte die „Royal Navy". 1673 übernahm Samuel Pepys die Verwaltung als Sekretär der Admiralität. Er führte wichtige Reformen durch, unter anderem Examen und eine Mindestdienstzeit für Offiziere. Damit begründete er das Marineoffizierkorps als Berufsstand. Sir Arthur Bryant als sein Biograph nennt Samuel Pepys den „Retter der Marine".

1625 kam es wieder zum Krieg zwischen England und den Niederlanden. Die Admiräle waren Herzog James von York, der Bruder des Königs und britischer Seelord, und George Monck, ein Landsoldat. Befehlshaber der niederländischen Flotte war de Ruyter. 1667 segelte de Ruyter themseaufwärts und kaperte oder vernichtete die besten Teile der dort vor Anker liegenden englischen Flotte. Es folgte der Vertrag von Breda, der England jedoch nicht befriedigte, obwohl es durch die Abtretung von New Amsterdam (später New York) die ganze nordameri-

Kriegführung in Europa

Seegefechte zwischen Niederländern und Engländern

kanische Atlantikküste gewann. Zwischen 1672 und 1674 kam es wieder zum Krieg zwischen Engländern und Niederländern, wobei Frankreich sich auf die Seite Englands stellte. Nach vier unentschiedenen Seeschlachten machte England Frieden, aber die Niederländer und Franzosen kämpften von 1674 bis 1678 weiter. Das neutrale England überflügelte während dieser Zeit die Niederländer als See- und Handelsmacht, mußte sich aber dann Frankreich als neuem Gegner stellen.

Kriegführung in Europa

Die Schlacht bei Blenheim, Marlboroughs größter Sieg

13 · Marlborough und seine Zeit

John Churchill wurde 1650 als Sohn des Gutsbesitzers Sir Winston Churchill in Dorset geboren und starb 1722 als Erster Herzog von Marlborough. Als bedeutendster Soldat seiner Zeit war Marlborough ein militärisches Genie und ein guter Diplomat. Ich glaube, die britische Armee hat es ihm zu verdanken, daß sie zu einer der besten in Europa wurde. Im 12. Kapitel haben wir gesehen, wie Schweden unter Gustav Adolf zur Großmacht aufstieg und wie sich die französische Armee zur stärksten in Europa entwickelte. Jetzt werden wir erleben, wie Schweden unter Karl XII. seinen Glanz verlor und Frankreich vorübergehend verfiel. Dann werden wir feststellen, wie sich der Festungsbau unter Vauban weiterentwickelte, und daß es Marlborough war, der die Feldherrnkunst davor bewahrte, sich durch die modernen Befestigungen lähmen zu lassen. Die Kavallerie war die wichtigste Waffengattung, aber die Einführung des Bajonetts in der zweiten Hälfte des Jahrhunderts erhöhte wieder die Bedeutung der Infanterie und brachte die Abschaffung der Pike mit sich.

Der wichtigste Umstand in der europäischen Politik nach dem Dreißigjährigen Krieg war die Aggressivität Frankreichs unter Ludwig XIV. Keiner der Männer, die es unternommen haben, Europa zu beherrschen, ist für die Europäer so lange Zeit zur Plage geworden wie Ludwig XIV. Nachdem er 1661 den Absolutismus eingeführt hatte, entfesselte er vier große Kriege: den 1. Eroberungskrieg gegen Spanien um das „Devolutionsrecht", gewisse umstrittene Erbansprüche (1667/68), den 2. Eroberungskrieg gegen Holland (1672/78), den 3. Eroberungskrieg gegen die Pfalz (Große Allianz, 1688/97) und den Spanischen Erbfolgekrieg (1701–1713). In den Pausen versuchte Ludwig, auf diplomatischem Wege seine Kriegsziele zu verwirklichen und für Frankreich Ruhm, Reichtum, die „natürlichen" Grenzen am Rhein, an den Alpen und an den Pyrenäen zu gewinnen und den habsburgischen Ring zu sprengen. Alle anderen westeuropäischen Staaten verbündeten sich gegen Frankreich, hatten aber in den ersten drei Kriegen keinen Erfolg. Frankreich verfügte über mehr Menschen und Hilfsquellen als irgendein anderes Land. Es kämpfte auf der strategischen inneren Linie und wurde zentralistisch und absolutistisch regiert. Es kam hinzu, daß Ludwig ausnehmend fähige Beamte hatte. Colbert und Louvois waren erstklassige Verwaltungsleute, Condé und Turenne die führenden militärischen Köpfe ihrer Zeit, und Vauban war ein ausgezeichneter Festungsbaumeister.

Colbert und Louvois waren als Minister Ludwigs für die Planung und Verwirklichung seiner Politik verantwortlich. Colbert beschäftigte sich vor allem mit Finanz- und Flottenfragen. Nach den Niederländischen Kriegen hatten die Kriegsschiffe sich nicht wesentlich verändert. Die Überlegenheit zur See ließ sich allein durch die größere Zahl der Kriegsschiffe und Flottenbasen und die Verbesserung der Gliederung der Kriegsflotte erreichen. Bei Colberts Amtsantritt 1661 bestand die französische Flotte aus 20 Kriegsschiffen, 1690 waren es 270, und sie besiegten 1690 vor Beachy Head eine anglo-holländische Flotte. Doch im Mai 1692 rächten sich die Alliierten in der Schlacht von La Hogue bei St. Vaast an der Ostküste der Cotentin für die Niederlage. Jetzt wurde England zur führenden Seemacht, und im spanischen Erbfolgekrieg hatte es die absolute Vorherrschaft zur See gewonnen.

Das Spezialgebiet von Louvois war die Heeresverwaltung, und dabei folgte er den zur Zeit Gustav Adolfs entwickelten Tendenzen zur Vergrößerung der Heere, Zentralisierung, Vereinheitlichung und Professionalisierung. 1643 hatte Condé die Spanier mit 23 000 Mann bei Rocroi geschlagen. 1672 fiel Ludwig XIV. mit 120 000 Mann in den Niederlanden ein. 75 Prozent dieser Armee bestand aus Infanterie mit eigener Feldartillerie. Leute wie der berühmte Martinet überwachten die Ausbildung und Disziplin und sorgten dafür, daß es bei der Rekrutierung nicht zu Übergriffen kam. Die Truppe wurde aus Magazinen versorgt, scharf gedrillt und mit dem Steinschloßgewehr ausgerüstet, das die Luntenschloßmuskete abgelöst hatte. Es wurde ein Grenadierkorps aufgestellt, die Pioniere wurden den übrigen Waffengattungen gleichgestellt und die Artillerie besser integriert. Die staatliche Macht stützte sich auf die Armee, und die Leistungen der französischen Armeen auf dem Schlachtfeld vor 1690 waren der guten organisatorischen Arbeit des Kriegsministeriums zu verdanken.

Diese Erfolge waren aber auch Früchte der Feldherrnkunst von Condé und Turenne. Beide Feldherren ergänzten einander, denn Condé war ein hervorragender Taktiker, während Turenne sich als Stratege und Organisator auszeichnete. Unternehmend, aber kühl und umfassend in seinem Urteil, inspirierte Condé seine Soldaten auf vielen Schlachtfeldern während der dreißig auf Rocroi folgenden Jahre. Aber zu einer Zeit, als die Nachrichtenverbindungen schlecht waren und die starken Festungen militärische Führer eines ganz anderen Schlages begünstigten, war es der geduldige und weit vorausblickende Turenne, der es zu noch höherem Ansehen brachte. In den Bürgerkriegen nach 1650 erwies er sich seinem Gegner Condé überlegen.

Seine Stärke war das Manöver. Turenne gelang es immer wieder, die Schlacht an dem Ort und zu der Zeit stattfinden zu lassen, die ihm am günstigsten schienen. Dazu trainierte er seine Truppen auf langen Übungsmärschen. Seine Soldaten wußten, daß er jede Operation sorgfältig vorbereitete, und vertrauten ihm, denn er errang seine Siege mit möglichst geringen Verlusten an Menschenleben. In den Bürgerkriegen von 1653 bis 1658 stand er einer überlegenen Armee unter Condé gegenüber, hielt seine Truppe zusammen und glich die zahlenmäßige Unterlegenheit durch Beweglichkeit aus. Er hielt ständig die Fühlung mit dem Feind und beschäftigte ihn, bis er sich stark genug fühlte, ihn zu schlagen.

Napoleon sagt über Turenne, seine „Kühnheit wuchs mit den Jahren und der Erfahrung". Als er in den weiten Gebieten Deutschlands operierte, gelang es ihm noch besser, die Gegebenheiten von Zeit und Raum auszunutzen. Seine größte Leistung war der Türkheimer Feldzug 1674/75. 1674 mußte er die alliierten Truppen des Gegners an der Rheinfront fesseln, während die Franzosen an anderer Stelle angriffen. Nachdem er in zwei Gefechten gesiegt hatte, mußte er sich im November zurückziehen, weil der Gegner wesentliche Verstärkungen herangeführt hatte. Während er nach Lothringen zurückging, bezog der Gegner im Elsaß Winterquartiere. Das Wetter und die Versorgungslage waren schlecht, und man erwartete weder beim Feind noch in Paris weitere Kämpfe. Aber Turenne sah die Möglichkeit für einen Überraschungssieg. Er zog 33 000 Mann zusammen und ging mit ihnen gegen die 57 000 Mann starken feindlichen Kräfte vor. Ende Dezember stieß er dem Gegner in die Flanke und brach aus der lothringischen Pforte bei Belfort in das Elsaß ein. Die Alliierten konnten bei Kolmar in aller Eile nur schwache Kräfte zusammenbringen, und bei Türkheim stellte Turenne sie zur Schlacht. Nach diesem Sieg war das ganze linksrheinische Gebiet in zehn Tagen von deutschen Truppen geräumt. Dies war Turennes letzter Erfolg, denn er fiel im Feldzug 1675.

Die starken Befestigungen jener Zeit legten jedoch jedem Feldherrn Fesseln an. Nach 1675 übernahm der Festungsingenieur Sebastien de Vauban die führende Rolle auf dem Gebiet der Kriegführung. Bis 1707 befestigte er systematisch alle schwachen Abschnitte der französischen Grenze. Zwischen dem Jura und den Vogesen verstärkte er die Festungsanlagen bei Belfort, Neubreisach und an anderen Stellen. Während meiner zehnjährigen Tätigkeit bei der westlichen Verteidigungsorganisation und in der NATO habe ich den Jura und die Vogesen kennengelernt und bin im Kraftwagen durch die Lothringische Pforte gefahren. In der hier behandelten Zeit und früher war dies das Einfallstor aus dem Osten und mußte gut verteidigt werden. Heute hat es keine strategische Bedeutung, nachdem das Flugzeug, die Reichweite der modernen Waffen und andere moderne Mittel der Kriegführung ganz neue Voraussetzungen geschaffen haben. Thionville und Metz waren die Schlüsselpunkte in einem zweiten Verteidigungssystem an der Mosel und im nördlichen Elsaß. Für die Franzosen kam es vor allem darauf an, Flandern abzuschirmen, eine fruchtbare Ebene, auf der die von See her angreifenden Gegner Frankreichs unbehindert im freien Gelände operieren konnten. Hier bildeten 1702 mehr als 30 starke Festungen und etwa 50 kleinere, von den Franzosen besetzte befestigte Städte und Zitadellen einen gewaltigen Schutzwall.

Vauban entwickelte im Festungsbau einige ganz neue Ideen. So ließ er an die Stelle von Mauern, die beim Beschuß zerbrachen und deren Splitter die Belagerten gefährdeten, Erdwälle aufwerfen. Sie waren sicherer und billiger. Die Außenwerke ließ er nicht mehr wie früher rund, sondern winkelig anlegen, um das ganze Vorfeld der Festung durch flankierendes Feuer decken zu können. Schon seit Mitte des 16. Jahrhunderts hatte man diese Ideen teilweise verwirklicht, aber erst Vauban arbeitete sie zur Vollkommenheit aus. Bei ihm wurde der Belagerungskrieg zur geometrischen Übung, und seine Verteidigungsanlagen waren so stark, daß es sich nicht mehr lohnte, sie unter Einsatz kostbarer Menschenleben frontal anzugreifen. Er war ein Meister in der Ausnutzung des Geländes.

Bei der Anlage seiner Befestigungen ging Vauban von einfachen Voraussetzungen aus, hielt sich aber an kein starres Schema. Der überlieferte Grundriß der Festung blieb bestehen. Es gab auch weiter den inneren Burghof, den Wall, den Graben und die Außenwerke. Erst wenn die Hauptbefestigungen erstürmt waren, konnte die Festung eingenommen werden. Daher kam es bei einer Belagerung vor allem auf Ausdauer an. Wo ihm genügend Raum, Zeit und Geld zur Verfügung standen, baute Vauban möglichst viele Außenwerke. Damit zwang er den Belagerer, schon weit außerhalb der Befestigung mit der Belagerung zu beginnen, und vervielfachte die Hindernisse, die den Gegner bei jedem Schritt vorwärts von neuem aufhielten. Wenn die Außenbefestigungen dem Feind in die Hände fielen, konnten sie vom Inneren der Festung aus unter Feuer genommen werden.

Mit seiner mathematischen Begabung und seinem Blick für das Gelände gelang es Vauban, seine Festungen so anzulegen, daß jede Außenfläche von den dahinter und daneben liegenden Werken flankiert und mit Feuer unterstützt werden konnte. Das Grundelement dieses Entwurfs war ein sich wiederholendes, mit einer Spitze nach außen zeigendes Dreieck. Diese Spitze war für den Gegner schwer anzugreifen und zwang ihn, seine Kräfte zu exponieren, denn die Seiten lagen in einem Winkel, der es den benachbarten Dreiecken ermöglichte, sie zu flankieren. Das war das Prinzip der großen Bastionen an jeder Ecke der polygonen Hauptbefestigung. Zwischen den großen Bastionen lagen kleinere, und zwar so nah von einander, daß sie sich gegenseitig mit leichten Waffen unterstützen konnten. Andere Dreiecke verschiedener Größe, die sogenannten Ravelins (oder Demilunes, wenn sie halbmondförmig waren), standen in einem trockenen Graben weiter im Vorfeld, deckten einander und wurden von rückwärts gedeckt. Oft baute er solche Vorwerke bis zu 300 Meter vor den Festungswall des Hauptwerks, was jede Belagerung

Kriegführung in Europa

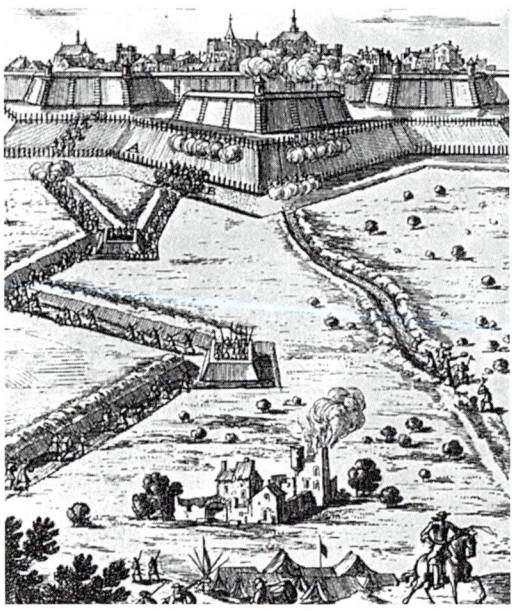

Festungsbau und der Kampf um Festungen wurden bei Vauban zur Kunst. Modell der Festung Neubreisach (oben), Plan einer typischen Befestigungsanlage (unten links), Angriff gegen eine Festung (unten rechts)

außerordentlich erschwerte. Die besten Beispiele für von Vauban erbaute Befestigungen sind Neubreisach und Lille.

Auch in der Belagerungskunst war Vauban ein Meister. Vor seiner Zeit versuchte man, sich durch im Zickzack geführte Gräben bis auf Schußweite der Festungsmauer zu nähern. Da der Gegner sein Feuer auf den Sappenkopf konzentrieren konnte, brachte diese Methode hohe Verluste und führte nicht immer zum Erfolg. Vauban ließ parallele, durch Zickzackgräben verbundene Hauptgräben vorantreiben. Nun mußte der Verteidiger den Angreifer an verschiedenen Punkten beschießen, der seinerseits mehrere Angriffe gleichzeitig ansetzen konnte. Vauban führte außerdem das Abprallerschießen ein. Er ließ die Granaten an der ersten Brüstung abprallen und erst hinter der Deckung detonieren. Noch war es üblich, wenn eine Bresche geschlagen war, den Belagerten zur ehrenhaften Übergabe aufzufordern. Ging er nicht darauf ein, wurde die Festung erstürmt und normalerweise kein Pardon gegeben. Betrachtet man die von Vauban gebauten Befestigungsanlagen, dann will es scheinen, als müsse man ihre Belagerung Ingenieuren überlassen, die Gräben und Batterien aufgrund mathematischer Berechnungen so anlegen und in Stellung bringen, daß der Verteidiger sich in den Fallstricken Euklids gefangen sieht.

Die von Vauban erarbeiteten Grundsätze blieben im Belagerungskrieg bis zur zweiten Hälfte des 19. Jahrhunderts gültig, als die größere Reichweite der Artillerie die Voraussetzungen für Angriff und Verteidigung veränderte. Jetzt konnte man solche Festungen nehmen, das brauchte aber viel Zeit – und, wie oben gesagt, eine gewisse mathematische Begabung. Die starken Befestigungen an der französischen Grenze verlangsamten also gegen Ende des 17. Jahrhunderts die Kriegführung. Die Bewegungsfreiheit der Armeen wurde eingeschränkt, man konnte sich in die Festungen zurückziehen, und ein großer Teil der zur Verfügung stehenden Mannschaften wurden als Festungsbesatzungen benötigt. Im 3. Eroberungskrieg (1688–1697) gab es nur wenige offene Feldschlachten, aber viele Belagerungen. Die französische Strategie schien sich bewährt zu haben, und im nächsten, 1701 beginnenden Krieg wollten die Franzosen sie fortsetzen. Aber im Spanischen Erbfolgekrieg standen die alliierten Armeen der Gegner Frankreichs unter dem Befehl eines militärischen Genies. Marlborough konnte sich, wenn es die Umstände erforderten, über die engen Grenzen der zeitgenössischen Regeln der Kriegführung hinwegsetzen.

Als Marlborough 1667 das Kommando übernahm, war er schon ein erfahrener Soldat und hatte 1674/75 als Infanterieoberst unter Turenne gedient. Er war schweigsam und fast unnahbar. An seinem Privatleben gibt es einiges auszusetzen, aber das wird durch die Tatsache aufgewogen, daß er unermüdlich für seine Untergebenen sorgte und seinem Lande hingebungsvoll diente. Nach außen trat er würdig, selbstbeherrscht, höflich und mit großem persönlichen Charme auf. Er beherrschte sein Metier als Soldat vollkommen und sah die Probleme der Kriegführung als Ganzes. Dabei entging ihm keine wesentliche taktische oder administrative Einzelheit. Dazu besaß er ein ausgeglichenes Temperament.

Die Führung von Armeen hatte sich zu seiner Zeit wesentlich kompliziert. Mannschaftsstärken und der strategische Radius waren größer geworden, während Organisation und Verwaltung noch nicht entsprechend weiterentwickelt worden waren. Die Nachrichtenübermittlung nahm viel Zeit in Anspruch, die politischen Verhältnisse in Europa waren sehr kompliziert, und ein Befehlshaber mußte, besonders wenn er eine aus alliierten Truppen bestehende Armee befehligte, auch ein guter Diplomat sein. Außerdem mußte er den Anforderungen der Politik seines eigenen Landes genügen. Sir Winston Churchill, Marlboroughs berühmter Nachkomme, zählt auf, mit wievielen verschiedenen, an Bedeutung ständig wechselnden Kräften ein Befehlshaber es zu tun hat:

Kriegführung in Europa

... alle Faktoren, die zur Zeit wirksam sind; Stärke und Qualität der Truppen, ihre Kampfmoral, ihre Bewaffnung, das Vertrauen der Truppe zur Führung, die Eigenart des Landes, die Straßenverhältnisse, die Zeit und das Wetter. Und hinter all diesem die Politik der einzelnen Regierungen und die Sonderinteressen, über die jede einzelne Armee zu wachen hat ...

Die Befehlsgebung war persönlich und direkt. Erst später gab es Korps- und Divisionskommandeure mit den entsprechenden Stäben. Ein Oberbefehlshaber konnte das ganze Schlachtfeld überblicken und erteilte seine Befehle durch Ordonnanzoffiziere und Meldereiter. In der Schlacht befand er sich zu Pferde am Brennpunkt des Geschehens, oft unter feindlichem Feuer, und mußte die Lage bei jedem Truppenteil an einer 6 bis 8 Kilometer breiten Front im Auge behalten, das Verhalten des Gegners beobachten und seine Anordnungen den ständig wechselnden taktischen Situationen anpassen. Um alle diese Gegebenheiten mit den damals zur Verfügung stehenden Mitteln zu beherrschen, mußte der Befehlshaber ein Meister in der Kunst der Kriegführung sein.

Die Armeen waren kosmopolitisch. Von dem 40 000 Mann starken, vom Parlament gebilligten britischen Kontingent bei der alliierten Armee waren nur 18 000 Briten. Die antimilitaristische Stimmung in England ging soweit, daß man nach den Erfahrungen des 17. Jahrhunderts ein stehendes Heer als Bedrohung der Freiheit ansah. Im Gegensatz dazu waren die Franzosen militärfreundlich. Das englische Parlament überwachte eifersüchtig die bewilligten Truppen, und es war schwierig, genügend Mannschaften zu finden. Selbst die großartigen Erfolge, die das englische Heer erringen sollte, änderten nichts an der Einstellung der Engländer. Aushebungen gab es kaum, und auch dann nur, weil man glaubte, auf diese Weise Kriminelle und andere unerwünschte Elemente loswerden zu können. Immer wieder kam es in der Heeresverwaltung zu Betrügereien. Offiziere ließen sich Sold, Verpflegung und Ausrüstung für nicht existierende Truppen bezahlen, während sie die wirklich vorhandenen Verbände um das ihnen Zustehende betrogen. Als Marlborough 1712 die Gunst der Königin Anna verloren hatte und aus allen Ämtern entfernt worden war, beschuldigten ihn seine Feinde im Parlament sogar der Unterschlagung. Später wurde die Haltlosigkeit dieser Beschuldigungen nachgewiesen, und G. M. Trevelyan schreibt: „Niemand hat England mehr für jede Guinea gegeben, die er erhalten hat, als Marlborough." Er hat in der Tat viel dazu beigetragen, solche Betrügereien in seinen Armeen zu unterbinden.

Der spanische Erbfolgekrieg ist auch wirtschaftlich interessant, denn damals nahmen Bank- und Kreditinstitute einen rapiden Aufschwung. Die Bank von England war 1694 gegründet worden, und in dieser Hinsicht waren Engländer und Holländer den Franzosen voraus. Die *Banque de France* wurde erst 1800 gegründet. Der Krieg förderte die Entwicklung des Finanzwesens und belebte Handel und Industrie, insbesondere die Bekleidungsindustrie, die Pferdezucht, den Bergbau und die Munitionsindustrie. Es entstanden dabei keine übermäßigen Zerstörungen, denn die Erinnerung an die Schrecken des Dreißigjährigen Krieges hielten die Menschen davon ab, ähnliches zu wiederholen. Es kam zwar hin und wieder noch zu Plünderungen, aber kaum noch zu systematischen Zerstörungen*. Die Disziplin der Truppe war gut, obwohl die Bezahlung oft lange auf sich warten ließ. Aber die Versorgung war gut organisiert und die Qualität der Ausrüstung und Bekleidung zufriedenstellend. Die Armee machte nur einen geringen Prozentsatz der Gesamtbevölkerung aus und war ganz von ihr getrennt. G. M. Trevelyan schreibt:

---

* Der Verfasser erwähnt nicht die Verwüstungen in Heidelberg (Schloß) und vielen anderen Orten im 3. Eroberungskrieg 1688/97 durch Mélac, dessen Existenz überhaupt verschwiegen wird! D. Übers.

Europa war zu schlecht organisiert und zu arm, um einen hohen Blutzoll zu zahlen, und das Kreditsystem war zu primitiv, um auf den Reichtum und das Glück künftiger Generationen hohe Wechsel zu ziehen.

Immer noch spielte die Kavallerie eine große Rolle, wenn es auch nur selten zu offenen Feldschlachten kam und die Befehlshaber in der Infanterie das Rückgrat ihrer Armeen erblickten. Bei Blenheim kämpfte die französiche Kavallerie auch weiter mit der aus dem 16. Jahrhundert überlieferten Karakolentaktik und verwendete dabei Säbel und Handfeuerwaffen. Die englische Kavallerie war von Marlborough nach dem Muster Gustav Adolfs und Cromwells ausgebildet, griff drei Glieder tief im scharfen Trab an und kämpfte ausschließlich mit dem Säbel. Die Reiter führten zwar Pistolen, benutzten sie aber nur beim Fouragieren oder zur Abwehr von Überraschungsangriffen. Zunächst trugen die Kavalleristen keine Schutzpanzer, aber 1707 führte Marlborough den Küraß ein. Die Dragoner ritten entweder wie die anderen Reiterregimenter Attacken oder saßen auf dem Gefechtsfeld ab und kämpften zu Fuß als Musketiere.

Bei der Bewaffnung der Infanterie waren zwei wichtige Neuerungen eingeführt worden. 1650 war das Luntenschloßgewehr durch die Steinschloßmuskete abgelöst worden. Die neue Zündung war zuverlässiger, funktionierte besser bei Feuchtigkeit und ergab eine höhere Feuergeschwindigkeit. Etwa gleichzeitig kam auch das Bajonett auf. Zuerst wurde es direkt in den Lauf gesteckt, aber 1678 erfand man das Ringbajonett, das mit dem Bajonettverschluß so am

Die französiche Kavallerie war mit Säbeln und Handfeuerwaffen ausgerüstet

Lauf befestigt wurde, daß die Muskete auch mit aufgepflanztem Bajonett abgefeuert werden konnte. Damit erübrigte sich die Pike. Der Musketier übernahm jetzt die Aufgaben des Pikenträgers, der 1704 ganz aus der britischen Armee verschwand. Bei den Franzosen setzte sich das Bajonett langsamer durch. In den folgenden 150 Jahren waren das Steinschloßgewehr und das Bajonett die einzigen Infanteriewaffen. Jeder Soldat führte 40 bis 60 Papierpatronen in einem Lederbeutel bei sich und trug keine Rüstung mehr.

Die neuen Infanteriebataillone waren ohne die Lunte und die unhandliche Pike viel beweglicher geworden. Gute Truppen konnten sich jetzt aufgrund ihrer erhöhten Feuerkraft und Beweglichkeit gegenüber einem zahlenmäßig überlegenen Feind durchsetzen. Marlborough erkannte das und ließ seine Infanterie im Winterhalbjahr intensiv im Schießen ausbilden. Dazu gehörte auch das Salvenschießen in Zügen zu 50 Mann. Die Regimenter stellten sich im innen offenen Karree auf, wenn sie von Kavallerie angegriffen wurden. Jedes Regiment hatte neben den Musketieren auch eine Grenadierkompanie, deren Angehörige besonders kräftige Männer waren, die auch als Stoßtruppen eingesetzt wurden. Um die Feuerkraft ganz auszunutzen, stellte man die Verbände jetzt linear auf. Die Ausbildung in der Lineartaktik brauchte Zeit und erforderte Mut, Erfahrung und ständige Praxis. Je stärker die Wirkung der Handfeuerwaffen wurde, desto lockerer stellten die Verbände sich auf, und jeder einzelne Soldat war mehr auf sich selbst gestellt. Um die beim Einzelkämpfer viel leichter auftretende Furcht zu überwinden, war eine straffe Disziplin von höchster Bedeutung.

Unter Marlborough wurde die Zusammenarbeit zwischen der Artillerie und den anderen Waffengattungen im Sinne Gustav Adolfs weiterentwickelt. Sein Artilleriekommandeur Colonel Blood und dessen Offiziere und Kanoniere bewährten sich dabei. Als die englische Artillerie 1704 durch den Schwarzwald zur Donau marschierte und bei Blenheim in sumpfigem Gelände kämpfen mußte, bewies sie, daß sie etwas von ihrem Handwerk verstand. Auf weite Entfernungen verschoß die Feldartillerie Kanonenkugeln, auf kurze Distanz verwendete man Kartätschen oder „Hühnerschrot", wie man es damals nannte. Die schwere Belagerungsartillerie unterschied sich grundsätzlich von der Feldartillerie und wurde meist auf dem Wasserweg befördert. Marlborough legte großen Wert auf den richtigen Einsatz der Feldartillerie und wählte die Feuerstellungen sehr sorgfältig aus.

Als Marlborough im Spanischen Erbfolgekrieg die alliierten britischen, niederländischen, österreichischen und badischen Armeen und die Kontingente der deutschen Kleinstaaten befehligte, stand er vor einer schwierigen strategischen Lage. Frankreich und Spanien waren verbündet, kämpften auf der strategischen inneren Linie und gewannen 1703 Bayern zum Bundesgenossen. An der Nordfront war Frankreich im Besitz des starken Festungsgürtels in den spanischen Niederladen, der von einer 90 000 Mann starken Armee besetzt war. Im Süden standen die Spanier in Italien. Im Osten hinderte nur die Uneinigkeit zwischen Bayern und Franzosen diese daran, mit überlegenen Kräften gegen Wien zu marschieren.

Aber auch unter den Alliierten kam es zu politischen Meinungsverschiedenheiten. Die ersten Schwierigkeiten hatte Marlborough mit den holländischen Truppenführern und Politikern, die die holländischen Verbände in der Nähe der eigenen Grenzen halten wollten. Immer wieder durchkreuzten sie seine Pläne. Diese Schwierigkeiten und der Mangel an Unterstützung durch die britischen Politiker bedeuteten für Marlborough einen Nachteil gegenüber Ludwig XIV., der über die absolute Befehlsgewalt und einen zentralisierten Militärapparat verfügte. Im Süden sollten ein Expeditionsheer nach Spanien und eine britische Flotte ins Mittelmeer geschickt werden, um die Seeherrschaft auf den das Kriegsgebiet umgebenden Meeren zu gewinnen und den Feind zu zwingen, sich auf den Landkrieg zu beschränken. 1704 nahmen die Engländer Gibraltar, und seither hat die britische Strategie das Mittelmeer nie wieder unbeachtet gelassen.

Marlborough und seine Zeit

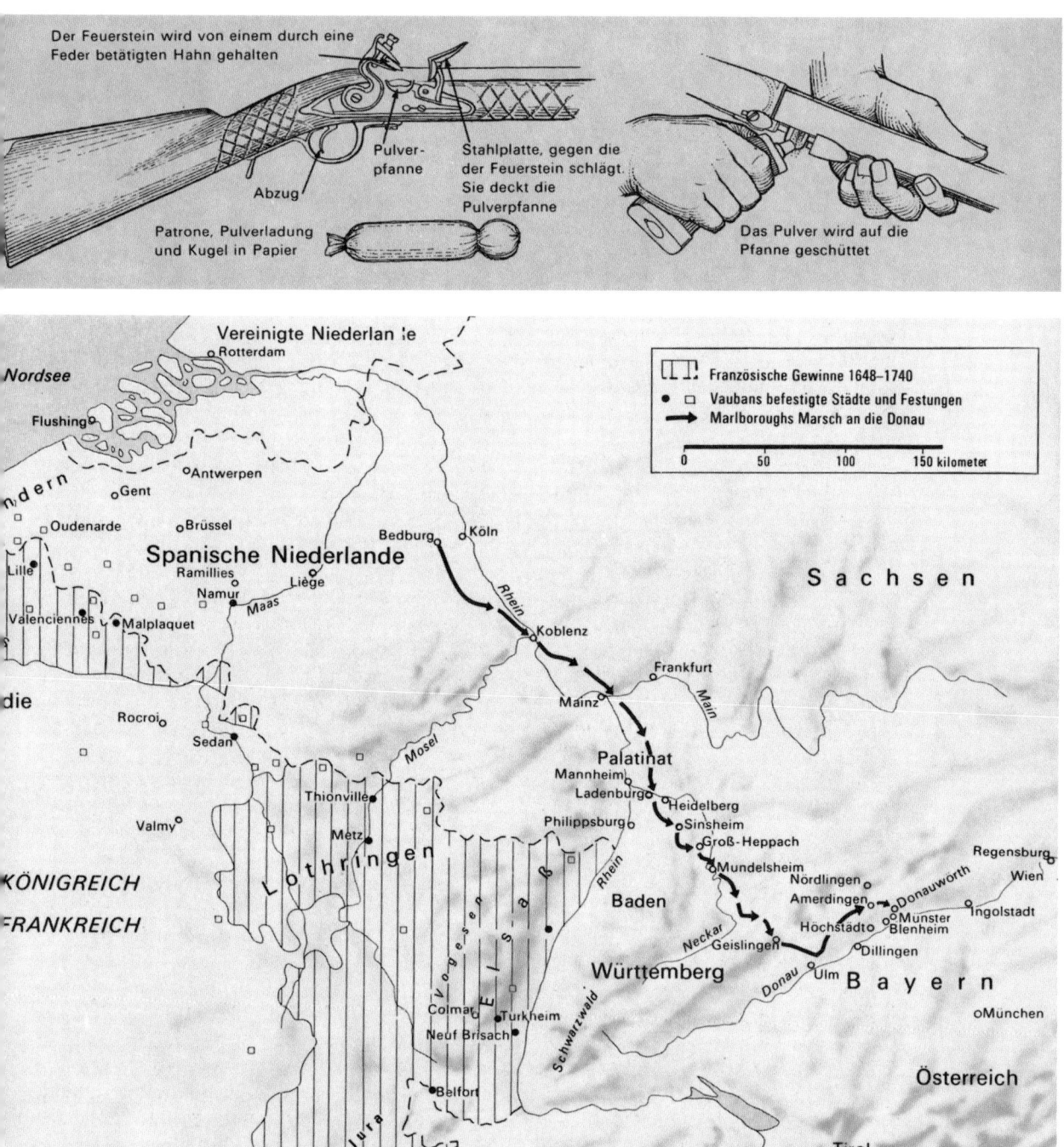

Das Steinschloß trat an die Stelle des Luntenschlosses (oben)
Marlboroughs Feldzüge in Deutschland

Kriegführung in Europa

Marlborough wollte die Kampfhandlungen von der holländischen Grenze fort und weiter nach Osten verlegen, um die unmittelbare Bedrohung der Niederlande auszuschalten, seine Operationen mit denen der Österreicher zu koordinieren und Frankreich im Nordosten anzugreifen, wo es verwundbarer war. Gegen den Widerstand der Holländer manövrierte Marlborough die Franzosen 1702/3 von der Maas und dem Niederrhein fort. Österreich befand sich in höchster Gefahr, und Marlborough suchte jetzt eine Entscheidung gegen die Franzosen an der Donau, um die Österreicher zu entlasten.

Wien war von Ulm aus bedroht, wo eine 45000 Mann starke französisch-bayerische Armee unter Max Emanuel und Marschall Marsin bereitstand, die bald auf 57000 Mann verstärkt werden sollte. Es kam darauf an, Wien zu retten, denn nach einem Sieg über Österreich hätten die Franzosen alle Kräfte an der Nordfront zusammenziehen können. Da Ludwig XIV. im Zentrum der Front über starke Stellungen verfügte und einen langdauernden Verteidigungskrieg führen wollte, mußten die Alliierten zur Offensive übergehen. Aber es gab zwei Schwierigkeiten. Die holländischen Politiker fürchteten sich, und Marlborough mußte ihre Zweifel und Befürchtungen zerstreuen. Außerdem mußten die alliierten Armeen, um die Donau zu erreichen, mit exponierter Flanke durch das französische Zentrum marschieren. Deshalb handelte Marlborough schnell und täuschte Freund und Feind. Den Holländern sagte er, der Feldzug solle an der Mosel stattfinden, die bei Koblenz in den Rhein fließt, und sie bewilligten daraufhin zögernd ein holländisches Truppenkontingent. Seine wirklichen Absichten kannten nur wenige führende Politiker. Markgraf Ludwig von Baden sagte seine Hilfe zu, und Prinz Eugen marschierte von Wien ab, um seine Kräfte mit denen Marlboroughs zu vereinigen.

Offiziell begann die große Truppenverschiebung am 16. Mai 1704 bei Bedburg, etwa 32 Kilometer westlich von Köln. Marlborough verfügte über 40000 Mann. Bis Mannheim verlief der Marsch ohne Zwischenfälle. Aber die Armee in den Raum von Heidelberg zu bringen war gefährlich, denn dazu mußte die Front der französischen Armee unter Villeroi durchbrochen werden. Villeroi, kein besonders guter Truppenführer, wurde später bei Ramillies (im Mai 1706) von Marlborough geschlagen. Eile war geboten, und es war sehr günstig, daß schwere Artillerie und Nachschub auf dem Wasserweg befördert werden konnten. Trevelyan schreibt: „Bei der Irreführung Europas gab es zwei Phasen." Zunächst ging es nach Koblenz weiter, wo die Armee angeblich moselaufwärts marschieren sollte. Um diesen Eindruck zu erwecken, waren dort große Vorräte gelagert worden. Aber in Koblenz marschierte das Heer weiter rheinaufwärts, und der Nachschub wurde auf Schiffen nachgeführt. Auch jetzt noch sah es aus, als sei das Ziel nicht die Donau, sondern das Elsaß. Um diesen Eindruck zu verstärken, hatte Marlborough bei Philippsburg, etwa 30 Kilometer südlich von Mannheim, eine Schiffsbrücke über den Rhein bauen lassen.

Die Reaktion des Feindes erfolgte sofort. Villeroi zog seine Truppen aus den Niederlanden heraus, um zunächst die Mosel zu decken und sich dann zur Verteidigung des Elsaß mit Marschall Tallard zu vereinigen. Erleichtert schickten die Holländer weitere Verstärkungen. Erst am 3. Juni wurde das Geheimnis preisgegeben. Jetzt überschritt die Kavallerie den Neckar zwischen Mannheim und Heidelberg bei Ladenburg und marschierte nach Süden auf Sinsheim zu, um von dort gegen die Donau vorzugehen, die im Schwarzwald entspringt. Der Marsch war eine großartige Leistung und hat mich seit jeher interessiert. Ich habe mir die Marschroute vom Flugzeug aus angesehen und kenne einen Teil des Weges sehr gut, denn ich bin per Schiff den Rhein entlanggefahren und habe im Auto den Raum Koblenz, Mannheim und das Neckartal erkundet.

Diese Taktik hat die französichen Marschälle, die dem Feind solche Märsche nicht zutrauten, wahrscheinlich überrascht und in Erstaunen versetzt.

Dieser lange Marsch einer großen Armee über eine weite Strecke war ein Beweis für die gute Organisation der Heeresverwaltung. Seit dem frühen Frühjahr hatte Marlborough alle notwendigen Vorbereitungen für den Feldzug getroffen. Er hatte die Zustimmung und Hilfe aller deutschen Fürsten gewonnen. Die Brücken waren in gutem Zustand, und die Verpflegung stand überall dort, wo sie gebraucht wurde, bereit. Deutsche Banken hatten die nötigen Kredite bewilligt, und alles war bar bezahlt worden. So wurde die Armee auch von der Bevölkerung freundlich aufgenommen. An der bayerischen Grenze wurde die Truppe mit neuen Stiefeln ausgerüstet. Die Disziplin war gut, denn es war für ausreichende Bekleidung, Verpflegung und Unterkunft gesorgt.

Auf dem Marsch stießen immer neue deutsche Kontingente zu Marlboroughs Armee. Bei Mundelsheim zwischen Rhein und Donau ritt am 10. Juni Prinz Eugen ins Lager. Die beiden großen Waffengefährten begegneten sich hier zum erstenmal. Eugen war Savoyarde und am Hof Ludwigs XIV. erzogen worden. Nach persönlichen Differenzen mit dem König war er in kaiserliche Dienste getreten und hatte es sich in einer fünfzigjährigen militärischen Laufbahn zum Ziel gesetzt, Frankreich zu demütigen. Er genoß damals als glänzender Taktiker und tapferer Truppenführer wahrscheinlich ein noch höheres Ansehen als Marlborough, denn er hatte viele Jahre gegen die Türken gekämpft und sie nach seinem Sieg bei Zenta 1697 aus Ungarn vertrieben. Mit seiner reichen militärischen Erfahrung und seinem Unternehmungsgeist paßte er sehr gut zu Marlborough. Da es ihm an Wendigkeit mangelte, war er gern bereit, sich der Genialität Marlboroughs unterzuordnen. Bei Großheppach stieß Markgraf Ludwig von Baden zu ihnen, ein erfahrener Soldat, der aber wenig Initiative zeigte und recht starrköpfig war.

Die drei Befehlshaber kamen überein, daß Eugen gegen den Rhein vorrücken und Villeroi und Tallard fesseln sollte, während Marlborough und der Markgraf nach Bayern gingen, um den Kurfürsten Max Emanuel auf ihre Seite zu bringen. Marlborough und Ludwig sollten von Tag zu Tag abwechselnd das Kommando führen, eine seltsame Absprache, die Marlborough wohl nicht besonders gefallen hat. Doch Winston Churchill schreibt: „Man war übereingekommen, daß Marlborough den Feldzug leiten sollte, denn er befehligte die stärkere Armee und hatte ein erhebliches persönliches Risiko auf sich genommen, als er nach Deutschland gekommen war, um das Reich zu retten." Wir werden sehen, wie er den Markgrafen noch vor der Schlacht bei Blenheim loswurde.

Eugen trennte sich jetzt von den Hauptkräften, um an den Rhein zu marschieren, während diese ihren Marsch durch eine liebliche, hügelige Landschaft nach Südosten an die Donau fortsetzten.

Die einzige Schwierigkeit auf diesem Marsch zur Donau ergab sich an der Wasserscheide in einer steilen Schlucht bei Geislingen, etwa 30 Kilometer nördlich von Ulm, wo der Regen die Wege aufgeweicht hatte und Pferde und Mannschaften nur unter großen Anstrengungen Geschütze und Gefechtsfahrzeuge voranbringen konnten. Ende Juni kam die Armee mit 70000 Mann im Donautal an. Am 1. Juli war Marlborough in Amerdingen, während Marsin und der Kurfürst 16 Kilometer stromaufwärts am Südufer der Donau bei Dillingen standen. Marlborough stand jetzt ostwärts des Gegners zwischen diesem und Wien.

Er hatte sich entschlossen, zuerst das etwa 30 Kilometer im Osten gelegene Donauwörth zu nehmen, um damit die Verbindungslinien über Nördlingen nach Norddeutschland zu sichern und sich in den Besitz einer Donaubrücke zu setzen, die nach Bayern führte. Es war keine Zeit zu verlieren. Tallard stand bei Straßburg kurz davor, mit 60000 Mann nach Osten aufzubrechen, um den Rhein zu überschreiten, während Eugen ihn mit seinen 30000 Mann nicht daran hindern konnte. Auch Marsin erkannte die besondere Bedeutung von Donauwörth, hatte schon am 30. Juni 14000 Mann vorausgeschickt, um es zu verteidigen, und seine Hauptkräfte waren abmarschbereit. Marlborough war Marsin 16 Kilometer voraus, und im Morgengrauen des 2. Juli rückte er nach Osten ab, um Donauwörth zu nehmen.

Der Marsch ging über 20 Kilometer schlechter Straße, und anschließend galt es, eine starke Festung zu erstürmen. Die Schlüsselstellung vor Donauwörth war der Schellenberg, eine befestigte Anhöhe an der Stadtmauer. Nach anderthalb Stunden blutigen Gefechts nahm Marlborough ihn in Besitz. Die Vorhut griff aus der Marschkolonne den steilen Hang hinauf an und zwang die Verteidiger, sich an dieser Stelle zu konzentrieren, während das Gros die Höhe umging und den Gegner im Rücken faßte. Der Plan gelang. Es war ein verlustreiches Gefecht, aber Marlborough wußte, daß die gewonnenen Vorteile die Verluste aufwogen und die Truppe solche Verluste im Fall eines Sieges hinzunehmen bereit ist. Es gibt aber für das Opfer von Menschenleben gewisse Grenzen. 1914/18 haben einige der sogenannten tapferen Generäle sinnlos Menschenleben geopfert, und ich werde im 20. und 21. Kapitel noch näher auf diese Frage eingehen. Marlborough hatte sich jetzt die Straßen, die er im Rücken und vor der Front brauchte, geöffnet und stand fest zwischen den Franzosen und Wien.

Zwei Tage nachdem Tallard den Rhein überschritten hatte, erhielt Marlborough die Meldung darüber. Jetzt war es dringend erforderlich, den Kurfürsten Max Emanuel zur Aufgabe seines Bündnisses mit den Franzosen zu bewegen. Um das zu erreichen, verwüsteten die alliierten Truppen im Juli systematisch bayerisches Gebiet (sic!). Aber der Kurfürst war bereit, sein Volk so lange leiden zu lassen, wie er glaubte, daß Tallard ihm zu Hilfe kommen würde. Die Maßnahmen, die Marlborough persönlich nur ungern zuließ, hatten keinen Erfolg. Anfang August vereinigte sich Tallard mit Marsin und Max Emanuel und setzte sich am 10. nach Norden in Marsch, um bei Dillingen die Donau zu überschreiten. Tallard war als Oberbefehlshaber umsichtig und geachtet, aber mehr Diplomat als Berufssoldat, und so hatte er seine Truppen nicht so fest in die Hand, wie das im Krieg erforderlich ist. Am 11. August schickte Eugen, der zugleich mit Tallard nach Osten gekommen war, Marlborough aus Münster einen Situationsbericht und riet ihm, sich möglichst bald mit ihm zu vereinigen. Malborough beeilte sich, das zu tun, um endlich nach dreijährigem Warten den Franzosen die ausführliche schon lange herbeigesehnte Schlacht zu liefern.

Am 12. August bezogen Franzosen und Bayern bei Blenheim an der Donau ein Lager ostwärts von Höchstädt, etwa 8 Kilometer stromaufwärts von Münster. Sie wollten sich eigentlich nicht zur Schlacht stellen und erwarteten auch nicht, daß die Alliierten die Schlacht anbieten würden, denn ihre Stellung war stark. Zudem belagerte, wie sie wußten, Ludwig mit 15 000 Mann Ingolstadt. In Wirklichkeit hatte sich Marlborough aber absichtlich von seinem langsamen Bundesgenossen getrennt, um für sich selbst Handlungsfreiheit zu gewinnen. Am gleichen Tag verschafften sich Marlborough und Eugen einen Überblick vom Kirchturm von Tapfheim aus über das Gelände und bereiteten den Schlachtplan vor.

Die Franzosen und Bayern lagerten im freien Gelände auf Stoppelfeldern hinter der sumpfigen Flußniederung der Nebel, die von Norden in die Donau fließt. Dabei nahmen sie eine etwa 7 Kilometer breite Front ein. Tallards Armee lagerte zwischen Blenheim an der Donau und Oberglau. Marsin und der Kurfürst hatten ihre Truppen im Raum nördlich der Linie Oberglau-Lutzingen versammelt. Nördlich von Lutzingen lagen bewaldete Berge. Das war eine starke, an beiden Flanken gesicherte Stellung, die vor der Front durch die sumpfige Flußniederung geschützt wurde. Franzosen und Bayern waren außerdem artilleristisch überlegen. Im übrigen waren die Armeen etwa gleich stark. Jede Seite verfügte über 50 000 bis 60 000 Mann.

Nach Auffassung Marlboroughs und Eugens hatte der Gegner seine Truppen nicht richtig aufmarschieren lassen. Beide Armeen waren getrennt voneinander aufgestellt, die Kavallerie stand wie üblich jeweils an den Flügeln, nur Tallard hatte dafür rechts am Fluß keinen Raum,

und seine Kavallerie stand daher geschlossen am linken Flügel. Damit war fast die gesamte feindliche Kavallerie im Zentrum der feindlichen Aufstellung bei Oberglau massiert. Das Gelände war zwar sehr gut für das Kavalleriegefecht geeignet, aber die Zusammenarbeit zwischen Kavallerie und Infanterie war durch diesen Aufmarsch nicht gesichert. Eine zweite Schwäche der französischen Aufstellung lag darin, daß Tallards Truppen etwa 1000 Meter hinter dem Flußlauf der Nebel standen.

Manche Fachleute behaupten, Tallard habe seine Armee 1000 Meter rückwärts des Nebelufers aufgestellt, weil er für den 12. oder 13. August noch keinen feindlichen Angriff erwartete und daher nicht glaubte, gegen einen Überraschungsangriff gesichert sein zu müssen. Doch ist die Überraschung ein ganz wesentlicher Faktor in der Kriegführung. Zwei taktische Grundprinzipien haben von jeher zur Grundlage meines militärischen Denkens gehört:

1. Ein vom Gegner bedrohter Verband muß immer so aufgestellt werden, daß er bereit ist, jederzeit auf einen Überraschungsangriff zu reagieren.
2. Ein Geländehindernis verliert 50 Prozent seines Werts, wenn man sich zu weit rückwärts davon aufstellt und damit zuläßt, daß der Feind die Anmarschwege erkundet und es unter Umständen ungehindert überwindet.

Die Befolgung dieser Grundsätze hat sich nach meiner eigenen Erfahrung immer wieder als richtig erwiesen. Zum Beispiel: Die Achte Armee hatte im März 1943 unter meinem Kommando, von Alamein kommend, die berühmte Marethlinie an der tunesischen Grenze erreicht. Hier hielt uns Rommel auf, während er mit starken Kräften weiter nördlich gegen Eisenhowers Armee operierte und einem amerikanischen Korps im Raum von Gafsa eine schwere Niederlage beibrachte. Wir sahen Rommel als einen ernstzunehmenden Gegner an. Er verfügte im Norden über starke Verbände, die er ohne weiteres gegen uns hätte führen können, und wenn ihm ein Überraschungserfolg gelang, würde das das Ende des Feldzugs in Afrika erheblich verzögern. Das war auch wirklich Rommels Plan, aber da wir unsere Stellungen richtig gewählt hatten, konnten wir den Angriff abweisen.

Der zweite Fall ereignete sich in Europa. Im Dezember 1944 standen die alliierten Armeen kurz vor dem Rheinübergang. Hitler hatte aus mehreren Panzerdivisionen eine Reserve gebildet. Wir wußten das, konnten aber nicht feststellen, wo diese Kräfte standen. Im Nordabschnitt der alliierten Front, den starke britische und kanadische Armeen unter meinem Kommando hielten, gab es keine Befürchtungen, aber vor der amerikanischen Front war die Lage anders, denn die Amerikaner hatten ihre Armeen in zwei starken Gruppen zum Angriff bereitgestellt, zwischen denen sich im Ardennenraum eine etwa 160 Kilometer breite Lücke befand, die nur von einem aus vier schwachen Divisionen bestehenden Armeekorps gehalten wurde. Gegen diese Lücke wollte Hitler seinen Angriff führen. Die amerikanischen Armeen wurden überrascht, die Front wurde zerschlagen, und sie verloren 80000 Mann.

Ein Wort über Hindernisse: Auf dem Rückzug von Belgien nach Dünkirchen im Mai 1940 war ich Kommandeur der britischen 3. Division. Mir kam es hier darauf an, durch Feuer und eigene Aufklärungstätigkeit die deutsche Aufklärung von den durch meine Division gehaltenen Flußabschnitten fernzuhalten. Das hatte den Erfolg, daß wir unsere Stellungen halten konnten, bis die Zeit für das weitere Ausweichen gekommen war.

Doch kehren wir zu den Ereignissen zurück, die zur Schlacht von Blenheim geführt haben.

Tallards französische Armee war unmittelbar durch die von zwei hervorragenden Truppenführern, Marlborough und Eugen, geführten alliierten Armeen bedroht. Tallard hat sich nicht gegen einen Überraschungsangriff abgesichert. Hätte er seine Truppen am 12. August an den Fluß herangeführt, wäre der Übergang für die Armee Marlboroughs sehr schwierig gewesen.

Die Schlacht von Ramillies. Ausschnitt aus einem Wandgemälde von Laguerre im Marlborough-Haus

Kriegführung in Europa

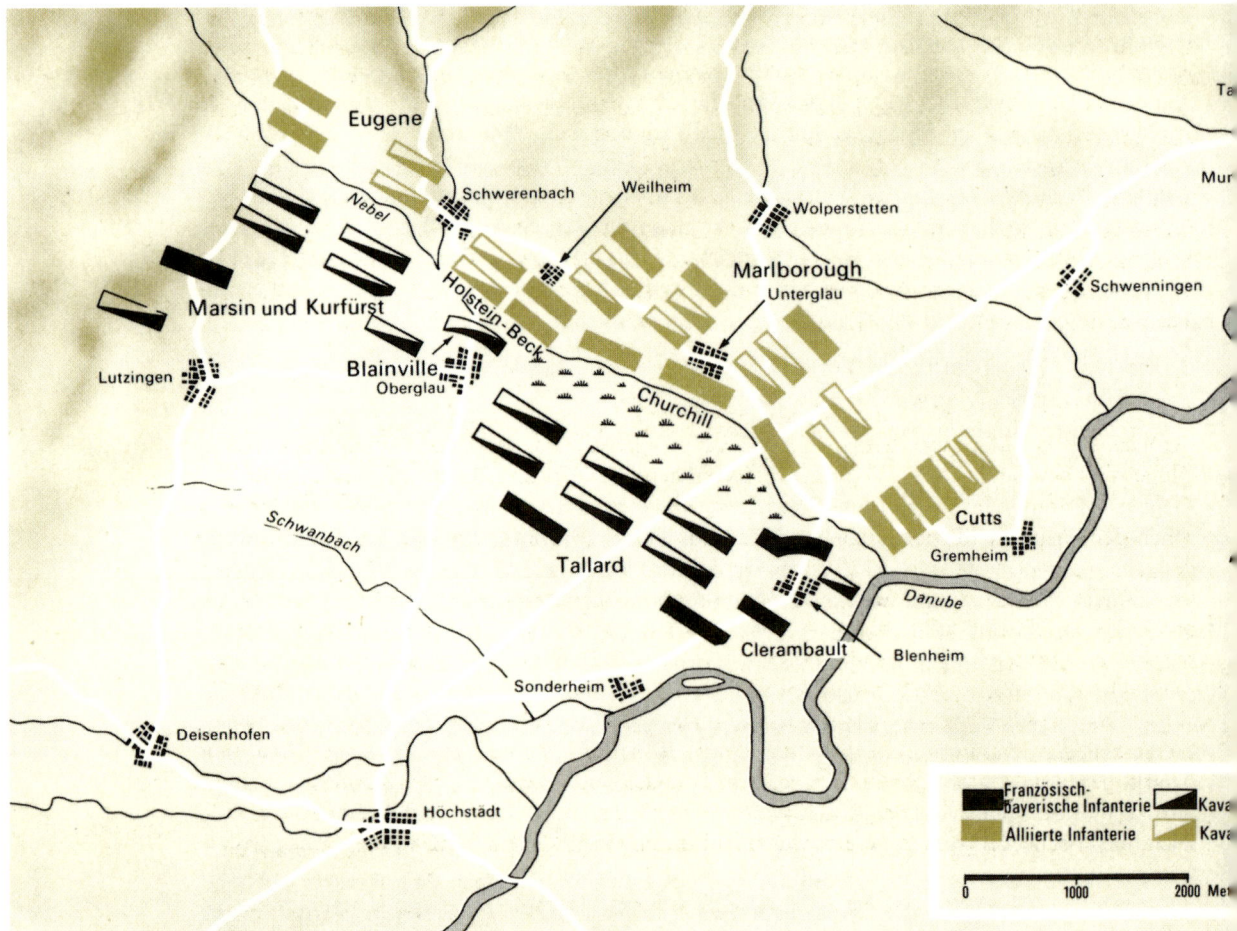

Die Schlacht bei Blenheim

Ich habe oben gesagt, Tallard sei ein intelligenter Mann gewesen. In diesem Fall hat er sehr töricht gehandelt. Marsin und der Kurfürst im Nordabschnitt handelten umsichtiger. Sie hatten dicht am Flußufer Stellungen bezogen, um den Gegner zu vernichten, bevor er sich nach Überwindung des Flußlaufs formieren konnte.

Marlborough und Eugen hatten das festgestellt, und da sie die Schlacht wünschten und ihren Männern vertrauten, entschlossen sie sich am Morgen des 13. August, den Feind überraschend anzugreifen. (Am gleichen Tag habe ich 1942 in Ägypten das Kommando der Achten Armee übernommen. Winston Churchill erwähnt dieses eigenartige Zusammentreffen in seiner Eintragung in meinem Gästebuch anläßlich seines Besuchs in meinem Hauptquartier eine Woche später.)

Die Alliierten traten vor Morgengrauen an, und bei Sonnenaufgang stießen drei Kolonnen in die Ebene vor und gingen fächerförmig auseinander, um die Schlachtordnung einzunehmen. Dänische und preußische Infanterie und österreichische Kavallerie unter Eugen griffen im

Norden in Richtung auf Lutzingen an und bildeten den rechten Flügel. Die Hauptkräfte, Briten, Holländer, Hannoveraner und Hessen, stießen unter Marlborough geradeaus gegen das Ostufer der Nebel vor. Auch wenn er es nicht erwartet hatte, mußte Tallard um 7.00 Uhr erkannt haben, daß der Angriff begonnen hatte. In aller Eile machten sich die Franzosen bereit, waren aber durch die plötzlich entstandene kritische Lage unsicher geworden.

Die Überraschung war gelungen, und der Feind mußte sich dem Angriff in der Anordnung stellen, in der er vorher gelagert hatte. Neun Infanteriebataillone, zu deren Unterstützung weitere sieben bereitstanden, verteidigten Blenheim. Elf Bataillone standen in Reserve. Zwischen Blenheim und Oberglau standen 44 französische Kavallerieschwadronen in zwei Treffen, die von 9 Infanteriebataillonen und 4 Schwadronen abgesessener Dragoner unsütsützt wurden. Zur Verteidigung von Oberglau standen 32 Kavallerieschwadronen und 14 Infanteriebataillone bereit. Links davon standen 32 Kavallerieschwadronen und 14 Infanteriebataillone, und bei Lutzingen 51 Kavallerieschwadronen und 12 Infanteriebataillone.

Während Eugens Kolonnen durch das bewaldete Hügelgelände gegen Lutzingen vorgingen, beobachtete Marlborough den Aufmarsch der Franzosen und Bayern. Der feindliche rechte Flügel war besonders stark mit Schwerpunkten bei Oberglau und Blenheim. Eugen sollte den Gegner im Norden fassen und zurückdrängen, aber die Entscheidung mußte weiter südlich zwischen den Truppen Marlboroughs und Tallards fallen. Marlborough glaubte, Tallard werde versuchen, ihn an der Überquerung der Nebel zu hindern, und ließ seine Verbände in der sonst nicht üblichen Aufstellung zu vier Treffen vorgehen. Im ersten Treffen sollten 17 Infanteriebataillone den Fluß überschreiten und das Westufer halten. Zwei Kavallerietreffen, das erste mit 36 Schwadronen, das zweite mit 35, sollten den Hauptangriff führen. Das vierte Treffen mit 11 Infanteriebataillonen sollte ostwärts der Nebel warten, um notfalls den Rückzug der Kavallerie zu decken. Zu Beginn der Schlacht sollte der Schwerpunkt des Angriffs bei den beiden Dörfern liegen. Damit sollte der Feind ebenso überrascht werden wie seinerzeit durch den Angriff gegen die starken Stellungen auf dem Schellenberg. Gelang es, den Feind in den Dörfern zu binden, dann würde er den Kavallerieangriff, der zum Durchbruch durch das französisch, bayerische Zentrum angesetzt war, nicht durch einen Gegenangriff in die Flanke stören können.

Zuerst gingen die Infanterieverbände von Lord Cutts in einer Kolonne bei Blenheim über die Nebel, deren Ufer hier verhältnismäßig fest waren. Der Hauptangriff konnte aber erst beginnen, wenn Eugen seine Stellungen eingenommen hatte. Ein vier Stunden bis zum Mittag dauerndes Artillerieduell verursachte schwere Verluste auf beiden Seiten. In dieser Zeit schlugen Pioniere sechs Brücken über die Nebel, und bei den Truppenteilen wurden Feldgottesdienste abgehalten. Marlborough inspizierte seine Verbände, und einmal schlug eine Kanonenkugel so dicht neben ihm ein, daß eine Staubwolke ihn vor den Blicken seiner Soldaten verbarg. Die Sonne schien heiß, und alles wartete in äußerster Spannung auf den Anfang der Schlacht. Endlich brachte ein Ordonnanzoffizier kurz nach dem Mittag die Meldung, Eugen habe die Bereitstellung eingenommen, und Marlborough befahl den Angriffsbeginn.

Die erste Infanteriebrigade von Cutts am linken Flügel rückte gegen Blenheim vor und erhielt den Befehl, das Feuer erst unmittelbar vor den französischen Palisaden zu eröffnen. Ein Drittel der Angreifer fiel im Abwehrfeuer der Franzosen, aber zwei weitere Brigaden füllten die Lücken. Der Marquis de Clérambault, der die Franzosen in Blenheim befehligte, hatte schon die 7 Infanteriebataillone zur Unterstützung der ersten 9 herbeigerufen. Es entwickelte sich ein ebenso blutiges Gefecht wie seinerzeit um den Schellenberg, und der Erfolg war der gleiche. Clérambault verlor die Nerven und befahl den Einsatz seiner letzten Reserven von 11 Bataillonen. Der alliierte Angriff ging weiter, es gelang aber noch nicht, das Dorf zu nehmen. Doch der Auftrag war erfüllt.

Der Feind war hier gefesselt. Die Besatzung der Ortschaft war durch 12 000 Mann Reserven verstärkt worden, und Blenheim war so von französischen Truppen verstopft, daß jede weitere Bewegung unmöglich wurde. Nun befahl Marlborough, die gegnerischen Kräfte in Blenheim zu binden und daran zu hindern, an anderer Stelle in die Schlacht einzugreifen.

Während also die harten Kämpfe am linken Flügel den ganzen Tag weitergingen, erfüllte Eugen am rechten Flügel den gleichen Auftrag. Eugen beobachtete indessen die Vorgänge auf dem Schlachtfeld weiter südlich und hielt sich bereit, Marlborough notfalls Verstärkungen zu schicken, auch wenn er sie nur schwer entbehren konnte.

Die Entscheidung bahnte sich in der Mitte bei Oberglau und südlich davon an. Hier hatte Marlborough das Kommando, behielt gleichzeitig die Entwicklung der Lage bei Blenheim im Auge und konzentrierte seine Aufmerksamkeit besonders auf das Zentrum. Die ihm unterstellten Truppenteile unter Lord Orkney und Marlboroughs Bruder, Charles Churchill, erfüllten alle seine Erwartungen. Tallard dagegen ritt an der ganzen französischen Front entlang und inspizierte jeden einzelnen Truppenteil, ohne die Lage an irgendeiner Stelle in der Hand zu haben oder die Gesamtsituation überblicken zu können.

Jetzt stellte es sich heraus, welchen schweren Fehler Tallard begangen hatte, als er zu Beginn der Schlacht die ersten feindlichen Infanterie- und Kavallerieverbände beim Übergang über die Nebel nicht angegriffen, sondern nur mit Artillerie beschossen hatte. Vielleicht glaubte er, je mehr feindliche Truppen über den Fluß kämen, desto besser sei es, und desto mehr würden bei einem Gegenangriff von seiner überlegenen Kavallerie vernichtet und zurückgeschlagen werden. Aber es kam gar nicht zur Ausführung dieser Idee, denn der Angriff erfolgte erst, als die alliierten Truppen sich am Westufer des Flusses wieder geordnet hatten. Zwar wurde es ein heißes Gefecht, und an einigen Stellen gerieten die Alliierten ins Schwanken, wurden aber nicht zurückgetrieben. Vielmehr überschritten immer stärkere Verbände den Fluß, die Alliierten gewannen Boden, und Infanterie und Kavallerie arbeiteten, wie sie es in der Ausbildung gelernt hatten, eng zusammen. In vorderster Linie griffen die Reiter an, denen die Infanterie als Reserve folgte. Zwischen den einzelnen Infanterieverbänden wurden Lücken gelassen, durch die sich die Kavallerie zurückziehen konnte, um sich für neue Attacken bereitzustellen. Inzwischen konnte die Infanterie feindliche Gegenangriffe mit Kavallerie durch Salvenfeuer abwehren. Außerdem waren die Infanteristen jetzt besser als je zuvor dazu in der Lage, mit dem aufgepflanzten Seitengewehr einen Reiterangriff abzuwehren. Die französische Infanterie, 9 Bataillone junger Rekruten, die, wie Trevelyan sagt, „vom Kämpfen nichts weiter wußten, als daß man an seinem Posten zu sterben bereit sein muß", bewährte sich in dieser Phase der Schlacht nicht.

Der Höhepunkt kam am frühen Nachmittag, als die zehn Bataillone alliierter Infanterie unter dem Prinzen von Holstein-Beck zum Sturm gegen Oberglau antraten. Neun französische und irische Infanteriebataillone unter dem Marquis de Blainville führten einen verzweifelten Gegenangriff und drängten ihren Gegner auf die Nebel zurück. Damit war die rechte Flanke von Marlboroughs Zentrum entblößt, und es bestand die Gefahr, daß seine Armee in zwei Teile auseinandergesprengt wurde. Marsin, der das erkannte, versammelte sofort die verfügbare Kavallerie bei Oberglau. Um dieser Gefahr zu begegnen, bat Marlborough Eugen um Verstärkungen. Als Marsins Reiter gegen den Fluß anritten, erschien die von Eugen abkommandierte Kavalleriebrigade, faßte die Franzosen in der Flanke und schlug sie zurück. Die Infanterie des Prinzen von Holstein sammelte sich wieder, trieb den Gegner nach Oberglau zurück und hielt ihn dort fest. Jetzt wußte Marlborough – vielleicht als einziger –, daß die Alliierten den Sieg schon in den Händen hatten, Starke Feindkräfte waren in Blenheim und Oberglau gefesselt, die feindliche linke Flanke war von den Truppen Eugens gebunden, und die Alliierten mußten nur noch alle verfügbaren Kräfte im Zentrum zusammenfassen, um den vollständigen Sieg zu gewinnen.

Aber Marlborough ließ sich Zeit. Seine Männer im Zentrum mußten erst wieder zu Atem kommen, und er gruppierte seine ganze Front für den entscheidenden Schlag um. Auch Eugen am rechten Flügel hatte noch eine Menge zu tun, aber bald nach 16.00 Uhr hatten seine Truppen Lutzingen umgangen. Inzwischen hatte Marlborough die letzten Truppen über die Nebel gebracht und stellte zwischen Blenheim und Oberglau 90 Schwadronen Kavallerie und 23 Bataillone Infanterie in je zwei Treffen zum Angriff bereit. Ihm gegenüber stand Tallard mit nur 60 Schwadronen und knappen 9 Bataillonen. Als er endlich begriff, was Marlborough vorhatte, ließ er seine Infanterie vorrücken, um Marlboroughs Angriff südlich von Oberglau zu blockieren. Da dieser den Aufmarsch seiner Truppen noch nicht beendet hatte, schickte er dem Gegner hier drei Bataillone und einige Artillerie entgegen. Die französische Infanterie war dem Gegner zwar überlegen, aber die Kavallerie griff nicht an und nutzte die Gelegenheit nicht aus. Um 17.30 Uhr hatte Marlborough seine Vorbereitungen abgeschlossen, die neun tapferen französischen Bataillone waren durch die Artilleriebeschießung fast vernichtet, und die alliierte Kavallerie trat zum Angriff an.

Von den Höhen bei Lutzingen aus konnten die Truppen auf beiden Seiten sehen, was sich im Tal abspielte. Als die alliierte Kavallerie in einer langen Linie im Trab angriff, kam die französische Kavallerie ihr entgegen, die, auch wenn sie nicht zahlenmäßig unterlegen gewesen wäre, das Gefecht verloren hätte, denn die Franzosen griffen schwadronsweise an und parierten die Pferde im letzten Augenblick, um ihre Gewehre abzufeuern. Sobald die französische Kavallerie hielt, verschärften die alliierten Reiter das Tempo, stürmten auf den Gegner zu, brachen in seine Reihen ein und kämpften ausschließlich mit dem Säbel. Wenn in der alliierten Front Lücken entstanden, wurden sie sofort von rückwärts aufgefüllt. Die Franzosen wurden zurückgedrängt, und der Rückzug verwandelte sich sehr bald in eine regellose Flucht.

Die Flüchtenden aus dem französischen Zentrum wurden auf die Donau zugetrieben, stürzten über das Steilufer hinab und gerieten in sumpfiges Gelände. Marschall Tallard wurde auf dem Wege nach Blenheim gefangengenommen und zum alliierten Oberbefehlshaber gebracht. Marlborough schrieb im Sattel ein paar Zeilen auf die Rückseite einer Tavernenrechnung an seine Frau.

> Ich habe keine Zeit, mehr zu sagen, aber richte der Königin bitte meine Empfehlungen aus und lasse sie wissen, daß ihre Armee einen glorreichen Sieg erfochten hat. Tallard und zwei weitere Generäle sitzen in meinem Wagen, und ich verfolge die Reste.

Sobald die Mitte der französischen Front durchbrochen war, hatte Lord Orkney seine Engländer und Schotten einschwenken lassen und sich den Truppen von Cutts und Churchill zur Einschließung Blenheims angeschlossen, das nun bis zum Donauufer von allen Seiten abgeriegelt war. Clérambault verlor die Nerven, sprang in den Fluß und ertrank. Um 21.00 Uhr boten die französischen Offiziere in Blenheim die Kapitulation an. 9000 unverwundete französische Soldaten gerieten in Gefangenschaft. Oberglau war schon vorher überrannt worden. Marsin und der Kurfürst hatten um 19.00 Uhr, ohne geschlagen zu sein, den geordneten Rückzug angetreten. Sie wurden nicht verfolgt. Marlborough hatte keine Reserven, die Nacht brach herein, und er mußte für zahlreiche Gefangene sorgen. Seine Armee hatte 4500 Gefallene und 7500 Verwundete verloren. Das waren zwanzig Prozent der Gesamtstärke. Die französischen Verluste betrugen 40000 Mann einschließlich von 14000 Gefangenen. Das waren siebzig Prozent der Mannschaften. Dazu kam der Verlust von 60 Geschützen.

Die Schlacht von Blenheim hatte tiefgreifende Folgen. Anfang 1704 hatte Ludwig XIV. kurz davorgestanden, seine ehrgeizigen Ziele zu verwirklichen und die Herrschaft über ganz Europa zu gewinnen. Spanien, die spanischen Niederlande und Italien hatte er schon in der Tasche, und auch der österreichische Kaiser schien dazu verdammt zu sein, sich vor ihm beugen zu müssen. Aber nach dem Feldzug dieses Jahres blieb Ludwig in der Defensive, da er wußte, daß seine Armee und seine Finanzen erschöpft waren, und suchte, seine Grenzen in einem ehrenvollen Frieden zu erhalten. Mit seinem Donaufeldzug und besonders in jenen drei Stunden, als er die Lage bei Oberglau durch den entscheidenden Kavallerieangriff rettete, vertrieb Marlborough einen Schatten, der mehr als vierzig Jahre über Europa gelegen hatte. Die seit zweieinhalb Jahrhunderten auf dem Kontinent fast unbekannten britischen Soldaten hatten sich als die besten der Welt erwiesen.

Aber der Krieg war noch nicht vorüber. Von 1705 bis 1711 kämpfte Marlborough in den Niederlanden, um dort mit der Zaghaftigkeit der Holländer und den französischen Befestigungen fertigzuwerden. Es war schwierig, den Feind zur Schlacht zu stellen, aber Marlborough errang dennoch drei große Siege bei Ramillies (1706), Oudenarde (1708) und Malplaquet (1709). Im übrigen bestand der Krieg aus Belagerungen und kleinen Manövern. Doch selbst hier erwies sich Marlboroughs militärisches Genie. Nach dem Sieg bei Oudenarde schlug er vor, den Erfolg auszunutzen und sofort nach Paris zu marschieren, aber die anderen Generäle waren nicht damit einverstanden, sondern wollten Lille belagern. Während Eugen die Belagerung durchführte, deckte Marlborough seine Operationen und schützte ihn gegen Angriffe starker Kräfte unter den Marschällen Vendôme und Berwick. Von Juli bis Dezember hielt er die französische Entsatzarmee auf und manövrierte so geschickt, daß er jede Bewegung des Feindes parierte, ehe dieser sie ausführen konnte. Aber bald verschlechterten sich Marlboroughs Beziehungen zu den Politikern in England, denn sein strategisches Ziel, den Krieg baldmöglichst zu beenden, entsprach nicht den Wünschen der politischen Parteien, und Ende 1711 wurde er seines Postens als Oberbefehlshaber enthoben.

Marlborough beansprucht das besondere Interesse des Historikers als größter Feldherr seiner Zeit, aber es hat im spanischen Erbfolgekrieg zwei weniger bedeutende Truppenführer gegeben, die ebenfalls erwähnt werden sollten. Der erste ist der Earl of Peterborough, der 1705 nach Spanien ging, um das Kommando über das britische Expeditionsheer zu übernehmen. Im Verlauf der folgenden zwei Jahre eroberte er Barcelona, Valencia und die Ostküste und öffnete damit den Weg nach Madrid. Diese dramatischen Erfolge, die er mit einer Handvoll Soldaten erzielte, waren seiner Kühnheit, Kaltblütigkeit, der Anwendung von Kriegslisten und vor allem der sehr schlechten Führung auf der anderen Seite zuzuschreiben. Peterborough eroberte Valencia, ohne daß ein Schuß fiel, nachdem er den spanischen General Las Torres veranlaßt hatte, vor einem Gegner, der niemals über mehr als 1300, einmal aber nur über 150 Mann verfügte, mit seinen 7000 Mann für fast einen Monat das Feld zu räumen. Er spielte Las Torres einige Offiziere als Gefangene in die Hände, die ihn vor der überlegenen Armee Peterboroughs warnten. Diese Leistungen wurden in London zu einer Zeit, als der Krieg in den Niederlanden nur sehr langsam vorankam, mit großem Jubel aufgenommen. In Wirklichkeit waren es aber kaum mehr als Husarenstücke.

Die bedeutendere Persönlichkeit in dieser Zeit war Marschall Villars, der bei weitem fähigste General Ludwigs XIV. nach Condé und Turenne. Durch seine Siege bei Friedlingen (1702) und Höchstädt (1703) brachte er Wien in Gefahr. Villars war jedoch mehr Soldat als Hofmann, und sein Draufgängertum gewann ihm eher die Herzen seiner Soldaten als die Sympathie seiner politischen Herren, die ihn von Zeit zu Zeit verschwinden ließen. Aber nach 1709 übernahm er ein höheres Kommando an der Nordfront. Zwar gelang es ihm nicht, Marlborough zu besiegen, aber er war ein geschickter Verteidiger, kühn, gegebenenfalls bereit, die Schlacht anzunehmen, handelte aber niemals unüberlegt. Als seine Armee 1709 die einzige Truppe war, die Paris gegen einen überlegenen Gegner verteidigen konnte, war es das Verdienst des bereits verwundeten Villars, daß der Sieg bei Malplaquet für Marlborough und die Alliierten zum Pyrrhussieg wurde. 1710 hielt er sich noch immer gegen den Feind, ebenso auch 1711, als er seine berühmte *Ne Plus Ultra*-Verteidigungsstellung von der Küste bis nach Namur einrichtete und es Marlborough den größten Teil dieses Feldzuges kostete, sie zu durchbrechen. Nachdem Marlborough den Schauplatz verlassen hatte, besiegte Villars 1712 Eugen in der Schlacht von Denain, südwestlich von Valenciennes, und drängte die Alliierten zurück. Damit gewannen die Franzosen, die bisher alle Feldzüge verloren hatten, den letzten. Sie hatten es den starken Befestigungen Vaubans und den militärischen Leistungen Villars zu verdanken, wenn sie mit dem Vertrag von Utrecht 1713 sehr günstige Friedensbedingungen zugebilligt bekamen.

Während im Westen der Spanische Erbfolgekrieg ausgefochten wurde, führten Schweden und Rußland den noch länger dauernden Nordischen Krieg von 1700 bis 1721. Das Moskowiterreich mußte seine Grenzen erweitern und bis an eine Linie vorverlegen, die sich besser verteidigen ließ. Schon nach 1650 hatte es mit Schweden als der einzigen nordischen Großmacht einen Zusammenstoß gegeben.

Über Karl XII. will ich nicht viel sagen, denn ich habe ihn nie besonders geschätzt. Er wurde 1697 im Alter von fünfzehn Jahren König von Schweden und war sicher ein besonders

Marlboroughs Truppen brechen in die französischen Feldstellungen bei Malplaquet ein

Kriegführung in Europa

Die schwedische Armee besiegt 1701 die Russen an der Düna

begabter Mann. Er erbte die militärische Tradition Gustav Adolfs, liebte den Krieg mit seinen Härten und Gefahren, war ausdauernd und jederzeit bereit, alles, was er von seinen Soldaten verlangte, auch selbst zu tun. Aber er war so unklug, sich mit Rußland in einen Krieg einzulassen. Peter der Große folgte den strategischen Grundsätzen seiner Zeit, vermied die offene Feldschlacht und lockte Karl in die Weiten Rußlands, wo er sich mit den Problemen der weiten Entfernungen, des Klimas, der verbrannten Erde und der Unsicherheit der langen Verbindungslinien auseinandersetzen mußte. Napoleon hat einmal gesagt, Karl XII. habe gegen fast alle Grundsätze der Feldherrnkunst verstoßen. Der Winter 1708/09 war besonders streng, und die schwedische Armee hatte furchtbar unter der Kälte zu leiden. Die Katastrophe kam im Juni 1709 bei der Belagerung Poltawas durch die Schweden. Peter griff sie mit einer überlegenen Armee an. Karl selbst wurde verwundet und entkam in die Türkei. Seine Armee mußte sich ergeben. Nach einiger Zeit kehrte er nach Schweden zurück, kämpfte weiter und wurde 1718 auf einem Feldzug in Norwegen von einem Heckenschützen erschossen. Der Nordische Krieg endete 1721 mit dem Vertrag von Nystad. Schweden verlor seine Machtstellung und Rußland wurde zur jüngsten europäischen Großmacht.

Soviel über Karl XII. Es gibt Historiker, die ihn für einen bedeutenden Feldherrn halten, da er ein guter Menschenführer gewesen sei und manchen Sieg erfochten habe. Ich stimme damit nicht überein. Augenscheinlich ist er keiner klaren strategischen Vorstellung gefolgt. Er überschätzte den militärischen Wert seiner Verbündeten und unterschätzte die Widerstandskraft der Russen, wie Napoleon und Hitler es später auch tun sollten. Er verstand nichts von internationaler Politik, und es mangelte ihm an Weisheit und Intelligenz. Schließlich möchte ich sagen, daß er keine Rücksichten auf das Leben seiner Soldaten nahm und Schweden an den Rand des Untergangs gebracht hat.

Kriegführung in Europa

Die koloniale Expansion führte zu weiteren Seekriegen zwischen den Großmächten. Ein britisches Geschwader überfällt 1708 den Geleitschutz eines spanischen Schatzschiffs

14 · Kriegführung in Europa im 18. Jahrhundert

Bei der Darstellung der Kriegführung in Europa im 18. Jahrhundert müssen wir uns mit drei Themenkreisen beschäftigen. Wir beginnen mit dem Wettstreit Großbritanniens und Frankreichs um die Weltherrschaft. Hier ging es in erster Linie um die Seestrategie und die wirtschaftliche Kriegführung, und zwar zum erstenmal in weltweiten Dimensionen. Die führenden Persönlichkeiten waren der hervorragende Seemann und Marinefachmann George Anson, der große Politiker William Pitt und der Soldat James Wolfe. Als zweites Thema behandeln wir Preußen. Wir werden die Entwicklung des preußischen Militärstaats und der Gesellschaft in Preußen nachzeichnen und die Ideen und Leistungen Friedrichs des Großen (1740–1786) besonders im Hinblick auf seinen Sieg bei Leuthen (1757) analysieren. Schließlich werden wir feststellen, wie aus den dynastischen Kriegen die nationalen Kriege entstanden, als 1792 die Bürgerarmee Frankreichs im Rahmen der Revolutionskriege bei Valmy gegen Preußen und Österreicher kämpfte und als Nation in Waffen ihre Demokratie verteidigte.

Mit dem Vertrag von Utrecht endete 1713 der französische Versuch, die Vorherrschaft in Europa zu gewinnen, aber die auf dem Gebiet des Handels und der Kolonialpolitik bestehenden Gegensätze waren damit nicht verschwunden. Die Hauptrivalen waren Großbritannien und Frankreich, und auch Spanien war eine Zeitlang als Verbündeter Frankreichs in den Konflikt verwickelt. Die Holländer hielten sich jetzt heraus. Von 1713 bis 1739 entwickelten sich die Seefahrt und der Handel, und neue überseeische Basen entstanden, doch nach außen herrschte noch Friede. Aber die Spannung wuchs besonders in gewissen Schlüsselgebieten wie Gibraltar, Menorca, Westafrika, Nordamerika und Indien. Eine Reihe von Zwischenfällen führte zum Ausbruch des Krieges „um Jenkins' Ohr" (1739–1744) im karibischen Raum, der im größeren Rahmen des Österreichischen Erbfolgekriegs (1740–1748) ausgefochten wurde. Nach einer Atempause kam es 1756–1763 zum Siebenjährigen Krieg, dem 1775–1783 der Amerikanische Unabhängigkeitskrieg folgte, der allerdings praktisch mit der Kapitulation von Cornwallis in Yorktown 1781 endete. Alle diese Kriege hatten andere als die durch ihre Namen bezeichneten politischen Hintergründe, aber bei jedem spielte die Rivalität zwischen England und Frankreich eine wesentliche Rolle. William Pitt erkannte das und sah auch die Möglichkeit eines Weltkriegs voraus, als er davon sprach, man müsse Kanada an den Ufern der Elbe erobern. Damit wollte er sagen, sein preußischer Verbündeter solle soviele französische Truppen binden, daß die Franzosen in Amerika entscheidend geschwächt würden.

Im 1. Kapitel haben wir gefragt, aus welchen Gründen Kriege entstehen. Wir haben die verschiedensten Kriegsursachen untersucht und dabei gewisse menschliche Eigenschaften und Umstände berücksichtigt, die die Menschen veranlassen, Krieg zu führen. Daß aber das Ohr eines Mannes ein Kriegsgrund sein könnte, haben wir nicht erwähnt. Das war jedoch bei dem

„Krieg um Jenkins' Ohr" der Fall. Mancher Leser kennt die Geschichte vielleicht noch nicht. 1731 brachte ein spanisches Wachschiff die von den Westindischen Inseln zurückkehrende britische Brigg „Rebecca" auf, der spanische Kommandant raubte den Laderaum aus und schlug dem englischen Kapitän, Robert Jenkins, ein Ohr ab. Bei seiner Ankunft in England beschwerte sich Jenkins beim König, den die Sache kaum interessierte. Aber sieben Jahre später wiederholte Jenkins seinen Bericht vor einem Ausschuß des House of Commons, die Sache erregte Aufsehen, die Presse goß Öl ins Feuer, und der Vorfall war einer der Gründe, die 1739 zum Ausbruch des Krieges zwischen Großbritannien und Spanien führten, der sich dann zum Österreichischen Erbfolgekrieg entwickelte.

Im 18. Jahrhundert hatte Frankreich etwa 20 Millionen Einwohner, England dagegen nur 5 Millionen. Die geographische Lage der britischen Inseln machte jedoch beim Ringen um die Vorherrschaft auf den Weltmeeren diesen Nachteil wieder wett. Frankreichs Interessen auf diplomatischem und militärischem Gebiet waren in erster Linie auf europäische Fragen gerichtet. Großbritannien konnte sich dagegen im europäischen Raum darauf beschränken, seinen Rivalen dadurch abzulenken, daß es je nach der Lage entweder Österreich oder Preußen unterstützte. Die von Marlborough geschaffene Armee hatte erheblich an Wert verloren, und nur schwache Verbände gingen nach Europa, wo sie kaum ins Gewicht fielen. Die Stärke Großbritanniens lag im 18. Jahrhundert in der Flotte, und durch seine Insellage im westlichen Ozean hatte es von Anfang an einen gewaltigen strategischen Vorteil.

Wie so oft im Frieden war die britische Flotte vor 1739 veraltet und in einem schlechten Zustand. Auf dem Papier bestand sie aus 124 Kriegsschiffen, aber nur 80 davon waren noch seetüchtig. Von diesen 80 standen tatsächlich nur 35 im Dienst. Die Franzosen verfügten über 51 moderne, den britischen technisch überlegene Kriegsschiffe. Ein englischer Artillerieexperte schrieb 1744, es sei „ganz augenscheinlich, daß unsere mit 70 Geschützen bestückten Schiffe ihren Schiffen mit 52 Geschützen nicht wesentlich überlegen sind". Im 18 Jahrhundert hatte sich im Schiffsbau kaum etwas geändert, nur das hohe Vorderdeck war verschwunden, und 1761 ließ man die Schiffskiele zur Erhöhung der Geschwindigkeit und Seetüchtigkeit mit Kupferblech beschlagen. Bis zur Mitte des 19. Jahrhunderts waren die Franzosen die besten Schiffsbauer der Welt, und englische Seeoffiziere rissen sich darum, französische Prisenschiffe zu kommandieren wie etwa die „Terrible" mit 1590 Tonnen, die 1747 gekapert worden war. Sie hatte zwei Decks, drei Masten und 74 Geschütze. Um diese Zeit baute man die Fregatte als schnellen Kreuzer.

Die Seestrategie der Franzosen entsprach ihrer zahlenmäßigen Unterlegenheit. Sie wollten einerseits Seeschlachten vermeiden, aber andererseits ihre Handelswege schützen und ihren Kolonialbesitz erweitern. Im Gegensatz dazu war die Seestrategie Britanniens offensiv und ging darauf aus, die Verbindungslinien des Feindes abzuschneiden und seine Flotte zu vernichten. Beide Flotten folgten der Linientaktik, und die Gefechtsanweisungen der britischen Admiralität legten ausdrücklich fest, daß sich kein Schiff aus der Linie lösen dürfte und der Nahkampf zu vermeiden sei. Auch im Gefecht neigten die Briten zum Angriff. Allerdings konnte es, wenn man der starren Linientaktik folgte, nie zu einem entscheidenden Sieg kommen, und die britischen Seesiege zwischen 1692 und 1782 wurden von Männern errungen, die es wagten, gegen die offiziellen Regeln zu verstoßen, aus der Linie auszuscheren, dem Feinde nachzujagen und ihn zu vernichten.

1739 waren französische und britische Seeleute wahrscheinlich gleich schlecht. Die Oberkommandos beider Flotten waren dadurch korrumpiert, daß Offiziersstellen gekauft und Kommandostellen aufgrund persönlicher Verbindungen vergeben wurden. Die Besatzungen wurden gepreßt, und die besten kamen aus der Handelsmarine, die schlechtesten waren

Kriminelle und Nichtstuer. Dr. Johnson meinte, wer sich freiwillig zur Marine melde, würde auch freiwillig zur Hölle fahren. Als es aber darauf ankam, waren die Briten bessere Seeleute als die Franzosen und Spanier. 1739 eroberte Admiral Edward Vernon Burg und Hafen von Porto Bello auf der Landenge von Panama in einer gut ausgeführten amphibischen Operation. Zwischen 1740 und 1744 unternahm Kommodore George Anson seine große Reise.

1740 wurde Anson als Befehlshaber eines Geschwaders von sechs Schiffen nach Amerika und in die Südsee geschickt, um die spanische Schiffahrt zu behindern. Damit folgte er der Tradition Drakes. Als guter Menschenführer wurde er mit allen Schwierigkeiten fertig, die die Minderwertigkeit der Besatzungen und der Ausrüstung mit sich brachte. Er fügte den Spaniern schweren Schaden zu und kaperte eine große Schatzgaleone. Unter schwierigsten Umständen kehrte er nach Umsegelung des Kaps mit einem Schiff nach England zurück, nachdem er die ganze Welt umfahren hatte, und brachte die reichste Beute heim, die je zuvor von einem Schiff gekapert worden war. Auf dieser Reise erhielten später berühmt gewordene Seeleute wie Keppel, Hyde Parker und Saunders ihre seemännische Grundausbildung. 1747 war Anson Befehlshaber in seiner ersten Schlacht vor Kap Finisterre, wo er siegte, weil er im rechten Augenblick die Linienformation aufgab. Er verfolgte die damals ganz neue Strategie, den Feind zur See zu vernichten und zugleich seine wichtigsten Häfen zu blockieren.

Von 1745 bis zu seinem Tod war Lord Anson bei der Admiralität. Er führte wichtige Reformen ein und war maßgeblich am Wiederaufbau der Flotte beteiligt. Er reorganisierte die Werften, ließ die Schiffe verbessern und brachte ihre Zahl auf 100. Das waren doppelt soviele wie in der französischen Flotte und ebensoviele wie die Gesamtzahl der Schiffe in der französischen und spanischen Flotte. Die Rekrutierung wurde durch die Einführung des Handgelds erleichtert und die Disziplin gestrafft. Die Korruption verschwand mehr oder weniger, und viele tüchtige junge Leute erhielten die Möglichkeit, bis in die höchsten Ränge aufzusteigen. Auch die Franzosen bauten in dieser Zeit neue Schiffe, führten aber keine weiteren notwendigen Reformen ein.

Bei Beginn des Siebenjährigen Krieges (1756) war also die britische Flotte stärker als die französische, aber infolge von Fehlentscheidungen des Ministeriums erlitt Großbritannien erhebliche Einbußen. Schwache britische Flottenverbände mußten Menorca aufgeben, und man fand in Admiral Byng den Sündenbock, der vor ein Kriegsgericht gestellt und erschossen wurde. Voltaire meinte, „pour encourager les autres". Wenn sein Tod die anderen Admiräle dazu ermutigt hat, sich wenn nötig über die Verfügungen der Admiralität hinwegzusetzen, dann ist Byng nicht umsonst gestorben. Auch ich habe im Krieg gewagt, mich über Vorschriften des Kriegsministeriums hinwegzusetzen, und bin am Leben geblieben. Es folgte aber jedesmal ein Sieg, und das ist wahrscheinlich das Entscheidende.

Der Aufstieg Großbritanniens kam, als der große Staatsmann William Pitt, der spätere Earl of Chatham, 1756 an die politische Macht kam. Wie bei Churchill geschah dies in einer dunklen Stunde der englischen Geschichte, und wie Churchill rüttelte er die Briten durch seine glänzenden Reden auf. Arrogant, aber zutreffend meinte er: „Ich weiß, daß ich dieses Land retten kann und niemand anderes das vermag." Vielleicht ist er als Stratege in einem Weltkrieg noch größer gewesen als Churchill, aber ich möchte das bezweifeln. Er erkannte, daß Großbritanniens Interessen in diesem Krieg im Bereich der Wirtschaft lagen und der Handel „der letzte Schützengraben" sein müsse. Im Hinblick auf den Krieg in Europa war es für England entscheidend wichtig, Frankreichs Aufmerksamkeit und Hilfsquellen von den kriegerischen Auseinandersetzungen in der übrigen Welt abzulenken. Deshalb unterstützte Pitt Preußen mit Geld, aber beteiligte sich militärisch kaum. Damit schonte er Großbritanniens militärische

Kriegführung in Europa

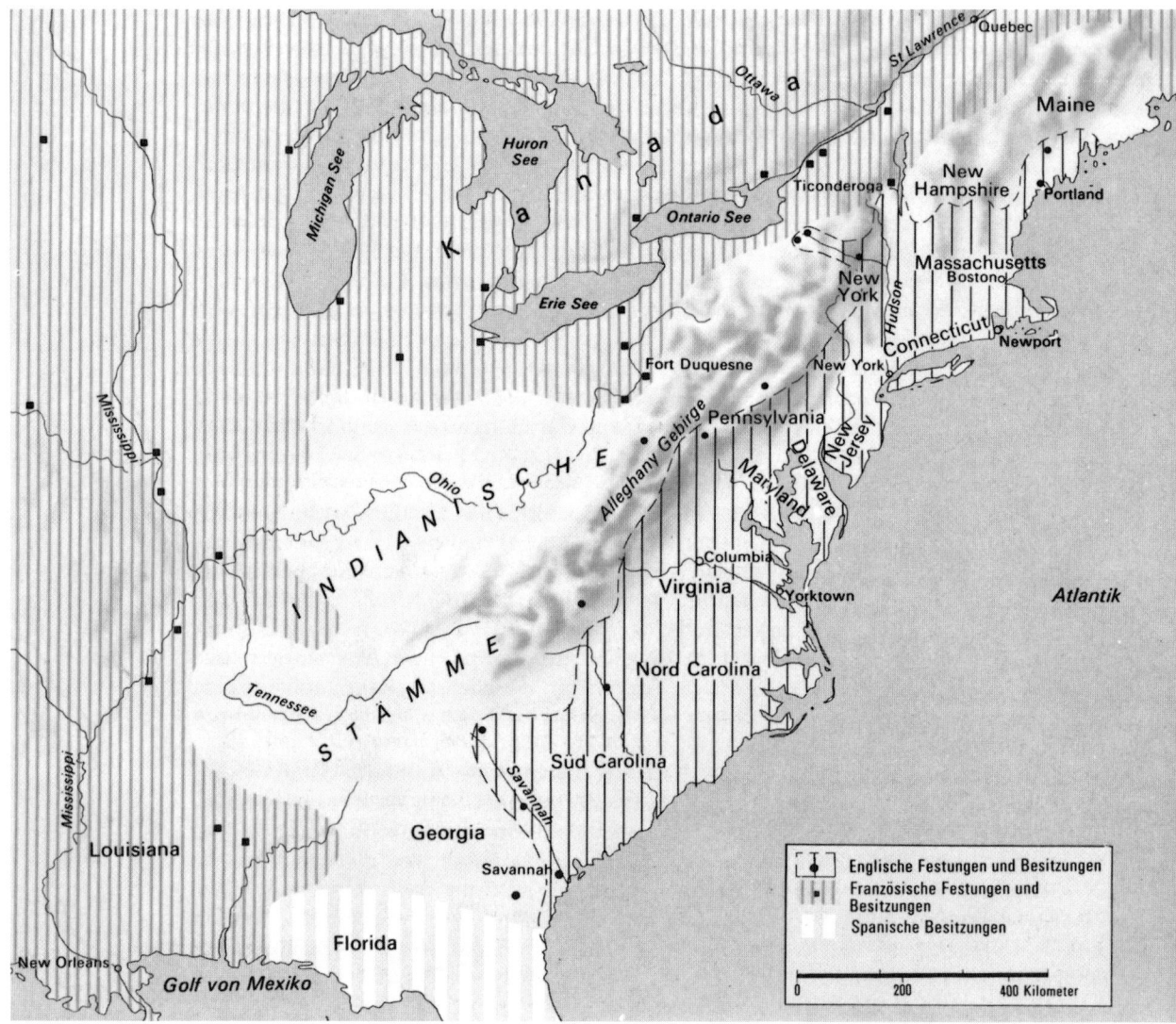

Nordamerika im 18. Jahrhundert. Die Briten stellten sich den Franzosen entgegen, die Kanada und Louisiana vereinigen wollten, eroberten Quebec und brachten Kanada unter britische Herrschaft.

Reserven, die es später in Indien und Nordamerika brauchen sollte. Über die Kriegführung in Indien werden wir in einem besonderen Kapitel sprechen, und es genügt, wenn wir jetzt erwähnen, daß die Briten unter der Führung von Robert Clive große Erfolge errangen. Jetzt wenden wir uns Nordamerika zu.

Die strategische Lage in Nordamerika zu jener Zeit erfordert besonderes Verständnis. Die englischen Kolonien lagen innerhalb eines engen, von Norden nach Süden gehenden Landstrichs zwischen den Alleghanys und dem Atlantischen Ozean. Den Franzosen gehörten im Norden Kanada und im Süden Louisiana. Sie wollten die Flußtäler des Ohio und des Mississippi in Besitz nehmen, um ihre Kolonien miteinander zu verbinden und eine weitere Expansion der Engländer nach Westen zu verhindern. Die Briten wiederum wollten diese Strategie durchkreuzen, indem sie den Franzosen den Weg über den Atlantik abschnitten und mit Gewalt weiter nach Westen vordrangen. Bisher war ihnen das noch nicht gelungen. 1754 wurde ein von George Washington geführtes Expeditionskorps auf dem Weg von Virginia zum Ohio geschlagen, und im folgenden Jahr erlitt ein größerer Verband das gleiche Schicksal. 1757 erkannte Pitt, daß in Nordamerika größere Anstrengungen unternommen werden müßten, und entschloß sich, Kanada zu erobern. Durch die Blockade von Brest und Toulon und die Überwachung der französischen Atlantikküste durch englische Seestreitkräfte war die französische Flotte so gut wie ausgeschaltet. Pitt und seine beiden tüchtigsten Mitarbeiter, Lord Anson als Erster Lord der Admiralität und Lord Ligonier als Oberbefehlshaber der Armee, planten einen dreifachen Angriff gegen die Franzosen in Nordamerika.

Das Hauptunternehmen war ein von Norden den St. Lorenzstrom hinauf geführter amphibischer Angriff gegen das französische Kanada. Die Flußmündung war durch die im Stil Vaubans erbaute und mit 400 Geschützen bestückte Festung Louisburg geschützt. Das 1758 durchgeführte wurde von jungen, sehr tüchtigen Offizieren geleitet. Amherst und Wolfe befehligten 11 000 Mann, und Boscawen 22 Schiffe. Die gute Zusammenarbeit der Land- und Seestreitkräfte bewirkte den Fall von Louisburg. Das zweite Unternehmen im gleichen Sommer war der gemeinsame Angriff von regulären und Landestruppen unter John Forbes gegen Fort Duquesne, mit dessen Einnahme der Zugang zum Ohiotal geöffnet wurde. Nach ungeheuren Anstrengungen für alle Beteiligten gelang das Unternehmen. Duquesne wurde in Fort Pitt umbenannt und hieß später Pittsburg. Der dritte Vorstoß, das Unternehmen Abercrombys von Süden her gegen Ticonderoga und Quebec, schlug fehl.

Die Erfolge des Jahres 1758 rechtfertigten weitere Anstrengungen zur Eroberung Kanadas 1759. Nun wollten die Briten mit starken Kräften den Lorenzstrom hinaufgehen und gegen Quebec vorstoßen. Das Kommando übernahm der zweiunddreißigjährige Generalmajor James Wolfe. Er war im Alter von vierzehn Jahren in die Marineinfanterie eingetreten, als Fähnrich mit fünfzehn Jahren in das Suffolk-Regiment gekommen, erlebte mit sechzehn Jahren das erste Gefecht bei Dettingen und war in der Schlacht von Culloden achtzehn Jahre alt. Mit dreiundzwanzig war er Kommandeur der Lancashire-Füsiliere. Er war ein begeisterter Soldat, hatte ein gründliches Studium der Kriegswissenschaften hinter sich und verfügte über reiche Erfahrungen. Als vielseitig gebildeter Mann war er ein begabter Schriftsteller. Pflichttreu und patriotisch scheute er sich nicht, Mißstände offen zu kritisieren. Dabei war er meist im Recht, und Pitt war vernünftig genug, seinen Aufstieg nicht durch mißgünstige ältere Offiziere behindern zu lassen.

Die Einnahme von Quebec (1759) war eine der glänzendsten amphibischen Operationen der Geschichte. Eine besondere Leistung war die Bezwingung der Untiefen und Stromschnellen des St. Lorenzstroms durch die Flotte, die von Charles Saunders geführt wurde. Ende Juni landete Wolfe mit 9000 Soldaten am Südufer des Flusses. Auf der anderen Seite lag Quebec auf den Abraham-Höhen, das von Montcalm mit 16 000 Mann und starker Artillerie verteidigt wurde. Da Wolfe den Fluß beherrschte, konnte er den Gegner überraschen. Wochenlang überlegte er, wie er Quebec mit möglichst geringen Verlusten nehmen könnte. Ende Juli sah die Lage hoffnungslos aus. Sein Gesundheitszustand war sehr schlecht. Im August kamen 1200 Mann Verstärkungen heran, und Anfang September entschloß er sich zum Angriff über einen schmalen, gewundenen Pfad, etwa 800 Meter oberhalb des Flusses, der so schwer passierbar schien, daß die Franzosen ihn nur von einer schwachen Feldwache verteidigen ließen. In der Nacht vom

12. zum 13. September setzte die Armee über den Fluß und landete überraschend. Im Morgengrauen erschien sie auf den Höhen. Die Schlacht und das Schicksal Kanadas wurden durch eine zur rechten Zeit abgefeuerten Gewehrsalve entschieden. Wolfe selbst fiel bei dem Unternehmen.

Wolfe war ein bedeutender Soldat, doch ist es kaum möglich, ihn unter die großen Truppenführer der Geschichte einzureihen, da er seine Leistungen in einem einzigen Jahr vollbrachte. Immerhin ist es lehrreich, sich mit seiner Ausbildung und Vorbereitungszeit zu beschäftigen. Er wurde 1727 in Westerham in Kent geboren. Auf dem Rasen vor der dortigen Kirche steht sein Denkmal, und jedesmal, wenn ich nach Chartwell fuhr, um Sir Winston Churchill zu besuchen, habe ich dort gehalten und es mir angesehen. Wolfe war wie Nelson körperlich zart, aber völlig furchtlos. Ich habe mich oft mit Wavell über die Probleme der Feldherrnkunst unterhalten und dabei den Standpunkt vertreten, ein kranker Mann könne keine Schlachten gewinnen. Dann erwiderte Wavell, Napoleon habe sich oft nicht wohl gefühlt (er war blasenkrank), aber er hätte lieber einen kranken Napoleon auf seiner Seite als einige seiner gesunden Gegner. Das dürfte auch auf Wolfe zutreffen. Als Georg II. den zweiunddreißigjährigen Oberst zum Generalmajor befördert hatte und dieser das wichtigste Unternehmen des Krieges befehligen sollte, meinte ein Minister, Wolfe sei verrückt. Der König antwortete: „Verrückt, ist er das wirklich? Ich wünschte, er würde einige meiner anderen Generale beißen!"

Man kann Wolfe nicht mit großen Feldherren wie Marlborough oder Wellington vergleichen, weil er niemals als Befehlshaber an so großen Schlachten teilgenommen hat wie sie. Bei Quebec kämpften auf beiden Seiten Kräfte, die heute kaum eine Division ausmachen würden. Das eigentliche Gefecht dauerte nur etwa 15 Minuten, und der Ausgang stand fest, nachdem die Briten die erste Salve abgefeuert hatten. Die Verluste waren gering. Die Briten verloren 650 und die Franzosen etwa 1500 Mann. Dennoch war das Ergebnis dieser Schlacht, daß Kanada von französischem in englischen Besitz überging, und deshalb war es eine der bedeutenden Schlachten der Weltgeschichte. Besonders interessant ist der drei Monate dauernde Feldzug, der der Schlacht vorausging, und bemerkenswert sind die Persönlichkeiten, die ihn auf beiden Seiten führten, vor allem Wolfe, aber auch Bougainville, der Adjutant Montealms, und James Cook, der spätere Weltumsegler.

Die Einnahme von Quebec ist nur ein Aspekt der britischen Erfolge von 1759. Die Strategie Pitts brachte Großbritannien im gleichen Jahr nicht nur in den Besitz Kanadas, sondern es kamen mehrere Siege überall in der Welt hinzu. Bei Minden war die englische Infanterie an einem alliierten Sieg beteiligt. Boscawen schlug bei Lagos eine französische Flotte, und Hawke vernichtete die in Brest stationierte Flotte bei Quiberon Bay mit dem Ergebnis, daß die französische Flotte für den Rest des Krieges ausgeschaltet war. In Westindien nahmen die Engländer Guadalupe, und in Westafrika Goree in Besitz. Anfang 1760 wurde die Lage der Franzosen in Indien durch die Schlacht bei Wandenash schwer erschüttert. Der Rest des Krieges bis 1765 bestand für die Engländer nur noch aus Aufräumungsoperationen, und als 1761 ein neuer König und eifersüchtige Politiker Pitt aus dem Amt entfernten, änderte sich grundsätzlich nichts mehr. Im Frieden von Paris (1763) wurden Großbritannien mit der Ausnahme der Westindischen Inseln alle eroberten Gebiete zugesprochen, und es wurde damit zur größten Weltmacht.

Wie so oft nach einem siegreich beendeten Krieg vernachlässigte England auch jetzt seine Streitkräfte. So stehen die Ereignisse des amerikanischen Unabhängigkeitskrieges (1775–1783) im krassen Gegensatz zu denen des Siebenjährigen Krieges. Die Armee auf weite Entfernungen zu versorgen bereitete erhebliche Schwierigkeiten, aber nicht mehr als im Krieg gegen die Franzosen. Was als eine verhältnismäßig unbedeutende Revolte begonnen hatte, wurde von den Engländern nicht sofort niedergeschlagen, weil es ihnen an guten militärischen und politischen

Kriegführung in Europa im 18. Jahrhundert

Führern fehlte. Man könnte fragen, welcher der beiden Gegner schlechter ausgerüstet und geführt gewesen sei. Aber George Washington reifte zur Führerpersönlichkeit heran, obwohl er nur ein mittelmäßiger Soldat gewesen ist, und die Amerikaner lernten es, sich im Gefecht besser den Gegebenheiten ihres Landes anzupassen. Während die britischen Soldaten in roten Uniformen in Paradeformationen kämpften, tarnten die Amerikaner sich in grünen Uniformen und kämpften oft als Irreguläre.

Entscheidend war die 1778 erfolgte Intervention Frankreichs gegen England, der sich Spanien und die Vereinigten Niederlande anschlossen. Die britische Flotte konnte die neugebaute französische Kriegsflotte und die Schiffe der französischen Verbündeten nicht mehr in ihren Häfen blockieren. Der Krieg weitete sich zum Weltkrieg aus, und Großbritannien mußte sein Kolonialreich schützen. 1781 sah sich General Cornwallis, dessen Verbindungen zur See abgeschnitten waren, gezwungen, bei Yorktown vor den überlegenen Truppen Washingtons zu kapitulieren. Admiral Rodney machte den Schaden durch seinen Sieg über die französische Flotte vor Dominica 1782 einigermaßen wieder gut, rettete damit Jamaika und brach die französische Vorherrschaft zur See, aber England durfte sich glücklich schätzen, beim Frieden von Versailles im folgenden Jahr nicht viel mehr als die amerikanischen Kolonien verloren zu haben.

Die in Nordamerika isolierten britischen Truppen marschieren geordnet zur Kapitulation bei Yorktown

Kriegführung in Europa

Das 18. Jahrhundert war das Zeitalter der Vernunft und Selbstzufriedenheit, Kriege wurden ohne besondere Leidenschaft in erster Linie aus dynastischen Gründen geführt, und die Kriegsziele waren deshalb begrenzt. Die Methoden der Kriegführung folgten bestimmten Konventionen, Strategie und Taktik beschränkten sich auf das Manöver, und man ging nicht darauf aus, die feindlichen Streitkräfte zu vernichten. Belagerungen spielten eine große Rolle. Die immer größer werdenden Heere waren unbeweglich und teuer. Das Zivilleben sollte durch die kriegerischen Ereignisse möglichst nicht gestört werden. Die Armeen rekrutierten sich aus Vagabunden und dem Adel. Das waren die einzigen Gesellschaftsklassen, die sich für das Kriegshandwerk bereitfanden. Die Volkszugehörigkeit spielte keine Rolle. Die Truppe wurde streng diszipliniert, machte eine harte Ausbildung durch und folgte starren Regeln. Das war notwendig, um die Kriegstüchtigkeit zu erhalten und die Fahnenflucht zu verhindern. Das Offizierkorps war korrupt, führte ein faules Leben, und es bestand eine tiefe Kluft zwischen Offizieren und Mannschaften. Deshalb waren die kriegerischen Leistungen im 18. Jahrhundert nur mittelmäßig. Aber das militärische Genie konnte auch unter solchen Umständen Hervorragendes leisten. Moritz von Sachsen und Friedrich der Große sind die besten Beispiele dafür.

Moritz von Sachsen wurde, nachdem er unter Eugen und Peter dem Großen gedient hatte, durch seinen überraschenden Nachtangriff und die Einnahme Prags bekannt und war im Österreichischen Erbfolgekrieg 1740 bis 1748 der führende französische Befehlshaber. Seinen größten Sieg errang er 1745 bei Fontenoy gegen die Briten, und im folgenden Jahr besetzte er die Niederlande. Als er 1750 starb, hinterließ er mehrere illegitime Kinder. Eine seiner Töchter war die Urgroßmutter von George Sand. Die Militärgeschichte hat ihn im allgemeinen vernachlässigt, wahrscheinlich, weil er im Schatten Friedrichs des Großen steht, der sein Zeitgenosse war. Aber nach 1740, als er sich als Oberbefehlshaber im Kriege bewährt hatte, genoß er den Ruf eines der besten Feldherren seiner Zeit. Unter dem Titel *Mes Rêveries* hat er ein bedeutendes militärisches Werk verfaßt, das sieben Jahre nach seinem Tod veröffentlicht wurde. Ich habe oben gesagt, der Feldherr könne keine Schlachten gewinnen, wenn er nicht gesund sei. Ebenso wie Wolfe widerlegt auch Moritz von Sachsen diese These, denn er war nicht gesund und litt an Wassersucht. In der Schlacht bei Fontenoy war er so krank, daß er nicht einmal sein Pferd besteigen konnte und die Truppe in einem offenen Wagen sitzend besichtigte. Ich habe gelesen, die amourösen Abenteuer seiner Jugendjahre seien an seinem schlechten Gesundheitszustand schuld gewesen. Jeder, der im Waffenhandwerk etwas leisten will, sollte sich das vor Augen halten.

In *Mes Rêveriers* verurteilt Moritz von Sachsen die in der Kriegführung seiner Zeit sichtbar werdenden Schwächen und vertritt die in Vergessenheiten geratenen klassischen Grundsätze, die erst Napoleon wieder in die Praxis umsetzen sollte. Vor allem wendete er sich gegen das sklavische Festhalten an Konventionen und die Starrheit. Nach seiner Auffassung verschwendete man zuviel Zeit mit der Befestigung von Städten, anstatt starke natürliche Hindernisse zu verteidigen. Entscheidende Erfolge sind nach seiner Auffassung nur durch schnell bewegliche und gut versorgte Truppen zu erringen. „Es kommt vor allem auf die Beine und weniger auf die Arme an." Die ideale Armee bestand nach seiner Auffassung aus 46 000 Mann, die in Legionen oder Divisionen gegliedert zum großen Teil aus leichtbewaffneten Truppen bestehen sollte. Der Feldherr müsse die günstigen Gelegenheiten selbst schaffen und dürfe nicht darauf warten, daß sie sich von selbst ergäben. Er müsse starke Kräfte gegen die schwachen Stellen des Feindes konzentrieren und den Feind bis zu dessen völliger Vernichtung verfolgen. Moritz von Sachsen erkannte sehr gut, welche Faktoren für die Aufrechterhaltung der Moral wichtig waren. Dazu gehörten die Verwendung von Schutzpanzern, die Militärmusik, die Rangabzeichen, die Benennung der Regimeter nach bestimmten Vorbildern, der Gedanke des Dienstes für die

Kriegführung in Europa im 18. Jahrhundert

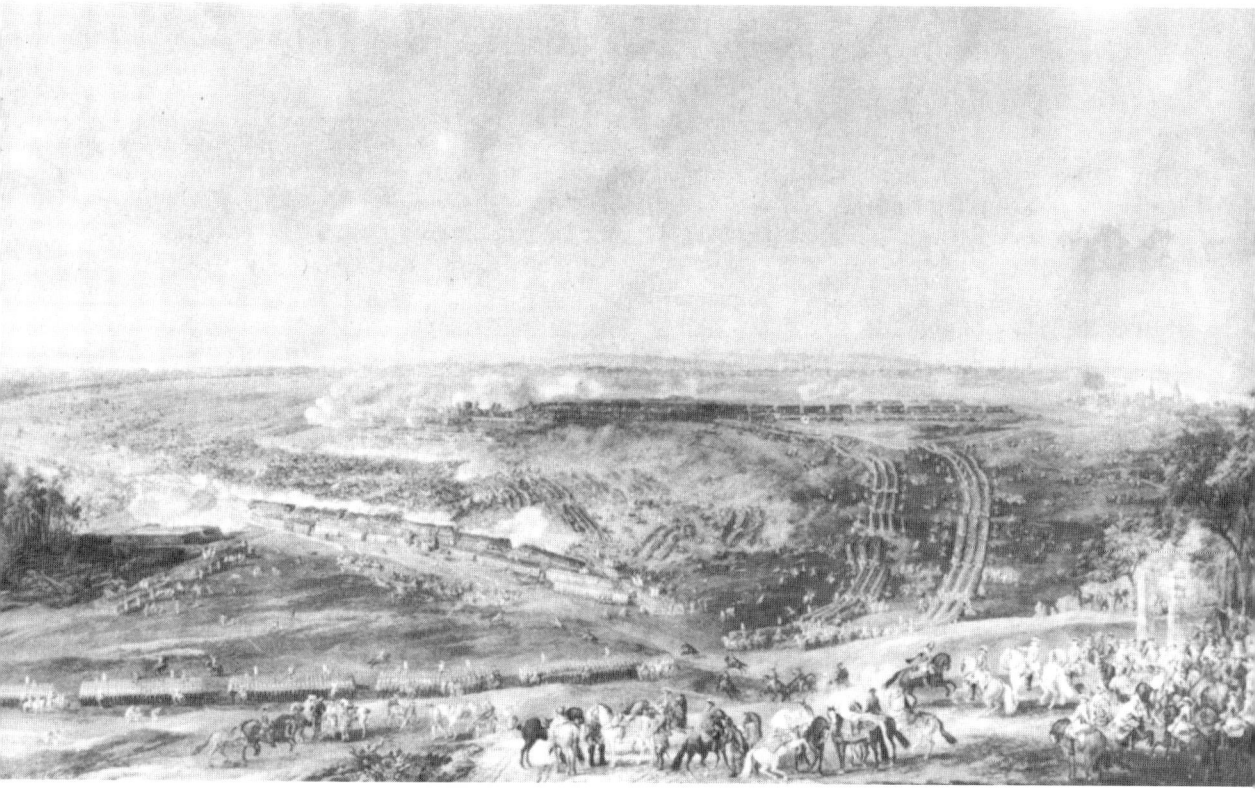

In der Schlacht von Fontenoy schlugen die Franzosen unter Moritz von Sachsen eine englisch-hannoversche Armee aufgrund eines überlegenen Manövers. Die wie auf dem Exerzierplatz vorrückenden britischen Kräfte gerieten in schweres flankierendes Feuer von beiden Seiten, und ein Gegenangriff schlug sie in die Flucht

Nation und Beförderungen nach Verdienst. Die Tatsache, daß dies alles heute selbstverständlich ist, damals aber etwas Besonderes war, beweist die besondere militärische Begabung des Verfassers.

1740 bestieg Friedrich der Große den preußischen Thron. Seine militärischen Erfolge gründen sich auf die Vorarbeit, die seine Vorgänger, der Große Kurfürst Friedrich Wilhelm (1640–1688) und König Friedrich Wilhelm I. (1713–1740) auf dem Gebiet der Verwaltung und Gliederung des preußischen Heeres geleistet hatten. Die zuerst über ein weites Gebiet zerstreuten Teile Brandenburgs und Pommerns waren arm und durch keine natürlichen Grenzen geschützt. Wenn die Hohenzollern die starke politische Stellung erhalten wollten, die ihnen nach der Entmachtung der Habsburger im Dreißigjährigen Krieg zugefallen war, dann mußten sie einen starken Staat und eine kampfkräftige Armee aufbauen. Das geschah. Der Große Kurfürst machte sich zum Herrn eines Verwaltungsapparats, dessen Zentralbehörde das Kriegskommissariat war. Das wurde durch ein Abkommen mit den Landständen möglich. 1653 gewährten die Landstände dem Kurfürsten absolute Regierungsvollmachten und die finanziellen Mittel, ein stehendes Heer zu unterhalten. Dafür erhielten sie das Privileg, das Offizierkorps aus ihren Reihen zu stellen, während die Bauern auf ihren Gütern zu Leibeigenen wurden. Der Mittel-

Kriegführung in Europa

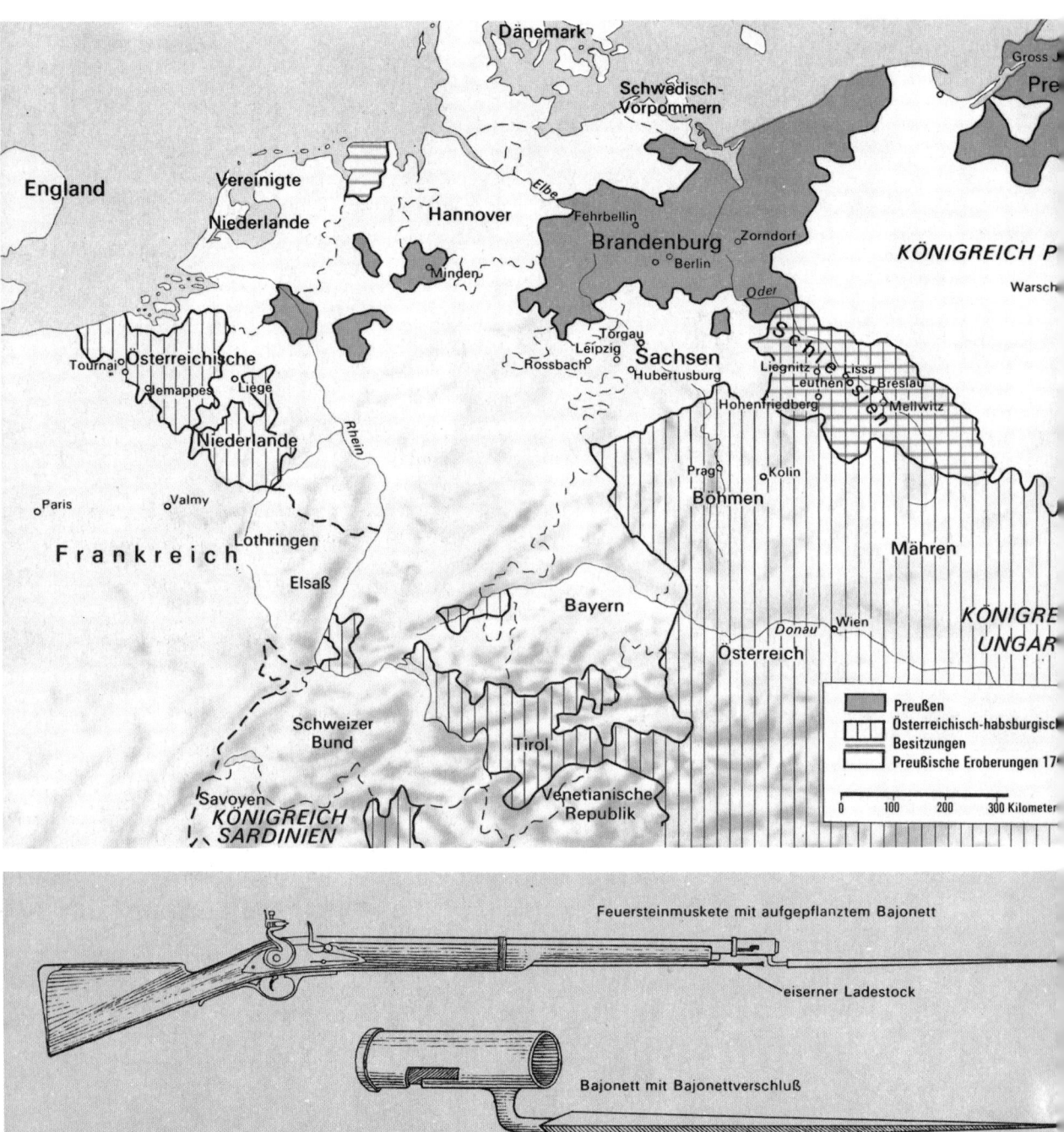

Mitteleuropa zur Zeit des Regierungsantritts Friedrichs des Großen. Die Muskete mit aufgepflanztem Bajonett war als kombinierte Schuß- und Stichwaffe die Hauptwaffe des Infanteristen

stand ostwärts der Elbe war zu schwach, etwas dagegen zu unternehmen. So entstanden der preußische Absolutismus und Militarismus.

Mit dem Sieg über die Schweden bei Fehrbellin (1675) erlangte die preußische Armee europäische Bedeutung. Unter Friedrich Wilhelm I., der den Staatshaushalt verdoppelte und seine Armee von 38 000 auf 80 000 Mann verstärkte, nahm die Bedeutung Preußens wesentlich zu. Vor seiner Krönung 1740 hatte Friedrich II. sich mehr für französische Literatur und das Flötenspiel interessiert als für die Gefechtsausbildung seiner Truppen, wurde aber als König notwendigerweise zum harten Realisten innerhalb der von seinen Vorfahren begründeten preußischen Tradition.

Preußens Trumpfkarten waren die Armee und der König. Der Bevölkerungszahl nach war Preußen der zwölftgrößte Staat in Europa. Der Kern der preußischen Regimenter kam zwar aus den preußischen Provinzen, aber die meisten Mannschaften wurden mit List oder Gewalt in den Nachbarländern zum Kriegsdienst gepreßt. Die wichtigste Aufgabe der Bürger und Bauern bestand darin, die wirtschaftliche Produktion zu fördern. Die Offiziere stammten meist aus dem Adel, und Friedrich stützte sich mehr auf sie als auf die einfachen Soldaten. Als Gegenleistung für die ihnen zugestandenen Privilegien dienten die Söhne adeliger Familien gern in der Armee. In den Kadettenanstalten wurden die jungen Offiziere zum Korpsgeist, zum Patriotismus und zur Disziplin erzogen und militärisch ausgebildet. Friedrich der Große legte besonderen Wert auf den Gefechtsdrill, der jeden Soldaten zu einem Automaten machte, der „seine Offiziere mehr fürchtete als die Gefahren, denen er ausgesetzt wurde". So wurden die Ausländer, denen es an Patriotismus fehlte, diszipliniert und zusammengeschweißt. Friedrich wußte, daß der Schlüssel zum Sieg in der Beweglichkeit lag, und diese konnte nur mit Hilfe eines scharfen Gefechtsdrills erreicht werden. Die exerziermäßigen Übungen auf dem Kasernenhof entsprachen den Bewegungen auf dem Schlachtfeld. Trotz der hohen Anforderungen, die er an seine Soldaten stellte, war Friedrich bei der Truppe beliebt. Die Hauptwaffe in der preußischen Armee war die Muskete mit aufgepflanztem Bajonett. Sie hatte sich bis auf die Einführung des eisernen Ladestocks seit Marlboroughs Zeiten kaum verändert.

Zwar hat Friedrich der Große seine Armee im Lauf der Zeit noch verbessert, aber das Instrument, das er 1740 von seinem Vater erbte, war schon für den Einsatz im Kriege geeignet. Er fiel daher im gleichen Jahr in das benachbarte österreichische Schlesien ein, weil er den Erwerb dieses Gebiets aus wirtschaftlichen und strategischen Gründen für notwendig hielt. Dieser Angriff leitete den Österreichischen Erbfolgekrieg ein. Durch die Siege bei Mollwitz (1741) und Hohenfriedberg (1745) sicherte sich Preußen den Besitz Schlesiens. 1748 kam es zum Frieden, aber eigentlich war das nur ein Waffenstillstand, denn Österreich wollte sich mit dem neugeschaffenen Zustand nicht abfinden. 1756 befand Preußen sich wieder im Krieg gegen Österreich, Frankreich, Rußland und Sachsen und wurde dabei nur von England unterstützt. Daraus wurde der Siebenjährige Krieg (1756–1763).

Wieder befehligte Friedrich seine Truppen selbst. Er hatte den großen Vorteil, der unumschränkte Herr einer sehr leistungsfähigen und militaristischen Regierung zu sein. Anders als seine Zeitgenossen – mit Ausnahme von Moritz von Sachsen und Wolfe – glaubte er, das Ziel jeder Strategie sei die Vernichtung der feindlichen Streitkräfte und nicht nur die Besetzung oder Verteidigung eines Gebiets. Schlagkraft und Beweglichkeit waren die Hauptelemente seiner Strategie. Durch eine energisch geführte Offensive auf feindlichem Boden würde Preußen die Initiative an sich reißen und den gegnerischen Befehlshaber zwingen, sich den Bewegungen der Truppen Friedrichs anzupassen. Da der König in diesem Krieg gegen so viele Feinde kämpfen mußte, durfte er nicht darauf warten, daß diese sich vereinigten und ihn gemeinsam angriffen. Es kam darauf an, selbst beweglich zu bleiben und die feindlichen

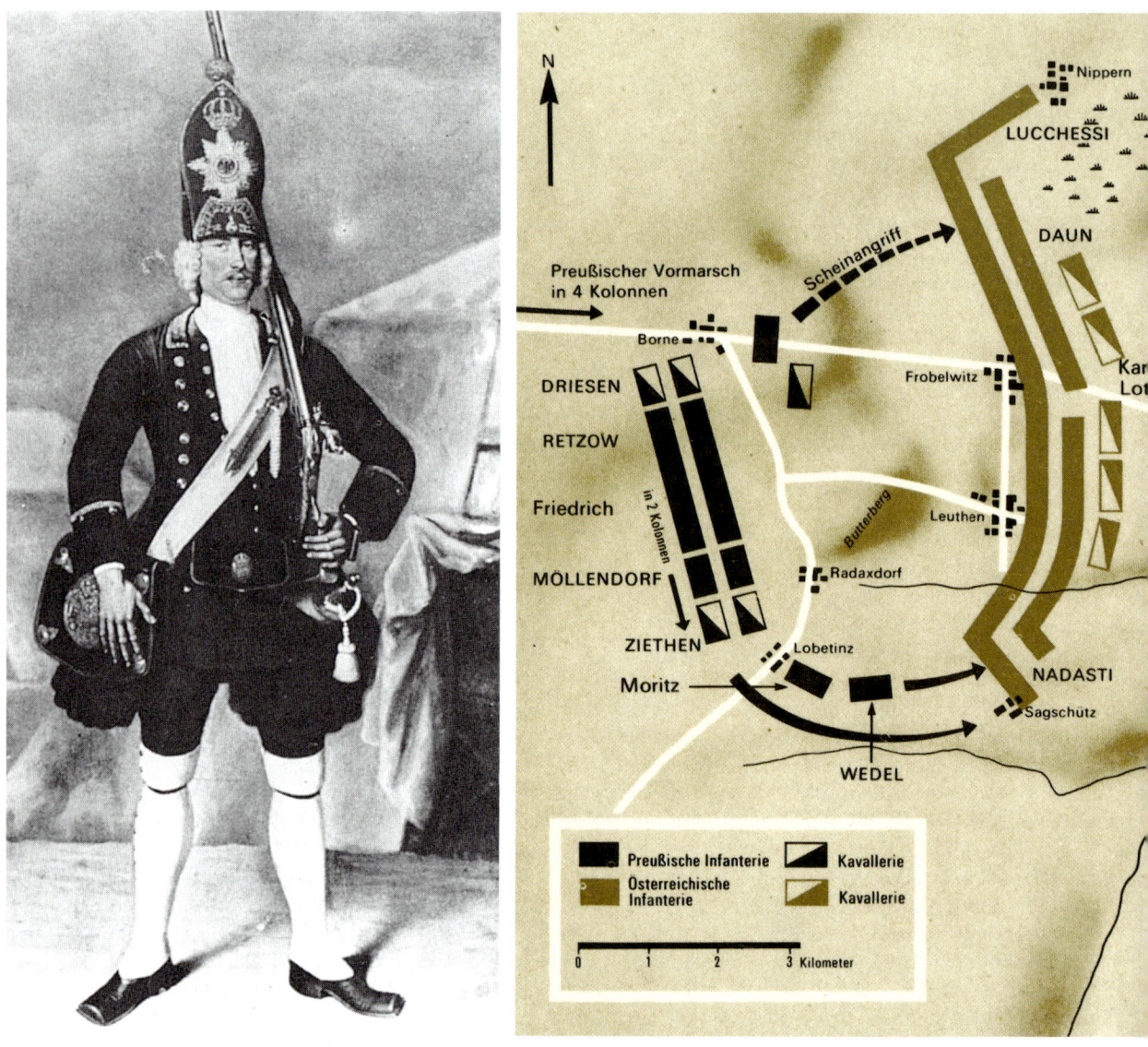

Der Sieg bei Leuthen war das Ergebnis der überlegenen Ausbildung der preußischen Soldaten, wie z. B. der sogenannten „Langen Kerls". Die Schlacht bei Leuthen

Armeen einzeln zu schlagen. Deshalb griff er Sachsen bei Kriegsbeginn ohne Kriegserklärung an und schlug die Österreicher 1757 bei Prag. Aber dann wurde er zuerst von überlegenen österreichischen Truppen bei Kolin und von den Russen bei Großjägersdorf geschlagen. Im Spätherbst 1757 schien das Schicksal Preußens besiegelt zu sein. Doch die hervorragende politische und militärische Führung und die Energie des Königs ermöglichten die Fortsetzung des Kampfes. Im November errang Friedrich, der sich immer noch in der Offensive befand, einen glänzenden Sieg über Österreicher und Franzosen und wendete sich anschließend gegen die Verbände des Feldmarschalls Daun und Karls von Lothringen, die er bei Leuthen entscheidend schlug.

Friedrichs Taktik und Strategie waren immer offensiv, weil er glaubte, wenn er die Initiative behielte, könne er mit seinen besser ausgebildeten Soldaten jeden zahlenmäßig überlegenen, aber unbeweglicheren Feind schlagen. Er behauptete richtig, ein preußisches Bataillon sei eine bewegliche Batterie, und seine Soldaten könnten ihre Gewehre dreimal so schnell laden wie die des Gegners. Damit sei eine preußische Truppe einem gleichstarken Feind im Verhältnis drei zu eins überlegen. Friedrich wendete oft die schiefe Schlachtordnung an, hat sie aber nicht erfunden. Wahrscheinlich hat er nur die Ideen des Thebaners Epaminondas (4. Kapitel) verfeinert. Er erklärt sie wie folgt:

> Man verweigert dem Gegner den einen Flügel und verstärkt den Angriffsflügel. Letzteren läßt man mit aller Kraft gegen einen Flügel des Gegners vorstoßen und faßt ihn in der Flanke. Eine 100 000 Mann starke Armee kann von 30 000 Mann in kurzer Zeit geschlagen werden ... Die Vorteile dieser Gliederung sind: 1) ein schwacher Verband kann einen viel stärkeren Gegner besiegen, 2) er greift den Feind am entscheidenden Punkt an, 3) wird man geschlagen, dann ist es nur ein Teil der Armee, und es bleiben drei Viertel der Truppen übrig, die noch frisch genug sind, um den Rückzug zu decken.

In allen seinen Schlachten stand Friedrich einem überlegenen Feind gegenüber. Während des ganzen Siebenjährigen Krieges kämpfte er gegen alle Staaten auf dem europäischen Kontinent. Wenn er, wie bei Kolin, eine überlegene feindliche Armee in günstiger Stellung angriff, konnte er das Unmögliche nicht erreichen. Aber die Siege bei Roßbach und bei Leuthen bewiesen, daß seine Taktik richtig war.

Vor der Schlacht bei Leuthen war die Lage für Friedrich ungünstig. Nach der Schlacht bei Roßbach im November hatten die Preußen zwei Niederlagen einstecken müssen und die Österreicher waren sehr siegeszuversichtlich. Die österreichische Armee unter Daun und Karl von Lothringen bestand aus 84 Infanteriebataillonen, 144 Kavallerieschwadronen und 210 Geschützen. Das waren 60 000 bis 80 000 Mann. Friedrich hatte nur 36 000 Mann; 24 000 Mann Infanterie in 48 Bataillonen, 128 Schwadronen Kavallerie mit 12 000 Mann und 167 Geschütze. Als er jedoch Anfang Dezember dem Feind in Schlesien entgegentrat, war er entschlossen, in dem ihm bekannten Gelände die Schlacht zu suchen, und zwar – wie er seinen Offizieren erklärte – „gegen alle Regeln der Kunst". Am 4. Dezember nahmen die Österreicher vor der Schweidnitz eine in zwei Treffen gegliederte Aufstellung ein, die sich über etwa 9 Kilometer von den Sümpfen bei Nippern im Norden, in einer leichten Krümmung mit vorgeschobenen Flügeln, über Leuthen bis nach Sagschütz im Süden erstreckte. Das war eine sehr starke, wenn auch etwas zu lange Verteidigungsstellung.

Am 5. Dezember 1757 um 5.00 Uhr morgens rückte Friedrich entlang der Breslauer Straße von Westen heran. Er wollte gegen den österreichischen rechten Flügel einen Scheinangriff führen, aber seinen linken Flügel schonen, dann an der feindlichen Front entlang nach Süden marschieren und dem Gegner mit starken Kräften in die linke Flanke stoßen. Die preußische Vorhut unter dem Befehl Friedrichs, 10 Bataillone und 60 Schwadronen, nahm bei Borne im Frühnebel die Fühlung mit dem Gegner auf. Sofort griffen die Preußen an, die nicht genau wußten, ob ihnen die feindliche Vorhut oder der rechte Flügel der Hauptkräfte gegenüberstand. Es war eine Vorausabteilung aus fünf Regimentern, die sehr schnell zerschlagen wurde. Borne wurde eingenommen, und bei Tagesanbruch konnte Friedrich von dem Dorf aus die ganze feindliche Stellung überblicken. Das Gelände hinter Borne fiel ab, so daß die Österreicher die vier preußischen Hauptkolonnen nicht sehen konnten.

Als seine Hauptarmee herankam, ließ Friedrich die ersten flüchtenden Österreicher durch die Vorhut verfolgen und einen Scheinangriff gegen den feindlichen rechten Flügel führen. Der österreichische Befehlshaber Lucchesi glaubte, der Hauptstoß richte sich gegen ihn, und bat um Unterstützung durch Kräfte aus dem österreichischen linken Flügel. Daun schickte ihm die Reservekavallerie und einen Teil der Kavallerie vom linken Flügel. Nachdem der Beginn der Schlacht sich so erfolgreich entwickelt hatte, ließ Friedrich aus den vier Kolonnen zwei bilden und sie, ohne vom Feind gesehen zu werden, nach Süden marschieren.

Ein Augenzeuge berichtet:

> Man kann sich keinen schöneren Anblick vorstellen; die Spitzen der Kolonnen marschierten auf gleicher Höhe und hielten so genaue Abstände, daß sie eine gerade Linie bildeten. Die Divisionen marschierten so exakt, daß man meinen konnte, man sähe eine Parade.

Die Österreicher hatten einen Frontalangriff erwartet, und als dieser ausblieb, glaubten sie, die Preußen hätten den Angriff aufgegeben. Ganz plötzlich wurde ihnen diese Illusion genommen. Es erschienen die preußischen Angriffsspitzen und marschierten auf die österreichische linke Flanke zwischen Lobetitz und Sagschütz zu. Der Befehlshaber am österreichischen linken Flügel bat verzweifelt um Verstärkungen, als am frühen Nachmittag die Preußen unter Wedel mit Unterstützung durch eine Batterie mit sechs Geschützen und gefolgt von Prinz Moritz von Dessau und sechs Infanteriebataillonen die Stellungen bei Sagschütz stürmten. Nadasti ging im Gegenangriff gegen die 43 von Ziethen geführten preußischen Schwadronen vor, aber nach hartem Gefecht wurde der österreichische linke Flügel vernichtend geschlagen. Zwischen Sagschütz und Leuthen stürmten preußische Husaren, denen Infanterie und Artillerie folgten, hinter den flüchtenden Österreichern her.

Verzweifelt rief Karl von Lothringen im österreichischen Zentrum die Truppen, die er zur Verstärkung nach rechts geschickt hatte, zurück und ließ seine Infanterie zur Verteidigung Leuthens bataillonsweise vorgehen. In dem Dorf Leuthen drängten sich die österreichischen Truppen in großer Unordnung, verteidigten sich aber mit dem Mut der Verzweiflung gegen die angreifenden Preußen. Friedrich der Große mußte mehr einsetzen als ursprünglich beabsichtigt war, aber schließlich nahm Möllendorf mit einem schwungvollen Angriff seiner Garde das Dorf.

Das weitere Vorankommen der Preußen war noch schwieriger, denn solange um Leuthen gekämpft wurde, hatten die Österreicher Zeit gehabt, auf einer Höhe oberhalb des Dorfes eine Batterie in Stellung zu bringen, unter deren Feuerschutz sie ihre Infanterie mit Front nach Süden aufstellten. Nun befahl Friedrich seiner linken Kolonne, der Infanterie unter Retzow und der Kavallerie unter Driesen, den Angriff, der aber im feindlichen Artilleriefeuer liegenblieb. Um die österreichische Artillerie auszuschalten, brachte er seine eigenen Geschütze, darunter zehn schwere Kaliber, auf dem Butterberg westlich von Leuthen in Stellung. Im Schutz dieses Feuers griffen die Preußen erneut an und drängten den österreichischen rechten Flügel zurück.

Gegen 16.00 Uhr begann die österreichische Front auseinanderzubrechen, und Lucchesi unternahm den letzten Versuch, die Lage zu retten. Retzows Infanterie war zeitweilig ins Stocken geraten, und Lucchesi stellte seine Kavallerie gegen ihre rechte Flanke bereit. Aber Driesens vierzig Kavallerieschwadronen standen noch hinter Radaxdorf. Nun stürmten sie, gedeckt vom Butterberg, vor, die Truppen Lucchesis sahen sich von drei Seiten zugleich angegriffen und wurden aufgerieben. Jetzt gingen die Preußen von allen Seiten gegen die österreichische Infanterie vor. Bei Dunkelwerden befand sich die österreichische Armee auf der Flucht. Friedrich verfolgte den Gegner in dieser Nacht nur bis Lissa. Am 6. Dezember legte er eine Ruhepause

Kriegführung in Europa im 18. Jahrhundert

ein und säuberte anschließend drei Tage lang das umliegende Gebiet vom Feinde. Am 19. Dezember kapitulierte Breslau, und ganz Schlesien befand sich in preußischer Hand.

Napoleon nennt Leuthen „ein Meisterstück an Wendigkeit, Manöver und Entschlußkraft. Diese Schlacht allein genügt, um Friedrich unsterblich zu machen und in eine Reihe mit den größten Feldherren der Geschichte zu stellen". Doch obwohl dieser Sieg ein taktisches Glanzstück war, ist er strategisch nicht entscheidend gewesen. Der Krieg dauerte noch weitere fünf Jahre, in denen Preußen allein einer überwältigenden Übermacht gegenüberstand. 1759 besetzten die Russen sogar Berlin, aber Friedrich ließ sich nicht entmutigen und wendete durch weitere Siege bei Zorndorf (1758), Liegnitz (1760) und Torgau (1760) die Niederlage ab. 1762 stellten sich die Russen auf seine Seite, und im Frieden von Hubertusburg (1763) wurde Preußen der Besitz Schlesiens zugesprochen, eine der größten für längere Zeit bewahrten Gebietseroberungen, die es je in Europa gegeben hat.

Nach dem Siebenjährigen Krieg hielt die preußische Armee, erschöpft, aber mit ihren Leistungen zufrieden, an den hergebrachten Methoden und Traditionen fest. In Frankreich war man über den Ausgang des Krieges entsetzt und begann, umzudenken und zu reformieren. Die Einführung der bespannten Artillerie durch Friedrich war eine der wichtigsten Neuerungen und Ausdruck der jüngsten Verbesserungen bei der schweren Artillerie sowie der größeren Beweglichkeit der Truppe. Vor dem Feldzug von 1740 hatte Jean de Maritz zum Ausbohren der Kanonenrohre eine neue Methode erfunden. Dadurch wurden die Rohre widerstandsfähiger und die Bohrung genauer. Der englische Mathematiker Benjamin Robins hatte dann nachgewiesen, daß ein leichteres Geschütz mit einer schwächeren Ladung ebenso weit schießen kann wie ein schweres. Beide Entdeckungen erlaubten, kleinere Geschütze zu bauen, die die gleiche Wirkung hatten wie die bisherigen. Der Generalinspekteur der französischen Artillerie Gribeauval nutzte diese Entwicklungen, verkürzte die Geschützrohre und machte die Artillerie beweglicher. Die Lafetten wurden leichter und ließen sich besser fahren, und anstelle von Ochsen wurden jetzt Pferde als Zugtiere eingesetzt. So konnte die Artillerie auf dem Marsch mit der Infanterie schritthalten und blieb nicht mehr weit hinter der Kavallerie zurück. Auch in der Schlacht ließ sich ein Stellungswechsel schneller bewerkstelligen. Außerdem vergrößerte man die Anzahl der Geschütze. Das alles wurde durch die Entdeckung des Koksschmelzverfahrens gefördert, das die Herstellung von Eisengeschützen ermöglichte, die besser und billiger waren als die bisherigen aus Bronze.

Bei den Handfeuerwaffen gab es keine vergleichbare technische Entwicklung, aber auch ihre Wirkung wurde durch Erfahrung und Ausbildung erhöht. Die amerikanischen Unabhängigkeitskriege hatten auch die Europäer den Wert der leichten Infanterie erkennen lassen. Man sah, daß solche Truppen, wenn man sie beweglich einsetzte, gut ausbildete und lehrte, das Gelände auszunutzen, eine gute Ergänzung für die im Verband exerziermäßig vorgehenden infanteristischen Hauptkräfte sein würden.

Mit dieser neuen Entwicklung bei der Artillerie und den leichten Truppen entfernte man sich von den im 18. Jahrhundert geltenden taktischen Ideen. 1778 schlug du Teil in seiner Schrift *Sur l'Usage de l'Artillerie Nouvelle* eine engere Zusammenarbeit zwischen Feldartillerie und Infanterie vor. Die Artillerie sollte das Gefecht eröffnen, auf etwa 1000 Meter zu schießen beginnen und die feindlichen Linien mit Flankierungsfeuer bestreichen. General Gribeauval setzte sich für die neuen, kurzrohrigen, leichten Geschütze ein, die zwar auf größere Entfernungen nicht sehr genau schossen, aber beweglicher und auf kurze Entfernungen wirksamer waren. Immer wieder diskutierte man über die Frage, welches das richtige Verhältnis zwischen Beweglichkeit und Feuerkraft sei. Daraus entwickelte sich das weitere Problem der Schwerpunkt-

Der leichtbewaffnete Infanterist spielte im Gefecht eine immer wichtigere Rolle

bildung. Folard meinte, man solle die Linie zugunsten paralleler Kolonnen aufgeben, die im konzentrierten Angriff die feindliche Linie an verschiedenen Punkten durchstoßen würden. Die Zwischenräume zwischen diesen Stoßkeilen sollten von leichter Infanterie ausgefüllt werden. Die Kolonnenformation erforderte einen neuen Gefechtsdrill, und in seinem *Essai Général de Tactique* entwickelte Guibert 1772 ein System einfacher exerziermäßiger Bewegungen, nach dem ein Verband schnell und reibungslos aus der Linie die Kolonne bilden konnte und umgekehrt.

Die neue offensive und bewegliche Taktik erforderte eine Strategie, die die Schlacht suchte und nicht das Manöver. Die verstärkte Feuerkraft ermöglichte es auch kleineren Verbänden, defensiv zu kämpfen. Damit konnten die Hauptkräfte in Offensivkeile aufgeteilt werden, die von verschiedenen Seiten gegen den Feind vorgingen, um ihn zur Schlacht zu zwingen. Nach Guiberts Auffassung sollte man die Festungen liegenlassen und geradewegs gegen die feindliche Hauptstadt marschieren, denn sie sei das wichtigste Angriffsziel. Diese Strategie ließ sich um so leichter verwirklichen, je mehr sich das Kommunikationssystem in der zweiten Hälfte des

18. Jahrhunderts verbesserte, besonders das Straßennetz und die Wasserwege. Auch die Produktivität der Landwirtschaft und Industrie vergrößerte sich, und die Armeen konnten wieder aus dem Lande versorgt werden. Damit erübrigten sich die allzu umfangreichen und unbeweglichen Trosse. Andererseits verlangten diese ehrgeizigen und komplexen strategischen Vorstellungen eine bessere Organisation der Verwaltung in Friedenszeiten.

Bis zum Beginn des französischen Revolutionskrieges 1792 blieben diese neuen Theorien nichts weiter als umstrittene und in der Praxis nicht erprobte Thesen. Die französische Revolution hatte alle konservativen Einrichtungen hinweggefegt, besonders auch in den Streitkräften, nachdem sich das Offizierkorps nach ganz neuen Gesichtspunkten regeneriert hatte. Mindestens zwei Drittel der französischen Offiziere vor der Revolution hatten dem Adel angehört, und diese Tatsache war an sich schon ein Grund für die Unzufriedenheit gewesen. 1789 wurden alle Privilegien des Adels abgeschafft, und 1794 hatten fünf Sechstel der adeligen Offiziere die Armee verlassen. Die tüchtigsten einfachen Soldaten nahmen jetzt die höchsten Ränge ein. Nachdem die Revolution die Franzosen mit demokratischer Begeisterung erfüllt hatte, veränderte sich auch der Charakter der französischen Armee. Die aus Freiwilligen bestehende Nationalgarde war ihr Kern, und später bestand fast die ganze Armee aus Freiwilligen. Die besondere Eigenart dieser freiwilligen Volksarmee bestand darin, daß die Soldaten ihren Offizieren folgten und nicht mehr von ihnen nach vorn getrieben wurden. Im April 1792 brach zwischen Frankreich, Österreich und Preußen der Krieg aus, weil die Monarchen die Revolution fürchteten und die Führer der französischen Revolution das *ancien régime* haßten. Die Franzosen griffen zu den Waffen, um gegen den Despotismus zu Felde zu ziehen.

Zu Beginn hatten die Franzosen nur geringe Erfolge. Die politischen Zustände waren chaotisch, die Geldentwertung griff immer weiter um sich, und der Armee fehlte es an Führungskräften, Disziplin, Ausbildung und Material. Die ersten Truppen, die bei Tournai und Liège auf den Feind trafen, wendeten sich zur Flucht. Aber die Franzosen waren mutig, begeistert, hatten die richtigen Ideen, und die Verhältnisse wurden bald besser. In das 1791 an die Armee ausgegebene Exerzierreglement waren die Gedanken Gribeauvals, Guiberts und du Teils aufgenommen worden. Die Bewährungsprobe für die französische Revolutionsarmee unter Dumouriez kam, als die Franzosen sich im September 1792 bei Valmy an der Aisne den Preußen und Österreichern unter dem Herzog von Braunschweig stellten.

Der Herzog von Braunschweig galt bei den Soldaten der alten Schule nach dem unblutigen Feldzug in Holland 1787 als einer der besten Feldherren seiner Zeit. Dumouriez war ein Opportunist, besaß aber Mut, hatte fortschrittliche Ideen und war ein guter Menschenführer. Aber keiner von beiden war ein wirklich hervorragender Truppenführer. Fast einen Monat manövrierten die Armeen gegeneinander, ohne daß eine Entscheidung fiel. Die Operationen der Franzosen waren durch Ungestüm, Uneinigkeit, Erfolglosigkeit und plötzliche Paniken gekennzeichnet. Die Bewegungen der Preußen waren langsam und wurden durch die schlechte Organisation des Nachschubs behindert. Sie ließen sich dreimal die Gelegenheit entgehen, den Feind vernichtend zu schlagen. Aber am 30. September hatte Dumouriez bei Valmy eine ihm günstig erscheinende Stellung eingenommen. Die sich hier entwickelnde Schlacht war eigentlich nichts anderes als eine gewaltige Kanonade. Nach einem Artillerieduell am Morgen befahl der Herzog von Braunschweig den Infanterieangriff, ließ aber seine Truppen, als das Feuer zu stark wurde, wieder zurückgehen und räumte am Nachmittag das Schlachtfeld, ehe der Kampf eigentlich begonnen hatte.

Valmy ist zwar keine große Schlacht gewesen, war aber ein französischer Sieg, denn der Herzog von Braunschweig erkannte richtig, daß er mit dieser Armee und so schlechten rückwärtigen Verbindungen zu dieser Jahreszeit nicht mehr gegen Paris marschieren könne. Die Revolutions-

Kriegführung in Europa

armee gewann Zeit, und die Tatsache, daß der Feind abgewiesen worden war, stärkte ihre Kampfmoral. Die Stimmung hob sich nach einem zweiten Sieg bei Jemappes. 1793 hatten sich fast alle europäischen Großmächte gegen die Franzosen vereinigt, die darauf mit dem Gesetz vom 23. August 1793 reagierten, das das Zeitalter des totalen Krieges heraufführte:

> Die jungen Männer sollen kämpfen. Die Verheirateten sollen die Waffen schmieden und den Nachschub heranbringen. Die Frauen werden Zelte und Bekleidung nähen und in den Lazaretten arbeiten. Die Kinder sollen Scharpie zupfen. Die alten Männer werden sich auf die öffentlichen Plätze tragen lassen und die kämpfende Truppe ermutigen, indem sie den Haß gegen die Könige schüren und zur Einheit der Republik aufrufen.
>
> Die öffentlichen Gebäude sollen zu Kasernen werden, die öffentlichen Plätze zu Munitionsfabriken ... Alle Feuerwaffen geeigneten Kalibers sind bei den Streitkräften abzuliefern. Die Polizei wird mit Jagdgewehren und blanken Waffen ausgerüstet werden. Alle Reitpferde werden für die Kavallerie, alle nicht in der Landwirtschaft benötigten Zugpferde für Artillerie und Troß requiriert.

Ich möchte dieses Kapitel mit Friedrich dem Großen, dem bedeutendsten hier dargestellten Feldherrn, schließen. Es fragt sich, ob Moritz von Sachsen Friedrich mit seinen Schriften beeinflußte, der sechzehn Jahre älter war als er. Wahrscheinlich ist das nicht der Fall, denn *Mes Rêveries* wurde 1757, im Jahr der Schlacht bei Leuthen, sieben Jahre nach dem Tode des Verfassers und siebzehn Jahre nach der Krönung Friedrichs veröffentlicht.

Im 18. Jahrhundert unterschieden sich die Armeen in Europa im Hinblick auf Bewaffnung, Taktik und Organisation der rückwärtigen Dienste kaum voneinander. Im Kriege kam es nur auf die Qualitäten des Feldherrn an, der hohe geistige Gaben besitzen mußte. Nur zwei Zeitgenossen entsprachen diesen Anforderungen, Marlborough und Friedrich der Große. Beide verstanden sich auf das Manöver und sahen die Schlacht als das entscheidende Element des Krieges an. Friedrichs Bedeutung als Feldherr steht im engen Zusammenhang mit dem Aufstieg Preußens als Militärmacht und dem Abstieg der französischen Armee. Sie ist mit den Erfolgen der preußischen Armee eng verknüpft. In Preußen sah man es als wichtigste Aufgabe des Monarchen an, seine Armee im Kriege selbst zu befehlen. Seine Leistungen lassen sich zum Teil dadurch erklären, daß er die im 18. Jahrhundert üblichen strategischen Konzepte abwandelte und variierte. Er meinte, „der Hunger erschöpft die Männer eher als der Mut", und versuchte, die feindlichen Truppen (nicht die Zivilbevölkerung) dadurch zu ermatten, daß er sie von ihren Versorgungsbasen abschnitt. Er erkannte aber auch, daß das Manöver allein nicht die Entscheidung bringt. „Der Krieg wird nur durch Schlachten entschieden..." Seine Bereitschaft, sich zur Schlacht zu stellen, unterscheidet ihn von anderen Truppenführern seiner Zeit. Er hatte Erfolg, weil er anders war als die anderen. Er war bereit, Risiken auf sich zu nehmen und seine Soldaten in die Schlacht zu führen, wenn die Lage günstig schien. Darin glich er Napoleon, den wir im folgenden Kapitel behandeln werden.

Friedrichs „Schlachtendurst" hätte katastrophale Folgen für ihn gehabt, wenn seine Truppen und Waffen denen seiner Feinde nicht überlegen gewesen wären. Aber die preußische Gefechtsdisziplin machte sich bezahlt. Die preußischen Soldaten marschierten schneller als die anderen, sie konnten schneller aus der Linie die Kolonne bilden und schneller laden und schießen. Diese Beweglichkeit und Präzision gewährten Friedrich einen weiten Spielraum zur Entfaltung seiner Führungsideen. Anders als Napoleon konnte er nicht willkürlich über Menschenleben verfügen. Im Siebenjährigen Krieg waren ihm seine drei Gegner an Zahl und Geldmitteln überlegen, und um eine Vereinigung der drei feindlichen Armeen zu verhindern, mußte er wendig sein und jeden Gegner einzeln schlagen. Seine Erfolge sind ein Beweis für seine Intelligenz und Ausdauer und

Kriegführung in Europa im 18. Jahrhundert

In der Schlacht bei Valmy brachte die französische Revolutionsarmee den preußischen Angriff durch den Einsatz massierten Artilleriefeuers zum Stehen.

die Leistungsfähigkeit seiner Soldaten. Er führte einen Defensivkrieg mit offensiven Mitteln. Wir dürfen behaupten, daß Friedrich der Große der überragendste Feldherr der Geschichtsperiode gewesen ist, die wir in diesem Kapitel behandelt haben.

Kriegführung in Europa

Napoleon auf dem Höhepunkt seiner militärischen Erfolge nimmt nach einem fast unblutigen Sieg die Kapitulation Ulms entgegen

15 · Die Ära Nelsons, Napoleons und Wellingtons

Nach der Revolution gaben sich die Franzosen nicht damit zufrieden, den Gegner aus dem Lande vertrieben zu haben, sondern sie trugen den Krieg, bei dem es ihnen um die Ausbreitung der Demokratie, Beute und Ruhm ging, nach Europa hinein, und von 1792 bis 1815 rissen die kriegerischen Auseinandersetzungen auf dem Kontinent kaum ab. Es gab zwar Pausen, und einzelne Teilnehmer wechselten die Parteien, aber grundsätzlich sah es so aus, daß Großbritannien, Österreich, Preußen und Rußland jeweils zu zweit oder zu dritt unter britischer Führung gegen die Franzosen verbündet waren. Die französische Strategie unter der politischen und militärischen Führung Napoleons war zu Lande und zur See darauf gerichtet, England niederzuringen. Bei diesen Kriegen sind vor allem die militärischen Leistungen einzelner interessant. Es hat eine ganze Anzahl glänzender Truppenführer gegeben, wir wollen uns aber vor allem mit drei Persönlichkeiten beschäftigen, mit Nelson, Napoleon und Wellington.

Da die britische Flotte viel schlagkräftiger war als das britische Heer, führte Großbritannien seine ersten Unternehmungen gegen den Feind auf der anderen Seite des Kanals zur See durch. Dafür standen 55 Kriegsschiffe zur Verfügung. Die Flotte war diszipliniert und die Verwaltung gut organisiert. Im Gegensatz dazu war die französische Flotte, die im amerikanischen Krieg noch ein beachtlicher Rivale der britischen gewesen war, 1793 auf einem Tiefpunkt angelangt. Durch die in der Revolution erfolgten Säuberungen hatte sie ihre besten Elemente verloren, und wenn die Armee durch den revolutionären Elan und die große Masse der Soldaten über die kritische Zeit hinweggetragen worden war, so konnten diese Faktoren bei der Flotte seetüchtige Schiffe, gute Matrosen und tüchtige Offiziere nicht ersetzen. Die Franzosen verfügten über nur 42 Schiffe, denen es an erfahrenen Offizieren fehlte.

Die Franzosen versuchten, die britische Flotte mit ihren Schiffen zu behindern und England mit einer Invasion zu bedrohen. Großbritannien wollte mit seiner Flotte die eigene Schiffahrt schützen, die feindliche stören und die englische Küste gegen eine Invasion abschirmen. Außerdem verwendeten die Briten ihre Schiffe dazu, die Landstreitkräfte beweglich einzusetzen. Die Engländer operierten in Flandern, Westindien und an der französischen Küste. Da diese Operationen keinen Erfolg brachten, blockierten die Briten zunächst die Küste Frankreichs, um dem Gegner die überseeischen Handelswege abzuschneiden und jeden französischen Flottenverband, der es wagte, den Hafen zu verlassen, zur Schlacht zu stellen.

Zwischen 1794 und 1805 errang die britische Flotte sechs große Siege. Damit hatte sich die Lage grundsätzlich geändert, denn in den vergangenen hundert Jahren nach der Vernichtung der Armada war es kaum zu entscheidenden Seeschlachten gekommen. Technisch hatte sich an den Kriegsschiffen kaum etwas geändert, aber die britischen Seeleute wußten jetzt besser mit ihren Fahrzeugen umzugehen. Eine entscheidende Hilfe dabei war das neu eingeführte von Kempenfelt und Howe erfundene Signalsystem. Damit konnten die Flottenkommandeure ihre Einheiten flexibel führen. Es kam hinzu, daß Britannien über hervorragende höhere Seeoffiziere verfügte, unter denen Howe und Nelson sich besonders auszeichneten.

Richard Howe gewann am „glorreichen 1. Juni" 1794 den ersten britischen Seesieg. Mit einer Flotte von 34 Schiffen sichtete er 25 französische Fahrzeuge auf hoher See im Atlantik. Mit Hilfe seines Signalsystems ergriff Howe die Initiative und leitete den Angriff nach ganz neuen Grundsätzen ein. Er durchbrach die feindliche Linie von der Luvseite her. Nachdem er seinen Verband an der Luvseite versammelt hatte, wählte er den rechten Augenblick, um in schräger Schlachtordnung gegen den Feind zu segeln und die feindliche Linie an mehreren Punkten zu durchbrechen. Anschließend nahm jedes britische Schiff von der Leeseite her den Nahkampf mit einem feindlichen Schiff auf und verhinderte damit die Flucht des Feindes mit dem Wind. Die Schlacht am 1. Juli war ein Wendepunkt in der Segelschiffstaktik. Es war eine Kombination der bisherigen Linientaktik mit einem vernichtenden Nahkampf. Sechs feindliche Schiffe wurden gekapert, eines versenkt. Der Erfolg dieser Seeschlacht und zweier kleinerer Gefechte 1795 bestand darin, daß Großbritannien die Vorherrschaft zur See gewann und die Franzosen in der Defensive blieben und ihre Schiffe meist in den Häfen zurückhielten.

Dennoch war 1797 die Kampfmoral in Großbritannien schlecht, und die Aussichten, den Krieg zu gewinnen, waren gering. Zu Lande hatten die Franzosen in Holland und Italien große Erfolge, und auf dem Festland standen keine britischen Truppen. Spanien war auf die Seite Frankreichs getreten, und England sah sich gezwungen, das Mittelmeer aufzugeben. Im Winter 1796/97 umging die in Brest stationierte französische Flotte die Blockade und wurde nur durch einen Sturm daran gehindert, in Irland zu landen. Admiral Sir John Jervis stellte im Februar 1797 durch einen Sieg über die spanische Flotte vor Kap St. Vincent die Lage einigermaßen wieder her. Als jedoch die britische Kanalflotte bei Spithead und dann die Nordseeflotte meuterten, geriet Großbritannien in arge Bedrängnis. Die Unzufriedenheit der Matrosen betraf Ungerechtigkeiten bei der Rekrutierung, schlechte Bezahlung und allzu harte Disziplin. Ihre Beschwerden hinsichtlich der Bezahlung und Behandlung wurden berücksichtigt, aber die Matrosen wurden auch weiter durch Preßpatrouillen zum Dienst in der Flotte gezwungen, und ein großer Teil der Mannschaften waren Kriminelle. Die Meuterei konnte so lange geheimgehalten werden, daß es dem Feind nicht gelang, die Blockade der westfriesischen Inseln zu brechen, und im Oktober errang Admiral Duncan den dritten größeren Seesieg dieses Krieges vor Jütland und wiederholte dabei die von Howe eingeführte neue Taktik.

Als Erster Lord der Admiralität ging Jervis, jetzt Lord St. Vincent, 1801 daran, die Flottenverwaltung zu vereinfachen und die Arbeit in den Werften zu reorganisieren. Dadurch wurde die britische Flotte bis 1806 erheblich gestärkt. Jervis war ein guter Seeoffizier, tapferer Kämpfer, guter Menschenführer und Organisator. Er verstand es, seine Untergebenen richtig zu beurteilen, und war der erste, der Nelsons Fähigkeiten erkannte und ihn förderte.

Horatio Nelson wurde 1758 geboren und trat mit 13 Jahren in die Marine ein. 1793 hatte es der ehrgeizige junge Mann schon zum Kapitän gebracht. 1797 nahm er an der Schlacht vor Kap St. Vincent teil. Jervis' Plan war es gewesen, die feindliche Flotte zu durchbrechen und sie dann von rückwärts anzugreifen, bevor die feindlichen Schiffe die Linie wieder hergestellt hatten. Nelsons Schiff war eines der letzten im englischen Verband, und er erkannte, daß die Briten nicht würden wenden können, ehe die Lücken geschlossen waren. Er entschloß sich daher, die Formation ohne Befehl zu verlassen, um die Vereinigung der feindlichen Einheiten zu verhindern. Er stieß mit seinem Schiff in die Lücke und verwickelte sieben feindliche Schiffe mit seiner mit 74 Geschützen bestückten *Captain* in ein Gefecht, bis die anderen britischen Schiffe heran waren. Das entschlossene Handeln Nelsons sicherte den Briten den Sieg, und er selbst gewann die Anerkennung von Jervis.

Die Ära Nelsons, Napoleons und Wellingtons

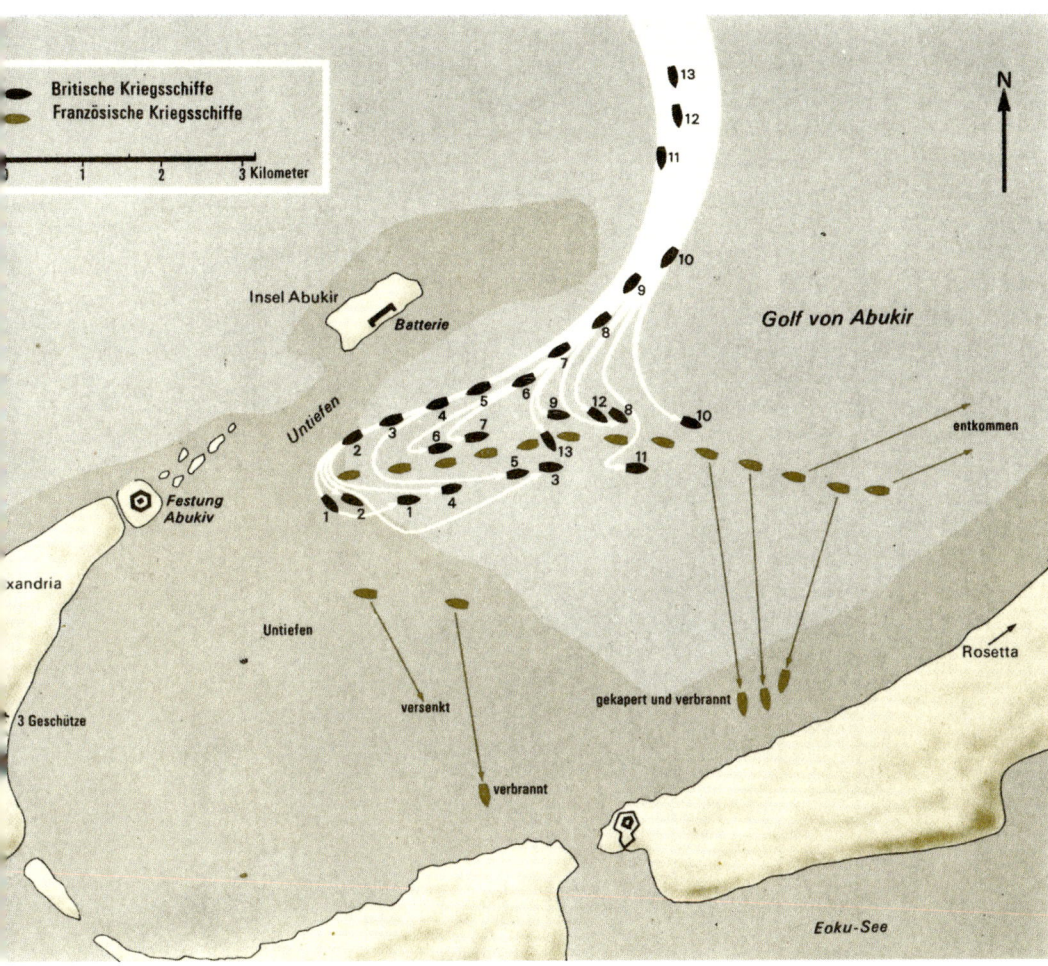

Die Schlacht bei Abukir

Anfang 1798 kam die Meldung, Napoleon plane ein Unternehmen von Toulon aus. Nach den Erfolgen des vergangenen Jahres entschlossen sich die Briten, in das Mittelmeer zurückzukehren, und ließen ein Geschwader mit 13 Schiffen unter dem inzwischen zum Konteradmiral beförderten Nelson auslaufen. Unter Ausnutzung eines Sturms umsegelte Napoleon mit etwa 35 000 Soldaten und der in Toulon stationierten Flotte von 13 Schiffen das Geschwader Nelsons und fuhr über Malta nach Ägypten. Nach einer Verfolgungsjagd durch das halbe Mittelmeer stieß Nelson am Spätnachmittag des 1. August in der Bucht von Abukir auf die französische Flotte und entschloß sich, noch am gleichen Abend anzugreifen.

Die Manöver vor der Schlacht waren sorgfältig geplant. Nelson hatte alle Details mit seinen Kapitänen besprochen, auf die er sich verlassen konnte und denen er innerhalb seines Schlachtplans weitgehende Handlungsfreiheit ließ. Die 13 französischen Kriegsschiffe waren in der Bucht vor Anker gegangen, und das äußerste Ende der französischen Linie befand sich so dicht vor den Untiefen und Felsen der Landzunge von Abukir, daß der französische Admiral Brueys

Kriegführung in Europa

Nelson wird in der Schlacht von Trafalgar von der Kugel eines französischen Scharfschützen getroffen

glaubte, kein feindliches Schiff könne hier noch durchkommen. Die Briten waren anderer Meinung. Nach Einbruch der Dunkelheit führte Kapitän Foley vier Schiffe durch die Untiefen in den Rücken des französischen Geschwaders. Nelson blieb mit dem Rest außerhalb. Dann ließ er die unbeweglich daliegenden französischen Schiffe von beiden Seiten angreifen. Die in der Dunkelheit überraschten Franzosen konnten nichts anderes tun als den Angriff abwarten. Nur zwei französische Schiffe entkamen im Morgengrauen. Der Rest des Geschwaders wurde vernichtet. Damit waren starke französische Truppen in der Levante abgeschnitten, und das Mittelmeer gehörte den Briten, deren Stellung durch die Einnahme von Menorca (1798) und Malta (1800) weiter gestärkt wurde.

Nelsons nächster Einsatz war eine Operation vor Kopenhagen. Die englische Flotte versorgte sich zum großen Teil aus Skandinavien. Napoleon, der zu Lande noch ungeschlagen war, versuchte, die Skandinavischen Länder für die britische Schiffahrt zu sperren. Eine englische Expedition unter Sir Hyde Parker und dessen Stellvertreter Nelson ging nach Kopenhagen.

Der Feind wurde überrascht, und Parker unterstellte Nelson ein Leichtergeschwader, um gegen die vor Anker liegende dänische Flotte vorzugehen, die allerdings noch im Feuerbereich der Festungsgeschütze von Kopenhagen lag. Unter Berücksichtigung von Ebbe und Flut und nach genauer Berechnung der Strömungen und Geschwindigkeiten segelte Nelson heran und belegte den Gegner mit gezieltem Geschützfeuer. Als das Gefecht den Höhepunkt erreicht hatte, wurde Parker nervös und signalisierte Nelson, er solle sich zurückziehen. Nelson legte das Teleskop an sein blindes Auge, erklärte, kein Signal erkennen zu können, und nahm kühl die Kapitulation der ganzen dänischen Flotte entgegen.

Zu Lande blieben die Franzosen in Europa erfolgreich, aber die Bedrohung durch die britische Flotte blieb ihnen ein Stachel im Fleisch. Zwischen 1803 und 1805 faßte Napoleon mehrmals den Plan, in England zu landen, und eine starke Armee stellte sich bei Boulogne bereit. Aber er hätte sich London nicht nähern können, ohne den Kanal zu beherrschen –, wenigstens für sechs Stunden, wie er meinte. In Wirklichkeit hätte er für die Invasion mindestens sechs Tage gebraucht. Aber im Sommer 1805 mußte er die Hoffnung, in England zu landen, begraben, erkannte jedoch, wie wichtig es war, die Briten zur See zu schlagen. Dazu wollte er versuchen, die Blockade von Toulon und Brest zu brechen und beide Flotten mit der französischen Kanalflotte zu vereinigen, ein sehr unrealistischer Plan. Die französische Flotte unter Villeneuve brach aus Toulon aus, Nelson verfolgte sie und stellte sie am 21. Oktober bei Trafalgar zur Schlacht. Er wendete dabei die damals übliche Taktik an, zerbrach zunächst die feindliche Linie, um die französischen Schiffe dann im Nahkampf anzugreifen. Die Schlacht bei Trafalgar ist das Unternehmen gewesen, bei dem diese Taktik am perfektesten geplant und durchgeführt wurde. Achtzehn von dreißig feindlichen Schiffen wurden entweder gekapert oder versenkt. Es kam dabei zu schweren Verlusten auf beiden Seiten, und Nelson fiel.

Als großartige Führerpersönlichkeit, hervorragender Seemann und origineller, intelligenter und mutiger Kämpfer ist Nelson in die Geschichte eingegangen. Joseph Conrad sagt von ihm: „In ihm vereinigten sich Heldentum und Pflichterfüllung." Trafalgar war eine der letzten großen Seeschlachten, die noch mit Segelschiffen ausgefochten wurden, und es war die glänzendste. Die Frucht dieses Sieges war die britische Vorherrschaft zur See, die während des ganzen 19. Jahrhunderts erhalten blieb und den britischen Handel aufblühen ließ. Nachdem die Seewege gesichert waren, konnten die Engländer sich jetzt auch am Landkrieg beteiligen, auf den Napoleon sich nun beschränken mußte, und damit war Napoleons Schicksal besiegelt.

Im November 1792, zwei Monate nach Valmy und Jemappes, erklärte die französische Gesetzgebende Versammlung, Frankreich wolle „allen Völkern brüderliche Hilfe gewähren, die ihre Freiheit zurückzugewinnen wünschen." So gingen die Franzosen, von dem Wunsch getrieben, nationale Sicherheit und Größe zu erlangen und hohe Ideale zu verwirklichen, gegen ganz Europa in den Krieg. Frankreich hatte 25 Millionen Einwohner, ebenso viele wie Österreich, Preußen und England zusammen. Die französische Armee verfügte über 730 000 Musketen des Modells von 1777, mehr als 2000 Geschütze des von Gribeauval eingeführten Musters, sie war von verworrener Begeisterung entflammt und wurde von vaterlandsliebenden und fähigen Offizieren geführt.

Von 1792 bis 1797 war Lazare Carnot, Mitglied des Komitees für öffentliche Sicherheit, der fähigste von ihnen. Er erkannte, daß „die Raserei des Volkes organisiert werden muß".

Als genialer Organisator arbeitete Carnot sechzehn Stunden am Tage und verschmolz die neuen Bürgersoldaten und die alten Berufssoldaten zu einer nationalen Armee. Er teilte sie in Truppenteile ein, ließ die Offiziere ausbilden, besonders die Spezialisten, und spannte Industrie und Landwirtschaft in die Kriegsanstrengungen ein. Die Anfang 1793 aus 300 000 Mann bestehende Armee war 1794 750000 Mann stark. 1798 führte Frankreich die allgemeine Wehrpflicht für alle unverheirateten Männer von 20 bis 25 Jahren ein. Die Ausbildung folgte den neuen, von Guibert und Bourcet formulierten Grundsätzen, es gab genügend Waffen, und die Truppe versorgte sich aus dem Lande, in dem sie kämpfte. Von 1793 bis 1794 war Carnot auch für die französische Strategie verantwortlich und stimmte die Bewegungen der zwölf Armeen aufeinander ab. Er war überzeugt, es entspräche dem Nationalcharakter der Franzosen, immer und überall anzugreifen. Die großen Truppenmassen konnten dem französischen Elan entsprechend beweglich eingesetzt werden, da ihnen der sonst lähmende, riesige Nachschubapparat fehlte.

Nach März 1793 siegten die Franzosen in einer Reihe größerer Schlachten. Ein Begeisterungstaumel ergriff das Volk. Marmont schrieb viele Jahre später: „Wir marschierten umgeben von einem Glanz, dessen Wärme ich noch heute ebenso fühle wie vor fünfzig Jahren." In den Aufzeichnungen eines Grenadiers heißt es: „Wir litten, aber wir waren stolz auf unsere Leiden und versuchten, darüber zu lachen. Die Offiziere, das Gepäck auf dem Rücken, teilten unsere mageren Rationen." Die Gefechtstaktik war einfach und verlustreich, aber sie paßte zu zahlenmäßig starken und begeisterten Truppen, die von jungen Offizieren geführt wurden, die mehr Energie und Mut besaßen als Erfahrung und militärisches Geschick. Locker ausgeschwärmte Scharfschützen eröffneten den Angriff. Dann kam das Vorbereitungsfeuer der Artillerie, die auch den Angriff der Hauptkräfte unterstützte. Die Infanterie stürmte in tiefgegliederten Kolonnen mit den Offizieren an der Spitze mit gefälltem Bajonett und lautem Hurrarufen vor. Aus dieser Truppe sind glänzende Befehlshaber hervorgegangen. Sie alle standen in ihren zwanziger oder dreißiger Jahren – Hoche, Jourdan, Augereau, Murat, Masséna, Napoleon und andere. Die militärische Laufbahn von Hoche ist bezeichnend. Er war schon früh von Carnot entdeckt worden, siegte bei Froeschwiller und Wissembourg und folgte stets dem Grundsatz, „bereite dich sorgfältig vor und schlage dann zu wie der Blitz". 1797 befehligte er eine der berühmtesten Armeen der Republik, die Armee Sambre-et-Meuse, und trieb die Österreicher bis nach Frankfurt zurück. Aber er starb noch im gleichen Jahr im Alter von 29 Jahren. Mit dem Tod von Hoche endete die Ära der Revolution, und das napoleonische Zeitalter brach an.

Napoleon Bonaparte wurde 1769 auf Korsika geboren. Nach dem Besuch verschiedener Militärschulen in Frankreich von 1779–1785 diente er als Artillerieleutnant in Auxonne und Valence. Er kannte die Schriften von Robins, Bourcet, Du Teil, Gribeauval und Guibert. Dem letzteren verdankte er viel, besonders seinen Ideen über die militärische Bedeutung des Nationalgefühls, die Beweglichkeit, die Kolonnentaktik und vieles andere. Mit Begeisterung studierte Napoleon die Kriegsgeschichte und war überzeugt vom Wert solcher Studien. Er las auch die Werke von Rousseau und gehörte zur radikalsten Partei in der Revolution. Beim Entsatz von Toulon (1793) zeichnete er sich bei einem Angriff gegen eine von den Engländern besetzte Batterie zum erstenmal militärisch aus und wurde dabei durch einen Bajonettstich an der Hüfte verwundet. Nach einem Aufenthalt in Italien ging er nach Paris, lernte die richtigen Leute kennen und vermied es, falsche Aufgaben zu übernehmen. 1796 heiratete er Josephine de Beauharnais, die Witwe eines Revolutionsgenerals.

Zwei Tage nach seiner Hochzeit ging Napoleon nach Italien, um das Kommando über eine Armee zu übernehmen. Er war damals 26 Jahre alt. Zu Beginn des Feldzuges verfügte er über 38000 Mann, mit denen er 47000 Österreichern und Sardiniern gegenüberstand. Seine Truppe war nicht nur zahlenmäßig unterlegen, sondern auch schlecht bewaffnet und ausgerüstet. Sechs Wochen nach Eröffnung der Feindseligkeiten konnte ihr Befehlshaber ohne Übertreibung sagen:

340   Seegefecht zwischen englischen und französischen Schiffen. Ausschnitt aus einem Gemälde von Nicholas Pocock, Das Gefecht vor San Domingo

Die Schlacht an den Pyramiden. Ausschnitt aus dem Gemälde von General Lejeune, der sich in den napoleonischen Kriegen als Soldat ausgezeichnet hat

Ihr habt Schlachten gewonnen ohne Geschütze, Flüsse überschritten ohne Brücken, Gewaltmärsche hinter euch gebracht ohne Stiefel und biwakiert ohne Verpflegung.

In zwölf Monaten errang Napoleon ein Dutzend Siege; die bedeutendsten waren Lodi, Castiglione, Bassano, Arcola und Rivoli. Er vertrieb die Österreicher aus Mittel- und Norditalien und stand, noch ehe die Friedensverhandlungen begannen, 130 Kilometer vor Wien. Er hatte diese Erfolge den schnellen Märschen, der Beweglichkeit seiner Truppen und der Fähigkeit zu verdanken, seine Kräfte an einem Punkt zusammenzufassen, um den stärksten Stoß gegen die schwächste Stelle des Gegners zu führen. Der siegreiche Feldzug hob die Kampfmoral der Franzosen, aber auch Napoleon stiegen seine Erfolge zu Kopf. Auf St. Helena erinnerte er sich:

Am Abend nach Lodi erkannte ich, daß ich ein höheres Wesen war, und es entstand in mir das ehrgeizige Bestreben, Großes zu vollbringen.

Das nächste Unternehmen, 1798 die Expedition nach Ägypten, paßte in diese Stimmung. Strategisch war es sinnlos, und der Sieg Napoleons bei den Pyramiden wurde durch Nelsons Sieg bei Abukir wettgemacht. 1799 ließ Napoleon seine Armee im Stich, eilte nach Frankreich zurück und wurde dort durch einen Staatsstreich Erster Konsul. Damit wurde Napoleon Bonaparte zum Militärdiktator in Frankreich. Als Konsul stellte er seine Fähigkeiten als tüchtiger und aufgeklärter Herrscher unter Beweis. Was er in der Neuordnung der französischen Zivilverwaltung, in der Gesetzgebung, im Erziehungswesen und im Hinblick auf das Verhältnis zur Kirche geleistet hat, war von dauerndem Wert. Mit der Niederlage der Österreicher bei Marengo und Hohenlinden endete 1800 der Zweite Koalitionskrieg, und 1802 schloß Frankreich einen Waffenstillstand mit England.

Napoleon war überdurchschnittlich intelligent, tatkräftig und willensstark. Er beherrschte seine ganze Umgebung und war absolut egozentrisch. Caulaincourt, der zehn Jahre zu seinen engsten Mitarbeitern gehört hat, sagt von ihm:

Er wendete stets alle Mittel und Fähigkeiten und seine ganze Aufmerksamkeit den Unternehmungen und Problemen des Augenblicks zu. Alles tat er mit Leidenschaft.

Napoleon war ein Meister der Strategie. Die Reichweite, die Schnelligkeit und das Zusammenwirken der ihm unterstellten Truppen waren einzigartig. Da seine Armeen sich aus dem Lande versorgten und das Straßennetz besser geworden war, konnten sie sehr flexibel eingesetzt werden. Napoleon hat viel für den Straßenbau getan. Bei der Konzeption seiner Pläne stützte er sich auf die ihm von seinem Stabe zugänglich gemachten Informationen. An der Spitze des Generalstabs standen Berthier und Graf Daru, ein hervorragender Verwaltungsfachmann. In allen wichtigen Fragen ließ Napoleon sich genau über den neuesten Stand der Dinge informieren. Jedem Feldzug ging eine Planungsphase voraus, und Napoleon gab selbst die letzten Befehle, die sogar die Marschstraßen und Leistungen jedes einzelnen Korps enthielten. Er kümmerte sich persönlich um die Bewaffnung, die Bekleidung, den Nachschub, die Finanzen und die Verwaltung eroberter Gebiete. Er konnte gleichzeitig mehreren Sekretären diktieren und sehr lange mit sehr wenig Schlaf auskommen. Die sorgfältige und langfristige Vorbereitung eines jeden Feldzugs hielt er für sehr wichtig.

Seine Strategie war immer offensiv. Seine ersten Feldzüge in Italien führte er auf verhältnismäßig engem Raum mit schwachen Truppen durch. Hier besetzten 35 000 Soldaten eine etwa 30 Kilometer lange Front, während Napoleon versuchte, die stärksten Kräfte an der schwächsten

Die Schlacht von Borodino. Ausschnitt aus einem Gemälde von General Lejeune. Marschall Berthier nimmt den Degen eines russischen Offiziers entgegen. Im Vordergrund überreicht ein Ordonnanzoffizier Napoleons einem sterbenden Offizier das Kreuz der Ehrenlegion, und ein zur Bewachung Gefangener eingeteilter Grenadier stößt eine Kanonenkugel mit schwelendem Zünder beiseite

Stelle der viel weiter ausgedehnten feindlichen Front zu konzentrieren. Er ließ die Entwicklungen in angrenzenden Gebieten niemals aus dem Auge und plante seine Feldzüge so, daß er, wenn sie erfolgreich abgeschlossen waren, seine Siege sofort politisch auswerten konnte. Sein Außenminister Talleyrand meinte allerdings, er nutze seine Erfolge zu gründlich aus, um noch diplomatisch zu sein. Nach 1805 paßte Napoleon seine Strategie den neuen, 200000 Mann starken Armeen an. Diese Strategie entsprach den jetzt viel weiter reichenden politischen Zielen. Das napoleonische Armeekorps bestand aus zwei bis drei Divisionen. Ein Teil seines Erfolgs lag an den raschen und präzisen Bewegungen seiner Truppen. Gewöhnlich ließ er den Gegner durch ein Armeekorps fesseln und manövrierte mit den übrigen Korps so, daß er die feindlichen Streitkräfte zerstreute, in der Flanke faßte, einschloß und dann den vernichtenden Schlag führte.

Auch taktisch operierte Napoleon offensiv, und zwar nach langer Vorbereitung. Dabei wollte er den Verlauf der Schlacht möglichst weitgehend vorausbestimmen, aber auch während des Gefechts erkannte er genau, wann er eingreifen mußte. Er hat gesagt: „Das Schicksal einer Schlacht entscheidet sich in einem Augenblick", und „in jedem Gefecht gibt es einen Augenblick, in dem die geringste Bewegung entscheidend sein und den Sieg bringen kann. Das ist wie das eine Tröpfchen Wasser, das das Gefäß zum Überlaufen bringt." Er hatte einen hervorragenden Blick für das Gelände. Caulaincourt schreibt: „Es sah aus, als zöge er Männer, Pferde und Geschütze aus den Eingeweiden der Erde hervor."

Die Infanterie war die wichtigste Waffengattung in der napoleonischen Armee. Sie kämpfte in gemischter Aufstellung, bei der einige Bataillone in Linie, andere kolonnenweise vorgingen. Der Vorteil der Linie – bei vielen Armeen die einzige Formation – bestand darin, daß sich dabei die Feuerkraft der Truppe am wirksamsten entwickeln ließ, während nur die ersten zwei oder drei Glieder einer Kolonne die Muskete gebrauchen konnten. Andererseits schossen schlecht ausgebildete Truppen nur unregelmäßig, und die psychologische Wirkung massiert in der Kolonne vorstoßender Verbände war beträchtlich. Guibert hatte empfohlen, unter bestimmten Voraussetzungen kolonnenweise vorzugehen, und den Wert dieser Taktik schon in den Revolutionskriegen bewiesen. Nach den italienischen Feldzügen wendeten die Franzosen mit großem Erfolg die gemischte Aufstellung an und variierten die taktische Kombination je nach Gelände und Gegner. Das Grundschema war folgendes: Zunächst beunruhigte die Vorhut den Feind. Dann fesselten ihn in Linie vorgehende Bataillone, die ihn zum Teil auch schwächten und daran hinderten, Schwerpunkte zu bilden. Schließlich durchbrachen die Kolonnen die in Unordnung geratenen feindlichen Linien. Diese Taktik brachte immer wieder Erfolge.

Die Hauptwaffe des Infanteristen war das von vorn geladene Steinschloßgewehr mit glatt gebohrtem Lauf aus dem 18. Jahrhundert. Seine Schwäche lag darin, daß der Feuerstein oft ausgewechselt werden mußte und das grobe Schwarzpulver die Innenwände des Laufs angriff. Das Pulver zündete nicht, wenn es feucht wurde. Die am besten ausgebildeten Soldaten konnten zwei Schuß pro Minute abgeben. Auf die wirksame Schußentfernung von 200 Metern, betrug die Streuung schon 3 Meter. Es gab zwar schon ein leistungsfähigeres Gewehr, aber es war teuer, ließ sich nur langsam handhaben und wurde daher wenig gebraucht.

Als Artillerist hat Napoleon vor allem in der Verwendung der Artillerie taktische Neuerungen eingeführt. Er hatte das Glück, daß die technischen und industriellen Fortschritte seiner Zeit es ihm ermöglichten, starke artilleristische Kräfte einzusetzen. Bisher war die Artillerie über die ganze Front verteilt worden und hatte die Aufgabe gehabt, die feindliche Bereitstellung zu stören und die gegnerische Front zu schwächen, bevor die eigentliche Schlacht begann. Napoleon gliederte seine Artillerie in Regimenter und nutzte die Beweglichkeit der bespannten Feldgeschütze aus. In der Schlacht faßte er seine Artillerie zusammen – bei Borodino waren es

Die Ära Nelsons, Napoleons und Wellingtons

Zur Hebung der Kampfmoral stattete Napoleon seine Armee mit prächtigen Uniformen aus
oben: Infanterist der Revolutionsarmee, Offizier der Revolutionsarmee, napoleonischer Grenadier
unten: Dragoner der kaiserlichen Garde, Offizier der kaiserlichen Garde, napoleonischer Husar

200 Geschütze – und verwendete sie dazu, Lücken in die feindliche Front zu schießen, bevor die Infanteriekolonnen zum Angriff antraten. Später, als der Kampfwert seiner Truppen abnahm, übertrug Napoleon der Artillerie immer wichtigere taktische Aufgaben. Die Geschütze selbst hatten sich kaum verändert. Es waren Vorderlader mit glattgebohrten Rohren, und sie verschossen Schwarzpulver. Die Schußfolge war nicht besonders schnell und die Treffsicherheit nicht groß. Es war möglich, zwei Schuß pro Minute abzufeuern, und ein Zwölfpfünder schoß etwa 3500 Meter weit.

Die Aufgabe der Kavallerie waren Aufklärung, Deckung des Gros als Vor- oder Nachhut und die Durchführung kleinerer Operationen abseits der Hauptkräfte. Es dauerte einige Zeit, bis nach der Revolution neue Kavallerieverbände aufgestellt wurden, denn das kostete viel Geld, und die Kavallerieregimenter waren eine Domäne des Adels gewesen. Napoleon gliederte sie um und gab ihr ganz neue Aufgaben in der Schlacht. Mit der Aufstellung von 6000 bis 9000 Mann starken Divisionen als unabhängigen, aus allen Waffengattungen bestehenden Truppenteilen brauchte man kleinere kavalleristische Einheiten als früher, die sich beweglicher einsetzen ließen. Die leichte Kavallerie, die Husaren und reitenden Jäger, wurden den Divisionen zugeteilt. Die schwere Kavallerie wurde auf die Hälfte reduziert. Die mit dem Säbel, Küraß und Rückenpanzer ausgerüsteten Kürassiere gehörten nicht zu den Divisionen, sondern wurden zu großen Verbänden zusammengefaßt, um im richtigen Augenblick den entscheidenden Stoß zu führen. Dazwischen standen die Dragoner, die jetzt nicht mehr nur berittene Infanteristen waren. Sie bildeten gemeinsam mit Teilen der leichten Kavallerie die berittene Reserve, deren Aufgabe es war, den Feind nach dem Sieg energisch zu verfolgen und dafür zu sorgen, daß die Reste der feindlichen Truppen aufgerieben wurden, wie bei den Feldzügen von Ulm und Jena. Der bedeutendste Kavallerieführer in der napoleonischen Armee war Joachim Murat, Napoleons Schwager, den er später zum König von Neapel machte. Murat war anmaßend, temperamentvoll und leidenschaftlich, verstand es aber, seine Truppe mitzureißen.

Eines der Grundprinzipien der Revolution lautete *„la carrière ouverte aux talents"*, und Napoleons eigene Laufbahn bestätigt das. Jeder Soldat in der französischen Armee trug, wenn er tüchtig war, „den Marschallstab im Tornister". Von den 26 napoleonischen Marschällen kamen nur zwei aus dem Adel. Allerdings hatte Napoleon, der mehr Wert auf die Begabung als auf die Herkunft legte, bald aufgehört an die *égalité* zu glauben. Die Marschälle wurden mit Ehren überhäuft, mit dem Kreuz der Ehrenlegion ausgezeichnet und zu Königen gemacht. Die Kadettenschulen wie Saint-Cyr waren einer Elite vorbehalten. Es bildeten sich Eliteregimenter, und die beste Truppe war die kaiserliche Garde. Erst wer an vier Feldzügen teilgenommen hatte, zweimal verwundet worden war oder sich besonders ausgezeichnet hatte, konnte in die Garde aufgenommen werden. Die Garde wurde besser bezahlt als die anderen Regimenter, war in den besten Kasernen untergebracht, erhielt Sonderverpflegung und begleitete den Kaiser auf allen Feldzügen. Es wurden neue Orden gestiftet und neue Dienstgrade geschaffen. Die Truppe erhielt prächtige Paradeuniformen. All das widersprach den Grundsätzen der Revolution, war aber gut für die Moral der Truppe.

Unter den Marschällen gab es tüchtige Soldaten. Außer Berthier und Murat, die wir schon erwähnt haben, zeichneten sich Davout, Masséna, Ney und Soult besonders aus. Davout nahm am Feldzug in Ägypten teil, wo er Napoleon mit besonderer Hingabe diente. Er war ein guter Regimentskommandeur, erstklassiger Organisator und Ausbilder und wurde von den Soldaten gefürchtet, aber auch geachtet. Als tapferer Soldat stand er Napoleon persönlich sehr nahe. 1806 besiegte er die Preußen unter sehr schwierigen Umständen bei Auerstädt und bewährte sich besonders in Rußland.

Nach Napoleons Urteil besaß Masséna militärische Tugenden, vor denen „man niederknien sollte". 1796 leistete er Napoleon in Italien wertvolle Dienste, brachte 1799 die furchtgebietende russische Armee unter Suworow in der Schweiz zum Stehen, wurde aber auf der Pyrenäenhalbinsel von Wellington geschlagen.

Ney war ein großartiger Kavallerieführer, und als Befehlshaber der Nachhut auf dem Rückzug von Moskau 1812 erwies er sich des Lobes Napoleons würdig, der von ihm gesagt hat, er sei „der Tapferste der Tapferen". Aber bei Waterloo zeigten sich Neys Schwächen. Als alles verloren war, verließ ihn seine Urteilskraft. Er wurde später vor ein Kriegsgericht gestellt, verurteilt und am 7. Dezember 1815 in Paris erschossen. Soult war ein tüchtiger und zuverlässiger Taktiker und Organisator. Auch der Artillerieführer Marmont und der tapfere, draufgängerische Augereau verdienen, erwähnt zu werden. Aber sie alle standen unter dem Schatten Napoleons. Ohne ihn und die von ihm ausgehende Inspiration hätten sie nicht so Großes leisten können.

1805 entschloß sich Napoleon, ein Weltreich zu gründen, und im Sommer des gleichen Jahres bildeten Großbritannien, Österreich und Rußland die dritte Koalition gegen ihn. Er wußte, daß eine Invasion Englands jetzt ausgeschlossen war, und wendete sich deshalb nach Osten. Im August versammelten sich schon starke Kräfte gegen ihn, hatten sich aber noch nicht vereinigt. Die Hauptachse des Konflikts verlief im Donautal durch Österreich in Richtung auf Rußland. 84000 Österreicher in Italien unter dem Kommando des fähigsten feindlichen Feldherrn, des Erzherzogs Karl, konnten von 50000 Mann unter Masséna gebunden werden. Im übrigen standen Napoleon eine österreichische Armee unter Mack mit 58000 Mann an der Donau und zwei russische Armeen gegenüber, deren eine unter Kutusow sich bereitgestellt hatte, um durch Galizien vorzustoßen, während die andere in Polen mobilgemacht wurde. Weitere Operationen zeichneten sich in den Niederlanden und Süditalien ab, doch hier konnte die Lage unter Kontrolle gehalten werden. Wenn Napoleon nicht die Initiative ergriff und als erster zuschlug, mußte er damit rechnen, daß der Gegner 140000 Mann am Oberlauf der Donau bei Ulm versammelte, um von dort gegen Frankreich zu marschieren. Napoleon rechnete, die Entfernung von Boulogne, wo er seine Armee versammelt hatte, nach Ulm sei geringer als die von Rußland in den gleichen Raum. Er entschloß sich daher, frühzeitig und schnell zuzuschlagen und seine Gegner einzeln zu erledigen. Dabei wollte er zuerst die österreichische Armee bei Ulm angreifen und dann donauabwärts marschieren, um den Kampf mit den Russen aufzunehmen.

Napoleons Stab erwies sich am leistungsfähigsten bei der Vorbereitung des Marsches seiner 150000 Mann starken Armee im Spätsommer 1805 von der Kanalküste zur Donau. Um seine Stärke und seine Absichten zu verschleiern, vermied er den direkten Weg durch den Schwarzwald und marschierte durch Württemberg und Franken nach Südosten, erreichte die Donau unterhalb von Ulm und faßte die Österreicher im Rücken. Die Große Armee marschierte in sieben Kolonnen nebeneinander. Neben der Infanterie verfügte Napoleon über 22000 Mann Kavallerie und 1000 Mann bespannter Artillerie unter dem Kommando von Murat. Die 7000 Mann starke Garde unter Bessieres setzte sich mit dem Kaiser und der Kavallerie an die Spitze. Die Abmarschzeiten der einzelnen Kolonnen waren so festgelegt, daß sie sich nach 24 Marschtagen am Rhein zwischen Mannheim und Straßburg vereinigten, um dann nördlich des Schwarzwaldes auf einer 130 Kilometer breiten Front nach Osten vorzugehen. An vorausbestimmten Rastplätzen hatte man Verpflegungsdepots eingerichtet.

Ein französisches Ablenkungsmanöver im Schwarzwald lockte Mack die Donau hinauf, der auf diese Weise im Rücken abgeschnitten wurde. Die Märsche glichen denen der Armee Marlboroughs, der 1704 zur Donau marschiert war. Man brach im Morgengrauen auf, marschierte bis zu 40 Kilometer am Tage und hielt um die Mittagszeit in einem vorbereiteten Lager.

Kriegführung in Europa

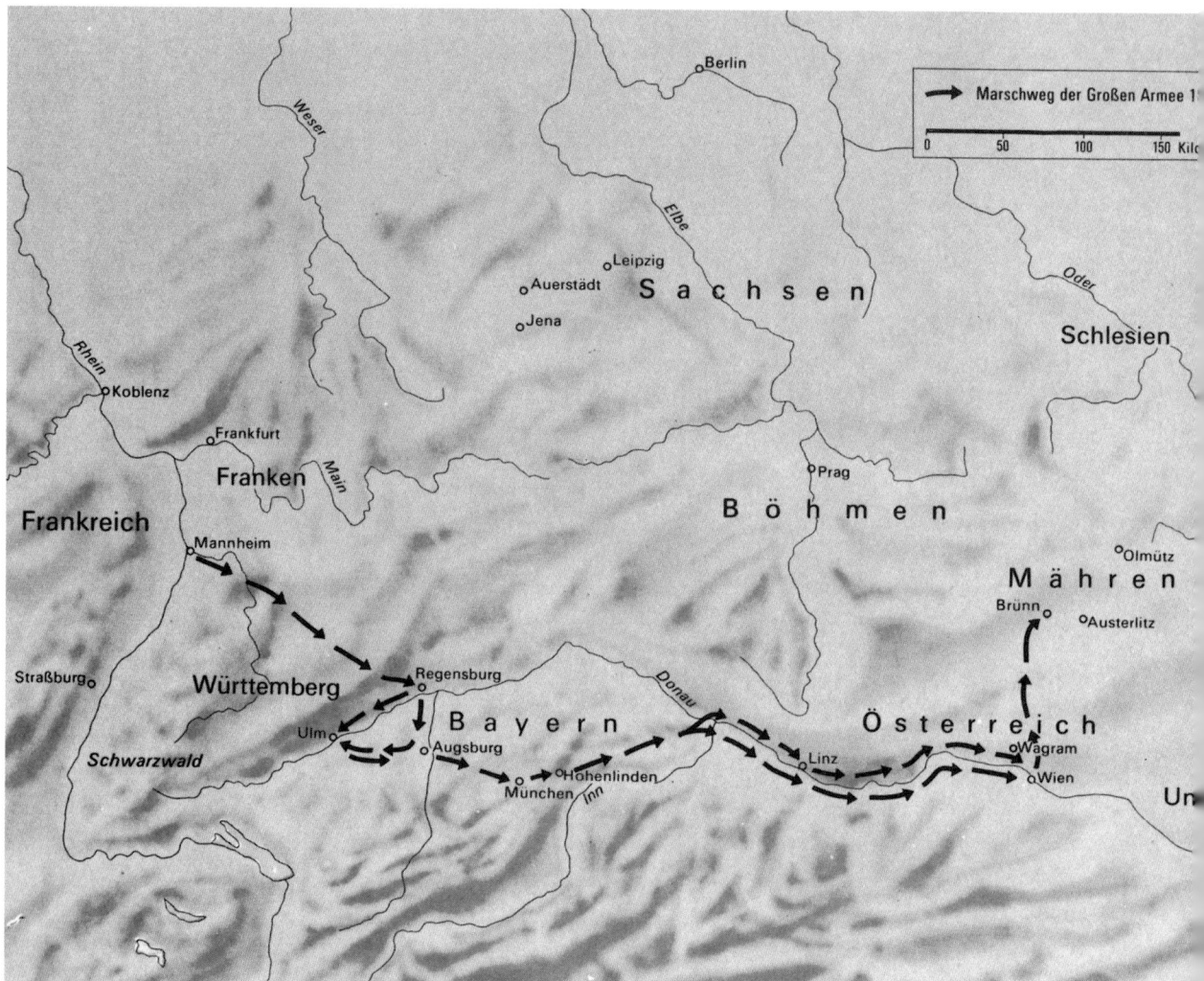

Der Feldzug von Austerlitz

Die Stimmung der Truppe war so lange gut, bis zuletzt der Nachschub nicht mehr herankam und das Wetter sich verschlechterte. Am 7. Oktober überschritten die ersten vier Armeekorps die Donau. Am 9. war Ulm eingeschlossen. 18 000 Österreicher, die einen Ausbruchsversuch unternahmen, wurden von der französischen Kavallerie verfolgt und geschlagen, und nach zehn Tagen kapitulierte Mack mit den ihm verbliebenen 30 000 Mann. Die erste Phase des strategischen Plans Napoleons war mit einem unblutigen und vollständigen Sieg zu Ende gegangen.

Jetzt schien es, als wollten die Preußen gegen Frankreich mobilmachen. Das bestärkte Napoleons Ansicht, schnelles, offensives Zupacken sei das beste, und am 26. Oktober befand sich die Armee wieder auf dem Marsch donauabwärts gegen Wien. Aber die Truppe war erschöpft, winterliche Kälte setzte ein, und es drohte die Begegnung mit den 65 000 Russen Kutusows.

Dieser Feldzug war kein Spaziergang mehr, sondern ein hartes Ringen. Napoleon wollte Kutusow einschließen, aber die Russen kämpften hinhaltend und verlangsamten durch Nachhutgefechte das Marschtempo der Franzosen. Am 14. November erreichte Napoleon Wien und erbeutete wertvolles militärische Material. Nun traf aber auch die Nachricht von der verlorenen Seeschlacht bei Trafalgar ein. Die Armee stand mitten im feindlichen Europa, und es würde kaum möglich sein, Kutusow einzuholen, ehe er sich mit einer zweiten russischen Armee vereinigt hatte und vielleicht sogar ein preußisches Heer zu ihm gestoßen war. Es sah aus, als sei Napoleon in eine Falle geraten.

Aber in Mähren stellte Napoleon selbst eine Falle auf. Das Gelände bot günstige Verteidigungsstellungen, so gönnte er seinen Truppen eine Ruhepause und überlegte, wie er den Feind zum Angriff herauslocken könnte. Er wußte, daß die russische Armee im Raum von Olmütz ständig Verstärkungen erhielt. Schon jetzt hatten sich 85000 Mann versammelt, und weitere 60000 sollten aus Polen herangeführt werden. Außerdem bestand die Möglichkeit, daß 80000 Österreicher die Alpen überschritten und ihnen zu Hilfe kamen. Aber die Preußen hatten mit ihren Kriegsvorbereitungen gerade erst begonnen. Napoleon hatte einen Monat Zeit, um die Russen zum Angriff zu reizen, indem er ihnen eine schwache Front vortäuschte. Kutusow erfuhr nur von den 50000 Mann bei Brünn. Das waren die Korps von Lannes und Soult, die Garde und drei Kavalleriedivisionen. In Wirklichkeit standen weitere 20000 Mann unter Bernadotte und Davout in Reserve 60 bis 100 Kilometer hinter der Front auf Abruf bereit. Der Gegner glaubte also, den Franzosen im Verhältnis eins zu zwei überlegen zu sein, während beide Seiten tatsächlich fast gleich stark waren.

Etwa am 21. November hatte Napoleon seine Vorbereitungen beendet und war sich über die hier anzuwendende Taktik klar. Zwischen Brünn und Olmütz bildete das Gelände ein Viereck. Im Norden wurde es von den Böhmisch-Mährischen Höhen begrenzt, im Süden, parallel zu dem Höhenrücken, verlief die Hauptstraße und bog nach Südosten in das 5 Kilometer entfernte Dorf Austerlitz ein. Zwei im Gebirge entspringende Bäche vereinten sich hart südlich der Straße zu dem in sumpfigem Gelände dahinfließenden Goldbach, der in versumpfte Seen floß, die das Viereck im Süden abschlossen. Am Goldbach lagen mehrere, auf der Karte bezeichnete Dörfer. Der Bach war kein Hindernis, teilte aber den Raum in zwei Hälften. Westlich von ihm lag ebenes Gelände, das sich bis zu dem gut befestigten, in französischer Hand befindlichen Brünn erstreckte. Ostwärts des Goldbachs lag ein Plateau, der Pratzen, zu dem das Gelände vom Bach aus allmählich bis zu etwa 110 Meter anstieg, während es auf der anderen Seite steil abfiel. Napoleon ließ seine Truppen, gestützt auf Brünn als Basis, ostwärts des Goldbachs in Stellung gehen. Die bei Olmütz versammelten Alliierten würden kaum der Versuchung widerstehen können, die Franzosen von Wien abzuschneiden und ihnen durch einen Angriff gegen ihre rechte Flanke den Rückzug zu verwehren. Napoleon bot dem Feind absichtlich seine Verbindungswege nach Wien an und konzentrierte seine Kräfte an der Straße und am Fuß des Gebirges, um die Alliierten zu veranlassen, seine rechte Flanke mit überlegenen Kräften einzuschließen. Er war sicher, daß, wenn sie diesen Köder nahmen, er sie in dem von ihm gewählten Gelände entscheidend schlagen würde.

Im alliierten Lager, wo Zar Alexander I. den Oberbefehl übernommen hatte, kam es zu lebhaften Debatten darüber, ob es angezeigt sei, anzugreifen oder nicht. Kutusow meinte, es ließe sich alles gewinnen, wenn man nur abwartete, bis die Verstärkungen eingetroffen und die Franzosen weiter geschwächt seien. Aber der junge, eitle, ruhmsüchtige Alexander, von Hofleuten umschmeichelt, ließ sich überzeugen, daß Napoleon in die Falle gegangen sei. Nach monatelangen Märschen waren die russischen Truppen erschöpft, aber immer noch leistungsfähig. Sie hatten unter Suworow 1799 Norditalien vom Feind gesäubert und bei Massenangriffen

Kriegführung in Europa

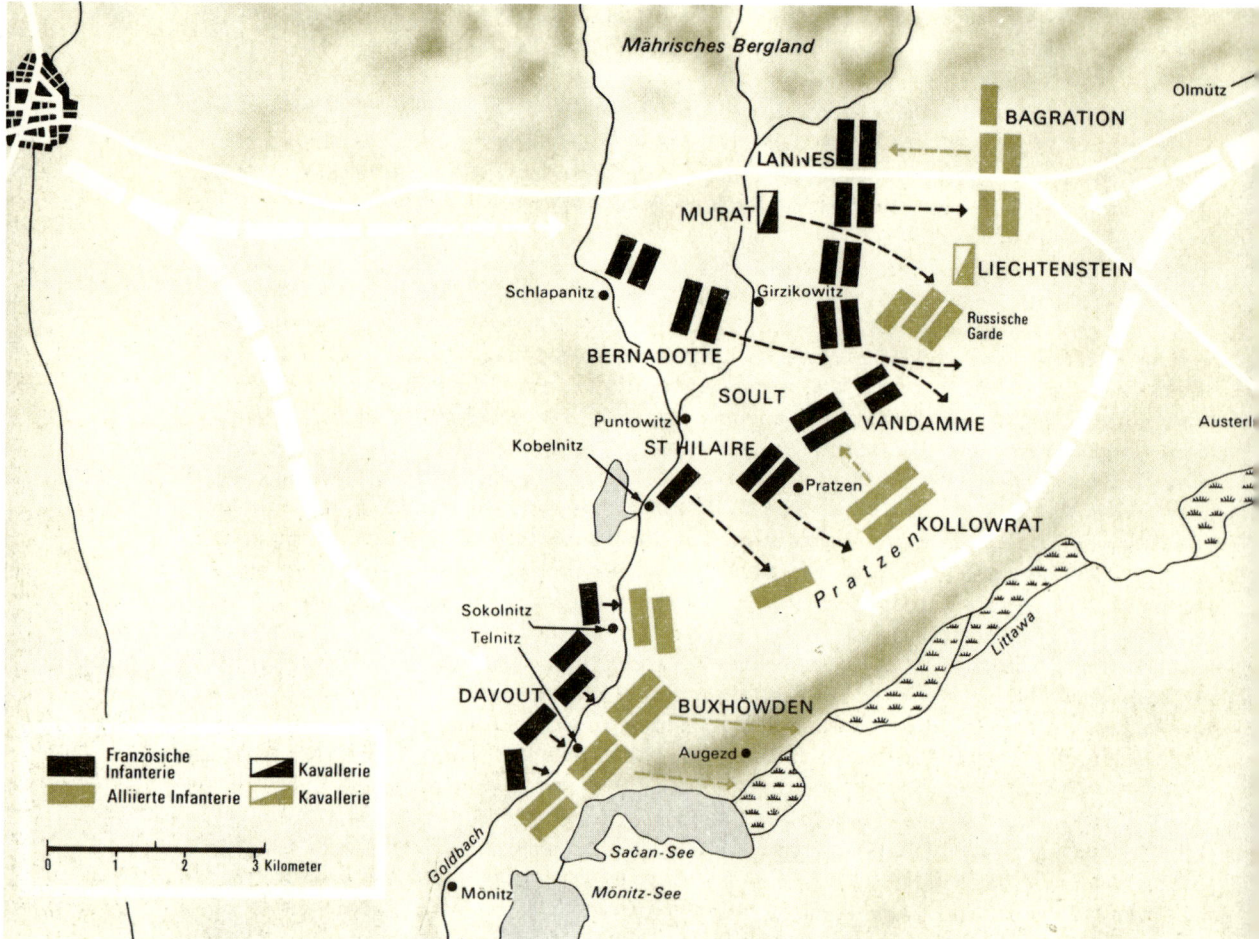

Die Schlacht bei Austerlitz

wie Rammböcke gekämpft. Zum Unglück für die Alliierten war deren bester Truppenführer, der Erzherzog Karl, nicht an Ort und Stelle. Der österreichische Generalstabschef Weirother mußte deshalb den Operationsplan ausarbeiten.

Am 1. Dezember gingen die Alliierten vor, und am Abend erläuterte Weirother seinen Plan. Die alliierten Truppen bestanden aus 90 000 Mann, meist Russen, und verfügten über 278 Geschütze. Zunächst wollte man von Nordosten gegen die französische rechte Flanke vorgehen. Dazu sollte die Spitze der Armee den Goldbach zwischen Telnitz und Sokolnitz überschreiten, dann in drei Kolonnen herumschwenken und die französische Flanke von Süden her angreifen. Eine vierte Kolonne sollte die Franzosen in der Fornt vom Pratzen her fesseln. Ein weiteres Korps im Norden würde die französischen Truppen an der Straße binden. Am Abend des 1. Dezember waren Kutusow und viele höhere russische Offiziere betrunken, ein Umstand, der sich für die Alliierten nur ungünstig auswirken konnte.

Die Ära Nelsons, Napoleons und Wellingtons

Die Schlacht bei Austerlitz nach der Darstellung eines zeitgenössischen Malers. Napoleon zwang die Alliierten, in einem Gelände zu kämpfen, das er als für sich am günstigsten ausgesucht hatte

Als Napoleon am 1. Dezember wußte, daß der Feind angetreten war, hatte er sich schon mit dem Korps Bernadottes vereinigt, und Davout befand sich auf dem Marsch. Am Nachmittag inspizierte der Kaiser die Armee an der Spitze seiner Kommandeure und der Offiziere seines Stabes. Er trug die grün-weiße Uniform der berittenen Gardejäger, und sein grauer Umhang wehte im Wind. Zweifellos war er sich der Wirkung seiner schon legendären Erscheinung bewußt. Die verdreckten Uniformen seiner Soldaten beeindruckten ihn nicht, aber er überzeugte sich davon, daß die Waffen in Ordnung waren. Vielleicht beunruhigte es ihn, daß Davouts Korps noch nicht eingetroffen war, doch konnte er sich im Grunde auf die Pünktlichkeit seiner Truppen verlassen, denn um 4.00 Uhr kam die Meldung, daß Davout in zwei Tagen 160 Kilometer zurückgelegt habe. Die französische Armee war 61 000 Mann stark und verfügte über 139 Geschütze. Obwohl zahlenmäßig unterlegen, hatte Napoleon seine Kräfte vorteilhaft aufgestellt, kannte die Absichten des Feindes und wußte, daß der gegnerische Schlachtplan schlecht war, denn er hatte ihn dem Feind aufgezwungen. Im Zentrum gegenüber dem Pratzen hatte Soult das Kommando. Hinter ihm standen starke Reserven. Links standen Lannes und Murat mit der Masse der Kavallerie. Das Korps Davouts bildete den rechten Flügel. In dem am Abend ausgegebenen Befehl an die Armee erläuterte Napoleon seinen Plan: „Die Stellungen, die wir eingenommen haben, sind stark, und wenn sie (die Alliierten) vorgehen, um in meine rechte Flanke zu stoßen, werden sie ihre eigene Flanke entblößen." Als in der Nacht die Meldung eintraf, daß die Russen immer noch nach Süden marschierten, ließ Napoleon einen Teil der im Zentrum aufgestellten Truppen etwas weiter nach rechts rücken.

Nach Einbruch der Dunkelheit kam es zu einem Zwischenfall. Irgendwo geriet etwas Stroh in Brand, und ein paar französische Soldaten, die glaubten, das Feuer gehöre zu einem zur Feier des Jahrestags der Krönung Napoleons entzündeten Feuerwerk, breiteten den Brand aus. Minutenlang schlugen überall die Flammen auf, und dreißigtausend Soldaten ließen Napoleon begeistert hochleben. Napoleon schrieb später: „Die Schlacht bei Austerlitz war nichts anderes als das Gelingen des Plans für den Feldzug in Mähren." Die Schlacht am 2. Dezember verlief, wie Napoleon sie geplant hatte. Die Alliierten griffen mit starken Kräften an, aber ihre Truppen wurden ungeschickt geführt, und Davout hielt den ganzen Tag die Stellungen am rechten Flügel. Das französische Zentrum blieb im Nebel verborgen, bis Vorhuten, Artillerie, Linieninfanterie und geschlossene Kolonnen der Verbände Soults die russische Flanke am Pratzen angriffen und den Gegner vollständig überraschten. Am Vormittag griffen die Alliierten immer wieder den französischen rechten Flügel an, aber die Franzosen verstärkten ihre Stellungen im Zentrum und zerschlugen die feindlichen Verbände in zwei Teile. Zuletzt stießen die gegnerischen Truppen im Norden aufeinander, und auch dort kam es zu harten Gefechten. Gegen Mittag sprengte ein Kavallerieangriff Murats, der zunächst im Raum zwischen dem linken Flügel und dem Zentrum operiert hatte, den feindlichen rechten Flügel von dessen Zentrum ab, und die Russen fingen an, sich allmählich zurückzuziehen. Napoleon selbst befand sich um diese Zeit auf dem Pratzen, und zwei Divisionen seines Zentrums unter St. Hilaire und Vandamme griffen die Reste des russischen Zentrums am Osthang flankierend an. Jetzt mußte nur noch der französische rechte Flügel entsetzt werden, um so die Niederlage der Alliierten zu vervollständigen. Ein letzter verzweifelter Angriff der russischen Garde gegen den Pratzen wurde abgeschlagen. Dann wendeten sich die französischen Truppen im Zentrum zu einem Vernichtungsschlag gegen den alliierten linken Flügel. Teile der russischen Infanterie schlugen sich nach Süden durch. Viele ertranken, als das Eis auf den Seen unter ihnen brach. Die meisten gerieten in Gefangenschaft. So wurde der alliierte linke Flügel aufgerieben, aber der rechte konnte sich geordnet zurückziehen. Da er keinen Befehl erhalten hatte, zögerte Murat, das Zentrum zu verlassen und den feindlichen Flügel einzuschließen. Gegen 5.00 Uhr wurde das Feuer eingestellt. Die Alliierten hatten 27000 Mann und 180 Geschütze verloren, die Franzosen etwa 7000 Mann.

Nach der Niederlage von Austerlitz im Dezember 1805 schied Österreich aus der Koalition aus. 1806 versuchte Preußen, Napoleon daran zu hindern, seine Herrschaft über ganz Deutschland auszudehnen, und mobilisierte seine 130000 Mann starke Armee, die sich bisher auf den Lorbeeren der siegreichen Feldzüge Friedrichs des Großen ausgeruht hatte. In einem drei Wochen dauernden Feldzug wurden die Preußen bei Jena und Auerstädt vernichtend geschlagen und von Napoleon verfolgt, der Berlin besetzte. Im Jahr darauf errangen die Franzosen in Nordosteuropa einen knappen und blutigen Sieg über die Russen bei Eylau. Im Juni 1807 siegte Napoleon wiederum bei Friedland, die Russen verloren 25000 Mann, und der Zar bat um Frieden.

Die Siege der Jahre 1805 bis 1807 führten Napoleon auf den Gipfel seiner Macht. Bis 1812 war er Herr in Westeuropa. Sein Reich erstreckte sich von Sevilla bis Warschau und von Neapel

Die Ära Nelsons, Napoleons und Wellingtons

1809 konsolidierten die napoleonischen Armeen ihre Eroberungen in Europa. Vor Wagram überschreiten sie auf einer Behelfsbrücke die Donau (oben), Regensburg wird im Sturm genommen (unten)

Kriegführung in Europa

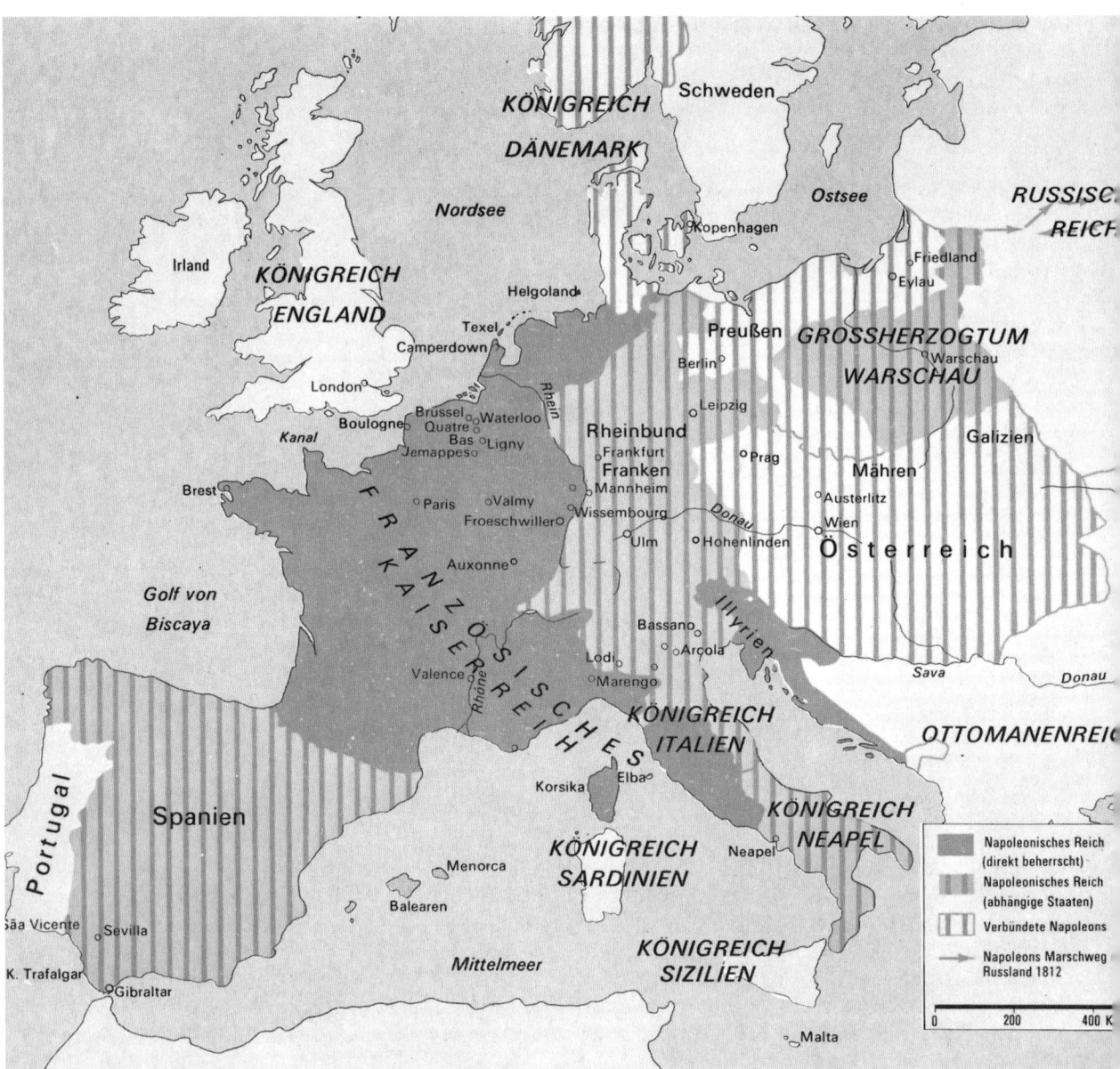

Das napoleonische Reich

bis zur Ostsee. Es umfaßte etwa 750000 Quadratkilometer mit 44 Millionen Untertanen. In einem großen Teil dieses Gebiets wurden nützliche und dauerhafte Reformen eingeführt: die Gleichheit vor dem Gesetz, die Abschaffung der Leibeigenschaft, religiöse Toleranz, die Bürgerrechte für die Juden, ein Schulsystem unter weltlicher Aufsicht, ein allgemeingültiges Recht, Straßenbau, Einteilung in Zollgebiete, nationale Armeen – um nur einige zu nennen.

Die britische Frage blieb ungelöst, und im November 1806 begann Napoleon, nachdem er das europäische Festland unter seine Herrschaft gebracht hatte, den Wirtschaftskrieg gegen seinen Erzfeind zu intensivieren. Seine Absicht war es, den Kontinent für britische Schiffe und den britischen Handel zu blockieren. In einem in Berlin veröffentlichten Erlaß wurde die Blockade der britischen Inseln angeordnet. Jeder Handel mit Großbritannien wurde untersagt, und alle Güter, die aus den britischen Kolonien nach England gingen, sollten beschlagnahmt werden. Wenn nicht anders, so wollte Napoleon „die See mittels der Vorherrschaft zu Lande beherrschen." Als die Engländer Gegenmaßnahmen ergriffen, erweiterte Napoleon sein System der Kontinentalsperre. Solange Britannien jedoch die See beherrschte, gab es keine Möglichkeit, die britischen Inseln auszuhungern und die Lieferungen von Lebensmitteln und Rohstoffen aus den Kolonien zu unterbinden.

Die ersten Ursachen für den Sturz Napoleons kann man in jeder Phase seiner Laufbahn suchen. Vielleicht begann diese Entwicklung schon, als er 1796 nach Lodi vom Gefühl übermäßigen Ehrgeizes ergriffen wurde. Vielleicht war es auch ein entscheidender Fehler, daß er 1801 Österreich im Frieden von Lunéville demütigende Friedensbedingungen aufzwang, anstatt sich mit dem früheren Gegner zu einigen und gemeinsam mit ihm England niederzuringen. Vielleicht aber waren auch, unter Berücksichtigung seiner Genialität, alle seine Handlungen bis zu den Siegen bei Jena und Auerstädt, die ihm zu Kopf stiegen, richtig, so daß er beschloß, die Weltherrschaft zu erringen und zugleich gegen Spanien und Moskau zu kämpfen. 1812 mußte er Rußland nach einem ruhmlosen Feldzug räumen, aber 1813 hatte er schon wieder eine neue Armee. Im gleichen Jahr erlitt er bei Leipzig die erste große Niederlage, und 1814 mußte er die Grenzen Frankreichs verteidigen. Durch seine offensichtliche Selbstsucht und die neuerlichen Truppenaushebungen verlor er die Sympathien der Franzosen. Aber Österreich bot günstige Friedensbedingungen an, und so war er auch jetzt noch nicht am Ende. Der Feldzug dieses Jahres war einer der glänzendsten. Immer wieder gelang es ihm, die gegnerischen Kräfte zu zersplittern und seine Feinde einzeln zu schlagen. Das militärische Genie Napoleons blieb bis 1815 ungebrochen, und auch politisch kam es noch nicht zum Zusammenbruch. Aber Napoleon selbst nennt als Ursache für seinen Untergang das „spanische Geschwür".

Ein geringfügiger Mißerfolg im Jahr 1806 gab den Anstoß zu einer Reihe von Ereignissen, die Napoleon schwächten und seine Feinde ermutigten. 1806 weigerte sich Portugal, dem Kontinentalsystem beizutreten. Wie die meisten europäischen Länder wollte es sich nicht von Frankreich beherrschen lassen und wünschte, den Handel mit England fortzusetzen. Anders als die meisten widersetzte sich Portugal den französischen Forderungen. 1807 schickte Napoleon eine Armee unter Junot auf die Pyrenäenhalbinsel, und im Jahr darauf wurde der König von Spanien durch Verrat abgesetzt. Der Haß der Spanier und Portugiesen flammte auf, und die französischen Armeen hatten von nun an schwer unter Guerillas und den Machenschaften der Geistlichkeit zu leiden. Europa war schockiert, als zwei französische Divisionen bei Baylén vor den Spaniern kapitulierten, und diese Niederlage schwächte die Kampfmoral der Großen Armee erheblich. In dieser Situation landete Sir John Moore mit einem britischen Expeditionsheer 1808 auf der Pyrenäenhalbinsel.

Zunächst übernahm Napoleon selbst das Kommando in Spanien, und es gelang ihm fast, Moore bei Corunna in eine Falle zu locken. Aber die Lage in Europa zwang ihn, die Halbinsel zu verlassen, und Wellington meinte, die Gegenwart Napoleons sei allein 40000 Soldaten wert. Der Kaiser kehrte nicht wieder zurück. Der einzige Beitrag Englands zu den militärischen Anstrengungen seiner Verbündeten auf dem Kontinent hatte bisher aus finanzieller Unterstützung bestanden. Nun endlich faßten die Briten, unterstützt durch die öffentliche Meinung und sichere Verbindungswege zur See, Fuß auf dem Festland. Im August 1808 landete Sir Arthur Wellesley, der spätere Herzog von Wellington, mit 13000 Mann in Portugal und schlug die Franzosen bei

Vimeiro – die sich allerdings infolge der Uneinsichtigkeit der Vorgesetzten Wellingtons unter Junot gemäß den Bedingungen der Konvention von Cintra ihrer Vernichtung entziehen konnten.

Wellington war 1769 als Sproß einer irischen Adelsfamilie geboren. Damit war er ebenso alt wie Napoleon. Er war in Eton erzogen worden, wo er gute Leistungen in Mathematik und Musik gezeigt hatte, verließ aber die Schule schon mit fünfzehn Jahren. 1787 trat er in die Armee ein, zwar nicht aus Begeisterung für den Soldatenberuf oder aus Ehrgeiz, sondern weil das in der Familientradition lag und die jüngeren, weniger begabten Söhne diesen Beruf zu ergreifen pflegten. Er diente kurze Zeit in seinem Regiment und ging 1796 nach Indien. Im Alter von fast 30 Jahren begann er ein intensives Studium der Militärwissenschaft und machte sich mit den Verhältnissen in Indien vertraut. Man beurteilte ihn als einen fröhlichen, freimütigen und kameradschaftlichen Menschen, der jedoch sonst in der Öffentlichkeit zurückhaltend war. Seinen Humor hatte er immer behalten, aber er verbarg seine Sensibilität im Lauf der Jahre immer mehr unter einer rauhen Schale. Mit härtester Selbstdisziplin überwand er die ihm angeborene Faulheit und beherrschte seine Emotionen.

In Indien vervollständigte er seine militärische Ausbildung und erwarb sich einen guten Ruf. Gegen die bisher noch nicht gebändigten Maratha-Reiterhorden wendete er mit Erfolg die Linientaktik an, organisierte den Nachschub, mit dem er seine Truppen auf weite Entfernungen versorgte, wenn er tief in feindliches Gebiet vorstieß, und operierte dort sehr beweglich. Seine bedeutendsten Erfolge waren die Erstürmung der starken südindischen Festung Ahmednagar und der Sieg in der äußerst blutigen Schlacht von Assaye 1803. Aufgrund von Wellingtons Erfolgen kam es bald darauf zu einem für die Briten günstigen Friedensschluß.

Nach neunjährigem Aufenthalt in Indien kehrte Wellington 1805 nach England zurück. Zwar galten die in Indien errungenen Erfolge in der Heimat nur wenig, aber er hatte wertvolle Erfahrungen gesammelt, hatte in offener Feldschlacht überlegene Feindkräfte besiegt, die Versorgung der Truppe organisiert, Gewaltmärsche durchgeführt, Festungen belagert und hatte es verstanden, mit schwierigen Bundesgenossen fertigzuwerden. Von 1805 bis 1808 ging er in die Politik und wurde Chief Secretary für Irland. Als Politiker und nicht als Soldat beteiligte er sich 1806 und 1807 an der fehlgeschlagenen Expedition nach Nordwesteuropa und anschließend an den Unternehmungen auf der Pyrenäenhalbinsel. Nach seinem Erfolg 1808 kehrte Wellington im April 1809 dorthin zurück und übernahm den Befehl über 21 000 Mann.

Die britische Armee dieser Zeit unterschied sich in mancher Hinsicht von der französischen. Es war keine Nationalarmee, sondern eine Berufsarmee alten Stils, die nach Auffassung der Militärtheoretiker überlebt war. Die militärische Karriere Wellingtons verlief völlig anders als die Napoleons. Die Offiziersstellen in der britischen Armee wurden fast nur von Adeligen besetzt, die sie durch Beziehungen erhielten oder kauften. Außer einer sechs Monate dauernden Grundausbildung und der freiwilligen Lektüre der vom Kriegsministerium erlassenen Vorschriften erhielten die meisten Offiziere keine besondere Ausbildung. Man kann nicht sagen, daß die Mannschaften sich nur aus Kriminellen rekrutierten, aber die Armee bestand nicht aus den besten Elementen der Bevölkerung. Trotzdem war es eine schlagkräftige Truppe. Das Verhältnis zwischen Offizieren und Mannschaften war zufriedenstellend, die Disziplin war streng, aber die Stimmung der Truppe war gut. Daß die Zustände sich so weit gebessert hatten, war das Verdienst des Generals Moore, des Herzogs von York und Wellingtons.

1803 hatte Moore im Truppenlager von Shorncliffe Disziplin und Ausbildung revolutioniert, indem er an die Stelle des Zwangs die freiwillige Mitarbeit setzte. Die Moral und die Leistungen der Truppe gaben ihm recht. Die Heeresverwaltung lag in den Händen des Herzogs von York, eines fähigen Mannes, der eine Militärakademie und eine Generalstabsschule einrichtete und begabten jungen Männern den Offiziersberuf schmackhaft machte. Wellington legte auch in

Der Feldzug auf der Pyrenäenhalbinsel

Spanien großen Wert auf Ausbildung und Versorgung seiner Verbände. Sein fähiger Commissary-General Kennedy sorgte für ausreichenden Nachschub an Bekleidung, Verpflegung, Feldküchen, Zelten, Decken, Stiefeln und Sold. Anders als die Franzosen richteten die Engländer Magazine ein und bezahlten, was sie im Lande kauften. Damit sicherten sie sich die Sympathie der örtlichen Bevölkerung, und das gelang ihnen sogar 1814 in Südfrankreich. Mit strengen Maßnahmen ging Wellington bei seinen Soldaten gegen den Alkoholmißbrauch vor, der ihre Gesundheit gefährdet hätte. Der Generalarzt McGrigor konnte sich der Unterstützung durch seinen Oberbefehlshaber (anders als der Baron Larrey unter Napoleon) sicher sein. Wellington unterschied sich auch darin von Napoleon, daß er großen Wert auf eine gründliche Waffenausbildung legte.

Kriegführung in Europa

Vor dem Feldzug in Spanien waren die Brigade oder das Regiment die Truppenteile in der britischen Armee gewesen, auf denen sich die Gliederung der Streitkräfte aufbaute. Jedes Regiment war stolz auf seine Tradition. Das förderte die Kampfmoral, ein besonders wichtiger Faktor angesichts der Tatsache, daß die britische Armee seit dem Siebenjährigen Krieg kaum irgendwelche kriegerischen Erfolge zu verzeichnen hatte. Wellington gliederte seine Armee jetzt in Divisionen. Die Division setzte sich aus Truppen aller Waffengattungen zusammen, konnte selbständig operieren und war auch fähig, schwierige Manöver durchzuführen. Als Verstärkungen gliederte Wellington portugiesische Einheiten in britische Divisionen ein. Gewöhnlich kamen auf eine portugiesische Brigade, der auch britische Offiziere angehörten, zwei britische Brigaden. Es gab nur eine rein portugiesische Division. Die Ausbildung der Portugiesen lag in den Händen des Generals Beresford. Gelegentlich stellte Wellington auch Armeekorps auf, doch die Division blieb die Grundformation. Am Schluß verfügte er über zehn Divisionen. Unter seinem Kommando entstanden das britische Pionierkorps und die Militärpolizei.

Wellingtons Generalstab und der Feindnachrichtendienst wurden, nachdem sie die ersten Erfahrungen gesammelt hatten, immer leistungsfähiger. Der Oberbefehlshaber stand im engen Kontakt mit seinem Generalquartiermeister Murray, der nicht nur für die Einrichtung der Feldlager und die Truppenverlegungen sorgte, sondern auch die Geländeerkundung durchführen ließ und an den strategischen und taktischen Planungen teilnahm. Ebenso wie Napoleon kümmerte sich Wellington um viele Einzelheiten der Planung und war außerordentlich leistungsfähig. Die Arbeit in seinem Stabe, die gewöhnlich von einem Offizier geleitet wurde, teilte Wellington unter drei Generalstabsoffizieren auf, einem militärischen Sekretär, dem Generaladjutanten und dem Generalquartiermeister. Mir hätte das nicht gepaßt, aber augenscheinlich war es vor 150 Jahren richtig, als der Krieg noch nicht eine so komplexe Angelegenheit war wie in der Mitte des 20. Jahrhunderts.

Besonders großen Wert legte Wellington auf einen guten Feindnachrichtendienst, später hat er selbst gesagt, er führe einen großen Teil seiner Erfolge darauf zurück, daß er die Vorgänge im feindlichen Lager sorgfältig beobachtet habe. Zu Beginn des Feldzugs auf der Pyrenäenhalbinsel gab es kaum zuverlässige Karten, aber Murrays Stab half diesem Mangel bald ab. Jeder Truppenbewegung ging eine genaue Geländeerkundung voraus. Jeden Tag wurden Kavalleriepatrouillen und einzelne Offiziere vorausgeschickt, die nicht nur das Gelände erkundeten, sondern auch gegen den Feind aufklärten. Auch durch die Landeseinwohner ließen sich schnell Nachrichten beschaffen, und die Guerillabanden teilten gegen entsprechende Bezahlung ihre Beobachtungen mit. Auf der ganzen Halbinsel entstand ein Netz von „Vertrauensleuten". Die wichtigsten Meldungen ließ Wellington, der größten Wert auf Genauigkeit legte, sich vorlegen.

Wellingtons Strategie auf der Halbinsel wurde durch die zahlenmäßige Überlegenheit des Feindes bestimmt. Anfangs hatte er nur 21 000 Mann und nie mehr als 80 000. Die Franzosen verfügten unter dem Kommando von Masséna, Marmont oder Soult selten über weniger als 250 000 Mann. Die Operationsbasis Wellingtons war Portugal, das unter allen Umständen gehalten werden mußte. Wenn die Gelegenheit günstig war, konnte man den Gegner von hier aus angreifen. Moore hatte gemeint, Portugal ließe sich nicht verteidigen. Wellington war anderer Ansicht. Es gab vier Einfallstore an der portugiesischen Gebirgsgrenze. Mit Unterstützung der Spanier und Portugiesen ließ sich eine starke Verteidigungsstellung einrichten. Zunächst mußten die Franzosen aus dem Lande vertrieben werden. Soult wurde bei Oporto angegriffen und geschlagen, und Wellington marschierte nach Spanien. Seine spanischen Verbündeten wurden aufgrund ihrer eigenen Dummheit geschlagen und mußten deshalb Südspanien aufgeben, aber Wellington schlug den Gegner bei Talavera und zog sich dann wieder nach Portugal zurück.

Im Winter 1809/10 wurde es immer wahrscheinlicher, daß die in Spanien und Österreich siegreichen Franzosen starke Kräfte zusammenziehen und Wellingtons Armee in Portugal vernichtend schlagen würden. Er erhielt 10000 Mann Verstärkungen aus England, mehr standen nicht zur Verfügung, und entschloß sich, 1810 dem Gegner an der Grenze entgegenzutreten, bereitete aber auch eine starke Verteidigungsstellung bei Torres Vedras nördlich Lissabon vor, die von portugiesischen Arbeitern unter englischer Aufsicht ausgebaut wurde. Die Stellung erstreckte sich 45 Kilometer in zwei Linien, mit flankierenden Geschützstellungen und Brustwehren versehen, zwischen dem Tejo und der Küste. 1956, während meiner Zeit bei der NATO, habe ich die Torres-Vedras-Stellung besichtigt und gesehen, daß es eine starke natürliche Verteidigungsstellung war.

Im Mai 1810 übernahm Masséna den Befehl über die französische *Armée du Portugal* und ging vor, um Wellington ins Meer zu werfen. Wellington widerstand der Versuchung, die spanischen Festungen Ciudad Rodrigo und Almeida zu halten, und im September rückte Masséna mit 72000 Mann in drei Kolonnen gegen Portugal vor. Wellington zog sich mit 49000 Mann zurück. Er glaubte, sich am Fluß Mondego zur Schlacht stellen zu können, und schlug am Höhenzug Busaco seinen Gegner.

Wellington beherrschte die Taktik ebenso gut wie die anderen Aspekte der Feldherrnkunst. Wie Napoleon hielt auch er die Feuerkraft für entscheidend wichtig. Die mit einem Bajonett versehene englische Muskete, die „Brown Bess", glich fast genau der französischen. Wellingtons Truppen waren straff diszipliniert und gut genug ausgebildet, um in der Linienformation den französischen Kolonnen zu widerstehen. Unter dieser Voraussetzung waren sie überlegen, denn sie verfügten in dieser Aufstellung über das Vierfache der Feuerkraft des Gegners. Gewöhnlich stellte Wellington seine Hauptkräfte in zwei Treffen an einem Hinterhang auf, wo sie der Beobachtung des Feindes und seiner Artillerie entzogen waren. So war es auch bei Busaco. Er setzte die Artillerie nicht, wie Napoleon, massiert ein, obwohl die Franzosen durch die Beweglichkeit der bespannten englischen Artillerie beeindruckt waren. Da er nur über wenig Kavallerie verfügte, schloß sich seinem Sieg keine Verfolgung an.

Der spätere französische Marschall Bugeaud schreibt über Wellingtons Armee in der Schlacht:

> Die Engländer besetzten gewöhnlich gut ausgewählte Verteidigungsstellungen an beherrschenden Geländeabschnitten und zeigten nur einen Teil ihrer Kräfte. Das Gefecht begann mit dem üblichen Artillerieduell. Sehr bald gingen wir rasch, ohne die Stellung erkundet oder festgestellt zu haben, ob ein Flankenangriff möglich sei, vor und packten den Stier bei den Hörnern. Etwa 1000 Meter vor der englischen Linie bemächtigte sich unserer Soldaten eine starke Erregung. Sie ermutigten sich durch Zurufe und beschleunigten das Tempo. Die Kolonne geriet in Unordnung. Die Engländer standen schweigend mit Gewehr bei Fuß da und boten den Anblick einer langen roten Mauer. Ihre Standhaftigkeit machte auf unsere jungen Soldaten einen tiefen Eindruck. Im Heranrücken riefen wir: „*Vive l'Empereur! en avant! à la baionette!*" Wir steckten die Tschakos auf die Gewehrmündungen, die Kolonne geriet durcheinander, und in der Erregung entstand eine große Unordnung. Beim Vorgehen lösten sich vereinzelte Schüsse. Die englische Linie blieb bewegungslos stehen. Die Soldaten behielten das Gewehr bei Fuß und schwiegen, auch als wir schon bis auf 300 Meter herankamen. Es schien, als beachteten sie den Sturm nicht, der gegen sie losbrechen sollte. Der Kontrast war verblüffend. Jeder von uns fühlte im Inneren, daß der Gegner das Feuer noch lange zurückhalten würde, daß aber dieses Feuer, wenn es eröffnet wurde, sehr stark wirken müsse. Unser Eifer kühlte merklich ab. Die moralische Wirkung der Ruhe, die sich, wenn auch nur nach außen,

durch nichts erschüttern läßt, und die der Unordnung überlegen ist, welche sich durch Lärm selbst zu übertönen sucht, wurde uns nur allzu deutlich. In diesem Augenblick höchster Spannung legten die englischen Infanteristen die Gewehre an. Ein unbeschreibliches Gefühl ließ viele unserer Soldaten auf der Stelle wie angewurzelt stehenbleiben. Nun eröffneten sie das Feuer. Die geschlossenen feindlichen Salven rissen Lücken in unsere Reihen. Unter schweren Verlusten wendeten wir uns nach rückwärts und versuchten, das Gleichgewicht wiederzufinden. Nun ertönten drei ohrenbetäubende Schlachtrufe des Gegners. Beim dritten war der Feind heran und trieb uns in regelloser Flucht vor sich her.

Nach dem Sieg von Busaco setzte Wellington seine eigene Truppe und den Gegner dadurch in Erstaunen, daß er sich weiter zurückzog. Masséna folgte ihm bis an die Stellung von Torres Vedras, wurde aber hier aufgehalten. Im Winter 1810/11 standen die Armeen einander gegenüber. Die Briten befanden sich, gut versorgt, in einer sicheren Verteidigungsstellung. Die Franzosen hatten ihre Basen weit zurückgelassen und konnten nicht in die englische Stellung eindringen. Im März 1811 zog sich Masséna zurück, und Wellington begann seinen langen und langsamen Vormarsch, der ihn nach drei Jahren 1814 zum Siege führen sollte. 1811 und 1812 gewann er, nach Ausführung einer Reihe von Manövern und sorgfältig darauf bedacht, sich die Basis in Portugal zu erhalten, das Grenzgebiet im Raum Almeida, Ciudad Rodrigo und Badajoz. Uneinigkeit unter den französischen Marschällen in Spanien und auf falschen Informationen fußende Anweisungen Napoleons aus Moskau halfen den Briten, aber der Erfolg der Operationen war in erster Linie das Verdienst Wellingtons und seiner Soldaten. Sein Geschick in der Verteidigung und im Manöver bedeutete nicht, daß er nicht auch hart zuschlagen konnte. Mit zwei großen Siegen – 1812 bei Salamanca und 1813 bei Vittoria – vertrieb er die Eindringlinge von der Halbinsel.

Die Auswirkungen der Ereignisse in Spanien, das bisher als Nebenkriegsschauplatz gegolten hatte, auf das Geschick Napoleons waren in mancher Hinsicht verheerend. Er hatte starke Truppenkontingente dorthin abstellen müssen. Mit den nach Spanien entsandten Verbänden hätte er vielleicht 1809 den Rückschlag bei Esslingen vermeiden können. In Spanien gewöhnten sich seine Marschälle an den Ungehorsam und mußten Niederlagen hinnehmen. Wellingtons Armee drang 1814 in dem Augenblick in Südwestfrankreich ein, als Napoleon im Nordosten hinter seine eigenen Grenzen zurückgedrängt wurde. Der Mut und die Erfolge der Spanier und Portugiesen ermutigten auch die übrigen Völker Europas. Die Deutschen waren mit Gewalt unterdrückt worden, aber 1808 begann sich das deutsche Nationalgefühl mächtig zu regen, dessen Sprecher Fichte in Preußen und Hofer in Österreich waren. Auch Alexander geriet in Streit mit Napoleon, und 1812 fügten die Russen den Franzosen im Moskauer Feldzug eine katastrophale Niederlage zu. Der größte Teil der Großen Armee ging dabei zugrunde. 1813 folgte die Schlacht bei Leipzig, 1814 die Abdankung und im Mai desselben Jahres traf der gestürzte Kaiser auf der Insel Elba ein. Er behielt hier zwar noch seine Souveränität, aber der bisherige Herr Europas herrschte nur über ein Gebiet von wenigen Quadratkilometern. Er war erst 45 Jahre alt. Wie Churchill im zweiten Band seines Buchs *The World Crisis 1911–1918* schreibt, hätten die Völker Europas damals ausrufen können: „Wahrhaftig, Franzosen, für die Geschichte ist das genug!" Aber das war nicht der Fall.

1815 kehrte Napoleon zurück. Bei Waterloo, nicht weit von Brüssel, wurde er von den alliierten Armeen unter Wellington und Blücher entscheidend und endgültig geschlagen. Zum erstenmal standen sich die beiden großen Feldherren in der Schlacht gegenüber, und keiner von beiden zeigte sich von der besten Seite. Die Gegner waren ungefähr gleichstark. Nach den Worten Wellingtons ging „Napoleon ... in gewohnter Weise in Kolonnen vor und wurde nach der alten Methode zurückgeschlagen". Nach 25 Jahren zog der Friede in Europa ein. Napoleon ging in die Verbannung nach St. Helena und starb dort 1821. Wellington setzte seine politische Laufbahn fort, wurde 1828–1830 Premierminister und erreichte es, daß die Katholiken die Bürgerrechte bekamen. Wie sein besiegter toter Gegner wurde auch Wellington im Lauf der Zeit zur legendären Figur. Er starb 1852.

In diesem Kapitel haben wir uns mit drei Feldherrn beschäftigt, deren Namen in der Geschichte fortleben werden. Es ist eigenartig, daß die beiden berühmtesten Truppenführer ihrer Zeit, Napoleon und Wellington, im gleichen Jahr – 1769 – geboren wurden. Ebenso bemerkenswert ist es, daß beide sich in dem langen Waffengang zwischen Briten und Franzosen nur einmal, im Juni 1815 bei Waterloo, gegenübergestanden haben – in der letzten Schlacht, die es auszufechten galt. Seit meiner Kadettenzeit auf dem Royal Military College in Sandhurst 1907 habe ich mich immer wieder intensiv mit beiden Persönlichkeiten beschäftigt und möchte nun ein abschließendes Urteil über sie abgeben. Über Nelson werde ich zuletzt sprechen, denn ich kann den Admiral nur vom Standpunkt des Landsoldaten aus beurteilen, der zwar im Frieden, nicht aber im Kriege, Seestreitkräfte befehligt hat.

NAPOLEON

Mit Millionen von Worten hat man versucht, das Geheimnis seines Erfolgs zu erklären. Oft hat man ihn scharf kritisiert, doch muß man schließlich doch zugeben, daß nur wenige gleiches geleistet haben wie er und niemand ihn übertroffen hat. Er war eine faszinierende Persönlichkeit, und jeder, der mit ihm in Berührung kam, war von seiner Energie und durchdringenden Intelligenz beeindruckt. Als er 1796 im Alter von 26 Jahren den Befehl über die französische Armee in Italien übernahm, fand er eine Truppe vor, die keine Bezahlung erhalten hatte, schlecht bekleidet und verpflegt war und kurz vor der Meuterei stand. Innerhalb von sieben Tagen sicherte er sich ihre Gefolgschaft. Napoleon gab der Armee ihre Seele wieder. Der italienische Feldzug 1796/97 ist vielleicht der glänzendste, den die Welt je gesehen hat. In jenen Jahren trat ein großes militärisches Genie seinen Siegeszug an, und das Gesicht der Welt hat sich dadurch bis heute grundlegend verändert.

Napoleon war ein Meister der Strategie und besaß einen ausgezeichneten taktischen Blick für das Gelände; seine Methoden waren einfach. Es ging um Beweglichkeit, Konzentration der Kräfte und Kampfmoral. Alle seine Feldzüge in Europa an der Spitze der Großen Armee werden durch diese Faktoren gekennzeichnet. Obwohl er immer gegen überlegene Feindkräfte im Felde stand, hat er nur selten eine Schlacht geschlagen, in der er nicht an entscheidender Stelle überlegen war. Moritz von Sachsen schreibt in Mes Rêveries: „Im Kriege darf nichts dem Zufall überlassen bleiben." Aus eigener Erfahrung als Oberbefehlshaber im Kriege kann ich ihm nicht zustimmen. Napoleon war klüger: „Sichere dir alle möglichen Erfolgsaussichten, wenn du dich entschließt, ein entscheidendes Gefecht zu führen." Es kommt auf folgendes an: Wenn man alle Maßnahmen für die Sicherstellung des Erfolgs getroffen hat – wieviel bleibt dann noch dem Zufall überlassen? Man muß Glück haben, aber man darf nicht hoffen, daß das Glück einem in den Schoß fällt, wenn man nicht kühn genug ist.

Napoleon hat sich gelegentlich geirrt. Sein erster großer Fehler war der Einfall nach Spanien 1808. Schon vor langer Zeit hatte ein französischer König gesagt, Spanien sei ein Land, in dem kleine Armeen geschlagen werden und große verhungern. Napoleon ließ den Feldzug von einigen seiner Marschälle führen, aber er selbst ist auch nicht ganz unschuldig am Versagen der französischen Waffen. Nicht nur Wellington und seine Soldaten haben die Große Armee besiegt, sondern auch das sonnendurchglühte Land und der fanatische Widerstand der irregulären Spanier, durch deren Hände täglich etwa hundert französische Soldaten fielen. Der Kaiser war

Kriegführung in Europa

Der Rückzug von Moskau

zu sehr in Nordeuropa beschäftigt, um persönlich in Spanien einzugreifen. Er hatte sich zuviel zugemutet. 1813 verließen die Franzosen Spanien.

Was die Katastrophe von 1812 in Rußland betrifft, so habe ich Napoleons Gedankengänge niemals verstehen können. Nach meiner Ansicht lautet eine Grundregel im Kriege: „Marschiere nicht gegen Moskau!" Hitler verstieß dagegen und mußte es büßen. Nicht nur die klimatischen Verhältnisse sind an Napoleons Niederlage in Rußland schuld. Es waren auch seine eigenen Fehler und die Auflösung der Manneszucht in der Großen Armee. Die Plünderungen begannen mit dem Einmarsch der Franzosen in Moskau, und die Moral der Truppe zerfiel. Sehr schnell nutzten die französischen Soldaten die Schwäche ihres Feldherrn aus, die in erster Linie auf seine Krankheit – den Krebs – zurückzuführen ist, an der er schließlich auch starb. In Rußland begegnete Napoleon auch ihm bisher unbekannten Verhältnissen. Das riesige Land hatte nur wenige gute Straßen, und es gab keine Möglichkeit, die Truppe aus dem Lande zu versorgen. Der verzweigte russische Staatsapparat hatte kein Herz, gegen das man einen entscheidenden Stoß hätte führen können. Daß Napoleon mit diesen Verhältnissen nicht fertig wurde, beweist nach Auffassung seiner Kritiker, daß er keinen schöpferischen Geist besaß. Er konnte einen militärischen Apparat übernehmen, ihn verbessern und mit unglaublichem Geschick einsetzen, aber er verstand es nicht, ein ganz neues Heer aufzubauen.

In seiner kurz nach Napoleons Tod veröffentlichten Biographie Bonapartes berichtet Walter Scott von einem amüsanten kleinen Zwischenfall während der Überfahrt nach Elba. Napoleon hatte der Schiffsbesatzung ein Trinkgeld gegeben, und der Bootsmann trat auf ihn zu, dankte ihm und schloß mit den Worten: „. . . und wir alle wünschen Ihnen für das nächste Mal mehr Glück." Aber es kam ganz anders.

Bei Waterloo war Napoleon kaum noch er selbst. Niemand kann sagen, was geschehen wäre, wenn Wellington ihm auf dem Schlachtfeld hätte entgegentreten müssen, solange er noch im Besitz all seiner Kräfte war. Über Waterloo werde ich in dem Abschnitt über Wellington sprechen.

Es gibt zahlreiche Beurteilungen Napoleons und seiner Taten. Mir kommt es vor, als sei er zu ehrgeizig gewesen. Er wollte als größter Feldherr aller Zeiten in die Geschichte eingehen, und sein Ehrgeiz trieb ihn in die Katastrophe. Aber eines darf man sicher sagen: größere Siege sind nicht wieder erfochten worden, und so lange es Soldaten gibt, wird man sich seiner als eines der größten Truppenführer erinnern.

WELLINGTON

Wellington war ein ganz anderer Mann als Napoleon. Während letzterer von persönlichem Ehrgeiz getrieben wurde, folgte Wellington sein Leben lang der „Pflicht". Persönlichen Ehrgeiz kannte er nicht. Niemals tat er etwas um des Beifalls willen oder um für sich Ruhm und Macht zu gewinnen. Als Soldat war er ein vorsichtiger und sehr fähiger Stratege. Die Kunst der Kriegführung hatte er in Indien auf der Ebene des Ochsenkarren erlernt. Er war eher standhaft und selbstsicher als intelligent und einfallsreich. Als Taktiker aber verfügte er sowohl über Sicherheit als auch über Intelligenz. Vor allem war er ein Meister der Verteidigung, aber gelegentlich konnte er auch kühn und aggressiv sein, zum Beispiel im Juli 1812 bei Salamanca.

Man fragt sich, warum er manchmal seine eigenen Soldaten so schlecht beurteilt hat. Vor Waterloo schrieb er z. B.: „Ich habe eine infame Armee." *Angeblich* hat er nach Waterloo gesagt: „Die Schlacht von Waterloo wurde auf den Spielplätzen von Eton gewonnen." Ihm diesen Ausspruch zuzuschreiben wäre falsch und kleinlich. Der französische Schriftsteller Montalembert hat diese Worte einige Jahre nach Wellingtons Tod niedergeschrieben, und sie haben dem Ruf des Generals sehr geschadet. Ich kann mir jedenfalls nicht vorstellen, daß er so etwas nach der Schlacht gesagt hat, weil niemand besser wußte als er, welchen Beitrag zum Sieg die einfachen jungen britischen Soldaten geleistet hatten. Ich stimme John Laffin zu, der in *Links of Leadership* sagt, die britische Armee habe die Schlachten gewonnen, die Wellington von Spanien über die Pyrenäen nach Frankreich führten. Und ich sage das, ohne sein taktisches Genie, seine Führereigenschaften und soldatischen Qualitäten verringern zu wollen, die er in seinen Feldzügen bewiesen hat.

Zum Schluß einige Bermerkungen über Waterloo. Niemand sollte sich mit der Schlacht bei Waterloo am 18. Juni 1815 beschäftigen, ohne die Ereignisse bei Ligny und Quatre Bras am 15.

und 16. Juni zu berücksichtigen. Ich kann mir nicht vorstellen, daß man Mitte des 20. Jahrhunderts einen Feldzug ähnlich führen würde wie den von Waterloo. Es ist interessant zu überlegen, wer mehr Fehler begangen hat, Wellington oder Napoleon.

Am Abend des 15. Juni tanzte Wellington in Brüssel auf einem vom Herzog und der Herzogin von Richmond gegebenen Ball. Seine Armee war noch nicht aufmarschiert und nicht auf einen Überraschungsangriff vorbereitet, obwohl Napoleon und seine Armee, nachdem sie am gleichen Morgen die belgische Grenze überschritten hatten, schon auf Gefechtsentfernung heran waren. Napoleon war es gelungen, seinen Gegner zu überraschen, und er hatte seine Kräfte zwischen die Kräfte Wellingtons und Blüchers geschoben, die zu weit auseinandergezogen waren, um gemeinsam Widerstand zu leisten, wenn Napoleon rasch die Initiative ergriff. Das tat er aber nicht. Wenn jemals der Sieg in greifbarer Nähe eines Feldherrn gelegen hat, dann war das am 15. Juni der Fall. Napoleon hätte nur seine Hand danach ausstrecken müssen. Wellington selbst war schuld daran, daß es zu dieser Lage gekommen war. Eine solche Nachlässigkeit ist mir bei einem so großen Soldaten unverständlich. Dennoch hat sich der anfängliche französische Erfolg innerhalb von drei Tagen in eine Katastrophe verwandelt, weil Napoleon eine Reihe von schweren Fehlern und Unterlassungssünden beging. Oft habe ich mich gefragt, was er auf St. Helena, wo er Zeit genug zum Nachdenken hatte, darüber gedacht haben mag. Ich habe gelesen, er soll gesagt haben: „Trotz allem hätte ich diese Schlacht gewinnen müssen." Er hätte sie vielleicht gewonnen, wenn er nach Ligny die Preußen mit seiner ganzen Armee verfolgt und Blüchers Truppen so zerschlagen hätte, daß sie für längere Zeit ausgeschaltet worden wären und nicht am 18. Juni Wellington bei Waterloo hätten zu Hilfe kommen können.

Und was würde Wellington sagen, wenn ich mich heute mit ihm unterhalten könnte und ihm die Lage vom 15. Juni so erklärte, wie sie sich mir darstellt – wenn ich ihm sagte, er sei durch Napoleons Strategie ganz in die Irre geführt worden? Würde er meinen, er habe einen indirekten Angriff geführt? Wahrscheinlich. Doch trotz allem, was ich über die Fehler Wellingtons bei Waterloo sage, habe ich ihn immer für den besten Soldaten gehalten, den Großbritannien nach langer Zeit hervorgebracht hat, und das ist auch heute noch meine Ansicht.

NELSON

Seit frühester Jugend gehört Nelson zu meinen Helden, und als ich mit dem Studium der Kriegsgeschichte begann, erkannte ich, wieviel dieser Seemann für England getan hat. Das Geheimnis der Stärke Nelsons bestand darin, daß er den einfachen Mann verstand und von ihm verstanden wurde. Er wußte, wie man die Herzen gewinnt. Jeder, der unter ihm diente, war von ihm fasziniert. Er führte mit den Mitteln des liebevollen Verständnisses und des persönlichen Beispiels. Er war bereit, für diejenigen, die unter ihm dienten, alles zu tun, und es gab nichts, was seine Kapitäne und Matrosen nicht für ihn gewagt hätten.

Nach großen Siegen zu Lande oder zur See bewundert und achtet man den Sieger, aber nicht immer erregt er das Gefühl der Zuneigung oder Liebe. Nicht immer betrachtet man die Fähigkeit, die Sympathien der Untergebenen zu gewinnen und sie zu veranlassen, ihrem Führer hingebungsvoll zu folgen, als eine für einen Befehlshaber zur See notwendige Eigenschaft. Es hat erfolgreiche Admiräle gegeben, die ihre Untergebenen dadurch beherrschten, daß sie sie in Furcht und Schrecken hielten. Doch Nelsons erstaunliche Gabe, andere Menschen mitzureißen, hat vielleicht ebensoviel zu seinen kriegerischen Erfolgen beigetragen wie seine glänzenden Taten. Sobald er an Bord eines Schiffes kam, strahlte er eine besondere Faszination aus, und ein bunt zusammengewürfelter Haufen wurde zu einer Gemeinschaft von Brüdern. Aber seine Ausstrahlung ging auch über das eigene Schiff hinaus und war auf jeder Einheit der Flotte, die er befehligte, fühlbar. Nelsons Führereigenschaften haben mich von jeher tief beeindruckt.

Ein Kommando zur See gleicht demjenigen zu Lande insofern, als das Rohmaterial des Admirals Männer sind. Die Herzen der Matrosen zu gewinnen, ist in erster Linie ein menschliches Problem. Mein Problem als Oberbefehlshaber war es, die Herzen der Soldaten zu gewinnen, und das fing an, als ich 1914 einen dreißig Mann starken Zug im Gefecht zu führen hatte. Doch in anderer Hinsicht waren die Verhältnisse zur See zur Zeit Nelsons ganz anders. Sobald seine Schiffe mit den feindlichen im Nahkampf standen, blieb für ihn nichts mehr zu tun. Der über dem Schlachtfeld liegende Rauch nahm die Sicht, und Signale kamen nicht mehr durch. Schiffe mit zerbrochenen Masten und zerfetzten Segeln konnten auf einen Befehl nicht mehr reagieren, selbst wenn für kurze Zeit der Mast des Flaggschiffs sichtbar wurde. Die Aufgaben Nelsons waren weit schwieriger als die seiner Nachfolger zur Zeit des schnellen Dampfschiffs. Wenn er seine Angriffsformation falsch angesetzt hatte, konnte er diesen Fehler durch Signale nicht mehr gutmachen. Wir, die wir zur Zeit des Dieselmotors und der drahtlosen Nachrichtenübermittlung leben, vergessen nur zu leicht die Schwierigkeiten, die zur Zeit des Segelschiffs bestanden.

Andere sind eher berufen, über Nelsons Seesiege etwas zu schreiben, daher will ich diesen Versuch nicht unternehmen. Wenn es seine Bestimmung gewesen ist, zu fallen, dann gab es keinen geeigneteren Ort für dieses Ereignis als das Deck seines eigenen Flaggschiffs. Er starb im Bewußtsein, daß die Flotte, die er in die Schlacht geführt hatte, und die Männer, die er liebte, einen großen Sieg errungen hatten. Als er am 21. Oktober 1805 nach Vernichtung des Gegners bei Trafalgar fiel, hatte er für Großbritannien die Seeherrschaft errungen, die so absolut war, daß sie Napoleons Untergang bedeutete – obwohl es noch zehn Jahre dauern sollte, bis es soweit war –, denn von nun an mußte Napoleon sich auf die Strategie zu Lande beschränken.

Ich möchte Nelson den Ruhm des größten Seehelden aller Zeiten zusprechen.

Kriegführung in Europa

Japanische Krieger aus dem 16. Jahrhundert in ihrer höchst dekorativen Rüstung

Vierter Teil · Kriegführung im Fernen Osten

16 · *Die Mongolen, Chinesen und Japaner*

Bis hierher sind wir in unserer Betrachtung der Kriegsgeschichte nicht über den sogenannten Mittleren Osten hinausgekommen. Jetzt begeben wir uns in den Fernen Osten, und wie die Kapitelüberschrift besagt, werden wir uns mit der Kriegführung von drei asiatischen Völkern beschäftigen, die zwar rassisch miteinander verwandt, aber doch sehr verschieden sind. Ich habe in China und Japan ausgedehnte Reisen unternommen und die Menschen, die in diesen Ländern leben, aus nächster Nähe beobachtet. Ein Blick auf die Karte zeigt dem Leser das Land der Mongolen, mit denen wir uns zunächst beschäftigen wollen. Ich kenne es nicht, aber ich habe die Innere Mongolei bereist, bin die chinesische Mauer entlanggeflogen, habe dabei den südlichen Teil der Wüste Gobi gestreift und einen Teil der Äußeren Mongolei aus der Luft gesehen.

Die Mongolen lebten früher in einem militärischen Gemeinwesen, dem vielleicht erfolgreichsten der Weltgeschichte. Sie brachten als einen der wirklich großen Feldherren und Eroberer Dschingis Khan hervor. Im Gegensatz dazu waren die Chinesen ein unkriegerisches Volk, das nur dann in den Krieg zog, wenn die äußeren Umstände es dazu zwangen. Mit Ausnahme des großen Militärtheoretikers Sun Tzu haben sie zur Entwicklung der Kriegskunst keinen wesentlichen Beitrag geleistet. Die Japaner hingegen waren schon von jeher ein bedeutendes Kriegervolk. Unter ihnen entwickelte sich eine Kriegerkaste, die Samurai, und sie brachten wenigstens einen bedeutenden Feldherrn hervor, Hidejoschi.

Interessanterweise haben alle drei Völker, die Mongolen, Chinesen und Japaner, nachdem sie mit der neuen, überlegenen europäischen Militärtechnologie in Berührung gekommen waren, das Kriegshandwerk mehr oder weniger aufgegeben. Bis ins 19. Jahrhundert ließen sie ihre militärischen Einrichtungen verfallen, und bis zu dieser Periode wollen wir hier über sie berichten. Im fünften Teil werden wir die Kriegsgeschichte der asiatischen Völker von der Mitte des 19. Jahrhunderts, als sie die westlichen Methoden übernahmen, bis heute behandeln.

Die Mongolen kamen aus den Steppen Zentralasiens. Die Bewohner dieses weiten Gebiets mit seiner Weidekultur mußten Reiter sein. Das Klima mit seinen extremen Hitze- und Kältegraden und das Leben im Zelt und zu Pferde hatten sie abgehärtet. Sie mußten zu Kämpfern werden, denn das Land war arm, und auf der beständigen Suche nach neuen Weidegründen bekämpften sich die einzelnen Stämme und Völkerschaften. In diesem Leben ständigen Nomadisierens und Kämpfens brachten sie schließlich einen Führer hervor, der so stark war, daß er die anderen Häuptlinge unterwarf und die türkischen und mongolischen Stämme – die Keraiten, Naimanen, Merkiten und andere – vereinigte. Im 4. Jahrhundert war Attila der Führer der Hunnen oder Hiung Nu, wie sie am anderen Ende der Welt hießen. Die Magyaren des 9. Jahrhunderts stammten von ihnen ab. Die vollständigste und schicksalsschwerste Vereinigung der

Kriegführung im Fernen Osten

Nomadenstämme war eine Leistung Dschingis Khans (1162–1227). Bei seiner Geburt nannte sein Vater, ein wenig bedeutender mongolischer Häuptling, ihn Temutschin. Als er seinem Vater im Alter von 13 Jahren folgte, mußte er um sein Erbe kämpfen. Er war körperlich stark, tapfer und listig wie alle Angehörigen seiner Rasse. Er besaß Selbstvertrauen, Ehrgeiz und Beredsamkeit, entwickelte bald die Fähigkeit, Gefolgsleute zu gewinnen und verfeindete Stämme miteinander auszusöhnen. 1206, im Alter von 44 Jahren, erhielt er nach langen Mühen und Kämpfen den Titel eines Khan, als der anerkannte Führer aller Stämme und nahm den Namen Dschingis Khan an.

Es ist erstaunlich, wie wenige wirklich große Feldherren es gegeben hat, wenn man bedenkt, daß die Menschen zu allen Zeiten Kriege geführt haben. Ohne bedeutende Führerpersönlichkeiten hervorgebracht zu haben, rüsteten sich die Krieger in Europa im Mittelalter mit Eisenharnischen. Man vergaß die Beweglichkeit, vernachlässigte die Feuerkraft, und die Überraschung des Gegners wurde praktisch unmöglich. Doch zur gleichen Zeit trat in Asien ein großes militärisches Genie auf, Dschingis Khan. Er war einer der größten Soldaten der Geschichte, ein *grand chef*, wenn es je einen gegeben hat, dessen Feldzüge als beispielhaft gelten können. Wir wollen sie im folgenden untersuchen.

Die mongolischen Völker waren primitiv und barbarisch. Früher bedeutete der Sieg eines Stammes über den anderen Vernichtung und Massenmord. Dschingis Khan bewies seine Überlegenheit dadurch, daß er seine Siege konstruktiv nutzte, um die Völker zu vereinigen. Er machte aus den Unterlegenen Untertanen und war ein so guter Führer, daß sie stolz auf diesen neuen Status waren. Durch seine Willenskraft und weil er ihnen Furcht einflößte, vereinigte er die Nomadenstämme, belohnte sie aber auch reich. Die vereinigten Stämme schloß er zu einem großen Heer zusammen.

Wenn ein Stamm sich Dschingis Khan unterwarf, dann war das keine bloße Formalität. Die Führer dienten in seinem Stab oder in seiner Leibwache. Er erhielt Tribute, und der Stamm selbst wurde zu einem Truppenteil in seinem Heer. Man zählte die Stämme nach ihren Zelten und teilte ihnen die Weidegründe zu. Jeder Stamm verwaltete sich selbst, und die Sicherheit des einzelnen wurde durch die von Dschingis Khan 1206 unter der Bezeichnung Jassa erlassenen Gesetze geschützt. Fürsten, Häuptlinge und Anführer der Stämme kommandierten im Krieg die „Tumane". Das waren mit 10000 Mann die stärksten Truppenteile in der Armee. Sie gliederten sich in Tausendschaften und Hundertschaften. Das Heer war vom Tuman bis zur Gruppe von zehn Mann nach dem Dezimalsystem in Verbände eingeteilt. Der Führer eines jeden Stammes war für die Ausbildung und Ausrüstung verantwortlich und hatte dem Khan Kriegsdienste zu leisten. Nach Vereinigung der Stämme 1206 herrschte Dschingis Khan über ein Reich, das sich von Osten nach Westen über 1600 Kilometer hinzog und von den Chinganbergen, nordostwärts der Wüste Gobi, bis zum Altai, nordostwärts des Balkasch-Sees, erstreckte und von 31 Stämmen bewohnt wurde. Für dieses Volk war der Friede nur eine Vorbereitungszeit für den Krieg. Die mongolische Armee bestand ausschließlich aus Reitern. Es gab Schwer- und Leichtbewaffnete, und die Ausrüstung wurde im Lauf der Zeit, als sie Erfahrungen gesammelt hatten und reicher geworden waren, immer besser. Die Mongolen trugen nur ganz leichte Rüstungen, Schafspelze, gegerbte Lederjacken und Panzer aus lackierten Lederplättchen. Einige trugen rohseidene Hemden, die von einem Pfeil nicht durchbohrt, sondern in die Wunde getrieben wurden. Solche Verletzungen waren weniger gefährlich. Die Wachen trugen einen Rundschild, aber in der Schlacht waren nur die vordersten Angriffstruppen und die Leibwache des Khan damit ausgerüstet. Die Hauptwaffen der Mongolen waren eine Lanze mit gebogener Spitze wie ein Krummsäbel, der zum Hauen und Stechen verwendet wurde, und zwei Bogen. Der eine wurde vom Pferde aus verwendet, der andere von Scharfschützen zu Fuß. Es gab

Die Mongolen, Chinesen und Japaner

Die Mongolen kämpften zu Pferde mit der Lanze oder dem Bogen und wendeten dabei die parthische Taktik des nach rückwärts Schießens auf der simulierten Flucht an

drei Arten von Pfeilen für die verschiedenen Entfernungen und gegen verschiedene Ziele. Außerdem führte jeder eine Streitaxt am Gürtel, dazu einen Strick zum Festbinden des Pferdes, zum Einfangen des Gegners oder zum Nachschleifen schwerer Gegenstände. Daneben hatte jeder Mann Wachs, Ersatzsehnen für den Bogen, Feilen zum Schleifen der Pfeilspitzen und Nadel und Faden bei sich. In einem wasserdichten Sack, der beim Flußübergang aufgeblasen wurde, trug er Ersatzkleidung. Schließlich führte er für das Pferd einen Futterbeutel, für sich selbst einen Kochtopf und außerdem als eiserne Ration Rauchfleisch und getrocknete geronnene Milch mit.

Eine Verfügung Dschingis Khans besagte, daß die Frau im Frieden für die Rationen und die Ausrüstung ihres Mannes verantwortlich sei. Während der Friedenspausen übten sich die Männer auf der Jagd im Gebrauch der Waffen. Von ihren in Städten wohnenden Gegnern lernten die Mongolen die Kunst des Festungskrieges, und in späterer Zeit führten sie Speerschleudern, Steinschleudern und Katapulte zerlegt auf Packtieren mit.

Bezeichnend für die Kampfmethoden der Mongolen waren ihre Beweglichkeit und gute Zusammenarbeit. Bei der Darstellung der Feldzüge dieser berittenen Krieger, deren Züge sie von China bis zum Mittelmeerraum führten, lassen sich die Entfernungen kaum in Kilometern messen. Das gute Zusammenspiel ihrer Streitkräfte wurde durch den fein ausgebildeten Instinkt der Nomaden gefördert, mit dem sie sich nach markanten Geländepunkten orientierten und die Himmelsrichtungen bestimmen konnten. Darüber hinaus verfügten sie über ein gutes Nachrichten- und Kommunikationssystem. Dschingis Khan wurde laufend von den Vasallenfürsten und seinen eigenen Kundschaftern mit wichtigen Nachrichten versorgt. Die Meldereiter, die sogenannten „Pfeilreiter", wurden überall bevorzugt abgefertigt und erhielten die besten jeweils verfügbaren Pferde. Sie konnten in wenigen Tagen Entfernungen zurücklegen, die zu überwinden man sonst Wochen brauchte. Für die langen Ritte wurden sie bandagiert und schliefen im Sattel. Je weiter die mongolischen Eroberungszüge sich ausdehnten, desto wichtiger wurde es für den Khan, Straßen zu unterhalten und die Verbindungswege zu schützen. Er verwob die alten Karawanenwege zu einem Netz und überwachte sie mit Hilfe militärischer Posten. Im Kriege ritten den Hauptkräften Kundschafter mit mehreren Tagen Vorsprung voraus. Dschingis Khan bediente sich auch der Dienste von Spionen und ließ sich von reisenden Kaufleuten unterrichten.

Sein Eroberungsdrang und das Bedürfnis seines Volks, Krieg zu führen, zwangen Dschingis Khan dazu, sich gegen die Chinesen zu wenden. Die Kin-Dynastie in China war politisch schwach, und die Kaiser hatten es versäumt, die Vereinigung der mongolischen Stämme zu verhindern, wie das früher Grundsatz der chinesischen Politik gewesen war. Doch Dschingis Khan war ein vorsichtiger Stratege. Er besaß keine zuverlässigen Nachrichten über die militärische Stärke Chinas, stellte aber fest, daß die chinesischen Armeen sich aus großen Massen von Fußsoldaten zusammensetzten und sich auf starke Befestigungen stützten. Die Methoden der chinesischen Kriegführung waren den Mongolen fremd, und 1207 unternahm der Khan den Versuch, mit einer starken Armee in den Staat Hsi-Hsia, einen halb unabhängigen Teil des chinesischen Reichs im Nordwesten, einzufallen. Im Felde schlugen die mongolischen Reiter die Chinesen in die Flucht, konnten aber die befestigten Städte nicht einnehmen. In den folgenden Jahren ließ Dschingis Khan einige seiner Offiziere im Festungskrieg ausbilden. Sie mußten lernen, mit Katapulten, Naphta, Sandsäcken usw. umzugehen. 1211 wurde Hsia erobert, und nachdem Dschingis Khan seine Flanken gesichert hatte, griff er China selbst an.

Die Mongoleneinfälle vollzogen sich nach einem bestimmten Muster. Im Hauptquartier des Khan trat ein Kriegsrat zusammen. Alle höheren Truppenführer nahmen teil. Man besprach die Lage, setzte das Operationsziel fest, bestimmte die Marschwege, gliederte die Streitkräfte und einigte sich über den Feldzugsplan. Der Feindnachrichtendienst hatte das Unternehmen schon lange vorbereitet. Dann setzte sich die Horde, wie man die mongolischen Reiterscharen nannte, in Bewegung. Kundschafter ritten voraus. Das waren 200 jeweils paarweise reitende Krieger, die sich über das ganze Gebiet verteilten. Es folgte die aus drei Tumanen gebildete Vorhut, 30000 ausgesuchte Männer auf guten Pferden, die für jeden Reiter ein Ersatzpferd mitführten. Muhuli, Sabutai und Tschepe Nojon waren 1211 die Befehlshaber der Tumane. Dahinter folgten die Hauptkräfte mit 160000 Mann in drei Abteilungen. Dschingis Khan befehligte die mittlere, aus 100000 Mann bestehende Abteilung. An seiner Standarte waren neun weiße Yakschwänze befestigt. Während des ganzen Feldzuges hielten Meldereiter die Verbindung zwischen dem Khan und seinen Unterführern.

Gewöhnlich fielen die Mongolen gleichzeitig an verschiedenen Stellen in das feindliche Gebiet ein. 1211 durchbrachen sie die chinesische Mauer, und die einzelnen Abteilungen gingen durch Schan-Si und Tschi-Li auf getrennten Wegen gegen Peking vor. Die Heere verpflegten sich aus dem Lande. Jeder Befehlshaber einer Abteilung konnte nach eigenem Ermessen den Gegner zum Gefecht stellen und frei manövrieren, aber das Kriegsziel stand fest, und ihm hatte sich alles unterzuordnen. Der Oberbefehlshaber konnte seine Unterführer jederzeit zu Sonderaufgaben abrufen. Die Truppe war so beweglich und auf Zusammenarbeit gedrillt, daß die einzelnen Kolonnen sich rasch vereinigen und gegenseitig unterstützen konnten. Das Mongolenheer verwirklichte den Grundsatz des „getrennten Marschierens und vereinten Schlagens", eine Maxime Moltkes, der wahrscheinlich der glänzendste militärische Kopf war, den Deutschland jemals hervorgebracht hat. Unter Bismarck war Moltke Chef des Generalstabs der preußischen Armee.

Die Taktik der Mongolen war einfach, aber sehr wirksam. Sie suchten den Feind zu überraschen, gingen bei Tage und in der Nacht in Eilmärschen vor und vereinigten die Tumane mit absoluter Präzision. Wenn sie damit allein keinen Erfolg hatten, suchten sie den Feind durch Flankenbewegungen einzukreisen. Sie verwendeten auch die alte parthische Taktik der vorgetäuschten Flucht, zogen sich manchmal tagelang zurück, gingen fächerförmig auseinander, wendeten dann wieder und faßten den Gegner in den Flanken. Mongolische Kavallerie griff im Feuerschutz der eigenen Pfeile und Speere im geschlossenen Verband an. Die Bewegungen der Verbände wurden durch Signale geleitet – am Tage durch Flaggen, nachts durch Leuchtzeichen. Ihre Gefechtsdisziplin war gut. Sie kämpften fünf Glieder tief. Die Reiter in den ersten beiden Gliedern waren schwerer gepanzert. Nach dem Zusammenprall mit dem Gegner kam es zu einem ungeregelten Kampf, bei dem jeder einzeln mit dem Säbel focht und den Gegner mit der hakenförmigen Lanzenspitze umzuwerfen suchte.

Der erste überraschende Einfall nach China wurde auf diese Weise durchgeführt. Der feindliche Widerstand brach schnell zusammen, aber die Mongolen hatten immer noch Schwierigkeiten, wenn sie auf Befestigungen stießen, und als die Masse der Chinesen sich in die befestigten Städte zurückzog, kam der Krieg zum Stillstand. Die Mongolen brachten einige Festungen durch Kriegslisten in ihren Besitz, aber wie Hannibal vor Rom blieb auch Dschingis Khan mit seiner Horde vor Yen-King, dem späteren Peking, liegen. Von 1211 bis 1216 zogen sich die Mongolen jeden Herbst zurück, kehrten im Frühjahr wieder, zogen durch das offene Land, und jedes Jahr richteten sie ärgere Verwüstungen an und eroberten neue Städte hinzu. Doch trotz politischer Wirren konnten sich die größeren Städte halten. Aber 1216 unterwarf sich der Kin-Kaiser und suchte sich von den Mongolen loszukaufen. Er zahlte hohe Tribute, gab Dschingis Khan eine kaiserliche Prinzessin zur Frau, und der Befehlshaber eines Tuman, Muhuli, blieb als Vizekönig und Militärgouverneur in China. Dschingis Khan kehrte, reich mit Beute beladen, in seine Hauptstadt Karakorum, nördlich der Wüste Gobi, zurück, begleitet von chinesischen Handwerkern, Technikern und Gelehrten – und ließ die anderen, für ihn wertlosen Gefangenen abschlachten.

Nachdem Dschingis Khan den Osten überrannt und gedemütigt und im Herzen seiner eigenen Gebiete Ordnung geschaffen hatte, wendete er sich nach Westen gegen das große, jenseits des Himalaya gelegene islamische Reich des Choresmischen Schahs. Der Schah Ala-eddin Mohammed war selbst ein großer Eroberer und herrschte über ein Gebiet, das sich vom Persischen Golf und Bagdad bis an den Himalaya erstreckte. Die Macht des Islam stand auf ihrem Gipfel-

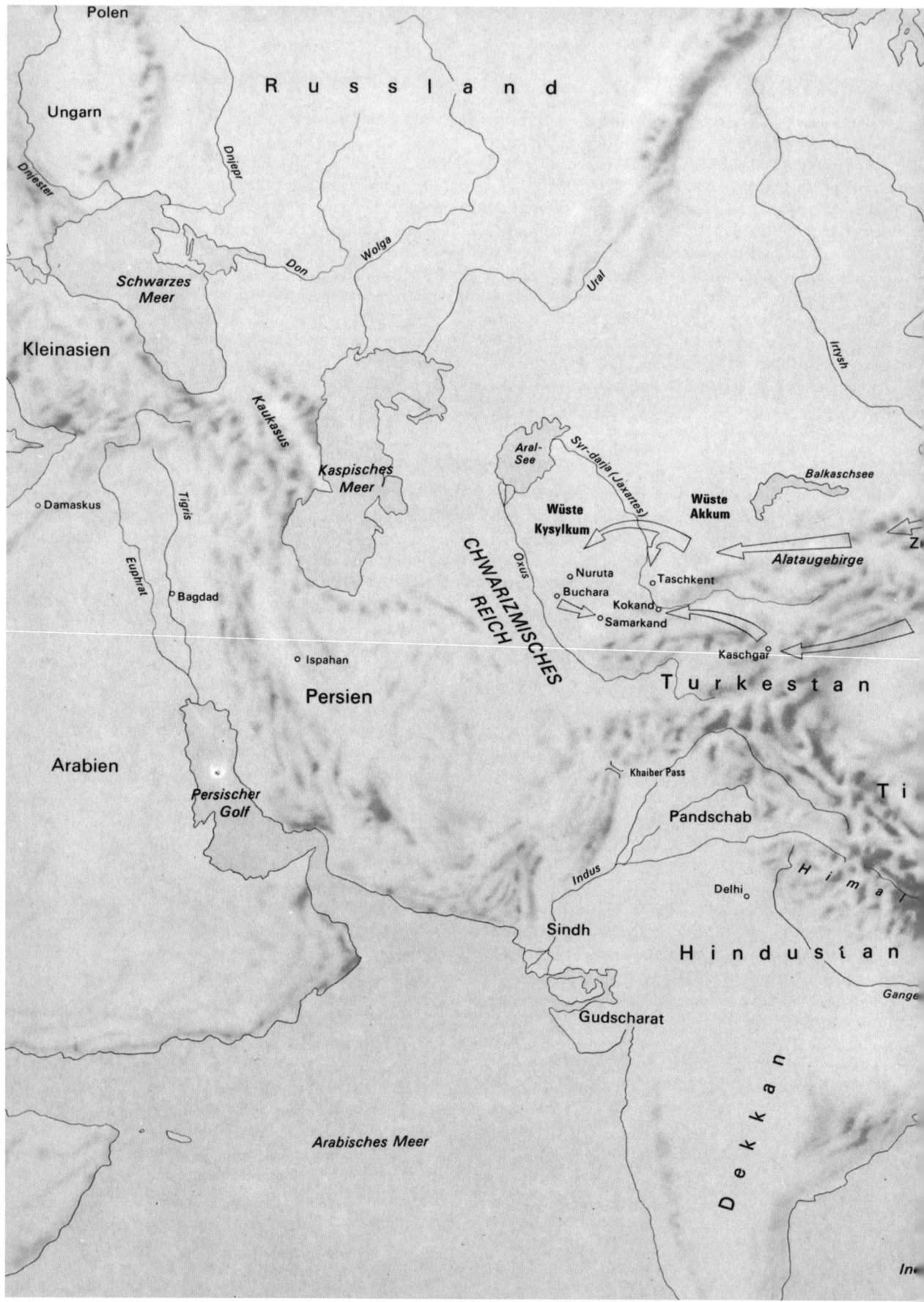

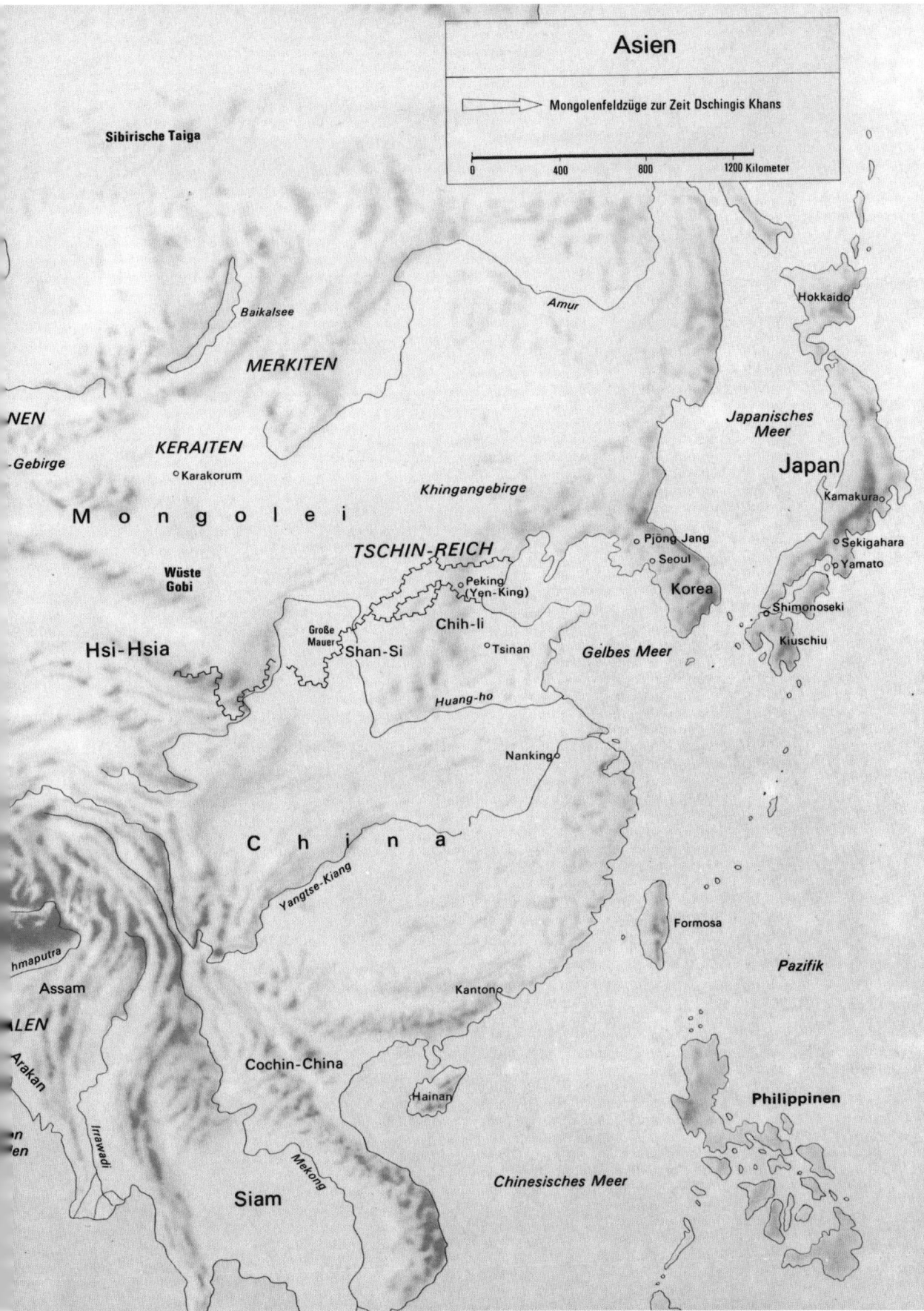

punkt, und im Westen zogen sich die Kreuzfahrer zurück. Dschingis Khan wußte nur wenig von der islamischen Welt. Ihm war nur bekannt, daß Kaufleute wertvolle Waren, Stoffe, Pferde und schöne Metallarbeiten wie Schwerter und Rüstungen von dort ins Land brachten. Mohammed wußte von den Mongolen noch weniger, fürchtete sie aber nicht, denn er vertraute auf seine 400 000 Mann starke Armee.

Im Frühjahr 1219 versammelte der jetzt 56 Jahre alte Dschingis Khan die Horde im Südwesten, am Oberlauf des Irtitsch. Es sollen eine Viertelmillion Soldaten gewesen sein, die besser ausgerüstet waren als je zuvor. Jeder Mann hatte drei Pferde, und als Packtiere eingesetzte Yaks trugen die Belagerungsgeräte. Um die Aufmerksamkeit des Feindes abzulenken, schickte Dschingis Khan einen Verband unter Judschi an den Unterlauf des Syr Daria, der die Niederungen zwischen der Kirgisensteppe und dem Alataugebirge verwüstete. Der Schah hielt diese Kräfte für das feindliche Gros und schickte seinen Sohn Dschelaladdin dem Feind entgegen. Nach leichten Scharmützeln verschwanden die Mongolen hinter einem Flächenbrand in der Steppe. Der hinters Licht geführte Schah ließ entlang des Flußlaufs des Syr Daria Militärposten aufstellen und verzettelte damit seine Kräfte. Das war für Dschingis Khan ein wesentlicher Vorteil, als die eigentlichen Operationen begannen. Das Mongolenheer setzte sich im Herbst in Bewegung. Der direkte Zugang zum feindlichen Gebiet war durch die höchsten Berge der Welt blockiert. Die Hauptkräfte gingen daher auf einem langen und mühsamen Marsch nach Westen und fielen durch das Dsungarische Tor in Nordturkestan ein. Die Männer trugen Schafspelze und wärmten sich von innen mit Kumiß, gegorener Stutenmilch. Zur Irreführung des Gegners und als erste Bewegung seines zangenartigen Vorgehens ließ Dschingis Khan 20 000 Mann unter Tschepe Nojon in entgegengesetzter Richtung um das Gebirge marschieren, von Kaschgar in Richtung auf Kokand vorgehen und im südöstlichen Turkestan einfallen. Die zeitliche Koordinierung der Operationen war so gut, daß beide Heerhaufen im Januar und Februar 1220 die für sie vorgesehenen Punkte an der Grenze erreichten.

Die Horde Tschepe Nojons bedrohte jetzt die beiden großen chorasmischen Städte Taschkent und Samarkand, und der Schah entsandte deshalb weitere Truppen in den Süden. Aber im gleichen Augenblick ging Dschingis Khan mit seinen Hauptkräften über die chorasmische Nordgrenze. Zwei jeweils 30 000 Mann starke Kolonnen unter Dschudschi und Dschagatai erschienen im Februar an der linken Flanke des Schah und zogen den Syr Daria abwärts. Dabei vernichteten sie einzelne chorasmische Abteilungen und rückten weiter vor, um sich mit der Abteilung Tschepe Nojons zu vereinigen. Die 40 000 Mann starke Kolonne unter Dschingis Khan marschierte indessen in südlicher Richtung gegen Buchara. Hinter dem durch die Truppen Dschudschis und Dschagatais gebildeten Schleier kann der Gegner die Truppen Dschingis Khans kaum bemerkt haben, als diese in die Kysyl-kum-Wüste eindrangen. Der Schah erfuhr von diesem Unternehmen erst Anfang April, als Dschingis Khan aus dem südlichen Teil der Wüste vorstieß, Nuruta nahm und sich dann gegen Buchara wendete. Am 11. April fiel Buchara.

Der Schah war überrascht worden und mußte mit verkehrter Front kämpfen. Seine Truppen waren von drei konzentrisch gegen sie vorgehenden feindlichen Kolonnen eingeschlossen, und die Verbindungslinien zum westlichen Teil seines Reichs waren unterbrochen. Er selbst floh nach Westen, während die Mongolen sich bei Samarkand vereinigten. Der Feldzug wurde für Dschingis Khan ein voller Erfolg. Große Beweglichkeit, Härte gegenüber allen Strapazen und die ausgezeichnete Koordination der Bewegungen von fünf Kolonnen, die sich gegenseitig unterstützten, waren das Wesentliche an dieser Strategie. Der Feind war in kleinen Verbänden nacheinander von überlegenen Kräften überrascht und geschlagen worden.

Es dauerte noch eine gewisse Zeit, bis das ganze chorasmische Reich erobert war. Sabutai und Tschepe Nojon verfolgten den Schah unablässig Tag und Nacht, bis er auf eine Insel im Kaspi-

Die Mongolen, Chinesen und Japaner

schen Meer entkam und dort starb. Die übrigen Mongolen zogen langsam weiter nach Westen und nahmen eine Stadt nach der anderen in Besitz. In den eroberten Gebieten richtete Dschingis Khan eine Schreckensherrschaft auf und ließ in den Moscheen verkünden, er sei die Geißel Gottes. Die Gläubigen hatten allen Grund, das anzunehmen. Unter den Einwohnern verschonten die Mongolen nur diejenigen, die ihnen durch ihr technisches Wissen nutzen konnten. Die übrige Bevölkerung wurde ausgerottet, die Kultur zerstört. Wo es keine Menschen gab, wurden die Tiere zusammengetrieben und abgeschlachtet. Dennoch leisteten die Untertanen des Schah den Mongolen verzweifelten Widerstand, bis der tapfere Sohn Mohammeds, Jelaladdin, seine letzten Truppen im Dezember 1221 in einer Schlacht am Indus verlor. Sabutai und Tschepe Nojon ritten indessen um das Kaspische Meer und durch den Kaukasus bis an den Dnjepr und nach Europa hinein, wurden dann aber von Dschingis Khan zurückgerufen. Auf dem Rückweg nach Osten und Süden führten sie den größten Reiterfeldzug der Geschichte und kamen dabei durch die Gebiete der russischen Nomaden.

Nachdem Dschingis Khan das Land zwischen Tibet, dem Kaspischen Meer und dem Persischen Golf erobert hatte, entschloß er sich zur Rückkehr in die Heimat. Vielleicht glaubte er, es gäbe nichts mehr zu erobern, und in der Tat hat er nur noch einen Krieg geführt, um die rebellischen Chinesen in Hsia und Südchina zur Raison zu bringen. Er starb 1227. Durch seine unglaubliche persönliche Energie hatte er sich zum Herrscher eines Kriegervolks gemacht und an dessen Spitze ein Weltreich erobert, das sich vom Persischen Golf bis zum Pazifischen Ozean und von der sibirischen Taiga bis an den Himalaya erstreckte. Militärisch beging er nie einen Fehler, und man darf sagen, er sei einer der größten Feldherren der Geschichte gewesen. Aber er war ein grausamer Barbar, die brutalste Persönlichkeit seiner Zeit, und es hat keinen Sinn, diese Tatsache zu verschweigen. Ihm kam es allein darauf an, Eroberungen zu machen. Kulturelle Interessen hatte er nicht, und was ihm nicht nützte, vernichtete er. Andererseits war es ganz angenehm, zur Zeit des Dschingis Khan Mongole zu sein. Er selbst hat gesagt: „Die größte Freude, die ein Mensch haben kann, besteht darin, seine Feinde zu besiegen und vor sich herzutreiben." Seine politischen Leistungen muß man positiv beurteilen. Er hat die wilden Stämme vereinigt und ihnen gerechte Gesetze gegeben. Nach Beendigung der furchtbaren Eroberungsfeldzüge folgte in Asien eine Periode des Friedens und religiöser und rassischer Toleranz. Wirtschaft und Verkehr waren gesichert.

Während der Regierungszeit des Sohnes von Dschingis Khan, Ogotai, führte Sabutai in Europa Feldzüge, die denen Dschingis Khans fast gleichkamen, und eroberte es bis zur Adria und Polen. Nach 1241 zogen sich die Mongolen aus Europa zurück und blieben nur noch in Rußland. Unter dem Enkel Dschingis Khans, Kublai Khan, erreichte das Mongolenreich seine größte Ausdehnung, dann aber zerfiel es. In der zweiten Hälfte des 14. Jahrhunderts gewann der große mongolische Eroberer Timur Lenk die Herrschaft in Südasien westlich des Himalaya, doch nach ihm brachten die mongolischen Reiterscharen keinen bedeutenden Führer mehr hervor und verschwanden in ihrer besonderen Eigenart fast ebenso schnell und plötzlich wie sie erschienen waren.

Wir wenden uns jetzt den Chinesen zu. Ehe wir etwas über die Art ihrer Kriegführung erfahren, wollen wir uns ganz allgemein mit dem Millionenvolk bekannt machen, das dieses weite Land bewohnt. Heute machen die Chinesen etwa ein Viertel der Erdbevölkerung aus und bewohnen ein Gebiet, das größer ist als Europa, die verschiedensten Volksstämme beherbergt und in dem so viele verschiedene Dialekte gesprochen werden, wie es Städte und Bezirke gibt. Die chinesische Kultur ist etwa 3000 Jahre alt. Das wirkliche China ist nicht das China der von den Europäern eine Zeitlang besetzten Handelshäfen und auch nicht das China der großen

Städte, sondern man findet es auf dem flachen Land und in den Tausenden von Dörfern, mit denen es besiedelt ist. Die Familie und das Dorf sind die politischen Grundeinheiten.

Die politische Geschichte des alten China wird durch eine lange Folge innerer Wirren und Revolten gekennzeichnet, die den Staat, dessen Grenzen durch kriegerische Nomadenstämme im Norden und Westen ständig bedroht wurden, schwächten. Jahrhundertelange Grenzkriege verursachten Veränderungen in der militärischen Organisation und zwangen die Chinesen, ihre kriegerischen Fähigkeiten bis zum gewissen Grade zu entwickeln. Diese Entwicklung werden wir im folgenden betrachten.

Wenn man im Hinblick auf dieses große und aus den verschiedensten Elementen zusammengesetzte Volk ein allgemein zutreffendes Urteil fällen kann, dann darf man sagen, daß die Chinesen ein friedliebendes Volk sind. Im Lauf der vergangenen 3000 Jahre wurden sie zwar oft in kriegerische Auseinandersetzungen verwickelt, aber die Ursachen waren entweder die Eroberungslust der kriegerischen Nachbarn wie etwa der Mongolen oder durch die politische Unsicherheit entstandene innere Unruhen. In allen friedlichen Lebensbereichen waren die Chinesen ungewöhnlich schöpferisch, nicht aber in der Kriegskunst. Ihre großen Religionen, der Konfuzianismus, der Buddhismus und der Taoismus predigen den Frieden, und ihre Friedensliebe wurde immer ausgeprägter. Sie erinnern sich daher nur ungern an die Geschichte ihrer Kriege.

Die eigentliche Geschichte Chinas beginnt mit der Tschou-Dynastie (1122–249 v. Chr.). Das alte China hatte eine feudalistische Staatsverfassung. Die bäuerliche Landbevölkerung war dem Adel in Krieg und Frieden zu Dienst und Gefolgschaft verpflichtet. Aus der Zeit um 500 v. Chr. wird von „heroischen" Kriegen berichtet, die an die von Homer geschilderten Ereignisse in Griechenland erinnern. Der Adel fand Vergnügen an Kriegsspielen, besonders eine jüngere Adelsklasse, die sogenannten Schi, läßt sich mit den homerischen Helden, den mittelalterlichen Rittern oder den großen indianischen Kriegern vergleichen. Es bestand ein militärischer Ehrenkodex genannt Li, aus dem sich entnehmen läßt, daß die sogenannten Kriege keine ernsthaften Konflikte waren, sondern eher zum Vergnügen um die Ehre und das Prestige ausgefochten wurden. Den Feind bei einem Flußübergang anzugreifen oder gegen einen Gegner zu kämpfen, der älter war als man selbst, galt als schimpflich. Ein General der Tschou-Dynastie forderte 632 einen Tschin-Herrscher mit den folgenden Worten zum Kampf heraus: „Wollen Eure Excellenz Euren Rittern erlauben, mit den unseren einen Wettkampf zu wagen?" Das Gefecht selbst erinnert an Homer. Der adelige Ritter ging, mit einer ledernen Rüstung bekleidet, auf einem von vier Pferden gezogenen Streitwagen in die Schlacht. Seine Waffe war ein mächtiger Bogen, und er wurde vom Wagenlenker und manchmal von einem Speerwerfer begleitet. Jedem Streitwagen folgte eine Abteilung leichtbewaffneter Fußsoldaten.

Schon im 6. Jahrhundert v. Chr. änderte sich manches. Mit dem Verfall der Tschou-Dynastie kam es zu Machtkämpfen innerhalb des Adels, und Nomadeneinfälle mußten zurückgewiesen werden. Das wiederholte sich in der chinesischen Geschichte sehr oft. Die Zeit von 403 bis 221 heißt „die Zeit der Kriege zwischen den Großstaaten". Jetzt war der Krieg zur ernsten Angelegenheit geworden. Die Streitwagen bildeten eine Zeitlang noch den Kern der Angriffstruppen, aber die aus harten Bauern bestehende, immer zahlreicher werdende Infanterie gewann taktisch an Bedeutung. Die Fußsoldaten kämpften mit Speeren, kurzen Schwertern und Pfeil und Bogen. Bald kam auch das Eisen in Gebrauch, und Waffen und Rüstungen wurden verbessert.

249 mußte die Tschou-Dynastie der Ts'in-Dynastie weichen. Der feudalistische Partikularismus verschwand, und das Reich wurde vereinigt, um sich gegen äußere Feinde verteidigen zu können. Die Chinesen wurden zu einem Volk in Waffen, und 228 vereinigte der Kaiser Shi-Huang-Ti alle Teilstaaten zu einem großen Reich.

Die Bewohner von Ts'in an der Nordwestgrenze hatten viel von ihren nomadisierenden Grenz-

Die Mongolen, Chinesen und Japaner

Die ursprünglich unkriegerischen Chinesen waren erfindungsreich in der Entwicklung neuer Waffen wie z. B. ausziehbarer Sturmleitern (links) und Brandraketen (rechts)

nachbarn gelernt und sich zum Teil mit ihnen vermischt. So entstanden die ersten chinesischen Reiterverbände, und allmählich verschwand der Streitwagen.

Zugleich entwickelte sich die Befestigungs- und Belagerungskunst. Bei Belagerungen verwendete man Katapulte, Sturmleitern usw., die den europäischen entsprachen, und errichtete starke Befestigungen. Dabei ist besonders die Chinesische Mauer zu nennen, die etwa 2 600 Kilometer lang an der Grenze südlich der Wüste Gobi entlangführt. Die Mauer ist an der Basis durchschnittlich 8 Meter und oben 6 Meter dick und 9 bis 10 Meter hoch. Etwa 1,8 Meter oberhalb des Laufstegs erheben sich Zinnen als Brustwehren, es gibt aber auch regelrechte Türme. Der Kaiser Schi-Huang-Ti (246–210 v. Chr.) soll den Bau befohlen haben. Die Chinesen, die ihre Kriege meist defensiv führten und große Städtebauer waren, haben viele starke Festungen gebaut. 1000 Jahre später hielten sie, wie wir gesehen haben, zunächst dem Mongolenansturm stand. Gegenüber den zur Zeit der Ming-Dynastie (1368–1644 n. Chr.) gebauten Stadtmauern erscheinen europäische Befestigungen zwerghaft. Die Mauern von Nangking, Sian und Tsinan

Kriegführung im Fernen Osten

sind 18 bis 22 Meter dick und manchmal fast 30 Meter hoch. Die Tore waren nicht sehr stark, wurden aber von starken Truppen verteidigt. Ich habe die Chinesische Mauer zu Fuß erkundet und auch die Befestigungen in Nangking und Sian gesehen.

Schon 500 v. Chr. hat Sun Tsu die Grundsätze der chinesischen Kriegskunst in seinem bedeutenden Werk *Die Kunst der Kriegführung* niedergelegt. Der Verfasser war Berufssoldat und ist wahrscheinlich zu einem höheren Rang aufgestiegen, hat sich aber nicht besonders ausgezeichnet. 13 Kapitel seines Werks sind erhalten. *Die Kunst der Kriegführung* wird nicht nur als militärisches Lehrbuch, sondern auch als eines der großen Werke der klassischen chinesischen Literatur angesehen. Die zahlreichen Kommentare stammen nicht nur von chinesischen Soldaten, sondern auch von Dichtern wie Tu Fu, der in der Tang-Periode lebte. Sun Tsu beschäftigt sich eingehend mit den Grundfragen der Strategie und der Befehlsgebung. Er erklärt, welche Überlegungen der Feldherr anstellen muß, ehe er einen Feldzug beginnt, und behandelt dabei sowohl die großen politischen Zusammenhänge als auch administrative Aspekte und die bei Eröffnung der Feindseligkeiten zutreffenden Maßnahmen. Er lehrt, das Ziel einer vernünftigen Strategie sei es, möglichst schnell das politische Kriegsziel zu erreichen und den Frieden zu sichern, nicht aber den Krieg mit seinen Zerstörungen in die Länge zu ziehen. Der Sieg soll unter möglichst geringen Opfern an Menschenleben und Material gewonnen werden. „Vorauswissen" ist daher von größter Bedeutung. Tu Fu schreibt in einem knappen, manchmal schwer verständlichen Stil, dann aber wieder frappierend einfach, doch alles, was er zu sagen hat, zeugt von großem Verständnis für die militärischen Grundfragen. In Europa gelangte man erst zur Zeit Napoleons I. zu ähnlichen Einsichten.

Lassen sich die eigenen Absichten mit Hilfe von Kriegslisten schneller verwirklichen, so dürfen diese nicht verachtet werden. Wie die Mongolen, so scheinen auch die Chinesen gern Täuschungsmanöver angewendet zu haben, bei denen das Feuer eine Rolle spielte. So trieben sie zum Beispiel Tiere mit brennenden Fackeln gegen den Feind. Sun Tsu meint, ein militärischer Befehlshaber müsse unbestechlich sein, doch sagt er, schließlich gründe sich die Kriegführung immer auf Täuschung. Ich muß dabei an Napoleon denken, der besonders im Dezember 1805 bei Austerlitz seinen Gegner in eine Falle lockte. Es läßt sich aber nicht nachweisen, daß er das Werk von Sun Tsu gelesen hat.

Sun Tsu beschäftigt sich viel mit Geländestudien und „der Wissenschaft von den schwachen und starken Punkten". Für ihn war der Krieg das Ringen zwischen zwei Feldherren:

> Der kluge Truppenführer zwingt dem Gegner seinen Willen auf und läßt sich nicht den Willen des Feindes aufzwingen.

Sun Tsu hat auch einige scharfsinnige psychologische Beobachtungen über das Verhältnis zwischen Offizieren und Mannschaften angestellt und sagt, woran der Truppenführer erkennen kann, wie es um die Kampfmoral und den allgemeinen Zustand der Truppe steht. Bezeichnend für seinen Stil sind die folgenden Worte: „Mit der Entschlußkraft ist es wie mit dem Falken, der im rechten Augenblick herabstößt, um sein Opfer zu schlagen und zu vernichten." Ich hätte mich gern mit Sun Tsu unterhalten. Wahrscheinlich haben wir, was unsere Auffassung über die Kriegführung betrifft, vieles gemein. Er verstand auch etwas von der menschlichen Seite des Krieges. Wavell hatte Sokrates (470–399) eingehend studiert und hat mir oft erzählt, für wie wichtig der Weise die Verwaltung gehalten habe, die nach Auffassung Wavells das wichtigste Gebiet in der Feldherrnkunst sei, wichtiger noch als die Taktik. Ich glaube nicht, daß Wavell Sun Tsu kannte. Die Auffassungen des Sokrates und des Generals Wavell haben mich sehr interessiert. Im Wüstenfeldzug 1942 und 1943 war es mir bewußt, wie sehr Rommel im Nachteil

Berittener japanischer Krieger. Modellfigur mit Panzerung und Waffen aus dem Ende des 16. Jahrhunderts

Die Mongolen, Chinesen und Japaner

war, denn er mußte oft kämpfen, wenn seine rückwärtigen Dienste nicht das leisteten, was er in der Gefechtslage von ihnen hätte erwarten müssen, weil die Alliierten die Schiffe versenkten, die Nachschub und Kraftstoff für das Afrikakorps über das Mittelmeer bringen sollten.

In den 1400 Jahren nach dem Untergang der Tschou-Dynastie soll es in China einige gute Soldaten gegeben haben, besonders während der inneren Kämpfe, die dem Aufstieg einer neuen Dynastie vorausgingen bzw. den Sturz der alten begleiteten. Es ist aber sehr schwierig, zuverlässige historische Unterlagen für diese Vorgänge zu finden. Ein berühmter chinesischer Soldat, der der Ts'in-Dynastie von 294 bis 260 v. Chr. gedient hat, war Po Tschi. Er besiegte bei Tschangping eine 450 000 Mann starke Armee der Tschou. Später wurde er degradiert, weil er sich weigerte, das Kommando bei einer Invasion zu übernehmen, die nach seiner Auffassung fehlschlagen würde. Andere berühmte Soldaten waren Tschang Tschien, Han Hsin und Tsao Kung. Unter der Han-Dynastie, besonders während der Regierungszeit des großen Kaisers Wu Ti (104–86) und dann wieder zur Zeit der Tan im 7. Jahrhundert n. Chr., war China ein starkes und einiges Kaiserreich.

Doch was die Militärtechnik betrifft, hatte sich seit der Ts'in-Periode kaum etwas geändert. Im allgemeinen war man friedliebend, und Expansionen kamen eher durch Bündnisse und die Ausbreitung der chinesischen Kultur als durch Waffengewalt zustande. Als die Mongolen im 13. Jahrhundert in China einfielen, trafen sie auf nur schwachen militärischen Widerstand. Nachdem sie sich in China festgesetzt hatten, scheinen sogar die Mongolen von der tiefwurzelnden chinesischen Abneigung gegen alles Kriegerische angesteckt worden zu sein. Allerdings nahmen die Chinesen zur Zeit Kublai Chans (1259–1294) an schließlich erfolglosen Expeditionen gegen Japan, Burma und Java teil. 1368 wurden die Mongolenkaiser von den Ming-Kaisern gestürzt.

Zugleich mit dem Mongoleneinfall wurden die ersten Kontakte zwischen China und dem mittelalterlichen Europa hergestellt. Die ersten militärischen Zusammenstöße fanden aber erst Ende des 15. Jahrhunderts statt, als die Portugiesen bis in das Chinesische Meer vordrangen. 1517 feuerte eine portugiesische Flotte vor Kanton Salut. Schon im Jahr 1000 verwendeten die Chinesen das Schwarzpulver, und 1356 besaßen sie schon Geschütze. Aber die großen technischen Fortschritte bei der Artillerie und der Segelschiffahrt in Europa, über die wir im 10. Kapitel gesprochen haben, gaben den Europäern eine starke Überlegenheit gegenüber den asiatischen Völkern. Die Chinesen erkannten ihre militärische Schwäche gegenüber der Außenwelt, betonten ihre Friedensliebe und stellten sich nicht auf die neue Lage ein. Sie verbargen sich hinter einem Schutzschirm der Fremdenfeindlichkeit und des kulturellen Hochmuts. Andererseits versuchten sie, die militärischen Geheimnisse der Europäer zu ergründen und sie zu imitieren. Sie zahlten jeden Preis für ein europäisches Geschütz. Zunächst weigerten sich die Europäer, ihre technischen Methoden preiszugeben, aber es hat zu allen Zeiten Leute gegeben, die ihr Wissen verkaufen. Hier waren es die Jesuiten, die die Chinesen in der Herstellung und Verwendung von Feuerwaffen unterrichteten. Der italienische Pater Alfonso Vagnoni (1566–1640) unterrichtete Han Lin, der zwei Abhandlungen über den Gebrauch von Feuerwaffen schrieb. Nach 1640 richtete der deutsche Jesuit Schall eine Kanonengießerei in der Nähe des kaiserlichen Palastes unter der Bedingung ein, daß er außerdem seine Tätigkeit als Missionar fortsetzen durfte.

Aber die Chinesen verstanden und übernahmen die Methoden der westlichen Kriegführung nur sehr langsam. Dieses friedliebende Gemeinwesen der Gelehrten und Bauern war nicht bereit, um der militärischen Stärke willen zum Industriestaat zu werden. Man bemühte sich weiter darum, mit den Europäern im Frieden auszukommen. Im 17. Jahrhundert schrieb Pater Ricci: „Der Soldatenstand ist einer der vier von ihnen als gemein angesehenen Stände." Zur

Der letzte Widerstand des Kusuxoki. Holzschnitt von Kuniyoshi, der die Schlacht von Shijo Nawate (1348) darstellt

See waren die Verhältnisse ähnlich wie zu Lande. Die chinesische Dschunke war ein seetüchtiges Fahrzeug, aber kein Kriegsschiff. Ende des 16. Jahrhunderts bestückten die Chinesen einige Dschunken mit Kanonen, aber es änderte sich deshalb nichts. Der Portugiese Geronimo Roman schrieb:

> Ihre Arkebusen sind so schlecht, daß die Kugel einen gewöhnlichen Küraß nicht durchschlägt, besonders weil sie auch nicht zielen können.

So blieb es bis Mitte des 19. Jahrhunderts. Die Chinesen waren nicht bereit, einen modernen Krieg zu führen, aber die habgierige europäische Aggressionspolitik, besonders diejenige Großbritanniens, zwang sie, ihr Heer zu modernisieren. Erst die im Opiumkrieg (1839–1842) gegen England erlittene Demütigung ließ die Chinesen die Bedrohung aus dem Westen erkennen.

Ein letztes Wort über das heutige China. Es hat mich immer erstaunt, festzustellen, wie viele Kriege dieses unkriegerische Volk geführt hat. Obwohl der Soldat bei ihnen so wenig gilt, haben die Chinesen augenscheinlich viel Zeit und Energie auf kriegerische Unternehmungen verwendet. Nach meinen Beobachtungen ist der Nationalcharakter der Chinesen eine eigenartige Mischung. Sie sind an sich ein sehr fleißiges und umgängliches Volk, aber sie können auch streitsüchtig sein. Ich glaube nicht, daß die Historiker irgendeines Landes es als Zeichen besonderer Führerqualitäten bezeichnen würden, daß einer ihrer hohen Politiker in einem Fluß schwimmen kann. Weshalb machen chinesische Zeitungen soviel Wesens daraus, wenn Mao Tse-Tung schwimmt, besonders da diese Sportart bei den Chinesen kein besonderes Ansehen genießt? Ich bin selbst mit Mao Tse-Tung im Jangtse geschwommen (im September 1961). Ich glaube, er schwamm nur, weil es ihm Spaß machte und weil das Schwimmen der einzige Sport ist, den er in seinem Alter noch treiben konnte. Er strengte sich auch nicht dabei an, sondern ließ sich vom Strom flußabwärts treiben. Das Ganze scheint mir irgendwie unlogisch zu sein. – Wohin steuert China? Das ist in der Tat ein chinesisches Puzzlespiel.

Wir kommen jetzt zu den Japanern. Während die chinesische Kultur halb so alt ist wie unsere Geschichte und wir nur wenig über ihre Entstehung wissen, besitzen wir über die Japaner genauere Nachrichten. Sie kamen von den Hochebenen des asiatischen Kontinents und fanden auf den Inseln das primitive Jäger- und Fischervolk der Ainu vor. Der Kampf gegen die Urbevölkerung begann im Süden und endete mit ihrer Unterwerfung und Flucht auf die am weitesten nördlich gelegene Insel Hokkaido, wo sie heute noch leben. Erst 800 n. Chr. wurden die Ainu endgültig besiegt. In den unaufhörlichen, harten Kämpfen wurden die Japaner im Lauf der Jahrhunderte zu einem kriegerischen Volk und entwickelten einen Ehrenkodex, der Disziplin und Gefolgschaftstreue von ihnen forderte, Eigenschaften, die ihnen als einer mongolischen Rasse wahrscheinlich im Blut lagen.

Schon immer haben enge Beziehungen zwischen Japan und Korea bestanden, und Familien und Gruppen, die mit dem Leben im eigenen Land nicht zufrieden waren, sind immer wieder nach Westjapan eingewandert. Über Korea drang auch die chinesische Kultur in Japan ein. Zunächst war es eine Bronzekultur, später eine Eisenkultur. Mit dem Eisen verbesserten sich Waffen und Werkzeuge, die militärische Stärke des Landes nahm zu, und es wurde möglich, den Boden intensiver zu nutzen.

Mit Einführung eines feudalistischen Gesellschaftssystems begann das intensive Studium der Militärwissenschaften. Die ersten Anleitungen in der Kriegführung erhielten die Japaner von China, entwickelten diese Lehren dann aber selbst weiter. Als Inselvolk wurden sie zu guten Seefahrern.

Die Mongolen, Chinesen und Japaner

Die Geschichte Japans unterscheidet sich von der Chinas insofern, als Kriege darin immer eine wichtige Rolle gespielt haben. Der Grund lag vor allem in den Umweltbedingungen. Die japanische Inselgruppe hat eine Ausdehnung von mehr als 1600 Kilometern, aber das Land ist zum großen Teil gebirgig und unfruchtbar. Bei den Kriegen ging es oft um den Besitz der wenigen landwirtschaftlich nutzbaren Flächen. Der Einfluß des Buddhismus hat die Japaner nicht zur Friedfertigkeit erziehen können. Ein zweiter wichtiger geographischer Faktor ist die Tatsache, daß die Inseln zahlreiche gute Häfen besitzen. Die Japaner sind ausgezeichnete Bergsteiger und Seeleute. Die Winde und Strömungen im Chinesischen Meer haben regelmäßige Kontakte mit dem chinesischen Festland erschwert, obwohl die Japaner immer bemüht gewesen sind, ihren Einfluß auf der koreanischen Halbinsel nicht aufzugeben und deren Besetzung durch andere Mächte zu verhindern. Diese Politik richtete sich besonders gegen China. Im übrigen hat sich das japanische Gemeinwesen unbeeinflußt von außen entwickelt, war stark von militärischen Gesichtspunkten bestimmt und zeigte ganz besondere Eigenarten.

Im 1. Jahrhundert v. Chr. gab es in Japan etwa 100 Stämme. Damals brachten ehrgeizige Häuptlinge die ersten eisernen Schwerter und Rüstungen aus China mit. Die Kämpfe der Stämme untereinander dauerten an, aber im 4. Jahrhundert n. Chr. unterwarfen die Bewohner von Kyuschu die anderen Klans und errichteten auf der Hauptinsel Yamato eine Zentralregierung. 369 drangen die Japaner in Korea ein und erreichten 391 Pjöngjang. Aber bald verließen sie Korea wieder, um erst 1200 Jahre später eine neue Invasion zu beginnen. In den folgenden Jahrhunderten versuchten die Yamato-Herrscher die ganze Inselgruppe unter ihre Herrschaft zu bringen, und die Legende berichtet von einem Zeitalter der Wirren.

Am Ende dieser Periode hatte sich ein spezifisch japanisches Militärsystem entwickelt, und 702 wurden Gesetze für die Aufstellung einer zentral geführten Armee erlassen. Der japanische Krieger der Frühzeit war ein mit einer prächtigen Rüstung gewappneter aristokratischer Ritter. Von lehenspflichtigen Gefolgschaftsleuten begleitet kämpfte er als Einzelkämpfer. Seine Hauptwaffe war der Bogen, im Nahkampf das Schwert. Im 8. Jahrhundert nahmen die oberen Klassen unter buddhistischem Einfluß eine friedliebendere Haltung ein und versuchten, die Masse der Bauern zum Dienst in einer starken Armee nach chinesischem Vorbild für die Verteidigung des Landes zu organisieren. Das gelang aber nicht, weil die Bauern den Kriegsdienst ablehnten und es ihnen an Waffen fehlte. So rekrutierten sich die Krieger auch weiterhin aus den oberen Klassen. Die Trennung der Bevölkerung in eine bäuerliche und eine Kriegerklasse wurde immer deutlicher.

Im 9. Jahrhundert begann in Japan eine typisch feudalistische Entwicklungsphase. Die Schwäche der Zentralregierung ließ den Adel immer unabhängiger werden, und das wirkte sich zum Nachteil der Bauern aus. Die Mächtigsten nahmen sich das beste Land, die Bauern waren abhängig von den Großgrundbesitzern, den Klöstern und den Adelsgeschlechtern. Es bildeten sich Privatarmeen, die einander bekämpften. Die Sippen der Taira und der Minamoto übernahmen die Führung und befehdeten sich 250 Jahre lang unaufhörlich. Die Minamoto beherrschten das Land, die Taira die See. 1185 schlugen die Minamoto die Taira in der Entscheidungsschlacht zur See bei Dan-no-ura entscheidend. Die Flotte der Minamoto war die stärkere, und ihr Befehlshaber Yoschitsune nutzte geschickt die Gezeiten aus. Nach 1192 errichtete der Minamotoführer Yorimoto in Kamakura eine Militärregierung unter der Bezeichnung *Bakufu*. Er nahm den Titel eines erblichen Kronfeldherrn (Schogun) an, und der in Kyoto residierende Kaiser war nur noch nominelles Staatsoberhaupt.

Im Verlauf von 250 Jahren, in denen die Japaner in ihrem unwegsamen Land ständig wilde Kriege geführt hatten, waren sie zu ausgezeichneten Soldaten geworden, und es hatte sich die Kriegerkaste der Samurai gebildet. Die Hauptwaffe des Samurai war der Bogen, dessen Größe sich nach der Körpergröße des Kriegers richtete. Er bestand aus Buchsbaumholz oder Bambus und war mit Schnüren umwickelt. Die zweitwichtigste Waffe war das einschneidige, gebogene Schwert. Im 10. Jahrhundert gab es schon kunstvoll geschmiedete Schwerter, und im 13. brachten es die berühmten Schmiede Masamune und Hoschimitsu, die herrliche Klingen aus feinem gehärtetem Stahl herstellten, zur Meisterschaft. Die Samurai waren vorzügliche Fechter. Es gab zwei Arten von Schwertern: ein etwa drei Fuß langes für den Nahkampf und ein kürzeres, mit dem der Samurai dem besiegten Gegner den Kopf abschlug oder sich selbst das Leben nahm. Das Schwert galt als die Seele des Kriegers. Die Samurai entwickelten auch das Jiu Jitsu, die Kunst, den Gegner mit bloßen Händen zu verletzen oder zu töten. Dabei kam es darauf an, den Gegner unter Ausnutzung seines Körpergewichts unter möglichst geringem Kraftaufwand zu Fall zu bringen. Die Rüstung des Samurai bestand aus Eisen und Leder und wurde mit ledernen oder seidenen Schnüren zusammengehalten. Er trug einen gehörnten Metallhelm. Wertvollere Rüstungen waren mit Einlegearbeiten aus Edelmetall verziert. Die Japaner haben nie ein leistungsfähiges Kavalleriepferd züchten können. Sie ritten auf kleinen, ausdauernden Ponies, die manchmal auch gepanzert waren.

Die Japaner kämpften meist in der offenen Feldschlacht, überfielen ihre Gegner aber gelegentlich auch aus dem Hinterhalt. Vor jedem Feldzug brachten sie dem Gott des Krieges ein Menschenopfer. Die Schlachten der Samurai wurden nach einem strengen Zeremoniell ausgetragen. Der Angriffsbeginn wurde dem Feind durch das Abschießen eines Pfeils und das Anstimmen eines Schlachtgesangs angezeigt. Man verständigte sich durch Signale, die durch mit Drachen oder anderen Emblemen bestickte Flaggen, Trommeln oder Gongs übermittelt wurden. Vor dem 15. Jahrhundert glich eine Schlacht einem gigantischen Massenzweikampf mit dem Schwert. Jeder Samurai wählte einen Gegner, rief dessen Namen, Titel und besondere Leistungen aus und überschüttete ihn gelegentlich wohl auch mit Schmähreden. Es folgte ein jedesmal tödlich ausgehendes Duell. Es galt als besonders ehrenvoll, als erster Samurai in die Schlacht zu gehen, und am Schluß legte jeder Krieger seinem Befehlshaber die abgeschlagenen Köpfe der besiegten Gegner vor die Füße. Damals sind die japanischen Heere wahrscheinlich noch nicht in Truppenteile gegliedert gewesen, und es hat noch keine taktischen Manöver gegeben. Es gab nur den Einzelkämpfer. Deshalb kennen wir aus dieser Zeit noch keine bedeutenden Feldherren.

Bei den Samurai entwickelte sich eine besondere Lebensauffassung, das „Buschido" – der Weg des Kriegers. Sie bestimmte das Verhalten des einzelnen im Rahmen des herrschenden feudalistischen Systems. Diese Haltung unterschied sich von der des mittelalterlichen Ritters in Europa insofern, als die Samurai keinen so großen Wert auf die Formen der Höflichkeit legten. Der Samurai mußte bereit sein, für seinen Feudalherrn zu sterben, und den Tod der Niederlage vorziehen. Sich dem Feind zu ergeben, galt als größte Schmach. Wer das tat, war nicht mehr wert, als menschliches Wesen behandelt zu werden. Diese Auffassung liegt vielleicht auch der schlechten Behandlung der Kriegsgefangenen durch die Japaner im Zweiten Weltkrieg zugrunde. Wenn ein Samurai seine Ehre verloren hatte, mußte er sich durch „Harakiri" das Leben nehmen. Dabei stieß er sich das kurze Schwert in die Eingeweide. Nach dem 12. Jahrhundert häuften sich die Fälle des Ritualselbstmordes, und manchmal nahmen sich Hunderte von Samurais das Leben, um nicht in Gefangenschaft zu geraten.

Der Sieger von 1185, Yorimoto Minamoto, war ein bedeutender Soldat und Staatsmann, denn es gelang ihm, eine starke Zentralregierung zu schaffen und dabei die feudalistische und militaristische Eigenart Japans zu bewahren. Im folgenden Jahrhundert war Japan stark genug, einen Angriff der Mongolen abzuweisen. Das japanische Volk war gut gerüstet, als Kublai Khan 1274 zum erstenmal in das Land einfiel. Die Japaner leisteten dem auf Kiuschu gelandeten

Die Mongolen, Chinesen und Japaner

Die Samurai kämpften äußerst geschickt mit dem leicht konvexen, einschneidigen Schwert

Gegner einen Tag lang verzweifelten Widerstand, und als am nächsten Tag ein Sturm aufkam, zogen sich die Mongolen nach Korea zurück. Aber man hatte allen Grund, für die Zukunft das Schlimmste zu befürchten, denn die Mongolen waren zahlenmäßig überlegen und hatten sich als die besseren Kämpfer erwiesen. Sieben Jahre bereiteten die Japaner sich auf die zweite Invasion vor. Sie bauten an der Küste in der Bucht von Hakosaki eine Steinmauer, und als die Mongolen 1281 wiederkamen, hatten die Japaner hier ihre Kräfte versammelt. Sieben Wochen verteidigten sie sich standhaft, während die japanischen Kriegsschiffe dem Feind zur See schweren Schaden zufügten. Schließlich mußten die Mongolen sich wie beim ersten Mal zurückziehen, und ihre Flotte wurde durch einen Sturm vernichtet. Da dieser Wind Japan zweimal gerettet hatte, nannte man ihn „Kamikaze" oder „Götterwind". Auch die japanischen Piloten, die 1941–1945 im Pazifik unter Aufopferung ihres Lebens amerikanische Kriegsschiffe angriffen, hießen „Kamikaze". Die Mongolen kehrten nicht zurück, doch im Inneren begann eine Periode

Kriegführung im Fernen Osten

Die Hauptwaffe der Japaner war der Bogen

der Anarchie. 1338 übernahm eine neue Schogunenfamilie die Macht, aber die Feudalherren und militärischen Führer fühlten sich ihnen nicht verpflichtet, und es kam zum Bürgerkrieg. Wie schon früher zu unsicheren Zeiten verbündeten sich schwächere mit mächtigeren Gruppen, und es entstanden starke Privatarmeen. Die Geschichte Japans im 14., 15. und 16. Jahrhundert besteht aus einer langen Reihe von Konflikten, bei denen es aber nie zu besonderen kriegerischen Leistungen kam. Interessant ist es, daß sich in dieser Zeit eine besondere Klasse von Bauernsoldaten, den sogenannten Aschigaru, bildete. Zum Teil kämpften sie in Banden auf eigene Faust. Da sie arm waren, trugen sie keine Rüstungen und nur eine Waffe, ein Schwert, einen Speer oder eine Hellebarde. Sie beschäftigten sich hauptsächlich damit, die Siedlungen ihrer Gegner niederzubrennen und zu plündern.

Zur Zeit der ersten Kontakte mit der westlichen Welt befand sich ganz Japan im Aufruhr. 1543 wurden drei Portugiesen in einer chinesischen Dschunke an die japanische Küste verschlagen. Sie führten Musketen bei sich, und das erregte großes Aufsehen, obwohl die Japaner

Die Mongolen, Chinesen und Japaner

Beim Vorrücken in die Schlacht folgten die Japaner einem ganz bestimmten Zeremoniell

zweifellos schon etwas über das Schießpulver und die Feuerwaffen der Chinesen wußten. Aber sie waren weder so friedliebend noch so konservativ und stolz auf ihre Kultur wie die Chinesen. Deshalb waren sie gerne bereit, jede wirksame neue Kampfmethode kennenzulernen und zu übernehmen. Mendes Pinto berichtet: „Sie neigen von Natur aus zum Krieg und freuen sich mehr am Krieg als irgendein anderes Volk, das wir kennen." Die Japaner und Koreaner erkannten sehr bald die Überlegenheit der europäischen Feuerwaffen, und einer ihrer Häuptlinge, Iyejasu, schrieb an den König von Siam: „Mich verlangt es mehr nach Geschützen und Schießpulver als nach Goldbrokat." Sehr bald erwarben sie von portugiesischen und anderen Kaufleuten Feuerwaffen, und noch ehe das Jahrhundert zu Ende gegangen war, stellten die Japaner selbst Gewehre her.

Die innere Unsicherheit hatte es Männern dunkler Herkunft ermöglicht, an die Macht zu kommen. In der zweiten Hälfte des 16. Jahrhunderts war Japan in eine Anzahl verschiedener feudalistischer Machtblöcke zerrissen, aber schließlich vereinigte sich das Land unter einer star-

Kriegführung im Fernen Osten

ken politischen Autorität. Der Übergang von der Anarchie zur politischen Einheit war das Werk dreier Männer, Nobunagas, Hideyoschis und Ieyasus. 1534 geboren, verteidigte Nobunaga zunächst seinen eigenen kleinen Besitz. Dann fiel er in das Gebiet seiner Feinde ein und hatte sich bis 1559 zum Beherrscher der Provinz Owari aufgeschwungen. Hideyoschi, der Sohn eines Holzschnitzers, und Ieyasu, ein aus Ostjapan stammender Häuptling, waren von den Leistungen und dem Mut Nobunagas so beeindruckt, daß sie in seine Dienste traten. Gemeinsam brachten sie das ganze Land unter ihre Kontrolle, und 1573 übernahm Nobunaga die Würde des Schogun. Da er selbst keine besonderen militärischen Neigungen hatte, übertrug er die Führung seiner Truppen Hideyoschi und Ieyasu. Bereitwillig übernahm er europäische Anregungen und gründete die japanische Waffenindustrie. Auch den Festungs- und Schiffsbau organisierte er nach europäischem Vorbild.

1582 fiel Nogunaga einem Attentat zum Opfer, aber die Einigung des Landes war vollzogen, und Hideyoschi und Ieyasu machten sich daran, den Mord zu rächen und das Werk zu vollenden. Hideyoschi zeichnete sich durch seine Geduld, sein Organisationstalent und seine Führereigenschaften als hervorragender Soldat und Staatsmann aus. 1587 errang er seinen größten Erfolg, als er seine mächtigsten Widersacher auf Kyuschu, die Familie Schimazu, die die Satsuma-Sippe anführte, unterwarf. Die Schimazu baten um Frieden, Hideyoschi bewies seine Großmut und seinen Sinn für eine konstruktive Politik und stellte ihnen milde Friedensbedingungen.

Aber sein Ehrgeiz war noch nicht befriedigt. Er träumte von der Eroberung Chinas und begann dieses Unternehmen 1592 mit der Invasion Koreas. Die Operationen zu Lande gingen zunächst schnell voran. Die japanischen Truppen legten die etwa 300 Kilometer nach Seoul in drei Wochen zurück. Aber zur See erlitten sie eine schwere Niederlage. Die Koreaner waren gute Seefahrer und hatten in Yi-sun einen ausgezeichneten Admiral, der nicht nur ein guter Stratege, Taktiker und Menschenführer war, sondern auch eine besondere technische Begabung hatte. Zur See kämpfte man in Asien damals noch mit Pfeil und Bogen, rammte die feindlichen Schiffe und enterte sie. Die Schiffe waren noch nicht mit Kanonen bestückt. Yi-Tsun hatte eine Methode erfunden, mit der er gegen diese Angriffstaktik gesichert war, während er selbst über eine starke Offensivkraft verfügte. Seine Schiffe waren schnell und wendig, die Decks waren mit Eisenplatten gepanzert wie Schildkröten, denen Feuer, Pfeile und Gewehrkugeln nichts anhaben konnten, und sie waren mit Eisenstacheln bewehrt, so daß der Gegner sie nicht entern konnte. Mit dem besonders verstärkten Bug konnten sie feindliche Schiffe rammen, und ringsherum waren Schießscharten für die Bogenschützen angebracht. Trotz tapferer Gegenwehr wurden die Japaner entscheidend geschlagen.

Durch den Seesieg der Koreaner wurden die Operationen Hideyoschis zu Lande gelähmt. Bei einer zweiten Invasion 1597 kämpften die Koreaner und Chinesen erfolgreicher, und die Japaner erlebten zur See die gleiche Katastrophe. Hideyoschi starb 1598. Im eigenen Land hatte er große militärische und politische Erfolge errungen, aber der unglückliche Ausgang seiner Unternehmungen gegen Korea beendeten seine Laufbahn mit einem Mißton.

Nach Hideyoschis Tod kam es zu einem kurzen Machtkampf, doch 1609 gewann Ieyasu die Entscheidungsschlacht bei Sekigahara und errichtete das Tokugawa-Schogunat. Die Tokugawa, die bis 1867 an der Macht blieben, bemühten sich darum, die gesellschaftliche und politische Struktur Japans erstarren zu lassen und das Land von der übrigen Welt zu isolieren. Es folgte eine Friedenszeit von 250 Jahren, aber die technische Rückständigkeit führte dazu, daß die militärische Schlagkraft der Samurai immer mehr abnahm. Als jedoch 1853 ein amerikanisches Geschwader unter dem Kommodore Perry vor der japanischen Küste erschien, sah man sich gezwungen, sich auf die moderne westliche Welt einzustellen.

Was läßt sich aus diesem kurzen Überblick über die Geschichte der asiatischen Völker lernen? Die Mongolen in längstvergangener Zeit und die Japaner im 20. Jahrhundert haben uns gelehrt, daß auch der Ferne Osten tapfere und gut ausgebildete Soldaten hervorbringen kann. Wir alle sollten begreifen, daß man asiatische Truppen nicht verachten darf. Was früher geschehen ist, kann sich wiederholen. Eines Tages könnten aus den weiten Gebieten Asiens Invasionsheere hervorbrechen, mit denen sich die westliche Welt auseinandersetzen müßte. Es muß aber nicht geschehen, wenn die westlichen Nationen weltpolitische Fragen mit Weisheit und gesundem Menschenverstand behandeln – und es lernen, vor allem die große chinesische Nation zu verstehen.

Kriegführung im Fernen Osten

Die Eroberung Indiens durch islamische Turkvölker. Gemälde aus dem 16. Jahrhundert für das Akbarnama

17 · Indien

Der indische Subkontinent umfaßt ein etwa 2,5 Millionen Quadratkilometer großes Gebiet, das in historischer Zeit von mindestens acht verschiedenen Rassen bewohnt wurde, die den verschiedensten Religionen angehörten und etwa 200 Sprachen entwickelt haben. Der Versuch, in einem kurzen Kapitel eine umfassende Geschichte der Kriegführung in Indien zu schreiben, müßte scheitern. Ich möchte deshalb nur einige wichtige Perioden herausgreifen, und zwar die Kriegführung der alten Hindus in der Zeit von 500 v. Chr. bis 1200 n. Chr., die Kriege gegen die islamischen Turkvölker, die 1000 bis 1600 n. Chr. Hindustan eroberten und das Reich der Großmogule gründeten, und die Feldzüge der Marathen im 18. Jahrhundert. Die Geschichte der Kriegführung in Indien nach dem 18. Jahrhundert, als der europäische Einfluß immer stärker wurde, gehört ebenso wie die des übrigen Asiens in Teil V.

Der Verlauf der Kriege in Indien wird weitgehend durch die natürlichen Gegebenheiten der Bodengestalt, der Bevölkerungsbewegungen und des Klimas bestimmt. Zwischen dem Himalaya im Norden und dem Vindhyagebirge im Süden liegt Hindustan, eine weite, fruchtbare Ebene, in der es keine natürlichen Hindernisse gibt. Vielleicht ist Zentralindien lange der Schauplatz politischer Wirren und Streitigkeiten zwischen kleineren Staaten gewesen, weil es an guten Verbindungswegen fehlte. Innere Unruhen ließen die Fürstentümer zugrunde gehen, aber eine weitere Ursache für die politische Unsicherheit waren die beständigen Wanderungen der Stämme vom Norden in den Süden. Ehe Großbritannien die Herrschaft antrat, hat keine Macht die Verantwortung dafür übernommen, die Grenzen Indiens im Nordwesten zu sichern, und schon in vorgeschichtlicher Zeit haben nomadisierende Stämme die Gebirgspässe überschritten. Auch Griechen, Türken, Hunnen, Mongolen und Perser drangen hier in das Land ein. Zwischen 2400 v. Chr. und 1500 n. Chr. wurden die Bewohner Indiens überall von den fremden Eindringlingen, die erst am Vindhyagebirge haltmachten, besiegt und zurückgedrängt. Südindien, ganz besonders das Hochland von Dekhan und Vijahanagar, ist gebirgig und trocken und so unwegsam, daß größere Wanderzüge dort nicht möglich sind. Hier können kriegerische Stämme wie die Marathen fremden Eindringlingen ebenso wie einer Zentralregierung mit Aussicht auf Erfolg Widerstand leisten.

Schließlich wird die Kriegführung in Indien ganz besonders vom Klima beeinflußt. Während der Zeiten, die ich behandeln werde, war es zwischen Juni und September wegen der Monsunregen praktisch ausgeschlossen, größere Truppenbewegungen durchzuführen. Die günstigste Zeit für die Kriegführung waren die Monate Oktober und November, wenn die Ernte herangereift, der Boden mit einer grünen Pflanzendecke überzogen war und man sich aus dem Land versorgen konnte. Schließlich muß man bedenken, daß die selbst gezüchteten Pferde in Indien denen aus West- und Zentralasien unterlegen waren.

Der Krieg spielte in der Politik und Literatur der alten Hindus eine sehr wichtige Rolle.

Die Bewohner von Hindustan scheinen unaufhörlich miteinander im Streit gelegen zu haben. Gelegentlich gelang es einem Maurya, Gupta oder Harscha, das ganze Gebiet zu einen, aber das dauerte nie lange. Die politische Geschichte Indiens in der Zeit von 500 v. Chr. bis 1100 n. Chr. ist niemals aufgeschrieben worden, und das liegt daran, daß die Hindus keinen Sinn für Geschichte haben. Fremde Verfasser wie Hsuan Tsang, ein chinesischer buddhistischer Pilger (etwa 635 n. Chr.), haben Einzelheiten überliefert. Dennoch lassen sich über die Haltung der Hindus hinsichtlich der Kriegführung und ihrer Methoden Feststellungen treffen. Es gibt Lehrbücher über die Staatskunst wie das Arthasastra des Kautilya, das sich auf die Zeit von 300 v. Chr. bis 100 n. Chr. bezieht, aus denen hervorgeht, welche besonders wichtige Rolle der Krieg gespielt hat.

Danach ist die Armee das sechste der sieben wesentlichen Elemente des Staates. Die Lehre vom Mandala, die die Vorstellungen der Hindus von den Beziehungen der Staaten zueinander wiedergibt, ist eine Lehre vom Kampf ums Dasein. Ein friedliebender König ist fast ein Widerspruch in sich. Es heißt: „Keine Achtung gebührt dem König, der... seine Feinde nicht unterwirft. Wie eine Kuh versinkt er im Schlamm." Dann wieder: „Für den Angehörigen der Kriegerkaste gibt es nichts anderes als Kampf."

Die Lektüre des Werks von Kautilya ist für uns sehr aufschlußreich, weil in seinem politischen Lehrbuch auch ein Kapitel über die Kriegskunst enthalten ist. Die Sanskritepen wie die Mahabaratha sind weniger zuverlässig. Hier lassen sich Geschichte und Legende nur schwer auseinanderhalten. Man kann die Mahabaratha mit der Ilias oder dem Nibelungenlied vergleichen. Sie ist ein großes episches Gedicht, das den Krieg zum Inhalt hat.

Wahrscheinlich hat es in Indien wie in Griechenland und China eine heroische Epoche gegeben, in der sich die adeligen Kämpfer in ihren Streitwagen, gefolgt von ihren Vasallen zu Fuß, im Zweikampf gegenüberstanden. Aber als Alexander 327–325 in Indien einfiel, gab es schon eine organisierte Armee unter einem Oberbefehlshaber. Alexander überschritt den Hindukusch, nahm Taxila ein und schlug den König Paurav (Poros) in der Schlacht am Djelum (Hydaspes). Auch Paurav verfügte noch über eine beträchtliche Zahl von Streitwagen, die in frühester Zeit aus zusammengebundenen Holzstäben bestanden und von zwei Pferden gezogen wurden. Auf jedem Wagen fuhr ein Wagenlenker und ein Bogenschütze. Später war der Streitwagen mit vier Pferden bespannt und mit sechs Kämpfern bemannt, zwei Schildträgern, zwei Bogenschützen und zwei Wagenlenkern, die im Nahkampf die Zügel fahren ließen und mit Speeren kämpften. Die indischen Streitwagen blieben am Djelum im Sumpf stecken, aber die Makedonier wären ihnen ohnedies überlegen gewesen. Bis zum 8. Jahrhundert n. Chr. verwendeten die Inder kleine und große Streitwagen in acht verschiedenen Größen, die mit zwei bis zwölf Mann besetzt waren.

König Paurav ritt auf einem Elefanten in die Schlacht. Damals verwendete man in Indien zum erstenmal Elefanten bei der Angriffstruppe. Hindus und Moslems setzten diese Tradition fort, bis der Wert des Elefanten nach Erfindung der Feuerwaffen zweifelhaft wurde. Am Djelum hatten die Inder 85 Elefanten in vorderster Linie aufgestellt. Die etwa 30 Meter breiten Lücken zwischen den einzelnen Tieren wurden von Elitetruppen zu Fuß ausgefüllt. Tschandragupta Maura (322–298) besaß 9000 Kriegselefanten; später waren es sogar noch mehr. Jeder Elefant trug seinen Lenker und meist drei mit Pfeil und Bogen bewaffnete Krieger, die gelegentlich auch Wurfspeere, Messer, mit Öl gefüllte Gefäße und Steine verwendeten. Die Tiere waren durch starke Panzer geschützt und trugen Munition, Halsketten, Teppiche, heraldische Feldzeichen usw. Die besten Elefanten kamen aus Ostindien. Man zähmte sie nach bestimmten Grundsätzen und lehrte sie, sich hinzulegen, hinzusetzen, den Reiter zu tragen, zu springen, vorwärts- und rückwärts zu gehen, sich in Schlangenlinien zu bewegen, den Feind zu zertrampeln, in geschlossener Formation zu kämpfen und anderes. Paurav war zweifellos ein entschlossener, tapferer Führer und vielleicht der fähigste Hindufeldherr, doch stand ihm eine kampferprobte Armee unter dem genialen Alexander gegenüber, und deshalb durfte er kaum auf einen Sieg hoffen. Er war außerdem der Gründer einer Tradition, die den Indern kein Glück gebracht hat. Die Elefanten, die er am Djelum zum erstenmal einsetzte, haben hier wahrscheinlich versagt, und es ist eigenartig, daß seine Nachfolger sie trotzdem noch im Krieg verwendet haben.

Der Elefant ist sicherlich sehr stark und sieht schreckenerregend aus. Er kann Menschen zertrampeln, Hindernisse niederreißen und unerfahrene Soldaten ebenso erschrecken wie nicht gut zugerittene Pferde. In der Zeit nach Alexander besaßen auch die Griechen in Westasien und Europa Kriegselefanten, und wir haben oben festgestellt, wie wenig Erfolg sie ihnen gebracht haben. Trotz gewisser Vorteile waren sie für den Angriff ungeeignet. Es war schwierig, sie zu lenken, und oft haben verwundete oder verängstigte Elefanten Verwirrung in die eigenen Reihen gebracht. Im 5. Kapitel haben wir gesehen, wie das bei Hannibal in der Schlacht von Zama (202 v. Chr.) geschah. Vielleicht konnte die Truppe ihren auf einem Elefanten reitenden Führer besser sehen und sich von ihm inspirieren lassen, aber für den Feind bot er, besonders nach Einführung der Feuerwaffen, ein gutes Ziel.

Die Masse der Hinduarmeen bestand aus Fußsoldaten. Ausrüstung und Taktik der Berufssoldaten der Kriegerkaste müssen sich von denen der im Dschungel lebenden wilden Stämme wesentlich unterschieden haben. Wahrscheinlich hat es auch Sonderverbände gegeben, deren Angehörige als Arbeitssoldaten, Lastenträger und zum Bau von Befestigungen eingesetzt wurden. Im heroischen Zeitalter sind die Fußsoldaten augenscheinlich kaum mehr als Zuschauer gewesen, aber vielleicht haben die Dichter sich auch nur für die Taten der Helden interessiert. Später, bei den Kämpfen im Gebirge, kam es mehr auf die Infanterie an, die die Befestigungen verteidigte, und sie spielte auch in den Massenschlachten, bei denen die Überlegenheit an Zahl ausschlaggebend war, eine größere Rolle.

Seit grauer Vorzeit im 4. Jahrtausend v. Chr. bis ins 19. Jahrhundert n. Chr. war der Bogen in Indien die Hauptwaffe. Die ersten Bogen waren aus Holz, gewöhnlich aus Bambus, der leicht zu beschaffen, recht stark und elastisch war. Später entwickelte man einen aus Metall, Horn und Holz zusammengesetzten Bogen, dessen Sehne aus Hanf, Seide, Leder oder Tiersehnen bestand. Der Pfeil war ein Schilfstengel oder ein Holzstab. Er war befedert, und die Spitze bestand aus Horn, Knochen oder Metall. Es gab die verschiedensten Formen für die Pfeilspitzen wie die *ardha-candra* (halbmondförmige Spitze), die *sucimukha* (nadelförmige Spitze) oder die *kaka-tunda* (die wie ein Krähenschnabel geformte Spitze). Man kannte auch Brandpfeile. Die Bogen waren verschieden lang. Es gab kurze Bogen, aber Arrian beschreibt 326 v. Chr. die indischen Bogen auch wie folgt:

> Der Bogen des indischen Fußsoldaten ist so lang wie der Mann, der ihn führt. Er stellt ihn vor sich auf den Boden, stemmt seinen linken Fuß dagegen und schießt den Pfeil ab, nachdem er die Sehne weit zurückgezogen hat. Die Pfeile sind etwa 135 Zentimeter lang, und nichts kann dem Schuß eines indischen Bogenschützen widerstehen, weder Schild noch Brustpanzer.

Da er beide Hände freihaben mußte, trug der Bogenschütze keinen Schild. Die englischen Bogenschützen bei Agincourt hatten ihre Bogen trotz des Regens gebrauchen können, die indischen am Djelum konnten nicht mehr schießen, als der Regen die Sehnen aufgeweicht hatte.

Außer dem Bogen führten die indischen Fußsoldaten Schwerter, und in der arabischen Literatur werden indische Schwerter besonders gepriesen. Ihre Form war je nach der Gegend, aus der sie kamen, verschieden. Arrian berichtet, im 4. Jahrhundert v. Chr. seien es kurze und

Indien

Die Inder setzten oft Kriegselefanten ein. Dieser Panzer wurde im 18. Jahrhundert von einem Elefanten in der Schlacht von Plassey getragen

Kriegführung im Fernen Osten

Eine Hinduarmee bestand aus Infanterie, Kavallerie, Elefanten und Streitwagen

breite Schwerter gewesen. Kautilya unterscheidet drei Arten. Das erste war ein Vorläufer des *kukri*. Es war gebogen, und die Schneide war auf der Innenseite. Das zweite war ein langes, gerades Schwert, und das dritte hatte eine wie ein Blatt geformte Spitze. Die Scheide war gewöhnlich aus Leder. Mit der Zeit wurde die Fechtkunst sehr verfeinert, und in der Mahabaratha werden 21 verschiedene Bewegungen des Fechters beschrieben.

Es gab auch viele verschiedene Lanzen und Speere wie die sechskantige eiserne *kunta* und andere Speere mit polygonalen Spitzen. Der indische Speer war wahrscheinlich kürzer als die makedonische *sarissa* oder die europäische Pike aus dem 17. Jahrhundert. In der Frühzeit war die Keule eine ebenso wichtige Waffe wie das Schwert. Sie wurde geworfen, gestoßen oder zum Schlagen benutzt. Die Streitaxt war eine Lieblingswaffe des adeligen Kriegers. Vereinzelt verwendete man auch Steinschleudern, Wurfringe und Diskusse. Mit Ausnahme der Bogenschützen und der Allerärmsten trug jeder Krieger einen Schild. Die Schilde bestanden aus mit Büffel- oder Tigerfell bezogenem Bambus- oder Lianengeflecht. Sie waren verschieden groß, aber immer mit irgendwelchen Emblemen verziert. Nur die Reichen trugen Rüstungen. Für die anderen Krieger gab es Kettenhemden, und die Masse der Soldaten trug wattierte Baumwollmäntel oder -jacken.

Die Reiterei galt bei den alten Hindus mehr als die Infanterie, aber weniger als Streitwagen und Elefanten. Das lag vor allem daran, daß es in Indien kaum gute Pferde gab. Die Reiter

Indien

Pauravs hatten wahrscheinlich nur Ponies und wurden deshalb von der überlegenen feindlichen Kavallerie geschlagen. Kautilya nennt die folgenden Aufgaben der Kavallerie:

> Stören des Feindes bei der Rast; Sammeln der Truppen; den Feind umgehen und umkreisen; verschiedene Operationen; die Nachhut decken; die zerschlagene eigene Armee schützen; den geschlagenen Feind verfolgen.

Mit dem Verständnis für ihre richtige Verwendung wuchs natürlich auch das Ansehen der Kavallerie. Es gab schwere und leichte Reiter. Die ersteren wurden im Zentrum aufgestellt und und waren eine Angriffstruppe. Die leichte Kavallerie stand an den Flügeln, klärte auf, griff den Gegner in den Flanken und im Rücken an und verfolgte ihn. Bei der Attacke kämpfte der Reiter mit der Lanze, im Nahkampf mit dem Schwert. Truppenverbände aus berittenen Bogenschützen haben die Hindus nicht entwickelt*. Der Mangel an guter Kavallerie war ihre größte Schwäche. Hier liegt wahrscheinlich auch die Ursache für die Niederlagen, die sie gegen Griechen und Türken erlitten, die über eine leistungsfähige und gut geführte Reitertruppe verfügten.

* Die Abbildung auf S. 399 zeigt einen berittenen Bogenschützen. D. Übers.

Bei den Hindukriegern gab es sechs verschiedene Kategorien: die Angehörigen der Kriegerkaste, Söldner, Stadtsoldaten, von Vasallenhäuptlingen und Verbündeten gestellte Kontingente, Kriegsgefangene, die dann in der Armee des Gegners dienten, und Angehörige der Dschungelstämme. Aber wahrscheinlich hat es meist nur zwei Arten von Soldaten gegeben, und zwar die unter dem jeweiligen Herrscher kämpfenden regulären Truppen und die im Notfall ausgehobenen Vasallentruppen und Verbündeten. In der Praxis durften die Angehörigen jeder Kaste Kriegsdienste leisten, aber die niedrigeren Kasten erhielten auch niedrigere Aufgaben zugewiesen. Es ist interessant, daß aus der Priesterkaste der Brahmanen einige bedeutende Truppenführer hervorgegangen sind, so zum Beispiel Pusyamitra, der Oberbefehlshaber des mauryanischen Fürsten Brhadratha. Die Heere waren nach dem Dezimalsystem in Truppenteile aufgeteilt. Kautilya betont, daß „Disziplin und gute Ausbildung" sogar furchtsame Männer zu guten Soldaten machen können. Die Krieger wurden regelmäßig und ausreichend bezahlt und erhielten manchmal Sonderzuwendungen an Land, Geld und sonstige Auszeichnungen. War ein Soldat gefallen oder zum Invaliden geworden, dann übernahm der Staat die Versorgung seiner Familie.

Die Kriege begannen im allgemeinen nach Ende der Monsunzeit im Oktober. Der Feindnachrichtendienst war gut organisiert, und Kautilya berichtet über die Verwendung von Spionen bei der Erkundung der Stärke des feindlichen Heeres und seiner Stellungen. Er erwähnt auch Brieftauben als Überbringer von verschlüsselten Nachrichten und erzählt, wie man die Kampfmoral des Gegners durch falsche Nachrichten untergraben habe. Wichtige Angehörige der Armee und des Harems seien wenn möglich bestochen worden. Nicht selten kam es vor, daß ganze Heere zum Feind übergingen. Vor jedem Unternehmen wurden die Astrologen befragt. Dann vollzog der König oder der Oberbefehlshaber einen Sühneritus für den Kriegsgott.

Der Nachschub wurde auf Elefanten, Kamelen, Packpferden, Ochsen und Ochsenkarren befördert. Zum zahlreichen Heeresgefolge gehörten Priester, Prostituierte, Händler und Musikanten. Eine Hinduarmee auf dem Marsch bot einen prächtigen Anblick mit ihren majestätischen Elefanten und den glänzend gerüsteten adeligen Kriegern, die sich mit Edelmetallen, Federn und Seide schmückten und Schirme und Teppiche mitführten. Von Musik und lauten Rufen begleitet rückte der Heerhaufen langsam voran. Der Verfasser des *Kalingatu Parani* schreibt:

> Die Muschelhörner ertönten, die großen Trommeln donnerten, und Pfeifen und Flöten gaben so schrille Töne von sich, daß die Elephanten taub davon wurden. Schirme und Banner entfalteten sich in solcher Menge, daß sich der Himmel verdunkelte.

Meist lag das Heerlager an einem Flußufer. Die Zelte wurden reihenweise aufgestellt und das Lager von Posten bewacht.

Über die Gliederung zum Gefecht und die Gefechtstaktik läßt sich aus den vorhandenen Quellen kaum etwas entnehmen. Der Verfasser der Mahabaratha überläßt es der Phantasie des Lesers, sich ein Bild davon zu machen, wenn er die Gefechtsformationen benennt: „Reiher", „Rhomboid", „Falke" und „Krokodil". Kautilya gibt eine realistischere Schilderung und spricht von „Stäben", „Schlangen", „Kreisen" und der „aufgelösten Ordnung" mit jeweils verschiedenen Variationen. In der Theorie hat es wahrscheinlich die verschiedensten Formen der Schlachtordnung gegeben, doch nach Beginn der Schlacht war die Disziplin vermutlich schlecht. Wir erfahren, daß die Helden gegeneinander vorstürmten, während die Masse der Krieger sich im Nahkampf drängte. Zweifellos kannte man die grundlegenden taktischen Gefechtsformen des Flankenangriffs, des Angriffs mit starken Kräften gegen die schwächste Stelle

Indien

Eine Hinduarmee wird auf dem Marsch von Musikanten begleitet

des Gegners usw. Es gibt dafür aber keine Unterlagen, und ich kenne keinen von einem Soldaten verfaßten Bericht über eine von einer Hinduarmee ausgefochtene Schlacht. Die Militärmusik diente dazu, die Soldaten anzufeuern, den Takt für den Gleichschritt anzugeben und Befehle zu signalisieren. Wie hoch man Tapferkeit und Vaterlandsliebe schätzte, drückt sich im folgenden Satz aus: „Der Sieg ist die Wurzel aller religiösen Verdienste und jeder Art des Glücks." Wenn jedoch der Befehlshaber fiel, wie der König Dahir von Sind 712 n. Chr., dann löste sich seine Armee meist auf. Wir wissen, daß es auch Militärärzte gab und daß Kriegsgefangene grundsätzlich anständig behandelt wurden.

Aus dem Gesagten geht hervor, daß die Kriegskunst der alten Hindus manches zu wünschen übrigließ. Sie waren ein kriegerisches Volk, aber ihre militärischen Leistungen waren unbedeutend. Die Hauptschwächen in der Organisation und Gliederung ihrer Heere waren das zu große Vertrauen in die Leistungsfähigkeit der Kriegselefanten, die schwache Kavallerie, die feudalistischen Methoden bei der Truppenaushebung und die dadurch bedingte Uneinheitlichkeit bei der Führung, Ausrüstung und Gliederung. Die Hindukrieger und ihre Führer waren tapfere Soldaten, aber selbst die bedeutenderen unter ihnen wie Tschandragupta Maurya, der die Griechen aus dem Lande trieb, und Skandagupta und Yasodharman, die die Hunnen abwehrten, besaßen keinen politischen Weitblick und keinen Sinn für Strategie und Taktik. So wurden zum Beispiel die Pässe an der Nordgrenze nicht verteidigt, und die Armeen waren sehr unbeweglich. Ein Reich, das ganz Hindustan umfaßte, hat es niemals lange gegeben. Keine bedeutende Persönlichkeit hat das Land zu einen vermocht, um es militärisch zu stärken und eine in die Zukunft weisende Politik zu treiben. Die Kriege der Hindus waren eigentlich Nebensächlichkeiten und wurden unter Verwendung der überschüssigen Kräfte ausgefochten, sie waren Sache der Politiker, und die Bauern, die ihre Felder bestellten, kümmerten sich nicht darum. Um 1000 n. Chr. waren die Hindus selbstzufrieden und konservativ. Alle diese Schwächen wurden deutlich, als die islamischen Eroberer in das Land einfielen.

Der erste und vielleicht bedeutendste turko-islamische Eroberer Indiens war Sultan Mohammed von Ghazni (997–1030), der siebzehn Feldzüge in Indien geführt haben soll. Unter seiner Führung zogen die Moslems über den Indus, das einzige natürliche Hindernis vor der reichen hindustanischen Ebene. Seinen größten Sieg erfocht er gegen das Heer von Anandpal 1008 zwischen Und und Peschawar. Sein Reich dehnte sich schließlich von Persien bis zum Ganges aus. Er war eine bedeutende Persönlichkeit, und als tapferer Krieger verstand er es, seine Soldaten zu begeistern und sich ihre Gefolgschaft zu sichern.

Der zweite große Soldat war Schihabuddin Ghori. Nachdem er 1190 bis Tarain bei Delhi gekommen war, wurde seine türkische Armee von den überlegenen Kräften des Hindufürsten Prithviradsch geschlagen. Doch bezeichnenderweise nutzten die Hindus ihren Sieg nicht strategisch aus, und nach achtzehn Monaten nahm Schihabuddin in der zweiten Schlacht bei Tarain Rache, um anschließend die ganze nordindische Ebene zu erobern.

Zwei Jahrhunderte vergingen, ehe ein weiterer großer Eroberer von Nordwesten in Indien einfiel. Das war der Mongole Timur Lenk, der 1398 in fünf Monaten ganz Hindustan durchzog, Delhi plünderte, dann aber in seine Hauptstadt Samarkand zurückkehrte. 1525 drang schließlich der fünfte Nachkomme Timurs, Babur der Tiger, in Indien ein. 1526 schlug er bei Panipat den afghanischen Sultan von Delhi und errang dann bei Khanua einen entscheidenden Sieg über eine Radschputen-Konföderation. Bis zu seinem Tod 1530 umfaßte das Reich Baburs das Gebiet vom Oxys bis an die bengalische Grenze und vom Himalaya bis nach Gwalior. Damit schuf Babur die Voraussetzung für die Gründung des Mogul-Reichs in Indien, das sein Enkel, der große Mogulkaiser Akbar, endgültig gestaltete.

Die Türken besiegten die Hindus, weil sie in hohem Maß die kriegerischen Qualitäten besaßen, die den Hindus fehlten. Mit dem für ein islamisches Volk bezeichnenden Fanatismus und barbarischer Wildheit kämpften sie gegen die sanften und toleranten Inder. Sie waren nicht nur darauf aus, neue Anhänger für ihre Religion zu finden, sondern sie lebten in einer festgefügten Gesellschaftsstruktur, kämpften mit fatalistischer Todesverachtung und waren nüchtern und enthaltsam. Diese Eigenschaften fehlten den Hindus. Die Türken waren energisch und beweglich. Sie ritten auf ausdauernden arabischen und turkmenischen Pferden, und ihre aus berittenen Bogenschützen bestehenden Armeen folgten der alten Tradition der Parther, Hunnen und Mongolen. Ihr zusammengesetzter Bogen übertraf die Waffen der Hindus, und sie verstanden besser, damit umzugehen. Sie waren ebenso mutig wie die Hindus, besaßen aber im Gegensatz zu diesen intelligente Führer und manchmal sogar geniale Befehlshaber.

Die türkische Strategie war durch die kontrollierte Beweglichkeit der türkischen Truppen in weiten Räumen gekennzeichnet. Wie im Westen bestand auch hier ihre Taktik vor allem darin, den Gegner zunächst mit berittenen Bogenschützen zu umkreisen und zu beunruhigen, um den entscheidenden Stoß schließlich mit schwerer Kavallerie zu führen.

In der zweiten Schlacht bei Tarain kämpften die Türken ebenso wie bei Manzikert. Wir haben diese Gefechtsart in den Kapiteln über den Zerfall des Römischen Reichs, über die ottomanischen Türken und über die Mongolen behandelt. Auch Timurs Taktik war die gleiche und ebenso erfolgreich gewesen.

Als jedoch die Turkvölker in Indien seßhaft wurden, verloren sie den Elan, den sie in der Steppe besessen hatten, und übernahmen den Traditionalismus ihrer neuen Heimat. Außerdem wurde ihre Taktik durch die Einführung der Feuerwaffen beeinflußt. Schon Baburs Armee bei Panipat war anders als die seiner Vorgänger. Seine Kavallerie war nicht mehr so stark, bildete aber noch eine Elitetruppe. Daneben fochten indische Hilfstruppen mit Bogen, Schwert und Speer. Seine eigene Infanterie war schon mit Luntenschloßgewehren ausgerüstet, und er führte kleine Geschütze auf Karren mit. Außerdem hatte er den indischen Kriegselefanten übernommen, und obwohl die Reiterei in hohem Ansehen stand, wurde das ganze Heer unbeweglicher. Im 18. Jahrhundert glich das Heer des Großmogul auf dem Marsch fast schon der alten Hinduarmee.

Die Entwicklung der Feuerwaffen vollzog sich in Indien etwas anders als in China und Japan. Man kannte schon seit langem rasch brennbare Substanzen wie Naphta, und Raketen waren eine alte indische Waffe. Der Großmogul übernahm sie ebenso wie die Marathenheere des 18. Jahrhunderts. Die Rakete bestand aus einer etwa einen Fuß langen Eisenhülse mit einem Durchmesser von einem Zoll, die an einem Bambusstab befestigt war. Sie hatte eine Reichweite von etwa 1000 Meter, aber brachte den Mann, der sie abfeuerte, ebenso in Gefahr wie den Gegner. Gelang es jedoch, sie beim Aufschlag zünden und detonieren zu lassen, dann konnte es bei unerfahrenen Truppen zu einer Panik kommen. Die Pferde gingen durch, oder es entstand ein Feuer. Schon in den 1360er Jahren verwendete der Radscha von Vijayanagar im Dekhan von Europäern und Türken bemannte Geschütze. In der Folgezeit brachten Portugiesen und Türken immer mehr Artillerie nach Indien. Wie die anderen asiatischen Völker verstanden es auch die Inder nicht, ihre Schiffe mit Geschützen auszurüsten. Über die indische Seekriegführung weiß man so wenig, daß es sich nicht lohnt, hier darauf einzugehen.

Bei der Verwendung von Artillerie zu Lande übernahmen die Inder die Methoden und Schwächen der Türken. Babur brachte wahrscheinlich als erster Kanonen nach Nordindien und setzte sie in der Schlacht von Sikri geschickt ein, wo die Radschputs starke, von Infanterie und Artillerie verteidigte Feldstellungen angriffen. 1526 besaß Babur schon einen schweren Mörser, der nur dreimal abgefeuert wurde und dann zerbarst. Die Türken in Indien hatten ebenso wie ihre Vettern im Westen eine besondere Vorliebe für schwere Geschütze. Einige später in Indien hergestellte Kanonen wogen 40 bis 50 Tonnen. Andererseits stellten die Inder im Lauf der Zeit recht brauchbare Feuerwaffen her und verwendeten Gewehre und Drehbassen, die sie auf Elefanten und Kamelen montierten. Aber noch bei der Meuterei von 1857 handhabten indische Truppen Pfeil und Bogen ebenso geschickt wie Gewehre.

Selbst nach Baburs Tod gab es noch Hindus wie die Radschputs und Moslems wie die Afghanen, die bereit waren, für ihre Unabhängigkeit zu kämpfen, wenn der Gegner irgendwo eine Schwäche zeigte. Die Armeen auf beiden Seiten glichen einander immer mehr. Wo die Soldaten des Großmoguls an ihren Traditionen festhielten, waren sie überlegen. Fehlte es ihnen aber an guten Führern und verließen sie sich zu sehr auf die Elefanten und ihre große Zahl, dann gerieten sie in Schwierigkeiten.

In der Schlacht von Talikota 1565 errangen die Moslems einen entscheidenden Sieg über die Hindus im Dekhan und erwiesen sich als die besseren Soldaten. Ihr Befehlshaber Hussein Nizam Schah ließ sich durch die vierfache Überlegenheit des Gegners nicht beeindrucken. Er verfügte über starke Artillerie, die er in vorderster Linie hinter einem Schleier aus türkischen berittenen Bogenschützen, die den Gegner zum Angriff herauslockten, in Stellung brachte. Seine Kavallerie war gut ausgerüstet und ausgebildet, in Divisionen eingeteilt, und er besaß eine starke Reserve, die den entscheidenden letzten Stoß führen konnte. 1658/59 siegte er bei Aurangzeb zweimal gegen Armeen, die seiner eigenen sehr ähnlich waren, und entschied die Schlacht jedesmal mit Hilfe seiner überlegenen Artillerie und besseren Taktik. Damit gewann er den Thron in Delhi. Die Siege des Nizam-ul-Mulk (Ratanpur und Balapur 1720, Schakar

Kriegführung im Fernen Osten

Die turko-islamischen Eroberer verfolgen die Hindus 1565 mit Gewehren über den Ganges

Khera 1724) ließen die Stärken und Schwächen der gegnerischen Heere deutlich erkennen. Nizam hatte seine Truppe vernünftig gegliedert, war artilleristisch stark, besaß eine gute Kavallerie und erfahrene, intelligente Offiziere. Seine besten Soldaten waren allerdings ausländische Moslems. Er selbst war ein guter Taktiker. Bei Ratanpur setzte er seine Kanonen so geschickt ein, daß die Schlacht für Sayyid Dilawwar Ali schon verloren war, ehe sie überhaupt begonnen hatte.

Die Radschputs waren todesmutige Soldaten – aber auch sehr dumm. Sie kannten keine andere Taktik als den Frontalangriff in großen Massen. Ihre Bewaffnung war primitiv. Wenn sie gegen fest eingebaute Artilleriestellungen anstürmten, opferten sie sich auf „wie Motten in einer Flamme". Die Wucht eines Infanterieangriffs der Radschputs war so ungeheuer, daß ihre Gegner die gesamte Defensivkraft der Kanonen, Elefanten und Infanterie einsetzen mußten. War dieser Gegner schlecht geführt, dann wurde lange und hart um die Entscheidung gerungen. Doch schließlich mußten die besseren Waffen und die geschicktere Taktik siegen.

Selbst die Armee des Nizam-ul-Mulk übernahm im Lauf der Zeit zu viele Eigentümlichkeiten der Hindus und wurde von den Marathen besiegt, die mehr nach Art der Mongolen und der ersten türkischen Eroberer kämpften. Sie waren Hindus aus Südwestindien, ein harter, genügsamer Volksstamm, ganz anders als die Bewohner des reichen Nordens. Siwadschi hatte sie Mitte des 17. Jahrhunderts geeint und ein starkes Heer aufgestellt. Als Wellington 1803 gegen sie kämpfte, waren sie nicht mehr so leistungsfähig wie zu Anfang (obwohl ich damit Wellingtons Verdienste nicht schmälern will). Im 18. Jahrhundert waren die Marathen am stärksten, und der Feldzug von Palkhed (1727–1728), in dem Badschi Rao den Nizam-ul-Mulk besiegte, war ein Meisterstück strategischer Beweglichkeit. Badschi Raos Armee bestand ausschließlich aus Reitern, die nur mit dem Säbel, der Lanze, zum Teil mit dem Bogen und einem Rundschild bewaffnet waren. Je zwei Mann hatten ein Reservepferd. Die Marathen kämpften ohne Artillerie, hatten keinen Troß, keine Gewehre und waren nicht gepanzert. Sie versorgten sich plündernd aus dem Lande.

Badschi Rao gönnte dem Nizam nicht die Herrschaft im Dekhan und schlug als erster zu. Im Oktober 1727 nach Beendigung der Regenzeit überfiel Badschi Rao das Gebiet des Asaf Jah, eines Vasallen des Nizam. Die leichte Kavallerie der Marathen operierte rasch und beweglich, umging größere Städte und Festungen und zog plündernd und brennend durch das Land. Anfang November erlitten sie durch Iwaz Khan, einen fähigen Unterführer des Nizam, ihre erste Niederlage, erholten sich aber nach einem Monat wieder und stürmten, ständig die Angriffsrichtung wechselnd, nach Osten, Norden und Westen. Der Nizam mobilisierte seine Truppen und verfolgte sie eine Zeitlang, aber die schnellen und unerwarteten Bewegungen des Feindes verwirrten ihn, und seine Männer waren bald erschöpft.

Ende Januar gab der Nizam die Verfolgung auf und ging gegen das Kernland der Marathen im Raum um Poona vor, das er einnahm und verwüstete. Badschi Rao leistete den Hilferufen aus der Heimat nicht Folge, sondern konterte die Operationen des Nizam mit einem Angriff gegen dessen Hauptstadt Aurangabad. Der Nizam zog sich aus Poona zurück, um Aurangabad zu entsetzen. Badschi Rao hatte die Stadt noch nicht eingenommen, aber die benachbarten Gebiete verwüstet. Bei dem Versuch des Nizam, Badschi Rao zum Kampf zu stellen, wurde er von allen Seiten durch marathische Plänkler beunruhigt. Es gelang ihm zwar, seine Armee zusammenzuhalten, aber im März 1728 gab er den Versuch auf, eine Entscheidungsschlacht zu schlagen. Die Marathen kehrten mit Beute beladen nach Hause zurück, und im folgenden Friedensvertrag wurde ihnen ein Teil der von ihnen beanspruchten Gebiete überlassen.

Auch in Indien gab es Befestigungen, die denen des mittelalterlichen Europa an Stärke gleichkamen. Eine der stärksten Bergfestungen war Mandu in Gudscharat. Sie liegt auf einem etwa 330 Meter hohen Berg. Die steilen Hänge, gekrönt von mächtigen Mauern, Bastionen und Toren, bieten einen eindrucksvollen Anblick, besonders von Süden her. Die Festung wurde 1406 bis 1435 von Schah Pascha Gori gebaut. In dem unzugänglichen, zerklüfteten Gelände war das eine beachtenswerte Leistung.

Die aus grauem Basalt errichtete, mächtige, mit Schießscharten versehene Mauer am äußersten Rand des Abgrundes, die an einigen Punkten durch Bastionen verstärkt war und deren Tore sich gut verteidigen ließen, war der wichtigste Bestandteil der Festung. Von Osten her verläuft eine breite und tiefe Schlucht bis in die Mitte der befestigten Stadt. Sie konnte an einem Wall, genannt „die siebenhundert Stufen", verteidigt werden, der die Schlucht an ihrer Ausmündung abschloß. Der Haupteingang befand sich an der Nordseite, wo sich ein von drei hintereinander liegenden Toren geschützter Fußweg den Abhang hinaufschlängelte. Das oberste „Delhitor" ist ein großartiges Gewölbe aus rotem Kalkstein. Auch die Tore im Südosten und Südwesten sind sehr stark. Das Tarapurtor ist eng und der Zugang steil. Unter der Torwölbung knickt der Weg mehrmals im rechten Winkel ab, was die Verteidigung erleichtert. Die Torflügel waren mit Eisenplatten beschlagen und gegen Angriffe mit Elefanten durch Eisenspitzen gesichert. Wenn der Angreifer den Durchgang erzwungen hatte, konnte er von den Verteidigern der Westmauer im Rücken angegriffen werden.

In der Zitadelle von Mandu gab es zahlreiche großartige Paläste und Moscheen. Im 15. Jahrhundert erlebte die Stadt ihre Blütezeit. 1567 nahm Bahadur, der Radscha von Gudscharat, die Festung, und im 17. Jahrhundert zerfielen die Gebäude.

Andere bedeutende Festungen gab es in Agra, Daulatabad und Madura. Bei der Belagerung von Festungen verwendete man in Indien Katapulte und später schwere Artillerie, aber die besten Strategen haben sich nicht auf den Festungskrieg eingelassen.

Schließlich müssen wir uns mit der Zeit beschäftigen, in der die ersten Europäer nach Indien kamen. Zuerst erschienen die Portugiesen mit starken Kräften. Anfang des 16. Jahrhunderts wurde der Einfluß der Portugiesen unter Albuquerque besonders stark. Er stützte sich auf seine Überlegenheit zur See. Im 17. Jahrhundert wurden die Portugiesen von den Holländern abgelöst. Europäische Abenteurer traten in den Dienst indischer Herrscher, besonders als Geschützgießer und Artillerieexperten. Mitte des 18. Jahrhunderts wurde auch Indien zum Schauplatz des Ringens um die Weltherrschaft zwischen Großbritannien und Frankreich. Die Holländer waren geschwächt, die Armee des Großmoguls war zu einem plumpen und unbeweglichen Instrument geworden, und es fehlte ihr an begabten Führerpersönlichkeiten. Die Marathen hatten ihren ursprünglichen Schwung verloren und konnten gegen gut ausgebildete und mit modernen Feuerwaffen ausgerüstete Truppen nichts mehr ausrichten. Franzosen und Briten suchten die politische Zerrissenheit Indiens auszunutzen.

Die wichtigsten britischen Stützpunkte waren Madras, Bombay und Kalkutta, die Hauptbasis der Franzosen war Pondichéry. Der erste Europäer, der indische Truppen mit Erfolg nach europäischem Muster ausgebildet hat, war der Franzose Joseph Dupleix. Als geschickter Diplomat gewann er indische Fürsten zu Bundesgenossen und spielte sie zum Vorteil für Frankreich gegeneinander aus. Der österreichische Erbfolgekrieg (1740–1748) war für die Franzosen der Vorwand, die Briten in Indien anzugreifen und Madras zu besetzen. Aber die britische Ostindische Kompanie wendete sehr bald die gleichen Methoden an wie die Franzosen. Stringer Lawrence stellte die sogenannten „Sepoys", nach europäischem Vorbild ausgebildete indische Truppen, auf, und Robert Clive war ein noch besserer Diplomat und Soldat als Dupleix.

Die Gefangennahme von Bakadur Khan 1567. Eine für das Akbarnama gemalte Illustration

Nach dem Friedensschluß in Europa gingen die Machtkämpfe in Indien weiter. Dupleix und de Bussy hatten zunächst noch Erfolge im Dekhan, aber 1751 verteidigte Clive mit nur 200 Engländern und 600 eingeborenen Truppen heroisch Arcot. 1756 wurde Dupleix nach Frankreich zurückgerufen, und die Franzosen hatten keinen guten Führer mehr in Indien. Als der leidenschaftliche Britenfeind Suradsch-ud-Dowlah in Bengalen an die Regierung kam, entstand eine bedrohliche Lage, aber das war zugleich auch eine günstige Gelegenheit für Clive, einzugreifen. Der Radscha hatte mit 50000 Mann Kalkutta genommen und seine Gefangenen im „schwarzen Loch" eingesperrt. Clive führte die Entsatzarmee. Nach Einnahme der französischen Festung Tschandranagar gelang es ihm, unter den Gefolgsleuten des Suradsch Zwietracht zu säen und dessen Befehlshaber Mir Jafar auf die Seite der Briten zu bringen.

Bei Plassey stieß Clive auf das Heer von Suradsch-ud-Dowlah. Mit 800 Europäern, etwa 2000 Sepoys und 8 Geschützen stand er 34000 indischen Fußsoldaten, 15000 Reitern und 53 Geschützen gegenüber. Die Lage schien hoffnungslos. Aber die britische Stellung war gut gewählt. Sie lag in einem Mangohain, und als Regen einsetzte, konnte die feindliche Artillerie nicht schießen. Suradsch-ud-Dowlah verlor die Nerven und floh, und Mir Jafar, der nur auf diesen Augenblick gewartet hatte, führte den schon vorbereiteten Rückzug. Die Inder wurden so schlecht geführt, daß man das Unternehmen nur als ein von regelloser Flucht gefolgtes Geplänkel bezeichnen kann. Durch zwei weitere Siege der Briten unter Admiral Pocock und Sir Eyre Coote wurde die endgültige Niederlage der Franzosen besiegelt, und Großbritannien begann mit der Ausbreitung seiner Herrschaft über ganz Indien.

Belagerung der Festung Rauthaubhor (1568) durch die Armee Akbars. Zeitgenössische Darstellung für das Akbarnama

Eine dünne Linie britischer Rotröcke geht im Krimkrieg in der Schlacht an der Alma gegen den Feind vor

Fünfter Teil · Die Kriegführung in den Jahren 1815–1945

18 · *Die Anfänge des modernen Krieges*

In unseren Betrachtungen über die Kriegführung kommen wir jetzt zu einem Zeitalter, in dem der Krieg zu einer höchst komplexen Angelegenheit geworden ist, die das Können bestausgebildeter Berufssoldaten erfordert. Im 19. Jahrhundert deutete alles darauf hin, daß die kriegerischen Konflikte sich intensivieren und immer stärkere Auswirkungen auf die ganze menschliche Gesellschaft haben würden.

Durch die industrielle Revolution und den massiven Bevölkerungszuwachs entstand eine Lage, in der sich das ganze Gemeinwesen zunehmend an den Kriegsanstrengungen beteiligen mußte, und man entwickelte wirksamere Waffen als je zuvor. Solche Kriege entstanden zunächst nur in Amerika und Europa. Später kam es aber auch in allen Teilen der Welt zu ähnlichen Auseinandersetzungen. Die Zeit von 1815 bis 1848 war in Europa verhältnismäßig friedlich, aber es vollzogen sich Entwicklungen, die direkt zur Entstehung des modernen Krieges beigetragen haben. Imperialistische und nationalistische Tendenzen verhärteten sich. Zugleich mit dem Anwachsen der Bevölkerung und dem technischen Fortschritt kam es zu einer Revolutionierung der Bewaffnung und Ausrüstung. Die neuen Kommunikationsmittel beschleunigten den Lebensrhythmus, und Militärtheoretiker und Politiker mußten diese Gegebenheiten berücksichtigen und ausnutzen. Vor 1848 experimentierte man nur, aber in den Kriegen der folgenden zehn Jahre sammelte man Erfahrungen. In den beiden großen Kriegen des 19. Jahrhunderts, dem amerikanischen Bürgerkrieg (1861–1865) und dem preußisch-französischen Krieg (1870–1870)* zeigte es sich, wohin die neue technische Entwicklung führen würde, wenn es zu einem Zusammenprall der Großmächte kommen sollte. Das geschah dann auch in der ersten Hälfte des 20. Jahrhunderts.

Der wichtigste Faktor im Rahmen dieser Entwicklung ist wahrscheinlich der rapide Bevölkerungszuwachs gewesen. Von 1750 bis 1800 stieg die Bevölkerungszahl in Europa von 140 auf 170 Millionen und erreichte 1850 274 Millionen. Zwischen 1830 und 1870 stieg die Bevölkerungszahl um 30 Prozent. Disraeli meinte dazu, das Eindringen einiger hunderttausend Barbaren in das römische Reich sei im Vergleich dazu eine Belanglosigkeit gewesen. Das Leben der Völker wurde ungeheuren Spannungen ausgesetzt. Viele Europäer wanderten nach Amerika, wo die Bevölkerung zwischen 1830 und 1870 auf das Dreifache anwuchs, und nach Asien aus. Das erleichterte zwar die Lage in Europa, gab aber dem Imperialismus neue Impulse. Die in Europa verbleibenden Massen stellten die Arbeiter in den Fabriken, und die Massenproduktion revolutionierte die Kriegsindustrie. Außerdem standen jetzt dort, wo die allgemeine Wehrpflicht eingeführt war, große Menschenreserven zur Verfügung. Transport und Versorgung

---

* So nennt der Verfasser den hierzulande als deutsch-französischen Krieg bezeichneten Konflikt. (d. Übers.)

der Massenheere stellten deren Führung aber auch vor ganz neue Probleme. Der zunehmende Einfluß der öffentlichen Meinung auf die Politik war ein weiterer Faktor, den Politiker und Soldaten berücksichtigen mußten.

Der von 1815 bis 1848 in Europa herrschende Friede förderte die Beschäftigung mit friedlichen Unternehmungen. Konservative Staatsmänner wie Metternich bestimmten das Schicksal der Völker und waren sich darin einig, den durch den Wiener Kongreß geschaffenen Zustand zu erhalten und dem Nationalismus und Liberalismus sowie jeder Veränderung der sozialen Struktur entgegenzutreten. Die Großmächte waren vor allem an der Weiterentwicklung von Industrie und Handel interessiert. Das Merkantilsystem wurde durch den freien Handel ersetzt, und es schien im Interesse aller zu liegen, den Frieden zu wahren. Die wirtschaftlichen Beziehungen zwischen den Staaten waren durch gegenseitige Abhängigkeit und den Wettbewerb bestimmt. Als Prinz Albert 1851 in Großbritannien die Weltausstellung eröffnete, sprach er die Überzeugung aus, die „Einigung der Menschheit" werde bald verwirklicht werden. Anhänger des Philosophen Saint-Simon planten die *Réorganisation de la Société Européenne* und priesen Techniker und Finanzexperten als Säulen einer neuen und im Wesen friedlichen Gesellschaft. Realpolitisch war Großbritannien als Sieger in den napoleonischen Kriegen und industriell fortschrittlichster Staat die stärkste Macht, und es lag deshalb im Interesse der Briten, den Frieden zu wahren. Die britische Flotte, seit Trafalgar unschlagbar, übernahm die Aufgabe, für die *Pax Britannica* zu sorgen, überwachte die Weltmeere und griff dort ein, wo Britannien es für richtig hielt, zum Beispiel als es um die Abschaffung der Sklaverei in Brasilien ging.

Aber ganz unblutig verlief die Zeit von 1815 bis 1848 nicht. Nationalismus, Romantik und Liberalismus waren die treibenden Kräfte hinter zahlreichen Revolten, die aber meist von den autokratischen Mächten niedergeschlagen wurden. 1831 unterdrückten die Österreicher z.B. einen Aufstand im Kirchenstaat, und im gleichen Jahr schlugen die Russen bei Ostrolenka eine Revolte der verzweifelt kämpfenden Polen nieder. 1848 kam es in vielen europäischen Staaten zur Revolution und zu Barrikadenkämpfen, aber die Reaktion unterdrückte nach erheblichem Blutvergießen alles, was nach marxistischem Klassenkampf und Lamartines republikanischen Idealen schmeckte. Immerhin tolerierte man einige dieser neuen Bewegungen. Man unterstützte die griechische Unabhängigkeitsbewegung, und nicht nur Byron stellte sich auf die Seite der Griechen gegen das Ottomanenreich, sondern eine britische Flotte unter Sir Edward Codrington vernichtete 1827 die türkischen und ägyptischen Seestreitkräfte in der Bucht von Navarino. Auch die südamerikanischen Staaten durften sich von den Fesseln befreien, die Spanien und Portugal ihnen angelegt hatten.

In fünfzehn Jahre dauernden Kriegen in Südamerika kam es zu schweren Kämpfen im Hochland von Peru und in Bolivien. 1816 sah es aus, als werde Spanien siegen, aber die beiden großen Volkshelden José de San Martin und Simon Bolivar stellten starke Armeen auf. Nach zwei Jahren drang San Martin über die Anden bis nach Chile vor. Nach gefahrvollen Operationen an einer 800 Kilometer breiten Front konzentrierte er seine Kräfte und überraschte 1817 den Gegner bei Charabuco. Mit Unterstützung des furchtlosen, aber sprunghaften britischen Seemannes Thomas Cochrane und seiner Flotte wurde Peru befreit. Im Norden marschierte indessen Bolivar mit seinen ausländischen Legionären durch das heiße, überflutete Flußtal des Orinoco und über die kahlen Gipfel der Anden. Der Heroismus dieser „Befreier" erinnert an die Zeit der *conquistadores*. Aber die Kämpfe waren alles andere als moderne Kriegführung.

Das gleiche trifft im allgemeinen auch auf die imperialistischen Kriege zu. Damals folgten die Vereinigten Staaten ihrer „Bestimmung" und suchten ihre Grenzen bis an die nordamerikanische Westküste auszudehnen. Dabei fochten sie in erster Linie gegen Indianer und Mexikaner. Die Verteidigung der Festung Alamo in Texas 1836 und das Gefecht des 7. U.S.-Kavallerieregiments unter Custer gegen die Sioux und die Cheyenne am Little Big Horn-Fluß in Montana (1876) sind unvergessen geblieben. In Afrika drängten die Briten in den 1830er und 1840er Jahren die Buren vom Kap nach Norden, die dort mit kriegerischen Bantustämmen in Konflikt gerieten. Chaka stellte ein starkes Zuluheer auf, aber sein Nachfolger Dingaan wurde am Blood River von den Buren unter Piet Retief geschlagen. Nach 1860 kam es bei den Kämpfen der Briten gegen die Maoris auf Neuseeland auf beiden Seiten zu schweren Verlusten. Auch in Indien waren die britischen Truppen ständig beschäftigt, und 1837 begann mit dem ersten afghanischen Krieg eine neue Phase kriegerischer Auseinandersetzungen und Eroberungen, die zwanzig Jahre andauerte. Die Nordwestgrenze mußte gesichert werden. 1843 schlug Charles Napier mit 3000 Mann 20000 Beludschis bei Meeanee und erfocht damit den größten Sieg in der Geschichte Indiens. 1849 wurden die Sikhs bei Gudschrat geschlagen. Als die Eingeborenenarmee der Ostindischen Kompanie 1857/58 meuterte, gerieten die Briten in Indien in Gefahr. Bei den Strafexpeditionen gegen die Meuterer kam es, besonders bei der Säuberung von Mittelindien durch Sir Hugh Rose, zu beachtlichen militärischen Leistungen. Im Wettlauf der europäischen Nationen um die besten Handelsbeziehungen mit China, der 1839 und 1842 zum Opiumkrieg führte und wo von 1850 bis 1864 die Taiping-Unruhen stattfanden, übernahmen die Briten die Führung. Während Briten und Franzosen sich die Beute im südlichen und östlichen China teilten, nahmen die Russen sich im Norden und Westen, was sie bekommen konnten. Sie waren allerdings durch ihre Interessen auf dem Balkan und den hartnäckigen Widerstand islamischer Banden im Kaukasus unter der glänzenden Führung Kazimullahs und Schamyls voll beansprucht gewesen. Jetzt aber strebte auch Rußland nach Gebietserweiterungen in Turkestan und Sibirien.

Beim Zusammenstoß zwischen Europäern und primitiven Völkern in den imperialistischen Kriegen des 19. Jahrhunderts zeigte es sich, daß zahlenmäßige Überlegenheit und Tapferkeit gegen Disziplin und moderne Waffen nichts ausrichten konnten. Die Völker der übrigen Welt fingen jetzt an, aus ihren schmerzlichen Erfahrungen zu lernen und ihre Armeen nach europäischem Muster auszubilden und zu bewaffnen. So reformierte Li Hung-Tschang die Huai-Armee, um sie gegen die Taiping-Rebellen einzusetzen. Auch die Europäer selbst erprobten bei solchen Gelegenheiten neue Methoden und Ideen. Die wichtigsten Fortschritte wurden jedoch in Europa und im Ostteil der Vereinigten Staaten gemacht.

1848 ging die Friedensperiode in Europa zu Ende. Die Staatsmänner des Wiener Kongresses hatten die Macht aus den Händen gegeben, Palmerston, Cavour und Bismarck leiteten das Geschick ihrer Länder, und es begann eine neue nationalistische Epoche. Das diplomatische Gleichgewicht geriet ins Wanken, als die Großmächte eifersüchtig den Verfall des Ottomanenreichs beobachteten und der Zusammenschluß der italienischen und der deutschen Staaten die Sicherheit Frankreichs zu bedrohen schien. Innerhalb von siebzehn Jahren kam es zu vier großen Kriegen, zum Krimkrieg (1853–1856), wo England, Frankreich und die Türkei als Verbündete gegen Rußland kämpften, zum italienischen Krieg von 1859, dessen Hauptgegner Frankreich und Österreich waren, zum preußisch-österreichischen Krieg 1866 und zum französisch-preußischen Krieg 1870–1871. Der Einfluß der Militärtheorien Jominis und Clausewitz', die industrielle Revolution und die Bevölkerungsexplosion bestimmten jetzt das Gesicht der Kriegführung in Europa.

Wie oben gesagt, mußte die Militärtheorie im 19. Jahrhundert auf Entwicklungen von fundamentaler Bedeutung Rücksicht nehmen, auf das Anwachsen der Bevölkerung und den Nationalismus, auf die schnelleren Nachrichtenverbindungen, den technischen Fortschritt und die Massenproduktion. 1832 war das Werk Clausewitz' *Vom Kriege* posthum veröffentlicht worden, und *Précis de l'Art de la Guerre* von Henri Jomini erschien 1837. Beide hatten in ihren Schriften die in den napoleonischen Kriegen gesammelten Erfahrungen berücksichtigt.

Jomini, Schweizer von Geburt, hatte sein erstes militärtheoretisches Buch im Alter von 25 Jahren geschrieben. 1805 gehörte er dem Stab Neys an und machte die Schlacht bei Austerlitz mit. Durch seine Arroganz und hohe Intelligenz erregte er die Eifersucht Berthiers, ging zu den Russen über und blieb einige Jahre in ihren Diensten. Nach 1829 lebte er in Brüssel, wo er sein Hauptwerk schrieb und 1869 starb.

Clausewitz trat 1792 mit zwölf Jahren in die preußische Armee ein. An der Kriegsakademie in Berlin wurde er von Scharnhorst gefördert und spielte nach Jena (1806) bei der Reform der preußischen Armee eine führende Rolle. 1812 diente er in der russischen Armee, war bei Waterloo Generalstabsoffizier und von 1818 bis zu seinem Tode 1830 Kommandeur der preußischen Kriegsakademie. Trotz ähnlicher Erfahrungen kommen Jomini und Clausewitz zu verschiedenen Auffassungen.

Jominis Werk ist im wesentlichen eine technische Analyse der Kriegführung und gründet sich auf die Untersuchung der Feldzüge Friedrichs des Großen und Napoleons. Er erkennt jedoch nicht, daß mit der französischen Revolution und Napoleon in der Kriegführung ein neues Zeitalter angebrochen war. Ohne die ganz neuartigen Umstände zu berücksichtigen, dachte er weiter in den Begriffen des 18. Jahrhunderts. Mancher Berufssoldat des 19. Jahrhunderts hat sich in dieser Vorstellungswelt noch sicherer gefühlt. Er betont zu sehr das „Mathematische", ohne das psychologische und menschliche Element zu berücksichtigen. Nach meiner eigenen Erfahrung kann man so nicht erfolgreich Krieg führen. Ich glaube, Jomini hat das Unbekannte und Unerwartete zu sehr vernachlässigt und nicht die Tatsache berücksichtigt, daß im Krieg nur eines gewiß ist, daß nämlich alles ungewiß ist.

Clausewitz vertritt die entgegengesetzte Ansicht. Auch er beschäftigt sich mit dem „Mathematischen", aber ihn interessierte der Krieg mehr als soziales und psychologisches Phänomen, und für diese Faktoren hatte er einen klaren Blick. Menschliche Gefühle interessierten ihn mehr und waren ihm wichtiger als Linien und Winkel. Er wußte, daß der Krieg nicht von seinem sozialen und wirtschaftlichen Hintergrund, von den Motiven der Politiker und den Impulsen der Menschen getrennt betrachtet werden darf. Nach ihm ist die Vernichtung der feindlichen Streitkräfte das Hauptziel des Feldherrn, und die beste Methode, es zu erreichen, ist der direkte Angriff. Er wollte nichts von Feldherren wissen, die meinten, ohne Blutvergießen siegen zu können. Er betonte die Bedeutung der Konzentration starker Kräfte bei Napoleon, vergaß aber die Elastizität beim Aufmarsch, die Napoleon so gut beherrschte. Viele Experten haben das Denken von Clausewitz für das fürchterliche Blutbad an der Westfront 1914–1918 verantwortlich gemacht.

Wie Jomini hat auch Clausewitz einige wichtige Punkte bei seiner Analyse militärischer Operationen übersehen. So sagt er – wahrscheinlich, weil er die Dinge vom deutschen Standpunkt aus betrachtet – nichts über die Rolle der Seestreitkräfte. Auch versäumt er es, von der Beweglichkeit der Armeen zu sprechen, die zur Zusammenfassung starker Kräfte führt, sondern schreibt, es gäbe kein wichtigeres und kein einfacheres Gesetz für die Strategie, als daß man seine Kräfte zusammenhalten müsse. Vor Anbruch des Zeitalters der Motorisierung führte diese Auffassung, gepaart mit dem Grundsatz, daß die zahlenmäßige Überlegenheit mit jedem Tage wichtiger würde, zu den katastrophalen Massenangriffen des Ersten Weltkriegs. Doch schließlich glaube ich, Liddell Hart hat recht, wenn er sagt, in erster Linie seien die militärischen Führer verantwortlich, die Clausewitz falsch interpretiert haben, seine erregenden Lehrsätze aus dem Zusammenhang rissen und nicht die Modifizierungen beachteten, die dazugehörten. Man darf nicht vergessen, daß Clausewitz einen schwer verständlichen Stil schreibt, ja ich habe

Die Anfänge des modernen Krieges

im zweiten Kapitel zugegeben, ihn selbst nicht verstanden zu haben, und hatte mich deshalb an meine Landsleute gehalten. Sicher wußte Clausewitz, daß militärische Stärke zum Teil das Ergebnis wirtschaftlicher Kräfte ist. Im modernen Staat braucht man militärische und wirtschaftliche Kraft. Beide müssen in harmonischem Verhältnis zueinander stehen – eine Tatsache, auf die ich als Chef des Generalstabs der britischen Armee 1946–1948 und während meiner Dienstjahre bei der Westlichen Verteidigungsgemeinschaft 1948–1958 meine politischen Vorgesetzten oft habe hinweisen müssen.

Mit der industriellen Revolution setzte eine Flut von Erfindungen auf dem Gebiet der Rüstungs- und Fernmeldeindustrie ein. Im 19. Jahrhundert trat das Dampfschiff an die Stelle des Segelschiffs. Die Briten, die auf anderen Gebieten führend bei der Verwendung der neuen Dampfmaschinen waren, zögerten, die Flotte umzurüsten, die die stärkste der Welt war, weil sie fürchteten, ihre Überlegenheit zu verlieren. So leisteten Frankreich und die Vereinigten Staaten die Pionierarbeit. Der schwedische Ingenieur John Ericsson versuchte vergeblich, die britische Admiralität für den Antrieb des Schiffs mit der Schraube zu interessieren. Aber die Amerikaner griffen die Idee auf und ließen 1843 die *Princeton* als erstes von einer Schraube getriebenes Kriegsschiff vom Stapel laufen. In den Jahren nach 1840 und 1850 rüsteten auch England und Frankreich ihre Flotten um. Das erste Dampfschiff der britischen Kriegsflotte, die *Dauntless,* lief 1844 vom Stapel, und 1850 bauten England und Frankreich von Schrauben angetriebene Linienschiffe. Die ersten Dampfschiffe hatten nur eine Schraube, und die schwachen Maschinen verbrauchten sehr viel Kohle. Sie waren deshalb für den Notfall auch mit Segeln ausgerüstet. Mit der Entwicklung eisengepanzerter Schiffe wurde es notwendig, leistungsfähigere Maschinen zu bauen. 1850 gab es die ersten Maschinen mit zwei oder mehr Zylindern. 1870 hatte sich die Leistung der Maschinen fast verdoppelt, und die britische Flotte schaffte die Segel endgültig ab.

In den Jahren nach 1820 erkannte der französische Artillerieoberst Paixhans, daß man gegen die hölzernen britischen Schiffe am besten Geschütze verwendete, die anstelle von Vollgeschossen Granaten verfeuerten. Die Granate glich einem Mörsergeschoß, war mit Schießpulver gefüllt und wurde durch einen Zeitzünder zur Detonation gebracht. Sie wurde aus einer Kanone verschossen, und die gestreckte Flugbahn erhöhte die Treffsicherheit. Nach positiv verlaufenem Versuchsschießen führte die französische Flotte 1837 solche Kanonen ein, und bald folgten auch die britische und amerikanische Flotte ihrem Beispiel. Die Gegenmaßnahme bestand darin, daß man die Kriegsschiffe mit Eisenplatten panzerte. Im Krimkrieg 1854 erwiesen sich die Granaten gegen die hölzernen Schiffe vor Sewastopol als so wirksam, daß die Franzosen und Engländer gepanzerte schwimmende Batterien bauten. 1857 begannen die Franzosen mit dem Bau einer gepanzerten Flotte. Vier hölzerne Dampfschiffe der *Gloire*-Klasse wurden mit 5 Zoll starker Eisenpanzerung zu Panzerschiffen umgebaut. Frankreich blieb zunächst führend auf diesem Gebiet, und Großbritannien folgte seinem Beispiel.

Gegen Panzerschiffe brauchte man jetzt stärkere Granaten. Ericsson entwarf einen drehbaren Geschützturm, und 1870 gab es schon Kanonen mit einem Kaliber von 7 Zoll (17,8 cm).

Die Zeit der Segelschiffe war damit endgültig vorbei, und zwei Gefechte, an denen Panzerschiffe beteiligt waren, ließen erkennen, welche Taktik in Zukunft angewendet werden würde. Beim Gefecht von Hampton Roads 1862 im amerikanischen Bürgerkrieg zwischen der *Merrimac* und dem *Monitor* zeigte sich der Wert des drehbaren Geschützturms. 1866 kam es in der Schlacht von Lissa in der Adria zu einer Begegnung italienischer und österreichischer Panzerschiffe. Die Granaten konnten die Panzerung der feindlichen Schiffe nicht durchschlagen, und so versuchten sie, einander zu rammen. Aufgrund dieser Erfahrungen führten die Franzosen den drehbaren

Geschützturm und den Rammsporn ein. Andere Flotten folgten bald. Das Ergebnis der Entwicklung eines Vierteljahrhunderts war das britische Schiff *Devastation*, das 1875 in Dienst gestellt wurde, „eine uneinnehmbare Festung im Stil Vaubans, deren Bastionen sich über einem Kohlenbergwerk erheben". Das Schiff wog 9 330 t. 27 Prozent davon wog die Panzerung. Es hatte einen starken Rammsporn, war in Bug und Heck mit 35 t schweren, auf Drehtürmen montierten Geschützen bestückt und lief 15 Knoten. Die *Devastation* bot ein kleines Ziel und lag sehr ruhig im Wasser.

1855 verwendeten die Russen in der Ostsee zum erstenmal schwimmende Minen. 1863 lief das von Brun erfundene Unterseeboot *Le Plongeur* vom Stapel, und im amerikanischen Bürgerkrieg 1864 fügten die halbgetauchten „Davids" der Südstaaten der Versorgungsflotte der Nordstaaten schwere Verluste zu. Die Amerikaner auf beiden Seiten experimentierten auch mit Torpedos, nachdem 1866 der erste „Fischtorpedo" entwickelt worden war. Alle diese Erfindungen wurden zunächst von den Flotten kleinerer Staaten erprobt und später von Großbritannien übernommen, das trotz der Umrüstung die stärkste Seemacht der Welt blieb. Aber taktische Neuerungen gab es bisher noch kaum.

Zu all diesem kam jetzt ein allgemeines Rüstungswettrennen. Wie das 20. Jahrhundert war auch ein großer Teil des 19. eine Zeit des Krieges ohne einen Krieg, wie Oswald Spengler das nannte, eines Krieges, in dem man sich hinsichtlich der Rüstung und Kriegsbereitschaft zu übertreffen suchte, eines Krieges der Zahlen, des Tempos und der Technik. Auch die Handfeuerwaffen wurden im Rahmen des technischen Fortschritts verbessert. Die von vorn geladenen Steinschloßgewehre aus dem 18. Jahrhundert, die auch Napoleon noch verwendet hatte, ließen sich nur langsam laden, versagten bei nassem Wetter und schossen ungenau. Der erste Schritt vorwärts war das Zündhütchen-Gewehr, das 1842 fast überall eingeführt war. Außerdem baute man jetzt Gewehre mit gezogenem Lauf und experimentierte mit konischen Geschossen, die an der Mündung eingeführt werden konnten, aber doch in die Züge eingriffen. Der französische Hauptmann Minié entwarf 1850 ein an der Rückseite hohles Geschoß, das von vorn in den Lauf gesteckt wurde, sich beim Abschuß durch den Gasdruck ausdehnte und in die Züge einpreßte. Es ließ sich leicht und ohne Rammstock laden. Im Krimkrieg verwendeten die Briten ein nach diesem Muster gebautes Infanteriegewehr. Die indische Meuterei 1857 war zum Teil durch das Gerücht ausgelöst worden, die Geschosse der neuen Enfield-Gewehre würden mit dem Talg heiliger Kühe eingefettet.

Die Gewehre hatten jetzt eine größere Reichweite und Treffsicherheit, aber die Schußfolge war, solange es beim Vorderlader blieb, langsam. Der entscheidende Durchbruch kam mit der Erfindung des Hinterladers durch Johann Dreyse 1839. 1842 führten die Preußen eine Abart des Dreyseschen Zündnadelgewehrs ein, das sich im Krieg gegen Dänemark (1848/49) bewährte. Die Vorteile des Hinterladers waren die schnellere Schußfolge und die Möglichkeit, das Gewehr bequemer im Liegen zu handhaben. Weitere Verbesserungen waren die amerikanische Erfindung des Patronenmagazins und die Abdichtung der Kammer gegen nach rückwärts ausströmendes Gas. 1866 führten die Franzosen das Chassepot-Gewehr, einen weiter verbesserten Hinterlader, ein, der durch das kleinere Kaliber und die abgedichtete Patronenkammer bessere Schußleistungen ermöglichte. Der englische Oberst Boxer erfand die Patronenhülse aus Messing, die sich beim Schuß ausdehnte und die Patronenkammer ganz abdichtete. 1871 führten die Engländer die neue Hülse für das Martini-Henry-Gewehr ein, und bald übernahmen auch die übrigen europäischen Armeen diese Erfindung. Im französisch-preußischen Krieg waren die Armeen mit Gewehren ausgerüstet, die auf 600 Meter genau und bis zu 2000 Meter weit schossen und im Liegen rasch und bequem geladen werden konnten.

Vor allem in Amerika entstanden nun Repetierwaffen. 1832 erhielt Samuel Colt ein Patent

Die Anfänge des modernen Krieges

In der Seekriegsführung gab es viele technische Neuerungen, die zum Teil im amerikanischen Bürgerkrieg entwickelt wurden. Halbgetauchte Schiffe konnten Torpedos abschießen (oben). In der Schlacht von Hampton Roads (unten) messen der drehbare Geschützturm des *Monitor* (rechts) und die Panzerung der *Merrimac* (links) ihre Kräfte

Die Kriegführung in den Jahren 1815–1945

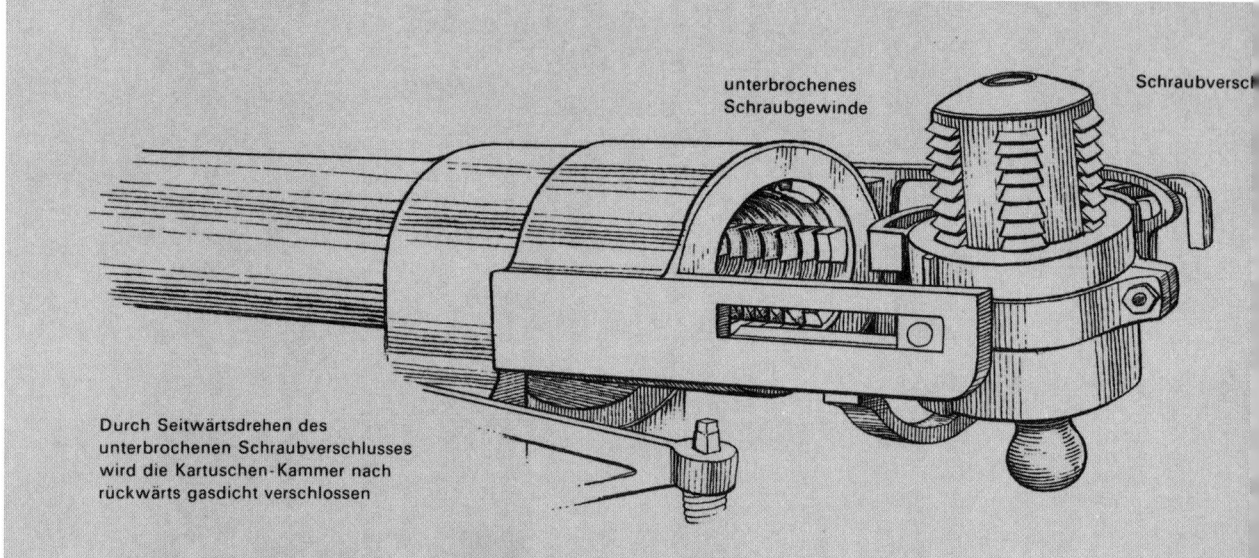

Im Lauf der Zeit entwickelte man auch Hinterladergeschütze (oben). Bei Belagerungen verwendete man weiterhin Mörser wie hier im Krimkrieg vor Sewastopol (unten)

für einen Revolver, in dem sich ein mit mehreren Kammern versehener Zylinder bei Spannen des Hahns weiterdrehte, wobei die oberste Kammer automatisch vor den Lauf gebracht wurde. Die Überlegenheit dieser Waffe erwies sich 1835 bei den Kämpfen gegen die Seminolen in Florida. Colt zeigte seine Revolver 1851 auf der Weltausstellung in London, und die britische Flotte kaufte eine Anzahl davon für den Krimkrieg. Etwa zur gleichen Zeit erfand Montigny in Belgien die Mitrailleuse, die kurz vor Beginn des französisch-preußischen Krieges in der französischen Armee eingeführt wurde. Das war eine aus mehreren Waffen zusammengesetzte Maschine, die gleichzeitig durch das Einführen einer mit Patronen geladenen, perforierten Eisenplatte in einen gemeinsamen Verschluß geladen wurden. Richard Gatling entwarf 1862 in Amerika ein besseres Maschinengewehr mit mehreren, um eine Achse gelagerten Läufen, das 600 Schuß in der Minute abfeuern konnte und im amerikanischen Bürgerkrieg auf beiden Seiten verwendet wurde.

Die Artillerieexperten waren von den Verbesserungen, die durch die Ausnutzung des Rückstoßes, die Herstellung von gezogenen Läufen und die Verwendung des Hinterladersystems bei den Handfeuerwaffen entstanden, beeindruckt. Nach 1815 machte man in Europa und Amerika die ersten Versuche mit Hinterladergeschützen, deren Rohre gezogen waren. Bis 1850 gab es aber noch kein befriedigendes Modell. Es ging um drei Probleme: Der Verschluß machte die Geschütze schwerer und unbeweglicher, es war schwierig, einen gasdichten Verschluß zu konstruieren, und die Umrüstung der Artillerie würde riesige Summen verschlingen. In der zweiten Hälfte des 19. Jahrhunderts überwand man allmählich diese Schwierigkeiten, und um 1900 gab es Geschütze, wie sie 1914/18 und 1939/45 noch im Gebrauch waren.

In Frankreich blieb Napoleon III. bei den alten, aus Bronze gegossenen Vorderladergeschützen, weil sie billiger und beweglicher waren, und veränderte sie 1842 nach dem von Colonel de Beaulieu entwickelten System; die Rohre waren jetzt mit groben Zügen versehen und konnten eine Art grobes Schrot aus zerhacktem Metall verschießen. 1859 wurden sie mit besonderem Erfolg bei Magenta und Solferino eingesetzt. Die meisten Armeen auf dem Kontinent folgten seinem Beispiel und verwendeten noch keine Hinterlader. In England erfand William Armstrong ein Hinterladergeschütz, das trotz des neuartigen, am hinteren Ende des Rohres angebrachten Verschlusses nicht schwerer war als die bisher üblichen Vorderladergeschütze. Das Wichtigste an seiner Erfindung war die Herstellungsmethode. Das Rohr wurde in einen erhitzten zylindrischen Eisenmantel gesteckt, der es, während er abkühlte, zusammenpreßte und damit das Metall gegen den bei der Zündung stärkerer Ladungen entstehenden höheren Gasdruck widerstandsfähiger machte. Die britische Regierung übernahm 1859 diese Erfindung, und die Neun- und Zwölfpfünder Armstrongs wurden 1860 in China eingesetzt. Preußen und Rußland blieben noch bei den gußeisernen Hinterladergeschützen, die von den Kruppwerken in Essen hergestellt wurden. Die preußische Artillerie war 1866 noch nicht sehr leistungsfähig. Bis 1870 wurde sie von dem Inspekteur der Artillerie, General von Hindersin, mit den neuen Kruppgeschützen ausgestattet. Aber sogar die Geschütze von Krupp erwiesen sich als nicht ganz zuverlässig. Im gleichen Jahr rüsteten auch die Briten, nachdem sie zu der Auffassung gelangt waren, daß Hinterlader zu teuer und zu kompliziert seien, ihre Artillerie wieder auf Vorderlader um. Diese Entscheidung schien gerechtfertigt, da zahlreiche preußische Geschütze im französisch-preußischen Krieg von 1870/71 die Erwartungen nicht erfüllten, die man in sie gesetzt hatte.

Das 19. Jahrhundert brachte also zahlreiche waffentechnische Erfindungen, und sie wurden in Europa schneller nutzbar gemacht als je zuvor. Das Industriezeitalter war durch die Massenproduktion für die Massenmärkte gekennzeichnet. Die Schwerindustrie entwickelte sich rapide. Samuel Colt war der Typ des modernen Unternehmers. Er stellte seine Erzeugnisse in großen

Die Kriegführung in den Jahren 1815–1945

Mengen her und verstand es, sie an den Mann zu bringen. Im Bürgerkrieg kaufte die Nordarmee 35000 Revolver, 113980 Musketen und 7000 Gewehre mit gezogenem Lauf.

Ein weiteres Gebiet, auf dem die industrielle Revolution neue Entwicklungen brachte, war das der Kommunikation. Der Ausbau der Straßen, der Ende des 18. Jahrhunderts begonnen hatte, ging weiter, und immer mehr Menschen reisten zum Vergnügen oder aus geschäftlichen Gründen. Mitte des 19. Jahrhunderts baute man in Europa und Amerika Eisenbahnen. 1859 waren in Frankreich die meisten Hauptstrecken fertig, 1855 waren in Deutschland unter staatlicher Regie etwa 9000 Kilometer Schienen gelegt, zwischen 1830 und 1860 baute man in Amerika Schienenwege in einer Gesamtlänge von etwa 39000 Kilometern. Der 1832 von Morse erfundene Telegraphenapparat wurde von den Eisenbahngesellschaften übernommen, und 1850 wurde das Telegraphennetz in Europa und Amerika rasch ausgebaut.

Als Mitte des 19. Jahrhunderts Kriege ausbrachen, die mit ganz neuen Hilfsmitteln geführt wurden, hatte man bestimmte Grundprobleme gelöst. Aber nach welchen Grundsätzen sollten die Soldaten eingezogen und ausgebildet werden, nachdem die Bevölkerung so ungeheuer angewachsen war? Sollte man alle Soldaten mit den neuen Waffen ausrüsten, und welches war in diesem Fall die Aufgabe der mit modernen Gewehren bewaffneten Infanterie und der Artillerie? Welche Rolle sollte die Kavallerie übernehmen? Wie sollten die Offiziere ausgebildet werden, und wie konnten die neuen Kommunikationssysteme, besonders die Eisenbahn, sich auf die strategische Planung auswirken?

Die mit diesen Fragen konfrontierten militärischen Führer in Europa beschritten den Weg zur modernen Kriegführung zögernd und langsam. Als die Hauptbedrohung 1848 in Form liberaler Revolten von innen kam und es die Aufgabe der Armee war, den inneren Frieden zu sichern, geschah praktisch nichts. Es war besser, nur kleine Heere zu unterhalten, denn auch die Truppe konnte durch revolutionäre Ideen infiziert werden, und so wurden aus den Massenheeren der napoleonischen Zeit kleine Berufsheere. Nur die Großmächte Rußland und Preußen unterhielten noch Massenheere. Hier herrschte die Überzeugung vor, die auch ich teile, daß es ohne gute Infanterie keine gute Armee gibt.

Solange die Armee alten Stils Erfolge hatte, ließ sich die konservative Haltung noch rechtfertigen. Auch in den Jahren von 1830 bis 1860 gab es fähige Truppenführer. Der österreichische Oberbefehlshaber im Italienischen Krieg von 1848/49, Feldmarschall Radetzky, zeigte mit seiner Armee hervorragende Leistungen. Als 1848 die Unruhen in Italien ausbrachen, verfügte Radetzky nur über schwache und weit auseinandergezogene Truppen. Durch rasche und energische Bewegungen entzog er sich den Einkreisungsversuchen des Gegners, sammelte seine Kräfte und schlug die einzelnen gegnerischen Verbände in aufeinanderfolgenden harten Gefechten. Nachdem er Mailand geräumt hatte, um dort nicht eingeschlossen zu werden, fesselte er die piemontesischen Kräfte innerhalb des von den Festungen Mantua, Peschiera, Verona und Legnano gebildeten Vierecks. Nach Eintreffen von Verstärkungen band er auch weiter die Piemonteser, während er mit den Hauptkräften nach Osten ging, um die an seiner Verbindungslinie bei Vicenza versammelten päpstlichen und napolitanischen Truppen zu vernichten. Dann säuberte er das Brentatal, wendete sich wieder gegen die Piemonteser und versammelte überlegene Kräfte, um ihre Front bei Custozza zu durchbrechen. Unter rascher Ausnutzung des Erfolgs trieb er die Piemonteser in ihr eigenes Gebiet zurück und nahm das vor vier Monaten geräumte Mailand wieder. Im Jahr darauf brach eine neue Revolte aus, und Radetzky führte zum zweitenmal ähnlich entschlossene und erfolgreiche Operationen durch, die er mit dem Sieg bei Novara krönte. Der österreichische Feldherr war 82 Jahre alt, als er diese Leistungen vollbrachte. Das erinnert mich an die Tatsache, daß ich zur Zeit der Veröffentlichung dieses Buchs kurz vor der Vollendung meines 81. Lebensjahres stehe.

Die Anfänge des modernen Krieges

Was mit kleinen Armeen immer noch geleistet werden konnte, bewiesen Giuseppe Garibaldi und seine Rothemden von der italienischen Legion. 1846 siegten sie bei Sant'Antonio und erkämpften die Unabhängigkeit Uruguays. 1849 bewies Garibaldi sein militärisches Können bei dem geschickt geführten Rückzug durch Mittelitalien, und 1860 eroberte er schließlich Sizilien und Neapel.

Das Erbe Napoleons und die dreißig Jahre dauernden erfolgreichen Kämpfe in Afrika hatten das Selbstvertrauen der französischen Armee gestärkt. Als die ersten französischen Truppen 1830 nach Algier gingen, waren sie mit ihren schwerfälligen Kolonnen gegen die eingeborenen Truppen des Emirs von Mascara, Abd-el-Kader, in eine schwierige Lage geraten. Aber 1836 wendete sich das Blatt im sechs Wochen dauernden Feldzug Bugeauds in Westalgerien. Mit seinen leichtbewaffneten fliegenden Kolonnen, die ihren Nachschub auf Packtieren mitführten, griff er den Gegner in überraschenden Vorstößen an. 1840 wendete er als Generalgouverneur mit großen Erfolg die gleiche Taktik an. Noch viele Generationen französischer Soldaten benutzten ein aus seinen Ideen entstandenes Lehrbuch. In Afrika bildeten sich neue Regimenter, die Zuaven, Turkos, Spahis und *chasseurs d'Afrique*, und die französischen Soldaten bewahrten ihren Angriffsgeist. Bugeaud, Canrobert, MacMahon und Bourbaki waren ideenreiche Truppenführer, ganz im Gegensatz zu den durchschnittlichen britischen und deutschen Generälen ihrer Zeit, denen es an Inspiration fehlte. Auch auf der Krim schlugen sich die Franzosen am besten. Im Italienischen Krieg 1859 war die französische Infanterie beweglicher und wurde besser geführt. Bei Solferino fegte der französische Infanterieangriff die Österreicher hinweg, ehe diese ihr Gewehrfeuer zur Wirkung bringen konnten.

Dennoch zeigten sich im Krimkrieg und im französisch-österreichischen Krieg 1859 in Italien erhebliche Schwächen bei allen Armeen. Die Organisation der Verwaltung war auf beiden Seiten sehr schlecht. Die Alliierten unternahmen eine Expedition zur See gegen Sewastopol, ohne vorher festgestellt zu haben, daß die Gewässer beiderseits der Meerenge für ihre Schiffe zu seicht waren. Die Briten versorgten ihre Truppen nicht ausreichend mit Verpflegung, Munition und Winterbekleidung. Im Krimkrieg setzte man zum erstenmal den Telegraphen ein, aber das wirkte sich kaum auf die Versorgungslage und die Gesamtstrategie aus.

In diesem Krieg zeigten sich die unglaublichen Schwächen der Berufsarmeen. Taktische Fehler führten zu der bekanntesten militärischen Katastrophe aller Zeiten, der Attacke der britischen leichten Brigade bei Balaklawa. Der französische General Bosquet, der Zeuge dieses Angriffs wurde, rief aus: „*– c'est magnifique mais ce n'est pas la guerre!*" Es hat in der ganzen Geschichte kaum einen schlechter geführten Krieg gegeben als den Krimkrieg.

1859 ging es den von Napoleon III. nach Italien geführten französischen Truppen nicht besser. Sie waren in aller Eile per Eisenbahn ins Operationsgebiet verlegt und nicht mit Verpflegung, Decken und Munition versorgt worden. Die Soldaten mußten ihre Hemden zerreißen, um die Verwundeten bei Solferino zu verbinden, während das Sanitätsmaterial im Hafen von Genua lag. Die schweren Verluste bei Solferino waren darauf zurückzuführen, daß beide Armeen ganz unerwartet aufeinandergeprallt waren.

Die schweren, blutigen Verluste in diesen Kriegen verursachten schließlich eine Revolution im Sanitätswesen. Von den 405 000 französischen und britischen Soldaten, die auf der Krim kämpften, fielen 25 600 im Gefecht, 38 800 starben an Seuchen. Florence Nightingale und 38 Krankenschwestern gingen auf die Krim, um die Verwundeten zu pflegen. Gerade dieser Krieg gab der Frauenemanzipation starke neue Impulse, und seither hat jeder Krieg die Stellung der Frau im öffentlichen Leben wesentlich gefestigt. Der Schweizer Bankier und Philanthrop Henri Dunant war tief beeindruckt durch die Leistungen von Florence Nightingale und entsetzt über das Blutvergießen bei Solferino. Seinen Bemühungen ist die Gründung des Internationalen Komitees vom Roten Kreuz und das Zustandekommen der ersten Genfer Konvention, die 1864 von zwölf Mächten unterzeichnet wurde, in erster Linie zu verdanken. Im französisch-preußischen Krieg versorgte das Rote Kreuz schon mehr als eine halbe Million kranker und verwundeter Soldaten.

Nach 1859 machte die Heeresreform in Deutschland die raschesten Fortschritte. Preußen hatte sich nicht am Krieg in Italien beteiligt, aber die Ereignisse interessiert beobachtet. Durch die Schwächung eines der Hauptbeteiligten, Frankreichs oder Österreichs, konnte es politisch nur gewinnen. Das preußische Heer war zu klein und die Landwehr zu schlecht ausgebildet, aber 1858 übernahm Prinz Wilhelm die Regentschaft für seinen geisteskranken Bruder und setzte sich mit einem Eifer für die Heeresreform ein, der an Friedrich Wilhelm I. gemahnt. Unter dem Prinzen Wilhelm waren es drei Männer, die für das autokratische und militaristische Preußen die politische Vorherrschaft im deutschen Bund errangen: der nach 1859 zum Kriegsminister ernannte Albrecht von Roon, der Chef des Generalstabs Helmuth von Moltke und der 1862 zum preußischen Ministerpräsidenten berufene Otto von Bismarck. Gemeinsam mit Roon schuf Prinz Wilhelm ein preußisches Berufsheer, führte die allgemeine Wehrpflicht mit verlängerter Dienstzeit ein und vergrößerte den Rüstungsetat. Es dauerte einige Zeit, bis sich diese Absichten durchsetzen ließen. Für Bismarck war der Krieg ein politisches Werkzeug. Das Ergebnis der von ihm geplanten Kriege gegen Dänemark (1864), Österreich (1866) und Frankreich (1870) war die Einigung Deutschlands unter preußischer Führung. Zugleich wurde Preußen zum Industriestaat.

1868 stellte der Norddeutsche Bund eine Armee auf. Die nominell selbständigen Mitgliedstaaten mußten dabei, wenn auch manchmal etwas widerwillig, dem preußischen Beispiel folgen. Man führte die allgemeine Wehrpflicht ein und bezeichnete die Armee als „Schule der Nation." Jeder wehrfähige Mann im Alter von zwanzig Jahren mußte drei Jahre dienen. Die folgenden vier Jahre gehörte der Wehrpflichtige der Reserve an und wurde dann von der Landwehr übernommen. Das aktive Heer bekam jährlich sieben- bis achtmal Ersatz, denn die Reservisten konnten auch noch im ersten Jahr ihrer Zugehörigkeit zur Landwehr zu Reserveübungen eingezogen werden. Der Landwehr gehörten sie fünf Jahre an. Sie wurde von der aktiven Armee überwacht und bildete praktisch eine zweite Reserve. 1870 stellte Roon mehr als eine Million Offiziere und Mannschaften ins Feld. Die Infanterie war mit dem Dreyseschen Zündnadelgewehr ausgerüstet, das sich 1866 bewährt hatte, als die Preußen auf jeden von den Österreichern abgefeuerten Gewehrschuß mit sechs Schüssen antworten konnten und den Gegner bei Sadowa vernichtend schlugen. Außerdem verfügte die Armee über die modernsten Hinterladergeschütze von Krupp.

Zahlenmäßige Stärke ohne entsprechende Organisation nützte jedoch nichts. Die Ausbildung, die Mobilmachung, der Aufmarsch und die Versorgung waren schwer zu lösende Aufgaben. Dazu brauchte man einen leistungsfähigen Generalstab und mußte damit rechnen, daß die Operationen in weiträumigeren Gebieten stattfinden würden als bisher, denn die Stärke der Armeen, die durch die Eisenbahn möglich gewordene größere Ausdehnung des Aufmarschraums und die taktische Auflockerung der Verbände infolge der erhöhten Feuerkraft der modernen Waffen zwangen dazu. Für die Organisation des Nachschubs brauchte man gut ausgebildete Fachleute. Die preußische Armee besaß sie in ihrem Generalstab.

1857 wurde Moltke Chef des preußischen Generalstabs. Er war ein hochintelligenter, begabter Generalstabsoffizier, der ganz in seiner Arbeit aufging, und seine Untergebenen verehrten ihn wie Jünger ihren Meister. Er zeichnete sich durch universale Bildung und eiserne Selbstdisziplin aus und hatte sich, wie Michael Howard sagt, „zum gewissenhaftesten und anspruchsvollsten

Die Anfänge des modernen Krieges

Der verhängnisvollste Fehler im Krimkrieg war die selbstmörderische Kavallerieattacke der britischen leichten Brigade bei Balaklawa, die von drei Seiten durch russische Artillerie zerschlagen wurde

Spezialisten" herangebildet. Er selbst war das Vorbild für jeden deutschen Generalstabsoffizier. Alljährlich wurden die zwölf besten Absolventen der Kriegsakademie in einem Sonderlehrgang von Moltke persönlich weitergebildet. Wer den Anforderungen nicht entsprach, wurde zur Truppe zurückversetzt. Aber jeder Generalstabsoffizier mußte eine Zeitlang in seinem Regiment Dienst tun, ehe er befördert wurde. So blieb der Generalstab in ständiger Verbindung mit der Truppe, und Moltkes Ideen und Grundsätze durchdrangen die ganze Armee, die 1870 seinen Vorstellungen entsprach. Die meisten Brigade- und Divisionskommandeure hatte er selbst ausgebildet, und neben jedem Korpskommandeur und Armeebefehlshaber stand ein Chef des Stabes.

Die Ausbildung des Generalstabs und der höheren Offiziere war der Beitrag Moltkes zu den Kriegen, die Deutschland jetzt auszufechten hatte. Die Aufgaben des Oberkommandos waren unter anderem die reibungslose Mobilmachung, der wohlüberlegte Einsatz der Eisenbahn und der Aufmarsch der Armee für den Fall, daß es zu einer internationalen Krise kam. 1866 hatte Moltke einen weitgehend dezentralisierten Mobilmachungsplan bereit, und 1870 war der Apparat perfekt. Die Korpskommandeure kannten ihre Aufgaben, und jeder Truppenteil in der aktiven Armee und der Landwehr sowie alle Versorgungseinheiten hatten Befehle, die mit Bekanntgabe eines Kennworts und eines Datums die Mobilmachung auslösten. Schon lange hatten die Preußen die militärische Bedeutung der Eisenbahn erkannt und das Eisenbahnnetz nach strategischen Gesichtspunkten ausgebaut. Im Feldzug von 1866 gegen Österreich begingen sie die gleichen Fehler wie die Franzosen 1859 in Italien und stimmten die Truppenbewegungen nicht auf die Versorgung mit der Eisenbahn ab. Aber Moltke lernte aus seinen Fehlern. Eine besondere Abteilung des Generalstabs übernahm die Versorgung der Truppe.

1870 verlief daher die Mobilmachung der Eisenbahn reibungslos, wenn es auch hier und dort zu Stauungen kam. Von 1858 bis 1880 arbeitete Moltke ständig an der Verbesserung seiner Pläne. Preußen konnte seine Streitkräfte jetzt jederzeit mobilmachen und aufmarschieren lassen, um sie gegen einen seiner drei potentiellen Gegner zu führen, gegen Frankreich, Österreich oder Rußland.

Die Heeresreform in Frankreich begann später als in Preußen. Nach dem Krieg in Italien 1859 glaubten die Franzosen, alles sei in bester Ordnung, obwohl die Deutschen jenseits des Rheins die Schwächen der französischen Armee sehr wohl erkannt hatten. Als man feststellte, welche Erfolge Preußen 1866 gegen Österreich hatte, schwanden die Illusionen, ebenso, als die französischen Truppen 1861 und 1867 in Mexiko schwere Rückschläge erlitten. 1866 begannen Napoleon III. und sein Kriegsminister Marschall Niel die französische Armee entsprechend den geltenden Maßstäben in der preußischen zu reformieren, aber die Opposition in Frankreich war noch stärker als in Preußen, denn die französische Regierung war liberaler, und die öffentliche Meinung mußte berücksichtigt werden. 1866 rechnete man in Frankreich damit, daß Preußen 1 200 000 Mann mobilisieren konnte, Frankreich aber nur über 288 000 Mann verfügte. Einige Truppenteile waren in Algerien, Italien und Mexiko gebunden. Als Niel nun vorschlug, die allgemeine Wehrpflicht nach preußischem Muster einzuführen, warf man ihm vor, er wolle Frankreich in eine Kaserne verwandeln. Er antwortete, Frankreich werde, wenn man keine Vorsorge träfe, zu einem Friedhof werden.

Farbenfrohe Uniformen und romantische Waffengänge in fernen Ländern hatten die Erinnerung an das napoleonische Zeitalter von neuem wachgerufen, aber die öffentliche Meinung in Frankreich blieb gegenüber dem Militär sehr zurückhaltend. Das Bürgertum interessierte sich in erster Linie für wirtschaftliche Sicherheit und Frieden. Man erwartete deshalb von der Armee, daß sie möglichst geringe Kosten verursachte. Wer keine militärischen Ambitionen hatte, suchte nach Mitteln und Wegen, sich der Dienstpflicht zu entziehen. Seit 1818 war es in Frankreich zulässig, den Militärdienst durch Ersatzmänner ableisten zu lassen, die man natürlich dafür bezahlte. So entwickelte sich das französische Heer zu einer vom übrigen Leben des Volkes völlig isolierten Einrichtung, und die Offiziere bildeten einen gesellschaftlich verachteten Stand.

Nach einem im Januar 1868 in Kraft getretenen Gesetz sollten jährlich 172 000 Mann zu fünfjährigem aktiven und zu vierjährigem Dienst in der Reserve eingezogen werden, und das ergab für 1875 eine Gesamtstärke von 800 000 Mann für die Mobilmachung. Weitere 500 000 Mann, die vom Wehrgesetz nicht erfaßt waren, sollten in der Garde Mobile ausgebildet werden, der französischen Landwehr. Aber Niels Vorschläge wurden von den Deputierten bis zur Unkenntlichkeit verwässert. Die Zugehörigkeit zur Garde Mobile lief über fünf Jahre, aber die Ausbildung sollte nur zwei Wochen jährlich dauern. Um nicht den Anschein des Militarismus zu erwecken, durften die Soldaten nur jeweils einen Tag Dienst tun und mußten Gelegenheit haben, abends nach Hause zu gehen. Nach dem Tode Niels 1869 löste sein Nachfolger, General Leboeuf, die Garde Mobile auf.

1870 hatten die Franzosen fast eine halbe Million Mann unter den Waffen, Ausrüstung und Bewaffnung waren gut, es gab reichlich Bekleidung, Verpflegung und Munition. Die Armee besaß eine Million Chassepot-Gewehre, und obwohl die Artillerie nicht umgerüstet worden war, war sie gar nicht schlecht. Andererseits hatte man trotz der ständigen Warnungen des Militärattachés in Berlin kaum mit der Generalstabsarbeit begonnen, durch die sich die Preußen so auszeichneten. Es gab Mängel in der Offiziersausbildung, beim Nachschub, bei der Organisation der Eisenbahn und bei der Planung der Mobilmachung und des Aufmarsches. Der französische Soldat war tapfer, aber undiszipliniert. Das Niveau an den Militärschulen von Saint-Cyr, Metz und Saumur war schlecht, und nur wenige begabte, wohlhabende Offiziere besuchten sie. Die meisten französischen Offiziere waren ältere, kriegserfahrene Männer, die sich nur in den Kolonialkriegen ausgezeichnet, aber keine militärische Spezialausbildung durchgemacht hatten. 1870 war die französische Armee besser gerüstet als jemals seit Napoleon I., aber nicht für den modernen Krieg.

Der Anlaß für den Kriegsausbruch 1870 war eine diplomatische Verärgerung in der Frage der spanischen Erbfolge, aber die eigentlichen Gründe lagen tiefer. Napoleon III. und Bismarck brauchten nur einen geringen Anstoß, um ihre Völker gegeneinander in den Krieg zu führen. Napoleon fürchtete Preußen als führende Macht in einem geeinten Deutschland, während Bismarck im Krieg gegen Frankreich die Gelegenheit sah, das Deutsche Reich nach seinen Vorstellungen zu gestalten. Moltke und Roon glaubten sich den Franzosen überlegen und hatten jetzt die Möglichkeit, das zu beweisen. Am 19. Juli erklärte Napoleon III. Preußen den Krieg, und eine Woche später befahl er den französischen Streitkräften, den Rhein bei Straßburg zu überschreiten, um die Vereinigung der deutschen Kontingente aus Norden und Süden zu vereiteln. Aber die Mobilmachung der Franzosen hielt mit ihrer Strategie nicht Schritt. Zunächst gab es keine Truppen im Elsaß und an der Mosel, und erst als es zu spät war, gelang es, 300000 Mann zusammenzuführen. Die preußische Mobilmachung war von Moltke glänzend vorbereitet, und jeder Verband folgte in der Eröffnungsphase genauen Direktiven. Die Erste Armee, bestehend aus zwei Korps und einer Kavalleriedivision unter General von Steinmetz, ging am rechten Flügel über den Rhein und rückte zwischen Trier und Wittlich gegen die Mosel vor. Die Zweite Armee unter Prinz Friedrich Karl, bestehend aus vier Armeekorps und zwei Kavalleriedivisionen, versammelte sich am Rhein zwischen Mainz und Mannheim und nahm dann mit der linken Flanke der Ersten Armee im Raum Homburg Fühlung. Die Dritte Armee unter dem Kronprinzen von Preußen, vier Armeekorps mit den württembergischen und badischen Divisionen und einer Kavalleriedivision, versammelte sich am linken Flügel am Oberrhein. Zwei weitere Korps blieben als Reserve hinter der Zweiten Armee. Innerhalb von achtzehn Tagen waren die drei aus 384000 Mann bestehenden Armeen mobilgemacht und in den vorderen Aufmarschraum westlich des Rheins verlegt. In drei Wochen stand genug Eisenbahnmaterial zur Verfügung, um drei weitere Armeekorps heranzuführen. Moltke hatte zunächst erwartet, die Franzosen würden versuchen, seinen Aufmarsch zu stören, aber durch seine vorausschauende Planung schaltete er diese Gefahr aus, und die Preußen ergriffen die Initiative.

Der detaillierte Aufmarschplan Moltkes endete in der Phase, als seine Truppen die feindliche Hauptstadt vor sich hatten und so gegliedert waren, daß sie den Feind mit starken Kräften angreifen konnten, wenn er sich stellte. Seine Planung war einfach und flüssig. Er wollte an der Saar eine Entscheidungsschlacht herbeiführen und die Franzosen mit den überlegenen Kräften dreier Armeen schlagen. Aber er hielt es für falsch, im einzelnen zu weit vorauszuplanen, da sich die Lage nach dem ersten Zusammenstoß mit dem Gegner nicht voraussehen ließ. Die Armeebefehlshaber kannten seine Absichten und besaßen Direktiven für ihre Operationen. Im einzelnen ließ Moltke ihnen aber freie Hand und erwartete von ihnen, daß sie Initiative entwickelten.

Der französische Operationsplan war sofort durcheinandergeraten. Als die Franzosen jedoch etwa 200000 Mann versammelt hatten, eröffneten sie die Feindseligkeiten am 2. August mit einem starken Aufklärungsvorstoß bei Saarbrücken, mit dem sie aber kaum etwas erreichten. Moltke erwartete jetzt eine starke Offensive. Er ließ daher die Zweite Armee im Zentrum in die vordersten Bereitstellungsräume einrücken. Die zahlenmäßig schwächste Erste Armee stand am weitesten vorn und wurde angehalten. Die Dritte Armee, die noch nicht vollzählig versam-

Die Kriegführung in den Jahren 1815–1945

melt war, rückte über die Grenze in den Nordelsaß bei Weißenburg vor, wo es am 4. August zum ersten ernsten Gefecht kam. Zwei Tage darauf schloß die auf Wörth vorstoßende deutsche Dritte Armee den französischen rechten Flügel unter MacMahon ein. Es kam zu schweren Kämpfen, beide Seiten griffen immer wieder an und hatten schwere Verluste. Zwei tapfer geführte französische Kavallerieattacken brachten keinen Erfolg. Schließlich zwangen die bessere Artillerie und die überlegene Feuerdisziplin der Deutschen die Franzosen, das Gefecht abzubrechen und zurückzugehen.

Doch jetzt entwickelte sich die Lage ganz anders, als Moltke es vorausgesehen hatte. Am 6. August, dem Tage der Schlacht bei Wörth, griff Steinmetz übereilt französische Truppen in starken Feldstellungen bei Spicheren, 50 Kilometer weiter nordwestlich, mit der Ersten Armee an. Die deutschen Nachbardivisionen kamen ihm zu Hilfe, und am Abend mußten die Franzosen ihre Stellungen räumen. Die deutsche Aufklärung verlor den Kontakt mit MacMahons Truppen, und Moltke glaubte, der französische rechte Flügel ginge nach Westen, um mit dem linken Flügel unter Bazaine bei Metz an der Mosel Verbindung aufzunehmen – aber MacMahon setzte sich in Wirklichkeit nach Südwesten ab. Moltke glaubte auch fälschlicherweise, Bazaine habe Metz geräumt. Die deutschen Aufklärungsergebnisse waren mangelhaft, und die deutsche Kavallerie erlebte, mit welchen Unsicherheiten man im Krieg rechnen muß.

Am 14. August kam es zu einem zweiten unerwarteten Zusammenstoß bei Colombey, ostwärts von Metz. Auch hier blieben die Deutschen Sieger. Am Abend des 15. August räumte Bazaine Metz, kam aber nicht so schnell nach Verdun, wie Moltke vermutete, der die deutsche Zweite Armee am 16. August südlich von Metz über die Mosel gehen ließ, um Bazaine zu verfolgen, dessen Verbände weniger als 15 Kilometer weiter westlich standen. Die Zweite Armee war weit auseinandergezogen und isoliert, und hier bot sich für Bazaine die goldene Gelegenheit, dem Feind mit überlegenen Kräften in die Flanke zu stoßen – aber er nutzte sie nicht. Das deutsche I. Korps stieß bei Mars-la-Tours auf starke französische Kräfte, und die Ereignisse bei Spicheren wiederholten sich. Die Deutschen kämpften verzweifelt, bis Verstärkungen heranrückten, und am Abend hatten sie Boden gewonnen. Beide Seiten hatten etwa 16000 Mann verloren.

Jetzt entschloß sich Bazaine, die Schlacht anzunehmen, befahl seinen Truppen, sich westlich von Metz auf dem Höhenzug einzugraben, der über etwa 10 Kilometer zwischen den Dörfern Gravelotte im Süden und Saint-Privat im Norden verlief. Nach Westen fällt er allmählich, nach Osten steil ab. Am 18. August hatten sich die Franzosen zur Verteidigung eingerichtet, die Schützen- und Verbindungsgräben waren gezogen, zahlreiche Batterien waren eingegraben und Bauerngehöfte in kleine Festungen verwandelt worden. In der nun folgenden Schlacht kämpften beide Seiten mit verkehrter Front. Im Morgengrauen des 18. August glaubte Prinz Friedrich Karl, Bazaine befände sich noch auf dem Rückzug nach Westen, und marschierte westlich des Höhenzuges mit seiner Armee nach Norden. Dabei brachte er die parallel marschierenden Kolonnen in größte Gefahr. Aber wie bei Mars-la-Tour nutzte Bazaine auch hier den günstigen Augenblick nicht zum Angriff aus. Jetzt entschlossen sich die Deutschen zum Angriff. Zum erstenmal kam es zur Begegnung der Hauptkräfte beider Seiten. Die Deutschen, die den französischen rechten Flügel durch den Sieg bei Wörth ausgeschaltet hatten, verfügten über 188300 Mann und 732 Geschütze, die Franzosen über 112800 Mann und 520 Geschütze.

Die Vorhut der Zweiten Armee des Prinzen Friedrich Karl stieß bei Amanvillers auf die Franzosen. Die Deutschen glaubten, dies sei der äußerste rechte Flügel der französischen Stellung. Am späten Vormittag griff das IX. Korps Manstein die französischen Stellungen des Generals Ladmirault gegenüber Verneville an. Inzwischen war festgestellt worden, daß Saint-Privat von starken französischen Kräften gehalten wurde, die die Deutschen in der Flanke angreifen könn-

Die Anfänge des modernen Krieges

ten. Moltke konnte den Angriffsbefehl, den er in der Annahme gegeben hatte, die auf Gravelotte gestützte französische Stellung könnte von Norden her aufgerollt werden, jetzt nicht mehr ändern. Zunächst wurde der deutsche Angriff gegen Amanvillers im offenen Gelände durch das französische Infanteriefeuer aufgehalten, und die Deutschen verloren bei einem französischen Gegenangriff einige Geschütze. Dann begann ein Artillerieduell, das beide Seiten passiv

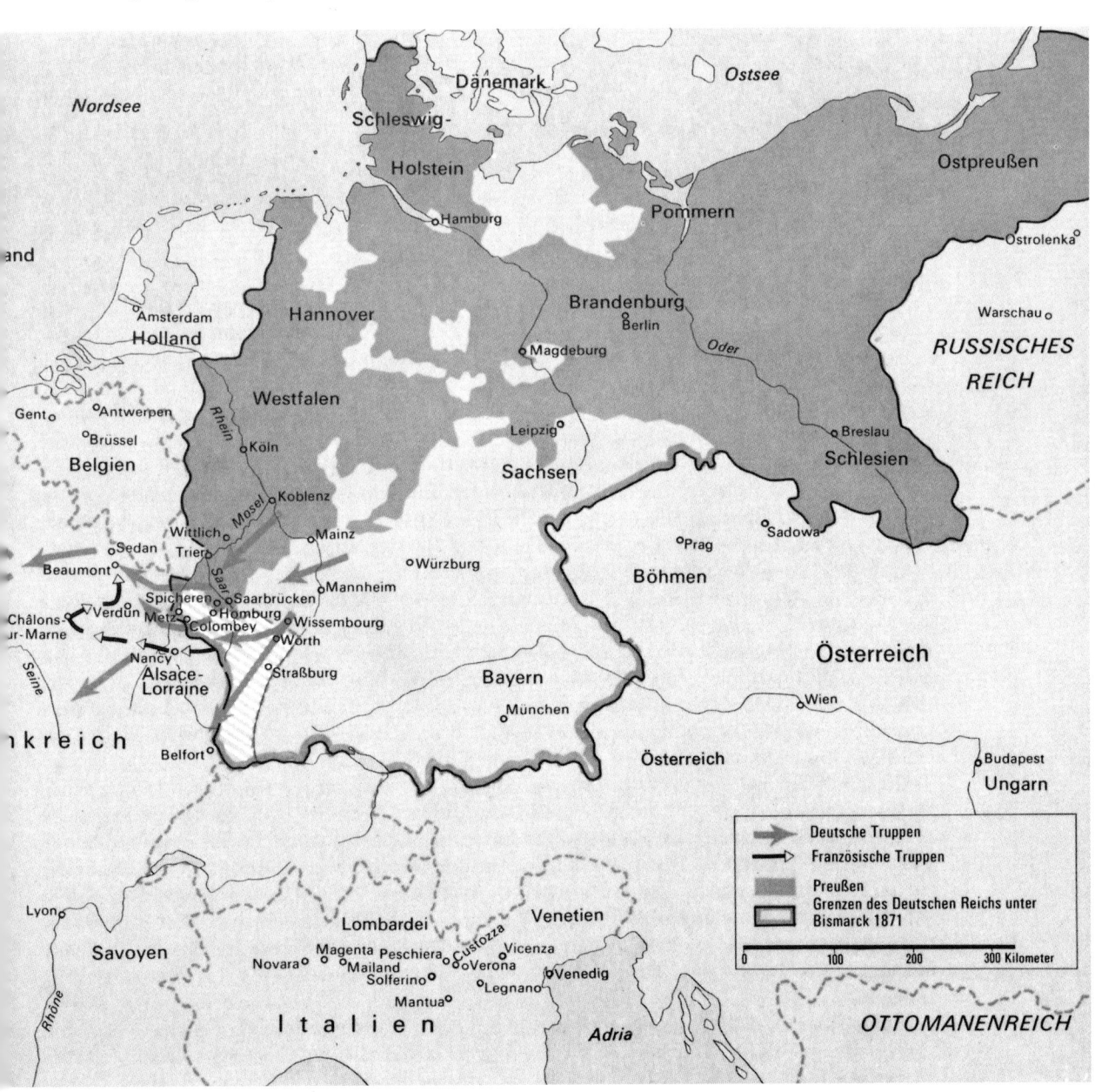

Mitteleuropa im 19. Jahrhundert

über sich ergehen ließen, während weitere Teile der deutschen Zweiten Armee zur Verstärkung des linken Flügels herangeführt wurden. Um 3.00 Uhr hatte Manstein genügend Verstärkungen erhalten, um die Franzosen aus Sainte-Marie-aux-Chênes zu vertreiben. Um 5.00 Uhr hatten sich starke französische Infanteriekräfte bei Saint-Privat versammelt, und die französische Artillerie tat ihr Bestes, um die 180 deutschen Geschütze niederzuhalten, die die Franzosen mit zusammengefaßtem Feuer belegten.

Um die Mittagszeit hatte die Artillerie des deutschen VII. und VIII. Korps bei Gravelotte das Feuer aus 150 Geschützen von Norden und Süden gegen die französischen Stellungen eröffnet, das bis zur Dunkelheit andauerte. Die Wirkung sollten die Deutschen am folgenden Tage sehen:

> In Moscou und Point du Jour lagen verbrannte Leichen französicher Soldaten in ihren Stellungen, und auch viele Verwundete hatten Brandwunden. Überall lagen Gewehre, Säbel, Tornister und Patronenhülsen, Teile gesprengter Protzen, zerbrochene Lafetten, Räder und zahlreiche fürchterlich zerrissene Pferdekadaver herum.

Doch weder Artilleriebeschuß noch Infanterieangriffe konnten die Franzosen bei Gravelotte am 18. August zum Weichen bringen. Alle Angriffe wurden abgewiesen, und nur der Gefechtsvorposten bei Saint Hubert fiel am Nachmittag, bis dahin der einzige Erfolg der deutschen Ersten Armee unter Steinmetz.

Etwas weiter südlich in der Mance-Schlucht beging Steinmetz einige Fehler. In der Annahme, der Fall von Saint Hubert sei ein Vorzeichen für das Auseinanderbrechen der französischen Verteidigung, befahl er der Infanterie und Artillerie des VII. Korps den Angriff entlang der schmalen Straße, die in die Schlucht führte, und gab diesen Truppen die 1. Kavalleriedivision mit, die den geschlagenen Gegner bis nach Metz verfolgen sollte. Nur sehr wenige Deutsche kamen bis Saint Hubert, der Rest wurde in blutigem Handgemenge in der Schlucht festgehalten. Gegen 5.00 Uhr stellte sich heraus, daß der Angriff der Ersten Armee fehlgeschlagen war, und die Angreifer zogen sich zurück. Eine Stunde später beurteilten die Deutschen auch die Lage bei Saint-Privat zu günstig, als Prinz August von Württemberg dem Gardekorps befahl, gegen Saint-Privat vorzugehen, ehe die Sachsen weiter nördlich zum Angriff angetreten waren. Als die ersten Gardetruppen den Abhang hinauf gegen die französischen Stellungen vorgingen, richteten die Chassepots ein Blutbad unter ihnen an. Die Offiziere wurden von ihren Pferden geschossen und die Mannschaften niedergemäht. Etwa 600 Meter vor Saint-Privat wurde Halt befohlen, nachdem die Deutschen in 20 Minuten 8 000 Mann verloren hatten.

Um 6.00 Uhr hatten die Franzosen den deutschen Angriff im Abschnitt Gravelotte–Saint-Privat zum Stehen gebracht. Jetzt war der Augenblick für einen französischen Gegenangriff gekommen, der vielleicht zum Erfolg geführt hätte, aber zum drittenmal in vier Tagen versäumte Bazaine die Gelegenheit. Die große Verantwortung scheint ihn gelähmt zu haben. Er selbst behauptete, völlig erschöpft gewesen zu sein. Er weigerte sich, sein Stabsquartier bei Plappeville zu verlassen, um sich vorn ein Bild von der Lage zu verschaffen, und es schien ihm zu genügen, daß seine Truppen die Stellung hielten. Als seine Unterführer um neue Befehle baten, zeigte er sich unentschlossen, und seinen Untergebenen fehlte die Initiative, um den Sieg zu vervollständigen.

Obwohl die Franzosen keinen Gegenangriff führten, verschlechterte sich die Lage bei den Deutschen im Süden. Nachdem Steinmetz seine Truppen in das chaotische Gefecht in der Manceschlucht geworfen hatte, bat er im königlichen Hauptquartier um die Erlaubnis, frische Verbände des II. Korps hinterherschicken zu dürfen. Er hatte dem König gemeldet, er habe den

Die Anfänge des modernen Krieges

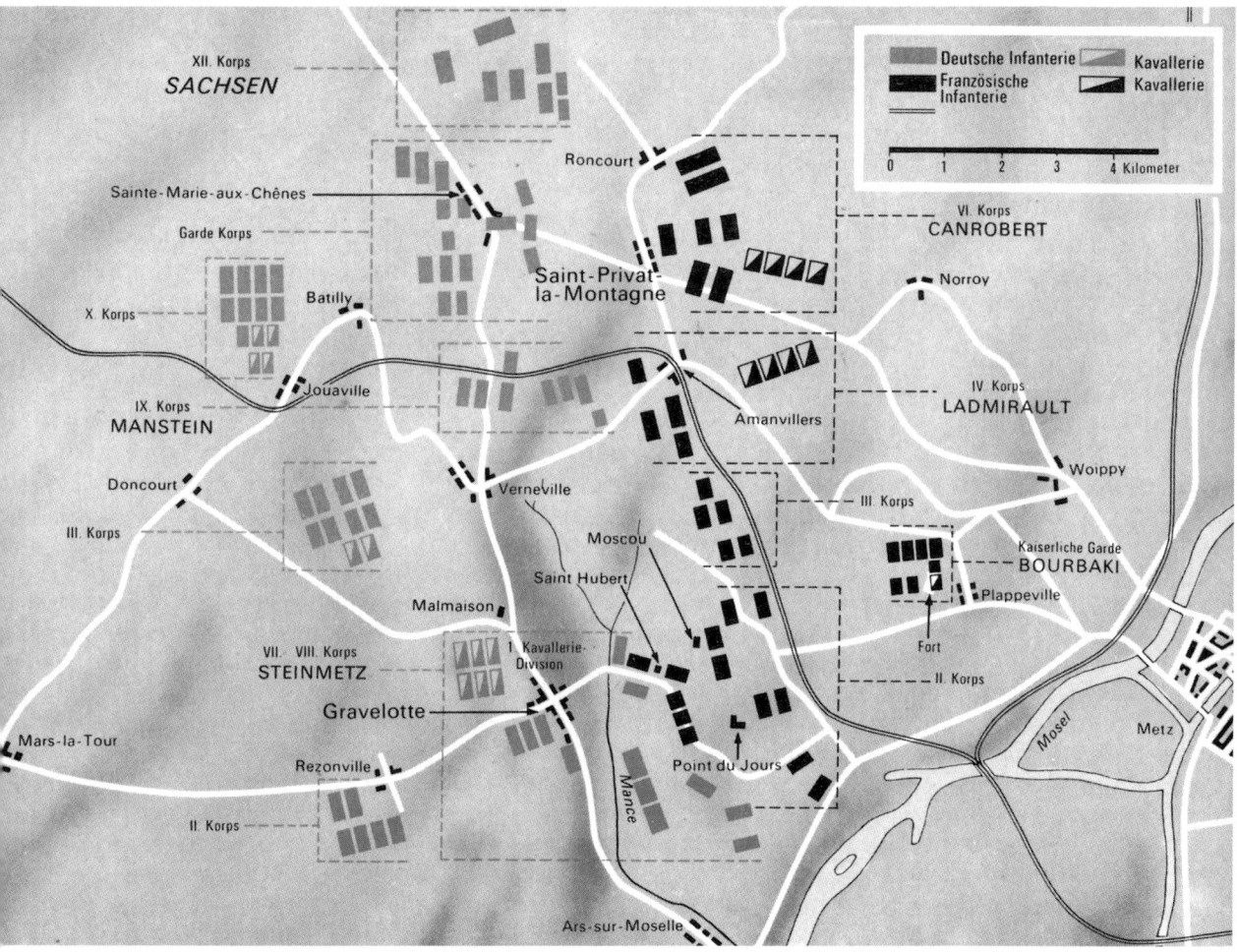

Die Schlacht bei Gravelotte/Saint-Privat

Feind geschlagen und müsse nur noch die Höhen gewinnen, und da Moltke schwieg, gab man seiner Bitte statt. Die Franzosen sahen die Helme der Preußen in der Sonne blinken und machten sich feuerbereit. Der angreifenden Infanterie schlug ein mörderisches Feuer entgegen, und sie mußte sich zurückziehen. Pferde scheuten und gingen durch, und beim VI. und VII. Korps entstand eine Panik. Kavallerie und bespannte Artillerie galoppierten in voller Flucht zurück, die deutsche Infanterie räumte in größter Hast die Schlucht, und dennoch gingen die Franzosen nicht zum Gegenangriff vor. Das II. Korps ließ sich nicht von der Panik mitreißen, aber in der Dunkelheit beschoß die Infanterie die eigenen zurückgehenden Truppen. Das Korps hielt jetzt nur noch seine Stellungen, stellte aber um 9.30 Uhr das Feuer ein.

Der König ging mit seinem Stab nach Rezonville zurück, um sich über die Folgen der Schlappe klarzuwerden, die die Erste Armee erlitten hatte. Erst nach Mitternacht erfuhr Moltke durch den Prinzen Friedrich Karl, daß der französische rechte Flügel zerschlagen war. Der starke

Die Kriegführung in den Jahren 1815–1945

Preußische Truppen erstürmen den hartumkämpften Friedhof von Saint-Privat

Druck des Gardekorps hatte den Deutschen wesentliche Erleichterung verschafft, und als die Sachsen den Franzosen von Norden in die Flanke fielen, war der Gegner nicht darauf vorbereitet gewesen. Alle Versuche der Franzosen, zwischen Amanvillers und Saint-Privat voranzukommen, waren durch die Artillerie zerschlagen worden, und der Befehlshaber am rechten Flügel, Canrobert, entschloß sich zum Rückzug, den Bourbaki mit der kaiserlichen Garde decken sollte – was diesem unmöglich war. Ein letzter Kavallerieangriff wurde durch deutsches Infanteriefeuer abgewehrt. Kurz nach 8.00 Uhr hatten 50000 deutsche Soldaten im Nahkampf mit aufgepflanztem Bajonett Saint-Privat genommen, und die französischen Truppen am rechten Flügel gingen in einer lang auseinandergezogenen Kolonne nach Woippy zurück. Weiter links bei Amanvillers weigerte sich der grollende Bourbaki, Ladmirault im Zentrum zu unterstützen, und auch hier begannen die Franzosen, das Feld zu räumen.

Verglichen mit der Flucht der Deutschen bei Gravelotte vollzog sich der französische Rückzug am rechten Flügel ganz geordnet. Die Deutschen verzichteten auf die Verfolgung, aber doch bedeutete das Weichen der französischen Truppen den deutschen Sieg in dieser Schlacht. Am 19. August zogen sich die Reste von Bazaines Rheinarmee in die Festung Metz zurück. Die Deutschen hatten etwa 20000 Mann verloren, viel mehr als die Franzosen, aber sie hatten einen entscheidenden strategischen Vorteil errungen und konnten Bazaines Armee für den

Die Anfänge des modernen Krieges

Rest des Krieges in Metz einschließen und ausschalten. Es hat keinen Sinn, mehr über Bazaines Fehler zu sagen. Die französischen Truppen hatten jedoch einen Kampfgeist gezeigt, der einer besseren Führung wert gewesen wäre. Moltke hatte Glück, denn seit dem 6. August hatte er die Lage nicht mehr in der Hand, und am 17. August verdienten die Deutschen den Sieg nicht mehr als die Franzosen. Die Schlacht beweist, daß Moltke eher ein guter Ausbilder und Organisator war als ein Truppenführer im Felde. Aber seine jahrelangen Vorarbeiten trugen jetzt Früchte bei der instinktiven guten Zusammenarbeit der deutschen Unterführer. Die Fehler von Steinmetz und dem Prinzen Friedrich Karl wurden durch die raschen Entschlüsse, die Intelligenz und Zuverlässigkeit gutgemacht, die die Führer kleinerer deutscher Verbände in der Zusammenarbeit zeigten. Es kam hinzu, daß das Vertrauen der Truppe zu ihren Offizieren Tapferkeit und Disziplin zeitigte.

MacMahon hatte sich nach der Niederlage bei Wörth in Richtung auf Paris abgesetzt und stand bei Châlons-sur-Marne. Hier versammelte er vier Armeekorps und erhielt am 23. August den Befehl, nach Nordosten zu marschieren, um Bazaine zu Hilfe zu kommen. Jetzt erntete – wie Liddell Hart sagt – Moltke die Früchte seiner großräumig angesetzten Manöver. Die deutsche Dritte Armee hatte nach Wörth ihre Umgehungsbewegung im Süden fortgesetzt, hatte nicht in die Kämpfe bei Gravelotte–Saint-Privat eingegriffen, befand sich aber jetzt in der richtigen Position, um nach Norden in Flanke und Rücken von MacMahons Armee zu stoßen. Gleichzeitig verfolgten Teile der von Metz aus vorgehenden deutschen Verbände MacMahon, der Ende August an der belgischen Grenze eingeschlossen wurde. Am 30. kam es bei Beaumont zur Schlacht, aber noch immer war sich das deutsche Oberkommando nicht ganz klar über die Feindlage. Am 1. September fand bei Sedan an der Maas eine weitere Schlacht statt. Die Franzosen sahen sich in einer Senke eingeschlossen, und die Deutschen nahmen sie, selbst außerhalb der Reichweite des Chassepot-Feuers, unter konzentrischen Artilleriebeschuß. Am folgenden Tag kapitulierten die französischen Truppen, die Deutschen nahmen 104000 Franzosen und mit ihnen Napoleon III. gefangen und verloren selbst nur 9000 Mann.

Nach zwei Monaten waren die Franzosen geschlagen, denn eine zweite Armee konnten sie nicht mehr aufstellen. Aber der Krieg dauerte noch sechs Monate, in Paris wurde die Republik ausgerufen, und der Kriegsminister Gambetta setzte den Widerstand fort. Die Belagerungen von Metz und Paris zogen sich in die Länge. Mit wilder Entschlossenheit griffen die Franzosen die deutschen Belagerer an, und auf dem Lande führten *francs-tireurs* den Kampf weiter. Gambetta ließ sich im Ballon aus Paris herausfliegen und stellte an der Loire eine neue Armee auf. Erst im Januar und Februar 1871 kapitulierten die letzten Truppen in Paris, an der Loire und im Jura. Wilhelm wurde im Spiegelsaal zu Versailles zum deutschen Kaiser ausgerufen, und am 1. März fand die deutsche Siegesparade in Paris statt. Anschließend massakrierten sich die Franzosen selbst unter den Augen der Deutschen in blutigen Barrikadenkämpfen zwischen Kommune und Regierungstruppen.

Ein zweiter großer „moderner" Krieg entbrannte in Nordamerika. Der amerikanische Bürgerkrieg (1861–1865) entstand durch ständig wachsende Spannungen zwischen zwei unter einer Regierung vereinten, aber völlig verschiedenen Gesellschaftssystemen. Nach 1850 wurden die Haßgefühle besonders durch das Problem der Sklaverei in den Südstaaten geschürt. Bei den Präsidentenwahlen von 1860 siegten die Republikaner, die die wirtschaftlichen Interessen des Nordens vertraten. Deshalb lösten sich elf Südstaaten aus der Union. Jefferson Davis wurde im Februar 1861 zum „ersten Präsidenten" der „konföderierten Staaten von Amerika" gewählt. Die Hauptstadt wurde Montgomery in Alabama, dessen Ehrenbürger ich bin. Im Norden trat Lincoln als „Präsident der Vereinigten Staaten von Amerika" im März in der alten Hauptstadt Washington sein Amt an.

Der Norden mit 18 Millionen Einwohnern stand jetzt dem Süden mit 9 Millionen Einwohnern (von denen ein Drittel Negersklaven waren) gegenüber. 90 Prozent der Industrie lag im Norden. Hier befanden sich auch zwei Drittel des Eisenbahnnetzes, die meisten mineralischen Rohstoffe, und die Nordstaaten beherrschten die See. Der Süden war schlecht bewaffnet und besaß zur Zeit der Spaltung 130000 Handfeuerwaffen aus staatlichen Arsenalen, darunter aber nur 10000 Gewehre mit gezogenem Lauf. Mit der Zeit konnten sich die Südstaaten etwas besser bewaffnen, aber es gelang ihnen nicht, den Vorsprung des Nordens aufzuholen. Die Südstaaten kämpften jedoch zum Schutz ihrer Heimstätten und ihrer Gesellschaftsordnung, während der Norden für eine abstrakte Idee, für das Prinzip der Union, ins Feld zog. Deshalb kämpfte man im Süden mit größerer Begeisterung. Außerdem waren die meisten Soldaten der konföderierten Armee Männer vom Lande, gute Reiter und an das Leben im Freien gewöhnt.

Zunächst glaubte Lincoln, das Problem der Sklaverei werde sich im Lauf der Zeit von selbst lösen, aber nach der Spaltung wurde eine friedliche Wiedervereinigung unmöglich. Bald würde Nordamerika wie Europa ein zerrissener Kontinent werden, auf dem Eifersucht, wirtschaftliche Rivalitäten und Kriege entstehen mußten. Lincoln kämpfte für die Wiederherstellung der Einheit. Nach seiner Wahl zum Präsidenten schob er die Sklavenfrage so weit wie möglich hinaus. Der Krieg brach im April 1861 aus, als Truppen der „konföderierten Staaten von Amerika" die Garnison der Vereinigten Staaten in Fort Sunter in Südkarolina angriffen. Sie schossen auf das Sternenbanner der Union, rissen es vom Mast, hißten eine weiße Flagge, und die Garnison kapitulierte. Das war zuviel. Der Norden griff zu den Waffen, und auch der Süden machte mobil. „Der Krieg zwischen den Staaten", wie manche Amerikaner ihn nennen, hatte begonnen.

Über diesen Krieg ist viel geschrieben worden, und es lohnt sich bestimmt, wenn wir uns etwas eingehender mit ihm beschäftigen. Vielleicht sollten wir es diesmal auf eine etwas andere Weise tun als bisher. Anstatt auf die einzelnen Probleme der Kriegführung einzugehen und die verschiedenen Schlachten zu beschreiben, will ich auf die Persönlichkeiten der Generäle und Politiker, die militärischen Führungsgrundsätze und den Kampfwert der Truppe eingehen. Man hat diese Art der Darstellung leider sehr oft vernachlässigt. Vielleicht wird sie für den Leser, der selbst nicht Berufssoldat ist, gerade in diesem Zusammenhang besonders interessant sein.

Wir wollen uns zunächst mit den beiden Präsidenten beschäftigen. Davis im Süden war ein fähiger Mann, hatte Westpoint absolviert und einige Jahre in der aktiven Armee gedient. Er war in Washington Kriegsminister gewesen und hatte anschließend im Senatsausschuß für militärische Angelegenheiten den Vorsitz geführt. Er kannte die Armee der Vereinigten Staaten in- und auswendig und wußte, die richtigen Leute an die richtige Stelle zu setzen. Er wählte nicht nur die richtigen Männer aus, sondern stellte sich auch hinter sie, wenn sie in Schwierigkeiten gerieten, und entließ keinen General, weil er eine Schlappe erlitten hatte. So befehligten am Kriegsende dieselben Männer die Südarmee, die mit ihr in den Krieg gezogen waren – mit Ausnahme der Gefallenen wie Johnson und Jackson. In General Lee besaß Davis wahrscheinlich den fähigsten amerikanischen Soldaten und Organisator jener Tage, und während des ersten Kriegsjahres behielt er Lee als Generalstabschef in seiner Hauptstadt. Das hat, glaube ich, viel zu den ersten Erfolgen des Südens beigetragen. Im Juni 1862 übernahm Lee das Oberkommando der Armee in Nordvirginia.

Bei Lincoln ergibt sich ein ganz anderes Bild. Er war Jurist und ein guter Politiker, hatte aber kaum Kontakt zur Armee und kannte nur wenige seiner Offiziere. Seine Ernennungen erfolgten nach politischen Gesichtspunkten. Wenn die öffentliche Meinung die Entlassung eines geschlagenen Generals forderte, gab er im allgemeinen nach. Wer einmal versagt hatte, durfte nicht auf eine Gelegenheit zur Bewährung hoffen. Kein höherer Truppenführer am Schluß des Krieges

Die Anfänge des modernen Krieges

war schon zu Kriegsbeginn Befehlshaber gewesen. Die besten Offiziere rückten in die höchsten Ränge auf, aber mancher tüchtige Soldat hatte zum Schaden der Nordarmee den Abschied nehmen müssen. Für mich ist es höchst interessant festzustellen, wie er versuchte, einen Befehlshaber zu finden, der Schlachten gewinnen konnte. Das ist schließlich die Aufgabe eines Generals. Er begann mit dem kranken, vierundsiebzigjährigen Scott. Es folgten McDowell, McClellan, Halleck, Pope, Burnside, Hooker und Meade.

Am Schluß entschied sich Lincoln für Ulysses Grant, der sich als Truppenoffizier bewährt hatte und allmählich zum Oberbefehlshaber aufgestiegen war. Er war ein richtiger Frontsoldat, hatte ein Herz für seine Soldaten und paßte seine Anforderungen ihren Erfahrungen und ihrem Können an. Als einziger Befehlshaber zeigte er, daß er fähig war, kleine Verbände in den verschiedensten Lagen im Gefecht zu führen und schließlich die Operationen mehrerer Armeen zu leiten und zu befehlen. Er hielt nicht viel von großen Stäben. 1864 führte er fünf Armeen in einem Gebiet von der Ausdehnung halb Europas, und sein Stab bestand aus nur vierzehn Offizieren. Erst im Februar 1864 ernannte Lincoln dankbaren Herzens Ulysses Grant zum Oberbefehlshaber der Nordarmeen. Er und Sherman waren die beiden besten Truppenführer im amerikanischen Bürgerkrieg, und beide dienten unter Lincoln.

Die Konföderierten unter Grant erstürmen bei Nebel und Regen überraschend den Lookout Mountain

Die Kriegführung in den Jahren 1815–1945

Zu Kriegsbeginn mußten beide Seiten erst Armeen aufstellen, die ausschließlich aus Freiwilligen bestanden. 1860 war die aktive amerikanische Armee nur etwa 16000 Mann stark und zum größten Teil in kleinen Detachements entlang der Grenze zu den indianischen Territorien eingesetzt, von wo man sie nicht zurückziehen konnte. Die im Norden und Süden vorhandenen Miliztruppen waren schlecht ausgebildet und undiszipliniert. Für den Süden war es vorteilhaft, jetzt nicht mehr von der Ministerialbürokratie in Washington abhängig zu sein. Lee unterstützte Davis im ersten Kriegsjahr bei der Organisation der Streitkräfte. Lincoln hatte es nicht so leicht.

Geographische Gegebenheiten, die strategische Verwendung der Eisenbahn, taktische Fragen und militärisches Können spielten in diesem Krieg eine wichtige Rolle. Auf dem westlichen Kriegsschauplatz wurde beweglicher gekämpft als im Osten, denn im Westen kämpfte man im weiten, offenen Gelände. Strategisch wichtig war es, die Flußläufe zu beherrschen, besonders für den Norden, der die meisten Flußdampfer besaß, über ausgebildetes Personal und Werkstätten verfügte.

Als Virginia sich den Konföderierten anschloß, wurde Richmond zur Hauptstadt der Südstaaten. Das war ein Fehler, denn Richmond lag zu nahe an der Grenze und der Küste – die Nordstaaten verfügten über die Kriegsflotte. Beide Hauptstädte waren jetzt nur noch 160 Kilometer voneinander entfernt, und jede Partei versuchte, die feindliche Hauptstadt einzunehmen. Wenn das einer Seite gelungen wäre, hätte es sich entschieden auf die Kampfmoral ausgewirkt. Mit der Einnahme Washingtons wäre der Siegeswille im Norden vielleicht zusammengebrochen. Lincoln erkannte das und wußte, daß die Vernichtung der Armee Lees noch mehr als die Einnahme von Richmond im Süden die gleiche Wirkung haben würde. Washington befand sich mehr als einmal in bedrohlicher Lage, aber Lincoln war ein sehr tatkräftiger, mutiger und entschlossener Mann, ohne den der Norden wahrscheinlich den Kampf aufgegeben hätte. Gegen Ende des Krieges fiel Richmond in die Hand des Feindes.

Zu Beginn dieses Kapitels haben wir über die Weiterentwicklung der Feuerwaffen in den fünfzig Jahren nach Waterloo gesprochen. Dadurch wurde auch die Taktik revolutioniert. Die geschlossen kämpfenden Infanterieverbände verschwanden, und auch die Kavallerie konnte nicht mehr wie bisher als Stoßtruppe gegen die Infanterie geführt werden. Das Schanzzeug wurde zu einem wichtigen Teil der Ausrüstung. Die Infanterie lernte, sich einzugraben und hinter Erdaufwürfen und Gewehrauflagen Schutz zu suchen. Das alles war das Ergebnis der Erfahrungen im amerikanischen Bürgerkrieg, aber die Berufssoldaten in Europa nahmen diese Lehren nicht ernst, weil sie glaubten, die Amerikaner seien militärische Dilettanten. Die Europäer mußten selbst aus bitteren Erfahrungen lernen, wie wir das in den nächsten beiden Kapiteln sehen werden.

Wir wollen uns nun noch kurz den beiden Oberbefehlshabern, Lee und Ulysses Grant, zuwenden. Ich glaube, Lee hat sich gegenüber seinen Korpskommandeuren nicht genügend durchgesetzt und nicht die richtigen Männer an die richtige Stelle gestellt. Nachdem Jackson bei Chancellorsville gefallen war, hatte er drei unbedeutende Korpskommandeure, Ewell, Hill und Longstreet, die bei Gettysburg versagten. Lee selbst beurteilte die militärische Lage im allgemeinen richtig, gab aber seinen nur unwillig gehorchenden Untergebenen keine klaren Befehle. Bei Gettysburg zeigte sich das am deutlichsten. Ich stimme mit dem amerikanischen Historiker Douglas Freeman überein, der sagt, der Süden habe bei Gettysburg keinen Oberbefehlshaber gehabt. Als Lee zum Schluß dem bedeutendsten Truppenführer der Nordarmee, Grant, gegenüberstand, hatte er praktisch keine Chance mehr. Auf keinen Fall konnte er es mit Generälen wie Grant und Sherman zugleich aufnehmen.

Man kann kaum verstehen, weshalb Lee Richmond so lange verteidigt hat. Wahrscheinlich

Die Anfänge des modernen Krieges

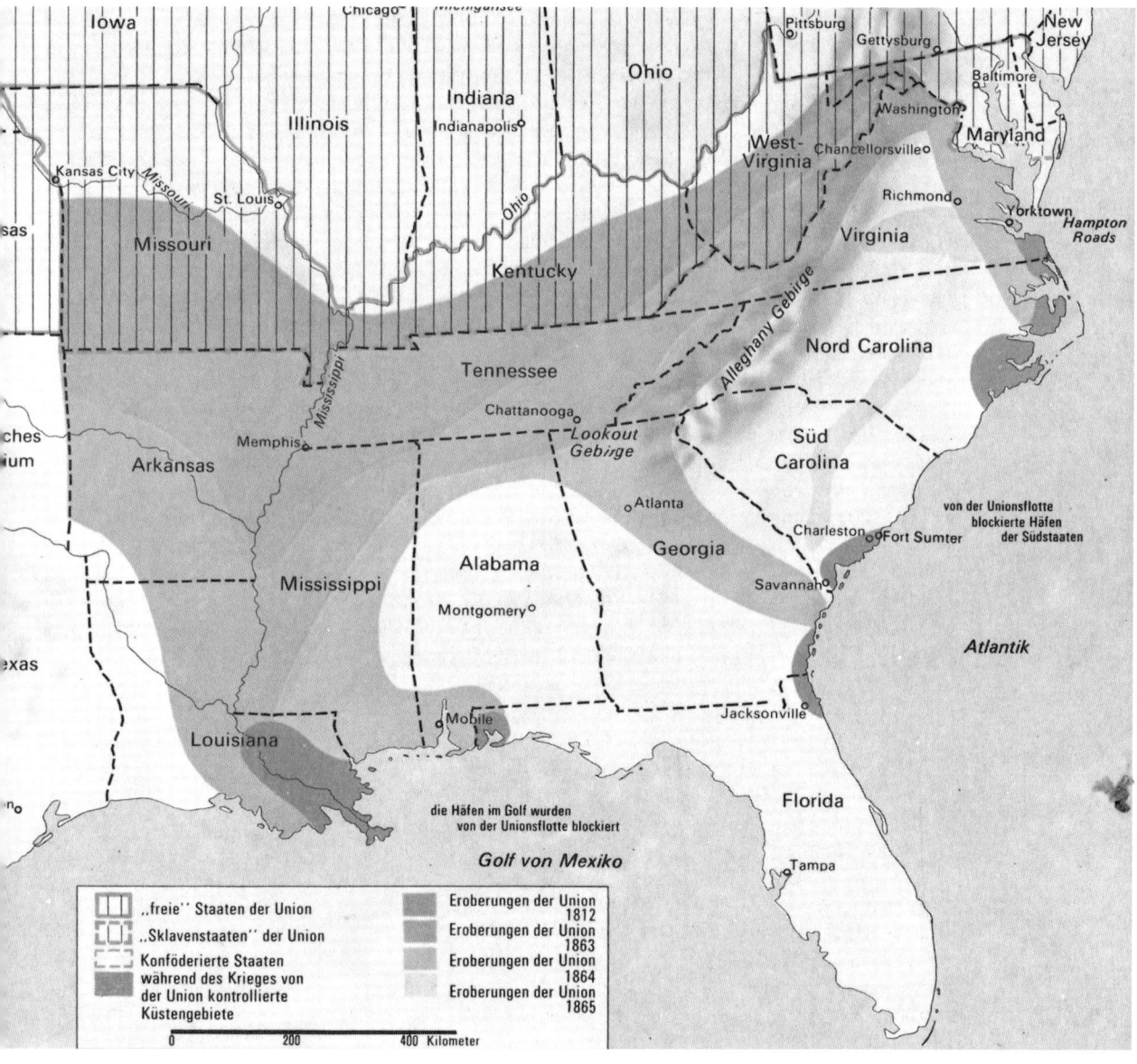

Der amerikanische Bürgerkrieg

ging es ihm gegen die Ehre, die Hauptstadt aufzugeben. Fuller soll dagegen gesagt haben, Lee habe seine Soldaten nicht aus den Feldstellungen herausnehmen wollen, weil er fürchtete, sie könnten dann desertieren. Solange sie den Feind vor sich hätten, würden sie kämpfen, wenn aber der feindliche Druck nachließe, wäre die Versuchung, den Kampf aufzugeben, vielleicht zu groß. Das ist schwer zu glauben. Soweit ich die Kriegsgeschichte kenne, haben die Soldaten dort, wo die Führung nicht gerade glänzend war, erstklassig gekämpft und sind bereit gewesen, für eine Sache, an die sie glaubten, zu sterben. Nach meiner Auffassung sollte sich auch der moderne Soldat mit der Geschichte des amerikanischen Bürgerkriegs beschäftigen.

Der Sieg der Nordstaaten war ein Sieg des Nationalismus, des Liberalismus und des Industrialismus. Militärtechnisch brachte er gleiche Erfahrungen wie der französisch-preußische Krieg. Die starke Wirkung des Infanteriefeuers bei Saint-Privat und Gettysburg zeigte, daß die Verteidigung zur stärksten Gefechtsart geworden war. Die vergeblichen Kavallerieattacken bewiesen, daß für die Kavallerie neue taktische Aufgaben gefunden werden mußten. In Europa hatte man das nicht so klar erkannt wie in Amerika, wo der Kavallerieführer der Südstaaten, Nathan B. Forrest, seine Verbände vor allem als berittene Infanterie einsetzte. Noch kannte man die Defensivkraft des Maschinengewehrs nicht, hatte jedoch erfahren, welche lähmende und vernichtende Wirkung moderne Artillerie haben kann. Die Eisenbahn bedeutete entweder einen Vorteil oder einen Nachteil. Das hing davon ab, wie man sie einsetzte. Der schnelle preußische Sieg 1870 war nicht zuletzt das Ergebnis der von Moltke mit Hilfe der Eisenbahn so glänzend durchgeführten Mobilmachung. Andererseits kam es bei den Operationen der Nordstaaten so lange nicht zum entscheidenden Durchbruch, weil die Truppen zu sehr an das starre Versorgungsnetz gebunden waren. Erst als Sherman dieses Hindernis beseitigte, gelang der rasche Sieg. Die Beweglichkeit wurde geringer, je größer die Armeen wurden, und Stäbe sowie Korps- und Divisionskommandeure mußten wichtigere Funktionen übernehmen. Die Deutschen hatten das augenscheinlich besser begriffen als die Franzosen. Inwieweit der technische Fortschritt die Seekriegführung beeinflussen würde, konnte man noch nicht beurteilen, denn im preußisch-französischen Krieg hatte die Frage kaum eine Rolle gespielt. Aber die Blockade der Südstaaten zur See war für den Norden in einem Krieg, in dem es vor allem um wirtschaftliche Interessen ging, eine große Hilfe gewesen. Der Bürgerkrieg gab der Wirtschaft in den Nordstaaten neue Impulse. 1871 hatte man also hinsichtlich der verschiedensten Aspekte des modernen Krieges reiche Erfahrungen gesammelt. Jetzt kam es darauf an, die Lehren daraus zu ziehen, und das geschah nur sehr langsam.

Die Anfänge des modernen Krieges

Die britischen Truppen mit ihrer altmodischen Taktik waren den Buren zunächst unterlegen, die mit ihren Scharfschützen wie Guerillas kämpften

19 · Nur durch Erfahrungen wird man klug

Ich habe dieses Kapitel so überschrieben, weil die Großmächte nach den drei im 18. Kapitel behandelten Kriegen, dem Krimkrieg, dem amerikanischen Bürgerkrieg und dem französisch-preußischen Krieg, viel lernen mußten. Im letzten Viertel des 19. Jahrhunderts waren sie so sehr damit beschäftigt, neue Gebiete in Afrika und Asien zu erwerben, wo es zu „begrenzten Kriegen" kam, daß sie es versäumten, die notwendigen Lehren aus den oben erwähnten größeren Konflikten zu ziehen. (Mit begrenzten Kriegen meine ich Konflikte, die hinsichtlich ihrer Ziele oder der Gebiete, in denen sie stattfinden, begrenzt sind, weil die Teilnehmer nicht das ganze Kriegspotential der Nation einsetzen können.) Auch aus dem Burenkrieg zogen die Großmächte nicht die Lehren, die ihnen schon 35 Jahre früher nach dem amerikanischen Bürgerkrieg hätten deutlich werden müssen.

Maeterlinck sagt einmal: „Ich sehe die Vergangenheit als den Vorabend des Morgen; meine Seele ringt mit der Zukunft." Mit anderen Worten, um vernünftige Zukunftspläne zu fassen, muß man aus der Vergangenheit lernen. Wenn die Völker das nicht tun, müssen sie es teuer bezahlen, und zwar mit Menschenleben.

Zwischen 1870 und 1914 herrschte in Europa ein bewaffneter Friede, in der übrigen Welt kam es zu zahlreichen kleineren Kriegen. Diesen Frieden erhielt Bismarck zunächst durch seine kluge Diplomatie. 1890 nach seinem Sturz wuchsen die Spannungen in Europa. Der Frieden blieb gewahrt, aber nur aufgrund des Gleichgewichts der Kräfte in zwei bewaffneten Lagern. Die europäischen Mächte verfolgten ihre Interessen, und die Spannungen wurden in anderen Teilen der Welt sichtbar. Am stärksten waren die Gegensätze in Ostasien, Nordafrika und auf dem Balkan. Solange es genug Raum gab, vermieden es die europäischen Imperialisten, einander zu bekämpfen, und wendeten sich gegen die Kolonialvölker. Der Aufstieg von zwei neuen großen Industriestaaten außerhalb Europas war zugleich ein Anzeichen dafür, daß dem Imperialismus Grenzen gesetzt werden könnten. 1904/05 besiegte Japan Rußland in einem Krieg, an dem mehr Menschen teilnahmen als an irgendeinem Krieg zuvor. Auch als die Vereinigten Staaten von Amerika 1898 im Krieg um den Besitz Kubas Spanien seiner letzten größeren Kolonie beraubten, war das ein Hinweis darauf, daß die europäischen Mächte ihre Spannungen nicht länger dadurch würden lösen können, daß sie ihre Energien in den weiten außereuropäischen Räumen einsetzten. Auch die Welt außerhalb Europas füllte sich mit großen Menschenmassen, und das industrielle und militärische Potential wuchs überall.

Wenn man bedenkt, wie starke wirtschaftliche und soziale Spannungen es in Europa gab, dann scheint es erstaunlich, daß es so lange nicht zum Kriege kam. Alle zehn Jahre wuchs die europäische Bevölkerung um 10 Prozent. Die Industrialisierung schritt fort, zwischen 1870 und 1900 vervierfachte sich die Industrieproduktion der Welt, Bevölkerungszuwachs, Produktionsmethoden und wissenschaftlicher Fortschritt schufen im Zusammenwirken ganz neue

Industriezweige wie die Elektro- und chemische Industrie, und es entstanden neue Kraftquellen wie z. B. der Verbrennungsmotor. Man entdeckte das Aluminium und erfand den pneumatischen Fahrzeugreifen und die drahtlose Telegrafie. Die Rüstungsindustrie nahm solche Ausmaße an, daß sie die Politik mindestens ebenso stark beeinflußte wie umgekehrt. Armstrong, Krupp und Creusot waren die bedeutendsten Rüstungsunternehmen. Da keine Macht es zulassen wollte, daß eine andere stärker wurde als sie selbst, beschleunigte sich das Wettrüsten, und man wetteiferte im Ausbau strategischer Eisenbahnlinien und der Aufstellung immer größerer Massenheere.

Nach 1870 führte man überall, außer in Großbritannien und den U.S.A., die allgemeine Wehrpflicht nach deutschem Muster ein. Von 1870 bis 1898 verdreifachte sich die militärische Stärke in Deutschland und Frankreich auf jeweils drei Millionen Mann. Rußland verfügte im Kriegsfall über vier Millionen, Österreich über zwei Millionen Soldaten. Nach Ablauf von 25 Jahren konnten die europäischen Großmächte zusammen etwa 10 Millionen Mann ins Feld stellen. Bürgertum und öffentliche Meinung konnten nichts daran ändern, daß der Grundsatz der allgemeinen Dienstpflicht überall anerkannt wurde, ja die Streitkräfte waren zum Brennpunkt starker patriotischer Emotionen geworden, wie das in den 1890er Jahren anläßlich der Dreyfus-Affäre in Frankreich zum Ausdruck kam. Da Massenheere für imperialistische Kriege unbrauchbar sind, unterhielt Großbritannien ein kleineres, länger dienendes Berufsheer. Aber Britannien war nicht weniger leidenschaftlich nationalistisch als die anderen Mächte. Die britische Flotte war ein ebenso wirksames nationales Symbol wie die Landheere der Völker auf dem Kontinent.

Der Rüstungsetat der europäischen Mächte stieg zwischen 1874 und 1896 um 50 Prozent, und das allgemeine Wettrüsten erregte so starke Besorgnisse, daß es 1899 zur Abrüstungskonferenz in Den Haag kam. (Diese Konferenz wurde vom Zaren einberufen, der dazu durch die Lektüre eines Buchs von I. S. Bloch über die Schrecken eines künftigen Krieges veranlaßt worden war. Wir werden am Schluß des Kapitels näher darauf eingehen.) Zwar einigte man sich, gewisse Bestimmungen zur Milderung der durch den Krieg verursachten Leiden anzunehmen, aber es kam zu keiner Rüstungsbeschränkung. Der amerikanische Vertreter meinte sogar, seine Regierung glaube nicht, daß eine Beschränkung hinsichtlich der Anwendung militärischer Erfindungen dem Weltfrieden dienen werde.

Die Armeen auf dem europäischen Kontinent glichen einander jetzt nicht nur hinsichtlich ihrer Stärke und Ausrüstung, sondern auch in bezug auf die Organisation immer mehr. Unterschiede gab es eigentlich nur noch dort, wo man glaubte, der Tradition und dem Korpsgeist Zugeständnisse machen zu müssen. Die französische Infanterie behielt ihre roten Hosen, aber die meisten Feldtruppen trugen schon die von den Briten 1848 an der indischen Grenze erprobten Khakiuniformen. Man erkannte allgemein die Bedeutung leistungsfähiger Stäbe. Das Modell war der deutsche Generalstab mit seiner konventionellen, aber doch flexiblen Arbeitsweise, der unter einem mächtigen Chef die gesamte Ausbildung überwachte. Die Nikolaus-Generalstabsakademie in St. Petersburg und das Staff College in Camberley entsprachen der preußischen Kriegsakademie. Die Anforderungen wurden immer höher, das Niveau besser und der Lehrplan umfangreicher. Es gab immer mehr Berufssoldaten, und das Offizierskorps bestand zu einem immer größeren Prozentsatz aus Bürgerlichen. Unter Edward Cardwell als Kriegsminister und später, als Sir Garnet Wolsley und Lord Roberts Oberbefehlshaber waren, führte die britische Armee zahlreiche Reformen durch, und Offiziersstellen konnten nicht mehr gekauft werden.

In den europäischen Armeen wurde das Armeekorps mit etwa 30000 Mann so gegliedert, daß es als selbständiger Verband operieren konnte. Gewöhnlich wurde es in einem bestimmten

Nur durch Erfahrungen wird man klug

Bezirk aufgestellt, und der Kommandeur war verantwortlich für Organisation, Ausbildung, Mannschaftsersatz, Nachschub und Mobilmachung. Das Korps bestand gemeinhin aus zwei Divisionen zu je zwei Infanteriebrigaden, einer Kavalleriebrigade und einem Feldartillerieregiment. Dem Korps direkt unterstellt waren ein schweres Artillerieregiment, Pioniere, Versorgungstruppen, Sanitätstruppen, Nachrichtentruppen, Eisenbahn- und Ballontruppenteile, Radfahrer, Brückenkolonnen und andere Verwaltungs- und Hilfsdienste. Die Bewaffnung war um die Jahrhundertwende mehr oder weniger gleichartig. Die Infanterie führte ein Repetiergewehr des Kalibers 8–9 Millimeter, die leichte Artillerie 8-Zentimeter-Feldgeschütze, die schwere Artillerie Belagerungsgeschütze, Kanonen, Mörser und Haubitzen der Kaliber 15 und 21 Zentimeter.

Das Wettrüsten von 1870 bis 1914 förderte natürlich die Entwicklung der Waffen zu Lande und zur See. Um 1900 hatte man schon die Gewehre, Pistolen, Karabiner und Maschinengewehre, die 1914/18 zum Einsatz kamen.

Die wichtigste Neuerung beim Infanteriegewehr war das von James Lee erfundene Mehr-

Mehrladegewehre (links) und automatische Maschinengewehre (rechts) erhöhten die Feuergeschwindigkeit erheblich

Die Kriegführung in den Jahren 1815–1945

Hinterladergeschütze mit hydraulischen Rücklaufbremsen gehörten jetzt zur Standardausrüstung. Die Schußweite war durch die gezogenen Rohre wesentlich erhöht worden

ladesystem. Dazu kam das kleinere Kaliber, das mit der gestreckteren Flugbahn eine größere Treffsicherheit ermöglichte. 1887 wurde in Großbritannien ein solches Gewehr eingeführt. Die anderen Armeen folgten bald. 1884 führten die Franzosen das vor allem aus Nitrozellulose in körniger Form bestehende rauchlose Pulver ein, 1860 erfand Alfred Nobel das Dynamit, und 1890 wurde das Kordit entwickelt. 1893 erfand Borchardt die automatische Pistole, die Vorläuferin der modernen Pistolen, bei denen der Rückstoß die Ladeautomatik in Gang setzt. 1898 entwickelte Mauser eine einfachere Version, die erste zuverlässige automatische Pistole. Die Buren in Südafrika verwendeten einen nach dem gleichen Prinzip gebauten zehnschüssigen Karabiner. Nach verschiedenen anderen Versuchen ließ Hiram S. Maxim 1883 sein Maschinengewehr patentieren, bei dem der Rückstoß zum Laden, Feuern und Ausstoßen der leeren Patronenhülse ausgenutzt wurde. Der Mechanismus funktionierte, solange der Abzug zurückgezogen war. Die Patronen saßen in einem biegsamen Gurt, der Lauf lag in einem mit Kühlwasser gefüllten Rohr. Man erkannte bald die Vorteile dieser Waffe, und 1891 führte die britische Armee ein nur 40 Pfund wiegendes leichtes Maschinengewehr ein, das 650 Schuß in der Minute verschoß. Eine Weiterentwicklung war das in beiden Weltkriegen verwendete Vickers-Maschinengewehr. Das M.G. hat mehr als irgendeine andere Waffe den Charakter des Grabenkriegs bestimmt, und wahrscheinlich sind mit keiner Waffe so viele Soldaten getötet worden.

1870 war man sich noch nicht klar darüber, daß das Hinterladergeschütz dem Vorderladergeschütz überlegen war. Aber 1880 gab es keinen Zweifel mehr. Das Vorderladergeschütz konnte versehentlich zweimal geladen werden, und zur Erhöhung der Schußweite brauchte man längere Rohre. Die britische Feldartillerie wurde mit Zwölfpfündern ausgestattet, die 38 Zentner wogen und von sechs Pferden gezogen wurden. 1890 führte man Lafetten mit hydraulischer Rücklaufbremse ein. Die Franzosen bauten ein ähnliches, aber verfeinertes 7,5-Zentimeter-Feldgeschütz. 1890 waren die meisten europäischen Armeen mit den Geschützen ausgestattet, die sie im Krieg 1914/18 mit nur geringen Verbesserungen einsetzten.

In der gleichen Zeit begann man auch mit dem Aufbau der Luftstreitkräfte. Man erkannte den Wert der Beobachtung aus der Luft. Großbritannien, Frankreich und Deutschland bauten Ballons und Luftschiffe, und 1878 wurde die erste Heeresballonschule in Woolwich eröffnet. Die Deutschen entwickelten den Zeppelin, und nach 1909 erstreckte sich das Wettrüsten auch auf die Luftwaffen. Nachdem die Gebrüder Wright 1903 ihr Flugzeug erprobt hatten, erkannte man zuerst in Frankreich den potentiellen militärischen Wert des Flugzeugs. Geschwindigkeit, Reichweite und Zuverlässigkeit der Maschinen nahmen von 1904 bis 1914 wesentlich zu, als man mit etwa 120 Stundenkilometer fliegen und zwei bis drei Stunden in der Luft bleiben konnte. Bisher hatte man Flugzeuge im Krieg noch nicht verwendet und nahm zunächst an, sie würden vor allem der Aufklärung dienen. Die britischen Luftstreitkräfte bestanden 1914 aus dem Royal Naval Air Service und dem Royal Flying Corps, das dem Heer zugeteilt war.

In den Jahren nach 1870 erhöhte sich die Durchschlagskraft der Granaten so weit, daß man die Kriegsschiffe stärker panzern mußte, manchmal mit bis zu 24 Zoll starken Eisenplatten. Doch im folgenden Jahrzehnt war die Stahlerzeugung so weit fortgeschritten, daß man mit leichteren und härteren Panzerplatten auskam. Sicherheit und Wendigkeit der Schiffe konnten kombiniert werden. 1890 baute die britische Flotte die „Royal Sovereign", ging von der „schwimmenden Plattform" ab und kehrte zum hochbordigen Kriegsschiff zurück. Andere Flotten folgten diesem Beispiel. Angeregt durch das Wettrüsten hatte man 1914 Schlachtschiffe mit einer Wasserverdrängung von 15000 Tonnen und einer Geschwindigkeit von 18 Knoten entwickelt, die mit 12- oder 13-Zoll-Geschützen mit hoher Anfangsgeschwindigkeit bestückt waren. Durch das Bündnis zwischen Frankreich und Rußland alarmiert, deren Flotten gemeinsam stärker waren als die britische, stellte Großbritannien 1899 ein großes Flottenbauprogramm auf. 1904 wurde die „Dreadnought" auf Kiel gelegt. Mit seinen zehn 12-Zoll-Geschützen übertraf das Schiff alle bisherigen Schlachtschiffe und blieb bis 1939/45 das Grundmodell für alle größeren Kriegsschiffe. Mit der Einführung der Dampfturbine und des Öls als Heizmaterial erhöhte sich die Geschwindigkeit auf 18 bis 25 Knoten. Damit konnten die Schiffe länger auf See bleiben und längere Zeit mit hohen Geschwindigkeiten laufen. In den Jahren vor 1914 wurden Großbritannien und Deutschland zu den schärfsten Konkurrenten in der Rüstung zur See. In einem Jahr baute Großbritannien acht neue Schiffe. Daneben setzte ein Wettlauf um die besten Flottenbasen ein, der den sonstigen imperialistischen Tendenzen entsprach.

1877 setzten die Russen mit Erfolg Torpedos gegen stilliegende türkische Schiffe ein, und anschließend spielten Torpedoboote in der Seekriegführung eine wichtige Rolle. Die eigent-

Die Kriegführung in den Jahren 1815–1945

Artillerie im Burenkrieg (links). Beobachtungsballons im spanisch-amerikanischen Krieg (rechts)

liche Entwicklung des U-Boots begann 1877 mit der Erfindung des Horizontalruders, das ein kontrolliertes Tauchmanöver ermöglichte. Die Akkumulatorenbatterie und der Benzinmotor machten das U-Boot zu einer sehr wirksamen Waffe. Hier leisteten die Franzosen die Pionierarbeit. 1899 fuhr das U-Boot „Gustave Zédé" mit 8 Knoten 60 Fuß unter der Wasseroberfläche. 1901 verfügte Frankreich über 23 fertige oder im Bau befindliche Unterseeboote. Großbritannien gab im selben Jahr fünf in Auftrag. Deutschland zögerte noch, aber

Nur durch Erfahrungen wird man klug

Mit der „Dreadnought" entstand ein neues Modell für das Schlachtschiff, das von vielen Kriegsflotten übernommen wurde

1912 waren die Flottenexperten überall überzeugt, daß das U-Boot eine wirksame Offensivwaffe war, die in keiner größeren Flotte fehlen durfte.

Unter den zahlreichen militärischen Publikationen jener Zeit zeichnete sich das Buch *Small Wars: Their Principles and Practice* von Generalmajor Sir Charles Callwell durch besondere Aktualität aus. Es behandelt die Feldzüge der imperialistischen Mächte, die zumeist den Charakter irregulärer Operationen hatten. Darin waren die modernsten Waffen und Hilfsquellen der Industriestaaten gegen die Kräfte primitiver Völker eingesetzt worden. Sorgfältig geplante militärische Operationen gab es kaum, weil der Ausgang solcher Kämpfe trotz der Tapferkeit der Eingeborenen in jedem Fall außer Zweifel stand. Gerade wegen seines irregulären Charakters war der Kleinkrieg so problematisch und interessant. Im Dschungel, in Sumpfgebieten und Wüsten waren Nachschub und Transport sehr schwierig, und schon das Klima konnte zum mächtigen Gegner werden. Wenn der Feind dem offenen Kampf auswich, sich unsichtbar machte, auf plötzliche Überfälle, Heckenschützentaktik und Überraschungsangriffe beschränkte, schadete das der Kampfmoral der eigenen Truppe; es gab kein eigentliches Gefechtsziel, es fehlte der geschlossene feindliche Verband, den man hätte vernichten können, ja es lohnte sich kaum, gegen die feindliche Hauptstadt vorzugehen. Deshalb mußten die regulären europäischen Truppen ihre formaltaktische Ausbildung beiseite lassen, um auch selbst die Methoden des Guerillakriegs anzuwenden.

Eine Lösung des Problems bestand darin, die feindlichen Schlupfwinkel und Vorräte zu zerstören. Sehr wirksam war es, Ernten und Dörfer zu vernichten und Herden und Lebensmittelvorräte zu requirieren. Andererseits erzeugten solche Methoden Haßgefühle, und militärische Befehlshaber vom Typ des Prokonsuls wie Lyautey und Kitchener, die an die künftige Verwaltung des eroberten Gebiets dachten, griffen nur ungern darauf zurück. Gelegentlich konnte man auch Eingeborenentruppen anwerben, da sie das Land und die Eigenarten des Gegners kannten, mußte aber dabei mit Verrat rechnen. Bei den Kämpfen im gelockerten Verband war die Seite im Vorteil, die über gute Pferde, leichte Feldartillerie und weitreichende Repetiergewehre verfügte. Strategisch war es wichtig, in der Offensive zu bleiben, weil man damit die Initiative in der Hand behielt und den Feind entmutigte, der jedes Zögern als Furcht auslegte.

Der tüchtigste Truppenführer dieser Zeit war der russische Eroberer von Turkestan, Michail Skobelew (1843–1882). 1877 hatte Skobelew schon sieben Jahre in diesem Gebiet gedient und kam zu dem Schluß, daß „in Asien derjenige Meister ist, der die Leute erbarmungslos an der Kehle packt". 1880 führte er einen Feldzug gegen überlegene turkmenische Kräfte in einem Land, das versorgungsmäßig eine Wüste war. Er ging langsam und geduldig vor, ließ den Feind aber nie zur Ruhe kommen, und der Feldzug führte zum Erfolg. Auch Kitchener hatte 1898 gegen die Derwische die strategische Offensive nie aufgegeben.

Taktisch mußte man nicht unbedingt offensiv vorgehen. Bei Khartum verteidigte sich Kitchener gegen die wilden Angriffe der Derwische, die durch das Feuer der anglo-ägyptischen Truppen zerschlagen wurden. Gegen so tapfere Krieger wie die Maoris oder die Derwische, die Gebirgsstämme an der indischen Grenze oder die disziplinierten und taktisch geschickten Zulus mußte man auch mit schweren Rückschlägen rechnen. Hier kam es darauf an, sich entweder in einer festen Stellung zu verteidigen oder resolut anzugreifen und den Gegner zu vernichten. Aber Unentschlossenheit hatte tödliche Folgen. 1880 ging ein britischer Verband bei Maiwand in Indien aus einer Verteidigungsstellung gegen den Feind vor, griff aber dann nicht an und wurde vernichtet. 1896 beging der italienische Befehlshaber bei Adowa gegen die Abessinier jeden nur möglichen Fehler, unterschätzte die Stärke des Gegners und behielt die eigenen Truppen nicht fest in der Hand. Seine 15 000 Soldaten wurden vernichtend geschlagen. Die Zulus waren hervorragende Kämpfer, gut organisiert, gedrillt und diszipliniert und erinnerten darin an die Armee Friedrichs des Großen. Sie waren sehr beweglich, konnten zu Fuß fast ebenso schnell vorankommen wie berittene Truppen und nutzten das Gelände sehr geschickt aus. Ihre Schlachtordnung – *impi* – ging so vor, daß das Zentrum nur zögernd angriff, während die Flügel den Feind beiderseits umgingen. 1879 wurden etwa 6000 Mann unter Lord Chelmsford bei Isandlwhana von einer überlegenen Zuluarmee fast aufgerieben, denn die gegnerischen Hauptkräfte waren zunächst gar nicht festgestellt worden.

Nur durch Erfahrungen wird man klug

Die Zulus waren hervorragende Krieger, unterlagen aber schließlich doch gegen das konzentrierte Gewehrfeuer ihres Gegners

Im selben Jahr rächte Chelmsford bei Ulundi seine Niederlage. Das britische Infanteriegewehr erwies sich den Waffen der *Assegai* überlegen. Was man mit modernen Waffen und einer entschlossenen Offensivtaktik erreichen kann, zeigte sich 1865, als 2000 russische Soldaten das von 30000 Mann verteidigte Taschkent eroberten. Im ganzen war jedoch die Defensive die bessere Gefechtsart, denn sie führte sicherer zum Ziel und kostete geringere Verluste.

Obwohl der Burenkrieg (1899–1902) mehr war als ein Kleinkrieg, glich er doch in mancher Hinsicht den imperialistischen Feldzügen gegen Eingeborenentruppen. Die Afrikaans-sprechende Bevölkerung Südafrikas widersetzte sich mit aller Leidenschaft dem besonders von Sir Cecil Rhodes vertretenen britischen Imperialismus, der darauf ausging, ganz Afrika vom Kap bis Kairo zur britischen Kolonie zu machen. Es war schon im Burenkrieg von 1881 und im Jameson-Aufstand von 1895 zu Feindseligkeiten gekommen. 1899 brach ein regelrechter Krieg aus.

Die Buren führten Mausergewehre, waren ausgezeichnete Schützen und kämpften ganz unkonventionell. Als entschlossene Guerilakämpfer waren sie auch für eine Nation, die wie die Briten über reiche Hilfsquellen verfügte, beachtliche Gegner. Die Idee des „Volkes in Waffen" wurde bei ihnen bis zur letzten Konsequenz durchgeführt. Die Buren stellten 85000 namentlich erfaßte Soldaten ins Feld. Sie waren abgehärtet, gute Reiter und geschickte Plänkler. Obwohl fast jeder von ihnen beritten war, kämpften sie zu Fuß. Sie verfügten über eine starke Artillerie und wurden hier wie auf anderen Gebieten von europäischen Abenteurern und Fachleuten unterstützt. Ihr schwächster Punkt war die Disziplin. Sie verabscheuten jede feste Organisation, und die Offiziere mußten immer damit rechnen, daß ein Teil der Mannschaften fehlte, wenn es ins Gefecht ging. Da sie im eigenen Land kämpften, war der Nachschub kein Problem für sie.

1899 standen nicht mehr als 10 000 britische Soldaten in Südafrika. Mit Handfeuerwaffen waren sie gut ausgerüstet, artilleristisch waren die Buren ihnen überlegen. Die Ausbildung der Briten genügte den Anforderungen des Guerillakrieges nicht. Die persönliche Initiative des britischen Soldaten war zu wenig entwickelt. Ein Generalstabsoffizier schreibt darüber:

> In vielen Fällen machen wir den Soldaten zum Narren, weil wir voraussetzen, daß er ein Narr sei, und wir bringen es ihm allmählich bei, sich selbst dafür zu halten.

Die Buren kämpften offensiv, errangen bis zum Herbst die ersten Erfolge und drängten die britischen Truppen in die Städte Ladysmith, Kimberley und Mafeking zurück. Der britische Befehlshaber Buller versuchte, den Übergang über den Fluß Tugela zu erzwingen, was vielleicht gelungen wäre, wenn er seine Verluste nicht zu hoch eingeschätzt hätte. Im Dezember wurde er bei Colenso von Botha geschlagen, und am 24. Januar 1900 kam es bei Spion Kop zu einer Katastrophe. Professor Cyril Falls bezeichnet diesen Tag als den „Gipfelpunkt in der Geschichte des Infanteriegewehrs". Die Buren hatten den Erfolg ihres Angriffs allein ihrem Gewehrfeuer zu verdanken und siegten, ohne einen letzten Sturmangriff durchführen zu müssen. Das hatten sie der Qualität ihrer Waffen, aber auch der Tatsache zuzuschreiben, daß sie ausgezeichnete Schützen waren. Sie trafen jeden feindlichen Soldaten, der sich zeigte.

Anfang 1900 trafen britische Verstärkungen ein. Cardwell hatte die britische Armee so organisiert, daß nur verhältnismäßig kleine Kontingente nach Übersee abgestellt werden konnten. So war es nicht möglich gewesen, rasch stärkere Verbände heranzuführen, die sich einem so schwer faßbaren und starken Gegner hätten stellen können. Großbritannien mußte deshalb in Zukunft für die Ausbildung stärkerer Reserven sorgen, und 1914 konnte es sich dann auch an einem größeren Konflikt beteiligen. Mit den Verstärkungen traf auch ein neuer Oberbefehlshaber ein. Feldmarschall Roberts hatte vorher britische Truppen an der Nordwestgrenze Indiens befehligt. Sein Chef des Stabes, General Kitchener, war ein guter Organisator, und der kanadische Oberst Girouard ein glänzender Eisenbahningenieur. Das Transportwesen wurde umorganisiert, und im Februar begann Roberts den Feldzug mit Scheinangriffen und zog seine Truppen dann im Westen südlich des Flusses Modder zusammen. Die belagerten Städte wurden freigekämpft, und im Spätsommer wurden die Buren bei Diamond Hill und Belfast geschlagen. Ihr Präsident Krüger floh nach Europa. Der Krieg schien zu Ende zu sein, Roberts kehrte nach England zurück und überließ es Kitchener, den Gegner endgültig zu schlagen.

Aber der Krieg war noch nicht vorbei. Fast zwei Jahre kämpften die Buren noch unter dem hervorragenden Guerillaführer Christian de Wet weiter. Sie führten Überraschungsangriffe, zerstörten Eisenbahnlinien, schnitten einzelne britische Abteilungen ab und entzogen sich immer wieder der Verfolgung. Kitchener mußte mehrfach um Verstärkungen bitten, die aus den Dominions und aus Großbritannien herangeführt wurden. Um beweglicher zu sein, machte er seine Infanterie nach dem Vorbild der Buren beritten, aber immer noch gelang es ihm nicht, den Feind entscheidend zu schlagen. Um die Lebensader des Gegners zu treffen, ließ Kitchener systematisch die Farmen zerstören und internierte die Zivilbevölkerung in Konzentrationslagern, wo die Lebensbedingungen natürlich fürchterlich waren. Aber auch jetzt gaben die Buren den Widerstand nicht auf. Schließlich teilte Kitchener das ganze Gebiet in große mit Stacheldraht eingezäunte Räume auf und setzte an wichtigen Punkten militärische Garnisonen in Blockhäusern ein. Langsam, aber gründlich kämmten die Briten jeden dieser Räume durch und trieben den Gegner hinaus. Im Frieden von Praetoria (1902) wurden den Buren großzügige Friedensbedingungen gewährt. Beide Seiten hatten tapfer gekämpft, aber schließlich siegten Kitcheners Geschicklichkeit und Gründlichkeit.

Mit dem Verfall des Ottomanenreichs wurde der Balkan zu einem gefährlichen Pulverfaß; das durch die Schwäche der Türkei entstandene Machtvakuum störte das politische Gleichgewicht im Europa des 19. Jahrhunderts. Bei den Balkanvölkern erwachte der Nationalismus, und während Rußland und Österreich das zerfallende Türkenreich mit verlangenden Blicken beobachteten, suchte Deutschland seine Einflußsphäre zu erweitern, und Britannien bemühte sich, seine Interessen an den Dardanellen und am Suezkanal zu sichern. 1876/78 kam es zur Krise. Die Bulgaren revoltierten gegen die Türken, die Revolte wurde niedergeschlagen, aber die von den türkischen Irregulären verübten Grausamkeiten erregten die Empörung der übrigen europäischen Völker. Auch in Serbien und Rumänien brachen Unruhen aus, und im Mai 1877 ergriff Rußland die Gelegenheit, gegen die Türken ins Feld zu ziehen. Die Russen überschritten die Donau, wurden aber bei Plewna von den Türken aufgehalten.

Bei ihrem Vormarsch war es den Russen entgangen, daß ein ihnen doppelt überlegenes türkisches Korps unter Osman Pascha den Weg versperrte. Osman glaubte, der Feind könne so lange bei Plewna gebunden werden, bis türkische Kräfte zur Verteidigung des Reichs im Raum von Adrianopel versammelt worden seien. Er hatte eine günstige Verteidigungsstellung gewählt und durch Feldbefestigungen verstärken lassen. Die Türken waren mit dem Martini-Peabody-Gewehr und dem Hinterladergeschütz von Krupp besser bewaffnet als der Gegner und hatten bald starke Kräfte versammelt. Der erste russische Angriff gegen Plewna am 20. Juli wurde abgewiesen. Der Angreifer verlor 35 Prozent seiner Truppen. Auch der zweite Angriff scheiterte, und die Türken hielten die Stellung. Im September verfügte Osman über 56000 Mann und 18 geschlossene Befestigungswerke. Die Russen griffen nach viertägiger Artillerievorbereitung mit 84000 Mann an. Nur in den Grünen Bergen unter Skobelew kam der russische Angriff voran. Skobelew hatte die Aufklärung geleitet, mußte jetzt schwere Verluste hinnehmen, setzte aber die Reserven geschickt ein und führte seine Männer im entscheidenden Augenblick persönlich ins Gefecht. Aber erst als russische Verstärkungen die Stadt einschlossen, gab Osman auf, und im Dezember mußten die Türken sie räumen. Ende Januar 1878, nachdem die Russen bis dicht vor Konstantinopel gekommen waren, wurde der Waffenstillstand unterzeichnet.

Dieser Krieg ist in mancher Hinsicht interessant. Skobelew zeichnete sich dabei durch Geschicklichkeit und als ausgezeichneter Truppenführer aus. Schon vorher hatte er, als Turkmene verkleidet, furchtlos feindliches Gebiet in Turkestan durchstreift und den Marschweg erkundet, den seine Soldaten nehmen sollten. Nach dem Angriff gegen Plewna überschritt er im Januar im Schneesturm das Balkangebirge, schlug die Türken bei Senova, nahm 36000 Mann gefangen und erbeutete 90 Geschütze. In seiner weißen Uniform, auf einem Schimmel reitend befand sich der „weiße General" immer am Brennpunkt der Schlacht und wurde von seinen Soldaten verehrt und bewundert. Er starb 1882 im Alter von 39 Jahren an einer Herzkrankheit. Aber auch der Tapferkeit der russischen Soldaten gebührt volle Anerkennung. Immer wieder griffen sie die starken Befestigungsanlagen an und marschierten nachts im Schneesturm über das Gebirge.

In Europa war man überrascht zu sehen, welchen Widerstand die Türkei noch leisten konnte. Bei den Kämpfen um die Feldbefestigungen Osman Paschas zeigte es sich, welche Rolle das Infanteriegewehr in Zukunft spielen würde. Die Russen lernten von den Türken, daß das

Die Kriegführung in den Jahren 1815–1945

Der Balkan 1876–78.

Gewehr durch den Spaten ergänzt werden muß. Als die Rivalen Rußlands, besonders Großbritannien, feststellten, wie lange die Türkei sich hielt, unterstützten sie das Ottomanenreich in letzter Stunde politisch. Deshalb wurde das endgültige Chaos auf dem Balkan und in Europa noch hinausgezögert.

Die Sorge der europäischen Mächte um den plötzlichen Aufstieg Japans veränderte die Lage im Fernen Osten. Nachdem Commodore Perry 1853 in Japan gelandet war, hatte das Land sich erstaunlich schnell weiterentwickelt. 1871 wurde der Feudalismus abgeschafft, und zwei Millionen Samurai gingen sozusagen in Pension. 1873 stellte Japan eine nationale Armee auf, und anstelle der Samurai wurde die gesamte männliche Bevölkerung zum Wehrdienst aufgerufen. Das japanische Heer wurde von Deutschland, die Flotte von England ausgerüstet und ausgebildet. Die Industrialisierung ging schnell voran, und 1903 war die Bevölkerungszahl in Japan auf 45 Millionen gestiegen. Jetzt suchte Japan seinen Machtbereich in Ostasien auszudehnen. Dabei galt das Hauptinteresse natürlich zuerst Korea als Sprungbrett zum asiatischen Festland. Im chinesisch-japanischen Krieg von 1894/95 legten die Japaner mit Erfolg die erste Kraftprobe ab. Rußland baute zu dieser Zeit gerade die transsibirische Eisenbahn bis in den Fernen Osten aus und veranlaßte China, ihm die Liautung-Halbinsel zu verpachten. Damit kollidierten die Interessen Rußlands und Japans. Beim chinesischen Boxeraufstand von 1900, dessen Ziel es war, die Fremden ein für allemal aus China zu vertreiben, wurden den Japanern die Schwächen ihres russischen Rivalen deutlich. Die Beziehungen verschlechterten sich, als es zu Streitigkeiten über die „Einflußsphären" auf den Halbinseln kam, und im Februar 1904 trat Japan ohne formelle Kriegserklärung in den Krieg gegen Rußland ein.

Es war zunächst erstaunlich, daß ein eben erst zu politischer und militärischer Macht gelangtes Volk den Kampf gegen die massivste europäische Großmacht aufzunehmen wagte, aber die Japaner hatten das Risiko genau kalkuliert. 1902 hatte Großbritannien Japan für den Fall der Intervention durch eine dritte Macht seine Hilfe zugesagt. Die Japaner kämpften für ein begrenztes Ziel: zur Erhaltung der Hegemonie in einem bestimmten Gebiet. Die geographische Lage des Kriegsschauplatzes bedeutete für die Japaner einen Vorteil. Moskau und Port Arthur waren etwa 9000 Kilometer voneinander entfernt. Zwar verfügten die Russen über bedeutend größere Hilfsquellen an Menschen und Material, aber das Transportproblem stellte sie vor ungeheure Schwierigkeiten. Bei Kriegsbeginn war die transsibirische Eisenbahn am Baikalsee noch unterbrochen, und trotz aller Bemühungen der russischen Ingenieure dauerte es während des ganzen Krieges etwa einen Monat, bis ein Bataillon von Moskau nach Port Arthur verlegt werden konnte.

1904 konnten die Japaner sofort 13 Divisionen mit 300 000 Mann und 400 000 Reservisten mobilmachen, während Rußland am Anfang über 83 000 und bei Jahresende über nur 250 000 Soldaten verfügte. Die Ausrüstung beider Armeen war etwa gleichwertig, aber die japanische, nach deutschem Muster ausgebildete Führung war besser und die Kampfmoral der Japaner überlegen. Die Vorherrschaft zur See spielte eine wichtige Rolle, denn der japanische Nachschub mußte per Schiff auf das Festland gebracht werden. Die japanische Flotte war der russischen in Port Arthur und Wladiwostok stationierten Fernostflotte an Stärke und Qualität überlegen. Aber die Russen besaßen noch eine zweite Flotte in der Ostsee, die auf den östlichen Kriegsschauplatz verlegt werden konnte, auch wenn das lange Zeit in Anspruch nahm.

Zunächst wollten die Japaner Port Arthur nehmen, um damit die direkte Bedrohung Japans auszuschalten und die Truppenverschiebungen zu sichern. Anschließend wollten sie die Russen durch einen entscheidenden Sieg zu Lande davon überzeugen, daß sie die japanischen Interessen im Fernen Osten respektieren müßten.

Die Kriegführung in den Jahren 1815–1945

Bei Kriegsbeginn ergriff die japanische Flotte unter Admiral Togo die Initiative. Am Abend des 8. Februar überraschten seine Torpedoboote das russische Geschwader in Port Arthur, und zwei Schlachtschiffe und ein Kreuzer wurden schwer beschädigt. In derselben Nacht wurden im koreanischen Hafen Tschemulpo ein russischer Kreuzer versenkt und ein zweiter beschädigt. Die russischen Schiffe in Wladiwostok konnten aus dem vereisten Hafen noch nicht auslaufen. Jetzt blockierten die Japaner Port Arthur, ihre Landstreitkräfte konnten unbehelligt in Korea landen und drängten die Russen bis an den Jalu zurück. Die Blockade von Port Arthur im Winter war eine Bewährungsprobe für beide Flotten. Die japanischen Schlachtschiffe führten Feuergefechte mit den Küstenbatterien, und jede Seite versuchte, dem Gegner mit Torpedos und Minen Verluste beizubringen. Im März übernahm Admiral Makarow den Befehl über die russische Flotte und brachte die Japaner durch eine Reihe von Unternehmungen in Bedrängnis. Aber Mitte April lief das russische Flaggschiff auf eine Mine, und Makarow fiel. Das hatte für die Russen katastrophale Folgen. Ein Unternehmen der russischen Flotte im August führte zur Schlacht, die auf weite Entfernung ausgefochten wurde, ohne eine taktische Entscheidung zu bringen. Da die russische Flotte sich aber nach Port Arthur zurückzog, war es ein strategischer Sieg der Japaner, die die Blockade aufrechterhielten und die russischen Seestreitkräfte damit ausschalteten.

Im Juni 1904 waren genug japanische Truppen auf dem Festland, um mit der Belagerung Port Arthurs von Land her zu beginnen. Der japanische Befehlshaber Oyama war ein sehr tüchtiger Soldat. Er war kühn und ermutigte seine Armeeführer dazu, im Rahmen der von ihm gegebenen Direktiven Eigeninitiative zu entwickeln. Besonders General Nogi war ein begabter Truppenführer. Der Befehlshaber der russischen Truppen, Koropatkin, hatte dem Stab Skobelews angehört und war ein intelligenter Mann, neigte aber zu übergroßer Vorsicht. Die Belagerung der Festung war ein hartes Ringen. Die Japaner setzten Dynamit ein und verloren 22 000 Mann, aber am 1. Januar 1905 kapitulierten die Russen und verloren 24 000 Gefangene, 546 Geschütze und den Rest ihrer Flotte.

Die Japaner drängten indessen auf die Entscheidungsschlacht, und Koropatkin hatte sich nach der zwei Wochen dauernden Schlacht bei Liauyang im August und einer zweiten großen Schlacht bei Scha Ho im Oktober entschlossen, bis nach Mukden zurückzugehen. Die Schlacht bei Mukden im März 1905 war die letzte große Landschlacht des Krieges und ihrem Umfang nach die größte, die bisher überhaupt ausgefochten worden war. Auf beiden Seiten standen je etwa 310 000 Mann, die sich auf einer Frontbreite von mehr als 65 Kilometer in starken Feldbefestigungen gegenüberlagen. Die Japaner griffen als erste an und eröffneten das Gewehrfeuer auf etwa 800 Meter, stürmten dann gebückt vor, um sich auf ein mit der Hand gegebenes Zeichen hinzuwerfen. Ihre Gefechtsdisziplin war ausgezeichnet. Ein Bataillon arbeitete sich etwa bis auf 400 Meter an das Angriffsziel heran, um von hier aus zum Sturmangriff anzutreten. Bei Mukden drängte Nogi den russischen rechten Flügel zurück. Ein russischer Gegenangriff mit starken Kräften brach zusammen, und die Russen mußten sich zurückziehen.

Die russische Baltische Flotte unter Admiral Roschdjesdwenski mußte unter großen Schwierigkeiten um die halbe Welt fahren, denn die neutralen Staaten verweigerten den Russen das Recht, in ihren Häfen zu ankern. Nach dem Fall von Port Arthur hatte Togo seine Flotte nach Japan zurückgenommen, um die Schiffe reparieren zu lassen. Die russische Flotte war auf dem Papier ein sehr starker Verband. Sie bestand aus 38 Schiffen, zu denen allein 7 Schlachtschiffe gehörten. Angeblich waren die Schiffe in einem schlechten Zustand und die Besatzungen undiszipliniert, aber Togo nahm seinen Gegner ernst. Als die Russen am 27. Mai 1905 vor Tsuschima erschienen, wurden sie von Togos Flotte erwartet. Die Japaner hatten nur 4 Schlachtschiffe, glichen das aber

Nur durch Erfahrungen wird man klug

Die Flotte war die wirksamste Waffe der Japaner im russisch-japanischen Krieg

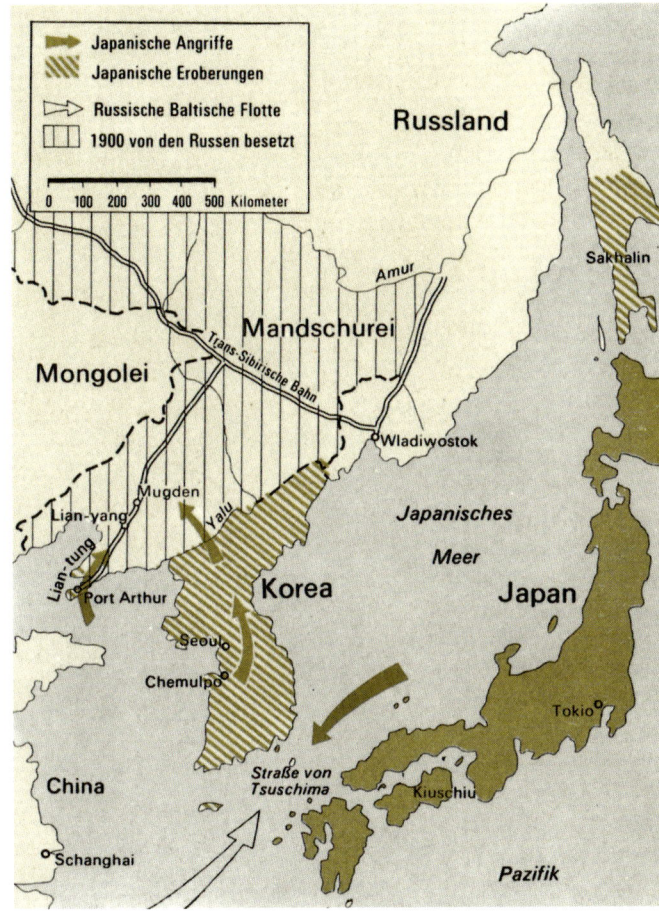

Der Kriegsschauplatz im russisch-japanischen Krieg

mit ihren Kreuzern aus. Die japanischen Schiffe waren moderner; die russische Flotte mußte sich nach der geringen Geschwindigkeit einzelner veralteter Schiffe richten.

Als die russischen Schiffe in die Schlacht gingen, waren sie so sehr mit Kohle überladen, daß sie sehr tief im Wasser lagen und sich nur schwer manövrieren ließen. Das Gefecht wurde von den Kreuzern eröffnet. Die höhere Geschwindigkeit der japanischen Schiffe erlaubte es diesen, in Linie vor der Spitze der russischen Linie vorbeizufahren. Die vordersten russischen Einheiten wurden dabei von den Japanern unter Feuer genommen, während die weiter rückwärts fahrenden Russen das Feuer nicht erwidern konnten. Die japanische Artillerie war ausgezeichnet, und in vierzig Minuten waren zwei russische Schlachtschiffe und ein Kreuzer außer Gefecht gesetzt. Nach etwas mehr als einer Stunde war die Gefechtsberührung verlorengegangen, aber am Abend griff Togo wieder an. Drei weitere russische Schlachtschiffe und ein Kreuzer wurden versenkt. Damit war die feindliche Flotte fast vernichtet. Der Rest wurde in der Nacht und während des ganzen folgenden Tages unermüdlich von japanischen Zerstörern verfolgt.

Die Schlacht von Tsuschima war die erste große Seeschlacht nach Trafalgar. Togos taktisches

Manöver war eine hervorragende Leistung. Es ist die Niederlage zur See gewesen, die die Russen schließlich veranlaßt hat, den Kampf aufzugeben und die Vermittlung des amerikanischen Präsidenten anzunehmen – nicht die Situation der Landtruppen bei Mukden. Im Frieden von Portsmouth im September 1905 wurden alle japanischen Forderungen in Korea, auf der Liautung-Halbinsel und auf der Südhälfte von Sachalin erfüllt, aber nicht mehr. Außenpolitisch gab es als Folge des russisch-japanischen Krieges kaum eine Veränderung, aber die Niederlage Rußlands wurde als böses Omen empfunden. Die russische Bevölkerung wurde von Unruhe ergriffen, das Zarenregime geschwächt, und die allgemeine Unzufriedenheit fand ihren Ausdruck in der Revolution von 1905. Es hieß, nicht nur in Japan, sondern in ganz Asien hätten die Meldungen darüber die Bauern, die die europäische Vorherrschaft abzuschütteln wünschten, in Erregung versetzt.

Aus den zwischen 1870 und 1914 geführten Kriegen lassen sich gewisse Schlüsse ableiten. Die Verwendung von Minen, Torpedos und U-Booten war in der Seekriegführung das Neueste und Wichtigste. Togo hatte ein neues taktisches Konzept gefunden, das sich im Zeitalter des Dampfschiffs und weitreichender Geschütze als geeignet erweisen sollte. In seinem vielbeachteten Buch *The Influence of Seapower on History* (1890) analysiert der amerikanische Marinehistoriker A. T. Mahan die Rolle der Seestreitkräfte. Der zum großen Teil durch den Außenhandel und die Kolonien gebildete Reichtum eines modernen Staats machte seine Stärke aus. Jeder Teil der Welt war wirtschaftlich mit Europa verbunden. Aus diesem Grund mußte jeder voranstrebende Staat eine starke Kriegsflotte unterhalten und sich auf eine weltweite Seestrategie einstellen. Ein moderner europäischer Krieg konnte nur noch ein Weltkrieg sein.

Die Situation hinsichtlich der Landkriegführung wurde nicht so klar erkannt. In den Kriegen dieser Periode hatte es sich gezeigt, eine wie starke Gefechtsart die Verteidigung war. Der Infanterieangriff gegen mit Stacheldraht geschützte Feldstellungen, in denen der Feind sich mit Gewehr-, Artillerie- und Maschinengewehrfeuer und Handgranaten verteidigte, wurde zu einem schwierigen und verlustreichen Unternehmen. Der Spaten war zu einem der wichtigsten Ausrüstungsstücke geworden. Nur durch Eingraben konnte man sich gegen Maschinengewehre und Artillerie schützen.

Noch einige Zeit nach 1870 haben militärische Denker versucht, aufgrund der Erfahrungen im französisch-preußischen Krieg, Theorien aufzustellen. In Frankreich und Deutschland verließ man das „mathematische Denken" Jominis und setzte an seine Stelle die von Moltke modifizierten Theorien Clausewitz', wobei die taktischen Erwägungen mehr Raum einnahmen als die strategischen. Mit dem Fortschreiten der Technik und nachdem man in Europa längere Zeit keine Kriegserfahrungen mehr gesammelt hatte, wurden die Theorien immer wirklichkeitsfremder. Graf von Schlieffen, der deutsche Generalstabschef von 1891 bis 1905, stellte für den Fall eines Krieges gegen Frankreich den „Schlieffenplan" auf, über den wir im 20. Kapitel sprechen werden. Den Franzosen gebot es der Nationalstolz, das Schwergewicht auf die Offensive zu legen, und als Foch schrieb, „wie auch die Umstände sein mögen... es ist die Absicht, mit allen Kräften anzugreifen", wurde, wie Dr. Luvaas es ausdrückt, „die Unbesonnenheit zum besten Teil der Tapferkeit". Mehr als je zuvor glaubte man den Sieg durch Umfassungsangriffe erzwingen zu können. Wenn dieser Versuch mißlang, geriet man an einen toten Punkt.

Die Sorgen in der britischen Armee um ihre rechtmäßigen Interessen zeitigten unrealistische Auffassungen vom Kriege. 1906 gründeten einige britische Regimenter das *Cavalry Journal*, das den Gedanken propagierte, die Stoßkraft des Kavallerieangriffs sei eine wichtige taktische Ergänzung der Feuerkraft der Infanterie. Da die Buren als berittene Schützen gekämpft hatten, sah man es für gerechtfertigt an, die Kavallerie, die ihre Bedeutung längst verloren hatte, zu erhalten.

Anstatt die Bedeutung von Feldbefestigungen, Stacheldraht und modernen Handfeuerwaffen zu erkennen, ignorierten die meisten Militärs in Europa die Schlacht bei Plewna, betrachteten die Kämpfe in Südafrika als bedeutungslose Guerillaunternehmungen und glaubten, stolz darauf sein zu dürfen, daß der japanische Sieg ein Triumph des Moltkeschen Systems sei. Die Völker in Südosteuropa gerieten 1885, 1897 und 1911–1913 in bewaffnete Konflikte. Der industrielle Wettbewerb und das Wettrüsten zwischen den Großmächten intensivierten sich, und die außenpolitischen Spannungen wurden immer stärker.

Wie der zukünftige totale Krieg aussehen würde, schilderte der Warschauer Bankier I. S. Bloch ganz deutlich in seinem 1898 herausgegebenen Buch. Er glaubte, es werde bald zu einem größeren Krieg kommen, und meinte, in diesem Fall werde es sich nicht vermeiden lassen, daß die Kampfhandlungen zwischen den europäischen Großmächten zu einem lange unentschiedenen Ringen führten, und zwar aufgrund der technischen Entwicklung der Waffen und weil alle politischen und wirtschaftlichen Kräfte der beteiligten Mächte den Kriegsanstrengungen würden dienen müssen. Dabei werde die Zivilbevölkerung unsagbar leiden, einen Sieger werde es nicht geben, und die bestehende Gesellschaftsordnung müsse am Schluß zusammenbrechen. Die meisten Soldaten in Europa beachteten die Warnungen Blochs nicht, weil er kein Berufssoldat war. Auch aus dem amerikanischen Bürgerkrieg wollten sie nichts lernen, weil sie meinten, er sei von Dilettanten geführt worden – eine seltsame Auffassung!

Immerhin gab es in Bloch einen Mann, der sich nicht scheute, der Welt zu sagen, was geschehen könnte und was dann wirklich auch geschah – wie wir es in den folgenden beiden Kapiteln sehen werden.

Die Kriegführung in den Jahren 1815–1945

1914/18 kam es im Stellungskrieg zum völligen Stillstand und schwersten Verlusten durch Artilleriefeuer und Giftgas. Französische Truppen mit Gasmasken bereiten sich darauf vor, einen Angriff abzuwehren

20 · Der Weltkrieg 1914/18

Der Konflikt, der im August 1914 in Europa begann, entwickelte sich zum blutigsten Krieg der Weltgeschichte. Seine einzige, wirklich ergreifende Folge waren die Verluste an Menschenleben, und sie haben mein militärisches Denken entscheidend beeinflußt. Viele Gefallene haben nicht einmal ein Grab gefunden, denn sie wurden von Granaten in Stücke gerissen. Zum Teil bestanden sogar die Schützengräben aus aufgeschichteten Leichen, die dann von Ratten aufgefressen wurden. Wir werden uns zunächst mit der Rolle der politischen und militärischen Führung beschäftigen, denn bei diesen Männern liegt schließlich die Verantwortung für alles, was im Kriege geschieht. Die militärische Führung an der Westfront in Europa ist tragischerweise ganz augenscheinlich vom Denken des französischen Generals Foch beherrscht gewesen, der gesagt hat, „... Krieg zu führen heißt immer angreifen". Es mußte unter allen Umständen angegriffen werden. Gegen die ungeheure Defensivkraft der Maschinengewehre, des Stacheldrahts, der Schützengräben und der Artillerie kannten die Generäle kaum eine andere Antwort als den Angriff, den Sturmangriff des Infanteristen über das Niemandsland, bei dem jeder Soldat fast die Hälfte seines Körpergewichts an Ausrüstung mitschleppte. All das habe ich selbst miterlebt und erlitten. Ich habe deutlich erkannt, daß diese Taktik nicht der Schlüssel zum Sieg ist.

Der Leser wird begreifen, daß es eine sehr schwierige Aufgabe ist, den Krieg von 1914/18 in einem einzigen Kapitel vernünftig und lesbar darzustellen. Die meisten Verfasser haben dazu ein ganzes Buch oder sogar mehrere Bücher geschrieben. Aber das ist mein Problem. Ich werde versuchen, diesen Krieg so zu behandeln, daß er sich in das Gesamtbild der Geschichte der Kriegskunst im Rahmen dieser Studie einfügt. Es wird ein düsteres Gemälde werden, das nur wenige Lichtpunkte zeigt. Meine Kampfgefährten in diesem Krieg waren hervorragende junge Männer, die nicht wußten, was ihnen bevorstand, die aber ihr Leben einsetzten, weil die politischen Führer uns gesagt hatten, dies sei ein Krieg, der geführt würde, um künftige Kriege unmöglich zu machen. Wir wollen zunächst die Kriegsgründe untersuchen und feststellen, ob der bewaffnete Konflikt hätte vermieden werden können.

Am 28. Juni 1914 fiel der Generalinspekteur der österreichisch-ungarischen Armee, Erzherzog Franz Ferdinand in Bosnien einem Attentat zum Opfer. Österreich nahm zu Recht an, die proserbische Stimmung in Bosnien sei schuld an diesem Zwischenfall, und stellte am 25. Juli ein Ultimatum an Serbien. Die Kriegserklärung folgte am nächsten Tag. Am 30. Juli machte Rußland, das die Rolle des Beschützers der slawischen Völker übernommen hatte, mobil. Deutschland war mit Österreich verbündet. Frankreich und Großbritannien waren Verbündete Rußlands. Alarmiert durch die rasche Aufeinanderfolge der Ereignisse übernahm jede Macht die ihr zufallende Rolle. Anfang August standen sich Deutschland und Österreich, die „Mittelmächte", einerseits, und Frankreich, Belgien, Großbritannien und Rußland, die Mächte der

Die Kriegführung in den Jahren 1815–1945

„Entente" andererseits, im Krieg gegenüber. Im September trat die Türkei offen auf die Seite der Mittelmächte. Andere Länder traten später in den Krieg ein.

Der Anlaß für den Konflikt 1914/18 war ein Mord auf dem Balkan. Kein Staatsmann und kein Volk in Europa hatte den Krieg gewünscht. Niemand hatte ihn absichtlich herbeigeführt. Bei einem Austausch diplomatischer Noten versuchten die politischen Führer der beteiligten Mächte – Berchtold für Österreich, Sasonow für Rußland, Bethmann Hollweg für Deutschland, Viviani für Italien und Asquit für Großbritannien - die Sicherheit ihrer Länder zu erhalten. Aber sie alle schätzten die Lage falsch ein. Gesten, die dazu bestimmt waren, die andere Seite zu bluffen oder abzuschrecken, provozierten leidenschaftliche Reaktionen, mit denen man nicht gerechnet hatte. Die Politiker spielten ihr diplomatisches Spiel in einer Atmosphäre, in der der kleinste Funke die Explosion auslösen konnte.

Es bestanden zwischen den einzelnen Mächten erhebliche Rivalitäten. Großbritannien sah in Deutschland einen gefährlichen Konkurrenten auf wirtschaftlichem und industriellem Gebiet und hatte seine Kriegs- und Handelsflotte entsprechend vergrößert. Im Wahlkampf für die allgemeinen Wahlen 1911 hatten sich die Konservativen die anti-deutsche Stimmung zunutze gemacht. In Frankreich hatte man die Niederlage von 1870/71 nicht vergessen und konnte die Abtretung Elsaß-Lothringens nicht verschmerzen. Deutschland und Rußland hatten einander widersprechende Interessen auf dem Balkan. Das auf schwachen Füßen stehende Ottomanenreich hatte eigentlich bei einem Konflikt nichts zu gewinnen, aber die Deutschen hatten die Türken schon längere Zeit umworben, die andererseits mit Rußland und Großbritannien eine alte Rechnung zu begleichen hatten, denn diese beiden Mächte hatten sie im 19. Jahrhundert zum Teil unterstützt, zum Teil aber auch drangsaliert. Zwar mußten diese Antagonismen nicht unbedingt zum Kriege führen, sie haben aber eine Atmosphäre geschaffen, in der es leicht zum Krieg kommen konnte.

Die Lage wurde noch gefährlicher durch den Umstand, daß kein Verantwortlicher, ja überhaupt nur ganz wenige Menschen wußten, was ein Krieg bedeuten würde. Man konnte sich nicht vorstellen, daß eine kriegerische Auseinandersetzung größere Ausmaße annehmen würde als die jüngst erlebten Balkankriege, und deshalb nahm man gegenüber dem Krieg eine zu leichtfertige Haltung ein. Der entscheidende und verhängnisvolle Schritt war auf jeder Seite der Mobilmachungsbefehl. Von diesem Augenblick an verlor man die Kontrolle über den weiteren Ablauf der Ereignisse, die jetzt durch die Kriegspläne der Generalstäbe diktiert wurden. Diese Pläne entsprachen den militärischen Vorstellungen ihrer Zeit und waren offensiv. Auf die diplomatische Unvernunft folgte die militärische Eskalation. A. J. P. Taylor schreibt, die großen Armeen, die die Sicherheit der Völker garantieren sollten, zogen diese Völker „allein durch ihr Gewicht in den Krieg".

Ein Zwischenfall auf dem Balkan löste also extreme Maßnahmen aus. Hätten jedoch damals führende Politiker erkannt, welche Konsequenzen sich aus diesen Maßnahmen ergeben mußten, und wäre die Welt rechtzeitig gewarnt worden, dann hätte die fürchterliche Katastrophe von 1914 vermieden werden können. Cyril Falls schreibt:

> Großbritannien hat 1914 bis zum letzten Augenblick keine Verpflichtungen übernommen, und auch dann nur mit Einschränkungen. Wahrscheinlich hätte die britische Regierung, die 1906 die Amtgeschäfte übernommen hatte, durch eine kühnere Politik und eine klarere Haltung gegenüber Frankreich den Krieg vermeiden können.

Ich habe oft mit Winston Churchill über diese Frage gesprochen. Er meinte, nachdem die Ereignisse auf dem Balkan in Fluß gekommen seien und Deutschland darin verwickelt worden wäre, hätte niemand den Krieg verhindern können, er sei unvermeidlich geworden. Das sind interessante Überlegungen, aber mir scheint, niemand hat *versucht*, den Krieg zu verhindern.

Sobald die Mobilmachung lief, konnte der einzelne keinen Einfluß mehr auf den Ablauf des Geschehens nehmen. Der deutsche Mobilmachungsplan zeichnete sich durch seine kühnen, offensiven Ideen aus. Damit wollte Deutschland die Initiative an sich reißen, und der deutsche Kriegsplan hat auch in der Tat den Hauptkurs der Ereignisse in der Eröffnungsphase im Herbst 1914 diktiert und die Kriegsschauplätze für den ganzen Krieg festgelegt. Er war ursprünglich von Graf Schlieffen aufgestellt worden, der 1891 bis 1906 Chef des Generalstabes war, aber 1914 nicht mehr erlebt hat. Nach seiner Auffassung mußte Frankreich schnell mit starken Armeen angegriffen und in sechs Wochen geschlagen werden, ehe man sich gegen Rußland wendete. Ein Einfall in französisches Gebiet kam nicht in Frage, da die französische Grenze durch mit starken Verbänden besetzte Befestigungen gesichert war. Nach Schlieffens ursprünglichem Plan sollten die Franzosen zum Angriff herausgefordert und von den Deutschen am linken Flügel in Lothringen gebunden werden, während die deutschen Hauptkräfte am rechten Flügel offensiv durch Belgien vorstoßen und dann in einer Umfassungsbewegung nach Südosten angreifen sollten. Aber sein Nachfolger, der zweite Moltke, hatte den Plan verändert und den deutschen linken Flügel verstärkt. Noch auf dem Sterbebett soll Schlieffen gesagt haben: „Es muß zum Kriege kommen, nur macht den rechten Flügel stark."

Ich habe mich über diesen Plan ausführlich mit Liddell Hart unterhalten. Er hat recht, wenn er ihn mit einer „Drehtür" vergleicht. „Je stärker die Franzosen bei ihrer ersten Offensive vorandrängten, mit desto größerem Schwung würde die Tür auf der anderen Seite herumschwingen und sie im Rücken treffen." In seinem Vorwort zu *Der Schlieffenplan* von dem deutschen Verfasser G. Ritter schreibt Liddell Hart: „Es war ein Entwurf von napoleonischer Kühnheit." Dann fährt er fort, der Plan hätte vielleicht in die napoleonische Zeit gepaßt, aber jetzt seien die Franzosen in der Lage gewesen, Truppen mit der Eisenbahn entlang der Sehne des „Sichelschwungs" hinter der Front zu verschieben, und deshalb habe er in moderner Zeit nur geringe Aussichten auf Erfolg gehabt. 1914 versagte der Schlieffenplan aus logistischen Gründen. Der Vorstoß deutscher Infanterie und bespannter Verbände wurde durch zerstörte Brücken und Eisenbahnlinien aufgehalten, während die Franzosen auf der Eisenbahn schneller waren. Man kann dieser Auffassung widersprechen, aber sie läßt sich auch vertreten.

Alle anderen 1914 in den Krieg eingetretenen Mächte verfügten nur über sehr skizzenhafte Pläne. Österreich glaubte, Serbien schnell niederwerfen zu können und wollte dann nach Nordosten gegen die Russen vorgehen. Über die französische Auffassung sagt Joffre:

> Einen schriftlich festgelegten Operationsplan hat es niemals gegeben ... Ich habe mich von keinem anderen Gedanken leiten lassen als von dem festen Entschluß, mit allen verfügbaren Kräften in die Offensive zu gehen.

Anders als die Deutschen wollten die Franzosen die belgische Neutralität respektieren. Großbritannien hatte keine Massenarmee, konnte aber den Feind zur See blockieren und mit einem schwachen Expeditionskorps die französische linke Flanke decken. Die Russen wollten mit zwei Armeen eine Offensive gegen Ostpreußen führen. Weitere Verbände im Süden sollten die österreichischen Kräfte nördlich der Karpathen einschließen.

Zunächst entwickelte sich alles gemäß dem Schlieffenplan, aber die Deutschen blieben sehr bald hinter dem Zeitplan zurück. 350000 Mann gingen nach Lothringen und 400000 in die Ardennen vor. Am 4. August waren insgesamt drei deutsche Armeen mit 750000 Mann zu einem

Umfassungsangriff durch Luxemburg und Belgien angesetzt. Die Franzosen gingen, wie der Gegner es gehofft hatte, in Nordostfrankreich zur Hauptoffensive vor, mit 450000 Mann in Lothringen und mit 360000 in den Ardennen. Bis zum 24. August hatten sie hier schwere Verluste und mußten sich hinter die Grenze zurückziehen. Die Belgier hatten den deutschen Vormarsch nicht aufhalten können. Am 20. August vollendeten die Deutschen ihre Umfassungsbewegung um Brüssel und wendeten sich gegen die Franzosen an der französisch-belgischen Grenze unter Lanrezac, der sich einer zweifachen Übermacht gegenübersah und versuchte, eine Stellung an der Sambre zu halten. Das gelang nicht. Unter starkem feindlichen Druck ging er zurück, als die etwa 100000 Mann starken britischen Kräfte unter Sir John French den Raum um Mons erreichten und von den Deutschen angegriffen wurden.

Die Alliierten leisteten heftigen Widerstand und gingen nur langsam zurück. Am 23. August wurden die Deutschen bei Mons, am 26. bei Le Cateau und am 29. bei Guise aufgehalten. Der Zeitplan konnte nicht mehr eingehalten werden, und die Deutschen waren überrascht von der Heftigkeit des feindlichen Widerstandes. Der schon verlangsamte deutsche Vorstoß geriet vor Paris ins Stocken, und am 30. August ließ der Befehlshaber der deutschen Ersten Armee von Kluck – der Armee am weitesten rechts – seine Verbände ostwärts an Paris vorbeistoßen, anstatt es einzuschließen. Die Alliierten gruppierten ihre Kräfte um, und französische Truppen stießen von Paris her gegen die Flanke der Armee Klucks vor, die am 5. September nach Nordosten auszuweichen begann. Von diesem Augenblick an verliefen die Operationen nicht mehr nach dem deutschen Kriegsplan. Joffre hatte inzwischen starke Kräfte aus Lothringen freigemacht und griff die Armee Bülows an der Marne an. Die Fronten erstarrten hier, bis die Briten in die am rechten Flügel Bülows nach dem Rückzug Klucks entstandene Lücke vorstießen und auch Bülow zwangen, zurückzugehen. Diese Kämpfe, bei denen die Deutschen sich bis hinter die Aisne zurückziehen mußten, sind als Marneschlacht in die Geschichte eingegangen. Dies war eine der wenigen Schlachten im ersten Weltkrieg, die entscheidende strategische Bedeutung haben sollte. Allerdings erkannte man das damals noch nicht. Diese Operationen haben es verhindert, daß die Deutschen den Krieg gewannen.

Hinter der Aisne gruppierten die Deutschen ihre Kräfte um und gruben sich ein. Am 17. September kam der französische Angriff zum Erliegen. Jetzt begann das Wettrennen nach Norden, bei dem beide Seiten einander zu überflügeln suchten. Beide Gegner verlängerten ihre Fronten von der Aisne aus über Amiens und Arras und standen sich immer noch gegenüber, als sie die Küste bei Nieuport in Flandern erreicht hatten. Mit dem Ziel, die alliierte Front aufzurollen, begannen die Deutschen die erste Schlacht bei Ypern, konnten aber trotz heftiger Angriffe mit überlegenen Kräften keinen Durchbruch erzwingen. Auch im Südosten bei Nancy verhärteten sich die Fronten.

Ende 1914 begann für die erschöpften Soldaten der erste Kriegswinter, und die ganze Westfront erstarrte im Stellungskrieg. Stacheldraht und Maschinengewehre beherrschten das Schlachtfeld. Vergeblich versuchten die Generäle auf beiden Seiten, die gegnerische Front zu durchbrechen, aber sie fanden nicht die richtige Lösung und vernichteten nur immer mehr Menschenleben.

Am Weihnachtstag 1914 kam es zu einem seltsamen Zwischenfall. Soldaten beider Seiten trafen sich im Niemandsland, tauschten Zigaretten und spielten Fußball. Aber das gefiel ihren Vorgesetzten nicht, die freundschaftliche Verbrüderung wurde verboten – und wiederholte sich nicht mehr.

Die Deutschen hatten den Gegner im Westen nicht in sechs Wochen besiegen können, und deshalb ließen sich auch die Operationen im Osten nicht planmäßig durchführen. Zunächst war alles erwartungsgemäß verlaufen. Die Österreicher waren in Serbien zurückgedrängt

Der Weltkrieg 1914/18

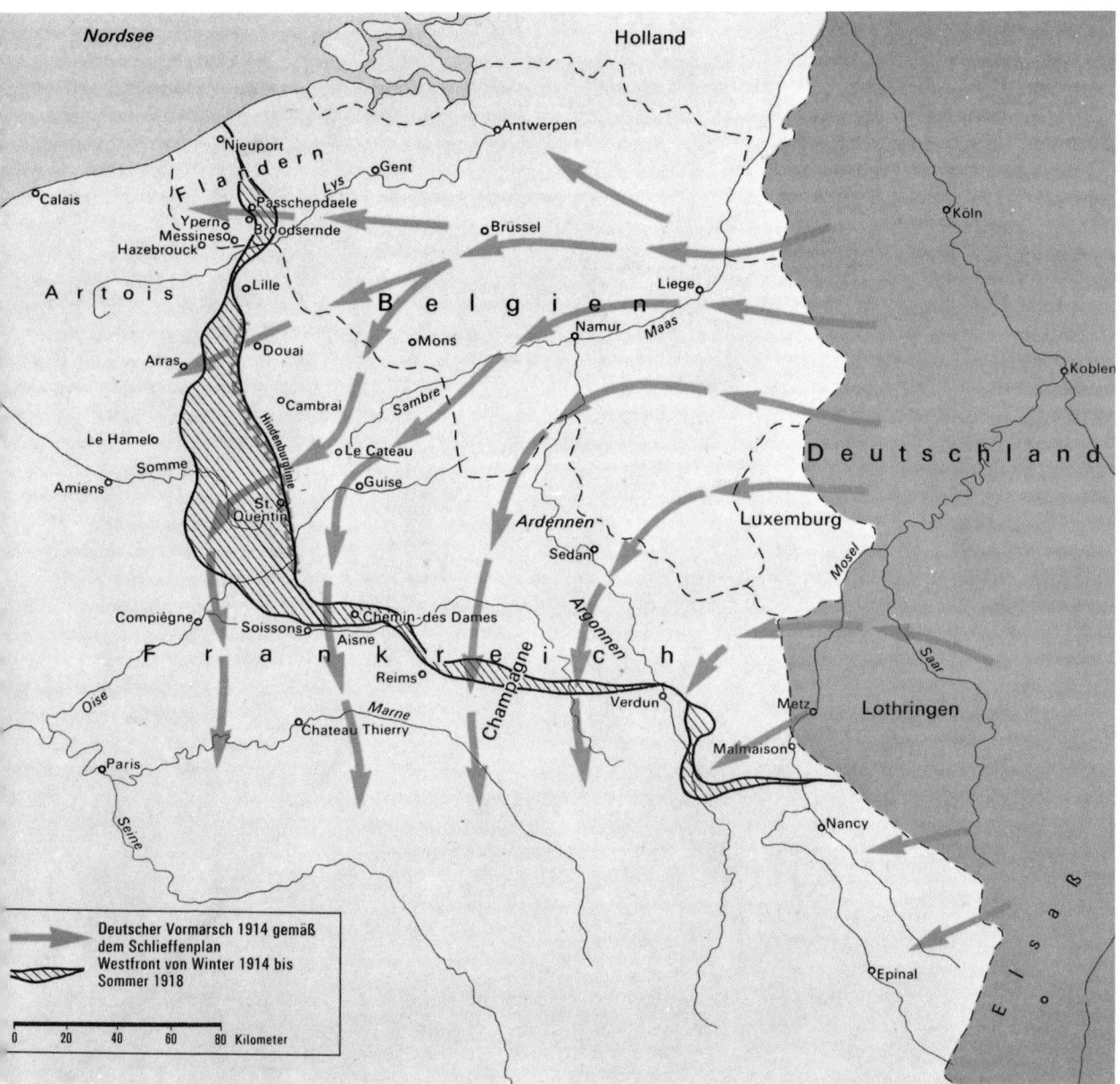

Der Schlieffenplan und die Westfront

worden, und die Russen waren schnell vorangekommen. Sie zeigten allerdings Eigentümlichkeiten, die auch weiterhin kennzeichnend für sie waren: Bündnistreue und militärische Unfähigkeit. Der russische Oberbefehlshaber, Großfürst Nikolai Nikolajewitsch stieß auf Ersuchen der Franzosen im August mit zwei Armeen nach Ostpreußen vor, obwohl seine Verbände gänzlich unvorbereitet waren. Das Operationsgebiet wurde durch die Masurischen

Die Kriegführung in den Jahren 1815–1945

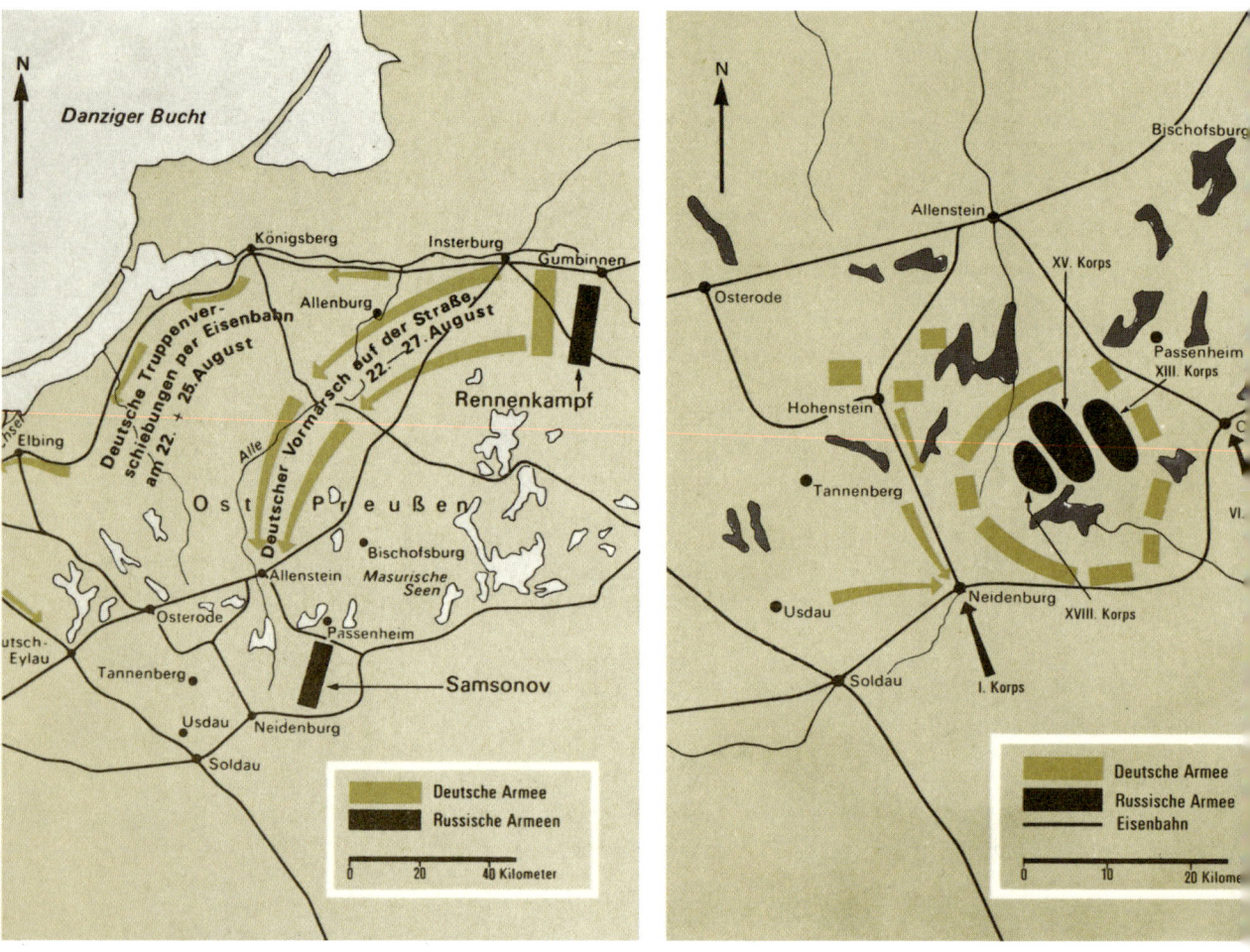

Die Schlacht bei Tannenberg

Seen in zwei Teile zerschnitten, und eine Armee unter General Rennenkampf ging nördlich der Seen, die andere unter General Samsonow parallel dazu im Süden vor. Als Rennenkampf die Grenze überschritt, hatten die Deutschen nur eine Armee unter General Prittwitz in Ostpreußen. Rennenkampf führte seine Operationen nicht energisch genug durch, und seine Armee befand sich in einem trostlosen Zustand. Er hatte zum Beispiel in seinem Stab zwar Kompasse, aber keine Karten. Als er jedoch am 20. August bei Gumbinnen auf ein deutsches Korps stieß, errang er aufgrund seiner zahlenmäßigen Überlegenheit einen Sieg. Zwischen ihm und Samsonow bestand, vor allem wegen persönlicher Antipathien, kaum eine Verbindung. Der temperamentvolle und ungeduldige Samsonow kam zu dem voreiligen Schluß, die deutsche Armee sei vernichtet, und stieß deshalb so rasch wie möglich weiter nach Westen vor.

Darauf schlug Prittwitz dem Chef des Generalstabes vor, die deutsche Armee bis hinter die Weichsel zurückzunehmen. Er wurde seines Kommandos enthoben und von General Paul von Hindenburg abgelöst, der auch im weiteren Verlauf der Ereignisse eine wichtige Rolle gespielt hat. Hindenburg wurde 1847 geboren, trat in das preußische Kadettenkorps ein und wurde mit 18 Jahren Leutnant in einem Garderegiment. Er nahm aktiv an den Kriegen 1866 und 1870/71 teil. In den folgenden 40 Jahren stieg er vom Hauptmann zum General auf – nicht wegen seiner hervorragenden Leistungen, die er nicht aufzuweisen hatte, sondern weil er ein guter und gewissenhafter Offizier war. 1911 trat er im Alter von 64 Jahren in den Ruhestand. Am 22. August 1914 wurde er mit 67 Jahren zum Befehlshaber der deutschen Achten Armee in Ostpreußen ernannt. Einer der begabtesten Offiziere des Heeres, der neunundvierzigjährige General Erich Ludendorff, wurde ihm als Chef des Stabes zugeteilt. Hindenburg erkannte sofort die überragende Intelligenz Ludendorffs (die ihm fehlte) und entschloß sich, seine militärischen Gaben dadurch zu nutzen, daß er ihm weitgehend freie Hand ließ. Am 23. August trafen beide Offiziere im Hauptquartier der Achten Armee in Marienburg ein. Zehn Tage später war die Schlacht bei Tannenberg gewonnen. Den Ruhm erntete natürlich Hindenburg als Oberbefehlshaber. Er wurde mit einem Schlage berühmt und zum Idol der Deutschen. Bis kurz vor Kriegsschluß 1918 trennte er sich nicht mehr von Ludendorff – und das ist ein Beweis für seine Klugheit.

Nach dem Eintreffen in Marienburg stellte Ludendorff fest, daß Oberstleutnant Hoffman vom Stab des Generals von Prittwitz schon Maßnahmen eingeleitet hatte, die seinen eigenen Vorstellungen entsprachen. Rennenkampf hatte nichts getan, um seinen Erfolg bei Gumbinnen auszunutzen und war kaum von der Stelle gekommen. Samsonow dagegen rückte gefährlich näher. Die Deutschen entschlossen sich, Rennenkampf mit schwachen Truppen zu binden und alle verfügbaren Kräfte nach Süden gegen Samsonow zu führen. Der Plan war kühn, denn es bestand die Möglichkeit, daß Rennenkampf sich Samsonow anschloß. Aber man hatte einen seiner Befehle bei einem gefangenen russischen Offizier gefunden, und danach beabsichtigte er nichts, was das deutsche Vorhaben stören könnte. Jedenfalls hinderten ihn die Masurischen Seen daran, Samsonow direkt zu Hilfe zu kommen. Auch Samsonows Absichten waren den Deutschen bekannt, denn sie hatten russische Funksprüche im Klartext abgefangen. Auf seinem schnellen Vormarsch hatte Samsonow schon die Lücke an seiner ungeschützten rechten Flanke zu weit werden lassen. Das gab Ludendorff die Gelegenheit zum Handeln, die er sofort ausnutzte.

Vom 24. bis 27. August wurden die der Armee Rennenkampfs gegenüberliegenden Verbände ohne vom Feind bemerkt zu werden nach Süden verlegt. Zwei Korps marschierten nach Allenstein, eines wurde auf die Eisenbahn verladen und erreichte die Südfront auf einem Umweg. Am 27. lagen nur noch zwei deutsche Kavalleriebrigaden den Verbänden Rennenkampf gegenüber. Während diese Truppenbewegungen stattfanden, war die Lage der deutschen Truppen gegenüber Samsonow sehr kritisch geworden, denn sie mußten den russischen Vormarsch gegen einen sechsfach überlegenen Feind aufhalten.

Am 26. August waren schon einige Verstärkungen eingetroffen, und Ludendorff konnte seinen taktischen Plan zur Ausführung bringen. Er wollte Samsonow in der Mitte aufhalten, die Flügel zurückdrängen und damit den Weg für die Einschließung der Hauptkräfte freimachen. Am 26. kamen die Deutschen in harten Gefechten schon etwas voran, aber Samsonow war durch diese Entwicklung kaum beeindruckt. Er führte selbst das Kommando im Zentrum und hat wahrscheinlich nicht gewußt, was an seinen Flanken geschah. Am 27. griffen die Deutschen mit starken Kräften an, drängten die Russen im Norden von Allenstein nach Bischofsburg und im Süden von Usdau nach Neidenburg zurück.

Am 28. August begann die entscheidende Phase der Schlacht. Der deutsche rechte Flügel drang bis Neidenburg vor, der linke wendete sich nach innen gegen Passenheim. Auch gegen das Zentrum begann ein starker Angriff. Vom 28. bis zum 30. August wurden die russischen Flügel ganz abgedrängt, und das russische Zentrum konnte abgeschnitten und eingeschlossen werden. Während der ganzen Zeit hing, wie Ludendorff sagte, Rennenkamps mächtiger Verband wie eine drohende Gewitterwolke im Nordosten. Aber er hatte die Lage richtig beurteilt; Rennenkampf unternahm nichts. Der 31. August war, wie Hindenburg sich ausdrückte, der „Tag der Ernte". In seiner Meldung an den Kaiser schrieb Hindenburg, der Ring um den größten Teil der russischen Armee habe sich gestern geschlossen. Die drei russischen Armeekorps, das XIII., XV. und XVIII., seien vernichtet. Man habe mehr als 60 000 Gefangene gemacht. Die Geschütze stünden noch im Wald, würden aber jetzt herangebracht. Die Beute sei ungeheuer. Die Korps außerhalb des Einschließungsrings, das I. und VI., hätten ebenfalls schwere Verluste erlitten und zögen sich in aller Eile über Mlawa und Myszaniec zurück.

Samsonow nahm sich das Leben. Die Schlacht bei Tannenberg war die brillanteste taktische Leistung im Krieg 1914/18. Ludendorff benannte die Schlacht nach der kleinen Ortschaft Tannenberg, die im Zentrum des deutschen Aufmarschgebiets gelegen war.*

Mit inzwischen eingetroffenen Verstärkungen krönten Hindenburg und Ludendorff ihren Sieg durch die jetzt folgenden Operationen gegen Rennenkampf. In der Schlacht an den Masurischen Seen wurden die Russen geschlagen und verloren 30 000 Gefangene. Damit stellten die Deutschen ihre Position im bisher schwer gefährdeten Ostpreußen wieder her, aber an anderen Fronten hatten die Russen Erfolge. Den Österreichern nahmen sie Galizien weg und trieben die Türken im Süden aus dem Kaukasus. Wäre Hindenburg in Ostpreußen geschlagen worden, dann hätte das die totale Katastrophe für Deutschland bedeutet. Aber so hatten die Russen schwere Rückschläge erlitten.

Im Winter 1914/15 hatte sich der erste Schwung des deutschen Kriegsplans erschöpft. Sein Ende zeichnete sich in den mehr oder weniger starren Fronten ab. Die politischen und militärischen Führer auf beiden Seiten versuchten, die Lage in den Griff zu bekommen. Jetzt ergab sich das folgende strategische Bild.

In der ersten Phase hatten die Deutschen bedeutende Erfolge erzielt. Im Westen hielten sie feindlichen Boden besetzt und hatten wichtige Industriegebiete in Frankreich überrannt. Im Osten hatten sie den Russen schwere Schläge beigebracht. Andererseits war der Gedanke, an zwei Fronten kämpfen zu müssen, für den deutschen Generalstab seit jeher ein Alptraum gewesen. Das war jetzt eingetreten. Österreich und der Türkei ging es nicht anders. Beide Verbündete verfügten zwar über erhebliche Kampfkraft, aber es war schon klar, daß die Deutschen sie wirtschaftlich, mit Truppen und Kriegsmaterial unterstützen mußten.

Falkenhayn war inzwischen Nachfolger Moltkes geworden. Seine Strategie im Jahr 1915 bestand darin, im Westen in der Defensive zu bleiben, die deutschen Geländegewinne zu halten und im Osten die Entscheidung zu suchen. Danach würden die Deutschen alle Kräfte im Westen konzentrieren und den Krieg siegreich beenden können. Da Deutschland zwischen der West- und Ostfront auf der inneren Linie kämpfte und über ein gutes Eisenbahnnetz verfügte, konnte man, solange die Reserven ausreichten, jeder neuen Bedrohung durch schnelle Truppenverschiebungen begegnen. Als Gegenmaßnahme gegen die britische Blockade entschlossen die Deutschen sich zum U-Bootkrieg.

Die Strategie der Alliierten war schlecht koordiniert. Erst im Dezember 1915 fand die erste militärische Konferenz aller Verbündeten Mächte statt. Der Krieg gegen Deutschland konnte nur durch einen entscheidenden Sieg an einer der beiden Hauptfronten gewonnen werden. Da

---

* Er tat es in Erinnerung an die am 15. Juli 1410 vom Deutschen Ritterorden gegen die Polen, verlorene erste Schlacht von Tannenberg, die, wie Ludendorff meinte, durch den jetzt gegen einen slawischen Gegner errungenen Sieg gerächt sei. (Anm. d. Übers.)

man einen solchen Erfolg an der russischen Front nicht erwartete, mußten die Alliierten versuchen, an der Westfront zu siegen. Die Franzosen, die große Gebiete an die Deutschen verloren hatten, sahen dies natürlich als die Hauptaufgabe an und betrachteten jede andere Vorstellung mit großem Mißtrauen. Die Russen waren bereit, ihre Operationen mit denen der westlichen Verbündeten abzustimmen, damit gleichzeitig ein möglichst starker Druck gegen beide Fronten der Mittelmächte ausgeübt werden konnte. Aber in der Praxis ließ sich dieses Ideal kaum verwirklichen.

Als bedeutende Seemacht sah Großbritannien es als seine Hauptaufgabe an, den Handel und die überseeischen Verbindungslinien der Deutschen zu blockieren. Zu Lande betrachteten die Briten die Westfront als die wichtigste. Darüber, wie diese Ideen in die Praxis umgesetzt werden sollten, war man sich aber in den führenden Kreisen nicht einig. Premierminister Asquit und der militärische Oberbefehlshaber Sir William Roberts stimmten Ende 1915 mit den französischen Wünschen überein und waren bereit, die britischen Streitkräfte an der Westfront zu verstärken. Die meisten Soldaten waren der gleichen Ansicht, aber andere meinten, man übersähe dabei weitere Möglichkeiten. Sie glaubten, die Deutschen an der Westfront könnten nur mit gleichstarken Kräften geschlagen werden. Großbritannien hatte jedoch nur eine kleine Armee und war nicht bereit, sie wesentlich zu vergrößern. Wäre es daher nicht besser, die Westfront den Franzosen zu überlassen, während die Briten ihren Beitrag durch eine indirekte Strategie leisteten, die wertvoller sein könnte und dabei Menschenleben schonte?

Es gab also in Großbritannien zwei Gruppen, die sogenannten „Östlichen" und die „Westlichen". Der bedeutendste Vertreter der „Östlichen" war Lloyd George, der glaubte, der Krieg könne gewonnen werden, wenn man die „Stützpfeiler" niederrisse, das heißt, wenn man zunächst die Verbündeten der Deutschen schlüge. Die „Westlichen" meinten, nur durch einen Sieg gegen die deutschen Hauptkräfte an der Westfront ließe sich die endgültige Entscheidung erzwingen.

Die gegen die deutschen Verbündeten gerichtete Strategie wurde vor allem von Winston Churchill und Lloyd George vertreten, die eine strategische Offensive in Südosteuropa befürworteten. In diesem Fall könnte die Türkei ausgeschaltet werden. Das würde Rußland an der Ostfront entlasten und die Versorgung der Russen mit westlichen Nachschubgütern ermöglichen. Österreich würde gezwungen werden, an zwei Fronten zu kämpfen, und die Deutschen müßten den Österreichern weitere Hilfstruppen zur Verfügung stellen. Nach einem Sieg gegen Österreich würden die Deutschen an drei Fronten kämpfen müssen. Das waren sehr bestechende Gedanken. Deshalb ging 1915 eine britische Expedition an die Dardanellen. 1915 und 1916 bemühten sich die Mittelmächte und die Entente um die Freundschaft der verschiedensten Länder in Süd- und Südosteuropa. 1915 trat Italien und 1916 Rumänien an die Seite der Alliierten. Serbien kämpfte schon gegen Österreich, Bulgarien andererseits schloß sich 1915 den Mittelmächten an.

Die alliierte Strategie in Südosteuropa hatte manches für sich. Zwar durfte man nicht erwarten, den Krieg auf einem Nebenkriegsschauplatz zu gewinnen, doch war es für die Alliierten sicher von Vorteil, hier die Oberhand zu gewinnen. Das war aber nicht so bald zu erreichen, und je länger es dauerte, desto mehr Truppen wurden dafür benötigt, die man sonst an anderer Stelle hätte einsetzen können. Schließlich mußte Großbritannien doch eine starke Armee aufstellen und die meisten Truppen an die Westfront schicken, wie es die „Westlichen" gefordert hatten.

Durch Initiative der Briten entstand im Nahen Osten ein neuer Kriegsschauplatz. Mit den Operationen in Ägypten, die sich dann auf Arabien, Palästina und Syrien ausdehnten, wollten die Briten ihre wirtschaftlichen Interessen, besonders am Suezkanal, sichern und von rückwärts einen Schlag gegen die Türken führen. Die bewaffnete Intervention in Mesopotamien war durch

Die Kriegführung in den Jahren 1815–1945

die Notwendigkeit gerechtfertigt, die Zugangswege zu den Erdölquellen am Persischen Golf offenzuhalten, obwohl die Franzosen ihren Verbündeten mißtrauten und glaubten, die imperialistische Habgier der Briten sei das wahre Motiv.

Um das strategische Bild zu vervollständigen, müssen wir auch die Ereignisse in anderen Teilen der Welt erwähnen. 1914 besetzten die Japaner deutsche Gebietsteile in Schantung und verstärkten von 1914 bis 1918 ihren Einfluß in China. Sie hatten sicher imperialistische Ambitionen. Wo Kolonien beider Parteien aneinandergrenzten wie in Afrika und im Südpazifik, kam es auch zu Kämpfen. Die Deutschen glaubten, die Nebenkriegsschauplätze eigneten sich dazu, den Gegner zu beunruhigen. Truppen beider Seiten wurden von den Hauptkriegsschauplätzen abgezogen, aber es waren bedeutend mehr britische und französische als deutsche. Im ganzen darf man aber sagen, daß die Kriegsschauplätze außerhalb Europas nur geringe strategische Bedeutung hatten. Der Krieg 1914/18 war in der Hauptsache ein europäischer, erst später nannte man ihn den „Weltkrieg", weil Kontingente aus vielen Teilen des britischen Weltreichs in Europa kämpften und weil die Vereinigten Staaten 1917 der Entente beitraten. Da jedoch die Rolle der Seestreitkräfte im allgemeinen passiv blieb, war es weniger ein Weltkrieg als andere frühere Konflikte wie etwa der Siebenjährige Krieg.

Nachdem wir uns einen allgemeinen Überblick verschafft haben, werden wir uns im folgenden mit den Kampfhandlungen und der militärischen Führung auf den einzelnen Kriegsschauplätzen beschäftigen.

Wie oben gesagt, erstarrte der Krieg nach der Schlacht bei Ypern an der Westfront im Stellungskrieg. Die deutsche Front verlief von Flandern bis zur Schweizer Grenze und hatte im Nordabschnitt eine weite Ausbuchtung, deren Scheitelpunkt sich etwa bei Compiégne befand. 1915 waren die wichtigsten Ereignisse zwei große alliierte Offensiven in Artois und zwei in der Champagne. Bei den Herbstoffensiven verloren die Franzosen 190000 Mann, die Briten 50000 und die Deutschen 40000. Der einzige Erfolg bestand darin, daß die deutsche Stellung geringfügig eingedrückt wurde.

Die großen Schlachten des Jahres 1916 waren die bei Verdun und an der Somme. Die Schlacht um Verdun dauerte fast zehn Monate. Nach französischen Schätzungen verloren beide Seiten 420000 Gefallene und 800000 Verwundete und Gaskranke. Das waren zusammen fast 1,25 Millionen. Am Schluß verlief die Front in genau derselben Linie wie vorher. Alistair Horne schreibt in *The Price of Glory*:

> Bei Verdun gab es auf keiner Seite einen Sieg. Es war die unentschiedene Schlacht in einem unentschiedenen Krieg; die überflüssige Schlacht in einem überflüssigen Krieg; die Schlacht ohne Sieger in einem Krieg ohne Sieger.

Bei der Schlacht an der Somme vom 1. Jui bis zum 18. November verloren beide Seiten etwa 500000 Gefallene, Verwundete oder Gefangene. Die Alliierten gewannen einen nur wenige Kilometer tiefen Streifen verschlammten Bodens, der keinerlei strategischen Wert besaß.

Der auf deutscher Seite für die Operationen Verantwortliche war in diesen zwei Jahren Falkenhayn. Im September 1914 hatte er Moltke abgelöst und verhindert, daß das Versagen des Schlieffenplans zur Katastrophe führte. Er erkannte, daß es jetzt für die Deutschen am günstigsten sein würde, im Westen in der Defensive zu bleiben. Die einzige größere deutsche Offensive zwischen 1914 und 1918 war der Angriff gegen Verdun, eine Grenzfestung, die für die Franzosen zum Symbol wurde, und für deren Verteidigung sich die französische männliche Jugend weißgeblutet hat. Im August 1916 wurde Falkenhayn von Hindenburg und Ludendorff abgelöst. Bald bewährte er sich in Rumänien als guter Truppenführer. Er ist der einzige prominente Stratege auf beiden Seiten gewesen, der darauf hingewiesen hat, daß es klüger sei, nicht den totalen Sieg anzustreben.

Vor 1918 hat es an der Westfront keinen alliierten Oberbefehlshaber gegeben. 1915 und 1916 gab der französische Oberbefehlshaber, General Joffre, den Ton an. Die britischen Befehlshaber – im Dezember 1915 wurde French dem General Sir Douglas Haig unterstellt – waren zwar theoretisch selbständig, verfügten jedoch über zu geringe Kräfte, um eine eigene Strategie zu diktieren, deshalb folgten sie im allgemeinen der französischen. Joffre war hart und brutal und niemals bereit, nachzugeben, was es auch kosten mochte. Außerdem war er dumm. Daß er die Schlacht an der Marne gewann, war reines Glück. Liddell Hart sagt, er ließ eine Million Franzosen an der falschen Stelle gegen 1,5 Millionen Deutsche angreifen, und nur weil er in Lothringen versagte, konnte er die Deutschen im letzten Augenblick aufhalten, nachdem sie schon fast in den Rücken seiner Truppen marschiert waren. Da es 1915 keine offenen deutschen Flanken gab, die man hätte aufrollen können, trommelte Joffre im Frontalangriff gegen beide feindliche Flügel, um hier den Durchbruch zu erzwingen. Das darf man nicht als Strategie bezeichnen. In einem langen Leben, in dessen Verlauf ich an zahlreichen militärischen Operationen teilgenommen habe, habe ich gelernt, daß das strategisch Wünschenswerte mit den zur Verfügung stehenden Kräften auch taktisch möglich sein muß. Joffre hat diese fundamentale Wahrheit augenscheinlich nicht begriffen.

Die Alliierten waren fraglos gezwungen, offensiv zu operieren. Die Deutschen befanden sich auf französischem und belgischem Boden, und die öffentliche Meinung verlangte, daß man sie von dort vertrieb. Außerdem würden die Deutschen, wenn man sie an der Westfront in Ruhe ließ, mit um so stärkeren Kräften gegen die Russen im Osten vorgehen. Allerdings gab es für eine Offensive im Westen mehrere Möglichkeiten. Einmal konnte man den Gegner in einen „Sack" nach vorn locken, um ihn dann von den Flanken her einzuschließen, wie es 1918 fast zufällig gelang. Andererseits wäre es vielleicht möglich gewesen, mit Unterstützung der britischen Flotte und einem gleichzeitigen Angriff der Landtruppen in Flandern den Deutschen in die Flanke zu kommen. Aber man entschloß sich für das Einfachste, den direkten Frontalangriff in mehreren aufeinanderfolgenden Wellen. Mit solchen Methoden ließ sich nichts erreichen. Alle Truppenbefehlshaber unterschätzten die Stärke der taktischen Verteidigung. Hätten die alliierten Truppenführer die Kriegsgeschichte studiert und wären sie wirkliche Berufssoldaten gewesen, dann hätten sie schon Anfang 1915 erkannt, daß man mit Frontalangriffen keine positiven Ergebnisse erzielen kann. So aber entschlossen sie sich auch im folgenden Jahr, die gleichen Methoden – nur mit stärkeren Kräften – anzuwenden. Das war keine Kriegsführung, wie ich sie verstehe.

Die Defensivkraft lag vor allem bei den mit Gewehren und Maschinengewehren bewaffneten und von Artillerie unterstützten Männern in den Schützengräben. Wie sollte der Angreifer da bis auf Nahkampfentfernung herankommen? Der Grabenkrieg glich viel mehr dem Festungskrieg als der offenen Feldschlacht. Das war das Problem. Das hatte sich nicht nur im russisch-japanischen Krieg und in den letzten Balkankriegen gezeigt, sondern auch in den Gefechten bei Mons, Le Cateau und Guise, wo verhältnismäßig schwache Kräfte den großen deutschen Vorstoß aufgehalten hatten. Bei den ersten Kämpfen im Raum Le Cateau–Mons hatten zwei britische Divisionen ihre Stellungen gegen zwei deutsche Armeekorps gehalten. Ganz abgesehen von den logistischen Faktoren war es die taktische Stärke der Defensive, die bewirkte, daß die Ausführung des Schlieffenplans sich verzögerte und der Plan als solcher mißlang.

Ein eingegrabener Infanterist konnte in der Minute fünfzehn gezielte Schüsse ins Niemandsland abgeben. Das Maschinengewehr verschoß einen kontinuierlichen Strom von Geschossen.

Die Zahl der Maschinengewehre wurde ständig erhöht. Zunächst glaubte Haig, zwei pro Bataillon würden genügen, aber Lloyd George war anderer Meinung. Bei Kriegsende hatte jedes M.G.-Bataillon 48 Maschinengewehre. Ein weiteres Hindernis für den Angreifer war der Stacheldraht. Im Lauf der Zeit wurden die Verteidigungsanlagen immer besser ausgebaut. Die Deutschen verwendeten verschiedene Typen von Giftgas, das entweder auf die Atmungswege, auf die Tränendrüsen oder auf die Haut einwirkte. Das Senfgas war das schlimmste, denn es verursachte die gefährlichsten Verletzungen, und das Gelände blieb am längsten verseucht. Die Grabensysteme bestanden aus mehreren in die Tiefe gegliederten Linien, so daß der Angreifer nach Erstürmung des ersten Grabens kaum etwas gewonnen hatte. Man konnte jederzeit per Eisenbahn und im Kraftfahrzeug frische Reserven heranführen und in die Lücke werfen, ehe der Angreifer weiter vorankam. In der ersten Schlacht bei Ypern brachen die Deutschen zum Beispiel in die vordersten britischen Linien ein und kamen bis zu den Stellungen der rückwärtigen Dienste durch, konnten aber den Erfolg nicht ausnutzen. Im Winter 1916/17 bauten die Deutschen eine Auffangstellung aus, die sogenannte „Hindenburglinie", auf die sie sich Anfang 1917 zurückzogen. Diese Stellung hatte geländemäßige und strategische Vorteile. In den Gräben gab es tiefe, gegen Artilleriefeuer gesicherte Unterstände, betonierte M.G.-Stellungen, und Mannschaftsersatz und Material konnten per Eisenbahn bis an die vorderste Linie herangebracht werden.

Mit den vorhandenen Waffen war also die Defensive die stärkere Gefechtsart, aber vor dem Krieg hatte man eine Theorie aufgestellt, die Foch in den Worten zusammenfaßte: „Krieg zu führen heißt angreifen." Angeblich würden moderne Artillerie und Handfeuerwaffen den Angreifer so unterstützen, daß er seine Offensive auch gegen die stärksten Punkte der feindlichen Stellung richten könnte. Foch schrieb:

> Man kann eine Schlacht nicht physisch verlieren ... sondern nur moralisch ... Eine gewonnene Schlacht ist eine Schlacht, in der man sich nicht geschlagen gibt.

Auch ich würde sagen, daß eine Schlacht nicht verloren ist, solange der Oberbefehlshaber es nicht selbst glaubt. Es kommt aber auf eine wohlerwogene Lagebeurteilung an. Zwar wird jeder Truppenführer versuchen, dem Gegner seinen Willen aufzuzwingen, er muß aber wissen, in welchem Fall Besonnenheit der beste Teil der Tapferkeit ist. Der Wunsch, den Gegner zu schlagen, darf gegenüber der Beurteilung der tatsächlichen Möglichkeiten im Rahmen der Gesamtlage nicht das Übergewicht bekommen. Der gute Feldherr gewinnt zudem seine Schlachten unter möglichst geringen Verlusten an Menschenleben. Das läßt sich nicht immer durch blinde Offensiven erreichen. Oft empfiehlt es sich, in der strategischen Defensive zu bleiben, bis man ein lohnendes taktisches Ziel gefunden hat. Ist es gefunden, dann muß kühn gehandelt werden, nachdem man alles getan hat, um den Erfolg sicherzustellen. Foch hat das augenscheinlich nicht begriffen.

Normalerweise begann jeder Angriff nach artilleristischer Feuervorbereitung. Es folgten die Angriffswellen der Infanterie mit Gewehr und aufgepflanztem Seitengewehr. Maschinengewehre und Gas eigneten sich besser für die Verteidigung als im Angriff.

Den Offensiven an der Westfront ging oft ein viele Tage dauerndes Vorbereitungsfeuer der Artillerie voraus, das Breschen in die Stacheldrahthindernisse schlagen und vorher ausgemachte feindliche M.G.-Nester niederkämpfen sollte. Die deutsche Artillerie war zunächst an Qualität und Stärke überlegen, aber im Lauf der Zeit glich sich das aus. Allmählich setzte man immer mehr mittlere und schwere Artillerie ein. Die am meisten verwendeten britischen Geschütze waren der 25-Pfünder und die 6-Zoll-, 8-Zoll- und 9,2-Zoll-Haubitzen mit einer Reichweite von mehr als 10 Kilometern. Zwar schritt die Motorisierung langsam fort, aber die Artillerie war meist bespannt. Schwerere Waffen schossen manchmal von Eisenbahnlafetten. Es gab auch sehr schwere Geschütze wie die berühmte „dicke Berta" mit einem Kaliber von mehr als 40 Zentimeter, die vor allem von den Deutschen gegen Fernziele eingesetzt wurden. In diesem Kampf um befestigte Stellungen setzte man auch wieder die längst abgeschafften Mörser ein. Der massive Artilleriebeschuß erforderte eine bis ins einzelne gehende Organisation. Befehlstechnisch unterstellte man die artilleristischen Kräfte ganzer Frontabschnitte einem Artillerieführer, der die Feuerpläne bestimmte und das Feuer zum richtigen Zeitpunkt am richtigen Ort zusammenfassen konnte. Dabei halfen ihm die modernen Nachrichtenmittel, das Telefon, das Funkgerät und das Beobachtungsflugzeug. Schall- und Lichtmeßbatterien konnten feindliche Feuerstellungen vermessen. In den Jahren 1916 und 1917 waren diese artilleristischen Techniken gut entwickelt.

Diese Art der artilleristischen Vorbereitung schloß die taktische Überraschung aus. Bei nassem Wetter wurde der Boden so aufgewühlt, daß die Infanteristen das Angriffsgelände mit ihrer mehr als 60 Pfund wiegenden Ausrüstung nur unter großen Mühen überwinden konnten. Nach Beendigung des Vorbereitungsfeuers verließ die angreifende Infanterie, oft gedeckt durch künstlichen Nebel, die Schützengräben, überwand zunächst den eigenen Stacheldraht, schwärmte dann aus und griff im Schrittempo dem allmählich nach vorwärts verlegten Artilleriefeuer folgend an.

Ein Offizier des deutschen Infanterieregiments 180, das in der Sommeschlacht der brititschen 8. Division gegenüberlag, beschreibt einen recht charakteristischen Angriff:

> Plötzlich brach ein Artilleriesturm ohnegleichen los ... Es war ein rasendes Hämmern, Rollen, Krachen, Beben und Zittern ... Jede Verbindung nach vorn war zerrissen ... Was ging in der vordersten Linie vor sich? Dort saß alles, das Gewehr in der Hand, die Handgranaten am Gürtel oder zum Heraustragen in Kisten bereit, in den erhaltenen Unterständen und lauschte den wütenden Einschlägen ... Jedermann wußte, jetzt kam der Angriff, und es galt, den Augenblick nicht zu versäumen, in dem das Feuer nach rückwärts verlegt wurde und die Infanterie zum Sturm antrat. Schien auf deutscher Seite alles tot und öde zu sein, so war auf der englischen alles voll Leben. In den Sturmgräben stand Mann an Mann, drängte sich Stahlhelm an Stahlhelm.
>
> Punkt 8.30 Uhr vormittags schweigt das Feuer mit einem Schlage. Die Posten stürzen heraus ... Aus dem englischen Graben hebt sich eine ungeheure Schützenlinie. Dahinter kommt eine zweite, dritte, vierte ... Die Erde speit hüben wie drüben Menschen aus. Zu zweit, dritt, gruppenweise stürzen sich die Verteidiger in die Granatlöcher. Da wirft einer ein Maschinengewehr auf eine rasch geschaffene Auflage. ...Einige Griffe, und der tödliche Geschoßhagel schlägt dem Angreifer entgegen ... Gemächlichen Schrittes kommen die ersten Wellen an. Glauben sie doch, in den vorderen Gräben alles tot zu finden und erst im dritten Graben schwachen Widerstand erwarten zu dürfen ... Auf dieses mörderische Feuer, diese entschlossene Abwehr und diese nur die Vernichtung des Feindes suchende Nichtachtung des eigenen Lebens sind die Engländer nicht gefaßt. Überall bröckeln ihre Schützenlinien ab. Khakibraune Flecken bedecken die zerwühlte Erde. Da wirft einer die Arme mit der charakteristischen Bewegung, die den Tod anzeigt, in die Luft. Dort stürzt einer im Sprung zusammen. Hier sieht man Verwundete zurückeilen oder sich in Trichtern bergen. Dort wälzt sich einer schwer getroffen auf der Erde.
>
> Aber dem Angreifer fehlt es keineswegs an Mut und Entschlossenheit. Rascher fluten die Wellen heran, verschwinden für Minuten auf der schützenden Erde, schnellen sich in elastischen Sprüngen wieder vorwärts. Da fliegen deutsche Handgranaten aus den Trichtern und lichten die Reihen der Stürmer. Die englischen Bombenwerfer antworten ... ein unbeschreiblicher Schlachtenlärm rast die ganze Front entlang. Immer wieder prallen die feindlichen Menschenwogen an die Mauer der deutschen Soldatenleiber, fluten zurück, werden von neuen Wellen aufgenommen, vorwärtsgerissen, und zerstäuben wieder in dem Hagel der Spitzgeschosse, der ihnen entgegenschlägt.

Die Kriegführung in den Jahren 1815–1945

Eine deutsche M.G.-Gruppe nimmt nach einem Feuerüberfall der Artillerie Deckung in einem Granattrichter

So sah es im allgemeinen an der Westfront in Europa aus. Mit den vorhandenen Waffen und in der gegebenen strategischen Lage gab es kaum eine Möglichkeit, die Grabenkampfmethoden zu variieren und taktische Geschicklichkeit zu beweisen.

Dennoch hat es manchmal Männer gegeben, die mehr leisteten als das Normale. Bei Verdun versuchten die Deutschen zunächst den Gegner zu überraschen und am schwächsten Punkt anzugreifen, nicht am stärksten. Kühn und intelligent geführte Spähtrupps stellten im Schutz der Dunkelheit die schwachen Stellen beim Gegner fest. Wenn es sich zeigte, daß die Franzosen irgendwo besonders wachsam und stark waren, griff man anderswo an oder verlegte den Angriff auf später und setzte die Artillerievorbereitung fort. Bei kleineren Angriffsoperationen waren die Deutschen recht erfolgreich und erzielten Einbrüche in die feindliche Stellung. Sie nutzten die Flußbiegungen der Maas und das Gelände aus, um dem Gegner örtlich in die Flanke zu kommen. Mit gelben, roten und grünen Leuchtzeichen gab die Infanterie der Artillerie Signale. Diese Art der Zusammenarbeit gab es bei den Alliierten noch nicht. Beim Ausbau ihrer Stellungen waren die deutschen Truppen besonders tüchtig. Überall, besonders aber bei Verdun

Britische Infanterie verläßt einen Schützengraben zum Angriff über das Niemandsland

nutzten die Deutschen die wenigen taktischen Möglichkeiten besser aus als die Alliierten, aber am Schluß konnten sie den feindlichen Widerstand bei Verdun nicht brechen. Ebenso war es auch sonst im Stellungskrieg, denn nirgends kam es zu entscheidenden Erfolgen.

In der britischen offiziellen Geschichte heißt es über eine Gefechtsphase bei Passchendaele in der dritten Ypernschlacht von 1917:

> Die Geländeabschnitte, die unter Artilleriefeuer gelegen hatten, wurden zu einer versumpften Barriere ... Die Ufer der Hochwasser führenden Flüsse waren lange Sumpfstreifen, die man nur auf genau markierten, aber unter feindlichem Artilleriefeuer liegenden Pfaden überwinden konnte. Wer sie verließ, geriet in Gefahr, im Sumpf zu versinken.

Erschöpfung und Langeweile waren unter diesen fürchterlichen Bedingungen ebenso demoralisierend wie Schmutz und Gefahr. Aber wenn auch die Begeisterung allmählich abflaute, so blieben die Soldaten doch tapfer und waren bereit, ihr Leben einzusetzen. Über allem stand die Kameradschaft. Sidney Rogerson schreibt:

Die Kriegführung in den Jahren 1815–1945

Das Leben im Schützengraben war nicht nur schrecklich. Es setzte sich aus vielen Bestandteilen zusammen, aus Furcht und Langeweile, Humor, Kameradschaft, Tragik, Erschöpfung, Mut und Verzweiflung.

Eine bemerkenswerte, aber beschämende Tatsache ist es, daß viele höhere Offiziere nicht wußten, unter welchen Umständen ihre Soldaten kämpften. Normalerweise wurde befohlen, „ohne Rücksicht auf Verluste" anzugreifen, oft viele Tage lang. Die Männer, die hier kämpften, bewiesen ein anderes Kaliber als die Generäle, die die Befehle gaben. A.J.P. Taylor sagt zu Recht: „Der Held des Ersten Weltkriegs war der unbekannte Soldat." Man darf sagen, die Soldaten seien einer besseren Führung wert gewesen. Sie leisteten im allgemeinen mehr als ihre Generäle, obwohl es auch unter diesen lobenswerte Ausnahmen gegeben hat.

Solange beide Seiten sich auf den Frontalangriff beschränkten, mußte der Krieg an der Westfront zum Zermürbungskrieg werden. Es kam darauf an, welche Seite länger aushielt und größere Reserven hatte.

Aber erstaunlicherweise zeigten sich bei den Soldaten beider Parteien kaum Zeichen der Ermattung. Die Deutschen machten bei den Kämpfen an zwei Fronten immer noch recht gute Fortschritte. Überall hielten sie ihre Stellungen und brachten ihren Gegnern größere Verluste bei als sie selbst erlitten. Immer noch konnten sie die Frontverbände mit gut ausgebildeten Ersatzmannschaften auffüllen. Auch die Franzosen hielten sich, und die Erfolge bei Verdun steigerten die Kampfmoral. Sie hatten bisher die schwersten Verluste erlitten und ihre besten Soldaten verloren, aber ihr Kampfgeist war ungebrochen. Das britische Expeditionskorps hatte zunächst aus nur 100 000 Mann bestanden, aber Kriegsminister Kitchener hatte mit seinem neuen Rekrutierungsprogramm 500 000 Freiwillige für die „neue Armee" geworben. Die Ausbildung war zwar nur oberflächlich und die Ausrüstung unzureichend, aber 1916 fühlten sich die Briten stark genug, die Kriegslasten mit den Franzosen zu teilen. 1916 standen an der Somme fast nur britische Verbände, die sich größtenteils aus während des Krieges gezogenen Freiwilligen zusammensetzten. Ihre erste Begeisterung hatte sich jetzt in grimmige Entschlossenheit verwandelt.

Beiden Seiten standen umfangreiche Reserven an Menschen und Material zur Verfügung. Deutschland hatte 1910 65 Millionen Einwohner, Frankreich 39 Millionen und Großbritannien 45 Millionen. In der britischen Armee kämpften außerdem viele Soldaten aus den überseeischen Gebieten des britischen Weltreichs. Neben den USA waren Großbritannien und Deutschland die beiden größten Industrie- und Handelsmächte der Welt. Die deutsche Wirtschaft wurde während des Krieges von dem sehr fähigen und intelligenten Kapitalisten Walter Rathenau geleitet. Die reichen landwirtschaftlichen Gebiete standen für die Ernährung der deutschen Bevölkerung zur Verfügung. Die Franzosen ernährten sich aus der eigenen Landwirtschaft, die Briten konnten importieren. Die Mobilisierung vieler Millionen Menschen hatte natürlich ihre Auswirkungen auf die sozialen Verhältnisse in den einzelnen Ländern. Der Krieg wurde zum totalen Krieg, und die Heimatfront erlangte eine Bedeutung wie nie zuvor. In Großbritannien benutzte Lloyd George seine glänzende Rednergabe dazu, Gewerkschaftsführer und Unternehmer für die Kriegsanstrengungen zu gewinnen. In Fabriken und Büros traten Frauen an die Stelle der im Feld stehenden Männer. Um die Arbeitsleistung zu erhöhen, führte man die Sommerzeit ein und setzte frühere Polizeistunden fest. In allen Ländern verschleierten Propaganda und Zensur die wirkliche Lage an der Front, und die Bevölkerung war eigentlich überall begeistert für den Krieg. Schwere Bombenangriffe gab es noch nicht; das blieb dem Hitlerkrieg vorbehalten.

Die Mittelmächte und die Entente waren also hinsichtlich ihrer Menschenreserven etwa gleich stark und verfügten über genügend Material. Die Moral an der Heimatfront war gut. Nach Lage der Dinge mußte man 1916 mit einer langen Dauer des Zermürbungskrieges rechnen. Ende 1916 sagte Ludendorff, von einem Kompromißfrieden könne keine Rede sein. Der Krieg müsse gewonnen werden. Der britische Premierminister Lloyd George erklärte im Dezember das gleiche. In Frankreich löste General Robert Nivelle Joffre als Oberbefehlshaber ab. Nivelle hatte bei Verdun, wie es damals empfunden wurde, einen großen Erfolg errungen und mit verhältnismäßig geringen Verlusten einen gewissen Geländegewinn erzielt. Jetzt behauptete er, das „Geheimnis des Sieges" zu kennen. An der Heimatfront erwies sich Lloyd George in Großbritannien als ausgezeichneter Führer, sein Einfluß auf die militärischen Operationen war weniger günstig. Die Kriegführung an der Westfront mißfiel ihm, und er hielt wenig von Haig. 1917 wollte er die Anstrengungen an der italienischen Front intensivieren, aber die Alliierten waren anderer Meinung. Dann suchte er Nivelle zu unterstützen und wollte Haig dem französischen Oberkommando unterstellen.

Nivelle hat nie deutlich ausgesprochen, worin sein „Geheimnis" bestand, aber in der Praxis bewies er bald, daß auch er keine neue Lösung wußte. 1917 setzten die Alliierten noch mehr Menschen und Material gegen die Deutschen ein als im vergangenen Jahr. In zwei Frühjahrsoffensiven – in den Schlachten bei Arras und an der Aisne – hatten die Franzosen schwere Verluste. Im Mai zeigten sich bei der französischen Armee die ersten Auflösungserscheinungen. Nivelle wurde von Pétain, dem eigentlichen Helden von Verdun, abgelöst. Die Lage wurde für die Alliierten sehr kritisch. In Rußland war die Revolution ausgebrochen, und deutsche U-Boote brachten der alliierten Schiffahrt schwere Verluste bei.

Jetzt nahm Haig die Planung der alliierten Operationen an der Westfront in die Hand. Es war seine Idee, gegen die deutschen Stellungen in Flandern einen Frontalangriff mit starken Kräften zu führen. Damit wollte er die französischen Truppen entlasten, ein Sieg sollte die deutsche Front aufreißen, den Stoß in die deutsche Flanke ermöglichen und den britischen Seestreitkräften helfen, die deutschen U-Boote am Auslaufen aus den Nordseehäfen – besonders in den Niederlanden – zu hindern. Im Juni 1917 wurde der Messines-Höhenzug genommen. Nach einer Pause fand vom 11. Juni bis zum 10. November die dritte Schlacht bei Ypern statt. Der August brachte doppelt soviel Niederschläge wie normal, und vom 3. Oktober an regnete es fast unaufhörlich. Die Männer kämpften und starben im Schlamm und ertranken in den Granattrichtern. Mit Schrecken denken britische Soldaten noch heute an Passchendaele zurück. Nachdem Briten und Deutsche je etwa 240000 Mann verloren hatten, brachte die Offensive nicht mehr als den Gewinn des Höhenzugs bei Passchendaele.

Im Oktober begann Pétain seine Offensive bei Malmaison, dabei gelangen ihm aber nur einige unbedeutende Frontbegradigungen. Die alliierte Strategie blieb 1917 völlig steril.

Trotz dieser Schrecken und trotz aller vergeblichen Anstrengungen erlahmte jedoch der Kampfwille der Soldaten nicht. In einigen geschickt geführten Unternehmungen konnten sogar Geländegewinne erzielt werden.

Nach den selbstmörderischen Angriffen gegen die deutschen Stellungen, die in Blut und Schlamm steckenblieben, brach die Kampfmoral in der französischen Armee fast zusammen, und nach den Offensiven Nivelles meuterten sogar einige Verbände. Aber Pétain schied die unzuverlässigen Elemente aus und stellte bis zum Herbst 1917 die Ordnung wieder her. Die Briten waren immer noch zuversichtlich, hatten tüchtige Truppen als Verstärkungen aus den Dominions erhalten, und auch die ersten Amerikaner waren eingetroffen. Am erstaunlichsten war die Standhaftigkeit der Deutschen, denn sie hatten ohne fremde Hilfe vier Jahre die ganze Last der Kämpfe an der Westfront allein tragen müssen.

Die Kriegführung in den Jahren 1815–1945

Im Rückblick auf die dritte Ypernschlacht ist es interessant festzustellen, daß trotz des Regens, des Schlamms und der Kälte bei Passchendaele gerade hier die schwersten Massenangriffe stattfanden. Der Truppenbefehlshaber in diesem Frontabschnitt, in dessen Armee auch ich diente, war der Befehlshaber der britischen Zweiten Armee, General Herbert Plumer. Er war einer der wenigen höheren Offiziere, die man als echte Frontsoldaten bezeichnen kann. Seine Männer vertrauten ihm und achteten ihn. Er war ein erstklassiger Berufssoldat. Zwei Jahre hatte er die Operationen vorbereitet, mit denen er im Juni 1917 die Höhen bei Messines nahm. Neunzehn tiefe Stollen waren mehr als 30 Meter unter der Erdoberfläche gegen die feindlichen Stellungen vorgetrieben und mit 1 Million Pfund Sprengstoff gefüllt worden. Im Morgengrauen des 7. Juni erfolgte die Sprengung, und die britischen Truppen nahmen die Höhen fast kampflos in Besitz. Als seine Zweite Armee Ende August als erste in die Schlacht ging, führte er seine Operationen mit der gleichen Gründlichkeit durch.

> Plumers Methode war der sorgfältig vorbereitete, schrittweise vorgetragene Angriff mit begrenztem Ziel, der den Gegner um etwa 1500 Meter aus seiner bisherigen Stellung zurückwerfen sollte. Der feindliche Abschnitt wurde in einer Tiefe von bis zu 1000 Metern bei Angriffsbeginn mit massiertem Feuer aller Waffen zugedeckt. Plumer war von der schlachtentscheidenden Bedeutung der Artillerie überzeugt. Für die Vorbereitung seines ersten Angriffs verlangte er drei Wochen Zeit und forderte 1300 Kanonen und Haubitzen an, welche die feindlichen Stellungen sturmreif schießen sollten. Diese artilleristischen Kräfte und 240 Maschinengewehre legten drei hintereinander liegende Feuergürtel auf den Gegner im Angriffsstreifen. Plumers erster Angriff war, was die Planung und Ausführung betrifft, in seiner Präzision geradezu ein Modellfall. In der Schlacht an der Höhenstraße bei Menin waren vier Divisionen eingesetzt – zwei australische und zwei britische –, die auf einer 4000 Meter breiten Front angriffen.

Auch diesmal nahm er die feindlichen Stellungen gegen nur geringen Widerstand. Noch zweimal, bei Polygon Wood und bei Broodseinde, konnten seine Männer nach schwerem zusammengefaßtem Vorbereitungsfeuer der Artillerie örtliche Einbrüche erzielen. Die eigenen Verluste waren dabei geringer als an der Somme – und bei Waterloo.

Man konnte also Gelände gewinnen, aber es würde sehr lange dauern, bis man die Deutschen aus dem Lande vertrieben hätte, wenn man nur 1,5 Kilometer in drei Wochen vorankam. Doch schließlich zeichnete sich eine Methode ab, die es ermöglichen würde, wieder in den Bewegungskrieg zu kommen. Am 20. November 1917 setzten die Briten bei einer Offensive im Raum von Cambrai Tanks ein. 300 Kampfwagen gingen ohne Artillerievorbereitung im geschlossenen Verband vor. Noch am gleichen Tag schlugen sie eine sieben Kilometer breite Lücke in die „Hindenburglinie", nahmen bei nur 1500 eigenen Verlusten 10000 Deutsche gefangen und erbeuteten 200 Geschütze. Die Panzer drangen etwa 8 Kilometer tief in die feindliche Stellung ein, eine Leistung, die vor Ypern vier Monate in Anspruch genommen und 300 000 Gefallene gekostet hatte. Die Wirkung der gepanzerten Fahrzeuge im Gefecht schildert Captain D. G. Browne als Augenzeuge:

> Die dreifachen Stacheldrahthindernisse wurden überrollt wie Brennesselgestrüpp, und es entstanden 350 Gassen für die Infanterie. Die Verteidiger des ersten Grabens sahen, als sie aufgeschreckt durch das Krachen der Detonationen und das Aufblitzen des Mündungsfeuers aus ihren Schützenlöchern und Unterständen herausstürzten, die vordersten Tanks schon fast über sich ... ein grotesker und furchteinflößender Anblick.

Der Erfolg blieb durch die Nachlässigkeit des Oberkommandos ungenutzt. Als Reserve stand nur Kavallerie zur Verfügung, deren taktische Beweglichkeit angesichts der modernen Waffen schon lange nichts mehr nützte. Am 30. November führten die Deutschen einen überraschenden

Gegenschlag gegen Flanke und Rücken der in ihre Stellungen eingebrochenen Briten und nahmen ihnen das gewonnene Gelände wieder fort. Dennoch war die Schlacht ein Markstein in der Geschichte der Kriegführung.

Zu meinem Geburtstag 1953 schenkte mir Sir Winston Churchill sein Buch *World Crisis 1911–1918*. Im zweiten Band las ich auf S. 1220 die folgenden Sätze über die Schlacht von Cambrai:

> Da ich alle großen alliierten Offensiven von 1915, 1916 und 1917 ohne Ausnahme als nutzlose und falsch angesetzte Operationen beklage, die nur unendliche Verluste gebracht haben, muß ich auch die Frage beantworten: Was hätte man denn sonst tun können? Meine Antwort lautet, und ich verweise dabei auf Cambrai, „Das hätte man tun können!" Das in vielen Varianten; das hätte man im größeren Rahmen und in besserer Form tun sollen, und es wäre getan worden, wenn sich die Generäle nicht damit begnügt hätten, Maschinengewehrgarben von ihren tapferen Männern mit der Brust auffangen zu lassen und zu glauben, das sei Kriegführung.

Es erübrigt sich wohl, mehr über dieses Thema zu sagen. Den besten Bericht über Cambrai findet man in Liddell Harts glänzend geschriebenem Buch *The Tanks*.

In der alliierten Seestrategie übernahm die britische Flotte die Hauptrolle, während die Franzosen im Mittelmeer, die Russen in der Ostsee und am Schwarzen Meer operierten. Wie üblich sahen es die Briten als ihre Aufgabe an, die Seewege offenzuhalten, auf denen der Nachschub für sie und ihre Verbündeten herangeführt wurde, und die feindliche Schiffahrt zu schädigen. Aufgrund des von Admiral Fisher vor dem Kriege aufgestellten Bauprogramms für die *Dreadnoughts* besaß Großbritannien 1914 zwanzig Schlachtschiffe und sieben Schlachtkreuzer, Deutschland dagegen nur dreizehn Schlachtschiffe und drei Schlachtkreuzer. So gingen die Briten daran, das offene Meer vom Feind zu säubern. Am 1. November stieß ein deutsches Geschwader unter Admiral von Spee vor Coronel auf einen unterlegenen britischen Verband unter Cradock und versenkte zwei Kreuzer. Als Spee jedoch zum zweitenmal im Dezember vor den Falklandinseln auf die Briten stieß, wurden vier von fünf deutschen Schiffen versenkt. Nun entschloß sich das deutsche Oberkommando, die deutsche Hochseeflotte nicht mehr gegen die britische Flotte einzusetzen, sondern hielt sie in der Ostsee zurück, wo sie eine ständige Bedrohung darstellen und bei späteren Waffenstillstandsverhandlungen vielleicht ein wichtiger Faktor sein könnte. Damit waren die Briten in der Lage, ihre Blockade durchzuführen, die feindliche Flotte in ihren Häfen festzuhalten und jedes feindliche Schiff zu vernichten, das sich auf See hinauswagte. Das geschah aber nicht in der Weise wie früher zur Zeit der Segelschiffe, die vor den feindlichen Häfen gekreuzt hatten, denn Minen und U-Boote bedrohten solche Operationen. Statt dessen blieb die britische Flotte bei ihrer Basis in Scapa Flow und beobachtete auf gewisse Entfernung die Ostsee. Die Haupttätigkeit der britischen Schiffe bestand darin, deutsche Handelsschiffe aufzubringen, die neutrale Schiffahrt zu überwachen und die U-Boote zu bekämpfen. In der Nordsee kam es zu einigen Gefechten zwischen Schlachtkreuzern, aber nur ein einziges Mal standen beide Flotten sich gegenüber. Das war 1916 vor Jütland. Der deutsche Admiral Scheer war ausgelaufen, wollte es aber nicht zur Schlacht kommen lassen. Der britische Admiral Jellicoe erkannte die Gefahr, die ihm von den deutschen Torpedos drohte, und war der Meinung, in der gegenwärtigen Lage hätte Großbritannien durch einen Seesieg nur wenig zu gewinnen, bei einer Niederlage aber alles zu verlieren. Nach kurzer Gefechtsberührung in der Nacht vom 31. Mai zum 1. Juni trennten sich die Flotten. Danach unternahm die deutsche Flotte kaum noch etwas, und 1918 meuterten die Matrosen aus purer Langeweile.

Die Kriegführung in den Jahren 1815–1945

Gepanzerter Kampfwagen wären das einzige Mittel gewesen, die Fronten aus der Erstarrung zu lösen

Die Deutschen hatten sich also mit der britischen Vorherrschaft zur See einigermaßen abgefunden, aber unter der Wasseroberfläche lagen die Dinge anders. Als Gegenmaßnahme gegen die britische Blockade setzten sie das U-Boot ein.

Durch Forschungen und Versuche war das U-Boot in jüngster Zeit zu einer sehr wirkungsvollen Waffe entwickelt worden. Seine Schlagkraft lag in den Torpedos, die durch Luftdruck aus im Bug angebrachten Rohren abgeschossen wurden. Die größten U-Boote hatten vier Rohre für je zwei Torpedos, die mit 500 Pfund Sprengstoff gefüllt mit etwa 58 Kilometer/Stunde 7 bis 8 Kilometer weit laufen konnten. Etwa 8 Meter unter dem Wasserspiegel fahrend konnte der Kommandant den ganzen Horizont durch das Periskop beobachten. 1914 hatte Großbritannien 36, Deutschland 28 U-Boote. Als die Deutschen aber Ende 1914 den U-Boot-Krieg im großen Stil begannen, bauten sie rasch eine große Zahl größerer, stärkerer Boote mit größerem Wirkungsradius. Außer den U-Boot-Kreuzern vom Typ des U 140 baute man auch kleinere U-Boote zum Schutz der Häfen und als Minenleger.

Der deutsche U-Boot-Krieg begann Anfang 1915. Die Deutschen hofften, diese Waffe auch gegen die britische Kriegsflotte einsetzen zu können, aber es gelang keinem einzigen U-Boot, bis zur Flottenbasis Scapa Flow durchzukommen. Dagegen erlitt die Handelsflotte verheerende Verluste. Die Deutschen führten 1915 einen „uneingeschränkten U-Boot-Krieg" und versenkten ohne Warnung alle feindlichen und neutralen Handelsschiffe. Das widersprach den internationalen Bestimmungen, und die Proteste des neutralen Amerika veranlaßten die Deutschen, die Verwendung der U-Boote einzuschränken. Trotzdem wurden viele alliierte Schiffe in der Nordsee, im Atlantik zwischen Irland und Ushant und im Mittelmeer versenkt. Im Frühjahr 1917 sah es so aus, als könne Deutschland allein durch die U-Boote den Krieg für sich entscheiden. Im April wurden mehr als eine Million Tonnen britischen und neutralen Schiffsraums versenkt. Jedes vierte britische Schiff kehrte nicht mehr in den Heimathafen zurück, und die Besatzungen neutraler Schiffe weigerten sich, nach England zu fahren. In der Hoffnung, den Krieg auf diese Weise schnell entscheiden zu können, gingen die Deutschen wieder zum uneingeschränkten U-Boot-Krieg über.

Es dauerte lange, bis man die richtigen Methoden zur Bekämpfung der U-Boote gefunden hatte. Man legte Minen, ließ die Schiffe im Zickzackkurs fahren und Wasserbomben werfen, und gegen Kriegsende setzte man das Gerät „Asdic" ein, ein Ultraschallgerät zum Orten der U-Boo-

Der Weltkriekg 1914/18

te. Aber keine dieser Maßnahmen hatte die gewünschte Wirkung. Erst Lloyd George fand die richtige Antwort. Gegen die Auffassung der Admiralität, die selbst keine Lösung gefunden hatte, befahl Lloyd George Ende April 1917, daß alle Handelsschiffe in Geleitzügen fahren müßten. Obwohl der Gegner im Oktober über 140 U-Boote verfügte, ging die Verlustziffer rasch zurück, und die Zahl der vernichteten feindlichen U-Boote stieg. Ein Angriff gegen einen Geleitzug war schwieriger als gegen einzelne Schiffe, denn der Geleitzug konnte mit allen zur Verfügung stehenden Mitteln von den ihn begleitenden Kriegsschiffen verteidigt werden. Mit dem Kriegseintritt der Vereinigten Staaten auf seiten der Alliierten im April, der durch die Wiederaufnahme des uneingeschränkten U-Boot-Kriegs durch Deutschland ausgelöst worden war, schöpften die Alliierten neue Hoffnungen.

Der Beitrag der britischen Seestreitkräfte zu den Kriegsanstrengungen der Alliierten war von entscheidender Bedeutung, denn wer die See beherrschte, konnte Truppenverstärkungen an die verschiedenen Kriegsschauplätze bringen. Außerdem war die Versorgung sichergestellt. Mit der Flotte ergänzte Großbritannien seine Rolle als Bankier der Mächte der Entente. Dazu wurden die Mittelmächte, obwohl sie über ungeheure Reserven an landwirtschaftlichen Produkten und Rohstoffen verfügten, durch die Blockade empfindlich geschwächt. Mehr als zwei Jahre bedeuteten die U-Boote eine ernste Bedrohung, aber zum Schluß wurde diese Bedrohung ausgeschaltet, und der Kriegseintritt Amerikas war ein schwerer Schlag für Deutschland.

1914/18 spielten die Luftstreitkräfte noch keine sehr wichtige Rolle. Flugzeuge wurden meist zur Aufklärung und gegen die rückwärtigen Verbindungslinien eingesetzt, hatten aber in der Landkriegführung kaum eine taktische Bedeutung. Die Leistungen einzelner Flieger wie Immelmann wurden zwar bewundert, blieben aber im allgemeinen bedeutungslos. Die RAF entwickelte sich allerdings bis 1918 zu einer ansehnlichen Streitmacht, und die Luftstreitkräfte wurden im Krieg 1939/45, wie wir im folgenden Kapitel sehen werden, zu einer mächtigen Waffe.

Der Sieg eines der beiden Gegner an der Ostfront konnte den Ausgang des Krieges entscheidend beeinflussen. Hier waren die taktischen Grundsätze die gleichen wie im Westen, aber die Kampfhandlungen blieben beweglicher. Die Front wurde oft mehr als 80 Kilometer vor- oder zurückverlegt. Die Stellungen waren meist nur schwach besetzt. Österreicher und Russen waren unzureichend ausgerüstet und ausgebildet, und so konnte der Angreifer gelegentlich erhebliche Geländegewinne erzielen. Die Leistungen der Führung waren sehr unterschiedlich. Die Verluste im Osten waren zum Teil noch höher als im Westen. Rußland allein hat 1915 angeblich zwei Millionen Mann verloren, 1916 kam eine weitere Million hinzu.

Anstatt den Sieg bei Tannenberg durch einen Vormarsch nach Polen auszunutzen, mußten die Deutschen den Österreichern in Galizien zu Hilfe kommen. Hier gingen die Russen im Frühjahr 1915 wieder zur Offensive über. Ungeachtet der Offensive Joffres im Westen verlegte Falkenhayn starke deutsche Verbände per Eisenbahn nach Osten, um sie gegen die Russen einzusetzen. 1915 verzeichneten die Deutschen hier gewisse Erfolge. Im Mai führten deutsche und österreichische Kräfte unter Mackensen an einer 46 Kilometer breiten Front bei Gorlice einen Angriff. Viele russische Soldaten hatten nicht einmal Gewehre. Zum erstenmal brachen die Deutschen so tief durch die feindliche Stellung, daß der Gegner die Lücke nicht mehr schließen konnte. Die Russen wurden aus Galizien hinausgedrängt und mußten fast ganz Polen räumen. Zehn Millionen zivile Flüchtlinge schlossen sich den zurückgehenden Truppen an. Dennoch brachte der Sieg keine Entscheidung, denn die Russen zogen sich in ihr eigenes Land zurück, in dem sie über unendliche Menschenreserven verfügten. Außerdem verbesserten sich die Leistungen der russischen Rüstungsindustrie. Im September errichteten sie 500 Kilometer weiter ostwärts eine neue Front, die sich, da sie kürzer war und keine offenen Flanken hatte, leichter verteidigen ließ. Die Deutschen boten einen Kompromißfrieden an, aber Zar Nikolaus II., der selbst den Oberbefehl führte, weigerte sich, russischen Boden preiszugeben und seine westlichen Verbündeten im Stich zu lassen.

Könige und Kaiser werden in heutiger Zeit nicht als Truppenbefehlshaber ausgebildet, und Nikolaus erwies sich als unfähiger Befehlshaber. Die Russen hatten kein zusammenhängendes strategisches Konzept. Die Kampfmoral war noch einigermaßen, und die Versorgungslage wurde besser, doch das Chaos in der Kommandostruktur wurde immer schlimmer. Im März 1916 warfen die Russen riesige Truppenmassen gegen die stärksten Abschnitte der deutschen Nordfront. Das Verhältnis der russischen und deutschen Verluste war eins zu fünf. Bald darauf ersuchten die Italiener Rußland um eine Entlastungsoffensive gegen Österreich. Der Befehlshaber an der russischen Südwestfront, Brusilow, ging darauf ein.

General Alexander Brusilow war einer der wenigen Truppenführer, deren militärische Leistungen weit über dem Durchschnitt lagen, und das konnte als glänzende Ausnahme gelten. Schon vor 1916 errang er bemerkenswerte Erfolge. In den ersten Kriegsmonaten war seine Armee in Galizien eingedrungen und hatte dreißig Tage nach Eröffnung der Feindseligkeiten schon Lemberg genommen. Dann stieß er in die ungarischen Ebenen vor und löste beim Feind eine Panik aus, als die Vernichtung der Nachbararmee einen Rückzug notwendig machte. Während seine rechte Flanke den Angriffen überlegener deutscher Kräfte ausgesetzt war und er selbst unter Munitionsmangel litt, zog sich Brusilow durch schwieriges Gelände geordnet zurück und brachte den deutschen Angriff am San zum Stehen. Er besaß Humor und menschliche Qualitäten, die seine militärischen Fähigkeiten aufs glücklichste ergänzten. Nach Übernahme des Kommandos 1916 inspizierte er seine Fronttruppen, lernte sie kennen und konnte daher besser beurteilen, was er seinen Soldaten zutrauen durfte. Er stellte stets eine genaue Geländebeurteilung an, schuf sich einen leistungsfähigen Stab und verschaffte sich ein genaues Bild vom Gegner. Er war ein tüchtiger Berufssoldat.

Brusilow beschloß, gleichzeitig an verschiedenen Stellen anzugreifen, und erwartete günstige Auswirkungen des Überraschungsmoments. Die Schwerpunkte der Offensive sollten in zwei Abschnitten liegen: rechts gegenüber Luck und links an Dnjestr und Pruth. Seine Verbände waren an der ganzen Front überlegen. Vierzig stärkere russische Divisionen standen achtunddreißig österreichischen Divisionen gegenüber.

Der geschickt geführte Feldzug gegen die österreichisch-ungarischen Kräfte begann am 4. Juni 1916, und es würde sich lohnen, näher darauf einzugehen, als es mir in dieser kurzen Betrachtung möglich ist.

Nach bewegten Kämpfen verlor Brusilows Offensive im Oktober 1916 in den Karpathen allmählich an Schwung. Nach Eintreffen deutscher Verstärkungen versteifte sich der feindliche Widerstand, und zugleich stellten sich große Schwierigkeiten bei der Versorgung der russischen Truppen ein. Die russischen Armeen mußten den Angriff einstellen, nachdem sie 400 000 Gefangene gemacht und 500 Geschütze erbeutet hatten. Dann begann der Rückzug. Brusilow meinte später, wenn Zar Nikolaus zugleich im Norden angegriffen hätte, wären die Mittelmächte an der ganzen Ostfront geschlagen worden. Zwar ist das unwahrscheinlich, aber Brusilows Groll ist verständlich. Zwei Jahre später diente Brusilow einem anderen Herrn – Trotzky.

Die russischen Kriegsanstrengungen 1916 hätten die Rettung Frankreichs und Großbritanniens bedeuten können, denn sie zwangen die Deutschen, starke Kräfte an der Ostfront zu binden. Für die Österreicher war die Lage höchst fatal, denn sowohl in der Bevölkerung als auch

Der Weltkrieg 1914/18

Die U-Boote brachten die Versorgung Großbritanniens zur See fast zum Erliegen (oben). Zum Schutz gegen die U-Boot-Angriffe ließ man die Versorgungsschiffe im Geleitzug fahren (unten)

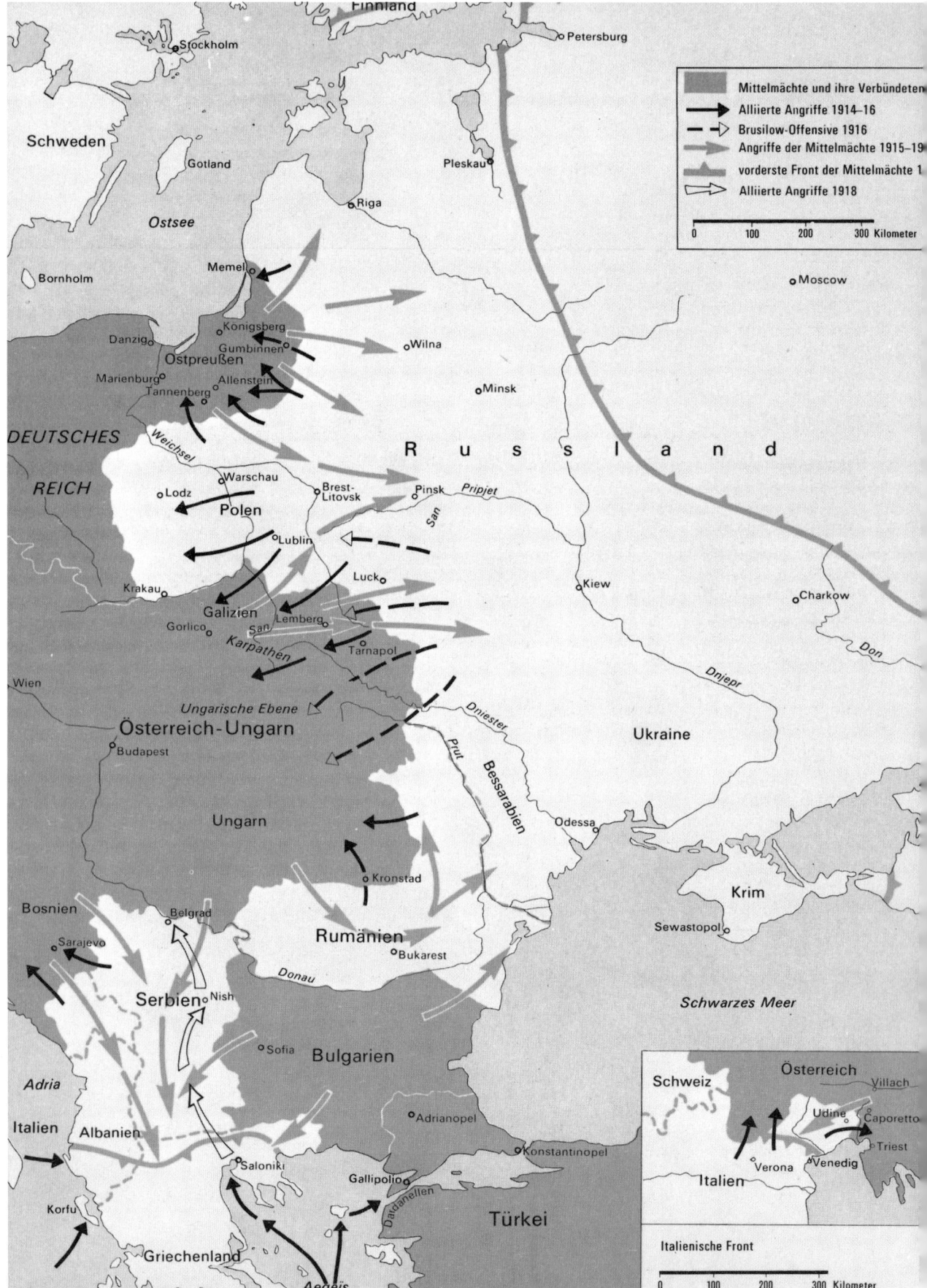

bei der Truppe war die Stimmung sehr schlecht. Aber die Kämpfe im Osten führten zum Untergang Rußlands. Die Russen verloren 1916 eine Million Soldaten, und schließlich wirkten sich die zu hohen Anforderungen an die Industrieproduktion und die Korruptheit des ganzen Regierungsapparats zu ihrem Nachteil aus. Im Winter kam es in den Städten zu Hungerrevolten, und im März 1917 mußte der Zar abdanken. Ludendorff nutzte die Gelegenheit dazu aus, den Fuchs in den Hühnerstall zu setzen, und erlaubte Lenin, im versiegelten Eisenbahnwaggon von der Schweiz durch Deutschland nach Rußland zu fahren. Die Russen hatten den Kampf noch nicht aufgegeben, aber die Disziplin in der Armee war schon schwer erschüttert, als Kerensky im Juli die Operationen gegen die Deutschen wiederaufnahm. Bei dieser letzten Offensive wurde die russische Armee vernichtet und damit der Weg für die bolschewistische Revolution frei. Am 8. November etablierte sich die Räteversammlung als Regierung in Petrograd, und Lenin rief den Frieden aus. Die Bolschewiken erwarteten, Friedensbedingungen zu erhalten, die allen Nationalitäten gerecht werden würden. Aber die Deutschen erfüllten diese Hoffnungen nicht. Nach den Bedingungen des im März 1918 in Brest-Litowsk diktierten Friedens verlor das russische Reich ein Viertel seiner Bevölkerung und seines landwirtschaftlich nutzbaren Bodens, drei Viertel seiner Kohle- und Stahlerzeugung und außerdem die Hälfte der Schwerindustrie.

Über die strategischen Ziele der militärischen Operationen in Südosteuropa haben wir schon gesprochen. Die bekannteste war die britische Expedition von 1915 an die Dardanellen. Nach den Kämpfen im Dezember 1915 baten die Russen ihre westlichen Verbündeten, sie durch Operationen gegen die Türken zu entlasten, und Kitchener, Fisher und Churchill nahmen diesen Gedanken begeistert auf. Eine Vorherrschaft in Südosteuropa würde der Entente manche Vorteile bringen, und zu diesem Zeitpunkt mußte man jeden Erfolg begrüßen. Die Türken – so glaubte man annehmen zu dürfen – würden geringeren Widerstand leisten als die Mittelmächte.

Eine deutsche Militärmission unter Liman von Sanders hatte den Stand der Ausbildung und Gliederung der türkischen Armee in jüngster Zeit erheblich in die Höhe gebracht, und die Türken waren tapfere und disziplinierte Soldaten. Sie waren aber schlecht ausgerüstet. Nur ihre Elitetruppen waren mit modernen Mausergewehren bewaffnet. Außerdem hatten sie im Winter im Kaukasus gegen die Russen 53 600 Mann von 66 000 verloren. Immer noch standen türkische Truppen an der russischen Front und in den Garnisonen des großen ottomanischen Reichs. Daher war der Zugang nach Konstantinopel durch die Dardanellen 1915 nur durch zwei Divisionen und einige halb zerfallene Befestigungen gesichert.

Nach einigem Zögern beschloß der britische Kriegsrat im Januar 1915, das Unternehmen gegen Konstantinopel nur mit Seestreitkräften durchzuführen, aber als die britischen Schiffe am 19. Februar die äußeren Befestigungen an den Dardanellen beschossen, hatte man den Plan schon geändert. In Ägypten sollte eine Armee aufgestellt werden und unter Sir Ian Hamilton an einer amphibischen Operation zur Öffnung der Dardanellen teilnehmen. Am 18. März sollte die Armee bereitstehen, aber der Abtransport verzögerte sich, da die Schiffe falsch beladen worden waren. Die Kriegsschiffe liefen zum zweitenmal in die Meerenge ein, aber als drei von ihnen auf Minen gelaufen waren, weigerte sich Admiral de Robeck, mehr zu riskieren, und zog sich zurück. Dabei hatten die Türken tatsächlich ihre Munition verschossen, und das Geschwader hätte ungehindert bis Konstantinopel dampfen können. Aber die Gelegenheit war verpaßt. Statt dessen folgten noch zwei nicht aufeinander abgestimmte Flottenoperationen, bei denen das Überraschungsmoment geopfert und die Türken veranlaßt wurden, ihre Verteidigungsanlagen zu verstärken.

Im März und April verstärkte die deutsche Mission die türkischen Kräfte auf der Halbinsel Gallipoli auf sechs Divisionen, und die Türken richteten sich an der Küste in Feldstellungen zur Verteidigung ein. Die Alliierten verstärkten ihre Kräfte auf 84 Schiffe, 5 Divisionen und starke Nachschubverbände. Aber außer einer aktiven Division waren es nur unerfahrene Truppen aus den Dominions und Territorien, die auf eine Landeoperation an einer verteidigten Küste nicht vorbereitet worden waren. Hamilton hatte London ohne einen Stab, ohne Kartenmaterial und ohne Kenntnis der nach 1906 eingerichteten türkischen Befestigungen verlassen.

Bei der ersten Landung am 25. April wurden die Türken überrascht, und deshalb gelang sie. Aber bald ging der Angriffsschwung verloren, und die Kämpfe erstarrten im Stellungskrieg. Der türkische Befehlshaber Mustafa Kemal, der spätere Atatürk, zeichnete sich nördlich von Gaba Tepe bei der Abwehr australischer und neuseeländischer Verbände aus. Die Frontalangriffe gegen die türkischen Stellungen waren ebenso erfolglos und verlustreich wie die an der Westfront. Die äußeren Umstände waren vielleicht noch ungünstiger, denn es gab kein gesichertes rückwärtiges Frontgebiet und keinen Schatten in der glühenden Sonne. Die Türken brachten Verstärkungen und Nachschub heran und hatten im Juli 15 Divisionen, während die Alliierten nur 12 Divisionen stark waren.

Am 6. August griff Hamilton an zwei Stellen an. Beim Vorstoß von Anzac gegen den Höhenzug von Sari Bair mußten die Angreifer bei Nacht durch gebirgiges Gelände vorgehen und wurden im letzten Abschnitt von eigener Schiffsartillerie beschossen, die sie für feindliche Truppen hielt. Den zweiten Angriff bei Suwla befehligte General Stopford, der frühere Kommandant des Londoner Tower, der aber keine Kriegserfahrungen besaß. Seine 20 000 Mann landeten fast ohne Verluste, worauf sie belobigt wurden und rasten durften. Stopford ging nicht an Land, sondern legte sich zum Mittagsschlaf hin. Hamilton weckte ihn und machte ihm höfliche Vorwürfe. Als nun die Vorausabteilungen versuchten voranzukommen, war der Widerstand der inzwischen alarmierten Türken zu stark. Stopford wurde abgelöst, und ich erinnere mich, ihn Ende des Monats in Zivil in London gesehen zu haben. Das ließ mich ahnen, was bei Gallipoli geschehen war.

Den ganzen Herbst über blieben die britischen Truppen auf der Halbinsel von Gallipoli gebunden. Die Politiker dachten an einen Rückzug, scheuten aber den Prestigeverlust. Auf Joffres Ersuchen wurden weitere britische Verbände an der Westfront in die Herbstoffensive geworfen. Zum Jahreswechsel wurden die britischen Truppen endlich aus Gallipoli evakuiert, und wenigstens dieses Unternehmen wurde sachgemäß durchgeführt. Man hatte eine glänzende strategische Idee aufgeben müssen, weil die Befehlshaber an Ort und Stelle versagt hatten.

1915 eröffneten die Alliierten einen weiteren Feldzug auf dem Balkan von Saloniki aus. Die Deutschen bereiteten sich auf einen Feldzug gegen Serbien vor und wollten die Türken wirksam unterstützen. Bulgarien war inzwischen auf ihre Seite getreten. Im Oktober landeten alliierte Truppen bei Saloniki, um die Serben zu unterstützen, wurden aber von den Bulgaren zurückgeschlagen. Obwohl kaum jemand an den Wert des Unternehmens glaubte, blieben diese Kräfte bis Kriegsende bei Saloniki. Zum Schluß waren es fast 500 000 Mann auf verlorenem Posten.

Clemenceau nannte sie „die Gärtner von Saloniki", die Schützengräben gegen einen deutschbulgarischen Angriff bauten, der nie beabsichtigt gewesen war. In Londoner Kabaretts hörte man 1917 ein Lied, in dem es hieß, „wenn du Urlaub machen willst, geh' nach Saloniki". Die Deutschen nannten Saloniki ihr „größtes Internierungslager". Erst im September 1918 gingen diese Truppen unter General Franchet d'Espérey zur Offensive vor. Sie drangen in Bulgarien ein und zerschlugen die bulgarische Armee in zwei Teile. Aber der Feldzug in Mazedonien war im ganzen eine Fehleinschätzung.

Ein weiteres Land trat in Südosteuropa noch in den Krieg ein. Das war Italien. Die Alliierten glaubten, ein italienischer Angriff gegen die „Hintertür" Österreichs könnte von Nutzen sein, und die Italiener meinten, sich als Großmacht aufspielen zu müssen. Es zeigte sich jedoch, daß sie der alliierten Sache nur wenig nützten, denn wirtschaftlich waren sie für die Briten, die schon Frankreich unterstützen mußten, eine schwere Belastung. Die italienische Kriegsflotte unterstützte die Alliierten im Mittelmeer, aber die Armee war nach dem libyschen Krieg von 1911/12 schlecht bewaffnet. Die „Hintertür" Österreichs war eine aus Hochgebirge bestehende Barriere, die die Österreicher leicht gegen die Italiener verteidigen konnten. In mehreren Isonzoschlachten ließen sich die Österreicher nicht aus ihren Bergstellungen vertreiben. Im Oktober 1917 schalteten sich die Deutschen ein und führten bei Caporetto einen starken Gegenangriff. Die Italiener wurden etwa 100 Kilometer zurückgeworfen und verloren 200000 Mann. Viele desertierten, ehe an der Piave eine kürzere Front aufgebaut wurde. Die Schlacht bei Caporetto Ende 1917 war eine weitere unerfreuliche Episode auf seiten der Alliierten.

Die Kampfhandlungen auf den Kriegsschauplätzen außerhalb Europas hatten kaum eine strategische Bedeutung, aber die alliierten Truppen wurden mancherorts, besonders im Nahen Osten gegen die Türken, gut geführt.

1916 standen 250000 britische Soldaten unter General Murray in Ägypten, die zunächst den Auftrag hatten, den Suezkanal zu sichern. Im Winter 1916 ging Murray, um sich mehr Ellbogenfreiheit zu verschaffen, bis in die Sinaiwüste vor. Mit dem Sherif von Mekka, Hussein, war eine Übereinkunft getroffen worden, nach der er im Hedjas einen Araberaufstand inszenieren sollte, um die Aufmerksamkeit der Türken von den Briten abzulenken. Die arabische Revolte brach im Juni 1916 in Mekka aus. Als die Türken mit gut ausgerüsteten Truppen von Medina aus vorstießen, wurden die Araber zersprengt, aber die von den Türken verübten Grausamkeiten gaben der Revolte neuen Boden, und Ende 1916 erhielten sie britische Unterstützung durch den neunundzwanzigjährigen Captain T. E. Lawrence, der die Araber von seinen früheren Studien und Reisen her gut kannte.

Die Araber waren primitiv bewaffnet und undiszipliniert. Ihr militärischer Wert lag in ihrer Beweglichkeit. Lawrence verstand es gut, sie als selbständige irreguläre Verbände einzusetzen. Er führte sie nicht gegen die regulären türkischen Truppen, sondern überfiel mit ihnen die langen Verbindungslinien, besonders die Hedschaseisenbahn, und aufgrund der von ihm verbreiteten Propaganda weitete sich die Revolte bis nach Damaskus aus. Sein erstes Unternehmen im Januar 1917 mit dem Sohn Husseins, Feisal, wurde ein glänzender Erfolg. Er umging auf einem Marsch über fast 400 Kilometer die Flanke der gegen Mekka vorrückenden Türken, bedrohte ihre Verbindungslinien nördlich von Medina, stieß dann weiter nach Akaba vor und gewann, ohne direkt auf die Türken zu stoßen, auf einem weiten Umgehungsmarsch neue arabische Freischärler. Akaba war auf der Landseite nicht befestigt, und im Juli nahm Lawrence die Stadt ein.

Die Angriffe der britischen Streitkräfte bei Gaza waren inzwischen zweimal von den Türken zurückgeschlagen worden. Murray kehrte nach England zurück und der neue britische Oberbefehlshaber Allenby erkannte, daß die Araber bei der neuen von ihnen geplanten Offensive eine wichtige Aufgabe übernehmen könnten. So schickte er weiteren Nachschub an Waffen, Munition und Flugzeugen nach Akaba, wo die Araber eine Basis errichtet hatten. Dann stießen Lawrence und die Araber nach Norden vor, unterbrachen mit einem Stoßtruppunternehmen die Hedschas-Eisenbahnlinie und bedrohten die türkische Front im Rücken. Es gelang ihnen, starke türkische Kräfte aus der Front bei Gaza abzuziehen und zugleich Allenbys Flanke zu decken.

Die Kriegführung in den Jahren 1815–1945

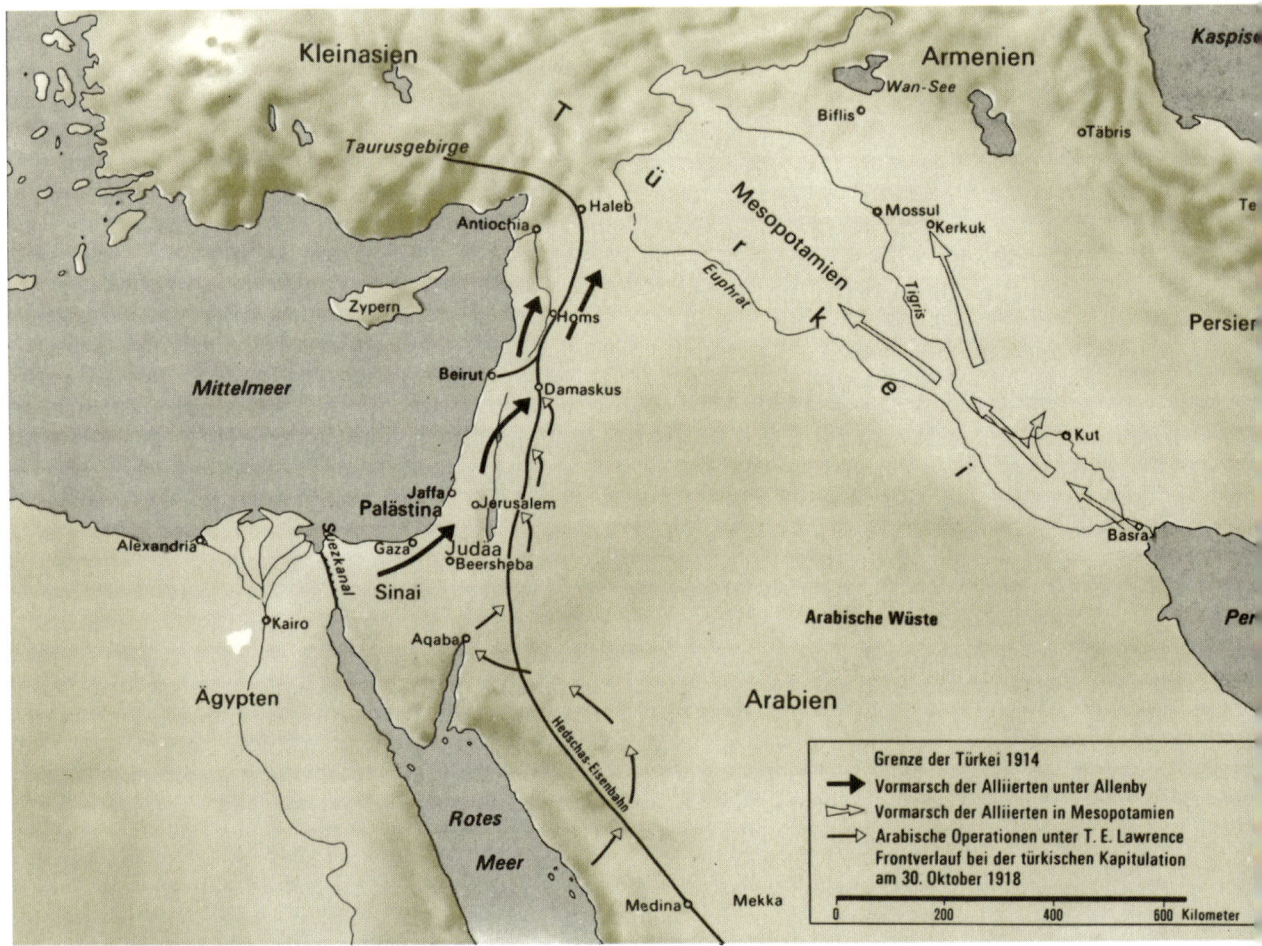

Der Krieg im Nahen Osten

Durch sein militärisches Geschick und seinen rücksichtslosen persönlichen Einsatz gewann Lawrence die Achtung der Araber, die ihn als Helden verehrten. Er gehört in die Reihe der bedeutendsten Guerillaführer der Geschichte. Ich hätte gern seine Bekanntschaft gemacht.

Die britischen Streitkräfte sollten jetzt gegen Palästina vorrücken. Als General Allenby im Juni 1917 das Kommando übernahm, wurden seine Kräfte an der Linie Gaza-Beerscheba aufgehalten. Die britischen, australischen, neuseeländischen, indischen und französischen Truppen – viele von ihnen hatten schon bei Gallipoli gekämpft – waren durch die Hitze, den Staub und die Mißerfolge entmutigt. Allenby ging sofort an die Front, um die Moral der Truppe wiederherzustellen. Er gliederte sie in drei Korps, das XX. unter Chetwode, das XXI. unter Bulfin und das Berittene Wüstenkorps unter Chauvel. Der deutsche General Kressenstein befehligte die Türken, die in einer gut ausgebauten Feldstellung lagen.

Allenby wollte die Gazastellung überraschend im Handstreich nehmen. Zunächst führte er Scheinangriffe gegen beide Flanken, zuletzt gegen Gaza, wollte aber den Durchbruch bei

Beerscheba erzwingen, weil hier die Wasserquellen lagen, die er vor einem Vorstoß gegen Jerusalem brauchte.

Die Offensive war gut vorbereitet. Man hatte den Türken gefälschte Papiere in die Hände gespielt und täuschte bei Gaza Truppenbewegungen vor. Die Türken ließen sich täuschen, und inzwischen versammelten sich mit den Hauptkräften Tausende von wassertragenden Kamelen. Die Offensive begann in der letzten Oktoberwoche mit einer massiven Artillerievorbereitung bei Gaza von Land und See her. Die türkischen Hauptkräfte waren hier versammelt. In der Nacht wurden das XX. Korps und das Reiterkorps nach Beerscheba verschoben. Bei Tagesanbruch griff die Infanterie überraschend an, während die Kavallerie die Stellung in der Flanke umging. Die Quellen wurden in Besitz genommen, die Türken zurückgeschlagen, und zwei Tage später fiel auch Gaza.

Nach dem Durchbruch stieß das berittene Wüstenkorps an Beerscheba vorbei sofort gegen Jerusalem vor. Das XXI. Korps verfolgte die Türken entlang der Küste, und in der zweiten Novemberwoche waren die Briten 65 Kilometer vorangekommen. Trotz ungeheurer Anstrengungen und erheblicher Verluste ließen sie den Türken keine Zeit, sich festzusetzen. Am 16. fiel Jaffa. Dann versammelte Allenby seine Kräfte im Vorgebirge von Judäa. Durch das schlechte Wetter und weil man die Stadt schonen wollte, gestaltete sich der Angriff gegen Jerusalem schwierig. Aber nach einem Umgehungsmanöver brach die türkische Verteidigung auseinander, und am 9. Dezember 1917 fiel Jerusalem, nachdem es vier Jahrhunderte von den Moslems beherrscht worden war. Schwere Regenfälle brachten die Offensive 16 Kilometer jenseits von Jerusalem zum Stehen.

Es folgte eine lange Pause, ehe Allenby weiter nach Syrien vorgehen konnte. Auch diesmal täuschte er die Türken, führte links im Gebirge einen Scheinangriff und brach im September 1918 entlang der Küste durch die türkischen Stellungen. Eine türkische Armee wurde zurückgeschlagen, die anderen beiden wurden eingeschlossen und vernichtet. Das war eine der besten kavalleristischen Leistungen der Geschichte und praktisch der letzte große Sieg berittener Truppen. Nun gingen Lawrence und Allenby gegen Damaskus vor, das Lawrence am 1. Oktober erreichte. Reste der türkischen Armee zogen sich hinter Damaskus zurück, und am 30. Oktober kapitulierte die Türkei und unterzeichnete den Waffenstillstandsvertrag.

In diesem Rahmen sind die Leistungen des deutschen Obersten von Lettow-Vorbeck besonders erwähnenswert, der die deutschen Operationen in Ostafrika vier Jahre leitete und die Alliierten zu einem Kräfteverbrauch zwang, der in keinem Verhältnis zur Stärke seiner Truppen stand. Er war ein ausgezeichneter Kenner des Klimas und des Geländes in den weiten Räumen Ostafrikas, wo es weder Straßen noch Eisenbahnen gab, und kapitulierte erst nach dem Waffenstillstand im November 1918. 1916 leitete General Smuts eine großangelegte Offensive gegen ihn, aber ohne Erfolg. Lettow-Vorbeck standen nie mehr als 3500 Europäer und 12 000 Eingeborene zur Verfügung, und deshalb konnte er nicht hoffen, die britischen Streitkräfte in Ostafrika zu besiegen. Seine Leistung lag darin, daß er schließlich 130 000 feindliche Soldaten in Afrika band, für die Großbritannien 72 Millionen Pfund aufbringen mußte. Lettow-Vorbeck wird als Meister der irregulären Gefechtsführung unvergessen bleiben, denn er zeichnete sich durch persönliche Qualitäten, militärisches Geschick, Geistesgegenwart, Entschlußkraft und hervorragende Führereigenschaften aus.

Die Pessimisten hatten recht: was auch an anderen Fronten geschah, der Krieg mußte an der Westfront entschieden werden. 1918 beschloß Ludendorff, den Sieg im Westen unter allen Umständen zu erzwingen. Rußland war ausgeschaltet, und in Italien war die Gefahr zunächst gebannt. Deutschland konnte alle Kräfte an einer Front konzentrieren. Es kam aber darauf an, schnell zuzuschlagen. Österreich stand kurz vor dem Zusammenbruch, amerikanische Truppen strömten schon nach Europa, und obwohl die Deutschen sich aus den im Osten eroberten Gebieten einigermaßen ernähren konnten, war durch die britische Blockade ein kritischer Mangel an Rohmaterial entstanden. Außerdem konnte Ludendorff sich nicht mit dem Gedanken an einen Kompromißfrieden abfinden. Vom 21. März bis zum 15. Juli 1918 fand an der Westfront eine große deutsche Offensive in mehreren Phasen statt. Ich selbst habe die ersten drei Angriffe – am 21. März an der Somme, am 9. April an der Lys und am 27. Mai am Chemin des Dames und bei Soissons – miterlebt.

Die deutsche Ausgangsposition war nicht günstig. Die Gegner waren etwa gleich stark, obwohl die Deutschen 52 Divisionen vom Osten an die Westfront verlegt hatten. Auch hatten sie keine neuen Waffen, denn der Generalstab hatte den Wert der Panzer noch nicht erkannt. Ludendorff legte es jetzt auf Überraschung und Täuschung des Gegners an, Methoden, die man im Grabenkrieg vernachlässigt hatte. Der Feind sollte durch lebhaften Eisenbahnverkehr hinter den Linien getäuscht werden, und die Angriffstruppen stellten sich nur nachts bereit. Es sollte keine schwere Artillerievorbereitung mehr geben. Die Infanterie mußte die schwächsten Punkte in der feindlichen Stellung feststellen und sollte keine frontalen Massenangriffe mehr durchführen. Ludendorff wollte im Süden Scheinangriffe führen und mit stärkeren Kräften an der Nahtstelle zwischen Briten und Franzosen an der Somme angreifen. Der Durchbruch sollte hart südlich Ypern erfolgen, um dann die feindliche Front von Norden her aufzurollen.

Dabei konnten die Deutschen zunächst beachtliche Erfolge erzielen. Die Offensive begann am 21. März mit einem Angriff gegen die Briten nach den neuen taktischen Grundsätzen im dichten Nebel an der Somme. Die britische Verteidigung zerbrach, und die Briten mußten dem deutschen Ansturm zunächst weichen. Pétain bereitete die Verteidigung von Paris vor, während Haig die Kanalhäfen zu schützen suchte, und es entstand die Gefahr, daß sich eine Lücke zwischen Briten und Franzosen öffnete. In dieser gefährlichen Situation wurde am 14. April endlich Marschall Foch zum Oberbefehlshaber der alliierten Armeen in Frankreich ernannt. Er war allerdings nicht bevollmächtigt, den Befehlshabern der Kampftruppen direkte Befehle zu geben, die bis zum Schluß nicht reibungslos zusammenarbeiteten. Aber er verfügte über die Reserven.

Der deutsche Angriffsschwung an der Somme erlahmte, denn die Verteidiger brachten ihre Reserven per Eisenbahn schneller heran als die Angreifer zu Fuß Gelände gewannen, aber Ludendorff handelte gegen seinen eigenen Grundsatz, den Feind nicht an der stärksten Stelle anzugreifen, und befahl die Fortsetzung der Offensive, die sich am 28. März nach Norden gegen Arras richtete und den Deutschen schwere Verluste einbrachte. Der deutsche Angriff im Norden wurde auf den 9. April verschoben, wo die Deutschen an der Lys nur 11 anstelle der vorgesehenen 35 frischen Divisionen einsetzten. Aber der Einbruch gelang bei Hazebrouck, das nur von einer portugiesischen Division gehalten wurde, und Ludendorff warf alle verfügbaren Reserven in die Bresche. Haig gab Passchendaele auf, zog sich auf die Häfen zurück und forderte von Foch Reserven an, der ihm vier Divisionen zuführte. Jetzt hielt die Verteidigung. Die Deutschen wußten ebensowenig wie die Alliierten einen Anfangserfolg bei einer Offensive richtig auszunutzen.

Nun versuchten es die Alliierten mit Propaganda und bombardierten die feindlichen Truppen mit Flugblättern, die die Soldaten zur Fahnenflucht aufriefen. Man forderte die Tschechen auf, sich als selbständige Nation von Österreich-Ungarn zu trennen. Ludendorff ließ indessen im Mai einen zweiten Entlastungsangriff gegen die Franzosen im Süden vorbereiten. Am 27. Mai wurden die Alliierten durch einen Angriff am Chemin des Dames überrascht, und am 3. Juni kamen die Deutschen bis an die Marne und beschossen Paris mit weitreichender Artillerie. Aber wieder erlag Ludendorff der Versuchung, einen Anfangserfolg weiter auszunutzen, warf alle verfügbaren Verstärkungen ins Gefecht, und wieder wurden die Deutschen zum Stehen gebracht. Foch setzte seine Reserven sehr geschickt ein. In Paris steigerte sich die Nervosität, aber Foch wußte, was er tat, und der französische Premierminister Clemenceau stellte sich hinter ihn. Im Juni lehnte Ludendorff wieder einen Kompromißfrieden ab und begann am 15. Juli eine Offensive beiderseits von Reims. Die Deutschen kamen dabei so nahe an Paris heran wie noch nie vorher. Wieder wurde der Angriff abgeschlagen. Ludendorffs Strategie hatte versagt.

Jetzt wendete sich das Blatt. Am 18. Juli griffen die Franzosen westlich von Reims mit Panzerwagen an. Ludendorff befahl den Rückzug auf eine Stellung hinter der Marne. Am 24. Juli stimmte Foch die Angriffspläne der Alliierten zu einer Generaloffensive aufeinander ab. Man wollte – wie seinerzeit Joffre – die Frontausbuchtung durchstoßen, aber diesmal nach einem taktisch besseren Plan. Die Briten sollten im Norden, die Amerikaner im Süden angreifen, während die Franzosen die Stellung in der Mitte hielten. Am 8. August begann der britische Angriff bei Amiens unter Verwendung zahlreicher Panzerwagen.

Die Briten hatten den Kampfwagen entwickelt und zuerst eingesetzt. Oberstleutnant Ernest Swinton war auf den Gedanken gekommen, mit Hilfe des Panzerwagens die mit Handfeuerwaffen verteidigten Drahthindernisse zu überwinden. 1916 erschien der Mark I, der Prototyp für alle später entwickelten Panzerwagen, zum erstenmal auf dem Schlachtfeld. Aber das Oberkommando erkannte nicht die damit gegebenen ungeheuren Möglichkeiten. Ich hätte Swinton gern kennengelernt, denn er ist der Verfasser von zwei ausgezeichneten Büchern, die ich heute noch lese – *The Green Curve* und *The Defence of Duffer's Drift*. Im November 1915 begann Churchill, sich für seine Ideen zu interessieren und schrieb über die Verwendung von Panzerwagen: „Man darf sie erst einsetzen, wenn es möglich ist, sie im geschlossenen Verband zu verwenden". Leider wurde dieser Hinweis nicht befolgt. 1916 an der Somme wurden sie in kleinen Gruppen und nicht geschlossen ins Gefecht geführt. Das geschah erst im November 1917 bei Cambrai.

Nach November 1917 erkannten mehrere höhere Offiziere endlich, wie man die Erstarrung im Grabenkrieg lösen könnte. Der Befehlshaber des australischen Korps, Sir John Monash, schreibt:

> Die eigentliche Rolle der Infanterie bestand nicht darin, sich in äußersten körperlichen Anstrengungen zu erschöpfen, unter dem gnadenlosen Maschinengewehrfeuer zu verbluten oder sich in die feindlichen Bajonette zu stürzen ... sondern im Gegenteil unter dem Schutz aller nur verfügbaren modernen Waffen, der Artillerie, der Maschinengewehre, der gepanzerten Kampfwagen, Mörser und Flugzeuge anzugreifen.

Deshalb ging man jetzt an die Massenproduktion von gepanzerten Kampfwagen. Anfang 1918 waren Panzerwagen an zahlreichen kleineren Operationen beteiligt. Monash erprobte seine Ideen am 4. Juli bei einem kleineren Unternehmen bei Le Hamel. Infanterie und Panzer gingen gemeinsam ohne Artillerievorbereitung vor. Vier Transportpanzer brachten Material nach vorn, das sonst 1250 Mann hätten tragen müssen. Zum erstenmal brachten hier auch Flugzeuge Nachschub bis auf das Gefechtsfeld. Monash sorgte für die strikte Einhaltung seines sorgfältig ausgearbeiteten Schlachtplans. Das Unternehmen bei Le Hamel wurde zum Erfolg, und am 8. August ging man bei Amiens nach den gleichen Grundsätzen vor. Monash beriet dabei den General Rawlinson, einen weiteren begeisterten Anhänger der neuen Waffe. Rawlinson befehligte hier 13 Infanteriedivisionen, 3 Kavalleriedivisionen, 2070 Geschütze, 800 Flugzeuge und 540 Panzer – 324 Mark V, 96 leichte „Whippets" und 120 Versorgungspanzer. Da Lloyd George 1918 die Rüstungsproduktion mächtig angekurbelt hatte, waren die britischen Truppen gut mit Nachschub versorgt. Der Aufmarsch der britischen Truppen war gut getarnt, und es war gelungen, den Gegner über die britischen Absichten zu täuschen.

Der Nebel am Morgen des 8. August erleichterte die Überraschung. Nach kurzer Artillerievorbereitung gingen Infanterie und Panzer vor. Das genau vorbereitete Unternehmen entwickelte sich planmäßig, nur links waren die Deutschen nachts alarmiert worden und lagen an einem steilen Hang. Die Australier in der Mitte erreichten um 7.00 Uhr das erste Angriffsziel, das zweite um 10.30 Uhr. Die Kanadier links hatten gegen 11.00 Uhr den Anschluß gefunden. Nach etwa zwei Stunden war der Hauptteil des Gefechts vorüber, die Australier hatten fast überall das Angriffsziel erreicht, und die Kanadier waren mehr als 10 Kilometer vorangekommen. Der Erfolg war den Panzerwagen zu verdanken. Sie hatten den Stacheldraht, die Gräben und das Maschinengewehr- und Gewehrfeuer ohne weiteres überwinden können. Die feindliche Artillerie schoß zwar zahlreiche Panzer ab, aber die durchgebrochenen Panzerwagen richteten hinter den deutschen Stellungen große Verwirrung an.

Die Schlacht bei Amiens brachte nicht die Erfolge, die sich zunächst abzeichneten. Die Infanterie kam nicht nach, und die Zusammenarbeit zwischen Panzern und Kavallerie war schlecht. Immerhin nannte Ludendorff den 8. August den „schwarzen Tag der deutschen Armee in der Geschichte des Krieges". Die alliierte Offensive ging weiter. Im September versteifte sich der deutsche Widerstand. Die Briten kamen bis in ihr früheres Kampfgebiet in Flandern, wo sie wieder im Schlamm steckenblieben. Am 26. September griffen die Amerikaner in den Argonnen an, erlitten schwere Verluste und kamen in einer Woche nur 15 Kilometer voran, denn die Offensive erfolgte in dem aus dem Stellungskrieg gewohnten Stil. Dann baten die Deutschen am 4. Oktober um einen Waffenstillstand. Während der Verhandlungen gingen die Kämpfe weiter, und die Deutschen mußten das westliche Belgien und fast ganz Frankreich räumen. Am 11. November 1918 wurde der Kampf an der Westfront eingestellt.

Der Krieg endete auf allen Kriegsschauplätzen etwa zur gleichen Zeit. Aber ein strategischer Zusammenhang bestand nicht. Die Niederlage der Türken und Bulgaren hatte keine direkten Auswirkungen an der deutschen und österreichischen Front, außer daß sie entmutigend wirkte. Österreicher, Italiener und auch die Deutschen hatten genug vom Kriege. Deutschland hatte den Krieg bei den Offensiven Ludendorffs von 1918 und weniger durch die alliierte Gegenoffensive oder die britische Blockade verloren. Der Kampfgeist der deutschen Soldaten zerbrach zum Schluß bei den vergeblichen Angriffen gegen die feindlichen Verteidigungsstellungen, die zu überwinden sie keine Mittel hatten – ähnlich wie die Alliierten in den Jahren zuvor. Daran sind sie gescheitert, wenn auch der 8. August für die Deutschen psychologisch ein schwarzer Tag gewesen ist. Als die Deutschen um einen Waffenstillstand baten, war ihre Front im alten Kampfgebiet noch intakt. Obwohl sie in dem auf das Waffenstillstandsangebot folgenden Monat noch Gelände an die Alliierten verloren, gelang es diesen doch nicht, die deutschen Armeen zu zerschlagen. Das Erstarren der Fronten, ein Ergebnis der technischen Entwicklung jener Zeit, blieb im Krieg 1914/18 der wesentlichste Faktor. Sogar der Einsatz von Panzerwagen führte nicht wieder zum Bewegungskrieg und ermöglichte keinen entscheidenden taktischen Sieg. Der Krieg 1914/18 konnte nicht gewonnen werden. Er konnte nur verloren werden, wenn der Kampfgeist der Soldaten auf der einen Seite erlahmte. Die Männer auf beiden Seiten kämpften standhaft und tapfer, aber zum Schluß zerbrach die Kampfmoral der Deutschen.

Alle Versuche der Generäle, die Lage zu meistern, scheiterten, aber die Führung war durchaus nicht immer schlecht. In diesem Krieg hat es keinen genialen Soldaten gegeben. Falkenhayn, Ludendorff, Mustafa Kemal, Monash, Allenby und Brusilow waren ausgezeichnete Truppenführer. Lawrence und Lettow-Vorbeck waren auf besonderem Gebiet begabt. Ich möchte sagen, Sir John Monash war der beste General an der Westfront in Europa. Er hatte originelle, schöpferische Ideen, und vielleicht wäre der Krieg früher, sicher aber mit geringeren Verlusten beendet worden, wenn man Haig durch Monash abgelöst hätte. Haig war phantasielos. Vielleicht hat er alles getan, was in seinen Kräften stand, aber diese Kräfte waren gering. Er gab sich damit zufrieden, auf Gott zu vertrauen. Mit nichts lassen sich die Verluste an der Somme und bei Passchendaele entschuldigen. Außerdem intrigierte er gegen seinen Oberbefehlshaber und seine politischen Vorgesetzten, und das ist nach meinem Dafürhalten unverzeihlich, obwohl auch gegen ihn intrigiert wurde.

Im Hinblick auf die Strategie haben die Alliierten nach meiner Auffassung zu starke Kräfte auf den Nebenkriegsschauplätzen verschwendet und den Krieg auf den Hauptkriegsschauplätzen ideenlos und mit zu groben Mitteln geführt. Die Russen standen in bewundernswerter Treue zu ihren Verbündeten, erwiesen sich aber an der Ostfront als unfähig. Im Westen begann Joffre mit der Vergröberung der Kriegführung. Die taktischen Theorien Fochs sind zum großen Teil an den hohen Verlusten schuld. Allerdings hat er durch den geschickten Einsatz der Reserven 1918 gezeigt, daß er die Lage am Schluß richtig beurteilte.

Die beiden deutschen Chefs des Generalstabs, Falkenhayn und Ludendorff, haben ihre Kräfte an mehreren Fronten vernünftig eingesetzt und hatten recht, wenn sie an der Westfront die längste Zeit in der Defensive blieben. Aber Ludendorff hat am Schluß alle Chancen fortgeworfen, als er sich weigerte, einen Kompromißfrieden zu schließen und 1918 gerade solche Offensiven führte wie die Alliierten vorher, die dadurch fast den Krieg verloren hätten. So aber mußte Deutschland ihn verlieren.

Im 2. Kapitel habe ich die Verdienste des britischen Soldaten gewürdigt. Ehe ich meinen Bericht über den Krieg 1914/18 abschließe, möchte ich meiner Bewunderung für den französischen Soldaten Ausdruck verleihen.

Alle Armeen erleben Perioden des Erfolgs und des Mißerfolgs. Bei unserer Betrachtung der Kriegsgeschichte haben wir gesehen, wie schwierig es für die Armee eines Landes ist, Erfolg zu haben, wenn die Regierung zaudert, keinen Mut besitzt und das Volk in kritischer Lage nicht zu begeistern vermag. Wenn aber das alles in Ordnung ist, dann siegt die Nation, deren Streitkräfte am besten geführt werden, am besten ausgerüstet sind, und deren Disziplin, Ausrüstung und Kampfmoral überlegen ist.

Das alles trifft auch auf die Franzosen zu. Wir haben gesehen, wie tapfer französische Soldaten angesichts eines „spanischen Krebsgeschwürs" und nach den ungeheuren Verlusten auf dem Rückzug von Moskau kämpften. Die alten Haudegen der napoleonischen Garde waren großartige Soldaten, ebenso aber auch ihre jüngeren Kameraden bei Verdun, Dien Bien Phu und in Algerien.

Ich habe selbst Seite an Seite mit französischen Truppen gekämpft. Unter guten Generälen und mutigen Unterführern, die man in jeder Armee braucht, wird der französische Soldat von keinem anderen übertroffen. Ich erweise ihm meine Ehrenbezeugung – denn ich bin selbst *Caporal d'Honneur Ire Compagnie 11e Bataillon de Chasseurs Alpins* und habe die für einen britischen Soldaten seltene Ehre, die *Médaille Militaire* zu tragen.

Als die Waffen schwiegen, war es ebenso schwierig, zu einem vernünftigen Frieden zu kommen, wie vorher, den Krieg zu gewinnen. Das deutsche Ersuchen um einen Waffenstillstand ging an Präsident Wilson, ein letzter Seitenhieb gegen Franzosen und Briten. Wilson betrachtete sich schon lange als Vermittler und hatte im Januar 1918 ein Friedensprogramm von 14 Punkten aufgestellt (Clemenceau soll gesagt haben: „Der Herrgott hatte nur zehn!"). Dabei sollten das Selbstbestimmungsrecht der Völker gewahrt und der Krieg für alle Zeiten durch die Einrichtung eines Völkerbunds unmöglich gemacht werden. Hier erblickten die

Mittelmächte ihre Chance, nicht zuviel verlieren zu müssen. Aber Frankreich und Großbritannien wollten nicht nachgeben. An den Gesprächen über die Friedensbedingungen, die von Januar bis Juni 1919 in Paris geführt wurden, waren die Mittelmächte nicht beteiligt. Der Idealismus und der Geist der Versöhnung mußten den Interessen der Sieger weichen.

Am 28. Juni wurde der Friede von Versailles *diktiert*. Elsaß-Lothringen ging an Frankreich zurück. Großbritannien und Frankreich sicherten sich große „Mandatsgebiete". Es entstand ein neues Polen mit freiem Zugang zur See. Österreich-Ungarn und das Ottomanenreich lösten sich auf, und an ihrer Stelle entstanden Nationalstaaten. Deutschland verlor in Europa nur verhältnismäßig kleine Gebiete, wurde aber entwaffnet und mußte Reparationen zahlen. Rußland wurde nach der bolschewistischen Revolution nicht in die Gemeinschaft der zivilisierten Völker aufgenommen, und die Bestimmungen des Friedens von Brest-Litowsk hinsichtlich der Gebietsverteilung behielten ihre Gültigkeit. Der Völkerbund wurde gegründet, aber Deutschland durfte zunächst nicht beitreten. Die Vereinigten Staaten verzichteten auf die Mitgliedschaft. Ein gedemütigtes und rachsüchtiges Deutschland und ein verfemtes, mißtrauisches Rußland, das waren die dauernden und gefährlichen Folgen des Krieges 1914/18. Die wirtschaftliche Stabilität der Zeit vor 1914 wurde nie wieder hergestellt. Die Friedensbedingungen von Versailles erwiesen sich als höchst unbefriedigend.

Zwanzig Jahre danach: 1939/45

Der Krieg 1939/45 war ein totaler Krieg — für die Zivilbevölkerung ebenso wie für die Soldaten. Alliierte gehen durch die Ruinen einer zerstörten deutschen Stadt vor

21 · Zwanzig Jahre danach: 1939/45

Als Foch erfuhr, daß der Friedensvertrag von Versailles unterzeichnet sei, meinte er: „Das ist kein Frieden. Es ist ein Waffenstillstand für zwanzig Jahre". Er hatte recht. Zwanzig Jahre nach Beendigung des großen Krieges, den wir im vorigen Kapitel behandelt haben, wurden die Völker in ein zweites, sechs Jahre dauerndes Ringen verwickelt. Während der Krieg 1914/18 kaum als Weltkonflikt bezeichnet werden konnte, kann man das über den 1939 von Hitler begonnenen Krieg nicht sagen.

Die Torheit der politischen Führer der siegreichen Alliierten in den Jahren 1918/19 machte einen zweiten Konflikt fast unvermeidbar. In *Mein Kampf* sagt Hitler ganz deutlich, der Frieden sei nur als Vorbereitungszeit für den Krieg aufzufassen, und der nationalsozialistische Staat wurde zu einer Kriegsmaschine, die jederzeit in Aktion treten konnte. Der ehemalige Gefreite übernahm die Führung in Staat und Wehrmacht, und jeder Deutsche, der das Schlagwort „Kanonen statt Butter" nicht akzeptierte, wurde rücksichtslos verfolgt. Der spanische Bürgerkrieg 1936/39 war eine Vorübung für den Krieg 1939/45. In diesem Konflikt erprobten Faschisten und Kommunisten neue Waffen und Kampfmethoden. Die Schrecken jenes Krieges warfen ihre Schatten auf die Zukunft voraus.

Die neuen deutschen Führungsgrundsätze – totaler Krieg und Blitzkriegtaktik – standen im absoluten Gegensatz zur defensiven Haltung der westlichen Demokratien, wo man noch glaubte, den Krieg vermeiden zu können. Großbritannien reagierte auf die nationalsozialistische Politik mit einer Aufrüstung, suchte aber auch die Diktatoren zu beschwichtigen. Das war gegenüber Hitler und seinem Militärstaat die falsche Methode. Mit dem Angriff Hitlers gegen Polen begann am 1. September 1939 der Weltkrieg mit der letzten einer Reihe von Aggressionen zu Friedenszeiten, deren erste die Besetzung des Rheinlands 1936 gewesen war.

Nach Kriegsschluß habe ich mit Winston Churchill viele Gespräche über Hitlers Krieg geführt. Während er meinte, der Krieg 1914/18 habe sich nicht mehr verhindern lassen, nachdem die Ereignisse auf dem Balkan ins Rollen gekommen waren und Deutschland sich engagiert hatte, glaubte er, die Tragödie des zweiten Konflikts hätte sich vermeiden lassen. In *The Second World War* schreibt er, „die Arglist der Bösen wurde durch die Schwachheit der Guten noch vermehrt".

Irgend jemand hat einmal gesagt, „dreifach gewappnet ist der, dessen Streit gerecht ist". Aber Hitler wußte, daß derjenige viermal gewappnet ist, der als erster zuschlägt. Das hat er im Osten und im Westen getan. Im September 1939 wurde Polen mit einem Blitzkrieg überfallen, im Mai 1940 geschah das gleiche im Westen. Dieser Krieg unterschied sich ganz wesentlich von dem der Jahre 1914/18. Hier gab es keinen Stellungskrieg, keinen Stacheldraht und keinen Krieg um Festungen mehr. Ich habe beide Kriege mitgemacht und muß sagen, daß die beiden gegen denselben Feind geführten Kriege nicht hätten verschiedener sein können.

Die Kriegführung in den Jahren 1815–1945

In diesem Krieg haben Deutsche und Japaner Untaten begangen, für die es, wie ich glaube, was Umfang und Scheußlichkeit betrifft, keine Parallele in der Geschichte gibt. Darüber hinaus haben die Luftstreitkräfte als mächtigste Waffe Vernichtung und Elend über Nichtkombattanten in der Heimat gebracht, als sie offene Städte und Industriezentren bombardierten. Die Deutschen fingen damit an, aber die Alliierten haben das im weiteren Verlauf des Krieges in vollem Maß vergolten.

Es war ein ungeheuer komplizierter Krieg, dessen einzelne Phasen sich nicht so klar gegeneinander abgrenzen lassen wie im Konflikt von 1914/18. Die Lage änderte sich beständig, und bis auf die amerikanischen Kontinente war die ganze Welt in den Krieg einbezogen, der nach meinem Dafürhalten die größte Tragödie in der Geschichte der Menschheit gewesen ist. Nach Meinung des Militärredakteurs der *New York Times* sind insgesamt fast 40 Millionen Menschen darin umgekommen. Davon waren 17 bis 18 Millionen Zivilisten. Das menschliche Leiden steigerte sich zu unvorstellbaren Ausmaßen. Doch nun wollen wir die Ursache der Tragödie untersuchen und mit dem 1919 unterzeichneten Versailler Vertrag beginnen.

Ein Frieden, der diktiert wurde, um den Gegner zu demütigen und sich zu rächen, konnte weder dauerhaft noch befriedigend sein. Das erkannte man schon sehr bald in den 1920er Jahren. Man mußte mit dem Land, das nach Rußland die größte Bevölkerungszahl und das mächtigste Industriepotential in Europa hatte, nachbarliche Beziehungen aufnehmen. Deutschland umfaßte 1919 – bis auf geringfügige Gebietsabtretungen – das gleiche Gebiet wie vor 1918. Der Krieg von 1939 wurde durch Fehler ausgelöst, die die Diplomaten in dem Bemühen begingen, eine tragbare Lösung für das neue Europa zu finden.

Rußland und Amerika ignorierten das deutsche Problem, während Frankreich sich negativ einstellte. So blieb es Deutschland und Großbritannien überlassen, nach einer Lösung zu suchen. Seit Ramsay Macdonald zum erstenmal Premierminister geworden war, wurde die Haltung Großbritanniens gegenüber Deutschland immer versöhnlicher. Die sogenannte Beschwichtigungspolitik hatte manches für sich. Seit 1914/18 fürchtete man die Schrecken des Krieges. Vielerorts glaubte man, Deutschland habe ein Recht auf die Rückerstattung der verlorenen Gebiete. Die Alternative zum Aufstieg des Faschismus in Europa war der Kommunismus. Eine harte Haltung würde, so meinte man, zu einer feindseligen Stimmung in Deutschland führen, das, wenn man es anständig behandelte, ebenso anständig reagieren müßte. Hier lag der große Irrtum der Beschwichtigungspolitiker. Der Beherrscher Deutschlands war nicht der feine Mann, für den die ausländischen Politiker ihn hielten.

Nachdem Hitler 1933 Reichskanzler geworden war, spielte er das diplomatische Spiel, mit dem er Deutschland wieder zur Großmacht machen wollte, nicht mit so fairen Mitteln wie andere Staatsmänner. 1934 wurde er zum „Führer" und hatte damit diktatorische Vollmachten. Im 1936 ausgebrochenen spanischen Bürgerkrieg erprobte er neue Waffen und Taktiken. 1936 besetzte er das Rheinland und annektierte 1938 Österreich und das Sudetenland. Die politischen Führer in Frankreich und Großbritannien, Chamberlain und Daladier, glaubten, die deutschen Forderungen als Preis für einen dauerhaften Frieden akzeptieren zu müssen und billigten bei einer Zusammenkunft mit Hitler in München, was er getan hatte. Wie konnte man auch Deutschlands Wiederaufstieg nicht zulassen? Wie konnten Politiker eines unbedeutenden Gebietsstreifens wegen einen neuen Krieg riskieren? So gelang den Deutschen, die das Risiko genau berechneten, ein Handstreich nach dem anderen. Was auch später aus ihm geworden sein mag, damals war Hitler kein Narr. Er erklärte Böhmen und Mähren zum Protektorat, und 1939 wurde das Memelgebiet an Deutschland abgetreten.

Man hat behauptet, Hitler habe den Krieg 1939 nicht gewollt. Das mag stimmen oder nicht –

ich halte es aber für unwahrscheinlich, daß er geglaubt hat, er könne mit den europäischen Völkern so umspringen, ohne daß es mit einem Krieg endete.

Als Großbritannien und Frankreich in größter Sorge im März 1939 die Unverletzlichkeit Polens garantierten, durfte er nicht annehmen, daß sie ihr Wort nicht halten würden – nicht einmal wegen München! Dennoch fiel er sechs Monate später in Polen ein und entfesselte ganz bewußt den Krieg. Nein! Um seine Ziele zu erreichen, war er auch bereit, Krieg zu führen. Außerdem stützte sich die nationalsozialistische Regierung auf die emotionalen Schwächen der Deutschen, den Militarismus, den Rassenhaß und einen bitteren, arroganten Nationalismus. Ich frage mich, wann hat Hitler den Entschluß gefaßt, einen Krieg zu riskieren, um seine Ziele zu verwirklichen? Das werden wir wahrscheinlich nie erfahren. Wir wissen aber, daß er ein verantwortungsloser Hasardeur war, und als er in Polen einmarschierte, war der Einsatz zu hoch.

Die Garantie der Unverletzlichkeit Polens beinhaltete für Großbritannien und Frankreich ein strategisches Ziel, das sich ohne den bewaffneten Beistand Rußlands nicht erreichen ließ, auf den man nicht rechnen durfte, da Hitler taktisch geschickt im August 1939 mit Rußland einen Nichtangriffspakt abgeschlossen hatte. Aber die Westalliierten standen zu ihrem Wort und erklärten Deutschland am 3. September den Krieg. Die Völker des britischen Weltreichs eilten dem Mutterland zu Hilfe. Italien blieb zunächst untätig. Die Vereinigten Staaten wollten sich nicht binden; Belgien, Holland, Dänemark, Norwegen und Luxemburg blieben neutral, obwohl sie nicht in der Lage waren, ihre Neutralität zu verteidigen.

Vielleicht hätte eine härtere politische Linie in den 1930er Jahren den Krieg vermeiden helfen, aber vielleicht hätte Hitler sich auch rücksichtslos darüber hinweggesetzt. So brach der Krieg 1939 ebenso wie 1914 aus, weil alle Beteiligten sich verrechnet hatten.

Weder Großbritannien noch Frankreich waren 1939 für einen Krieg gerüstet. Deutschland verfügte über mehr ausgebildete Soldaten, denn Hitler hatte Anfang 1935 die allgemeine Wehrpflicht eingeführt, und auch militärtheoretisch hatten die Deutschen die Sieger von 1918 überflügelt. Sie hatten erkannt, daß man bei Verwendung moderner Waffen – des Panzerwagens und des Flugzeugs – beweglicher operieren und härter zuschlagen konnte. Auf dieser Grundlage hatte Deutschland die Blitzkriegtaktik entwickelt, bei der es darauf ankam, mit der Panzerwaffe einen tiefen Durchbruch durch die feindliche Stellung zu erzielen und diese Operationen aus der Luft zu unterstützen. Luftangriffe sollten die feindlichen Verbindungslinien und andere rückwärtige Einrichtungen zerschlagen, die Artillerie durch Angriffe gegen Erdziele beim Vormarsch ergänzen und die Angriffstruppen sollten aus der Luft versorgt werden. Von Infanterie begleitete Panzer würden den Durchbruch erzwingen, wobei es wesentlich auf die Konzentration der Kräfte, Überraschung und Geschwindigkeit ankam. Dann würde der Feind restlos zerschlagen und vernichtet werden.

Außer im Bereich der Luftstreitkräfte hatte es seit 1918 kaum irgendwelche technischen Neuerungen gegeben. Die Waffen aus dem Krieg 1914/18 waren weiterentwickelt worden, Geschwindigkeit, Panzerung und Bewaffnung der Panzer waren verbessert, es gab jetzt Panzerabwehrgeschütze, die Infanterie war zusätzlich mit Granatwerfern und Maschinenpistolen ausgerüstet. Gasmasken, Tarnung und Entfaltung zum Gefecht waren verbessert. Die Versorgungstruppen hatte man motorisiert.

Die einzige Macht, die außer Deutschland nach 1918 neue Ideen aufgenommen hatte, war Rußland, wo man gepanzerte und Luftlandetruppen besonders schätzte. Die Siegermächte von 1918 hatten kaum neue Vorstellungen entwickelt. Sie gaben sich damit zufrieden, den Krieg gewonnen zu haben, und die Überzeugung, der Frieden werde lange dauern, behinderte jeden Fortschritt auf militärischem Gebiet. Die Ideen und Theorien weniger Soldaten wie Liddell

Hart und Fuller, die meinten, die Defensive werde jetzt nicht mehr die wichtigste Gefechtsart sein, wurden von den maßgebenden Männern in Großbritannien und Frankreich nicht beachtet. Ausrüstung und Ausbildung waren 1939 in beiden Ländern auf sehr niedrigem Niveau. Zum Schutz der Grenze gegen Deutschland bauten die Franzosen die Maginotlinie mit Verteidigungsanlagen, die 1914/18 unüberwindlich gewesen wären, den neuen taktischen Ideen aber nicht gerecht wurden. Nur in Deutschland beachtete man die Schriften Liddell Harts und setzte seine Gedanken in die Tat um. Das mußten die Völker Europas zu ihrem Schrecken im Frühjahr 1940 erkennen, als der Blitzkrieg im Westen begann.

Die deutsche Invasion Polens demonstrierte überzeugend, wie wirkungsvoll die Blitzkriegtaktik war. Man riß die Initiative an sich, indem man ohne Kriegserklärung losschlug. Innerhalb von zwei Tagen vernichtete die Luftwaffe die polnischen Luftstreitkräfte, die zum größten Teil gar nicht dazu kamen, sich dem Gegner in der Luft zu stellen. Die Eisenbahnen wurden durch Luftangriffe lahmgelegt, so daß die polnische Armee bei der Mobilmachung schwer behindert wurde. Um die Verwirrung und Demoralisierung zu vervollständigen, wurden Städte, Dörfer und Flüchtlingskolonnen aus der Luft angegriffen. Die Polen stellten dem Angriff zu Lande alle verfügbaren Kräfte entgegen, aber Marschall Smigly-Rydz führte sie nach den Methoden von 1914/18. Er verteilte sie entlang der Grenze und war daher überall schwach und nirgends stark. Die Deutschen gingen von Norden, Nordwesten und Süden in drei starken Stoßkeilen vor, und die gepanzerten Vorausabteilungen durchstießen ohne Schwierigkeiten die polnischen Stellungen. Am 7. September vereinigten sich die beiden Armeen im Norden unter Bock bei Lodz. Starke polnische Kräfte wurden im Dreieck Lodz–Warschau–Thorn eingeschlossen. Im Süden überschritten die Verbände unter Rundstedt den San, und am 17. ließ Stalin russische Truppen von Osten her gegen den Rücken der polnischen Armee vorgehen. Wieder war Polen geteilt. Die Eroberung Polens, das damals 33 Millionen Einwohner hatte, war den Deutschen in 18 Tagen gelungen, die dabei 10 500 Gefallene und 30 000 Verwundete verloren.

Großbritannien und Frankreich, die zur Verteidigung Polens in den Krieg eingetreten waren, mußten, wie ich schon oben gesagt habe, tatenlos zusehen. Im September schickte Großbritannien vier aktive Infanteriedivisionen in zwei Armeekorps nach Frankreich, die die Maginotlinie entlang der belgischen Grenze nach Norden durch Feldbefestigungen verlängerten. Meine Division, die 3., lag am linken Flügel im Raum südlich von Lille an der belgischen Grenze. Links von mir lagen die Divisionen der Siebenten französischen Armee, die die Stellungen bis zur Nordseeküste besetzt hielten. Ein Verband der RAF ging nach Frankreich, um die britischen Truppen zu unterstützen. Von der Theorie der Defensive besessen griffen die britischen und französischen Streitkräfte die Deutschen nicht an deren Westgrenze an, solange die deutschen Armeen im Osten gebunden waren. Statt dessen bombardierten sie Deutschland mit Flugblättern. Wenn das ein Krieg sein sollte, dann verstand ich ihn nicht! In Frankreich stand noch eine britische Panzerbrigade, die ich aber nie zu Gesicht bekommen habe. Dabei waren wir es gewesen, die den Panzer erfunden und 1916 zum erstenmal eingesetzt hatten. Die Untätigkeit an der Westfront dauerte von September 1939 bis Mai 1940.

Während dieser Zeit besiegten die Russen Finnland, und deutsche Truppen besetzten Dänemark und Norwegen. Die Ruhepause endete am 10. Mai 1940 mit dem deutschen Angriff gegen Belgien, Holland und Frankreich.

Die Franzosen hatten 80 Divisionen mobilgemacht. Im Mai 1940 standen 10 britische Divisionen in Frankreich, aber einige Territorialtruppen waren schlecht bewaffnet und ausgebildet und konnten an größeren Gefechtshandlungen nicht teilnehmen. Hitler folgte einem von General von Manstein aufgestellten Plan. Danach sollten das neutrale Belgien und

Zwanzig Jahre danach: 1939/45

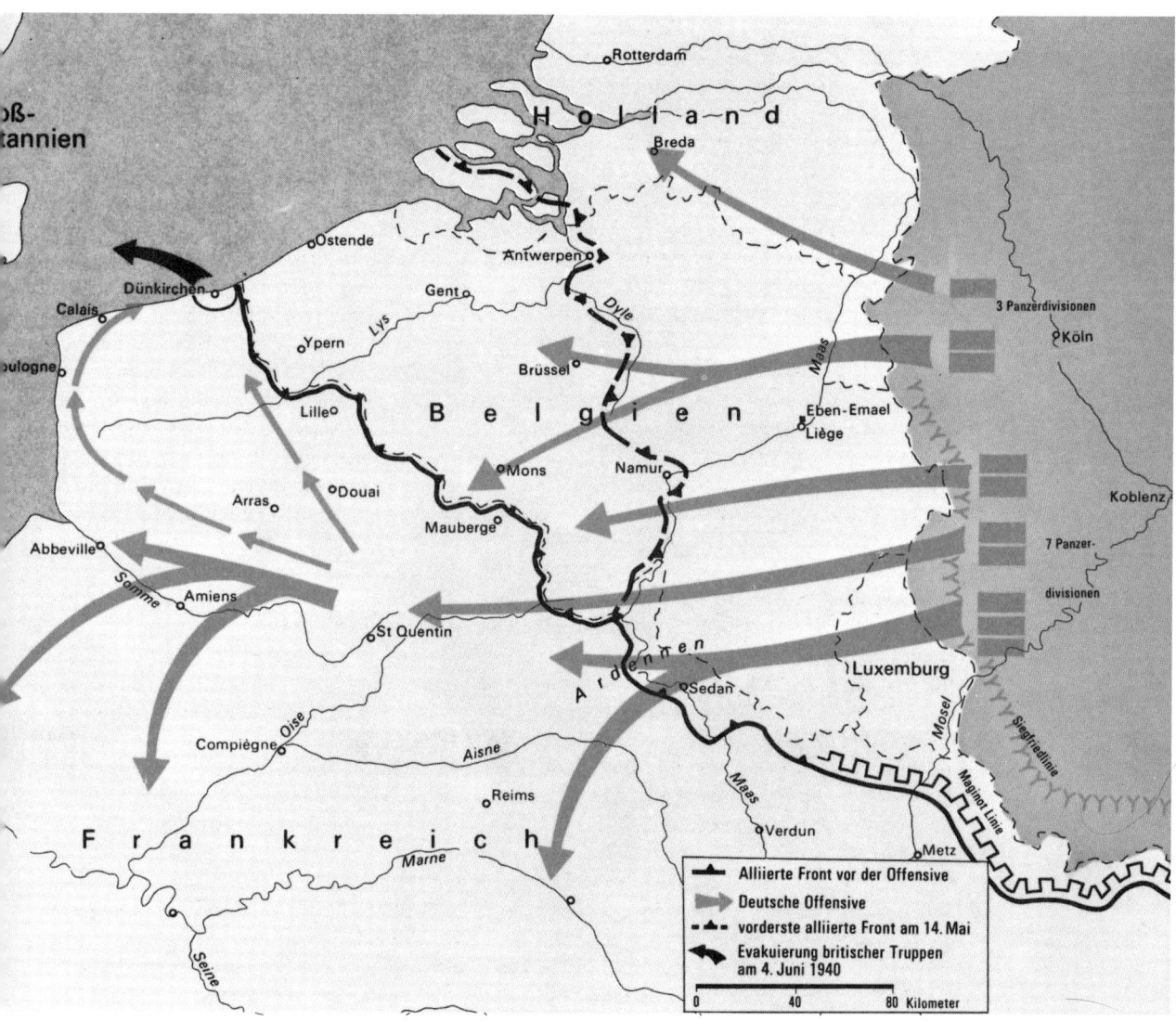

Der deutsche Feldzug 1940 in Nordwesteuropa

Holland überrannt werden, um die Maginotlinie in der Flanke zu umgehen und sich in den Besitz der Nordseehäfen und Flugplätze zu setzen. Anschließend sollte Frankreich angegriffen werden. Für den Fall, daß Briten und Franzosen ihre Truppen zur Abwehr des Angriffs gegen Belgien einsetzen sollten, wollten die Deutschen mit dem Gros ihrer Panzerkräfte gegen die Maas bei Sedan vorstoßen, den Drehpunkt des alliierten Umfassungsangriffs nach Belgien hinein. Alles verlief plangemäß. Holland wurde in fünf Tagen niedergeworfen. Fallschirmjäger und Sturmpioniere nahmen die angeblich uneinnehmbare belgische Festung Eben Emael in 36 Stunden. Der Vorstoß an die Maas ging schneller als die Deutschen erwartet hatten, denn die französische Artillerie war durch die deutschen Sturzkampfflieger außer Gefecht gesetzt worden. In der alliierten Front entstand eine 80 Kilometer breite Lücke, und General Guderian stieß mit seiner Panzergruppe bis nach St. Quentin vor. Motorisierte Divisionen sicherten die durch die Panzer geschlagene Lücke zu beiden Seiten. Die Deutschen besaßen die absolute Luftherrschaft, und die alliierten Befehlshaber, Gamelin und Gort, waren unfähig, mit der deutschen Armee fertigzuwerden.

Am 20. Mai standen die Deutschen in Abbeville, am 23. in Boulogne. Am 27. Mai um Mitternacht kapitulierte Belgien. Das war für mich und meine Division sehr unangenehm, denn wir bildeten den linken Flügel der französisch-britischen Streitkräfte. Links neben uns verlängerten zwanzig belgische Divisionen unsere Stellungen bis zur Küste. Im Morgengrauen des 28. Mai erfuhr ich, daß der König der Belgier mit seiner ganzen Armee vor den Deutschen kapituliert hatte. Dabei kam mir der Gedanke, daß es Mitte des 20. Jahrhunderts nicht mehr richtig ist, wenn Könige ihre Heere selbst führen. Es gab einen glücklichen Umstand: zwischen meiner Division und der See standen so viele belgische Truppen, daß es den Deutschen Schwierigkeiten bereiten würde, durchzukommen. Ich hatte daher noch etwas Zeit zum Überlegen, aber es blieb den britischen Truppen kaum mehr etwas zu tun übrig. Am 4. Juni waren alle britischen Truppen und etwa 120 000 französische Soldaten von Dünkirchen aus mit ihren Handfeuerwaffen evakuiert worden. Alle Fahrzeuge und sonstige Ausrüstung mußten zurückgelassen werden.

Der Abtransport der britischen Kräfte von der Küste bei Dünkirchen (Operation Dynamo) dauerte neun Tage, rettete 338 000 Mann, und das war eine bemerkenswerte Leistung der britischen Flotte, die 887 Schiffe aller Größen versammelte, und der RAF, die in vier Tagen bei nur 29 eigenen Verlusten 179 feindliche Flugzeuge abschoß. Die Öffentlichkeit in Großbritannien atmete auf, aber in Wirklichkeit war die britische Armee auf dem Schlachtfeld restlos geschlagen worden. Man hatte solche Mengen von Ausrüstung zurücklassen müssen, daß im Sommer 1940 nur die 3. Division einigermaßen vollständig ausgerüstet war.

Die deutschen Panzer hatten die Briten nicht bis nach Dünkirchen verfolgt. Hitler hatte das befohlen, weil er sich zunächst nach Süden wenden wollte, um die Franzosen endgültig zu schlagen. Die französische Kampfmoral brach zusammen, und am 16. Juni kapitulierte die französische Regierung unter Pétain. Die Deutschen besetzten Nord- und Westfrankreich. Jetzt trat auch Italien an Deutschlands Seite in den Krieg ein.

Die deutsche Eroberung Belgiens, Hollands und Frankreichs was das Ergebnis überlegener taktischer Methoden und Führung. Die Alliierten waren nach Zahl und Ausrüstung etwas überlegen gewesen, 146 Divisionen standen 126 gegenüber. Aber viele französische und britische Divisionen hatten nur geringen Kampfwert. Einige Panzertypen der Alliierten waren den deutschen Panzern überlegen, wie zum Beispiel der britische Mathilda-Panzer, aber entscheidend waren die Kampfmethoden. Schon der alliierte Aufmarsch war falsch. Man hatte die Kräfte an der ganzen Front verzettelt und keine Reserven gebildet. Die Deutschen griffen in starken Stoßkeilen rasch und mit durchschlagendem Erfolg an. Sieben ihrer zehn Panzerdivisionen hatten sie für den Durchbruch zwischen Sedan und Namur zusammengezogen. Mansteins Gesamtplan und die Panzertaktiken, mit denen er ausgeführt wurde, besonders Guderians rascher Vorstoß nach Westen, waren zusammen eine bemerkenswerte militärische Leistung.

Am 17. Juni befand sich Frankreich nicht mehr im Kriege. In den folgenden Jahren erwiesen sich die Partisanen des französischen Widerstands und die Agenten der *British Special Executive* als besonders wertvoll. Sie führten Störangriffe gegen die deutschen Besatzungstruppen und halfen geflohenen Kriegsgefangenen und abgeschossenen Fliegern, nach Hause zu kommen. Es wurden Kommandounternehmen durchgeführt, die den Deutschen sehr unangenehm waren, und freie Franzosen dienten in Großbritannien und Afrika. Aber im Juni standen Großbritannien und das Empire allein gegen die Achsenmächte Deutschland und Italien.

Die Briten bereiteten sich auf die Abwehr einer Invasion vor. Fast 900 Jahre hatte kein feindlicher Soldat mehr seinen Fuß auf britischen Boden gesetzt, und obwohl niemand im Lande wußte, wie die Deutschen geschlagen werden könnten, dachte keiner daran, aufzugeben. Selbst Winston Churchill wußte damals, wie er mir persönlich gesagt hat, keinen Ausweg, aber er zweifelte nicht am glücklichen Ausgang des Krieges. Ich stimmte ihm zu, denn er war der Führer, den wir brauchten, der Mann, der das besiegte Volk hinter sich wußte und bereit war, es durch alle noch kommenden Schwierigkeiten hindurchzuführen, die sehr bald eintreten sollten.

Churchill war seit Mai Premierminister, und nach der Katastrophe von Dünkirchen verstand er es, die Briten durch seinen Mut und seine Rednergabe zu begeistern:

> Wir werden uns nicht geschlagen geben. Wir werden bis zuletzt standhaft bleiben. Wir werden in Frankreich kämpfen, wir werden auf den Meeren und Ozeanen kämpfen, wir werden mit wachsendem Vertrauen und wachsender Stärke in der Luft kämpfen. Wir werden unsere Insel verteidigen, koste es, was es wolle. Wir werden kämpfen an der Küste, wir werden kämpfen auf den Flugplätzen, wir werden kämpfen auf den Feldern und Straßen, wir werden kämpfen in den Bergen, und wir werden niemals kapitulieren.

Man bildete eine Bürgerwehr und stellte die ganze Industrie auf die Rüstungsproduktion um. Wesentliche materielle Hilfe kam aus dem neutralen Amerika. Die Wiederaufrüstung und Vergrößerung der Armee und die Modernisierung der Ausbildung wurden in Angriff genommen. Dabei leistete Sir Alan Brooke als Oberbefehlshaber der Heimattruppen und späterer Chef des Empire-Generalstabs hervorragende Arbeit. Aber es gab viel zu tun, und ich selbst als Kommandeur eines Korps an der Südküste Englands wußte nicht, wieviel Zeit uns blieb. Die Deutschen hatten ganz Westeuropa von Norwegen bis Frankreich besetzt. Churchill sagte uns, Hitler wisse, er müsse entweder Großbritannien erobern oder den Krieg verlieren. Deshalb rechneten wir mit einer Invasion.

Um die Deutschen 1940 an der Überquerung des Kanals zu hindern, mußte Großbritannien sich auf seine Luft- und Seestreitkräfte verlassen. Die Voraussetzung für eine deutsche Invasion Englands, das die absolute Überlegenheit zur See besaß, war die Überlegenheit in der Luft. Ohne sie konnten deutsche Truppen und Nachschub nicht über den Kanal kommen.

1914/18 hatte das Flugzeug noch keine besondere Bedeutung gehabt, aber zwischen den Kriegen hatten sich die Flugzeuge erheblich weiterentwickelt. Im Krieg 1939/45 wurden die Luftstreitkräfte zu einer mächtigen Waffe, die den Seekrieg und die Taktik zu Lande wesentlich beeinflußte. Landschlachten konnten in kürzerer Zeit und mit geringeren Verlusten gewonnen werden als ohne Unterstützung aus der Luft. Strategische Bombenangriffe spielten eine wichtige Rolle, und die alliierten Luftstreitkräfte haben entscheidend zum Sieg beigetragen. Als ich 1942 Oberbefehlshaber wurde, vertrat ich den Grundsatz, man müsse vor Beginn von Operationen zur See oder zu Lande die feindlichen Luftstreitkräfte geschlagen haben. Aber dann zeigten meine Erfahrungen, daß dies nicht ganz richtig ist. Man muß im Operationsgebiet die Luftüberlegenheit zu gewinnen suchen, und gemäß dieser Forderung habe ich gehandelt.

Im Sommer 1940 war es die Aufgabe der Luftwaffe, vor Beginn der Invasion über England und dem Kanal die Luftüberlegenheit zu erkämpfen. Der Deutsche Luftfahrtminister und Oberbefehlshaber der Luftwaffe war Hermann Göring. Im August hatte er zwischen den Niederlanden und der Bretagne zwei Luftflotten zusammengezogen; eine in Brüssel unter Kesselring,

Die Kriegführung in den Jahren 1815–1945

In der Luftschlacht über Großbritannien wurde Hitler zum erstenmal Halt geboten. Britische Jagdflieger laufen zum Start

die andere in Paris unter Sperle. Eine dritte, schwächere Luftflotte unter Stumpff war in Norwegen stationiert. Den beiden Hauptluftflotten standen Verbände mit je etwa 2000 einsatzfähigen Flugzeugen zur Verfügung. Das waren Bomber vom Typ Ju 88, die besten und schnellsten, die es bis dahin gab, Sturzkampfbomber Ju 87 und Jäger der Typen Me 109 und 110. Das britische Kommando der Jagdflieger unter Air Chief Marshal Dowding bestand aus 50 Hurricane- und Spitfirestaffeln, zusammen 900 einsatzbereite Flugzeuge. Daneben hatte man 1700 Fliegerabwehrgeschütze in Stellung gebracht. Die Briten mußten ihre gesamte Küste mit zahlenmäßig unterlegenen Kräften verteidigen, während die Deutschen den Schwerpunkt ihres Angriffs dorthin verlegen konnten, wo es ihnen am günstigsten schien. Britische und deutsche Jagdflugzeuge waren etwa gleichwertig. Die Spitfires und Hurricanes waren mit 8 Maschinengewehren bewaffnet, etwas langsamer als die ME 109 (570 Stundenkilometer), aber wendiger. Die deutschen Bombenflugzeuge waren langsam und leicht verwundbar. Sie mußten daher von Jägern begleitet werden, was ihrer Reichweite Grenzen setzte. Dowding hatte das Fighter Command 1936 bei Bentley Priory in der Nähe Londons gut organisiert. Hier befand sich die Zentrale des Frühwarnsystems. Die taktische Befehlsgebung war dezentralisiert und auf über das ganze Land verstreute Gruppen verteilt. Meldungen über anfliegende feindliche Flugzeuge wurden von etwa 20 Radarstationen an der Küste weitergegeben. Dann gingen sie an die Gruppenhauptquartiere, die den Gegner mit Jagdflugzeugen, Suchscheinwerfern und Fliegerabwehrgeschützen bekämpften. Dieses Abwehrsystem bewährte sich gut.

Am 2. Juli befahl Hitler seinen Streitkräften, sich auf die Invasion Englands (Unternehmen „Seelöwe") vorzubereiten, und Göring begann die Luftschlacht über Großbritannien mit einer begrenzten Offensive gegen die Schiffahrt in der Straße von Dover. Dowding nahm die Herausforderung nicht an. Die erste Hauptphase begann Mitte August. Die RAF sollte durch die Vernichtung ihrer Flugzeuge in der Luft zerschlagen werden, während die Bekämpfung der Schiffahrt weiterging. Kesselring und Sperle setzten ihre Gruppen gegen Südostengland und Stumpff von Norwegen aus gegen die Midlands ein. In der ersten Schlacht am 13. August vernichteten britische Jäger der Südostgruppe unter Air Vice Marshal Park 45 deutsche Flugzeuge und verloren selbst 13. Beim nächsten größeren Gefecht verlor Stumpff ein Sechstel seines Verbandes und konnte sich dann nur noch mit schwachen Kräften an den Operationen beteiligen. Vom 16. bis zum 18. August erlitten die Deutschen wieder schwere Verluste. 296 deutsche und 95 britische Flugzeuge gingen verloren. Die RAF hatte den Vorteil, daß die Piloten der abgeschossenen Maschinen nicht jedesmal für sie verloren waren, sondern sich oft mit dem Fallschirm retten konnten. Dazu lief die Flugzeugproduktion in Großbritannien auf vollen Touren.

Jetzt erkannte Göring seinen Fehler, daß er nicht alles darangesetzt hatte, die RAF in der Luft zu schlagen. Das war in der zweiten Phase vom 19. August bis zum 6. September sein Operationsziel. Kesselrings Jäger kamen bei Tage herüber und Sperrles Bomber in der Nacht. Park wollte es nicht riskieren, sich mit allen Kräften den Jägern zu stellen, setzte aber den Kampf gegen die deutschen Bombenflugzeuge fort.

In der Anfang September beginnenden dritten Phase konzentrierten die Deutschen ihre Angriffe auf London. Hitler sprach bezeichnenderweise von völliger Vernichtung. Am 7. September griff Kesselring London mit 300 Bombenflugzeugen und 600 Jägern an. Die meisten Bomben fielen ins Zielgebiet und richteten in den Docks schwere Schäden und Verluste an. Aber 21 Jagdstaffeln griffen den Gegner an, und die Deutschen verloren wieder mehr Flugzeuge als die Briten. Am 15. September erreichten die deutschen Angriffe ihren Höhepunkt. Mit allen verfügbaren Kräften ließ Kesselring einen Angriff am Morgen und einen zweiten am Nachmittag fliegen. Verstärkt durch benachbarte Gruppen setzte Park praktisch alles ein, was er hatte. Kesselrings Bomber wurden dezimiert, und die deutschen Jäger ein für allemal abgewiesen.

Die Luftwaffe mußte sich geschlagen geben, und am 12. Oktober sagte Hitler die Invasion ab. Churchill fand anerkennende Worte für die RAF, die die Schlacht über Großbritannien gewonnen hatte:

Noch nie ist es vorgekommen, daß in einem Konflikt so viele Menschen so wenigen soviel zu verdanken hatten.

Die Luftwaffe setzte im folgenden Winter und Frühjahr ihre Nachtangriffe fort, nicht um die Invasion vorzubereiten, sondern um die Industrie zu treffen und die Bevölkerung zu demoralisieren. Die meisten größeren Städte in Großbritannien wurden schwer getroffen, besonders Coventry, aber die Deutschen erreichten ihre strategischen Ziele nicht. Mitte Mai 1941 mußte die Luftwaffe ihre Aufmerksamkeit Rußland zuwenden, denn Hitler hatte sich entschlossen, die Russen im Juni anzugreifen.

Die Kriegführung in den Jahren 1815–1945

Die Schlacht über Großbritannien bedeutete für die Deutschen einen Rückschlag, aber dennoch richtete sich die Strategie der Achse auf umfassendere Ziele. Die Deutschen führten ihre Schläge gegen die britischen Industriezentren und Schiffahrtswege mit Luft- und Seestreitkräften. Im September 1940 begannen die Italiener eine Offensive in Nordafrika und marschierten im Oktober in Griechenland ein. Sehr bald mußten die Deutschen ihnen auf beiden Kriegsschauplätzen zu Hilfe kommen. Wahrscheinlich war Mussolini auf die deutschen Erfolge eifersüchtig, aber der Krieg im Mittelmeerraum hatte für die Achse einen strategischen Wert, denn er war ein weiterer Schlag gegen die Verkehrswege, die das britische Weltreich mit dem Mutterland verbanden. Bis hierher war die Strategie der Achsenmächte zwar kühn, aber zunächst realistisch und erfolgreich.

Dann griff Deutschland am 22. Juni 1941 Rußland an. Das war ein großer strategischer Fehler, über den ich mehr zu sagen haben werde. Am 11. Dezember 1941 folgte die deutsche Kriegserklärung an die Vereinigten Staaten. Es ist unbegreiflich, wie Hitler sich gleichzeitig gegen die beiden stärksten Mächte der Welt wenden konnte. Vielleicht fürchtete er, angegriffen zu werden, vielleicht war es aber auch Größenwahn. Der Krieg im Westen und der Krieg, der mit dem japanischen Angriff gegen die Vereinigten Staaten bei Pearl Harbour am 7. Dezember 1941 im Fernen Osten begann, standen kaum in einer Beziehung zueinander. Deutschland und Japan waren verbündet, stimmten aber ihre Operationen nicht aufeinander ab. Da sie gemeinsame Gegner hatten, wurden zwar feindliche Streitkräfte des einen Verbündeten durch den anderen gebunden, aber zwischen Rußland und Japan ist es nie zu Kampfhandlungen gekommen. Hitler mußte jetzt nicht nur gegen das britische Weltreich, sondern auch gegen Rußland und die Vereinigten Staaten kämpfen. Die Befehlshaber seiner Wehrmachtsteile konnten jetzt kaum mehr auf einen Sieg hoffen, besonders weil sich Italien schon jetzt als schlechter Verbündeter erwiesen hatte.

Die Italiener hatten starke See- und Luftstreitkräfte im Mittelmeerraum und eine starke Armee in Libyen. Am 13. September 1940 gingen sie von der Cyrenaika aus gegen Ägypten vor und stießen nach der Einnahme Sollums weiter bis nach Sidi Barrani, wo sie zum Stehen gebracht wurden. Der britische Oberbefehlshaber, General Wavell, beschloß, dem Gegner kühn entgegenzutreten. Unter Generalmajor O'Connor ging die *Western Desert Force* zur Offensive über. In der Nacht vom 8. zum 9. Dezember durchstießen die Briten die Linie der italienischen Befestigungen, die eine nach der anderen fielen, und erreichten zwei Nächte später die Küste bei Sidi Barrani, um dem italienischen Gros den Rückzug abzuschneiden. Am 22. Januar 1941 setzten die Briten nach Einnahme Tobruks ihren Vormarsch fort und nahmen am 8. Februar Mersa el Brega und El Agheila. Zwei britische Divisionen hatten zehn italienische Divisionen vernichtet, 130000 Gefangene gemacht, 30 Panzer und 845 Geschütze erbeutet und selbst 500 Gefallene und 1400 Verwundete verloren. Kühnheit, Beweglichkeit und vor allem die Führerqualitäten O'Connors sowie die gute Zusammenarbeit aller Waffen ermöglichten diesen Erfolg. Auch in Ostafrika, Eritrea und Abessinien schlugen unterlegene britische Armeen die Italiener aufgrund ihrer größeren Beweglichkeit und Stoßkraft.

Zur gleichen Zeit brachte die in Alexandrien stationierte Flotte des Admirals Cunningham der italienischen Flotte schwere Verluste bei. Am 15. Oktober wurden drei italienische Zerstörer versenkt. Am 11. November versenkten britische Marineflugzeuge drei Schlachtschiffe im Hafen von Taranto. Am 9. Februar wurden die Docks von Genua bombardiert, und in einem Seegefecht am 19. März versenkte Cunningham vor Kap Matapan drei Kreuzer und zwei Zerstörer und verlor dabei nur zwei Flugzeuge.

Das waren erfreuliche Erfolge, aber am 12. Februar 1941 traf General Rommel mit einer

Zwanzig Jahre danach: 1939/45

Der Krieg im Mittelmeerraum

Vorausabteilung seines Afrikakorps in Tripolis ein, und das Kriegsglück wendete sich gegen die Briten.

Ende März griffen Rommels Panzer die *Western Desert Force* bei Mersa el Brega an, die Teile nach Griechenland abgestellt hatte und sich nun zurückzog. Zum Unglück geriet General O'Connor in Gefangenschaft. Am 13. April hatte Rommel Tobruk eingeschlossen, das aber der Belagerung standhielt. Am 18. April überschritt er die ägyptische Grenze und besetzte den Halfayapaß und Sollum. Jetzt erkundete man zum erstenmal Verteidigungsstellungen bei Alamein, um für den schlimmsten Fall vorzusorgen. General Wavell führte mehrere vergebliche Offensiven, und Rommel beherrschte auch weiter den Kriegsschauplatz in der Wüste. Am 1. Juli 1941 wurde Wavell zum Oberbefehlshaber in Indien ernannt, und Auchinleck übernahm das Kommando im Nahen Osten.

Auch in Griechenland waren die Italiener steckengeblieben. So griffen auch dort die Deutschen ein und überrannten im Frühjahr 1941 Jugoslawien und Griechenland. Am 20. Mai landeten sie in Kreta. Nachdem Flugzeuge die Fliegerabwehr-Geschützstellungen zerschlagen hatten, sprangen Fallschirmjäger ab und landeten Luftlandetruppen. In einer kühnen, geschickten, aber verlustreichen Operation nahmen sie Kreta in Besitz. Für die Kämpfe auf Kreta und in Griechenland wurden britische Truppen aus der Wüste abgezogen. Die britische Intervention

507

in Griechenland halte ich für einen strategischen Fehler. Sie schwächte die britische Front südlich von Benghasi, und am Schluß wurden die Briten aus Griechenland, Kreta und der Cyrenaika vertrieben.

Wir wenden uns jetzt dem deutschen Angriff gegen Rußland, dem Unternehmen „Barbarossa", zu, der am 22. Juni 1941 begann und zunächst große Erfolge brachte. Die Deutschen wollten die russischen Streitkräfte in mehreren großen Kesseln einschließen und sich nicht in die Weiten des russischen Raums hineinziehen lassen. Die Deutschen hatten 145 Divisionen, darunter 20 Panzerdivisionen, und einige verbündete Truppen, mit denen sie 158 russische Divisionen und 55 an der Grenze eingesetzte Panzerbrigaden angriffen. Die ersten Umfassungsangriffe brachten große Erfolge, und 1941 gingen Hunderttausende russischer Soldaten in die Gefangenschaft. Mit seinem Vorstoß gegen Smolensk und der Einschließung der feindlichen Kräfte in diesem Raum führte Guderian mit seinen Panzerdivisionen eine der glänzendsten Operationen dieses Krieges durch. Die Russen hatten weder die Waffen noch die Ideen, um sich gegen die Blitzkriegtaktik zu wehren. Zu größeren Schlachten kam es bei Kiew, Wjasma, Briansk und am Asowschen Meer. Aber nachdem die deutschen Generäle mehr als 1100 Kilometer in Feindesland vorgestoßen und noch vor Wintersanfang 24 Kilometer vor Moskau angekommen waren, erlaubte Hitler ihnen nicht, den letzten Stoß gegen das russische Kommunikationszentrum und die Hauptstadt des Kommunismus zu führen. Er entließ den Oberbefehlshaber des Heeres, Feldmarschall von Brauchitsch, übernahm selbst das Kommando, und die Deutschen zogen sich ein kurzes Stück auf schwach ausgebaute Winterstellungen zurück. Die deutschen Truppen waren für den strengen russischen Winter nicht ausgerüstet und hatten erheblich unter russischen Gegenangriffen zu leiden. Sie überstanden die Strapazen jedoch mit bemerkenswerter Standhaftigkeit.

Im Frühjahr 1942 verlief die Ostfront von Leningrad bis Rostow am Don. Einige der reichsten landwirtschaftlichen Gebiete und die wichtigsten Industriegebiete Rußlands befanden sich in deutscher Hand. Die Bevölkerung begrüßte die Deutschen zuerst als Befreier vom Joch Stalins. Aber Hitler nutzte das nicht aus, sondern glaubte, die besten Methoden zur Befriedung des Landes seien Grausamkeit und Zerstörung. Himmlers „Sicherheitsdienst" entvölkerte ganze Gebiete. Folterungen und Mord drohten allen, die den Deutschen in die Hände fielen. Die Folge war ein mörderischer Partisanenkrieg in den besetzten Gebieten Osteuropas, der den Deutschen schwer zu schaffen machte.

1942 setzten sie die Offensive fort, aber nur an der Südfront zwischen Kursk und Charkow. Etwa 51 deutsche Divisionen stießen bei eigener Luftüberlegenheit links bis Woronesch und in der Mitte bis Stalingrad vor und stellten sich zur Eroberung der Ölfelder bereit. Aber vorher führten die Russen bei Stalingrad einen Gegenangriff.

Die Russen hatten bei Stalingrad verzweifelten Widerstand geleistet. Die Fabriken hinter der Front steigerten ihre Produktion, und Amerikaner und Briten lieferten über Persien und auf dem Seewege um Nordnorwegen herum Kriegsmaterial. Die tüchtigsten Männer stellten sich an die Spitze der Roten Armee. Im November 1942 gingen die Russen mit erheblichen Verstärkungen unter Marschall Schukow, einem tüchtigen Soldaten, den ich gut kenne, zur Offensive über und schlossen bei Stalingrad 18 deutsche und rumänische Divisionen ein. Hitler verweigerte die Genehmigung zum Rückzug, und am 31. Januar 1943 kapitulierten die Reste der deutschen Sechsten Armee unter General Paulus. Gleichzeitig sprengten die Russen den Belagerungsring um Leningrad. Feldmarschall von List mußte sich mit seinen Verbänden aus dem Kaukasus zurückziehen, um nicht abgeschnitten zu werden und die Front am Don zu stabilisieren. Er führte den Rückzug über Rostow sehr geschickt. Der russische Vormarsch ging schnell voran

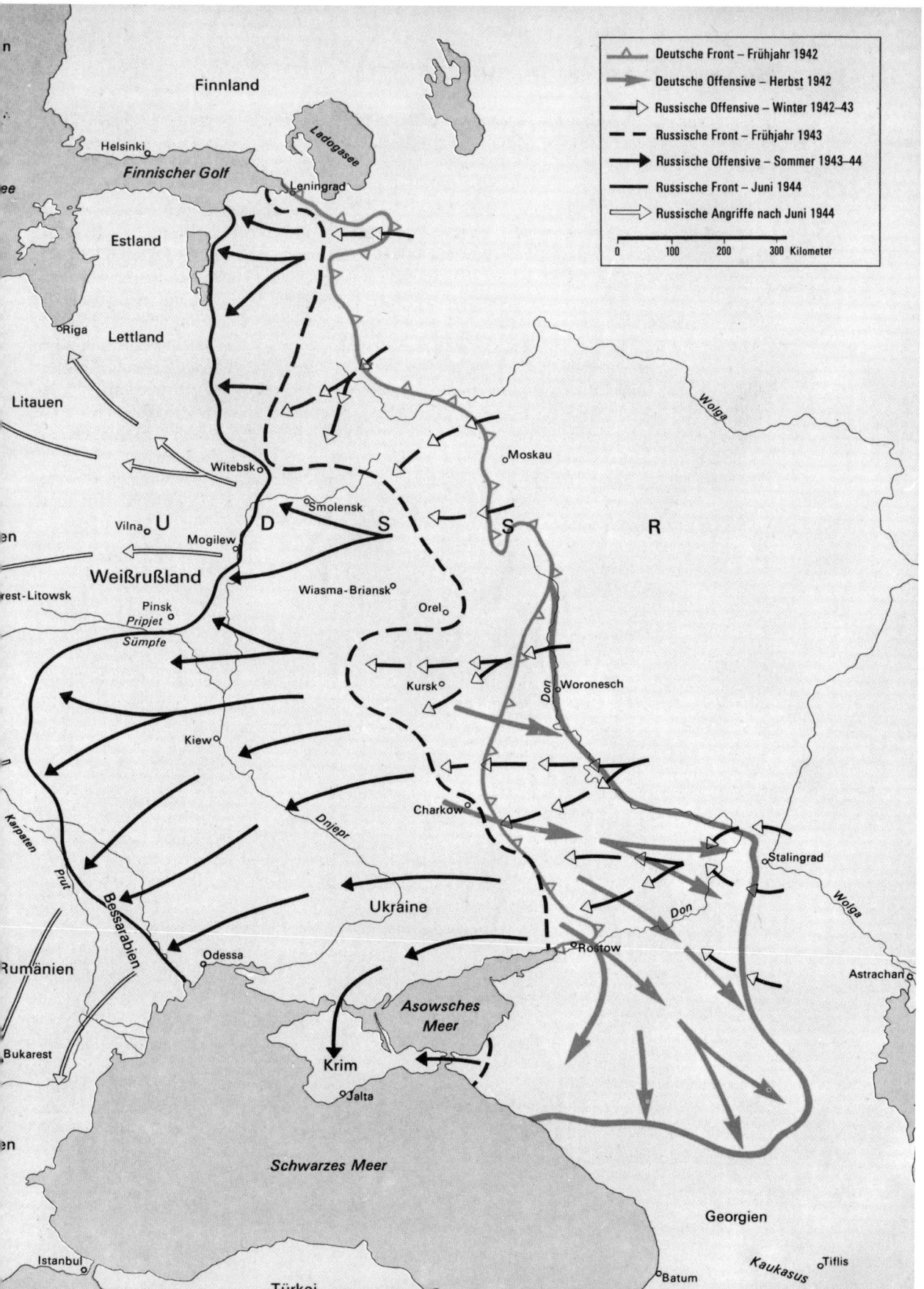

Die Kriegführung in den Jahren 1815–1945

und erreichte im Februar 1943 Charkow, 560 Kilometer westlich von Stalingrad. Manstein gelang es, die Fronten hier zu stabilisieren, und das Tauwetter erschwerte alle Truppenbewegungen. Im Juli führten die Deutschen bei Kursk den stärksten Panzerangriff des Krieges, aber die Russen wehrten ihn ab. Die russische Armee war indessen durch frische Mannschaften und Ausrüstung verstärkt worden und stand jetzt unter tüchtigen Befehlshabern wie Konjew und Rokossowski, die ich beide kenne. Die deutsche Armee war nicht mehr, was sie 1941 gewesen war. Im September erreichten die Russen Smolensk im Norden, und Ende 1943 Kiew im Süden.

Ebenso wie in Rußland war auch an anderen Fronten der Wendepunkt erreicht. Sechs Monate nach der Schlacht von Alamein (Oktober 1942) waren die Deutschen aus Nordafrika vertrieben, die Alliierten hatten Sizilien besetzt und waren in Italien eingedrungen. Die Amerikaner brachten erhebliche Verstärkungen heran, die nun dringend gebraucht wurden. Im Winter 1942/43 verstärkten sich die Bombenangriffe gegen Deutschland, und im Sommer 1943 nahm der Krieg auf dem Atlantik eine entscheidende Wendung zugunsten der Alliierten.

Im Januar 1943 kamen Churchill und Roosevelt siegessicher in Casablanca zusammen, um die weitere Strategie festzulegen. Sie erklärten, Deutschland, Italien und Japan müßten zur „bedingungslosen Kapitulation" gezwungen werden. Meine Auffassung ist es immer gewesen, daß dies ein tragischer Fehler war. Die Folgen faßt Lord Hankey in seinem Buch *Politics – Trials and Erros* wie folgt zusammen:

Deutsche Soldaten schleppen sich durch den russischen Schnee einer vernichtenden Niederlage entgegen

Es machte den Krieg noch härter und den Kampf bis zum letzten unvermeidlich. Die Tür für Verhandlungen wurde für beide Seiten zugeschlagen, Deutsche und Japaner kämpften jetzt mit dem Mut der Verzweiflung, Hitlers Stellung als Deutschlands „einzige Hoffnung" wurde gestärkt, Goebbels' Propaganda unterstützt, die Landung in Norwegen wurde notwendig, und es mußte zu dem verlustreichen und vernichtenden Vormarsch durch Nordfrankreich, Belgien, Luxemburg, Holland und Deutschland kommen. Die Verlängerung des Krieges ermöglichte es, daß Stalin ganz Osteuropa besetzte und den Eisernen Vorhang fallen ließ. Da alle erfahrenen Verwaltungsleute in Deutschland und Japan ausgeschaltet wurden ... verzögerten sich die Wiederbelebung der Wirtschaft und der Wiederaufbau ... Leider haben diese dem Geist der Bergpredigt widersprechenden Grundsätze auch die moralische Stellung der Alliierten geschwächt.

Aber seit die Lage sich zugunsten der Alliierten gewendet hatte, war die bedingungslose Kapitulation ihr strategisches Ziel. In Hitlers Deutschland gab es bei Kriegsende nur noch ein Oberkommando und keine Regierung, die hätte kapitulieren können.

Hitlers entscheidender Fehler war der Angriff gegen Rußland, ganz besonders zu einem Zeitpunkt, in dem die Deutschen den Krieg gegen die Briten im Mittelmeerraum und in Nordafrika noch nicht erfolgreich beendet hatten. Wären Teile der Truppen und Ausrüstung, die nach Rußland gingen, nach Afrika geschickt worden, vor allem Panzerdivisionen, dann hätten die Deutschen wahrscheinlich Ägypten und den Suezkanal erobert und sich vielleicht im Nahen Osten festgesetzt.

Wie in jedem Kriege, so hing auch in der afrikanischen Wüste der Erfolg von der militärischen Führung ab, weitgehend aber auch von der Ausrüstung und Versorgung der Truppe. Die großen Unregelmäßigkeiten auf diesen beiden Gebieten waren hauptsächlich schuld daran, daß Erfolg und Mißerfolg beider Seiten in der Wüste so oft wechselten. 1940 besiegte Wavell mit schwächeren Verbänden, aber besserer Ausrüstung die Italiener. Dann erschien Rommel mit dem Afrikakorps, und das Kriegsglück wendete sich zugunsten der Achsenmächte. 1941 und bis zum Herbst 1942 waren die Deutschen besser ausgerüstet. Ihre Panzer waren stärker bestückt als die britischen. Die britischen Panzerabwehrwaffen waren der deutschen 8,8-Zentimeter-Kanone unterlegen, die noch auf 2000 Meter starke Panzerung durchschlagen konnte. Eigentlich war das 8,8-Zentimeter-Geschütz ein Fliegerabwehrgeschütz, aber Rommel verwendete es als panzerbrechende Waffe. Auch die deutschen Benzinkanister und die Panzertransportfahrzeuge, mit deren Hilfe die Panzerfahrwerke geschont wurden, sind Beispiele dafür. Alles, was der Truppe Beweglichkeit und Feuerkraft verleiht, ist im Bewegungskrieg in der Wüste von größter Bedeutung. Mit schnellen, weitausholenden Bewegungen und überlegener Artillerie und Panzerwaffe konnte man hier am besten Schlachten gewinnen. Wavell verglich die Kriegführung in der Wüste mit der Seekriegführung. Auch in der Wüste legte man wie auf See Minenfelder an.

In der Qualität ihrer Ausrüstung waren die Deutschen überlegen, aber nicht immer hinsichtlich der Versorgung. Rommel hätte das 1941 von den Briten gehaltene Tobruk dringend als Versorgungsbasis benötigt. Auch Malta spielte für die britische Versorgung eine entscheidende Rolle, und von hier aus griffen U-Boote und Flugzeuge die feindliche Schiffahrt an. Das haben die Deutschen 1941 nicht richtig erkannt. Im August gingen 35 Prozent des deutschen und italienischen Nachschubs und der Truppenverstärkungen auf dem Mittelmeer verloren. Im Herbst stieg diese Ziffer bis auf 75 Prozent. Als Rommel von Oktober 1941 bis Anfang Januar 1942 am stärksten unter Nachschubmangel litt, drängte Auchinleck ihn bis nach Agheila zurück. Dabei erlitt er schwere Verluste an Mannschaften und Panzern. Im Winter 1941/42 verlegten die Deutschen daher 21 U-Boote aus dem Atlantik in das Mittelmeer, und im Dezember erfolgten intensive Luftangriffe gegen Malta. Darauf ging im Januar nicht eine Tonne Nachschub im Mittelmeer verloren, aber die britische Flotte hatte schwere Verluste.

Jetzt mangelte es den Briten an Nachschub. Auchinleck war weit vorgestoßen, und seine Versorgungswege bis nach Ägypten waren zu lang. Ende Januar 1942 schlug Rommel zurück, wurde aber an der Gazalastellung aufgehalten. Ende Mai griff er wieder an, nahm am 21. Juni Tobruk und stieß mit großem Wagemut weiter vor. Die Briten mußten Marsa Matruk räumen, und Ende Juli waren sie bis auf die Alameinstellung zurückgedrängt. Hier richteten sie sich zwischen Küste und Qattarasenke in einer etwa 50 Kilometer breiten Front zur Verteidigung ein. Im Winter 1941/42 mußte Auchinleck Verstärkungen zum Krieg gegen Japan abstellen, was ihn weiter schwächte, aber die Alameinstellung, die keine offenen Flanken hatte, konnte gehalten werden.

Die Deutschen standen jetzt knapp 100 Kilometer vor Alexandria, und damit befand sich Rommel am Ende einer viel zu langen Nachschublinie. Auchinleck und der Befehlshaber der britischen Luftstreitkräfte Tedder nutzten das aus und bombardierten die deutschen Nachschubbasen an der Küste, Marsa Matruk, Bardia und Tobruk. Rommels einzige intakte Basis blieb Benghasi, 1000 Kilometer weiter westlich. Hitler zögerte immer noch mit dem Angriff gegen Malta, und die britische Versorgungslage verbesserte sich. Es trafen Verstärkungen ein, und die Amerikaner schickten 300 Sherman-Panzer und 100 Geschütze auf Selbstfahrlafette, die den deutschen Waffen gleichwertig waren. In dieser Lage trat Mitte August General Alexander an die Stelle Auchinlecks als Oberbefehlshaber im Nahen Osten, und ich übernahm das Kommando der Achten Armee. Sofort erläuterte ich der Armee meine Absicht, die Achsentruppen ein für allemal aus Nordafrika zu vertreiben. Das sollte aber erst geschehen, wenn alle notwendigen Vorbereitungen getroffen waren. Wir brauchten nicht nur Material, um Rommel bei Alamein zu schlagen, sondern mußten ihn auch weiter nach Westen verfolgen, um die Häfen von Tobruk und Benghasi zu gewinnen. Zwei Monate vergingen, bis ich meine Armee neu gegliedert und die Kampfmoral neu gestärkt hatte. Ich organisierte meinen Stab um, überließ alle Details dem Chef des Stabes und konzentrierte mich selbst auf meine Hauptaufgabe, die darin bestand, meinen berühmten Gegner zu schlagen.

Am 30. August unternahm Rommel seinen letzten riskanten Angriff gegen die Achte Armee, um nach Kairo und Alexandria durchzustoßen. Der Angriff richtete sich wie erwartet gegen die Schlüsselstellung Alam Halfa. Ich hatte Rommels Taktik genau studiert. Er hatte die britischen Panzer bei jedem Gefecht herausgefordert, seine eigenen durch Panzerabwehrgeschütze verstärkten Panzerverbände anzugreifen, und hatte zuerst die Masse der britischen Panzer abgeschossen, um dann im Nahkampf die Panzerschlacht zu gewinnen. Bei Alam Halfa tat ich das gleiche. Meine eingegrabenen Panzerabwehrgeschütze und Panzer beschossen die feindlichen Panzerkräfte, und Rommel brach das Gefecht ab. Damit gewann ich aus der Defensive die erste Schlacht gegen Rommel.

Ich war noch nicht lange in der Wüste, hatte aber schon erkannt, daß man im Wüstenkrieg nicht von einem weit zurückliegenden Hauptquartier aus führen kann. Deshalb entschloß ich mich, die Führung der Achten Armee auf dem Gefechtsfeld fest in die Hand zu nehmen.

Nach Alam Halfa setzte ich meine Vorbereitungen für eine große Offensive fort, die für Rommel der Anfang des Endes in Afrika werden sollte. Wir verfügten über stark überlegene Truppen und Panzerkräfte und waren in der Luft im Verhältnis 3 zu 1 überlegen. Die Deutschen litten zudem an akutem Kraftstoffmangel. Da die strategische Überraschung unmöglich war, wollte ich den Gegner taktisch überraschen.

Durch Tarnmanöver erweckten wir den Eindruck, daß der Angriff im Südabschnitt erfolgen sollte. In Wirklichkeit wollten wir die feindliche Stellung an zwei Stellen im Norden durchbrechen. Pioniere sollten, unterstützt durch „Windmühlenpanzer", Minengassen anlegen. Durch diese Gassen sollte die Infantrie, gefolgt von den Panzerdivisionen, angreifen. In dieser Phase rechnete ich mit einer Panzerschlacht, die meine Infantrie dazu ausnutzen sollte, die feindliche Infantrie durch Angriffe in deren Flanke und Rücken zu zerschlagen.

So verlief dann auch die Schlacht bei Alamein, die am 23. Oktober 1942 begann, aber es war ein harter Kampf. Wir stießen auf verzweifelten Widerstand, und der Gegner führte starke Gegenangriffe mit Panzern. Da der deutsche Widerstand im Nordabschnitt besonders heftig war, verlegte ich den Schwerpunkt etwas nach Süden gegen die von Italienern besetzten Teile der Stellung. Der Hauptschlag, das Unternehmen „Supercharge", erfolgte am 2. November. Es ist soviel über diese Schlacht geschrieben worden, besonders von britischen Autoren, daß ich nicht näher darauf eingehen werde. Am 4. November war sie gewonnen, und für die Briten war damit der Wendepunkt des Krieges erreicht. Sie hatte zwölf Tage gedauert, wir machten 30 000 Gefangene, unter ihnen 9 Generäle, und verloren insgesamt etwas mehr als 13 000 Mann. Dann ging es an die Verfolgung des geschlagenen Gegners.

Rommel war schon häufiger gezwungen worden, das Gefecht abzubrechen und sich zurückzuziehen, meist aus Materialmangel. Aber eine vernichtende Niederlage wie diesmal hatte er noch nicht erlebt. Jetzt mußte er nur noch aus Afrika vertrieben werden. Er hatte so wenig Kraftstoff, daß er keine größeren Manöver mehr ausführen konnte. Aber er war ein guter Truppenführer und hatte schon öfter zurückgeschlagen, als man es am wenigsten erwartete. Auf dem langen Vormarsch nach Tripolis und Tunis wollte ich keine Risiken übernehmen und mein Ziel mit möglichst geringen Verlusten erreichen.

Im Durchbruchsraum war nach der Schlacht eine solche Verwirrung entstanden, und schwerer Regen behinderte das Vorwärtskommen so sehr, daß es einige Zeit dauerte, die Verfolgung zu organisieren. Dann aber ging die Achte Armee rasch vor mit dem Ziel, zunächst die Nachschubbasen bei Tobruk. Benghasi und Tripolis in Besitz zu nehmen. Am 23. Januar 1943 waren wir in Tripolis und hatten damit unsere Versorgung sichergestellt. Im November waren amerikanische Truppen unter General Eisenhower in Französisch-Nordafrika gelandet, und Rommel stand in Tunesien zwischen zwei Feuern. Im Februar teilte er am Kasserinepaß an die Amerikaner empfindliche Schläge aus, aber am 30. März griff die Achte Armee ihn in der Marethlinie an, kam den Deutschen in die Flanke und zwang sie zum Rückzug. Das war der Anfang des Endes. Am 13. Mai 1943 legten die Achsenstreitkräfte in Tunesien die Waffen nieder.

Mit der Eroberung Siziliens vom 10. Juli bis zum 16. August waren alle Gefahren für die alliierte Schiffahrt im Mittelmeer beseitigt. Am 3. September begann die Invasion Italiens. Die Italiener ergaben sich schnell, aber die Deutschen leisteten erbitterten Widerstand. Mit Einbruch des Winters kamen die Amerikaner an der Westküste und die Briten an der Adria nur noch langsam vorwärts.

Der Leser soll nun noch etwas über die Bombenangriffe gegen Deutschland erfahren. Im Mai 1940 begann Großbritannien mit der strategischen Bomberoffensive, deren Zweck im Januar 1943 auf der Konferenz von Casablanca wie folgt definiert wurde:

> Das deutsche militärische, industrielle und wirtschaftliche Potential soll progressiv vernichtet und zur Auflösung gebracht werden, und die Kampfmoral der deutschen Bevölkerung soll soweit unterminiert werden, daß ihre Fähigkeit, bewaffneten Widerstand zu leisten, entscheidend geschwächt wird.

Die Bombenangriffe sollten die Blockade zur See ergänzen und die deutsche Wirtschaft an der Wurzel treffen. Durch sie wurde der Konflikt von 1939/45 mehr als durch die Konzentrationslager zum totalen Krieg. Der erste Luftangriff erfolgte am Abend des 15. Mai 1940, als 99 britische Bombenflugzeuge Ölraffinerien und Bahnanlagen im Ruhrgebiet angriffen. Die Offensive wurde 1940 und 1941 fortgesetzt, aber ohne die erhofften Ergebnisse. Bombenangriffe bei Tage kamen wegen der starken Abwehr durch Fliegerabwehrgeschütze und Jäger nicht in Frage. Aber selbst die Nachtangriffe waren gefährlich, und auch mit Hilfe des Radargeräts war es schwierig, Einzelziele zu treffen. Die deutsche Industrieproduktion wurde kaum beeinträchtigt.

Mit Kriegseintritt Amerikas 1942 intensivierte sich die Bomberoffensive. Im März wurden die ersten starken und zuverlässigen, viermotorigen Lancaster-Bomber eingesetzt. Im Februar übernahm Air Marshal Harris den Befehl über das Bomber Command und verbesserte das System energisch und tatkräftig. Die Ausbildung von Navigatoren und Bombenschützen wurde beschleunigt, und im August ließ er die „Pathfinder Force" aufstellen, einen mit leichten, schnellen, manövrierfähigen Mosquitobombern ausgerüsteten Verband, dessen Aufgabe es war, die Ziele zu markieren. 1943 wurden verschiedene Radarsysteme für die Navigation und als Bombenzielgeräte eingeführt. Das Bomber Command flog vernichtende Angriffe gegen das Ruhrgebiet, und die Unternehmen gegen die Dämme an Möhne und Eder im Mai 1943 waren eine glänzende Leistung der 617. Staffel unter Gibson. 9000 Tonnen Bomben fielen in vier Großangriffen auf Hamburg, und dann wendete man sich Berlin zu. Die britischen Nachtangriffe wurden durch Angriffe der Amerikaner bei Tage ergänzt. Dabei verloren die Amerikaner 1942 und 1943 zahlreiche Fortresses und Liberators, aber mit dem Einsatz des P 51-Mustang, eines auf sehr weite Entfernungen einzusetzenden Jägers, veränderte sich die Lage.

Wir wenden uns der Seekriegführung zu. Am 17. August 1940 erklärte Hitler die totale Blockade Großbritanniens. Der Krieg gegen Deutschland zur See war von besonderer Bedeutung, da England sich nur durch Importe mit Lebensmitteln und Waffen versorgen konnte. Hitler hatte es jedoch versäumt, eine genügend starke Flotte zu bauen. 1940 war es den Deutschen nicht gelungen, Großbritannien zu blockieren, ja sie konnten nicht einmal die Seeherrschaft im Kanal behaupten, um nach England überzusetzen. Zur See kämpften die Deutschen in dreifacher Weise. U-Boote liefen in Rudeln aus, die übrigen Kriegsschiffe unternahmen Ausfälle, und Bombenflugzeuge griffen feindliche Schiffe an, die sich in Reichweite auf See befanden. Die britische Flotte verteidigte die Geleitzüge und suchte das Gefecht mit deutschen Kriegsschiffen. Aber viele britische Kriegsschiffe waren veraltet, und es fehlte an U-Booten und Flugzeugen.

Zu Beginn hatten beide Seiten zur See etwa gleiche Erfolge. Im Januar 1941 lief Admiral Lütjens mit der *Scharnhorst* und der *Gneisenau* aus Kiel aus und versenkte in zwei Monaten 22 Schiffe mit zusammen 115 600 Tonnen. Das Panzerschiff *Scheer* und der schwere Kreuzer *Hipper* hatten ähnliche Erfolge. Aber auch die Briten schlugen zu. Im Dezember 1939 wurde das deutsche Panzerschiff *Graf Spee*, das 9 britische Schiffe versenkt hatte, vor der La Plata-Mündung von drei Kreuzern unter Commodore Harwood zum Gefecht gestellt und so schwer beschädigt, daß der Kapitän es versenkte. Auch die *Bismarck* und die *Scharnhorst* wurden versenkt. Die deutsche Handelsflotte erlitt schon zu Kriegsbeginn schwere Verluste.

Die Operationen deutscher U-Boote waren sehr erfolgreich und hatten ernste Auswirkungen in Großbritannien. 1942 verloren die Alliierten 1664 Schiffe mit 7 790 697 Tonnen. Davon wurden 1160 von U-Booten versenkt. Eine Zeitlang bestand in Großbritannien ein akuter Mangel an Öl. Die meisten U-Boote operierten im Atlantik, aber es gab auch andere wichtige Seegebiete, den Indischen Ozean, den Seeweg für die Geleitzüge nach Malta und den Seeweg nach Archangelsk, der unter den Seeleuten besonders gefürchtet war. Wenige Besatzungsmitglieder der versenkten Schiffe überlebten im eisigen Wasser des Nordmeers.

Zwanzig Jahre danach: 1939/45

Panzer und Infanterie arbeiten bei Alamein eng zusammen

Im Herbst 1942 wendete sich die Lage zugunsten der Alliierten. Das lag vor allem an der Weiterentwicklung der Luftstreitkräfte, der Einsatz von Flugzeugen auf See, besonders gegen U-Boote, erwies sich als sehr wirkungsvoll. Man hatte dem Küstenkommando bisher nur wenige Maschinen zur Verfügung gestellt, da die Bomberoffensive gegen Deutschland den Vorrang hatte. Aber diese Angriffe brachten nur geringe Erfolge, als sie sich im Januar 1943 gegen die U-Boot-Werften richteten. Im Herbst 1942 erhielt das Küstenkommando mehr Flugzeuge, die bis 1300 Kilometer auf See hinausfliegen konnten. Die Flotte setzte dazu noch Flugzeuge von Flugzeugträgern aus ein. Zur Ortung der U-Boote und zu ihrer Zerstörung entwickelten die Alliierten Kurzwellen-Radargeräte und schwere Wasserbomben. Ende 1942 verlor der arktische Geleitzug PQ 18 13 von 43 Schiffen. 41 deutsche in Norwegen stationierte Flugzeuge wurden abgeschossen, und dabei spielte der Flugzeugträger *Avenger* eine entscheidende Rolle.

Im Winter ging das Ringen weiter, und Admiral Dönitz ließ 100 U-Boote auslaufen. Im März 1943 gingen noch etwa 108 alliierte Schiffe verloren. Dann wurde es besser. Im Mai verlor der von Kanada kommende und durch Liberators unterstützte Geleitzug S.C. 130 kein Schiff,

Die Kriegführung in den Jahren 1815–1945

Die alliierten Bombenangriffe legten deutsche Städte in Schutt und Asche. Das Stadtzentrum von Stuttgart

versenkte aber fünf feindliche U-Boote. Die Verluste der Alliierten gingen in diesem Monat stark zurück, aber die Deutschen verloren 41 U-Boote.

Aber die U-Boote setzten ihre Operationen fort, und man hat bis Kriegsschluß keine wirklich effektvolle Waffe gegen sie gefunden. Aber die Überwachung der Geleitzüge durch Flugzeuge veranlaßte sie, auf Tauchstation zu bleiben, und hinderte sie daran, den Geleitzügen in die Nähe zu kommen. Trotz mancher schwerer Seegefechte war die strategische Gefahr praktisch behoben. Bis Kriegsende hatten die Deutschen 785 von 1162 U-Booten verloren. Die U-Boote hatten 2828 alliierte Schiffe mit 14 687 230 Tonnen versenkt. Die meisten von ihnen fuhren unter britischer Flagge. Großbritannien verlor etwa 82 000 Mann auf See.

Die Überlegenheit der Briten zur See wurde schließlich auch durch die Luftstreitkräfte errungen. Am 19. November 1944 griffen 32 Lancasterbomber das Schlachtschiff *Tirpitz* an und beschädigten es schwer. Die deutsche Handelsschiffahrt hatte aufgehört zu existieren, aber britische Schiffe befuhren weiter die Meere.

Anfang 1944 zeichnete sich der Erfolg im Mittelmeerraum, auf dem Atlantik und an der Ostfront schon deutlich ab. Etwa 23 deutsche Divisionen waren in Italien gebunden, wenn auch die Alliierten durch die geschickte Führung Kesselrings bei Anzio und Cassino Mitte 1944 nicht so rasch vorankamen wie man gehofft hatte. Titos Partisanen beschäftigten weitere deutsche Truppen. Im Osten brachen die Russen Anfang des Jahres aus der Frontausbuchtung westlich von Kiew aus und überschritten im Süden im Mai 1944 den Oberlauf des Pruth. Die nächste

Aufgabe der Alliierten war die Rückgewinnung Frankreichs und der Einmarsch nach Deutschland von Westen her. Schon 1943 hatten die Amerikaner verlangt, dem Feldzug in Italien den Vorrang zu geben; um selbst an der Ostfront entlastet zu werden, drängten die Russen auf die Errichtung einer zweiten Front in Europa.

Als Stalin erkannte, daß der Sieg sicher sei, verfolgte er anders als die übrigen alliierten Politiker eine Strategie auf weite Sicht. Die Operationen der Briten und Amerikaner sollten sich auf Westeuropa beschränken, damit er Osteuropa dem Kommunismus unterwerfen konnte. Bei einer Konferenz zwischen Stalin, Roosevelt und Churchill in Teheran im November 1943 erhielt er von den Amerikanern die Zusage, daß ihre in Italien eingesetzten Divisionen in Südfrankreich landen und eine Offensive das Rhonetal hinauf gegen die Vogesen und den Oberrhein führen würden. Churchill stimmte – meiner Ansicht nach mit Recht – dieser Strategie nicht zu, denn damit wurden zehn Divisionen aus Italien abgezogen und es wurde eine Offensive über Ljubljana gegen Wien unmöglich gemacht. Der Feldzug in Italien verlor jeden Sinn. Fuller schreibt, er sei „zu einem Feldzug mit unzureichenden Mitteln, ohne strategisches Ziel und ohne politischen Boden" geworden. Die Invasion Südfrankreichs paßte natürlich Stalin ins Konzept. Briten und Amerikaner konnten auf dem Balkan und in Südosteuropa nicht mehr intervenieren. Ich habe mich gegenüber Eisenhower leidenschaftlich dagegen ausgesprochen, als wir uns auf die Invasion in der Normandie vorbereiteten, aber umsonst. Die Amerikaner waren entschlossen. Nach meiner Auffassung war das einer der großen strategischen Fehler in diesem Krieg, und ich habe das den Amerikanern in aller Deutlichkeit gesagt. Ich erkannte deutlich, daß die Russen jetzt nicht mehr kämpften, um Deutschland zu besiegen, sondern um selbst die Früchte des Friedens zu ernten. Es war unmöglich, den amerikanischen Führern das verständlich zu machen.

In Teheran beschloß man auch, Briten und Amerikanern für 1944 als Hauptaufgabe die Invasion in Nordwesteuropa zuzuweisen. Deshalb begannen jetzt die gemeinsamen Vorbereitungen. Nach einem nicht ausreichend aus der Luft und von See her unterstützten Kommandounternehmen kanadischer Truppen im August 1942 gegen Dieppe erkannten die Alliierten, daß eine Landung an einer verteidigten Küste – eine der schwierigsten Operationen überhaupt – nur in voller Zusammenarbeit der Land-, See- und Luftstreitkräfte gelingen konnte. Der amerikanische General Eisenhower übernahm den Oberbefehl. Sein Stellvertreter war der britische Fliegergeneral Tedder. Die Luftstreitkräfte unterstanden Leigh-Mallory, die Seestreitkräfte Ramsay; beide waren Briten. Die britische Regierung hatte mich zum Befehlshaber der britischen Invasionsarmeen ernannt. Das war die Heeresgruppe 21. Aber Eisenhower, dem ich im Mittelmeerraum unterstanden hatte, befahl mir, auch die Operationen der amerikanischen Armeen zu leiten, damit alle Landstreitkräfte bei der Landung und im folgenden Ausbruch aus dem Brückenkopf unter einem gemeinsamen Kommando standen. Die Operation erhielt den Decknamen „Overlord". Der für die Landung ausgewählte Abschnitt lag in der Seinebucht zwischen Cabourg und Valognes. Um die Deutschen irrezuführen, täuschten wir im großen Stil Vorbereitungen für eine Landung am Pas de Calais vor. Auf mein Ersuchen wurden einige Monate vor Beginn der Operationen Eisenbahnen, Brücken und alle rückwärtigen Verbindungswege mit schweren Bombenangriffen belegt. Dadurch sollten die deutsche Versorgung getroffen und die Heranführung deutscher Reserven aus anderen Teilen Frankreichs in das Kampfgebiet erschwert werden. Das letzte Ziel wurde auch wirklich erreicht, denn als wir in der Normandie gelandet waren, erschienen die ersten deutschen Verstärkungen auf Fahrrädern!

Nachdem die Deutschen die Hoffnung aufgegeben hatten, an der Ostfront zu siegen, verstärkten sie ihre Truppen im Westen erheblich. Der Oberbefehlshaber West, Feldmarschall von Rundstedt, verfügte über 60 Divisionen, darunter 11 in zwei Panzergruppen zusammengefaßte Panzerdivisionen. Sie hielten eine Front besetzt, die von Holland über Antwerpen, die Normandie und die Biskayaküste bis zum Mittelmeer reichte. Die Ausrüstung war zum Teil schlecht. Mein Gegner aus der Wüste, Rommel, befehligte die Heeresgruppe B im Abschnitt zwischen Holland und der Normandie. In der Luft waren die Deutschen schwach. Sie hatten nur 90 Bombenflugzeuge und 70 Jäger. Ähnlich wie die Franzosen 1939 hatten sie ihre Kräfte an einer langen Front weit auseinandergezogen, da sie nicht wußten, wo mit dem feindlichen Angriff zu rechnen sei. Außerdem waren sich Rundstedt und Rommel über die anzuwendende Taktik nicht einig. Rundstedt wollte seine Kräfte etwas landeinwärts zusammenhalten, um einen Gegenangriff zu führen, ehe die Alliierten sich in ihrem Brückenkopf festgesetzt hätten. Rommel wollte ganz vorn an der Küste in Stellung gehen, um jede Landung zu verhindern – obwohl er nicht wußte, wo sie erfolgen würde. Hitler stimmte Rommel zu, und es kam zu einem Kompromiß. Die Infanterie lag vorn, die Panzer weiter zurück. Schon im Osten hatte Hitler durch persönliches Eingreifen viel verdorben. In Frankreich tat er das gleiche.

Die von mir für die erste Angriffswelle vorgeschlagenen Kräfte bestanden aus 5 auf dem Seewege und 3 auf dem Luftwege heranzuführenden Divisionen, zusammen 150000 Mann. 18 Divisionen sollten am Ende der ersten Woche in der Normandie sein. Dazu standen uns 5300 Wasserfahrzeuge, 12000 Flugzeuge und 1500 Panzer zur Verfügung. Wir hatten bei der Invasion den Vorteil der Überraschung und der Konzentration der Kräfte. Die alliierten Truppen setzten sich aus allen Waffengattungen zusammen und besaßen die absolute Luftüberlegenheit, so daß feindliche Truppenversammlungen und Bewegungen erheblich gestört werden konnten. Einige Panzer waren für die Invasion umgebaut worden. Wir hatten amphibische Panzer, Windmühlenpanzer zum Räumen der Minenfelder, Panzer, die Matten auslegten, um weichen Boden überwinden zu können, sowie andere Spezialfahrzeuge. Als Wellenbrecher sollten alte Schiffe versenkt werden. Es gab zwei künstliche Häfen mit dem Decknamen „Mulberries" aus vorgefertigten Betonteilen, und es sollte eine Ölleitung bis an die Küste der Normandie verlegt werden. Die Vorbereitungen hatten 1943 begonnen, und alle Truppen waren sehr gut ausgerüstet. Der Tag X war der 6. Juni 1944.

Die Landung war eine kombinierte Operation aller Waffen. Die Amerikaner landeten im rechten, Briten und Kanadier im linken Abschnitt. Zur Sicherung des Brückenkopfs in den Flanken wurden am Morgen des 6. Juni drei Luftlandedivisionen abgesetzt, die die Deutschen daran hindern sollten, die an der Küste landenden Verbände anzugreifen. Lastensegler brachten Panzerabwehrwaffen heran. Die Luftlandungen zerstreuten sich mehr als beabsichtigt, aber der Gegner wurde getäuscht und der taktische Zweck erreicht. Den Landungen an der Küste ging eine Feuervorbereitung durch Schiffsartillerie und starke Bombenangriffe gegen Radarstationen, Flugplätze, Geschützstellungen und die Küstenverteidigung voraus. Die Amerikaner im Abschnitt „Omaha" trafen auf den härtesten Widerstand. Die Landungsstellen lagen an einer Steilküste, und die Amerikaner hatten auf britische Spezialfahrzeuge verzichtet. Außerdem gingen sie zu weit vor der Küste in die Landungsfahrzeuge, und die Truppen waren sehr lange der rauhen See und feindlichem Artilleriefeuer ausgesetzt. Aber die amerikanischen Soldaten kämpften tapfer und errichteten einen Brückenkopf. Die Landung der Briten wurde durch die Flotte unterstützt, die Landungsfahrzeuge waren nur kurze Zeit auf dem Wasser, und die Spezialpanzer bewährten sich.

Das alliierte Unternehmen wurde dadurch begünstigt, daß Rommel und zwei andere Befehlshaber nicht zur Stelle waren. Gewisse Panzerverbände durften nur auf Hitlers persönlichen Befehl eingesetzt werden. Hitler soll in Berchtesgaden zu Bett gelegen und befohlen haben, ihn nicht zu wecken. Rundstedt war zunächst nicht sicher, ob dies nicht ein Ablenkungsangriff und der eigentliche Angriff weiter nördlich zu erwarten war. Die deutschen Gegenangriffe verzögerten sich und waren infolge alliierter Luftangriffe schlecht koordiniert. An allen Landepunkten errichteten die Alliierten am 6. Juni Brückenköpfe und verloren dabei 9000 Mann. Die in der folgenden Woche geführten Gegenangriffe wurden abgeschlagen, und am 11. Juni bestand Verbindung zwischen allen Brückenköpfen, und die alliierten Truppen hatten schon gewisse Ellbogenfreiheit. Am 12. Juni waren 326 547 Mann gelandet, dazu 54 186 Fahrzeuge und 104 428 Tonnen Nachschub. Das schlechte Wetter verzögerte die Landeoperationen mehr als die Deutschen.

Meine Absicht war es, nachdem wir festen Fuß gefaßt hatten, die deutschen Hauptkräfte gegen die an der linken Flanke im Raum Caen gelandeten britischen Kräfte zu ziehen, besonders die feindlichen Panzerdivisionen, und sie dort zu binden, damit die Amerikaner an unserem Westflügel schneller vorankämen, um dann an diesem Flügel den Durchbruch zu erzwingen. Etwa so entwickelten sich auch die Kämpfe. Mit absoluter Luftüberlegenheit kamen unsere Operationen gut voran, und die Zusammenarbeit zwischen Land- und Luftstreitkräften war

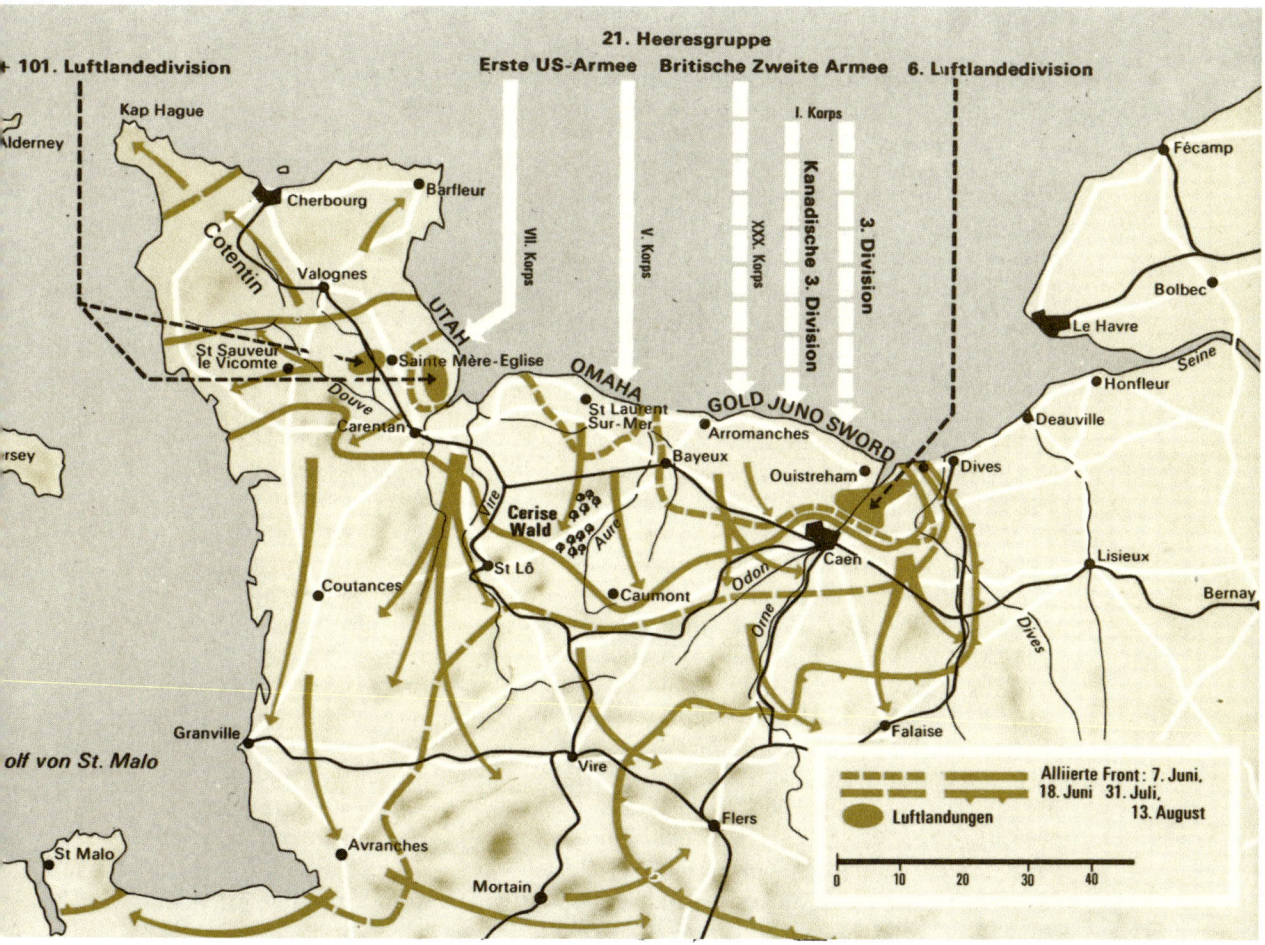

Die Schlacht in der Normandie

ausgezeichnet. General Arnold schildert das Vorgehen amerikanischer Truppen gegen St. Lô:

> Jäger und Jagdbomber flogen in ständiger Verbindung mit den Erdtruppen und unter gemeinsamer Führung voraus und vernichteten militärische Ziele ... Jäger in direkter Funkverbindung mit Panzern überwachten den Vormarsch unserer Panzerkolonnen. Offiziere der Landtruppen wiesen den Jägern feindliche Artillerie oder Panzer auf dem Vormarschweg als Ziele an. Die Piloten warnten die Panzerkommandeure vor Fallen.

Obwohl Flugzeuge, Artillerie und Panzer ihre Aufgaben großartig lösten, bringt im modernen Krieg der Infanterist zu Lande die Entscheidung. Ich sage das nicht, weil ich selbst Infanterist bin, sondern ich bin wirklich davon überzeugt. Die Infanterie ist die wendigste Waffe. Sie kann bei jedem Wetter und in jedem Gelände kämpfen, im Gebirge, im Wald, im Sumpf, im Dschungel, in der Wüste. Der Infanterist bleibt mit kurzen Ruhepausen und wenig Schlaf Tag und Nacht im Gefecht. Er trägt die Hauptlast des Kampfes, und ich verneige mich vor ihm. Es gibt keine gute Armee ohne gute Infanterie. Ich möchte hinzufügen, daß man ohne eine gute Luftwaffe keine Landschlachten gewinnen kann, besonders gegen gutbewaffnete Guerillas oder irreguläre Verbände, wie wir sie in der Mitte des 20. Jahrhunderts kennen.

Auch ohne Unterstützung aus der Luft lieferte der deutsche Soldat den Alliierten in der Normandie einen harten Kampf. Durch Organisationsmängel im deutschen Oberkommando waren die deutschen Truppen im Nachteil, und am 20. Juli, als einige höhere Offiziere den erfolglosen Attentatsversuch gegen Hitler unternahmen, kam es zur Krise. Nach meiner Ansicht haben sie falsch gehandelt. Es ist nicht Sache der Generäle, politische Führer zu beseitigen. Wenn es getan werden muß, dann sollen es die Politiker selbst tun. Rommel wußte davon, wollte aber selbst nichts damit zu tun haben. Damit hatte er, glaube ich, recht. Anstelle Rundstedts ernannte Hitler zunächst Kluge und dann Model zum Oberbefehlshaber in Frankreich. Am 15. Juli wurde Rommel durch einen Tiefflieger so schwer verwundet, daß er an der Schlacht in der Normandie nicht mehr teilnehmen konnte. Dann griff Hitler ein, und da er nicht zugeben wollte oder konnte, daß die Deutschen die Schlacht verloren hatten, befahl er am 7. August einen Panzerangriff von Mortain nach Westen gegen die Küste bei Avranches, um die amerikanischen Armeen in zwei Teile zu zerschlagen. Ein solcher Vorstoß konnte nichts erreichen. Ohne Unterstützung aus der Luft war das Unternehmen ein Wahnsinn. Die Schlacht war schon verloren. Die Deutschen konnten sich nur noch so schnell wie möglich über die Seine zurückziehen und versuchen, hinter dem Fluß eine neue Front aufzubauen. Aber Hitler verbot jede Rückwärtsbewegung, und selbst wenn er den Rückzug genehmigt hätte, wäre es am 7. August zu spät gewesen. Die angreifenden Panzer wurden bei Falaise von amerikanischen, britischen und kanadischen Kräften eingeschlossen und dort mehrere Tage unter Feuer genommen. Ich habe das Gefechtsfeld anschließend besucht. Es war ein fürchterliches Gemetzel gewesen.

Bald hatten die Alliierten Brückenköpfe jenseits der Seine errichtet. Am 19. August kam es in Paris zum Aufstand, und sechs Tage später wurde die Stadt von französischen Truppen befreit. Die Normandie und die Bretagne waren erobert, die Deutschen hatten eine halbe Million Mann verloren. Ich erteilte Befehle zur Ausnutzung des gewonnenen Vorteils, um den Krieg gegen Deutschland zu Weihnachten zu beenden, aber am 1. September übernahm Eisenhower zusätzlich zu seinen Verantwortlichkeiten als Oberbefehlshaber aller alliierten Streitkräfte in Westeuropa selbst den Befehl über die Landtruppen. Er hatte andere Vorstellungen und erließ neue Befehle.

Genaue Angaben über die deutschen Verluste in der Normandie gab es nicht, aber General Bradley meinte,

Schlachtschiffe im Gefecht. Ausschnitt aus einem Gemälde von Richard Euroch, das die Beschießung der Küste durch die Schiffe *King George V.* und *Duke of York* darstellt
Raketenbomber vom Typ Typhoon bei Falaise von Frank Wooton

daß die feindlichen Kräfte vom Juni bis zum September an der Westfront bis auf die Stärke einer Unteroffizierswache dezimiert worden seien. Nördlich der Ardennen waren die Reste der deutschen Armeen nur noch 11 Divisionen stark.

Die Deutschen waren schwer geschlagen worden, und die Aufgabe des Oberbefehlshabers der alliierten Streitkräfte war es jetzt, den Feind bis nach Deutschland zurückzutreiben und den Krieg so schnell wie möglich zu beenden. Richtiges militärisches Handeln hätte manche politischen Folgen der Übereinkunft von Teheran verhindern können, wenn das amerikanische Oberkommando das begriffen hätte. Ich drängte deshalb darauf, daß die alliierten Streitkräfte für einen starken Vorstoß Schwerpunkte bilden sollten, um zunächst das Ruhrgebiet in Besitz zu nehmen und dann gegen Berlin vorzugehen. Nach Liddell Hart haben deutsche Militärs zugegeben, ein solcher Durchbruch, gekoppelt mit der absoluten Luftüberlegenheit, würde die schwache deutsche Front zerschlagen und den Krieg im Winter 1944 beendet haben. Aber die Amerikaner hielten das für militärisch riskant und politisch unnötig. Roosevelt machte sich keine Sorgen bei dem Gedanken, daß die Russen Osteuropa überrennen könnten. Die amerikanischen Truppen waren jetzt viel stärker als die britischen, und daher siegte die Auffassung der Amerikaner. Ihre Methode bestand in einem neuen Aufmarsch am Rhein von der Schweiz bis an die Nordsee, um dann zu entscheiden, was zu tun sei. Alle Armeen sollten gleichzeitig auf breiter Front vorgehen. Ich wies auf drei Hauptnachteile der Strategie der breiten Front hin:

1. Unsere Versorgungseinrichtungen wurden überfordert und konnten nicht mehr alle Armeen versorgen.
2. Wir würden nirgends mehr stark genug sein, um rasch entscheidende Erfolge zu erzielen, und das war notwendig um den Krieg noch in diesem Jahr zu beenden.
3. Der Vormarsch würde ins Stocken geraten, und die Deutschen würden Zeit gewinnen, um sich zu erholen.

Um eine schnelle Entscheidung zu erzwingen, mußten wir einen Schwerpunkt bilden, links, in der Mitte oder rechts, wo auch immer der Oberbefehlshaber es für richtig hielt. Das war ganz einfach. Die britischen Stabschefs schlossen sich meiner Auffassung an, aber die amerikanischen Generäle stimmten mir nicht zu. Die Deutschen erholten sich wieder.

Mitte September warfen die Deutschen, denen wir eine Atempause gelassen hatten, Luftlandetruppen bei Arnheim zurück, die darum kämpften, am Niederrhein einen Brückenkopf zu errichten, und schon wichtige Brücken über Maas und Rhein bei Nijmegen in der Hand hatten. Im Dezember versammelten die Deutschen starke Panzerkräfte und stießen durch die Ardennen gegen Antwerpen vor. Das Unternehmen war zu Anfang erfolgreich, brach aber unter unseren Flankenangriffen und Luftangriffen zusammen. Im zweiten Halbjahr 1944 versetzten die deutschen „Geheimwaffen" V 1 und V 2 die britische Bevölkerung in Schrecken, richteten aber wenig Schaden an. Nach der Ardennenoffensive leisteten die Deutschen nirgends mehr wesentlichen Widerstand. Im März 1945 wurde der Rhein an mehreren Stellen überschritten, und die Alliierten stießen bis zur Elbe vor.

Indessen ließen die Russen an der Ostfront die Zeit nicht nutzlos verstreichen. Etwa gleichzeitig mit dem alliierten Ausbruch in der Normandie hatten sie eine Offensive mit starken Kräften von Witebsk aus gegen die Pripjetsümpfe begonnen, und Anfang August 1944 stand die Rote Armee bei Memel und Warschau. Die deutsche SS hatte gerade noch Zeit, einen polnischen Aufstand in Warschau mit grausamen Mitteln niederzuwerfen. Dann drangen die Russen weiter vor, zerschlugen die deutsche Heeresgruppe Nord und erreichten die Ostseeküste. Wäre es

Amerikanische Truppen landen auf Iwo Jima, von der japanischen Seite aus gesehen. Gemälde von Takaeo Terada

ihnen nur darauf angekommen, die Deutschen zu schlagen, hätten sie die Offensive 1944 bis nach Deutschland hineintragen können, doch das hatte Zeit. Stalin kam es darauf an, zuerst die Länder Südosteuropas zu überrennen. Im August waren die Russen in Rumänien, im Oktober in Jugoslawien und im Dezember in Ungarn. Erst im Januar 1945 stießen die Armeen von Konjew, Schukow, Rokossowski und Tschernjakowski nach Deutschland hinein. Am 4. Februar trafen Stalin, Roosevelt und Churchill wieder in Jalta auf der Krim zusammen.

Die Führer der westlichen Demokratien verhielten sich in Jalta gegenüber dem kommunistischen Diktator ganz ähnlich wie ihre verachteten Vorgänger es gegenüber dem nationalsozialistischen Diktator in München getan hatten. Sie redeten sich ein, Stalin sei ein Ehrenmann, und stimmten der Teilung Deutschlands zu. Aber es blieb ihnen auch kaum etwas anderes zu tun übrig. Stalin hatte seine Verbündeten überspielt. In Teheran hatte er den Frieden für Rußland schon gewonnen, in Jalta krönte er nur noch seinen Sieg.

Die Entwicklung beschleunigte sich jetzt. Am 30. April nahm Hitler sich in Berlin das Leben. Am 4. Mai erschien eine Delegation des neuen deutschen Führers, des Admirals Dönitz, in meinem Hauptquartier in der Lüneburger Heide und unterschrieb die bedingungslose Kapitulation aller deutschen Streitkräfte von Holland bis Dänemark. Das waren fast zwei Millionen Soldaten. Am 7. Mai wurde die bedingungslose Kapitulation aller deutschen Truppen an allen Fronten in Eisenhowers Hauptquartier in Reims unterzeichnet. Damit endete der Krieg gegen Deutschland. Die Russen hatten die wichtigsten politischen Zentren in Mitteleuropa – Berlin, Prag, Wien, Belgrad – und alle Hauptstädte ostwärts dieser Linie in ihrem Besitz. Nur der Krieg gegen Japan ging noch weiter, und ihm wollen wir uns jetzt zuwenden.

Japan war für die Vereinigten Staaten ein natürlicherer Gegner als Deutschland. Nach seinem rapiden wirtschaftlichen Aufstieg war Japan ehrgeizig geworden und wollte Ostasien und den pazifischen Raum unter seiner wirtschaftlichen und politischen Führung zu einer großen Einflußsphäre verschmelzen. Im März 1933 traten die Japaner formell aus dem Völkerbund aus, marschierten in die Mandschurei ein und machten erhebliche Fortschritte auf dem Wege zur Erreichung ihres Endziels. Unter Ausnutzung der Niederlage Frankreichs hatten sie im Juli 1941 eine Million Wehrpflichtige ausgehoben und sich zur Schutzmacht des Protektorats Indochina aufgeschwungen. Der bisherige Kriegsminister Tojo wurde im Oktober 1941 Premierminister, und die Militärclique übernahm die Macht. Der Fortschritt bei der Verwirklichung der ehrgeizigen Pläne Japans und die aggressiven Erklärungen der neuen Regierung alarmierten Amerika, das seine Interessen im Pazifik gefährdet sah. Als die amerikanische Regierung zu Sanktionen bei den Öllieferungen an Japan griff und forderte, die Japaner sollten die Aggressionen einstellen, war der Krieg unvermeidlich geworden. Die Japaner beschlossen, im geeigneten Moment zuzuschlagen.

Ende 1940 war für Japan ein im ganzen günstiger Zeitpunkt gekommen, um in den Krieg gegen die Kolonialmächte im Fernen Osten einzutreten. Es war allerdings eine Fehleinschätzung der japanischen Führer, wenn sie glaubten, die Deutschen hätten den Krieg im Westen so gut wie gewonnen. Aber die Holländer waren praktisch ausgeschaltet, und die Briten hatten keine Kräfte für kriegerische Auseinandersetzungen im Osten frei. Die besten Truppen des britischen Empire, Australier, Neuseeländer und Inder, standen im Nahen Osten. Die britische Flotte mußte sehr schwierige Aufgaben erfüllen, und die RAF war in Asien mit veralteten Flugzeugen ausgerüstet. Die amerikanischen Streitkräfte waren stärker als die japanischen, aber die Amerikaner blickten damals nach Westen und hatten einen Teil ihrer Kriegsflotte aus dem Pazifik in den Atlantik verlegt.

Von 1936 bis 1940 hatten die Japaner die Tonnage ihrer Flotte verdoppelt und die älteren Schiffe modernisiert. Sie besaßen 10 Schlachtschiffe, 10 Flugzeugträger, 38 Kreuzer, 112 Zer-

Zwanzig Jahre danach: 1939/45

Amerikanische Truppen gehen in der Normandie an Land

störer und 65 U-Boote. Die japanischen Kriegsschiffe unterschieden sich kaum von denen der Westmächte, obwohl ihre Torpedos zuverlässiger waren als die amerikanischen. Die Flugzeugträger waren mit je 63 Jägern, Torpedobombern und Bombern belegt. 1941 hatten die Japaner 51 Divisionen mit je 10000 bis 18000 Mann. Die ganze japanische Armee war etwa 750000 Mann stark. Es gab keine selbständige japanische Luftwaffe, sondern Flotte und Heer hatten eigene Fliegerverbände. Dem Heer waren etwa 5 Luftdivisionen mit zusammen etwa 1500 Flugzeugen, der Flotte etwa 3300 Flugzeuge angegliedert. Seit der Invasion Chinas hatten die Japaner in der modernen Kriegführung wertvolle Erfahrungen gesammelt, und der Ausrüstungsstand der japanischen Streitkräfte war gut. Die japanischen Soldaten kämpften mit wildem Mut, wie ihn die westlichen Völker nicht kennen.

Japan wollte rasch und hart zuschlagen. Zuerst wollte es die amerikanische Pazifikflotte vernichten, um anschließend die Philippinen, Borneo, Malaya, Niederländisch-Indien und Burma zu besetzen. Im Süden sollte ein undurchdringlicher Ring von Seefestungen geschaffen werden, der sich über die Wake-Inseln, die Marshall-Inseln und die nördlich von Australien gelegenen

Die Kriegführung in den Jahren 1815–1945

Inselgruppen ausdehnte. Am 7. Dezember 1941 erfolgten ohne Kriegserklärung gleichzeitige Angriffe gegen Pearl Harbour, die Philippinen und Malaya.

Obwohl die Amerikaner sich über die Feindschaft der Japaner klar waren, wurden sie durch den Angriff gegen ihre Flotte in Pearl Harbour auf Hawai völlig überrascht. Der japanische Flottenverband mit 6 Flugzeugträgern und 450 Flugzeugen unter Vizeadmiral Nagumo näherte sich Hawai von Nordwesten und ließ die Flugzeuge am 7. Dezember bei Tage starten. Unter den 94 amerikanischen Schiffen waren die 7 an ihren Liegeplätzen festgemachten Schlachtschiffe die

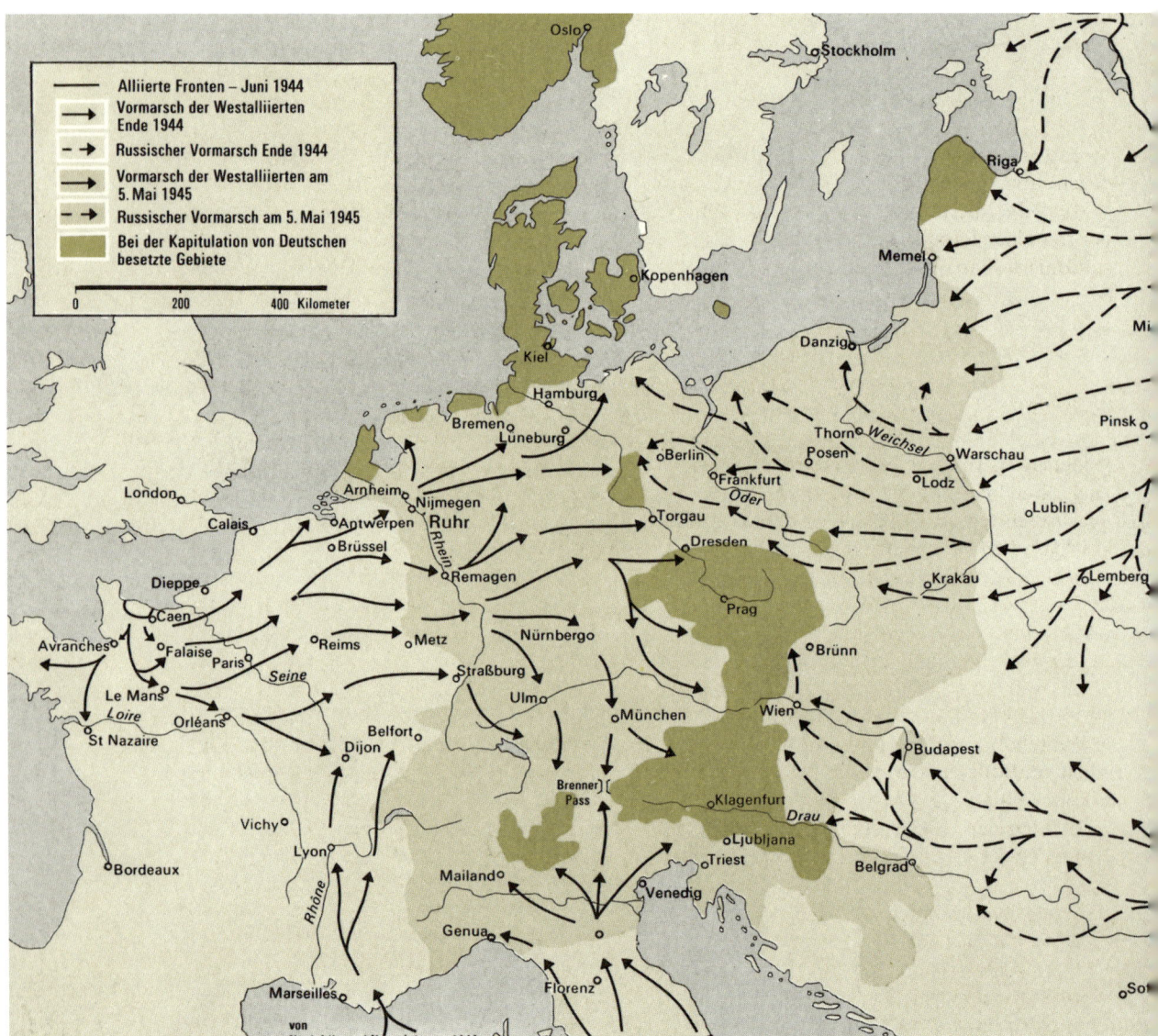

Die deutsche Niederlage 1944/45

Zwanzig Jahre danach: 1939/45

Hauptziele. Sie wurden alle getroffen. Zwei gingen ganz verloren, und von den übrigen wurde nur eines leicht beschädigt. Auch andere Schiffe und die Hafenanlagen wurden schwer getroffen, und 200 von 400 amerikanischen Flugzeugen wurden am Boden zerstört. Die Japaner verloren 30 Flugzeuge. Der Erfolg des Unternehmens war der völligen Überraschung und der Geschicklichkeit der japanischen Flieger, besonders beim Einsatz der Torpedoflugzeuge, zu verdanken.

Gleichzeitig flogen die Japaner Angriffe gegen die Amerikaner in den Philippinen, zerstörten ein Drittel der feindlichen Jäger und die Hälfte der amerikanischen Bombenflugzeuge, und am 10. Dezember wurde die Flottenbasis Cavite (bei Manila) mit vernichtender Wirkung angegriffen. Durch diese schnellen und wirkungsvollen Schläge gegen Pearl Harbour und die Philippinen gewannen die Japaner die Überlegenheit zur See und in der Luft, die sie für ihre Invasionsunternehmen brauchten. Im Dezember nutzten sie ihre Anfangserfolge aus und überrannten die feindlichen Basen in Guam, Wake und Hongkong. Erst im folgenden Mai gelang es ihnen, auf den Philippinen Fuß zu fassen, da General MacArthur die Verteidigung gut organisiert hatte. Er ging im März 1942 nach Australien, um die von dort aus geführte Offensive der Amerikaner gegen Japan zu leiten.

Auch die Invasion der malayischen Halbinsel unter General Yamashita begann am 7. Dezember mit einer Landung japanischer Kräfte in Siam. Am 10. Dezember versenkten an der Küste stationierte japanische Flugzeuge das britische Schlachtschiff *Prince of Wales* und den Schlachtkreuzer *Repulse* vor Kuantan an der Ostküste von Malaya. Mit erbeuteten britischen Schiffen fuhren die Japaner die Küste hinunter und unternahmen kombinierte Operationen gegen die Flanken der britischen Verteidigungsstellungen. Zahlenmäßig waren sie nicht stark überlegen, aber die japanischen Truppen zeigten mehr Initiative und waren im Dschungelkampf besser ausgebildet als die Briten, Australier und Inder. Die britischen Luftstreitkräfte waren bald ausgeschaltet, und die dann folgenden Bombenangriffe gegen unverteidigte Sädte brachen den Widerstandswillen. Am 11. Januar 1942 waren die Japaner in Kuala Lumpur. Der Vormarsch ging schnell voran, und Ende des Monats zogen sich die Verteidiger nach Singapur zurück und durchschnitten den die Insel mit dem Festland verbindenden Damm. Ohne See- oder Luftstreitkräfte und im Besitz nur schwacher Artillerie konnten sie sich nicht lange halten, und nach viertägiger Beschießung landeten die Japaner auf der Insel. In wenigen Tagen nahmen sie die Wasserreservoire, die die Stadt versorgten, in Besitz. Der äußerste Handels- und Flottenstützpunkt Großbritanniens im Fernen Osten kapitulierte am Sonntag, dem 15. Februar 1942, mit mehr als 70 000 Mann vor dem japanischen Generalleutnant Yamashita.

Das war eine demütigende Niederlage für die britischen Waffen. Sicher hatte man in der Ausbildung und auf anderen Gebieten vieles versäumt. Ich glaube, Singapur ging in London, in Whitehall, verloren, noch ehe der Krieg begann, weil es bei der Planung für die Verteidigung wichtiger Stützpunkte an wirksamer Zusammenarbeit zwischen den Land-, See- und Luftstreitkräften fehlte.

Jetzt lag auch Niederländisch-Indien schutzlos da. Im Januar hatten die Japaner auf Borneo und Celebes Fuß gefaßt und waren bereit, gegen Java, die noch am stärksten besetzte Insel, vorzugehen. Am 27. Februar 1942 erhielt der holländische Befehlshaber Konteradmiral Doorman die Nachricht, daß ein japanischer Geleitzug mit 30 Truppentransportern, die von 3 Kreuzern und 7 Zerstörern begleitet wurden, Kurs auf Java genommen hätte. Doorman verfügte über 5 Kreuzer und 10 Zerstörer und stellte sich den Japanern unter Vizeadmiral Kondo vor der Nordküste Javas zum Gefecht. Es kam zu einer langen und komplizierten Schlacht, die hauptsächlich nachts ausgetragen wurde. Sie endete damit, daß die Japaner die Hälfte der alliierten Schiffe versenkten, ohne selbst ein einziges zu verlieren. Die Artillerie der Alliierten war überlegen, aber die Japaner gewannen die Schlacht mit ihrer besseren Taktik, der besseren Ausnut-

529

zung ihrer Nachrichtenverbindungen und ihren überlegenen Torpedos und Flugzeugen. Das Schicksal von Niederländisch-Indien war damit besiegelt. In der Nacht nach der Schlacht landeten die Japaner an drei Stellen an der Nordküste von Java. Am 8. März kapitulierten etwa 90000 europäische und indonesische Soldaten. Die Insel wurde schnell erobert, und der Widerstand einzelner Widerstandsnester wirkte sich strategisch nicht aus. Alle noch vorhandenen alliierten Schiffe in diesem Raum wurden versenkt.

Wir wenden uns jetzt Burma zu. Zugleich mit ihren Unternehmungen gegen Niederländisch-Indien und sogar noch vor dem Fall von Singapur richteten die Japaner ihre Aufmerksamkeit nach Westen gegen Burma. Sie wollten die Burmastraße unterbrechen, über die Tschiang Kai-Shek in China Verstärkungen erhielt, und mit Hilfe indischer Nationalisten die britische Herrschaft in Indien beseitigen. Bangkok war die Basis für diese Invasion. Das erste Angriffsziel war Rangun. Burma wurde nur von schwachen Kräften verteidigt, denn der Befehlshaber Wavell hatte nur zwei unvollständige Divisionen, die später durch einen etwa gleichwertigen chinesischen Verband unter General Stilwell, den Chef des Stabes von Tschiangkaischek verstärkt wurden. Es fehlte an Nachschub, der von Indien herangeführt werden mußte, und die Aufrechterhaltung der Verbindungen nach rückwärts war außerordentlich schwierig. Die Japaner beherrschten die normalen, von Indien heranführenden Seewege, und über das Gebirge gab es keine Straßen. Der Nachschub mußte daher auf dem Luftweg herangebracht werden. Die Verbindungswege innerhalb von Burma waren die Flußtäler des Chindwin, Irrawaddy und Sittang. Nach Norden führte nur eine einzige Eisenbahnlinie von Rangun über Meiktila und Mandalay.

Die Japaner unter Generalleutnant Kawabe eröffneten den Angriff gegen Burma mit einem Bombenangriff auf Rangun im Januar 1942, durch den der Widerstandswille der Bevölkerung ebenso wie in Malaya geschwächt wurde. Von Malaya und Siam aus vorstoßend erreichten sie rasch den Golf von Martaban. Mitte Februar gingen sie gegen das Sittangtal vor, und am 7. März wurde Rangun aufgegeben. Der neue britische Befehlshaber Alexander entschloß sich, seine Truppen noch vor Einsetzen des Monsuns nach Indien zurückzunehmen und an der Grenze von Assam eine Verteidigungsstellung aufzubauen.

Auf dem Rückzug mußten britische und indische Truppen große Anstrengungen auf sich nehmen, die Japaner dagegen schienen nie müde zu werden. Sie stellten 3 Divisionen und 3 Panzerbrigaden mit leichten Panzern ins Gefecht. Es hatte bisher in solchem Gelände noch keinen modernen Krieg gegeben, aber die Japaner hatten ihre Truppen in Hainan und auf Formosa in ähnlichem Gelände ausgebildet, und die japanischen Soldaten waren erstklassige Kämpfer. Sie operierten in kleinen, mit leichten Waffen ausgerüsteten Abteilungen. In geschickten und gewagten Manövern drangen sie ins feindliche Gebiet ein, umgingen den Gegner und schnitten seine Verbindungslinien ab. So drangen sie die Flußtäler des Irrawaddy und des Sittang hinauf und umgingen dabei ständig die gegnerischen Stellungen in der Flanke.

Als die Briten sich zurückzogen, verlegten die Japaner den Schwerpunkt ihres Angriffs an die chinesische Front im Nordosten, wo der Widerstand bald zusammenbrach. Dann stießen sie schnell gegen die Burmastraße bei Lashio vor, erreichten sie Ende April und überschritten am 15. Mai die chinesische Grenze. Die Briten, deren Bewegungen durch viele tausend eingeborene Flüchtlinge behindert wurden, zogen sich kämpfend durch Dschungel und über das Gebirge zurück und erreichten Imphal, hart jenseits der indischen Grenze. Ende Mai 1942 war es Alexander gelungen, den größten Teil seiner Truppen zu retten, aber ein großer Teil der Ausrüstung ging verloren.

Mitte 1942 hatten die Japaner in raschen und rücksichtslos durchgeführten Operationen, die an die Kampfmethoden mongolischer Horden aus der älteren Geschichte erinnerten, ihre

Zwanzig Jahre danach: 1939/45

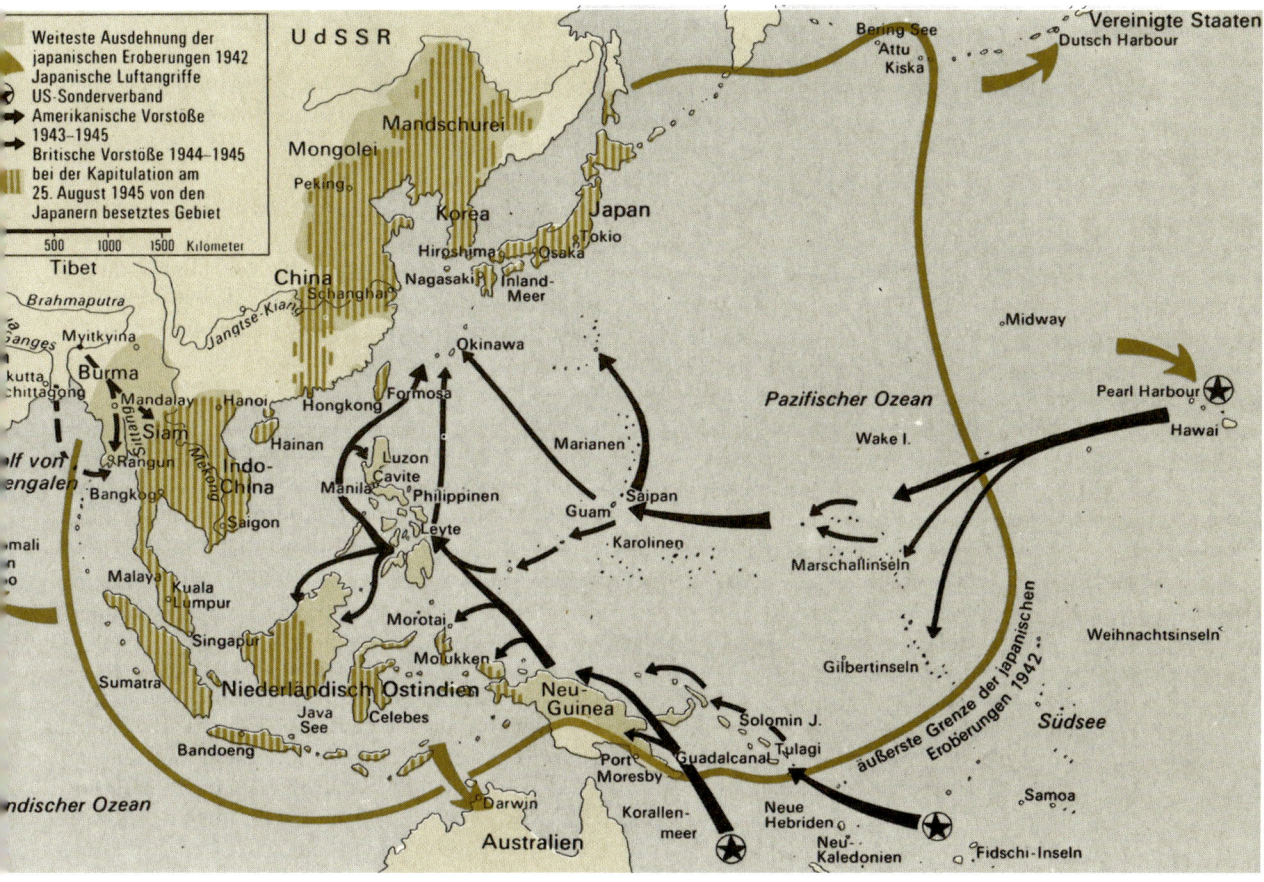

Der Krieg gegen Japan 1941/45

vorläufigen Operationsziele erreicht, und zwar nicht nur in Burma, sondern auch in Indonesien und im Pazifik. Nach der Eroberung Burmas drangen sie nicht nach Indien ein, sondern setzten sich in leicht zu verteidigendem burmesischem Gebiet fest. Von Niederländisch-Indien aus drangen sie weiter ostwärts nach Neu-Guinea und bis auf die Gilbert- und Solomon-Inseln vor. Im April operierte ein japanisches Geschwader unter Nagumo unbehindert im Indischen Ozean. Die britischen Basen in Colombo und Trincomalee wurden beschossen und zwei Kreuzer und ein Flugzeugträger versenkt. Dann wendete sich Nagumo nach Norden und fügte der Handelsschiffahrt vor Madras und im Golf von Bengalen schwere Schäden zu. Ohne die nötigen Seestreitkräfte konnten die Alliierten nicht daran denken, den Ring der japanischen Front anzugreifen.

 Der Seekrieg im Pazifik war eine höchst interessante Angelegenheit. Das wichtigste Problem für die Japaner war die Bekämpfung der feindlichen See- und Luftstreitkräfte. Durch das Unternehmen gegen Pearl Harbour im Dezember 1941 waren die Amerikaner im Pazifik vorübergehend fast außer Gefecht gesetzt. Aber der Erfolg war für die Japaner nicht so entscheidend wie sie gehofft hatten. Die Amerikaner hatten zwar ihre Schlachtschiffe verloren, aber das schwere Schlachtschiff hatte gegenüber dem Flugzeugträger an Bedeutung verloren. Die amerikanische Pazifikflotte hatte vier Flugzeugträger mit zusammen 350 Flugzeugen. Das war entscheidend. Die Schäden an den Hafenanlagen in Pearl Harbour wurden ausgebessert, und Amerika, das Japan hinsichtlich seiner Industriekapazität um das Zehnfache überlegen war, erholte sich schnell von seinen Verlusten. Die Amerikaner glaubten, 1943 mit einer Gegenoffensive beginnen zu können. Die Japaner erkannten die Schwächen ihrer Lage und wußten, daß sie den Feind 1942 im Pazifik schlagen müßten. Admiral Yamamoto als Oberbefehlshaber der japanischen Flotte glaubte, Pearl Harbour sei zu weit entfernt, um es sofort mit starken Kräften anzugreifen. Er entwickelte deshalb einen zweifachen Plan, um die amerikanische Flugzeugträgerflotte bis in Reichweite zu locken. Zunächst wollte er die Seeherrschaft im Korallenmeer gewinnen, um von hier aus Australien zu bedrohen und die Amerikaner zu veranlassen, den Australiern zu Hilfe zu kommen. Zweitens wollte er Midway, ein kleines Atoll auf halbem Weg zwischen Kalifornien und China etwa 1700 Kilometer nordwestlich von Hawai besetzen.

Der japanische Vorstoß ins Korallenmeer begann Ende April 1942. Hier sollten zwei Punkte in Besitz genommen werden. Tulagi in den südlichen Solomonen wurde plangemäß am 3. Mai besetzt. Ein zweiter Flottenverband dampfte nach Port Moresby an der Südküste von Neu-Guinea. Aber der Flottenbefehlshaber in Pearl Harbour, Admiral Nimitz, erkannte die Absicht seines Gegners. Die Flugzeugträger *Lexington* und *Yorktown* unter Admiral Fletcher nahmen Positionen bei Samoa ein, um die Einnahme von Port Moresby zu verhindern. Am 7. Mai stellte Fletcher den japanischen Sicherungsverband – den leichten Flugzeugträger *Shoho* und einige leichte Kreuzer – fest. 193 Bombenflugzeuge der *Lexington* und *Yorkrown* griffen die *Shoho* an und versenkten sie in einer halben Stunde. Die japanischen Hauptkräfte unter Admiral Takagi setzten ihre Fahrt nach Westen durch das Korallenmeer fort. Am folgenden Tage, als die gegnerischen Streitkräfte noch etwa 320 Kilometer voneinander entfernt waren, sichteten sich ihre Vorpostenschiffe. Amerikanische Bombenflugzeuge griffen die japanischen Flugzeugträger an, warfen die *Shokaku* in Brand und beschädigten die *Zuikaku*. Die *Lexington* wurde von japanischen Torpedoflugzeugen getroffen und wurde nachts durch eine Explosion zerstört. Strategisch war die Schlacht im Korallenmeer ein amerikanischer Sieg. Das japanische Unternehmen gegen Australien und die amerikanische Pazifikflotte wurde vereitelt. Taktisch ist die Schlacht sehr interessant, denn sie bedeutete eine Revolution in der Seekriegführung. Beide Seiten verfügten über zahlreiche konventionelle Kriegsschiffe, die aber nicht ins Gefecht kamen. Die Schlacht wurde zwischen Flugzeugträgern ausgefochten, während die Flotten einander gar nicht zu Gesicht bekamen. Flugzeugträger waren keine Schlachtschiffe, sondern bewegliche Luftbasen. Ihre Stärke lag in der Offensive, denn sie trugen Torpedoflugzeuge, Sturzkampfbomber und Jäger.

In diesem Stadium des Krieges waren die Japaner in der Luft stärker als die Amerikaner, aber später stellten die Amerikaner das Torpedoflugzeug *Avenger* und den Jäger *Hellcat* in Dienst, die viel leistungsfähiger waren. Außerdem konnte ein amerikanischer Flugzeugträger mehr Flugzeuge aufnehmen als ein japanischer. Der Flugzeugträger selbst war nicht stark gepanzert, führte aber große Mengen von Öl und Munition mit und war ein großes Ziel. Er wurde von Jägern und durch die Feuerkraft der leichten Kriegsschiffe eines Sicherungsverbandes verteidigt. Es zeigte sich, daß Flugzeugträger außerordentlich leicht durch Luftangriffe verwundbar waren.

Der Rückschlag im Korallenmeer veranlaßte die Japaner nicht, den zweiten Teil ihres Operationsplans, den Angriff gegen Midway, aufzugeben. Im Mai versammelte Admiral Yamamoto fast die ganze japanische Flotte, etwa 90 Schiffe, im Seegebiet südlich von

Japan und bei den Marianen. Aber die Amerikaner hatten den japanischen Code gebrochen (der japanische Nachrichtendienst und die japanische Aufklärung arbeiteten oft schlecht), und Mitte Mai kannte Nimitz die Absicht des Gegners, Anfang Juni von Nordwesten her anzugreifen. Midway wurde verstärkt, und die Amerikaner bildeten zwei Sonderverbände, den ersten unter Admiral Fletcher mit dem Flugzeugträger *Yorktown* und den zweiten unter Admiral Spruance mit den Flugzeugträgern *Enterprise* und *Hornet*. Schlachtschiffe waren nicht beteiligt. Als Sicherungskräfte fungierten Kreuzer und Zerstörer. Ende Mai liefen beide Sonderverbände aus Pearl Harbour aus, um sich im Pazifik etwa 450 Kilometer nordostwärts von Midway bereitzustellen, von wo sie den Gegner überraschend angreifen sollten. Die Japaner näherten sich in zwei Gruppen. Der Hauptverband bestand aus vier Flugzeugträgern, *Akagi, Kaga, Hiryu* und *Soryu*. Er wurde von Nagumo geführt und lief dem zweiten etwa 160 Kilometer voraus. Im Morgengrauen des 4. Juni war Nagumo in seinem Bereitstellungsraum, etwa 400 Kilometer vor Midway, angekommen. Die amerikanische Flugzeugträgerflotte näherte sich in etwa 160 Kilometer Entfernung aus östlicher Richtung. Die Amerikaner waren in einer Beziehung sehr im Vorteil; die Japaner hatten keine Radargeräte und wußten nicht, daß die amerikanische Flotte ausgelaufen war. Aber Yamamoto rechnete mit einer völligen Überraschung des Gegners.

Am Morgen des 4. Juni um 4.30 Uhr ließen die vier japanischen Flugzeugträger 100 Bombenflugzeuge und Jäger starten. Zwei Stunden später stand Midway in Rauch und Flammen, obwohl der Bomberverband schwere Verluste erlitten hatte. Große Benzinlager, Hafeneinrichtungen und Flugzeuge wurden zerstört, aber Geschützstellungen und Startbahnen waren kaum getroffen worden. Deshalb entschloß sich Nagumo zu einem zweiten Angriff. Um den Anflugweg zu verkürzen, dampften die Flugzeugträger weiter nach Süden. Inzwischen wurden die Torpedos an einigen Flugzeugen ausgehängt und durch Bomben ersetzt. Um 6.00 Uhr hatte Admiral Spruance 100 Bomben- und Jagdflugzeuge zum Angriff gegen die auf südöstlichem Kurs fahrenden japanischen Flugzeugträger starten lassen. Aber Nagumo änderte, nachdem er von der Absicht des Feindes unterrichtet worden war, den Kurs, setzte die zurückkehrenden Flugzeuge von seiner neuen Position in Kenntnis und nahm die Bomber sicher an Bord. Nun starteten die japanischen Jäger rechtzeitig, um sich der ersten Staffel mit 29 amerikanischen Torpedoflugzeugen zu stellen, die ohne Jagdschutz flogen. Bei ihrem Angriff um 9.30 Uhr wurden 25 der 29 amerikanischen Flugzeuge von Jägern oder den Abwehrgeschützen der Schiffe abgeschossen, ohne daß ein einziges Torpedo sein Ziel getroffen hatte. Die zweite Bomberstaffel mit 12 Flugzeugen ereilte das gleiche Schicksal. Von den 41 amerikanischen Flugzeugen, die die Gefechtsberührung mit dem Gegner aufnahmen, gingen 35 verloren.

Aber die ersten Verluste waren nicht umsonst gewesen, denn auf die Torpedoflugzeuge folgten 50 amerikanische Sturzkampfbomber, und während der Manöver der Schiffe, die den vermeintlichen Torpedos ausweichen wollten, konnten keine Flugzeuge starten.

Die Träger *Akagi, Kaga* und *Soryu* fuhren mit allen Flugzeugen an Deck im Verband. Die Sturzkampfbomber griffen sie mit vernichtender Wirkung an. In wenigen Minuten standen alle drei Schiffe in hellen Flammen, und ihre eigenen Bomben und Torpedos detonierten auf den Hangardecks.

Der vierte japanische Flugzeugträger *Hiryu* war einige Meilen voraus und hatte Zeit, seine Sturzkampfbomber zum Gegenschlag gegen die Amerikaner starten zu lassen. Gegen Mittag griffen sie die *Yorktown* an. Sechs japanische Flugzeuge kamen durch den Jägerschirm, und das Schiff wurde von drei Bomben getroffen, die einen Brand auslösten und die Kessel beschädigten. Das Feuer wurde gelöscht, und die Yorktown konnte nach drei Stunden ihre

Fahrt fortsetzen. Aber jetzt folgte ein Tiefangriff von Torpedobombern der Hiryu. Die schwer getroffene Yorktown mußte aufgegeben werden und wurde zwei Tage darauf von einem japanischen U-Boot versenkt.

Inzwischen hatte die *Hornet* die Position der *Hiryu* festgestellt und ließ sie von ihren Sturzkampfbombern angreifen. Um 5.00 Uhr brannte der letzte Flugzeugträger der Flotte Nagumos. Zum Schluß sanken alle vier. Erst am späten Nachmittag erhielt Admiral Yamamoto auf seinem 160 Kilometer entfernten Flaggschiff einigermaßen klare Meldungen über den Verlauf der Schlacht. Da er einen Angriff der Flugzeugträger gegen seinen eigenen Verband fürchtete, ging er sofort auf Kurs nach Westen. Spruance verfolgte ihn mit der *Enterprise* und der *Hornet*, konnte aber am 5. Juni keine Gefechtsberührung mehr herstellen. Am 6. Juni versenkten amerikanische Bombenflugzeuge den schweren Kreuzer *Mikuma*. Das war die letzte Episode der Schlacht von Midway. Yamamoto zog sich weiter zurück, und Spruance gab die Verfolgung auf, weil das Dieselöl auf den amerikanischen Flugzeugträgern knapp wurde.

Strategisch war die Schlacht von Midway 1942 sehr bedeutungsvoll. Wäre die amerikanische Flugzeugträgerflotte vernichtet worden, dann hätten die Vereinigten Staaten die Hoffnung, die Japaner im pazifischen Raum zu schlagen, für lange Zeit aufgeben müssen. Der Flugzeugträger würde in den folgenden Jahren im Seekrieg eine entscheidende Rolle spielen. Nachdem die Japaner vier Flugzeugträger verloren hatten, waren sie von jetzt an erheblich im Nachteil. Vor Kriegsende bauten sie nur noch einen zuverlässigen Flugzeugträger und verwendeten im übrigen für diese Aufgabe umgebaute Schlachtschiffe, die aber kein vollwertiger Ersatz waren.

Jetzt konnten die Amerikaner zur Offensive übergehen. Der lange Feldzug begann mit dem Ringen um Guadalcanal, das von August 1942 bis Januar 1943 dauerte. Guadalcanal ist eine

Seekriegführung im Pazifik: japanische Flugzeuge greifen die U.S.-Flotte an

Insel in der Salomonengruppe, auf der die Japaner einen Feldflugplatz gebaut hatten, und ein wichtiger strategischer Punkt. Am 7. August kam eine amerikanische Flotte in diesem Raum und landete 20 000 Marinesoldaten. Aber zwei Tage später erschien ein japanisches Geschwader und versenkte in einer Nacht vier amerikanische Kreuzer, die Hälfte der amerikanischen Schiffe. Die folgenden Kämpfe um Guadalcanal waren sehr hart. Neben kleineren Unternehmungen und ständigen Luftangriffen beider Seiten fanden noch sechs Seegefechte statt. Die ersten drei ermöglichten es den Japanern, erhebliche Verstärkungen heranzubringen. Auf Guadalcanal selbst wurde hart gekämpft, und Erfolge und Verluste waren auf beiden Seiten etwa gleich. Dann zeigte sich die amerikanische Flotte der japanischen überlegen, und im letzten Seegefecht schirmten die Japaner den Abtransport der evakuierten japanischen Truppen ab. Mit diesem Erfolg brachten die Amerikaner das Vordringen der Japaner nach Süden zum Stehen und schufen eine Basis für die amerikanische Gegenoffensive. Die inoffizielle Bezeichnung für dieses Unternehmen lautete „Operation Shoestring", ein Zeichen dafür, wie gering die Chancen für die Amerikaner eingeschätzt wurden.

Anfang 1943 konnten die Japaner infolge ihrer Verluste an Schiffen und Flugzeugen ihre Außenpositionen nur noch ungenügend unterstützen, und die Amerikaner gingen daran, die verlorenen Gebiete zurückzuerobern. Dabei brachten sie es in der Zusammenarbeit zwischen Land-, See- und Luftstreitkräften zu bedeutenden Leistungen. Beim Vorgehen gegen Japan mußten die verschiedenen Inselketten sprungweise erobert werden. Ehe man die nächste Insel nahm, mußte die vorige von japanischen Truppen gesäubert worden sein. Die Flugzeuge operierten von vorgeschobenen Luftbasen oder Flugzeugträgern aus und griffen die feindlichen Basen vor jedem derartigen Unternehmen an; dann nahmen auf Landungsfahrzeugen und auf dem Luftwege herangeführte Truppen die vom Feind besetzte Insel. Zur Vorbereitung des nächsten Sprungs wurde eine „mobile Basis" aus Fahrzeugen errichtet, die Nachschub und Ausrüstung heranbrachten. General Douglas MacArthur befehligte die Operationen entlang der Nordküste von Neu-Guinea und weiter bis zu den Philippinen. Zugleich ging Admiral Nimitz von Hawai aus gegen die Gilbert- und Marschallinseln und weiter gegen die Marianen vor. Admiral Halsey leitete die Säuberung des Raums südostwärts von Neu-Guinea.

Die hauptsächlich aus Australiern bestehenden Verbände MacArthurs mußten um die Rückgewinnung der Finschafen-Halbinsel, die im Oktober 1943 genommen wurde, hart kämpfen. Im September 1944 hatte er die Westspitze von Neu-Guinea erreicht und stellte sich bei Morotai in den Molukken für die Invasion auf den Philippinen bereit. Nimitz nahm im November 1943 die Gilbertinseln und Anfang 1944 die Marschallinseln. Im Juni 1944 erfolgte der Angriff gegen Saipan und Guam in den Marianen. Die japanische Rüstungsindustrie hielt mit den Anforderungen nicht Schritt, während die Amerikaner große Mengen neuer Flugzeuge heranführten und dem Gegner mit ihren Flugzeugträgern weit überlegen waren. Die Japaner griffen amerikanische Kriegsschiffe mit U-Booten an, während die amerikanischen U-Boote sich mit besserem Erfolg auf feindliche Frachter und Tanker konzentrierten. Nur selten gelang es den Japanern, die Garnisonen auf den Inseln zu verstärken, die von den Amerikanern vor jedem Angriff unter starkes Feuer genommen wurden. Aber überall kam es zu heißen Gefechten, und auf keiner Seite wurde Pardon gegeben. Die Japaner warteten im Dschungel und griffen die Marinesoldaten an, wenn sie an den Steilküsten gelandet waren. Nach wochenlangen Kämpfen wurden die Marianen endlich erobert. Bei der Seeschlacht vor den Philippinen am 19. und 20. Juni versenkte die Flotte des Admirals Spruance zwei der besten japanischen Flugzeugträger und beschädigte einen weiteren, während amerikanische Jäger vom Typ *Hellcat* 400 japanische Flugzeuge abschossen.

MacArthur und Nimitz, die ich beide kannte, haben im Krieg gegen die Japaner im Fernen

Osten glänzende Leistungen vollbracht. Dies war ein rein amerikanischer Krieg, ein neuartiger Krieg, der mit neuartigen Mitteln ausgefochten wurde und zum vollen Erfolg führte. Der Krieg an der Seite von Verbündeten ist eine unsichere Sache. MacArthur hatte keine unbequemen Bundesgenossen, die ihm Alternativvorschläge machten. Im Krieg 1939/45 haben die Amerikaner die Seekriegführung entscheidend umgestaltet. Sie entwickelten neue strategische, taktische und technische Methoden, die dem Seekrieg im Zeitalter des Flugzeugs angepaßt waren. Innerhalb dieser vier Jahre stieg Amerika zur stärksten Seemacht der Welt auf. Ich freue mich, den Vorzug zu haben, Admiral Nimitz, einen großartigen Seemann, zu kennen.

Wir müssen uns jetzt wieder Burma zuwenden, wo General Slim mit seiner Vierzehnten Armee einen glänzenden Feldzug geführt hat. Als im Krieg gegen die Japaner im pazifischen Raum eine Wendung eintrat, gingen die Alliierten auch in Burma zur Offensive über. Nach dem Rückzug der Truppen Alexanders 1942 trat zunächst ein gewisser Stillstand ein. In Indien wurden die britischen Truppen neu ausgebildet, und die Japaner verstärkten ihre Stellungen in Burma. Aber im Januar 1943 eröffneten die Briten versuchsweise eine neue Offensive. Sie stießen entlang dem westlichen Küstenstreifen von Arakan vor. Die Japaner zogen sich auf eine vorbereitete Stellung auf der Halbinsel Mayu zurück, die aus einem Netz von Bunkern bestand. Nach schweren Verlusten, die auch ihre Kampfmoral schwächten, zogen sie sich vor den wiederholten Abgriffen des ihnen doppelt überlegenen britischen Gegners zurück. Zugleich führte der britische Brigadier Orde Wingate mit Zustimmung Wavells ein Sonderunternehmen durch. Er hatte behauptet, mit einer kleinen, aber gut ausgebildeten Spezialtruppe im Inneren Burmas einen Guerillakrieg gegen die japanischen Verbindungslinien führen zu können, ohne sich dabei auf Kämpfe gegen die japanischen Hauptkräfte einlassen zu müssen. Die Versorgung sollte aus der Luft erfolgen. Im Februar 1943 überschritt Wingate den Fluß Chindwin mit 3000 Mann und drang tief in das von den Japanern besetzte Gebiet ein. Im März unterbrach er die von Mandalay nach Myitkyina führende Eisenbahnlinie an mehreren Stellen und brachte dem Gegner schwere blutige Verluste bei. Im Mai kehrte er mit etwa 2000 Mann nach Indien zurück. Wingates Expedition brachte keine wesentlichen materiellen Gewinne, und die Tatsache, daß er Kranke und Verwundete zurücklassen mußte, die dann der brutalen Behandlung durch die Japaner ausgesetzt waren, ließ die Sache noch zweifelhafter erscheinen. Aber im Hinblick auf die Versorgung durch die Luft hatte man wertvolle Erfahrungen gesammelt.

1943 übernahm Admiral Mountbatten als Oberbefehlshaber die Verantwortung für die Koordinierung der Kräfte in Südostasien. Sein Stellvertreter war der Befehlshaber der amerikanisch-chinesischen Truppen im Norden, Stilwell, der über drei chinesische Divisionen, drei amerikanische Bataillone und schwache irreguläre Kräfte verfügte. Der zweite Hauptverband war die britische Vierzehnte Armee, bestehend aus etwa 10 Divisionen britischer, indischer, Gurkha- und westafrikanischer Truppen und zwei Panzerbrigaden. Ende 1943 übernahm General Slim das Kommando der Vierzehnten Armee. Die japanischen Kräfte in Burma unter General Kawabe bestanden aus etwa 9 vollständigen Divisionen, die in drei Armeen eingeteilt waren, die Achtundzwanzigste an der Arakan-Front, die Fünfzehnte an der Mittelfront, deren besondere Aufgabe es war, die Eisenbahnlinien zu schützen, und die Dreißigste an der Nordostfront.

Nach Auffassung der Amerikaner bestand die wichtigste Aufgabe darin, die Verbindungswege durch Nordburma nach China zu öffnen, und die alliierte Strategie für die Winteroffensive 1943/44 ordnete sich in diesen Rahmen ein. In Arakan sollte die Offensive wieder aufgenommen werden, während Stilwells Kräfte nach Süden gegen Myitkyina vorgingen, um die Ledo-Straße zu decken. Eine zweite „Wingate-Offensive" sollte in Zusammenarbeit mit den im

Norden stehenden Kräften Stilwells durchgeführt werden. Die durch die RAF und die Amerikaner gewährte Unterstützung aus der Luft spielte dabei eine besonders wichtige Rolle. Die Versorgung der Truppe sollte ausschließlich von den Luftstreitkräften übernommen werden. So wurde auch eine rasch durch schwieriges Gelände vorgehende Division allein durch Flugzeuge versorgt. Die alliierten Truppen kamen schnell voran. In Arakan wurden die Japaner, die versuchten, die Briten einzuschließen, selbst eingeschlossen, als Slim Verstärkungen eingeflogen hatte. Den Truppen Stilwells stand nur eine japanische Division gegenüber, und Stilwell erreichte seine Angriffsziele. Zwei Brigaden der „Chindits" von Wingate landeten mit Lastenseglern an verschiedenen Geländepunkten, während eine Brigade den Landweg nahm. Durch Angriffe gegen die japanischen Verbindungslinien lenkten diese Kräfte japanische Truppen ab, die gegen Stilwell eingesetzt waren, und vereinigten sich dann mit diesem. Wingate selbst verunglückte tödlich bei einem Flugzeugabsturz.

Im März 1944 eröffneten die Japaner eine größere Offensive gegen Assam. Im Raum von Imphal und Kohima kam es zu drei Monate dauernden Kämpfen. Wieder flog Slim Verstärkungen ein, bis die Briten den drei japanischen Divisionen sechs Divisionen entgegenstellen konnten. Nach einem verzweifelten Angriff gegen Imphal im Juni brachen die Japaner den Kampf ab und zogen sich über den Chindwin zurück. In schweren Kämpfen hatten sie mehr als 53 000 Mann verloren. Durch Krankheiten, besonders Malaria, erlitten sie weitere schwere Verluste. Daß in diesem Gebiet überhaupt gekämpft werden konnte, ist den Leistungen des Sanitätsdienstes zu verdanken.

Nach der entscheidenden Niederlage der Japaner in Assam war es Slims Aufgabe, Zentralburma weiter nach Süden bis Mandalay in Besitz zu nehmen. Die japanischen Streitkräfte bestanden jetzt insgesamt aus zehn Infanteriedivisionen, zwei Divisionen der „Indischen Nationalarmee", einem Panzerregiment und zahlreichen Nachschubeinheiten. Davon konnten die im Norden eingesetzten alliierten Truppen unter General Sultan zwei Divisionen und die Streitkräfte in Arakan drei Divisionen binden und die Küste gegen eine mögliche japanische Landung verteidigen. Bei einer Offensive gegen Zentralburma mußte die aus sechs Divisionen bestehende Vierzehnte Armee mit fünf feindlichen Divisionen rechnen. Der neue japanische Befehlshaber war General Kimura. Slim gliederte seine Armee in zwei Korps; das IV. Korps unter General Messervy bestand hauptsächlich aus der 7. und der 17. Division und der 255. Panzerbrigade (Shermans), das XXXIII. Korps unter General Stopford bestand aus der 2., der 19. und der 20. Division und der 254. Panzerbrigade (Grants und Stuarts). Die 5. Division bildete die Reserve. Die Truppen in vorderster Front sollten durch die Luft versorgt werden.

Die Offensive der Vierzehnten Armee begann am 3. Dezember 1944. Slims sechs Divisionen überschritten den Chindwin in der Absicht, die Japaner in der Ebene von Shwebo zur Schlacht zu stellen und zu schlagen. Aber nach den schweren Kämpfen bei Imphal wollte Kimura die offene Feldschlacht vermeiden und zog seine Kräfte allmählich hinter den Irrawaddy zurück, wo er sich auf eine „Schlacht am Ufer des Irrawaddy" vorbereitete. Er hoffte, der Vierzehnten Armee bei dem Versuch, den Fluß zu überschreiten, schwere Verluste beizubringen und sie zu vernichten, wenn sie sich wieder auf den Chindwin zurückzog. Als Slim jedoch erkannte, daß die Japaner zurückgingen, faßte er einen neuen Plan für die Vernichtung der japanischen Hauptkräfte jenseits des Irrawaddy. Das XXXIII. Korps (Stopford) sollte nördlich und westlich von Mandalay den Flußübergang erzwingen und an dieser Stelle der Front möglichst starke gegnerische Kräfte binden. Währenddessen sollte das IV. Korps unter Messervy unbemerkt im Gangawtal vorgehen und den Irrawaddy bei Pakokku überschreiten, um mit starken gepanzerten Truppen und Luftlandetruppen Meiktila, das wichtigste Versorgungszentrum der japanischen Armeen, anzugreifen. In diesem Raum lagen die größten japanischen Nachschub-

Die Kriegführung in den Jahren 1815–1945

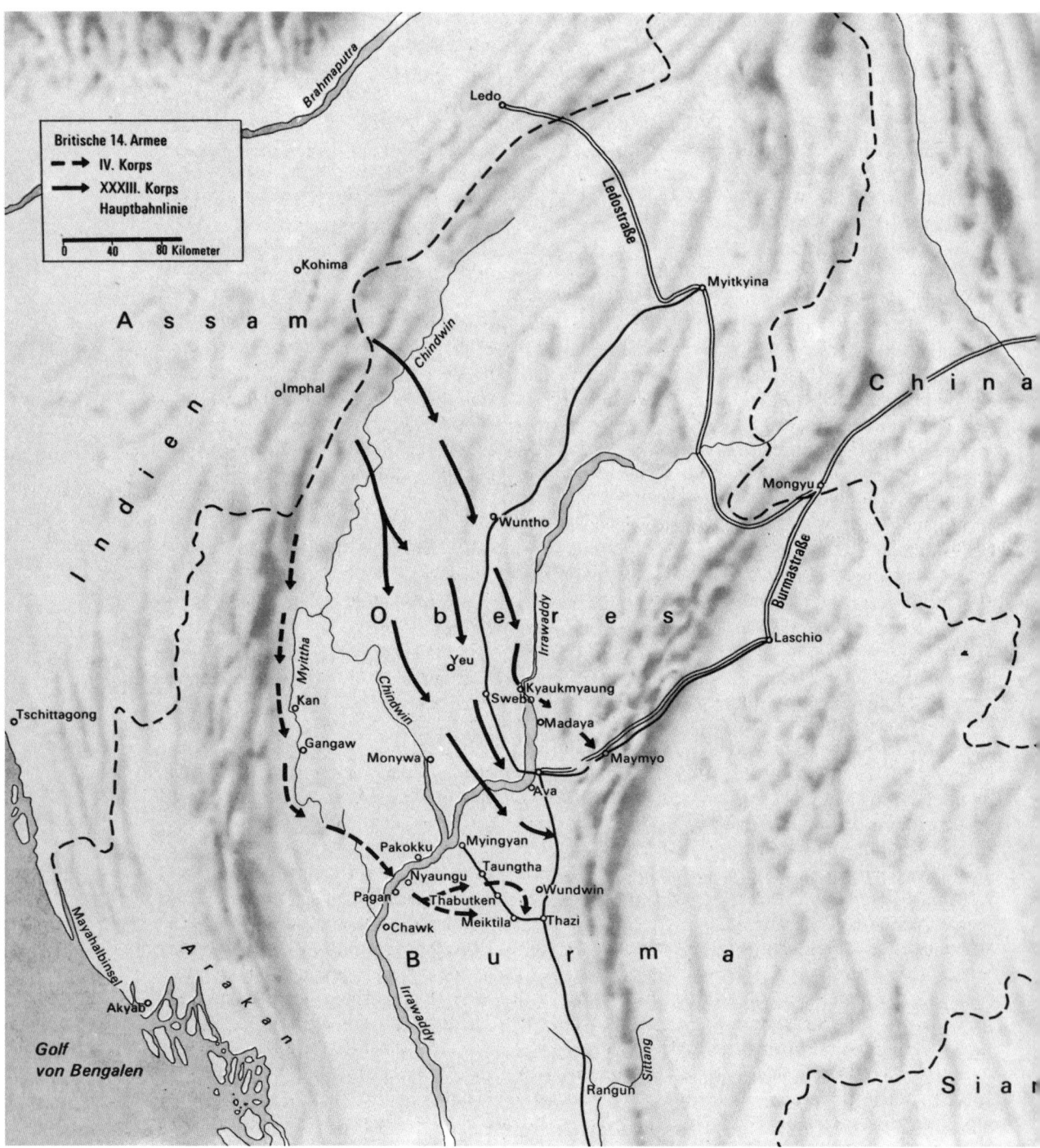

Die Wiedereroberung Burmas durch die Alliierten

basen, Munitionslager, Lazarette und mehrere Feldflugplätze. Hier kamen auch die von Südosten und Westen heranführenden Straßen und Eisenbahnlinien zusammen, um dann nach Norden fächerförmig auseinanderzugehen. Mit der Einnahme von Meiktila würden die Verbindungslinien der japanischen Armeen in einem Bogen zwischen den Flüssen Salween und Irrawaddy unterbrochen werden, und Kimura würde gezwungen sein, sich unter ungünstigen Bedingungen zum Kampf zu stellen, um diese Verbindungswege zurückzuerobern. Die Briten hingegen konnten einen Sieg dadurch ausnutzen, daß sie weiter nach Rangoon vorstießen.

In der zweiten Januarwoche 1945 näherte sich Slims Armee auf einer 320 Kilometer breiten, von Wuntho bis Pakokku reichenden Front dem Irrawaddy. Die Japaner versuchten nicht, den ganzen Flußlauf zu halten, sondern konzentrierten ihre Kräfte an den voraussichtlichen Übergangsstellen und hielten bewegliche Reserven hinter ihrer Front bereit, um sie einzusetzen, wenn sich die britischen Absichten klar erkennen ließen. Am Abend des 14. Januar begann das XXXIII. Korps mit der Durchführung der ihm im Rahmen der Strategie Slims gegebenen Aufgaben. Die 19. Division ging nördlich von Mandalay bei Kyaukmyaung mit Teilen über den Irrawaddy und errichtete einen Brückenkopf. Am 17. war der Feind überzeugt, daß dies die Hauptübergangsstelle sei, und zog hier starke Verbände zum Angriff gegen die Briten zusammen. Während der folgenden drei Wochen kam es zu heftigen Kämpfen. Kimura führte immer weitere Verstärkungen heran, unter anderem auch aus Meiktila, um die Briten vom Irrawaddy zurückzudrängen. Aber die Briten erweiterten den Brückenkopf und bewerkstelligten westlich von Mandalay einen zweiten Flußübergang.

Indessen stieß das IV. Korps jenseits des Chindwin nach Süden gegen den Irrawaddy bei Pakokku vor. Der Übergang sollte am 15. Februar erfolgen. Um zu verhindern, daß japanische Nachhuten die Operation verzögerten, stießen die britischen Truppen auf breiter Front umfassend jenseits des Raumes um Kan nach Süden vor. Am 28. Februar stand das IV. Korps am Irrawaddy. Jeder verfügbare Mann wurde dazu eingesetzt, Feldflugplätze und Behelfsstraßen zu bauen, damit Panzer und Tansportfahrzeuge mit Brückengerät nach vorn gebracht werden konnten. Messervy entschloß sich, den Fluß an seiner schmalsten Stelle bei Nyaungu zu überschreiten. An zwei anderen Stellen ließ er zur Ablenkung des Gegners Scheinangriffe führen. Am 14. Februar vor Morgengrauen gingen die ersten Truppen etwa 1,5 Kilometer nördlich von Nyaungu in aller Stille in Booten über den Fluß und richteten sich am anderen Ufer zur Verteidigung ein. Stärkere Kräfte folgten bei Tageslicht mit Unterstützung durch Artillerie, Panzer und Flugzeuge, und erweiterten den Brückenkopf. Am 16. fiel Nyaungu. Die Japaner waren völlig überrascht worden, denn sie hatten nicht geahnt, daß sich starke feindliche Kräfte in diesem Raum befunden hatten. Der Angriff war durch das unwegsame Dschungelgelände und die Luftüberlegenheit der Alliierten begünstigt worden.

Kimura hatte sich durch Slim täuschen lassen; er glaubte immer noch, die ganze Vierzehnte Armee läge im Raum der Chindwin-Irrawaddy-Schleife nördlich und westlich von Mandalay. Die Unternehmen gegen Pakokku betrachtete er als Demonstrationen schwacher Kräfte. Da er mit dem Versuch der Briten rechnete, mit starken Verbänden in Richtung auf Mandalay auszubrechen, zog er auch weiter eigene Kräfte von allen anderen Frontabschnitten ab, um sie für eine Schlacht am Irrawaddy bereit zu halten. Ende Februar standen neun japanische Divisionen fünf britischen bei Mandalay gegenüber. Damit war das XXXIII. Korps in seinem Abschnitt dem Gegner wesentlich unterlegen. Beide britische Korps mußten über weite Strecken versorgt werden. Es war daher notwendig, daß das IV. Korps bei seinem Angriff gegen Meiktila rasch zum Erfolg kam und Kimura zwang, den hier kämpfenden japanischen Truppen Verstärkungen zuzuführen. Damit würde Kimura seine Kräfte einem Doppelangriff aussetzen.

Am 21. Februar begannen die 17. Division und die Panzerbrigade des IV. Korps den Vormarsch gegen Meiktila. Am 25. besetzten sie den nur 16 Kilometer vor der Stadt gelegenen Flugplatz Thabutkon. Am folgenden Tag wurden Verstärkungen herangeflogen. Mit massierten Panzerangriffen vereitelten die Briten japanische Versuche, die Straße zu blockieren. 8 Kilometer vor der Stadt verhielt das Korps, um sich neu zu gliedern. Die Japaner unter General Kasuya brachten einige Tage damit zu, sich bei Meiktila einzugraben. Kasuya standen etwa 3200 Mann und starke Artillerie zur Verfügung. Er bewaffnete alle Mannschaften, sogar die Insassen des Lazaretts, und besetzte die Verteidigungsstellungen. Flugzeugabwehrgeschütze von den nahegelegenen Flugplätzen wurden zur Panzerabwehr und Rundumverteidigung in Stellung gebracht. Der Angriff gegen Meiktila wurde damit zu einem schwierigen Unternehmen. Die zwischen den im Norden und Süden der Stadt gelegenen Seen hindurchführenden Zugänge waren leicht zu verteidigen, und das die Stadt umgebende Gelände war von Bewässerungskanälen und Gräben durchzogen.

Das erste Angriffsziel war der Flugplatz hart ostwärts der Stadt, auf dem Verstärkungen und Nachschub gelandet werden sollten. Während die Japaner am 28. Februar durch einen Angriff gegen ihre westlichen Verteidigungsstellungen gebunden wurden, marschierte die 255. Panzerbrigade 16 Kilometer von Norden her um die Stadt herum und stellte sich ostwärts von Meiktila zum Angriff bereit. Dann griffen von Artillerie und Flugzeugen unterstützte Panzer an und drangen in die Stadt ein. Die Japaner leisteten fanatischen Widerstand, und einzelne Widerstandsnester hielten sich noch lange nachdem die Briten das Stadtgebiet überrannt hatten. Am 1. März wurde am heftigsten gekämpft. Die Briten griffen zugleich von Osten, Westen und Südosten an, und während sie immer tiefer in Meiktila eindrangen, kam es zu blutigen Kämpfen Mann gegen Mann. In jedem Haus, an jedem Kanal und in den Trümmern zerschossener Gebäude saßen japanische Scharfschützen und Maschinengewehrnester. Kein japanischer Soldat ergab sich, sondern alle kämpften bis zum letzten. So kamen die Briten nur langsam voran. Am Abend waren sie tief in die Stadt eingedrungen, und am 2. März hielten die Japaner nur noch den südlichen Stadtrand. Am 3. März 1945 waren die japanischen Kräfte fast aufgerieben, und Meiktila befand sich in britischen Händen.

Der Verlust von Meiktila kam für Kimura ganz unerwartet. Jetzt gab er die geplante Offensive gegen das XXXIII. Korps bei Mandalay auf und befahl einem Verband unter Generalleutnant Honda, Meiktila zurückzuerobern. Dazu standen starke Kräfte zur Verfügung. Sie mußten aber aus verschiedenen Teilen des Landes zusammengezogen werden, und es fiel Honda schwer, ihre Bewegungen zu koordinieren. Die Alliierten besaßen zudem die absolute Luftüberlegenheit. Als sich die japanischen Verbände Meiktila von Norden und Süden näherten, führte das IV. Korps kühne Angriffe in verschiedene Richtungen. Infanterie und Panzer griffen in Einzelvorstößen die heranmarschierenden Japaner innerhalb eines Radius von etwa 32 Kilometern an. Das erste Angriffsziel der Japaner war der Feldflugplatz, mit dessen Fortnahme sie die britische Versorgung blockieren wollten. Nach heftigen Kämpfen, bei denen die Japaner bis an den Rand des Flugplatzes vordrangen, wurden sie wieder zurückgeworfen. In der letzten Märzwoche befand sich Meiktila sicher in britischen Händen.

Im gleichen Augenblick, als Kimura seine Truppen zum Angriff gegen Meiktila ansetzte, trat das XXXIII. Korps aus dem Brückenkopf zur Großoffensive gegen Mandalay an. Gleich zu Beginn der Offensive am 26. Februar wurden die Japaner zurückgedrängt und hielten nur noch wenige Stützpunkte, an denen die Briten vorbeistießen. Aber je mehr die britischen Truppen sich Mandalay näherten, desto fanatischer wurde der Widerstand der Japaner. Sie setzten sogar menschliche Minen ein. Dabei hockte ein japanischer Soldat in einem Schützenloch mit einer 100-Kilo-Bombe zwischen den Knien und einem schweren Stein in der Hand,

Zwanzig Jahre danach: 1939/45

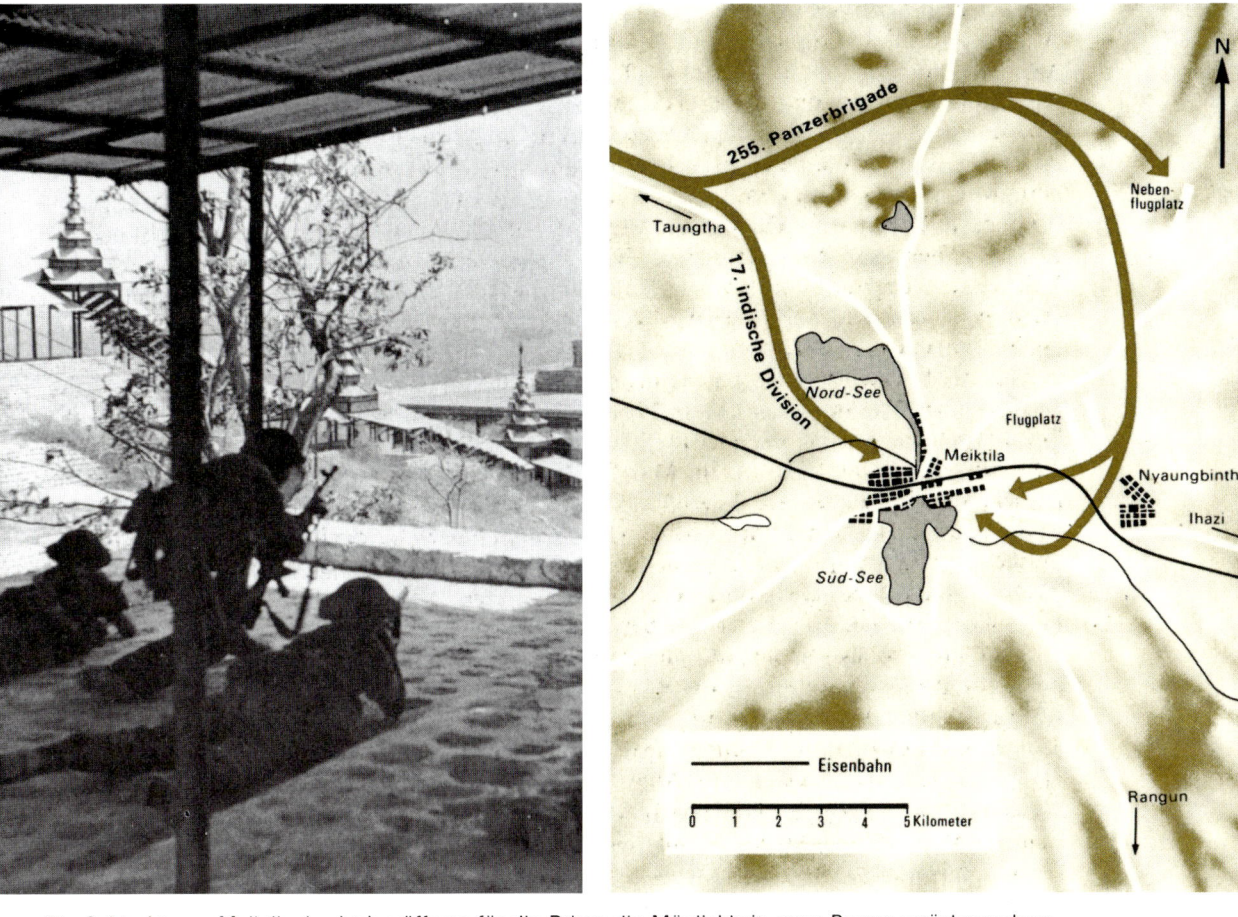

Die Schlacht von Meiktila (rechts) eröffnete für die Briten die Möglichkeit, ganz Burma zurückzuerobern (links)

mit dem er den Zünder zur Detonation bringen sollte, wenn ein feindlicher Panzer ihn überrollte. Mann und Panzer sollten zugleich in die Luft gesprengt werden. Aber die menschlichen Minen richteten nur wenig Schaden an. Am 8. März hielten sich die Japaner nur noch an zwei befestigten Stützpunkten bei Mandalay Hill und Fort Dufferin. Am 11. wurde Mandalay Hill genommen, nachdem die letzten japanischen Verteidiger aus den Kellern ausgeräuchert worden waren. Fort Dufferin wurde bombardiert und am 20. März genommen.

Ende März 1945 hielten die Alliierten beide Ufer des Irrawaddy zwischen Mandalay und Chawk und die nach Rangoon führende Straße und Eisenbahn bis nach Wundwin im Süden. Nachdem die Alliierten ihre Stellungen bei Meiktila gefestigt hatten, konnten sie darangehen, ihre Eroberungen nach allen Seiten zu erweitern. Slim führte den jetzt folgenden Feldzug ebenso glänzend wie die erste Phase der Eroberung von Mandalay und Meiktila. Beim Vormarsch in Arakan fielen ihm weitere Flugplätze in die Hand, und auch die Versorgung über See wurde sichergestellt. Am 3. Mai nahmen die britischen Truppen Rangun. Die Japaner flohen nach Osten über den Sittang, doch kam es immer wieder zu heftigen Kämpfen. Die Alliierten bereiteten sich jetzt auf eine Invasion Malayas vor, aber dazu ist es nicht mehr gekommen.

Im September 1944 stellten sich alliierte Kräfte unter MacArthur und Nimitz zu einem Angriff gegen die Philippinen und Japan bereit. Am 20. Oktober begann die Sechste Armee mit Unterstützung durch Schlachtschiffe, Kreuzer, Zerstörer und 18 Geleitflugzeugträger mit der Landung auf der Insel Leyte. Die Japaner wollten die Philippinen unter allen Umständen halten und zogen alle verfügbaren Seestreitkräfte in diesem Raum zusammen. Im Ringen um die Bucht von Leyte kam es zu mehreren Schlachten, die Hunderte von Meilen von einander entfernt ausgetragen wurden. Im Lauf von vier Tagen fanden hier die schwersten Seegefechte des ganzen Krieges statt. Die Japaner kämpften verzweifelt. Japanische Piloten stürzten sich als Kamikazeflieger selbstmörderisch auf die feindlichen Schiffe und vernichteten 33 amerikanische Fahrzeuge. Aber aufgrund der amerikanischen Luftüberlegenheit wurden die Japaner schwer geschlagen, verloren vier Flugzeugträger, zwei Geleitflugzeugträger, drei Schlachtschiffe und andere Einheiten.

Aber die Japanische Armee verteidigte auch weiterhin die Philippinen. General Yamashita verfügte über 250 000 Mann. Ende 1944 hatte sich General Kruegers Sechste Armee in den Besitz von Leyte gesetzt, und im Januar landeten die Sechste und Achte Armee auf der am stärksten verteidigten Insel Luzon. Im Mai 1945 hatten die Alliierten die Philippinen vollständig zurückerobert. Das nächste Angriffsziel war die Insel Okinawa, eine wichtige vorgeschobene Flugzeugbasis, und am 1. April begann die Landung eines Marinekorps und des XXIV. Armeekorps. Die Kämpfe um Okinawa waren die blutigsten des Krieges. Sie dauerten bis zum 21. Juni, als die Amerikaner die Insel endgültig besetzten. Mehr als 100 000 Japaner fielen dabei. Die amerikanischen Gesamtverluste betrugen 39 000 Mann.

Von Okinawa aus operierende Flugzeuge griffen jetzt in die Bomberoffensive gegen Japan selbst ein, die als Vorbereitung für eine Invasion im November begonnen hatte und von April bis August 1945 ständig gesteigert wurde. Bisher waren die meisten Bombenangriffe von Flugzeugträgern aus gestartet worden, aber nun übernahmen Superfestungen vom Typ B 29 die Hauptlast der Luftoffensive. Die Angriffe von Okinawa aus richteten sich vor allem gegen Nagasaki und die dort befindlichen Docks und Flugzeugfabriken. In China und auf den Marianen stationierte Flugzeuge bombardierten Industriezentren, und nächtliche Angriffe mit Brandbomben ergänzten die Präzisionsangriffe bei Tage. In Tokyo und Osaka wurden schwere Zerstörungen angerichtet.

Die Bomberoffensive erreichte im August ihren Höhepunkt. Am 6. August warfen die Amerikaner die erste Atombombe auf Hiroshima und töteten dabei 80 000 Menschen. Am 9. August fiel die zweite Atombombe auf Nagasaki und vernichtete 40 000 Menschenleben – mehr als alle Fliegerangriffe des Krieges gegen London. Die Amerikaner glaubten, die Verwendung dieser neuen Waffe rechtfertigen zu können. Noch 250 000 japanische Soldaten hielten Inseln im Pazifik besetzt, und weitere japanische Truppen standen in Niederländisch-Indien, Malaya und China. Ein Volk, das seine Kriegsgefangenen so brutal behandelte wie die Japaner, das internationale Vereinbarungen und Einrichtungen wie das Rote Kreuz mißachtete, menschliche Minen und Selbstmordpiloten verwendete, verdiente kein Mitleid. Am 10. August 1945 kapitulierte die japanische Regierung bedingungslos, und der Krieg 1939/45 war vorüber.

Zwanzig Jahre danach: 1939/45

Schlußbetrachtungen

Der Krieg, der 1939 begonnen hatte und den ich oft „Hitlers Krieg" genannt habe, fing ganz allmählich an, aber 1940 loderte der Kriegsbrand auf, raste durch die ganze Welt, und es wurde immer schwieriger, die Gesamtlage zu überblicken. Ich habe versucht, die Geschichte dieses Krieges so einfach wie möglich darzustellen, und so wird der Leser den ganzen Wald sehen, ohne durch einzelne Bäume abgelenkt zu werden. Ich möchte dieses Kapitel mit einigen Überlegungen schließen, die meinen Lesern vielleicht helfen werden, einige der schwierigeren Fragen dieses modernsten Konflikts zu verstehen.

Die politische Führung spielte eine entscheidende Rolle. Viele sehen Hitler lediglich als einen wahnsinnigen Politiker an. Er war in der Tat ein böser Mann, aber er war eine Führerpersönlichkeit, voller Initiative und Entschlußkraft. Er hielt es nicht für notwendig, den Krieg mit einer offiziellen Kriegserklärung zu beginnen und seinen Gegnern Zeit zu lassen, sich auf den Schlag vorzubereiten. Nach seiner Meinung war das nicht die richtige Methode, und diese Auffassung ist logisch, wenn man voraussetzt, daß ein Volk nur Krieg führt, um militärisch zu gewinnen. Das darf aber nicht das letzte Kriegsziel sein. Hitler übertrug seine Schlechtigkeit auch auf andere.

Wer hat die schwersten militärischen Fehler begangen? Ich glaube, es war Hitler, und ich habe oben auf diese Fehler hingewiesen. Es war ein schicksalsschwerer Fehler, im Juni 1941 Rußland anzugreifen. Einer der wichtigsten militärischen Grundsätze lautet: marschiere niemals gegen Moskau! Wahrscheinlich konnte Hitler die Japaner nicht davon abhalten, Amerika anzugreifen. Nach diesem Angriff sah er sich als Bundesgenosse Japans gezwungen, Amerika den Krieg zu erklären. Nun stand er dem britischen Weltreich, Rußland und Amerika gegenüber und durfte nicht mehr hoffen, zu gewinnen. An der Westfront hat er in der Folgezeit drei große Fehler begangen, die darin bestanden, daß er versuchte, die Schlacht gegen Frankreich nach seiner Niederlage in der Normandie 1944 südlich der Seine auszufechten, im Dezember 1944 in den Ardennen eine Gegenoffensive zu führen und sich den Alliierten westlich des Rheins zu stellen in der Hoffnung, das Ruhrgebiet vor dem feindlichen Zugriff schützen zu können. Zunächst handelte er richtig. Betrachtet man die taktischen Leistungen, dann muß man den kaltblütigen Angriff der Wehrmacht gegen Westeuropa im Frühjahr 1940 bewundern. Das militärische Gleichgewicht der Welt wurde erschüttert, und Deutschland gewann die absolute militärische Vorherrschaft. Aber am Schluß hat Hitler sein Land in die Vernichtung getrieben, weil er sich durch selbstsüchtigen Ehrgeiz leiten ließ.

Stalin war eine bedeutende Führerpersönlichkeit. Vielleicht ist er rücksichtslos und alles andere als ein Gentleman gewesen, aber ohne ihn wäre Rußland vielleicht schon 1942 aus dem Krieg ausgeschieden. Nur Churchill erkannte, daß es sein Kriegsziel war, Osteuropa fester in die Hand zu bekommen, und daß diese politische Strategie für ihn schon vor dem Beginn des Konflikts feststand. Kaum war die Tinte auf dem Nichtangriffspakt mit Deutschland im August 1939 getrocknet, ging er an die Verwirklichung dieser Idee. Stalin hat fast keinen einzigen Fehler begangen. Seine politischen und strategischen Ziele waren klar, und er verfolgte sie unnachgiebig. Ich habe Stalin auf der Konferenz von Potsdam im Juli 1945 kennengelernt und war 1947 sein Gast in Moskau. Er besaß eine erstaunliche strategische Begabung, und ich kann mich nicht daran erinnern, daß er in unserem Gespräch über strategische Fragen auch nur eine einzige falsche Meinung geäußert hätte – wenn auch seine politische Strategie, die darin bestand, die Völker Osteuropas im kommunistischen Lager zu sammeln, dem Westen natürlich nicht gefallen konnte.

Ich glaube, Roosevelt hat nie genau gewußt, wofür er kämpfte. Er hat versucht, Stalin zu umwerben, aber Stalin gewann bei der Konferenz von Teheran den Frieden für Rußland und krönte seinen Sieg in Jalta. Er hatte keine Schwierigkeiten, Roosevelt zu täuschen.

Churchill hat sich als großer Führer der britischen Nation in kritischer Zeit bewährt. Es ist viel über ihn geschrieben worden, auch aus meiner Feder, denn ich habe ihn gut gekannt, und schließlich wurde er zu meinem besten Freund. Eines ist ganz klar: dadurch, daß er gegenüber Hitler fest blieb, als alles verloren schien, hat er nicht nur Großbritannien, sondern die westliche Kultur gerettet.

Churchill war nicht nur ein nationaler Führer in kritischer Lage und eine Zeitlang der einzige Führer der westlichen Welt gegen die nationalsozialistische Tyrannei, sondern er besaß auch Weitblick, eine Eigenschaft, die ihm einen Platz in der vordersten Reihe der großen Strategen sichert. Es gibt kein Schema, in das man nationale Führerpersönlichkeiten, Strategen oder Feldherren hineinzwängen kann. Wir sind alle Menschen, und wir alle begehen Fehler. Als Oberbefehlshaber im Felde hätte ich oft gewünscht, Churchill wäre nicht Soldat gewesen. Er interessierte sich so sehr für die taktische Führung einer Schlacht, daß er manchmal versuchte, einzugreifen, wo er nicht dazu berechtigt war. Allerdings hat er mir nie seinen Willen aufgezwungen und immer meine Erklärungen akzeptiert. Ich möchte sagen, daß ein Volk noch nie einen Führer gefunden hat, der so in die Zeit paßte wie Churchill auf der Seite Großbritanniens in Hitlers Krieg. Er wurde, als es 1940 darauf ankam, nicht für zu leicht befunden.

Wissenschaft und Technik sind ein zu weites Feld, als daß man in diesem Kapitel näher darauf eingehen könnte. Aber ich möchte ganz vereinfachend sagen: Vor 1918 kämpfte man im Krieg in zwei Dimensionen, zu Lande und zur See, und zwar in verhältnismäßig kleinen, überschaubaren Räumen mit Waffen, die nur auf geringere Entfernung wirkten und keine sehr große Vernichtungskraft besaßen. Im Krieg 1939/45 traten gewaltige Veränderungen ein, die Erweiterung in eine dritte Dimension, die Luft, die Vergrößerung der Entfernung, auf die der Feind sichtbar wurde, durch das Radargerät, die Ausdehnung des Schlachtfelds und die Erhöhung der Waffenwirkung. Hierzu gehören natürlich auch alle möglichen Gegenmaßnahmen. Ich habe immer die Meinung vertreten, daß die Methoden des Kriegführens 1939/45 am entscheidensten dadurch beeinflußt worden sind, daß die Luftstreitkräfte zu einer bedeutenden Waffe wurden. Sie haben die Strategie und Taktik zu Lande und zur See revolutioniert. Landsoldaten und Seesoldaten in vielen Nationen, besonders in meiner eigenen, vergessen allzuleicht, was sie den Luftstreitkräften zu verdanken haben. Die Vereinigten Staaten wären bestimmt nicht zur stärksten Seemacht der Welt geworden, hätten sie nicht die Bedeutung der Luftstreitkräfte im Krieg erkannt.

Über den Krieg im Zeitalter der Kernenergie werden wir im 24 Kapitel sprechen, doch jetzt möchte ich schon folgendes sagen. Ich glaube, es ist nicht notwendig gewesen, im August 1945 zwei Atombomben über Japan abzuwerfen, und ich kann nicht glauben, daß das richtig gewesen ist. Nach Präsident Truman wurde es getan, um „Hunderttausende von Menschenleben, amerikanische und japanische", zu retten. Hätte man jedoch das Hindernis der bedingungslosen

Kapitulation beiseitegeräumt, dann hätte man diese Menschenleben auch retten können, denn ich glaube, Japan hätte früher kapituliert. Die Japaner waren schon vorher mit konventionellen Waffen besiegt. Konventionelle Bombenangriffe hatten in Japan schon so schwere Zerstörungen angerichtet, daß es keine Ziele mehr für Atombomben gegeben hätte, wenn nicht vier Städte – und zu ihnen gehörten Hiroshima und Nagasaki – für diesen Zweck geschont worden wären. Der Abwurf der Bomben war ein großer politischer Fehler und ist ein schlagender Beweis dafür, wie sehr das Niveau der ethischen Normen im modernen Krieg gesunken ist. Vielleicht war dies der erste amerikanische Schlag im „kalten Krieg". Ich hoffe aufrichtig, daß das ganze Potential wissenschaftlicher Kriegführung in der Praxis nie zur Wirkung kommen möge.

Ein letzter Punkt. Mancher glaubt vielleicht, militärische Aktionen ließen sich immer rein militärisch begründen, ohne Rücksicht auf die politischen Folgen; aber so zu denken und zu handeln, gefährdet die Politik. Kann es im Kriege denn überhaupt eine Entscheidung auf höchster Ebene geben, die nicht politisch ist? Weil man im Hinblick auf diese Frage nicht klar gedacht hat, haben die westlichen Nationen nach den sechs Kriegsjahren von 1939 bis 1945 nicht den gerechten und dauerhaften Frieden gewonnen, für den sie kämpften. Nur Stalin erreichte seine Ziele, und zwar weil er seine militärischen Entscheidungen vor dem Hintergrund bestimmter politischer Ziele getroffen hat. Rußland sollte die Vorherrschaft in Europa gewinnen und den Kommunismus soweit nach Westen tragen wie irgend möglich.

Sechster Teil · Unerforschliches Schicksal

22 · *Die ethischen Grundsätze im Kriege*

Nachdem wir die Geschichte der Kriegführung vom Jahr 7000 v. Chr. bis in die Mitte des 20. Jahrhunderts verfolgt haben, mag es einen gewissen Wert haben, sich etwas näher mit den moralischen Aspekten des Krieges zu beschäftigen. Hat die Menschheit in den Jahrtausenden fortwährender Kämpfe überhaupt einen Fortschritt gemacht?

In der Geschichte sind aus moralischen Grundsätzen manchmal strenge Verhaltensregeln geworden, zu anderen Zeiten bildete sich daraus nur ein allgemeines geistiges Klima. Es hat jedoch tatsächlich den Anschein, als seien die Kriege mit der „Zivilisierung" des Menschen immer grausamer geworden. Es muß zugegeben werden, daß allgemein anerkannte Verhaltensregeln in moderner Zeit oft schamlos und in ungeheuerlicher Weise verletzt worden sind. Im Krieg 1939/45 und auch später, z. B. im Kongo, sind Verbrechen gegen die Menschlichkeit verübt worden, aus denen wir schließen könnten, Krieg und Mord seien austauschbare Begriffe. Es können Leidenschaften erregt werden, die Menschen in Scheusale verwandeln. Zum Glück ist das keine allgemeine Erscheinung, aber die Vergangenheit hat bewiesen, wie notwendig es ist, daß politische und militärische Führer sich streng an moralische Grundsätze halten – die so leicht vergessen werden können.

Wir wollen in die Vergangenheit zurückblicken und versuchen, festzustellen, was den ethischen Grundsätzen im Kriege förderlich und was ihnen abträglich gewesen ist. Dazu wollen wir einige fundamentale Aspekte der Frage betrachten, Begriffe wie Ehre, die Methode, anderen das Leben zu nehmen, die Kapitulation des Besiegten, die Behandlung Gefangener und Verwundeter, das Verhalten im Operationsgebiet, den Begriff des totalen Krieges und internationale Vereinbarungen hinsichtlich der Kriegführung. Dann müssen wir versuchen, zu Schlüssen zu gelangen, die in die Zukunft weisen, so unerforschlich sie auch scheinen mag.

In den Jahren 500 bis 400 v. Chr. zur Zeit der ersten Kriege im klassischen Griechenland waren Verrat, vergiftete Brunnen und vergiftete Waffen im Krieg etwas Alltägliches. Später warf man im mittelalterlichen Belagerungskrieg Tierkadaver über die Festungsmauern, durch deren Verwesung ansteckende Krankheiten ins Lager des Feindes gebracht werden sollten. Man könnte das als den Beginn der bakteriologischen Kriegsführung bezeichnen, die auf der Konferenz von Washington 1925 als ungesetzlich erklärt wurde. Ich halte das für falsch. Ich habe mich besonders mit dieser Frage beschäftigt, als die unter meinem Befehl stehenden Armeen im März 1945 den Rhein überschritten und durch die Norddeutsche Tiefebene gegen Elbe und Ostsee vorgingen. Hamburg, das noch vom Feind besetzt war, stellte ein Problem dar, und ich veranlaßte das britische Bomber Command, die Stadt zu bombardieren. 1000 Bombenflugzeuge flogen den Angriff. Tausende von Deutschen wurden getötet, und es entstand ein unübersehbarer Schaden an Häusern und öffentlichen Einrichtungen. Es wäre weniger fürchterlich gewesen und hätte den gleichen strategischen Erfolg gehabt, wenn man die ganze Bevölkerung mit geeigneten Bakterien oder Gas für 48 Stunden aktionsunfähig gemacht hätte. Starke feindliche Kräfte zeitweilige zu lähmen ist bestimmt besser als die Anwendung von Massenvernichtungsmitteln und die Vernichtung des materiellen Besitzes von Nichtkombattanten. Es gibt die Möglichkeit des Einsatzes von Nervengas, um den Gegner zeitweilig außer Gefecht zu setzen, ohne ihn zu töten, und die politischen Führer sollten sich mit dieser Frage auseinandersetzen.

Unter dem Einfluß der christlichen Kirchen entstand, beginnend zur Zeit der Normannen, bis in das Mittelalter allmählich ein komplexer militärischer Ehrenkodex in Europa, nach dem Verrat und Treuelosigkeit als verachtenswerte Verbrechen galten, Tapferkeit im Gefecht und die Vasallentreue dagegen Kardinaltugenden waren. An die Stelle dessen, was Sir Arthur Bryant „das alte, selbstmörderische Gesetz der Stammesrache und der blutigen Anarchie, in der Macht vor Recht geht" genannt hat, traten innerhalb der engen Grenzen der erblichen Kriegerklasse die Ideale der Ritterlichkeit mit der Treue zum gegebenen Wort und der Großherzigkeit gegenüber dem besiegten Gegner.

Im Lauf der Zeit entstand allmählich etwas wie eine Bruderschaft in Waffen, sogar zwischen den Gegnern, so leidenschaftlich und wild sie auch vorher gegeneinander gekämpft haben mochten. Im 18. Jahrhundert bestand zwischen den feindlichen Soldaten in Europa eine beachtenswerte gegenseitige Hochachtung. Generäle schrieben einander höfliche Briefe, es wurden gleichrangige verwundete Gefangene ausgetauscht, und gefangene Offiziere genossen die Gastfreundschaft ihrer Gegner. In den napoleonischen Kriegen kam es auch unter den einfachen Soldaten zu Verbrüderungen: zwischen Briten und Franzosen in Spanien und zwischen französischen und russischen Truppen vor Smolensk und Moskau. Man bezeichnete den Gegner gutmütig mit Spitznamen wie „Johnny Crappo" oder „John Bull", und sogar im Krieg 1939/45 hießen die Deutschen bei den Briten „Jerries" (im Krieg 1914/18 lautete die Bezeichnung „the Huns"). 1810 schrieb ein britischer Hauptmann aus Portugal nach Hause: „Ich war gestern bei unseren Vorposten. Der französische Posten begrüßte uns nicht mit einem Schuß, sondern warf uns eine Kußhand zu. Ist das nicht kultivierte Kriegführung?" Als die Jagdhunde eines anderen britischen Offiziers eines Tages einen Hasen bis in die französischen Stellungen verfolgten, wurden sie höflich zurückgebracht. Auch im mazedonischen Feldzug von 1915/18 wurden ähnliche Kavaliersregeln beachtet. Im oberen Strumatal unterhielt die britische 28. Division eine Meute. Wenn die Bracken, was einige Male vorkam, sich in die feindlichen Stellungen verirrten, brachten die Bulgaren sie jedesmal ihren Eigentümern zurück.

Aber Regeln für ritterliches Verhalten waren nicht auf Europa beschränkt. Seit dem 8. Jahrhundert hat es in Japan ständig Sippenkriege und Bürgerkriege gegeben, in denen sich ein allgemein anerkannter militärischer Ehrenkodex entwickelte. Man nannte ihn „den Weg des Pferdes und des Bogens", und er gründete sich auf die absolute Loyalität jedes Mannes gegenüber seinem Vorgesetzten. Diese japanischen ritterlichen Verhaltensregeln galten fast tausend Jahre. Im 18. Jahrhundert wurden sie von der Regierung durch das sogenannte *bushido*, den „Weg des Kriegers" ersetzt. Dieses ethische Prinzip behielt die überlieferten Grundsätze der Vasallentreue in Kriegszeiten bei, wurde jedoch den Bedürfnissen einer friedlicheren Gesellschaft dadurch angepaßt, daß Mäßigkeit, konservative Gesinnung und gewisse Elemente der konfuzianischen Lehre hinzukamen. Diese „Mäßigung" hatte jedoch auf das Verhalten der japanischen Soldaten im Krieg 1939/45 kaum einen Einfluß. Sie behandelten ihre Kriegsgefangenen im Fernen Osten unglaublich brutal und vergingen sich gegen alle Verhaltensregeln einer zivilisierten Gesellschaft – unter dem Deckmantel des *bushido*.

Mit der Ausbreitung der christlichen Lehre haben christliche Auffassungen zunehmend die Kriegsbräuche beeinflußt. Obwohl die moralische Forderung erhoben wurde, Kriegsgefangene menschlich zu behandeln, gab es lange Zeit keine Zurückhaltung hinsichtlich der Methoden, mit denen man dem Feind das Leben nahm. Doch im 18. Jahrhundert zur Zeit der Aufklärung bemühte man sich um die Einführung gewisser Beschränkungen. Ludwig XIV. und Ludwig XV. von Frankreich weigerten sich, „infernalische Flüssigkeiten" zu verwenden, die ihnen von Chemikern angeboten wurden. Als Lord Dundonald 1855 im geheimen den Vorschlag machte, bei der Belagerung von Sewastopol erstickende Rauchwolken in das gegnerische Lager wehen zu lassen, wies die britische Regierung diesen Plan zurück. Zehn Jahre später verbot Napoleon III. die Fortführung von Versuchen mit Granaten, die erstickendes Gas enthielten, an Hunden und erklärte, die französische Armee werde solche barbarischen Methoden nie anwenden, denn sie richteten sich gegen das „Gesetz der Nationen".

1899 kam es zur ersten Haager Konferenz. Hier einigte man sich auf das Verbot von Gift und giftigen Waffen, nicht aber des Gaskriegs oder der Verwendung von Gaswolken. Allerdings wurde die Anwendung von Geschossen verboten, die ausschließlich dem Zweck dienen, erstickende Gase auszuströmen. Damit waren augenscheinlich Gasgranaten gemeint, aber die Frage wurde nicht endgültig geklärt. Die Konferenz verbot jedoch entschieden die Verwendung von Expansionsgeschossen.

Im 17. Jahrhundert wurde es zur militärischen Gepflogenheit, Festungsbesatzungen den ehrenhaften Abzug zu gewähren. Das heißt, sie durften mit ihren Waffen und Fahnen und mit klingendem Spiel herausmarschieren, um dann die Waffen niederzulegen. Zur Zeit Marlboroughs und Wellingtons kapitulierten Festungen noch in dieser Weise – Flushing 1809 und San Sebastian 1813. Im Krieg 1939/45 wurde der italienischen Garnison von Amba Alagi in Abessinien und dem Vizekönig von Italienisch-Ostafrika, dem Herzog von Aosta, die ehrenhafte Kapitulation zugestanden. Die Italiener sollten das Schlachtfeld räumen ohne es vorher mit versteckten Sprengladungen zu verseuchen. Das rettete das Leben zahlreicher britischer und indischer Soldaten.

Auch im Hinblick auf die Behandlung der Verwundeten läßt sich ein gewisser Fortschritt feststellen. In Europa ist es schon lange üblich, daß die Feindseligkeiten unterbrochen werden, bis die Verwundeten versorgt und die Toten begraben sind. Wenn es aber zu einer solchen Waffenruhe kam, war die Versorgung der Verwundeten im allgemeinen unzureichend, denn diejenigen des Feindes wurden gewöhnlich zuletzt versogt. 1862 veröffentlichte der Schweizer Philanthrop Henri Dunant ein Buch, in dem er die Leiden der Verwundeten in der Schlacht von Solferino so lebendig schilderte, daß die Angelegenheit die Aufmerksamkeit und Sorge einer breiten Öffentlichkeit erregte. Dunant macht den dringenden Vorschlag, freiwillige Hilfsorganisationen zu gründen, und im Jahr darauf schickten sechzehn europäische Länder ihre Vertreter zu einer Konferenz nach Genf.

1864 wurde die erste, inzwischen dreimal revidierte Genfer Konvention unterzeichnet. Man gründete das Internationale Komitee vom Roten Kreuz zur Erleichterung des Schicksals der Verwundeten auf dem Gefechtsfeld, das später auch die Verantwortung für die Beaufsichtigung der Kriegsgefangenenlager übernahm. Kranke und Verwundete werden heute ohne Rücksicht auf ihre Nationalität geachtet und versorgt. Ambulanzen und Lazarettschiffe, die sie transportieren, Lazarette, die sie beherbergen, Ärzte, Krankenschwestern, Geistliche und Verwaltungsbeamte, die für sie sorgen, müssen in ihren Rechten unter allen Umständen geachtet und geschützt werden, vorausgesetzt, sie führen die Rotkreuzflagge und eine Rotkreuzarmbinde. So ist also heute in dieser Hinsicht alles in Ordnung, vorausgesetzt, das Rote Kreuz wird geachtet. Wir müssen jedoch feststellen, daß die Rotkreuzflagge und die Armbinde mit dem Roten Kreuz im Krieg 1939/45 von der japanischen Soldateska im Fernen Osten schamlos mißachtet worden sind.

Viele Jahrhunderte lang hatten die Kriegsgefangenen Fürchterliches auszustehen. Zur See wurden sie entweder massakriert oder zu Galeerensklaven gemacht. Solange die Kriegsschiffe klein waren, gab es nur wenig Raum, sie unterzubringen, und noch weniger Verpflegung und Wasser, um sie am Leben zu erhalten. Deshalb ging man kaum darauf aus, Gefangene zu machen. Als aber die Schiffe größer wurden, fanden sich auch bessere Unterbringungsmöglichkeiten. Die Gefangenen wurden mit der Zeit ebenso menschlich behandelt wie zu Lande. 1587, ein Jahr vor der Niederlage der Armada, hatte der spanische Oberbefehlshaber den Befehl, jeden Mann zu töten, der auf einem englischen Schiff vorgefunden wurde. Aber die siegreiche Königin Elisabeth I. schickte alle spanischen Matrosen, die an der Küste Irlands Schiffbruch erlitten hatten und in die Hände ihrer Soldaten gefallen waren, nach Hause zurück und überließ sie nicht der Rache der Iren. Über die Behandlung der Kriegsgefangenen durch Deutsche und Japaner im Krieg 1939/45 habe ich meine Ansichten schon deutlich ausgesprochen.

1907 wurden die Grundsätze der Humanität in der Haager Landkriegsordnung kodifiziert, und man hoffte, daß alle Nationen ihre Kriegsgefangenen in Zukunft demgemäß behandeln würden.

Es wurde festgelegt, daß der Kriegsgefangene alles, was außer Waffen, Pferden und militärischen Papieren zu seinem persönlichen Besitz gehörte, behalten durfte. Hinsichtlich der Verpflegung, Unterbringung und Bekleidung sollten Kriegsgefangene ebenso behandelt werden wie die Truppen der Nation, die sie gefangengenommen hatte. Es gab Meinungsverschiedenheiten darüber, welches die geeignete Bekleidung sei, und mehrere Länder betrachteten Stiefel als Teil der militärischen Ausrüstung und nicht als Teil der Uniform. Ein kriegführender Staat konnte Kriegsgefangene mit Ausnahme von Offizieren als Arbeitskräfte einsetzen, aber diese Arbeit durfte nichts mit militärischen Operationen zu tun haben, sollte die Kräfte der Gefangenen nicht überfordern und mußte bezahlt werden. Die Japaner haben 1939/45 schändlich gegen diese Bestimmungen verstoßen, ganz besonders an der berüchtigten „Eisenbahn des Todes" in Siam. In beiden großen Kriegen 1914/18 und 1939/45 kamen Großbritannien und Deutschland überein, daß keine Seite ihre Kriegsgefangenen näher als 30 Kilometer von der vordersten Linie zur Arbeit einsetzen durfte.

Kriegsteilnehmer, die auf neutrales Gebiet übertraten, wie etwa in die Schweiz, mußten interniert werden, obwohl Offiziere die Internierungslager auf Ehrenwort verlassen konnten. Später wurde bestimmt, daß kein Gefangener verpflichtet sei, der Gewahrsamsmacht mehr zu sagen als seine Nummer, seinen militärischen Rang und seinen Namen. Aber die kommunistischen Völker haben im 20. Jahrhundert die Gehirnwäsche als neue Behandlungsmethode für Kriegsgefangene eingeführt, und im Koreakrieg, der im Juli 1950 begann, sind britische und amerikanische Kriegsgefangene diesen Methoden mit unterschiedlicher Intensität ausgesetzt worden.

Der Versuch, die schlimmen Folgen des Krieges im 17. und 18. Jahrhundert nach dem Dreißigjährigen Krieg zu mildern, wurde durch die Aufstellung disziplinierter stehender Heere unterstützt. Plündern wurde verboten. Bisher war das ein besonderer Anreiz für Abenteurer gewesen, die einen Teil der Streitkräfte gebildet hatten. Eine Zeitlang ging man der offenen Feldschlacht aus dem Wege, weil es dabei sehr hohe blutige Verluste gab, und die Strategie bemühte sich im allgemeinen darum, den Gegner zu erschöpfen, anstatt ihn zu vernichten. Aber die Massenaushebungen in den französischen Revolutionskriegen führten zur Erneuerung rücksichtsloser Methoden in der Kriegführung. Die Unterdrückung der Zivilbevölkerung hatte die Bildung von Partisanen- und Guerilaverbänden zur Folge wie in Rußland und Spanien, und das führte zu weiteren Grausamkeiten und vermehrte die Schrecken des Krieges. Man muß sich nur die Radierungen Goyas über die Gewalttaten im Kriege ansehen, um das zu verstehen. Ich habe mehrfach den Ausdruck „uneingeschränkter Krieg" verwendet, der auch damals üblich war. Mitte des 20. Jahrhunderts kennen wir den Begriff des „totalen Krieges".

Unerforschliches Schicksal

Das disziplinierte Verhalten der Truppe hat meist militärisch günstige Auswirkungen gehabt, während ungezügeltes, grausames Verhalten gegenüber der Zivilbevölkerung das gerade Gegenteil zur Folge haben kann. Ein Beispiel für die erste Haltung bot die Armee Wellingtons. Der Herzog bestand immer darauf, daß seine Soldaten sich diszipliniert verhielten und alles bezahlten, was sie requirierten. So wurde er auch, als er seine Truppen Ende 1813 nach Südfrankreich führte und erwartete, auf feindliche französische Partisanen zu stoßen, mit seiner Armee freundlich empfangen, weil sie sich soviel disziplinierter verhielt als die eigenen französischen Soldaten. Was die gegenteilige Haltung bewirken kann, zeigen die Folgen des 1917 von Deutschland begonnenen uneingeschränkten U-Boot-Krieges. Er erregte Zorn und Abscheu in der ganzen Welt und veranlaßte die Vereinigten Staaten, in den Krieg von 1914/18 einzutreten. Der deutsche Einfall nach Rußland 1941/42, das Unternehmen „Barbarossa", zeigt ähnliches. Die ersten Kampftruppen wurden vielerorts von den russischen Dorfbewohnern freundlich begrüßt. Aber die folgenden Besatzungstruppen benahmen sich so unmenschlich, daß dieselben Russen, die die ersten deutschen Truppen freudig empfangen hatten, sich in die Wälder zurückzogen und gegen die verhaßten „Befreier" als Partisanen und Saboteure kämpften. Als General Sherman im amerikanischen Bürgerkrieg anordnete, die Zivilbevölkerung habe Atlanta zu räumen, weil er die Stadt als militärischen Stützpunkt brauchte, bezichtigte man ihn empört der Barbarei. Aber auf eine Petition der Bevölkerung antwortete er: „Man kann den Begriff des Krieges nicht härter definieren als ich es tue. Krieg bedeutet Grausamkeit, und diese Feststellung läßt sich nicht abschwächen." Auf seinem Marsch zum Meer ließ Sherman einen Gebietsstreifen von 80 mal 500 Kilometer zurück, in dem es weder Verpflegungsvorräte noch irgendwelche anderen Versorgungsgüter mehr gab. Die Menschen verglichen dieses Unternehmen mit den schlimmsten Exzessen des Dreißigjährigen Krieges und der Horden Attilas, der „Geißel Gottes" (15. Jahrhundert n. Chr.). Tatsächlich geschah keinem Nichtkombattanten etwas, es sei denn, er stellte sich dem Feinde aktiv entgegen. Es gab Soldaten, die ihre Kompetenzen überschritten, aber der Privatbesitz wurde im allgemeinen geachtet. Nur Schlachttiere und andere Versorgungsgüter wurden von den Unionsstreitkräften beschlagnahmt. Dies war ein Beispiel für den totalen Krieg. Sherman erklärte: „Wenn die Leute wegen meiner Barbarei und Grausamkeit ein Geschrei erheben, dann werde ich antworten, Krieg ist Krieg." Er führte gegen die feindliche Zivilbevölkerung ebenso Krieg wie gegen die Streitkräfte seines Gegners. 1914 nahmen die Deutschen hochgestellte Persönlichkeiten wie Gutsbesitzer, Bürgermeister und Geistliche fest, um die feindliche belgische Bevölkerung einzuschüchtern. Das ganze Gemeinwesen wurde für gegen die Besatzung gerichtete Handlungen zur Verantwortung gezogen, obwohl der Grundsatz der Kollektivverantwortung in der Haager Landkriegsordnung verworfen worden war.

Die Grenze zwischen regulären Streitkräften und Zivilpersonen wird im Guerillakrieg noch mehr verwischt. Das zeigt sich auch am Beispiel der *francs-tireurs* im Krieg von 1870/71. Die Bauern, die auf deutsche Truppen schossen, wurden, wenn sie dabei gefaßt wurden, erhängt. Der Kronprinz erklärte: „Wir können nichts anderes tun als Vergeltungsmaßnahmen ergreifen und das Haus niederbrennen, aus dem die Schüsse kamen, oder Prügelstrafe und Zwangskontributionen einführen." Bismarck sagte: „Sie sind keine Soldaten. Wir behandeln sie wie Mörder." Ähnliches hat sich oft wiederholt, und wer für die eine Seite ein Held ist, ist für die andere ein Terrorist oder Bandit. Wer als Feind auftritt, ohne zur regulären feindlichen Armee zu gehören, hat kein Anrecht darauf, als Kriegsgefangener behandelt zu werden, und muß mit der gleichen Behandlung rechnen wie ein Spion im Kriege.

Aus dem oben Gesagten dürfte klar hervorgehen, daß es trotz der Bemühungen, den Krieg humaner zu gestalten, immer wieder grausame Rückfälle in die Barbarei gegeben hat. Auf das Zeitalter des Rittertums folgte die Renaissance, als die von Macchiavelli vertretenen Grundsätze bedeutenden Einfluß in der Politik gewannen. Dennoch hat es Umstände gegeben, die auf eine Besserung der Verhältnisse hinwirkten, besonders angeregt durch die Leiden der Nichtkombattanten und der Zivilbevölkerung im Kriege. Das Wichtigste dabei waren internationale Vereinbarungen über Verhaltensmaßregeln im Kriegsfall. Nach der schrecklichen Anarchie, den Zerstörungen und den Hungersnöten, die dem Dreißigjährigen Krieg (1618–1648) folgten, der neben den militärischen Verlusten etwa 8 Millionen Menschen das Leben gekostet hatte, drängten Rechtsgelehrte, dem Beispiel von Grotius folgend, darauf, die im Krieg verübten Grausamkeiten auf ein Mindestmaß zu beschränken und die Stellung des Soldaten grundsätzlich von der des Zivilisten zu unterscheiden. Vorkommnisse wie die Plünderung und Brandschatzung von Madgeburg versetzten ganz Europa in Schrecken. Man erkannte, daß den Ausschreitungen im Kriege Grenzen gesetzt werden müßten.

Auf der zweiten Haager Konferenz 1902 kam man überein, daß die Kriegführung humanisiert werden müsse. Es wurde verboten, zu erklären, daß kein Pardon gegeben würde, einen Gegner, der sich ergeben hatte, zu töten oder zu verwunden und unverteidigte Städte und Dörfer anzugreifen oder zu bombardieren. Der Begriff der „offenen Stadt" kam in Gebrauch.

Die Konferenz von 1907 bestimmte auch, daß Feindseligkeiten nicht eröffnet werden dürften, „ohne vorherige ausdrückliche Warnung in der Form einer vernünftigen Kriegserklärung oder eines Ultimatums, das eine bedingte Kriegserklärung enthielt." Diese Bestimmung war notwendig, weil, wie wir wissen, Japan 1904 ohne Ultimatum und ohne Kriegserklärung in den Krieg gegen Rußland eintrat, wie das schon vorher 1895 im Krieg Japans gegen China geschehen war und im Dezember 1941 bei Pearl Harbour beim Angriff gegen Amerika geschehen sollte. Auch im Krieg 1939/45 kam es zu absichtlich provozierten Grenzzwischenfällen, die einen legalen Vorwand für den Eintritt in den Krieg abgeben sollten, da das Opfer des beabsichtigten Überfalls es verabsäumt hatte, den Kriegsgrund zu liefern.

1922 kam man auf der Konferenz von Washington überein, bestimmte Regeln für die Kriegführung festzusetzen und die Rüstung zu begrenzen. Insbesondere wurden Luftangriffe mit dem Ziel der Terrorisierung der Zivilbevölkerung oder der Zerstörung oder Beschädigung von Privatbesitz nichtmilitärischen Charakters sowie der Verletzung von Nichtkombattanten verboten. Auch verbot man 1925 die Anwendung erstickender oder giftiger Gase. Diese Bestimmung wurde im Krieg 1939/45 befolgt. Ebenso wurde die bakteriologische Kriegführung für ungesetzlich erklärt, wie ich schon oben gesagt habe. Doch trotz dieser in bester Absicht aufgestellten Regeln gab es im spanischen Bürgerkrieg, der 1936 begann, und im Krieg 1939/45 zahlreiche Terrorbombenangriffe, bei denen Zivilisten ums Leben kamen. Selbst bei den bestvorbereiteten Fliegerangriffen wurde Privatbesitz beschädigt, und allzuviele Bombenangriffe wurden rücksichtslos durchgeführt und verursachten mit voller Absicht schwere Zerstörungen.

Zum Schluß einige Worte über die Neutralität. Die *Encyclopedia Britannica* definiert sie als

> den legalen Status, der dadurch entsteht, daß ein Staat sich jeder Teilnahme am Kriege zwischen anderen Staaten enthält, daß er diesen Status beibehält, indem er sich gegenüber den kriegsführenden Staaten unparteiisch verhält, und indem die letzteren diese Enthaltung und Unparteilichkeit anerkennen.

Dieser Status der Neutralität ist verhältnismäßig neueren Ursprungs. Im 17. Jahrhundert galt die Regel, daß neutrale Staaten den Kriegführenden keine Unterstützung gewähren durften, aber damals war die Frage, ob Neutrale die Kriegführenden daran hindern könnten, von ihrem Gebiet aus feindliche Handlungen vorzunehmen, nicht ganz klar entschieden.

Die Neutralität Belgiens hat diesem Land in den zwei großen Kriegen des 20. Jahrhunderts nichts genützt. Belgien war unfähig, seine Neutralität zu verteidigen, und das ist in der Tat der Prüfstein dafür, was die Neutralität wert ist. Der Schweiz ist es aus verschiedenen Gründen gelungen, neutral zu bleiben. Im spanischen Bürgerkrieg 1936/39 haben die nominell neutralen Länder Deutschland, Italien und Rußland Landtruppen oder Luftstreitkräfte nach Spanien geschickt, um auf der einen oder anderen Seite an den Kämpfen teilzunehmen und dabei in den modernen Kriegstechniken Erfahrungen zu sammeln.

Nach der Haager Konvention von 1907 darf keine neutrale Macht einer kriegführenden Macht Kriegsschiffe, Versorgungsgüter oder Kriegsmaterial liefern oder einer kriegführenden Macht eine Hilfeleistung verweigern, die sie der anderen gewährt. Aber das amerikanische Lend-Lease-Gesetz von 1941 autorisierte die Herstellung oder Lieferung „eines jeden für die Verteidigung notwendigen Gegenstandes für die Regierung jedes Landes, dessen Verteidung der Präsident als für die Verteidung der Vereinigten Staaten lebensnotwendig erachtete." Das schloß die Erlaubnis ein, solche Gegenstände, zu denen landwirtschaftliche und Industrieerzeugnisse ebenso wie Rüstungsgüter, Waffen, Munition und Schiffe gehörten, solchen Regierungen zu verkaufen, im Tausch zu überlassen, zu leihen oder zu verpachten.

Was können wir aus dieser kurzen Betrachtung über die ethischen Grundsätze im Kriege lernen?

Ich habe gesagt, daß bei der Haager Konferenz von 1907 Beschlüsse über die Humanisierung der Kriegführung gefaßt wurden. Aber wir müssen es uns ein für allemal aus dem Kopf schlagen, daß der Krieg in irgendeiner Weise human sei oder human sein könne. Leider ist die Zeit noch nicht gekommen, da wir sagen könnten, daß der Krieg abgeschafft sei und wir „Frieden auf Erden" hätten. Deshalb müssen die Politiker und Militärs in ihren Bemühungen fortfahren, die Schrecken des Krieges zu mildern. Dieses Kapitel zeigt, was in dieser Hinsicht bisher erreicht worden ist. Man muß aber auch zugeben, daß die Moral im Kriege durch den totalen Krieg so tief gesunken ist wie nie zuvor.

In den Jahren nach 1914/18 lautete ein Schlagwort: „Wenn du den Frieden willst, bereite dich auf den Krieg vor." Die Völker sollten lernen, daß man mit dieser Einstellung nicht weiterkommt, weil die Welt dann, wenn alle Nationen diesen Vorstellungen folgen wollten, zu einem Arsenal würde, in dem es zu explosiven Situationen kommen müßte. Liddell Hart hat ein mehr positives Schlagwort geprägt: „Wenn du den Frieden wünschst, mußt du wissen, was Krieg bedeutet." Dieses Wissen sollte die Menschheit veranlassen, sich von der Unmenschlichkeit im Krieg abzuwenden. Clausewitz lehrte, die Vernichtung der feindlichen Armee sei das erste Ziel des Feldherrn. Viele haben geglaubt, Clausewitz meine damit die Anwendung äußerster Gewalt zur völligen Vernichtung des Gegners. Das hat zu nutzlosen und tragischen, schweren blutigen Verlusten geführt, und dieser Gedanke ist verantwortlich für einen großen Teil der Unsicherheit, die in dieser politisch und militärisch zerrissenen Welt herrscht, in der wir Mitte des 20. Jahrhunderts leben. Aber die Worte von Clausewitz sind aus dem Zusammenhang gerissen. Er hat auch geschrieben, daß der Krieg „eine Fortführung der Politik mit anderen Mitteln" sei, und ich verstehe diesen Satz als ein vernünftiges Argument zugunsten der Vorherrschaft der politischen gegenüber den begrenzten militärischen Zielen und für das Maßhalten durch den Sieger, der seines Sieges sicher ist.

Die Verantwortung der Staatsmänner und Politiker ist sehr groß. Die höhere Führung im Kriege liegt in ihren Händen, und sie müssen dafür sorgen, daß die militärischen Führer klare politische Anweisungen bekommen. Wenn sie nicht begreifen, daß das Ziel der großen Strategie ein Friede sein muß, in dem echte Werte erhalten bleiben, und wenn sie nicht alle militärischen Anstrengungen im Kriege darauf richten, am Ende eine günstige und kontrollierte Lage zu schaffen, dann werden sie die Früchte unsagbarer Opfer fortwerfen, und alles Gemetzel wird vergebens gewesen sein. Und das trifft mehr als je zuvor im Zeitalter der Kernenergie zu. Im Krieg 1939/45 sind diese Grundsätze mißachtet worden, und die humansten Absichten und Gefühle hinsichtlich des Krieges können das Unheil nicht zudecken, das über die Menschheit gebracht worden ist.

Militärische Befehlshaber, die nach politischen Gesichtspunkten verfahren, tragen eine andere Verantwortung. Der Erfolg ist ein dringendes Erfordernis. Aber Schlachten müssen unter möglichst geringen Verlusten an Menschenleben gewonnen werden. Nichts schadet der Kampfmoral mehr als der Verdacht, der Befehlshaber kümmere sich nicht um das Wohl seiner Männer, und dieser Verdacht wird schon dadurch genährt, daß die Gefallenen nicht würdig bestattet und die Leichen unter freiem Himmel in den Gräben liegengelassen werden. Kein Truppenführer kann es sich leisten, auf eine würdige Bestattung der Gefallenen – einschließlich derjenigen des Feindes – zu verzichten.

Wohl haben die großen Kriege im 20. Jahrhundert gezeigt, daß noch viel getan werden muß, um die Schrecken des Krieges zu mildern, aber ich hoffe, die Menschheit hat bereits gewisse Fortschritt gemacht, seit der Marschall von Frankreich Blaise de Montluc im 16. Jahrhundert schrieb:

> Dem Feinde gegenüber muß man jeden Vorteil ausnutzen, und für meinen Teil würde ich (Gott möge mir vergeben), wenn ich es könnte, alle Teufel der Hölle zu Hilfe rufen, damit sie dem Feind den Schädel einschlagen, der das gleiche mit mir tun will.

23 · Der Eiserne Vorhang und der Kalte Krieg

Wir haben uns sehr eingehend mit der Geschichte der Kriege innerhalb eines Zeitraums von etwa 9000 Jahren beschäftigt. In den letzten drei Kapiteln will ich auf gewisse Fragen eingehen, die noch nicht Teil der Geschichte sind, zu deren Verständnis uns jedoch das Studium der Geschichte verhelfen könnte. Wir müssen uns dabei auf Mutmaßungen beschränken und einen Bereich behandeln, in dem es leider an Entschlußkraft und moralischem Mut gegenüber der praktischen Wirklichkeit fehlt, während unsere Welt sich im Zustand eines sehr unsicheren Friedens befindet.

Ich glaube, ein Soldat mit reicher Kriegserfahrung, der auch im Frieden mit den politischen Führern in zahlreichen Ländern zusammengearbeitet hat, hat das Recht, die Probleme so zu beurteilen, wie er sie sieht, und auf Lösungen hinzuweisen, die seinen Auffassungen entsprechen. Das will ich jetzt tun.

Die beiden in dieser Kapitelüberschrift genannten Begriffe werden heute oft verwendet, aber vielleicht verstehen wir nicht alle ihren Ursprung und ihre Bedeutung. Diese Fragen will ich zunächst zu klären suchen. „Der Eiserne Vorhang" ist ein Ausdruck, den Winston Churchill geprägt hat. Er verwendete ihn zum erstenmal im Mai 1945. Er war durch den Sieg beunruhigt, den Stalin im Februar 1945 auf der Konferenz von Jalta errungen hatte, und darüber, daß die Russen sich ganz bewußt nicht an die Übereinkünfte hielten, die hier getroffen worden waren. Präsident Roosevelt war im April 1945 gestorben, und sein Nachfolger Truman sah sich plötzlich einer schweren Verantwortung gegenüber, und zwar zu einer Zeit, als er noch nicht den notwendigen Überblick besaß. Der Krieg gegen Deutschland war am 8. Mai 1945 zuende gegangen, und die Rote Armee hielt die wichtigsten Hauptstädte in Ost- und Mitteleuropa besetzt, besonders Berlin, Prag, Wien und Belgrad. Stalin hatte Osteuropa fest in der Hand und befand sich in einer sehr günstigen Verhandlungssituation, in der er praktisch unangreifbar war.

Churchill warnte Truman vor den voraussichtlichen Folgen, wurde aber nicht verstanden. Ohne sich entmutigen zu lassen schickte Churchill am 12. Mai 1945 ein Telegramm an Truman, das mit den Worten begann: „Ich bin zutiefst besorgt wegen der Lage in Europa." Dann analysierte er die Stellung der Westalliierten gegenüber Rußland, und im dritten Abschnitt heißt es zu Anfang: „Ein eiserner Vorhang ist an ihrer Front herabgelassen worden. Wir wissen nicht, was dahinter vorgeht." Den vollständigen Text des Telegramms kann man in Churchills Buch *The Second World War, Triumph and Tragedy* nachlesen. Er selbst schreibt über das Telegramm: „Wenn es ein von mir verfaßtes und veröffentlichtes Dokument zu dieser Frage gibt, nach dem ich beurteilt werden möchte, dann ist es dieses."

Nachdem ich später im Jahr 1945 zum Oberbefehlshaber und Militärgouverneur in der britischen Zone Deutschlands ernannt worden war, wurde es mir klar, wie recht er hatte. Anfang

Der Eiserne Vorhang und der Kalte Krieg

Oktober 1945 ging ich nach London und sagte dem Premierminister Attley, daß wir im Kontrollrat für Deutschland mit Rußland nicht zu einer Übereinstimmung kommen könnten, und daß die Westmächte sich auf ein noch viele Jahre dauerndes Ringen mit dem kommunistischen Osten vorbereiten müßten. Diese Vorhersage hat sich als zutreffend erwiesen. Am 5. März 1946 hielt Churchill in Fulton in den Vereinigten Staaten eine Rede, in der er sagte: „Von Stettin an der Ostsee bis nach Triest an der Adria hat sich über den europäischen Kontinent ein eiserner Vorhang gesenkt." Bei dieser Gelegenheit verwendete er den Ausdruck zum erstenmal an der Öffentlichkeit.

„Der Kalte Krieg" läßt sich nicht leicht erklären. Ich weiß auch nicht, wer den Ausdruck geprägt hat und wann das geschehen ist. Ich glaube, es war im Herbst 1945, wenige Monate nach Beendigung von Hitlers Krieg, und es sollten damit die Spannungen bezeichnet werden, die sich damals zwischen den Westmächten und dem sowjetischen Block zu entwickeln begannen. Es hat schon immer Spannungen zwischen den Völkern gegeben, wie wir in diesem Buch deutlich gezeigt haben. Wenn solche Spannungen in früheren Zeiten unerträglich wurden, haben die darin verwickelten Nationen sie durch eine Kriegserklärung zu lösen versucht. Aber Mitte des 20. Jahrhunderts ist ein Krieg zwischen den Großmächten aufgrund der vernichtenden Wirkung der Kernwaffen und der Perfektion der Trägersysteme eine Methode zur Durchsetzung politischer Ziele, die sich von selbst verbietet. Ein solcher Krieg würde mit der restlosen Vernichtung des Lebens in den betroffenen Gebieten enden, und kein Volk will Selbstmord begehen.

Mitte des 20. Jahrhunderts leben wir in einer geteilten Welt. Es gibt zwei deutsche Staaten, Berlin ist geteilt, Europa ist geteilt, und die ganze Welt besteht auf einer Seite aus „kapitalistischen Staaten" und auf der anderen aus „kommunistischen Staaten". Ebenso wie es zwischen Kommunisten und demokratischen Völkern Feindschaft gibt, so gibt es auch Feindschaft zwischen den weißen und farbigen Völkern. Man betrachtet den Konflikt zwischen verschiedenen Gesellschaftssystemen als unvermeidbar, doch muß es nicht ein bewaffneter Konflikt sein. Man zieht es vor, seine Ziele unter Vermeidung des offenen Krieges zu erreichen. In diesem sogenannten Frieden haben sich die Kommunisten einer gewissermaßen entschärften Form des Krieges zugewendet, und dazu gehören Subversion, koloniale Rebellion und Aggressionen von Satellitenstaaten. Die Kommunisten sind Meister darin, die nichtmilitärischen Formen des Krieges aufeinander abzustimmen und anzuwenden, und zwar in der Politik, der Wirtschaft und der Psychologie. Sie veranlassen kleine Länder zu bewaffneten Aggressionen und unterstützen sie dabei finanziell und durch Waffenlieferungen. Alle diese Aktionen, die den totalen Krieg gerade noch vermeiden, sind ein Teil dessen, was man als den „kalten Krieg" bezeichnet. Eine kürzere Definition würde lauten, daß der kalte Krieg das Leben in der Welt auf jede nur denkbare Weise verunsichert, während man dabei bis hart an die Grenze des totalen Krieges geht. Die kommunistischen Staaten vermeiden es dabei gerade noch, in offene Feindseligkeiten gegen die Staaten der freien Welt einzutreten. Den Völkern der freien Welt ist es schwergefallen, mit der kommunistischen Taktik im kalten Krieg fertigzuwerden, seit die Kommunisten 1945 diesen Weg einschlugen. Deshalb ist die Lage in der heutigen Welt so verworren. Man hört die Meinung, das sei nun einmal geschehen, und die Ursachen ließen sich nicht mehr feststellen. Dem muß ich widersprechen. Die Dinge „geschehen" nicht einfach in dieser Welt der politischen und militärischen Gegebenheiten. Sie finden als Folge politischer Maßnahmen oder aufgrund des Fehlens solcher Maßnahmen statt, besonders im Hinblick auf kriegerische Auseinandersetzungen. Wenn auch viele glauben, die Ursachen ließen sich nicht finden, so sollten wir dennoch nach ihnen suchen.

Ich glaube, die gegenwärtige Lage läßt sich zum großen Teil auf das Versagen des weißen Mannes in den fernöstlichen und afrikanischen Ländern zurückführen. Als Japan im Winter

1941/42 in den Zweiten Weltkrieg eintrat und die japanischen Streitkräfte Südostasien überrannten, war es mit der Herrschaft der weißen Europäer über die farbigen asiatischen Völker zu Ende. Die japanischen Eroberer erschienen den Völkern in diesem Teil der Welt trotz ihrer imperialistischen Bestrebungen und ihrer brutalen und barbarischen Methoden zunächst als Befreier. Als die Herrschaft der Japaner 1945 ebenso plötzlich zuende ging wie sie begonnen hatte, wollten sich diese Völker nicht mehr ihren früheren Herren unterwerfen. Die Kolonialmächte hatten auch wirklich nicht sehr viel für die Masse der Asiaten und Afrikaner getan, sondern die Rohstoffquellen dieser Länder dazu benutzt, ihren eigenen Reichtum zu vermehren. So entstanden notwendigerweise Unabhängigkeitsbewegungen im ganzen Mittleren und Nahen Osten. Was in Indien geschah, wiederholte sich bei der Masse der schwarzen Bevölkerung Afrikas. Die Farbigen in der ganzen Welt entledigten sich sehr schnell ihrer Fesseln. Überall wurde der weiße Mann in die Defensive gedrängt. Dieser Prozeß wurde natürlich dadurch beschleunigt, daß das Rußland Stalins allen unterentwickelten Völkern die Freiheit versprach und Imperialismus, Kolonialismus und Kapitalismus verurteilte. Der vielleicht wichtigste Umstand war es aber, daß die westlichen Völker selbst nicht wußten, für welche Ideale sie eintreten sollten.

Seit der Konferenz von Jalta 1945 hätte es jedem klar sein müssen, daß die Welt nach Beendigung des Hitlerkrieges durch zwei zueinander im Gegensatz stehende Ideologien oder Gesellschaftssysteme gespalten werden würde, was dann auch wirklich geschah. Wenn es bis dahin noch nicht klar geworden war, dann wurde es nach Abschluß der Konferenz von Potsdam im Juli 1945 nur allzu deutlich. An diesem Treffen habe ich teilgenommen und dabei Stalin und Truman kennengelernt. Es war die letzte Konferenz der Führer der großen Nationen, die im Kampf um Freiheit und Gerechtigkeit gegen die Achsenmächte die große Alliance gebildet hatten. Mir will es scheinen, als sei das internationale Zusammenspiel der Kräfte seit jenen Tagen zu einer Art Schachspiel herabgesunken, bei dem die Masse der gewöhnlichen Menschen die Bauern sind. Jeder Zug und jeder Gegenzug ist für sie von größter Bedeutung – aber alles, was sie sehen können, ist eine Politik, bei der ehrgeizige Männer um die Macht ringen. Nirgends ist dieses Ringen heute deutlicher zu erkennen als in Asien und Afrika, wo die Regierungen die Massen unterdrücken und nicht nur zwingen, die Gesetze des jeweiligen Landes zu achten, sondern auch die Zwangsherrschaft der regierenden Hierarchie ohne Widerspruch anzuerkennen.

Nachdem wir den kalten Krieg und seine unmittelbaren Folgen besprochen haben, sollten wir auch überlegen, wann und bei welchen Gelegenheiten er bisher schon nahe an den Siedepunkt gebracht worden ist. Das erste Beispiel, das hier erwähnt werden muß, war die Blockade Westberlins durch die Russen, die im Juni 1948 begann und bis in das Jahr 1949 hinein dauerte. Sie wurde durch die ungeheure Anstrengung der Luftbrücke überwunden. Diese Ereignisse führten im April 1949 zur Schaffung der nordatlantischen Bündnisorganisation, und die kommunistischen Planer, die ihre Vorhaben in Europa durch die NATO vereitelt sahen, wendeten sich jetzt Asien zu, wo die japanischen Eroberungen 1939/45 für die westlichen Mächte den Verlust des „Gesichts" und des überlieferten Prestiges verursacht hatten. Ich muß betonen, daß es im Osten sehr wichtig ist, das „Gesicht" zu wahren.

In Indonesien befreiten sich in einem langen Ringen um die Unabhängigkeit 100 Millionen Menschen von der Herrschaft der Holländer.

In Malaya kämpften Guerillas im Dschungel gegen die Wiederaufrichtung der Kontrolle durch die Briten. Zuerst erzielten sie gewisse Erfolge, aber 1952–54 wurden alle staatlichen Hilfskräfte – die politischen Mittel, das Militär, die Polizei und der Geheimdienst – unter der Templer-Regierung dem Hochkommissar als politischem und militärischem Bevollmächtigten vereinigt. Jetzt wurde der Krieg intelligent, entschlossen und energisch unter Berücksichtigung der örtlichen Verhältnisse von dem Mann geführt, der sich an Ort und Stelle befand. Das Ergebnis war der entscheidende und vollständige Sieg.

Etwa zur gleichen Zeit und nicht sehr weit davon entfernt kämpften die Franzosen in dem von ihnen unterstützten vietnamesischen Staat gegen die Vietminh-Nationalisten in einem ähnlichen Krieg. Er begann 1946 mit dem französischen Versuch, Indochina zurückzuerobern, das seit Anfang der 1880er Jahre französischer Besitz gewesen war. Er endete mit einem Waffenstillstand, der 1954 in Genf unterzeichnet wurde und ein am 17. Breitengrad in Nord- und Südvietnam geteiltes Land zurückließ. Die Franzosen verloren in diesem Krieg 35000 Gefallene und 48000 Verwundete. Es lohnt sich, den Feldzug näher zu betrachten. Was darin auffällt, ist das Zaudern, die Unstetigkeit, der Mangel an klaren politischen Zielen und das ständige Eingreifen der Regierung in Paris auf politischem und militärischem Gebiet. Es zeigte sich dabei außerdem die absolute Unfähigkeit und arrogante Blindheit des für Indochina aufgestellten französischen Oberkommandos, das den Krieg unter völliger Außerachtlassung der örtlichen Verhältnisse führen wollte. Die letzte Katastrophe war die Kapitulation der französischen Truppen in Dien Bien Phu am 6. Mai 1954. Sie bedeutete das Ende des französischen Weltreichs und öffnete dieses Gebiet dem kalten Krieg. Die Lektion, die diese Ereignisse uns erteilen, lautet: Verachte niemals einen asiatischen Gegner! Der Franzose Jules Roy hat über dieses Thema ein interessantes Buch mit dem Titel *Die Schlacht von Dien Bien Phu* geschrieben. Als Roy 1963 nach Hanoi zurückkehrte, sagte der Vietminh-Befehlshaber, General Giap, ihm: „Sie haben sich selbst besiegt." Das ist die Wahrheit.

Und jetzt sind die Vereinigten Staaten im selben Gebiet in einen ähnlichen Krieg verwickelt. Die Franzosen erkannten 1954, daß sie den Krieg in Indochina verloren hatten. Während ich 1967 diese Zeilen schreibe, müssen die Amerikaner noch davon überzeugt werden, daß sie ihren Konflikt in Vietnam nicht auf dem Schlachtfeld gewinnen können. Die beste Zusammenfassung über den Vietnamkrieg, die ich kenne, stammt aus der Feder von Corelli Barnett und ist am 1. März 1967 im *Punch* erschienen.

Die Rebellionen in Indonesien, Malaya und Indochina sind ohne Zweifel von den Kommunisten inspiriert worden. Was 1950 in Korea geschah, ist ein gutes Beispiel für die kommunistischen Methoden in Asien, wo zunächst koloniale Rebellionen unterstützt werden und es dann zur bewaffneten Aggression durch Satellitenstaaten kommt. Am 25. Juli 1950 überschritt die von den Russen ausgebildete nordkoreanische Armee den 38. Breitengrad und drang in Südkorea ein. Kurz zuvor hatten amerikanische Streitkräfte das Land verlassen. In gewisser Weise war der Koreakrieg ein begrenzter und auf ein Land beschränkter Krieg. Obwohl chinesische Truppen Ende 1950 eingriffen, nachdem die chinesische Regierung Washington gewarnt hatte, daß sie es tun würden, wenn Truppen der Vereinigten Staaten den 38. Breitengrad überschritten, entschlossen sich die Amerikaner, auf jedes Vordringen auf chinesisches Gebiet nördlich des Jalu zu Lande und in der Luft zu verzichten. Der Koreakrieg endete erst im Juli 1953. Die Gesamtverluste der Alliierten an Gefallenen, Verwundeten, Vermißten und Kriegsgefangenen betrugen etwa 400000 Mann. Der Konflikt in Korea führte dazu, daß die westlichen Nationen enger zusammenrückten, und er führte direkt zur Wiederbewaffnung Westdeutschlands. Eine Welle der Furcht fegte über Europa hinweg.

In unserer Welt, in der die Interessen aller Völker so eng miteinander verknüpft sind, besteht immer die Gefahr, daß ein an irgendeiner Stelle entstehender Krieg sich ausbreitet, einen Weltbrand entfacht und zum totalen Kriege wird. Es gibt zahlreiche Vorschläge für eine Abrüstung, aber alle diese Vorschläge setzen einen Grad von Vertrauen zwischen den Nationen voraus, den es nicht gibt. Seit Beendigung des Krieges von 1939/45 ist nichts geschehen, was einen veranlassen könnte, zu glauben, ein Gegner werde die militärische Schwäche einer Nation nicht ausnutzen – was feindliche Nationen im Verlauf der ganzen Geschichte immer wieder getan haben. Deshalb muß es auch weiterhin eine militärische Planung geben, deren Ziel es ist, den Krieg zu *verhindern*. Man hat heute das Gefühl, daß die auf weite Sicht vorausgeplante Strategie vernachlässigt wird. Verantwortliche Führer und ihre ausführenden Organe beschäftigen sich viel zu sehr mit komplexen Tagesproblemen, das heißt, kurzfristige Improvisationen sollen an die Stelle der Politik treten.

Ganz einfach gesagt geht es um folgendes: Läßt sich eine Möglichkeit finden, nach der Staaten mit verschiedenen Ideologien und Gesellschaftssystemen friedlich zusammenleben, ohne aktiv in die Belange anderer einzugreifen? Vorausgesetzt, daß beide Seiten in Ost und West von klugen Männern geführt werden, ließe sich das erreichen. Es ist aber nicht möglich, solange jede Seite glaubt, die andere werde sie angreifen, und solange jede Seite die andere mit der Atombombe bedroht. Es ist nicht möglich, ehe nicht Furcht, Argwohn und Mißtrauen beseitigt sind, die beide Seiten gegeneinander hegen.

Die Staatsmänner müssen sich der Wirklichkeit stellen. Die größte Gefahr liegt darin, Sklave von Vorurteilen und überlebten Schlagworten zu werden. Es ist zum Beispiel höchst unlogisch und illusionär, wenn man glaubt,

> daß es in voraussehbarer Zukunft ein wiedervereinigtes Deutschland geben könnte; die Russen werden es nie zulassen, daß in Mitteleuropa ein deutsches Siebzigmillionenvolk entsteht, das nukleare Raketenbasen an der polnischen Grenze errichten kann;
>
> daß wir das deutsche Problem lösen könnten, ohne vorher das Problem der europäischen Sicherheit gelöst zu haben;
>
> daß die wirkliche Regierung Chinas in Formosa säße;
>
> daß der Frieden in der Welt sich besser sichern ließe, ehe die größte Nation der Welt, China, an den Konferenztisch gebracht worden ist.

Wenn ich meine ehrliche Meinung über den erhofften Weltfrieden sagen soll, dann muß ich zugeben, daß ich nach zehnjähriger Arbeit für die westliche Verteidigungsorganisation zu dem Schluß gekommen bin, es könne in dieser zerrissenen Welt keinen vernünftigen Frieden geben, ehe nicht die Streitkräfte aller Nationen auf ihr eigenes Territorium zurückgezogen worden sind. Diese Auffassung fand ich bestätigt, als ich 1958 meine Tätigkeit für die NATO aufgab und die Gelegenheit hatte, politische und militärische Führer in nicht zur NATO gehörenden Ländern und im Ostblock zu besuchen. Die gleiche Auffassung habe ich auch in dem 1961 veröffentlichten Buch *The Path to Leadership* vertreten. Heute bin ich mir dessen nicht mehr so sicher.

Das Schlimme ist, daß beide Seiten in Ost und West sich auf ihre Standpunkte festgezogen haben und kaum in der Lage sind, sich aus dieser Situation zu befreien. Mancher hofft, eines Tages werde sich eine Seite im kalten Krieg geschlagen geben und man könne sich dann über einen Frieden einigen. Nach langem Nachdenken habe ich erkannt, daß diese Hoffnung auf einer Täuschung beruht. Sie gründet sich auf einem Mißverständnis hinsichtlich des Wesens internationaler Beziehungen. Übereinkünfte und Konventionen, ja sogar Kriege und Meinungsverschiedenheiten gleichen Meilensteinen, die man hinter sich läßt. Sie bezeichnen nur gewisse Strecken am Wege, den die internationalen Beziehungen nehmen. Die gegenwärtige Konfrontation der Ideologien der freien Welt und der Kommunisten ist zeitlich nicht begrenzt. Sie ist ein fortdauerndes Ringen, manchmal ohne klare Konzeptionen und wenig in die Augen fallend, dann wieder sehr im Brennpunkt des öffentlichen Interesses. Dieses Ringen wird vielleicht noch länger als eine Generation weitergehen. Ebenso wie innenpolitische Probleme sich nicht über Nacht lösen lassen, lassen sich auch diese Fragen nicht mit einem Schlag aus der Welt schaffen,

Der Eiserne Vorhang und der Kalte Krieg

und sie werden sich wahrscheinlich nie ausschließlich zugunsten der einen Seite lösen lassen. Diese Gegensätze sind von anderen, ebenso dringenden internationalen Problemen nicht zu trennen – etwa von dem Problem der wirtschaftlichen Entwicklung und dem der sozialen Gerechtigkeit. Wir müssen jede Lösung zurückweisen, die sich ausschließlich darauf stützt, daß man den kalten Krieg *gewinnen* könnte. Ich glaube nicht an einen totalen Sieg in diesem Sinne. Aber durch geduldige diplomatische Bemühungen und den festen Entschluß, Mißtrauen und sogar Haß abzubauen, könnte man erreichen, daß die Gegensätze zwischen den Gesellschaftssystemen und Ideologien weniger leicht zu bewaffneten Konflikten führen und es zu einer echteren friedlichen Koexistenz kommt. In jüngster Vergangenheit lassen sich Tendenzen erkennen, die in diese Richtung weisen, doch fehlt es bisher noch an aufrichtiger Zielstrebigkeit. Man ist noch nicht ehrlich genug bereit, den Konflikt zu beenden. Alle Beteiligten werden in einem Punkt übereinstimmen: der Dauerzustand der *friedlosen* Koexistenz wird Millionen anständiger Menschen ins Elend stürzen und muß deshalb beendet werden.

Im folgenden Kapital werde ich über die ungeheuer schwierigen Probleme sprechen, vor die uns das Zeitalter der Kernenergie stellt, und über die Notwendigkeit einer ganz neuen Organisation der Streitkräfte.

24 · Das Atomzeitalter

Wir wollen uns jetzt mit der nuklearen Abschreckung beschäftigen, die es heute verhindert, daß zwischen den Großmächten der totale Krieg ausbricht. Viele Menschen wissen vielleicht nicht, welche unmittelbare Wirkung und welche Folgen der Einsatz von Kernwaffen hat, besonders die Verwendung der Wasserstoffbombe. Wir wollen versuchen, festzustellen, welche Maßnahmen sich am besten dazu eignen, das friedliche Fortleben der Menschen auf dieser Erde zu gewährleisten.

Viele Jahre haben die Wissenschaftler die Theorie der Kernphysik erforscht, aber wir brauchen nicht weiter zurückzugehen, als in die 1940er Jahre. Die Herstellung einer Atombombe hätte den Alliierten im Krieg von 1939/45 entscheidende Vorteile gebracht. 1940 war bekannt, daß deutsche Wissenschaftler sich mit diesem Projekt beschäftigten. Britische und amerikanische Wissenschaftler arbeiteten im geheimen mit großem Eifer an gleichen Problemen, und 1953 kamen Roosevelt und Churchill darin überein, daß Forschung und Entwicklung in den Vereinigten Staaten durchgeführt werden sollten, weil Amerika außerhalb der Reichweite deutscher Bombenflugzeuge lag. Die erste Atombombe wurde mit vollem Erfolg am 16. Juli 1945 in New Mexico gezündet. Der Krieg gegen Deutschland war schon zu Ende, aber gegen Japan wurde noch gekämpft.

Am 15. Juli war die Konferenz von Potsdam eröffnet worden, und am Nachmittag des 16. erhielt die amerikanische Delegation die Nachricht von dem erfolgreich abgeschlossenen Versuch. Churchill wurde sofort davon in Kenntnis gesetzt und zog mich ins Vertrauen. Nun erhob sich die Frage, ob man die Nachricht auch an Stalin weitergeben sollte. Nach einigem Hin und Her einigte man sich, und Truman machte Stalin am Abend des 24. Juli mit der Tatsache bekannt. Stalin zeigte nur wenig Interesse. Vielleicht hatte er es schon durch den russischen Geheimdienst erfahren, aber das sind nur Vermutungen.

Die britische und die amerikanische Delegation beschlossen einstimmig, die Bombe gegen die Japaner einzusetzen. Churchill schreibt in *The Second World War, Band VI:*

> Es schien, als seien wir ganz plötzlich in die Lage versetzt worden, das Blutvergießen im Osten abzukürzen und in Europa eine viel günstigere Lage zu schaffen. Rund um den Tisch, an dem wir saßen, kam es zur einstimmigen, automatischen und unwidersprochenen Zustimmung, und es erhob sich nicht der geringste Einwand gegen das Vorhaben.

Trotz der Übereinstimmung zwischen den Delegationen Großbritanniens, Amerikas und Rußlands in Potsdam glaubten viele ebenso wie ich, daß es nicht nötig sei, die Bombe gegen Japan zu verwenden, denn die Japaner hatten vor wenigen Wochen die ersten Friedensvorschläge gemacht. Konventionelle Bomben hatten in Japan schon so schwere Schäden angerichtet,

Das Atomzeitalter

daß das japanische Volk kaum noch geneigt war, das hoffnungslose Ringen fortzusetzen. Aber die Atombombe wurde eingesetzt. Die erste fiel am 6. August 1945 auf Hiroshima, die zweite am 8. August auf Nagasaki. Sechs Tage später war der Krieg von 1939/45 zu Ende.

Aber die Wissenschaftler arbeiteten weiter und entwickelten eine noch wirkungsvollere Bombe. 1946 wurde eine Atombombe bei Bikini im Südpazifik gezündet, und im August desselben Jahres errichtete der Kongreß die Atomenergiekommission. 1952 detonierte die erste Wasserstoffbombe im Stillen Ozean, und im März und April 1954 wurden drei weitere Versuche im gleichen Raum durchgeführt. Im September 1954 starb ein japanischer Fischer an durch radioaktive Strahlung verursachter Gelbsucht, und die öffentliche Meinung in der ganzen Welt erregte sich und forderte das Verbot der Atomversuche in der Atmosphäre. Sie wurden 1958 aufgegeben.

Wir kommen jetzt zu einer sehr interessanten Situation. Im März 1962 erklärte Präsident Kennedy, die Vereinigten Staaten würden die Atomversuche in der Atmosphäre wieder aufnehmen, weil Rußland das damals in Kraft befindliche Moratorium verletzt habe. Die Erklärung des Präsidenten enthält den folgenden Abschnitt:

> Wir müssen Versuche in der Atmosphäre durchführen, um damit die Entwicklung jener fortgeschrittenen Konzepte und wirkungsvolleren Waffen zu ermöglichen, die angesichts sowjetischer Versuche für unsere Sicherheit unbedingt erforderlich sind. Die Technologie der Kernwaffen ist ein Gebiet, auf dem sich laufend Veränderungen vollziehen. Wenn unsere Waffen sicherer, flexibler in der Anwendung und selektiver in der Wirkung sein sollen, wenn wir schneller zu neuen, bahnbrechenden Erkenntnissen kommen und dazu mit neuen Typen experimentieren wollen, wenn wir das Tempo unseres wissenschaftlichen Fortschritts beibehalten und führend bleiben sollen, dann darf die Weiterentwicklung unserer Waffen sich nicht auf die Theorie und auf Versuche in Laboratorien und unter der Erde beschränken.

Wenn diese Erklärung sinnvoll ist, und ich persönlich glaube das, dann ist es interessant zu überlegen, weshalb Präsident Kennedy sich bereitgefunden hat, gemeinsam mit Großbritannien und Rußland im folgenden Jahr den Vertrag über den partiellen Teststopp für Kernwaffen zu unterzeichnen. Das geschah im Juli 1963. Das Wort „partiell" besagt, daß unterirdische Versuche auch weiterhin durchgeführt werden durften. Wir werden wahrscheinlich nie erfahren, welche Überlegungen den Präsidenten geleitet haben, denn er fiel am 22. November 1963 einem Attentat zum Opfer. Chruschtschow wurde ein Jahr später am 14. Oktober 1964 gestürzt. Inzwischen haben viele Nationen den Vertrag unterzeichnet, nicht aber Frankreich und China, die beiden einzigen anderen Länder, die noch über Kernwaffen verfügen.

Rußland war den Vereinigten Staaten in der Entwicklung von Kernwaffen dicht auf den Fersen. Russische Wissenschaftler hatten 1949 die erste Atombombe und 1953 die erste Wasserstoffbombe gezündet. Vielleicht machte der Präsident sich Sorgen wegen der Fortschritte, die die Chinesen auf dem Gebiet der Kernforschung erzielten. Sie hatten schon einige Atomversuche angestellt, und am 16. Oktober 1964, zwei Tage nach dem Sturz Chruschtschows, brachten sie eine verhältnismäßig schwache Bombe in einem abgelegenen Gebiet in Sinkiang zur Detonation. Es überrascht daher nicht, daß China den Vertrag über den Versuchsstopp nicht unterzeichnet hat. 1965 kam es zu einem weiteren und im Mai und Dezember 1966 wiederum zu zwei chinesischen Kernwaffenversuchen, wobei die beiden letzten mit thermonuklearem Material durchgeführt wurden.

Welche Bedeutung hat die Wasserstoffbombe für die Kriegführung? Sie ist nicht nur eine neue Waffe mit vernichtender Wirkung. Es gibt heute Trägersysteme, mit deren Hilfe man eine Bombe mit zunehmender Geschwindigkeit an jedes beliebige Ziel auf der Erde bringen kann. Diese Kombination von Feuerkraft und Beweglichkeit hat die Kriegführung revolutioniert.

Unerforschliches Schicksal

Früher brauchte eine Offensive zur Einnahme oder Zerstörung eines militärischen Ziels viele Wochen. Heute kann man die gleiche Absicht mit einer einzigen Wasserstoffbombe im Bruchteil einer Sekunde verwirklichen. Bisher ist zwar noch keine Wasserstoffbombe im Krieg gezündet worden, aber die Versuche haben gezeigt, daß sie eine unglaublich vernichtende Wirkung hat. Das Gesamtgewicht aller von den Alliierten im Krieg 1939/45 auf dem europäischen und pazifischen Kriegsschauplatz abgeworfenen Bomben beträgt etwa 3,5 Millionen Tonnen, d. h. 3,5 Megatonnen. Ihre Sprengkraft ist geringer als die einer mittelgroßen Wasserstoffbombe oder des Sprengkopfes einer Fernrakete. Die von der Atomenergiekommission veröffentlichten Zahlen vermitteln uns eine Vorstellung von der Explosivkraft einer einzigen, mehrere Megatonnen starken Wasserstoffbombe.

Wir wollen annehmen, die Bombe habe das Zentrum einer Großstadt getroffen. Durch die Explosion entsteht ein mehr als 100 Meter tiefer Krater mit einem Durchmesser von etwa 1100 Metern. Außerhalb der „Lippe" dieses Kraters liegt ein etwa 600 Meter breiter Gürtel, der mit radioaktiven Trümmern bedeckt ist und sich etwa 30 Meter über den gewachsenen Boden erhebt. Der bei der Detonation entstehende Feuerball hat einen Durchmesser von etwa 7000 Metern, und innerhalb dieses Feuerballs herrscht eine Temperatur von etwa 5000 Grad Celsius. Die lebende und tote Materie in diesem Gebiet ist pulverisiert, und die Radioaktivität darin macht einen Wiederaufbau für mindestens 50 Jahre unmöglich. Große Gebäude im Umkreis von etwa 10 Kilometern sind nur noch Ruinen. Neben der vernichtenden Wirkung der Druckwelle der Explosion verursacht die große Hitze im ganzen Umkreis Feuersbrünste. Bis etwa 30 Kilometer außerhalb der Stadtgrenze reichen die Zerstörungen und Brände. In diesem Gebiet sind Millionen von Menschen getötet worden. 20 Minuten nach der Detonation setzt ein Regen von radioaktivem Staub ein, der bis zu einer halben Stunde andauern kann. Während der auf die Detonation folgenden 48 Stunden wird radioaktiver Staub normalerweise 18 Kilometer weit, aber mit dem Wind etwa 200 Kilometer weit verweht und verursacht wieder schwere Verluste. All dies wäre die Wirkung einer einzigen Wasserstoffbombe, wie sie die amerikanische Atomenergiekommission angibt.

Die Furcht vor dieser Waffe hat den Ostblock veranlaßt, gewisse Grenzen im kalten Krieg nicht zu überschreiten, um dadurch nicht einen nuklearen Krieg zwischen Ost und West auszulösen. Der Westen hofft, daß diese Waffe als Abschreckungsmittel gegenüber der kommunistischen Welt genügt. Gleichgültig, wie erfolgreich ein Überraschungsangriff sein mag, der Angreifer müßte auf jeden Fall mit einem starken und wirkungsvollen Gegenschlag rechnen. Das Risiko in einem mit Kernwaffen geführten Krieg ist zu hoch, als daß man sich darauf einlassen könnte.

Seitdem der Westen sich entschlossen hat, eine Politik der nuklearen Abschreckung zu verfolgen, erhebt sich die Frage, was bedeutet der Ausdruck „Atommacht"? Strategisch gesehen ist eine Atommacht ein Staat, der über genügend Kernwaffen verfügt, um einen Angreifer abzuschrecken, der daran denkt, seine eigene Lage durch einen überraschenden und vernichtenden Schlag zu stärken. Die angegriffene Nation muß so mächtig zurückschlagen können, daß diese Potenz genügt, die Katastrophe eines Krieges zu vermeiden. Wie stark muß der Gegenschlag sein? Ich würde sagen, man müßte in der Lage sein, soviele Städte und wichtige Zentren zu zerstören, daß der potentielle Gegner diese Verluste nicht hinnehmen kann.

Es gibt heute in der Welt nur vier Mächte, auf die diese Voraussetzungen zutreffen, Amerika, Rußland, Großbritannien und Frankreich. China besitzt zwar die Atombombe, verfügt aber noch nicht über die notwendigen Trägersysteme. Wahrscheinlich wird es im Lauf der Zeit auch die Wasserstoffbombe und das Trägersystem entwickeln. Das heißt, es wird in der Lage sein, bestimmte Ziele in Asien zu treffen.

Man muß aber wissen, daß etwas, was eine Nation wie z. B. Rußland abschrecken könnte, nicht unbedingt auch eine andere wie etwa China abschrecken muß. Darin liegt das „Abschreckungsdilemma". Es kommt darauf an, genau zu wissen, was einer kommunistischen Atommacht als unannehmbar oder nutzlos erscheint und was eine westliche Atommacht tun muß, um die kommunistische Macht davon zu überzeugen, daß eine Aggression weniger einbringen und mehr kosten würde, als diese zu akzeptieren bereit ist. Die Kubakrise von 1962 ermöglichte es, gewisse Schlußfolgerungen zu ziehen, aber es gibt auf diese Frage keine schlüssige Antwort.

Außerdem hat man bisher noch kein Mittel gefunden, die Verbreitung der Kernwaffen durch Abrüstungsmaßnahmen zu verhindern, und damit Garantien für eine relative Sicherheit zu schaffen, die sich durch Aufrüstung nicht mehr schaffen läßt. Die Vereinten Nationen sind jetzt nur noch ein Spiegel der geteilten Welt. Mit ihrer gegenwärtigen Organisation können sie nicht mehr sein als ein Diskussionsforum. Sie sind eher zum Schauplatz des kalten Krieges geworden, als daß sie zu dessen Lösung beitragen könnten.

Der Krieg kann sich nicht selbst abschaffen. Ganz einfach gesagt lassen die Kernwaffen der Menschheit nur noch die Wahl, entweder abzuschaffen oder selbst durch den Krieg abgeschafft zu werden. *Was erreicht werden muß, ist eine Lösung der politischen und ideologischen Differenzen, die die Welt teilen.* Bevor das nicht geschehen ist, wird die nukleare Abrüstung wahrscheinlich noch eher zum „konventionellen" Krieg führen. Der kritische Augenblick wird vielleicht dann erreicht werden, wenn eine Atommacht in einem Krieg gegen eine andere kurz davorsteht, diesen Krieg zu verlieren. Würde sie dann zur Kernwaffe greifen, um sich im entscheidenden Augenblick doch noch den Sieg zu sichern?

Wir dürfen dieser Frage nicht ausweichen. Sie wird wahrscheinlich am besten durch eine zweite beantwortet. Ist es wahrscheinlich, daß eine Nation in einem begrenzten Krieg verhältnismäßig schwach wirkende Kernwaffen einsetzen wird? Heute gibt es nur zwei Nationen, die solche Waffen herstellen könnten, die Vereinigten Staaten und Rußland. Später werden vielleicht auch Frankreich und China die Möglichkeit haben, Kernwaffen mit geringerer Wirkung zu verwenden, aber das wird noch viele Jahre dauern. Sowohl die Vereinigten Staaten als auch Rußland könnten kleineren Nationen, mit denen sie befreundet sind, solche Waffen liefern. Aber das zu tun schlösse das Risiko ein, daß auch die Lieferung wirkungsvollerer Waffen gefordert würde. Dann würde der Konflikt sich schnell ausweiten, außer Kontrolle geraten und schließlich zu einer Eskalation in einen regelrechten Atomkrieg zwischen den großen Machtblöcken führen, zu dem Krieg, den der Westen vermeiden will und den auch der Osten in Wirklichkeit nicht wünscht.

Nach meiner Ansicht lautet die Antwort auf die Frage „Nein". Keine Nation, weder eine westliche noch eine kommunistische, würde es riskieren, in einem begrenzten konventionellen Krieg Kernwaffen zu verwenden, wenn sie nicht über eine massive, kriegsentscheidende Kapazität auf diesem Gebiet verfügt, um sie einzusetzen, wenn der Konflikt sich ausweitet. Dem Westen stehen solche Mengen von Kernwaffen zur Verfügung, ebenso auch Rußland als der mächtigsten Nation im kommunistischen Block. Keine Nation wird es riskieren, die Folgen auf sich zu nehmen, weil der Gegenschlag dem eigenen Land so furchtbare Schäden zufügen würde, daß man überhaupt nicht daran zu denken wagt. Außerdem könnte man sich des Sieges nicht sicher sein. Beide Seiten werden sich die nukleare Kapazität so lange erhalten, bis die Staatsmänner den Zustand friedlicher Koexistenz geschaffen haben.

An dieser Stelle wenden wir uns der Kubakrise von 1962 zu. Aus photographischen Aufklärungsergebnissen erkannte der amerikanische Präsident Kennedy klar, daß die Russen Raketenbasen auf der Insel installierten, die eine Bedrohung der Vereinigten Staaten durch Kernwaffen bedeuteten. Er entschloß sich zu einer durch See- und Luftstreitkräfte kontrollierten

Quarantäne gegen Waffenlieferungen an Kuba. Wenn der russische Führer Chruschtschow es wegen dieser Frage zu einem Atomkrieg hätte kommen lassen, wäre die russische Kriegsmaschine durch die integrierten Kriegspläne des strategischen Kommandos der Luftstreitkräfte der USA in Verbindung mit dem Einsatz der Polaris-U-Boote vernichtet worden. Präsident Kennedy verlangte von Chruschtschow, er solle seine Raketen nach Rußland zurückschaffen – oder! Der russische Führer tat das einzige, was ihm zu tun übrigblieb. Er ließ die Raketen nach Rußland zurückbringen. Dies war ein klassisches Beispiel für die „dynamische Abschreckung", durchgeführt von einem mutigen Führer. Sie gelang, weil die Vereinigten Staaten über eine Kombination von drei lebenswichtigen Faktoren verfügten, über militärische Stärke, mutige Diplomatie und Einigkeit der öffentlichen Meinung.

Leider stehen wir vor der widersinnigen Tatsache, daß einerseits ein Atomkrieg die menschliche Gesellschaft vernichten kann, daß aber andererseits das Mittel, ihn zu vermeiden, darin besteht, die Mittel zu entwickeln, um ihn zu führen. Wir können nur hoffen, daß es zu einer wirksamen Kontrolle der Aufrüstung kommt. Bis in diesen Fragen Übereinstimmung besteht, wird die Vermeidung des Atomkrieges von der Aufrechterhaltung des Gleichgewichts politischer und militärischer Kräfte zwischen Ost und West abhängen. Dieses Gleichgewicht kann allzu leicht gestört werden – eine neue Waffe, ein neues Abwehrsystem, eine neue Angriffsmethode oder eine beliebige Neuerung auf militärischem Gebiet kann das Gleichgewicht aufheben und einer Seite die Überlegenheit geben.

Man hat behauptet, der Atomkrieg könne verhindert werden, wenn man eine supranationale Autorität oder Weltregierung schüfe, die die Beziehungen zwischen den Staaten kontrolliert. Die Schwierigkeiten für eine solche Lösung des Problems sind jedoch unüberwindlich. Im Augenblick kann man wahrscheinlich nichts anderes tun als verhindern, daß andere Nationen als die vier genannten Atommächte in den Besitz von Kernwaffen kommen. (Aber selbst das wird schwierig sein, weil ein westlicher Politiker gesagt hat, nur eine Atommacht dürfe einen Sitz am „oberen Tisch" beanspruchen. Da jeder souveräne Staat diesen Sitz beansprucht, war das eine recht unglückliche Feststellung.)

Solange eine friedliche Partnerschaft zwischen den Nationen in Ost und West nicht möglich ist, bleibt die einzige vernünftige Strategie der Großmächte für die Erhaltung der nationalen Sicherheit die Beibehaltung von konventionellen Streitkräften und Abschreckungswaffen. Damit bleibt die Lage auch weiter instabil und unsicher. Wissenschaftler auf beiden Seiten arbeiten laufend an der Entwicklung noch wirkungsvollerer Waffen, während die militärischen Befehlshaber mit dem fast unlösbaren Problem ringen, eine Strategie für den Einsatz der Streitkräfte im Atomzeitalter zu finden. Die Aussichten für die nukleare Abrüstung sind sehr gering. Die Vernichtung aller Kernwaffen würde nicht das Wissen um ihre Herstellungsmethoden auslöschen. „Wenn die Büchse der Pandora einmal geöffnet worden ist, dann läßt sie sich nicht mehr so leicht schließen."

Man muß zu dem Schluß kommen, daß nur die Politiker, gestützt durch die entschlossene Haltung einer wohlinformierten Öffentlichkeit, den Weg finden können, auf dem die Welt der Katastrophe entgehen kann.

Die Politiker müssen aus der Erfahrung lernen, oft aus bitteren Erfahrungen, wie das Mitte des 20. Jahrhunderts der Fall gewesen ist. 1943 erhob die Politik der „bedingungslosen Kapitulation" ihr häßliches Haupt und brachte die westliche Welt in eine Lage, deren Folgen wir heute fühlen – obwohl diese Politik seinerzeit den Kommunisten sehr gelegen kam. Das wahre Kriegsziel muß ein gesicherter und dauernder Friede sein. Ihn kann es nicht geben, wenn eine Nation oder eine Gruppe von Nationen nach dem absoluten militärischen Sieg streben und die

Tür zu jedem Verhandlungsfrieden zuschlagen. Das geschah am Ende des Krieges 1939/45 und ebenso nach dem Krieg 1914/18.

Wir dürfen uns nicht darauf verlassen, daß sich die diplomatischen Beziehungen im Atomzeitalter nicht verändern werden. Man muß nur die Beziehungen zwischen Deutschland, dem britischen Commonwealth, den U.S.A., Rußland und China in den Jahren 1941, 1950 und Ende der 1960er Jahre vergleichen, um zu erkennen, daß wir für die kommenden Jahre mit ganz unerwarteten, kaleidoskopartigen Veränderungen rechnen müssen.

Es ist schwer vorauszusagen, wie sich die Streitkräfte im Atomzeitalter weiterentwickeln werden, aber die folgenden Grundlinien zeichnen sich ab, und vor diesem Hintergrund sehe ich die militärische Zukunft.

Der wissenschaftliche Fortschritt hat die strategischen und taktischen Vorstellungen und Begriffe im Krieg 1939/45 und in der Folgezeit revolutioniert. Die Frage bleibt offen, was die Wissenschaftler auf diesem Gebiet noch erfinden werden. Ihr Beitrag auf den Gebieten der Forschung und Entwicklung in den vergangenen 25 Jahren ist phantastisch gewesen. Wenn auch gewisse Fortschritte bei der Abrüstung gemacht und die Militärbudgets gekürzt werden, so müssen wir doch die hohen Kosten, die die Wissenschaft verlangt, auch weiter aufbringen.

Es wäre gefährlich, mehr als 15 Jahre vorausdisponieren zu wollen, aber der Einfluß der Wissenschaft auf die Kriegführung und die Organisation der Streitkräfte in der Mitte des 20. Jahrhunderts ist ungeheuer gewesen, und dieser Einfluß hat es bewirkt, daß der große Krieg, bei dem beide Seiten Kernwaffen einsetzen, wahrscheinlich nicht stattfinden wird. Keine Nation wird ein Interesse daran haben, die Grenzen des kalten Krieges zu überschreiten und Selbstmord zu begehen. In den nächsten fünfzehn Jahren, also bis Anfang der 1980er Jahre, wird es wahrscheinlich nur zu begrenzten Kriegen kommen, die auf engem Raum nur mit konventionellen Waffen ausgefochten werden. Diese Konflikte werden sich mehr in der östlichen Hemisphäre als in der westlichen und vielleicht auch in Afrika abspielen.

Die wichtigste Entwicklung im modernen Krieg liegt darin, daß die Bedeutung der See- und Luftstreitkräfte zugenommen hat. Wir haben im ersten Kapitel gesagt, daß seit altersher die Nation den endgültigen Sieg davongetragen hat, die die Vorherrschaft zur See hatte – weil der Feind sich in diesem Fall auf die Strategie zu Lande beschränken mußte. Die zu ihrer vollen Kapazität entwickelten Luftstreitkräfte haben diese Wahrheit bestätigt. Eine geschickte Kombination von See- und Luftstreitkräften ist ein entscheidender Faktor ersten Ranges. Das gleiche gilt für das Zusammenwirken von Landtruppen und Luftstreitkräften.

Für eine militärische Organisation gibt es keinen sichereren Weg zur Katastrophe als unbekümmert weiterhin das gleiche zu tun, was man schon jahrelang getan hat, während die Probleme sich verändert haben. Das bedeutet, daß man die Seestreitkräfte künftig anders verwenden wird als bisher, weil neue wissenschaftliche Erkenntnisse die Methoden der Kriegführung verändert haben. Die Tage des großen Kriegsschiffs sind gezählt. Die Kriegsflotten werden immer mehr unter der Wasseroberfläche verschwinden. Die Hauptwaffe wird das Unterseeboot werden, das Polaris-U-Boot und der Unterwasserjäger und -zerstörer. Sobald das Polaris-U-Boot tiefer tauchen kann als heute, wird es nach dem gegenwärtigen Stand der Wissenschaft nicht mehr zu orten sein. Die auf der Wasseroberfläche operierenden Kriegsschiffe werden schnelle und kleine Fahrzeuge sein, von denen aus man Raketen abschießen kann. An die Stelle von Bombenflugzeugen werden Raketen treten. Bis man Flugzeuge konstruiert hat, die auf kleinen Schiffen starten und landen können – und das ist eine sehr wichtige taktische Neuerung –, wird man auf den Flugzeugträger nicht verzichten können. Anfang der 1980er Jahre wird es vielleicht soweit sein, daß die Flugzeugträger nicht mehr Bestandteil der Kriegsflotten der Großmächte sind.

Der größte Vorzug der Luftstreitkräfte liegt in ihrer Beweglichkeit. Innerhalb ihrer Reichweiten können Flugzeuge von der gleichen Basis gegen die verschiedensten Ziele im Operationsgebiet eingesetzt werden. Die ganze Offensivkraft der verfügbaren Luftstreitkräfte kann auf diese Weise abwechselnd in verschiedenen Räumen zum Tragen kommen. Daraus folgt, daß das Kommando über alle den Land- und Seestreitkräften zur Verfügung stehenden Flugzeuge zentralisiert werden und der Oberbefehl in einer Hand liegen muß.

Je mehr ich über das Problem der Verteidigung nachdenke, desto mehr komme ich zu der Überzeugung, daß See- und Luftstreitkräfte immer flexibler eingesetzt werden müssen und daß es notwendig ist, den Gegner möglichst auf die Kriegführung zu Lande zu beschränken. Nur so wird man sich das höchste Maß an Beweglichkeit und Schlagkraft erhalten. Das westliche Bündnissystem, zu dem meine Nation gehört, muß seine Kräfte so vernünftig und so flexibel einsetzen, daß sie schnell und wirksam mit jeder Lage fertigwerden, auch mit der unwahrscheinlichsten und am wenigsten erwarteten. Diese elastische Verteilung der Kräfte soll sich auf den strategischen Einsatz der Flotte stützen. Das erfordert Zusammenwirken aller Kräfte und gute Führung. Bei der Planung für die Organisation der Streitkräfte ist es wichtig, von einer Strategie *auf lange Sicht* auszugehen. Mir erscheint es zweifelhaft, ob dem Westen mit einer großen Zahl fester Basen zu Lande am besten gedient ist. Im kritischen Augenblick werden sie vielleicht in die falsche Richtung weisen. Schlagkraft und Beweglichkeit werden dadurch gehemmt, und viel bleibt dem Zufall überlassen. Wichtige Basen dürfen nicht dort errichtet werden, wo man mit einer feindlichen Bevölkerung rechnen muß oder wo die Bevölkerung ihre freundschaftliche Gesinnung schnell aufgeben könnte. Solche Basen sind gute Ansatzpunkte für die Feindpropaganda. Die Armeen müssen auf See hinausgehen. Wo es sich um schwächere Kräfte handelt, muß die Armee auf schwimmende Einheiten verladen und so beweglich gehalten werden. Für taktische Zwecke braucht man Hubschrauber als Truppentransporter, für die Versorgung und zur Unterstützung der Operationen zu Lande.

Die oben angedeuteten Gesichtspunkte zeigen nur die groben Umrisse eines großen Problems, dessen Lösung in der von mir angedeuteten Richtung liegt. Schließlich muß man aber daran denken, daß die wirkliche und eigentliche Stärke einer Nation nicht in ihren bewaffneten Streitkräften und nicht in ihren Gold- und Dollarreserven liegt. Sie liegt im nationalen Charakter, in den Menschen, in ihren männlichen Tugenden, in der Bereitschaft zu arbeiten und in der Erkenntnis, daß, wer Wohlstand und wirtschaftliche Stärke will, sich diese selbst erobern oder darauf verzichten muß.

1946 schrieb ich die folgenden Sätze:

> Der wichtigste Faktor im Kriege ist die Moral. Es ist unmöglich, lange Zeit Krieg zu führen, wenn es dem Volk an Kampfeswillen fehlt. In diesem Fall wird die nationale Kriegsmaschine nicht funktionieren. In der Schlacht kommt es auf die Moral an. Keine Strategie kann ohne sie Erfolg haben. Ist die Moral verloren, dann ist die Niederlage unvermeidlich.

Diese Worte sind heute ebenso wahr wie zur Zeit, als sie geschrieben wurden. Ich möchte nur hinzufügen, daß sie im Frieden ebenso gelten.

Damit bin ich am Ende meiner Überlegungen über den Krieg. Im Epilog will ich über das Ideal des Friedens sprechen.

25 · *Epilog – das Ideal des Friedens*

Als ich eines Abends die Bibel aufschlug, las ich beim Propheten Jeremia die folgenden Worte:

> ... und beide, Propheten und Priester, gehen allesamt mit Lügen um und trösten mein Volk im Unglück ... und sagen: „Friede! Friede!", und ist doch nicht Friede.
>
> Jeremia 6; 13, 14.

Diese Worte sind vor etwa 3000 Jahren geschrieben worden. Sie gelten auch heute noch. Viele Leser dieses Buchs werden vom Kriege genug haben und wissen, wie leicht man versucht ist, die Risse, die durch unsere Welt gehen, zu übertünchen.

In der Welt, in der wir leben, scheint irgend etwas in Unordnung geraten zu sein. Trotz der Fortschritte in der Zivilisation und trotz des Verlangens nach Frieden, das alle vernünftigen Menschen seit mehr als 2000 Jahren erfüllt, ist die Menschheit nicht in der Lage gewesen, zu verhindern, daß das 20. Jahrhundert zur blutigsten und unruhigsten Periode in der Geschichte geworden ist. Während der Jahre der nationalsozialistischen Herrschaft in Deutschland sind Dinge geschehen, für die es in den schlimmsten Zeiten des römischen und mongolischen Reichs keine Parallelen gibt. Unvorstellbare Verbrechen sind begangen worden, über deren Ausmaße man sich keine Vorstellungen machen könnte, wenn man nicht mit eigenen Augen Orte wie Belsen gesehen hätte, in das ich am Tage der Befreiung im April 1945 mit meinen Truppen einmarschiert bin. Die Massenliquidierung von Zivilpersonen, die hier stattgefunden hatte, war beispiellos.

Nach dem deutschen Überfall auf Rußland im Juni 1941 kam es zu Vorkommnissen, in denen sich die schlimmsten Auswüchse der Brutalität des deutschen Nazismus offenbarten. Massenmord, Verschleppungen, das Aushungern von Kriegsgefangenenlagern, das Verbrennen von Schulkindern bei lebendigem Leibe, das Beschießen von zivilen Krankenhäusern – solche Gewalttaten waren alltägliche Auswüchse der deutschen Grausamkeit im russisch-deutschen Konflikt.

Für all dies war ein durch und durch schlechter Mensch verantwortlich – Hitler. Millionen verhungerten und starben, während er und seine Anhänger es sich gut gehen ließen. Er riß den Mann von der Seite seiner Frau, den Verlobten von der Seite seiner Braut und trennte das Kind von seinen Eltern. Wäre er am Leben geblieben, hätte er denen, die solches Unrecht erlitten, das nicht wiedergeben können, was er ihnen genommen hatte; Jahre ihres Lebens, Gesundheit, Glück, Frauen und Kinder, geliebte Menschen und Freunde. Hätte er auch zehntausend Leben und würden sich diese Leben bis zu dem gleichen bitteren Ende hinziehen, das er anderen bereitet hat, dann könnte er seine Untaten doch nicht gutmachen. Das Leben in Deutschland galt nur noch den Kriegsanstrengungen und endete, wie es nicht anders sein konnte, mit der vollständigen Vernichtung des besiegten Staates. Dann erhob sich das Problem, ein dem Verhungern ausgesetztes Volk zu ernähren, und mir sind diese Dinge sehr vertraut, denn sie gehörten in meinen Verantwortungsbereich als Gouverneur der von 20 Millionen Deutschen bewohnten britischen Zone. Bei den Japanern im Fernen Osten, deren Brutalität derjenigen der Deutschen glich, lagen die Dinge ganz ähnlich.

Ist es möglich, daß sich so etwas wiederholt? Kann ein zweiter Hitler aufstehen? Müssen wir zu dem Schluß kommen, daß ein moderner Krieg nichts anderes ist als die Rückkehr in die totale Barbarei? Die verantwortlichen Politiker werden sich diesen Fragen stellen müssen. Ich glaube, daß die Beschäftigung mit den Erscheinungen des Krieges im Verlauf der Geschichte, mit seinen zahlreichen politischen und wirtschaftlichen Elementen, die zum bewaffneten Konflikt führen, uns helfen wird zu erkennen, was wir tun müssen, um eine Wiederholung zu verhindern und die Antwort zu finden, die wir noch nicht gefunden haben.

Wir wissen, daß der Schlüssel zum Frieden auf physischer und materieller Ebene in den Händen derer liegt, die die Macht besitzen. Der starke und gerüstete Mensch bewahrt den Frieden für sich. Aber auf der geistigen Ebene gibt es etwas Stärkeres. Nicht immer siegen die stärkeren Bataillone. Auch die mächtigsten Besatzungsarmeen können nicht kontrollieren, was im Bewußtsein der Menschen vor sich geht. Das Studium der Kriegsgeschichte zeigt uns, daß es geistige Werte gibt, die auch in der Zukunft ihre Bedeutung behalten werden.

Wie steht es um die Zukunft? Sie liegt in den Händen der Jugend, und ihre Hände sind gegenwärtig unsicher. Die jungen Menschen sagen: „Unsere Väter haben so schwere Fehler begangen, daß wir uns selbständig machen, unseren eigenen Weg gehen und vernünftiger sein müssen." Aber sie wissen nicht, was besser gemacht werden könnte. Die allgemeine Unsicherheit ist groß. Es besteht eine starke Tendenz zum Materialismus – „pflücke die Rose, ehe sie verblüht!" – und die jungen Leute glauben, daß es ihren Vätern an Friedensliebe gefehlt habe, und sie verstehen den Frieden als einen Zustand, in dem es sich angenehm und sorglos leben läßt. Aber ihre friedensliebenden Väter haben für Freiheit und Gerechtigkeit gekämpft, ohne die der Friede für unterdrückte und versklavte Völker die Hölle auf Erden gewesen wäre. Der Friede, dessen wir uns heute erfreuen, ist der Friede des Sieges über das Raubtier im Menschen, aber die Früchte dieses Sieges werden nicht überleben, wenn die Tugenden, die ihn errangen und erhalten, verloren werden. Welchen Wert hat ein Friede ohne Freiheit, oder eine Freiheit ohne Gerechtigkeit unter den Menschen. Das Ideal des Friedens darf nicht mit den Versuchungen eines leichtfertig vertanen Lebens Hand in Hand gehen. Das Ideal des Friedens muß mit der praktischen Verwirklichung ethischer Grundsätze vereinigt werden.

Die geistigen Grundlagen eines Volkes sind spirituelle und nicht materielle Werte, und der Schlüssel für die Verhinderung des geistigen Verfalls ist die Religion. Immer wieder stehen wir vor der Entscheidung, und ich glaube, das Reich Gottes ist für das britische Volk die richtige Entscheidung. Wer sie trifft, dem wird es nie an Hilfe mangeln – weder an menschlicher noch an göttlicher. In meinen Lebenserinnerungen habe ich geschrieben:

> Ich glaube nicht, daß ein Befehlshaber heute starke Armeen, einzelne Verbände oder einzelne Soldaten inspirieren kann, wenn ihm der Sinn für religiöse Wahrheit fehlt ... Um Führer zu sein, bedarf man geistiger Qualitäten. Man muß andere dazu begeistern können, daß sie einem folgen.

Solche Führereigenschaften haben jedoch keinen Sinn, wenn die anderen nicht bereit sind, sie zu akzeptieren. Im Kriege werden viele gute, aber auch viele böse Instinkte frei. Wenn die Menschen aus Idealismus bereit sind, sich für eine hohe und edle Sache aufzuopfern, dann aktivieren die Härten des Krieges die besten Eigenschaften in ihnen – Kameradschaft, Ausdauer, Tapferkeit, Selbstaufopferung und die Bereitschaft zu sterben. Das drückt sich in einem Gedicht

Epilog – das Ideal des Friedens

aus, das man auf dem Vormarsch der Achten Armee nach der Schlacht von Alamein in der Wüste gefunden hat:

> Hilf mir, o Gott, wenn nahe ist der Tod,
> Der bleichen Furcht zu spotten in der Not,
> Daß, wenn ich fallen soll wie welkes Laub,
> Die Seele dennoch triumphiert im Staub.

In diesem Geist habe ich manches Denkmal enthüllt. Als ich im Oktober 1954 in der ägyptischen Wüste die Gedenkstätte von Alamein einweihte, schweifte mein Blick über die vielen Kreuze, deren jedes das Grab eines Mannes bezeichnete, dessen seine Angehörigen zu Hause in Liebe gedachten. Dabei kam es mir in den Sinn, daß das nutzlose Opfer menschlichen Lebens schändlich und töricht ist. Das Leben seiner Männer soll für jeden Befehlshaber etwas Kostbares sein. Es darf nicht grundlos aufs Spiel gesetzt werden, wenn derselbe Zweck auch mit anderen Mitteln zu erreichen ist.

Aber es gibt Zeiten im Kriege, in denen man ein Risiko eingehen muß; wenn eine Stellung unter allen Umständen genommen oder gehalten werden muß, und wenn der Erfolg oder das Schicksal einer Nation von dem Mut, der Entschlossenheit und der Ausdauer von Offizieren und Mannschaften abhängen. Dann setzen diejenigen, denen die Pflicht es gebietet, das Leben ein, um die ihnen gestellte Aufgabe zu erfüllen. Sie siegen und gewinnen dabei nach unserer christlichen Auffassung höhere Ehren, als ein Sterblicher ihnen geben kann. Sie haben die freie Wahl. Für den unsterblichen Ruhm, den ihre Entscheidung ihnen gebracht hat, sind die Kreuze das Symbol – welcher Religion oder Glaubensrichtung sie auch angehören mögen.

Könnten wir über den Nebel der Jahre hinweg und durch das Zwielicht, das uns trennt, auf ihre Stimmen lauschen, dann würden wir vielleicht eine ermutigende und hoffnungsverheißende Botschaft von denen empfangen, die ihr Leben hingegeben haben – eine Botschaft, die uns helfen könnte, eine Welt aufzubauen, die besser ist als die, in der sie gelebt haben:

> Wir sind die Toten . . . .
> . . . .
> Da uns die Hand den Dienst versagt,
> Tragt ihr die Fackel nun; haltet sie hoch!
> Wenn ihr uns Toten nicht die Treue haltet,
> Werden wir nicht schlafen . . . .

Der Fackel der Gerechtigkeit und der Freiheit, die sie uns übergeben haben, gilt es, die Treue zu halten.

Der wahre Soldat ist nur der Feind des Raubtiers im Menschen. Es ist die Hoffnung eines Soldaten, daß es eines Tages einen goldenen Sonnenuntergang geben mag, bei dem der große Zapfenstreich für alle Feindschaft und allen Streit geblasen wird, und daß ihm ein strahlender Sonnenaufgang folgt, bei dem das Signal ertönt, das alle Nationen zu einem neuen Zeitalter des guten Willens und des Friedens aufruft.

Literaturverzeichnis

Dieses Verzeichnis enthält nur eine begrenzte Anzahl wichtiger Bücher, die als Quellen für dieses Werk benutzt worden sind. Viele allgemeine historische Werke, Bücher über einzelne Feldzüge und Biographien großer Feldherren sind hier nicht erwähnt.

Allgemeine Kriegsgeschichte

R. A. Preston, S. F. Wise, H. O. Werner, Men in Arms: A History of Warfare and its Interrelationships with Western Society 1956, (mit ausführlichem Literaturverzeichnis).
Hans Delbrueck, Geschichte der Kriegskunst im Rahmen der politischen Geschichte. 7. Aufl. 1900–36.
Gaston Bouthoux, Les Guerres: Eléments de Polemologie, 1951.
S. Andrzejewski, Military Organisation and Society, 1954.
Konrad Lorenz, On Aggression, 1966.
J. F. C. Fuller, The Decisive Battles of the Western World and their Influence upon History. 3. Aufl. 1954/56.
Cyril Falls (Herausg.) Great Military Battles, 1954.
Oliver Warner (Herausg.) Great Sea Battles, 1963.
E. M. Lloyd, A Review of the History of Infantry, 1908.
G. T. Denison, History of Cavalry, 1913.
J. W. Fortescue, A History of the British Army, 7. Aufl. 1899–1912.
Charles de Gaulle, France and her Army, 1945.
C. H. Hermann, Deutsche Militärgeschichte, 1966.
T. R. Phillips (Herausg.), Roots of Strategy, 1943.
 Darin Zitate aus:
 Sun Tzu, The Art of War.
 Vegetius, The Military Institutions of the Romans.
 Moritz von Sachsen, My Reveries upon the Art of War.
 Friedrich der Große: Militärische Instruktionen für die Generäle.
 Napoleon: Military Maxims.
E. M. Earle (Herausg.), Makers of Modern Strategy: Military Thought from Machiavelli to Hitler, 1948.
Michael Howard (Herausg.), The Theory and Practice of War, 1965.
Carl von Clausewitz, Vom Kriege (übersetzt von Angus Malcolm, in Vorbereitung).
B. H. Liddell Hart, Strategy: The Indirect Approach, neue Ausg. 1954.
A. H. Burne, The Art of War on Land, 1944.
A. T. Mahan, The Influence of Sea Power upon History, 1660–1783, 1890.
S. W. Roskill, The Strategy of Seapower, 1962.
Michael Lewis, The History of the British Navy, 1959.
W. L. Clowes, History of the Royal Navy, 7. Aufl. 1897–1903.
Otto Heilbrunn, Warfare in the Enemy's Rear, 1963.
B. H. Liddell Hart, Great Captains Unveiled, 1927.
John Laffin, Links of Leadership, 1966.
Jac Weller, Weapons and Tactics, 1966.
Dudley Pope, Guns, 1965.
Philip Cowburn, The Warship in History, 1965.
Sidney Toy, A History of Fortification, 1955.

Der Krieg in frühgeschichtlicher Zeit

H. H. Turney-High, Primitive War, 1949.
Yigael Yadin, The Art of Warfare in Biblical Lands, 1963.
F. E. Adcock, The Greek and Macedonian Art of War, 1957.
J. F. C. Fuller, The Generalship of Alexander the Great, 1958.
W. L. Rogers, Greek and Roman Naval Warfare, 1937.
F. E. Adcock, The Roman Art of War, 1940.
H. M. D. Parker, The Roman Legions, 1928.
R. E. Oakshott, The Archaeology of Weapons, 1960.
W. L. Rogers, Naval Warfare under Oars from the Fourth to the Sixteenth Centuries, 1939.

Der Krieg im Mittelalter

Charles Oman, A History of the Art of War in the Middle Ages, 2. Aufl. 1924.
Ferdinand Lot, L'Art Militaire et les Armées au Moyen Age, 2. Aufl. 1946.
J. B. Glubb, The Great Arab Conquest, 1963.
Johannes Brønsted, The Vikings, 1960.
C. H. Haskins, The Normans in European History, 1916.
Henry Loyn, The Norman Conquest, 1965.
R. C. Smail, Crusading Warfare, 1956.
H. W. L. Hime, The Origin of Artillery, 1915.
H. W. L. Hime, Gunpowder and Ammunition, 1904.
A. H. Burne, The Crécy War, 1955.
A. H. Burne, The Agincourt War, 1956.
Edouard Perroy, The Hundred Years' War, 1951.

Europäische Kriegsgeschichte

Charles Oman, A History of the Art of War in the XVI Century, 1937.
F. L. Taylor, The Art of War in Italy, 1494–1529, 1921.
C. M. Cipolla, Guns and Sails in the Early Phase of European Expansion, 1400–1700, 1965.
Geoffrey Callender und *F. H. Hinsley,* The Naval Side of British History, 1485–1945, 1965.
Michael Lewis, The Spanish Armada, 1960.
D. M. Vaughan, Europe and the Turk, 1350–1700, 1954.
H. Inalcik, 'Ottoman Methods of Conquest', Studia Islamica, 11. 1954.
Michael Roberts, The Military Revolution 1560–1660, 1956.
A. H. Burne und *P. Young,* The Great Civil War, 1959.
C. H. Firth, Cromwell's Army, 1902.
D. G. Browne, The Floating Bulwark, 1963.
C. T. Atkinson, Marlborough and the Rise of the British Army, 1921.
R. E. Scouller, The Armies of Queen Anne, 1966.
C. A. Craig, The Politics of the Prussian Army, 1640–1945, 1955.
J. S. Corbett, England in the Seven Years' War, 1907.
Piers Mackesy, The War for America, 1775–83, 1964.
Spenser Wilkinson, The French Army before Napoleon, 1915.
J. L. A. Colin (Hsg.), La Tactique et la Discipline dans les Armées de la Révolution, 1902.
D. G. Chandler, The Campaigns of Napoleon, 1967.
Antony Brett-James, Wellington at War 1794–1815, 1961.
Jac Weller, Wellington in the Peninsular, 1962.
Cyril Falls, The Art of War, 1961.
B. H. Liddell Hart, The Ghost of Napoleon, 1933.
A. T. Mahan, The Influence of Sea Power upon the French Revolution and Empire 1793–1812, 1892.
Oliver Warner, Portrait of Lord Nelson, 1958.
Michael Lewis, A Social History of the Navy, 1793–1815, 1960.

Der Krieg im Osten

Harold Lamb, The March of the Barbarians, 1941.
Jadunath Sarkar, Military History of India, 1960.
V. R. R. Dikshitar, War in Ancient India, 1948.
Adam Watson, The War of the Goldsmith's Daughter: The Moslem Conquest of Southern India, 1964.
William Irvine, The Army of the Indian Moghuls, 1903.
Surendranath Sen, Military System of the Marathas, 1928.
Sidney Toy, The Fortified Cities of India, 1965.

Die Kriege von 1815–1945

Cyril Falls, A Hundred Years of War, 1953.
W. C. Macleod, The American Indian Frontier, 1928.
Henri Jomini, Summary of the Art of War, 1837.
Cecil Woodham-Smith, The Reason Why, 1953.
D. R. Morris, The Washing of the Spears: Rise and Fall of the Zulu Nation, 1965.
Walter Goerlitz, Geschichte des deutschen Generalstabs 1657–1945, 1953.
Michael Howard, The Franco-Prussian War, 1961.
Bruce Catton, The Centennial History of the Civil War, 3. Aufl. 1962/66.
Rupert Furneaux, The Siege of Plevna, 1958.
Brian Bond (Hsg.), Victorian Military Campaigns, 1967.
Rayne Kruger, Goodbye Dolly Gray: The Story of the Boer War, 1959.
Reginald Hargreaves, Red Sun Rising: The Siege of Port Arthur, 1962.
Richard Hough, The Fleet that Had to Die, 1958.
Cyril Falls, The First World War, 1960.
B. H. Liddell Hart, The War in Outline 1914–1918, 1965.
A. J. P. Taylor, The First World War, 1963.
W. S. Churchill, The World Crisis 1911–1918, 1931.
Corelli-Barnett, The Sword Bearers, 1963.
John Terraine, The Western Front 1914–1918, 1964.
B. H. Liddell Hart, The Tanks, 2. Aufl., 1959.
A. J. Marder, From the Dreadnought to Scapa Flow, 3. Aufl. 1961–66.
W. S. Churchill, The Second World War, 6. Aufl., 1948–53.
Peter Young, World War 1939–45, 1966.
H. A. Jacobsen und *J. Rohwer* (Hsg.), Decisive Bat-

Literaturverzeichnis

tles of World War II: The German View, 1965.
F.W. von Mellenthin, Panzerschlachten 1939–45, 1955 (engl. Übers.).
Montgomery of Alamein, El Alamein to the River Sangro, 1946.
Montgomery of Alamein, Normandy to the Baltic, 1946.
Chester Wilmot, The Struggle for Europe, 1952.
Telford Taylor, The March of Conquest, 1959.
D. Fedotoff-White, The Growth of the Red Army, 1944.
Basil Collier, The Battle of Britain, 1962.
Noble Frankland, The Bombing Offensive against Germany, 1965.
S.W. Roskill, The Navy at War, 1960.
Donald Macintyre, The Battle of the Pacific, 1966.
William Slim, Defeat into Victory, 1956.

Quellenverzeichnis

Folgende Zitate stammen aus den angegebenen Quellen und wurden mit Erlaubnis der jeweiligen Herausgeber verwendet:

S. 113: *Tacitus,* Germania, Ausg. Loeb, übers. Maurice Hutton, Harvard University Press, 1914.
S. 114: *Tacitus,* Annalen, übers. Michael Grant, Penguin Books, 1963.
S. 177, 192–193: *Sidney Toy,* A History of Fortification, Heinemann Educational Books, 1955.
S. 473–475: *M. Gerster,* Die Schwaben an der Ancre, Übers. 1964.
S. 566: *Gerald Kersh,* A Soldier – His Prayer' aus Poems from the Desert, Harrap, 1944.

Material für einige Zeichnungen von Waffen wurde entnommen aus: *Weapons,* A Pictorial History von Edwin Tunis, illustriert von Edwin Tunis. The World Publishing Company, Cleveland and New York, 1954.

The Age of Firearms: A Pictorial History von Robert Held, illustriert von Nancy Held, Harper 1957.

Quellenverzeichnis der Abbildungen

Die Mitarbeiter an diesem Buch danken den Bibliotheken, Galerien und Museen sowie allen Persönlichkeiten, die einer Wiedergabe der in ihrem Besitz befindlichen Gegenstände zugestimmt haben, sowie den Photographen, die das Copyright für ihre Aufnahmen zur Verfügung stellten, für ihre Hilfe.

Farbtafeln

49 Kopie eines Wandgemäldes im Felsentempel Ramses' II. von Beit El-Wach in Nubien, Britisches Museum.
50 Holzfiguren aus dem Masathi-Grab von Assiut, Photo Roger Wood.
75 Spink & Sohn Ltd., London.
76 Eine von vier berittenen Amazonen auf dem Deckel eines Mischgefäßes aus Capua, Britisches Museum.
173 Bibliothèque de Bayeux, Photo Michael Holford.
174 Photo Alistair Duncan.
199 Darstellung der Schlacht bei Hastings, Manuskript Bodley 968, Bodleian Library, Oxford (Diapositiv B 10).
200 Alte Pinakothek, München.
225 Galleria di Capodimonte, Neapel.
226 National Maritime Museum, Greenwich.
251 National Maritime Museum, Greenwich.
252 Heeresgeschichtliches Museum, Wien.
277 Galleria Corsini, Florenz, Photo Scala.
278 National Maritime Museum, Greenwich.
303 Seine Gnaden der Herzog von Marlborough.
304 Durch die gnädige Erlaubnis Ihrer Majestät der Königin.
341 National Maritime Museum, Greenwich.
342/43 Musée de Versailles.
344 Musée de Versailles, Photo Giraudon.
381 Victoria and Albert Museum, London.
382 Victoria and Albert Museum, London.
407 Victoria and Albert Museum, London.
408 Victoria and Albert Museum, London.
421 Musée de Chateaudun.
422/23 The Regimental Lieutenant Colonel, Coldstream Guards.
424 Gettysburg National Military Park.
521 National Maritime Museum, Greenwich.
522/23 Imperial War Museum, London.
524 Department of the Army, Washington, D.C., Photo Time Life inc.

Die Farbphotographien auf folgenden Seiten sind von den folgenden Photographen für dieses Buch aufgenommen worden: S. 49, 76, 226, 303, 304, 381, 382, 422, 423 von Michael Holford; S. 75, 407, 408, 521 von Derrick E. Witty; S. 200 von Theodor Heller; S. 225 von Angelo Murale; S. 252 von Werkstatt Meyer; S. 421 von Georges Angeli; S. 424 von The Lane Studio.

Schwarzweißabbildungen

26 von links nach rechts: Archäologisches Museum, Istanbul; Museo Nazionale, Neapel; Photo Mansell Alinari. Museo Nazionale, Neapel, Photo Mansell Anderson; Uffizien, Florenz, Photo Mansell Alinari; aus *Portraits of Emperors and Empresses of Mongol*; aus *Denkwürdige Geschichten*; Photo Radio Times Hulton Library; Rainbird Archives; Nationalmuseum, Stockholm; Radio Times Hulton Library; National Portrait Gallery, London; nach Kneller, National Portrait Gallery, London; Radio Times Hulton Library; nach Reynolds, National Portrait Gallery, London; von Fantin de la Tour, Bildergalerie Dresden; Photo Radio Times Hulton Library; von Anton Graff, Schloß Sanssoucci, Potsdam; Photo Bildarchiv Foto Marburg; von F. P. Gerard, Musée Condé Chantilly, Photo Giraudon; von L. F. Abbatt, National Portrait Gallery, London; von Goya, National Gallery, London; von Lenbach, Photo Mansell Collection; aus *Battles of the Nineteenth Century*, 1896.
28 Photo J.D. Lajeux aus *The Rock Paintings of Tassili*, London, Thames and Hudson, Paris, Editions du Chêne.
34 Königliche Standarte von Ur, British Museum.

Quellenverzeichnis der Abbildungen

35 links: aus Kish; Orientalisches Institut der Universität von Chicago; rechts: aus dem Palast von Nimrud, British Museum, Photo Mansell Collection.
37 Geierstele, Louvre, Paris, Photo Giraudon.
40 Aus dem großen Tempel von Abu Simbel, Photo Roger Wood.
43 Holzfiguren aus dem Grab von Masahti bei Assiut, Museum Kairo, Photo Roger Wood.
44 Aus dem Hypostylon im Ramasseum, Theben, Photo Roger Wood.
52 Oben: Aus dem Palast von Niniveh, Louvre, Photo Bildarchiv Foto Marburg; unten links: Ausschnitt aus den großen Bronzetoren von Schalmaneser, British Museum; unten rechts: aus Niniveh, British Museum, Photo Mansell Collection.
54 Aus Niniveh, British Museum.
55 Aus Nimrud, British Museum, Photo Mansell Collection.
57 Kunsthistorisches Museum, Wien.
61 Hirmer, Photoarchiv.
62 Fries in Persepolis, Photo John Donat.
66 British Museum.
69 British Museum.
72 Alexandermosaik, Pompeji, Museo Nazionale, Neapel, Photo Alinari-Giraudon.
80 Links: Staatliche Museen zu Berlin; rechts: Sarkophag des Abdalonymos, Archäologisches Museum, Istanbul, Photo Hirmer Fotoarchiv.
83 Museo Magonza, Photo Mansell-Alinari.
87 Villa Giulia, Rom, Photo Mansell-Alinari.
92 Soprintendenza alle Antichita della Campania, Neapel.
104 Museo Capitolino, Rom, Photo Mansell-Alinari.
105 Vatikanisches Museum.
107 Louvre, Paris, Photo Alinari.
110 Museum von Sousse, Tunesien, Photo Roger Wood.
111 Museo Nazionale, Neapel, Photo Alinari.
112 Säule des Marcus Aurelius, Rom, Photo Deutsches Archäologisches Institut, Rom.
115 Säule des Marcus Aurelius, Rom, Photo Anderson.
119 Säule des Marcus Aurelius, Rom, Photo Josephine Powell.
120 Trajanssäule, Rom, Photo Mansell-Alinari.
121 Photo J. Allan Cash.
128 Persepolis, Photo Josephine Powell.
131 Landesmuseum Halle, Photo Bildarchiv Foto Marburg.
133 Aus dem Psalterum Aureum, 9. Jahrh., Stiftsbibliothek St. Gallen.
140 Deckel eines Elfenbeinkästchens, 11. Jahrh., Schatzkammer der Kathedrale von Troyes, Photo Hirmer Fotoarchiv.

147 Utrechter Psalter, ca. 830, Bibliothéque Nationale, Paris, Photo Giraudon.
152 Universitas Oldsaksamling, Oslo.
153 Gemeinde Lärbro, Gotland, Photo ATA
155 Herzog Robert von der Normandie, Entwurf für die Chorfenster der Abteikirche von St. Denis, 1097, aus der Montfaucon-Sammlung, Bibliothéque Nationale, Paris, Photo Bildarchiv Foto Marburg.
158 Reliquiar Karls d. Gr., Aachen, Photo Bildarchiv Foto Marburg.
162 Teppich von Bayeux, Photo Percy Hennell, mit gütiger Genehmigung der Phaidon Press.
164 Teppich von Bayeux (s. S. 162).
168 Photo A. F. Kersting.
169 Photo Institut Géographiques National.
170/171 Aus Wilhelm von Tyrus, *Histoire de Outrémer,* Bibliothéque Nationale, Paris.
178/179 Wandbehang aus Leinen, Norditalien 14. Jahrh., aus dem bischöflichen Palais Sitten (Wallis), Historisches Museum, Basel.
180/181 Aus Mattheus Paris, *Chronica Majora,* ca. 1250, Corpus Christi College Library, Cambridge.
182 Wallace Collection, London, Photo Mansell.
185 Links: Turm des Zeughauses von London. Rechts: Schloß Churburg, Südtirol, Photo V. Oberhammer.
187 ‚Die Flucht von San Romano' von Paolo Ucello, National Gallery, London.
188/189 Bemalung einer Schatulle, florentinische Schule, National Gallery, London.
191 Aus dem Manuskript von Walter de Milemete, Christ Church, Oxford.
192 Photo Aerofilms.
196 Links: Die Schlacht von Granson aus der Schodoler Chronik, Kantonsbibliothek, Aarau, Schweiz. Rechts: aus *Les Chroniques d'Angleterre,* British Museum.
202 Aus *Harleian Manuscript,* 326, British Museum.
208 Aus Flavius Vegetius Renatus, *De Re Militari,* ed.-1532, British Museum.
209 Manuskript 5090, Bibliothéque de l'Arsenal, Paris, Photo Bibliothéque Nationale, Paris.
210 Von Juan de Borgogna, mozarabische Kapelle, Kathedrale von Toledo, Photo Mas.
214 Miniatur aus dem 16. Jahrh., Musée Condé, Chantilly, Photo Giraudon.
215 ‚Die Schweizerschlacht' von Hans Holbein, Kupferstichkabinett der Öffentlichen Kunstsammlung, Basel.
217 Aus Mateo Roselli, *La Vie de Ferdinand Ier de Medicis,* gestochen von J. Callot, Victoria and Albert Museum, London.
221 Flämischer Gobelin a. d. 16. Jahrh., Galleria di Capodimonte, Neapel, Photo Mansell-Alinari.

Quellenverzeichnis der Abbildungen

222 ,Schlafende Grabwächter' von Bernhard Strigel, Pinakothek München.
228 Photo Aerofilms.
229 Oben: aus Roselli (s. S. 217), unten: von Hans Sebaldus Behm, Photo Ullstein Bilderdienst.
230 Links und Mitte: von Jacob de Geyn nach Heinrich Goltzius, 1587; rechts: Stich aus dem Jahr 1598.
237 Aus Roselli (s. S. 217).
238/239 Aus P. Ubaldino, *Expeditiones Hispanorum*, 1588, British Museum.
242 Aus Caoursin, *Relation du Siège de Rhodes*, Bibliothéque Nationale, Paris.
246 Persische Miniatur, ca. 1400, Bibliothek von Topkapi, Türkei.
249 Oben: Rekonstruktion von Cornelius Gurlitt, Photo Courtauld Institute, London; unten: Photo Hirmer Fotoarchiv.
254 Aus *Nusretname*, Add MS 22011, 1582, British Museum.
255 Aus Caorsini, *Stabilimenta Rhodiorum Militium*, 1496, Photo Ullstein Bilderdienst.
262 Ausschnitt aus ,Die Belagerung von Breda' von J. Callot, 1637, British Museum (Crookshank Collection).
264 Von Jacob Weier, National Gallery, London.
267 1 bis 10 aus Jacob de Gheyn, *The Exercise of Arms for Calivres, Muskettes and Pikes*, 1607, British Museum, 11 aus Lodovico Melzo, *Regale Militari ... della Cavalleria*, 1611, British Museum, 12 aus *Kriegskunst zu Pferdt*, 1616.
271 Schlacht von Nördlingen, 1634, Photo Ullstein Bilderdienst.
275 Von J. v. d. Heyden, Kungl. Biblioteket, Stockholm.
280 Von Emil Hildebrand.
281 Von Jan Brueghel und S. Vrancx, Kunsthistorisches Museum, Wien.
283 Von Joshua Sprigge, *Anglia Rediviva*, 1647, British Museum.
284 Von Payne Fisher, Ashmolean Museum (Sutherland Collection), Oxford.
288 Oben: von Heerman Witmont, National Maritime Museum, Greenwich; unten: von Van de Velde II., National Maritime Museum, Greenwich.
290 Ausschnitt aus dem Kupferstich von Jan van Huchtenburgh in J. Dumont *Batailles de Prince Eugene*, 1720, British Museum.
294 Oben: Musée des Plans et Reliefs, Les Invalides, Paris; unten: aus Allain Manesson Mallet, *Les Travaux de Mars, ou l'Art de la Guerre*, 1685, British Museum.
297 Von Jan van Huchtenburgh, National Gallery, London.
311 British Museum (Crookshank Collection).
312 Von F. Lemke, Nationalmuseum, Stockholm.
314 Ausschnitt aus ,Action off Carthagena' von Samuel Scott, National Maritime Museum, Greenwich.
321 Ausschnitt aus einem Gemälde von Van Blarenbergh, Musée de Versailles.
323 Von Van Blarenbergh, Musée de Versailles.
326 Photo Ullstein Bilderdienst.
330 Von J. B. Le Paon, Musée Condé, Chantilly, Photo Giraudon.
333 Von Horace Vernet, National Gallery, London.
334 Ausschnitt aus einem Gemälde von Charles Tevenin, Musée de Versailles.
338 Von Denis Dighton, National Maritime Museum, Greenwich.
347 Aus P.-M. Laurent de l'Ardèche, *Histoire de l'Empereur Napoléon*, 1840, illustriert von Horace Vernet.
353 Bibliothéque Nationale, Paris.
355 Oben: von Jaques François Fontaine, Wellington Museum, London; unten: von Charles Thevenin, Musée de Versailles.
364 Von L. Marin, Bibliothéque Nationale, Paris.
368 Modellpuppen, Anfang des 20. Jahrhunderts, Victoria and Albert Museum, London.
371 Aus E. T. C. Warner, *Chinese Weapons*, Royal Asiatic Society, 1932.
379 Aus *Chinese Weapons* (s. S. 371).
387 Von Kuniyoshi, Victoria and Albert Museum, London.
388/389 ,The Burning of the Sanjo Palace' von Heiji Monogatari, Museum of Fine Arts (Fenollosa-Weld Collection), Boston.
392 Victoria and Albert Museum, London.
397 Tower of London Armoury.
398/399 Stickerei Ende des 18. Jahrh., Szenen aus der Mahabharata, Victoria and Albert Museum, London.
401 Stickerei (s. S. 398–399).
404 Victoria and Albert Museum, London.
410 Von Caton Woodville, The Regiment Lieutenant Colonel, Coldstream Guards.
417 Oben: Photo Mansell Collection; unten: Photo Radio Times Hulton Library.
418 Von W. Simpson, Victoria and Albert Museum, London.
427 Von W. Simpson (s. S. 418).
434 Von A. de Neuville, Musée d'Arras.
437 Gemälde von Thomas Nast, Radio Times Hulton Library.
441 ,An Engagement on the Majuba Mountain Top' aus Archibald Forbes, *Battles of the Nineteenth Century*, 1896.
445 Ausschnitte, links: ,The Grenadier Guards at Biddulph's Berg', rechts: ,Colonel Plumer's Attempt to Relieve Mafeking', aus *The Art Annual*, 1900.

Quellenverzeichnis der Abbildungen

446 Von Leon Arby, Musée de l'Armée, Brüssel.
448 Links: ‚A 4.7 naval gun in action in South Africa', aus *The Art Annual*, 1900; rechts: ‚US troops reconnoitering off Santiago', 1898, aus Hilliard Atteridge, *The Wars of the Nineties*, 1899.
449 Photo Imperial War Museum, London.
451 ‚The battle of Ulundi' aus Louis Creswicke, *South Africa and the Transvaal War*, 1900/1902.
457 Aus A. Hilliard Atteridge (s. S. 448).
460 Photo Roger-Viollet.
474 Photo Imperial War Museum, London.
475 Photo Imperial War Museum, London.
480 Photo Radio Times Hulton Library.
483 Photos Imperial War Museum, London.
496 Photo Camera Press.
504 Photo Imperial War Museum, London.
510 Photo Novosti Press Agency (A.P.N.).
515 Photo Imperial War Museum, London.
516 Photo Ullstein Bilderdienst.
527 Photo United Press.
534 Photo Imperial War Museum, London.
541 Photo Imperial War Museum, London.
Schutzblatt: Photo Ullstein Bilderdienst.

Die auf den folgenden Seiten reproduzierten Schwarzweißphotos wurden in unserem Auftrag aufgenommen; von John Freeman auf den Seiten 26/5, /7, /20, 209 rechts, 217, 229 oben, 230, 237, 240/41, 262, 267, 280, 283, 290, 294 unten, 311, 347, 371, 379, 418, 427, 442, 445, 448, 451, 457; von Michael Holford aus den Seiten 368 und 410. Das Copyright für alle anderen Illustrationen liegt bei den Besitzern der Originale mit Ausnahme der Fälle, in denen der Name des Photographen angegeben ist.

Personen- und Sachverzeichnis

Das Register enthält nur eine Auswahl der wichtigsten Namen, Begriffe und Ereignisse.
Das Zeichen ⨯ bedeutet „Schlacht von ..."

Abd-al-Rahman 146
Abrüstung, Konferenz in Den Haag 444
Absolutismus 265 ff., 291
Abukir ⨯ 337
Achilles 31, 59
Actium ⨯ 106
Adadnirari II. 48
Adcock 70
Adhemar von Le puy, Bischof 170
Aemilius Paulus 97
Aetius 128 f.
Agathias 145
Agesilaos 68
Agricola 118
Ägypten, Pharaonenreich 32 ff.
Ahab, König 41, 55
Ahmose, König von Theben 38 f.
Akbar 402
Alamein ⨯ 15, 305, 513, 568
Alarich 124, 126 f.
Alexander I., Zar 354, 362
Alexander II., Papst 160
Alexander der Große 70 ff. 85, 96, 102, 243, 274, Zug nach Indien: 81, 395, 396
Alexander, Sir Harold, General 512, 530, 536
Alexius Comnenus 169
Alfred der Große 154
Ali Pascha 257 ff.
Allenby, Sir Edmund, General 39, 488, 492
Almeida, Francisco de 233
Ambiorix 102
Amenemhet III., Pharao 38
Amenhophet I. Pharao 39, 41
Amerikanischer Bürgerkrieg 415, 417, 420, 435-440, 443, 459
Amerikanischer Unabhängigkeitskrieg 315, 320, 321, 329
Amiens ⨯ 492
Anaxandridas 60
Angincourt ⨯ 114
Anna, Königin von England 296
Anson, George 315, 317, 319
Antigonos 73

Antonia, Gattin Belisars 130
Antonius 106
Anzio, Brückenkopf 516
Apronius 121
Archelaus 99
Arius (Arianer) 124
Armada, spanische (Niederlage) 238 ff., 335
Armbrust 184
Arminius 113 f.
Arnold, General 520
Arnulf, fränkischer König 151
Arrian 78
Artaxerxes 68
Artillerie 206 ff., 212, 213, 216, 224, 248, 263, 282, 286, 298, (Schiffsartillerie: 238 ff., 258), 329, 361, 426: 440, 444, 445, 447, 472, Entwicklung: 224, 229, 346, 348, 419
Arthur, König 125
Asarhaddon 51
Assurbanipal 48, 51 f., 55
Atombombe (Hiroshima und Nagasaki) 542, 545, 560, 561
Attley, Clemens 555
Attila 127 ff., 369, 550
Auchinleck, Sir Claude, General 507, 511, 512
Auerstädt ⨯, s.a. Jena 348, 354
Augereau, Marschall 340, 349
Augustus, röm. Kaiser 109, 113 f., 121 f.
August von Württemberg 432
Aulus Plautius 114
Aurelian 122 f.
Austerlitz ⨯ 351-354, 357
Awaren 143
Azemilk von Tyros 74

Babur, der Tiger 402-405
Babylonien 31
Bacon, Francis 27
Bacon, Roger 190
Bajezit I., Sultan 245
Bajezit II., Sultan 253
Bajonett 291, 298

Bakteriologische Kriegführung 546, 547
Balduin, König von Jerusalem 175
Balzac, Robert de 212
Baner, General 272 f.
Barbarigo, Augustino 258
„Barbarossa" (Rußlandfeldzug) 508 ff., 550, 567
Basileios 154
Bastille (Paris) 193
Bazaine, Marschall 430, 434, 435
Beachy Head ⨯ 291
Beauharnais, Josephine de 340
Beck, Geschützfabrik in Augsburg 227
Belagerungskrieg, s. a. Festungsbau 248, 295, 322, 548
Belisar 129 ff., 140
Benevent ⨯ 85, 185
Berchtold 462
Bernadotte, Marschall 351, 353
Bernhard, Heiliger 172
Berserker 152
Berthier, Marschall 345, 348, 414
Berufsheere, s.a. Wehrpflicht 263
Berwick, Marschall 310
Bessos 77 f.
Bicocca ⨯ 220
Bismarck, Fürst Otto von 14, 21, 373, 413, 426, 429, 443, 550
Blainville, Marquis de 308
Blake, Robert 263, 286 f.
Blenheim ⨯ 290 (Abb.), 298, 301, 305-310
Blitzkrieg 497, 499-502, 508
Bloch, I. S. 444, 459
Blücher, Feldmarschall 362, 366
Boadicea 118
Bolivar, Simon 412
Bombenkrieg, s. a. Strategische Bombenangriffe 513, 514, 551
Borodino ⨯ Abb.: 344, 346
Bouillon, Gottfried von 171
Bouvines ⨯ 183
Brasidas 67 f.
Brauchitsch, von, Feldmarschall 508

577

Braunschweig, Herzog von 331, 332
Breda, Vertrag von 287
Breitenfeld ⚔ 272, 274
Brest Litowsk, Frieden von 494
Briand, Aristide 19
Brooke, Sir Alan, General 503
Brusilow, Alexei, General 482, 492
Brutus 103
Bryant, Sir Arthur 21
Buller, Sir Redvers 452
Bülow, Karl von, General 464
Burenkrieg 443, 450, 451 f., 458
Burton, Sir Richard 30
„Buschido" 386, 547
Byng, John, Admiral 317
Byron, Lord 48

Caesar, Julius 97 ff., 109 f., 123
Cambrai ⚔ 479
Cannae ⚔ 91 ff.
Canute 150, 154
Caracalla 122
Caractacus 118
Cardinische Pässe ⚔ 85
Cardwell, Edward 444, 452
Carnot, Lazare 339, 340
Casablanca, Konferenz 510, 513
Cassino ⚔ 516
Cassius 103
Cassivellaunus 102
Cateau-Cambrésis, Vertrag von 221
Caulaincourt 345, 346
Cearphilly, Festung 191
Ceresole ⚔ 221
Cerignola ⚔ 216 f.
Chair-eddin, Barbarossa 254, 257
Chamberlain, engl. Premierminister 498
Chäronea ⚔ 99
Chassepot-Gewehr 416, 428, 432, 435
Château Gaillard, Belagerung 167, 168, 169
Chaucer 129
Chelmsford, Lord 451
Chemin de Dames ⚔ 490
Childerich III. 146
Chinesische Mauer 379
Chlodwig I. 145
Chlodwig II. 146
Chosroes 138
Christliche Lehre 124, 547
Chruschtschow 561, 564
Churchill, Charles 308, 309
Churchill, Sir Winston (Vater Marlboroughs) 291
Churchill, Sir Winston 5, 23, 29, 280, 295, 301, 306, 317, 320, 362, 462, 469, 479, 485, 497, 503, 510, 517, 526, 543, 544, 554 f., 560.
Civilis 121
Clark, Alan 21

Clark, G. N. 264
Claudius 114, 123
Clausewitz, Carl von 20, 413, 414, 458, 552
Clemenceau 486, 491, 493
Clemens V., Papst 175
Clérambault, Marquis de 307, 309
Clermont, Konzil von 169
Clive, Robert 317, 409
Colbert, Jean Baptiste 291
Colonna, Prosper 220
Commodus 122
Condé, Prinz 263, 276, 291 ff., 310
Cook, Janes 320
Corbulo 120
Cordoba, Gonzalo de 216 f., 223 f., 230
Cornwallis, General 315, 321
Cortenuova ⚔ 185
Cortés, Hernando 232 f.
Coutras ⚔ 231
Crassus, Marcus Licinius 99 ff.
Crécy ⚔ 201
Cromwell, 167, 263, 279 ff., 297
Cutts, Lord 307, 309

Daladier, Edouard 498
Darius I. 60, 63
Darius III. 73 ff.
Daru, Graf 345
Daun, Feldmarschall 327 f.
David, König 41, 47
Davis, Jefferson 435-438 passim
Davout, Marschall 348, 351, 353, 354
Decebalus 114
Decius 123
Deinokrates 73
Delphi, Orakel 25
Demosthenes 68
Denain ⚔ 311
Derwische 247
Deutscher Ritterorden 191
„Devolutionsrecht" 291
Diades 74
Didius Julianus 122
Dien Bien Phu 493, 557
Diocletian 122 f.
Diomedes 59
Dionysius I. von Syrakus 67, 70, 73
Doenitz, Admiral 515, 526
Domitian 114, 118, 122
Doria, Andrea 257 ff.
Dragut 257
Drake, Sir Francis 211, 235 ff.
Dreißigjähriger Krieg 263 ff., 296, 323, 551
Dreux ⚔ 223
Drusus 113
Dschingis Khan 129, 369-377
Duilius 100
Dunant, Henri 425
Dunbar ⚔ 284

Dünkirchen, Evakuierung 1940, 303, 502, 503
Eben Emael ⚔ 501
Edgehill ⚔ 279
Eduard I. von England 183, 191, 194 ff.
Eduard II. von England 198
Eduard III. von England 190, 196 ff., 201 ff.
Eduard der Bekenner 1959
Edward, der „schwarze Prinz" 204 f.
Eisenbahn, strategische Bedeutung 420, 428, 440
Eisenhower, Dwight D., General 303, 513, 517
„Eiserner Vorhang" 554 ff.
Elisabeth I. von England 208, 223 f., 235 f., 240, 549
Entente 462, 469
Epaminondas (schiefe Schlachtordnung) 70, 327
Erde, „verbrannte" 212
Erlach, Rudolf von 194
Eroberungskriege Ludwigs XIV. (s. a. Ludwig XIV.) 293 ff.
Ertogrul 244, 261
Eugen, Prinz von Savoyen 300, 301-305, 307-309, 310, 311, 322
Eurybiades 63 f.
„Excalibur", Schwert König Arthurs 125
Exerzieren 266
Eylau ⚔ 354

Fabius, Quintus Maximus, „Cunctator" 91, 96
Fairfax, Thomas 282
Falkenhayn, Erich von, General 468, 471, 481, 493
Falls, Cyril 21, 462
Fallschirmjäger, s. a. Luftlandetruppen 507
Faschismus 498
Fehrbellin ⚔ 325
Ferdinand von Spanien 211
Ferdinand II. von Österreich, Kaiser 265, 274, 275
Festungsbau, s. a. Belagerungskrieg 166 ff., 191, 224, 292 ff.
Feuerdisziplin 266
Feuerwaffen, s. a. Artillerie 183, 248, 271, 329, 330, 403, 416
Fichte, Johann Gottlieb 362
Finnland, russischer Winterfeldzug 500
Flaminius 91
Flavius 118
Flottenrüstung 447
Flugzeug, Erfindung 447
Flugzeugträger 532, 533, 565
Foch, Ferdinand, Marschall 459, 461, 472, 490 f., 497

Formigny ⚔ 214
Fornovo ⚔ 212
Forrest, Nathan B. 440
Franken 125, 143, 145 ff.
Franz I. von Frankreich 212, 214 f., 220, 232
Franz Ferdinand, Erzherzog 461
Französische Revolution 331
Frieden 567–569
Friedland ⚔ 354
Friedlingen ⚔ 310
Friedrich I. „Barbarossa" 179, 185
Friedrich II., Kaiser 181, 185
Friedrich II., der Große, von Preußen 19, 315, 322–329, 332, 333, 354, 414, 450
Friedrich Karl, Prinz 429, 430, 433, 435
Friedrich Wilhelm, großer Kurfürst 323
Fuller, J. F. C. 21, 91, 101, 439, 500
Fulrad von Altaich, Abt 149

Galba 97, 101
Gallien, Eroberung durch die Römer 94, 101
Gallienus 122 f., 127
Gambetta 435
Gamelin, Maurice, General 502
Garibaldi, Giuseppe 425
Garigliano ⚔ 218 f.
Gaskrieg Abb.: 460, 470, 472, 546 f., 551
Gaugamela ⚔ 77 ff., 144
de Gaulle, General 25
Gefechtsdrill 274
Geiserich 124 f.
Geleitzüge im Seekrieg 514, 515
Gelimer 130 f.
Genfer Konvention 548
Georg II. von England 320
Germanen, Kriegführung der 113 ff.
Germanicus 113 f.
Geschütz, Erfindung 190
Gettysburg ⚔ Abb. 424, 438, 440
Ghazi 244
Gibbon 122, 127
Gibraltar (Inbesitznahme 1704) 300
Giuccardini 220
Göring, Hermann 503, 505
Gort, John, General 502
Goten 124 ff., 234
„Gottesfrieden" 172
Gottfried der Hammer von Anjou 159
Granikos ⚔ 73
Grant, Ulysses 436, 438
Gravelotte ⚔ (s. a. Saint-Privat) 431–435

Gregor von Tours, Bischof 146
Gribeauval, General 329, 331, 339
Guderian, Heinz, General 502, 508
Guibert, Taktiker 330, 331, 340, 346
Guiscard, Robert 159
Gumbinnen ⚔ 466
Gustav Adolf von Schweden 263 ff., 267, 269 ff., 291 f., 297, 312
Gylippos 67

Haager Landkriegsordnung 549, 551, 552
Hadrian, Kaiser 118, 121 f.
Hadriansmauer 118
Haig, Sir Douglas 23, 472, 477, 490, 493
Halsey, Admiral 535
Handgeld 317
Hannibal 89 ff.
Harakiri 386
Harald Hardradi 160
Harald II. von England 160 ff.
Harpalos 63
Harris, Sir Arthur, Air Marshal 514
Hasdrubal 92 ff.
Hastings ⚔ 157 ff., 183, 198
Hattin ⚔ 177
Hauteville, Tankred von 158
Hawke, Admiral 320
Hawkins, Sir John, Admiral 235
Heinrich IV., Kaiser 159, 180
Heinrich I. von England 166
Heinrich II. von England 166
Heinrich III. von England 186 f.
Heinrich V. von England 114, 206
Heinrich VIII. von England 224 f., 235 f.
Heinrich II. von Frankreich 188
Heinrich IV. von Frankreich 222, 276
Heinrich der Seefahrer 232
Heinrich der Vogler 150
Helena von Troja 31
Hektor 59
Henderson, G.F.R. 20
Heraklios 135, 138, 140
Heraldik 126
Herodot 63, 67
Hideyoshi, japan. Feldherr 369, 390
Himmler, Heinrich 508
Hindenburg, Paul von, Feldmarschall 466, 467, 471
„Hindenburglinie" 472, 478
Hiskia 55
Hitler, Adolf 17, 305, 313, 477, 497, 498–511 passim, 520, 543, 567, 568
Hoche, General 340
Höchstädt ⚔ 310
Hofer, Andreas 362
Hohenfriedberg ⚔ 325

Hohenlinden ⚔ 345
Holstein-Beck, Prinz 308
Honorius 127
Howard of Effingham, Lord 238
Howe, Richard, Admiral 335–336
Hubertusburg, Frieden von 329
Hundertjähriger Krieg 183, 198, 205
Hunnen 125 ff.
Hussiten 183, 207
Hyksos 33, 38 f.

Igor, Großfürst von Kiew 144
Industrielle Revolution 413
Investiturstreit 159
Iphikrates 68
„Ironsides" 280
Isabella von Kastilien 211
Issos ⚔ 73

Jackson, „Stonewall" 20, 438
Jalta, Konferenz (1945) 526, 544, 556
James, Herzog von York 287
Janitscharen 246 ff., 256, 260 f.
Japan, Krieg gegen USA 526 ff.
Jarmuk ⚔ 135
Jeanne d'Arc 207
Jena ⚔ 348, 354, 357
Jericho 31
Jerusalem Belagerung und Einnahme durch die Römer: 114, 115; durch die Kreuzritter: 172
Joffre, Joseph, General 463, 464, 471, 477, 481, 491
Johann von Böhmen 204
Johann von England 166, 168
Johanniterorden 175, 253, 255, 257
Jomini, Henri 20, 413, 458
Josua 47
Juan, Don J. von Österreich 257 ff.
Junot, Marschall 357, 358
Justinian 129 f., 141 f.

„kalter Krieg" 545, 554 ff., 558
Kambyses 60
Kamikaze 387, 542
Kampfmoral 566
Kapitulation, bedingungslose (1945) 510
Karakole 230
Karl von Anjou 186
Karl der Einfältige 150
Karl der Große 146 ff., 150
Karl der Kahle 154
Karl I. von England 279, 282, 286
Karl II. von England 287
Karl VIII. von Frankreich 212, 224
Karl I. von Kastilien und Aragon, später Kaiser Karl V. 211, 212
Karl von Lothringen 327 f.
Karl Martell 146 f.
Karl, Erzherzog von Österreich 349, 352

579

Register

Karl XII. von Schweden 291, 312f.
Kautilya 395, 398, 399, 400
Kemal Mustafa (Atatürk) 486, 492
Kennedy, John F., Präsident 561, 563, 564
Kernwaffen, s. a. Atombombe und Wasserstoffbombe 559, 560, 562, 563
Kesselring, Albert, Feldmarschall 503, 505, 516
Khalid 135
Kimon 66
Kimura, General 539–541
Kipling, Rudyard 27
Kitchener, Sir Horatio, Feldmarschall 450, 452, 453, 476, 485
Kleomenes 60
Kleopatra 103, 106
Kolin ⚔ 326
Kolonnentaktik 340
Kolumbus 232
Kommunismus 498, 555, 558
Konrad III., Kaiser 175
Konstantin I., Kaiser 124
Konstantin II., Kaiser 142
Konstantin XI., Kaiser von Byzanz 248
Konstantinopel, Plünderung (1204): 244; Belagerung: 248f.
Korallenmeer ⚔ 15, 532–534
Koreakrieg 557
Kossowo ⚔ (1389) 245
Krak de Chevalier, Kreuzritterburg 175
Kreta ⚔ 507
Kreuzzüge 169ff., 243, 376
Kriegführung, psychologische 53
Kriegsgefangene 547, 548
Krimkrieg 413–443 passim, 453
Krupp, Rüstungswerk 426, 453
Kubakrise 563
Kublai Chan 377, 383
Kutusow, Feldmarschall 349, 351, 352
Kyaxares 55
Kyros I. 68
Kyros II. 60

Labienus (Stellvertreter Caesars) 100, 103
Lacy, Roger de 168
Lade ⚔ 250
Laelius 93
La Hogue ⚔ 292
Langbogen, englischer 197, 201, 208
Langobarden 125, 143, 149
Lattimore 128
Laupen ⚔ 194f.
Lawrence, T. E. 21, 489, 493
Lechfeld ⚔ 150
Lee, General 24, 436, 438
Legnano ⚔ 185
Leibeigenschaft, Abschaffung 356

Leipzig ⚔ 357, 362
Leo I., Papst 129
Leo III., Papst 146
Leo, der Isaurier 139ff.
Leo, der Weise 143f., 149
Leonidas 64
Lepanto ⚔ 235, 250, 258ff.
Leslie, General 285
Lettow-Vorbeck, von, General 489, 493
Leuthen ⚔ 315, 327–329, 332
Levett, William, Geschützbauer 227
Lewes ⚔ 186
Liddell Hart, Sir Basil 20, 95, 265, 414, 435, 463, 499, 525, 552
Liegnitz ⚔ 329
Ligonier, Lord 319
Lincoln, Abraham, Präsident 435–438
Lineartaktik (Landkrieg) 298
Linientaktik (Seekrieg) 316, 336
List, von, Feldmarschall 508
Livius 97
Lloyd George, David 19, 469, 472, 477, 481, 491
Lodi ⚔ 345, 357
Loredano, Pietro 250
Louvain ⚔ 151
Louvois 291 f.
Lucchesi 328
Lucullus, Lucius 99
Ludendorff, Erich, General 467, 468, 471, 485, 489, 490, 492, 493
Ludwig, Markgraf von Baden 300f.
Ludwig der Fromme 150
Ludwig der Heilige von Frankreich 181
Ludwig VII. von Frankreich 175
Ludwig XII. von Frankreich 212
Ludwig XIV. von Frankreich 263, 291, (Eroberungskriege: 291ff.) 298, 300ff., 310, 548
Ludwig XV. von Frankreich 548
Ludwig I. von Ungarn 256
Luftlandetruppen 507
Luftstreitkräfte 15, 481, 499, 501, 503, 504, 505, 507, 514, 520, 536, 565
Luneville, Frieden von 357
Lusignan, Guy de 177ff.
Lützen 274ff.
Lyautey, Marschall 450
Lykurg 59
Lysander 67
Lysimachos 73, 81

MacArthur, General 529, 535
Macdonald, Ramsey 498
Machiavelli 211, 216, 223
Mac Mahon, General 430, 435
Maeterlinck 29, 443
„Maginotkomplex" 109
Maginotlinie 500, 501

Mahabaratha 395, 400
Maharbal 89, 96
Malplaquet ⚔ 310, 311
Malta Sitz des Johanniterordens: 257, 338, 511, 512
Malthus 30
Mameluken 253
Manstein, von, General 500, 510
Manzikert ⚔ 169, 244, 402
Manuel von Portugal 232
Mao Tse-tung 19, 384
Marathen, indischer Volksstamm 358, 393, 405, 406
Marathon ⚔ 60
Marcellinus, Ammianus 127
Marcus Furius Camillus 85
Marengo ⚔ 345
Marethlinie 303, 513
Marignano ⚔ 214
Marius, Gaius 97ff., 110
Mariza ⚔ 245
Marlborough, John Churchill, Herzog von 263, 291ff., 295ff., 298ff., 305ff., 316, 320, 325, 332, 548
Marmont, Marschall 340, 349, 360
Marneschlacht 464
Marsin, Marschall 300, 301, 302, 306, 309
Mars-la-Tours ⚔ 430
Marston Moor ⚔ 280f.
Märzfeld ⚔ 184
Masaios 79
Masinissa 93ff.
Maslama 139
Masséna, Marschall 340, 348, 360, 361, 362
Mauriac ⚔ 129
Maurikios I., Kaiser 126, 140f.
Mauser, Pistolen und Gewehre 446, 447, 451, 485
Max Emanuel, Kurfürst 300ff.
Maxentius 124
Maxim, Hiram S. (Maschinengewehr) 446
Maximilian, Kaiser 215
Mazarin 276
Medina Sidonia, Herzog von 238
Mehmed Ali 38
Mehrladegewehr 445, 446
Mélac 296 Fn.
Memelgebiet 498
Merkantilsystem 412
Merowinger 145f.
Messervy, General 537, 539
Metternich 412
Midway ⚔ 15
Militarismus 264
Miltiades 63, 66
„Misericord" 201
Mithridates 99
Mohammed, Prophet 135, 138
Mohammed II., Sultan 245, 247ff., 255, 261

580

Mohammed Sirocco 258
Mollwitz ⚔ 325
Moltke, Helmuth von, Feldmarschall 16, 373, 426, 427, 429, 430, 431–435 passim, 440, 459
Moltke II. 463, 468, 470
Monash, Sir John 491, 492
Monck, George 286f.
Montcalm, General 319
Montecuccoli, Graf, General 260
Montfort, Simon de 186
Montgoméry, Roger 157
Moore, Sir John, General 357ff.
Morat ⚔ 183
Morgarten ⚔ 194
Moritz von Nassau 211, 223, 227, 263, 266, 270
Moritz von Sachsen 322, 325, 332, 363
Morse, Samuel 420
Moses 47
Mountbatten, Earl Louis, Admiral 536
München, Abkommen 498
Murad I., Sultan 245
Murad III. 260
Murat, Joachim, Marschall 232, 340, 348, 349, 354
Mutallu, Hethiterkönig 42f.

Nabopolasser 55
Nachrichtendienst 360
Napoleon I. 15, 24, 97, 161, 292, 312, 313, 320, 329, 332, 335–365, 366, 414, 429
Napoleon III. 419, 425, 428, 429, 435, 548
Naram-Sin, König von Akkad 33, 35
Narses 132
NATO (Westliche Verteidigungsgemeinschaft) 293, 415, 556, 558
Navarra, Heinrich von 157
Navarro, Pedro 215, 219, 253
Nazismus 567
Nelson, Horatio 21, 335, 336–339 passim, 345, 363, 366, 367
Nero 109
Neutralität 551
Ney, Marschall 348, 349, 414
Nieuport ⚔ 221, 230f.
Nightingale, Florence 425
Nikias 68
Nikolai Nikolajewitsch, Großfürst 465
Nikolaus II. 482, 485
Nikopolis ⚔ 245
Nimitz, Admiral 532–536 passim
Nizam-ul-Mulk 403–405 passim
Nobel, Alfred 446
Nordischer Krieg 313
Normandie ⚔ 157, 518f., 543
Normannen 157f.
Nur-ed-Din 175f.

O'Connor, Sir Richard, General 507
Octavian 106
Odenathus 123
Odovakar 124, 129
Oman 142
Omar 144
Opiumkrieg 384
Orkney, Lord 308, 309
Osman, Sultan 244
Osman Pascha 453
Ostende, Belagerung (1601–1604) 224
Österreichischer Erbfolgekrieg 315, 316, 322, 325
Otto der Große 150
Ottomanenreich 243ff.
Oudenarde ⚔ 310
„Overlord" Landung in der Normandie 517, 518

Pacensis, Isidorus 146
Pagondas 67f.
Panzerwagen 478, 491, 492, 499, 502, 511–513, 519, 537
Pappenheim 232, 263, 270, 274
Paris, Frieden von (1763) 320
Parker, Sir Hyde, Admiral 317, 338
Parma, Alexander von 211, 223f., 227, 236, 240
Parmenion 77f.
Partisanen 550
Passchendaele ⚔ 477, 478, 490
Paulus, Feldmarschall 508
Paurav, König 395, 396, 399
Pausanias 61
Pavia ⚔ 220, 224, 231
Pax Britannica 412
Payns, Hugo de 175
Pearl Harbour ⚔ 15, 506, 528, 531, 532, 533
Pelopidas 68
„Peltasten" 68
Perikles 62, 67
Perry, Kommodore 390, 455
Pertinax 122
Pest, Seuche in Europa 196
Pétain, Henri, Marschall 477, 490, 502
Peter der Große von Rußland 312, 322
Peterborough, Earl of 310ff.
Petschenegen 143
„Pfeilreiter" 372
Phaidon, König von Argos 59
Pharnaces 103
Philipp August, König von Frankreich 166ff., 180f., 183
Philipp VI. von Frankreich 201ff.
Philipp II. von Makedonien 70f.
Philipp II. von Spanien 211, 224, 236, 257, 263
Phokas, Nikephoros 138, 141f., 144

Piccolomini 265
Pippin 146
Pisarro, Francisco 232f.
Pistole als Kavalleriewaffe 230
Pitt, William, „der ältere" 315, 317, 319, 320
Pius II. 244
Plataiai ⚔ 60
Polybios 16, 89, 96
Polenfeldzug (1939) 500
Pompeius 98ff., 104
Poppenruyter, Hans 227
Potsdam, Konferenz (1945) 556, 560
Prag ⚔ (1757) 326
Prätorianer 109
„Preßpatrouillen" 336
Preston 282
Prittwitz, von, General 466, 467
Prokop 130
Ptolemäos 73
Punische Kriege 89ff., 100
Pyrrhus 82, 85

Quebec, Einnahme 319
Quintus Fabius Maximus (siehe Fabius) 91, 96
Quintus Sertorius 99

Radargerät 514
Radetzky, Feldmarschall 420
Raleigh, Sir Walter 234, 240
Ramillies ⚔ 300, Abb.: 304, 310
Ramses II. 40ff., 48
Ramses III. 41, 46
Rangabzeichen 266
Rathenau, Walter 476
Ravenna ⚔ 214
Rawlinson, Sir Henry, General 491
Regino von Prüm 151
Rehabeam 55
Rennenkampf, Paul von, General 466–468 passim
Rhodos, Belagerung (1480) 242, 253, 255f.
Richard I. von England (Löwenherz) 167, 177f., 180, 190
Richelieu 263, 269, 276
Ritterschlag 189
Roberts, Lord 444, 452, 469
Robins, Benjamin 329, 340
Rocroi 70
Rodney, Admiral 321
Roger I. von Sizilien 159
Roger II. von Sizilien 159
Romanus Diogenes, Kaiser 145
Rommel, Erwin, Feldmarschall 15, 17, 157, 303, 380, 506, 507, 512, 513, 518
Romulus Augustulus 124, 129
Roon, Albrecht Graf von 426
Roosevelt, Franklin D., Präsident 510, 517, 525, 526, 544, 554, 560
Roschdjesdwenski, Admiral 456

581

Rotes Kreuz 425, 426, 542, 548
Rousseau, Jean Jacques 340
Rudolf von Habsburg 185
Rufus Helvius 122
Rundstedt, Gerd von, Feldmarschall 517, 518
Russisch-japanischer Krieg 443, 455–458
Rußlandfeldzug (s. a. „Barbarossa") 506, 508 ff. passim
Rüstungen (Mittelalter) 186
Rüstungsindustrie 444
Ruyter, Michael de 286

Sabinerinnen, Raub der 31
Sabutai 376 f.
Sachsen 124 f., Feldzug Karls des Großen gegen die S. 147
Sagittarius, Bischof 146
Saint-Privat ⚔ (s. a. Gravelotte) 430–435 passim, 440
Sakische Kataphrakten 77
Saladin 175 ff.
Salamanca ⚔ 14, 362, 365
Salamis ⚔ 60
Salisbury, Johann von 189
Salomo, König 47
Samsonow, General 466, 467
Samurai 386–390 passim, 455
Sand, George 322
Sanherib, König von Assyrien 48, 53 ff.
Sanitätsdienst 141, 269, 425
Santa Cruz, Marquis von 258, 260
Sargon II. 33, 51
Sasonow 462
Sassaniden 123
Sattler, Geschützfabrik in Nürnberg 227
Saul, König 47
Schall, Kanonengießer 383
Schapur 123
Schießpulver 190, 208, Standardisierung: 264, Erfindung durch die Chinesen: 383
„Schiffsgeld" 286
„Schildmädchen" bei den Wikingern 152 f.
Schlieffen, Graf von 458, 463
Schlieffenplan 458, 462, 463, 471
Scipio, Publius Cornelius „Africanus" 91 ff., 110
Seianus 109
Seldschuken 145, 244
Seleukos 73, 81
Selim I., der Grausame 247, 253 ff.
Selim II., der Trinker 257, 260
Semken, Hyksoskönig von Ägypten 38
Semerkhet, Pharao 32
Septimus Severus 118, 122, 124
Servius Tullus 85
Sethi 42
Setnakht 46

Sewastopol ⚔ 415, 425
Shakespeare, William 24
Sherman, William T. 437, 438, 440, 550
Sicherheitsdienst (politische Polizei) 508
Siebenjähriger Krieg 315, 317, 320, 325, 327, 329, 332, 360
Sinscharischkun, König von Niniveh 56
Skanderbeg 250
Skobelew, Michail 450, 453, 456
Skythen 126
Slim, Sir William, Feldmarschall 17, 537–543 passim
Smuts, Christian, Feldmarschall 489
Soknarsoti 154
Solomon 130
Sokrates 380
Somme ⚔ 470–477, 478, 490
Soranzo, Benedetto 260
Soult, Marschall 348, 349, 351, 354, 360
Spahis 246, 256
Spanischer Erbfolgekrieg 291, 296, 298, 310, 311
Spartacus 99
Spee, Graf von, Admiral 479
Sperle, General 504, 505
Spinola, Ambrogio 211, 223, 227
Spruance, Admiral 534, 535
SS (Schutzstaffel) 525
Stalin, Josef 508, 516, 526, 543, 544, 554, 556, 560
Stalingrad ⚔ 510
Stamford Bridge ⚔ 161
Steinmetz, von, General 432, 435
Steinschloßmuskete 297 f., 346
Stellungskrieg 464, 472, 473, 476 f., 491, 497
Stichilo 126 f.
Stilwell, Joseph W., General 530, 537
Strategische Bombenangriffe 503, 513, 514
Stumpff, General 504
Suleiman, Admiral 139
Suleiman der Große, Sultan 247 ff., 255 ff.
Sulla, Lucius 97 ff.
Sumer 31
Sun Tsu 369, 380
Suworow, General 349, 351
Syphax 93

Taboriten 207 f.
Tacitus 113 f.
Taillerand 19
Tallard, Marschall 301–310 passim
Tannenberg ⚔ 467, 468, 481
Tarn, Sir William 81
Taylor, A.J.P. 21

Tedder, Lord 513
Teheran, Konferenz 517, 544
Templerorden 175
Teutoburger Wald ⚔ 113
Themistokles 63 f.
Theoderich der Große 129
Theodosius (Vater des Kaisers) 124
Theodosius I., Kaiser 124
Theodosius III., Kaiser 139
Thermopylä ⚔ 63
Thorhils 150
Thot, ägyptischer Heerführer 42
Thukydides 5, 66 ff.
Tiberius, Kaiser 109, 113, 122
Tiglatpileser I. 48
Tiglatpileser III. 51
Tilly, Johann, Graf von, Feldmarschall 269 ff., 274
Timur Lenk 245, 377, 402
Tobruk ⚔ 507, 512
Togo, Admiral 456, 457, 458
Torgau ⚔ 329
Torpedos 416, 447, 458, 480, 533
Torstensson, General 266, 272, 274, 276
Tostig 160
Totaler Krieg 495, 549
Toulouse, Graf Raimund von 171
Toy, Sidney 114, 175, 191
Trafalgar ⚔ 15, 286, 339, 367, 412, 457
Trajan 114
Tricamaron ⚔ 131
Tripolis, Graf Raimund von 176 ff.
Tromp, Marten 263, 286 f.
Truman, Harry S., Präsident 544, 554, 556, 560
Tschepe Nojon 375 f.
Tschiangkaischek 530
Tsuschima ⚔ 456–458
Turenne, Henri, Vicomte 263, 291 f., 310
Turnhout ⚔ 231
Turniere 187, 188
Tutmose I. 39
Tutmose III. 39 ff.
Tutmose IV. 41 f.
Tyros, Belagerung 74

U-Boote 448, 458, 477, 479 ff., 483, 511, 514, 515, 535, 550, Polaris: 564
Uluch Ali 258 ff.
Uniformen 266
Ur, Königreich 33
Urban II. 169
Urchan, Sultan 244 ff.
Utraquisten 208
Utrecht, Vertrag von 311, 315

Vagnoni, Alfonso 383
Valdez, Diego de 238
Valens, röm. Kaiser 125
Valerian 123
Valmy ⚔ 315, 331–332, 339

Vandalen 130f.
Varro, Tarentius 91
Varus, Publius Quintilius 113
Vasco da Gama 232
Vauban, Sebastian de 291, 293 ff.
Vebjörg 154
Vegetius 122
Vendome, Marschall 310
Vercingetorix 102, 106
Verdun ⚔ 470, 475–477, 493
Vere, Francis 223
Vernon, Edward, Admiral 317
Versailles, Vertrag von (1919) 494
Vespasian 118, 120f.
Vietminh 557
Vietnamkrieg 557
Villars, Marschall 310, 311
Villeneuve, Admiral 339
Villeroi 300 ff.
Viriathus 97
Völkerwanderung 109 ff.

Walid, Kalif 139
Wallenstein 263, 269, 274 ff.
Warner, Oliver 260
Warschau (Aufstand 1944) 525
Washington, George 319, 321
Wasserstoffbombe 555–561
Waterloo ⚔ 362, 365, 366, 438, 478
Wavell, Feldmarschall 25, 320, 380f., 506, 507, 511, 536
Wehrpflicht 266, 411, 426f.
Weirother, General 352
Wellington, Herzog von 23f., 320, 335, 357–363, 365–366, 405, 548
Westfälischer Frieden 276
Wet, Christian de 452
Wettrüsten 445
Wien Belagerung 1683: Abb. 252, 261
Wikinger 125, 143, 150f., 232
Wilhelm der Eroberer 157 ff., 183
Wilhelm I., deutscher Kaiser 426
Wilhelm II., deutscher Kaiser 23
Wilhelm von Poitiers 163, 165
William von Malmesburg 157
Wilson, Woodrow, Präsident 493
Wingate, General 536, 537

Wolfe, James 315, 319, 320, 322, 325
Worcester ⚔ 285
Wörth ⚔ 430, 435
Wright, Gebrüder 447

Xenophon 68, 265
Xerxes 63f., 80

Yadin, Yigael 34, 38
Yamamoto, Admiral 532, 533
Yamashita, General 542
York, Herzog von 358
Ypern ⚔ 464, 470

Zama ⚔ 93, 96, 98, 396
Zangi, Imad ed-Din 175
Zenta ⚔ 301
Zizka, Johann 207
Zorndorf ⚔ 329
Zündnadelgewehr 416, 426
Zwingli, Reformator 220

Belägerung der Vestung Ho

A. Vestung Hochen Twiel
B. Vorhofe
C. Kayserisch Lager
D. Bayrisch Läger, ü. lauff
E. Kayss. vnd Östereichisch
F. Batterien Windmu